美国交通工程设施手册
城市道路和公路（2009版）

[美]交通部联邦公路局 著

赵晓华 伍毅平 边 扬 李 洋 译
马建明 荣 建 张云龙 译审

中国建筑工业出版社

图书在版编目（CIP）数据

美国交通工程设施手册：城市道路和公路：2009版／美国交通部联邦公路局著；赵晓华等译．— 北京：中国建筑工业出版社，2019.6
ISBN 978-7-112-23481-3

Ⅰ.①美…　Ⅱ.①美…②赵…　Ⅲ.①交通控制-交通设施-美国-手册　Ⅳ.① U491.5-62

中国版本图书馆 CIP 数据核字（2019）第 050077 号

责任编辑：李玲洁　田启铭
书籍设计：付金红
责任校对：焦　乐

本书为《Manual on Uniform Traffic Control Devices》（MUTCD 2009 Edition）的中译本。全书分为9篇，第1篇：总则、第2篇：交通标志、第3篇：交通标线、第4篇：道路交通信号、第5篇：低流量道路的交通控制设施、第6篇：临时交通控制、第7篇：学校地区交通控制、第8篇：铁路和轻轨平交道口交通控制、第9篇：自行车设施的交通控制。

本书可供从事交通工程设施设计和运营管理的工程技术人员参考，也可供有关专业院校师生参考。

本书封底附有全书彩图二维码，扫码即可阅览全书彩图。

美国交通工程设施手册
城市道路和公路（2009版）

[美]交通部联邦公路局　著
赵晓华　伍毅平　边　扬　李　洋　译
马建明　荣　建　张云龙　译审

*

中国建筑工业出版社出版、发行（北京海淀三里河路9号）
各地新华书店、建筑书店经销
北京雅盈中佳图文设计公司制版
北京中科印刷有限公司印刷

*

开本：880×1230毫米　1/16　印张：54　字数：1622千字
2020年1月第一版　2020年1月第一次印刷
定价：199.00元
ISBN 978-7-112-23481-3
（33781）

版权所有　翻印必究
如有印装质量问题，可寄本社退换
（邮政编码100037）

译者的话

该书是美国交通部联邦公路局编写的《Manual on Uniform Traffic Control Devices for Streets and Highways》（MUTCD 2009 Edition）的中译本《美国交通工程设施手册城市道路和公路（2009版）》。自1935年第一部MUTCD出版以来，一直持续改进，精益求精，截至2009年已经先后出版了10个版本。历经80余载，MUTCD一直是道路交通工程设施研究的标志性成果，是交通领域的一本经典手册，是世界各国道路交通工程人员设计和优化交通工程设施的重要参考文献。

为了便于交通工程技术人员从设计和运营管理层面明确交通工程设施的使用规范、交通科研人员了解交通工程设施的研究水平、交通工程学科师生开展相关教学研究，在北京交通工程学会的支持下，北京工业大学城市交通学院赵晓华教授课题组负责组织翻译了本书。

经美国交通部联邦公路局的翻译许可，译者确定译著由中国建筑工业出版社出版发行。但本书译文未经美国交通部联邦公路局审查，由译者负责本书内容的准确性及后续修订。

译者团队由交通工程专业国内外知名专家和学者、行业从业人员、博/硕士研究生等在内的30余人组成。自2015年1月开始，持续对MUTCD进行翻译和审校。先后参加本书翻译的人员有：赵晓华、荣建、伍毅平、边扬、翁剑成、李振龙、李海舰、张云龙、马建明、李洋、丁罕、杜洪吉、黄利华、李佳辉、陈晨、迟景昊、姚莹、吕柳璇、林展州、樊兆董、许亚琛、徐文翔、任贵超、陈志雄、张常奋、刘畅、陈雨菲、姚翔林、梁鲲、李玲、张欢等。

美国德克萨斯州交通运输厅高级交通工程师马建明博士、北京工业大学荣建教授、美国德州农工大学张云龙教授承担了本书的审校工作，中国建筑工业出版社编辑李玲洁等也为本书的顺利出版付出了辛勤劳动，同时译者对所有提出指导性建议和意见的专家、学者以及其他工作人员表示衷心的感谢！

本书包括9篇68个章节和数千词条、术语；内容丰富，涉及面广。本书封底附有全书彩图二维码，扫码即可阅览全书彩图。当完成译稿时，译者如释重负，为交通工程领域增添一本中文参考书籍而感到欣慰，同时也为译文中可能存在的疏漏感到担忧。在此，恳请贤者批评指正。

《美国交通工程设施手册》（MUTCD）是由联邦公路局批准的国家标准，符合《美国法典》第23卷，第109（d）、114（a）、217、315和402（a）节，以及《美国联邦法典》第23卷的第655条和第49卷的1.48（b）（8）、1.48（b）（33）和1.48（c）（2）条。

《美国交通工程设施手册》所引用出版机构的地址：

美国汽车协会（American Automobile Association（AAA））
1000 AAA Drive
Heathrow, FL 32746
www.aaa.com
800-222-4357

美国公路与运输官员协会（American Association of State Highway and Transportation Officials（AASHTO））
444 North Capitol Street, NW, Suite 249
Washington, DC 20001
www.transportation.org
202-624-5800

美国国家标准学会（American National Standards Institute（ANSI））
1819 L Street, NW, 6th Floor
Washington, DC 20036
www.ansi.org
202-293-8020

美国铁路工程与线路养护协会（American Railway Engineering and Maintenance-of-Way Association（AREMA））
10003 Derekwood Lane, Suite 210
Lanham, MD 20706
www.arema.org
301-459-3200

联邦公路局报告中心（Federal Highway Administration Report Center）
Facsimile number: 814-239-2156
report.center@fhwa.dot.gov

照明工程学会（Illuminating Engineering Society（IES））
120 Wall Street, Floor 17
New York, NY 10005
www.iesna.org
212-248-5000

炸药制造业学会（Institute of Makers of Explosives）
1120 19th Street, NW, Suite 310
Washington, DC 20036-3605
www.ime.org
202-429-9280

交通工程师学会（Institute of Transportation Engineers（ITE））
1099 14th Street, NW, Suite 300 West
Washington, DC 20005-3438
www.ite.org
202-289-0222

国际标准化组织（International Organization for Standardization）
1, ch. de la Voie-Creuse
Case Postale 56
CH-1211 Geneva 20, Switzerland
www.iso.ch
011-41-22-749-0111

国际安全装备协会（International Safety Equipment Association（ISEA））
1901 North Moore Street, Suite 808
Arlington, VA 22209
www.safetyequipment.org
703-525-1695

全国统一交通法规和条例委员会（National Committee on Uniform Traffic Laws and Ordinances（NCUTLO））
107 South West Street, Suite 110
Alexandria, VA 22314
www.ncutlo.org
800-807-5290

国家电器制造商协会（National Electrical Manufacturers Association（NEMA））
1300 North 17th Street, Suite 1752
Rosslyn, VA 22209
www.nema.org
703-841-3200

职业安全与健康管理局（Occupational Safety and Health Administration（OSHA））
U.S. Department of Labor
200 Constitution Avenue, NW
Washington, DC 20210
www.osha.gov
800-321-6742

交通运输研究委员会（Transportation Research Board（TRB））
The National Academies
500 Fifth Street, NW
Washington, DC 20001
www.nas.edu/trb
202-334-3072

美国建筑与交通运输障碍合规委员会（美国无障碍设施委员会）（U.S. Architectural and Transportation Barriers Compliance Board（The U.S. Access Board））
1331 F Street, NW, Suite 1000
Washington, DC 20004-1111
www.access-board.gov
202-272-0080

致谢
联邦公路局真挚地感谢国家相关委员会对《美国交通工程设施手册》提供的宝贵协助，并向超过250名志愿者委员对本手册的编制表示最真诚的谢意。

目 录

001 第1篇 总 则
003 第1A章 总则
003 第1A.01节 交通控制设施的用途
003 第1A.02节 交通控制设施的使用原则
004 第1A.03节 交通控制设施设计
004 第1A.04节 交通控制设施的安装和使用
004 第1A.05节 交通控制设施的维护
004 第1A.06节 交通控制设施的一致性
005 第1A.07节 交通控制设施的责任归属
005 第1A.08节 交通控制设施的安装授权
006 第1A.09节 工程调研和工程评判
007 第1A.10节 解释、试验、变更与临时批准
009 第1A.11节 与其他出版物的关联
012 第1A.12节 用色规定
013 第1A.13节 本手册中标题、字词及短语的定义
025 第1A.14节 本手册中首字母缩略词和缩写的含义
026 第1A.15节 用于交通控制设施的缩写

031 第2篇 交通标志
033 第2A章 总则
033 第2A.01节 交通标志的功能与用途
033 第2A.02节 定义
033 第2A.03节 应用规范
034 第2A.04节 交通标志的过度使用
034 第2A.05节 交通标志的分类
034 第2A.06节 交通标志的设计
035 第2A.07节 逆反射性与照明
037 第2A.08节 保持最低逆反射性能
039 第2A.09节 形状
039 第2A.10节 标志颜色
039 第2A.11节 尺寸
040 第2A.12节 符号
042 第2A.13节 文字信息
043 第2A.14节 标志边框

043 第2A.15节 提高标准标志的醒目性
045 第2A.16节 安装位置的标准化
047 第2A.17节 悬挂式交通标志安装使用
049 第2A.18节 安装高度
050 第2A.19节 侧向净空
051 第2A.20节 方向
051 第2A.21节 立柱与安装附件
051 第2A.22节 养护
051 第2A.23节 设有宽中央分隔带的分隔式公路的中央分隔带开口措施

052 第2B章 禁令标志、路障与闸门
052 第2B.01节 禁令标志的应用
052 第2B.02节 禁令标志的设计
052 第2B.03节 禁令标志的尺寸
058 第2B.04节 交叉口处的通行权
060 第2B.05节 "停车让行"标志（R1-1）和"所有方向"标牌（R1-3P）
061 第2B.06节 "停车让行"标志应用
061 第2B.07节 多路停车让行应用
062 第2B.08节 "减速让行"标志（R1-2）
062 第2B.09节 "减速让行"标志应用
062 第2B.10节 "停车让行"或"减速让行"标志布设
064 第2B.11节 "此处减速让行行人"标志和"此处停车让行行人"标志（R1-5系列）
065 第2B.12节 街道上和悬挂式行人过街标志（R1-6、R1-6a、R1-9和R1-9a）
066 第2B.13节 限速标志（R2-1）
068 第2B.14节 卡车限速标牌（R2-2P）
068 第2B.15节 夜间限速标牌（R2-3P）
068 第2B.16节 最低限速标牌（R2-4P）
068 第2B.17节 处罚加重标志和标牌（R2-6P、R2-10和R2-11）
069 第2B.18节 禁止直行、转弯或掉头标志（R3-1至R3-4、

		R3-18 和 R3-27）	098	第 2B.46 节　泊车、驻车和停车标志（R7 和 R8 系列）
071	第 2B.19 节	交叉口车道控制标志（R3-5 至 R3-8）	099	第 2B.47 节　泊车、驻车和停车标志的设计
072	第 2B.20 节	限定行驶车道控制标志（R3-5、R3-5a 和 R3-20）	101	第 2B.48 节　泊车、停车和驻车标志的布设
			102	第 2B.49 节　紧急限制标志（R8-4、R8-7 和 R8-8）
073	第 2B.21 节	可选择通行车道控制标志（R3-6）	102	第 2B.50 节　面向来车走在左侧和禁止搭车标志（R9-1、R9-4 和 R9-4a）
073	第 2B.22 节	交叉口车道控制预告标志（R3-8 系列）		
074	第 2B.23 节	右侧（左侧）车道强制驶离标志（R3-33）	102	第 2B.51 节　行人过街标志（R9-2 和 R9-3）
074	第 2B.24 节	仅限双向左转车道标志（R3-9a 和 R3-9b）	104	第 2B.52 节　触摸式行人和自行车交通信号标志（R10-1 至 R10-4 以及 R10-24 至 R10-26）
075	第 2B.25 节	开始和结束辅助标志牌（R3-9cP 和 R3-9dP）		
			105	第 2B.53 节　交通信号标志（R10-5 至 R10-30）
075	第 2B.26 节	潮汐车道控制标志（R3-9e 至 R3-9i）	105	第 2B.54 节　红灯时禁止转弯标志（R10-11 系列、R10-17a 和 R10-30）
077	第 2B.27 节	壶柄式道路标志（R3-23、R3-24、R3-25 和 R3-26 系列）		
			107	第 2B.55 节　强制拍照标志和标牌（R10-18、R10-19P 和 R10-19aP）
078	第 2B.28 节	禁止超车标志（R4-1）		
078	第 2B.29 节	谨慎超车标志（R4-2）	107	第 2B.56 节　匝道控制标志（R10-28 和 R10-29）
079	第 2B.30 节	保持靠右行驶（超车除外）标志（R4-16）和慢行车辆靠右行驶标志（R4-3）	107	第 2B.57 节　远离中央分隔带标志（R11-1）
			108	第 2B.58 节　道路关闭标志（R11-2）和仅限当地车辆标志（R11-3 系列和 R11-4）
080	第 2B.31 节	卡车靠右行驶标志（R4-5）		
082	第 2B.32 节	保持右行和保持左行标志（R4-7 和 R4-8）	109	第 2B.59 节　限重标志（R12-1 至 R12-5）
083	第 2B.33 节	保持车道内行驶标志（R4-9）	109	第 2B.60 节　称重站标志（R13 系列）
083	第 2B.34 节	避险车辆专用标志（R4-10）	109	第 2B.61 节　卡车路线标志（R14-1）
083	第 2B.35 节	慢行车辆避让标志（R4-12、R4-13 和 R4-14）	109	第 2B.62 节　危险品标志（R14-2 和 R14-3）
084	第 2B.36 节	路肩禁止行车标志（R4-17）和路肩禁止超车标志（R4-18）	110	第 2B.63 节　国家货运路网标志（R14-4 和 R14-5）
			110	第 2B.64 节　使用车前灯标志（R16-5 至 R16-11）
084	第 2B.37 节	禁止驶入标志（R5-1）	111	第 2B.65 节　轻微事故标志（R16-4）
085	第 2B.38 节	逆行标志（R5-1a）	111	第 2B.66 节　安全带符号
085	第 2B.39 节	选择性禁止标志	111	第 2B.67 节　路障
086	第 2B.40 节	单行道标志（R6-1 和 R6-2）	112	第 2B.68 节　闸门
088	第 2B.41 节	立交匝道的逆行交通控制		
091	第 2B.42 节	分隔式公路交叉标志（R6-3 和 R6-3a）	**114**	**第 2C 章　警告标志及实体标记**
092	第 2B.43 节	环岛行驶方向箭头标志（R6-4、R6-4a 和 R6-4b）	114	第 2C.01 节　警告标志的功能
			114	第 2C.02 节　警告标志的应用
093	第 2B.44 节	环岛环绕指示牌（R6-5P）	114	第 2C.03 节　警告标志的设计
093	第 2B.45 节	环岛标志设置案例	115	第 2C.04 节　警告标志的尺寸

页码	节	标题
121	第 2C.05 节	警告标志的安装
122	第 2C.06 节	平面线形警告标志
123	第 2C.07 节	平面线形标志（W1-1 至 W1-5、W1-11、W1-15）
123	第 2C.08 节	建议速度标牌（W13-1P）
125	第 2C.09 节	线形诱导标志（W1-8）
126	第 2C.10 节	平面线形 / 建议速度组合标志（W1-1a 和 W1-2a）
126	第 2C.11 节	平面线形 / 交叉口组合标志（W1-10 系列）
126	第 2C.12 节	单向大箭头标志（W1-6）
127	第 2C.13 节	卡车易侧翻路段警告标志（W1-13）
127	第 2C.14 节	出口建议速度和匝道建议速度标志（W13-2 和 W13-3）
129	第 2C.15 节	平面线形出口建议速度组合标志和平面线形匝道建议速度组合标志（W13-6 和 W13-7）
129	第 2C.16 节	下坡标志（W7-1 和 W7-1a）
129	第 2C.17 节	卡车避险匝道标志（W7-4 系列）
130	第 2C.18 节	下坡阻碍视距标志（W7-6）
130	第 2C.19 节	道路变窄标志（W5-1）
130	第 2C.20 节	窄桥标志
131	第 2C.21 节	单车道桥标志（W5-3）
131	第 2C.22 节	分隔式公路标志（W6-1）
132	第 2C.23 节	分隔式公路终止标志（W6-2）
132	第 2C.24 节	高速公路或快速路终止标志（W19 系列）
132	第 2C.25 节	双箭头标志（W12-1）
132	第 2C.26 节	死路 / 无出口标志（W14-1、W14-1a、W14-2 和 W14-2a）
133	第 2C.27 节	低净高标志（W12-2 和 W12-2a）
133	第 2C.28 节	高突和低洼标志（W8-1 和 W8-2）
133	第 2C.29 节	减速丘标志（W17-1）
134	第 2C.30 节	铺装路面终止标志（W8-3）
135	第 2C.31 节	路肩标志（W8-4、W8-9、W8-17、W8-23 和 W8-25）
135	第 2C.32 节	路面状况标志（W8-5、W8-7、W8-8、W8-11、W8-13 和 W8-14）
135	第 2C.33 节	警告摩托车驾驶人的标志和标牌（W8-15、W8-15P 和 W8-16）
136	第 2C.34 节	无中心线标志（W8-12）
136	第 2C.35 节	天气状况标志（W8-18、W8-19、W8-21 和 W8-22）
136	第 2C.36 节	交通控制预告标志（W3-1、W3-2、W3-3 和 W3-4）
137	第 2C.37 节	匝道控制信号预告标志（W3-7 和 W3-8）
137	第 2C.38 节	前方限速降低标志（W3-5 和 W3-5a）
138	第 2C.39 节	吊桥标志（W3-6）
138	第 2C.40 节	合流标志（W4-1 和 W4-5）
138	第 2C.41 节	车道增加标志（W4-3 和 W4-6）
139	第 2C.42 节	车道终止标志（W4-2、W9-1 和 W9-2）
140	第 2C.43 节	前方仅限右（左）侧车道驶出标志（W9-7）
140	第 2C.44 节	双向交通标志（W6-3）
140	第 2C.45 节	禁止超车路段标志（W14-3）
140	第 2C.46 节	交叉口警告标志系列（W2-1 至 W2-8）
141	第 2C.47 节	双向大箭头标志（W1-7）
142	第 2C.48 节	交通信号灯标志（W25-1 和 W25-2）
142	第 2C.49 节	车辆通行警告标志（W8-6、W11-1、W11-5、W11-5a、W11-8、W11-10、W11-11、W11-12P、W11-14、W11-15 和 W11-15a）
143	第 2C.50 节	非车辆警告标志（W11-2、W11-3、W11-4、W11-6、W11-7、W11-9 及 W11-16 至 W11-22）
145	第 2C.51 节	游乐场标志（W15-1）
146	第 2C.52 节	前方交叉口新交通状况标志（W23-2）
146	第 2C.53 节	辅助警告标牌的使用
146	第 2C.54 节	辅助警告标牌的设计
146	第 2C.55 节	距离标牌（W16-2 系列、W16-3 系列、W16-4P 和 W7-3aP）
146	第 2C.56 节	辅助箭头标牌（W16-5P 和 W16-6P）

页码	节	标题
147	第 2C.57 节	下坡相关标牌（W7-2 系列和 W7-3 系列）
147	第 2C.58 节	街道名称预告标牌（W16-8P 和 W18-8aP）
147	第 2C.59 节	相交车流无停车让行标牌（W4-4P）
147	第 2C.60 节	共用道路标牌（W16-1P）
148	第 2C.61 节	拍照执法标牌（W16-10P）
148	第 2C.62 节	"新"标牌（W16-15P）
148	第 2C.63 节	实体标记设计和设置高度
149	第 2C.64 节	用于道路内障碍物的实体标记
150	第 2C.65 节	用于邻近道路障碍物的实体标记
150	第 2C.66 节	道路终点的实体标记
151	**第 2D 章**	**指路标志——常规道路**
151	第 2D.01 节	常规道路指路标志的范围标准
151	第 2D.02 节	应用
151	第 2D.03 节	颜色、逆反射和照明
152	第 2D.04 节	标志尺寸
152	第 2D.05 节	字母格式
154	第 2D.06 节	字母尺寸
155	第 2D.07 节	标志图文的数量
155	第 2D.08 节	箭头
157	第 2D.09 节	带编号的公路系统
157	第 2D.10 节	路线标志和辅助标志
158	第 2D.11 节	路线标志设计
159	第 2D.12 节	路线辅助标志的设计
160	第 2D.13 节	交叉辅助标志（M2-1）
160	第 2D.14 节	多路交汇标志（M2-2）
161	第 2D.15 节	基本方向辅助标志（M3-1 至 M3-4）
161	第 2D.16 节	备选路线的辅助标志（M4 系列）
161	第 2D.17 节	备选路线辅助标志（M4-1 和 M4-1a）
161	第 2D.18 节	"绕城支路"辅助标志（M4-2）
162	第 2D.19 节	"穿城支路"辅助标志（M4-3）
162	第 2D.20 节	"卡车路线"辅助标志（M4-4）
162	第 2D.21 节	"前往"辅助标志（M4-5）
162	第 2D.22 节	"结束"辅助标志（M4-6）
162	第 2D.23 节	"开始"辅助标志（M4-14）
163	第 2D.24 节	"临时"辅助标志（M4-7 和 M4-7a）
163	第 2D.25 节	临时绕道及其辅助标志
163	第 2D.26 节	转弯预告箭头辅助标志（M5-1、M5-2 和 M5-3）
164	第 2D.27 节	车道指示辅助标志（M5-4、M5-5 和 M5-6）
164	第 2D.28 节	方向箭头辅助标志（M6 系列）
164	第 2D.29 节	路线标志组合
169	第 2D.30 节	交叉标志组合
169	第 2D.31 节	路线转弯预告标志组合
170	第 2D.32 节	方向标志组合
170	第 2D.33 节	车道 - 目的地组合悬挂式指路标志
171	第 2D.34 节	确认标志组合
171	第 2D.35 节	寻路标志组合
172	第 2D.36 节	目的地和距离标志
172	第 2D.37 节	目的地指路标志（D1 系列）
173	第 2D.38 节	环形交叉口目的地指路标志
174	第 2D.39 节	壶柄式匝道目的地指路标志
175	第 2D.40 节	目的地指路标志的位置
175	第 2D.41 节	距离标志（D2 系列）
175	第 2D.42 节	距离标志的位置
178	第 2D.43 节	街道名称标志（D3-1 或 D3-1a）
180	第 2D.44 节	街道名称预告标志（D3-2）
181	第 2D.45 节	立交桥入口常规道路标志设置
183	第 2D.46 节	高速公路入口标志（D13-3 和 D13-3a）
187	第 2D.47 节	泊车区指路标志（D4-1）
188	第 2D.48 节	"泊车 - 换乘"标志（D4-2）
188	第 2D.49 节	称重站标志设置（D8 系列）
189	第 2D.50 节	社区寻路标志
194	第 2D.51 节	卡车、超车或爬坡车道标志（D17-1 和 D17-2）
194	第 2D.52 节	慢行车辆避让标志（D17-7）
195	第 2D.53 节	命名公路标志设置
195	第 2D.54 节	中央分隔带开口标志（D13-1 和 D13-2）
196	第 2D.55 节	国家风景道路标志（D6-4 和 D6-4a）

页码	章节	标题
197	第 2E 章	指路标志——高速公路和快速路
197	第 2E.01 节	高速公路和快速路指路标志标准的范围
197	第 2E.02 节	快速路和高速公路标志设置原则
198	第 2E.03 节	指路标志分类
198	第 2E.04 节	总则
198	第 2E.05 节	指路标志的颜色
198	第 2E.06 节	反光或照明
199	第 2E.07 节	城市标志的特征
199	第 2E.08 节	乡村标志的特征
200	第 2E.09 节	命名高速公路的标志设置
200	第 2E.10 节	指路标志上图文的数量
200	第 2E.11 节	悬挂式标志安装数量及标志的分散式设置
201	第 2E.12 节	过境指路标志（E6-2 和 E6-2a）
201	第 2E.13 节	目的地的设计
202	第 2E.14 节	字母和标志的尺寸和类型
206	第 2E.15 节	行间距和边距
206	第 2E.16 节	标志边框
210	第 2E.17 节	缩写
210	第 2E.18 节	符号
210	第 2E.19 节	立交指路标志的箭头
211	第 2E.20 节	分离与多车道出口的可选车道标志设置
211	第 2E.21 节	可选车道悬挂式车道箭头指路标志设计
216	第 2E.22 节	高速公路与快速路可选车道的图形指路标志设计
217	第 2E.23 节	中型与小型立交有可选车道的多车道出口标志
221	第 2E.24 节	立交车道分叉（向）标志
224	第 2E.25 节	悬挂式交通标志安装
224	第 2E.26 节	横向偏移
228	第 2E.27 节	路线标志和寻路标志组合
229	第 2E.28 节	艾森豪威尔州际系统标志（M1-10 和 M1-10a）
229	第 2E.29 节	平面交叉口标志
229	第 2E.30 节	立交桥指路标志
230	第 2E.31 节	立交桥出口编号
232	第 2E.32 节	立交桥分类
233	第 2E.33 节	指路预告标志
235	第 2E.34 节	下一出口标牌
236	第 2E.35 节	其他辅助指路标志
237	第 2E.36 节	出口方向标志
239	第 2E.37 节	出口三角分离点标志（E5-1 系列）
240	第 2E.38 节	立柱式立交桥标志
240	第 2E.39 节	立交桥后地点距离标志
241	第 2E.40 节	立交桥序列标志
242	第 2E.41 节	社区立交识别标志
242	第 2E.42 节	接下来 XX 个出口标志
243	第 2E.43 节	立交桥类型标志
243	第 2E.44 节	高速公路与高速公路相交的立交桥
244	第 2E.45 节	苜蓿叶立交桥
246	第 2E.46 节	集散道路的苜蓿叶立交桥
248	第 2E.47 节	半苜蓿叶立交桥
248	第 2E.48 节	菱形立交桥
250	第 2E.49 节	城市地区菱形立交桥
251	第 2E.50 节	近距离立交桥
252	第 2E.51 节	小型立交桥
253	第 2E.52 节	常规道路入口与连接道路上的标志设置
253	第 2E.53 节	立交桥匝道处的逆行交通控制
253	第 2E.54 节	称重站标志
254	第 2F 章	收费道路标志
254	第 2F.01 节	范围
254	第 2F.02 节	收费道路标志的尺寸
254	第 2F.03 节	紫色背景和带有 ETC 账户图形衬底面板的应用
255	第 2F.04 节	ETC 图形的尺寸
256	第 2F.05 节	收费站禁令标志
257	第 2F.06 节	收费预告警告标志（W9-6）
258	第 2F.07 节	收费预告警告标牌（W9-6P）
259	第 2F.08 节	前方停车缴费警告标志（W9-6a）
259	第 2F.09 节	前方停车缴费警告标牌（W9-6aP）
260	第 2F.10 节	收费道路前最后出口警告标志（W16-16P）
260	第 2F.11 节	收费辅助标志（M4-15）

260	第2F.12节	电子收费系统（ETC）用户专用辅助标志（M4-16和M4-20）	296	第2G.18节　拥堵收费车道的指路标志
261	第2F.13节	收费设施和收费站指路标志总则	308	**第2H章　通用信息标志**
267	第2F.14节	传统收费站预告标志	308	第2H.01节　通用信息标志尺寸
267	第2F.15节	主路ETC用户专用车道的分流车道收费站的预告标志	308	第2H.02节　通用信息标志（I系列）
269	第2F.16节	收费站顶篷标志	310	第2H.03节　交通信号速度标志（I1-1）
269	第2F.17节	进入ETC收费专用设施的指路标志	311	第2H.04节　综合信息标志
270	第2F.18节	ETC项目信息标志	311	第2H.05节　里程桩号标志（D10-1至D10-3）和精准里程桩号标志（D10-1a至D10-3a）
			312	第2H.06节　加强型里程桩号标志（D10-4和D10-5）
271	**第2G章　专用车道和管理车道标志**		313	第2H.07节　驾车游览线路标志
271	第2G.01节　范围		314	第2H.08节　致谢标志
271	第2G.02节　专用车道和管理车道标志的尺寸			
272	第2G.03节　专用车道的禁令标志——总则		**316**	**第2I章　一般服务标志**
276	第2G.04节　专用车道车辆乘载率定义禁令标志（R3-10系列和R3-13系列）		316	第2I.01节　一般服务标志尺寸
			318	第2I.02节　常规道路一般服务标志
277	第2G.05节　专用车道运行时段禁令标志（R3-11系列和R3-14系列）		320	第2I.03节　高速公路和快速路一般服务标志
			323	第2I.04节　州际绿洲标志
280	第2G.06节　专用车道预告禁令标志（R3-12、R3-12e、R3-12f、R3-15、R3-15a和R3-15d）		325	第2I.05节　服务区和其他路边区域标志
			326	第2I.06节　刹车检查区标志（D5-13和D5-14）
281	第2G.07节　专用车道终止禁令标志（R3-12a、R3-12b、R3-12c、R3-12d、R3-12g、R3-12h、R3-15b、R3-15c和R3-15e）		326	第2I.07节　防滑链安装区标志（D5-15和D5-16）
			326	第2I.08节　旅游服务中心标志
			327	第2I.09节　广播信息标志
281	第2G.08节　中央隔离带上对于专用车道的警告标志		329	第2I.10节　旅行信息电话511标志（D12-5和D12-5a）
282	第2G.09节　合乘车辆（HOV）标牌（W16-11P）		329	第2I.11节　拼车及共享乘车标志
283	第2G.10节　专用车道指路标志——总则			
285	第2G.11节　专用车道首个入口点指路标志		**330**	**第2J章　特定服务标志**
286	第2G.12节　专用车道的中间入口指路标志		330	第2J.01节　适用条件
290	第2G.13节　专用车道驶往一般车道的指路标志		331	第2J.02节　应用
290	第2G.14节　用于指示从其他公路驶入专用车道入口的指路标志		332	第2J.03节　专用标识和专用标识标志面板
			335	第2J.04节　标志与专用标识标志面板的数量及尺寸
292	第2G.15节　用于指示从专用车道到其他公路的出口标志		336	第2J.05节　字体尺寸
293	第2G.16节　拥堵收费车道标志——总则		336	第2J.06节　立交桥处标志
296	第2G.17节　拥堵收费车道的禁令标志		336	第2J.07节　单出口立交桥

337	第 2J.08 节　双出口立交桥	360	第 2N 章　应急管理标志
337	第 2J.09 节　特殊服务寻路标志	360	第 2N.01 节　应急管理
338	第 2J.10 节　交叉口处标志	360	第 2N.02 节　应急管理标志的设计
338	第 2J.11 节　标志设置政策	360	第 2N.03 节　疏散路线标志（EM-1 和 EM-1a）
		362	第 2N.04 节　区域封闭标志（EM-2）
339	**第 2K 章　旅游指引标志**	362	第 2N.05 节　交通管制点标志（EM-3）
339	第 2K.01 节　目的与应用	362	第 2N.06 节　保持最高安全速度标志（EM-4）
339	第 2K.02 节　设计	363	第 2N.07 节　车辆通过道路（区域）需经许可标志（EM-5）
341	第 2K.03 节　字体风格及尺寸	363	第 2N.08 节　紧急救援中心标志（EM-6 系列）
342	第 2K.04 节　标志的排列与尺寸	364	第 2N.09 节　避难所方向标志（EM-7 系列）
342	第 2K.05 节　预告标志		
342	第 2K.06 节　标志位置	**365**	**第 3 篇　交通标线**
343	第 2K.07 节　州级政策	**367**	**第 3A 章　总则**
		367	第 3A.01 节　功能与局限
344	**第 2L 章　可变信息标志**	367	第 3A.02 节　应用标准化
344	第 2L.01 节　可变信息标志描述	367	第 3A.03 节　保持交通标线最小逆反射性
344	第 2L.02 节　可变信息标志的应用	367	第 3A.04 节　材料
345	第 2L.03 节　可变信息标志的视认性与能见度	368	第 3A.05 节　颜色
346	第 2L.04 节　可变信息标志设计特征	368	第 3A.06 节　纵向标线的功能、宽度与形式
347	第 2L.05 节　信息长度和信息单元		
348	第 2L.06 节　固定式可变信息标志的安装	**370**	**第 3B 章　路面与路缘标线**
		370	第 3B.01 节　黄色道路中心线与使用依据
349	**第 2M 章　休闲与文化景区标志**	373	第 3B.02 节　禁止超车路段标线与使用依据
349	第 2M.01 节　范围	375	第 3B.03 节　其他黄色纵向路面线
349	第 2M.02 节　休闲与文化景区标志的应用	377	第 3B.04 节　白色车道线路面标线与使用依据
349	第 2M.03 节　禁令和警告标志	391	第 3B.05 节　其他白色纵向路面线
350	第 2M.04 节　休闲与文化景区图形指路标志的一般设计要求	392	第 3B.06 节　道路边缘线
350	第 2M.05 节　图形标志尺寸	393	第 3B.07 节　道路边缘线的使用依据
350	第 2M.06 节　宣教标牌的使用	393	第 3B.08 节　交叉路口或立交桥的导向线
350	第 2M.07 节　非道路区域表示禁止的圆和对角斜线的使用	396	第 3B.09 节　车道减少过渡标线
352	第 2M.08 节　休闲与文化景区图形标志的放置	396	第 3B.10 节　接近障碍物标线
353	第 2M.09 节　目的地指引标志	400	第 3B.11 节　突起路标——总则
355	第 2M.10 节　纪念或题献标志安装	401	第 3B.12 节　与其他纵向标线共同指示车辆位置的突起路标
		401	第 3B.13 节　突起路标对其他标线的补充

402	第3B.14节 替代路面标线的突起路标	444	第3F.04节 轮廓标设置和间距
402	第3B.15节 横向标线		
402	第3B.16节 停止线和让行线	446	**第3G章 彩色路面**
404	第3B.17节 请勿阻塞交叉口标线	446	第3G.01节 总则
405	第3B.18节 人行横道线		
407	第3B.19节 停车位标线	447	**第3H章 用于强化路面标线的渠化设施**
407	第3B.20节 路面文字、符号、箭头标线	447	第3H.01节 渠化设施
414	第3B.21节 测速标线		
414	第3B.22节 减速标线	448	**第3I章 交通岛**
415	第3B.23节 路缘石标线	448	第3I.01节 总则
416	第3B.24节 V形和斜线填充线	448	第3I.02节 交通岛端点处理
416	第3B.25节 减速丘标线	448	第3I.03节 交通岛标线应用
417	第3B.26节 减速丘预告标线	449	第3I.04节 交通岛标线颜色
		449	第3I.05节 交通岛轮廓
419	**第3C章 环岛标线**	449	第3I.06节 行人安全岛和中央隔离带
419	第3C.01节 总则		
419	第3C.02节 环岛路面的白色车道标线	450	**第3J章 隆声带标线**
419	第3C.03节 环岛环形道路的道路边缘标线	450	第3J.01节 纵向隆声带标线
433	第3C.04节 环岛的减速让行线	450	第3J.02节 横向隆声带标线
433	第3C.05节 环岛的人行横道线		
433	第3C.06节 环岛的文字、符号、箭头路面标线	453	**第4篇 道路交通信号**
433	第3C.07节 其他环形交叉口标线	455	**第4A章 总则**
		455	第4A.01节 类型
434	**第3D章 专用车道标线**	455	第4A.02节 道路交通信号的相关定义
434	第3D.01节 专用车道的文字和符号标线		
435	第3D.02节 机动车专用车道的纵向标线	456	**第4B章 交通控制信号——总则**
		456	第4B.01节 总则
441	**第3E章 收费站标线**	456	第4B.02节 安装或拆除交通控制信号的依据
441	第3E.01节 收费站标线	456	第4B.03节 交通控制信号的优缺点
		457	第4B.04节 交通控制信号的替代方案
442	**第3F章 道路轮廓标**	458	第4B.05节 适当的道路通行能力
442	第3F.01节 轮廓标		
442	第3F.02节 道路轮廓标设计	459	**第4C章 交通控制信号需求研究**
442	第3F.03节 道路轮廓标应用	459	第4C.01节 评估交通控制信号的因素和研究

页码	节号	标题
461	第 4C.02 节	依据 1：8 小时交通流量
461	第 4C.03 节	依据 2：4 小时交通流量
462	第 4C.04 节	依据 3：高峰小时
464	第 4C.05 节	依据 4：行人流量
466	第 4C.06 节	依据 5：学校过街
467	第 4C.07 节	依据 6：信号协调系统
467	第 4C.08 节	依据 7：事故数据
468	第 4C.09 节	依据 8：路网
468	第 4C.10 节	依据 9：靠近平交道口的交叉口

471　第 4D 章　交通控制信号特征

页码	节号	标题
471	第 4D.01 节	总则
472	第 4D.02 节	运营和维护职责
472	第 4D.03 节	有关行人的规定
472	第 4D.04 节	机动车信号灯含义
475	第 4D.05 节	长亮信号指示的应用
477	第 4D.06 节	信号指示——设计、照明、颜色和形状
478	第 4D.07 节	机动车信号指示尺寸
479	第 4D.08 节	信号灯面内信号指示的位置——总则
480	第 4D.09 节	垂直安装的信号灯面上信号指示的位置
481	第 4D.10 节	水平安装的信号灯面上信号指示的位置
481	第 4D.11 节	入口处信号灯面的数量
483	第 4D.12 节	信号灯的能见度、朝向和灯罩
485	第 4D.13 节	信号灯面的横向位置
486	第 4D.14 节	信号灯面的纵向定位
487	第 4D.15 节	信号灯面安装高度
487	第 4D.16 节	信号灯面的侧向净空
487	第 4D.17 节	左转信号指示——总则
489	第 4D.18 节	许可左转运行的信号指示
491	第 4D.19 节	保护左转运行的信号指示
492	第 4D.20 节	保护/许可左转运行下信号指示
495	第 4D.21 节	右转交通运行信号指示——总则
496	第 4D.22 节	许可右转运行的信号指示
499	第 4D.23 节	保护右转运行的信号指示
500	第 4D.24 节	保护/许可右转运行的信号指示
503	第 4D.25 节	左转/右转共用车道且无直行的入口处信号灯指示
504	第 4D.26 节	黄灯变化间隔与全红清空时间
508	第 4D.27 节	交通控制信号的先行和优先控制
509	第 4D.28 节	交通控制信号的闪烁运行——总则
510	第 4D.29 节	闪烁运行——转换为闪烁模式
510	第 4D.30 节	闪烁运行——闪烁模式期间信号灯显示
511	第 4D.31 节	闪烁运行——转出闪烁模式
511	第 4D.32 节	临时和便携式交通控制信号
512	第 4D.33 节	信号支架和机柜侧方距离
512	第 4D.34 节	信号控制区域标志的使用
513	第 4D.35 节	信号控制区域处路面标线使用

514　第 4E 章　行人控制特征

页码	节号	标题
514	第 4E.01 节	行人信号灯头
514	第 4E.02 节	行人信号灯头指示灯的含义
514	第 4E.03 节	行人信号灯头的应用
515	第 4E.04 节	行人信号灯头指示灯的大小、设计与照明
516	第 4E.05 节	行人信号灯头位置及高度
516	第 4E.06 节	行人时长及信号相位
519	第 4E.07 节	行人倒计时信号
519	第 4E.08 节	行人呼叫装置
523	第 4E.09 节	无障碍行人过街信号和呼叫装置——总则
524	第 4E.10 节	无障碍行人过街信号灯和呼叫装置的位置
524	第 4E.11 节	无障碍行人过街信号灯和呼叫装置——步行指示
526	第 4E.12 节	无障碍行人过街型号与呼叫装置——触觉箭头与定位音
526	第 4E.13 节	无障碍行人过街信号与呼叫装置——延长按钮按压特征

528　第 4F 章　行人混合信标

页码	节号	标题
528	第 4F.01 节	行人混合信标应用
528	第 4F.02 节	行人混合信标设计

530	第4F.03节 行人混合信标操作		545	第4M章 车道使用控制信号
			545	第4M.01节 车道使用控制信号的应用
532	第4G章 紧急车辆入口交通控制信号和混合信标		545	第4M.02节 车道使用控制信号灯的意义
532	第4G.01节 紧急车辆交通控制信号和混合信标的应用		546	第4M.03节 车道使用控制信号的设计
532	第4G.02节 紧急车辆交通控制信号设计		547	第4M.04节 车道使用控制信号的运行
533	第4G.03节 紧急车辆交通控制信号操作			
533	第4G.04节 紧急车辆混合信标		548	第4N章 道路路面指示灯
			548	第4N.01节 道路路面指示灯的应用
535	第4H章 单车道、双向设施交通控制信号		548	第4N.02节 人行横道的道路路面警告指示灯
535	第4H.01节 单车道、双向设施的交通控制信号应用			
535	第4H.02节 单车道、双向设施的交通控制信号设计		551	**第5篇 低流量道路的交通控制设施**
535	第4H.03节 单车道、双向设施的交通控制信号运行		553	第5A章 总则
			553	第5A.01节 功能
536	第4I章 高速公路入口匝道交通控制信号		553	第5A.02节 应用
536	第4I.01节 高速公路入口匝道交通控制信号的应用		554	第5A.03节 设计
536	第4I.02节 高速公路入口匝道控制信号设计		556	第5A.04节 安装位置
537	第4I.03节 高速公路入口匝道控制信号运行			
			557	第5B章 禁令标志
538	第4J章 移动桥的交通控制		557	第5B.01节 引言
538	第4J.01节 移动桥交通控制的应用		557	第5B.02节 "停车让行"和"减速让行"标志（R1-1和R1-2）
538	第4J.02节 移动桥信号和闸门的设计及位置		558	第5B.03节 限速标志（R2系列）
540	第4J.03节 移动桥信号和闸门的运行		558	第5B.04节 车辆运行及禁止标志（R3、R4、R5、R6、R9、R10、R11、R12、R13与R14系列）
541	第4K章 在收费站的公路交通信号		558	第5B.05节 泊车标志（R8系列）
541	第4K.01节 在收费站的交通信号		558	第5B.06节 其他禁令标志
541	第4K.02节 位于或靠近收费站的车道使用控制信号			
541	第4K.03节 位于收费站的警告信标		559	第5C章 警告标志
			559	第5C.01节 引言
542	第4L章 闪烁信标		559	第5C.02节 平面线形标志（W1-1至W1-8）
542	第4L.01节 闪烁信标的通用设计和运行		559	第5C.03节 交叉口警告标志（W2-1至W2-6）
542	第4L.02节 交叉路口控制信标		559	第5C.04节 前方停车让行和前方减速让行标志（W3-1和W3-2）
543	第4L.03节 警告信标			
543	第4L.04节 限速标志信标		559	第5C.05节 "窄桥"标志（W5-2）
544	第4L.05节 停止让行灯标			

页码	章节	标题
560	第5C.06节	单车道桥标志（W5-3）
560	第5C.07节	下坡标志（W7-1）
561	第5C.08节	铺装路面终止标志（W8-3）
561	第5C.09节	车辆交通警告和非车辆警告标志（W11系列和W8-6）
561	第5C.10节	建议速度标牌（W13-1P）
561	第5C.11节	"死路"或"死胡同"标志（W14-1、W14-1a、W14-2和W14-2a）
561	第5C.12节	"无交通标志"标志（W18-1）
562	第5C.13节	其他警告标志
563	第5C.14节	实体标记和路障
564	**第5D章**	**指路标志**
564	第5D.01节	引言
565	**第5E章**	**交通标线**
565	第5E.01节	引言
565	第5E.02节	道路中心线
565	第5E.03节	道路边缘线
565	第5E.04节	道路轮廓标
566	第5E.05节	其他标线
567	**第5F章**	**公路—铁路平交道口的交通控制**
567	第5F.01节	引言
567	第5F.02节	平交道口标志（铁路交叉道口警告标志）和轨道数量标志面板（R15-1和R15-2P）
567	第5F.03节	平交道口预警标志（W10系列）
568	第5F.04节	"停车让行""减速让行"标志（R1-1和R1-2）
568	第5F.05节	路面标线
568	第5F.06节	其他交通控制设施
569	**第5G章**	**施工区交通控制**
569	第5G.01节	引言
569	第5G.02节	应用
570	第5G.03节	渠化设施
570	第5G.04节	交通标线
570	第5G.05节	其他交通控制设施
571	**第5H章**	**学校区域交通控制**
571	第5H.01节	引言
573	**第6篇**	**临时交通控制**
575	**第6A章**	**总则**
575	第6A.01节	总则
577	**第6B章**	**基本原则**
577	第6B.01节	临时交通控制的基本原则
580	**第6C章**	**临时交通控制元素**
580	第6C.01节	临时交通控制计划
581	第6C.02节	临时交通控制区域
581	第6C.03节	临时交通控制区域的组成
581	第6C.04节	提前警告区
582	第6C.05节	过渡区
584	第6C.06节	工作区
585	第6C.07节	终止区
585	第6C.08节	渐变段
587	第6C.09节	绕道和改道
588	第6C.10节	单车道双向交通控制
588	第6C.11节	单车道双向交通控制的旗手管制方法
588	第6C.12节	利用旗手实现单车道双向交通轮流放行的方法
590	第6C.13节	利用引导车实现单车道双向交通轮流放行的方法
590	第6C.14节	利用临时交通信号控制实现单车道双向交通轮流放行的方法
590	第6C.15节	利用停车让行或减速让行实现单车道双向交通轮流放行的方法

页码	章节	标题
591	第 6D 章	行人和作业人员安全
591	第 6D.01 节	行人注意事项
593	第 6D.02 节	无障碍设施的注意事项
594	第 6D.03 节	作业人员安全注意事项
596	第 6E 章	旗手控制
596	第 6E.01 节	旗手资格证书
596	第 6E.02 节	高可视度安全服饰
597	第 6E.03 节	手持信号设施
598	第 6E.04 节	自动旗手辅助设备
599	第 6E.05 节	"停车/慢行"自动旗手辅助设备
602	第 6E.06 节	红灯/黄灯自动旗手辅助设备
604	第 6E.07 节	旗手规程
605	第 6E.08 节	旗手位置
607	第 6F 章	临时交通控制区域设施
607	第 6F.01 节	设施类型
607	第 6F.02 节	标志的一般特性
612	第 6F.03 节	标志设置
615	第 6F.04 节	标志维护
615	第 6F.05 节	交通禁令标志权威
615	第 6F.06 节	交通禁令标志的设计
615	第 6F.07 节	交通禁令标志的应用标准
616	第 6F.08 节	道路（街道）封闭标志（R11-2）
617	第 6F.09 节	只允许当地交通通行的标志（图 6F-3 中的 R11-3a 和 R11-4）
617	第 6F.10 节	限重标志（R12-1、R12-2 和 R12-5）
618	第 6F.11 节	保持车道内运行标志（R4-9）
618	第 6F.12 节	作业区和处罚加重标志标牌
618	第 6F.13 节	人行横道标志（R9-8）
618	第 6F.14 节	人行道封闭标志（R9-9、R9-10、R9-11 和 R9-11a）
619	第 6F.15 节	特殊的禁令标志
619	第 6F.16 节	警告标志的功能、设计及应用支撑依据
620	第 6F.17 节	前方警告标志位置
620	第 6F.18 节	道路（街道）作业标志（W20-1）
620	第 6F.19 节	绕行标志（W20-2）
620	第 6F.20 节	道路（街道）封闭标志（W20-3）
622	第 6F.21 节	单车道道路标志（W20-4）
624	第 6F.22 节	车道封闭标志（W20-5 和 W20-5a）
624	第 6F.23 节	前方中央车道关闭标志（W9-3）
624	第 6F.24 节	车道终止标志（W4-2）
624	第 6F.25 节	在匝道上标牌
624	第 6F.26 节	匝道变窄标志（W5-4）
624	第 6F.27 节	前方慢行标志（W23-1）
624	第 6F.28 节	出口开放和出口关闭标志（E5-2 和 E5-2a）
625	第 6F.29 节	仅出口标志（E5-3）
625	第 6F.30 节	前方交通模式改变标志（W23-2）
625	第 6F.31 节	旗手标志
625	第 6F.32 节	双向交通标志（W6-3）
626	第 6F.33 节	作业人员标志（W21-1 和 W21-1a）
626	第 6F.34 节	未干柏油（沥青）路面标志（W21-2）
626	第 6F.35 节	前方筑路机械标志（W21-3）
626	第 6F.36 节	作业车辆警告标志（W8-6 和 W11-10）
626	第 6F.37 节	路肩作业标志（W21-5、W21-5a 和 W21-5b）
627	第 6F.38 节	测量人员标志（W21-6）
627	第 6F.39 节	公用设施作业标志（W21-7）
627	第 6F.40 节	爆破区域标志
627	第 6F.41 节	前方爆破区域标志（W22-1）
627	第 6F.42 节	关闭双向无线电和手机标志（W22-2）
627	第 6F.43 节	爆破区域终止标志（W22-3）
628	第 6F.44 节	路肩标志和标牌（W8-4、W8-9、W8-17 和 W8-17P）
628	第 6F.45 节	车道间高低不平标志（W8-11）
628	第 6F.46 节	前方钢板标志（W8-24）
628	第 6F.47 节	无中央分隔线标志（W8-12）
628	第 6F.48 节	反向弯道标志（W1-4 系列）
629	第 6F.49 节	连续反向弯路标志（W24-1 系列）

页码	节号	标题
629	第6F.50节	其他警告标志
629	第6F.51节	特殊警告标志
629	第6F.52节	建议速度标牌（W13-1P）
630	第6F.53节	距离辅助标牌（W7-3aP）
630	第6F.54节	摩托车标牌（W8-15P）
630	第6F.55节	指路标志
630	第6F.56节	之后XX英里道路作业标志（G20-1）
631	第6F.57节	道路作业结束标志（G20-2）
631	第6F.58节	跟随引导车标志（G20-4）
631	第6F.59节	绕行标志（M4-8、M4-8a、M4-8b、M4-9、M4-9a、M4-9b、M4-9c和M4-10）
632	第6F.60节	便携式可变信息标志
634	第6F.61节	箭头面板
636	第6F.62节	高位警告装置（旗杆）
637	第6F.63节	渠化装置
639	第6F.64节	锥桶
639	第6F.65节	圆形标示管
640	第6F.66节	立式隔离标牌
640	第6F.67节	隔离桶
641	第6F.68节	1型、2型、3型路障
642	第6F.69节	方向指示路障
642	第6F.70节	作为渠化设备的临时交通路障
643	第6F.71节	纵向渠化设备
643	第6F.72节	临时车道分隔板
644	第6F.73节	其他渠化设备
644	第6F.74节	行人边缘检测
644	第6F.75节	临时凸起交通岛
645	第6F.76节	对向车道分隔装置和标志（W6-4）
645	第6F.77节	路面标线
645	第6F.78节	临时标记
646	第6F.79节	临时突起路标
647	第6F.80节	道路轮廓标
647	第6F.81节	照明设备
647	第6F.82节	作业照明灯
648	第6F.83节	警示灯
649	第6F.84节	临时交通控制信号
650	第6F.85节	临时交通路障
651	第6F.86节	碰撞缓冲垫
652	第6F.87节	隆声带
652	第6F.88节	隔板

页码	节号	标题
653	**第6G章**	**临时交通控制区活动类型**
653	第6G.01节	典型应用
653	第6G.02节	作业时长
655	第6G.03节	作业位置
655	第6G.04节	应对特殊需求的修改
656	第6G.05节	影响行人及自行车设施的道路作业
657	第6G.06节	路肩外的作业活动
657	第6G.07节	无侵占路肩作业
658	第6G.08节	有轻微侵占的路肩作业
658	第6G.09节	中间隔离带内的作业
659	第6G.10节	双车道公路上的作业
659	第6G.11节	在城市行车道上的作业
660	第6G.12节	在多车道、不受管制行车道上的作业
661	第6G.13节	交叉口行车道上的作业
662	第6G.14节	高速公路或快速路行车道上的作业
663	第6G.15节	普通分离式公路上的双车道、双向通行道路
663	第6G.16节	改道区域
663	第6G.17节	立交桥
664	第6G.18节	临近平交道口的作业活动
664	第6G.19节	在夜间进行临时交通控制
666	**第6H章**	**典型应用**
666	第6H.01节	典型应用
729	**第6I章**	**交通事件处理区的交通管制**
729	第6I.01节	总则
730	第6I.02节	重大交通事件

731	第6I.03节 中级交通事件	750	第7C章 标线
732	第6I.04节 轻微交通事件	750	第7C.01节 功能及限制
732	第6I.05节 应急车辆照明的使用	750	第7C.02节 人行横道标线
		750	第7C.03节 路面文字、图形和箭头标线

733 第7篇 学校地区交通控制

- 735 第7A章 概述
- 735 第7A.01节 必须条款的必要性
- 735 第7A.02节 上下学路线以及设置的学校区间学生过街地点
- 736 第7A.03节 学校过街控制标准
- 737 第7A.04节 范围

- 752 第7D章 过街协管
- 752 第7D.01节 过街协管类型
- 752 第7D.02节 过街协管员
- 752 第7D.03节 过街协管员的资格要求
- 753 第7D.04节 过街协管员制服
- 753 第7D.05节 过街协管员的工作流程

- 738 第7B章 标志
- 738 第7B.01节 学校标志尺寸
- 739 第7B.02节 照明和逆反射性
- 739 第7B.03节 标志位置
- 740 第7B.04节 标志高度
- 740 第7B.05节 标志安装
- 740 第7B.06节 字体
- 740 第7B.07节 学校警告标志颜色
- 740 第7B.08节 学校标志（S1-1）和标牌
- 741 第7B.09节 学校区间标志（S1-1）和标牌（S4-3P和S4-7P）以及结束学校区间标志（S5-2）
- 742 第7B.10节 处罚加重区间标志（R2-10和R2-11）及标牌
- 742 第7B.11节 学校预告过街标志组合
- 747 第7B.12节 学校过街标志组合
- 748 第7B.13节 前方校车停车标志（S3-1）
- 748 第7B.14节 前方校车转弯标志（S3-2）
- 748 第7B.15节 学校限速区标志组合（S4-1P、S4-2P、S4-3P、S4-4P、S4-6P和S5-1）以及学校限速终止标志（S5-3）
- 749 第7B.16节 前方学校限速降低标志（S4-5和S4-5a）
- 749 第7B.17节 泊车和停驻标志（R7和R8系列）

755 第8篇 铁路和轻轨平交道口交通控制

- 757 第8A章 总则
- 757 第8A.01节 引言
- 758 第8A.02节 公路—铁路平交道口标准设施、系统及实例
- 758 第8A.03节 公路—轻轨平交道口标准设施、系统及实例
- 759 第8A.04节 统一规定
- 760 第8A.05节 平交道口移除
- 760 第8A.06节 平交道口处的照明
- 760 第8A.07节 公路—铁路平交道口禁止鸣笛区设置
- 760 第8A.08节 临时交通控制区

- 762 第8B章 标志和标线
- 762 第8B.01节 目的
- 762 第8B.02节 平交道口标志尺寸
- 762 第8B.03节 主动式和无信号控制平交道口处的平交道口（平交道口"X形"警告标志）标志（R15-1）和轨道数量标牌（R15-2P）
- 764 第8B.04节 在无信号控制平交道口带有"减速让行"或"停车让行"的交道口"X形"警告标志组合
- 767 第8B.05节 公路—轻轨平交道口无交道口"X形"警告标志时的"停车让行"（R1-1）或"减速让行"（R1-2标志使用）

770	第8B.06节 平交道口预警标志（W10系列）		785	第8C.06节 四象限道闸系统
771	第8B.07节 "豁免"公路—铁路平交道口标牌（R15-3P和W10-1aP）		787	第8C.07节 铁路/轻轨路侧鸣笛系统
771	第8B.08节 铁路信号优先期间的转向限制		787	第8C.08节 轨道交通检测
772	第8B.09节 禁止轨道停车标志（R8-8）		787	第8C.09节 位于或者临近轨道交叉口的交通信号控制
772	第8B.10节 轨道停止使用标志（R8-9）		789	第8C.10节 位于或临近公路—轻轨平交道口的交通控制信号
772	第8B.11节 当闪烁时在此停车标志（R8-10和RB-10a）		790	第8C.11节 交通控制信号控制平交道口的轻轨车辆
773	第8B.12节 红灯时在此停车标志（R10-6和R10-6a）		791	第8C.12节 位于或临近环形交叉口的平交道口
773	第8B.13节 轻轨专用车道标志（R15-4系列）		792	第8C.13节 轻轨平交道口处行人与自行车信号及交叉路
773	第8B.14节 禁止超越轻轨标志（R15-5和R15-5a）			
774	第8B.15节 禁止机动车占用轨道标志（R15-6和R15-6a）		797	第8D章 慢行道平交道口
774	第8B.16节 有轻轨相交的双向分离式公路标志（R15-7系列）		797	第8D.01节 目的
			797	第8D.02节 标准设备、系统及实践的应用
774	第8B.17节 注意观察标志（R15-8）		797	第8D.03节 特种用途道路平交道口标志和标线
774	第8B.18节 紧急情况通告标志（I-13）		798	第8D.04节 停车线、边缘线及检测警告
775	第8B.19节 轻轨即将到达一点亮的可变警告标志（W10-7）		798	第8D.05节 慢行道与铁路平交道口被动交通控制设施
775	第8B.20节 列车可能超过80英里/小时标志（W10-8）		799	第8D.06节 慢行道平交道口有源交通控制系统
775	第8B.21节 禁止列车鸣笛标志或标牌（W10-9和W10-9P）			
775	第8B.22节 无道闸或信号灯辅助标牌（W10-13P）		801	第9篇 自行车设施的交通控制
776	第8B.23节 低离地净空平交道口标志（W10-5）		803	第9A章 总则
776	第8B.24节 预留空间标志（W10-11、W10-11a和W10-11b）		803	第9A.01节 自行车骑行者交通控制设施要求
			803	第9A.02节 作用范围
776	第8B.25节 斜交交叉口标志（W10-12）		803	第9A.03节 自行车相关定义
777	第8B.26节 轻轨站点标志（I-12）		803	第9A.04节 养护
777	第8B.27节 路面标线		803	第9A.05节 与其他文件的联系
777	第8B.28节 停车让行和减速让行线		804	第9A.06节 设置权限
778	第8B.29节 列车侧向净空动态轨迹标线		804	第9A.07节 必须条款、指导条款、可选条款和支撑依据的意义
781	第8C章 闪光灯信号、道闸及交通控制信号		804	第9A.08节 颜色
781	第8C.01节 引言			
782	第8C.02节 闪光灯信号		805	第9B章 标志
783	第8C.03节 公路—轻轨平交道口的闪光灯信号		805	第9B.01节 标志应用及安装
784	第8C.04节 自动道闸		805	第9B.02节 自行车标志设计
785	第8C.05节 轻轨平交道口处自动道闸的使用		808	第9B.03节 "停车让行"和"减速让行"标志（R1-1和

		R1-2）	819	第9B.23节 自行车停车场标志（D4-3）
809	第9B.04节	自行车道标志和标牌（R3-17、R3-17aP和R3-17bP）	820	第9B.24节 里程桩号标志（D10-1至D10-3）和精确里程桩号标志（D10-1a至D10-3a）
810	第9B.05节	"右转车让行自行车起点"标志（R4-4）	820	第9B.25节 慢行道的特定交通方式指路标志（D11-1a、D11-2、D11-3和D11-4）
810	第9B.06节	自行车可使用全部车道标志（R4-11）		
810	第9B.07节	自行车"逆行"标志和"请顺行"标牌（R5-1b和R9-3cP）	821	第9B.26节 实体标记

810	第9B.08节	"禁止机动车"标志（R5-3）
810	第9B.09节	选择性排除标志
811	第9B.10节	自行车道禁止停车标志（R7-9和R7-9a）
811	第9B.11节	自行车禁令标志（R9-5、R9-6、R10-4、R10-24、R10-25和R10-26）
811	第9B.12节	慢行道限制标志（R9-7）
811	第9B.13节	自行车信号感应标志（R10-22）
812	第9B.14节	其他禁令标志
812	第9B.15节	转弯或弯道警告标志（W1系列）
812	第9B.16节	交叉口警告标志（W2系列）
812	第9B.17节	自行车路况警告标志（W8-10）
812	第9B.18节	自行车警告和自行车/行人警告标志（W11-1和W11-15）
814	第9B.19节	其他自行车警告标志
814	第9B.20节	自行车指路标志（D1-1b、D1-1c、D1-2b、D1-2c、D1-3b、D1-3c、D11-1和D11-1c）
816	第9B.21节	自行车线路标志（M1-8、M1-8a和M109）
817	第9B.22节	自行车线路标志辅助标牌

822 第9C章 标线

822	第9C.01节	标线的作用
822	第9C.02节	总则
822	第9C.03节	慢行道上标线样式和颜色
824	第9C.04节	自行车道标线
826	第9C.05节	自行车检测器符号
827	第9C.06节	障碍物的路面标线
827	第9C.07节	共用车道标线

830 第9D章 信号

830	第9D.01节	应用
830	第9D.02节	信号对自行车的作用

831 附　录

833	附录A1
833	国会立法

835	附录A2
835	单位换算

引 言

必须条款：

01 交通控制设施的定义必须包括所有标志、信号灯、标线以及其他用于禁止、警告或指示交通的设施。这些设施安装于街道、公路、步行道、自行车道、由政府机构或有管辖权的部门授权向公众开放的私人道路（定义见第1A.13节）以及由私人拥有者或有管辖权的私立部门授权的私人道路。

02 《美国交通工程设施手册》（Manual on Uniform Traffic Control Devices，MUTCD）被纳入《美国联邦法典》第23卷第655篇F子篇。根据《美国联邦法典》第23卷109（d）和402（a）条，本手册必须作为安装在所有街道、公路、自行车道路或向公众开放的私人道路（定义见第1A.13节）上的交通控制设施国家标准。联邦公路局（Federal Highway Administration，FHWA）为统一交通控制设施所制定的政策与程序应符合《美国联邦法典》第23卷第655篇F子篇。

03 根据《美国联邦法典》第23卷第655篇603（a），《美国交通工程设施手册》适用范围如下：

1. 由政府机关、权威机构或政府和社会合作管辖的收费道路必须视作公共道路；

2. 向公众开放的私人道路应参照第1A.13节的定义；

3. 无论公共或私有的停车区域（包括停车区域内的行车通道）均不视作《美国交通工程设施手册》适用的"向公众开放"的范围。

04 本手册涵盖的任何交通控制设施设计或应用条款皆针对公共领域。本手册包含的交通控制设施不受专利、商标或版权保护，州际公路盾形标志与其他隶属于联邦公路局的设计除外。

支撑依据：

05 如第1A.13节规定，象形图标虽用于交通控制设施，但根据第4条定义，象形图标本身并不被视作交通控制设施。

06 人们很早便意识到标准统一的必要性。美国国家公路协会（American Association of State Highway Officials，AASHO），即现在的美国国家公路和交通运输协会（American Association of State Highway and Transportation Officials，AASHTO），于1927年出版了适用于乡村公路的手册，而全国街

道和公路安全会议（National Conference on Street and Highway Safety（NCSHS））在 1930 年出版了适用于城市街道的手册。最初几年，对统一不同等级道路和街道系统适用标准的需求十分明显。为了满足这一需求，由美国国家公路协会及全国街道和公路安全会议组成的联合委员会在 1935 年制定并出版了《美国交通工程设施手册》（Manual on Uniform Traffic Control Devices, MUTCD）第一版。该委员会如今被称作统一交通控制设施全国委员会（National Committee on Uniform Traffic Control Devices, NCUTCD）。尽管随时间推移，委员会的名称、组织和成员不断改变，但委员会得以保留，致力于本手册的定期修订。联邦公路局从 1971 版起开始接管《美国交通工程设施手册》。联邦公路局及其前身曾参与之前数个版本的制定和出版。《美国交通工程设施手册》之前共有 9 个版本，其中一些版本被多次修订。表 I-1 展示了《美国交通工程设施手册》的演变过程，包括由美国国家公路协会及全国街道和公路安全会议制定的两本手册。

《美国交通工程设施手册》的发展过程　　　　表I-1

年份	名称	修订年月
1927	美国标准道路标识与标志的制造、展示与安装手册及说明（用于乡村道路）	1929/4，1931/12
1930	街道交通标志、信号灯与标线手册（用于城市街道）	无修订
1935	美国交通工程设施手册（城市道路和公路）（MUTCD）	1939/2
1942	美国交通工程设施手册（城市道路和公路）——战争应急版	无修订
1948	美国交通工程设施手册（城市道路和公路）	1954/9
1961	美国交通工程设施手册（城市道路和公路）	无修订
1971	美国交通工程设施手册（城市道路和公路）	1971/11，1972/4，1973/3，1973/10，1974/6，1975/6，1976/9，1977/12
1978	美国交通工程设施手册（城市道路和公路）	1979/12，1983/12，1984/9，1986/3
1988	美国交通工程设施手册（城市道路和公路）	1990/1，1992/3，1993/9，1994/11，1996/12，1998/6，2000/1
2000	美国交通工程设施手册（城市道路和公路）——千禧年版	2002/7
2003	美国交通工程设施手册（城市道路和公路）	2004/11，2007/12
2009	美国交通工程设施手册（城市道路和公路）	

必须条款：

07 由1966年《公路安全法案》授权，美国交通部发布法令：依照《美国法典》第23卷109（d）与402（a）规定，向公众开放的街道和公路上安装的交通控制设施必须与联邦公路局发布或批准的标准大体保持一致。

支撑依据：

08 《统一车辆规范》（Uniform Vehicle Code, UVC）是《美国交通工程设施手册》引用的一篇出版物。《统一车辆规范》包含了一整套全美通用的机动车规范和交通法规。

指导条款：

09 各州应该采用《统一车辆规范》中第15-116节的规定：任何人不应在私人财产的领域内安装或维护服务于公众的标志、信号灯、标线或其他用于禁止、警告或指示交通的设施，除非其符合州手册与第15-104节的说明。

支撑依据：

10 关于在街道、公路、自行车道路与面向公众开放的私人道路上使用交通控制设施，本版《美国交通工程设施手册》中的必须条款、指导条款、可选条款与支撑依据为交通运输专业人士提供了制定适当决策所需的信息。

11 本手册中的标题（必须条款、指导条款、可选条款与支撑依据）用于区分文本类型。图表及其中包含的标注和补充文本，可组成必须条款、指导条款、可选条款或支撑依据。本手册的使用者需要参考相应文本以区别图表或标注的类型。

必须条款：

12 用于本手册的标题——必须条款、指导条款、可选条款与支撑依据的定义参见第1A.13节第1条。

支撑依据：

13 本手册中所有的尺寸和距离采用英制单位。附录A2包括了本手册中用到的所有英制单位数值与对应公制单位（国际单位制）数值转换的表格。

指导条款：

14 如果定线的距离或测定的设施尺寸采用公制单位，则该单位应在设计图上标明，并确保设计、安装或维护交通控制设施的负责人知晓。

15 除本手册某部分的建议或必须用某种特殊数字外，图中设施图片上显示的数字（用于标明如时间、距离、限速与重量等数量）仅作为示例。当安装这些设施时，应适当改变数字以符合特定条件。

支撑依据：

16　如果本手册的具体部分做了引用，下列信息会有所帮助。

17　本手册共包含九篇，每篇由一个或多个章组成。每章又包含一节或多节。篇由数字进行编号，例如"第2篇　交通标志"。章由所在篇号与字母组成，例如"第2B章　禁令标志、路障与闸门"。节由所在章号和字母以及小数点和数字组成，如"第2B.03节　禁令标志的尺寸"。

18　每一节由一个或若干条款组成。条款呈缩进排印，由数字标识。条款的数目从每一节起始时算起，文本标题（必须条款、指导条款、可选条款或支撑依据）不包含在内。一些条款有以字母或数字为编号的条目。举例说明如何在本手册引用：出现在本手册第4D.14节的表述"距离停车线不少于40英尺"在引用时应写成"4D.14，P1，A.1"，口头引用时称"第4D.14节第1条A.1款"。

必须条款：

19　依照《美国联邦法典》第23卷655.603（b）(3)，各州或其他联邦机构拥有其美国交通工程设施手册或补充文件的，必须修订这些手册或文件以便与国家《美国交通工程设施手册》两年（从最后变更条目的有效时间算起）内做的修改大体保持一致。这些州或其他联邦机构的美国交通工程设施手册必须与《美国联邦法典》第23卷655.603（b）(1)的补充文件规定大体一致。

20　如在MUTCD新版本或其修订版的生效日期之后，或在各州采纳之后（二者以后发生时间为准），新建或重建设施的安装必须遵从新版本或修订版。

21　在涉及新公路或自行车道路新建或重建的联邦资助项目案例中，交通控制设施（无论临时或永久）必须在公路向公众不设限开放或重新开放（参照《美国联邦法典》第23卷655.603（d）(2)与（d）(3)）之前参照国家MUTCD最新版本的规定进行安装。

22　除非某些特别设施不再使用，否则已在公路和自行车道路上安装的未依从手册的设施必须按照国家MUTCD的当前版本进行改造，作为未达标交通控制设施系统升级（以及新的所需交通控制设施安装）的一部分。该系统升级要求依从公路安全方案，即《美国联邦法典》第23卷402（a）。为贯彻MUTCD第23

卷655.603（d）(1)的特别修改，联邦公路局有权确定其他目标合规日期。这些目标由联邦公路局来确定执行期，且必须遵照表I-2规定。

23　除第24条的规定外，当未符合手册的设施因损毁、丢失或任何原因不再起作用而被替换或整修时，必须替换为与手册相符的设施。

可选条款：

24　如果工程评判显示以下内容，损毁、丢失或不再起作用的不合规设施可依原样替换：

　　A. 一个合规的设施位于一系列不合规的设施中，使道路使用者感到困惑；

　　B. 替换整套不合规设施的进度能及时符合MUTCD的规定。

联邦公路局制定的目标执行期　　表I-2

MUTCD 2009版章节序号	MUTCD 2009版章节标题	详细说明	执行期
2A.08	保持最低逆反射性能	实施并继续使用评估与管理策略，确保维护禁令和警告标志的逆反射性达到或超过指定水平（见第2条）	©该修订版有效期2年后起*
2A.19	侧向净空	在限速大于等于50英里/小时的道路路侧上的标志支撑结构的碰撞性能	2013/01/17（该日期在MUTCD2000版中已确立）
2B.40	单行道标志(R6-1, R6-2)	在MUTCD中"单行道"标志的新要求，如安装数量以及位置（见第4、9和10条）	2019/12/31
2C.06—2C.14	平面线形警告标志	关于不同平曲线线型警告标志使用的修改要求（MUTCD 2009版）	2019/12/31
2E.31, 2E.33, 2E.36	左侧出口标志	为左侧出口设计的E1-5aP和E1-5bP标志在MUTCD 2009版中的新要求	2014/12/31
4D.26	黄灯时间和全红清空时间	在确定黄灯时间和全红清空时间时使用工程实践的新要求（MUTCD 2009版）	该修订版生效后5年或者单个交叉口和（或）交通走廊重新配时，以先发生者为准
4E.06	行人信号灯时间和信号相位	行人信号灯清空时间不应与全红清空时间相接，二者之间应有至少3秒的缓冲时间，这是MUTCD 2009版的新要求	该修订版生效后5年或者单个交叉口和（或）交通走廊重新配时，以先发生者为准

续表

MUTCD 2009版章节序号	MUTCD 2009版章节标题	详细说明	执行期
6D.03**	施工人员安全注意事项	MUTCD 2009版规定所有在道路上的施工人员应该穿高亮度的工作制服	2011/12/31
6E.02**	路口协管员安全制服	MUTCD 2009版规定所有在道路上的交通控制旗手应该穿安全制服	2011/12/31
7D.04**	路口协管员安全制服	路口协管员安全制服的新规定（MUTCD 2009版）	2011/12/31
8B.03，8B.04	铁路与公路平交道口警告标志与支柱	铁路与公路平交道口标志与支柱上的逆反射条（见第8B.03节第7条和第8B.04节第15和18条）	2019/12/31
8B.04	在铁路与公路平交道口"减速让行"或"停车让行"组合标志	该手册关于"减速让行"或"停车让行"标志与铁路与公路平交道口标志组合使用的新规定	2019/12/31

* 如果资源条件允许的情况下，管理部门应考虑将其他类别的标志列入其管理与评估策略中。
** 该手册的规定均来源于国家法律授权。
注：之前在MUTCD 2009版中表 I-2 出现的所有执行期，在该版本的表格中均已删除。

第1篇 总 则

前言

第1A章 总则

第1A.01节 交通控制设施的用途

支撑依据：

01 交通控制设施的用途及其使用原则，是通过确保美国境内所有街道、公路、自行车道路及向公众开放的私人道路的道路使用者的有序运行，来改善并提高公路的安全性和运行效率。

02 为了最小化交通事故，确保交通流的所有要素能以统一且高效的状态运行，交通控制设施将告知道路使用者相关禁令，并提供所需的警告和指示信息。

必须条款：

03 交通控制设施或其支撑体上不能有任何广告信息或其他与交通控制无关的信息。

支撑依据：

04 面向游客的指路标志与特定服务标志不算作广告，可将其归类为驾驶员服务标志。

第1A.02节 交通控制设施的使用原则

支撑依据：

01 本手册涵盖规定交通控制设施设计与使用的基本原则，适用于所有类型与等级的街道、公路、自行车道（定义见第1A.13节），无论这些道路设施是隶属于公共机构、官方部门或是拥有管辖权的个人。如果某一设施在应用上有所限制或服务于某一特定系统，本手册的文本明确规定了该设施在使用时受到的限制。需要注意的是，在选择和使用每一个设施时首先要考虑这些原则。

指导条款：

02 为保证效果，交通控制设施应该满足五个基本要求：

A. *满足某种需求；*

B. *能够引起注意；*

C. *传递清晰、简单的意思；*

D. *能够引起道路使用者的重视；*

E. *为道路使用者提供足够的反应时间。*

03 设计、设置、运行、维护以及一致性是需要仔细考虑的几个方面，以确保交通控制设施的效用最大化，并满足上述五项基本要求。在进行不同交通控制设施的设计、运行、设置以及安装位置时，机动车速度应作为重点考虑因素。

支撑依据：

04 对"速度"的定义根据其用处有所变化。对特定速度的定义见第1A.13节。

指导条款：

05 对道路使用者遵守禁令设施所提出的行为要求由各州法律进行规定，若各州法律未能覆盖，则由地方条例或决议规定。这些法律、条例及决议应该与《统一车辆规范》保持一致（见第 1A.11 节）。

06　交通控制设施应该向理性和慎重的道路使用者提供必要的信息，从而高效、合法地使用街道、公路、行人设施和自行车道。

支撑依据：

07　交通控制设施所示含义的一致性对其有效性来说至关重要。本手册中各设施所代表的含义与第 1A.11 节提到的出版物在整体上保持一致。

第 1A.03 节　交通控制设施设计

指导条款：

01　*设施在设计方面应确保：设施大小、形状、颜色、构图、亮度或逆反射性、对比度等特征进行组合后能够引起道路使用者对设施的注意；大小、尺寸、颜色和信息的简洁性相结合能够表达明确的含义；设施易读性、大小与位置相结合能够保证足够的反应时间；一致性、大小、易读性与信息的合理程度相结合能够得到道路使用者的认可。*

02　*仅在有明确需要时对设施的标准设计部分进行修正。*

支撑依据：

03　关于修改设施设计的一个例子是对平曲线／交叉口组合标志（W1-10）的修改，该修改是为了展示平曲线两侧均有相交道路，而不只是单侧有相交道路。

可选条款：

04　除符号和颜色外，对设施的特定设计要素的微改只有在保留基本的外观特征时才可以进行。

第 1A.04 节　交通控制设施的安装和使用

指导条款：

01　*交通控制设施应该安装在道路使用者的视野范围之内，以提供足够的可视性。为辅助传达准确的含义，交通控制设施的安装位置应该综合考虑地点、目标或其适用情况合理放置。交通控制设施应该确保其位置和易读性能够让道路使用者在白天和黑夜条件下均有足够时间做出适当反应。*

02　*交通控制设施应该统一安装和使用且方式一致。*

03　*不必要的交通控制设施应该撤除。即使设施处于良好状态，也不能延迟必要的撤除或变动。*

第 1A.05 节　交通控制设施的维护

指导条款：

01　*应该对交通控制设施进行功能维护，以决定是否需要替换某些设施以满足当前交通条件。*

02　*应该对交通控制设施进行物理维护，以保证设施的易读性、可视性和正常运转。*

支撑依据：

03　整洁、易读、安装合适且运营良好的设施能够得到道路使用者的重视。

第 1A.06 节　交通控制设施的一致性

支撑依据：

01　交通控制设施的一致性能够简化道路使用者对设施的使用，因为一致性有助于设施的识别和理解，进而降低感知／反应时间。设施的一致性通过给所有人相同阐释，能够辅助到道路使用者、执法人员和交通执法部门。一致性仍可帮助公路管理人员提高建造、安装、维护和管理的效率。一致性意味着对相似的情况做相似的处理,对统一交通控制设施的使用本身并不构成一致性。标准设施使用不当和使用非标准设施同样存在异议,事实上,设施使用不当可能更糟,因为可能导致在需要设置合适设施的地方对该设施的不重视。

第 1A.07 节　交通控制设施的责任归属

必须条款:

01　交通控制设施的设计、设置、运营、维护和一致性的责任必须由政府部门、有管辖权的官方机构或在向公众开放的私人道路领域内拥有管辖权的私人或私立机构承担。《美国联邦法典》第 23 卷 655.603 采用 MUTCD 作为国家标准,适用于所有安装在任何街道、公路、自行车道或向公众开放的私人道路(定义见第 1A.13 节)上的交通控制设施。当州政府或其他联邦机构需要制定手册或补充规定时,该手册或补充规定必须与国家《MUTCD》大体上保持一致。

02　《美国联邦法典》第 23 卷 655.603 也规定在每个州的所有街道、公路、自行车道或向公众开放的私人道路上的交通控制设施必须与联邦公路局制定或批准的标准大体上保持一致。

支撑依据:

03　本手册引言部分包括向公众开放私人道路的一般性含义和《MUTCD》的适用性信息。

04　对于统一手册的采用,《统一车辆规范》(见第 1A.11 节)在第 15-104 节有如下规定:

(a)(州公路交通部门)应采用一本手册或细则从而统一交通控制设施系统,并与本规范对州内公路的使用规定保持一致。该统一系统应尽可能符合《街道和公路美国交通工程设施手册》部分的最新版本,以及其他由联邦公路局制定或批准的标准。

(b)依据分节(a)采纳的手册具有法律效力。

05　所有州已正式采用《美国交通工程设施手册》,有的是涵盖附加规定,有的是作为独立的出版文件。

指导条款:

06　各州的州手册或附加规定应根据与该州相关的具体条款进行审核。

支撑依据:

07　国家公园管理局、美国林业局、美国军事指挥部、印第安人事务局、土地管理局、美国鱼类和野生动物管理局也采用了《美国交通工程设施手册》。

指导条款:

08　各州应该采用《统一车辆规范》第 15-116 节:"任何人不应在私人财产领域内安装或维护用于公共目的的标志、信号灯、标线,或其他用于禁止、警告或指示交通的设施,除非符合第 15-104 节所采用的州手册与规定。"

第 1A.08 节　交通控制设施的安装授权

必须条款:

01　交通控制设施、广告、公告及公路用地内的其他标志或信息的设置需要政府当局、有管辖权的部门授权,如果是向公众开放的道路,需要私人拥有者或有管辖权的私立部门授权,从而达到禁止、警告或指示交通的目的。

02　当政府当局、对某一街道或公路有管辖权的部门、向公众开放道路的私人拥有者或有管辖权的私立部门授予适当的权限时,其他机构(如承包商和公共事业单位)可以在临时交通控制区域安装临时交通控制设施。此类交通控制设施必须符合手册标准。

03 所有的交通控制禁令设施必须得到法律、条例或规章的支持。

支撑依据：

04 *本手册的条款基于一项理念：有效的交通控制取决于设施的恰当应用与规定的合理执行。*

05 *尽管一些公路设计要素（包括路缘、中央隔离墩、护栏、减速带以及纹理路面）对交通运行与交通安全有显著影响，这些要素并未被视作交通控制设施，其设计与使用的相关条款也不包含在本手册中。*

06 *特定的标志类型与其他没有任何交通控制目的的设施有时会被设置在公路用地内（由政府当局、对街道或公路有管辖权的部门授权）。大多数此类标志或其他设施的设置并不是面向所有的道路使用者，而仅对明确其含义的个人有意义。这些标志或其他设施不算作交通控制设施，其设计与使用的相关条款也不包含在本手册中。此类标志或设施包括：*

A. *用于辅助公路养护人员的设施，例如引导除雪操作人员的标识、确定管线和进水口位置的设施以及用于养护或除草目的的公路精确定位设施。*

B. *用于辅助消防人员和执法人员的设施，例如确定消防栓位置的标识、确定火区或水区边界的标志、时速测量路面标线、辅助闯红灯执法的小型指示灯以及拍照执法系统。*

C. *用于辅助设施公司人员和公路承包商的设施，例如标明地下设备位置的标线。*

D. *当地非交通条例的标志。*

E. *社会组织集会公告信息的标志。*

必须条款：

07 安装在公路用地内但无任何交通控制目的的标志或其他设施，必须确保其位置不会干扰、影响交通控制设施发挥作用。

指导条款：

08 *任何由私人组织或个人在公路用地内设置的未经授权的交通控制设施或其他标志、信息板，构成公众利益妨碍的，应该进行清除。所有非正式或不必要的交通控制设施、标志或信息板应该被清除。*

第 1A.09 节　工程调研和工程评判

支撑依据：

01 工程调研和工程评判的定义可见第 1A.13 节。

必须条款：

02 **本手册介绍了交通控制设施的应用，但并非是从法律层面强制要求安装这些设施。**

指导条款：

03 *在某地安装某个交通控制设施的决定应基于工程调研或工程评判。因此，该手册提供了必须条款、指导条款和可选条款，以及交通控制设施的应用示例。该手册不能替代工程评判。工程评判不仅应用于选择和使用交通控制设施，而且在交通控制设施所服务道路的选址与设计上发挥重要作用。*

04 *在道路和街道的定线与设计的早期阶段，工程师将定线和设计与即将用于该道路和街道的交通控制设施的设计与设置进行结合考虑。*

05 *对交通控制有责任的管辖人员或向公众开放的私人道路拥有者，若其管理人员中没有受过训练的或对交通控制设施有经验的工程师，应从别处寻找帮助，例如州交通部门、所在郡、邻近大城市或交通工程咨询机构。*

支撑依据：

06 作为联邦资助计划的一部分，各州均被要求开展本地技术援助项目（LTAP），并向本地公路部门提供技术援助。从各州的本地技术援助项目中可以获得应用 MUTCD 原则的必要技术培训,用于所需的工程指导和辅助。

第 1A.10 节 解释、试验、变更与临时批准

必须条款:

01 必须禁止非本手册采用的交通控制设施的设计、应用和设置,满足本节以下条款的除外。

支撑依据:

02 技术的不断进步将改变公路、车辆与道路使用者的熟悉程度。因此,本手册中交通控制设施系统部分需要更新。另外,特殊情况下的设施运用可能需要本手册的解释或说明。重要的是,设置一套程序以识别这些发展变化并向系统中引入新观点和修改。

必须条款:

03 除第 4 条的规定之外,任何关于解释、许可试验、临时批准或变更的请求应以电子版形式提交至联邦公路局交通运输管理办公室《美国交通工程设施手册》修订组的邮箱:MUTCDofficialrequest@dot.gov。

可选条款:

04 如果无法提交电子申请,关于解释、许可试验、临时批准或变更的请求可邮寄至华盛顿特区东南新泽西大街 1200 号,联邦公路局,HOTO-1,交通运输管理办公室,邮政编码 20590。

支撑依据:

05 如果是有关《美国交通工程设施手册》其他事务(不涉及官方请求)的通信,通过电子方式提交至《美国交通工程设施手册》修订组领导或相应的成员,将得到更快的关注。修订组人员的电子邮箱地址链接可通过《美国交通工程设施手册》网站 http://mutcd.fhwa.dot.gov/team.htm 上的"成员介绍"页面获得。

06 解释范围包括对标准交通控制设施应用和运行的考虑、官方定义或相关变动。

指导条款:

07 对本手册进行解释的请求应该包含如下信息:

A. *对所寻求解释的精炼描述;*

B. *对引发需要解释的情况介绍;*

C. *任何有助于理解请求的图示;*

D. *任何与被解释项目相关的支撑研究数据。*

支撑依据:

08 试验的请求范围包括对外场调度的考虑,即用于测试或评估新交通控制设施及其应用或使用形式,或本手册中未特别描述的条款。

09 对进行试验的许可请求仅在当请求由对试验路段所在道路或街道负责的政府部门或收费设施运营者提交时予以考虑。对于向公众开放的私人道路,仅当其私人拥有者或有管辖权的私立部门提交请求时予以考虑。

10 交通控制设施试验流程图如图 1A-1 所示。

指导条款:

11 对进行试验的许可请求应该包含如下信息:

A. *一份对问题特征的描述;*

B. *对交通控制设施的变动提议、应用、演变过程、偏离标准的形式以及与现行标准相比可能做出的改进的描述;*

C. *任何有助于理解交通控制设施或其应用的图示;*

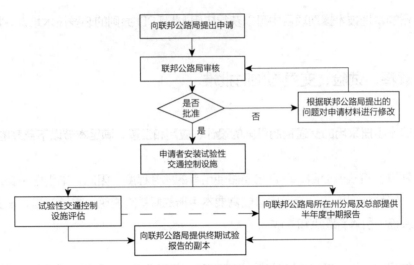

图 1A-1　申请和进行新交通控制设施试验过程

D. 任何做出解释的支撑数据，包括交通控制设施发展过程。如果已被测试，以何种方法发现其有效或无效，以及选择该设施或应用的缘由；

E. 一份具有法律约束力的声明，证明该交通控制设施的概念不受专利或版权的保护（一个关于交通控制设施概念的例子：一般意义上的行人倒计时信号。通常情况下，一个完整的一般概念不受专利或版权的保护。但如果受保护，将不允许进行相关试验，除非专利或版权所有者签署联邦公路局承认的弃权说明。举例：行人倒计时信号中的部分设备也许受专利或版权保护，例如，制造商对行人倒计时信号的特别商标的设计，包括独属于该制造商产品的外罩或电子系统的设计细节。只要一般概念不受专利或版权的保护，在试验时，可进行使用从属于一个或若干制造商的一个或多个专利设施组合）；

F. 试验时间与地点；

G. 一份详细的研究或评估方案，用于密切监控试验，特别是在外场安装的早期阶段。评估方案应该包含安装前后对比研究，以及描述试验设施性能的量化数据；

H. 一份协议，规定在试验结束后 3 个月内，将试验地点恢复至符合本手册条款的情形。该协议也必须规定，资助试验的部门如果认定由于试验的直接或间接影响而出现重大安全隐忧，可随时终止试验。联邦公路局交通运输管理办公室有权在出现安全问题迹象时终止对试验的许可。如果根据试验结果，提出更改本手册的请求，包括添加试验设施或应用，设施或应用将在适当位置保留至官方采取立法行动；

I. 一份关于在试验期间提供半年进度报告的协议，以及一份在试验结束后 3 个月内向联邦公路局交通运输管理办公室提交试验最终结果复印件的协议。若报告未按时间表提交，联邦公路局交通运输管理办公室有权终止对试验的许可。

支撑依据：

12　"变更"包括对新设施替代现有标准设施的考量、向标准设施列表中添加额外设施，或对交通控制设施应用或安装规则的修改。

指导条款：

13　手册修改请求应该包含如下信息：

A. 一份陈述，阐明提议何种改变；

B. 任何有助于理解请求的图示；

C. 任何便于审核的相关支撑研究数据。

支撑依据：

14　在政府决策制定期间，临时批准允许临时使用新交通控制设施、修改现存交通控制设施应用或使用形式，或临时使用本手册中未特定描述的条款。联邦公路局发布了一份由主管交通运行的联邦公路局副局长签署的《临时批准备忘录》，并登在 MUTCD 网站上。联邦公路局发布的临时批准通常可促成交通控制设施或应用被列入下一个针对本手册修改的规则制定日程。

15　在成功的试验结果、分析或试验室研究结果、对美国以外交通控制设施应用经验回顾的基础上，可考虑临时批准。对临时批准的考量包括对相关风险、收益、成本、影响及其他因素的评估。

16　临时批准允许选择性使用交通控制设施或应用，且不会产生新的关于使用的授权或建议。临时批准包括如下情况：管辖机构同意配合，从而使用或应用交通控制设施直至官方规则制定行动启动。

必须条款：

17　管辖机构、收费设施运营者或向公众开放的私人道路的所有者，如要使用联邦公路局已经发布临时批准的交通控制设施，必须向联邦公路局请求许可。

指导条款：

18　在临时批准情况下，对设置交通控制设施的许可请求应该包含如下信息：

A.对设施使用地点的描述，例如列举出特定地点、公路区段和位置类型，或是在管辖权范围内使用设施的意图声明；

B.一份关于遵守联邦公路局临时批准文件中所包含的设施应用特定条件的协议；

C.一份维持并持续更新设施安装地点清单的协议；

D.一份协议，规定：

1.在该交通控制设施最后决定发布后的 3 个月内，将临时批准地点恢复至符合本手册条款规定的情形；

2.如果认定临时批准安装的设施或应用直接或间接引起重大安全隐忧，可随时终止使用该设施或应用。联邦公路局交通运输管理办公室有权在出现安全问题迹象时终止临时批准。

可选条款：

19　一个州可以为该州内所有管辖区提交使用临时批准范围内设施的请求，只要该请求包含第 18 条列出的信息。

指导条款：

20　使用临时批准范围内设施的地方管辖部门、收费设施运营者、向公众开放的私人道路的所有者，设施由联邦公路局直接许可或是基于州政府做出的请求得以在全州范围内使用的，应该向全州通报使用地点。

21　地方管辖部门、收费设施运营者、向公众开放的私人道路的所有者，在请求试验许可或请求使用临时批准范围内的设施或应用时，应该首先检查该州是否存在涉及 MUTCD 条款应用的州法律或指导性条文。

可选条款：

22　临时批准安装的设施或应用，可在临时批准规定的条件下留在原地，直到官方采取规则制定行动。

支撑依据：

23　将新交通控制设施纳入本手册的流程如图 1A-2 所示。

24　更多关于解释、试验、变动或临时批准的信息，请访问 MUTCD 网站 http : //mutcd.fhwa.dot.gov。

第 1A.11 节　与其他出版物的关联

必须条款：

01　如下出版物的最新版本或者是特别提到的版本，如果被具体引用，必须作为本手册的一部分：《公路

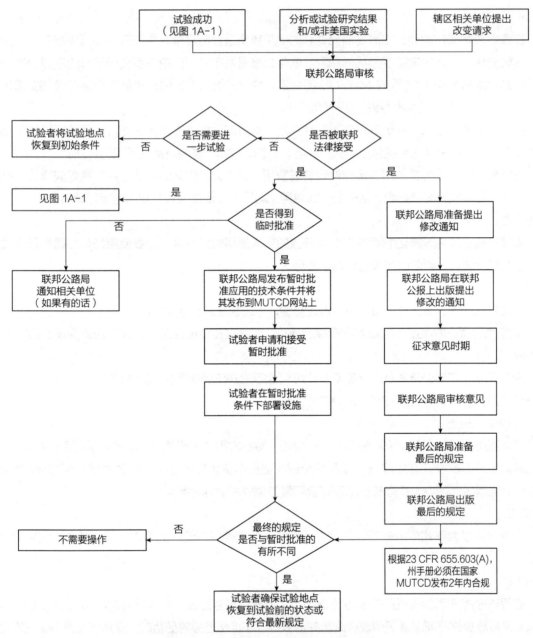

图 1A-2　新交通控制设施纳入手册的流程图

标志和标线标准》（联邦公路局），以及《逆反光标志与路面标线材料的颜色规格》（附录于《美国联邦法典》第 23 卷第 655 篇 F 子篇）。

支撑依据：

02 《公路标志和标线标准》包括标志和路面标线所用的标准字母、符号、箭头和路面标线。

03 有关第 1 条提到的出版物信息，请访问联邦公路局 MUTCD 网站 http：//mutcd.fhwa.dot.gov，或写信寄往华盛顿特区东南新泽西大街 1200 号，联邦公路局，HOTO-1，交通运输管理办公室，邮政编码 20590。

04 其他出版物作为与本手册使用相关的有用信息资源，列于本段落。关于下列出版物的订购信息可参见本手册第 i 页（也有一些较新版可作为有用的信息资源）：

1.《学校安全巡逻行动手册》（2006版），美国汽车协会。
2.《公路和街道几何设计政策》（2004版），美国公路和交通运输协会。
3.《自行车设施发展指南》（1999版），美国公路和交通运输协会。
4.《行人设施规划、设计与运营指南》（2004版），美国公路和交通运输协会。
5.《度量转换指南》（1993版），美国公路和交通运输协会。
6.《高速公路邻近交通吸引区的辅助指路标志选择指南》（第4版指路标志），第2篇"机场指路标志指南"，第3篇"州际公路指路标志中控制使用城市名单"（项目码GSGLC-4，2001版），美国公路和交通运输协会。
7.《路侧设计指南》（2006版），美国公路和交通运输协会。
8.《移动式公路桥标准规范》（1988版），美国公路和交通运输协会。
9.《交通工程度量转换集——度量转换指南补充修订》（1993版），美国公路和交通运输协会。
10.《2009年美国铁路工程与养护协会通信与信号灯指南》，美国铁路工程与养护协会。
11.《可变信息标志运行与信息编写手册》（FHWA-OP-03-070，2004版），联邦公路局。
12.《人行道与路径的无障碍设计》第2篇"最佳实践设计指南"（FHWA-EP-01-027，2001版），联邦公路局。
13.《多乘员车辆车道联邦资助公路计划指南》（2001年），联邦公路局。
14.《交通标志反光养护》（2007版），联邦公路局。
15.《铁路—公路立交手册（第2版修订）》（FHWA-SA-07-010，2007版），联邦公路局。
16.《匝道管理与控制手册》（FHWA-HOP-06-001，2006版），联邦公路局。
17.《环岛信息指南（第2版修订）》（FHWA-RD-00-067，2000版），联邦公路局。
18.《信号灯配时手册》（FHWA-HOP-08-024，2008版），联邦公路局。
19.《信号交叉口信息指南（第2版修订）》（FHWA-HRT-04-091，2004版），联邦公路局。
20.《更好出行，更长旅行：为老龄人群改善交通控制和机动性的袖珍指南》（FHWA-OP-03-098，2003版），联邦公路局。
21.《公路照明实践》（RP-8，2001版），照明工程协会。
22.《预防商业电雷管使用中射频辐射危害的安全指南》（安全图书出版第20号，2001年7月版），炸药制造商协会。
23.《美国高可视性公共安全背心国家标准》（ANSI/ISEA 207-2006，2006版），国际安全装备协会。
24.《美国高可视性安全服装与头饰国家标准》（ANSI/ISEA 107-2004，2004版），国际安全装备协会。
25.《交通信号灯设计手册》（1998版），美国交通工程师学会。
26.《交通运输工程调研手册》（1994版），美国交通工程师学会。
27.《行人交通控制信号指示》第1篇（1985版）、第2篇（LED行人交通信号灯组件）（2004版），美国交通工程师学会。
28.《铁路交叉口邻近交通信号灯优先权》（2006版），美国交通工程师学会。
29.《闪光与稳定发光警告灯购买规范》（1981版），美国交通工程师学会。
30.《交通控制设施手册》（2001版），美国交通工程师学会。
31.《交通检测器手册》（1991版），美国交通工程师学会。
32.《交通工程手册》（2009版），美国交通工程师学会。
33.《交通信号灯》（1980版），美国交通工程师学会。
34.《机动车交通控制信号灯头》第1篇（1985版）、第2篇（LED圆形信号补充）（2005版）、第3

篇（LED 机动车箭头信号补充）（2004 版），美国交通工程师学会。

35.《统一车辆规范与模范交通条例》（2000 版），全国统一交通法规和条例委员会。

36.《标准出版物 TS 4-2005 基于国家智能交通运输系统交通通信协议需求的动态信息情报板硬件标准》（2005 版），美国电气制造商协会。

37.《职业安全和卫生管理条例》《美国联邦法典》第 29 卷—标准）"一般安全和卫生条款—1926.20"（修订于 1993 年 6 月 30 日），职业安全和卫生管理局。

38.《无障碍行人信号最佳实践指南》（美国国家公路合作研究计划网络文档 117A，2008 版），交通运输研究委员会。

39.《无障碍行人信号指南》（美国国家公路合作研究计划网络文档 117B，2008 版），交通运输研究委员会。

40.《道路通行能力手册》（2000 版），交通运输研究委员会。

41.《公路特征安全性能评价建议步骤》（美国国家公路合作研究计划报告 350 号，1993 版），交通运输研究委员会。

42.《美国残障法案关于建筑与设施的无障碍指南》（1998 年 7 月版），美国无障碍委员会。

第 1A.12 节 用色规定

支撑依据：

01 下列用色规定给出了 13 种颜色中 11 种的一般含义，这 11 种颜色被确认为适合用于传递交通控制信息。每种颜色的容许限度范围可见《美国联邦法典》第 23 卷第 655 篇 F 子篇的附录，同时可访问联邦公路局 MUTCD 的网站 http：//mutcd.fhwa.dot.gov，或向联邦公路局安全研究与发展办公室写信获知，地址为弗吉尼亚州麦克莱恩市乔治敦大道 6300 号，联邦公路局，联邦公路局安全研究与发展办公室（HRD-T-301），邮政编码 22101。

02 未被指定一般含义的 2 种颜色暂且保留，可在未来加以应用，仅由联邦公路局在咨询各州、工程团体与公众后所决定。本部分介绍的含义是指一般含义，更具体的用色指定含义可见于本手册中相关设施的部分。

必须条款：

03 十三种颜色的一般含义如下规定：

A. 黑色——禁令。

B. 蓝色——道路使用者服务指示、旅游信息和疏散路径。

C. 棕色——休闲与文化景区指示。

D. 珊瑚色——未指定。

E. 荧光粉红——交通事件管理。

F. 荧光黄绿色——行人警告、自行车警告、户外园地警告以及校车与学校警告。

G. 绿色——允许通行，方向指示。

H. 浅蓝色——未指定。

I. 橙色——临时交通控制。

J. 紫色——仅限注册电子不停车收费系统（ETC）车辆的行驶车道。

K. 红色——停止或禁止。

L. 白色——禁令。

M. 黄色——警告。

第 1A.13 节　本手册中标题、字词及短语的定义

必须条款：

01　本手册所使用的"必须条款"、"指导条款"、"可选条款"和"支撑依据"必须作如下定义：

A. 必须条款——关于某一交通控制设施要求必须遵循或明确禁止设置的表述。所有关于基本要求的内容都被归入"必须条款"部分，文字部分加粗。"必须条款"中常用"必须"进行说明，而不用"应该"和"可"。"必须条款"部分的陈述有时会通过"可选条款"部分稍加改动。

B. 指导条款——在典型情况中推荐（而非强制）应用的表述。根据工程评判或工程调研可以对此类表述进行适当修改。所有的指导内容都被归入"指导条款"部分，文字部分不加粗。通常使用"应该"，而不用"必须"和"可"。"指导条款"的表述有时会通过"可选条款"部分进行修改。

C. 可选条款——对通过许可的做法的表述，不包含任何强制要求或建议。该部分的表述有时包含针对"必须条款"或"指导条款"的修改。所有可选择性内容都被归入"可选条款"部分，文字部分不加粗。常用"可"，而不用"必须"和"应该"。

D. 支撑依据—— 一般的信息表述，不包括任何程度的强制要求、建议、授权、禁止或可强制实施条件。所有的支撑依据都被列在"支撑依据"部分，文字部分不加粗。"必须"、"应该"和"可"均不会出现在支撑依据中。

02　除在本节或本手册的其他"篇"另有定义，字词或词组的定义均遵从最新版的《车辆统一规范》（Uniform Vehicle Code，UVC）、美国国家公路与运输协会（AASHTO）《交通术语表（公路定义篇）》（Transportation Glossary（Highway Definitions）），以及第 1A.11 节中提及的其他出版物。

03　本手册中所用以下名词及词组，必须作如下定义：

1. 无障碍行人信号——通过非可视形式，例如声调、语音信息或振动界面等，传递行人信号配时信息的设施。

2. 无障碍行人信号检测器—— 一种用于帮助有视觉或其他生理障碍的行人理解行人信号相位的设施。

3. 平交道口主动式警告系统——用于公路—铁路平交道口，包括闪光信号灯、警告道闸（也可以不设置）以及必要的控制设备，以告知道路使用者列车正在接近或已到达。

4. 感应运行—— 一种交通控制信号运行的类型，即通过感应运行部分或全部交通控制信号相位。

5. 感应——通过检测器改变或延续交通信号的某一相位。

6. 铁路信号优先预告——在启动铁路或轻轨警告设施前，由铁路或轻轨设备传送轨道交通正在接近的信息到公路交通信号的控制单元或单元组。

7. 铁路信号提前预告时间——指公路的交通信号需要的最大优先时长与启动铁路或轻轨警告设施时间的差。

8. 建议速度——根据公路设计、运行特性以及（道路交通）条件，提供给运行在公路某路段的所有机动车的推荐速度。

9. 小巷——用于从后面或侧面进入城市小区或建筑的街道或公路，不建议机动车穿行通过。

10. 修正限速区——根据工程调研确立的限制速度，而不是法定限制速度。

11. 入口——从某一方向驶进交叉口或者道路中段的所有车道，包括任何邻近的允许停车的车道。

12. 干线公路（街道）—— 一般术语，指主要由过境交通使用的公路，通常具有连续的路径，或为指定作为干线系统部分的公路。

13. 值守车道（人工车道）——挨着收费亭的收费车道，收费亭内有人工收费员负责找零、发卡以及其他和收费相关的业务。收费站内的值守车道往往用于机动车停车缴费。

14. 自动缴费车道——见不设找零车道。

15. 年平均日交通量（Average Annual Daily Traffic，AADT）——一年之内，公路上通过某点或某路段的双向交通量的总和除以一年的总天数。通常可根据一天内观测的小时数、一周内的观测天数以及一年的观测季度数调整周期日交通量，以得到年平均日交通量。

16. 平均日交通量（Average Daily Traffic，ADT）——24小时交通量的平均值，即一段固定观测周期内交通总量除以该周期内天数的值。通常该交通量等同于若干天内的周期日交通量，而不能根据一周内的观测天数，以及一年的观测季度数调整得到。

17. 平均日——代表平常交通量的一日，在某一位置可频繁观测到。当交通量主要受上班族影响时，平均日通常指某一工作日；当交通量主要受休闲娱乐活动影响时，平均日通常指周末某一天。

18. 背板——见信号灯头背板。

19. 物理隔离的车道——通过实体障碍物与相邻的一般车道分隔开的专用车道，或其他有特殊用途的车道。

20. 信标——以闪光模式工作的伴有一个或多个信号组合的公路交通信号灯。

21. 自行车——人乘坐的通过踏板驱动的车辆。

22. 自行车设施——一般术语，指改进和新提供的设施，这类设施用于提供或鼓励骑自行车，包括停车和存车设施，以及非仅供自行车使用的共用道路。

23. 自行车专用车道——道路的一部分，通过标线和标志（如果有必要）表示自行车骑行者优先使用或仅供自行车骑行者使用的车道。

24. 自行车道——通用术语，指以某种形式表示可供自行车行驶的任何路、街道、小路或道路，无论该车道是仅供自行车使用，还是可与其他交通出行方式共同使用。

25. 缓冲车道标线隔离的专用车道——通过标准纵向标线（该标线比普通或宽车道线标线更宽）与相邻的通用车道分隔开的专用车道，或其他有特殊用途的车道。缓冲区域可能包括隆声带、有纹理的路面或渠化设施（例如交通柱或可穿越路缘），但不包括障碍物。

26. 悬臂式交通信号灯支撑结构——一种结构，类似于塔臂，牢牢附在垂直杆上，用于为公路交通信号灯头或平交道口信号单元提供悬挂支撑。

27. 中央分界线标线——黄色路面标线，一般为道路上机动车行车正向与对向车道的分界线。但该标线不一定要铺设在路面的几何中央处。

28. 可变信息标志——可以显示超过一种信息的标志（其中一种可能空白显示），通过人工、远程控制或自动控制的方式改变显示信息。在美国国家智能交通系统框架（National Intelligent Transportation Systems（ITS）Architecture）中，电子显示可变信息标志被称作"动态信息标志"，而在美国电气制造商协会（National Electrical Manufacturers Association，NEMA）出版的标准中，该标志又被称作"变化信息标志"。

29. 渠化标线——用于形成交通岛的一条宽的或两条细的白实线，主要用于隔离同一行驶方向的车辆。

30. 环形交叉口——一种具有交通岛的交叉口，通常设计成圆形，位于交叉口的中央，车辆按右侧方向绕岛行驶。环形交叉口包括环岛、环状交叉路口和圆形交叉路口。

31. 绕环岛车道——位于环形交叉口内的车道，处于该车道的车辆绕环形交叉口中央的交通岛逆时针行驶。

32. 安全预留距离——在第8篇中，有效的车辆预留距离是指离交叉口最近的轨道与交叉口停车线（或公路上通常的停止点）之间留6英尺。在有倾斜度的道口和交叉口，6英尺的距离应该是沿公路中心线或边缘线与最近轨道间的垂直距离，视情况设定最短距离。当使用出口道闸时，有效的车辆预留距离从远离出口道闸悬臂的车辆尾部算起。当出口道闸悬臂与轨道平行且不与公路垂直时，有效的车辆预留沿着公路中心线或边缘线计算，视情况设定最短距离。

33. 净空区——整个路边边界区域，从行车道边缘开始，可供偏离道路行驶的驾驶员停车或重新控制车辆使用。净空区可由路肩、可驶回边坡和（或）不可驶回边坡、不可驶回但可穿越边坡（底端有冲出净空区）组成。

34. 集散公路——在乡村，连接小镇及内部道路与干线公路的公路；在城市区域，为住宅区、商业区以及办公区提供可达性和交通循环，以及连接内部道路和干线道路的公路。

35. 顺流优先车道——相邻的混合流车道同向运行时具有优先权的车道，该车道可以通过标准的车道条纹线、施划的缓冲区或者隔离栏从相邻的一般用途的高速公路车道中分离出。

36. 冲突监控器——交通信号控制机中对不正确或冲突的信号指示以及不正确的运行电压进行监测、回应的设备。

37. 恒定预警时间检测——一种检测轨道交通的方法。当检测到邻近的火车或者轻轨无加速或减速行为时，提供相对一致的预警时间。

38. 车道线隔离的专用车道——仅通过常规或宽车道标记线与相邻车道分隔，具有优先通行权或无优先权的车道。

39. 控制机——一套完整的安装在控制柜内用于控制公路交通信号运行的电子设备。

40. 控制器单元——控制器的一部分，专门用于信号显示的选择和定时。

41. 常规道路——除低流量道路（定义见第5A.01节）、城市快速路和高速公路以外的街道或者公路。

42. 潮汐车道——与正常交通流运行方向相反的车道，用于一天中某一时段的高峰出行指示。潮汐车道通常通过交通柱或其他灵活的渠化设施、临时的车道分离器及可移动的或永久的隔离栏从非高峰方向车道中分离出来。

43. 碰撞消能——一种特有的道路边附属物特性，已经成功通过满足国际标准的碰撞试验。国际标准见国家合作公路研究项目350号报告：《公路特性安全性能评价推荐程序》。

44. 人行横道——（1）交叉口处道路的一部分，包括道路两侧人行道的侧向线连接在内，从路缘处开始计算。没有路缘时，从可穿越道路的边缘开始计算。当道路的一侧无人行道时，人行横道包括与中心线呈直角的人行道侧向线的延长部分；（2）交叉口处道路的任何部分或由路面标线明确标作行人横穿区域的，标线可辅以差异较大的路面纹理、风格或颜色。

45. 人行横道线——用于指示人行横道的白色路面标线。

46. 周期时长——一个完整序列的信号指示所需要的时间。

47. 全黑模式——信号控制点所有信号指示灯熄灭（全黑模式经常与电源故障、匝道控制、混合信标、信标和一些可移动桥梁的信号显示有关）。

48. 轮廓标——一种沿道路表面或者边缘连续设置具有逆反射性的交通安全设施，用于指示道路线形，特别是在夜晚或恶劣天气条件下使用较多。

49. 设计车辆——当前道路的管理部门（州级）法令所允许的最长车辆。

50. 指定自行车路线——由具有管辖权的管理部门指定的自行车线路系统，具有适当的导向型和信息型路线标志，有或无特定的自行车路线编号。

51. 可感知的——位于道路表面，连续、有边缘、宽度在6英寸以内的通道，为有视觉障碍的行人提供有用的指引信息。

52. 检测器——一种用于测定车辆或行人存在或通过的设施。

53. 下游——地点术语，交通流由"上游—下游"的方向流动，下游就是上游之后的位置。比如，在交叉口入口处将转向车道从直行车道分离出的车道标线的下游终点，是离交叉口最近的车道线终点。

54. 分叉（向）车道——常规道路上直行车道变成强制转向车道，或者高速公路及城市快速路上直行车道变为强制出口车道处认定为减少的车道。加速车道末端以及数量减少的直行车道，当不涉及强制转弯或出口时不认定为是减少的车道。

55. 双箭头信号单元——同时包括一个黄色箭头和一个绿色箭头的信号单元。

56. 列车侧向净空动态轨迹——为装载、侧向运动或者悬挂故障的任意组合（见图表8B-8）提供的轻轨或者列车及其货物外悬所需要的净空。

57. 动态出口道闸运行模式——在最小轨迹净空距离内，在有车辆的情况下出口道闸运行模式。

58. 道路边缘线——用于描绘行驶道路左侧或右侧边缘的白色或黄色路面标线。

59. 电子收费系统（ETC）——一种通过射频通信或者光学扫描对移动或停止的车辆进行自动收费的系统。电子收费系统分为以下两种：（1）需要用户注册收费账户。车辆内部或者外部安装诸如应答机或条形码贴纸等设备，可连接路侧或上方的接受设备或被检测到；或者使用车牌光学扫描；从注册的用户账号自动扣除费用；（2）系统无需用户注册收费账户，通过车牌光学扫描收费，并将费用单据通过邮件发送到车主的邮箱地址。

60. 电子收费账户（ETC）专用车道——无人值守的收费车道，仅限注册过缴费账户的车辆使用。

61. 紧急车辆混合信标——一种在无信号控制地点警告和控制交通的特殊信标，用以协助被授权的紧急车辆进入或穿过街道或公路。

62. 应急车辆交通控制信号——一种特殊交通控制信号，给被许可的应急车辆优先通行权。

63. 道路终点标识——用于提醒和警告道路使用者除临时交通控制区域外的道路终点。

64. 工程评判——对本手册或者其他来源中可获取的相关信息以及相应原则、规定和实践应用的评估，作为交通控制设施的适用范围、设计、操作或安装的依据。工程评判须由工程师或者在工程师监督下通过采用工程师制定的标准和程序的个人做出。工程评判不要求文件证明。

65. 工程调研——对本手册或者其他来源中可获取的相关信息以及相应的原则、规定和实践应用的综合分析与评估，作为交通控制设施的适用范围、设计、操作或安装的依据。工程调研须由工程师或者在工程师监督下通过采用工程师制定的标准和程序的个人进行。工程调研需要文件证明。

66. 入口道闸——落下后可横跨在平交道口入口车道上的自动闸门，阻止道路使用者进入平交道口。

67. 不设找零车道（自动缴费车道）——一种无人值班的收费车道，道路使用者可以将数量正好的硬币投入收费机器中缴纳通行费。这种车道通常需要车辆在收费站处停车缴纳通行费。

68. 出口道闸——落下后可横跨在平交道口出口车道上的自动闸门，阻止道路使用者通过对向车道进入平交道口。

69. 出口道闸清空时间——对于有四象限道闸系统的平交道口，从入口道闸开始降下到出口道闸降下的时间差。

70. 出口道闸工作模式——对于有四象限道闸系统的平交道口，用于管理出口道闸操作的控制模式。

71. 快速路——指进出受到部分控制的分离式公路。

72. 旗手——使用手持信号装置控制车流进入和（或）通过临时交通控制区域的人，或自动引导装置。

73. 闪光装置——一种闪烁性高速公路交通信号指示灯装置，闪烁频率约为1秒一次。

74. 闪光——一种重复开关光源的操作，例如交通信号指示灯。

75. 闪光信号灯——由两个水平放置的红灯组成的一种警告装置，当火车靠近或正在通过平交道口的时候交替闪烁。

76. 闪光模式——一种运行模式，在该种模式下，公路交通信号的每个车辆信号灯面至少有一个交通信号指示灯被重复地开关。

77. 高速公路——指进出受到全部控制的分离式公路。

78. 全感应式控制——一种全部信号相位皆通过感应实现的交通信号控制方式。

79. 道闸——一种自动或者手动的交通控制设施，用来阻隔道路使用者通过路径上的某个特殊点，或者阻碍他们进入一个特殊的平交道口、匝道、车道、道路或设施。

80. 平交道口——通常是指公路与铁路或者轻轨线路在同一水平面交叉的区域，包括用于此区域内通行的轨道、公路及交通控制设施。

81. 指路标志——一种指示路线、目的地、方向、距离、服务区、旅游景点，或者包含其他地理、娱乐以及文化信息的标志。

82. 多乘员车辆（HOV）——指至少搭载两名或两名以上乘客的机动车，包括合乘车辆、中型客车以及公共汽车。

83. 公路——供车辆出行的公共道路的统称，包括车辆具有通行权的全部区域。

84. 公路-轻轨平交道口——指公路与轻轨线路在同一水平面交叉的区域，包括轻轨轨道、公路以及辅助此区域交通运行的交通控制设施。

85. 公路-铁路平交道口——指公路与铁路线路在同一水平面交叉的区域，包括铁路轨道、公路以及辅助此区域交通运行的交通控制设施。

86. 公路交通信号——一种电动交通控制设施，用来警示或指示交通参与者采取特定行动。这种设施不包括电动标志、持续发光的路面标志、警示灯以及持续发光的电灯。

87. 多乘员车辆（HOV）专用车道——任何供多乘员车辆全天或者部分时间专用的车道，包括高速公路、其他公路、街道的指定车道或具有单独通行权的独立道路。

88. 混合信标——一种特殊形式的信标，在运行间隙不显示指示，在运行中显示持续及闪烁两种方式的交通控制信号。

89. 固有低排放车量（ILEV）——由于自身燃料系统的设计属性，即使在其排放控制系统失效的情况下也不会有大量蒸发性排放物的车辆。

90. 道路路面指示灯——安装在道路表面的特殊公路交通信号，用来警示道路使用者正在接近路面或者路面附近有不明显状况的路段，需要道路使用者慢行甚至停车。

91. 立交桥——一种不在同一水平面上实现两条甚至多条公路的连接，并供车辆运行的互联道路系统。

92. 互联——在第8篇中，是指铁路或轻轨的主动式预警系统与公路交通信号控制器集成的电气连接，目的是为了提供铁路或轻轨的优先信号。

93. 中型立交桥——含有城市或乡村路线的立交桥，区别于本部分定义的大型立交桥或小型立交桥。

94. 交叉口——交叉口的定义如下：

（1）交叉口是指横向路缘线，或者两条公路呈直角或者近似直角相交的横向边界线延伸或相接部分内的区域；或者是指车辆从一条公路以任何角度进入另外一条公路时会引起交通冲突的区域。

（2）小巷或私人车道（如车库到公路之间的路段）与车道或公路的交叉点一般情况下不认为是交叉口，除非该车道或者公路在上述的交叉点设置了交通控制设施。

（3）如果一条道路包括两条间隔30英尺或者更宽的道路（见中间隔离带的定义），那么每条道路与另外一条公路的交叉点都必须作为一个独立的交叉口。

（4）如果两条相交公路均包括两条间隔30英尺或者更宽的车道，那么每条道路的交叉点都必须作为一个独立的交叉口。

（5）在有交通信号控制的地点，不管这两个独立交叉点（如（3）和（4）中定义的）之间的距离为多少：

1）如果两个独立的交叉点之间的道路（中间隔离带以内）没有设置停车线、减速让行标线或人行横道，那么这两个交叉口和中间的道路（中间隔离带）必须被视作一个交叉口。

2）若靠近交叉口的位置设置停车线、减速让行标线或人行横道，则人行横道和（或）超出停车线或减速让行标线的部分也是交叉口的一部分。

3）若驶离交叉口方向设置了人行横道，则交叉口的范围必须包括延伸至人行横道远端的区域。

95. 交叉口信号控制信标——仅设置于含有两个或多个行驶方向的交叉口处的信标。

96. 相位时间——信号周期中某信号显示的持续时间。

97. 相序——连续信号周期内各信号相位的出现次序。

98. 交通岛——出于行车控制目的而在车道间划定的区域，用于收费或行人避车。它包括所有终端保护与处理方法。如在交叉口内部，中间或者外部的隔离区都被视作交通岛。

99. 车道减少——见减少的车道。

100. 车道标线——道路中划分同向车道间的白色路面标线。

101. 专用车道控制信号—— 一种信号灯，显示允许或禁止使用某道路特定车道，或指示即将禁止使用某道路特定车道。

102. 图文——见"标志图文"。

103. 镜头——见"信号灯镜头"。

104. 轻轨交通（轻轨交通设备）——能够在轻轨轨道上载客或者载物的设备，包括单节轨道车厢（例如有轨电车）及多节轨道车厢的组合。

105. 机车喇叭——安装在火车头或车辆控制驾驶室的扬声器、汽笛或类似的发声警报设备（见《美国联邦法典》第49卷第229.129篇）。在铁路行业，术语"机车喇叭"、"火车鸣笛"、"机车鸣笛"和"火车号角"可互换使用。

106. 商标——特殊标志或商标标识，用于确认商业业务和（或）由企业提供的产品和服务。

107. 纵向标线——通常在与车流平行或者临近的位置设置的路面标线，如车道线、中心线、边缘线、渠化线及其他标线。

108. 遮光格栅——见"信号灯遮光格栅"。

109. 大型立交桥——指与高速公路或者快速路相交的立交桥，或者与大流量多车道高速公路、主要城市干线相交的立交桥，或者与具有大交通量或含大量不熟悉该区域的道路使用者的重要乡村道路相交的立交桥。

110. 主要街道——通常指承载较多车辆交通的街道。

111. 故障管理器——同"冲突监视器"。

112. 拥堵管理车道——适用于不同交通运行策略的单条或多条公路车道或公路设施。为应对不断变化的情形，实时地管理或实施交通运行导向、收费、定价、车辆类型或占用需求等策略。拥堵管理车道，通常是与普通车道并行的缓冲区隔离的或者物理隔离的车道且入口被限制在指定位置。有的公路中，所有车道都是拥堵管理车道。

113. 人工车道——见"值守车道"。

114. 公铁路权信号最大转换时长——是指公路交通信号完成路权转换时间、排队清空时间、轨道交通车辆通过时间的配时所需的最大时长。

115. 中央隔离带——指分离式道路双向行车道边界间的区域。中央隔离带不包括转向车道。平面交叉口、立交桥及平面交叉口的相向入口车道的中央分隔带宽度可以不同。

116. 最小轨道清空距离——对标准二象限预警设备来说，最小轨道清空距离是指一个或多个铁路、轻轨轨道的道路长度，从公路停车线、警示设备，或12英尺垂直于轨道中心线处开始测量，到垂直于铁路且距离轨道 6 英尺的位置终止,沿着公路的中心线或边缘线,酌情获取较长的距离。对于四象限的出入口系统来说,最小轨道清空距离是一个或多个铁路或公路轻轨轨道的道路长度,从公路停车线、入口警示设备处开始测量,到车辆后部离开出口门臂的位置。当出口门臂平行于轨道、与公路不垂直时,则顺着道路中心线或者边缘线测量,酌情获取较长的距离。

117. 最小警告时间——在第 8 篇中,是指在平交道口上,自动报警装置在轨道交通到来之前最小的提前运行时间。

118. 小型立交桥——是指交通多为本地的且流量很少的立交桥,如服务于当地道路的立交桥。在设计年内,如出口交通量小于 100 辆 / 天,该类型立交桥被划分为本地立交桥。

119. 小型街道——通常情况下,承载较低交通量的街道。

120. 可移动式桥梁阻力闸——是指一种交通闸,位于可移动桥警示闸下游。置于适当位置,可对机动车、行人交通量设置实体制止物。

121. 可移动式桥梁信号——是指安装在可移动桥梁上的公路交通信号。在关闭道路允许桥梁打开期间,通知往来车辆禁止通行。

122. 可移动式桥梁警告闸门—— 一种交通闸门,置于适当位置时,用于警告而不是阻拦交通车辆或行人。

123. 多车道——是指同向含多条车道。多车道街道、公路或道路的单向或双向横截面中包括两个或更多条车道。多车道中含有两条及两条以上进入交叉口的车道,包括转弯车道。

124. 渠化区——是指渠化线之间的路面,将入口匝道、出口匝道、渠化右转车道或渠化入口车道从邻近性车道分离开来。

125. 实体标记——是指用来标记道路内或邻近道路的障碍物设施。

126. 乘载率要求——是指基于车辆特定的乘载人数,而规定一天中某一时段,设备或单车道、多车道中设备的使用规范。

127. 乘员——驾驶或乘坐汽车、卡车、公共汽车或其他车辆的人员。

128. 自由流电子收费车道——通过电子设备向在公路上以正常速度行驶的车辆收费的无人值班车道。自由流电子收费车道通常从收费站隔离出来,设置于道路主线延长线上;现金缴费的收费站车道设置在从主线或其支线分流后的不同线形上。

129. 自由流收费系统——用于允许不停车收费,向在公路上以正常速度行驶的车辆收费的系统。开放式道路收费系统可以用于与收费站相连的收费道路或收费设施。自由流收费通常用于多策略管理车道和只接受电子收费的收费设施。

130. 自由流收费点——用于在自由流电子收费车道旁,安装有路侧或头顶检测和接收设备,车辆通过时电子计价收费。

131. 对向交通——运行方向相反的车流。在交叉口处,从近乎笔直相对的入口道进入的车辆可被视作对向交通,但从左侧或右侧入口道进入的车辆不被视作对向交通。

132. 悬挂式交通标志——标志及支撑体部分或全部设置于道路或路肩的正上方,车辆可从标志牌下穿过。标志通常设置于从道路和路肩上方延伸的悬臂上、横跨整个路幅宽度的支撑结构上、用于支撑交通控制信号的支柱或悬索上,以及跨越道路的公路桥梁上。

133. 停车区——与道路分离的停车场或停车库。路旁平行或斜插的停车位不属于停车区。

134. 被动式平交道口——未设置与平交道口自动警告系统相关的自动交通控制设施的平交道口。被动式平交道口处所有的交通控制设施全部由标志和(或)标线组成。

135. 便道—— 一个通用术语,指授权用户出行使用的公共道路,位于正常行车道外部并通过空地或护栏进行隔离，或在公路路权内或是单独线形上。便道包括慢行道，但是不包括人行道。

136. 便道与轨道平交道口——便道与铁路或轻轨在同一平面上交叉的区域，此区域内包含轨道、便道和用于便道的交通控制设施。

137. 铺砌路面——沥青处理的路面，道路表面铺沥青混凝土或普通水泥混凝土，同时具有架构（承重）和密封道路目的。

138. 行人——步行、坐轮椅、穿溜冰鞋或使用滑板的人。

139. 行人清空间隔——一段时间间隔，信号指示显示一个闪烁的"举着的手"（表示"禁止行走"）。

140. 行人清空时间——供行人横穿人行横道的时间，从离开路边或路肩后开始，至行驶到道路另一边或中央安全岛。

141. 行人设施——通用术语，指改善措施或制定规定以适应或鼓励步行。

142. 行人混合信标——一种特殊混合信标，用于在无信号交叉口处警告和控制交通，协助行人在人行横道处穿越街道或公路。

143. 行人信号灯头——包含有符号"行走的人"（表示"可以行走"）和"举着的手"（表示"禁止行走"）的信号灯组，安装在交通控制信号中用于指引行人交通。

144. 许可模式——一种交通控制信号运行模式，允许在避让行人或对向交通流（如果有的话）的情况下进行左转或右转。当"圆形绿灯"亮起时，如果没有被其他交通控制设施禁止，左转和右转都被允许。如果闪烁的"黄色箭头"或闪烁的"红色箭头"信号指示灯亮起时，允许进行箭头所指示的转向。

145、实体三角分离点——一个纵向点，设有物理护栏或路面未铺砌，阻止道路使用者从匝道、渠化转向车道或渠化入口车道横穿进入相邻直行车道，反之亦然。

146. 象形图标——一种图形表示，用于表示政府管辖权、管辖区域、政府机构、军事基地或服务部门、政府批准的大学或学院、收费系统或政府承认的机构。

147. 标牌——一种交通控制设施，通过文字、符号或箭头图符为道路使用者提供特定信息，作为主标志信息的补充，挨着主标志设置。标牌与标志不同之处在于前者不能单独使用。标牌的名称包含有一个"P"的后缀。

148. 群组——一组车辆或行人，由于交通信号控制、线形或其他因素，自发或非自发地成群移动。

149. 可移动式交通控制信号——一种临时的交通控制信号，能够在不同地点之间运输和重复利用。

150. 柱式标志——安装于道路路边的标志，标志所有部分及其支撑均不在道路或路肩的正上方。

151. 限速——根据法律法规确定的，显示在标志上的限制速度。

152. 信号转换——交通控制信号从正常运行模式转换到一个特殊的控制模式。

153. 专用车道——预留给一种或多种特殊车辆，或至少载有特定数量乘客的车辆专用的车道。

154. 前置信号——控制到达平交道口交通的信号灯面，与控制到达公路与公路交叉口交通的信号灯面在轨道外相连。公路与公路交叉口的补充近侧交通控制信号灯面不被视作前置信号。前置信号通常在安全预留距离不足以容纳一个或多个设计车辆时使用。

155. 定时运行——一种交通控制信号运行方式，其中的信号相位是非感应驱动的。

156. 首要信号灯面——要求或建议设置的最低数量信号灯面中的一面，用于控制特定的入口或分离转向车流，但不包括因远侧信号灯面距离停车线超出最远距离而要求设置的近侧信号灯面。

157. 主要图文——指示标志上的地点名称、街道名称和路线编号。

158. 优先控制——一种获得或改变路权分配的方法。

159. 供公众出行的私有道路——指私有收费道路或购物中心、机场、运动场以及其他相似商务和（或）

娱乐场所私有道路（包括与道路平行挨着的人行道），允许公众不受限制通行。不包括在任何时刻都存在通行限制的私有道闸（不包括收费道路的道闸）内的道路、停车区、停车区内的行车道以及私有平面交叉口。

160. 保护模式——一种交通控制信号运行模式，此模式下，当左转或右转的"绿色箭头"信号亮起时，左转或右转车流允许通过。

161. 公共道路——任何由公共机构管辖维护并向公共交通开放的道路、街道以及类似的设施。

162. 按钮——用于激活行人、自行车或其他道路使用者使用的设施或信号配时的按钮。

163. 信号呼叫按钮信息——一种预先录制的留言，当步行间隔不是规定的配时，可以通过按钮播放留言。留言提供街道的名称，即与按钮相关的人行横道所在的街道，也可以提供其他关于交叉口信号或几何线形信息。

164. 信号呼叫按钮定位音——一种循环的声音，通知接近的行人存在一个能够开启步行配时的按钮，或者让视觉有障碍的行人能够接收额外信息，以定位按钮位置。

165. 排队清空时间——当用于第8篇时，最大长度的设计车辆恰好停在、启动、通过并完全离开最小清空距离所需要的时间。在存在前置信号时，该时间必须足够长，以确保车辆通过交叉口或清空车道（如果有足够的清空预留距离）。如果有四象限道闸系统，该时间必须足够长，以确保设计车辆完全离开最小清空距离后才放下出口道闸栏杆。

166. 静音区——铁路上有一个或若干连续的平交道口的路段，火车在此处不进行常规鸣笛（《美国联邦法典》第49卷第222篇）。

167. 轨道交通——任何可以在铁路或轨道上运输人或货物的设施，在平交道口处，其他交通方式必须依法让行，包括列车、一个或多个相连机车（有或无车厢）、其他铁路设施以及在专属或半专属路线运行的轻轨。在混合使用的道路上运行的，其他车辆不用依法让行的轻轨设施属于车辆，不可称为轨道交通。

168. 突起路标——安装在路面上或路面内的设备，一般包括高出路面不超过约1英寸的永久性标识，或者高出路面不超过约2英寸的临时的可活动标识。该标志旨在用作定位指向、补充或者取代路面标线。

169. 匝道控制信号——一种公路交通信号，用来控制高速公路入口匝道或高速公路与高速公路连接匝道处的交通流。

170. 匝道控制——见"匝道控制信号"。

171. 全红清空时间——在黄灯变化间隔之后、下一个绿灯变化间隔之前的相位时长。

172. 禁令标志——一个告知道路使用者交通法规或禁令的标志。

173. 逆反射性——设施表面的一种性能，能够让大部分来自点光源的光直接返回到离点光源较近的点。

174. 通行权：通过标志或信号指示，以合法的方式允许车辆或行人优先于其他车辆或行人通行。

175. 路权转换时间——用于第8篇，在轨道清空绿灯间隔之前，最坏情况下所需要的最大时间。包括铁路、轻轨和公路的交通信号控制设备时间，用以应对优先请求、交通控制信号绿灯、行人行走和清空、信号变黄以及交通冲突情况下的全红清空时间。

176. 路——见"道路"。

177. 道路使用者——在公路或向公众开放的私有道路范围内的汽车驾驶员、骑行或行人（包括残障人士）。

178. 道路——公路上用于车辆行驶和停车而改进、设计或者日常使用的部分，但不用于人行道、排水沟或者路肩，即使这些人行道、排水沟或者路肩上有自行车或其他人力车。如果公路包括两条或多条分隔的道路，则用于本手册的"道路"一词应指类似的分隔道路，而不是连在一起的道路。

179. 路网——由若干相交道路组成的地理区域。

180. 环岛——一个圆形交叉口，入口处有让行控制，允许车辆在环形道路上行驶，以及进入车辆按逆时针方向偏离中心岛。

181. 隆声带——在有粗糙纹理、轻微凸起或下凹的路面上一系列间断、狭窄的横向区域。延伸至车道外以警告道路使用者有特别的交通状况，或沿着路肩、道路中心线设置，或者在由路面标线形成的安全岛内部用以警告道路使用者正在偏离车道。

182. 乡村公路——通常为低交通量、高速度、较少转向冲突和较少与行人冲突的公路。

183. 应急车辆安全停放——应急车辆在处理交通事件中的位置，既保护应急人员履行责任，又保护通过事故地点的道路使用者，根据实际情况将对邻近交通流的影响降到最低程度。

184. 学校——由州教育部门认可的公办或私人教育机构，有一个或多个年级，从幼儿园到12年级，或州有另行规定。

185. 学校区间—— 一个指定的路段，通往邻近学校教学楼、操场，或学校开展活动的区间。

186. 半感应式运行—— 一种交通控制信号运行的类型，至少有一个但非全部信号相位，在感应的基础上工作。

187. 独立转向信号灯—— 一种信号灯面，专用于控制转弯，显示的信号指示只适用于转向。

188. 平交道口车辆清空时间——公路交通信号最大优先时长的组成部分，即在列车到达之前清空最小轨道净空距离内车辆所需的时间。

189. 共用道路—— 一种官方指定的有自行车通道标志的道路，但同时向机动车开放，并且没有指定自行车车道的道路。

190. 共用转向信号灯面—— 一种信号灯面，既控制转向也控制邻近的直行，永远和邻近的直行信号灯面显示同种颜色的圆形信号指示。

191. 慢行道——在行车道外侧的自行车专用道，与机动车交通用空地或障碍物分隔，位于道路内或是独立道路内。行人（包括轮滑者、使用手动和自动轮椅者和慢跑者）和其他得到授权的机动车和非机动车使用者都可以使用该慢行道。

192. 人行道——路缘线或道路侧边线与邻近建筑线或私人财产的附属建筑物（经过铺设或改造，供行人使用）之间的街道部分。

193. 标志——任何为了向道路使用者通过文字、符号和（或）箭头图文的形式传达特殊信息的交通控制设施。标志不包括公路交通信号灯、路面标线、轮廓标或者渠化设施。

194. 标志组合——设置于同一支撑体上的一组标志，互相补充向道路使用者传达信息。

195. 标志照明——使用自发光或外部照明使标志在白天和黑夜显示相近的颜色。街道和公路照明无须满足此限定。

196. 标志图文——用于传达特定含义的文字信息、商标、象形图标、符号及箭头设计。标志边框不属于图文的一部分。

197. 标志板——粘贴在标志表面的包含文字、符号以及箭头图例的独立面板或材料。

198. 信号背板——信号灯罩上沿信号灯面各方向向外延伸并与之平行的狭长物体，为提高信号指示的可视性提供背景。

199. 信号协调——在相邻交通控制信号之间确立时间关系的方式。

200. 信号灯面—— 一个或多个信号单元的组合，用于控制单一进口道处一个或多个交通流向。

201. 信号灯头—— 一个或多个信号灯面的组合，用于控制一个或多个进口道处的交通流向。

202. 信号灯罩——信号灯的一部分，用于保护光源及其他必需组件。

203. 信号指示——信号镜面或其他等效设备的显示内容。

204. 信号镜面——使直接来自光源或其反射物等的光改变方向的信号灯部件。

205. 信号遮光格栅——可安装在信号遮阳板内的设备，用于从侧面限制信号指示的可视性，或将信号指示的可视性限定于某一或多条车道、或距停车线一定距离的区域。

206. 信号相位——一个周期内的路权、黄灯变化、红灯清空时间，分配给独立或混合交通流向。

207. 信号单元——信号灯罩、信号镜面以及用于显示信号指示的光源及其必要部件（如果有的话）的组合。

208. 信号系统——以协调方式运行的两个或多个交通控制信号。

209. 信号配时——用于显示信号指示的时间分配。

210. 信号遮阳板——信号单元的一部分，用于将信号指示传至接近中的交通，并减少进入信号镜面的外部直射光的影响。

211. 标志设置——一个或多个支撑体上的单个或一组标志，相互补充向道路使用者传达信息。

212. 同步优先——将轨道交通到达的通知同步，进而传递给公路交通信号控制单元或控制组和铁路或轻轨的主动警告设施。

213. 特殊用途道路——服务于休闲区或资源开发区的低流量、低速度的道路。

214. 速度——速度的定义分为以下几类：

（1）平均速度——在指定位置处，车辆瞬时速度或点速度之和除以观测车辆数量。

（2）设计速度——用于确定道路不同几何设计特征的速度。

（3）百分之85位车速——85%的车辆行驶速度不高于此速度。

（4）运行速度——一类典型车辆或所有交通运行的速度。运行速度可定义为平均速度、交通流速度和85位车速。

（5）速度差幅度——10英里/小时（16公里/小时）的速度范围，代表交通流中数量百分比最大的车辆速度。

215. 限速——法律法规所设定的适用于公路某区段的最大（或最小）速度。

216. 限速信标——辅助"限速"标志的信标。

217. 速度测量标线——设置在道路上用于辅助执行速度规定的白色横向标线。

218. 限速区——法律法规所设定的限速公路区段，可以与立法所规定的法定限速不一致。

219. 分流岛——中央岛，用于分离进入或驶离环岛的对向车流。

220. 站台交叉口——与站台相连的便道与轨道平交道口。

221. 法定默认限速——立法规定的速度限制，通常用于具有特殊设计、功能、管辖权与位置特征的特定类型公路，不一定要表现在限速标志上。

222. 稳定模式——在时间间隔、信号相位或连续信号相位的时段内，持续的信号显示。

223. 停止信标——辅助"停车"标志、"禁止驶入"标志或"逆行"标志的信标。

224. 停止线——横穿入口车道的路面白色实线，用于指示可以或需要停车的位置。

225. 街道——见"公路"。

226. 辅助信号灯面——附加的信号灯面，提供给指定的入口转向流或独立转向流，以增强可视性或醒目性。

227. 符号——用图形方式表示特定交通控制信息的规范设计形式，用于标志、路面标线、交通控制信号或其他交通控制设施，如 MUTCD 所示。

228. 临时交通控制信号——仅在有限时间段内安装的交通控制信号。

229. 临时交通控制区——公路上的一片区域，由于施工作业、使用临时交通控制设施，或旗手、统一执法人员或其他内部人员进行交通控制，进而引导道路使用者的情形发生改变的区域。

230. 理论三角分离点——一个纵向点，位于出口匝道或渠化转向车道处的渠化区域上游终点，在此点渠化标线开始分流，渠化标线用于将匝道或渠化转向车道从其他相邻车道分离出来；或位于入口匝道或渠化转向车道处的渠化区域下游终点，在此点渠化标线开始合流，渠化标线用于将匝道或渠化转向车道从其他相邻车道汇合到一起。

231. 定时出口道闸运行模式——一种在平交道口处根据预定时间间隔控制出口道闸关闭的运行模式。

232. 收费亭——一个有收费服务员驻守的场所，以收取车辆通行费及发放收费票据。收费亭与收费车道毗邻并且通常设置在收费岛上。

233. 收费岛——设置有收费亭或其他收费装置和相关设备且高于地面的岛。

234. 收费车道——收费站内的一条单独车道，拥有收费系统用于收取通行费并发放票据。

235. 收费站——用于完成收费的地点，由收费亭、收费岛、收费车道组成，一般有顶棚。收费站可能位于公路主线或立交匝道。主线上的收费站由于中断交通流，有时也被称为障碍收费站。

236. 收费票据系统——进入收费系统的收费道路使用者从机器或收费亭工作人员处领取票据。这个票据记录使用者进出收费系统的地点，使用者提交票据并且根据行程距离缴费。

237. 交通——单独或混合的行人、骑行者、畜力车、汽车、有轨电车或其他交通工具，使用公路或向公众开放的私人道路以达到出行目的。

238. 交通控制设施——标志、信号、标线，或其他用于禁止、警告、指示交通的设施，设置于街道、公路、行人通道、由政府部门或具有管辖权的人员授权的共用路线（在向公众开放的私人道路的情况中，由私人拥有者或有管辖权的私人机构授权）的上方或附近。

239. 交通控制信号（交通信号）——交替指示交通停止和允许通行的所有公路交通信号。

240. 列车——一节或多节机车的组合（车厢可有或无），运行于铁轨或轨道上，其他所有交通方式在公路－铁路平交道口处必须依法为其减速让行。

241. 横向标线——通常垂直并横穿整个交通流的路面标线，如路肩标线；文字、符号以及箭头标线；停止线；人行横道标线；速度测量标线；停车位标线及其他。

242. 行车道——道路上用于车辆行驶的部分，不包括路肩、堤坝、人行道和停车车道。

243. 港湾式车道——转向车辆专用车道，设置在即将转弯的位置。在大多数设有港湾式车道的情况下，需要转弯的司机必须从直行车道驶进新形成的港湾式车道转弯。变成转弯车道的直行车道被视作减少的车道而非港湾式车道。

244. 上游——一个术语。指交通流由"上游向下游"行驶时，先到达的位置。例如，在平面交叉口入口，一车道线的上游端点就是指该入口转向车道的起始点。

245. 城市街道——一类街道，其一般特点是速度相对较低、交通量分布较广、车道较窄、交叉口和私人车道频繁出现、行人交通显著，以及商业区和房屋较多。

246. 车辆——除了列车和在专属或半专属路线运行的轻轨之外，任何可以在公路上运输人或货物的设施。在混合使用的道路上运行的，其他车辆不用依法让行的轻轨设施也可称为车辆。

247. 振动触觉行人设备——一种无障碍的行人信号设施，通过触摸振动界面传递行人信号配时信息。

248. 有限视角交通信号灯或有限视角交通信号灯组——一类信号灯或信号灯组，通过设计（或屏蔽、覆盖、限光），将一侧信号灯的可视性限制在特定车道，或距停车线一定距离的位置。

249. 行人信号时间——"行人"（"步行"的图形象征）信号指示的时间。

250. 警告信标——仅用于补充适当警告、禁令标志或标线的信标。

251. 警示灯——一种便携封闭式信号灯，带供电、呈黄色、指向信号灯镜头，以稳定光或闪烁模式用于临时交通控制区。

252. 警告标志——使道路使用者注意不明显处境的标志。

253. 依据——依据描述了基于平均或正常情况下的阈值条件，如果发现其符合工程调研的一部分，则可用于其他交通条件或影响因素的分析，以判断交通控制设施或是其他改进措施是否得当。依据并不能代替工程评判。对于特定的交通控制设施，不能只满足依据而决定安装。

254. 铁路/轻轨路侧控制设备——信号、开关和（或）控制设施，用于铁路或轻轨运行，置于一个或多个封闭空间，沿着铁路或轻轨的路权范围或铁路轻轨所有区域布置。

255. 铁路/轻轨路侧鸣笛系统——位于平交道口的固定喇叭（或一系列喇叭），与列车感应或轻轨感应警报系统结合使用，对在公路或便道上，接近平交道口的道路使用者提供有列车或轻轨接近的声音警告，可作为机车鸣笛的补充或替代。

256. 施工人员——因职责所需而身处街道、公路或便道路权范围内的人员。如街道、公路或便道的建设和养护工人、调查人员、公用设施人员、对街道、公路或有路权的便道上发生事件的处理人员，以及在有路权的街道、公路或便道上指引交通、调查事故、处理车道关闭、道路阻塞以及灾害的执法人员。

257. 逆行箭头——细长的白色路面标线箭头，放置在匝道终点上游，指示交通流的正确方向。其目的主要是为了警告逆行道路使用者正在错误的方向上行驶。

258. 黄灯变化间隔——在显示绿色或闪烁的箭头之后的第一个时间间隔，期间显示稳定的黄色信号。

259. 减速让行标线——一排白色实心等腰三角形，指向接近车辆，从进入车道延伸出去，指向驾驶员须让行的位置。

第1A.14节 本手册中首字母缩略词和缩写的含义

必须条款：

01 如下用于本手册的首字母缩略词和缩写应按如下定义：

1. AADT—年平均日交通量
2. AASHTO—美国公路与交通运输协会
3. ADA—美国残障法案
4. ADAAG—美国残疾人无障碍指南
5. ADT—平均日交通量
6. AFAD—自动旗手辅助设备
7. ANSI—美国国家标准协会
8. CFR—美国联邦法典
9. CMS—可变信息标志
10. dBA—A计权分贝
11. EPA—环境保护局
12. ETC—电子收费
13. EV—电动车辆
14. FHWA—联邦公路局
15. FRA—联邦铁路局
16. FTA—联邦交通局
17. HOT—高乘载车辆收费
18. HOTM—联邦公路局交通运输管理办公室
19. HOTO—联邦公路局交通运输运营办公室

20. HOV—多乘员车辆
21. ILEV—固有低排放车辆
22. ISEA—国际安全装备协会
23. ITE—交通运输工程师学会
24. ITS—智能交通系统
25. LED—发光二极管
26. LP—液化石油
27. MPH or mph—英里每小时
28. MUTCD—美国交通工程设施手册
29. NCHRP—国家公路合作研究计划
30. ORT—自由流收费
31. PCMS—便携式可变信息板
32. PRT—感知反应时间
33. RPM—突起路标
34. RRPM—反光突起路标
35. RV—房车
36. TDD—聋人电信设备
37. TRB—交通运输研究学会
38. TTC—临时交通控制
39. U.S.—美国
40. U.S.C.—美国法典
41. USDOT—美国交通运输部
42. UVC—统一车辆规范
43. VPH or vph—车辆每小时

第 1A.15 节　用于交通控制设施的缩写

必须条款：

01　当表 1A-1 所示的文字消息需要缩写并与交通控制设施一起使用，必须采用表 1A-1 所示的缩写形式。

02　当表 1A-2 所示的文字消息需要缩写并与可移动式可变信息标志一起使用，必须采用表 1A-2 所示的缩写形式。除非用星号标明，这些缩写必须仅用于可移动式可变信息标志。

指导条款：

03　表 1A-2 所列单词的缩写同时给出了不应该用于可移动式可变信息标志的提示词，除非表 1A-2 中列出的提示词在应用时先于缩写出现，或跟随缩写出现。

必须条款：

04　表 1A-3 所示的缩写不能与交通控制设施一起使用，因为可能会被道路使用者误解。

指导条款：

05　如果表 1A-1 或表 1A-2 中允许使用多种缩写，在一处管辖范围内应使用同一种缩写。

06　除非表 1A-1 或表 1A-2 另有规定，或是为避免混淆而必需，句号、逗号、省略号、问号、"&"或其他标点符号及非字母、数字的字符不得用于缩写中。

可接受的缩写　　　　表1A-1

词语全拼	标准缩写	词语全拼	标准缩写
Afternoon / Evening（下午/晚上）	PM	Mile（s）（英里）	MI
Alternate（替换物）	ALT	Miles Per Hour（英里/小时）	MPH
AM Radio（调频广播）	AM	Minimum（最小值）	MIN
Avenue（街道）	AVE，AV	Minute（s）（分钟）	MIN
Bicycle（自行车）	BIKE	Monday（星期一）	MON
Boulevard（大马路）	BLVD*	Morning / Late Night（早晨/昨晚）	AM
Bridge（桥）	见表1A-2	Mount（山峰）	MT
CB Radio（民用波段无线电）	CB	Mountain（山）	MTN
Center（as part of a place name）（中心，作为一个地名的一部分）	CTR	National（国家的）	NATL
Circle（圆形）	CIR*	North（北方）	N
Civil Defense（民防）	CD	Parkway（景观道路）	PKWY*
Compressed Natural Gas（压缩天然气）	CNG	Pedestrian（行人）	PED
Court（法院）	CT*	Place（场所）	PL*
Crossing（other than highway-rail）（交叉口，除了高速与铁路交叉）	X-ING	Pounds（英镑）	LBS
Drive（驾驶）	DR*	Road（道路）	RD*
East（东）	E	Saint（圣）	ST
Electric Vehicle（电动车）	EV	Saturday（星期六）	SAT
Expressway（快速路）	EXPWY*	South（南方）	S
Feet（尺）	FT	State, county, or other non-US or non-Interstate numbered route（州、县或者其他非美国、非州际编号的路线）	见表1A-2
FM Radio（调频广播）	FM	Street（街道）	ST*
Freeway（高速公路）	FRWY，FWY*	Sunday（星期日）	SUN
Friday（星期五）	FRI	Telephone（手机）	PHONE
Hazardous Material（危险品）	HAZMAT	Temporary（临时）	TEMP
High Occupancy Vehicle（多乘员车辆）	HOV	Terrace（梯田）	TER*
Highway（高速公路）	HWY*	Thursday（星期四）	THURS
Hospital（医院）	HOSP	Thruway（高速公路）	THWY*
Hour（s）（小时）	HR，HRS	Tons of Weight（吨重）	T
Information（信息）	INFO	Trail（小径）	TR*
Inherently Low Emission Vehicle（固有低排放汽车）	ILEV	Tuesday（星期二）	TUES
International（国际的）	INTL	Turnpike（收费高速公路）	TPK*
Interstate（（美）州际公路）	见表1A-2	Two-Way Intersection（二路交叉）	2-WAY
Junction / Intersection（交叉点/交叉口）	JCT	US Numbered Route（美国标号道路）	See Table 1A-2
LA*，LN*（车道）	见表1A-2	Wednesday（星期三）	WED
Liquid Propane Gas（液态丙烷）	LP-GAS	West（西）	W
Maximum（最大值）	MAX		

注：* 这个缩写不可用作任何其他事务的名称，除了道路名称

只可用在便捷式可变信息标志上的缩写　　　　　　表1A-2

词语全拼	标准缩写	在缩写词前的提示词	在缩写词后的提示词
Access（进入）	ACCS	—	Road（道路）
Ahead（前方）	AHD	Fog（雾）	—
Blocked（堵塞的）	BLKD	Lane（车道）	—
Bridge（桥）	BR*	[Name]（名字）	—
Cannot（不能）	CANT	—	—
Center（中心）	CNTR	—	Lane（车道）
Chemical（化学的）	CHEM	—	Spill（溢出）
Condition（条件）	COND	Traffic（交通）	—
Congested（拥堵的）	CONG	Traffic（交通）	—
Construction（结构）	CONST	—	Ahead（前方）
Crossing（交叉口）	XING	—	—
Do Not（不能）	DONT	—	—
Downtown（市中心）	DWNTN	—	Traffic（交通）
Eastbound（向东的）	E-BND	—	—
Emergency（紧急事件）	EMER	—	—
Entrance，Enter（进口）	ENT	—	—
Exit（出口）	EX	Next（下一个）	—
Express（快车）	EXP	—	—
Frontage（前方）	FRNTG	—	Road（道路）
Hazardous（危险）	HAZ	—	Driving（驾驶）
Highway-Rail Grade Crossing（公路-铁路平交道口）	RR XING	—	—
Interstate（州际公路）	I-*	—	[Number]（数字）
It Is（这是）	ITS	—	—
Lane（车道）	LN	[Road Name]*，Right，Left，Center（[路名]* 右、左、中心）	—
Left（左）	LFT	—	—
Local（本地）	LOC	—	Traffic（交通）
Lower（较低）	LWR	—	Level（水平）
Maintenance（维护）	MAINT	—	—
Major（主要）	MAJ	—	Accident（事故）
Minor（次要）	MNR	—	Accident（事故）
Normal（正常）	NORM	—	—
Northbound（向北的）	N-BND	—	—
Oversized（过大的）	OVRSZ	—	Load（载重）
Parking（停车）	PKING	—	—
Pavement（人行道）	PVMT	Wet（潮湿）	—
Prepare（准备）	PREP	—	To Stop（停止）

续表

词语全拼	标准缩写	在缩写词前的提示词	在缩写词后的提示词
Quality（质量）	QLTY	Air（空气）	—
Right（右）	RT	Keep，Next（保持、下一个）	—
Right（右）	RT	—	Lane（车道）
Roadwork（道路施工）	RDWK	—	Ahead，[Distance]（前方，[距离]）
Route（路线）	RT，RTE	Best（最好）	—
Service（服务）	SERV	—	—
Shoulder（路肩）	SHLDR	—	—
Slippery（路滑）	SLIP	—	—
Southbound（向南的）	S-BND	—	—
Speed（速度）	SPD	—	—
State，county or other non-US or non-Interstate numbered route（州、县或者其他非美国、非州际编号的路线）			[Number]（数量）
Tires With Lugs（轮毂带突出铆钉的轮胎）	LUGS	—	—
Traffic（交通）	TRAF	—	—
Travelers（旅行者）	TRVLRS	—	—
Two-Wheeled Vehicles（两轮的车辆）	CYCLES	—	—
Upper（上方）	UPR	—	Level（水平）
US Numbered Route（美国标号道路）	US*	—	[Number]**（标号）
Vehicle（S）（车辆）	VEH，VEHS	—	—
Warning（警告）	WARN	—	—
Westbound（向西的）	W-BND	—	—
Will Not（不会）	WONT	—	—

注：* 当伴随提示词使用时，这个缩写词可能更适合用在交通控制设施标志上而不是便捷可变信息标志上。
** 缩写词和路线编号之间应该放置空格而非破折号。

不可接受的缩写　　　　　　　　　　　　　　　　表 1A-3

缩写	目标词语	误解词语
ACC	Accident（事故）	Access（Road）（进入（道路））
CLRS	Clears（清楚）	Colors（颜色）
DLY	Delay（延误）	Daily（每日）
FDR	Feeder（支流）	Federal（联邦）
L	Left（左）	Lane（Merge）（车道（合流））
LT	Light（Traffic）（灯（车辆））	Left（左）
PARK	Parking（停车）	Park（公园）
POLL	Pollution（Index）（污染（指数））	Poll（投票）
RED	Reduce（减少）	Red（红色）
STAD	Stadium（体育馆）	Standard（标准）
WRNG	Warning（警告）	Wrong（错误）

第 2 篇　交通标志

第 2A 章　总则

第 2A.01 节　交通标志的功能与用途

支撑依据：

01　本手册包括用于所有类型公路及对公众开放的私人道路的交通标志的必须条款、指导条款以及可选条款。交通标志的用途是向道路使用者提供禁令、警告以及指路信息，主要通过文字、符号以及箭头等形式传递信息。交通标志一般不用于确认道路规则。

02　关于交通标志的详细要求见第 2 篇如下各章：

第 2B 章——禁令标志、路障与闸门

第 2C 章——警告标志及实体标记

第 2D 章——指路标志——常规道路

第 2E 章——指路标志——高速公路与快速路

第 2F 章——收费道路标志

第 2G 章——专用车道和管理车道标志

第 2H 章——通用信息标志

第 2I 章——一般服务标志

第 2J 章——特定服务标志

第 2K 章——旅游指引标志

第 2L 章——可变信息标志

第 2M 章——休闲与文化景区标志

第 2N 章——应急管理标志

必须条款：

03　由于交通标志的要求与标准取决于所在公路的类型，因此在第 1A.13 节中出现的关于高速公路、快速路、常规道路与特别用途道路的定义必须用于第 2 篇。

第 2A.02 节　定义

支撑依据：

01　交通标志所用定义与缩写见第 1A.13 节与第 1A.14 节。

第 2A.03 节　应用规范

支撑依据：

01　由于城市交通条件与乡村环境不同，因而在许多情况下交通标志的应用与设置位置也不同。考虑到相关实际情况，本手册针对城市和乡村两种情况分别给出建议。

指导条款：

02 交通标志应该仅用于经过工程评判或工程调研证明适当的地方，如第 1A.09 节所规定。

03 关于实际环境及交通要素的交通工程调研结果应该指出交通标志必要或理想的设置位置。

04 交通标志的应用应该与道路几何设计相一致，由此确保交通标志可得到有效的设置，以提供给道路使用者任何必要的禁令、警告、指示以及其他信息。

必须条款：

05 每个标准的交通标志必须仅表示本手册规定的特定用途。将特定的交通标志用于特定条件的决定必须遵循第 2 篇的条款。在任何公路、供公众出行的私人道路（定义见第 1A.13 节）、绕道或临时路径可以向公众开放之前，所有必要的交通标志必须安装到位。当道路条件发生改变或限制条件被取消时，也必须移除该条件或限制所需的交通标志。

第 2A.04 节　交通标志的过度使用

指导条款：

01 禁令标志与警告标志应该保守使用，因为过度使用此类标志会使其失效。而路线标志与方向指路标志应该频繁使用，因为此类标志能够持续向道路使用者提供位置信息，有助于道路的有效运行。

第 2A.05 节　交通标志的分类

必须条款：

01 交通标志根据功能分为如下几种：

A. 禁令标志：提供交通法规或禁令信息；

B. 警告标志：对不太显而易见的交通状况提供警告信息；

C. 指路标志：提供路径的名称、目的地、方向、距离、服务、景区以及其他地理、休闲或文化等信息。

支撑依据：

02 实体标记的定义见第 2C.63 节。

第 2A.06 节　交通标志的设计

支撑依据：

01 本手册展示了许多典型的标准标志和实体标记，允许用于街道、公路、自行车道和人行横道。

02 在对于单个标志和实体标记的说明中，图文、颜色和尺寸的一般表现可见手册中的附加图表，并非都在文本中有详细解释。

03 标准交通标志、实体标记、字母、符号与箭头的详细示意图（见图 2D-2）参见《公路标志和标线标准》一书。第 1A.11 节包括如何获得该书的信息。

04 交通标志的基本要求包括清晰易辨认以及易于理解，使道路使用者有适当的反应时间。所需的属性包括：

A. 白天和黑夜条件下的高能见度；

B. 较高的视认性（适当大小的字母、符号或箭头，以及简短的图文，方便道路使用者在接近交通标志时快速理解含义）。

05 标准化的颜色和形状有明确规定，这样道路使用者可以迅速识别不同类别的交通标志。设计、位置与应用的简便和统一很重要。

必须条款：

06 图文必须包含所有用于传递特定含义的文字信息、符号以及箭头设计。

07 设计的一致性必须包括形状、颜色、大小、图文、边框以及照明或逆反射性。

08 这些设计的标准化不排除进一步改进，比如符号、边框宽度或文字信息布局的比例或方向的细微改变，但所有的形状与颜色必须遵循本手册的规定。

09 所有符号的设计必须含义清晰地近似或镜像反映所采用的符号标志，其中所有的符号标志参见《公路标志和标线标准》一书（见第 1A.11 节）。除非本手册另有规定，否则所有的符号和颜色均不能被改动。未列入《公路标志和标线标准》中的交通标志的所有符号和颜色设计必须遵从第 1A.10 节规定的实验和改动程序。

可选条款：

10 尽管符号标志的标准设计不能修改，但符号的指向可以改动从而更好地反映行驶方向（如果适合）。

必须条款：

11 若标准文字信息可用，其用语必须在本手册中提供。

12 如果所需的文字信息在本手册尚未定义，必须与相同功能类型的标准标志的形状和颜色保持一致。

可选条款：

13 州及地方公路管理部门可根据道路条件设计特殊的文字信息标志，从而向道路使用者提供额外的禁令、警告或指路信息，例如需要告知道路使用者一些非显而易见的道路交通条件。不同于未指定的颜色或未批准用于标识的符号，新的文字信息标志可在未经实验的情况下使用。

必须条款：

14 除第 16 条提到的情况与合乘信息标志（D12-2，见第 2I.11 节）以外，域名、网址或电子邮箱等信息，均不能展示在任何标志、辅助标牌、标志面板（包括特定服务标志的商标标志面板）或可变信息标志上。

指导条款：

15 除非本手册中针对特定标志另有规定以及第 16 条提到的情况，否则超过四位的电话号码不应当展示在任何标志、辅助标牌、标志面板（包括特定服务标志的商标标志面板）或可变信息标志上。

可选条款：

16 网址、电子邮箱地址或超过四位的电话号码在以下情况可展示在标志、辅助标牌、标志面板及可变信息标志上，即以上标志仅供行人、自行车骑行者、已停泊车辆的乘客或驾驶员或者低速道路上的机动车驾驶员阅读，工程评判认为该低速道路可供驾驶员在行车道以外的区域停车以阅读标志信息。

必须条款：

17 除非本手册中有特别规定，否则象形图标（定义见第 1A.13 节）不能展示在标志上。象形图标的形式必须简单、庄重，不含任何广告信息。用于代表政治管辖机构（例如州、县或市政府）时，象形图标必须为机构采用的官方名称。用于代表学院或大学时，象形图标必须为机构采用的官方徽章。大学或学院的图像表现形式不能展示在标志上。

第 2A.07 节　逆反射性与照明

支撑依据：

01 目前有许多新材料可用于反光，有许多新工艺可用于标志和实体标记的照明。新材料和新工艺仍在不断出现。只要在白天和夜间条件下均满足颜色的标准要求，新材料和新工艺就能应用于标志和实体标记。

必须条款：

02 除非本手册对于某一特殊标志或一组标志的文字讨论中另有规定，否则禁令标志、警告标志以及指路标志、实体标记均必须具备逆反射性（见第 2A.08 节）或主动发光，以在白天和夜晚条件下显示相同的形状和相似的颜色。

03　不能使用街道或公路照明来实现标志照明。

可选条款：

04　标志元素可通过表 2A-1 所列方式进行照明。

05　标志元素的逆反射可通过表 2A-2 所列方式实现。

06　发光二极管（LED）单元可单独用于标志的内容与符号，也可单独用于标志的边框（可变信息标志除外），使标志更加醒目，图文和边框更易识别，或提供可变信息。

必须条款：

07　除第 11 条与第 12 条规定的情况外，单个或成组发光二极管均不能用于标志的底色区域。

08　如果使用，发光二极管的最大直径应为 0.25 英寸（0.635 厘米），根据标志类型必须使用如下颜色：

A. 如用于"停车让行"或"减速让行"标志，采用白色或红色；

B. 如用于除"停车让行"或"减速让行"标志外的禁令标志，采用白色；

C. 如用于警告标志，采用白色或黄色；

D. 如用于指路标志，采用白色；

E. 如用于临时交通控制标志，采用白色、黄色或橙色；

F. 如用于学校区域标志，采用白色。

09　如采用闪光模式，所有闪光二极管单元必须以每分钟 50~60 次的频率同步闪光。

10　无论在白天还是黑夜条件下，必须在不降低可视性、视认性或驾驶员理解力的条件下，保持标志设计的一致性。

标志元素的照明　　　　　　　　　　　　　　　　　表2A-1

照明方法	标志元素被照亮
光源在标志背面	・符号或者文字信息 ・底色 ・符号、文字信息和背景 （穿过半透明材料）
附加或独立安装的光源均匀地照向标志表面	・整个标志表面
发光二极管	・符号或者文字信息 ・边框部分
其他设备，或其他强调标志形状、颜色、信息的措施： 　发光管 　纤维光源 　白炽灯泡 　发光面板	・符号或文字信息 ・整个标志表面

标志元素的逆反射性　　　　　　　　　　　　　　　表2A-2

逆反射方式	标志元素
具有逆反射性"按钮"或者类似单元	符号 文字信息 边框
一种表面光滑、封闭的材料覆盖在反光的微观结构物上	符号 文字信息 边框 底色

可选条款：

11 对于"停车让行"或"减速让行"标志，发光二极管可安装在边框内，或安装在标志底色区域一个边框宽度内。

12 单独的或成组的发光二极管可用于旗手使用的"停车让行/减速慢行"便携式标牌（见第 6E.03 节），也可用于成人交通协管员使用的"停车让行"便携式标牌（见第 7D.05 节）。

支撑依据：

13 其他提高标准标志醒目性的方法在第 2A.15 节中有相关介绍。

14 关于标志支撑物所用逆反射材料的信息包含在第 2A.21 节中。

第 2A.08 节 保持最低逆反射性能

支撑依据：

01 逆反射性是能保持夜间标志可视性相关的因素之一（见第 2A.22 节）。

必须条款：

02 拥有管理权限的公共机构必须采用保证标志逆反射性能的评估或管理方法，使标志逆反射性能达到或高于表 2A-3 所示的最低水平。

支撑依据：

03 为满足必须条款第 2 条中的规定，可采用适当的方法或使用表 2A-3 所示用于保持最低逆反射性能的方法。如果拥有管理权限的机构或官员使用相关评估或管理方法，即使个别标志在特殊时间未达到最低逆反射性能水平，亦遵守必须条款第 2 条中的规定。

指导条款：

04 除了在第 6 条中特别规定的标志外，下述一种或多种评估或管理方法应当用于保持标志逆反射性能：

A. *夜间视觉检查*——在夜间条件下，由一名经过培训的标志检查员在一辆移动的车中进行视觉检查，以评估现有标志的逆反射性能。经检查员鉴定，不满足最低逆反射性能要求的标志应当被替换。

B. *测量标志逆反射性能*——逆反射测量仪可用于检测标志逆反射性能。不满足最低逆反射性能要求的标志应当被替换。

C. *预期标志寿命*——标志安装完成时，其装竣日期也被标注或记录下来，以便人们得知标志现已使用时间。该时间会与预期标志寿命相比较。预期标志寿命参考某一地理区域内标志逆反射性能衰减到最低水平所用时间。使用时间超过预期寿命的标志应当被替换。

D. *全面替换*——某一区域或交通走廊的所有标志，或某一指定类型的全部标志，应当按照特定间隔替换。这样便不必再评估个体标志逆反射性能或跟踪个体标志寿命。替换间隔参考使用最短寿命材料的相关标志的预期寿命。

E. *控制标志*——实地标志的替换取决于控制标志样本的表现。控制标志可以是位于养护段的一个小样本，也可以是实地中众多标志的一个样本。通过监测控制标志，可以确定相关标志的反射寿命。控制标志代表的所有实地标志应当在控制标志的逆反射性能降到最低水平之前进行替换。

F. *其他方法*——可以应用根据工程调研提出的其他方法。

支撑依据：

05 关于这些方法的更多信息可以参考 2007 版美国联邦公路局的《交通标志逆反射性能养护》（见第 1A.11 节）。

保持最小逆反射性能水平[1]   表2A-3

标志颜色	反光膜类型（美国试验材料学会 D4956-04）				附加标准
	玻璃珠型反光膜			棱镜型反光膜	
	I	II	III	III、IV、VI、VII、VIII、IX、X	
绿底白图文	白*；绿≥7	白*；绿≥15	白*；绿≥25	白≥250；绿≥25	悬挂式
	白*；绿≥7	白≥120；绿≥15			立柱式
黄底黑图文或橘黄底黑图文	黄*；橘*		黄≥50；橘≥50		2
	黄*；橘*		黄≥75；橘≥75		3
红底白图文	W≥35；R≥7				4
白色黑图文	W≥50				—

注：[1] 这个表中保持最小逆反射水平的单位是 $cd/lx/m^2$，测量时的观测角是 $0.2°$，入射角是 $-4.0°$
[2] 适用的尺寸：文字和正常符号标志（至少48英寸）和加粗符号标志（所有尺寸）
[3] 适用于尺寸小于48英寸的文字和正常符号标志
[4] 最小标志对比度≥3：1（白色逆反射性÷红色逆反射性）
* 这种反光膜类型不能用这种颜色

加粗符号标志		
· W1-1，2- 急弯路和弯路	· W3-1- 前方停车让行	· W11-2- 人行横道
· W1-3，4- 反向急弯路和弯路	· W3-2- 前方减速让行	· W11-3，4，16-22- 大型动物
· W1-5- 连续弯道	· W3-3- 前方信号灯	· W11-5- 农用设备
· W1-6，7- 大箭头	· W4-1- 合流	· W11-6- 雪地摩托穿行
· W1-8- 线形诱导	· W4-2- 车道终止	· W11-7- 骑马者穿行
· W1-10- 弯路交叉	· W4-3- 车道增加	· W11-8- 消防站
· W1-11- 发卡形弯路	· W4-5- 汇入道路合流	· W11-10- 卡车穿行
· W1-15-270度急弯路	· W4-6- 汇入道路车道增加	· W12-1- 双箭头
· W2-1- 交叉道路	· W6-1，2- 分隔式公路起点和终点	· W16-5P，6P，7P- 箭头标牌
· W2-2，3- 小道交叉	· W6-3- 双向交通	· W20-7- 旗手
· W2-4，5-T 形和 Y 形交叉	· W10-1，2，3，4，11，12- 平交道口预警	· W21-1- 作业人员
· W2-6- 环形交叉		
· W2-7，8- 小道交叉		

正常符号标志（没有列入加粗符号标志的符号标志）

特殊案例

· W3-1 - 前方停车让行：红色逆反射性≥7
· W3-2 - 前方减速让行：红色逆反射性≥7；白色逆反射性≥35
· W3-3 - 前方信号灯：红色逆反射性≥7；绿色逆反射性≥7
· W3-5 - 限速降低：白色逆反射性≥50
· 非菱形标志，如：W14-3（禁止超车路段），W4-4P（相交道路无停车让行提示），或者W13-1P，2，3，6，7（建议速度标牌），用标志的最大尺寸决定其适合的最小逆反射性水平

可选条款：

06　对于以下几种标志，公路管理部门可以不采用本节介绍的逆反射性能维护指导意见：

A. 泊车标志，驻车标志与停车标志（R7与R8系列）；

B. 行走标志，乘车标志与过街标志（R9系列，R10-1至R10-4b）；

C. 致谢标志；

D. 所有底色为蓝色或棕色的标志；

E. 专门为自行车使用者或行人设立的自行车专用道路标志。

第 2A.09 节 形状

必须条款：

01 除非本手册关于某一特定标志或一类标志的文字讨论中另有规定，否则如表 2A-4 所示的特定形状，必须专门用于某个或某类标志。

标志形状的使用　　　　　　　　　　　表2A-4

形状	标志
八角形	停 *
等边三角形（一个角向下）	让 *
圆形	平交道口预警 *
细长三角旗形/等腰三角形（长边在下）	禁止通行 *
五边形（一角朝上）	前方学校警告标志（底部是线）* 县道标志（底部是角）*
道口的叉标（两个矩形在"X"形结构物上）	平面交叉口 *
菱形	警告标志
矩形（包括正方形）	禁令标志 指路标志 ** 警告标志
梯形	休闲与文化景区标志 国家森林路线标志

注：* 这种标志专门用这种形状
　　** 指路标志包括通用服务标志、特定服务标志、旅游方向指路标志、通用信息标志、休闲与文化景区标志和紧急事件管理标志

第 2A.10 节 标志颜色

必须条款：

01 标准标志应用的颜色以及这些颜色在标志上的用法必须符合本手册相关章节规定。颜色坐标与数值必须符合《美国联邦法典》第 23 卷第 655 篇 F 子篇附录中的规定。

支撑依据：

02 作为快速参考，标志颜色的常规用法如表 2A-5 所示。各对应章节的插图会展示特定标志的配色方案。

03 本手册或《公路标志和标线标准》（见第 1A.11 节）中提及白色这一颜色时，通常认为包括银色反光膜或可以反射白光的元素。

04 珊瑚色和浅蓝色目前作为保留选择，未来是否使用由联邦公路局决定。

05 包括社区寻路标志在内的指路标志的颜色编码信息包含在第 2D 章内。

可选条款：

06 经过批准的标准红色、黄色、绿色或橙色的荧光板，可用作对应标准色的备选方案。

第 2A.11 节 尺寸

支撑依据：

01 《公路标志和标线标准》（见第 1A.11 节）为包括自行车专用道路在内的不同道路种类规定了最多五种不同尺寸的详细设计。小尺寸设计用于自行车专用道路与非主干道。大尺寸设计用于高速公路与快速路，

也可用于提高其他道路的安全性与便捷性，特别是在多车道分隔式公路，以及有五条或多条大流量或高速车道的非分隔式公路上。中等尺寸设计用于其他公路类型。

必须条款：

02 本手册不同篇章和《公路标志和标线标准》（见第1A.11节）中标志尺寸表格规定的标志尺寸必须得到贯彻实施，除非工程评判确定其他尺寸合适。除了第3条提及的工程评判认为标志尺寸小于规定尺寸更适用的情况外，标志尺寸不应小于本手册规定的最小尺寸。如果最小尺寸一栏的数值小于本手册中多个不同标志尺寸表格列出的常规道路一栏的尺寸值，则这些最小尺寸必须仅用于低速道路、小巷以及向公众开放的私人道路，因为在这些地方减小的标志图文尺寸足够起到禁令或警告效果，或者这些地方的客观环境条件不允许使用大尺寸。

可选条款：

03 如果小巷客观环境条件受限，或是机动车的使用限制最小尺寸标志的安装（如未规定最小尺寸则为常规道路尺寸标志），标志的高度与宽度可减小最多6英寸（15.24厘米）。

指导条款：

04 本手册中不同标志尺寸表格中高速公路与快速路栏列出的尺寸应当用于高速公路与快速路。根据工程评判用于其他速度更高的道路时，应提供更大的尺寸以增加可视度与识别度。

05 本手册中不同标志尺寸表格中极大值栏列出的尺寸应当用于特别情况，即工程评判认为在这些特别情况下，受速度、流量或其他因素影响，标志需要更受关注、更易辨别、更易识读。

06 增大规定尺寸应当用于标志需要更受关注、更易识读时。使用大于规定尺寸的尺寸时，标志各维度的尺寸均应当以6英寸为增量。

必须条款：

07 工程评判确认非规定尺寸更适用时，依然必须采用标准形状与标准颜色，标准比例也必须尽可能与实际比例相似。

指导条款：

08 辅助标牌与大尺寸标志一起安装时，辅助标牌及其图文的尺寸也应当随之增大。改变后的辅助标牌与大尺寸标志的尺寸比例应和常规尺寸标志牌与标志之间的比例大致相同。

第2A.12节 符号

必须条款：

01 在任何情况下，符号设计均必须准确无误地与本手册以及《公路标志和标线标准》（第见1A.11节）所示相似。

支撑依据：

02 联邦公路局通过研究评估确认道路使用者对新符号设计的理解力、标志醒目性以及标志的视认性，根据评估结果采用新符号设计。

03 有时将文字信息改变成符号，需要将大量时间用于公众教育及转变上。因此，本手册有时会使用宣教标牌面板配合新符号标志。

指导条款：

04 公众还不熟悉的新警告符号标志或禁令符号标志，应配有宣教标牌。

可选条款：

05 如果宣教标牌还可以使用，可将其留在原位。

标志颜色的常规用法　　　　　表2A-5

标志类型	图文							底色									
	黑色	绿色	红色	白色	黄色	橘黄	荧光黄绿	荧光粉红	黑色	蓝色	棕色	绿色	橘黄*	红色*	白色	黄色*	紫色	荧光黄绿	荧光粉红
禁令	×		×	×					×					×	×				
禁止			×	×										×	×				
许可		×													×				
警告	×															×			
行人	×															×		×	
自行车	×															×		×	
指路				×								×							
州际线路				×						×					×				
州路线	×														×				
国道	×														×				
县道（郡道）					×										×				
森林路线				×							×								
街道名称				×								×							
目的地				×								×							
参考位置				×								×							
信息				×						×		×							
疏散路线				×						×									
道路使用者服务				×						×									
休闲				×							×	×							
临时交通控制	×												×						
交通事件管理	×												×						×
学校	×																	×	
ETC用户	×																×****		
可变信息标志																			
禁令			×***	×					×										
警告				×					×										
临时交通控制				×		×			×										
指示				×					×				×**						
司机服务				×					×	×**									
交通事件管理					×			×	×										
学校、行人、自行车							×	×	×										

注：* 这些底色的荧光版本可能也会被应用。
** 可选择的底色将通过蓝色或绿色发光像素点提供，以便照亮整个可变信息标志，而不只是这些图文。
*** 红色只能用在带有圆圈和斜杠的标志上，或者其他类似静态禁令标志上的红色部分。
**** 紫色在标志中的应用受限于第 2F.03 节第一条中的每项规定。

06 州或地方公路管理部门可开展决定道路使用者的理解力、交通标志的醒目性和视认性的相关研究。

指导条款：

07 大部分标准符号面向左边，但是如果相反的朝向能让道路使用者更好地了解运动方向的情况，应当使用这些符号的镜像图像。

必须条款：

08 除非本手册特别授权，否则用于指定标志类型（禁令、警告或指路）的符号不能用在其他不同类型的标志上。

09 除了第11条提到的情况，休闲和文化景区符号（见第2M章）不能用于休闲和文化景区以外的街道或公路。

10 休闲和文化景区指路标志上的符号（见第2M章）不能用于任何街道、道路或公路上的任何禁令或警告标志。

可选条款：

11 如果第2B至2I章或第2N章中不存在与某类文字信息对应的符号，则休闲和文化景区指路标志上的符号（见第2M.04节）可作为相关的文字信息的补充，用于休闲和文化景区以外的公路指路标志上。

支撑依据：

12 第2M.07节包含使用休闲和文化景区符号的条款，这些符号用于表明非道路中的禁止行为或项目。

第2A.13节　文字信息

必须条款：

01 除了第2A.06节中提到的情况，所有文字信息必须使用本手册和《公路标志和标线标准》（见第1A.11节）所示的标准用词和字母。

指导条款：

02 文字信息应当尽可能简短，字母应当足够大以提供必要的辨识距离。字母高度与辨识距离的最小比率应当采用1英寸：30英尺。

03 应当尽量减少使用缩写（见第1A.15节）。

04 文字信息不应当包含句号、撇号、问号、符号"&"，或其他不是字母、数字或连字符的标点符号或字母，除非为了避免混淆。

05 斜线符号（斜线或正斜杠）仅用于分数，且不应当用于分开图文中同一行的单词。反之，连字符应当用于此目的，例如"卡车—巴士"。

必须条款：

06 分数的分子分母必须分布在斜线符号（斜线或正斜杠）两侧，呈对角排列。分数的总高度为分子的顶端到分母的底端的距离，分子和分母均垂直于斜线符号的上端与下端。分数的总高度必须由分数内数字的高度决定，且为分数内单独数字高度的1.5倍。

支撑依据：

07 《公路标志和标线标准》（见第1A.11节）包含标志上分数布局的细节。

指导条款：

08 首字母用于代表单独的单词缩写时（如US代表国道），首字母间距应当采用首字母高度的1/2~3/4。

09 州际道路以文字形式表现而不是用路线盾形标表现时，应当使用连字符加以明确，例如"I-50"。

必须条款：

10 除非本手册对某特定标志或信息类型另有规定，否则所有的标志字母必须采用《公路标志和标线标准》（见第 1A.11 节）规定的大写字母的形式。

11 用于地名、街道名和高速公路名的标志字母必须由小写字母和大写字母组合组成。

支撑依据：

12 字母高度取决于大写字母高度。对于混合字母图文（首字母大写，其余字母小写），小写字母的高度取决于大写首字母的特定高度，按规定比例折算。混合字母图文的字母高度可能由大写和小写字母同时决定，或仅由大写首字母的高度决定。如果小写字母高度已经给定或者根据规定比例确定，则将字母的公称环形高度作为参照。环形高度指小写字母除书写中上划或下竖的部分以外的高度，如字母"d"和"q"。公称环形高度等于非圆形小写字母的实际高度，这些字母的书写不包括提起或下竖，例如字母"x"。小写字母的圆形部分会轻微地向上下延伸，超出非圆形字母的上下两端投影的基线，这样可以达到单词内不会包含此附加高度。

必须条款：

13 当使用混合字母图文时，小写字母的高度必须是首个大写字母的 3/4。

14 禁止对标志字母系列里任一特殊字母进行拉伸、压缩、弯曲或其他操作。

支撑依据：

15 对于一个给定字母高度和序列的文字，修改其长度的适当方法见第 2D.04 节。

第 2A.14 节 标志边框

必须条款：

01 除非另有规定，否则本手册介绍的每一标志均必须设计与图文颜色相同的边框，沿标志边缘或恰好置于边缘内侧设置。

02 除"停车让行"标志外，所有边框的拐角均必须采用圆角形式。

指导条款：

03 *标志底色为浅色，边框为深色时，边框应沿边缘设置；标志背景为深色，边框为浅色时，边框应延伸至标志边缘设置。对于底色较浅的 30 英寸标志，边框宽度应为 1/2~3/4 英寸，距边缘 1/2 英寸。对于浅色边框的类似标志，边框宽度应为 1 英寸。对于其他尺寸，边框宽度应采用相似比例，但不应超过标志主要字母的笔画宽度。在大小超过 72 英寸 × 120 英寸的标志上，边框宽度应采用 2 英寸，或在更大的标志上采用 3 英寸。除了"停车让行"标志及在第 2E.16 节中另有规定的其他情况外，标志拐角应采用圆角形式，且圆角半径同心于边框。*

第 2A.15 节 提高标准标志的醒目性

可选条款：

01 工程评判认为标准的禁令、警告或指路标志需要提高醒目性时（如图 2A-1），可酌情采用下列任何一种方法：

A. 增大标准的禁令、警告或指路标志的尺寸。

B. 在道路左侧增加相同的标志，强化标准的禁令、警告或指路标志。

C. 在标准的禁令标志上添加黄色实线或荧光黄色的矩形顶部标牌，顶部标牌宽度与标准禁令标志的宽度保持一致。例如"注意"、"州法律"的图文，或其他合适的文字，可以黑色文字的形式添加于顶部标牌内。顶部标牌存在时间由工程评判决定。

D. 在新的标准禁令或警告标志上增加写有"新"的标牌（见第 2C.62 节），以吸引对新标志的注意。该标牌存在时间由工程评判决定。

E. 在标准禁令或警告标志上增加一面或多面红色或橙色的旗子（布或反光膜），旗子方向与竖直方向呈 45°角。

F. 围绕标准警告标志的外侧增加纯黄、纯荧光黄或黄黑（或黑色与荧光黄色）斜条纹的反光膜，宽度至少 3 英寸，可以通过将标准警告标志附加在比其大 6 英寸的背景上实现。

G. 在标准的禁令（除"停车让行"标志或限速标志外）、警告或指路标志上增加警示信标（见第 4L.03 节）。

H. 在标准限速标志上增加限速标志信标（见第 4L.04 节）。

I. 在"停车让行"标志上增加停车让行信标（见第 4L.05 节）。

J. 在标准的禁令、警告或指路标志的符号或图文内或边框上增加 LED 单元，如第 2A.07 节规定。

K. 依第 2A.21 节规定，在标志支撑物上增加一条逆反射性材料。

L. 使用本手册中其他地方表述的针对特定标志的特别方法。

支撑依据：

02　移除路权范围内不必要的和非法的标志（见第 1A.08 节），为标志重新选位从而提供更好的间距，也可以使标志更加醒目。

必须条款：

03　写着"新"的标牌（见第 2C.62 节）不能单独使用。

04　频闪灯不能用于提高公路标志的醒目性。

图 2A-1　提高标志醒目程度的示例

第 2A.16 节　安装位置的标准化

支撑依据：

01　实践中无法始终保证标志安装位置的标准化。标志典型安装的纵向和横向位置示例如图 2A-2 所示，交叉口处典型标志位置示例如图 2A-3 和图 2A-4 所示。

02　交叉口入口处预告标志示例如图 2A-4 所示。第 2B 章、第 2C 章和第 2D 章分别包含了有关禁令、警告和指路标志应用的条款。

必须条款：

03　需要由道路使用者分别作出决定的标志，必须设计足够远的间距。决定合适间距的其中一个考量因素必须为限速或 85% 位车速。

指导条款：

04　*除非本手册另有规定，否则标志应当安装在道路右侧，便于道路使用者快速识别与理解。其他位置的标志仅作为常规位置标志的补充。*

05　*标志应当单独安装在各自的支柱上，以下情况除外：*

A. *用于补充其他标志的标志；*

B. *为了向驾驶员提供清晰的信息，路线或方向标志组合使用；*

C. *互不冲突的禁令标志组合使用，例如禁止转弯标志与"单行"标志，或者禁止泊车标志与限速标志；*

D. *街道名称标志与"停车让行"或"减速让行"标志组合使用。*

06　*标志的选位应遵循如下规定：*

A. *除非安装在解体或变形的支撑体上（见第 2A.19 节），否则在净空区域之外；*

B. *最优的夜间可视性；*

C. *泥浆飞溅和碎石的影响最小；*

D. *不能互相遮掩；*

E. *标志不能遮挡停在主要街道入口的驾驶员视线，要保证主要道路上对向来车时的视距；*

F. *不能超出视野范围。*

支撑依据：

07　净空区域是指总的路侧边界区域，从行车道的边缘开始，可供紧急车辆使用。净空区域宽度取决于交通量、速度与路侧几何设计。更多信息可参考美国公路和交通运输协会的《路侧设计指南》（见第 1A.11 节）。

指导条款：

08　*由于交通量增加，且需要向道路使用者提供禁令、警告和指路信息，应当规范标志安装的优先级顺序。*

支撑依据：

09　标志安装的空间有限，且需要安装若干不同类型的标志时，优先级顺序尤其关键。不应使道路使用者承受过多信息负荷。

指导条款：

10　*对道路使用者而言，禁令和警告信息比指示信息更关键，所以发生冲突时应优先安装禁令与警告标志，而不是指路标志。与其他指路标志的设置相比，社区寻路标志与致谢标志应安排较低的优先级。传递非重要特征的信息应转移至非重要位置或省略。*

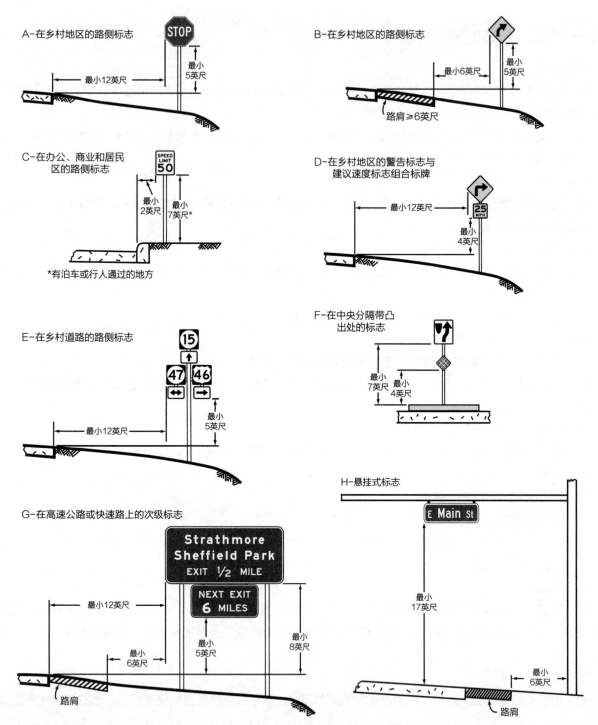

注：在侧向净空量受限制地区、受人行道限制的办公、商业或者居民区或路边存在立柱支撑的地方，侧向净空的减少量见第2A.19节中的规定。

图 2A-2　标志安装的高度与横向位置示例

可选条款：

11　在某些情况下，例如右转弯道，标志可设置在中央交通岛或道路的左侧。多车道道路上右侧车道车辆可能阻挡右侧视野时，可将补充标志安装在道路左侧。

指导条款：

12　*在有人行横道的城市区域，标志不应设置在人行横道前 4 英尺范围内（见图 2A-3D）。*

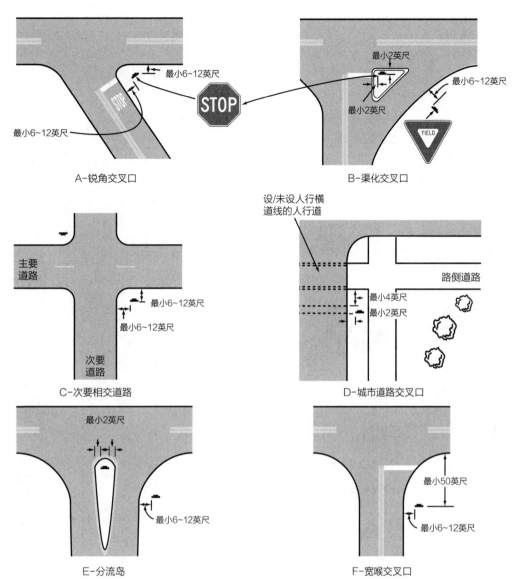

图 2A-3　在交叉口处的典型标志位置示例

第 2A.17 节　悬挂式交通标志安装使用

指导条款：

01　悬挂式交通标志应用在高速公路与快速路上需要一定程度的车道使用控制的地点，以及路侧空间不足的地点。

支撑依据：

02　当前公路系统的运营要求使得悬挂式交通标志在许多地方都很有价值。安装悬挂式交通标志需考量的因素无法用数字量化。

可选条款：

03　为了决定安装悬挂式交通标志是否有益，下列情况（没有优先顺序）可考虑开展工程调研：

A. 交通量达到或接近通行能力；

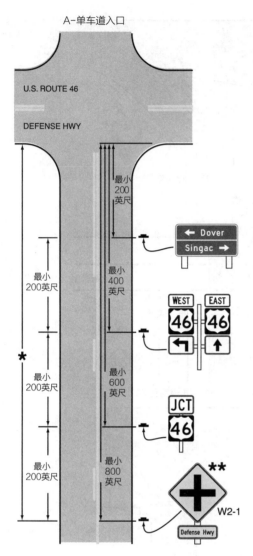
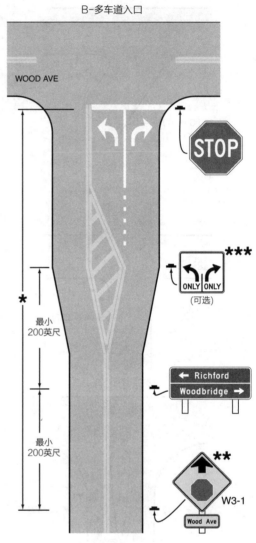

图 2A-4　平面交叉口入口处禁令标志、警告标志、指路标志的相对位置

B. 复杂立交设计；

C. 同向三车道以上；

D. 视距受限；

E. 立交间距较小；

F. 多车道出口；

G. 大车比例较高；

H. 街道照明背景；

I. 车流速度高；

J. 一系列立交的标志信息位置一致；

K. 安装立柱式标志的空间不足；

L. 两条高速公路的相交点；

M. 左侧出口匝道。

04　上跨式结构可用于支撑悬挂式交通标志。

支撑依据：

05　在某些情况下，用上跨式结构做标志支撑可能是唯一能够提供足够视距的实用方案。使用该结构作为标志支撑物，便不必再在路侧设立底座和标志支撑物。

第 2A.18 节　安装高度

必须条款：

01　除本手册中其他地方特别陈述的特定标志或实体标记外，本节条款在应用中必须遵守。

支撑依据：

02　第 2C 章规定了实体标记的安装高度。

03　除本节条款外，还可在美国道路与交通运输协会的《路侧设计指南》（见第 1A.11 节）中找到影响标志最低安装高度的信息，标志最低安装高度是碰撞性能的函数。

必须条款：

04　安装于乡村区域路侧标志的最小高度为从标志底端至路面最近边缘的竖直距离，必须取 5 英尺（见图 2A-2）。

05　安装于可能有车辆停车或行人出行的商业贸易或居民区，或标志视野可能被遮挡的地点标志，在有路缘石的情况下，其最小高度指从标志底端至路缘石顶端的竖直距离；在没有路缘石的情况下，最小高度指从标志底端至行车道最近边缘的竖直距离。两种情况的最小高度均规定为 7 英尺（见图 2A-2）。

可选条款：

06　距次级标志（安装在其他标志下方）底端的高度可比第 4 条和第 5 条规定的高度小 1 英尺。

必须条款：

07　安装于人行道的标志，最小高度为从标志底端至步行道的竖直距离，必须取 7 英尺。

08　如果次级标志（安装在其他标志下方）底部与行人步行道或特种用途道路路面（见第 6D.02 节）的距离小于 7 英尺，次级标志延伸入行人设施空间不应超过 4 英寸。

可选条款：

09　距行车道边缘 30 英尺或更远的标志，最小高度（从标志底端至路面最近边缘的竖直距离）可定为 5 英尺。

必须条款：

10　高速公路与快速路的方向标志的最小高度（从标志底端至路面最近边缘的竖直距离）必须为 7 英尺。所有高速公路与快速路上的路线标志、警告标志与禁令标志的最小高度（从标志底端至路面最近边缘的竖直距离）必须设为 7 英尺。如果高速公路与快速路上有次级标志安装在其他标志之下，主要标志的最小高度必须为 8 英尺，次级标志的最小高度必须为 5 英尺，其最小高度均为从标志底端至路面最近边缘的竖直距离。

11　当面积超过 50 平方英尺的大标志安装在多个可解体的立柱上时，从地面到标志底端的净空必须不小于 7 英尺。

可选条款：

12　依据本节的制定目的，由路线标志与辅助标志组成的路线标志组合（见第 2D.31 节）可视为单独的标志。

13　标志支撑体靠近陡坡上的道路红线时，为避免在距离道路更近的地方安装标志，安装高度可进行调整。

必须条款：

14　悬挂式标志必须为标志、路灯以及标志横梁提供不少于 17 英尺的净高，净高要求必须覆盖行车道和路肩，但即将安装悬挂式交通标志的结构或其他邻近标志的路侧结构要求更小净高的情况除外。

可选条款：

15　如果邻近标志结构的其他路侧结构的净高小于 16 英尺，悬挂式交通标志结构或支撑体的净高仅可比其他结构的净高多 1 英尺，从而改善悬挂式交通标志的可视性。

16　在特殊情况下，由于隧道中尺寸低于标准且存在其他主要结构（例如双层桥），可能有必要减少悬挂式交通标志的净空。

支撑依据：

17　图 2A-2 描述了本节中包含的安装高度要求的一些例子。

第 2A.19 节　侧向净空

必须条款：

01　对于悬挂式交通标志支撑物，最小侧向净空指从路肩边缘（如果没有路肩，从路面边缘）到悬挂式交通标志支撑物（悬臂或标志桥）最近边缘的距离，必须为 6 英尺。悬挂式交通标志支撑物位于净空区域内时，必须设计护栏、隔离墩或防撞桶从而起到保护作用。

02　立柱式标志与实体标记支撑物在净空区域范围内时必须设计具备解体消能性能，通过设计成可解体、可弯曲的形式，或利用护栏、隔离墩、防撞桶等起到保护作用。

指导条款：

03　*柱式标志距离行车道边缘的最小侧向净空应当为 12 英尺。如果存在宽度超过 6 英尺的路肩，柱式标志距离路肩边缘的最小侧向净空应当为 6 英尺。*

支撑依据：

04　第 2C 章介绍了实体标记的最小侧向净空的要求。

05　最小侧向净空用于防止使用路肩的货车与轿车撞向标志或支撑体。

指导条款：

06　*所有标志支柱安装位置应当根据实际情况尽可能远离路肩边缘。应尽可能利用现有条件将标志安装在现有路侧护栏后面、上跨式结构上（如天桥或立体交叉道路），或其他不易被车辆撞到的地方。*

可选条款：

07　经许可，标志可安装在其他用途的现有支撑体上，例如公路交通信号支撑体、公路照明支撑体与电杆。

必须条款：

08　如果标志设置在现有支撑体上，必须满足本手册所含其他设置标准。

可选条款：

09　在立交的连接道路或匝道上可采用更小的侧向净空，但距行车道边缘不能小于 6 英尺。

10　在普通道路上，如果无法按照本节规定的侧向净空设置标志，可采用最小 2 英尺的侧向净空。

11　在商业贸易或居民区内，人行道宽度受限或现有的支撑杆距离路缘石很近时，距离路缘石表面的侧向净空可定为最小 1 英尺。

指导条款：

12　*悬挂式交通标志支撑体、柱式标志与实体标记支撑体不应当侵入人行道或其他行人设施的可用宽度。*

支撑依据：

13　图 2A-2 与图 2A-3 描述了本节中包含的侧向净空要求的一些例子。

第 2A.20 节 方向

指导条款：

01 除非本手册中另有规定，否则标志应当竖直安装，且垂直并面向标志所服务的交通流的方向。

02 标志表面的镜面反射使得辨识度降低时，标志应当轻微转向远离道路的方向。距离路面边缘 30 英尺或更远的标志应当转向面向道路的方向。在曲线处，设置角度应当取决于来车方向，而不是标志安装地点道路边缘的方向。

可选条款：

03 在坡道上，标志表面可从竖直位置向前或向后倾斜以改善视角。

第 2A.21 节 立柱与安装附件

必须条款：

01 必须以长期使用为原则来设计制造标志的立柱、底座与安装附件，且能抵抗风或有意损坏的影响。

支撑依据：

02 美国公路与交通运输协会的最新版《公路标志、照明与交通信号结构支撑规范》包含了关于立柱和安装方法的更多信息（见美国公路与交通运输协会地址的第 i 页）。

可选条款：

03 如果工程评判指出，需要加强道路使用者在夜间对禁令与警告标志的注意，可在这些标志的支柱上使用反光条。

必须条款：

04 如果在支柱上使用反光条时，其宽度必须至少为 2 英寸，其长度须为下端距离路面 2 英尺之内至标志底部之间的支撑体全长。除"减速让行"标志与"禁止驶入"标志反光条的颜色必须为红色外，反光条颜色必须与标志的底色保持一致。

第 2A.22 节 养护

指导条款：

01 养护行为应当考量合适的位置、清洁、视认性及白天与黑夜的可视性（见第 2A.09 节）。应当去除已损毁的标志、闸门或实体标记。

02 为确保足够的养护，应当制定标志、闸门与实体标记的检查（白天与黑夜两种条件）、清洁与替换的时间表。公路部门、执法部门与其他政府部门职员的职责要求他们在道路上行驶，应当鼓励他们在第一时间报告任何损毁、恶化或模糊的标志、闸门或实体标记。

03 应当采取措施保证野草、树木、灌木以及建造、养护、公用材料与设备不会遮挡任何标志或实体标记的表面。

04 应当遵守照明标志中照明元件的常规替换时间表。

第 2A.23 节 设有宽中央分隔带的分隔式公路的中央分隔带开口措施

指导条款：

01 分隔式公路中央分隔带的开口达 30 英尺或以上时，中央分隔带的开口应当作为两个独立的交叉口。

第 2B 章　禁令标志、路障与闸门

第 2B.01 节　禁令标志的应用

必须条款：

01　禁令标志必须用于向道路使用者提供适用的交通法律法规的信息，并指出法律要求的适用范围。

02　禁令标志必须安装在法规适用的位置或靠近法规适用的位置。标志必须清晰指明法规的要求，且其设计与安装必须能够提供足够的可视性与视认性，以确保法规得到遵守。

03　除非本手册对于某一特殊标志或一组标志的文字讨论中另有规定，否则禁令标志必须具有逆反射性或主动发光（见第 2A.07 节），以确保在白天和黑夜都能显示同样的形状和相似的颜色。

04　街道或公路照明不能用于满足标志照明要求。

支撑依据：

05　某些管辖部门如果没有受过训练或对交通控制设施有经验的工作人员，可以从第 1A.09 节的信息中获得帮助。

第 2B.02 节　禁令标志的设计

必须条款：

01　除非有特别规定，否则禁令标志必须为矩形。禁令标志的设计必须依照《公路标志和标线标准》（见第 1A.11 节）里的尺寸、形状、颜色与图文规定。

可选条款：

02　除本手册与《公路标志和标线标准》（见第 1A.11 节）分类与详述的标志之外，可使用法规文字信息标志从而帮助执行其他法律或规定。

03　除了禁令标志的符号，在满足基本外观特征要求的前提下，可对禁令标志的设计进行细微修改。

支撑依据：

04　第 2A.12 节描述了用于补充符号标志的宣教标牌的使用情况。

指导条款：

05　如果可变信息标志展示包含禁令信息的法规信息，而该信息在静态标志上包括红色圆圈与斜线，则可变信息标志应当显示红色符号，且尽可能地近似于静态标志上的红色圆圈与斜线。

第 2B.03 节　禁令标志的尺寸

必须条款：

01　除第 2A.11 节规定的情况外，禁令标志的尺寸必须遵照表 2B-1。

支撑依据：

02　第 2A.11 节包含了关于表 2B-1 各列的应用信息。

必须条款：

03　除第 4 条与第 5 条的规定之外，面向多车道常规道路交通流的禁令标志的最小尺寸必须参照表 2B-1 的多车道道路一列。

可选条款：

04　对于限速为 35 英里/小时或更低限速的多车道公路或街道，除了"停车让行"标志，可采用表 2B-1 中单车道道路一列展示的最小尺寸。

05　如果多车道道路右侧安装禁令标志（除了"停车让行"标志）的同时，左侧也安装了同样的禁令标志，道路两侧的标志尺寸可采用表 2B-1 中单车道道路一列的规定。

06　面向多车道交叉口进口的"停车让行"标志的最小尺寸必须定为 36 英寸 ×36 英寸。

07　如果小道与限速为 45 英里/小时或更高限速的多车道街道或公路相交，面向小道进口的"停车让行"标志的最小尺寸必须定为 36 英寸 ×36 英寸，即使小道进口仅有一条进口车道。

08　如果小道与限速为 40 英里/小时或更低限速的多车道街道或公路相交，面向小道进口的"停车让行"标志的最小尺寸必须根据小道进口车道数采用表 2B-1 中单车道或多车道一列展示的最小尺寸。

指导条款：

09　面向出口与入口匝道交通流的禁令标志的最小尺寸应当参考表 2B-1，具体参考的列需对应主要道路的类别（快速路或高速公路）。如果高速公路一列没有规定需要的最小尺寸，应当采用快速路一列的最小尺寸。如果在高速公路和快速路两列均未提供所需的最小尺寸，应当采用超大型尺寸一列的尺寸。

禁令标志和标牌的尺寸　　　　表2B-1

标志或标牌	标志	章节	常规道路		快速路	高速路	最小值	超大尺寸
			单车道道路	多车道道路				
停车让行	R1-1	2B.05	30×30*	36×36	36×36	—	30×30*	48×48
减速让行	R1-2	2B.08	36×36×36*	48×48×48	48×48×48	60×60×60	30×30×30*	—
小心来车（标牌）	R1-2aP	2B.10	24×18	24×18	36×30	48×36	24×18	—
所有方向（标牌）	R1-3P	2B.05	18×16	18×6	—	—	—	30×12
此处减速让行行人（图）	R1-5	2B.11	—	36×36	—	—	—	36×36
此处减速让行行人（文字）	R1-5a	2B.11	—	36×48	—	—	—	36×48
此处停车让行行人（图）	R1-5b	2B.11	—	36×36	—	—	—	36×36
此处停车让行行人（文字）	R1-5c	2B.11	—	36×48	—	—	—	36×48
街道上行人过街	R1-6，6ac	2B.12	12×36	12×36	—	—	—	—
悬挂式行人过街	R1-9，9a	2B.12	90×24	90×24	—	—	—	—
右转除外（标牌）	R1-10P	2B.05	24×18	24×18	—	—	—	—
限速标志	R2-1	2B.13	24×30*	30×36	36×48	48×60	18×24*	30×36
卡车限速（标牌）	R2-2P	28B.14	24×24	24×24	36×36	48×48	—	36×36
夜间限速（标牌）	R2-3P	2B.15	24×24	24×24	36×36	48×48	—	36×36

续表

标志或标牌	标志	章节	常规道路		快速路	高速路	最小值	超大尺寸
			单车道道路	多车道道路				
最低限速（标牌）	R2-4P	2B.16	24×30	24×30	36×48	48×60	—	36×48
组合限速（标牌）	R2-4a	2B.16	24×48	24×48	36×72	48×96	—	36×72
其他规定限速除外（标牌）	R2-5P	2B.13	24×18	24×18	—	—	—	—
全市（标牌）	R2-5aP	2B.13	24×6	24×6	—	—	—	—
街区（标牌）	R2-5bP	2B.13	24×6	24×6	—	—	—	—
居民区（标牌）	R2-5cP	2B.13	24×6	24×6	—	—	—	—
处罚加重（标牌）	R2-6P	2B.17	24×18	24×18	36×24	48×36	—	36×24
处罚加倍（标牌）	R2-6aP	2B.17	24×18	24×18	36×24	48×36	—	36×24
处以$××罚款（标牌）	R2-6bP	2B.17	24×18	24×18	36×24	48×36	—	36×24
处罚加重起点	R2-10	2B.17	24×30	24×30	36×48	48×60	—	36×48
处罚加重终点	R2-11	2B.17	24×30	24×30	36×48	48×60	—	36×48
禁止直行、转弯或掉头	R3-1，2，3，4，18，27	2B.18	24×24*	36×36	36×36	—	—	36×48
限定行驶车道控制	R3-5，5a	2B.20	30×36	30×36	—	—	—	—
左侧车道（标牌）	R3-5bP	2B.20	30×12	30×12	—	—	—	—
高乘坐率车道2+（标牌）	R3-5cP	2B.20	24×12	24×12	—	—	—	—
出租车专用车道（标牌）	R3-5dP	2B.20	30×12	30×12	—	—	—	—
中间车道（标牌）	R3-5eP	2B.20	30×12	30×12	—	—	—	—
右侧车道（标牌）	R3-5fP	2B.20	30×12	30×12	—	—	—	—
公交专用道（标牌）	R3-5gP	2B.20	30×12	30×12	—	—	—	—
可选择通行车道控制（标牌）	R3-6	2B.21	30×36	30×36	—	—	—	—
右侧（左）车道必须右（左）转	R3-7	2B.20	30×30*	30×30*	—	—	—	—
交叉口车道控制预告	R3-8，8a，8b	2B.22	任意尺寸×30	任意尺寸×30	—	—	—	任意尺寸×36
仅限双向左转车道（悬挂式）	R3-9a	2B.24	30×36	30×36	—	—	—	—
仅限双向左转车道（立柱式）	R3-9b	2B.24	24×36	24×36	—	—	—	36×48
开始	R3-9cP	2B.25	30×12	30×12	—	—	—	—
终点	R3-9dP	2B.25	30×12	30×12	—	—	—	—
潮汐车道控制（符号）	R3-9e	2B.26	108×48	108×48	—	—	—	—
潮汐车道控制（立柱式）	R3-9f	2B.26	30×42*	36×54	—	—	—	—
潮汐车道控制过渡预告标志	R3-9g，9h	2B.26	108×36	108×36	—	—	—	—
潮汐车道终点	R3-9i	2B.26	108×48	108×48	—	—	—	—
右（左）转车道开始	R3-20	2B.20	24×36	24×36	—	—	—	—
右侧车道转弯（掉头）	R3-23，23a	2B.27	60×36	60×36	—	—	—	—
所有转弯（掉头）按箭头行驶	R3-24，24b，25，25b，26	2B.27	72×18	72×18	—	—	—	—
掉头和左转按箭头行驶	R3-24a，25a，26	2B.27	60×24	60×24	—	—	—	—

续表

标志或标牌	标志	章节	常规道路		快速路	高速路	最小值	超大尺寸
			单车道道路	多车道道路				
右侧车道强制驶离	R3-33	2B.23	—	—	78×36	78×36	—	—
禁止超车	R4-1	2B.28	24×30	24×30	36×48	48×60	18×24	36×48
谨慎超车	R4-2	2B.29	24×30	24×30	36×48	48×60	18×24	36×48
慢行车辆靠右行驶	R4-3	2B.30	24×30	24×30	36×48	48×60	18×24	36×48
卡车靠右行驶	R4-5	2B.31	24×30	24×30	36×48	48×60	—	36×48
保持右行	R4-7, 7a, 7b	2B.32	24×30	24×30	36×48	48×60	18×24	36×48
道路变窄保持右行	R4-7c	2B.32	24×30	24×30	—	—	—	—
保持左行	R4-8, 8a, 8b	2B.32	24×30	24×30	36×48	48×60	18×24	36×48
道路变窄保持左行	R4-8c	2B.32	18×30	18×30	—	—	—	—
保持车道内行驶	R4-9	2B.33	24×30	24×30	36×48	48×60	18×24	36×48
避险车辆专用	R4-10	2B.34	48×48	48×48	—	—	—	—
慢行车辆后方尾随××以上车辆时必须避让	R4-12	2B.35	42×24	42×24	—	—	—	—
慢行车辆必须前方避让	R4-13	2B.35	42×24	42×24	—	—	—	—
慢行车辆必须避让	R4-14	2B.35	30×24	30×24	—	—	—	—
保持靠右行驶（超车除外）	R4-16	2B.30	24×30	24×30	36×48	48×60	18×24	36×48
路肩禁止行车	R4-17	2B.36	24×30	24×30	36×48	48×60	18×24	36×48
路肩禁止超车	R4-18	2B.36	24×30	24×30	36×48	48×60	18×24	36×48
禁止驶入	R5-1	2B.37	30×30*	36×36	36×36	48×48	—	36×36
逆行	R5-1a	2B.38	36×24*	42×30	36×24*	42×30	30×18*	42×30
禁止卡车通行	R5-2, 2a	2B.39	24×24	24×24	30×30	36×36	—	36×36
禁止机动车通行	R5-3	2B.39	24×24	24×24	—	—	24×24	—
禁止商用车辆通行	R5-4	2B.39	24×30	24×30	36×48	36×48	—	—
禁止轮毂螺栓凸起的卡车（车辆）通行	R5-5	2B.39	24×30	24×30	36×48	48×60	—	—
禁止自行车通行	R5-6	2B.39	24×24	24×24	30×30	36×36	24×24	48×48
禁止非机动车辆通行	R5-7	2B.39	30×24	30×24	42×24	48×30	—	42×24
禁止摩托车通行	R5-8	2B.39	30×24	30×24	42×24	48×30	—	42×24
禁止行人、自行车、摩托车通行	R5-10a	2B.39	30×36	30×36	—	—	—	—
禁止行人或自行车通行	R5-10b	2B.39	30×18	30×18	—	—	—	—
禁止行人通行	R5-10c	2B.39	24×12	24×12	—	—	—	—
仅限特许车辆通行	R5-11	2B.39	30×24	30×24	—	—	—	—
单向通行（文字在箭头内）	R6-1	2B.40	36×12*	54×18	54×18	54×18	—	54×18
单向通行（文字在箭头外）	R6-2	2B.40	24×30*	30×36	36×48	48×60	18×24*	36×48
双向分隔式公路交叉	R6-3, 3a	2B.42	30×24	30×24	36×30	—	—	36×30
环岛行驶方向箭头（2肩章型）	R6-4	2B.43	30×24	30×24	—	—	—	—
环岛行驶方向箭头（3肩章型）	R6-4a	2B.43	48×24	48×24	—	—	—	—

续表

标志或标牌	标志	章节	常规道路		快速路	高速路	最小值	超大尺寸
			单车道道路	多车道道路				
环岛行驶方向箭头（4肩章型）	R6-4b	2B.43	60×24	60×24	—	—	—	—
环岛环绕指示（标牌）	R6-5P	2B.44	30×30	30×30	—	—	—	—
单行道起点	R6-6	2B.40	24×30	24×30	—	—	—	—
单行道终点	R6-7	2B.40	24×30	24×30	—	—	—	—
泊车限制	R7-1，2，2a，3，4，5，6，7，8，21，21a，22，23，23a，107，108	2B.46	12×18	12×18	—	—	—	—
小型货车无障碍泊车（标牌）	R7-8P	2B.46	18×9	18×9	—	—	—	—
泊车收费处	R7-20	2B.46	24×18	24×18	—	—	—	—
禁止泊车（公交站）	R7-107a	2B.46	12×30	12×30	—	—	—	—
禁止泊车/限制泊车（组合标志）	R7-200	2B.46	24×18	24×18	—	—	—	—
禁止泊车/限制泊车（组合标志）	R7-200a	2B.46	12×30	12×30	—	—	—	—
拖车区（标牌）	R7-201P，201aP	2B.46	12×6	12×6	—	—	—	—
标志该侧（标牌）	R7-202P	2B.46	12×6	12×6	—	—	—	—
雪天应急路线	R7-203	2B.46	18×24	18×24	—	—	—	24×30
铺装路面禁止泊车	R8-1	2B.46	24×30	24×30	36×48	48×60	—	36×48
禁止泊车（路肩除外）	R8-2	2B.46	24×30	24×30	36×48	48×60	—	36×48
禁止泊车（符号）	R8-3	2B.46	24×24*	30×30	36×36	48×48	12×12*	36×36
禁止泊车（文字）	R8-3a	2B.46	24×30	24×30	36×36	48×48	18×24	36×36
星期日和节假日除外（标牌）	R8-3bP	2B.46	24×18	24×18	—	—	12×9	30×24
铺装路面上（标牌）	R8-3cP	2B.46	24×18	24×18	—	—	12×9	30×24
桥上（标牌）	R8-3dP	2B.46	24×18	24×18	—	—	12×9	30×24
轨道上（标牌）	R8-3eP	2B.46	12×19	12×19	—	—	—	30×24
路肩除外（标牌）	R8-3fP	2B.46	24×18	24×18	—	—	12×9	30×24
装卸区/落客区（标牌）	R8-3gP	2B.46	24×18	24×18	—	—	12×9	30×24
时段（标牌）	R8-3hP	2B.46	24×18	24×18	—	—	12×9	30×24
仅限紧急泊车	R8-4	2B.49	30×24	30×24	30×24	48×36	—	48×36
铺装路面禁止停车	R8-5	2B.46	24×30	24×30	36×48	48×60	—	36×48
禁止停车（路肩除外）	R8-6	2B.46	24×30	24×30	36×48	48×60	—	36×48
仅限紧急停车	R8-7	2B.49	30×24	30×24	48×36	48×36	—	48×36
面向来车走在左侧	R9-1	2B.50	18×24	18×24	—	—	—	—
过街请走人行横道	R9-2	2B.51	12×18	12×18	—	—	—	—
禁止行人横穿（符号）	R9-3	2B.51	18×18	18×18	24×24	30×30	—	30×30
禁止行人横穿（文字）	R9-3a	2B.51	12×18	12×18	—	—	—	—
请走人行横道	R9-3bP	2B.51	18×12	18×12	—	—	—	—

续表

标志或标牌	标志	章节	常规道路		快速路	高速路	最小值	超大尺寸
			单车道道路	多车道道路				
禁止搭车（符号）	R9-4	2B.50	18×18	18×18	—	—	—	24×24
禁止搭车（文字）	R9-4a	2B.50	18×24	18×24	—	—	12×18	—
禁止轮滑	R9-13	2B.39	18×18	18×18	24×24	30×30	—	30×30
禁止骑马	R9-14	2B.39	18×18	18×18	24×24	30×30	—	30×30
仅在绿灯时过街	R10-1	2B.52	12×18	12×18	—	—	—	—
行人标志和标牌	R10-1, 2, 3, 3b, 3c, 3d, 4	2B.52	9×12	9×12	—	—	—	—
行人标志	R10-3a, 3e, 3f, 3g, 3i, 4a	2B.52	9×15	9×15	—	—	—	—
仅限绿色箭头亮时左转	R10-5	2B.53	30×36	30×36	48×60	—	24×30	48×60
红灯时停在这里	R10-6	2B.53	24×36	24×36	—	—	—	36×48
红灯时停在这里	R10-6a	2B.53	24×30	24×30	—	—	—	36×42
禁止阻塞交叉口	R10-7	2B.53	24×30	24×30	—	—	—	—
绿色箭头亮时车道可用	R10-8	2B.53	36×42	36×42	36×42	—	—	60×72
左（右）转信号	R10-10	2B.53	30×36	30×36	—	—	—	—
红灯时禁止转弯	R10-11	2B.54	24×30*	36×48	—	—	—	36×48
红灯时禁止转弯	R10-11a	2B.54	30×36*	36×48	—	—	—	—
红灯时禁止转弯	R10-11b	2B.54	36×36	36×36	—	—	—	—
红灯时禁止转弯（右侧车道除外）	R10-11c	2B.54	30×42	30×42	—	—	—	—
本车道红灯时禁止转弯	R10-11d	2B.54	30×42	30×42	—	—	—	—
绿灯时左转减速让行	R10-12	2B.53	30×36	30×36	—	—	—	—
紧急信号	R10-13	2B.53	42×30	42×30	—	—	—	—
紧急信号-红灯闪烁时停车	R10-14	2B.53	36×42	36×42	—	—	—	—
紧急信号-红灯闪烁时停车（悬挂式）	R10-14a	2B.53	60×24	60×24	—	—	—	—
转弯车辆减速避让行人	R10-15	2B.53	30×30	30×30	—	—	—	—
掉头让行于右转	R10-16	2B.53	30×36	30×36	—	—	—	—
停止后方可按照红色箭头右转	R10-17a	2B.54	36×48	36×48	—	—	—	—
交通执法拍照	R10-18	2B.55	36×24	36×24	48×30	54×36	—	54×36
拍照执法（符号标牌）	R10-19P	2B.55	24×12	24×12	36×18	48×24	—	48×24
拍照执法（文字标牌）	R10-19aP	2B.55	24×18	24×18	36×30	48×36	—	48×36
星期一至星期五（时段）（3行）（标牌）	R10-20aP	2B.53	24×24	24×24	—	—	—	—
星期日（时段）（2行）（标牌）	R10-20aP	2B.53	24×18	24×18	—	—	—	—
红灯时禁止过街	R10-23	2B.53	24×30	24×30	—	—	—	—
按下按钮以开启警告灯	R10-25	2B.52	9×12	9×12	—	—	—	—
左转遇闪烁红箭头时先停车后减速避让	R10-27	2B.53	30×36	30×36	—	—	—	—

续表

标志或标牌	标志	章节	常规道路		快速路	高速路	最小值	超大尺寸
			单车道道路	多车道道路				
绿灯期间放行××辆车	R10-28	2B.56	24×30	24×30	—	—	—	—
绿灯期间每车道放行××辆车	R10-29	2B.56	36×24	36×24	—	—	—	—
红灯时右转车辆须让行掉头车辆	R10-30	2B.54	30×36	30×36	—	—	—	—
在交通信号灯处（标牌）	R10-31P	2B.53	24×9	24×9	—	—	—	—
按钮增加2秒额外通行时间	R10-32P	2B.52	9×12	9×12	—	—	—	—
远离中央分隔带	R11-1	2B.57	24×30	24×30	—	—	—	—
道路关闭	R11-2	2B.58	48×30	48×30	—	—	—	—
道路关闭-仅限当地车辆通行	R11-3a, 3b, 4	2B.58	60×30	60×30	—	—	—	—
限重	R12-1, 2	2B.59	24×30	24×30	36×48	—	—	36×48
限重	R12-3	2B.59	24×36	24×36	—	—	—	—
限重	R12-4	2B.59	36×24	36×24	—	—	—	—
限重	R12-5	2B.59	24×36	24×36	36×48	48×60	—	—
称重站	R13-1	2B.60	72×54	72×54	96×72	120×90	—	—
卡车路线	R14-1	2B.61	24×18	24×18	—	—	—	—
危险品	R14-2, 3	2B.62	24×24	24×24	30×30	36×36	—	42×42
国家货运路网	R14-4, 5	2B.63	30×30	30×30	36×36	36×36	—	42×42
轻微事故挪动车辆	R16-4	2B.65	36×24	36×24	48×36	60×48	—	48×36
使用雨刷时开启车前灯	R16-5, 6	2B.64	24×30	24×30	36×48	48×60	—	36×48
以下××英里路段开启车前灯	R16-7	2B.64	48×15	48×15	72×24	96×30	—	72×24
开启并检查车前灯	R16-8, 9	2B.64	30×15	30×15	48×24	60×30	—	48×24
日间行车开启车前灯路段开始/结束	R16-10, 11	2B.64	48×15	48×15	72×24	96×30	—	72×24

* 在自行车设施上标志的最小尺寸要求见表9B-1。

注：1. 在适当的情况下可以使用更大的标志。

2. 尺寸的写法为：宽（英寸）× 高（英寸）。

第2B.04节 交叉口处的通行权

支撑依据：

01 州级或当地法律按照《统一车辆规范》（见第1A.11节）建立无交通控制标志的交叉口通行权使用规则。通行权规则要求即将到达交叉口的车辆驾驶员必须让行于交叉口内部的任何车辆或行人。当两车从不同的街道或公路几乎同时达到交叉口时，通行权规则要求左侧车辆让行于右侧车辆。通过设置"减速让行"（R1-2）标志（见第2B.08节和第2B.09节）或"停车让行"（R1-1）标志（见第2B.05节到第2B.07节）对交叉口的通行权进行调整。

指导条款：

02 为建立交叉口控制进行工程评判时，应考虑以下因素：

A. 所有进口方向的车辆、自行车及行人交通流量；

B. 进口的数量及相交角度；

C. 进口速度；

D. 每个进口的可用视距；

E. 历史事故数据。

03　当以下一个或多个条件存在时，应在交叉口处使用"减速让行"或"停车让行"标志：

A. 次要道路和主要道路相交的交叉口处，通过应用正常的通行权规则未必能使人们遵守法律规定；

B. 街道汇入指定直行公路或街道；

C. 信号控制区域的无信号控制交叉口。

04　另外，在有两条小型街道或当地道路的交叉口，其进口多于3个并存在以下一个或多个条件时，应考虑使用"减速让行"或"停车让行"标志：

A. 各进口道进入交叉口的当量小客车、自行车和行人的流量平均在2000辆/天以上；

B. 有必要停车或让行时，道路使用者因无法充分了解进口处交通冲突情况，无法按照正常的通行权规则停车或让行；

C. 交通事故记录表明，交叉口处三年内有5起及以上、或者两年内有3起及以上的事故涉及未按照正常的通行权规则进行通行权让行。

05　"减速让行"或"停车让行"标志不应用于速度控制。

支撑依据：

06　第2B.07节包含关于交叉口处使用多路"停车让行"控制的规定。

指导条款：

07　一旦决定对交叉口实施控制，应该根据工程评判决定合适的被控制道路。大多数情况下，应该对交通流量最低的道路实施控制。

08　除非被工程调研证实，"减速让行"或"停车让行"标志不应设置在高流量道路上。

支撑依据：

09　两条流量和（或）特点大致相同的道路相交时，以下考虑可能会影响选取合适道路设置"减速让行"或"停车让行"标志的决定：

A. 控制与行人穿行或学校步行路线最冲突的方向；

B. 控制需要驾驶员减速的视线遮挡、下陷或凸起的方向；

C. 控制从控制点观察交通状况具有最佳视距的方向。

必须条款：

10　由于冲突指令可能会混淆驾驶员，"减速让行"或"停车让行"标志不能与任何交通控制信号运行一起使用，以下情况除外：

A. 如果进口的信号显示一直是红闪；

B. 如果一条小型街道或小道位于受交通控制信号控制的区域内或与区域相邻，但由于基本不可能有冲突存在，因而不需要单独的交通信号控制；

C. 如果渠化的转弯车道通过交通岛从相邻的车道分离出来，并且渠化转弯车道不受交通控制信号控制。

11　除第2B.09节规定的情况外，如果汇入同一个无信号控制交叉口的不同进口彼此冲突或者方向相反，则"停车让行"或"减速让行"标志不得用于这些进口。

12　除非用于紧急和临时交通控制区域，否则便携式或分时段的"停车让行"或"减速让行"标志不能使用。

13 人工放入视野或从视野中移除的便携式或分时段（可折叠的）"停车让行"标志，不能用于断电期间对信号灯控制入口的控制，除非养护机构确立电力恢复时首先显示给该入口的信号指示是红闪信号，并且便携式"停车让行"标志将在交通控制信号停－走运行前被人工地从视野中移除。

可选条款：

14 通过电力或机械运行的便携式或分时段（可折叠的）"停车让行"标志只有在断电期间才显示"停车让行"信息，并在电力恢复时停止显示"停车让行"信息，因此可用于断电期间对信号灯控制入口的控制。

支撑依据：

15 第 9B.03 节包含有关共用小路或道路交叉口处的优先权分配的规定。

第 2B.05 节 "停车让行"标志（R1-1）和"所有方向"标牌（R1-3P）

必须条款：

01 当确定交叉口进口处总是需要完全停车时，必须使用"停车让行"标志（R1-1）（见图 2B-1）。

02 "停车让行"标志必须是红底白字白色边框的八角形。

03 "停车让行"标志的版面上不能使用次要图文。

04 交叉口所有进口都通过"停车让行"标志（见第 2B.07 节）控制时，"所有方向"辅助标牌（R1-3P）必须安装在每个"停车让行"标志的下方。"所有方向"标牌（见图 2B-1）必须是红底白字白色边框。

05 "所有方向"标牌必须只在交叉口所有进口都通过"停车让行"标志控制时使用。

06 辅助标牌图文若为"两方向"、"三方向"、"四方向"或其他数目的方向，则不得与"停车让行"标志同时使用。

支撑依据：

07 "相交车流不停车让行"标牌（W4-4P）（以及其他具有类似信息的标牌）的使用在第 2C.59 节有说明。

指导条款：

08 *具有与"左侧（右侧）来车无停车让行"（W4-4aP）或者"对向来车无停车让行"（W4-4bP）"类似信息的标牌，应当安装在仅有一个入口不是"停车让行"标志控制的交叉口，除非对应无停车让行控制入口的街道是单行道。*

可选条款：

09 如果工程调研确定当前道路几何条件和交通流量的特定组合使得进口处右转车辆可以不停车让行进入交叉口，"右转除外"标牌（R1-10P）（见图 2B-1）可安装在"停车让行"标志的下方。

支撑依据：

10 停车让行信标的设计和使用在第 4L.05 节进行说明。

图 2B-1 "停车让行"和"减速让行"标志及标牌

第2B.06节 "停车让行"标志应用

指导条款：

01 在并非所有时间都需停车让行的交叉口，应首先考虑使用较少的限制措施，如"减速让行"标志（见第2B.08节和第2B.09节）。

02 如果工程评判表明，由于存在以下一个或多个条件，总是需要停车让行，则小型街道进口处应当考虑使用"停车让行"标志：

A. 直行街道或公路的车流量超过6000辆/天；

B. 由于视线受阻，道路使用者必须停车才能彻底观察直行街道或公路上的冲突交通；

C. 事故报告表明，12个月内有3起及以上，或者两年内有5起及以上的事故可以通过安装"停车让行"标志来改善。此类事故包括在小型街道进口的道路使用者未减速让行直行街道或公路上的交通流而造成的直角碰撞。

支撑依据：

03 "停车让行"标志在平交道口处的使用在第8B.04节和第8B.05节进行说明。

第2B.07节 多路停车让行应用

支撑依据：

01 在一定的交通条件下，多路停车让行控制可作为安全措施在交叉口使用。与多路停车让行相关的安全考虑包括行人、骑自行车的人和所有期望其他道路使用者停车的道路使用者。多路停车让行控制可用于交叉道路交通量大致相等的情况。

02 第2B.04节中关于"停车让行"标志的使用限制同样适用于多路停车让行。

指导条款：

03 应当根据工程调研决定是否安装多路停车让行控制。

04 针对安装多路"停车让行"标志的工程调研应当考虑以下准则：

A. 经论证表明需要安装交通控制信号的地方，在安排安装交通控制信号期间，多路停车让行可作为临时措施迅速安装从而实现交通控制。

B. 12个月期间有5起及以上交通事故的地方，为减缓事故发生，可以进行多路停车让行控制。此类事故包括右转和左转碰撞以及直角碰撞。

C. 最小流量：

1. 平均每天的任何8小时，从主要街道进口（两进口之和）进入交叉口的车流量平均至少为300辆/小时；

2. 同样的八小时，从小型街道进口（两进口之和）驶入交叉口的混合车辆、行人和自行车流量平均至少为200辆（人）/小时，高峰小时期间小型街道车流的平均延误至少为30秒/辆；

3. 如果主要街道车流的85%位车速超过40英里/小时（约65公里/小时），最小车流量满足第1和第2项提到的70%。

D. 如果以上任何单项准则都未能满足，但是同时满足上述准则B、C.1和C.2最小值的80%，该准则不考虑C.3。

可选条款：

05 工程调研中其他可被考虑的准则包括：

A. 需要控制左转冲突；

B. 在靠近行人流量大的地方需要控制车辆/行人冲突；

C. 除非冲突的交叉车流同样被要求停车让行，否则道路使用者停车后既不能看见冲突交通也不能安全通过交叉口的位置；

D. 由两住宅小区穿行（直行）街道组成的交叉口，街道具有类似的设计和运行特征，多路停车让行控制可以改善该交叉口的交通运行特征。

第 2B.08 节 "减速让行"标志（R1-2）

必须条款：

01 "减速让行"标志（R1-2）（见图 2B-1）必须是具有红色宽边的等边倒三角形，红色"减速让行"字样位于白底之上。

支撑依据：

02 "减速让行"标志将路权分配给进入交叉口的特定进口道。被"减速让行"标志控制的车辆需减速至适合当前条件的速度，或者在必要时停车，从而避免影响冲突车流。

第 2B.09 节 "减速让行"标志应用

可选条款：

01 可以设立"减速让行"标志的条件：

A. 通向直行街道或公路的进口道上，并非总是需要停车让行。

B. 在分隔式公路的第二条相交道路，交叉口平均宽度大于等于 30 英尺（约 9.2 米）。这种情况下，"停车让行"或"减速让行"标志可设立在分隔式公路的第一条道路的进口，"减速让行"标志可设立在第二条道路的进口。

C. 通过安全岛从相邻车道分离出的渠化转弯车道，即使该相邻车道所处交叉口是受公路交通信号控制或"停车让行"标志控制。

D. 在存在特殊问题的交叉口，并且工程评判表明该问题宜通过使用"减速让行"标志解决。

E. 面向合流运行的进入道路，由于加速的几何要求和（或）视距不足以满足合流交通运行需求，工程评判表明需加以控制。

必须条款：

02 "减速让行"标志（R1-2）必须用于分配环岛入口处的路权。环形交叉口处的"减速让行"标志必须用于控制进口车道而不能用于控制环绕车道。

03 除了环岛的所有进口道，"减速让行"标志不能置于交叉口的所有进口道。

第 2B.10 节 "停车让行"或"减速让行"标志布设

必须条款：

01 "停车让行"或"减速让行"标志必须设立在交叉口内侧进口道的右手边。当"停车让行"或"减速让行"标志设置在所需位置但标志可视性受限时，"前方停车让行"标志（见第 2C.36 节）必须设置在"停车让行"标志前方，或者"前方减速让行"标志（见第 2C.36 节）必须设置在"减速让行"标志前方。

02 "停车让行"或"减速让行"标志必须尽可能接近这些标志所控制的交叉口，同时要提高标志对于道路使用者的可视性。

03 "停车让行"和"减速让行"不能设置在同一立柱上。

04 除了库存贴条、标志安装日期和条形码,不能在"停车让行"或"减速让行"标志的正面粘贴其他内容,并且以上三项内容必须放在标志的边框上。

05 除了官方的交通控制信号、库存贴条、标志安装日期、反破坏贴条和条形码,不能在"停车让行"或"减速让行"标志的背面安装其他东西。

06 除了反光条(见第2A.21节)或者官方的交通控制信号,不能在"停车让行"或"减速让行"标志支撑物的正面或背面安装其他东西。

指导条款:

07 *"停车让行"或"减速让行"标志不应设置在交叉道路路面边缘50英尺以外(见图2A-3f)。*

08 *与"停车让行"或"减速让行"标志背靠背安装的标志,其大小应当在"停车让行"或"减速让行"边界内。如有必要,"停车让行"或"减速让行"标志的尺寸应当增大,使其他与"停车让行"或"减速让行"标志背靠背安装的标志保持在"停车让行"或"减速让行"边界内。*

可选条款:

09 如果某些地方正在前行的驾驶员必须减速让行迎面而来的车流,比如在只有一条车道的桥区,"小心来车"的标牌(R1-2aP)可安装在"减速让行"标志的下方。

支撑依据:

10 图2A-3显示了"停车让行"和"减速让行"标志的一些典型设置样例。

11 第2A.16节包含关于独立安装和与其他标志组合安装"停车让行"或"减速让行"标志的附加信息。

指导条款:

12 *用于辅助"停车让行"标志的停止线应当设置在第3B.16节中描述的地方。用于辅助"减速让行"标志的减速让行标线应当设置在第3B.16节中描述的地方。*

13 *交叉口标有人行横道的地方,"停车让行"标志应当安装在人行横道线的前方最接近驶入车辆的地方。*

14 *除环岛以外,交叉口标有人行横道的地方,"减速让行"标志应当安装在人行横道线的前方最接近驶入车辆的地方。*

15 *两条道路锐角相交的地方,"停车让行"或"减速让行"标志应当以一定倾斜角度放置或遮蔽,以至于不使用该标志的车流看不见该图文。*

16 *如果在多车道环岛进口的左手边存在凸起的分流岛,额外的"减速让行"标志应当设置在进口的左手边。*

可选条款:

17 如果单车道环岛进口处左手边存在凸起的分流岛,可以在入口左侧增设"减速让行"标志。

18 在宽喉交叉口,或进口有两条或多条车道,可通过在道路左手边增设"停车让行"或"减速让行"标志和(或)使用停止线或减速让行标线进一步加强对路权的控制。在渠化交叉口或在通过中央分隔带隔离的道路,额外的"停车让行"或"减速让行"标志可设置在渠化岛或中央分隔带上。额外的"停车让行"或"减速让行"标志也可以悬挂安装在交叉口进口的上方以增强对路权的控制。

必须条款:

19 面向相同方向的同一支撑体上不能放置超过一个的"停车让行"标志或"减速让行"标志。

可选条款:

20 对于受减速让行控制的交通流,在没有加速车道的道路上通过渠化隔离进行右转,或运行在无加速车道的高速路入口匝道或城市快速路入口匝道时,如果工程评判表明道路使用者期望有加速车道存在,则"无合流区"的标牌(W4-5P)(见第2C.40节)可安装在"前方减速让行"标志和(或)"减速让行"标志(R1-2)的下方。

第 2B.11 节 "此处减速让行行人"标志和"此处停车让行行人"标志（R1-5 系列）

必须条款：

01 如果无控制的多车道进口的人行横道前设有减速（停止）线，必须使用"此处减速（此处停车）让行行人"（R1-5，R1-5a，R1-5b, or R1-5c）标志（见图 2B-2）。"此处停车让行行人"标志只在法律特别规定驾驶员必须停车让人行道上的行人时使用。如果适用，图文"州法律"可显示在 R1-5、R1-5a、R1-5b 以及 R1-5c 标志顶端。

指导条款：

02 如果在穿越无控制多车道进口的人行横道的前方设有减速让行（停车让行）标线和"此处减速（此处停车）让行行人"标志，标志应当设置在距离最近的人行横道线前方的 20~50 英尺处（见第 3B.16 节和图 3B-17），并且减速让行（停车让行）线和人行横道间的区域应当禁止泊车。

03 减速让行（停车让行）标线和"此处减速（此处停车）让行行人"标志不应用在穿越环岛进口或出口的人行横道前。

可选条款：

04 "此处减速（此处停车）让行行人"标志可设置在穿越无控制多车道进口的人行横道的前方，以便无减速让行（停车让行）标线存在时道路使用者也知道应该在何处减速（停车）。

05 已装有"此处减速（此处停车）避让行人"标志的人行横道前，"行人过街"警告标志（W11-2）应悬挂安装或者和标有斜向下箭头的标牌（W16-7P）一起安装在立柱上。

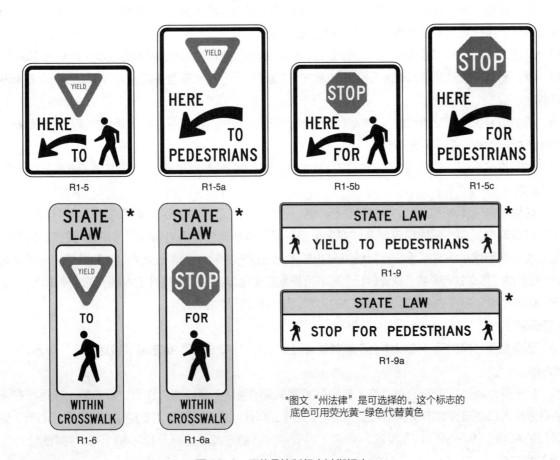

*图文"州法律"是可选择的。这个标志的底色可用荧光黄-绿色代替黄色

图 2B-2 无信号控制行人过街标志

必须条款：

06 如果标志 W11-2 已经通过立柱安装在人行横道处，且该车道进口处设有"此处减速（此处停车）让行行人"标志，"此处减速（此处停车）让行行人"标志不能与标志 W11-2 设在同一立柱上，以免道路使用者视线受阻，看不到标志 W11-2。

可选条款：

07 在同一人行道的进口处，配有"前方"标牌或者辅助距离标牌的前方行人横穿警告标志（W11-2）可与"此处减速（此处停车）让行行人"标志组合使用。

08 在同一人行横道处，街道行人过街标志和"此处减速（此处停车）让行行人"标志可一同使用。

第 2B.12 节　街道上和悬挂式行人过街标志（R1-6、R1-6a、R1-9 和 R1-9a）

可选条款：

01 街道上行人过街标志（R1-6 或 R1-6a）或悬挂式行人过街标志（R1-9 或 R1-9a）（见图 2B-2）可用于提醒道路使用者注意在无信号控制人行横道处关于路权分配的法规。如果适用，图文"州法律"可以显示在标志 R1-6、R1-6a、R1-9 和 R1-9a 的顶部。在标志 R1-6 和 R1-6a 上，可用图文"停车让行"或"减速让行"代替相应的"停车让行"或"减速让行"标志符号。

02 公路管理部门可以设定和应用街道上行人过街标志适用性的标准。

必须条款：

03 如果使用，街道上行人过街标志必须设置在人行横道处道路中线、车道线或中央隔离岛上。街道上行人过街标志不能以立柱的形式设置在道路的左侧或右侧。

04 如果使用，悬挂式行人过街标志必须安装在人行横道处道路的上方。

05 街道上或悬挂式行人过街标志不能设置在人行横道前方用于帮助道路使用者在到达人行横道前了解州法律，也不能作为教育标志安装在不靠近人行横道的地方。

指导条款：

06 如果有交通岛（见第 3I 章）存在，街道上行人过街标志（如使用）应当设置在交通岛上。

可选条款：

07 如果行人过街警告标志（W11-2）与街道上或悬挂式行人过街标志结合使用，包含斜向下指示箭头标牌（W16-7P）的标志 W11-2 可以以立柱的形式安装在人行横道处的道路右侧。

必须条款：

08 街道上行人过街标志和悬挂式行人过街标志不能在信号控制处设置。

09 "为…停车"图文只能用于州法律特别要求驾驶员在人行横道处必须停车避让行人的地方。

10 街道上行人过街标志必须为黑色图文（红色"停车让行"或"减速让行"标志符号除外）、黑色边框和白色底色，并被外围的黄色或荧光黄绿底色包围（见图 2B-2）。悬挂式行人过街标志的顶部必须为黑色图文和边框，黄色或荧光黄绿底色，标志的底部须为黑色图文和边框，白色底色（见图 2B-2）。

11 除非街道上行人过街标志安装于实体交通岛上，否则标志支撑体遭受车辆撞击后必须能够弯曲并反弹回原来位置。

支撑依据：

12 第 2A.18 中关于安装高度的规定不适用于街道上行人过街标志。

必须条款：

13 街道上行人过街标志的顶端距离路面最大高度必须为 4 英尺。设置在交通岛上的街道上行人过街标志的顶端距离交通岛表面最大高度必须为 4 英尺。

可选条款：

14 为防止冬季除雪作业造成损坏，街道上行人过街标志可按季节使用。如果夜间行人活动极少，夜间可以移除标志。

15 街道上行人过街标志、悬挂式行人过街标志以及此处减速让行（此处停车让行）行人标志可在同一人行横道处结合使用。

第 2B.13 节　限速标志（R2-1）

必须条款：

01 只能基于工程调研结果设立限速区（不同于法定限速），且该工程调研依据交通工程实践开展。工程调研必须包括当前自由流速度分布的分析。

02 限速标志（R2-1）（见图 2B-3）必须显示限速值，该值由法律、条例、法规建立或由授权代理机构根据工程调研结果确定。显示的限速值应为 5 英里/小时的倍数。

03 限速标志（R2-1）显示的是法律要求显示的限速值，必须设置在从某一限速变为另一限速值的地方。

04 在限速区段下游结束处，必须设置显示下一个限速的限速标志。附加的限速标志必须安装在主要交叉口以外的地方，以及其他有必要提醒道路使用者限速的地方。

05 表明法定限速的限速标志必须安装在州的入口，以及合适的城市区域管辖边界处。

支撑依据：

06 通常，适用于乡村及城市道路最大限速的设立分为以下情况：

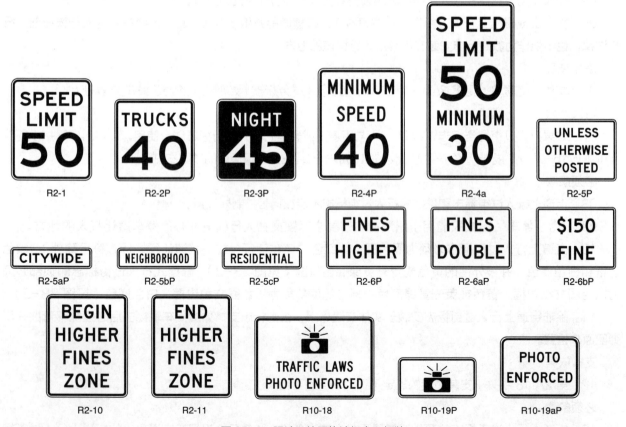

图 2B-3　限速和拍照执法标志和标牌

A. 根据法律条文：适用于特定道路类型的最大限速，如高速公路或城市街道，根据州际法律建立；
B. 按修正限速区：根据工程调研。

07　州法律可规定适用于某一特定道路的最大限速，即使与工程调研的结果不同，仍以州法律为准。

可选条款：

08　如果管辖区内有政策表明，按照法定要求限速标志的安装仅限于进入市区、街区或居民区的街道上，用于表明适合整个市区、街区或居民区的限速，除非另有限速，否则"全市"（R2-5aP）、"街区"（R2-5bP）或"居民区"（R2-5cP）标牌可安装在限速标志的上面，"其他规定限速除外"（R2-5P）标牌可安装在限速标志下面（见图2B-3）。

指导条款：

09　某区域限速降低了10英里/小时以上，或者工程评判表明需要提前通知道路使用者以便与前方区域的限速一致，前方减速慢行（W3-5或W3-5a）标志（见第2C.38节）应当用于告知道路使用者前方区域限速更低。

10　州和当地部门应当进行工程调研以重新评估上一次检查后出现了显著变化的道路路段的非法定默认限速。这些变化包括：增加和减少了停车或私人车道、行车道数量改变、自行车道设置改变、交通信号协调控制改变或者交通流量显著改变。

11　任何一个限速标志或组合上显示的速度限值不应当超过三个。

12　设置于限速区内的限速值与自由流85%位速度值的差值应当在5英里/小时内。

13　信号控制的交叉口进口速度研究应当在不受交通控制信号影响的区域外，通常认为是大约0.5英里，以避免得到与85%位速度相偏离的结果。

支撑依据：

14　为了提高驾驶员在信号控制交叉口的注意力，通常采用预警标志和其他交通控制设施，这些设施通常比降低限速更有效。

指导条款：

15　安装在警告标志下方的建议速度标牌（见第2C.08节）应当用于告知道路使用者对应道路条件下的建议速度。这种情况下不应当使用限速标志。

可选条款：

16　建立或重新评估限速时可考虑以下因素：
A. 道路特点、路肩条件、坡度、线形和视距；
B. 速度差幅度；
C. 路侧开发及环境；
D. 停车情况和行人活动；
E. 近12月内的事故情况。

17　可使用两种类型的限速标志：一种用于指定小客车限速，包括可能应用的任何夜间信息或最小限速；另外一种用于显示针对卡车及其他车辆的特殊限速。

18　倘若在适当的时间显示合适的限速，可安装随交通和周围条件改变限速的可变信息标志。

19　能够显示到达车辆行驶速度的可变信息标志可以与限速标志结合安装。

指导条款：

20　如果安装了显示到达速度的可变信息标志，应当显示"你的速度为xx英里/小时"的图文或类似内容。可变信息内容应当为黑色底黄色图文，或者两种颜色对调。

支撑依据：

21 建议速度标志和标牌在第 2C.08 节和第 2C.14 节中讨论。临时交通控制区速度标志在第 6 篇讨论。用于安装在限速标志上的"施工区"标牌（G20-5aP）在第 6F.12 节中讨论。学校区域限速标志在第 7B.15 节中讨论。

第 2B.14 节 卡车限速标牌（R2-2P）

必须条款：

01 用于卡车或其他车辆的特殊限速，"卡车 XX"图文或类似图文必须显示在同一标志上"限速 XX"图文的下方，或显示在标准图文下方的单独 R2-2P 标牌上（见图 2B-3）。

第 2B.15 节 夜间限速标牌（R2-3P）

必须条款：

01 白天和夜晚需要规定不同限速的地方，两种限速都必须显示。

指导条款：

02 夜间限速标牌（R2-3P）（见图 2B-3）应当使用与平常颠倒的颜色，即白色逆反射性图文和边框设置在黑色底色上。

可选条款：

03 夜间限速标牌可与标准的限速标志（R2-1）结合使用，或安装在其下方。

第 2B.16 节 最低限速标牌（R2-4P）

必须条款：

01 最低限速标牌（R2-4P）（见图 2B-3）仅限和限速标志结合使用。

可选条款：

02 如果工程评判认为低速可能阻碍公路上车流正常和合理的运行，最低限速标牌可安装在限速标志（R2-1）的下方以表明最低法定速度。必要时，限速标志和最低限速标牌可结合在标志 R2-4a（见图 2B-3）上。

第 2B.17 节 处罚加重标志和标牌（R2-6P、R2-10 和 R2-11）

必须条款：

01 当道路指定区域内的交通违章处罚加重时，"开始处罚加重区"标志（R2-10）（见图 2B-3）或者"处罚加重"标牌（R2-6P）（见图 2B-3）必须用于告知道路使用者。如果使用，"处罚加重"标牌必须安装在适用的法令或警告标志的下面，安装在临时交通控制区、学校地区或其他合适的指定区域。

02 如果某区域设有标志 R2-10 或标牌 R2-6P，用于告知道路使用者交通违章会受到处罚加重，则"结束处罚加重区"标志（R2-11）（见图 2B-3）必须安装在处罚加重区域结束的下游位置，以告知道路使用者处罚加重区结束。

指导条款：

03 如果使用"开始处罚加重区"标志或者"处罚加重"标牌，该标志或标牌应当位于临时交通控制区、学校地区或其他合适的指定区域的开始处，且在立交桥、大型交叉口或其他主要交通吸引区以外。

必须条款：

04 处罚加重标志和标牌必须为黑色的图文和边框，位于白底矩形上。安装在处罚加重标志下面的所有辅助标牌必须为黑色图文和边框，位于白底矩形上。

指导条款：

05 管理机构应当根据实际施工地区的情况填用处罚加重标志和标牌，此类实际施工地区包括需要道路使用者减速或格外小心的道路、路肩或其他地方，包括学校区域和（或）学校减速慢行区域等。

可选条款：

06 类似于"开始（或结束）处罚加倍区域"的交替图文也可被用于标志 R2-10 和 R2-11。

07 在 R2-6P 标牌上的"处罚加重"图文也可被"处罚加倍"（R2-6aP）、"处以 $XX 罚款"（R2-6P），或适合于特定规定的其他图文代替（见图 2B-3）。

08 以下信息可被安装在标志 R2-10 或辅助标牌 R2-6P 的下面：

A. 说明处罚加重起作用的时间的辅助标牌（类似于图 7B-1 中的标牌 S4-1P）；

B. "儿童（施工人员）出现时"的辅助标牌；

C. 当与黄色闪烁灯一起使用时的"闪烁时"的辅助标牌（类似于图 7B-1 中的标牌 S4-4P）。

支撑条件：

09 与临时交通控制区交通违章罚款加重有关的其他标志和标牌的信息包含在第 6F.12 节中。与指定学校地区交通违章罚款加重有关的其他标志和标牌的信息包含在第 7B.10 节中。

第 2B.18 节　禁止直行、转弯或掉头标志（R3-1 至 R3-4、R3-18 和 R3-27）

必须条款：

01 除第 11 条和第 13 条中的情况外，在禁止直行、转弯或掉头的地方，必须安装相应的标志。

指导条款：

02 禁行标志应该设置在可能发生该行为的道路使用者最易看到的地方。

03 如果使用禁止右转标志（R3-1）（见图 2B-4），应当至少有一个标志设置在道路上方或交叉口右侧拐角处。

04 如果使用禁止左转标志（R3-2）（见图 2B-4），应当至少有一个标志设置在道路上方或交叉口左侧远角处、或中央隔离带上、或与"停车让行"或"减速让行"标志一起设置在交叉口右侧近角处。

05 除用于信号控制交叉口第 9 条第 C 款规定的以外，如果使用禁止转弯标志（R3-3）（见图 2B-4），应当使用两个标志，分别位于禁止右转标志和禁止左转标志的指定位置。

06 如果使用禁止掉头标志（R3-4）（见图 2B-4）或禁止掉头与禁止左转的组合标志（R3-18）（见图 2B-4），至少一个应当用在禁止左转标志的指定位置。

可选条款：

07 如果同时禁止左转和掉头，可使用禁止掉头与禁止左转的组合标志来代替单独标志 R3-2 和 R3-4。

指导条款：

08 如果使用禁止直行标志（R3-27）（见图 2B-4），至少有一个标志应当设置在道路上方或设置在直行通过交叉口的道路使用者能够看到的地方。

09 当禁止转弯标志与交通控制信号组合安装时：

A. 禁止右转标志应当临近右侧车道上的道路使用者能够看到的信号灯面。

B. 禁止左转（或禁止掉头，或禁止掉头与禁止左转的结合）标志应当安装在临近左侧车道上的道路使用者能够看到的信号灯面。

C. "禁止转弯"标志应当安装在临近进口处所有道路使用者能够看到的信号灯面，或者使用两个标志。

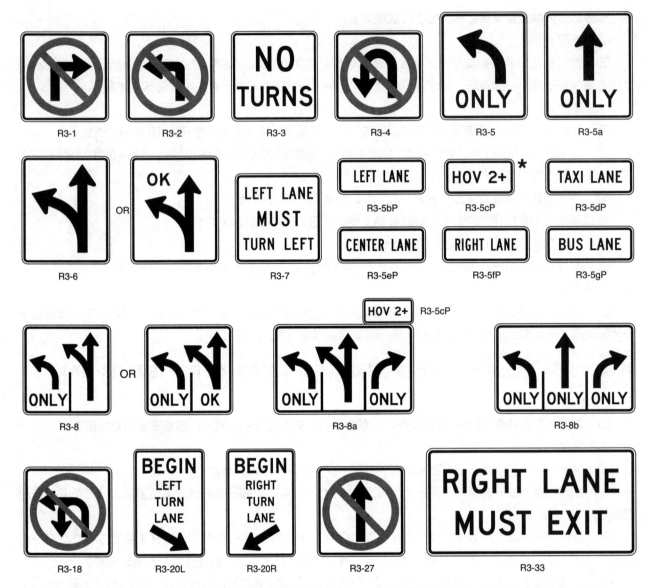

图 2B-4 禁止直行、转弯或掉头和车道控制标志和标牌

★"合乘车辆"这个词的信息可用菱形符号代替。最少乘坐率可以是2+，3+，4+。在适当的时候"车道"或者"仅"可以和其一起使用。

可选条款：

10 如果禁止转弯标志与交通控制信号灯组合安装，额外的禁行标志可设置成立柱式以辅助悬挂式标志。

11 使用"单行"标志的地方（见第 2B.40 节），禁止左转和禁止右转标志可以省略。

12 如果仅在特定的时间段禁行，可以使用以下替代标志，以下标志按优先顺序排列：

A. 可变信息标志，尤其是在信号控制的交叉口处。

B. 永久安装标志，此类标志包含显示禁行生效的日期和时间的辅助图文。

C. 便携式标志，由有关部门安装，位于道路外交叉口的各个角。便携式标志仅在禁行生效的时间段使用。

13 在快速路的匝道入口或渠化的交叉口处，如果由于设计原因使得匝道或转弯车道已为单向通行时，可不设禁行标志。

必须条款：

14 禁止左转标志（R3-2）、禁止掉头标志（R3-4）以及禁止掉头与禁止左转的组合标志（R3-18）不能用在环岛的入口处以禁止驾驶员左转进入绕行环岛车道。

支撑条件：

15 在环岛处，如果使用标志 R3-2、R3-4 或者 R3-18 以禁止左转车辆进入绕行环岛车道，可能会使驾驶员对环岛处合法的转弯通行感到混乱。环岛行驶方向箭头标志（R6-4 系列）（见第 2B.43 节）和（或）"单行"标志（R6-1R 或 R6-2R）是用来指明环岛内行驶方向的合适标志。

第 2B.19 节　交叉口车道控制标志（R3-5 至 R3-8）

必须条款：

01 如果使用交叉口车道控制标志，必须要求道路使用者在特定车道上转弯，或只允许在该车道转向同一方向，或要求道路使用者保持在相同车道直行通过交叉口，或明确某一车道允许的行驶方向。

02 交叉口车道控制标志（见图 2B-4）包含以下三种应用：

A. 限定行驶车道控制标志（R3-5、R3-5a 和 R3-7）。

B. 可选择行驶车道控制标志（R3-6）。

C. 交叉口车道控制预告标志（R3-8 系列）。

指导条款：

03 当交叉口车道控制标志悬挂式安装时，每个标志都应当设置在使用该标志的车道的正上方。

04 如果信号控制的交叉口存在直行车道变为强制转弯车道、多车道转弯包括直行车道和转弯车道共用的情况，或者存在其他不熟悉的道路使用者意想不到的车道使用规定，悬挂式车道控制标志应当安装在信号控制区域使用该标志的车道正上方或者交叉口前方的合适车道上方。

05 对于前方和（或）交叉口车道使用标志，在进口处采用悬挂式安装方式不可行时，应当采用以下的替代措施之一：

A. 直行车道变为强制转弯车道的地方，限制车道通行标志（R3-7）应当以立柱的形式安装在单行街道上直行车道变为强制左转车道处的道路左侧，或者有足够的宽度供标志使用的中央分隔带上，或者直行车道变为强制右转车道处的道路右侧。

B. 如果双向街道上直行车道变为强制左转车道处，中央分隔带没有足够的宽度供标志使用，或者多车道转弯包括直行车道和转弯车道共用情况，交叉口车道控制预告标志（R3-8 系列）应当以立柱的形式安装在交叉口前方突出位置，并应当按照表 2B-1 考虑使用更大尺寸的标志。

必须条款：

06 某一进口车道使用悬挂式标志时不能要求该进口的其他车道也安装悬挂式标志。

可选条款：

07 进口处直行车道数量小于等于 2 条时，交叉口车道控制标志（R3-5、R3-6 或者 R3-8）可以采用悬挂式或立柱式安装。

08 交叉口车道控制标志在以下地方可以省略：

A. 转弯车道已经由物理结构或路面标线提供；

B. 仅使用此类转弯车道的道路使用者允许在该方向进行转弯。

09 在环岛处，交叉口车道控制标志（R3-5、R3-6 和 R3-8 系列）可以显示图 2B-5 中任意箭头符号。

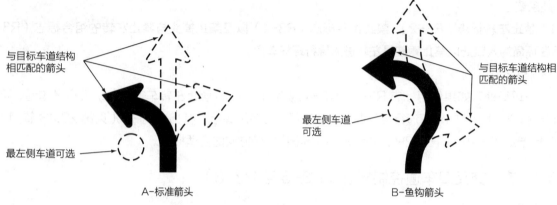

图 2B-5　环岛处交叉口车道控制标志箭头设置

第 2B.20 节　限定行驶车道控制标志（R3-5、R3-5a 和 R3-20）

必须条款：

01　如果使用限定行驶车道控制标志（R3-5、R3-5a 和 R3-7）（见图 2B-4），必须表明在某一车道唯一被允许的通行方式。如果使用限定行驶车道控制标志，必须安装在交叉口前方，如靠近限定行驶车道上游结束处，和（或）规定生效的交叉口。限定行驶应用于被专门指定为合乘车辆专用车道时，必须使用 R3-5cP 辅助标牌。如果限定行驶不是应用于合乘车辆设施，而是用于被专门指定为公交车和（或）出租车专用车道，必须使用文字信息 R3-5dP 和（或）R3-5gP 辅助标牌。

02　限定行驶车道控制标志（R3-7）必须包括"右侧（左侧）车道必须右转（左转）"图文。限定行驶车道控制标志（R3-5 和 R3-5a）图形标志必须包括"仅限"图文。

03　R3-7 文字信息标志必须只能以立柱的形式安装。

04　入口处直行交通的车道数大于等于 3 时，如果使用限定行驶车道控制符号标志（R3-5 和 R3-5a），必须悬挂安装在指定车道的上方（见第 2B.19 节）。

指导条款：

05　如果标志 R3-5 或 R3-5a 以立柱的形式安装在不超过两条的直行车道入口处，辅助标牌（见图 2B-4）如"左侧车道"（R3-5bP）、"合乘车辆专用车道"（R3-5cP）、"出租车专用车道"（R3-5dP）、"中间车道"（R3-5eP）、"右侧车道"（R3-4fP）、"公交车专用车道"（R3-5gP）或者"所有车道"，应该增加在标志上方以表明限制通行应用于哪条特定的车道。如果使用有辅助标牌 R3-5bP 或 R3-5fP 的限定行驶车道控制符号标志（R3-5），它们应该安装在邻近并沿着转弯车道全宽的部分。

06　限定行驶车道控制文字信息标志（R3-7）应该仅用于临近限定行驶转弯车道全宽部分的位置。R3-7 标志不应该安装在转弯车道渐变段前方或邻近的直行车道旁。

07　限定行驶车道控制标志应该和车道使用箭头标线配合使用，尤其是交通流量较高的地方，或商用车辆比例较高的地方，或存在其他干扰的地方。

可选条款：

08　仅限直行通过标志（R3-5a）可以用于要求在特定车道的道路使用者直行通过交叉口。

09　当用于左转车道的限定行驶车道控制标志与保持右行标志（R4-7）背靠背设置时，限定行驶车道控制标志（R3-5）的尺寸可以与保持右行标志的尺寸一样。

10　在辅助标牌 R3-5cP 上，文字信息"合乘车辆"（HOV）可用菱形符号代替。

11　"开始右转车道"标志（R3-20R）（见图 2B-4）可以以立柱的形式安装在强制右转车道转弯渐变段上游结束位置的道路右手边。"开始左转车道"标志（R3-20L）（见图 2B-4）可以以立柱的形式安装在强制左转车道转弯渐变段上游终点处的中间隔离带（如是单行道路则安装在道路的左手边）。

第 2B.21 节　可选择通行车道控制标志（R3-6）

必须条款：

01　如果使用，可选择通行车道控制标志（R3-6）（见图 2B-4）必须用于指示某一特定车道的两个或两个以上方向的运行，或者用于强调允许的运行。如果使用，可选择通行车道控制标志必须位于交叉口前方，如靠近相邻强制运行车道的上游结束位置，以及（或者）在管理生效的交叉口处。

02　如果使用，可选择通行车道控制标志必须表明特定车道的所有允许的运行方向。

03　可选择通行车道控制标志必须用于某一特定车道的两个或两个以上方向的运行，且某一方向的运行通常不被允许。

04　可选择通行车道控制标志不能单独使用表示禁止转弯。

05　入口直行交通的车道数大于等于 3 时，如果使用可选择通行车道控制标志（R3-6），该标志必须悬挂安装在标志适用的特定车道的上方（见第 2B.19 节）。

指导条款：

06　*如果可选择通行车道控制标志以立柱的形式安装在直行车道不超过两条的入口处，辅助标牌（见图 2B-4）如"左侧车道"（R3-5bP）、"合乘车辆专用车道"（R3-5cP）、"出租车专用车道"（R3-5dP）、"中间车道"（R3-5eP）、"右侧车道"（R3-5fP）或者"公交车专用车道"（R3-5gP），应该加装到标志 R3-6 上方用以表明可选择通行的是哪一条车道。*

可选条款：

07　R3-6 标志可以在箭头图形外增加文字信息"可以"，该文字信息应标于边框内。

必须条款：

08　由于车道所允许的运行方向超过一个，文字信息"仅限"不能出现在可选择通行车道控制标志上。

第 2B.22 节　交叉口车道控制预告标志（R3-8 系列）

可选条款：

01　交叉口车道控制预告标志（R3-8、R3-8a 和 R3-8b）（见图 2B-4）可用于表明前方所有车道的配置结构。

02　R3-8 标志系列可在箭头图形外增加文字信息"仅限"、"可以"、"直行"、"所有车辆"、"合乘车辆"（2 位及以上乘员），文字信息需标在边框内。"合乘车辆"（2 位及以上乘员）辅助标牌 R3-5cP 可安装在适用的车道指路标志 R3-8 上方边框外。菱形图形可代替文字信息"合乘车辆"使用。车辆允许的最低搭载人数可根据不同的道路交通条件进行变化。

指导条款：

03　*如果使用交叉口车道控制预告标志，应该设置在交叉口前方足够远的地方，以便道路使用者能够选择合适的车道（见图 2A-4）。如果使用交叉口车道控制预告标志，应该安装在渐变段前方或转弯车道起点位置。*

可选条款：

04　接近交叉口时可重复设置交叉口车道控制预告标志以示额外强调。

必须条款：

05　当入口车道数量大于等于3时，如果使用交叉口车道控制预告标志（R3-8系列），该标志必须以立柱的形式安装在交叉口前方，且不能悬挂安装（见第2B.19节）。

第2B.23节　右侧（左侧）车道强制驶离标志（R3-33）

可选条款：

01　右侧（左侧）车道强制驶离标志（R3-33）（见图2B-4）可作为悬挂式"仅作出口"指路标志的补充以告知道路使用者，道路前方是立体交叉口，位于道路右手边（左手边）车道的车辆必须在下个立体交叉口从出口匝道离开当前道路。

支撑依据：

02　第2C.43节包括可在立体交叉口车道减少前方设置警告标志的信息。

第2B.24节　仅限双向左转车道标志（R3-9a和R3-9b）

指导条款：

01　当一条非潮汐车道预留给双方向的左转车辆专用，且不用于过车、超车或直行时，仅限双向左转车道标志（R3-9a或R3-9b）（见图2B-6）应与该车道应有的路面标线结合使用。

可选条款：

02　立柱式标志R3-9b可作为悬挂式标志R3-9b的替代或补充。"开始"或"结束"图文可以用在主标志边缘内，或用在与主标志紧邻的上方辅助标牌R3-9cP或R3-9dP（见图2B-6）上。

支撑依据：

03　在下列区域，标志对驾驶员尤为重要：新设的仅限双向左转区域、周边环境频繁遮挡路面标线的区域、有大段仅限双向左转车道的边缘街道。

图2B-6　中间和潮汐车道控制标志和标牌

第 2B.25 节　开始和结束辅助标志牌（R3-9cP 和 R3-9dP）

可选条款：

01　"开始"（R3-9cP）或"结束"（R3-9dP）辅助标志牌（见图 2B-6）可以用作补充禁令标志以告知道路使用者禁令开始或结束的位置。

必须条款：

02　如果使用，"开始"或"结束"辅助标志牌必须安装在禁令标志的正上方。

第 2B.26 节　潮汐车道控制标志（R3-9e 至 R3-9i）

可选条款：

01　潮汐车道可用于在一天内不同时间段变化通行方向的直行交通（允许或禁止左转），该车道也可在其他时间段内专用于单方向或双方向的左转。潮汐车道控制标志（R3-9e 至 R3-9i）（见图 2B-6）可以为静态或动态标志。这些标志可以是立柱式也可以是悬挂式。

必须条款：

02　立柱式潮汐车道控制标志仅用作悬挂式标志或信号灯的补充。立柱式标志在设计上必须与悬挂式标志完全一致，并在标志（R3-9f）上增加譬如"中间车道"的额外内容以表明指示的是哪一条车道。这些图文，不论是文字信息还是符号，都必须设置于标志顶部。

03　如果经过工程调研后确定不需要使用控制车道信号或物理隔离栏，该车道必须通过悬挂式潮汐车道控制标志（见图 2B-7）进行控制。

可选条款：

04　当满足以下所有条件时，可逆交通流可以通过铺装标线和潮汐车道控制标志（不使用车道控制信号灯）实施控制：

A. 仅一个车道可逆；

B. 工程调研表明单独使用潮汐车道控制标志可以获得可接受的安全和效率水平；

C. 在潮汐车道模式下没有非正常的或复杂的运行。

必须条款：

05　潮汐车道控制标志必须包含表明允许使用的车道和时间段的图文或符号。如使用图文和符号，其含义须如表 2B-2 所示。

06　除标志 R3-9d 为红色以外，潮汐车道控制标志必须为白底黑色图文和边框。

07　符号标志，如 R3-9d，必须在标志上部标出适当的符号，在标志下部标出一天中适当的时间段和一周中适当的天。标志上必须标明一天中所有的时间段和一周所有的天，以至于不使道路使用者产生疑惑。

潮汐车道控制标志上符号和图文的含义　　　　　　表2B-2

符号/文字信息	含义
白底色上红"×"	车道关闭
白底色上黑色向上箭头（如果允许左转，箭头应该修改为左/直箭头）	车道只允许直行车辆通行，禁止任何转弯
白底色上黑色双向左转箭头和"仅"图文	潮汐车道仅供任意方向左转（双向左转车道）
白底色上黑色单向左转箭头和"仅"图文	潮汐车道仅供单一方向左转（在同一车道上没有对向左转）

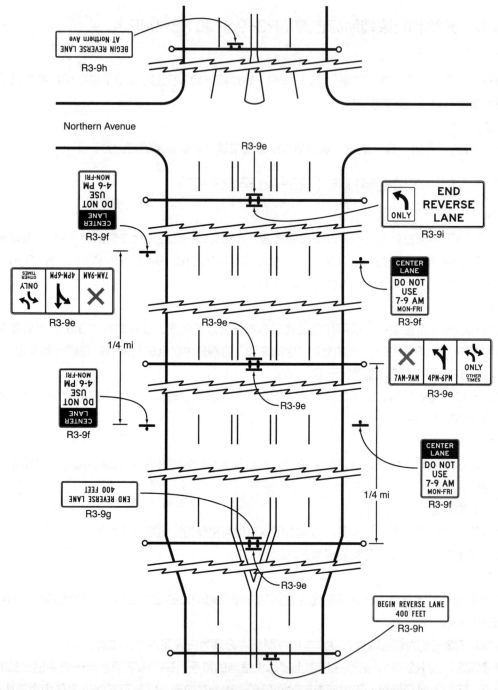

图 2B-7　潮汐车道双向左转标志的位置

08　当道路使用者看到的信息超过一个时，如标志 R3-9d，标志图文必须按以下原则标出：

A. 禁止或限制信息是首要的图文，必须标在文字信息标志的顶部，符号标志的最左边。

B. 允许使用信息必须是第二个标出的图文。

C. "其他时段"信息必须标在文字信息标志的底部，符号标志的最右边。

可选条款：

09　符号标志也可以包含带有"该车道"图文的向下指示箭头。"其他时段"也可以用于符号或文字信息标志。

必须条款：

10 潮汐车道控制标志必须安装在潮汐车道的正上方并与道路方向垂直。

11 如果纵向或横向道路的弯曲过大，致使驾驶员无法看见至少一个或两个标志时，必须安装额外的悬挂标志。标志的设置必须使驾驶员在任何时间都能明确知道哪些车道变了方向。必须特别关注那些正常设置的标志之间交通流量明显增大的地方。

12 必须仔细审查在进入和驶出具有潮汐车道道路的过渡段，并必须安装预告标志以告知或警告驾驶员潮汐车道控制的边界。出于此考虑必须使用标志 R3-9g 或 R3-9h。

可选条款：

13 在潮汐车道的结束位置可以使用多个标志来强调该信息（R3-9i）的重要性。

必须条款：

14 如果使用闪烁信标来突出悬挂式潮汐车道控制标志，必须遵循第 4L 章中关于闪烁信标的适用要求。

15 当与潮汐车道控制标志组合使用时，转弯禁止标志（R3-1 至 R3-4 和 R3-18）必须悬挂安装并与潮汐车道控制标志分开。转弯禁止标志必须依据第 2B.18 节设计和安装。

指导条款：

16 *出于额外强调目的，表明禁止距离（如接下来的 1 英里）的辅助标牌，增加到与潮汐车道控制标志组合使用的禁止转弯标志上。*

17 *如果使用悬挂式标志，设置间隔不应该超过 1/4 英里。悬挂式潮汐车道控制标志的底部离路面的距离不应该超过 19 英尺。*

18 *如潮汐车道结束位置的标志不止一个，标志间的距离不应该小于 250 英尺。当道路设计速度大于 35 英里/小时，标志间距应该更长，但不应该超过 1000 英尺。*

19 *由于左转车辆对潮汐车道运行安全和效率具有显著影响，如果专用左转车道或双向左转车道不能与特定高峰或平峰时段的车道使用模式相协调，应考虑禁止在该时段内进行左转或掉头。*

第 2B.27 节　壶柄式道路标志（R3-23、R3-24、R3-25 和 R3-26 系列）

支撑依据：

01 壶柄式转弯指由于使用了特殊的几何结构一开始需要先右转的左转或掉头。这类型的转弯不需要设置左转专用车道，从而增加道路的运行效率；且不需要设置保护型左转相位，从而增加交通控制信号的运行效率。当中央分隔带和道路没有足够的宽度，导致货车和商用车辆无法按一般方式掉头时，这些车辆就可以使用壶柄式转弯进行掉头。

02 图 2B-8 显示了能用于示意壶柄式转弯的各种标志。图 2B-9 显示了各类型壶柄式转弯的禁令和目的指示标识的示例。

必须条款：

03 一般来说，在多车道道路上，当道路使用者接近他们期望进行左转或掉头的地方时，他们会认为需要行驶到左侧的车道上。因此必须在该位置的前方安装"右侧车道转弯"（R3-23）或者"右侧车道掉头"（R3-23a）标志（见图 2B-9），以告知驾驶员必须使用右侧车道进行左转和（或）掉头。

可选条款：

04 如果中央分隔带有足够的宽度，辅助的禁令或指路标志也应设置在道路的左侧。

必须条款：

05 如果壶柄式进口设计为出口匝道（见图 2B-9 中的 A 图和 B 图），必须在壶柄式入口处的道路右侧

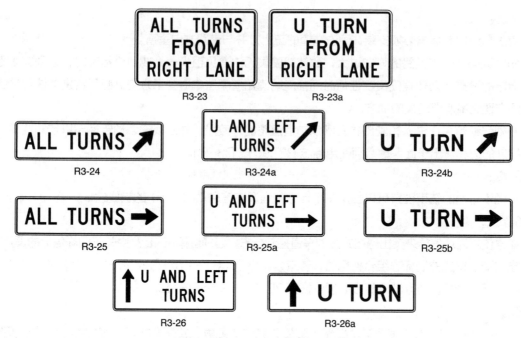

图 2B-8 壶柄式道路的禁令标志

设置具有指向右上角斜箭头的 R3-24 系列标志。如果壶柄式进口设计为交叉口,必须在壶柄式入口处的道路右侧设置具有水平向右箭头的 R3-25 系列标志。标志上的图文视情况而定,必须是"所有转弯"、"掉头"或者"掉头和左转"。

06　如果壶柄式进口位于通常转弯完成处的下游位置时(见图 2B-9 中的 C 图),必须在交叉口处道路的右手边安装具有垂直向上箭头的 R3-26 系列标志,以告知道路使用者必须直行通过交叉口再进行左转或掉头。标志的图文视情况而定,必须是"掉头"或者"掉头和左转"。

07　R3-24、R3-25 和 R3-26 系列标志应安装在常规指路标志的下方。

08　第 2C.14 节说明了如何在出口匝道使用建议出口和匝道建议速度。

09　第 2D.19 节说明了如何在壶柄式道路使用指路标志。

第 2B.28 节　禁止超车标志(R4-1)

可选条款:

01　除了路面标线(见第 3B.02 节)外,可增设禁止超车标志(R4-1)(见图 2B-10)以强调禁止超车。禁止超车标志可以设置于视距受限或者因其他因素而不应该超车的区域起点或在区域内重复设置。

02　如果在道路的左侧需要设置标志起强调作用,可以设置"禁止超车路段"标志(W14-3)(见第 2C.45 节)。

支撑依据:

03　第 3B.02 节介绍了禁止超车路段路面标线设置位置和范围的标准。

第 2B.29 节　谨慎超车标志(R4-2)

指导条款:

01　如禁止超车路段的上游端点设置了"禁止超车标志",那么应在该区域的下游端点设置"谨慎超车"标志(见图 2B-10)。

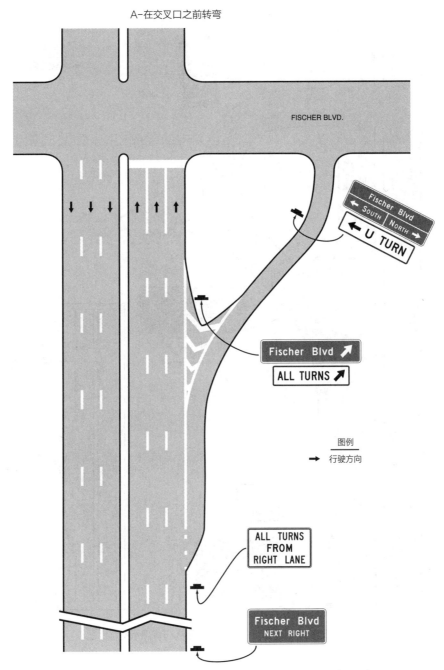

图 2B-9 壶柄式道路禁令标志和指路标志应用示例（A 图）

第 2B.30 节 保持靠右行驶（超车除外）标志（R4-16）和慢行车辆靠右行驶标志（R4-3）

可选条款：

01 "保持靠右行驶（超车除外）"标志（R4-16）（见图 2B-10）可以设置于多车道道路，用于指示司机若不超车则应保持在右侧车道行驶。

指导条款：

02 *如果使用"保持靠右行驶（超车除外）"标志，该标志应该设置在多车道道路刚开始的时候，并沿该道路的合适位置设置以起到强调作用。*

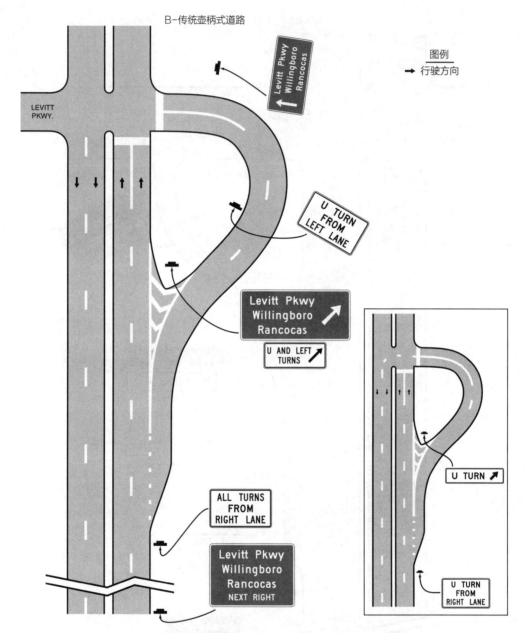

图 2B-9 壶柄式道路禁令标志和指路标志应用示例（B 图）

可选条款：

03 "慢行车辆靠右行驶"标志（R4-3）（见图 2B-10）可以用于多车道道路以减少不必要的换道行为。

指导条款：

04 如果使用"慢行车辆靠右行驶"标志，该标志应设置在多车道路段刚开始的位置，并在驾驶员有可能靠左侧车道低于正常车流速度行驶的地点增加设置。该标志不可用在接近交叉口的地方或者交叉口区域内。

第 2B.31 节　卡车靠右行驶标志（R4-5）

指导条款：

01 如果为卡车和其他慢行车辆提供了额外车道，则应在这一车道的起始位置设置"慢行车辆靠右行驶标志"（R4-3）、"卡车靠右行驶标志"（R4-5）（见图 2B-10）或其他适合的标志。

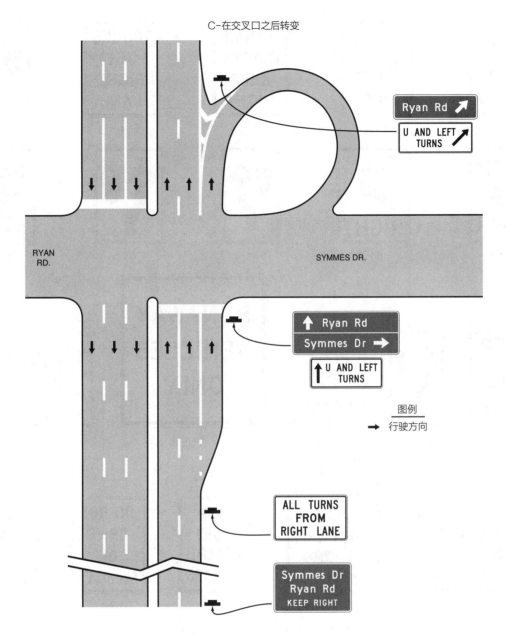

图 2B-9 壶柄式道路禁令标志和指路标志应用示例（C图）

可选条款：

02 "慢行车辆靠右行驶"标志可作为"卡车靠右行驶"标志的补充或替代。两个标志都可以用于提高多车道道路的通行能力以及减少换车道行为。

03 "卡车靠右行驶"标志（R4-5）可以用于减少多车道道路上不必要的换道行为。

指导条款：

04 *如果为卡车和其他慢行车辆设置了额外车道，则应该在这一车道终点前设置车道终点标志（见第2C.42节）。该车道的上、下游端点应设置适当的路面标线（见第3B.09节和图3B-13）。*

支撑依据：

05 第2D.51节包含了关于卡车和其他慢行车辆车道信息预告标志的相关内容。

图 2B-10 超车、靠右和慢行交通标志

第 2B.32 节 保持右行和保持左行标志（R4-7 和 R4-8）

可选条款：

01 保持右行标志（R4-7）（见图 2B-10）可以用于需要交通流仅从某个道路设施或障碍物右侧通过的地方。保持左行标志（R4-8）（见图 2B-10）可以用于需要交通流仅从某个道路设施或障碍物左侧通过的地方。

指导条款：

02 在需要车辆靠右行驶但却不是很明显能看出来的地方，应设置保持右行标志。

03 如果使用保持右行标志，该标志应该设置在尽量靠近凸起的中央隔离带末端、绿化带、交通岛、地下通道桥墩等位置。保持右行标志应该安装在公路中央用于分开不同方向交通流的墩子或其他障碍物的表面或前面，以保证车辆会从标志的右侧通过。

必须条款：

04 在车辆必须从该处标志左侧通过的位置，保持右行标志不能安装在道路的右侧。

可选条款：

05 在分离交通岛和中央隔离带末端，可以不安装保持右行标志。

06 R4-7 或 R4-8 符号标志可以用带有箭头的文字信息"保持右行（左行）"标志（R4-7a 或 R4-7b）（见图 2B-10）代替。

07 如有障碍物遮挡了保持右行标志，可提高最低放置高度，提高标志可见度。

08 在中央交通岛上安装保持右行标志时，如果岛上安装点的宽度小于 4 英尺，可使用道路变窄保持右行标志（R4-7c）（见图 2B-10），并安装在中央交通岛入口的端点位置。

必须条款：

09 在中央交通岛上安装保持右行标志时，如岛上安装点的宽度大于等于 4 英尺，不能安装道路变窄保持右行标志（R4-7c）。

第 2B.33 节 保持车道内行驶标志（R4-9）

可选条款：

01 保持车道内行驶标志（R4-9）（见图 2B-10）可以设置在多车道公路上，用于指示道路使用者保持在目前的车道行驶，直到条件允许的情况下再变换车道。

指导条款：

02 如使用保持车道内行驶标志，应配合使用白色双实线，以禁止变换车道。

第 2B.34 节 避险车辆专用标志（R4-10）

指导条款：

01 "避险车辆专用"标志（R4-10）（见图 2B-10）应该设置在卡车避险（或失控卡车）匝道入口附近，防止其他道路使用者进入该匝道。

第 2B.35 节 慢行车辆避让标志（R4-12、R4-13 和 R4-14）

支撑依据：

01 在两车道公路上，某些区域由于交通量和（或）水平（或垂直）曲率等原因致使超车较为困难，有时会设置避让区域，使一组速度较快的车辆能够有机会超过某一慢行车辆。

可选条款：

02 "慢行车辆后方尾随 XX 以上车辆时必须避让"标志（R4-12）（见图 2B-10）可以安装在避让区域前方，用来告知慢行车辆驾驶员，由于他们速度过低，导致后方排队车辆达到特定的数量，根据州定交通法规，他们必须驶入避让区域以便后方车辆超车通行。

支撑依据：

03 执法人员应根据 R4-12 标志上显示的特定车辆数进行执法工作。

可选条款：

04 当 R4-12 标志已经设置在避让区域前方，"慢行车辆必须前方避让"标志（R4-13）（见图 2B-10）也可以设置在 R4-12 标志的下游和避让区域的上游区域间，以提醒慢行驾驶员他们需要使用的避让区域就在前方不远处。

必须条款：

05　当 R4-12 标志已经设置在避让区域前方，"慢行车辆必须避让（带有箭头）"标志（R4-14）（见图 2B-10）必须设置在避让区域的入口处。

支撑依据：

06　第 2D.52 节包含了慢行车辆避让区域预告信息标志的内容。

第 2B.36 节　路肩禁止行车标志（R4-17）和路肩禁止超车标志（R4-18）

可选条款：

01　可以安装"路肩禁止行车"标志（R4-17）（见图 2B-10）用于告知驾驶员禁止将路肩作为行车道。

02　可以安装"路肩禁止超车"标志（R4-18）（见图 2B-10）用于告知驾驶员禁止使用路肩超车。

第 2B.37 节　禁止驶入标志（R5-1）

必须条款：

01　"禁止驶入"标志（R5-1）（见图 2B-11）必须设置在禁止车辆驶入的限制路段。

指导条款：

02　"禁止驶入"标志应该设置在驾驶员容易误入的分隔式道路、单行道或匝道处（见图 2B-12），且驾驶员应能直接看到。这种标志应该安装在道路的右侧，面朝可能错误进入这些道路或匝道的车辆。

03　如果"禁止驶入"标志能被其他不适用的车辆看到，应挪动或遮挡该标志，使其不被这些车辆看到。

可选条款：

04　"禁止驶入"标志可以安装在需要强调单行的匝道或转弯车道上。

*可选文字信息标志见《公路标志和标线标准》

图 2B-11　选择性禁止标志

05 可在道路的左侧再设置一个"禁止驶入"标志，尤其是在交叉道路进口处（见图2B-12）。

支撑依据：

06 第2B.41节说明了可在出口匝道上为方向错误的驾驶员设置一个安装高度较低的"禁止驶入"标志。

第2B.38节 逆行标志（R5-1a）

可选条款：

01 "逆行"标志（R5-1a）（见图2B-11）可作为"禁止驶入"标志的补充，用于出口匝道与交叉道路相交或交叉道路与单行道相交的地方，这种道路形式容易使司机逆行驶入（见图2B-12）。

指导条款：

02 *如果使用"逆行"标志，应该设置在出口匝道或单行道的沿途，比"禁止驶入"标志离交叉道路更远（见第2B.41节）。*

支撑依据：

03 第2B.41节说明了可沿出口匝道面向方向错误的驾驶员设置一个安装高度较低的"逆行"标志。

第2B.39节 选择性禁止标志

支撑依据：

01 选择性禁止标志（见图2B-11）用于提醒道路使用者，州或地方法令、法规规定在特定的交通类型下禁止使用的特定道路或设施。

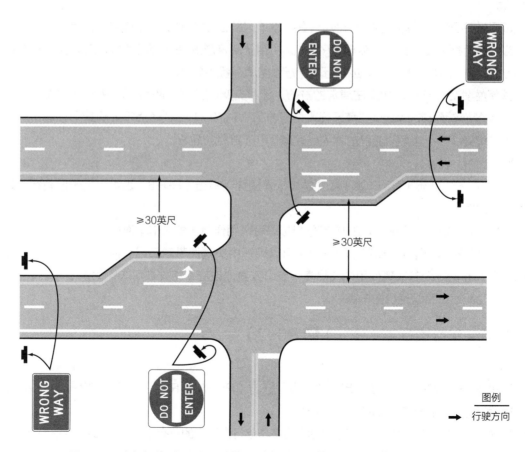

图2B-12 中央分隔带宽度大于等于30英尺的分隔式公路上逆行标志的位置

必须条款：

02 如果使用选择性禁止标志，必须清楚地标明被禁止的交通类型。

支撑依据：

03 典型的排除性信息包括：

A. 禁止卡车通行（R5-2）；

B. 禁止机动车通行（R5-3）；

C. 禁止商用车辆通行（R5-4）；

D. 禁止轮毂螺栓凸起的卡车（车辆）通行（R5-5）；

E. 禁止自行车通行（R5-6）；

F. 禁止非机动车辆通行（R5-7）；

G. 禁止摩托车通行（R5-8）；

H. 禁止行人通行（R9-3）；

I. 禁止轮滑（R9-13）；

J. 禁止骑马（R9-14）；

K. 禁止危险品车辆通行（R14-3）（见第2B.62节）。

可选条款：

04 有些图文可以适当组合或群集成一个标志使用，例如"禁止行人、自行车和摩托车通行"（R5-10a），或"禁止行人或自行车通行"（R5-10b）。

指导条款：

05 如果排除因素是车辆重量，应使用限重标志（见第2B.59节）而非选择性禁止标志。

06 当"禁止行人或自行车"标志（R5-10b）用于高速路或快速路匝道时，应该安装在想要从与出口匝道相交的街道进入限制路段的行人或自行车骑行者能清楚看到的地方。

07 选择性禁止标志应该放置在道路的右侧，距离交叉口合适的距离，以使所有进入这一路段的道路使用者都能清楚地看到这一信息。"禁行行人"标志（R5-10c）或"禁止行人横穿"标志（R9-3）（见第2B.51节）应该安装在行人可以清楚地看到且有其他可选路径的地方。

可选条款：

08 "禁行行人"标志（R5-10c）或"禁止行人横穿"标志（R9-3）也可以用于没有行人通行设施的地下通道或其他地方。

09 "禁止卡车通行"（R5-2a）的文字信息标志可以用作替代禁止卡车通行（R5-2）的符号标志。

10 "仅限特许车辆通行"标志（R5-11）可以用在中央隔离带缺口或其他位置，用于禁止没有得到特殊许可的车辆或非执行公务车辆使用中央隔离带缺口或其他设施（特殊许可车辆为执法车辆、救护车辆等；执行公务车辆为高速公路管理机构车辆等）。

第2B.40节 单行道标志（R6-1和R6-2）

必须条款：

01 除第6条的说明外，必须使用"单行道"标志（R6-1或R6-2）（见图2B-13）指示在这些街道或道路上车辆只允许按标志指示的单一方向行驶。

02 如图2B-14所示，"单行道"标志必须设置在与单行道平行的所有小巷以及和单行道交叉的所有道路上。

03 如交叉口处有分隔式公路的中间隔离带，且该隔离带的宽度不小于30英尺，则必须在各交叉口入口处的

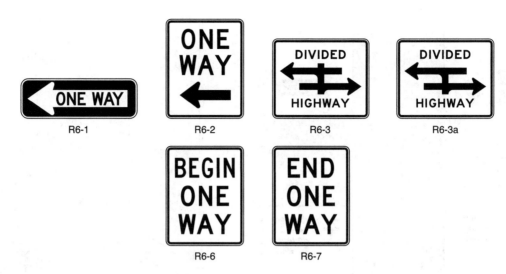

图 2B-13 "单向"和双向分离式公路交叉标志

可见位置均设置"单行道"标志,即从行驶方向来看的每个交叉口的近右角和远左角位置(见图 2B-15)。

04 如交叉口处有分隔式公路的中间隔离带,且该隔离带的宽度小于 30 英尺,则必须设置保持右行标志(R4-7)和(或)"单行道"标志(见图 2B-16 和图 2B-17)。如果使用保持右行标志,它们必须设置在尽量靠近中央隔离带端点的位置,并且保证分离式公路和交叉口各个方向的车辆均可见。如果使用"单行道"标志,它们必须被放置在交叉口的近右角和远左角位置,并且保证交叉口各进口方向均可见。

可选条款:

05 如交叉口处有分隔式公路的中间隔离带,且该隔离带的宽度小于 30 英尺,"单行道"标志也可以设置在交叉口的远右角(如图 2B-16 和图 2B-17 所示)。

06 如果分隔式公路已设有立交桥并明确了各个道路的行车方向,则分隔式公路的单行道路上无需设立"单行道"标志。

必须条款:

07 当"单行道"标志用于无信号控制的单行道交叉口时,必须面向进入或穿过该单行道的车辆,放置在该交叉口的近右角和远左角(见图 2B-14)。

08 当"单行道"标志用于有信号控制的单行道交叉口时,必须放置在靠近信号灯面的适当位置,或放置在信号灯灯杆上,或放置在信号灯的悬臂或悬挂钢丝上,或放置在无信号控制交叉口的指定位置。

09 在无信号控制的 T 形交叉口,且该 T 形交叉口横向道路为单行道时,"单行道"标志必须设置在该交叉口主干道入口,面向车辆驶入方向的近右侧和远左侧(见图 2B-14)。

10 在有信号控制的 T 形交叉口,且该 T 形交叉道路中的横向道路为单行道时,"单行道"标志必须放置在靠近信号灯面的适当位置,或放置在信号灯灯杆上,或放置在信号灯的悬臂或悬挂钢丝上,或放置在无信号交叉口的指定位置。

可选条款:

11 如环岛的中央岛允许安装标志,"单行道"标志可以用来代替或补充环岛行驶方向箭头标志(R6-4 系列)(见第 2B.43 节),引导环绕中央交通岛逆时针行驶的车辆。

指导条款:

12 当用在环岛的中央交通岛上时,"单行道"标志设置高度应不低于 4 英尺,设置高度是指从标志底部至行驶路面边缘线海拔面的垂直高度。

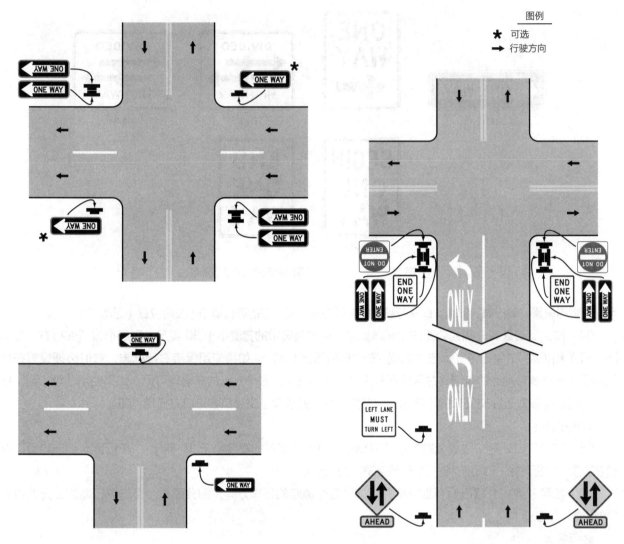

图 2B-14 单行标志的位置

支撑依据：

13 在环岛中央岛使用"单行道"标志可能导致部分驾驶员错误地认为该交叉道路是单行道。使用环岛行驶方向指示箭头标志可以减少这种误判。然而，在某些州，环岛被定义为属于 T 形交叉口，因此仍需安装"单行道"标志。

可选条款：

14 "单行道起点"标志（R6-6）（见图 2B-13）可用于告知道路使用者，此处是一段单方向行驶道路或街道的起点。"单行道终点"标志（R6-7）（见图 2B-13）可用于告知道路使用者此处是一段单方向行驶道路或街道的终点。

第 2B.41 节　立交匝道的逆行交通控制

必须条款：

01　在立交出口匝道的末端，如果匝道与交叉路口相交的方式可能使司机无意中逆行，必须使用下列标志（见图 2B-18）：

A. 在出口匝道与交叉路口相交的地方，必须在交叉路口的每个行驶方向均至少安装一个"单行道"标志。

B. 在靠近出口匝道下游端口处的适当位置，应该设置至少一个显著的"禁止驶入"标志，且要让那些即将逆行进入匝道的道路使用者能够清晰地看到。

C. 必须在出口匝道上面向逆行的道路使用者安装至少一个"逆行"标志。

指导条款：

02 *此外，应该使用下列道路标线（见图 2B-18）：*

A. *在立交桥的双车道交叉道路上，应在通向匝道交叉口的两个方向的道路上均使用双黄色实线作为中心线，且其长度应当足够长。*

B. *如交叉口渠化或匝道线形容易导致逆行时，应使用车道专用箭头，将其设置在出口匝道每个车道上靠近交叉路口的地方，使有可能逆行的道路使用者能清晰地看到。*

可选条款：

03 下面所列的交通控制设施可以用于补充第 1 条和第 2 条所提到的标志和道路标线：

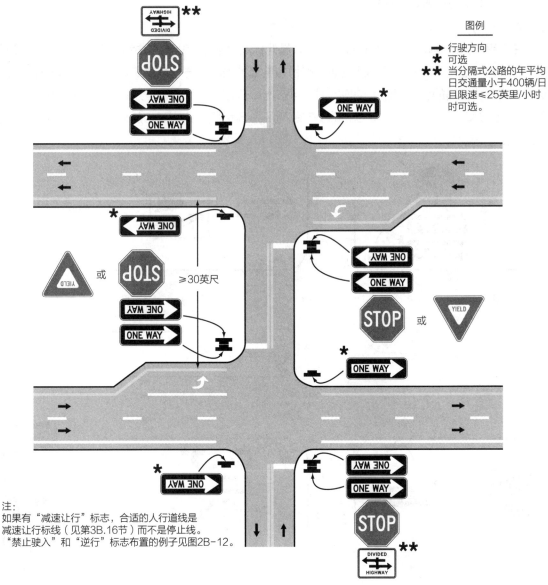

图 2B-15 中央分隔带宽度大于等于 30 英尺的分隔式公路上单行标志的位置

A. 尤其是在双车道乡村交叉道路上，可在匝道交叉口之前适当的距离增设"单行道"标志，以满足对"单行道"标志的需求。

B. 可增设"逆行"标志。

C. 主要为了警告道路使用者正在逆行的细长的、加长的逆行箭头道路标线（见图 3B-24），可以设置在匝道末端的上游位置（见图 2B-18），以指示交通流的正确方向。逆行箭头标线也可以设置在出口匝道上接近交叉口交叉点的适当位置，用来指示逆行。逆行箭头标线可以由路面标线或双向凸起的红白道路标线或其他单元标线构成，红色标线提示逆行的道路使用者，白色的标线提示其他道路使用者（见图 3B-24）。

D. 车道使用箭头标线可以设置在出口匝道和交叉口附近的相交道路上，用来指示允许的交通流方向。

E. 可以使用高速公路入口标志（见第 2D.46 节）。

指导条款：

04　如图 2B-19，在立交进口匝道上，当匝道与直行道路汇合并且交叉设计不能清楚地指出不同道路上车辆的行驶方向时，应在直行道路上靠近入口匝道合流点的两侧设置"单行道"标志，使行驶在入口匝道和直行道路上的车辆都可以看到该标志。

可选条款：

05　在工程评判确定有特殊需求存在的地方，其他标准警告或禁止的方法和设施可以用来防止逆行。

06　在没有停泊车辆、行人活动或其他障碍物如雪或植被的地方，同时工程调研说明较低的安装高度可防止高速公路或快速路的出口匝道上的逆行时，可在出口匝道上、面向那些逆行进入匝道的道路使用者安装"禁止驶入"标志和（或）"逆行"标志，最小安装高度为 3 英尺，该距离为从标志底部到靠近道路边缘海拔线的垂直高度。

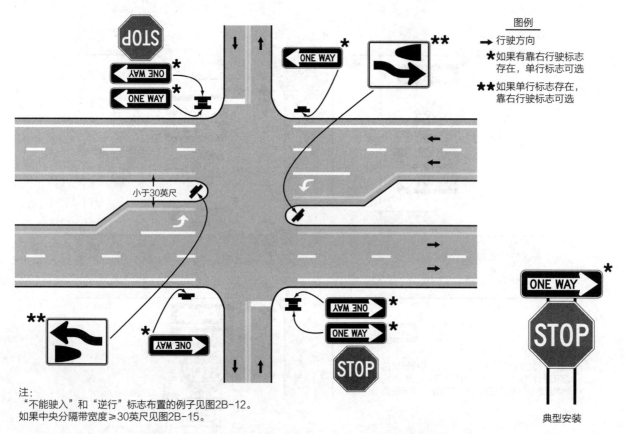

注：
"不能驶入"和"逆行"标志布置的例子见图2B-12。
如果中央分隔带宽度≥30英尺见图2B-15。

图 2B-16　中央分隔带宽度小于 30 英尺的分离式公路上的单行标志

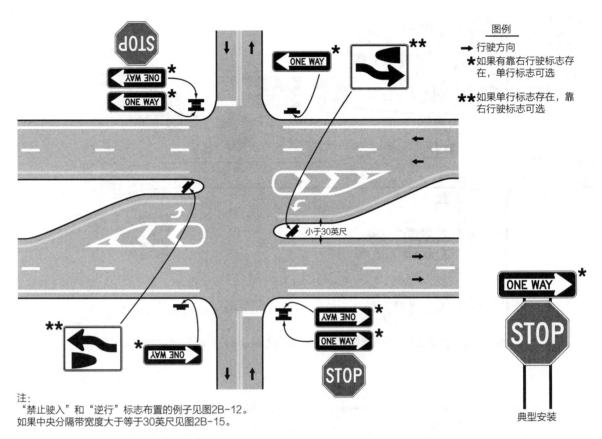

注：
"禁止驶入"和"逆行"标志布置的例子见图2B-12。
如果中央分隔带宽度大于等于30英尺见图2B-15。

图 2B-17　中央分隔带宽度小于 30 英尺和分隔式左转车道的分隔式公路上的单行标志

支撑依据：
07　第 2B.41 节将进一步介绍快速路立体交叉口避免逆行的标志信息。

第 2B.42 节　分隔式公路交叉标志（R6-3 和 R6-3a）

必须条款：
01　在无信号控制的小街入口，左转和右转均可进入分隔式公路，且该分隔式公路的中间隔离带在交叉口处的宽度不低于 30 英尺，除在第 2 条中提到的外，必须使用分隔式公路交叉标志（R6-3 或 R6-3a）（见图 2B-13）以告知道路使用者前方的交叉口有一条分隔式公路（见图 2B-15）。

可选条款：
02　当分隔式公路交叉口处的中央隔离带宽度大于 30 英尺，且年平均日交通量低于 400 辆 / 日、限速小于等于 25 英里 / 小时，面向无信号控制的小街入口的分隔式公路交叉标志可以省略。

03　分隔式公路交叉标志可以安装在左转和右转均允许进入分隔式公路的信号控制小街入口，以告知道路使用者他们正在进入分隔式公路的交叉口。

必须条款：
04　在十字交叉口，当使用分隔式公路交叉标志的时候，必须使用标志 R6-3。在 T 形交叉口，必须使用标志 R6-3a。

05　分隔式公路交叉标志必须安装在交叉口靠近右边的拐角处，或者安装在"停车让行"或"减速让行"标志的下面，或安装在独立的支撑物上。

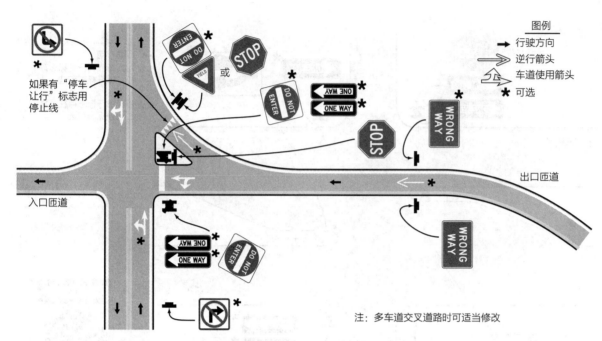

图 2B-18 为禁止逆行进入而在出口匝道终端设置禁令标志和地面标线的应用示例

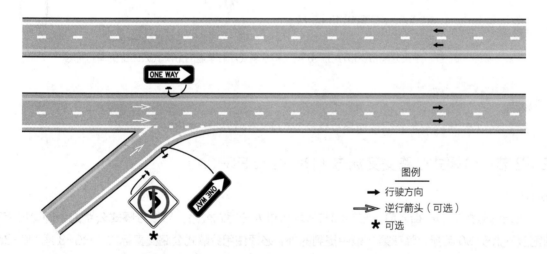

图 2B-19 在道路设计不能清晰表明车流方向的入口匝道终端设置禁令标志和地面标线的应用示例

可选条款：

06 附加的双向分隔式公路交叉标志可以安装在交叉口入口的左侧，作为靠近交叉口右边拐角处分隔式公路标志的补充。

第 2B.43 节 环岛行驶方向箭头标志（R6-4、R6-4a 和 R6-4b）

指导条款：

01 如环岛的中央岛允许安装标志，环岛行驶方向箭头标志（R6-4 系列）（见图 2B-20）应该安装在中央岛上，用来指示车辆逆时针环绕中央岛行驶，第 2B.40 节第 11 条规定的除外。

必须条款：

02　R6-4 标志必须是白底的水平矩形，上有两个黑色的指向右边的肩章图形。R6-4a 号标志必须是白底的水平矩形，上有三个黑色的指向右边的肩章图形。R6-4b 号标志必须是白底的水平矩形，上有四个黑色的指向右边的肩章图形。环岛行驶方向箭头标志不能使用边框。

03　环岛行驶方向箭头标志仅限用于环岛或其他环形交叉口处。

指导条款：

04　当在环岛的中央交通岛使用时，环岛行驶方向箭头标志的安装高度应该至少为 *4 英尺*，该距离为从标志底部到行驶车道的边缘线的海拔距离。

可选条款：

05　面向高速入口、视线受限的入口或其他工程评判认定应该提高标志可视性的地方，可以使用 1 个以上的环岛行驶方向箭头标志（R6-4a 或 R6-4b）。

第 2B.44 节　环岛环绕指示牌（R6-5P）

指导条款：

01　当环岛中央交通岛没有可以安装标志的位置时，环岛环绕指示牌（R6-5P，见图 2B-20）应该安装在每个环岛入口的"减速让行"标志下方。

可选条款：

02　当环岛中央岛已经安装了环岛方向箭头标志和（或）"单行道"标志时，环岛环绕指示牌可以设置在每个环岛入口的"减速让行"标志下方，作为中央岛上标志的补充。

03　环岛环绕指示牌适用于任何种类的环形交叉口。

第 2B.45 节　环岛标志设置案例

支撑依据：

01　图 2B-21~ 图 2B-23 举例说明了不同构造的环岛上禁令和警告标志的设置情况。

02　第 2D.38 节涉及环岛指路标志的设置信息，第 3C 章涉及环岛路面标线的信息。

图 2B-20　环岛标志和标牌

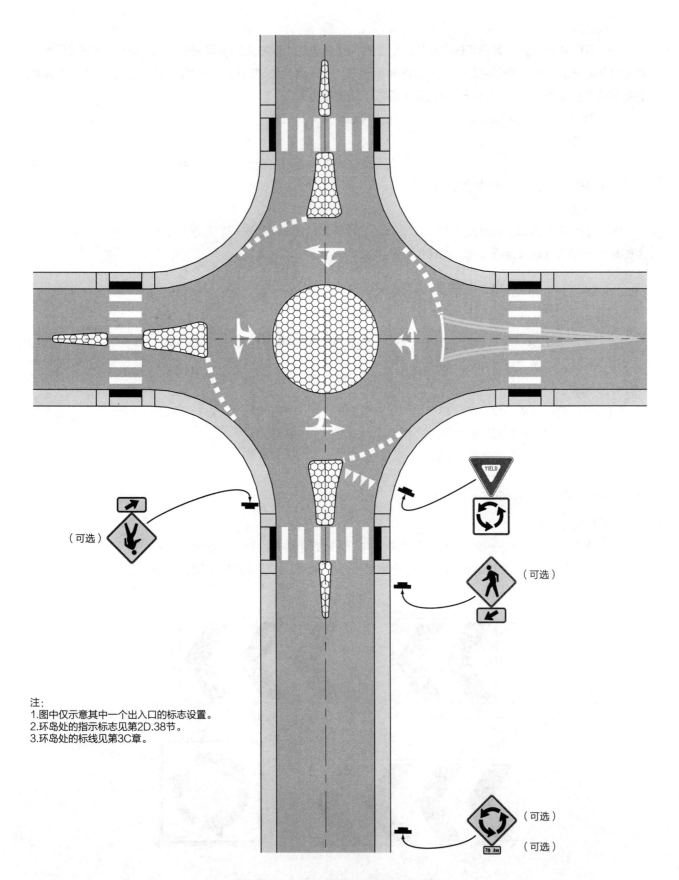

图 2B-21 微型环岛禁令和警告标志示例

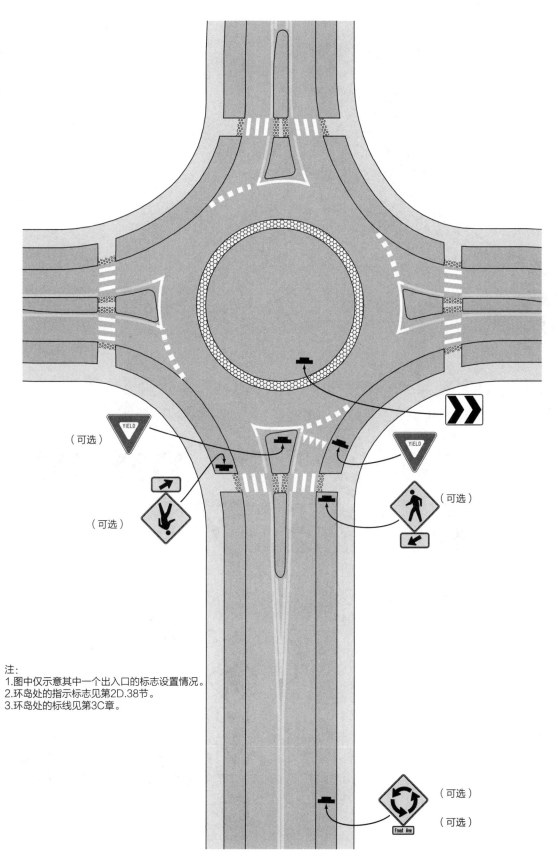

图 2B-22　单车道环岛禁令和警告标志示例

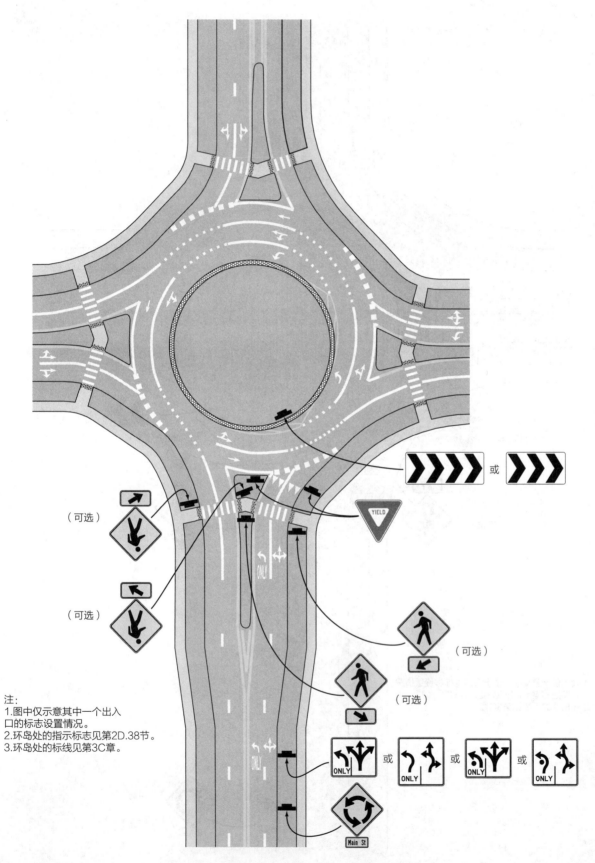

图 2B-23 连续双左转车道环岛禁令和警告标志示例

R7-1

R7-2

R7-2a

R7-3

R7-4

R7-5

R7-6

R7-7

R7-8

R7-8P

R7-20

R7-21

R7-21a

R7-22

R7-23

R7-23a

R7-107

R7-107a

R7-108

图 2B-24 泊车和驻车标志与标牌（R7 系列）（A 图）

第2B.46节　泊车、驻车和停车标志（R7和R8系列）

支撑依据：

01　管理车辆泊车、停车、驻车的标志涉及多种规范，在此仅提供通用指南。"驻车"一词用于R7和R8系列时是指司机将车辆停在一个固定位置，且司机仍在车内。车辆泊车、停车、驻车标志及标牌的典型例子如下所示（见图2B-24和图2B-25）：

1. 全时段禁止泊车（R7-1）；
2. X：XX至X：XX禁止泊车（R7-2，R7-2a）；
3. 禁止泊车（星期日和节假日除外）（R7-3）；
4. 全时段禁止驻车（R7-4）；

图2B-24　泊车和驻车标志与标牌（R7系列）（B图）

5. 限 XX 小时泊车 上午 X：XX- 下午 X：XX（R7-5）；

6. 装卸区（落客区）禁止泊车（R7-6）；

7. 公交站禁止泊车（R7-7，R7-107，R7-107a）；

8. 残疾人专用泊车位（R7-8）；

9. 小型货车无障碍泊车（R7-8P）；

10. 泊车收费处（R7-20）；

11. 收费泊车场（R7-21，R7-21a，R7-22）；

12. 上午 X：X- 下午 X：XX 允许泊车（R7-23）；

13. 上午 XX - 下午 XX 允许泊车 XX 小时（S）（R7-23a）；

14. 上午 X：XX- 下午 X：XX 允许泊车 XX 小时（R7-108）；

15. 全时段禁止泊车 / 允许泊车 限 XX 小时上午 X：XX- 下午 X：XX（R7-200，R7-200a）；

16. 拖车区（R7-201P，R7-201aP）；

17. 标志该侧（R7-202P）；

18. 积雪厚度在 XX 英寸以上，雪天应急路线禁止泊车（R7-203）；

19. 铺装路面禁止泊车（R8-1）；

20. 禁止泊车（路肩除外）(R8-2）；

21. 禁止泊车（R8-3，R8-3a）；

22. 星期日和节假日除外（R8-3bP）；

23. 铺装路面上（R8-3cP）；

24. 桥上（R8-3dP）；

25. 轨道上（R8-3eP）；

26. 路肩除外（R8-3fP）；

27. 装卸区（落客区）（R8-3gP）；

28. 上午 X：XX- 下午 X：XX（R8-3hP）；

29. 仅限紧急泊车（R8-4）；

30. 铺装路面禁止停车（R8-5）；

31. 禁止停车（路肩除外）（R8-6）；

32. 仅限紧急停车（R8-7）。

第 2B.47 节 泊车、驻车和停车标志的设计

支撑依据：

01 本节有关泊车标志和泊车管理规定的讨论，不仅适用于泊车，同样适用于驻车和停车。

必须条款：

02 泊车标志中的图文必须表述适用的法规。泊车标志（见图 2B-24 和图 2B-25）的形状、颜色和位置必须符合标准。

03 在任何时候或在特定时段禁止泊车的地方，必须使用白底的、红色图文与边框的基本泊车标志（禁止泊车标志），但 R8-4、R8-7 标志以及 R7-201aP 标牌的替代设计须为白底黑色图文及边框；R8-3 标志必须为黑色图文和边框，白底上有一个红色圆圈及斜杠。

04 只有限时泊车或特定泊车方式被允许的地方，标志必须是白底上的绿色图文和边框（允许泊车标志）。

图 2B-25　泊车和停车标志和标牌（R8 系列）

指导条款：

05　泊车标志从上到下应该按照如下顺序显示信息：

A. 限制或禁止；

B. 如果不是全天，列出一天中的时间段；

C. 如果不是每天，列出一周中哪几天适用。

06　如果某个区域限制泊车，应该用箭头或者辅助标牌指出限制区域。如果箭头已用并且标志在停车区域的端点，应该有单向箭头指向规定生效的方向。如果标志设在区域中间的，应该有双向箭头分别指向两个方向。当一个标志用于两个停车场之间的过渡点，它应该显示左右两个箭头指向各自限制的区域。

07　下大雪期间，施加特殊的泊车限制时，应该设置雪天应急路线标志（R7-203）（见图 2B-24）。该标志的图文可根据管理内容有所改变，但标志应为垂直矩形，底色为白色，上部底色为红色。

必须条款：

08　在为残疾人预留的可停放带有轮椅的小型货车的指定停车位上，"小型货车无障碍泊车"标牌（R7-8P）必须安装在 R7-8 标志下方。R7-8 标志（见图 2B-24）须为白底绿色图文及边框，且蓝色方框内有白色轮椅符号，R7-8P 标志牌（见图 2B-24）须为白底绿色图文和边框。

可选条款：

09　在合法情况下，为减少泊车标志数量，可在限制区边界线上安装适用于该区域的通用规定。

10　可使用文字信息，如"开始"、"结束"、"这里至拐角处"、"这里至小巷"、"标志该侧"，或"标志之间"等，替代箭头标志以指示特定的限制区域。

11　某段时间内禁止泊车和限时泊车，或某些时段允许以特定的方式泊车，红色的禁止泊车标志和绿色的允许泊车标志可以设计如下：

A. 两个 12×18 英寸的泊车标志可以与红色的禁止泊车标志一起使用，安装在绿色的允许泊车标志上方或者左侧；

B. 红色禁止泊车标志和绿色允许泊车标志可以联合使用（见图 2B-24），组成一个 R7-200 标志，放在一个 24×18 英寸的标志板上，或者组成一个 R7-200a 标志，放在一个 12×30 英寸的标志板上。

12 在两个泊车区域间的过渡点上，可以安装一个标志或者并排安装两个标志。

13 "禁止泊车"文字可以替换禁止泊车符号。辅助宣教标志牌"禁止泊车"为白底红色图文及边框，可以设置在含有禁止泊车符号的标志上面。

14 R7-107 标志的设计可作修改，如修改成 R7-107a 标志（见图 2B-24）。替代设计可以在一个标志内包含一个交通徽标、允许的公交车符号、禁止泊车信息、"公交车站"文字以及箭头。黑色是公交车符号的首选颜色，但是其他深色也可以使用。此外，交通徽标可用适当的颜色显示在公交车表面，而非单独地放置。标志的另一面还可以包含公交线路信息。

15 通过提供明确的警告可以使停车法规更有效并改进公共关系，"拖车区"标志牌（R7-201P）（参见图 2B-24）可以附加或合并到任何的"禁止泊车"标牌上。拖车区符号标志牌（R7-201P）可以代替 R7-201P 文字信息标牌使用。R7-201aP 为白底黑色或者红色图文与边框。

指导条款：

16 *如果收取泊车费并且用泊车收费处来代替单独停车位的泊车计时器，应该设置泊车收费标志。泊车收费标志（R7-22）（见图 2B-24）应该用于划定泊车收费的区域。泊车收费处标志（R7-20）（见图 2B-24）应设置在收费处或者引导道路使用者去往收费处。*

必须条款：

17 如果泊车收费有最长时间限制，相应的时间限制（小时或分钟数）必须显示在泊车收费标志（R7-21 或 R7-21a）和收费处标志（R7-20）上。

可选条款：

18 在乡村地区（见图 2B-25），"铺装路面禁止泊车"图文（R8-1）或者"铺装路面禁止停车"图文（R8-5）是普遍适用并被使用的。如果道路有铺装路肩，为减小引起误解的可能性，可使用"禁止泊车（路肩除外）"标志（R8-2）或"禁止停车（路肩除外）"标志（R8-6）。R8-3 符号标志或"禁止泊车"文字信息标志（R8-3a）可以用于禁止在公路沿途任何位置停车。文字信息辅助标牌可以安装在 R8-3 或 R8-3a 标志下方。这些文字信息辅助标牌可以包括诸如"星期日和节假日除外"（R8-3bP）、"铺装路面上"（R8-3cP）、"桥上"（R8-3dP）、"轨道上"（R8-3eP），"路肩除外"（R8-3fP）、"装卸区/落客区"（带有箭头）（R8-3gP）及"上午 X：XX- 下午 X：XX（带有箭头）"（R8-3hP）。

19 符合第 2A.10 节规定的颜色可用于停车时间限制的颜色编码。

指导条款：

20 *如果使用颜色编码表示停车时间限制，应只能使用绿色、红色和黑色。*

第 2B.48 节 泊车、停车和驻车标志的布设

指导条款：

01 *当含箭头的标志用于表示限制区范围时，标志应与交通流所在路线呈不小于 30°或大于 45°的角度，以提高标志可见性。*

02 *标志间距的设置应基于视认性和标志方位。*

03 *如果限制区域很长，应该在区域中间位置点设置显示双箭头的标志。*

必须条款：

04 如果标志安装在与道路边缘线呈 90°的方位上，在两个停车区之间的过渡点必须背靠背设置两个标

志，且每个标志附加"标志该侧"辅助标牌（R7-202P）。

指导条款：

05 如果标志安装在与道路边缘线呈 90°的方位上，标志没有任何箭头或者附加标牌时，该标志应当设置在停车区域内的中间位置点并面向来车方向。否则，设置规范应与使用方向箭头标志一样。

第 2B.49 节 紧急限制标志（R8-4、R8-7 和 R8-8）

可选条款：

01 "仅限紧急泊车"标志（R8-4）（见图 2B-25）或"仅限紧急停车"标志（R8-7）（见图 2B-25）可以用来阻止或禁止路肩停车，尤其是风景区或其他景点、道路使用者很可能临时停车的地方。

02 "轨道上禁止停车"标志（R8-8）（见图 8B-1）可以用来阻止或禁止在铁路或轻轨轨道上泊车或停车（见第 8B.09 节）。

必须条款：

03 紧急限制标志必须是矩形的，且须为白底红色或黑色图文和边框。

第 2B.50 节 面向来车走在左侧和禁止搭车标志（R9-1、R9-4 和 R9-4a）

可选条款：

01 "面向来车走在左侧"（R9-1）标志（见图 2B-26）可以在没有人行道的公路上使用。

必须条款：

02 如果使用"面向来车走在左侧"标志，必须安装在行人所走的铺装路面或者路肩（缺少人行道）的右侧。

可选条款：

03 禁止搭车标志（R9-4）（见图 2B-26）可以用于禁止汽车驻车或者在邻近巷道的地方招揽乘客。R9-4a 文字信息标志（见图 2B-26）可以替代 R9-4 符号标志。

第 2B.51 节 行人过街标志（R9-2 和 R9-3）

可选条款：

01 行人过街标志（见图 2B-26）用于规定行人在特定位置过街。

必须条款：

02 如果设置行人过街标志，必须设置在面向行人方向。

可选条款：

03 在明确设置人行横道的地方，"过街请走人行横道"标志（R9-2）可用于禁止行人从非人行横道处过街穿行。

04 禁止行人横穿标志（R9-3）可用于禁止行人在不可取的位置、学校门口、其他公共建筑门口横穿马路。

05 "禁止行人横穿"文字信息标志（R9-3a）可替代 R9-3 符号标志。带有一个指示箭头的"请走人行横道"辅助标牌（R9-3bP）可以安装在这两个标志的下方指定过街方向。

支撑依据：

06 行人过街标志使用最频繁的地方是有信号灯的交叉路口，且其中的三个行驶方向可以横穿，一个不能横穿。

指导条款：

07 *R9-3bP 标牌不应与宣教牌组合安装。*

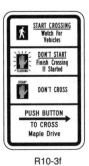
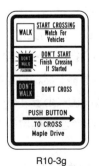

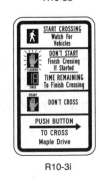

图 2B-26　行人标志和标牌（A 图）

图 2B-26　行人标志和标牌（B 图）

第 2B.52 节　触摸式行人和自行车交通信号标志（R10-1 至 R10-4 以及 R10-24 至 R10-26）

必须条款：

01　适用于行人触摸（见图 2B-26）或者自行车触摸（见图 9B-2）的交通信号标志必须设置在按钮检测器组件上方或者与之合并（见第 4E.08 节）。

支撑依据：

02　适用于行人的交通信号标志包括：

A."仅在绿灯时过街"（圆形绿色符号）（R10-1）；

B."仅显示（行人过街符号）信号时过街"（R10-2）；

C. 行走信号按钮（R10-3 系列）；

D. 绿灯信号按钮（R10-4 系列）。

可选条款：

03　以下标志可代替 R10-3 和 R10-4 标志：

A. 等待行走信号过街按钮（R10-3a）；

B. 等待绿灯信号过街按钮（R10-4a）。

04　在 R10-3a 和 R10-4a 标志中，可用文字"街道"作为图文代替穿行街道的名称。

指导条款：

05　*R10-3、R10-3a、R10-4 和 R10-4a 标志中按钮标志上的手指指向应该与标志中的箭头一致。*

可选条款：

06　用符号型行人信号指示的地方，也可设置宣教标志（R10-3b），用于替代 R10-3 标志，以提高行人对信号交叉口处行人信号指示的理解。考虑到较好的服务周期，可保留文字型行人信号指示标志的使用，"可以过街 / 不准过街"图文可以代替宣教标志 R10-3b 的图形，因此有了新型宣教标志 R10-3c。R10-3d 宣教标志可用于告知行人通行的间隙时间仅足够步行至中央安全岛，即采用中央交通岛使行人分两阶段穿过马路。在有倒计时行人信号时，可使用 R10-3e 宣教标志。为帮助行人了解应该按下哪个按钮，含有过街街道名字的宣教标志 R10-3f 至 R10-3i 可以代替 R10-3b 至 R10-3e 教育标志。

07　在专门安装按钮检测器给自行车提供绿色通行相位的地方，可以使用 R10-24 或 R10-26 标志（见第 9B.11 节）。

08　路面嵌入式警告指示灯（见第 4N 章）或者闪烁信标附加在行人警告标志上，如安装了探测按钮以便行人将其激活，在此情况下可以使用 R10-25 标志（见图 2B-26）。

支撑依据：

09　第 4E.08 节含有关于 R10-32P 标牌的应用信息。

第 2B.53 节　交通信号标志（R10-5 至 10-30R）

可选条款：

01　作为交通信号控制的补充，交通信号标志 R10-5 至 R10-30 可以用来规范道路使用者。

02　交通信号标志（见图 2B-27）可以安装在特定位置以明确信号控制作用。图文中可以用于此目的的有"仅限绿色箭头亮时左转"（R10-5）、"红灯时停在这里"（R10-6 或 R10-6a）以遵守停止线、"禁止阻塞交叉口"（R10-7）以避免交通阻塞、"绿色箭头亮时车道可用"（R10-8）以遵从车道使用控制信号（见第 4M 章）、"绿灯时左转减速让行（圆形绿色符号）"（R10-12）、"左转遇闪烁红箭头时先停车后减速避让"（R10-27）。

指导条款：

03　如果使用，"仅绿色箭头亮时左转"标志（R10-5）、"绿灯时左转减速让行"（圆形绿色符号）标志（R10-12）或"左转遇闪烁红箭头时先停车后减速避让"标志（R10-27），应毗邻左转信号灯面。

可选条款：

04　如需额外强调，附加的带有"在交通信号灯处"辅助标牌（R10-31P）（参见图 2B-27）的"绿灯时左转减速避让"（圆形绿色符号）标志（R10-12）可以安装在十字路口前。

05　在交通控制信号协调以改进配时的情况下，可设置交通信号速度标志（I1-1）（见第 2H.03 节）。

必须条款：

06　"红灯时禁止过街"（圆形红色符号）标志（R10-23）（见图 2B-27）必须与行人混合信标一起使用（见第 4F.02 节）。

07　"紧急信号"标志（R10-13）（见图 2B-27）必须结合紧急车辆交通控制信号灯一起使用（见第 4G.02 节）。

08　"紧急信号—红灯闪烁时停车"标志（R10-14 或 R10-14a）（见图 2B-27）必须与紧急车辆混合信标一起使用（见第 4G.04 节）。

可选条款：

09　为提醒司机转弯时避让行人，可使用转弯车辆减速避让行人标志（R10-15）（见图 2B-27）。

10　如果进口的左转保护相位允许车辆掉头，并且该相位同时显示右转"绿色箭头"信号以指示驾驶员从冲突的入口右转至他们的左侧，可以在靠近左转信号灯面安装"掉头减速让行右转"标志（R-16）（见图 2B-27）。

第 2B.54 节　红灯时禁止转弯标志（R10-11 系列、R10-17a 和 R10-30）

必须条款：

01　在红灯时禁止右转的地方（或红灯时禁止从一条单行道左转至另一条单行道），必须使用"红灯时禁止转弯"（圆形红灯符号）标志（R10-11）（见图 2B-27）或者"红灯时禁止转弯"文字信息标志（R10-11a 和 R10-11b）（见图 2B-27）。

指导条款：

02　如果使用，红灯禁止转弯标志应该设置在靠近合适的信号灯头的位置。

03　当工程调研发现存在下列一种或多种条件时，应该考虑设置红灯禁止转弯标志：

A. 车辆从左侧驶入（或右侧，如果适用），能见距离不足时；

B. 交叉口几何或运行特征可能导致意外冲突时；
C. 行人专用相位；
D. 当过多的行人与红灯右转发生冲突时，尤其是涉及孩子、年长的行人或残疾人；
E. 特定入口车道 12 个月内发生超过三起红灯时右转事故；
F. 当交叉道路的倾斜角给驾驶员观测左向车辆带来困难时。

可选条款：

04　显示时间的辅助标牌 R10-20aP（参见图 2B-27），带有黑色图文和边框以及白底（类似于图

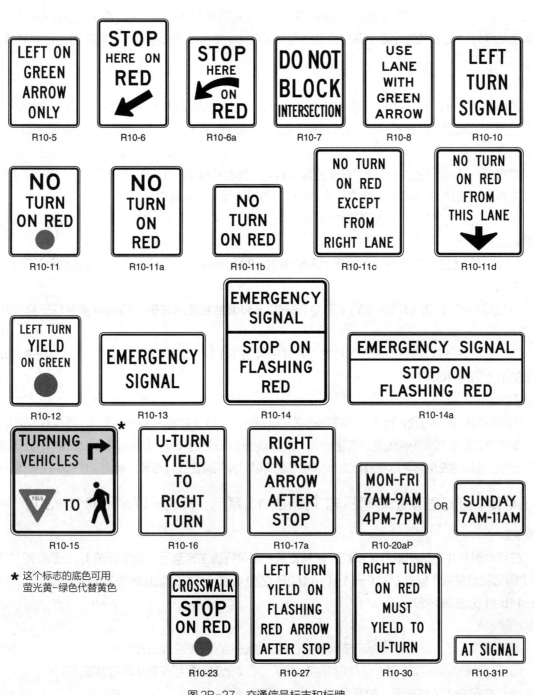

图 2B-27　交通信号标志和标牌

7B-1所示的 S4-1P 标牌），可安装在红灯时禁止转弯标志下面，以表明该位置仅在该时间段进行限制。

05　或者，可用可变标志代替静态的"红灯时禁止转弯"标志，以展示"红灯时禁止转弯"图文或禁止右转符号或文字信息。视情况而定，仅在一天中某些时段或者特定交通信号周期的某个或某些时间段展示。

06　在不止一条右转车道的信号控制入口，可在交叉口设置柱式的"除右转车道外红灯时禁止转弯"标志（R10-11c）（见图 2B-27），或者可将"此车道红灯禁止转弯"标志（带向下箭头）（R10-11d）（见图 2B-27）直接设置在红灯禁止转弯车道的正上方。

指导条款：

07　*在红灯可转弯处，且指示信号用"红色箭头"表示时，"停止后可在红色箭头期间右（左）转"标志（R10-17a）（见图 2B-27）应该安装在"红色箭头"指示信号附近。*

可选条款：

08　可以安装"红灯时右转车辆须让行掉头车辆"标志（R10-30）（见图 2B-27）以提醒道路使用者，在街道上或者公路上当他们停车后准备在红灯右转时，须让行掉头车辆。

第 2B.55 节　强制拍照标志和标牌（R10-18、R10-19P 和 R10-19aP）

可选条款：

01　"交通执法拍照"标志（R10-18）（见图 2B-3）可安装在管辖边界以告知道路使用者在管辖范围内的一些交通规则会通过抓拍设备实施抓拍。

02　执法拍照标牌（R10-19P）或"执法拍照"文字信息标牌（R10-19aP）（参见图 2B-3）可安装在管制标志下面，以告知道路使用者由抓拍设备强制执行法规监管。

必须条款：

03　如果设置在监管标志下方，执法拍照标牌（R10-19P 或 R10-19aP）必须为黑色图文和边框的白底矩形标志。

第 2B.56 节　匝道控制标志（R10-28 和 R10-29）

可选条款：

01　当匝道控制信号（见第 4I 章）用于高速公路或快速路入口匝道交通流控制时，带有图文且适用于控制的管制标志可安装在匝道控制信号灯面附近。

02　对于只有一个控制车道的入口匝道，"绿灯期间放行 XX 辆车"标志（R10-28）（见图 2B-28）可用于告知道路使用者每次绿灯信号指示灯亮起期间可允许通过的车辆数。对于不止一个控制车道的入口匝道，"绿灯期间每车道放行 XX 车辆"标志（R10-29）（见图 2B-28）可用于告知道路使用者每个车道在每次绿灯信号指示灯亮起期间可通过的车辆数。

第 2B.57 节　远离中央分隔带标志（R11-1）

可选条款：

01　"远离中央分隔带标志"（R11-1）（见图 2B-29）可用于禁止车辆驶入或停靠在中央分隔带。

指导条款：

02　*"远离中央分隔带"标志应该安装在含中央分隔带道路的左边，并根据需要在容易发生违规的路段采用随机间隔设置。*

图 2B-28　匝道控制标志

图 2B-29　道路关闭和限重标志

第 2B.58 节　道路关闭标志（R11-2）和仅限当地车辆标志（R11-3 系列和 R11-4）

指导条款：

01　"道路关闭"标志（R11-2）应安装在面向所有车辆关闭的道路上（授权的车辆除外）。

02　"道路关闭——仅限当地车辆"标志（R11-3）或"禁止过境车辆通行"标志（R11-4）应设置在不允许过境车辆通过的道路上，或设置在该标志一定距离之外除了对当地车辆开放的某段封闭公路上。

必须条款：

03　道路关闭标志（R11-2、R11-3 系列和 R11-4）（见图 2B-29）必须设计成水平矩形。这些标志前方必须设置适当的前方道路封闭警告标志与二级图文"前方"，如果适用的话，也必须设置提前绕道警告标志（见第 6F.19 节）。

可选条款：

04　城市地区相交街道名称或著名地名可代替"前方 XX 英里"图文。

05 适当情况下"桥梁封闭"的文字信息可代替"道路封闭"图文。

第2B.59节 限重标志（R12-1至R12-5）

可选条款：

01 配有"限重XX吨"图文的限重标志（R12-1）可用于表明车辆（包括装载）总质量限制。

02 在限制仅适用于轴重而不是总负载的情况下，标志图文可为"限轴重XX吨"或"限轴重XX磅"（R12-2）。

03 在参照空车重量以限制居民区的卡车尺寸时，标志图文可写成"卡车空车重量禁止超过XX吨"或"卡车空车重量禁止超过XX磅"（R12-3）。

04 在第1~3条所述的多种法规均适用的一些地区，可将必要信息集中在一块标志上，如"限重XX吨/轴，总限XX吨"（R12-4）。

05 发布具体负载限制可使用限重符号标志（R12-5）。这类标志最上面两行包含"限重"图文，并显示三种不同卡车符号和各自的限重以给使用者指出其适用的限制情况，限重值显示在符号右侧如"XX吨"。根据执行目的的需要，底部可添加一行"总限重"图文。

必须条款：

06 如果使用限重标志（见图2B-29），必须把标志设置在公路或建筑物相应路段之前。

指导条款：

07 如果使用配有前方建议距离图文的限重标志，应把标志放置在交叉口入口或禁止通行的车辆可以绕道或掉头的其他位置。

第2B.60节 称重站标志（R13系列）

指导条款：

01 带有"下一个右转处超过XX吨的卡车须进入称重站"图文的标志（参见图2B-30）应用于指引相应车辆进入称重站。

02 D8系列指路标志（见第2D.49节）应辅助R13-1标志。

可选条款：

03 相反的颜色组合，即黑底配白色图文及边框，可用于R13-1标志。

第2B.61节 卡车路线标志（R14-1）

指导条款：

01 "卡车路线"标志（R14-1）（见图2B-30）应该被用来标识已指定允许卡车通行的路线。

可选条款：

02 在编号的公路上可以使用"卡车"辅助标志（M4-4）（见第2D.20节）。

第2B.62节 危险品标志（R14-2和R14-3）

可选条款：

01 运输危险品路线标志（R14-2）（见图2B-30）可用于表明该线路是授权部门为运输危险品车辆专门设计的道路。

02 在禁止运输危险品的路线上，可使用禁止危险品标志（R14-3）（见图2B-30）。

图 2B-30　卡车标志

指导条款：

03　使用禁止危险品标志时，应该把标志安装在街道或道路的某一位置，以提示运输危险品的车辆在该位置有机会选择其他路线。

第 2B.63 节　国家货运路网标志（R14-4 和 R14-5）

支撑依据：

01　货运路线并不强制要求设立国家货运路网标志。

必须条款：

02　若国家货运路网线路被标记，必须使用国家货运路网标志（R14-4）（见图 2B-30）。

可选条款：

03　国家路网货运车辆禁行标志（R14-5）（见图 2B-30）可用于标记禁止卡车通行的路线、路段和匝道。R14-5 标志也可以用来标记指定路线的终点。

第 2B.64 节　使用车前灯标志（R16-5 至 R16-11）

支撑依据：

01　一些州要求道路使用者在特定的天气条件下打开车前灯，作为对于道路事故高发路段或特殊情况（如过隧道时）的一项安全提升措施。

02　图 2B-31 展示了可用于告知驾驶员这些驾驶要求的多种标志。

可选条款：

03　"使用雨刷时开启车前灯"标志（R16-5）或者"下雨时开启车前灯"标志（R16-6）可安装用于告知道路使用者此州法律对于车前灯的使用要求。这些标志通常位于州边境且面向入境车辆，它们也可以安装在州内其他地方。

指导条款：

04　如果道路的特定部分已经被指定为需要使用车前灯以提升安全，"以下 XX 英里开启车前灯"标志（R16-7）或者"日间行车开启车前灯路段开始"标志（R16-10）应设置在该路段上游端点，并且"日间行车开启车前灯路段结束"标志（R16-11）应安装在路段下游端点。

可选条款：

05　"开启车前灯"标志（R16-8）可安装用于要求道路使用者在特殊情况（如过隧道时）打开车前灯。

图 2B-31 车前灯使用标志

"检查车前灯"标志（R16-9）可安装在特殊情况路段下游，以告知道路使用者不再需要使用车前灯。

第 2B.65 节　轻微事故标志（R16-4）

可选条款：

01 "轻微事故车辆移出行车道"标志（R16-4）（见图 2B-32）可安装用于要求驾驶员把涉及轻微交通事故的车从行车道移出。

第 2B.66 节　安全带符号

必须条款：

01 当使用安全带符号时，必须使用如图 2B-32 所示的符号。

指导条款：

02 安全带符号不应单独使用。如果使用该符号，应该包含在强制使用安全带的禁令标志中。

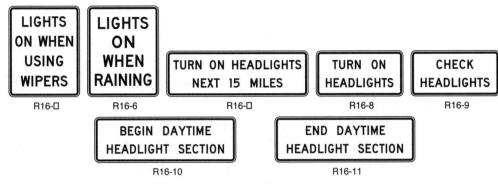

图 2B-32 其他禁令标志和标牌

第 2B.67 节　路障

可选条款：

01 路障可为下列情况做标记：

A. 道路终点；

B. 由于运行需求匝道或车道关闭；

C. 道路永久性或半永久性封闭以及道路末端。

必须条款：

02 当路障用于警告和提醒道路使用者临时交通控制区以外的道路终点时，除了条纹的颜色必须为具有逆反射性的白色和红色以外，还必须符合第 6F.68 节中的 3 型路障设计标准。

可选条款：

03 可根据第 2C.66 节所述使用一个或多个道路结束标识。

指导条款：

04 应使用适当的预警标志（见第 2C 章）。

第2B.68节 闸门

支撑依据：

01 在本节描述的闸门用于特殊天气或其他紧急情况，且一般为永久性安装，以确保在需要禁止车辆驶入公路段时该闸门能够立即满足部署需求。

02 闸门通常有一个闸门臂能从竖直位置移动到水平位置或从与车辆行驶方向平行的水平平面旋转至垂直于车辆行驶方向的平面。当闸门手臂处于水平位置且垂直于车辆运行方向，则表示禁止车辆通行，车辆须在此处停止。另一种类型的闸门是由一段栅栏组成（通常是圆柱体），通过旋转打开或关闭，或是通过收缩打开、伸展关闭。

03 闸门有时用于强制要求停车。一些应用示例如下：

A. 泊车设施出入口；

B. 私人社区出入口；

C. 军事基地出入口；

D. 收费站通道；

E. 可移动桥梁（见第4J章）；

F. 自动旗手辅助设施（见第6E章）；

G. 平交道口（见第8篇）。

04 闸门有时用于定期关闭道路或匝道。一些应用示例如下：

A. 关闭匝道实现逆向交通疏散；

B. 关闭通向潮汐车道的匝道；

C. 由于天气事件如雪、冰、洪水或其他紧急情况关闭道路。

必须条款：

05 除第6条的规定，如果使用闸门，闸门臂双面都必须具有逆反射性，由间隔为16英寸的红白相间竖条纹组成，如图8C-1所示。

可选条款：

06 如果用于单行线或匝道，背离交通流方向的闸门可不具备逆反射性。

07 若闸门臂用于阻断匝道使其变成潮汐车道或者改变驶进交通流方向，红色和白色条纹的角度可朝向交通流通过的方向倾斜45°。

必须条款：

08 闸门臂在必要情况下必须伸展到邻近车道或其他行车道，以便有效地阻止机动车和（或）行人通行。

09 当闸门臂处于竖直位置或旋转到一个开放位置，最接近闸门臂的部分和支撑物必须从路缘表面或行车道边缘横向偏离至少2英尺。

10 当闸门臂位于道路中央分隔带或者在安全岛上，处于水平位置或者旋转至关闭的位置，离平衡杆最近的部分或者它的支撑物必须从中央分隔带或安全岛对面通行道路的路缘表面或行车道边缘横向偏离至少2英尺。

指导条款：

11 当闸门旋转至水平面且与车流平行（表明道路是开放的），闸门臂外端应旋转至下游方向（即靠近闸门支撑物车道的车流方向），以防止闸门被失控车辆撞击时刺进车身。

12 如果存在行人路线，并且不计划使用闸门对行人交通进行控制，则当门臂处于打开或关闭状态时，应提供与支撑物、柱子、配重和闸门机至少2英尺的横向偏移距离，以确保行人通行畅通。

可选条款：

13 红灯可以安装到交通闸门上。

必须条款：

14 如果交通闸门上设置红灯，仅当闸门处于水平位置或者关闭状态以及闸门在打开或者关闭过程中，红灯必须为常亮或闪烁状态。

15 除第 16 条的规定外，如果使用防护栏旋转部分，必须使防护栏两面有水平反光挡板，且挡板上有 16 英尺长、相间分布的红色和白色条纹，或安装 1 个或者多个 4 型实体标记（见第 2C.66 节），或者两种办法都使用以模拟闸门臂在水平位置的状态。如果使用水平反光挡板，挡板底部必须离地面 3.5~4.5 英尺。

可选条款：

16 在单行道或匝道上，防护栏的另一面，即面对车流反方向的一面可不具备逆反射性能。

第 2C 章　警告标志及实体标记

第 2C.01 节　警告标志的功能

支撑依据：

01　警告标志旨在引起驾驶员对出现在公路、街道或者面向公众开放的私人道路上的特殊条件及突发路况的注意。警告标志使驾驶员对可能需要减速或为交通安全和通行效率采取行动的情况保持警觉。

第 2C.02 节　警告标志的应用

必须条款：

01　警告标志的使用必须基于工程调研或工程评判。

指导条款：

02　应尽可能减少使用警告标志，因为过度使用警告标志往往会导致人们对所有标志缺乏重视。某些地点的情况或活动是季节性或临时性的，当该情况或者活动不存在时应移除或遮盖警告标志。

可选条款：

03　与第 2L 章规定一致，可变信息标志可用于显示警告信息。

04　与第 4L 章规定一致，警告信标可与标准警告标志结合使用。

支撑依据：

05　警告标志类型如表 2C-1 所示。

06　本手册中提供的警告标志涵盖了大部分可能遇到的状况。对于如第 5~9 篇所讨论的低流量道路（定义见第 5A.01 节）、作业区、学校区域、平交路口及自行车设施，均有相应的附加警告标志。

07　如果地方政府部门内没有受过训练的和（或）具有经验的交通工程师时，可参照第 1A.09 节提供的信息获得帮助。

第 2C.03 节　警告标志的设计

必须条款：

01　除第 2 条规定的情形外，或者有另外专门指定外，所有警告标志必须是黄底菱形（其中一条对角线为垂直状态）、黑色边框和图文。警告标志的设计必须与《公路标志和标线标准》一书（见第 1A.11 节）中对应的设计尺寸、形状、颜色和图文一致。

可选条款：

02　当警告标志比表 2C-2 中超大号所在列中的尺寸还大，这种特殊的标志可为菱形、矩形或者正方形。

03　除了警告标志上的符号以外，只要必要的外观特征符合要求，可以对标志的设计进行小幅度修改。可对平面线形 / 交叉口组合标志（见 第 2C.11 节）及交叉口警告标志（见第 2C.46 节）的符号进行修改，使其接近交叉口道路的几何形状。

04 除本册的规定以外，各州和地方高速公路机构可根据实际情况开发和安装其他文字信息警告标志。

05 与行人、自行车骑行者和游乐场相关的路况警告标志可使用黑色图文和边框及黄色或者荧光黄绿色底色。

必须条款：

06 与校车及学校有关的路况警告标志及相关辅助标牌必须使用黑色图文和边框或荧光黄绿色底色（见第 7B.07 节）。

第 2C.04 节 警告标志的尺寸

必须条款：

01 除了第 2A.11 节中的规定之外，警告标志尺寸必须如表 2C-2 所示。

警告标志和标牌的分类　　　　　　　　　　　表2C-1

分类	组	所在章节	标志或标牌	标志名称
道路相关的	道路平面线形变化	2C.07	转弯、弯道、反向转弯、反向弯道、连续弯道、发卡弯、270°弯道	W1-1, 2, 3, 4, 5, 11, 15
		2C.08	建议速度	W13-1P
		2C.09	线形诱导	W1-8
		2C.10	平面线形/建议速度组合	W1-1a, 2a
		2C.11	平面线形/交叉口组合	W1-10, 10a, 10b, 10c, 10d
		2C.12	大箭头（一个方向）	W1-6
		2C.13	卡车易侧翻路段	W1-13
		2C.14	出口或匝道建议速度	W13-2, 3
		2C.15	平面线形/出口或匝道建议速度组合	W13-6, 7
	道路纵曲线线形变化	2C.16	下坡	W7-1, 1a, 2P, 2bP, 3P, 3aP, 3bP
		2C.17	卡车避险匝道	W7-4, 4b, 4c, 4dP, 4eP, 4fP
		2C.18	下坡阻碍视距	W7-6
	道路横断面	2C.19	道路变窄	W5-1
		2C.20, 21	窄桥、单车道桥	W5-2, 3
		2C.22, 23, 25	双向分隔式公路、双向分隔式公路终止、双箭头	W6-1, 2；W12-1
		2C.24	高速公路或快速路终止、所有车辆必须驶出	W19-1, 2, 3, 4, 5
		2C.26	死路、无出口	W14-1, 1a, 2, 2a
		2C.27	低净高	W12-2, 2a
	道路路面状况	2C.28, 29	高突、低洼、减速丘	W8-1, 2；W17-1
		2C.30	铺装路面终止	W8-3
		2C.31	路肩变化、高低不均车道	W8-4, 9, 11, 17, 17P, 23, 25
		2C.32	潮湿路滑、松散砾石、路面不平、桥梁较道路早结冰、注意落石	W8-5, 7, 8, 13, 14
		2C.33	沟槽路面、金属路面	W8-15, 15P, 16
		2C.34	无中心线	W8-12
	天气	2C.35	过水路面，水深监测，阵风区域，雾区	W8-18, 19, 21, 22

续表

分类	组	所在章节	标志或标牌	标志名称
交通相关的	交通控制预告	2C.36–39	前方停车让行、前方减速让行、前方信号灯、准备停车、减速、前方吊桥、前方匝道控制信号	W3-1, 2, 3, 4, 5, 5a, 6, 7, 8
	交通流	2C.40–45	合流、无合流区域、车道终止、车道增加、双向交通、仅限右侧车道驶出、禁止超车路段	W4-1, 2, 3, 5, 5P, 6；W6-3；W9-1, 2, 7；W14-3
	交叉口	2C.46	十字交叉、小道交叉、T形交叉、Y形交叉、环岛、多条小道交叉	W2-1, 2, 3, 4, 5, 6, 7, 8；W16-12P, 17P
		2C.47	大箭头（双向）	W1-7
		2C.48	对向交通绿灯延长	W25-1, 2
	机动车	2C.49	卡车穿行、卡车穿行（符号）、应急车辆、农用车、自行车、高尔夫球车、马车、小道穿行	W8-6；W11-1, 5, 5a, 8, 10, 11, 12P, 14, 15, 15P, 15a；W16-13P
	非机动车	2C.50, 51	注意行人、鹿、牛、雪地摩托、骑马者、轮椅、大型动物、游乐场	W11-2, 3, 4, 6, 7, 9, 16, 17, 18, 19, 20, 21, 22；W15-1；W16-13P
	新	2C.52	前方交叉口新交通状况	W23-2
其他辅助标牌	位置	2C.53	斜向下箭头、前方	W16-7P, 9P
	合乘车辆	2C.53	合乘车辆	W16-11P
	距离	2C.55	××英尺，××英里，前方××英尺处，前方××英里处	W7-3aP；W16-2P, 2aP, 3P, 3aP, 4P
	箭头	2C.56	预告箭头，方向箭头	W16-5P, 6P
	街道名称标牌	2C.58	街道名称预告	W16-8P, 8aP
	交叉口	2C.59	相交车流无停车让行	W4-4P, 4aP, 4bP
	共用道路	2C.60	共用道路	W16-1P
	拍照执法	2C.61	拍照执法	W16-10P, 10aP
	新	2C.62	新	W16-15P

警告标志和标牌的尺寸　　　　　　　　　　　　表2C-2

标志或标牌	标志名称	章节	传统道路		快速路	高速路	最小值	超大尺寸
			单车道道路	多车道道路				
平面线形	W1-1, 2, 3, 4, 5	2C.07	30×30*	36×36	36×36	36×36	—	48×48
平面线形/建议速度组合	W1-1a, 2a	2C.10	36×36	36×36	48×48	48×48	—	48×48
单向大箭头	W1-6	2C.12	48×24	48×24	60×30	60×30	—	60×30
双向大箭头	W1-7	2C.47	48×24	48×24	—	—	—	60×30
线形诱导	W1-8	2C.09	18×24	18×24	30×36	36×48	—	24×30
平面线形/交叉口组合	W1-10, 10a, 10b, 10c, 10d, 10e	2C.11	36×36	36×36	36×36	48×48	—	—
发卡弯	W1-11	2C.07	30×30	30×30	48×48	48×48	—	48×48
卡车易侧翻路段	W1-13	2C.13	36×36	36×36	36×36	48×48	—	36×36

续表

标志或标牌	标志名称	章节	传统道路		快速路	高速路	最小值	超大尺寸
			单车道道路	多车道道路				
270° 弯道	W1-15	2C.07	30×30	30×30	36×36	48×48	—	48×48
交叉口警告	W2-1, 2, 3, 4, 5, 6, 7, 8	2C.46	30×30	30×30	36×36	—	24×24	48×48
交通控制预告	W3-1, 2, 3	2C.36	30×30	30×30	48×48	48×48	30×30	—
准备停车	W3-4	2C.36	36×36	36×36	48×48	48×48	30×30	—
前方减速让行	W3-5	2C.38	36×36	36×36	48×48	48×48	—	—
前方限速XX英里/小时	W3-5a	2C.38	36×36	36×36	48×48	48×48	—	—
吊桥	W3-6	2C.39	36×36	36×36	48×48	—	—	60×60
前方匝道控制信号	W3-7	2C.37	36×36	36×36	—	—	—	—
闪烁时前方匝道控制开启	W3-8	2C.37	36×36	36×36	—	—	—	—
合流	W4-1	2C.40	36×36	36×36	48×48	48×48	30×30*	—
车道终止	W4-2	2C.42	36×36	36×36	48×48	48×48	30×30*	—
车道增加	W4-3	2C.41	36×36	36×36	48×48	48×48	30×30*	—
相交车流无停车让行（标牌）	W4-4P	2C.59	24×12	24×12	36×18	—	—	48×24
左（右）侧来车无停车让行	W4-4aP	2C.59	24×12	24×12	36×18	—	—	48×24
来车无停车让行（标牌）	W4-4bP	2C.59	24×12	24×12	36×18	—	—	48×24
汇入道路合流	W4-5	2C.40	36×36	36×36	48×48	—	—	—
无合流区域（标牌）	W4-5P	2C.40	18×24	18×24	24×30	—	—	—
汇入道路车道增加	W4-6	2C.41	36×36	36×36	48×48	—	—	—
道路变窄	W5-1	2C.19	36×36	36×36	48×48	48×48	30×30*	—
窄桥	W5-2	2C.20	36×36	36×36	48×48	48×48	30×30*	—
单车道桥	W5-3	2C.21	36×36	36×36	48×48	48×48	30×30*	—
分隔式公路	W6-1	2C.22	36×36	36×36	48×48	48×48	—	—
分隔式公路终止	W6-2	2C.23	36×36	36×36	48×48	48×48	—	—
双向交通	W6-3	2C.44	36×36	36×36	48×48	48×48	—	—
下坡	W7-1	2C.16	30×30*	36×36	36×36	36×36	24×24*	48×48
显示坡度的下坡	W7-1a	2C.16	30×30*	36×36	36×36	36×36	24×24*	48×48
挂低挡（标牌）	W7-2P	2C.57	24×18	24×18	—	—	—	—
卡车挂低挡（标牌）	W7-2bP	2C.57	24×18	24×18	—	—	—	—
XX° 坡	W7-3P	2C.57	24×18	24×18	—	—	—	—
前方XX英里处	W7-3aP	2C.55	24×18	24×18	—	—	—	—
XX° 坡，XX英里（标牌）	W7-3bP	2C.57	24×18	24×18	—	—	—	—
XX英里处卡车避险匝道	W7-4	2C.17	78×48	78×48	78×48	78×48	—	—
卡车避险匝道（箭头）	W7-4b	2C.17	78×60	78×60	78×60	78×60	—	—
卡车避险匝道	W7-4c	2C.17	78×60	78×60	78×60	78×60	—	—
砂地、碎石、铺装路面（标牌）	W7-4dP, 4eP, 4fP	2C.17	24×12	24×12	24×12	24×12	—	—
下坡阻碍视距	W7-6	2C.18	30×30*	36×36	36×36	—	—	48×48

续表

标志或标牌	标志名称	章节	传统道路		快速路	高速路	最小值	超大尺寸
			单车道道路	多车道道路				
高突或低洼	W8-1, 2	2C.28	30×30*	36×36	36×36	48×48	24×24*	48×48
人行道结束	W8-3	2C.30	36×36	36×36	48×48	—	30×30*	—
软路肩	W8-4	2C.31	36×36	36×36	48×48	48×48	24×24*	48×48
潮湿路滑	W8-5	2C.32	30×30*	36×36	36×36	48×48	24×24*	48×48
道路状况（标牌）	W8-5P, 5b, 5cP	2C.32	24×18	24×18	30×24	36×30	—	36×30
冰	W8-5aP	2C.32	24×12	24×12	30×18	30×18		
卡车穿行	W8-6	2C.49	36×36	36×36	36×36	48×48	24×24*	48×48
松散砾石	W8-7	2C.32	36×36	36×36	36×36	—	24×24*	48×48
路面不平	W8-8	2C.32	36×36	36×36	36×36	48×48	24×24*	48×48
低路肩	W8-9	2C.31	36×36	36×36	36×36	48×48	24×24*	48×48
高低不均车道	W8-11	2C.32	36×36	36×36	36×36	48×48	—	48×48
无中心线	W8-12	2C.34	36×36	36×36	36×36	48×48		
桥梁较道路早结冰	W8-13	2C.32	36×36	36×36	36×36	48×48	24×24*	48×48
注意落石	W8-14	2C.32	30×30*	36×36	36×36	48×48	24×24*	48×48
沟槽路面	W8-15	2C.33	30×30*	36×36	36×36	48×48	24×24*	48×48
摩托车（标牌）	W8-15P	2C.33	24×18	24×18	30×24	36×30	—	36×30
金属桥面	W8-16	2C.33	30×30*	36×36	36×36	48×48	24×24*	48×48
路肩沉降（图形）	W8-17	2C.31	30×30*	36×36	36×36	48×48	24×24*	48×48
路肩沉降（标牌）	W8-17P	2C.31	24×18	24×18	30×24	36×30	—	36×30
过水路面	W8-18	2C.35	36×36	36×36	36×36	48×48	24×24*	48×48
水深监测	W8-19	2C.35	12×72	12×72	—	—		
阵风区域	W8-21	2C.35	36×36	36×36	36×36	48×48	24×24*	48×48
雾区	W8-22	2C.35	36×36	36×36	36×36	48×48	24×24*	48×48
无路肩	W8-23	2C.31	36×36	36×36	36×36	48×48	24×24*	48×48
路肩终止	W8-25	2C.31	30×30*	36×36	36×36	48×48	24×24*	48×48
左（右）侧车道终止	W9-1	2C.42	36×36	36×36	36×36	48×48	30×30*	48×48
车道终止向左（右）汇入	W9-2	2C.42	36×36	36×36	36×36	48×48	30×30*	48×48
前方仅限右（左）侧车道	W9-7	2C.43	132×72	132×72	132×72	132×72	—	—
自行车	W11-1	2C.49	30×30	30×30	36×36	—	24×24*	48×48
行人	W11-2	2C.50	30×30*	36×36	36×36		24×24*	48×48
大型动物	W11-3, 4, 16, 17, 18, 19, 20, 21, 22	2C.50	30×30*	36×36	36×36	—	24×24*	48×48
农用车	W11-5, 5a	2C.49	30×30*	36×36	36×36		24×24*	48×48
雪地摩托	W11-6	2C.50	30×30*	36×36	36×36		24×24*	48×48
骑马者	W11-7	2C.50	30×30*	36×36	36×36		24×24*	48×48
应急车辆	W11-8	2C.49	30×30*	36×36	36×36		24×24*	48×48
残障人士	W11-9	2C.50	30×30*	36×36	36×36			48×48

续表

标志或标牌	标志名称	章节	传统道路		快速路	高速路	最小值	超大尺寸
			单车道道路	多车道道路				
卡车	W11-10	2C.49	30×30*	36×36	36×36	—	24×24*	48×48
高尔夫球车	W11-11	2C.49	30×30*	36×36	36×36	—	24×24*	48×48
前方紧急信号（标牌）	W11-12P	2C.49	36×30	36×30	36×30	—	—	—
马车	W11-14	2C.49	30×30*	36×36	36×36	—	24×24*	48×48
自行车/行人	W11-15	2C.49	30×30*	36×36	36×36	—	24×24*	48×48
小道穿行	W11-15a	2C.49	30×30*	36×36	36×36	—	24×24*	48×48
小道交叉（标牌）	W11-15P	2C.49	24×18	24×18	30×24	—	—	36×30
双箭头	W12-1	2C.25	30×30*	36×36	36×36	—	—	—
低净高（箭头）	W12-2	2C.27	36×36	36×36	48×48	48×48	30×30*	—
低净高	W12-2a	2C.27	78×24	78×24	—	—	—	—
建议速度（标牌）	W13-1P	2C.08	18×18	18×18	24×24	30×30	—	30×30
出口或匝道建议速度	W13-2, 3	2C.14	24×30	24×30	48×60	48×60	—	48×60
平面线形/出口或匝道建议速度组合	W13-6, 7	2C.15	24×42	24×42	36×60	36×60	—	48×84
死路，无出口	W14-1, 2	2C.26	30×30*	36×36	36×36	—	24×24*	48×48
死路，无出口（箭头）	W14-1a, 2a	2C.26	36×8	36×8	—	—	—	—
禁止超车路段（三角旗）	W14-3	2C.45	48×48×36	48×48×36	—	—	40×40×30	64×64×48
游乐场	W15-1	2C.51	30×30*	36×36	36×36	—	24×24*	48×48
共用道路	W16-1P	2C.60	18×24	18×24	24×30	—	—	24×30
XX英尺	W16-2P	2C.55	24×18	24×18	—	—	—	30×24
XX英尺	W16-2aP	2C.55	24×12	24×12	—	—	—	30×18
XX英里（2行标牌）	W16-3P	2C.55	30×24	30×24	—	—	—	—
XX英里（1行标牌）	W16-3aP	2C.55	30×12	30×12	—	—	—	—
前方XX英尺处	W16-4P	2C.55	30×24	30×24	—	—	—	—
辅助箭头（标牌）	W16-5P, 6P	2C.56	24×18	24×18	—	—	—	—
斜向下箭头（标牌）	W16-7P	2C.50	24×12	24×12	—	—	—	30×18
街道名称预告（1行标牌）	W16-8P	2C.58	不同×8	不同×8	—	—	—	—
街道名称预告（2行标牌）	W16-8aP	2C.58	不同×15	不同×15	—	—	—	—
前方（标牌）	W16-9P	2C.50	24×12	24×12	30×18	—	—	—
拍照执法（图形 标牌）	W16-10P	2C.61	24×12	24×12	36×18	—	—	48×24
拍照执法（标牌）	W16-10aP	2C.61	24×18	24×18	36×30	—	—	48×36
合乘车辆（标牌）	W16-11P	2G.09	24×12	24×12	30×18	—	—	30×18
城市环岛（标牌）	W16-12P	2C.46	24×18	24×18	—	—	—	—
当闪烁时（标牌）	W16-13P	2C.50	24×18	24×18	—	—	—	—
新（标牌）	W16-15P	2C.62	24×12	24×12	—	—	—	—
环岛（标牌）	W16-17P	2C.46	24×12	24×12	—	—	—	—
注意	W16-18P	2A.15	24×12	24×12	—	—	—	—
减速丘	W17-1	2C.29	30×30*	30×30*	—	—	24×24*	48×48

续表

标志或标牌	标志名称	章节	传统道路		快速路	高速路	最小值	超大尺寸
			单车道道路	多车道道路				
前方XX处高速公路终止	W19-1	2C.24	—	—	—	144×48	—	—
前方XX处快速路终止	W19-2	2C.24	—	—	144×48	—	—	—
高速公路终止	W19-3	2C.24	—	—	—	48×48	—	—
快速路终止	W19-4	2C.24	—	—	48×48	—	—	—
所有车辆必须驶出	W19-5	2C.24	—	—	90×48	90×48	—	—
前方交叉口新交通状况	W23-2	2C.52	36×36	36×36	—	—	—	—
对向交通绿灯延长	W25-1，2	2C.48	24×30	24×30	—	—	—	—

* 在多车道传统道路上的菱形警告标志的最小尺寸要求为36×36，详见第2C.04节

注：1. 在适当的情况下也可能应用更大的标志。
    2. 尺寸的写法为：宽×高（英寸×英寸）。

支撑依据：

02 第2A.11节包含表2C-2各列适用性的相关信息。

必须条款：

03 除第5条中的规定之外，在限速为35英里/小时以上的多车道公路上，所有面向来车方向的菱形警告标志最小尺寸必须为36英寸×36英寸。

04 表2C-2中不包含的警告标志辅助牌最小尺寸必须如表2C-3所示。

可选条款：

05 如果菱形警告标志设置在多车道道路左边作为道路右侧相同警告标志的补充设置，最小尺寸可采纳表2C-2中"单车道"一列中的相应规定。

06 可以使用尺寸大于表2C-2和表2C-3中尺寸的标志及标牌（见第2A.11节）。

指导条款：

07 在匝道进出口面向来车设置的所有菱形警告标志，其最小尺寸应为表2C-2中对于主路类别（快速路或者高速公路）所规定的尺寸。如果在"高速公路"一栏中不提供最小尺寸，则应使用"快速路"一栏中尺寸大小。如果"高速公路"和"快速路"专栏不提供最小尺寸，应使用超大号的尺寸。

辅助警告标牌的最小尺寸　　　　　　表2C-3

警告标志的尺寸	辅助标牌的尺寸				
	矩形				正方形
	1行	2行		箭头	
24×24	24×12	24×18		24×12	18×18
30×30					
36×36	30×18	30×24		30×18	24×24
48×48					

注：1. 适当的情况下也能应用更大的辅助标牌。
    2. 尺寸的写法为：宽×高（英寸×英寸）。

第 2C.05 节　警告标志的安装

支撑依据：

01　警告标志设置方法信息见第 2A.16 节至第 2A.21 节。

02　发现、识别、决策及反应所需的时间被称为"感知反应时间"（Perception-Response Time，PRT）。表 2C-4 用于帮助确定警告标志位置。表 2C-4 中的距离可根据道路特征、其他标志进行调整以提高可视性。

指导条款：

03　警告标志的设置应提供足够的感知反应时间。表 2C-4 中的距离以指导为目的，应用时应该根据工程实际判断。警告标志不应该放置于距离警告点过远的地方，以防驾驶员由于其他驾驶分心可能忘记警告内容，尤其在城市地区。

04　不同的警告标志之间最小间距应该取决于驾驶员对第二个标志的理解及反应的感知反应时间。

05　应在白天和夜晚两种条件下都对警告标志设置效果进行定期评价。

警告标志提前设置指南　　　　　　　表2C-4

限速或者85%位车速	提前设置的距离[1]								
	情况A：拥挤交通下的减速及换车道	情况B：根据状况减速至所列建议速度（英里/小时）							
		0[3]	10[4]	20[4]	30[4]	40[4]	50[4]	60[4]	70[4]
20 英里/小时	225 英尺	100 英尺[6]	N/A[5]	-	-	-	-	-	-
25 英里/小时	325 英尺	100 英尺[6]	N/A[5]	N/A[5]	-	-	-	-	-
30 英里/小时	460 英尺	100 英尺[6]	N/A[5]	N/A[5]	-	-	-	-	-
35 英里/小时	565 英尺	100 英尺[6]	N/A[5]	N/A[5]	N/A[5]	-	-	-	-
40 英里/小时	670 英尺	125 英尺	100 英尺[6]	100 英尺[6]	N/A[5]	-	-	-	-
45 英里/小时	775 英尺	175 英尺	125 英尺	100 英尺[6]	100 英尺[6]	N/A[5]	-	-	-
50 英里/小时	885 英尺	250 英尺	200 英尺	175 英尺	125 英尺	100 英尺[6]	-	-	-
55 英里/小时	990 英尺	325 英尺	275 英尺	225 英尺	200 英尺	125 英尺	N/A[5]	-	-
60 英里/小时	1100 英尺	400 英尺	350 英尺	325 英尺	275 英尺	200 英尺	100 英尺[6]	-	-
65 英里/小时	1200 英尺	475 英尺	450 英尺	400 英尺	350 英尺	275 英尺	200 英尺	100 英尺[6]	-
70 英里/小时	1250 英尺	550 英尺	525 英尺	500 英尺	450 英尺	375 英尺	275 英尺	150 英尺	-
75 英里/小时	1350 英尺	650 英尺	625 英尺	600 英尺	550 英尺	475 英尺	375 英尺	250 英尺	100 英尺[6]

1　对情况 A 来说，标志视认距离调整为 180 英尺。对情况 B 来说，标志视认距离调整为 250 英尺，适合线形警告符号标志。对情况 A 和 B 来说，具有 6 英寸以下的图文内容或多于 4 个文字的警告标志，应该增加最少 100 英尺的提前设置距离，为警告标志提供足够的视认性。

2　通常指在拥挤交通时，由于复杂的驾驶环境，道路使用者需要额外时间以调整速度及换车道的位置。常用标志有"合流"和"右侧车道终止"。适当标志的设置位置可以通过给驾驶员在车辆操控时提供 14.0~14.5 秒的感知反应时间减去 180 英尺的视认距离来确定（《2004 年美国国家公路和交通运输协会政策》，图示 3-3，决策视距，规避操作 E）。

3　通常指潜在要停车情况的警告。典型标志包括前方停车让行、前方减速让行、前方信号及交叉口警告标志。根据《2004 年美国国家公路和交通运输协会政策》，图示 3-1，安装位置由 2.5 秒的感知反应时间和 11.2 英尺/秒^2 的减速度，减去 180 英尺的视认距离得出。

4　通常指道路使用者必须减速驾驶穿越警告情况的位置；常见标志包括转弯、弯道、反向转弯或反向弯道。安装位置由 2.5s 的感知反应时间，10 英尺/s^2 的车辆减速度，减去 250 英尺的视认距离来确定。

5　由于设置位置取决于场地条件和其他标志，对于这些速度没有提供建议的距离。线形警告标志可设置于弯道上距离曲线起点前方 100 英尺的任何位置。然而，线形警告标志应该安装在弯道之前且距离其他标志至少 100 英尺。

6　最小的提前设置距离为 100 英尺，以确保标志之间有足够的间距。

可选条款：

06 告知道路使用者特殊情况，但不涉及具体位置的警告标志，如鹿群穿行、"软路肩"，由于表 2C-4 未包含，可根据工程评判安装在适合的地点。

第 2C.06 节 平面线形警告标志

支撑依据：

01 多种平面线形警告标志（见图 2C-1）、路面标线（见第 3B 章）和轮廓线（见第 3F 章）可用于告知机动车驾驶员道路线形的变化。这些与道路线形变化量有关的交通控制设施的统一应用，为满足驾驶员期望及提升道路运行效率提供了一致的信息。第 2C.06 节到 第 2C.15 节中讨论了平面线形警告标志应如何设计与应用以达到这些要求的问题。

必须条款：

02 对于属于高速公路、快速路及年平均日交通量（AADT）大于 1000 而在功能上被划分为干道或支路的平曲线来说，平面线形警告标志必须根据表 2C-5 来确定，表 2C-5 中的速度差值以道路设置限速、法定限速或 85 位速度（取三者最高值），或者进入弯道前常见车速与平曲线建议速度之间的差为参考。

可选条款：

03 根据工程评判，平面线形警告标志也可用于其他年平均日交通量（AADT）小于 1000 的道路、干道及支路。

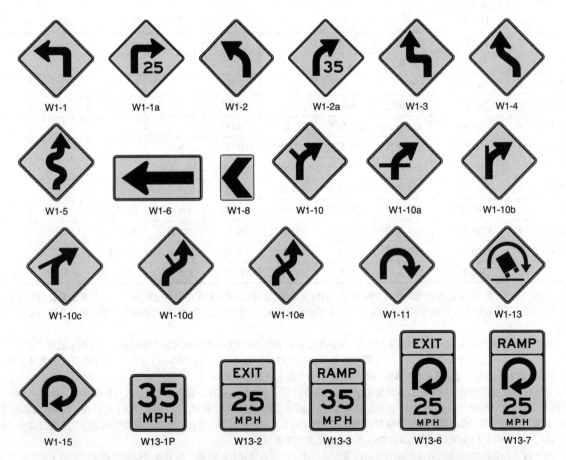

注：在适当条件下，转弯箭头和反向转弯箭头可被 W1-10 系列标志中的弯道箭头和反向弯道箭头取代。

图 2C-1 平面线形标志和标牌

第 2C.07 节 平面线形标志（W1-1 到 W1-5，W1-11，W1-15）

必须条款：

01 若表 2C-5 指出在弯道前需要（建议或允许）使用平面线形警告标志（见图 2C-1），则必须采用弯道标志（W1-2），除非本节条款建议或允许设置其他不同标志。

02 在建议速度不大于 30 英里 / 小时的弯道前，必须使用转弯标志（W1-1）而非弯道标志（见图 2C-2）。

指导条款：

03 *当道路线形连续向两个相反方向改变，且连接两者的直线长度小于 600 英尺时，应该使用反向转弯标志（W1-3）和反向弯道（W1-4）而非多次使用转弯（W1-1）和弯道标志（W1-2）。*

可选条款：

04 有三个或以上的道路线形改变，且每个连接直线长度小于 600 英尺时，可使用连续弯道标志（W1-5）而非多次使用转弯标志（W1-1）或弯道标志（W1-2）。

05 当连续弯道持续一定距离时，"下 XX 英里"距离辅助标牌（W7-3aP）（见第 2C.55 节）可安装于连续弯道标志下。

06 若弯道平面线形转向角度不小于 135°，可使用发卡弯标志（W1-11）而非弯道标志或转弯标志。

07 若弯道转向角度接近 270°，比如苜蓿叶立交匝道，可使用 270° 急弯路标志（W1-15）而非弯道标志或转弯标志。

指导条款：

08 *当安装有发卡弯标志或 270° 弯道标志时，应该在转弯处或弯道外安装单向大箭头（W1-6）标志或线形诱导标志（W1-8）。*

第 2C.08 节 建议速度标牌（W13-1P）

可选条款：

01 建议速度标牌（W13-1P）（见图 2C-1）可用于补充任何警告标志，以指示某情况下的建议速度。

必须条款：

02 平曲线的建议速度标牌必须根据表 2C-5 中的信息使用。若工程调研指出需要向道路使用者告知其他道路情况的建议速度，也必须使用建议速度标牌。

平面线形标志选择 表2C-5

平面线形标志类型	限速与建议速度之间的差异				
	5 英里/小时	10 英里/小时	15 英里/小时	20 英里/小时	大于等于25 英里/小时
转弯（W1-1）、弯道（W1-2）、反向转弯（W1-3）、反向弯道（W1-4）、连续弯道（W1-5）和平面线形/交叉口组合（W10-1 系列）（确定所使用的标志见第 2C.07 节）	建议	要求	要求	要求	要求
建议速度标牌（W13-1P）	建议	要求	要求	要求	要求
V 形（W1-8）和（或）单向大箭头（W1-6）	可选	建议	要求	要求	要求
出口匝道上的驶出速度（W13-2）和匝道速度（W13-3）	可选	可选	建议	要求	要求

注："要求"表示必须使用此标志和（或）标牌；"建议"表示应该使用此标志和（或）标牌；"可选"表示可使用此标志和（或）标牌。
平均日交通量小于 1000 的道路的相关信息见第 2C.06 节。

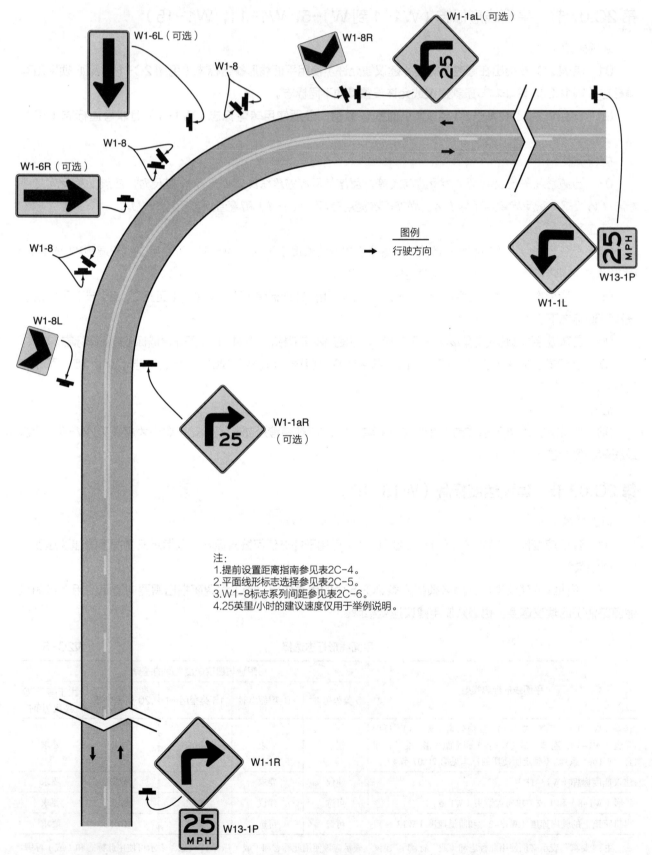

图 2C-2 转弯处警告标志示例

03 若使用建议速度标牌，必须包含 XX 英里/小时的信息。标明的速度必须为 5 英里/小时的倍数。

04 除紧急或临时情况外，在工程调研确定建议速度之前，不能安装建议速度标牌。

05 建议速度标牌只能用于辅助警告标志，不能作为单独的标志安装。

06 建议速度必须由现有工程应用之后的工程调研确定。

支撑依据：

07 在现有工程实践中，适用于确定平曲线建议速度的方式如下：

A. 可提供直接测定侧摩擦系数的加速度传感器。

B. 设计速度公式。

C. 使用以下标准的传统球式示倾器：

1. 球式示倾器中 16°指示 20 英里/小时或以下；

2. 球式示倾器中 14°指示 25~30 英里/小时；

3. 球式示倾器中 12°指示 35 英里/小时或以上。

08 球式示倾器标准中 16°、14°、12°与现有的 AASHTO 平曲线设计指南具有可比性。研究表明驾驶员的实际速度通常比弯道建议速度超出 7~10 英里/小时。

指导条款：

09 建议速度应该根据自由流交通情况确定。

10 由于道路状况的变化，如道路几何线形、路面性能或视距等可能影响建议速度，应该定期或在道路状况改变时对每个地点进行评估。

第 2C.09 节 线形诱导标志（W1-8）

必须条款：

01 线形诱导标志（W1-8）（见图 2C-1 及图 2C-2）在用于强调和诱导平面线形变化时，必须根据表 2C-5 中的规定使用。

可选条款：

02 使用线形诱导标志时，可用该标志取代或补充标准轮廓标。

必须条款：

03 线形诱导标志必须为垂直矩形，且无边框。

04 线形诱导标志使用时必须安装在转弯或弯道外侧，并保持与来车方向相垂直。线形诱导标志安装高度必须大于 4 英尺，该值由标志底部到行车道高凸边缘的高度决定。

指导条款：

05 转弯或弯道处，从曲线起点开始，线形诱导标志的近似间距应该如表 2C-6 所示。

06 若使用线形诱导标志，标志应在足够的距离内可见，以保证道路使用者有充分时间对线形的改变做出反应。

必须条款：

07 在 T 形交叉口，线形诱导标志不能用于警告驾驶员道路不允许直行，此处必须使用双向或单向大箭头标志。

08 线形诱导标志不能用于标记道路内或旁边的障碍物，包括护栏或隔离墩的起点，此为实体标记的功能（见第 2C.63 节）。

平曲线线形诱导标志典型的设置间距 表2C-6

建议速度	弯道半径	标志间距
≤ 15 英里 / 小时	≤ 200 英尺	40 英尺
20~30 英里 / 小时	200~400 英尺	80 英尺
35~45 英里 / 小时	401~700 英尺	120 英尺
50~60 英里 / 小时	701~1250 英尺	160 英尺
≥ 60 英里 / 小时	≥ 1250 英尺	200 英尺

注：在这个表中的曲线半径与建议速度的关系不应该用来决定建议速度。

第 2C.10 节　平面线形 / 建议速度组合标志（W1-1a 和 W1-2a）

可选条款：

01　转弯标志（W1-1）或弯道标志（W1-2）可与建议速度标牌（W12-1P）（见第 2C.08 节）组合形成转弯 / 建议速度组合标志（W1-1a）或弯道 / 建议速度组合标志（W1-2a）（见图 2C-1）。

02　根据工程调研，平面线形 / 建议速度组合标志可用于辅助平面线形警告标志和建议速度标牌。

必须条款：

03　平面线形 / 建议速度组合标志使用时不应单独设置，不应取代平面线形警告标志和建议速度标牌。平面线形 / 建议速度组合标志只用于辅助平面线形警告标志。平面线形 / 建议速度组合标志使用时必须安装于弯道的起点。

指导条款：

04　*平面线形 / 建议速度组合标志上的建议速度应根据工程实践确定（见第 2C.08 节）。*

第 2C.11 节　平面线形 / 交叉口组合标志（W1-10 系列）

可选条款：

01　转弯标志（W1-1）或弯道标志（W1-2）可与交叉道路标志（W2-1）或小道交叉标志（W2-2 或 W2-3）组合形成平面线形 / 交叉口组合标志（W1-10 系列）（见图 2C-1），传递弯道内部或相邻位置的交叉口信息。

指导条款：

02　*平面线形 / 交叉口组合标志中有关平面线形的要素应该遵从第 2C.07 节的规定，有关交叉口几何特征的要素应该遵从第 2C.46 节的规定。符号设计应该与相交道路几何特征相似。在一个平面线形 / 交叉口组合标志上不应显示多于一个交叉道路或两条小道符号。*

必须条款：

03　必须根据表 2C-5 中对应的转弯或弯道标志信息使用平面线形 / 交叉口组合标志。

第 2C.12 节　单向大箭头标志（W1-6）

可选条款：

01　单向大箭头标志（W1-6）（见图 2C-1）可用于辅助或替换线形诱导标志以体现平面线形的改变。

02　单向大箭头标志（W1-6）可用于辅助转弯或反向转弯路标志（见图 2C-2）以强调急弯。

必须条款：

03　单向大箭头标志必须为水平矩形，箭头指向左侧或右侧。

04 单向大箭头标志必须根据表2C-5中所示信息使用。

05 若使用单向大箭头标志,必须将标志安装于转弯或弯道外侧,与车流方向相垂直。

06 单向大箭头标志不能用于前方无线形改变的位置,如中间隔离带或中心桥支柱起点和终点处。

07 指示车流向右的单向大箭头标志不能用于中央交通岛或环岛。

指导条款:

08 若使用单向大箭头标志,应该保证标志在足够的距离内可见,为道路使用者提供足够的距离,使他们有充足时间对线形的改变做出反应。

第2C.13节 卡车易侧翻路段警告标志(W1-13)

可选条款:

01 卡车易侧翻路段警告标志(W1-13)(见图2C-1)可用于警示重心较高机动车的驾驶员,如卡车、罐式货车、大型旅行车的驾驶员,根据工程调研判断,设置在弯道或转弯的道路几何形态可能导致车辆失控和侧翻的地方。

支撑依据:

02 在现有工程实践中,适用于判定卡车平曲线翻车可能性的工具包括:

A. 可提供直接测定侧摩擦系数的加速度传感器。

B. 设计速度公式。

C. 10°的传统球式示倾器。

必须条款:

03 若使用卡车易侧翻路段警告标志(W1-13),必须同时使用建议速度标牌(W13-1P),二者共同为重心较高的车辆指示推荐速度。

可选条款:

04 卡车易侧翻路段警告标志可由静态标志、闪烁警告信标辅助的静态标志或可变信息标志显示,当检测到重心较高、行驶速度超过特定条件下推荐速度的车辆时激活可变信息标志。

支撑依据:

05 卡车易侧翻路段警告标志上的弯道箭头表示道路弯曲方向。标志上的图标应显示卡车往反向倾斜。

第2C.14节 出口建议速度和匝道建议速度标志(W13-2和W13-3)

必须条款:

01 出口建议速度(W13-2)和匝道建议速度标志(W13-3)(见图2C-1)必须为垂直矩形。高速公路和快速路匝道处的出口建议速度和匝道建议速度必须根据表2C-5中的信息使用。

指导条款:

02 出口建议速度标志使用时应该安装于减速车道旁边,且所显示的建议速度应该根据工程调研确定。当匝道处已安装卡车易侧翻路段标志(W1-13)(见第2C.13节),出口建议速度应根据平面线形(见第2C.08节)的卡车建议速度设置,且该建议速度参考了适当的工程实践。

03 出口建议速度标志使用时应保证该标志在道路使用者减速并驶出出口时对道路使用者可视。

支撑依据:

04 表2C-4列举了减速至不同建议速度标志的提前设置距离。

指导条款：

05　若使用匝道建议速度，应该将标志安装在匝道处以确认匝道建议速度。

06　若使用匝道建议速度标志，线形诱导标志（W1-8）和（或）单向大箭头标志（W1-6），应该将标志安装在出口弯道的外侧（如第2C.09节和第2C.12节所描述）。

可选条款：

07　在需要提醒道路使用者建议速度的地点，带有建议速度标牌的平面线形警告标志可安装在出口弯道起点或远离出口弯道起点处，或弯道外侧，须保证此标志显然仅用于出口交通流。这些标志也可用于匝道的中间点，特别是当匝道曲率改变且匝道后部弯道与初始匝道弯道的建议速度不一致时。

支撑依据：

08　图2C-3为一出口匝道处建议速度标志设置示例。

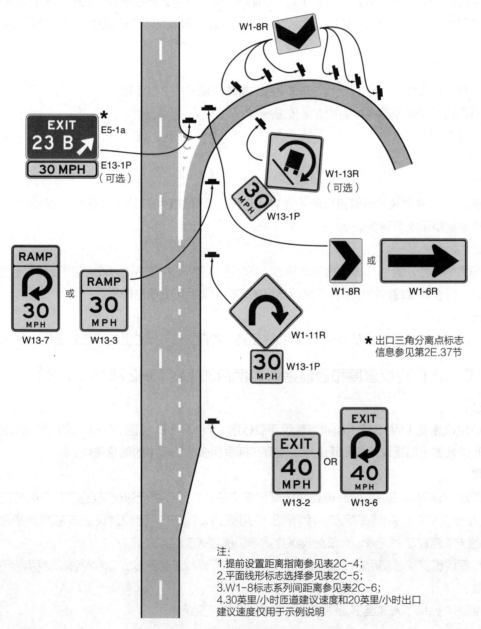

图2C-3　出口匝道处建议速度标志设置的示例

第2C.15节 平面线形出口建议速度组合标志和平面线形匝道建议速度组合标志（W13-6和W13-7）

可选条款：

01 平面线形标志（见第2C.07节）可与出口建议速度或匝道建议速度标志组合，以形成平面线形出口建议速度组合标志（W13-6）或平面线形匝道建议速度组合标志（W13-7）（见图2C-1）。这些组合标志可用于出口匝道曲率大小对减速车道上的道路使用者来说不明显的地点，或需要在出口匝道上而非主线上特别告知匝道曲率的地点。

第2C.16节 下坡标志（W7-1和W7-1a）

指导条款：

01 对部分道路使用者而言，下坡标志（W7-1）（见图2C-4）应该用于坡长、坡度、水平曲率和（或）其他物理特征需要特别提前注意的下坡之前。

02 下坡标志和补充坡度标牌（W7-3P）（见第2C.57节）组合使用，或W7-1a标志单独使用时，应该安装在以下条件的下坡之前：

A. 5%坡度下坡长大于3000英尺；

B. 6%坡度下坡长大于2000英尺；

C. 7%坡度下坡长大于1000英尺；

D. 8%坡度下坡长大于750英尺；

E. 9%坡度下坡长大于500英尺。

03 这些标志也应该安装于陡峭下坡，或事故经验和实地观测表明需要安装的地点。

04 辅助标牌（见第2C.57节）和其他大标志应该用于强调或存在特殊下坡特征的地点。在长下坡，应该考虑每隔1英里设置附有距离标牌（W7-3aP）或距离/坡度组合标牌（W7-3bP）的下坡标志。

必须条款：

05 若辅助标牌上显示坡度，此标牌必须置于下坡标志（W7-1）下。

可选条款：

06 "使用低挡"（W7-2P）或"卡车使用低挡"辅助标牌（W7-2bP）（见图2C-4）可用于指示可建议换低挡和刹车的情况。

第2C.17节 卡车避险匝道标志（W7-4系列）

指导条款：

01 应用卡车避险（或失控卡车）匝道预警标志时（见图2C-4），标志应该安装于避险匝道对应的坡道前约1英里、1/2英里处。三角分离点处也应设置标志。"仅限失控车辆"标志（R4-10）（见第2B.35节）应该安装在避险匝道入口附近，以阻止其他道路使用者进入避险匝道。应在避险匝道入口处设置禁止泊车标志（R8-3）。

必须条款：

02 当安装卡车避险匝道标志时，必须至少使用W7-4系列标志中的一个。

可选条款：

03 "砂地"（W7-4dP），"碎石"（W7-4eP）或"铺装"（W7-4fP）辅助标牌（见图2C-4）可用于描述避险匝道表面。州和地方公路交通部门可为特殊情况制定合适的文字信息。

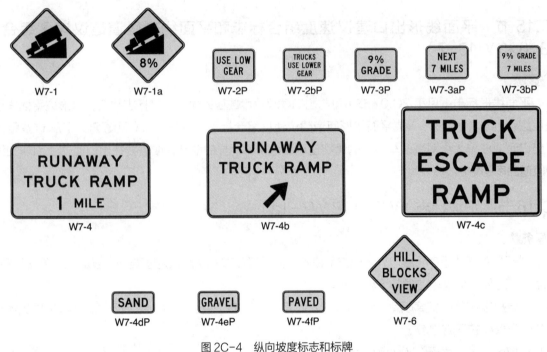

图 2C-4　纵向坡度标志和标牌

第 2C.18 节　下坡阻碍视距标志（W7-6）

可选条款：

01　"下坡阻碍视距"标志（W7-6）（见图 2C-4）可用于拱形坡道顶端之前，以告知道路使用者在到达或通过下坡时停车视距受限需减速。

指导条款：

02　若使用"下坡阻碍视距"标志，应该辅以建议速度标牌（W13-1P），根据坡顶的有效停车视距，为通过坡顶指示推荐速度。

第 2C.19 节　道路变窄标志（W5-1）

指导条款：

01　除第 2 条中的规定以外，"道路变窄"标志（W5-1）（见图 2C-5）应该用于双车道道路过渡段前，在此位置道路宽度突然减小至对向车流不减速则不能同时通过的宽度。

可选条款：

02　在限速小于等于 30 英里/小时且流量较低的地方街道上，可不设置"道路变窄"标志（W5-1）。

03　可通过使用实体标记和轮廓标（见第 2C.63 节到第 2C.65 节及第 3F 章）进行额外强调。建议速度标牌（W13-1P）（见第 2C.08 节）可用于指示推荐速度。

第 2C.20 节　窄桥标志

指导条款：

01　"窄桥"标志（W5-2）（见图 2C-5）应该用于任何双向行车道净宽为 16~18 英尺的桥或涵洞之前，或任何路面净宽小于所连接入口车道宽度的桥或涵洞前。

02　应该通过使用实体标记、轮廓标和（或）路面标线进行额外强调。

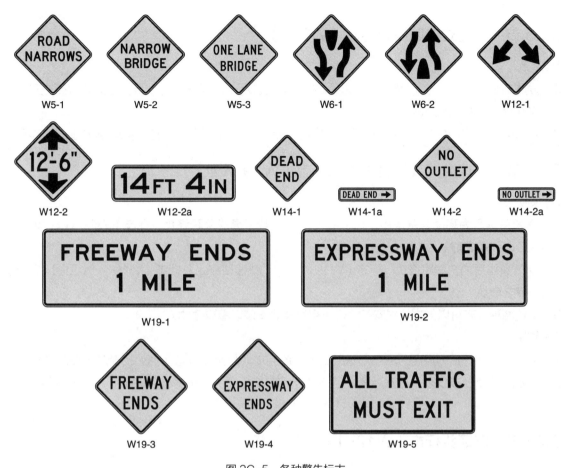

图 2C-5　各种警告标志

可选条款：

03　"窄桥"标志可用于所连接入口路肩变窄或无路肩的桥或涵洞前。

第 2C.21 节　单车道桥标志（W5-3）

指导条款：

01　"单车道桥"标志（W5-3）（见图 2C-5）应该用于任何以下桥或涵洞前的双向道路：

A. 路面净宽小于 16 英尺；

B. 交通流中大型运输车辆占较高比例，且路面净宽小于 18 英尺；

C. 入口处视距受限，且路面净宽不大于 18 英尺。

02　应该通过使用实体标记、轮廓标和（或）路面标线进行额外强调。

第 2C.22 节　分隔式公路标志（W6-1）

指导条款：

01　分隔式公路标志（W6-1）（见图 2C-5）应该用于某段公路入口处（非交叉口或交叉点），此路段内对向交通流被中央隔离带或其他物理隔离分离。

必须条款：

02　在中央交通岛末尾处，分隔式公路标志（W6-1）不能替代保持右行标志（R4-7 系列）。

第 2C.23 节　分隔式公路终止标志（W6-2）

指导条款：

01　分隔式公路终止标志（W6-2）（见图 2C-5）应该用于物理分隔式公路（非交叉口或交叉点）的末端之前，以警示前方有双向交通。

02　双向交通标志（W6-3）（见第 2C.44 节）应该用于警告及提醒前方道路将向双车道、双向区域过渡。

第 2C.24 节　高速公路或快速路终止标志（W19 系列）

可选条款：

01　"XX 英里后为高速公路终止"标志（W19-1）或"高速公路终止"标志（W19-3）（见图 2C-5）可用于高速公路终点之前。

02　"XX 英里后为快速路终止"标志（W19-2）或"快速路终止"标志（W19-4）（见图 2C-5）可用于快速路终点之前。

03　上述两种标志可以为立柱式安装，但可用悬挂式安装以着重强调。

指导条款：

04　若高速公路终止的原因为后续高速公路未建设完成，以至于所有车辆必须使用出口匝道离开高速公路，除高速公路终止标志以外，应在高速公路下游终点前使用"所有车辆必须驶出"标志（W19-5）（见图 2C-5）。

第 2C.25 节　双箭头标志（W12-1）

可选条款：

01　双箭头标志（W12-1）（见图 2C-5）可用于告知道路使用者交通流可在道路上的交通岛、障碍物或三角分离点两侧通过。被此标志分离的交通流可重新合并或改变方向。

指导条款：

02　若在交通岛使用双箭头标志，应该在入口末端处安装该标志。

03　若在桥墩或路障前使用双箭头标志，应该在障碍物表面或前方安装该标志。若障碍物有条状标记，应在障碍物边缘处留出 3 英寸宽的空白。

第 2C.26 节　死路 / 无出口标志（W14-1、W14-1a、W14-2 和 W14-2a）

可选条款：

01　"死路"标志（W14-1）（见图 2C-5）可用于以死路结束的道路或街道入口处。"无出口"标志（W14-2）（见图 2C-5）可用于无其他出口的道路或路网入口处。

02　"死路"（W14-1）或"无出口"标志（W14-2a）（见图 2C-5）可与街道名称标志（D3-1）（见第 2D.43 节）组合使用以向转弯交通流警告相交道路在箭头指示的方向终止。

03　在相交道路无名称的地点，可单独使用 W14-1a 或 W14-2a 标志。

必须条款：

04　"死路"（W14-1a）和"无出口"标志（W14-2a）必须为具有指向向左或向右箭头的水平矩形。

05　当使用 W14-1 或 W14-2 标志时，标志必须置于尽量接近进入点的位置，或在前方留出足够的距离，使道路使用者可在最近的交叉街道转弯而避免陷入死路或无出口情况。

06　在交通能继续直行且穿过交叉口进入死路街道或无出口区域的地点,"死路"(W14-1a)或"无出口"标志(W14-2a)不能被 W14-1 或 W14-2 标志替代。

第 2C.27 节　低净高标志（W12-2 和 W12-2a）

必须条款：

01　低净高标志（W12-2）(见图 2C-5)必须用于警告高于法定车辆最大限高 12 英寸以内的道路使用者。

指导条款：

02　实际的净高值应该显示在低净高标志上，净高值精度应保留到 1 英寸，不超过实际净高。然而，在温度变化导致路面结冰的地区，在此情况下应降低净高值，但不超过 3 英寸。

03　在净高小于法定最大车辆高度的地点，附有辅助距离标牌的 W12-2 标志应该设置在车辆能绕道或转弯的最近交叉道路或道路中较宽的地点。

04　若存在拱门或其他建筑物，此情况下净高变化较大，应该使用两个或两个以上标志以提供道路整个横断面的净高信息。

05　净高应该定期评估，特别是在重新铺路时。

可选条款：

06　低净高标志可安装在建筑物之上或之前。若标志安装在建筑物上，可为带有合适标志图文内容的矩形（W12-2a）。

第 2C.28 节　高突和低洼标志（W8-1 和 W8-2）

指导条款：

01　"高突"（W8-1）和"低洼"（W8-2）标志（见图 2C-6）应该用于警告道路剖面的急剧上升或沉降。

可选条款：

02　这些标志可辅以建议速度标牌（见第 2C.08 节）。

必须条款：

03　"低洼"标志不能用在可能暂时遮挡车辆的较短低洼路段。

指导条款：

04　当双车道或三车道道路上有中央分隔线时，可能暂时遮挡一辆车的较短低洼路段应该被视为禁止超车路段（见第 3B.02 节）。

第 2C.29 节　减速丘标志（W17-1）

指导条款：

01　"减速丘"标志（W17-1）（见图 2C-6）应该用于警告道路上存在使车辆产生纵向偏移的限速装置。

02　若使用"减速丘"标志，应该辅以建议速度标牌（见第 2C.08 节）。

可选条款：

03　若减速丘较为密集，除第一个"减速丘"标志外，其他建议速度标牌可去除。

04　在 W17-1 标志上，"减速带"图文信息可替换为"减速丘"图文信息。

支撑依据：

05　较减速带而言，减速丘一般为更平缓的竖直高突，且减速丘限制交通流速度更为苛刻。其他形式的

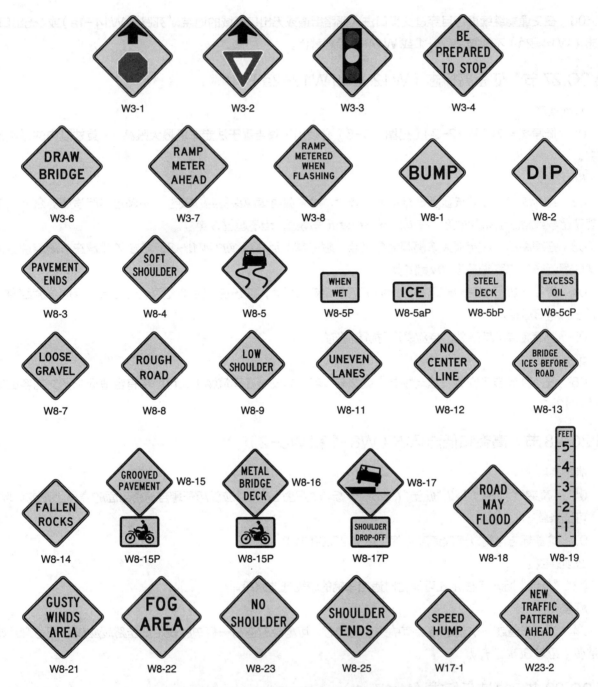

图 2C-6 道路、天气状况和交通控制预告标志和标牌

减速丘包括减速台和高突交叉口。然而，这些工程术语上的差异不为大众所知，所以在标志的设置方面这些术语可以互换。

第 2C.30 节 铺装路面终止标志（W8-3）

指导条款：

01 "铺装路面终止"文字信息标志（W8-3）（见图 2C-6）应该用于道路铺装路面改变为碎石处理路面或土路面处。

可选条款：

02　由于道路条件改变而需要减速时，可使用建议速度标牌（见第 2C.08 节）。

第 2C.31 节　路肩标志（W8-4、W8-9、W8-17、W8-23 和 W8-25）

可选条款：

01　"软路肩"标志（W8-4）（见图 2C-6）可用于警告软路肩情况。

02　"低路肩"标志（W8-9）（见图 2C-6）可用于警告行车道和路肩之间具有小于 3 英寸的高度差异的路肩情况。

指导条款：

03　*根据工程评判，一段明显连续路段上邻接行车道的无保护路肩沉降深度超过 3 英寸的地方，应使用路肩沉降标志（W8-17）（见图 2C-6）。*

可选条款：

04　"路肩沉降"辅助标牌（W8-17P）（见图 2C-6）可安装于 W8-17 标志下。

05　"无路肩"标志（W8-23）（见图 2C-6）可用于警告道路使用者此部分道路沿途不存在路肩。

06　"路肩终止"标志（W8-25）（见图 2C-6）可用于警告道路使用者路肩终止。

必须条款：

07　使用路肩标志时，必须在有路肩的路况（见表 2C-4）之前设置该标志。

指导条款：

08　*在上述路况持续存在的地方，应该沿着道路以合适间距设置附加路肩标志。*

第 2C.32 节　路面状况标志（W8-5、W8-7、W8-8、W8-11、W8-13 和 W8-14）

可选条款：

01　潮湿路滑标志（W8-5）（见图 2C-6）可用于警告意料之外的路滑情况。具有诸如"冰"、"湿"、"钢板"或"过量油"等图文信息的辅助标牌可与 W8-5 标志共同使用，指示路滑情况可能出现的原因。

02　"松散砾石"标志（W8-7）（见图 2C-6）可用于警告道路表面有疏松碎石。

03　"路面不平"标志（W8-8）（见图 2C-6）可用于警告存在粗糙的道路路面。

04　"高低不均车道"标志（W8-11）（见图 2C-6）可用于警告不同行车道之间存在高度差。

05　"桥梁较道路早结冰"标志（W8-13）（见图 2C-6）可用于驶入桥梁之前，告知桥梁使用者冬天天气下的路况。在与前方桥梁结冰标志内容无关的季节，标志可被移除或遮盖。

06　"注意落石"标志（W8-14）（见图 2C-6）可用于毗邻山坡、山脉或悬崖，石块频繁落在道路上的区域之前。

指导条款：

07　*使用路面状况标志时，应该将标志安装于受影响区域的起点（见表 2C-4）前，附加标志应以合适的间距在该情况存在的地方沿道路安装。*

第 2C.33 节　警告摩托车驾驶人的标志和标牌（W8-15、W8-15P 和 W8-16）

支撑依据：

01　本节描述的标志和标牌是用于提前告知摩托车驾驶人在潮湿或干燥情况下，路面状况可能会对其摩托车操控性能造成不利影响。第 2C.32 节中描述了一些路面状况预先警告标志的使用，如"潮湿路滑"、"松散砾石"、"路面不平",若这些情况存在,上述标志也对摩托车驾驶人有帮助。

可选条款:

02 若街道或公路的部分特征为具有凹槽或者纹理,如平曲线处开槽防滑处理或铺砖路面,"沟槽路面"标志(W8-15)(见图2C-6)可用于提前警告摩托车驾驶人、骑自行车者和其他道路使用者此种路况。其他的图文信息如"纹理路面"或"铺砖路面"也可用于W8-15标志。

03 若桥或桥的一部分包含金属或格栅路面,"金属路面"标志(W8-16)(见图2C-6)可用于提前警告摩托车驾驶人、骑自行车者和其他道路使用者存在此种路况。

04 若警告主要用于指示摩托车驾驶人,摩托车标牌(W8-15)(见图2C-6)可安装于W8-1或W8-16标志之下或之上。

第2C.34节 无中心线标志(W8-12)

可选条款:

01 "无中心线"标志(W8-12)(见图2C-6)可用于警告道路没有中心线。

第2C.35节 天气状况标志(W8-18、W8-19、W8-21和W8-22)

可选条款:

01 "过水路面"标志(W8-18)(见图2C-6)可用于警告道路使用者存在频繁过水的路段。水深监测标志(W8-19)(见图2C-6)也可安装于频繁过水的路段内。

必须条款:

02 若使用"过水路面"标志,必须辅助使用水深监测标志,并且必须在道路过水最深点指示水深。

可选条款:

03 "阵风区域"标志(W8-21)(见图2C-6)可用于警告道路使用者在公路段沿途阵风频繁出现,且其强度足以影响卡车、房车或其他重心较高车辆的稳定性。"前方XX英里"辅助标牌(W7-3a)可安装在W8-21标志下,告知道路使用者频繁出现强阵风的道路长度。

04 "雾区"标志(W8-22)(见图2C-6)可用于警告道路使用者在某一路段沿途雾天频繁出现,可视性降低的情况。"前方XX英里"辅助标牌(W7-3a)可用于安装在W8-22标志下,告知道路使用者频繁出现雾天的道路长度。

第2C.36节 交通控制预告标志(W3-1、W3-2、W3-3和W3-4)

必须条款:

01 交通控制预告符号标志(见图2C-6)包括前方停车让行(W3-1)、前方减速让行(W3-2)和前方信号灯(W3-3)标志。这些标志必须安装于面向主要交通控制设施,无足够距离使道路使用者对设施(见表2C-4)做出反应的进口道处。交通控制信号的可视标准必须在保证表4D-2中指定的距离内能连续看见至少有两个交通控制灯面的前提下制定。

支撑依据:

02 图2A-4表明了交通控制预告标志的典型设置。

03 导致可视性受限的永久性障碍物包括道路线形或建筑。周期性障碍的可能包括树叶或停止的车辆。

指导条款:

04 *在周期性障碍物出现的地点,应该根据工程评判确定处理设施的安装方式。*

可选条款：

05 交通控制预告标志可用作主要交通控制设施的额外强调，即使此设施的可视距离符合要求。

06 街道名称预告标牌（见第2C.58节）可安装于交通控制预告标志之上或之下。

07 警告信标可与交通控制预告标志一起使用。

08 "准备停车"标志（W3-4）（见图2C-6）可用于警示由于交通控制信号而停止的车辆，或在经常出现交通拥堵的路段前方停止的车辆。

必须条款：

09 当"准备停车"标志用于交通控制信号灯前时，必须作为前方信号灯标志的补充，须置于前方信号灯标志（W3-3）下游。

可选条款：

10 设置"准备停车"标志时可辅以警告信标（见第4L.03节）。

指导条款：

11 当警告信标与交通控制信号灯或排队检测系统相连，"准备停车"标志应该辅以"当闪烁时"标牌（W16-13P）（见图2C-12）。

支撑依据：

12 第2C.40节包含了关于"无合流缓冲区域"辅助标牌（W4-5P）与前方减速让行标志共同使用的信息。

第2C.37节 匝道控制信号预告标志（W3-7和W3-8）

可选条款：

01 "前方匝道控制信号"标志（W3-7）（见图2C-6）可用于警告道路使用者高速公路入口匝道受到控制，道路使用者将遇到匝道控制信号（见第4I章）。

指导条款：

02 当匝道控制信号仅在一天中特定的时段运行时，"闪烁时前方匝道控制开启"标志（W3-8）（见2C-6）应该安装在匝道控制信号之前，靠近匝道入口或在主线上匝道入口处，以警告道路使用者匝道控制的存在或运行。

必须条款：

03 "闪烁时前方匝道控制开启"标志必须辅以警告信标（见第4L.04节），当匝道控制信号运行时警告信标闪烁。

第2C.38节 前方限速降低标志（W3-5和W3-5a）

指导条款：

01 前方限速降低标志（W3-5或W3-5）（见图2C-7）应该用于告知道路使用者限速降低大于10英里/小时，或工程评判指出需要提前提示道路使用者遵守前方限速的减速区域。

必须条款：

02 若使用前方限速降低标志，必须在其

图2C-7 前方限速降低标志

后限速生效区域的起点处安装限速（R2-1）标志。

03　在前方限速降低标志上显示的限速必须与之后的限速标志上显示的限速一致。

第 2C.39 节　吊桥标志（W3-6）

必须条款：

01　"吊桥"标志（W3-6）（见图 2C-6）必须用于可移动式桥梁信号及闸门（见第 4J.02 节）之前以警告道路使用者，安装条件受限的城市环境除外。

第 2C.40 节　合流标志（W4-1 和 W4-5）

可选条款：

01　合流标志（W4-1）（见图 2C-8）可用于警告主要道路的使用者，前方将会遇到合流，即来自两条分离道路的车道汇合形成单一车道，并且未发生转向冲突。

02　合流标志也可安装在汇入道路旁边以警告道路使用者汇入道路的合流情况。

指导条款：

03　合流标志应该安装在交通合流点的主要道路旁，以免影响道路使用者观察汇入车流。

04　在两条基本同等重要的道路合流处，应在每条道路上都设置合流标志。

05　当合流标志安装在汇入主要道路的弯道汇入处时，如具有平面弯道线形的匝道汇入主要道路，应该使用汇入道路合流标志（W4-5）（见图 2C-8）以向在汇入道路上的使用者描述道路的实际几何情况。

06　若车辆不需合流的两条道路汇合时，不应该使用合流标志。

07　由于实际或可用路面宽度减少造成一条道路的多条行车道必须合并时，则该处不应该用合流标志替代车道终止标志（见第 2C.42 节）。

可选条款：

08　汇入道路合流标志（W4-5）下方若安装有"无合流区域"辅助标牌（W4-5P）（见图 2C-8），则该标志可用于警告汇入道路的使用者匝道下游终点处无加速车道，将遇到突然合流情况。

09　合流（W4-1）标志下方若安有"无合流区域"辅助标牌（W4-5P），则该标志可用于警告主要道路使用者汇入道路上的车辆因匝道下游终点处无加速车道将遇到突然合流情况。

10　在无加速车道道路上，对于减速让行控制的渠化右转通行，当工程评判指出道路使用者希望出现加速车道时，"无合流区域"辅助标牌（W4-5P）可安装于前方减速让行标志（W3-2）及（或）"减速让行"标志（R1-2）下。

第 2C.41 节　车道增加标志（W4-3 和 W4-6）

指导条款：

01　车道增加（W4-3）标志（见图 2C-8）应该安装在两条道路汇合并且不需要合流的地点之前。若可能，安装车道增加标志后两条道路上都应能看见该标志。若此安装方法不可实现，车道增加标志应该安装于每条道路的旁边。

02　当车道增加标志安装在合流前为弯道的道路上，而另一条道路在合流点处有直线道路时，应该使用汇入道路车道增加标志（W4-6）（见图 2C-8）向弯道道路使用者更好地描述实际道路几何特征。

图 2C-8 合流和通过标志及标牌

第 2C.42 节 车道终止标志（W4-2、W9-1 和 W9-2）

指导条款：

01 车道终止向左（右）汇入标志（W9-2）或车道终止标志（W4-2）应该用于警示多车道公路在车流方向上车道数量减少。

可选条款：

02 "右（左）侧车道终止"标志（W9-1）（见图 2C-8）可作为附加警告或强调车道即将消失，同时需要采取合流的车辆操作，标志设置于车道终止标志（W4-2）或"车道终止向左（右）汇入"标志（W9-2）之前。

指导条款：

03 若使用"右（左）侧车道终止"标志（W9-1），应该将标志安装于车道减少箭头路面标线毗邻处。

可选条款：

04 在中央隔离带宽度允许的单行道或分隔式公路上，两个车道终止标志可面向来车方向安装，一个位于右侧，另一个位于左侧或中央隔离带。

支撑依据：

05 第 3B.09 节包含关于与车道减少同时存在的路面标线的使用信息。

指导条款：

06 若为慢行车辆提供了额外车道（见第 2B.31 节），车道终止文字标志或车道终止符号标志（W4-2）应安装于额外车道下游终点之前。

07 车道终止标志不应该安装在加速车道下游终点之前。

必须条款：

08 在车道分叉（向）情况下，必须使用禁令标志（见第 2B.20 节）告知道路使用者直行道路变为强制转弯车道。W4-2、W9-1 和 W9-2 标志不能用于车道分叉（向）情况。

第 2C.43 节 前方仅限右（左）侧车道驶出标志（W9-7）

可选条款：

01 可用"前方仅限右（左）侧车道驶出"标志（W9-7）（见图 2C-8）预先警告道路使用者，即将到达立交道路右侧（左侧）车道的车流，需要在下一个立交出口匝道离开道路。

必须条款：

02 W9-7 标志必须为黄色底色，具有黑色图文内容及边框的水平矩形。

指导条款：

03 若使用 W9-7 标志，标志应该安装在第一个包含仅限出口标志面板的悬挂式指路标志上游，或第一个右（左）侧车道必须驶出禁令标志（R3-33）的上游，离出口上游较远的优先。

支撑依据：

04 第 2B.33 节包含了关于在立交也能用于车道分叉（向）的禁令标志信息。

第 2C.44 节 双向交通标志（W6-3）

指导条款：

01 应该用双向交通标志（W6-3）（见图 2C-8）警告道路使用者道路从多车道分离式路段过渡为双向双车道。

02 双向交通标志（W6-3）辅以"前方"标牌（W16-9P）（见图 2C-12）应该用于警告道路使用者道路从单行线过渡为双向双车道（见图 2B-14）。

可选条款：

03 双向交通标志可在双向双车道道路沿途间隔使用，用于辅助分隔式公路（道路）终止标志（W6-2）（见第 2C.32 节）。

第 2C.45 节 禁止超车路段标志（W14-3）

必须条款：

01 "禁止超车路段"标志（W14-3）（见图 2C-8）必须为对称轴水平指向右侧的等腰三角形。当使用"禁止超车路段"标志时，必须将标志安装在路面标线或禁止超车标志（其一或两者）标示出来的禁止超车路段起点的道路左侧（见第 2B.28 节和第 3B.02 节）。

第 2C.46 节 交叉口警告标志系列（W2-1 至 W2-8）

可选条款：

01 十字交叉符号（W2-1），小道交叉符号（W2-2 或 W2-3），T 形交叉符号（W2-4），或 Y 形交叉符号（W2-5）标志（见图 2C-9）可用于交叉口前用以指示存在交叉口，可能转弯或汇入车流。

02 环形交叉符号标志（W2-6）（见图 2C-9）可安装在环形交叉口之前（见图 2B-21~图 2B-23）。

指导条款：

03 若环岛入口规定限速或法定限速不小于 40 英里/小时，环形交叉口（W2-6）符号标志应该安装在环岛之前。

可选条款：

04 具有诸如"环岛"（W16-17P）或"城市环岛"（W16-12P）图文内容的宣教标牌（见图 2C-9）

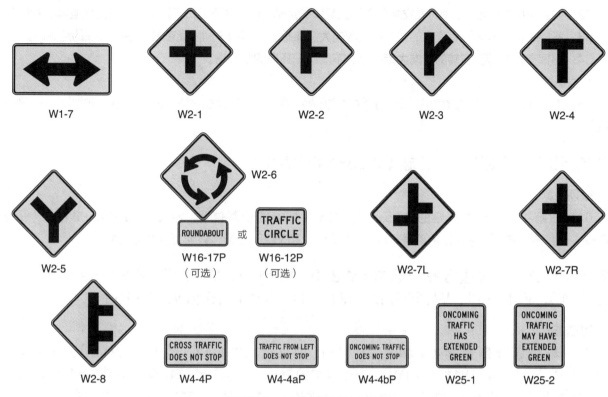

图 2C-9 交叉口警告标志和标牌

可安装在环岛符号标志下。

05 交叉口道路的相对重要性可由符号上线条的不同宽度标示。

06 街道名称预告标牌（见第 2C.58 节）可安装在交叉口警告标志之上或之下。

指导条款：

07 交叉口警告标志应该说明和描述交叉口道路的一般布局，如十字交叉、小道交叉、T 形交叉或 Y 形交叉。

08 与环形交叉口符号标志（W2-6）和 T 形交叉符号标志（W2-4）不同，交叉口警告标志不应该用于由停车让行标志、减速让行标志或信号灯控制的入口道。

09 若交叉口警告标志用于与其他小道交叉方向相同的支路，应该使用错位小道交叉符号标志（W2-7）（见图 2C-9）而非十字交叉路口符号。

10 若交叉口警告标志用于两个在公路同侧距离较近的小道交叉上，应该使用两条小道交叉符号标志（W2-8）（见图 2C-9）而非小道交叉符号标志。

11 在公路同一侧的 W2-7 或 W2-8 符号标志上不应该显示多于两条小道交叉符号，在 W2-7 或 W2-8 符号标志上不应该显示多于三条小道交叉符号。

支撑依据：

12 图 2A-4 显示了交叉口警告标志的典型设置。

第 2C.47 节 双向大箭头标志（W1-7）

必须条款：

01 双向大箭头标志（如图 2C-9 中 W1-7 所示）必须为水平的矩形标志。

02 如果使用该标志，必须将其安装在 T 形交叉口的远端，与 T 形交叉口干道的来车方向稍呈向右的角度。

03 不能在车流方向没有变化的地方设置双向大箭头标志，例如中间隔离带或者中央支柱的起始点。

04 指挥交通左转和右转的双向大箭头标志不能用于环岛的中心岛。

指导条款：

05 双向大箭头标志应该为道路使用者提供充分的视距，使其有充足的时间来对交叉口的几何特征做出反应。

第 2C.48 节　交通信号灯标志（W25-1 和 W25-2）

必须条款：

01 在第 4D.05 节中规定的 W25-1 或 W25-2 标志的设置位置，W25-1 或 W25-2 标志（见图 2C-9）必须安装在靠近最左边的信号灯灯头。W25-1 和 W25-2 标志必须为竖直的矩形。

第 2C.49 节　车辆通行警告标志（W8-6、W11-1、W11-5、W11-5a、W11-8、W11-10、W11-11、W11-12P、W11-14、W11-15 和 W11-15a）

可选条款：

01 车辆通行警告标志（W8-6、W11-1、W11-5、W11-5a、W11-8、W11-10、W11-11、W11-12P、W11-14、W11-15 和 W11-15a）（如图 2C-10 所示）用来警告道路使用者会有意外的车辆进入道路的位置，包括卡车、自行车、农用车、应急车辆、高尔夫球车、马车或者其他可能存在的车辆。"卡车穿行"的文字信息标志（W8-6）可以用来代替卡车穿行的符号标志（W11-10）。

支撑依据：

02 这些位置可能会相当地有限，或者可能随机发生在某一路段上。

指导条款：

03 车辆通行警告标志应该只用于道路使用者视距受限，或者道路条件、行为活动或车辆汇入属意料之外的地点。

图 2C-10　车辆通行警告标志和标牌

04 如果道路条件或行为活动是周期性的或临时的，当这种道路条件或行为活动不存在时，应撤掉或覆盖车辆通行警告标志。

可选条款：

05 自行车/行人组合警告标志（W11-15）应该在骑行者和行人均可能穿过的道路上使用，例如带有共用路线的交叉口。可将"小道穿行"标志辅助标牌（W11-15P）（见图 2C-10）安装在 W11-15 标志的下面。"小道穿行"标志（W11-15a）应该在行人、骑行者和其他使用者组群可能穿过的道路上，警示共用路线交叉口。

06 W11-1、W11-15 和 W11-15a 标志及与其相关的补充标牌应该有荧光黄绿色背景，黑色图文和边框。

07 带有如"前方"、"XX 英尺"、"前方 XX 英里"，或者"共用道路"等图文的辅助标牌（见第 2C.53 节），可以安装在机动车交通警告标志下面，以预先通知意外进入道路的道路使用者。

指导条款：

08 如果将 W11-15 或 W11-15a 标志用于行人和自行车交叉口之前，上述标志应该用"前方"或"XX 英尺"辅助标牌来告知道路使用者他们正在接近可能发生横穿行为的地点。

必须条款：

09 如果立柱式的 W11-1、W11-11、W11-15 或 W11-15a 标志被放置于高尔夫球车、行人、骑行者或其他共用路线使用者可能横穿道路的交叉口，斜向下的指示箭头标牌（W16-7P）（见图 2C-12）必须安装在标志的下面。如果 W11-1、W11-11、W11-15 或 W11-15a 标志安装在高处，则不能使用 W16-7P 辅助标牌。

可选条款：

10 由 W11-1、W11-11、W11-15 或 W11-15a 标志标记的交叉口位置，可以通过人行横道标线对其进行定义（见第 3B.18 节）。

必须条款：

11 伴有"前方紧急信号"标志辅助标牌（W11-12P）（见图 2C-10）的紧急车辆标志（W11-8）（见图 2C-10）必须置于所有的紧急车辆交通控制信号之前（见第 4G 章）。

可选条款：

12 当没有设置紧急车辆交通控制信号时，紧急车辆标志（W11-8）或者指示紧急车辆类型（例如救护队）标志的文字信息标志，可以用于紧急车辆停靠站之前。

13 警告信标（见第 4L.03 节）可以与任何车辆通行警告标志一起使用，以指示当条件或行为存在或可能存在的特殊时期，或用于加强标志的醒目性。

14 补充"当闪烁时"（W16-13P）标牌（见图 2C-12）可以与任何车辆的交通警告标志一起使用，辅助警告灯标用来指示当条件或行为存在或可能存在的特殊时期。

第 2C.50 节 非车辆警告标志（W11-2、W11-3、W11-4、W11-6、W11-7、W11-9 及 W11-16 至 W11-22）

可选条款：

01 可用非车辆警告标志（W11-2、W11-3、W11-4、W11-6、W11-7、W11-9 及 W11-16 至 W11-22）（见图 2C-11）警告道路使用者前方可能突发汇入道路的情况，或与行人、动物或骑马者共同使用道路。

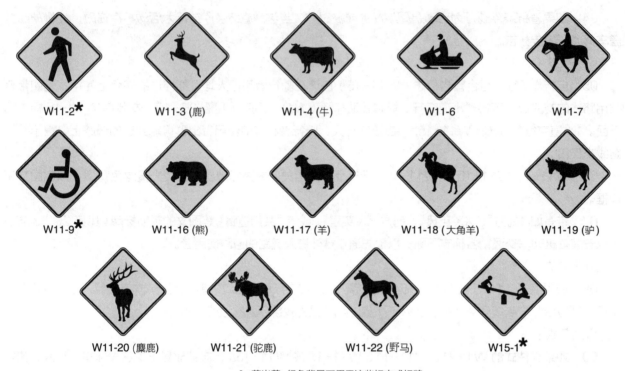

★ 荧光黄-绿色背景可用于这些标志或标牌。

图 2C-11　非车辆警告标志

支撑依据：

02　这些冲突可能会相当有限，或者可能随机发生在某一路段上。

指导条款：

03　如果用在行人、雪地摩托或骑马者交叉口之前，W11-2、W11-6、W11-7 和 W11-9 标志应该辅以带有"前方"或"XX 英尺"图文的标牌（见第 2C.55 节），以告知道路使用者他们正在接近横穿行为可能发生的地点。

必须条款：

04　在行人、雪地摩托或骑马者可能穿过道路的交叉点，如果采用立柱式安装 W11-2、W11-6、W11-7 或 W11-9 标志，必须在标志下方安装一个斜向下指示箭头（W16-7P）标牌（见图 2C-12）。如果悬挂式安装 W11-2、W11-6、W11-7 或 W11-9 标志，则不能使用 W16-7P 标牌。

可选条款：

05　可以在人行横道位置安装悬挂式或立柱式注意行人（W11-2）标志，同时安装斜向下的指示箭头（W16-7P）标牌。该人行横道位置前方应已经安装"此处减速让行"（"此处停车让行"）注意行人标志（见第 2B.11 节）。

必须条款：

06　如果人行横道位置已经安装立柱式 W11-2 标志，则在接近该位置处安装"此处减速让行"（"此处停车让行"）行人标志时，"此处减速让行"（"此处停车让行"）注意行人标志不得与 W11-2 标志位于同一个立柱上，也不能阻挡道路使用者视认 W11-2 标志。

可选条款：

07　在接近同一人行横道处，带有"前方"标牌或距离提示辅助标牌的注意行人穿行预告标志（W11-2）可与此处减速让行（此处停车让行）行人标志协同使用。

08 可以使用人行横道标线来定义由 W11-2、W11-6、W11-7 或 W11-9 标志所识别的交叉口位置（见第 3B.18 节）。

09 W11-2 和 W11-9 标志以及相关辅助标牌可以使用黄绿色荧光背景和黑色的标志图文内容及边框。

指导条款：

10 *使用黄绿色荧光背景时，应采取系统性方法，即同一区域或范围内应使用一种背景色。应避免在同一所选区域内混合使用标准黄色和黄绿色荧光背景。*

可选条款：

11 警告信标（见第 4L.03 节）可以与任何非车辆警告标志一起使用，用以指示条件或工作已存在或可能存在的特殊时期，或用以加强标志的醒目性。

12 "当闪烁时"辅助标牌（W16-13P）（见图 2C-12）可以和任何辅以警告信标的非车辆警告标志一起使用，用以指示条件或工作已存在或可能存在的特殊时期。

第 2C.51 节　游乐场标志（W15-1）

可选条款：

01 可以使用游乐场标志（W15-1）（见图 2C-11）对毗邻该道路的指定儿童游乐场地给出提前警告。

02 游乐场标志可以使用黄绿色荧光背景与黑色的标志图文内容和边框。

指导条款：

03 *如果进入游乐场地区域需通过道路交叉口，应考虑使用人行横道路面标线（见第 3B.18 节）和非车辆警告标志（见第 2C.50 节）。*

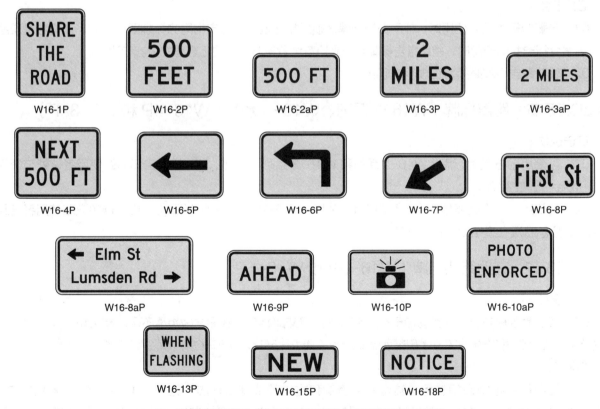

注：辅助标牌背景颜色（黄色或荧光黄绿色）应匹配警告标志的颜色。

图 2C-12　辅助警告标牌

第 2C.52 节　前方交叉口新交通状况标志（W23-2）

可选条款：

01　可以在接近交叉口或道路沿途中使用"前方交叉口新交通状况"标志（W23-2）(见图 2C-6)，以提前警告交通模式的转变，例如改变车道使用、道路几何线形或信号相位。

指导条款：

02　"前方交叉口新交通状况"标志应当在交通模式归于常态，即改变后的模式不再被认定为新模式，或改变已满 6 个月时撤掉。

第 2C.53 节　辅助警告标牌的使用

可选条款：

01　当工程评判表明道路使用者除了警告或禁令标志所包含的主要信息之外，还需要额外的警告信息时，可以将辅助警告标牌（见图 2C-12）与警告或禁令标志一起展示。

必须条款：

02　辅助警告标牌必须与警告或禁令标志结合使用。辅助警告标牌不能单独安装或展示。如果使用辅助警告标牌，必须将其和所辅助的警告或禁令标志安装在同一（几）个立柱上。

03　除本手册中另外规定的特殊标牌外，辅助警告标牌必须安装在所辅助的标志下面。

第 2C.54 节　辅助警告标牌的设计

必须条款：

01　与警告标志共同使用时，辅助警告标牌必须采用与该警告标志相同的标志图文内容、边框与背景颜色。与禁令标志共同使用时，辅助警告标牌必须采用黄色背景与黑色的标志图文内容和边框。

02　辅助警告标牌必须为正方形或矩形。

第 2C.55 节　距离标牌（W16-2 系列、W16-3 系列、W16-4P 和 W7-3aP）

可选条款：

01　可使用前方距离标牌（W16-2 系列和 W16-3 系列）（见图 2C-12）告知道路使用者该处与警告标志所示状况间的距离。

02　可使用下一个距离标牌（W7-3aP 和 W16-4P）（见图 2C-4 和图 2C-12）告知道路使用者道路警告标志所示状况在道路上存在的长度。

第 2C.56 节　辅助箭头标牌（W16-5P 和 W16-6P）

指导条款：

01　如果警告标志所示的状况位于交叉路口处，且交叉路口与状况之间距离不足以提供设立预告警告标志的位置，则可在警告标志下方使用辅助箭头标牌（W16-5P 或 W16-6P）（见图 2C-12）。

必须条款：

02　辅助箭头标牌必须使用与转弯预告箭头和方向箭头辅助标志（见第 2D.26 节和第 2D.28 节）相同的标志图文内容。在适当情况下，辅助箭头标牌必须使用黄绿色荧光背景与黑色的标志图文内容和边框。

第 2C.57 节 下坡相关标牌（W7-2 系列和 W7-3 系列）

指导条款：

01 应使用下坡相关标牌（W7-2 系列和 W7-3 系列）（见图 2C-4）或其他适当的标志图文内容和更大的标志，以强调下坡地形或具有下坡特征的特殊地形。

02 在长大下坡，应考虑在大约每 1 英里的间隔处使用距离标牌（W7-3aP 或 W7-3bP）。

第 2C.58 节 街道名称预告标牌（W16-8P 和 W18-8aP）

可选条款：

01 可将街道名称预告标牌（W16-8P 或 W16-8aP）（见图 2C-12）与任何交叉口标志（W2 系列、W10-2、W10-3 或 W10-4）或预告交通控制（W3 系列）标志共同使用，以定义交叉街道的名称。

必须条款：

02 街道名称预告标牌上的字母组合必须包括小写字母和大写的首字母。

03 如果街道名称预告标牌上有两个街道名称，则每个街道名称旁必须有方向箭头指向该街道方向。指向左侧的箭头必须置于街道名称的左边，指向右侧的箭头必须置于街道名称的右边。

指导条款：

04 如果街名预告标牌上有两个街道名称，街道名称和相关箭头应以如下顺序展示：

A. 对单个交叉口，左边街道的名称应展示在右边街道的名称上方；

B. 对两个连续的交叉口，例如当标牌与带有错位小道交叉（W2-7）或两条小道交叉的符号标志（W2-8）一起使用时，遇到的第一条街道的名称应列在遇到的第二条街道名称的上方，与遇到的第二条街道有关的箭头应是预告箭头，例如 W16-6P 箭头标牌（见图 2C-12）中所示的箭头。

第 2C.59 节 相交车流无停车让行标牌（W4-4P）

可选条款：

01 当工程评判表明存在导致或可能导致驾驶员将交叉口误判为全方向停车的情况时，"相交车流无停车让行"标牌（W4-4P）（见图 2C-9）可与"停车让行"标志共同使用。

02 当其他信息（见图 2C-9），例如"左（右）侧来车无停车让行"（W4-4aP）或者"来车无停车让行"（W4-4bP），能更准确地描述该交叉口的交通管制情况时，可以使用此类信息。

指导条款：

03 当一个交叉口处的停车标志控制除了一个方向之外的其他全部方向时，应在此交叉口使用"左（右）侧来车无停车让行"或"来车无停车让行"等含有恰当信息的标牌，而当不受"停车让行"标志控制的入口为单行道时，则无需安装上述标牌。

必须条款：

04 如果使用 W4-4P 标牌或含有其他信息的标牌，必须将其安装在停车标志的下方。

第 2C.60 节 共用道路标牌（W16-1P）

可选条款：

01 当需要警告驾驶员注意沿公路行驶的其他较慢交通方式，例如自行车、高尔夫球车、马车或农用车时，可使用"共用道路"标牌（W16-1P）（见图 2C-12）。

必须条款：

02 W16-1P 标牌不能单独使用。如果使用 W16-1P 标牌，必须安装在机动车交通警告标志（见第 2C.49 节）的下方，或安装在没有车辆警告标志（见第 2C.50 节）的下方。W16-1P 标牌的背景颜色必须和与其共同展示的警告标志的背景颜色相匹配。

第 2C.61 节 拍照执法标牌（W16-10P）

可选条款：

01 拍照执法标牌（W16-10P）或"拍照执法"文字信息标牌（W16-10aP）（见图 2C-12）可安装在警告标志下方，用于提醒道路使用者，此处由照相装置进行执法（如抓拍闯红灯或收费站逃费行为）。

必须条款：

02 在警告标志的下面使用时，拍照执法标牌（W16-10P 或 W16-10aP）必须为矩形，使用黑色的标志图文和边框及黄色的背景。

第 2C.62 节 "新"标牌（W16-15P）

可选条款：

01 当新规定生效时，为了提醒道路使用者遵守新的交通法规，可在禁令标志的上方安装"新"标牌（W16-15P）（见图 2C-12）。"新"标牌也可安装在预警标志（例如为新安装的交通控制信号灯安装前方信号灯标志）上面，用以提示新的交通法规。

必须条款：

02 "新"标牌不能单独使用。

03 "新"标牌必须在法规生效后 6 个月之内被拆掉。

第 2C.63 节 实体标记设计和设置高度

支撑依据：

01 1、2、3 型实体标记用于标示在道路内部或毗邻于道路的障碍物。4 型实体标记用于标示道路终点。

必须条款：

02 使用时，实体标记（见图 2C-13）不能有边框，必须包含以下一种或几种类型的布置：

1 型——菱形标志，边长至少 18 英寸，由黄色（OM1-1）或黑色（OM1-2）标志和 9 个黄色逆反光圆形图标组成，每个反光圆形图标的最小直径为 3 英寸，对称地安装在标志上，或者使用全黄色的逆反光标志（OM1-3）。

2 型——一种反光标（OM2-1V 或 OM2-1H）由 3 个黄色逆反光圆形图标组成，每个圆形图标最小直径为 3 英寸，横向或纵向排列在一块尺寸至少为 6 英寸 ×12 英寸的白色标志上；或者为一种全黄色的水平或垂直逆反光标志（OM2-2V 或 OM2-2H），尺寸至少为 6 英寸 ×12 英寸。

3 型——条纹标，12 英寸 ×36 英寸，包含一个垂直矩形，矩形上为交替的黑色和逆反光的黄色条纹，条纹 45° 倾斜向下，指向交通要经过的障碍物一侧。黄色和黑色条纹的最小宽度必须为 3 英寸。

4 型——菱形标志，边长至少 18 英寸，由红色标志（OM4-1）或黑色（OM4-2）标志组成，标志上有 9 个红色逆反光圆形图标，每个圆形图标最小直径为 3 英寸，对称地安装在标志上；或者为全红色的逆反光标志（OM4-3）。

支撑依据：

03 如果黑色条纹比黄色条纹宽，可以获得更好的外观。

04 3型实体标记上有条纹，条纹从右上角开始向下倾斜至左下角，此类型反光标被称为右侧实体标记（OM3-R）。条纹从左上角开始向下倾斜至右下角的实体标记被称为左侧实体标记（OM3-L）。

指导条款：

05 当实体标记所标记的障碍物在道路内，或距离路肩或路缘不及 *8 英尺*时，最小安装高度即从实体标记底部测量至行车道近边缘的高度应是 *4 英尺*。

06 当所标记的障碍物与路肩或路缘距离超过 *8 英尺*时，从地面到实体标记底部的净空应至少为 *4 英尺*。

07 实体标记不应构成垂直或水平净空阻碍，影响行人。

可选条款：

08 使用实体标记或标线时，若障碍物的性质需要更低或更高的安装高度，则垂直安装高度可根据需要改变。

支撑依据：

09 第 9B.26 节包括关于在共用路线上使用实体标记的信息。

第 2C.64 节　用于道路内障碍物的实体标记

必须条款：

01 道路内障碍物必须使用 1 型或 3 型实体标记。除在障碍物表面上安装标记之外，也必须在靠近障碍物的途中安装适当的路面标线（见第 3B.10 节）给予警示。

可选条款：

02 为额外强调，可在中央交通岛上或快到达中央交通岛处安装 1 型或 3 型实体标记。

03 为额外强调，例如桥支柱等大表面可用油漆画出对角条纹，宽度不小于 12 英寸，在设计上与 3 型实体标记相似。

必须条款：

04 交替的黑色和黄色逆反光条纹（OM3-L，OM3-R）必须沿 45°角倾斜向下，指向车辆通过障碍物的一侧。如果车辆从障碍物的两边均可通过，交替的黑色和黄色逆反光条纹（OM3-C）必须类似肩章一样指向上方。

可选条款：

05 可使用适当的标志（见第 2B.32 节和第 2C.25 节）代替实体标记，引导车辆从障碍物的一侧或两侧通过。

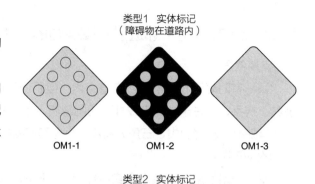

类型1　实体标记（障碍物在道路内）

OM1-1　　OM1-2　　OM1-3

类型2　实体标记（障碍物邻近道路）

OM2-1V　　OM2-2V　　OM2-1H　　OM2-2H

类型3　实体标记（障碍物邻近道路或在道路内）

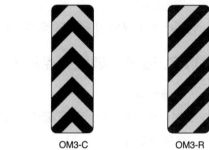

OM3-L　　OM3-C　　OM3-R

类型4　实体标记（在道路末端）

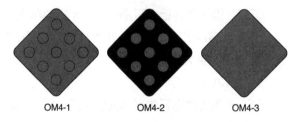

OM4-1　　OM4-2　　OM4-3

图 2C-13　实体标记

第 2C.65 节　用于邻近道路障碍物的实体标记

支撑依据：

01　有时障碍物虽然并不在道路内,但距道路边界很近,因此需要标记。这些障碍物包括高架桥支柱、桥台、扶手、护栏末端、电线杆和涵洞端墙。另一些情况可能不涉及实物,但是由于存在其他路面情况,例如路肩狭窄、路肩消失、三角分离点、小岛和道路线形突变,可能导致驶离道路者发生意外,因此需要标记。

必须条款：

02　如果使用 2 型或 3 型实体标记来标记毗邻道路的障碍物,在安装时必须使距离道路使用者最近的实体标记边缘与障碍物最近一侧的边对齐。

03　当在接近护栏末端和其他路侧装置处使用 3 型实体标记时,必须在护栏末端直接附加无底层的反光膜,其形状为矩形,尺寸与接近护栏末端处一致,在上面使用交替的黑色和逆反光黄色条纹,条纹沿 45°角向下倾斜,指向交通通过障碍物的一侧。

04　1 型和 4 型实体标记不能用来标记毗邻道路的障碍物。

指导条款：

05　*此章中标准警告标志也应在适用的情况下使用。*

第 2C.66 节　道路终点的实体标记

支撑依据：

01　4 型实体标记用于警告道路使用者道路终点而非施工或维修区域。

必须条款：

02　如果实体标记用于标记道路终点处,必须使用 4 型实体标记。

可选条款：

03　4 型实体标记也可用于标记无机动车通行的情形。

04　当满足应用条件时,在道路终止处可以使用一个以上反光标,或使用带有或不带有 3 型路障（见第 2B.67 节）的更大型反光标。

必须条款：

05　4 型实体标记的最小安装高度,即从其底部到行车道最近边缘的垂直测量高度,必须为 4 英尺。

指导条款：

06　*应酌情使用本章中的预警标志。*

第 2D 章　指路标志——常规道路

第 2D.01 节　常规道路指路标志的范围标准

必须条款：

01　本章规定仅适用于常规道路和街道，低流量道路（定义见第 5A.01 节）、快速路和高速公路除外。

第 2D.02 节　应用

支撑依据：

01　指路标志发挥着重要作用，为道路使用者提供指路服务，告知相交道路，引导他们驶向城市、城镇、村庄或其他重要目的地，指示附近的河流、公园、森林和名胜古迹，并在通常情况下向道路使用者提供此类信息，帮助他们以最简单直接的方式按路线行驶。

02　第 2A 章主要涉及标志的安装、位置及其他通用标准。

第 2D.03 节　颜色、逆反射和照明

支撑依据：

01　照明、逆反射和颜色要求在对应单个指路标志或标志群的具体标题下有相应规定。在第 2A.07 节、第 2A.08 节和第 2A.10 节给出总则。

必须条款：

02　除非本手册中对单个标志或标志群另有规定，街道和公路上的指路标志必须使用绿色背景和白色的标志图文和边框。所有信息、边框和标志图文必须为逆反射的，所有背景必须逆反射或采取照明。

支撑依据：

03　有时用颜色编码来帮助道路使用者区别多个可能引起混淆的目的地。有效使用颜色编码的示例包括：当某个机场有服务于若干航线的多个航站楼时，在接近或位于该机场的道路上使用指路标志；当某个社区和地区内存在多个交通吸引源时，可使用社区寻路指路标志。

必须条款：

04　除非本手册另有规定，不同颜色的标志背景不能用于提供目的地的颜色编码。颜色编码必须通过在指路标志的表面上使用不同的彩色正方形或矩形标志面板来完成。

可选条款：

05　不同的彩色标志面板可以包括黑色或白色（选择两者中能更好地与面板颜色形成对比的颜色）字母、数字或其他适当的方案设计来指示机场航站楼或其他目的地。

支撑依据：

06　颜色编码标志组合的两个示例如图 2D-1 中展示。第 2D.50 节中包括关于社区寻路指路标志的细则。

第 2D.04 节　标志尺寸

必须条款：

01　除了第 2A.11 节中规定的以外，遵循标准设计的常规道路指路标志尺寸必须如表 2D-1 所示。

支撑依据：

02　第 2A.11 节中包括有关表 2D-1 中各栏适用性的信息。

可选条款：

03　可以使用比表 2D-1 中所示标志更大的标志（见第 2A.11 节）。

支撑依据：

04　对于其他指路标志，由于标志图文多种多样，所以不适合采取标准化的设计。标志尺寸主要取决于信息长度、文字尺寸和符合视认性的必要间隔。

可选条款：

05　如果标志尺寸受车道宽度、竖直或横向净空等因素限制，可减少指路标志的字体高度、行间距和边距。

指导条款：

06　不应通过减小标志图文行内字符或单词间距，来减小指路标志总体尺寸，除非工程评判表明需要满足一些特殊的横向间距限制。此类情况下，应主要考虑标志图文的视认距离，以确定是否要减少字母或单词间距，或字母与标志边框间距，或是否要减少字体高度。

07　当需要减少规定的尺寸时，使用的设计尺寸应尽量与标准尺寸一致。

第 2D.05 节　字母格式

必须条款：

01　大写字母、小写字母、数字、路线盾形标和间距的设计必须遵循《公路标志和标线标准》（见第 1A.11 节）一书中的相关规定。

A-快速路或高速公路——航站楼

B-常规道路或街道——城市地区

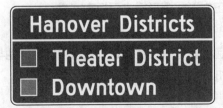

图 2D-1　颜色编码的目的地指路标志的示例

常规道路指路标志尺寸 表2D-1

标志	标志名称	章节	常规道路	最小值	超大尺寸
州际公路标志（1或2个数字）	M1-1	2D.11	24×24	24×24	36×36
州际公路标志（3个数字）	M1-1	2D.11	30×24	30×24	45×36
州际公路穿城支路（1或2个数字）	M1-2, 3	2D.11	24×24	24×24	36×36
州际公路穿城支路（3个数字）	M1-2, 3	2D.11	30×24	30×24	45×36
国道标志（1或2个数字）	M1-4	2D.11	24×24	24×24	36×36
国道标志（3个数字）	M1-4	2D.11	30×24	30×24	45×36
州道标志（1或2个数字）	M1-5	2D.11	24×24	24×24	36×36
州道标志（3个数字）	M1-5	2D.11	30×24	30×24	45×36
县道标志（1或2个数字）	M1-6	2D.11	24×24	24×24	36×36
森林路线标志（1或2或3个数字）	M1-7	2D.11	24×24	24×24	36×36
交叉口	M2-1	2D.13	21×15	21×15	30×21
组合交叉口（2路线标志）	M2-2	2D.14	60×48*	—	—
基本方向	M3-1, 2, 3, 4	2D.15	24×12	24×12	36×18
可选择的路线	M4-1, 1a	2D.17	24×12	24×12	36×18
绕城支路	M4-2	2D.18	24×12	24×12	36×18
穿城支路	M4-3	2D.19	24×12	24×12	36×18
卡车路线	M4-4	2D.20	24×12	24×12	36×18
前往	M4-5	2D.21	24×12	24×12	36×18
结束	M4-6	2D.22	24×12	24×12	36×18
暂时	M4-7, 7a	2D.24	24×12	24×12	36×18
开始	M4-14	2D.23	24×12	24×12	36×18
转向预告箭头	M5-1, 2, 3	2D.26	21×15	21×15	—
车道划分	M5-4, 5, 6	2D.27	24×18	24×18	36×24
方向箭头	M6-1, 2, 2a, 3, 4, 5, 6, 7	2D.28	21×15	21×15	30×21
目的地（1行）	D1-1	2D.37	不同的×18	不同的×18	—
目的地和距离（1行）	D1-1a	2D.37	不同的×18	不同的×18	—
环形交叉口目的地（1行）	D1-1d	2D.38	不同的×18	不同的×18	—
驶离环形交叉口指路标	D1-1e	2D.38	不同的×42*	—	—
目的地（2行）	D1-2	2D.37	不同的×30	不同的×30	—
目的地和距离（2行）	D1-2a	2D.37	不同的×30	不同的×30	—
环形交叉口目的地（2行）	D1-2d	2D.38	不同的×30	不同的×30	—
目的地（3行）	D1-3	2D.37	不同的×42	不同的×42	—
目的地和距离（3行）	D1-3a	2D.37	不同的×42	不同的×42	—
环形交叉口目的地（3行）	D1-3d	2D.38	不同的×42	不同的×42	—
距离（1行）	D2-1	2D.41	不同的×18	不同的×18	—
距离（2行）	D2-2	2D.41	不同的×30	不同的×30	—
距离（3行）	D2-3	2D.41	不同的×42	不同的×42	—
街道名称（1行）	D3-1, 1a	2D.43	不同的×12	不同的×8	不同的×18
街道名称预告（2行）	D3-2	2D.44	不同的×30*	—	—

续表

标志	标志名称	章节	常规道路	最小值	超大尺寸
街道名称预告（3行）	D3-2	2D.44	不同的 ×42*	—	—
街道名称预告（4行）	D3-2	2D.44	不同的 ×54*	—	—
泊车区域	D4-1	2D.47	30×24	18×15	—
停车换乘	D4-2	2D.48	30×36	24×30	36×48
国家风景道路	D6-4	2D.55	24×24	24×24	—
国家风景道路	D6-4a	2D.55	24×12	24×12	—
距离称重站 XX 英里	D8-1	2D.49	78×60	60×48	96×72
下一右侧出口为称重站	D8-2	2D.49	84×72	66×54	108×90
载重执法站（箭头）	D8-3	2D.49	66×60	48×42	84×78
横穿	D13-1, 2	2D.54	60×30	60×30	78×42
高速公路入口	D13-3	2D.46	48×30	48×30	—
高速公路入口（箭头）	D13-3a	2D.46	48×42	48×42	—
车道使用/目的地组合	D15-1	2D.33	不同的 ×96	不同的 ×96	—
距离下一卡车爬坡车道 XX 英里	D17-1	2D.51	42×48	42×48	60×66
卡车爬坡车道 XX 英里	D17-2	2D.51	42×42	42×42	60×54
距离下一慢车让行区 XX 英里	D17-7	2D.52	72×42	72×42	96×54

* 典型标志的尺寸，这个尺寸应根据文字数量而定。

注：1. 在适当的情况下也可能应用更大的标志。

2. 尺寸的写法为：宽 × 高（英寸 × 英寸）。

02 常规道路指路标志上的地名、街道名和公路名必须综合使用小写字母和大写的首字母（见第 2A.13 节）。小写字母公称环形高度必须是大写的首字母高度的 3/4。当对大小写字母混合的标志图文规定字母高度时，仅提及大写的首字母，则小写字母的高度必须由该比例决定。当仅提及小写字母时，则以公称环形高度作为参考，大写首字母的高度也必须由该比例决定。

03 常规道路指路标志上的所有其他文字标志图文必须使用大写字母。

04 每个标准字母表系列中的特定字体不能被加宽、紧缩、扭曲或其他处理。修改字母高度已给定的文字的长度时，必须仅按照第 2D.04 节中描述的方法完成。

第 2D.06 节 字母尺寸

支撑依据：

01 标志视认性取决于字母尺寸和间距。视认距离必须为道路使用者认读和理解标志提供充足的时间。在最佳情况下，指路标志信息能够在简短的扫视下认读和理解。视认距离需考虑到造成拖延或放慢阅读的因素，例如注意力不集中、其他车辆的遮挡、不利天气和视力低下。条件允许时，使用连续标志对指路信息加以重复，从而使道路使用者有一次以上的机会来获得所需信息。

必须条款：

02 常规道路指路标志的设计布局，包括行间距、边距和其他规格细节，必须参照《公路标志和标线标准》书中的相应内容（见第 1A.11 节）。

03 指路标志上的主要标志图文必须以字母和数字体现，可以全部采用高度不小于 6 英寸的大写字母，或者混合使用高度为 6 英寸的大写字母和高度为 4.5 英寸的小写字母。在限速 25 英里/小时或以下的低流量道路（定义见第 5A.01 节）和街道上，主要标志图文必须全部采用高度不小于 4 英寸的大写字母，或混合使用高度为 4 英寸的大写字母和高度为 3 英寸的小写字母。

指导条款：

04 *同一类型公路指路标志上的字母尺寸应保持一致。*

05 *若情况需要，字母尺寸应超过本手册中规定的最小尺寸，以提高视认性。*

第 2D.07 节 标志图文的数量

支撑依据：

01 不考虑字母尺寸大小的情况下，指路标志中图文越长，则道路使用者理解所需的时间越长。

指导条款：

02 *指路标志中所示的目的地应限制在三行以内，包括地名、路线编号、街道名称和基本方向除非本手册中另有规定。当悬挂式展板上包括两个或两个以上标志时，标志图文的数量应进一步减至最少。在适当的情况下，除了目的地之外，指路标志还应提供距离信息或行动信息，例如出口编号、"前方右转"或方向箭头。*

第 2D.08 节 箭头

支撑依据：

01 箭头的用途是分配车道和指示指定路线或目的地。图 2D-2 展示了批准可用于指路标志上的各类箭头的设计标准。与不同字体高度范围相对应的箭头明细图和标准尺寸如《公路标志和标线标准》一书中的相关内容（见第 1A.11 节）所示。

必须条款：

02 需要指示接下来的车道时，必须在悬挂式标志的恰当位置使用一个向下箭头，该向下箭头必须大致位于车道中央的正上方，并大致竖直指向该车道的中央。悬挂式标志上的向下箭头仅有一种用途，即限制特定车道只能用于通过前往箭头所指示方向或路线的交通。如果箭头不能大致位于或指向每条可通往标志所示目的地的车道中央，则不得使用向下箭头。

03 如果使用向下箭头，则在单个悬挂式标志（或位于同一悬挂式结构中的多个标志）上指向同一车道的向下箭头不能多于一个。

04 在道路离开直行车道处，方向箭头必须指向上方，角度与出口道路的方向大体一致。

可选条款：

05 在环形交叉口入口处，可使用杆弯曲箭头（见图 2D-8），表示需要左转通向驾驶员目的地预定路线。

必须条款：

06 不能在与环形交叉口无关的标志上使用杆弯曲箭头。

指导条款：

07 *使用杆弯曲箭头时，应遵守第 2D.26 节至第 2D.29 节中的相关原则。*

08 *除了本节和第 2E.19 节中另有规定的情况以外，应在高速公路、快速路和常规道路的指路标志上使用 A 型方向箭头，指示一个特定目的地或一组目的地的方向。*

09 *当方向箭头的位置为垂直向上指向一组目的地的方向，以指示直行时，应使用 A 型方向箭头。当方向箭头的位置为垂直向上指向一个单个目的地或隶属于一个或一组目的地的方向时，应使用 B 型方向箭头。*

10 *当在常规道路指路标志上使用箭头，且箭头指向单个目的地或箭头水平指向一组目的地时，应使用 B 型方向箭头。*

11　当在交叉口之前的常规道路指路标志上使用箭头，且到达标志所示的某个或某组目的地前必须转弯，应使用 C 型转向预告箭头。

12　除了第 16 条中另有说明之外，D 型方向箭头应用于除指路标志之外的其他主要标志。

可选条款：

13　当指路标志上除了标志图文之外，还需要额外强调与标志图文数量有关的方向时，应使用 A 型（加长）方向箭头。

14　C 型方向箭头可用在悬挂式指路标志的图文一侧，以强调前方有从道路主线偏离的急转弯出口（见第 2E.36 节中关于建议匝道上低速行驶的出口方向标志的补充信息）。

15　在交叉口入口处的常规道路上，如果未使用悬挂式车道 – 目的地组合指路标志（见第 2D.33 节），则可以在悬挂式指路标志的图文下方使用 C 型转向预告箭头，以指示必须从标志所处位置下方的车道强制转弯，以到达标志所展示的一个或多个目的地。

16　在运行速度较低的常规道路上使用立柱式指路标志时，如果标志上的文本高度不大于 8 英寸，可以在立柱式指路标志上使用 D 型方向箭头。

17　图 2D-2 中所示的方向箭头和向下箭头可用于除了指路标志之外的其他标志上，以指示方向和分配车道。

指导条款：

18　当在指路标志上使用箭头以指示前往指定路线或目的地的方向时，箭头应指向合适的角度，以清晰传达方向。直角交叉口应使用水平方向箭头设计。

19　立柱式指路标志上指示直行动作的方向箭头应指向上方。除第 2D.46 节中所规定的之外，指路标志上的箭头在指示转弯时，应水平或向上近似指向转弯的角度。

20　在出口处，若出口在左 / 右侧，标志上的箭头应放置在左 / 右侧，以强调出口方向。

可选条款：

21　箭头可设置在主要标志图文下面或标志图文适当的一侧。

22　安装在出口处的立柱式标志上，如果将箭头布置在标志图文远离道路的一侧会使得标志过宽，限制道路使用者对箭头的可视性，则可将方向箭头设置在标志的底部，标志图文下方居中的位置。

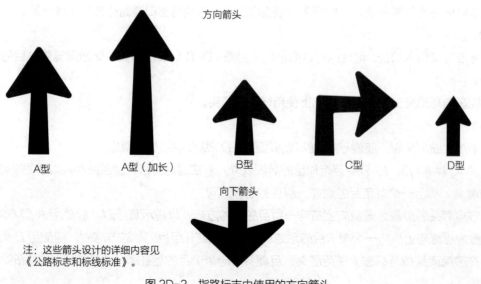

图 2D-2　指路标志中使用的方向箭头

指导条款：

23 A 型、B 型和 C 型方向箭头的宽度应为标志上主要标志图文中大写字母高度的 1.5~1.75 倍之间。D 型方向箭头的宽度应至少等于标志上主要标志图文中大写字母高度。对于悬挂式标志上使用的向下箭头，箭头的宽度应大约为标志上主要标志图文中大写字母高度的 2 倍。

24 如果在常规道路的悬挂式车道指示标志和图形指路标志上使用箭头，除非标志在环岛入口处，使用箭头时应遵从第 2E.19 节中的相关原则。如果在接近环岛处的图形指路标志上使用箭头，则使用箭头时应遵从第 2D.38 节中的相关原则。

支撑依据：

25 《公路标志和标线标准》一书（见第 1A.11 节）中包括依据主要标志图文的字母高度范围对于各类箭头设计细节和标准尺寸的要求。

第 2D.09 节　带编号的公路系统

支撑依据：

01 为公路系统编号和安装标志的目的是识别路线和方便出行。

02 由于各州的公路系统归各州所有，因此州际公路和国道系统由美国国家公路和交通运输协会（AASHTO）根据州际公路组织的建议进行编号。州和县的公路系统由当地管理部门进行编号。

03 州际公路和国道系统编号的基本政策见 AASHTO 出版的《目的和政策》（AASHTO 的地址见第 i 页）：
A. "美国编号公路的建立与发展"。
B. "组成国家州际和国防公路系统的路线标线系统的建立"。

指导条款：

04 在建立第 2 条中所描述的公路系统以及其他系统时，相邻辖区之间应有效配合，遵守这些政策的原则。应小心避免在同一地理区域内使用州际路线、国道或州路线中已使用的编号或其他名称。编码相互重合的路线数量应保持在最小限度。

必须条款：

05 路线系统的优先权顺序如下：州际公路、国道、州道和县道。必须通过在标志顶部或左侧安装最重要的标志图文，以体现优先权。

支撑依据：

06 第 2D.53 节中包括未编号公路标志的安装以进一步指示路线并提供方便出行的信息。

第 2D.10 节　路线标志和辅助标志

必须条款：

01 所有编号公路路线必须由路线标志和辅助标志加以区别。
02 每个编号公路系统标志所采用的独特外形和颜色必须仅用于该公路系统及前往该公路系统的途中。

可选条款：

03 当需要更高视认性时，可成比例地扩大路线标志和辅助标志。

支撑依据：

04 路线标志和辅助标志通常组合安装。
05 第 2D.55 节中包括有关国家风景道路标志的信息。
06 第 2H.07 节中包括有关汽车旅行路线标志的信息。

第 2D.11 节　路线标志设计

必须条款：

01　《公路标志和标线标准》一书（见第 1A.11 节）必须用于路线标志设计。其他路线标志设计必须由具有管辖权的当局确定。

02　州际公路标志（见图 2D-3）必须为盾形标，盾上蓝色背景处以白色字母写有路线编号，红色背景处以白色大写字母写有"州际"字样，白色边框。所有州际路线以及与州际道路相交的公路上的路线标志组合中必须使用州际公路标志。

03　24 英寸 ×24 英寸的最小标志尺寸必须用于路线编号为一位或两位数的州际路线，30 英寸 ×24 英寸的最小标志尺寸必须用于路线编号为三位数的州际路线。

可选条款：

04　州际公路标志上可包含为蓝色背景上的白色大写字母的州名。

必须条款：

05　州际公路穿城支路标志（见图 2D-3）必须为一个盾形，上面有相交州际公路的编号和大写字样的"商业"、"环路"或"岔路"其中之一。标志图文和边框必须采用绿色背景和白色字体，盾的形状和尺寸必须和州际公路标志一样。在任何情况下，州际公路穿城支路标志上都不得出现"州际"字样。

图 2D-3　路线标志

可选条款：

06 州际公路穿城支路标志可用于不属于州际系统的主要公路，但该公路服务于州际道路系统内立交桥所连通的城市商业区域。

07 当用于绿色指路标志上时，可在盾形标志后部使用白色的正方形或矩形来增强对比。

必须条款：

08 国道标志（见图 2D-3）必须由白色盾形标志上的黑色数字组成，盾的周围是没有边框的黑色矩形背景。所有国道以及与国道相交的公路上，其路线标志组合中必须使用国道标志。

09 24 英寸 ×24 英寸的最小标志尺寸必须用于编号为一至两位数的国道，30 英寸 ×24 英寸的最小标志尺寸必须用于编号为三位数的国道。

10 各州道标志必须由各自的州公路管理机构设计。

指导条款：

11 *州道标志（见图 2D-3）应为矩形的，并且应和国道标志尺寸大致相同。州道标志也应与国道标志相似，例如在一块白色区域上使用相似尺寸的黑色数字，并使该白色区域被没有边框的黑色矩形背景包围。如果相关各州未做出相反决定，则白色区域的形状应为圆形。*

12 *当国道或州道标志被用作指路标志的组成部分时，只使用盾的特殊形状和盾内的路线编号。指路标志上不应包括盾周围的矩形背景，例如在 M1-4 和标准 M1-5 标志上盾的特殊形状外面的黑色区域。当国道或州道标志被用作其他标志的组成部分，且其他标志无对比背景色时，应使用矩形背景以使盾的特殊形状能被识别。*

必须条款：

13 如果县公路管辖机构选择建立和确定一套重要县级公路特殊系统，则必须制定全州通用的标志政策，该政策必须包含一套统一的编号体系，对每条路线准确地加以识别。县道（M1-6）标志（见图 2D-3）必须为五角形，且包含黄色县名、路线编号和边框，背景色为蓝色。显示两位数字或等价内容（一个字母和一位数字，或两个字母）的县道标志的最小尺寸须为 18 英寸 ×18 英寸；显示三位数字或等价内容的标志最小尺寸须为 24 英寸 ×24 英寸。

14 如果某辖区用字母代替数字来区别路线，则本章中提及以数字编号的路线时，必须理解为也包括以字母编号的路线。

指导条款：

15 *如果与其他路线标志组合运用，则县道标志应使用与其他路线标志相匹配的尺寸。*

可选条款：

16 当被用于绿色的指路标志上时，黄色正方形或矩形应位于县道标志后面以增强对比。

必须条款：

17 公园和森林道路的路线标志（见图 2D-3）在设计上必须具有足够的辨识度和视认性，其尺寸须与所在的标志组合中的其他路线标志相匹配。

第 2D.12 节　路线辅助标志的设计

必须条款：

01 除了 JCT 标志之外，带有文字图文的路线辅助标志必须采取 24 英寸 ×12 英寸的标准尺寸。带有箭头符号或 JCT 标志的路线辅助标志必须采取 21 英寸 ×15 英寸的标准尺寸。所有路线辅助标志必须与所补充的路线标志的颜色组合相匹配。

指导条款：

02　当路线标志高度较大时，辅助标志应适当地放大，但宽度不得超过路线标志。

03　当路线辅助标志被安装在路线标志组合中时，其背景、图文和边框应使用和组合中的路线标志相同的颜色（见第 2D.29 节）。对于使用多重背景颜色的路线标志设计，例如州际公路标志，相应的辅助标志的背景颜色应使用路线标志上路线编码所在背景区域的颜色。

可选条款：

04　路线标志和任何路线辅助标志可作为指路标志被合并为单个标志。

指导条款：

05　如果路线标志及其辅助标志结合为单个指路标志，标志的背景颜色应为绿色，并且设计应遵从指路标志设计的基本原则。

必须条款：

06　如果路线标志及其辅助标志结合为单个绿色背景的指路标志，辅助信息必须为绿色背景上的白色图文。辅助标志不能直接安装于指路标志或其他类型的标志上。

支撑依据：

07　第 2F 章包含有关收费公路辅助标志的信息。

第 2D.13 节　交叉辅助标志（M2-1）

必须条款：

01　交叉辅助标志（M2-1）（见图 2D-4）必须含有简短的文字"JCT"，且必须安装在组合标志的顶部（见第 2D.30 节），组合标志位于路线标志、属于路线名称一部分的可选路线标志、指示前往交叉路线某一方向的基本方向辅助标志等的正上方。为了与带有箭头符号的辅助标志兼容，交叉辅助标志的最小尺寸必须是 21 英寸 × 15 英寸。

第 2D.14 节　多路交汇标志（M2-2）

可选条款：

01　在超过一条路线的交叉或汇合处，可使用矩形指路标志来代替标准交汇标志组合，应在该矩形指路标志的路线编号上边写上"交汇"字样。

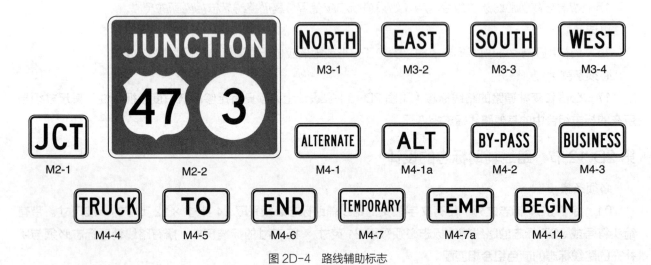

图 2D-4　路线辅助标志

必须条款：

02 多路交汇标志（M2-2）（见图 2D-4）必须使用绿色背景、白色的边框和"交汇"字样。

指导条款：

03 多路交汇标志应遵从第 2D.11 节中有关指路标志中包含路线标志的规定。

04 虽然多路交汇标志的尺寸取决于涉及路线的数量，但这些数字图形应足够大，以保证清楚易读，并且尺寸应和单个路线标志中的尺寸相当。

第 2D.15 节 基本方向辅助标志（M3-1 至 M3-4）

指导条款：

01 应使用写有"北"、"东"、"南"或"西"的基本方向辅助标志以提示整条路线的基本方向。

必须条款：

02 为了提高基本方向的视认性和识别度，表示基本方向的单词首字母必须扩大 10%，约取至最接近的整数尺寸。

03 如果使用基本方向辅助标志，必须将其安装在路线标志的正上方，或者备选路线的辅助标志（若使用）的上方。

第 2D.16 节 备选路线的辅助标志（M4 系列）

可选条款：

01 可以使用写有"备选路线"、"绕城支路"、"穿城支路"或者"卡车路线"等字样的辅助标志，指示路线上两点之间具有相同编号的可选路线。

必须条款：

02 如果使用备选路线的辅助标志，必须将其安装在路线标志的正上方。

第 2D.17 节 备选路线辅助标志（M4-1 和 M4-1a）

可选条款：

01 "备选路线"辅助标志（M4-1 和 M4-1a）（见图 2D-4）可用于指示路线上两点间一条带编号路线正式指定的备选路线。

必须条款：

02 如果使用"备选路线"辅助标志，必须将其安装在路线标志的正上方。

指导条款：

03 较短的（时间或距离）或建造较好的路线应保留常规路线编号，较长的或建造不佳的路线应被指定为可备选路线。

第 2D.18 节 "绕城支路"辅助标志（M4-2）

可选条款：

01 "绕城支路"辅助标志（M4-2）（见图 2D-4）可用于指明从有编号路线分支穿行市区的路线，经过市区或密集区域，然后在市区外重新归入带编号的路线。

必须条款：

02 如果使用"绕城支路"辅助标志，必须将其安装在路线标志的正上方。

第 2D.19 节 "穿城支路"辅助标志（M4-3）

可选条款：

01 "穿城支路"辅助标志（M4-3）（见图 2D-4）可用于指明从编号路线分支出来的备选路线，经过市区商业区域，然后在商业区域外重新归入带编号的路线。

必须条款：

02 如果使用"穿城支路"辅助标志，必须将其安装在路线标志的正上方。

第 2D.20 节 "卡车路线"辅助标志（M4-4）

可选条款：

01 "卡车路线"辅助标志（M4-4）（见图 2D-4）可用于在需要鼓励或要求商用车辆使用备选路线时，指明从带编号的路线分支的备选路线。

必须条款：

02 如果使用"卡车路线"辅助标志，必须将其安装在路线标志的正上方。

第 2D.21 节 "前往"辅助标志（M4-5）

可选条款：

01 "前往"辅助标志（M4-5）（见图 2D-4）可用于指示从邻近公路前往特定道路设施的方向（见第 2D.35 节）。

必须条款：

02 如果使用"前往"辅助标志，必须将其安装在路线标志或备选路线的辅助标志的正上方。如果该组合中也包括基本方向辅助标志，"前往"辅助标志必须安装在基本方向辅助标志的正上方。

第 2D.22 节 "结束"辅助标志（M4-6）

指导条款：

01 *"结束"（M4-6）辅助标志（见图 2D-4）应该用在当前使用路线的终点，通常在与其他路线的交叉点。*

必须条款：

02 如果使用"结束"辅助标志，必须直接安装在路线标志的正上方，或安装在备选路线的标志上方作为终止路线名称的一部分。

第 2D.23 节 "开始"辅助标志（M4-14）

可选条款：

01 "开始"辅助标志（M4-14）（见图 2D-4）可用在路线起点，通常设在和其他路线的交叉点。

必须条款：

02 如果使用"开始"辅助标志，必须设置在开始路线的第一个确认标志组合（见第 2D.34 节）顶部。

指导条款：

03 *如果第一个确认标志组合内已经设有"开始"辅助标志，该标志集合内也应附设基本方向辅助标志。*

必须条款：

04 如果标志集合内已设有基本方向辅助标志，"开始"辅助标志必须直接设在基本方向辅助标志上方。

第 2D.24 节 "临时"辅助标志（M4-7 和 M4-7a）

可选条款：

01 "临时"辅助标志（M4-7 和 M4-7a）（见图 2D-4）可临时用于命名一段未被计划纳入永久带编号的路线，但是连接的路线应已部分完工。

必须条款：

02 如果使用临时路线，"临时"辅助标志必须直接安装在路线标志的上方、基本方向标志的上方，或作为路线设计的一部分安装在备选路线标志上方。

03 当不再使用临时路线时，"临时"辅助标志必须立即移除。

第 2D.25 节 临时绕道及其辅助标志

支撑依据：

01 第 6F 章包括临时绕道及其辅助标志的信息。

第 2D.26 节 转弯预告箭头辅助标志（M5-1、M5-2 和 M5-3）

必须条款：

01 如果使用转弯预告箭头辅助标志（见图 2D-5），必须直接安装在预告转弯路线标志集合中的路线标志下方，显示右转或左转箭头，箭杆弯曲 90°角（M5-1）或 45°角（M5-2）。

02 如果使用杆弯曲的转弯预告箭头辅助标志（M5-3），必须仅在环形交叉口入口处使用，用以指示车辆绕着安全岛沿圆形道路向左转弯，一般设置于入口车道和交叉口入口。

指导条款：

03 如果使用 M5-3 标志，那么这类箭头也应该与其他车道限定使用标志（见第 2B 章）、目的地指路标志（见第 2D.37 节）和指示特定目的地或路线的路面标线（见第 3 篇）共同使用。

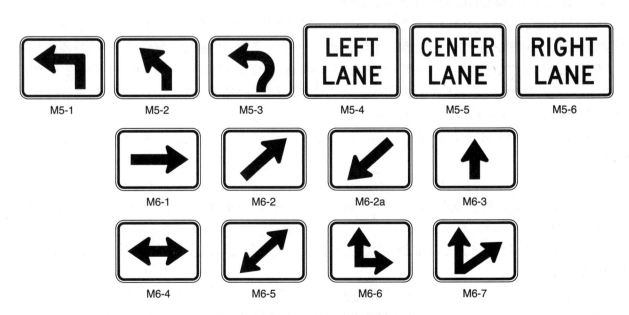

图 2D-5 转弯和方向预告箭头辅助标志

第 2D.27 节　车道指示辅助标志（M5-4、M5-5 和 M5-6）

可选条款：

01　车道指示（M5-4、M5-5 和 M5-6）辅助标志（见图 2D-5）可直接安装于多车道公路预告路线急弯路标志组合的路线标志下方，指示驾驶员在到达交叉口或立交桥之前提前驶入正确车道。

必须条款：

02　只有在指定车道是强制运行车道时才可以使用车道指示辅助标志，并且安装在靠近强制运行车道全宽路段处。车道指示辅助标志不能设置在新增车道之前的直行车道附近，也不能沿着新增车道的渐变段设置。

第 2D.28 节　方向箭头辅助标志（M6 系列）

必须条款：

01　若使用方向箭头辅助标志（见图 2D-5），必须当安装在路线标志以及方向标志组合（见第 2D.32 节）中其他辅助标志的下方，显示指明下条路线大致方向的单箭头或双箭头。

02　画有单箭头或双箭头的方向箭头辅助标志不能安装在任何环形交叉口或者环形交叉口前方的方向标志组合中。

可选条款：

03　向下斜箭头辅助标志（M6-2a）可以用在远离交叉口的方向标志组合中，指示高速公路的最近入口处或快速路的入口匝道（见第 2D.46 节）

必须条款：

04　M6-2a 标志不能用在交叉口入口或附近区域，比如用以指示入口车道。

第 2D.29 节　路线标志组合

必须条款：

01　路线标志组合必须包括路线标志和进一步指示路线或方向的辅助标志。路线标志组合必须安装在带编号的路线与其他带编号的路线交叉的所有入口处。

02　若公路路段分出两条或多条路线，必须在水平方向从左至右、垂直方向从上至下，按州际公路、国道、州道、县道路线标志排列。按照这个优先顺序，编号较低道路的路线标志必须设置在左侧或上部。

03　在一组标志组合中，指示左侧交叉路线信息的标志组合必须安装在水平排列的左侧和垂直排列的上部或中心。同样的，指示右侧交叉路线信息的标志组合必须设置在右侧或底部，指示直行路线信息的标志组合设置在水平排列的中心或垂直排列的上部。

04　路线标志组合必须按照标志总技术参数（见第 2A 章）设置，标志组合中最低的标志高度按照单个标志标准设置。

指导条款：

05　指示两条或多条路线的标志组合，或指示相同路线不同方向的路线标志组合应成组安装在同一支撑物上。

可选条款：

06　路线标志组合可设置在前往编号路线的未编号路线和街道的入口处，用于引导一定数量的车辆驶向编号路线。

07　如图 2D-8 中 D1-5 和 D1-5a 所示的桥形路线指路标志模板，可用在环岛入口处。

08　若工程评判显示路线标志组合包括多个重叠的路线或多重转弯，可能导致混乱，在为驾驶员提供准

第 2D 章 指路标志——常规道路   165

确方向信息的前提下，可省略或整合路线标志或辅助标志。

支撑依据：

图 2D-6 为路线标志的典型布置。

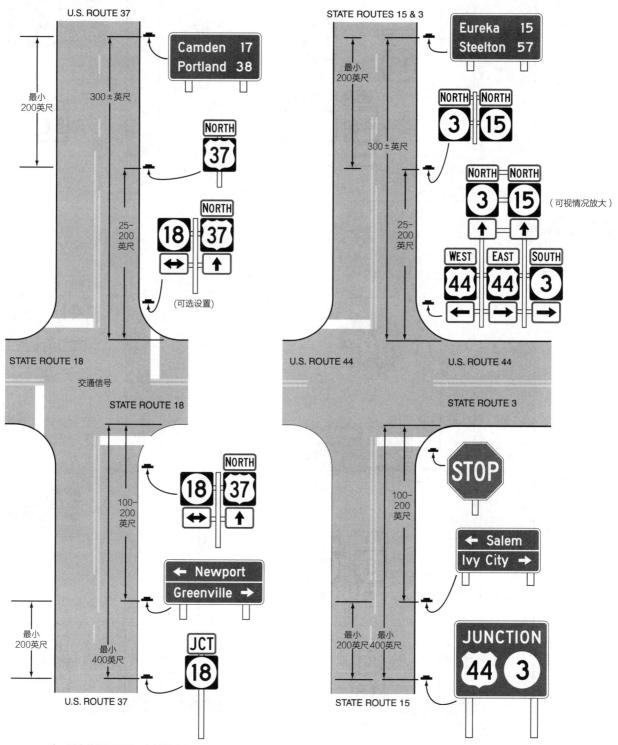

注：图中的间隔适用于乡村道路交叉口。
低速道路和（或）城市道路详见第2D.29、2D.30、2D.32、2D.34、2D.40、2D.42节。

图 2D-6　方向组合和其他路线标志的图解
（仅一个行驶方向）（A 图）

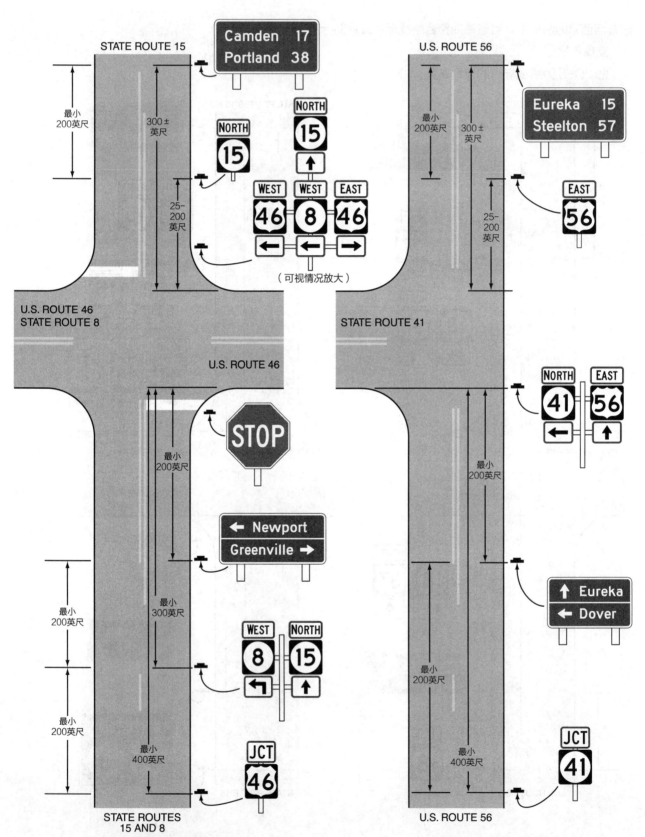

图 2D-6 方向组合和其他路线标志的图解
（仅一个行驶方向）（B 图）

第 2D 章 指路标志——常规道路 167

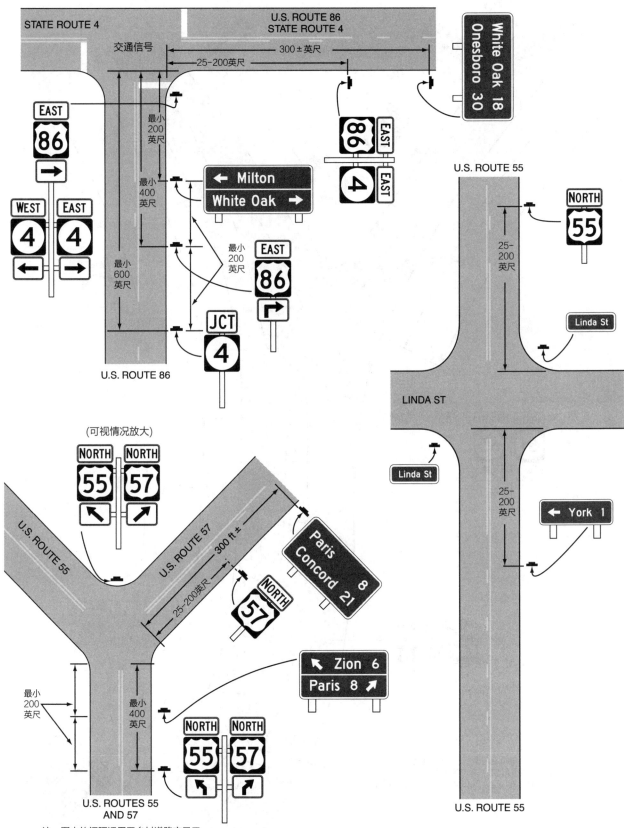

注：图中的间隔适用于乡村道路交叉口。
低速道路和（或）城市道路详见第2D.29、2D.30、2D.32、2D.34、2D.40、2D.42节。

图 2D-6 方向组合和其他路线标志的图解
（仅一个行驶方向）（C 图）

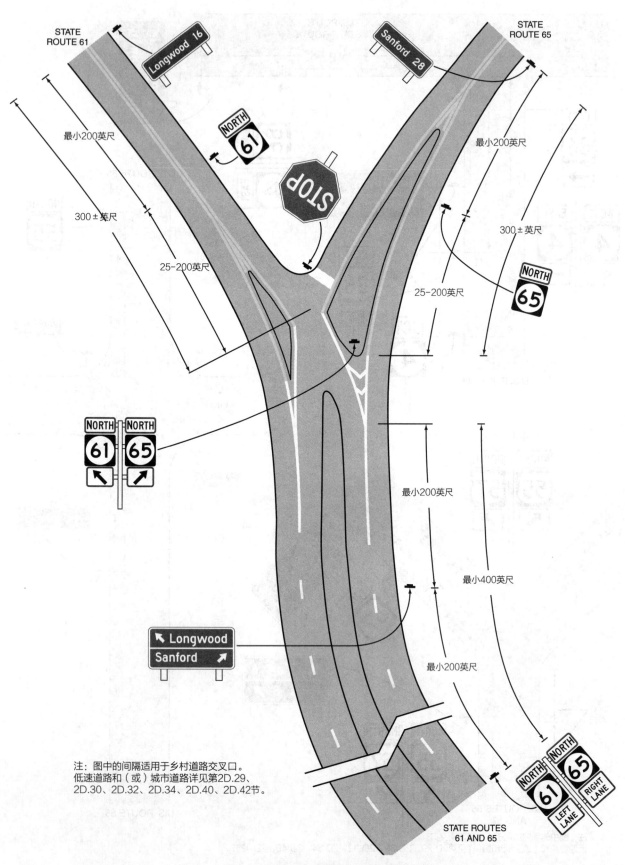

图 2D-6　方向组合和其他路线标志的图解
（仅一个行驶方向）(D 图)

第 2D.30 节　交叉标志组合

必须条款：

01　交叉标志组合必须包括一个交叉辅助标志和一个路线标志。路线标志必须标有交叉路线或汇合路线编号。

02　交叉标志组合必须安装在每个编号道路与另一条编号道路交叉或汇合的交叉口前。

指导条款：

03　*在城市地区，交叉标志组合应该安装在交叉口之前的街区。在城市低速道路区，交叉标志组合应安装在距离交叉口 300 英尺以内。*

04　*在乡村地区，交叉标志组合应该安装在交叉口前至少 400 英尺处，且交叉标志组合与目的地指路标志或路线转弯预告标志间的最小距离应该为 200 英尺。*

05　*在高速道路区，间隔应该更大。*

可选条款：

06　需要指示两条或多条路线时，可在标志组合中使用单一的交叉辅助标志，所有路线标志均标在同一个标志牌中，也可使用多路交叉标志（M2-2）（见第 2D.14 节）。

第 2D.31 节　路线转弯预告标志组合

必须条款：

01　路线转弯预告标志组合必须包括路线标志、转弯预告箭头或文字信息辅助标志，如有需要，也可使用基本方向辅助标志。路线转弯预告标志组合必须安装在交叉口前方，在该交叉口车辆必须转弯才能保证在所示道路行驶。

可选条款：

02　路线转弯预告标志组合可用来补充交叉路线前方所需的交叉标志组合。

指导条款：

03　*多车道公路接近立交桥或编号道路交叉口时，应该设置路线转弯预告标志组合，预先指示车辆进入正确车道转弯。*

可选条款：

04　车道指示辅助标志（见第 2D.27 节）可代替转弯预告箭头辅助标志用于路线转弯预告标志组合中，前提是工程评判指出必须指示与每条路线有关的具体车道信息，悬挂式交通标志不适用，并且所指示车道为强制转弯车道。带车道指示辅助标志的标志组合可补充或代替带转弯预告箭头辅助标志的标志组合。

指导条款：

05　*在低速地区，路线转弯预告标志组合应该安装在距离转弯至少 200 英尺外。在高速地区，路线转弯预告标志组合应该安装在距离转弯至少 300 英尺外。在乡村地区，路线转弯预告标志组合与目的地指路标志或交叉标志组合间的最小距离应为 200 英尺。*

必须条款：

06　带转弯预告箭头辅助标志的标志组合不能设置于标志本身与标志指示的转弯之间的交叉口处。

指导条款：

07　*标志组合与前方任意可能被混淆为标志所示转弯的交叉口之间应该留出充足距离。*

第 2D.32 节　方向标志组合

必须条款：

01　方向标志组合必须包括基本方向辅助标志、路线标志、方向箭头辅助标志。方向标志组合的各种使用方法在 A~D 项提供说明：

A. 转向（以路线转弯预告标志组合提前指示）必须以含有转弯路线编号的路线与方向标志组合以及指示转弯方向的单向箭头标明。

B. 路线的起点（以交汇点标志组合提前指示）必须以含有该路线编号的路线与方向标志组合以及指示路线方向的单向箭头标明。

C. 十字路口两个支线均有指示方向的交叉路线（以交叉标志组合提前指示）必须以下列标志指示：

1. 两个方向标志组合，每个组合都包含标有交叉路线编号的路线标志、基本方向辅助标志、指示路线移动方向的单向箭头；

2. 含有交叉路线编号的路线与方向标志组合以及指示左转、右转或直行的双向箭头。

D. 位于小道或者被十字路口支线之一指示的交叉路线（以交叉标志组合提前指示）必须用下列标志指示：含有交叉路线编号的路线与方向标志组合、基本方向辅助标志、指示路线移动方向的单向箭头。

指导条款：

02　直行应该以含标有连续编号的路线与方向标志组合以及垂直箭头标明。有方向标志组合不应该用在缺少其他指示左转或右转的标志组合的直行路线中，因为交叉口之外的验证标志组合一般已经提供足够的指示。

03　方向标志组合应该设置在交叉口的右转角附近。在主要交叉口、Y 形或位移交叉口处，应该在远离右转角和左转角处另外设置方向标志组合以确认靠近转角处的方向标志组合。如果方向标志组合不能设置于近转角处，应该优先选取远离右转角处，并且在有需要时选用尺寸较大的标志以便识读。如果有异常状况，方向标志组合设置位置应该由工程评判决定，以达到兼顾视野和安全的目标。

支撑依据：

04　比起设置地点必须绝对保持一致，指路标志的可识读性、标志上信息及方向指示容易理解、在恰当时间设置标志更加重要。

05　图 2D-6 为方向标志组合的典型布置。

第 2D.33 节　车道 – 目的地组合悬挂式指路标志

可选条款：

01　在包括多个转弯车道和目的地的复杂交叉口入口，可以使用车道 – 目的地（D15-1）悬挂式组合指路标志，包含基本方向、路线编号、街道名称以及地区名称等目的地信息的车道使用禁令标志。

支撑依据：

02　在上述交叉口入口，D15-1 标志上的组合信息比分开使用车道和指路标志能更有效地向不熟悉道路的驾驶员传达关于特定目的地的车道信息。

03　图 2D-7 为组合车道及路线编号信息的 D15-1 标志示例和组合车道及街道名称信息的 D15-1 标志示例。

必须条款：

04　车道 – 目的地（D15-1）组合悬挂式指路标志必须仅用于所指示道路为强制转弯车道时使用。D15-1 标志不能用在非强制性转弯的车道上。

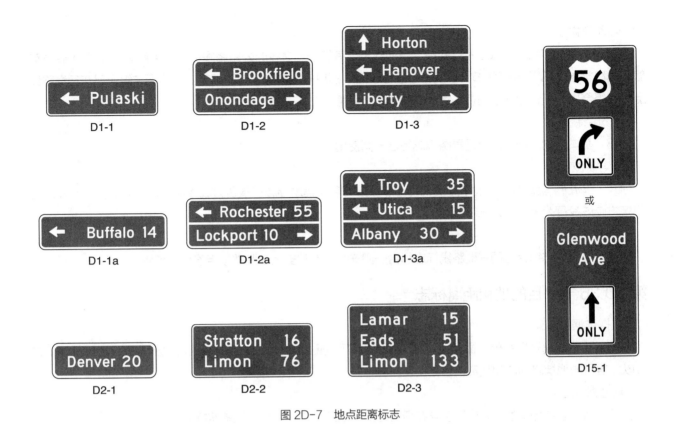

图 2D-7 地点距离标志

05 D15-1 标志必须是绿底白框。如图 2D-7 所示，车道使用标志（见第 2B 章）必须设置在靠近标志底部的位置，目的地信息必须设置在靠近标志顶部的位置。D15-1 标志必须位于接近所设置车道中心上方的位置。

第 2D.34 节 确认标志组合

必须条款：

01 若使用，确认标志组合必须包括基本方向辅助标志和路线标志。当确认标志组合用于备选路线时，组合必须同时包括适当的备选路线辅助标志（见第 2D.16 节）。

指导条款：

02 确认标志组合应当设置在标号道路交叉口的另一侧，并且应该距离交叉道路较远一侧路肩或路缘线 *25~200 英尺*。

03 若使用，确认标志组合应当安装在市区的交叉口之间，在所有合并城市或城镇的建成区域之外。

04 确认路线标志之间应当保留适当间隔，以方便驾驶员获得路线信息。

第 2D.35 节 寻路标志组合

支撑依据：

01 寻路标志组合提供通往附近其他公路特定道路设施的方向指引。在关键位置设置寻路标志组合指示最近或最方便的入口方向，从而实现方向指引。使用"前往"表示，设有标志的路线或街道并非所指示路线的一部分，而是逐步指引驾驶员通往该路线。

必须条款：

02　寻路标志组合必须包括"前往"辅助标志、有编号或命名的公路路线标志（见第 2D.53 节）或汽车旅行线路标志（见第 2H.07 节）以及指示通往该路线的单向方向箭头辅助标志。寻路标志组合用在备选路线上时，组合内必须包含适当的备选路线辅助标志（见第 2D.16 节）。

可选条款：

03　基本方向辅助标志可同寻路标志组合一同使用。

指导条款：

04　"前往"辅助标志、基本方向辅助标志、方向箭头辅助标志应该设置成各类辅助标志的标准尺寸。路线标志应该设置为第 2D.11 节所示尺寸。

可选条款：

05　寻路标志组合可同其他路线标志组合一同安装或单独安装在紧邻指定设施的位置。

第 2D.36 节　目的地和距离标志

支撑依据：

01　除路线编号指引外，最好提供给道路使用者可通过带编号或未带编号的路线到达的目的地信息。这可以依靠目的地指路标志和距离标志来实现。

可选条款：

02　路线盾形标和基本方向可包含在标有目的地信息和箭头的目的地指路标志中。

指导条款：

03　*如果路线盾形标和基本方向包含在目的地指路标志中，路线盾形标的高度应该至少为主要文字的大写字母高度的 2 倍，不少于 18 英尺，基本方向应以大写字母标注，并且至少为这些标注规定最小高度。*

第 2D.37 节　目的地指路标志（D1 系列）

必须条款：

01　除立交桥入口外（见第 2D.45 节），如果使用目的地指路标志（D1-1 至 D1-3）（见图 2D-7），必须为水平矩形，并且标有城市、城镇、村庄或其他交通吸引区的名称以及方向箭头。

可选条款：

02　到标注地点的距离（见第 2D.41 节）也可显示在目的地（D1-1a 至 D1-3a）标志中（见图 2D-7）。如果几个目的地显示在同一点，这几个地名都可设置在同一个标志上，每个地名带一个箭头（如有需要，也可加上距离）。如果在同一方向有多个目的地，这组目的地可用一个单独箭头表示。

指导条款：

03　*目的地、同一方向的一组目的地和其他方向的一组目的地之间应当留出足够间隔，可以通过合理设置箭头、文字行间距、贯穿标志的粗实线或采用单独标志来实现。*

支撑依据：

04　使用水平分割线按方向区分目的地可提高目的地指路标志的可读性。关联箭头和对应的目的地，减少使用多个箭头指向同一方向的不必要情况以及避免文字行间距过大。

必须条款：

05　指向右方的箭头必须设在标志的最右端，指向左方的箭头必须设在标志的最左端，除非手册另外说明。如果使用数字标明距离，数字必须设在目的地名称右侧。

可选条款：

06 当标志设置在其朝向的交通流左侧时，向上的箭头可放置在标志的最右侧。

指导条款：

07 *方向箭头应该为水平或垂直指向除非使用斜箭头能够更加清晰地指明下一方向。*

08 *如果几个独立名称标志组合成一组，所有标志组合应该保持相同的水平宽度。*

09 *目的地指路标志应该用在：*

A.带编号的国道或州道和带编号的州际公路、国道或州道的交叉口；

B.指引交通流从带编号的国道或州道前往城镇商业区域和其他未带编号的路线可达的目的地的位置。

必须条款：

10 如果指路预告标志（见第2E.33节）和辅助指路标志（见第2E.35节）指示三个或三个以下目的地，目的地指路标志上不能显示超过三个目的地名称。如果指路预告标志和辅助指路标志指示四个目的地时，目的地指路标志上不能显示超过四个目的地。

指导条款：

11 *如果空间允许，四个目的地应该分为两个一组显示在不同位置的不同标志上。*

可选条款：

12 如果空间不允许，或四个目的地均为同一方向，可用一个独立标志。如果使用独立标志，并且所有目的地均为同一方向，箭头可设置在目的地名称的下方，使箭头更加醒目。

必须条款：

13 如果使用单个包含四个名称的标志组合，必须使用贯穿标志的粗实线或单独标志来按方向区分目的地。

指导条款：

14 *前方最近的目的地名称应该设在标志或标志组合的顶端，它的下方按顺序标明左方和右方最近的目的地。显示的每个方向的目的地一般应该为下一个县政府所在地或下一个主要城市，而不是更远的目的地。在路线重叠的情况下，仅显示每条路线每个方向的一个目的地。*

必须条款：

15 如果显示同一方向的多个目的地，较近的目的地名称必须在较远目的地名称的上方。

第2D.38节 环形交叉口目的地指路标志

必须条款：

01 设置在环形交叉口的目的地指路标志除了要符合本部分的规定，还必须符合第2D.37节的规定。

可选条款：

02 带斜向上箭头的出口目的地指路标志（D1-1d和D1-1e）（见图2D-8）或方向标志组合（见第2D.32节）可用来指示环形交叉口的特定出口。

03 带杆弯曲箭头的出口目的地指路标志（D1-1d和D1-1e）（见图2D-8）可用在环形交叉口的入口来标示左转。

04 环形交叉口目的地指路标志上的杆弯曲箭头可倾斜来指示相对于道路入口的出口位置和交叉口入口的位置。

05 带环形交叉口图示的出口目的地指路标志（D1-5或D1-5a）（见图2D-8）可用在环形交叉口的入口处。

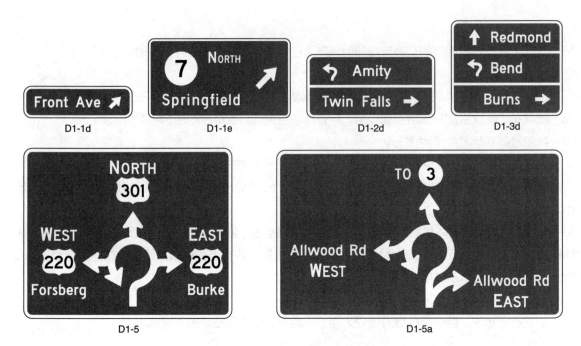

图 2D-8 环形交叉口的目的地指路标

指导条款：

06 如果目的地指路标志上使用杆弯曲箭头，那么该类型箭头应该同样一致用在所有车道限定使用标志（见第 2B 章）、方向标志组合（见第 2D.32 节）和用于指示特定目的地或转弯的路面标线上（见第 3 篇）。

支撑依据：

07 图 2D-9 为环形交叉口指路标志的两个示例。

08 在空间充足且环形交叉口的几何结构不典型处，如存在超过四个进出口或进出口之间的角度不足 90°，图形指路标志更加可取。

必须条款：

09 如在环形交叉口使用图形指路标志，不能在标志上通过使用车道线、多重箭头指示同一运行方向或其他方式描述环形交叉口道路内或在其入口、出口处的车道数量。

支撑依据：

10 第 2B 章包含关于环形交叉口的禁令标志信息，第 2C 章包含关于环形交叉口的警告标志信息，第 3C 章包含关于环形交叉口的路面标线信息。

第 2D.39 节　壶柄式匝道目的地指路标志

必须条款：

01 设置壶柄式匝道目的地指路标志除需符合本部分规定外，还必须符合第 2D.37 节的规定。

可选条款：

02 如果工程评判表明单独的标准目的地指路标志不足以在壶柄式匝道上指导驾驶员去往目的地，可以使用指明正确道路线形的图形指路标志作为一般目的地指路标志的补充。

支撑依据：

03 第 2B.27 节包含壶柄式弯道的禁令标志信息。图 2B-9 为多种类型壶柄式弯道禁令与目的地指路标志的示例。

第 2D.40 节　目的地指路标志的位置

指导条款：

01　如果应用于高速地区，目的地指路标志应位于距离交叉口至少 *200* 英尺处，紧跟可能需要设置的任何交汇点或预告路线急弯路标志组合。在农村地区，目的地指路标志与预告路线急弯路标志组合或交叉标志组合间的最小距离应该为 *200* 英尺。

可选条款：

02　在城市地区，可缩短预告距离。

03　由于目的地指路标志重要性不及交叉、路线转弯预告或者方向标志组合，标志间隔紧张时可不设置目的地指路标志。

支撑依据：

04　图 2D-6 为目的地指路标志的典型布置。

第 2D.41 节　距离标志（D2 系列）

必须条款：

01　如果使用，距离标志（D2-1 至 D2-3）（见图 2D-7）必须为符合图文要求尺寸的水平矩形，标有不超过三座城市、城镇、交叉点或其他交通吸引区的名称，以及到这些地方的距离（到最近的地点英里数）。

02　距离数字必须设在地点名称的右侧，见图 2D-7。

指导条款：

03　*显示的距离应该由道路所属的辖区或按全州政策逐个选择。如果有明确划定的中心区域或中心商业区，则需要显示其名称。在其他情况下，需要考虑社区布局与已标示公路的关系，也需要考虑公路应该如何选址才能让驾驶员感觉身处社区中心。*

04　*距离标志顶部应该为路线上下一个有邮局或火车站、路线编号或交叉公路名称或任意其他重要地理特征的地点名称。标志底部应该为下一个主要目的地或沿途重要城市。如果距离标志上显示超过三个目的地，那么应该用中间线表示出路线沿线重要的社区或者重要的路线交叉点。*

可选条款：

05　连续的距离标志中间线上可以选择标示不同地点，以便为道路使用者提供路线沿线相关社区的更多信息。

指导条款：

06　*连续的距离标志上标示的沿途重要城市应该保持贯穿路线全程不变，直至到达该沿途重要城市。*

可选条款：

07　如果可清晰指示多个远处地点，如当该路线前方不远处分别通向两个同等重要的目的地，而两个目的地又无法出现在同一标志上时，两个目的地可在连续标志上交替出现。

第 2D.42 节　距离标志的位置

指导条款：

01　*如果使用，距离标志应该设置在离开市区的重要路线上和农村地区带编号的路线交叉口之后。如果使用，标志应该设置在市区界线之外或建成区域的边界（如果延伸到市区界线外）。*

02　*如果重叠路线与市区界线有一小段距离，则不应该在市区界线设置距离标志。距离标志应该设置在两条路线分离点约 300 英尺开外。*

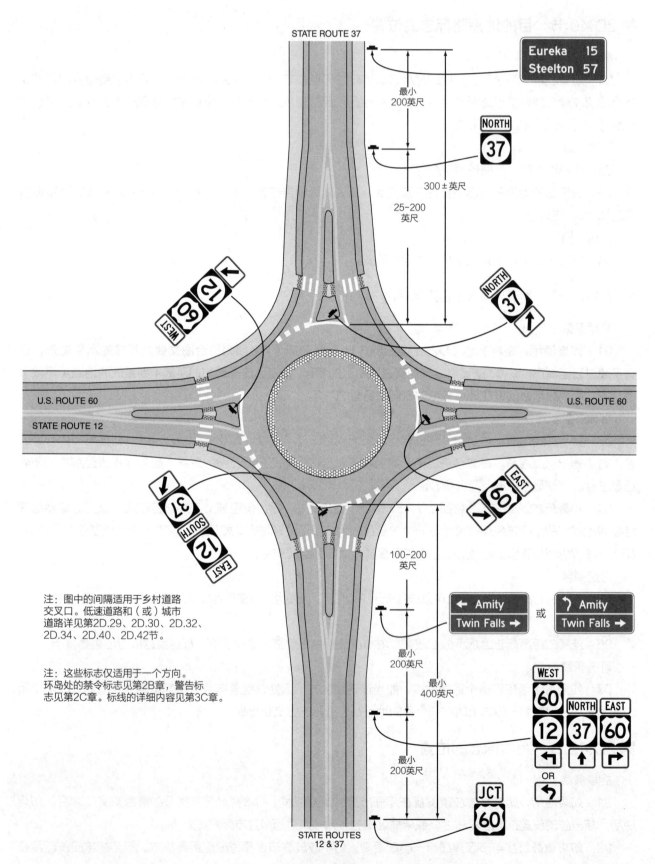

图 2D-9 环形交叉口指路标志的示例（A 图）

第 2D 章 指路标志——常规道路　177

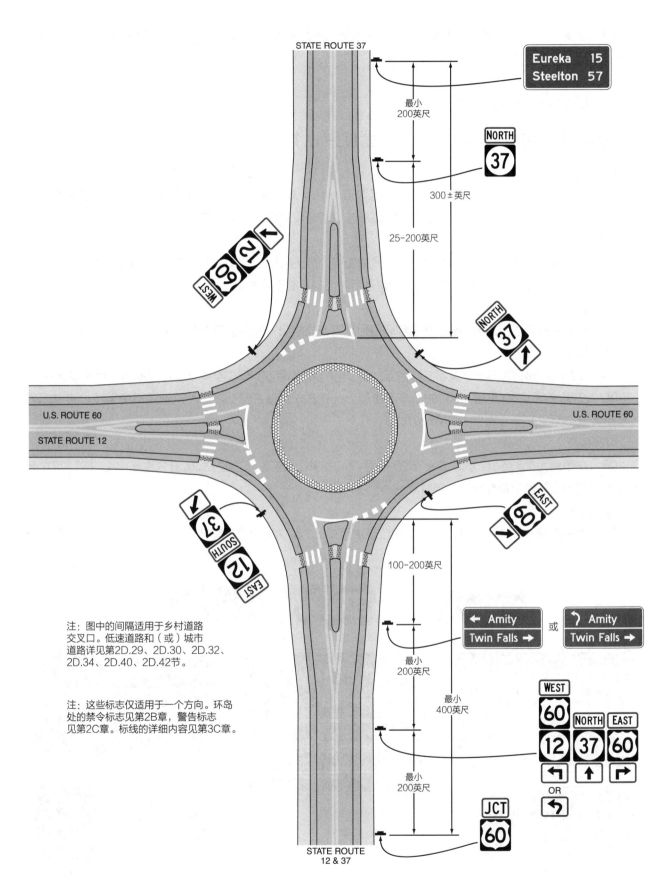

图 2D-9　环形交叉口指路标志的示例（B 图）

03　如果在自治市外两条路线并行通往下一市区，距离标志的顶部应该为路线分岔地点名称；底部应该为大部分直行车辆前往的城市名称。

支撑依据：

04　图 2D-6 为距离标志的典型布置。

第 2D.43 节　街道名称标志（D3-1 或 D3-1a）

指导条款：

01　*街道名称标志（D3-1 或 D3-1a）（见图 2D-10）应该设置在城市中所有街道交叉口，无论是否存在其他路线标志。在农村地区，应设置街道名称标志以指明没有另外标示的重要道路。*

可选条款：

02　属于带编号的国道、州道或县道一部分的街道，可使用包含路线盾形标的 D3-1a 街道名称标志（见图 2D-10）帮助那些无法将街道名称与路线编号相对应的道路使用者。

必须条款：

03　街道名称标志上的街道和公路名称必须为小写英文字母，但首字母大写（见第 2A.13 节）。

指导条款：

04　*立柱式街道名称标志上文字应该由至少 6 英寸高的大写首字母与至少 4.5 英寸高的小写字母组成。*

05　*在限速超过 40 英里/小时的多车道街道上，立柱式街道名称标志上的文字应该由至少 8 英寸高的大写首字母与至少 6 英寸高的小写字母组成。*

可选条款：

06　在限速为 25 英里/小时或低于 25 英里/小时的地方道路上，立柱式街道名称标志上的文字可由至少 4 英寸高的大写首字母与至少 3 英寸高的小写字母组成。

指导条款：

07　*如使用悬挂式街道名称标志，文字应该由至少 12 英寸高的大写首字母与至少 9 英寸高的小写字母组成。*

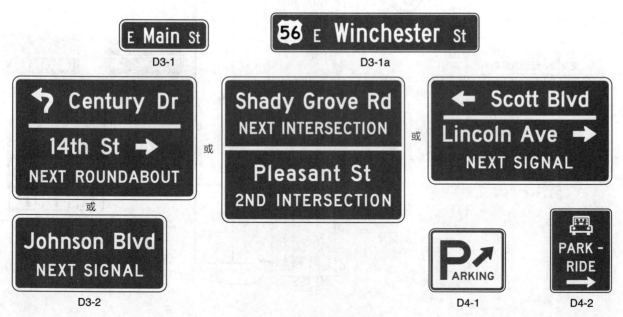

图 2D-10　街道与停车场标志

支撑依据：

08 街道名称标志建议最低字体高度见表 2D-2。

可选条款：

09 在 D3-1 和 D3-1a 标志上，表示街道类型（如街、大道或路）或城市分区（如西北地区）的附加文字可使用更小的字体，由至少 3 英寸高的大写首字母与至少 2.25 英寸高的小写字母组成。除街道名称本身以外，可使用常规缩写（见第 1A.15 节）。

10 象形图标（定义见第 1A.13 节）可用于 D3-1 标志上。

必须条款：

11 象形图标不能用于 D3-1a 或预告街道名称（D3-2）标志上（见第 2D.44 节）。

12 如果象形图标用于 D3-1 标志，象形图标的高度和宽度不能超过标志主要文字的大写字母高度。

指导条款：

13 *象形图标应该设在街道名称的左侧。*

必须条款：

14 街道名称标志必须为逆反射的或发光的，以在白天与夜晚呈现相同的形状与相似的颜色。图文（与边框，如有）的颜色必须与标志背景颜色形成鲜明对比。

可选条款：

15 街道名称标志可不含边框。

街道名称标志建议最低字体高度　　　　表2D-2

安装类型	街道或公路类型	限速	建议最低字体高度	
			大写首字母	小写字母
悬挂式	所有类型	所有限速	12 英寸	9 英寸
立柱式	多车道	高于 40 英里/小时	8 英寸	6 英寸
立柱式	多车道	低于 40 英里/小时	6 英寸	4.5 英寸
立柱式	双车道	所有限速	6 英寸*	4.5 英寸*

* 在地方限速 25 英里/小时及以下的双车道街道，可使用 4 英寸高的大写首字母以及 3 英寸高的小写字母。

16 街道名称（D3-1 或 D3-1a）的表示可使用不同于普通指路标志牌绿色的其他可选颜色，但前提是公路管理机构认定这是帮助道路使用者确定公路管辖机构所必需的。

必须条款：

17 其他可选背景颜色不能用于街道名称预告标志（D3-2）（见第 2D.44 节）。

18 街道名称（D3-1 或 D3-1a）标志可接受的背景颜色为蓝色、棕色或白色。无论街道名称（D3-1 或 D3-1a）标志背景颜色为绿色、蓝色或棕色，图文（和边框，如使用）必为白色。在背景为白色街道名称标志上图文（边框）必须为黑色。

指导条款：

19 *如街道名称标志使用了可选背景颜色，该颜色应该应用于该公路管理机构辖区内所有道路的街道名称标志（D3-1 或 D3-1a）。*

20 *在商业、商贸区和主干道上，街道名称标志应该设置在斜对角。在居民区，每个交叉口处应该至少设置一个街道名称标志。标示两个街道名称的标志应该设置在每个交叉口处。标志设置应使标志表面与标示*

的街道平行。

可选条款：

21 为了让标志更醒目，可使用悬挂式街道名称标志。街道名称标志可设在禁令标志、"停车让行"标志或"减速让行"标志的上方，无须独立垂直设置。

指导条款：

22 *在城市或近郊地区，特别是在有信号控制的或主要的交叉口未设置预告街道名称标志时，强烈建议使用悬挂式街道名称标志。*

可选条款：

23 在两个前进方向分别为两个街道的交叉十字路口，两个街道名称与方向箭头都可标示于同一标志上。

支撑依据：

24 关于在带有交叉口相关的警告标志的辅助标牌上使用街道名称的信息包含在第 2C.58 节。

第 2D.44 节 街道名称预告标志（D3-2）

支撑依据：

01 街道名称预告标志（D3-2）（见图 2D-10）指示即将到达的交叉口。虽然该标志经常指示下一个交叉口，但是有时候在提及下一个信号控制的交叉口时，也可能在几个交叉口之后出现。

必须条款：

02 如果使用街道名称预告标志（D3-2），其必须仅作为补充而不能代替交叉口街道名称标志（D3-1）。

可选条款：

03 街道名称预告标志（D3-2）可安装在信号控制或无信号控制的交叉口前方，给道路使用者提前提供信息来确定下一交叉街道的名称，为交叉车流做准备，同时帮助道路使用者在转弯前及时做好减速和（或）变换车道的准备。

指导条款：

04 *在农村地区的主干道上，街道名称预告标志应该设在所有信号控制的交叉口以及有专用转弯车道的所有交叉口前方。*

05 *在城市地区，除了当信号控制交叉口间隔太小难以设置街道名称预告标志时，街道名称预告标志应该设在所有主干道街道上有信号控制的交叉口前方。*

06 *街道名称预告标志的字体高度应该与街道名称标志的字体高度（见第 2D.43 节）相同。*

必须条款：

07 如果使用，街道名称预告标志背景必须为绿色，文字及边框必须为白色。

08 如果使用，街道名称预告标志必须在文字的首行提供交叉街道名称，同时在文字的末行提供到交叉街道的距离或信息（如"下一信号灯"、"下一交叉口"、"下一环岛"或方向箭头）。

09 象形图标不能用于街道名称预告标志中。

可选条款：

10 方向箭头可酌情放置在街道名称或信息（如"下一信号灯"）的左侧或右侧，而不是文字的末行。杆弯曲箭头可用在环形交叉口入口的街道名称预告标志上。

11 对于每个行驶方向有不同街道名称的十字交叉路口，不同街道名称均可显示在有方向箭头的街道名称预告标志上。

12 在两个间距较近不适合单独安装的街道名称预告标志的交叉口前方，街道名称预告标志可包括两个交叉口的街道名称以及对应街道名称的适当的辅助文字（如"下一交叉口"、"第二个交叉口"、"下一交叉口左转"和"下一交叉口右转"或方向箭头）。

指导条款：

13 *如果街道名称预告标志上有两个街道名称，街道名称应按以下几种形式排版：*

A. *对于同一道路每个行驶方向有不同街道名称的单个交叉口，左侧街道的名称应在右侧街道名称的上方；*

B. *对于两个间距较近的交叉口，遇到的第一个街道名称应该显示在第二个街道名称上方，同时与遇到的第二个街道相关的箭头应该为直箭头，如 W16-6P 箭头标牌上所示箭头（见图 2C-12）。*

可选条款：

14 带有黄色背景黑色图文、用以辅助交叉口（W2 系列）或交通管制预告（W3 系列）警告标志的街道名称预告标牌（W16-8P 或 W16-8aP）（见第 2C.58 节）可用来替代街道名称预告指路标志。

第 2D.45 节 立交桥入口常规道路标志设置

支撑依据：

01 由于立交桥入口常规道路通常使用不同的匝道结构，驾驶员在常规道路上难以准确预测是否需要左转或右转进入正确匝道，以进入期望行驶方向的高速道路或快速道路。因此非常需要在常规道路至高速道路或快速道路立交桥的入口处设置标志。

必须条款：

02 在接近立交桥的多车道常规道路上，必须设置指路标志指示向哪个方向转弯和（或）需要使用哪条车道进入匝道以通往高速公路或快速路。

指导条款：

03 *有一条车道通往立交桥的常规道路标志应该由包含以下标志的序列组成（见图 2D-11）：*

A. *交叉标志组合；*

B. *目的地指路标志；*

C. *方向标志组合或首个匝道入口方向标志；*

D. *路线转弯预告标志组合或带转弯预告箭头的入口方向预告标志；*

E. *方向标志组合或第二个匝道的入口方向标志。*

必须条款：

04 如若使用，入口方向标志必须为白色图文及边框、绿色背景。同时还必须包含高速公路或快速路路线盾形标、基本方向和方向箭头。

可选条款：

05 入口方向标志可包含目的地和（或）行动信息，如"下一立交桥右转"。

06 在小型立交桥上，可能用到以下序列中的标志（见图 2D-12）：

A. 交叉组合标志；

B. 首个匝道方向组合标志；

C. 第二匝道方向组合标志。

指导条款：

07 *在立交桥入口的多车道常规道路上，可用到以下序列中的标志（见图 2D-13~图 2D-15）：*

A. *交叉组合标志；*

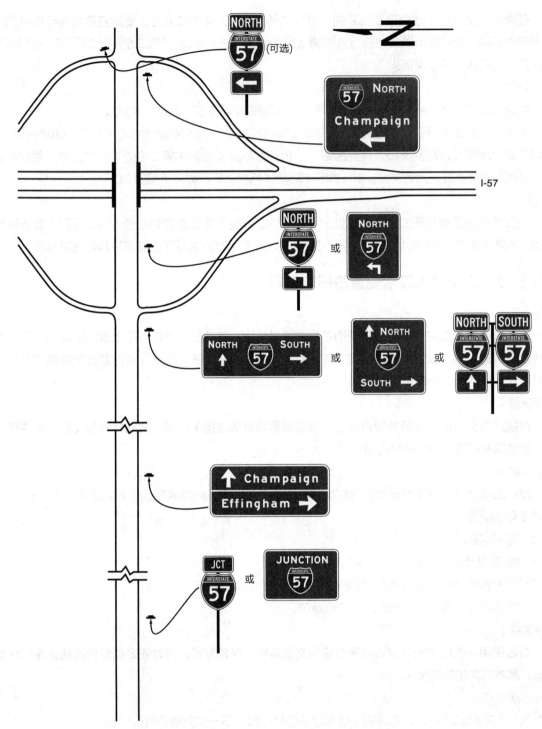

图 2D-11　立交桥交叉路口单车道入口标志设置示例

B. 运行在高速路或快速路两个方向的入口方向预告标志；

C. 首个匝道的入口方向标志；

D. 弯道预告组合标志；

E. 第二匝道的入口方向标志。

支撑依据：

08 入口方向预告标志用来引导道路使用者驶向合适的车道。

必须条款：

09 入口方向预告标志必须为白色图文和边框、绿色背景。同时，也必须包含高速路或快速路路线盾形标、基本方向。

可选条款：

10 入口方向预告标志应包含目的地、方向箭头和（或）行为信息（如"靠左行驶"、"下一路口右转"或"第二路口右转"）。此序列标志应通过悬挂式安装来提高可视性，见图 2D-13~ 图 2D-15。

11 在第 3、6、7 条讨论的入口车道指路标志的部分，立柱式入口位置预告图形指路标志（见图 2D-16）可能对指示同侧入口车道上邻近中心交叉口的高速公路或快速路入口匝道颇有助益，且在此处，若只为匝道设置标志可能会对道路使用者造成困扰。

必须条款：

12 若使用该标志，立柱式入口方向预告图形指路标志必须仅显示道路同侧的两个连续弯道，而其中一个必须为入口匝道。立柱式入口方向预告标志必须仅显示连续弯道，而不能显示车道使用车道线、入口道路的多重箭头、行动信息或其他表现形式。

支撑依据：

13 第 2D.46 节包含关于使用方向组合或"高速公路入口"标志用来标示交叉口远端的高速路或快速路入口的信息。

第 2D.46 节 高速公路入口标志（D13-3 和 D13-3a）

可选条款：

01 "高速公路入口"标志（D13-3）或带有斜向下箭头指向（D13-3a）的"高速公路入口"标志（见图 2D-14）可酌情放置在十字路口附近的入口匝道，用以提示道路使用者注意高速公路或快速路入口。

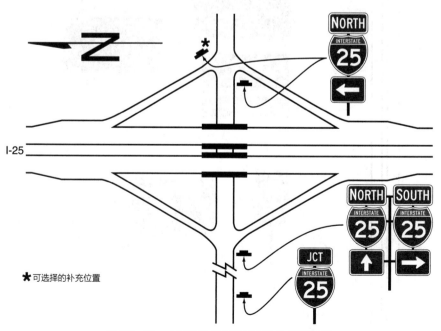

图 2D-12 小型立交桥交叉路口标志设置示例

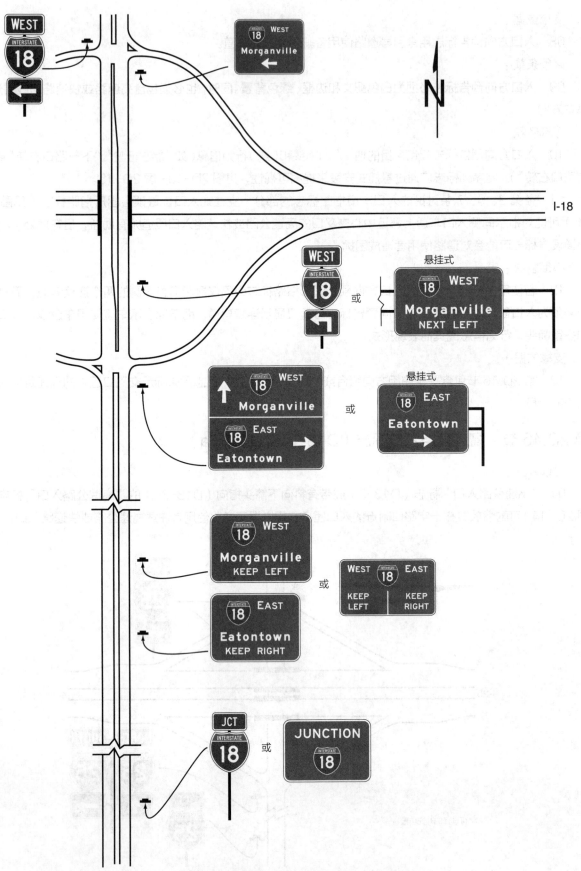

图 2D-13 菱形多车道立交桥交叉路口标志设置示例

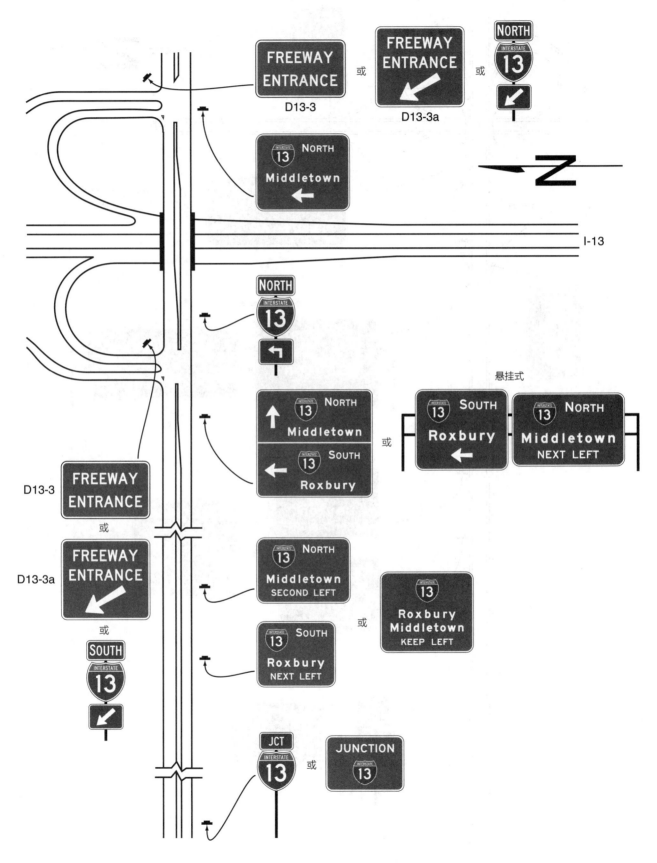

图 2D-14 部分苜蓿叶形多车道立交桥交叉路口标志设置示例

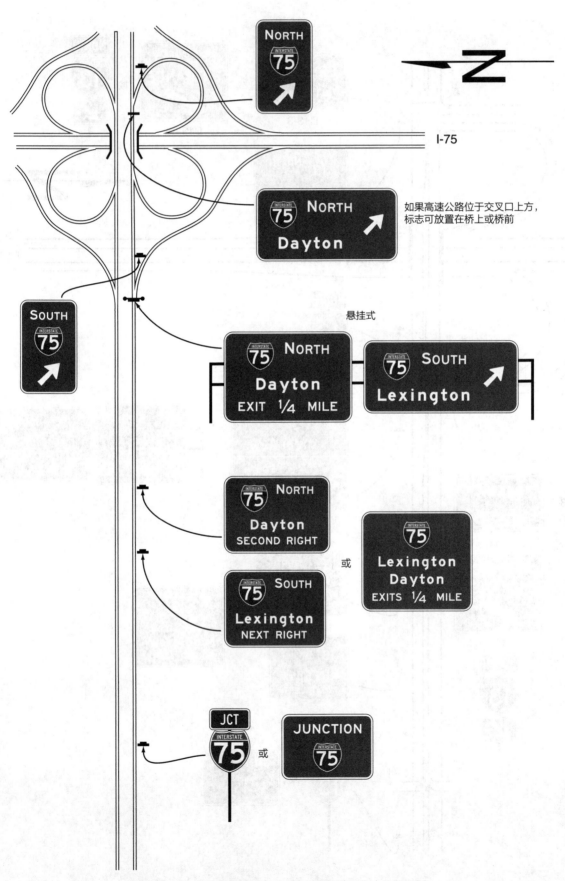

图 2D-15 四叶苜蓿形多车道立交桥交叉路口标志设置示例

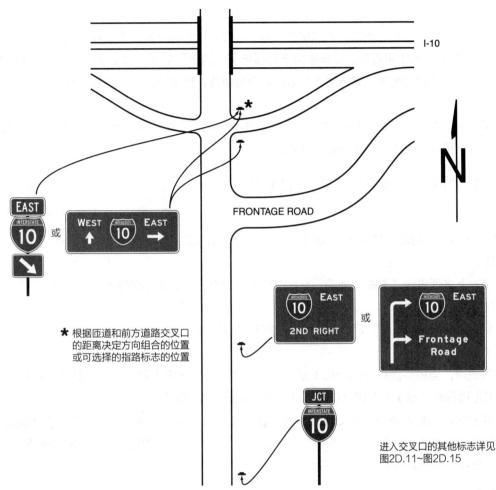

图 2D-16　沿街道路入口匝道交叉路口标志设置示例

02　D13-3 和 D13-3a 标志展示了可替换"高速公路"的文字，例如"快速路"或"景观道路"，视情况还可能出现未编号公路的名称。

03　带有向下指向对角线箭头辅助标志（见第 2D.32 节）的方向标志组合（M6-2a）（见第 2D.28 节）应置于高速公路或快速路入口匝道十字路口远端左侧，作为 D13-3a 标志的一个替代项，对传统道路上的左转交通而言表示高速公路或快速路的直接入口点，并将常规道路同一路口的入口匝道和相邻的出口匝道终端区分开来（见图 2D-14）。类似的方向组合，可能放置在高速公路或快速路入口匝道十字路口的右上角远端，这里的入口匝道和十字路口或辅路入口，在常规道路入口彼此紧密相连，并且对于道路使用者而言，他们可能很难区分出十字路口或小道的常规道路入口和高速公路或快速路的入口（见图 2D-14）。

支撑依据：

04　第 2B.41 节包含关于为防止在高速公路或快速路匝道与常规道路交叉处及入口匝道与主干路交叉地区走错路的禁令标志使用的信息。

第 2D.47 节　泊车区指路标志（D4-1）

可选条款：

01　泊车区指路标志（D4-1）（见图 2D-10）可以用来显示附近的一个公共停车场或停车设施的方向。

必须条款：

02 使用时，在小型、低速街区，泊车区指路标志（D4-1）必须是标准尺寸30英寸×24英寸或更小尺寸18英寸×15英寸的水平矩形。该标志牌上必须标有"泊车"字样，其中字母"P"的高度是其余字母的5倍，并且标有一个方向箭头。标志图文和边框必须为绿色，且置于反光的白色背景上。

指导条款：

03 使用泊车区指路标志时，应放置在主要街道离最近停车设施较近的地方，这样可以建议司机在此停车。该标志不应该用在超过泊车区四个街区的位置。

第2D.48节 "泊车-换乘"标志（D4-2）

可选条款：

01 "泊车-换乘"标志（D4-2）(见图2D-10) 可以引导道路使用者找到泊车换乘区域。

必须条款：

02 该标志上必须包含"泊车-换乘"字样以及方向信息（箭头或文字信息）。

可选条款：

03 "泊车-换乘"标志上可能包含当地交通象形图标和（或）合乘符号。

必须条款：

04 如果使用，当地交通象形图标和（或）合乘符号必须位于标志顶部，在"泊车-换乘"信息之上。当地交通的象形图标和（或）合乘符号的竖直高度绝不能超过18英寸。

05 如果泊车设施是为使用公共交通的参与人提供停车场，应该在指路标志上使用当地交通象形符号。若泊车设施是为拼车的人服务的，那么指路标志上应使用拼车符号。如果停车设施两种功用兼备，象形图标和合乘符号都要体现在指路标志上。

必须条款：

06 这些标志必须备有反光的白色图文和边框，并置于长方形的绿色背景之上。拼车的符号必须如图D4-2标志所示。当地交通象形图标的颜色必须由当地交通部门选择。

可选条款：

07 为了增加当地交通象形图标的目标价值以及对比度，并且使得当地交通象形图标保留其独特的颜色和形状，象形图标可以包含在白色的边框之内或置于白色背景之上。

第2D.49节 称重站标志设置（D8系列）

支撑依据：

01 称重站标志的一般概念类似于服务区标志（见第2I.05节），因为这两种情况下交通使用的区域都在路权内。

必须条款：

02 称重站标志的标准安装必须包括三个基本的标志：

A. 预告标志（D8-1）；
B. 出口方向标志（D8-2）；
C. 出口三角分离点标志。

支撑依据：

03 这些标志的位置示例如图2D-17所示。

可选条款：

04 若国家法律要求在称重站之前摆放禁令标志（R13-1），第四个标志（见第 2B.60 节）可以放到预告标志之后。

指导条款：

05 *出口方向标志（D8-2）或预告标志（D8-1）应该显示出变化的信息"打开"或是"关闭"，无论是在标志边界之内，还是在辅助标牌或标志面板之上。*

第 2D.50 节　社区寻路标志

支撑依据：

01 社区寻路指路标志是协调、连续的标志系统中的一部分，用来为游客或是其他道路使用者指引方向，以能够找到文娱、文化、游客、娱乐主要景观，以及其他位于城市中、城郊或是市中心的目的地。

02 社区寻路指路标志在某区域整体指路标志规划中，用某种常见颜色标记常规道路，并（或）通过增强识别标记来注明目的地的一种目的地指路标志。

03 通过图 2D-18~ 图 2D-20 阐明社区寻路指路标志的不同设计和实际应用。

必须条款：

04 社区寻路指路标志必须仅应用于常规道路上。社区寻路指路标志不能安装在高速公路或快速路主线或匝道上。从高速公路或快速路到社区的方向上，主路上必须使用辅助指路标志（见第 2E.35 节），且匝道上必须使用目的地指路标志（见第 2D.37 节），以引导道路使用者前往使用社区寻路指路标志的地区。个别寻路目的地不能显示在辅助指路标志和目的地指路标志上，除非某些目的地与辅助指路标志上该州或管理机构政策相一致。

05 社区寻路指路标志不能用于指示主要目的地、高速公路路线或街区的方向。目的地指路标志，或其他此类指路标志会在本章节其他地方论述，且这些标志在安装、重要性、明显度方面必须优先于任何其他社区寻路指路标志。

06 因为禁令、警告和其他指路标志优先级级别更高，社区寻路指路标志不能安装在那些无法同时为社区寻路指路标志和其他更高优先级标志提供足够间距的位置。社区寻路指路标志不能安装在可能遮挡道路使用者看到其他交通控制设施的地方。

07 社区寻路指路标志不能悬挂式安装。

指导条款：

08 *一旦使用，社区寻路指路标志系统应该建立在本地市政、或同等管辖级别、或相邻城市的城市化区域、或形成可识别的地理实体的同等区域，这个区域有助于形成凝聚力和连续的标志系统。社区寻路指路标志不应为地区性或是州界的，这些标志安置位置使用不频繁或是极少使用，并不能形成易被道路使用者识别的连续协调的标志系统。在这种情况下，本章详细描述的目的地或其他指路标志应该用来引导道路使用者达到指定区域，这些指定目的地在第 1 条中有所描述。*

支撑依据：

09 本节详细探讨了关于社区寻路指路标志是图文设计适用于车辆在社区内寻路的指路标志，而不能用于那些只向行人或其他道路使用者提供人行道以及路边区域信息的标志。

指导条款：

10 *由于行人寻路标志通常使用较小的图文不足以让通行车辆看清楚，而且这些为行人提供方向的标志有可能会与车辆发生交通冲突。寻路标志设计旨在向行人、其他人行道使用者或路侧区域使用者提供方向指*

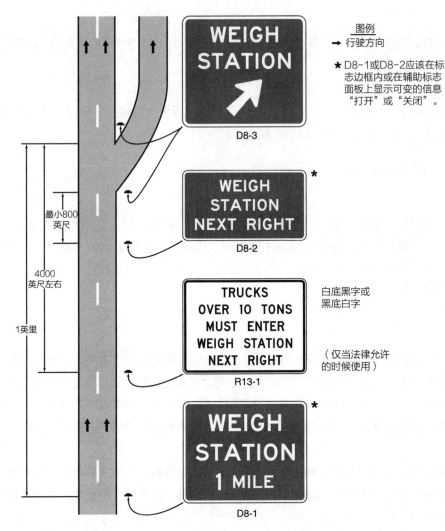

图 2D-17 称重站标志设置示例

引,因此寻路标志应置于尽量减少车辆交通关注度的地方。这些标志应尽量远离街区,例如置于人行道的边缘。将其置于远离车道之处是不切实际的,因此应通过运用以下一种或多种方式尽量减小这些行人指路标志对于车辆的显著影响:

A. 将这些标志远离使用高优先级交通禁令设施的十字路口。

B. 使得传达的行人信息朝向人行道,远离街道。

C. 当该标志悬挂在人行道之上时,若行人寻路标志与行车交通标志在同等高度,则需拆除在一系列车辆标志视线中的行人寻路标志。

11 为了进一步降低夜间这些标志对过往车辆的显著影响,行人指路标志不应具有逆反射性能。

支撑依据:

12 颜色编码有时用于社区寻路指路标志,以帮助道路使用者区分多个潜在的、混乱的位于不同街区、社区或地区内分区的交通吸引区目的地。

可选条款:

13 在使用了社区寻路指路标志的地理区域边界,一个信息指路标志(见图 2D-18 和图 2D-20)可能会提示道路使用者指路标志的存在,并明确示意其使用各种颜色编码或象形图标的含义。

图 2D-18 社区寻路指路标志示例

必须条款：

14　这些信息指路标志必须为绿色背景及白色图文和边框，且有与图 2D-1、图 2D-18 类似的设计，且必须满足指路标志的基本设计原则。这些信息指路标志不能置于高速公路或快速路主线或匝道之上。

15　社区寻路指路标志系统的识别增强标记的颜色编码或象形图标必须在信息指路标志之中，而该标志必须放置于社区寻路指路标志区域的边界处。颜色编码或象形图标必须适用于特定的、可识别的街区或地理分区，而且整个区域都必须涵盖在社区寻路指路标志中。颜色编码或象形图标不能用于区分指定同一社区或分区的不同类型目的地。颜色编码必须与信息指路标志的面板上不同颜色的正方形或矩形标志面板一起使用，每块面板放置在颜色编码适用的邻区或命名地理区域的左侧。彩色的正方形或者矩形面板的高度不能超过标志上的主要文字中大写字母 2 倍的高度。

可选条款：

16　不同颜色的正方形或者矩形面板可包括黑色或白色（选择其中与面板颜色对比更明显的）、字母、数字或其他适当的设计来突显目的地。

17　除了安装在寻路指路标志区域边界的信息指路标志，社区寻路标志可以使用除绿色以外的其他背景色，这样会给整体指路标志系统地理区域内的指路目的地提供更鲜明的识别颜色。颜色编码的社区寻路指路标志可以展示（也可以不展示）与第 13~16 条中颜色编码面板一致的边界信息指路标志。除了这本在第 18 和 19 条中提到的手册，其被批准用于官方交通控制信号的颜色（见第 2A.10 节），其他背景颜色也能用于社区寻路指路标志的颜色编码。

必须条款：

18　标准颜色红、橘、黄、紫色，或上述颜色的荧光色，以及荧光黄绿色和荧光粉色，均不能作为社区寻路指路标志背景颜色，此举是为了尽量减少道路使用者可能对于关键的、优先级高的禁令和警告标志在颜色理解上的困扰。

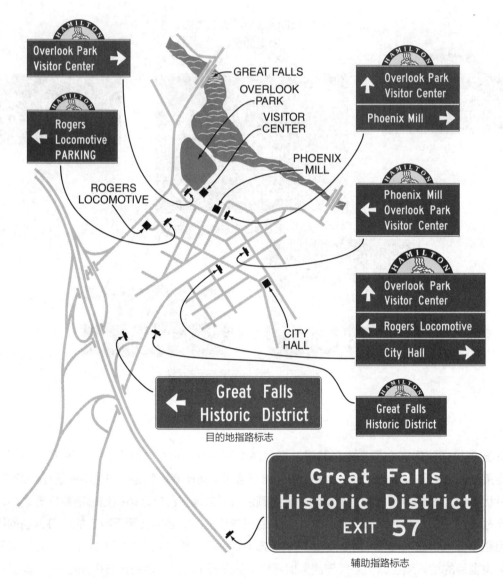

图 2D-19 在高速公路或快速路上显示方向的社区寻路指路标志系统的示例

19 社区寻路指路标志的图文和背景的最小亮度比必须是 3∶1。

20 社区寻路指路标志的所有信息、边界、图文、背景和任何识别增强标记必须是反光的（见第 2A.07 节和第 2A.08 节）。

指导条款：

21 *不包括任何识别增强标记的社区寻路指路标志其形状应为矩形。第 2A.06 节中描述的简单性和一致性的设计、安装和应用很重要，应被纳入区域中社区寻路指路标志的设计和安放位置计划之中。*

22 *每个社区寻路指路标志最多包含 3 个目的地信息（见第 2D.07 节）。*

23 *应该尽量少使用缩写（见第 1A.15 节），并且只使用那些公众认可的缩写。*

24 *应该使用与背景颜色标志形成鲜明对比的某种颜色的水平直线，将不同方向的各组目的地隔开。*

支撑依据：

25 所有公路标志的基本要求，包括社区寻路指路标志在内，对于目标使用者而言应是清晰易读的，使得使用者可以及时理解以做出适当反应。第 2A.06 节包含标志设计的额外信息，包括有效设计的期望属性。

第 2D 章 指路标志——常规道路   193

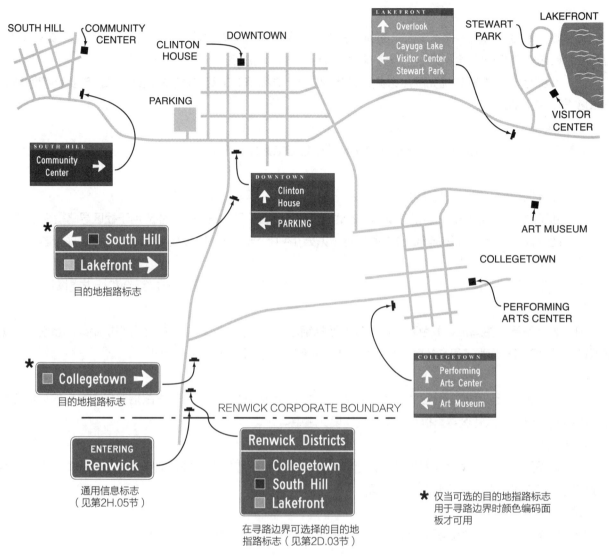

图 2D-20 彩色编码的社区寻路指路标志系统示例

指导条款：

26 文字信息应该尽可能简短实用，字体应该大到足以提供必要的可视距离。

必须条款：

27 字母高度与可视距离的最小特定比必须符合第 2A.13 节的规定。在社区寻路指路标志上用于目的地和方向的图文字体大小必须符合第 2D.06 节中规定的最小字母高度。

28 行间距和边距必须符合第 2D.06 节的规定。

29 除了在第 31 条提到的，社区寻路指路标志上用于目的地和方向图文的字体样式必须符合第 2D.05 节的规定。

30 社区寻路指路标志上的目的地文字必须为小写字母与大写首字母的组合（见第 2D.05 节）。而社区寻路指路标志上的其他文字信息必须全部为大写字母。

可选条款：

31 除了《公路标志和标线标准》一书所提到的标准字母外的字体风格，如果工程评判确定某种字体易读，且与标准字母的文字高度和笔画宽度相同，那么该字体也可以用于社区寻路指路标志之中。

必须条款：

32　除了希望被行人、停在车流前的骑行者或已停车的车主看到的标志，一切互联网和电子邮件地址，包括域名和统一资源定位器（URL），均不能出现在任何社区寻路指路标志或标志组合上。

33　目的地箭头位置和优先顺序必须遵循第 2D.08 节和第 2D.37 节条款中的要求。箭头必须选取第 2D.08 节中提供的设计。

可选条款：

34　象形图标（定义见第 1A.13 节）可用在社区寻路指路标志上。

必须条款：

35　如果使用象形图标，其高度不得超过标志上主要文字大写字母的 2 倍。

36　除了象形图标以外，一切未在本手册中批准可在标志上使用的符号，不能应用于社区寻路指路标志。

37　商务标语、商业图形或其他形式的广告（见第 1A.01 节）不能用于社区寻路指路标志或标志集合。

可选条款：

38　其他专门识别指路系统的图形，包括增强识别标记，都可以用于整个标志组合和标志支撑物。

支撑依据：

39　增强型标记由图形、颜色和（或）象形图标组成，可作为一个区域的社区寻路指路标志系统的视觉标识符。图 2D-18 列举了可与社区寻路指路标志一起使用的增强型标记设计示例。

可选条款：

40　增强识别标记可用在社区寻路指路标志组合中，也可以作为整个社区寻路指路标志及目的地指路标志系统中的一部分融入社区寻路指路标志的整体设计之中。

必须条款：

41　增强型识别标记的大小和形状必须小于所在社区寻路指路标志本身，增强型识别标记不得设计成容易被道路使用者误解为交通控制设施的外观。

指导条款：

42　增强型识别标记的面积不应超过与它安装在同一标志集合的社区寻路指路标志面积的 1/5。

第 2D.51 节　卡车、超车或爬坡车道标志（D17-1 和 D17-2）

指导条款：

01　如果已为卡车或其他慢行车辆提供额外车道，那么应在车道前预先放置"XX 英里外有下一条卡车车道"（D17-1），及（或）"XX 英里外有卡车车道"（D17-2）的标志（见图 2D-21）。

可选条款：

02　除了"卡车车道"外，可以使用"超车道"或"爬坡车道"作为替代文字。

03　第 2B.31 节包含关于这些类型车道的禁令标志的信息。

第 2D.52 节　慢行车辆避让标志（D17-7）

指导条款：

01　*如果设有慢行车辆避让区，那么"前方 XX 英里慢行车辆避让（D17-7）"标志（见图 2D-21）应置于避让区域之前。*

可选条款：

02　第 2B.35 节包含了关于慢行车辆避让区的禁令标志信息。

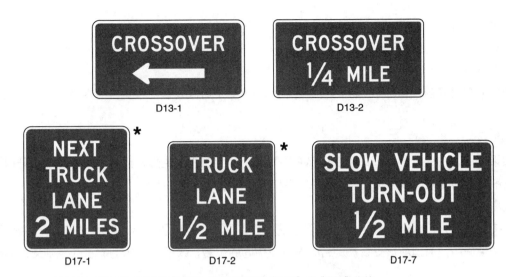

*在D17-1和D17-2标志里"卡车"这个词可以用"超车"或"爬坡"代替。

图 2D-21　交叉、卡车车道和慢行车辆标志

第 2D.53 节　命名公路标志设置

可选条款：

01　如果此举目的是加强驾驶员的沟通和指导，指路标志可以包含街区或公路名称；但是，这些名称可视为路线编号的补充信息。

必须条款：

02　公路名称不得取代官方数字名称。

03　纪念名称（见第 2M.10 节）不得出现在公路沿途以及其相交路线上的辅助标志或在任何其他信息标志上。

04　路线标志的使用必须仅限于官方为引导交通所使用的标志，严格按照本手册和美国国家公路运输官员协会《目的和政策》中对于编号的州际公路和国道的声明（见美国国家公路和交通运输协会地址的 i 页）。

可选条款：

05　对于交通指导意义重大的未编号路线，一旦按照前述政策执行可能会被编号。而对于未编号的公路，能够增强路线引导性的名称可能会用到整条公路之上。

指导条款：

06　*无论是否编号，每条公路只能对应一个名称。*

第 2D.54 节　中央分隔带开口标志（D13-1 和 D13-2）

可选条款：

01　中央分隔带开口标志可以安装在分隔式公路处，以提示中央分隔带开口，该处除中央分隔带开口标志外没有安装其他警示或指路标志。

必须条款：

02　"中央分隔带开口"标志（D13-1）（见图 2D-21）不得用于提示仅为官方或授权车辆使用的中央分隔带开口。如果使用，该标志必须为合适大小的水平矩形，且包含"中央分隔带开口"字样以及一个水平方向的箭头。"中央分隔带开口"标志必须为白色文字和边界且背景色为绿色。

指导条款：

03　*如果使用，"中央分隔带开口"标志应直接安装在中央分隔带开口外，公路的右边或中间。*

可选条款：

04　*中央分隔带开口预告标志（D13-2）（见图 2D-21）可以安装在中央分隔带开口标志之前，以预先提示穿越。*

必须条款：

05　*如果使用，中央分隔带开口预告标志必须为大小适当的水平矩形，标有"中央分隔带开口"字样和到中央分隔带开口的距离。该标志必须为白色文字和边界，且背景色为绿色。*

指导条款：

06　*中央分隔带开口预告标志上显示的距离应为 1 英里、1/2 英里或 1/4 英里，除非特殊条件下需要其他的距离。如果使用，标志应该安装在道路的右侧或中间的位置，大概为标志上显示的距中央分隔带开口距离的位置。*

第 2D.55 节　国家风景道路标志（D6-4 和 D6-4a）

支撑依据：

01　*根据其各自的考古、文化、历史、自然、休闲或风景价值，一些道路已被美国交通部认定为国家风景道路，或全美风景道路。*

可选条款：

02　*州和地方公路机构可能已将国家风景道路（D6-4 和 D6-4a）标志放置于那些已被美国交通部指定为美国国家风景道路或全美风景道路的路线入口处。D6-4 和 D6-4a 的标志可以置于路线标志集合中（见图 2D-22），或作为更大的路边结构的组成部分。国家风景道路标志也可以安装在沿指定路线的周期性间隔处，以及指定的路线转向处，或置于沿着不同编号的公路旁。而在那些路侧被开发出来以提升旅行者的体验的地方，如服务区、历史遗迹、说明性设施或观景点，可以将国家风景道路标志置于相关的标志集合中，以提醒旅行者这些是可以提供旅游体验的场所。*

图 2D-22　国家风景道路标志示例

必须条款：

03　*若要将国家风景道路标志安装于国家风景道路或全美风景道路旁，则必须使用图 2D-22 中 D6-4 和 D6-4a 的标志设计。这种设计仅限于使用在美国交通运输部指定的国家风景道路或全美风景道路的路线。*

04　*如果使用，D6-4 和 D6-4a 的标志必须设置成道路使用者可以优先看见的道路路线标志。*

第 2E 章　指路标志——高速公路和快速路

第 2E.01 节　高速公路和快速路指路标志标准的范围

支撑依据：

01　本章为机动车流量大、速度高的高速公路和快速路提供了统一而有效的标志系统。快速路标志的规格要求超过常规道路（见第 2D 章），但低于高速公路标志的要求。因为现行道路中有许多线形设计变量，应主要考虑标志的概念符合现行情况。第 1A.13 节中包含了快速路和高速公路的定义。

02　高速公路和快速路指路标志的主要区别在于标志名称，而非特定的标志设计。快速路和高速公路指路标志的设计指南在《公路标志和标线标准》一书中提及（见第 1A.11 节）。

必须条款：

03　本章节规定必须应用于任何满足快速路或高速公路设施定义的公路。

第 2E.02 节　快速路和高速公路标志设置原则

支撑依据：

01　高速公路和快速路标志设置系统的发展是为不熟悉该路线或地区的道路使用者提供明确的指示，让他们可以顺利到达目的地。标志设置是设施的一个组成部分，因此，最好随着高速公路位置的发展和几何设计同时规划。为达到最佳效果，标志应在最初设计阶段进行规划，并且细节要随最终设计同步优化。标志过度设置的现象出现在许多主要高速公路，这通常是使用了大量尺寸太小、设计不良的标志，不能完成预期的目的。

02　应将高速公路和快速路标志设置作为有规划的安装系统来考虑和研发。工程调研有时是解决许多个别地区问题所必要的，但同时也需要考虑整条路线。

指导条款：

03　*开车穿越州界时，以及开车穿过郊区或城区时，应在驶向立交桥的路口路段设置一致的标志指引道路使用者。由于地理、线形和营运因素通常造成了显著的城乡差异，设置标志时应考虑到这些差异。*

04　*在高速公路和快速路上的指路标志，应该提供如下不同的功能：*

A. *在交叉口或立交桥处指明前往目的地、街道或公路路线的方向；*

B. *提前预告前方交叉口或立交桥；*

C. *指示道路使用者在驶离或汇入前提前进入合适的车道；*

D. *确认路线并指明那些路线的方向；*

E. *显示目的地距离；*

F. *指示通往驾驶人综合服务、休息、观景和娱乐区的路线；*

G. *为道路使用者提供其他有价值的信息。*

第 2E.03 节　指路标志分类

支撑依据：

01　高速公路和快速路指路标志可被归为以下几类：

A. 路线标志和寻路标志组合（见第 2E.27 节）；

B. 平面交叉标志（见第 2E.29 节）；

C. 立交桥标志（见第 2E.30 节至第 2E.39 节）；

D. 立交序列标志（见第 2E.40 节）；

E. 社区立交识别标志（见第 2E.41 节）；

F. 接下来 XX 个出口标志（见第 2E.42 节）；

G. 称重站标志（见第 2E.54 节）；

H. 综合信息标志（见第 2H.04 节）；

I. 里程桩号标志（见第 2H.05 节）；

J. 通用服务标志（见第 2I 章）；

K. 服务区与观景点标志（见第 2I.05 节）；

L. 旅游信息和游客中心标志（见第 2I.08 节）；

M. 广播信息标志（见第 2I.09 节）；

N. 合乘标志（见第 2I.11 节）；

O. 特定服务标志（见第 2J 章），

P. 休闲与文化景区标志（见第 2M 章）。

第 2E.04 节　总则

支撑依据：

01　标志应设计得清晰易读，这样道路使用者可以在接近标志过程中能及时阅读并可以做出适当反应。所需的设计特点应包括（a）能见度距离；（b）较大字母、符号和箭头；（c）可以快速理解的较短图文。

必须条款：

02　交通标志必须使用标准的形状和颜色，以便道路使用者可以及时识别。

第 2E.05 节　指路标志的颜色

必须条款：

01　除在本手册中另有规定外，在高速公路和快速路上的指路标志必须为绿色背景上有白色字母、符号、箭头和边框。

支撑依据：

02　对路线标志和寻路标志、可变信息标志、服务和休息区标志、公园和娱乐区标志以及各种特定综合标志的颜色需求，会在讨论特殊标志或标志组合中的独立章节中提到。

第 2E.06 节　反光或照明

必须条款：

01　所有指路标志上的字母、数字、符号、箭头及边框必须是反光的。所有指路标志的背景，若非自主发光的，就必须有逆反射性。

支撑依据：

02 在没有外来光源严重干扰的地方，反光的立柱式标志通常可以保证足够的夜间能见度。

03 在高速公路和快速路上这些夜间开车用近光灯的地方，近光灯照到悬挂式标志的情况相对较少。

指导条款：

04 *悬挂式标志应安装为发光式，除非工程调研证明，单纯反光标志可以有效发挥作用。选择的照明类型应该为标志的面板和信息提供合理而有效的统一照明。*

第 2E.07 节 城市标志的特征

支撑依据：

01 描绘城市环境不是用城市限制其他边界，而在于以下特征：

A. 干线公路每个方向至少有两条车道；

B. 通过道路的车流量高；

C. 立交桥通行车流量高；

D. 立交桥间距离较近；

E. 道路和立交桥均有照明；

F. 有 3 个或更多立交桥服务于主要城区；

G. 有绕城路、环城路或分岔路服务于大部分城市入口；

H. 看上去比较凌乱的路侧开发。

02 城市高速公路和快速路的营运条件和道路线形通常可以使特殊标志的设置合理，包括以下情况：

A. 使用立交序列标志（见第 2E.40 节）；

B. 标志尽最大可能分散设置（见第 2E.11 节）；

C. 避免使用通用或特定服务标志（见第 2I 和 2J 章）；

D. 尽量少使用立柱式立交桥标志（见第 2E.38 节）；

E. 预告标志应摆放在距离立交较近的位置，并适当调整图文（见 第 2E.33 节）；

F. 在道路结构及独立标志支撑物上使用悬挂式标志（见第 2E.25 节）；

G. 在十字路口和立交前使用悬挂式车道箭头标志或图形指路标志（见第 2E.21 节及 2E.22 节）；

H. 频繁在指路标志上使用街区名作为主要信息。

03 较低的时速，通常是城市营运的特征，但这并不意味着设置标志的标准降低。对道路使用者而言，典型的交通模式更为复杂难懂，因此，就像在乡村道路上一样，较大、易读的图文，对于城市的高速公路也是十分必要的。

第 2E.08 节 乡村标志的特征

支撑依据：

01 乡村地区立交之间距离更远，这也使得每个立交的入口车道和出口车道上标志的排列有足够的间隔。然而相邻车道和驶入或离开匝道的车流较少，使得在乡村驾车更为单调，更易疏忽。因此这增加了要求决策和操作的标志使用的重要性。

指导条款：

02 *在立交之间距离很长且线形相对不变的地方，标志应该摆放在对于道路使用者有最佳效果的位置。*

考虑到整个路线标志设置的设计，应该避免把乡村立交到邻近地区所有标志组合在一起。应特别关注标志在自然目标位置的摆放，以吸引道路使用者的注意，特别是当需要道路使用者进行操作时。

第 2E.09 节　命名高速公路的标志设置

支撑依据：

01　第 2D.53 节包含的信息也适用于高速公路和快速路，至于道路名称在未编号道路标志设置的使用是为了加强交通引导和促进通行。

02　第 2M.10 节包含了关于路径、桥梁或道路部分的纪念标志的信息。

第 2E.10 节　指路标志上图文的数量

指导条款：

01　任何指路预告标志或出口方向标志上显示的目的地名称或街道名称不应超过 2 个。应避免城市名称和街道名称在同一标志上。若同一支撑物上放置了 2 块或 3 块标志，则目的地或名称应限制为每块标志上 1 个，或总数不应超过 3 个。图文不应超过 3 行，不包括出口编号、行动或距离信息。

第 2E.11 节　悬挂式标志安装数量及标志的分散式设置

指导条款：

01　如在前面第 2A.17 节中所述，如果使用悬挂式标志，这些位置的标志数量仅限于那些对于向道路使用者传递目的地相关信息的标志数量。单一出口的出口方向标志和指路预告标志应仅有一个标有 1 个或 2 个目的地的标志。禁令标志，如速度限制标志，不应该与悬挂式指路标志一起安装。因为道路使用者用来阅读理解标志含义的时间有限，不应在悬挂式结构或支撑物上任何位置安装超过 3 块指路标志。

可选条款：

02　在悬挂式标志的位置可能会安装多个标志用以提醒立交的多个出口方向。如果道路匝道或交叉路线线形复杂或不寻常，应该有确认信息的额外标志来正确引导道路使用者。

支撑依据：

03　标志的分散式设置是主要悬挂式标志间隔排列的一种概念，为了让道路使用者不会在某个位置看到一组标志难以理解。图 2E-1 举例解释了标志的分散式设置。

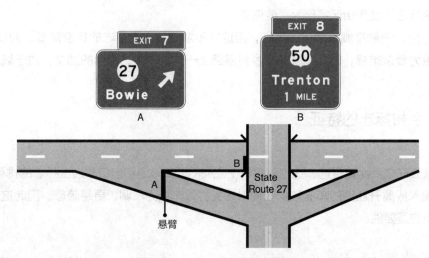

图 2E-1　分散式指路标志示例

指导条款：

04　在使用悬挂式标志的地方，标志分散式分布应该用在所有的单一立交出口并尽可能用于多出口立交处。分散式分布标志应该遵循以下使用原则：

A.*出口方向标志应该作为唯一的标志应用在分离点附近（除了出口三角分离点标志）它应该悬挂于理论三角分离点附近，并通常置于一个悬挂式标志支撑结构上。*

B.*用以指示下一个立交出口的指路预告标志应安装在交叉口附近的位置。如果交叉路段横跨主线，指路预告标志应该安装在天桥上，或直接安装在天桥前面的一个独立结构物上。*

第 2E.12 节　过境指路标志（E6-2 和 E6-2a）

支撑依据：

01　过境指路标志（E6-2 和 E6-2a）（见图 2E-2）是为过境车流设置的悬挂式指路标志。

指导条款：

02　*当某处立交使用的线形过于复杂，使得道路使用者很难分辨哪条是直行车道，或是需要额外路线引导的地方，应该使用过境指路标志。带有向下箭头的过境指路标志，应使用在某处直行车道线形是弯曲的且出口方向是直行的地方，这里的直行车道数目并不明确，而在多车道出口，直行车道数量减少。*

支撑依据：

03　第 2E.20 节至第 2E.24 节包含的信息涉及悬挂式车道箭头标志或图形指路标志在多车道的使用，在这里直行车道数量减少，其中一条直行车道作为直行通过或驶出该道路的共用车道。

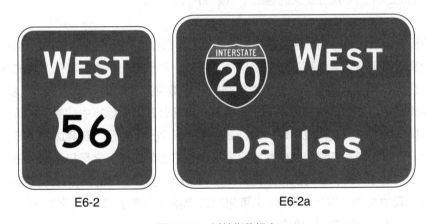

图 2E-2　过境指路标志

第 2E.13 节　目的地的设计

必须条款：

01　高速公路和主要的目的地或沿途重要城市的方向，必须使用适当的目的地指路图文来明确指出（见第 2D.37 节）。连续的高速公路指路标志必须提供连续目的地名称，并要和现行的地图信息一致。在任何决策点，一个给定的目的地必须仅用一条路线指示。

指导条款：

02　*沿途重要城市图文应在下列情况下用在高速公路沿途：*

A.*在高速公路间的立交处；*

B. *在重叠高速公路路线的分离点；*

C. *在交叉路线的方向标志上，以引导车流进入高速公路；*

D. *在过境指路标志上；*

E. *在立交桥后地点距离标志的底线上。*

支撑依据：

03 目的地名称的连续性对于快速路服务于长途或州内出行也有很大作用。

04 主要目的地或沿途重要城市的确定关乎高速公路提供服务的质量。高速公路指路标志上的沿途重要城市是由州政府选择的，并包含在"毗邻高速公路的交通发电机补充指路标志选择指导方针，《指路标志》（第4版），第2部分：机场指路标志或指路标志的指导方针，第3部分：用于州际公路指路标志上的沿途重要城市清单"，由美国公路与运输官员协会发布出版（见第1A.11节）。

第2E.14节　字母和标志的尺寸和类型

必须条款：

01 除了在第2A.11节中所提到的内容外，高速公路和快速路指路标志的尺寸标准化设计必须如表2E-1所示。

支撑依据：

02 第2A.11节包含了有关表2E-1中不同列的适用性信息。

可选条款：

03 可使用比表2E-1所示尺寸更大的标志（见第2A.11节）。

必须条款：

04 对于一切没有标准化设计的高速公路与快速路标志，必须首先确定信息量，然后是标志的外部尺寸。快速路指路标志中文字内容所用字母高度必须至少为8英寸。对于立交桥上或其前方的主要指路标志，以及一切悬挂式标志，必须使用更大的字体。快速路指路标志中数字及字母的最小尺寸，必须根据立交桥分类、标志类型、图文构成而定，如表2E-2和表2E-3所示。高速公路指路标志中数字及字母的最小尺寸，必须根据立交桥分类、标志类型、图文构成而定，如表2E-4和表2E-5所示。在高速公路和快速路指路标志上的一切地点、街道、公路的所有名称必须由首字母大写的小写字母组成。字母和数字的使用必须按照《公路标志和标线标准》一书的E（M）系列执行（见第1A.11节）。小写字母的公称环形高度必须是字首大写字母高度的3/4（对于字母高度规范的补充信息，见第2D.05节的第2条）。其他文字图文必须由大写字母组成。字行间距和边距必须按第2E.15节所提供的内容执行。

05 对于乡村或城市，高速公路和快速路标志的字体大小必须是相同的。

支撑依据：

06 标志的尺寸主要依据信息长度以及为了保证视认性而必须维持的字母尺寸而确定。对于高速公路和快速路标志，字母类型、高度和箭头设计已经标准化，以确保统一有效的应用。

07 大写、小写字母设计以及建议字间距列表，参看《公路标志和标线标准》一书所示（见第1A.11节）。

指导条款：

08 *在快速路的几何设计与高速公路标准相当的情况下，应当使用高速公路的标准（见表2E-4和表2E-5）。*

09 *对于在本手册其他位置未作特殊标识的其他标志字母尺寸要求，应遵循这些规范。应当尽量减少缩写的使用（见第2E.17节）。*

高速公路或快速路上指路标志和标牌的尺寸			表2E-1
标志或标牌	标志设计	章节	最小尺寸
出口编号（标牌）			
1 位数或 2 位数出口编号	E1-5P	2E.31	114 × 30
3 位数出口编号	E1-5P	2E.31	132 × 30
1 位数或 2 位数出口编号（单字母后缀）	E1-5P	2E.31	138 × 30
3 位数出口编号（单字母后缀）	E1-5P	2E.31	156 × 30
1 位数或 2 位数出口编号（双字母后缀）	E1-5P	2E.31	168 × 30
3 位数出口编号（双字母后缀）	E1-5P	2E.31	186 × 30
左（标牌）	E1-5aP	2E.33	72 × 30
左出口编号（标牌）			
1 位数或 2 位数出口编号	E1-5bP	2E.31	114 × 54
3 位数出口编号	E1-5bP	2E.31	132 × 54
1 位数或 2 位数出口编号（单字母后缀）	E1-5bP	2E.31	138 × 54
3 位数出口编号（单字母后缀）	E1-5bP	2E.31	156 × 54
1 位数或 2 位数出口编号（双字母后缀）	E1-5bP	2E.31	168 × 54
3 位数出口编号（双字母后缀）	E1-5bP	2E.31	186 × 54
距离下一个出口 XX 英里（1 行）	—	2E.34	可变的 × 24
距离下一个出口 XX 英里（2 行）	—	2E.34	可变的 × 36
出口三角分离点（没有出口编号）	E5-1	2E.37	72 × 60
出口三角分离点（有出口编号）			
1 位数或 2 位数出口编号	E5-1a	2E.37	78 × 60
3 位数出口编号	E5-1a	2E.37	96 × 60
1 位数出口编号（单字母后缀）	E5-1a	2E.37	90 × 60
2 位数出口编号（单字母后缀）	E5-1a	2E.37	108 × 60
3 位数出口编号（单字母后缀）	E5-1a	2E.37	126 × 60
1 位数出口编号（双字母后缀）	E5-1a	2E.37	120 × 60
2 位数出口编号（双字母后缀）	E5-1a	2E.37	138 × 60
3 位数出口编号（双字母后缀）	E5-1a	2E.37	156 × 60
出口编号（标牌）			
1 位数或 2 位数出口编号	E5-1bP	2E.37	42 × 30
3 位数出口编号	E5-1bP	2E.37	60 × 30
1 位数出口编号（单字母后缀）	E5-1bP	2E.37	48 × 30
1 位数出口编号（双字母后缀）	E5-1bP	2E.37	72 × 30
2 位数出口编号（单或双字母后缀）	E5-1bP	2E.37	72 × 30
3 位数出口编号（单或双字母后缀）	E5-1bP	2E.37	72 × 30
窄出口三角分离点	E5-1c	2E.37	60 × 90*
过境	E6-2	2E.12	可变的 × 120*
过境	E6-2a	2E.12	可变的 × 90*
仅出（有箭头）	E11-1, 1d	2E.24	174** × 36
出	E11-1a	2E.24	66 × 18

续表

标志或标牌	标志设计	章节	最小尺寸
仅	E11-1b	2E.24	66 × 18
仅出口	E11-1c	2E.24	120 × 18
仅出口（双箭头）	E11-1e, 1f	2E.24	222** × 36
左	E11-2	2E.40	60 × 18
出口三角分离点建议速度（标牌）	E13-1P	2E.37	72 × 24
出口方向建议速度	E13-2	2E.36	162 × 24
州际路线标志（1位或2位数）	M1-1	2E.27	36 × 36
州际路线标志（3位数）	M1-1	2E.27	45 × 36
离开州际路线标志（1位或2位数）	M1-2, 3	2E.27	36 × 36
离开州际路线标志（3位数）	M1-2, 3	2E.27	45 × 36
美国路线标志（1位或2位数）	M1-4	2E.27	36 × 36
美国路线标志（3位数）	M1-4	2E.27	45 × 36
州路线标志（1位或2位数）	M1-5	2D.11	36 × 36
州路线标志（3位数）	M1-5	2D.11	45 × 36
县路线标志（1位，2位或3位数）	M1-6	2D.11	36 × 36
森林路径（1位，2位或3位数）	M1-7	2D.11	36 × 36
艾森豪威尔州际公路系统	M1-10, 10a	2E.28	36 × 36
交汇	M2-1	2D.13	30 × 21
多路交汇（2路线标志）	M2-2	2D.14	60 × 48*
基本方向	M3-1, 2, 3, 4	2D.15	36 × 18
可选择的	M4-1, 1a	2D.17	36 × 18
绕城支路	M4-2	2D.18	36 × 18
商务	M4-3	2D.19	36 × 18
卡车	M4-4	2D.20	36 × 18
到，向	M4-5	2D.21	36 × 18
结束	M4-6	2D.22	36 × 18
暂时	M4-7, 7a	2D.24	36 × 18
开始	M4-14	2D.23	36 × 18
转向预告箭头	M5-1, 2, 3	2D.26	30 × 21
车道设计	M5-4, 5, 6	2D.27	36 × 24
方向箭头	M6-1, 2, 2a, 3, 4, 5, 6, 7	2D.28	30 × 21
目的地（1行）	D1-1	2D.37	可变的 × 30
目的地和距离（1行）	D1-1a	2D.37	可变的 × 30
目的地（2行）	D1-2	2D.37	可变的 × 54
目的地和距离（2行）	D1-2a	2D.37	可变的 × 54
目的地（3行）	D1-3	2D.37	可变的 × 72
目的地和距离（3行）	D1-3a	2D.37	可变的 × 72
距离（1行）	D2-1	2D.41	可变的 × 30
距离（2行）	D2-2	2D.41	可变的 × 54

续表

标志或标牌	标志设计	章节	最小尺寸
距离（3行）	D2-3	2D.41	可变的 × 72
街道名称	D3-1, 1a	2D.43	可变的 × 18
街道名称预告（2行）	D3-2	2D.44	可变的 × 42*
街道名称预告（3行）	D3-2	2D.44	可变的 × 66*
街道名称预告（4行）	D3-2	2D.44	可变的 × 84*
换乘	D4-2	2D.48	36 × 48
国家风景道路	D6-4	2D.55	24 × 24
国家风景道路	D6-4a	2D.55	24 × 12
距离称重站 XX 英里	D8-1	2E.54	96 × 72（F）78 × 60（E）
下一右转处有称重站	D8-2	2E.54	108 × 90（F）84 × 72（E）
称重站（箭头）	D8-3	2E.54	84 × 78（F）66 × 60（E）
交叉	D13-1, 2	2D.54	78 × 42
高速公路入口	D13-3	2D.46	48 × 30
高速公路入口（箭头）	D13-3a	2D.46	48 × 42
车道使用/目的地组合	D15-1	2D.33	可变的 × 96
距离下一个卡车车道 XX 英里	D17-1	2D.51	60 × 66
卡车车道 XX 英里	D17-2	2D.51	60 × 54
慢行车辆驶出 XX 英里	D17-7	2D.52	96 × 54

* 该尺寸适用于第 2D 和 2E 章中的典型标志，其尺寸应该依据标志所需图文的数量确定。
** 代表最小宽度尺寸，其宽度应适当增加与指路标志的宽度相匹配。
注：1. 更大的标志可能会在适当的时候使用。
  2. 尺寸以英寸显示为宽度 × 高度
  3. 当有两个尺寸显示时，大的尺寸适用于高速公路（F），小的尺寸适用于快速路的（E）。

不同立交类型快速路指路标志的最少字母和数字尺寸　　　　表 2E-2

标志的类型	立交的类型（见第2E.32节）				悬挂式
	主要		中间	次要	
	a 类型	b 类型			
A. 指示预告、出口方向和悬挂式指路标志					
出口编号标牌					
单词	10	10	10	8	10
数字 & 字母	15	15	15	12	15
州际路线标志					
数字	18	—	—	—	18
1 位或 2 位数字盾形标	36 × 36	—	—	—	36 × 36
3 位数字盾形标	45 × 36	—	—	—	45 × 36
美国或州路线标志					
数字	18	18	18	12	18
1 位或 2 位数字盾形标	36 × 36	36 × 36	36 × 36	24 × 24	36 × 36
3 位数字盾形标	45 × 36	45 × 36	45 × 36	30 × 24	45 × 36

续表

标志的类型	立交的类型（见第2E.32节）				悬挂式
	主要		中间	次要	
	a 类型	b 类型			
美国或州路径文本识别（示例：US 56）					
数字 & 字母	18	15	15	12	15
基本方向					
第一个字母	18	15	12	10	15
其他字母	15	12	10	8	12
辅助和可选择的路径图文（示例：JCT，TO，ALT，BUSINESS）					
单词	15	12	10	8	12
目的地名称					
大写字母	20	16	13.33	10.67	16
小写字母	15	12	10	8	12
距离数字	18	15	12	10	15
距离分数数字	12	10	10	8	10
距离单词	12	10	10	8	10
活动信息文字	10	10	10	8	10
B. 三角分离点标志					
单词	10	10	10	8	—
数字 & 字母	12	12	12	10	—

注：尺寸单位为英尺，合适的地方写成"宽 × 高"。

支撑依据：

10　对于悬挂式安装并应用在道路特定车道的标志，其水平方向上尺寸必须被限制在车道宽度内，这样相邻的车道上可以放另一个标志。为进一步限制悬挂式标志适用的尺寸和图文，有必要保持适当垂直间隙。

第 2E.15 节　行间距和边距

指导条款：

01　*大写字母的行间距应该近似等于相邻行中大写字母平均高度的 3/4。*

02　*距顶部和底部边界的间距应该等于相邻行的字母平均高度。距垂直边界的横向间距大体上应该和最大字母的高度相同。*

第 2E.16 节　标志边框

必须条款：

01　标志边框必须与图文保持同样颜色，以体现其独有的形状，从而使标志更容易识别，外观完整。

指导条款：

02　*尺寸大于 120 英寸 ×72 英寸的指路标志，边框宽度应该定为 2 英寸。而稍小的指路标志，边框宽度应该为 1.25 英寸，但不应该超过标志上主要字母的笔画宽度。*

表 2E-3

不同标志类型快速路指路标志的最少字母和数字尺寸

标志类型	最小尺寸	标志类型	最小尺寸
A. 过境指路标志		E. 距离标志	
目的地—大写字母	13.33	单词—大写字母	8
目的地—小写字母	10	单词—小写字母	6
路线标志		数字	8
1位或2位数字盾形标	36×36	路线标志	
3位数字盾形标	45×36	数字	9
基本方向—第一个字母	12	1位或2位数字盾形标	18×18
基本方向—其他字母	10	3位数字盾形标	22.5×18
B. 辅助指路标志		F. 通用服务标志（见第2I章）	
出口编号—单词	8	出口编号—单词	8
出口编号—数字和字母	12	出口编号—数字和字母	12
地点名称—大写字母	10.67	服务	8
地点名称—小写字母	8	G. 服务区、风景区和路边区域标志（见第2I章）	
行动信息	8	单词	10
路线标志		距离数字	12
数字	12	距离分数数字	8
1位或2位数字盾形标	24×24	距离单词	8
3位数字盾形标	30×24	行动信息单词	10
C. 立交序列或社区立交识别标志		H. 里程桩号标志（见第2H章）	
单词—大写字母	10.67	单词	4
单词—小写字母	8	数字	10
数字	10.67	I. 边界和方向标志	
分数数字	8	单词—大写字母	8
路线标志		单词—小写字母	6
数字	12	J. 下一个出口和下一个服务区标志	
1位或2位数字盾形标	24×24	单词和数字	8
3位数字盾形标	30×24	K. 仅出口标志	
D. 距离出口XX英里		单词	12
地点名称—大写字母	10.67	L. 悬挂式车道箭头和图解标志	
地点名称—小写字母	8	见表 2E-5	
距离出口XX英里—单词	8		
距离出口XX英里—数字	12		

注：尺寸单位为英尺，合适的地方写成"宽×高"。

不同立交类型高速公路指路标志的最少字母和数字尺寸　　　表 2E-4

标志的类型	立交的类型（见第2E.32节）				悬挂式
	主要		中间	次要	
	a 类型	b 类型			
A. 指示预告、出口方向和悬挂式指路标志					
出口编号标牌					
单词	10	10	10	8	10
数字 & 字母	15	15	15	15	15
州际路线标志					
数字	24 / 18	—	—	—	18
1 位或 2 位数字盾形标	48 × 48 / 36 × 36	—	—	—	36 × 36
3 位数字盾形标	60 × 48 / 45 × 36	—	—	—	45 × 36
美国或州路线标志					
数字	24 /18	18	18	12	18
1 位或 2 位数字盾形标	48 × 48 / 36 × 36	36 × 36	36 × 36	24 × 24	36 × 36
3 位数字盾形标	60 × 48 / 45 × 36	45 × 36	45 × 36	30 × 24	45 × 36
美国或州路径文本识别（示例：US 56）					
数字 & 字母	18	18/15	15	12	15
基本方向					
第一个字母	18	15	15	10	15
其他字母	15	12	12	8	12
辅助和可选择的路径图文（示例：JCT, TO, ALT, BUSINESS）					
单词	15	12	12	8	12
目的地名称					
大写字母	20	20	16	13.33	16
小写字母	15	15	12	10	12
距离数字	18	18/15	15	12	15
距离分数数字	12	12/10	10	8	10
距离单词	12	1210	10	8	10
行动信息文字	12	12/10	10	8	10
B. 三角分离点标志					
单词	12	12	12	8	—
数字 & 字母	18	18	18	12	—

注：尺寸单位为英尺，合适的地方写成"宽 × 高"。
　　短线（—）表示"理想值 / 最小值"。

不同标志类型高速公路指路标志的最少字母和数字尺寸

表 2E-5

标志类型	最小尺寸	标志类型	最小尺寸
A. 过境指路标志		F. 通用服务标志（见第 2I 章）	
目的地—大写字母	16	出口编号—单词	10
目的地—小写字母	12	出口编号—数字和字母	15
路线标志		服务	10
1 位或 2 位数字盾形标	36 × 36	G. 服务区、风景区和路边区域标志	
3 位数字盾形标	45 × 36	单词	12
基本方向—第一个字母	15	距离数字	15
基本方向—其他字母	12	距离分数数字	10
B. 辅助指路标志		距离单词	10
出口编号—单词	10	行动信息单词	12
出口编号数字和字母	15	H. 里程桩号标志（见第 2H 章）	
地点名称—大写字母	13.33	单词	4
地点名称—小写字母	10	数字	10
行动信息	8	I. 边界和方向标志	
路线标志		单词—大写字母	8
数字	12	单词—小写字母	6
1 位或 2 位数字盾形标	24 × 24	J. 下一个出口和下一个服务区标志	
3 位数字盾形标	30 × 24	单词和数字	8
C. 立交序列或社区立交识别标志		K. 仅出口标志	
单词—大写字母	13.33	单词	12
单词—小写字母	10	L. 悬挂式车道箭头和图解标志	
数字	13.33	箭头（D 形方向箭头）	21.625
分数数字	10	箭头柄的宽度	8
路线标志		箭头高度	
数字	12	直行	72
1 位或 2 位数字盾形标	24 × 24	仅左转	48
3 位数字盾形标	30 × 24	仅右转	48
D. 距离出口 XX 英里		可选择的分流（直行、左转和右转）	72
地点名称—大写字母	13.33	可选择的分流（左转和右转）	66
地点名称—小写字母	10	垂直分离器宽度	2
距离出口 XX 英里—单词	10	垂直分离器和最近箭头顶部之间垂直的地方	8
距离出口 XX 英里—数字	15	垂直分离器和最近箭头顶部之间水平的地方	15
E. 距离标志		箭头柄和"出口"、"仅"标牌之间水平的地方	10
单词—大写字母	8	"出口"和"仅"标牌	60 × 18
单词—小写字母	6		
数字	8	箭头（D 形牌方向箭头）	13.5*
路线标志		车道宽度	5
数字	9	车道线路段	1 × 6
1 位或 2 位数字盾形标	18 × 18	车道线路段之间的地方	6
3 位数字盾形标	22.5 × 18	杆高度到上方分离点	30
		箭头和路径盾或目的地之间水平的地方	12

*箭头柄上箭头的宽度
注：尺寸单位为英尺，合适的地方写成"宽 × 高"。

03 标志边框的圆角半径应为指路标志上最小标志尺寸的 1/8，此外任何标志半径不得超过 12 英寸。

可选条款：

04 拐角半径外的标志材料可裁减。

第 2E.17 节 缩写

指导条款：

01 应尽量少使用缩写，缩写适用于完整的目的地信息会使标志过长的情况。如果使用缩写，应该保证道路使用者能够准确无误地识别（见第 1A.15 节）。例如街道、大道与大街这些常用的较长的单词，这些单词并非正式名称的一部分且易于识别，这种情况应该通过减少内容与完整度从而简化单词，以加速对图文的理解。

02 句号、单引号、问号、图形或其他不是字母、数字或连字符的标点图形或字母不应该用缩写，除非有必要使用以避免混淆。

03 斜线图形（斜线或正斜杠）仅用于分数，且不应该用于分开图文中同一行的单词。但是，连字符应该用于此目的，例如"卡车—巴士"。

必须条款：

04 文字"北"、"南"、"东"与"西"用于路径标志用来指引指路标志上的重要方向时，不能缩写。

第 2E.18 节 符号

必须条款：

01 符号设计必须准确无误，参照本手册与《公路标志和标线标准》（见第 1A.11 节）的规定。

指导条款：

02 应该采取特别的措施，以平衡图文要素与标志其余部分的视认性，使易读程度最大化。

可选条款：

03 宣教标牌可在必要时设置在符号标志之下。

第 2E.19 节 立交指路标志的箭头

必须条款：

01 立交指路标志上使用的箭头必须符合图 2D-2 中的类型，且必须遵从本节与第 2D.08 节的条款。

02 除了悬挂式车道箭头指路标志（见第 2E.21 节）与车道分叉（向）时的出口方向标志（见第 2E.24 节），以及第 3 条与第 4 条介绍的情况外，所有悬挂式与立柱式出口方向标志上的方向箭头必须呈对角斜向上的形式，且必须位于与出口方向一致的标志一侧。

可选条款：

03 在立柱式出口方向标志上，若将方向箭头置于图文远离道路的一侧，可能导致标志过宽，影响道路使用者的视野，看不到方向箭头，这时，可将方向箭头置于标志底端位置、图文中心之下。

必须条款：

04 多车道出口的指路标志的方向箭头必须置于图文之下，且置于该箭头控制车道的中心上方。

05 在向下箭头被用于指示车道的悬挂式标志上，向下箭头必须近似位于每条车道中央的正上方，且竖直向下指向该车道近似中央的位置。向下箭头必须仅用于悬挂式标志，此类悬挂式标志通过箭头指示车流的目的地或路径以限制特定车道的使用。除非箭头可以置于道路上方，且可以指向每条车道（车道用于到达标志显示的目的地）接近中央的位置，否则不能使用向下箭头。

06 如果使用向下箭头，则不允许在一个单独的悬挂式标志（或同样的悬挂式标志结构上的多个标志）上有多于一个向下箭头指向同一条车道。

支撑依据：

07 用于指路标志上的方向箭头与向下箭头，如图 2D-2 所示。《公路标志和标线标准》（见第 1A.11 节）为这些箭头提供了基于字母高度范围的详细例图与标准尺寸。该书还介绍了用于悬挂式车道箭头标志与图形指路标志的箭头尺寸信息。

第 2E.20 节 分离与多车道出口的可选车道标志设置

支撑依据：

01 一些高速公路与快速路的分离或多车道出口立交包含一条内侧可选车道，双向车流可利用该车道，离开或者留在原路线，或者在该车道的分离处选择其他的目的地。

必须条款：

02 在高速公路与快速路上，第 2E.21 节与 2E.22 节介绍的悬挂式车道箭头标志或桥形标志的设计必须用于主要立交（见第 2E.32 节）的所有多车道出口（有一条直行可选出口车道）与分离处（有一条可选车道）（见图 2E-4、图 2E-5、图 2E-8 与图 2E-9）。悬挂式车道箭头标志或图形指路标志，不能用于高速公路与快速路的任何其他类型的出口或分离处，没有可选车道的出口与分离的单车道之处也不能应用。

指导条款：

03 悬挂式车道箭头指路标志设计（见第 2E.21 节），应该同时用于中型立交（见第 2E.32 节）的有可选车道的多车道出口，基于如下因素的考虑：通过最大限度使用可选车道来优化主线运营的需求度，出口交通量保证多车道出口排列的时间持续程度，以及在车流量大的时段主要使用可选车道的交通特性。

04 在有可选出口车道或中间交通的小型立交的多车道出口，若可选出口车道确定不适用悬挂式车道箭头指路标志设计，应该使用符合第 2E.23 节条款的常规指路标志或车道禁止使用标志。

第 2E.21 节 可选车道悬挂式车道箭头指路标志设计

支撑依据：

01 当高速公路与快速路多车道出口立交与分离处存在可选车道时，应该使用悬挂式车道箭头指路标志（见图 2E-3）。此标志在每条车道的上方显示向上箭头以指示本车道的运行方向。在多车道出口或分离存在可选车道的地方，悬挂式车道箭头指路标志优先于常规指路标志或图形指路标志，因为悬挂式车道箭头标志显示出每条进口车道目的地与方向，特别是那些难以标明方向的可选车道。

必须条款：

02 悬挂式车道箭头指路标志必须用于所有的新建或重建高速公路与快速路，如第 2E.20 节所描述。

03 使用时，出口处与分离处的悬挂式车道箭头指路标志，必须安装在出口车道开始从直行车道分流点的附近，或在进口车道开始从另一条车道开始分流点的附近，这里标志显示箭头仍指示着车道方向。出口处的悬挂式车道指路标志不能安装在理论三角分离点处。

可选条款：

04 在现存或非重建的地方，理论三角分离点处存在出口方向与过境指路标志的位置，可以保留现存的标志支撑结构，继续使用出口方向与过境指路标志，及替代预告标志的悬挂式车道箭头指路标志设计。

必须条款：

05 如第 4 条所述，如果在立交桥处存在出口方向标志与过境指路标志，悬挂式车道箭头指路标志不能

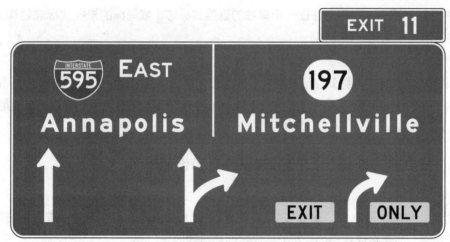

图 2E-3　一个可选择车道的多车道出口处悬挂式箭头每车道指路标志

用在出口方向标志或过境指路标志的位置，或者在邻近理论三角分离点的位置。新安装的出口方向标志与过境指路标志不允许与悬挂式车道箭头指路标志一起安装在新建或重建设施上。

指导条款：

06　悬挂式车道箭头指路标志应该安装在出口前约 1/2 英里或分离点前约 1 英里的位置，且当空间和条件允许时，应该设置在出口或分离前 2 英里的位置。

必须条款：

07　用在高速公路与快速路的悬挂式车道箭头指路标志必须在每条车道上方均包含一个箭头，且必须符合如下规定：

A. 标志必须在对应出口或分离处的每条车道上包含一个向上箭头，每个箭头的杆必须近似位于其所对应车道的中心线上。

B. 继续直行车道的箭头指向必须垂直向上（见图 2E-4），除非那些车道在理论三角分离点前呈显著的曲线线形，在这种特殊情况下，继续直行车道的箭头可以近似符合线形的曲率。

C. 在必须离开的车道，箭头必须弯曲，且弯曲方向必须为车道离开方向，并必须配有黄底黑字的"出口"（E11-1a）与"仅"（E11-1b）标牌，邻近于箭杆的最低端安置。当两条分流路径均未被设计为出口的情况下，E11-1a 与 E11-1b 标志标牌不能用于两条重叠路径的分离。在直行车道为曲线而出口车道为直线的情况下，向上箭头必须用于指引离开方向，而弯曲箭头用于直行车道方向。

D. 对于同时包含了直行路径和可选出口车道的箭头，必须使用单一箭头杆，并分成一个竖直向上箭头与弯曲箭头，以分别对应直行与出口车道的布局。

E. 对于有一条可选车道的分离点，分离前车道的箭头必须设计是用单一箭头杆，并分成两个向上指的箭头，且近似展示两条道路在理论三角分离点后的弯曲程度（见图 2E-6）。

F. 必须使用一条白色竖线分隔开两个分流方向的路线盾形标与目的地。

H. 至出口和分离的距离必须显示在离开方向目的地的预告标志的后方 1 英里与 2 英里处。

G. 标志上显示的车道数量必须对应标志所在位置的车道数量。预告标志不能画出标志所在位置下游新增的车道。

I. 对于有编号的出口，出口编号（E1-5P）或左转出口编号（E1-5bP）标牌必须根据第 2E.31 节的规定置于标志顶端。对于没有编号的左转出口，"左"（E1-5aP）标牌必须置于标志顶端的左侧边缘。

第 2E 章 指路标志——高速公路和快速路 213

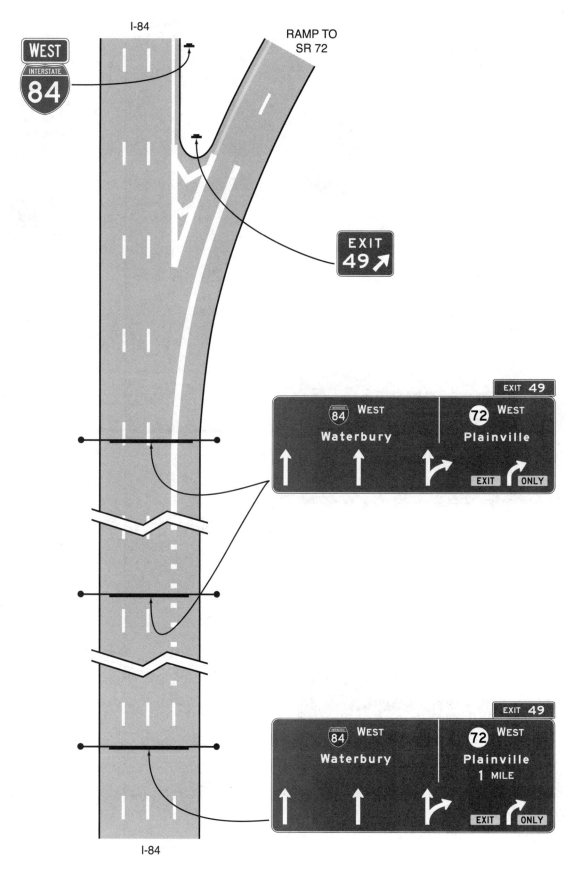

图 2E-4 一个可选择右转车道的两车道出口处悬挂式箭头每车道指路标志

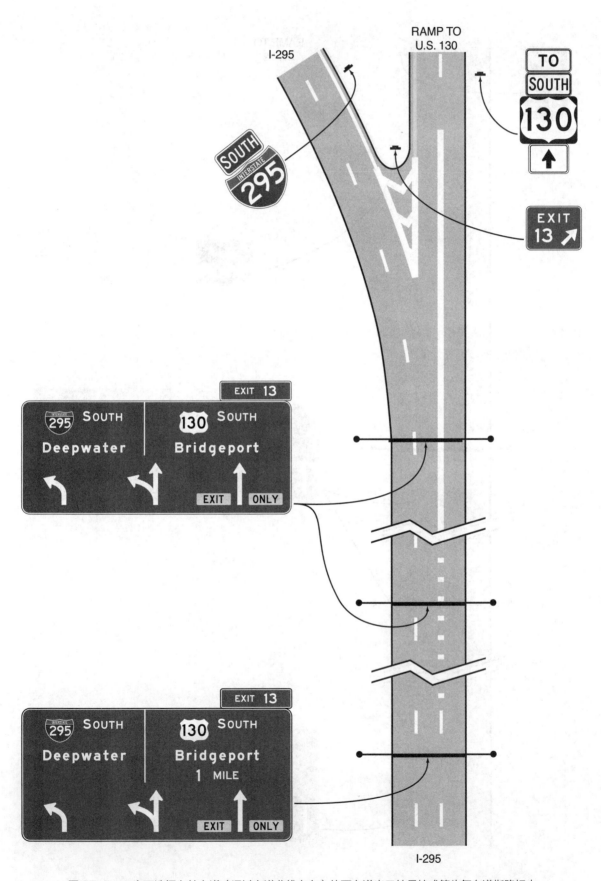

图 2E-5　一个可选择左转车道（通过车道曲线向左）的两车道出口处悬挂式箭头每车道指路标志

第 2E 章 指路标志——高速公路和快速路 215

图 2E-6 一个可选择车道分离处悬挂式箭头每车道指路标志

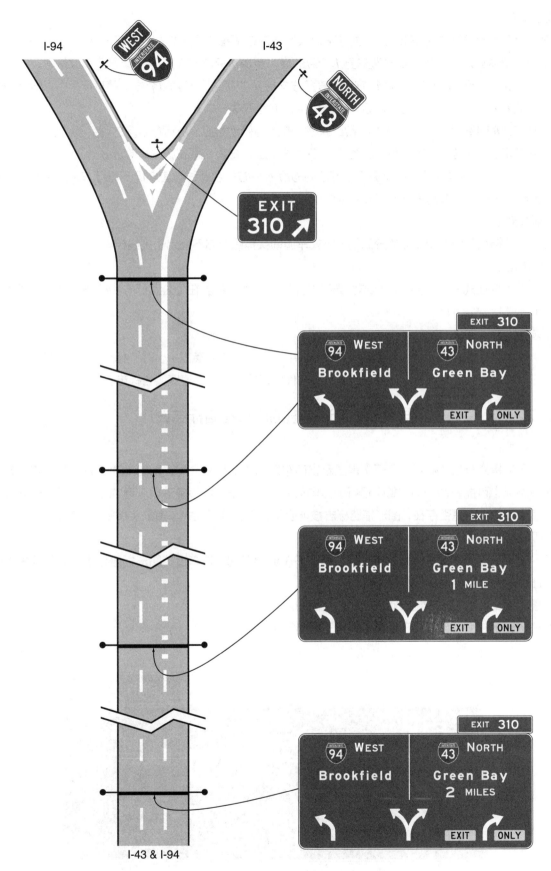

指导条款：

08　用于高速公路或快速路的悬挂式车道箭头标志应该根据下列附加标准进行设计：

A. 每个车辆运行方向不应该出现多于 1 个目的地，且每个标志不应该显示多于 2 个目的地。

B. 标志上，分流方向箭头的顶端应低于直行方向箭头的顶端，无论哪个方向是直行路。如果运行方向是高速公路或快速路分离而不是出口，标志上箭头顶端应差不多一样高。

C. 标志上的路线盾形标、基本方向和目的地，应当清晰地对应上所运行方向的箭头顶端。

D. 对于前往单一基本方向的出口或分离，基本方位应该安置在路线盾形标附近。

E. 用于分隔开路线盾形标以及两个分流方向的目的地的白色竖线不应该低于直行车道箭头尖端，且应该近似位于可选运行方向车道的分流箭头尖端的中央（见图 2E-3）。

必须条款：

09　用于描绘下游的出口匝道分离的悬挂式车道箭头指路标志不能用于主线标志上。

支撑依据：

10　关于悬挂式车道箭头指路标志更详细设计的特别规定包含在《公路标志和标线标准》一书中（见第 1A.11 节）。

可选条款：

11　当需要对极低的匝道建议速度做额外强调时，"出口 XX 英里/小时"标牌（见图 2E-27）可安装在合适的目的地图文下方以进行补充，但并不能替代出口或匝道建议速度警告标志。

第 2E.22 节　高速公路与快速路可选车道的图形指路标志设计

支撑依据：

01　图形指路标志（见图 2E-7）是显示出口布局与主要公路之间关系的简要示意图的指路标志。虽然使用该指路标志可能有助于传递每个运行的方向信息，但对于传递每条进口车道的目的地或方向信息，无论专用车道或可选车道是否存在，图形指路标志被证明不如普通或悬挂式车道箭头指路标志有效。

必须条款：

02　对于高速公路或快速路上出现有分离或多车道出口的可选车道的图形指路标志，必须根据下列规则进行设计：

A. 图形图文必须是表示出口匝道布局的平面图。

B. 任何其他符号或路线盾形标都不得用于替换箭头。

图 2E-7　含一个可选车道的多车道出口图形指路标志

C. 不能安装在出口方向标志的位置（见第 2E.36 节）。

D. "仅出口"标牌不能用在立交桥前方的桥形指路标志上。

E. 对于有编号的出口，出口编号（E1-5P）或左转出口编号（E1-5bP）标牌必须根据第 2E.31 节的规定用在标志的顶端。对于没有编号的左转出口，"左"（E1-5aP）标牌必须置于标志顶端的左侧边缘。

F. "仅出口"标牌必须用在理论三角分离点处的出口方向标志上，两条均未指向出口的重叠路径的分离除外。

指导条款：

03   高速公路或快速路的图形指路标志应根据下列附加标准进行设计：

A. *图形不应画出减速车道。*

B. *每个运行方向不应显示 1 个以上目的地，每个标志不应显示 2 个以上目的地。*

C. *标志上，表示分流的箭头应低于表示继续直行的箭头，并独立于表示直达干线的箭头方向（见图 2E-8 与图 2E-9）。如果运行方向表示高速公路或快速路前方分离而非出口，则标志上的箭头顶端应差不多位于同一高度（见图 2E-10）。*

D. *箭杆上应包括车道线。*

E. *路线盾形标，基本方向与目的地应在标志上清晰地对应相应箭头，指示离开方向的箭头应指向离开方向的路线盾形标。*

F. *对于指向单一方向的出口或分岔路，基本方向应邻近路线盾形标，且目的地应位于路线盾形标与基本方向下方。*

必须条款：

04   不能为了描绘主线上的连续出口，或一条集散道路的分离下游出口，而在苜蓿叶立交处使用图形指路标志。在苜蓿叶立交处使用图形指路标志仅限于下列情况：

A. 苜蓿叶立交的外侧出口匝道（非环形）有多条车道，其中一条是也属于直达干线的可选出口车道；

B. 苜蓿叶立交包含集散道路（如图 2E-36 所示），并可从主线通过多车道出口（其中一条是也属于直达干线的可选出口车道）进入该集散道路。这种情况下，图形指路标志必须仅显示集散道路出口的车道布局，而非全部立交布局。

支撑依据：

05   更详细的图形指路标志设计标准请见《公路标志和标线标准》（见第 1A.11 节）。

可选条款：

06   需要特意强调相当低的匝道建议速度时，"出口 XX 英里 / 小时"（E13-2）的标牌（见图 2E-27）可放在目的地图文下方作为补充，但并不能替代出口或匝道建议速度警告标志。

第 2E.23 节   中型与小型立交有可选车道的多车道出口标志

支撑依据：

01   中型与小型多车道出口由于运行需求可能需设置一条可选车道，仅用于高峰时段，以避免出现排队车辆过长的情况。这种情况下，第 2E.21 节与第 2E.22 节中介绍的悬挂式车道箭头或图形指路标志可能并不实用，如何选择就取决于可选车道的使用程度以及邻近立交的空间范围，尤其在非乡村区域。

指导条款：

02   拥有多车道出口（其中一条也属于直行路线）的中型或小型立交应采用与普通道路相同的基本原则。这种情况下，可选车道不出现在指路预告标志上。对于在指路预告标志位置处有额外的辅助车道，但没有车

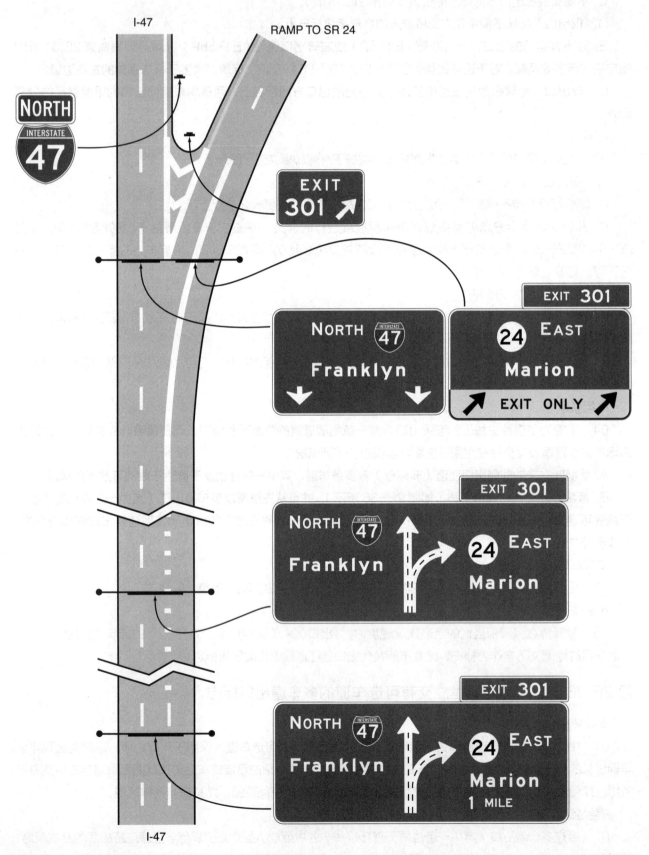

图 2E-8 一个可选右转车道的两车道出口处图形指路标志

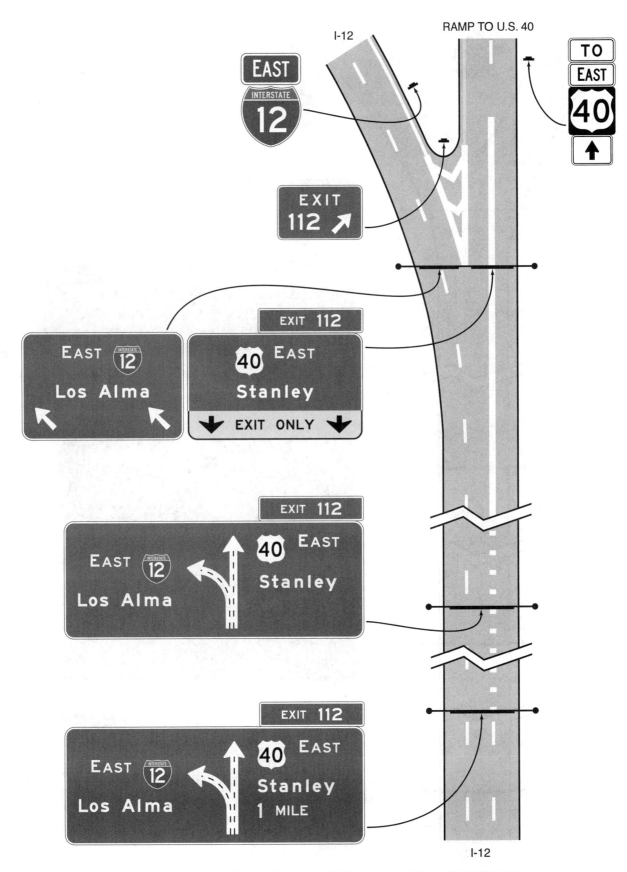

图 2E-9 一个可选右侧出口匝道（通过车道曲线向左）两车道出口处图形指路标志

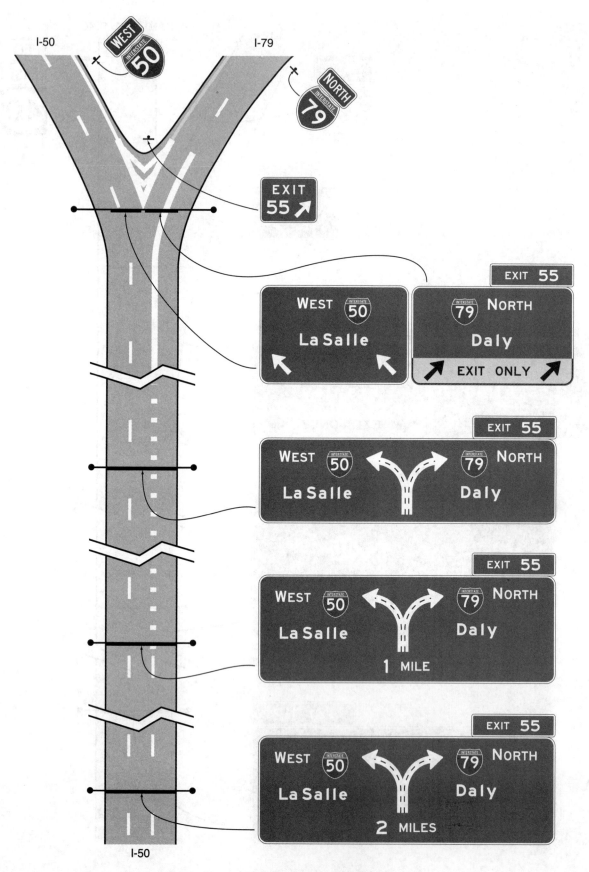

图 2E-10 一个可选车道分离处图形指路标志

道分叉（向）的出口（见图 2E-12），应采用一系列立柱式或悬挂式指路预告标志，并按立交分类进行排列（见第 2E.32 节）。出口方向标志应位于理论三角分离点，在每条离开主线的车道上显示对角线向上箭头。出口方向标志不应包含"仅为出口"图文。

03 对于同样有车道分叉（向）现象的立交（见图 2E-11），指路预告标志与出口方向标志应遵从第 2E.24 节的规定。出口方向标志应位于理论三角分离点，并包含"仅为出口"（E11-1e）图文。

04 应使用立柱式车道使用标志（见第 2B.22 节）说明存在可选车道。使用该标志时，R3-8 标志大小应合适，以获得最佳醒目效果。在有可选车道与出口车道的地方，这些标志应接着预告标志连续安装（见图 2E-11）。在没有出口车道，且可选车道是添加的离开辅助车道的地方，R3-8 标志应安装在完全建好的车道附近，不应安装在车道前处过渡段（见图 2E-12）。

支撑依据：

05 在高速公路或快速路悬挂式指路标志上使用向下箭头会被道路使用者误解为专用车道。

必须条款：

06 悬挂式指路预告标志不能在可选车道上显示向下箭头。

第 2E.24 节 立交车道分叉（向）标志

必须条款：

01 本节条款仅适用于出口处没有可选出口车道的车道分叉（向）情况。在有可选出口车道的出口处，必须采用第 2E.20 节至第 2E.23 节的条款。

02 所有立交处车道分叉（向）的主要标志必须采用悬挂式安装形式。"仅为出口"标志面板必须用在所有直行车道沿主线向前情况下，所有立交车道分叉（向）处。

03 除悬挂式车道箭头标志与图形指路标志外（见第 2E.20 节至第 2E.22 节），"仅为出口"（向下箭头）（E11-1 或 E11-1f）标志面板（见图 2E-13）必须用在所有车道分叉（向）的悬挂式指路预告标志上（见图 2E-14~ 图 2E-16）。每块标志的箭头数量必须对应于标志所在处车道分叉（向）的数量。向下箭头的设置必须遵从第 2E.19 节中的规定。

04 对于车道分叉（向），出口方向标志（见第 2E.36 节与图 2E-26）必须符合图 2E-15 与图 2E-16 中的样式。对于出口处每条分叉（向）的车道，出口方向标志的底端必须为黄色，边界为黑色，且必须包含对角线向上的黑色方向箭头（向左或向右）。标志的设计及安装必须保证每个箭头都差不多位于分叉（向）车道的中央。对于单车道分叉（向）的情况，文字"EXIT"与"ONLY"必须分别位于 E11-1d 标志面板中箭头的左右侧。对于两车道分叉（向）的情况，文字"EXIT ONLY（仅为出口）"必须位于 E11-1e 标志面板的两个箭头之间。标志上箭头数量必须对应于标志所在处车道分叉（向）的数量。

可选条款：

05 E11-1a、E11-1b 或 E11-1c 格式组合表示的"EXIT ONLY（仅为出口）"可用于改进现有的警示前方车道分叉（向）的标志。

必须条款：

06 如用于改进现有指路预告标志，E11-1a 与 E11-1b 标志的面板（见图 2E-13）必须置于白色向下箭头的任意一侧；E11-1c 标志面板必须置于下方目的地信息与白色向下箭头之间。

指导条款：

07 除非第 8 条介绍的辅助车道内容另有说明，否则立交桥 1 英里内的车道分叉（向）指路预告标志不应包含距离信息。

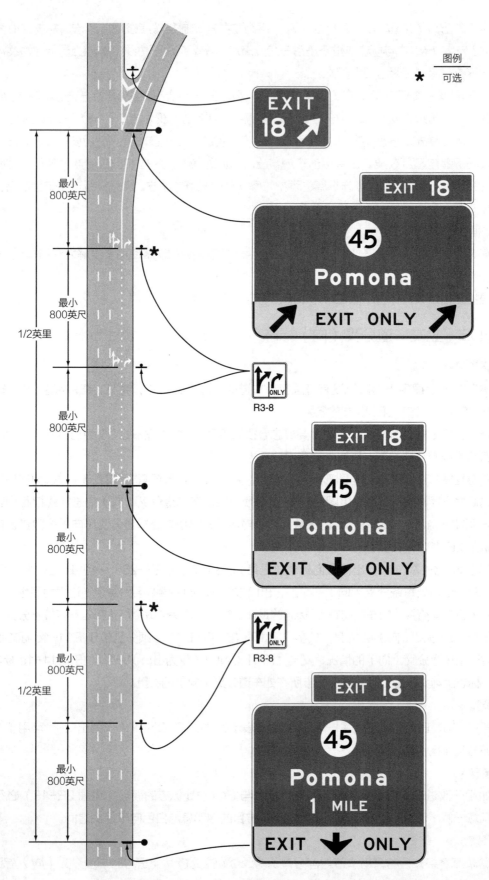

图 2E-11　有一个可选车道和分叉（向）车道的两车道中间或者次要立交处的标志示例

第 2E 章 指路标志——高速公路和快速路　223

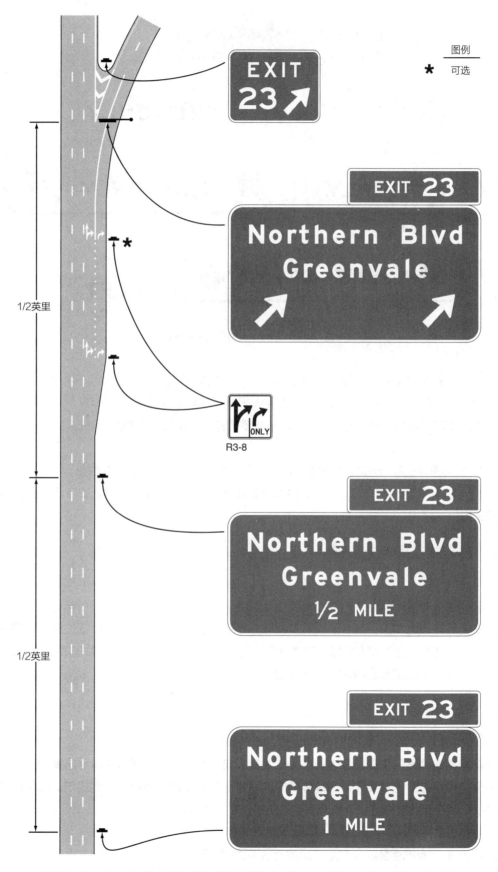

图 2E-12　有一个可选车道和辅助减速车道的两车道中间或者次要立交处的标志示例

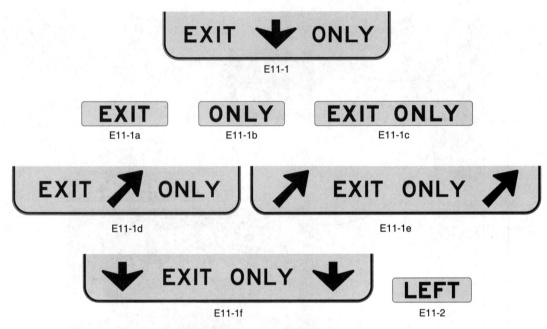

图 2E-13 "仅出口"和"左侧"标志标牌

08 当分叉（向）的车道是辅助车道（它由连续的两个独立立交的入口及出口匝道构成，且匝道之间距离小于 1 英里）时，入口匝道下游方向的第一块指路预告标志应包含距离信息。

09 对于可作为直行路线的分叉（向）车道，都不应使用有"仅出口"面板的标志。

支撑依据：

10 第 2E.20 节至第 2E.23 节包含有可选车道的出口处车道分叉（向）标志的信息。

11 第 2B.23 节包含高速公路车道分叉（向）情况的禁令标志信息，第 2C.42 节包含高速公路车道分叉（向）情况的警告标志信息。

第 2E.25 节 悬挂式交通标志安装

支撑依据：

01 美国国家公路和交通运输协会（AASHTO）已规范了交通标志结构支撑的设计与建造规定。上跨式结构常用作悬挂式交通标志的支撑，在一些情况下也可作为唯一能提供足够视距的可行位置。使用这些结构作为交通标志支撑就不需要在路旁设立额外的交通标志支撑。第 2A.17 节给出了悬挂式交通标志安装的判断因素。第 2A.18 节讨论了悬挂式交通标志的垂直净空。

第 2E.26 节 横向偏移

必须条款：

01 对于立柱式高速公路和快速路标志，或悬挂式标志支撑物而言，距离可用道路路肩外（不管左边还是右边）的最小横向偏移必须为 6 英尺。路缘外的安装同样必须使用这一最小净空的规定。如果标志要安装在净空内，则必须安装在防撞支撑物上，或有适当的防撞护栏作为保护。

指导条款：

02 只要条件允许，标志距最近行车道的距离至少应为 10 英尺。大型指路标志应离得更远，距离最近行车道最好为 30 英尺及以上。

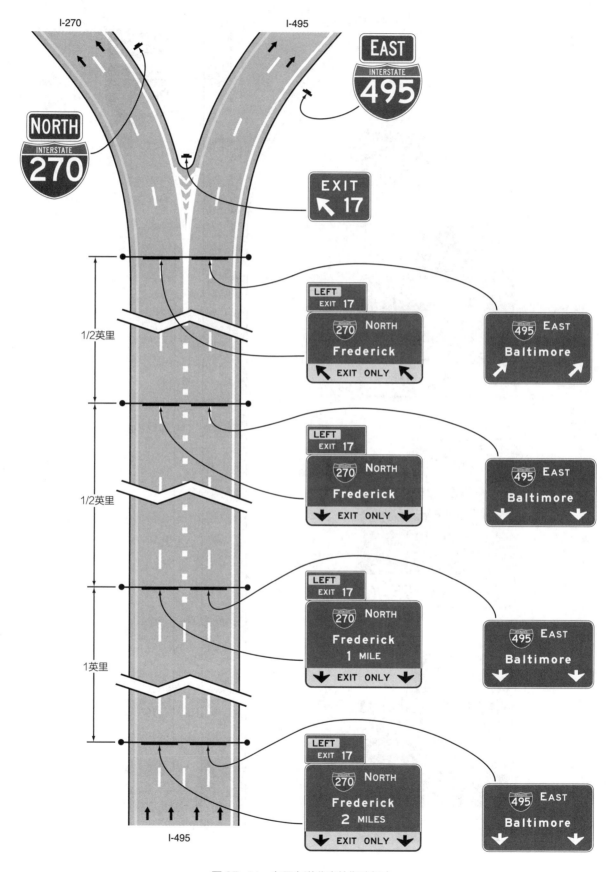

图 2E-14　专用车道分离处指路标志

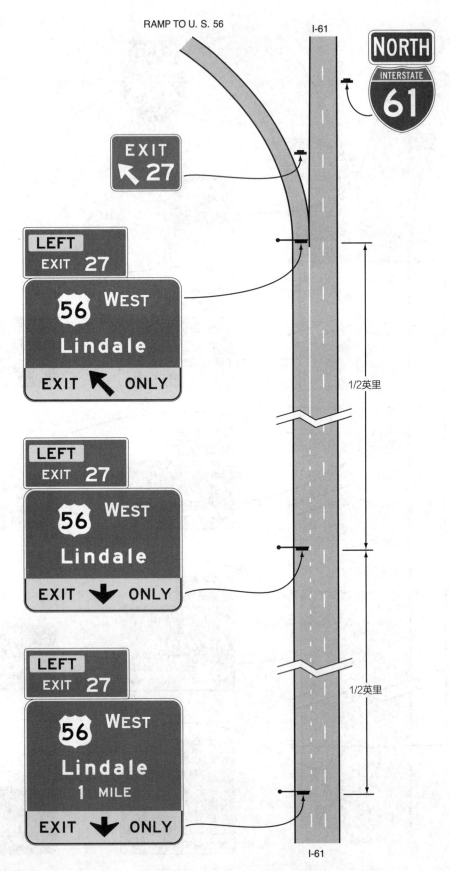

图 2E-15　有一个左转分叉（向）车道的单车道出口处的指路标志

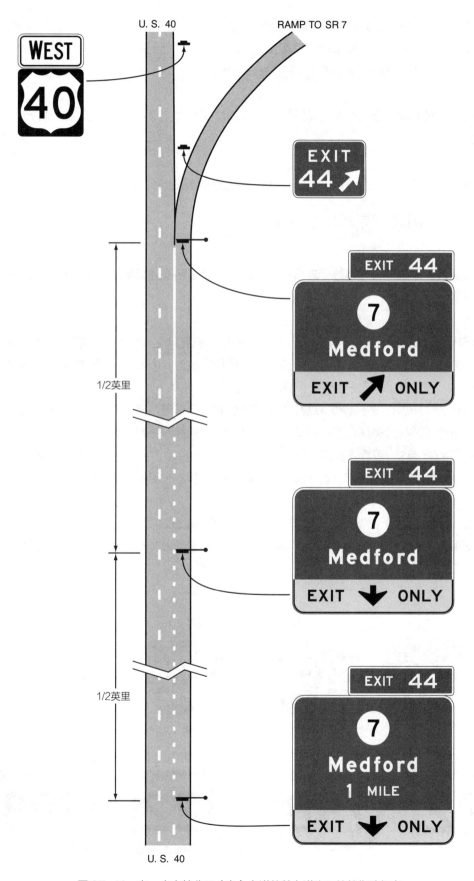

图 2E-16 有一个右转分叉（向）车道的单车道出口处的指路标志

03 若高速公路中央隔离带宽度为 12 英尺或更小，应考虑直接横跨双向道路，不使用中央支撑物。

04 若悬挂式标志支撑物不能离车辆行驶路线足够远，或不在受保护的位置，那么支撑物应设计成能将冲击力降到最低，或者能够被合理设计的交通护栏充分隔离。

必须条款：

05 蝴蝶形标志支撑物以及其他不具备防撞功能的悬挂式标志支撑物不能安装在三角分离点或者净空内其他不受保护的位置。

可选条款：

06 通常不小于 6 英尺的净空，可以在立交桥处用于连接道路或匝道。

第 2E.27 节 路线标志和寻路标志组合

必须条款：

01 州际高速公路系统的官方路线标志必须为美国国家公路和交通运输协会采用的红色、白色和蓝色独特反光盾牌（见第 2D.11 节）。

指导条款：

02 路线标志（见图 2E-17）应与盾形标志或大型方向指路标志上的其他独特形状组合。若州际盾牌以组合方式出现，或出现在带有"美国"或"国道"的指路标志板上，则表示州际的数字至少应与其他路线标志上的数字一样大。独立路线标志主要限于路线确认组合上。

03 显示节点和转向的路线标志和辅助标志应用于引导入口车道，确认刚好超过入口和出口的路线，以及高速公路或快速路的路线再确认。当标志用于高速公路或快速路沿线时，包含 6 位数或两位数的路线标志最小应为 36 英寸 ×36 英寸，包含 3 位数的路线标志最小应为 45 英寸 ×36 英寸，见《公路标志和标线标准》（见第 1A.11 节）。若单独用路线标志代替过境指路标志，路线标志应刚好位于超过出口处。

可选条款：

04 标准的寻路标志组合（见第 2D.35 节）可以用于通向高速公路或快速路的路上。寻路标志组合的各部分信息可依据第 2D.12 节的规定囊括在一个标志上。单独设立的路线标志可以代替过境指路标志用于信息确认（见第 2E.12 节）。

图 2E-17 州际公路、州际公路穿城支路和美国路线标志

支撑依据：

05 第 2H.17 节包含了汽车旅行线路的标志设计信息。

可选条款：

06 收费公路的常用路名或寻路路线标志（见第 2F 章）可出现在州际公路系统的非收费部分上，地点包括：

A. 州际公路系统收费部分前的最后一个出口；

B. 连接收费公路的立交桥或连接段，无论收费公路是否为州际公路系统的一部分；

C. 距收费公路入口适当距离的其他地方，当收费公路设置路名或寻路符号比设置路线名字和编号能更好地引导不熟悉该区域的道路使用者。

07 收费公路名字或路线标志可以作为交叉公路和入口车道指路标志的一部分，以指示州际路线中有收费部分的立交桥。在需要适当交通指示的地方，作为州际公路系统一部分的收费公路寻路牌可以和州际寻路标志组合一起出现。

支撑依据：

08 2F 部分介绍了收费公路标志的更多详细信息。

第 2E.28 节 艾森豪威尔州际系统标志（M1-10 和 M1-10a）

可选条款：

01 艾森豪威尔州际系统标志（M1-10 和 M1-10a）（见图 2E-18）可以以一定的间隔设置于州际公路系统以及州际公路系统的服务区、观景点或其他类似的路侧设施。

指导条款：

02 *M1-10a 标志只应用于能够被停车者或行人看见的服务区或其他类似设施处。M1-10a 标志不应安装在州际公路的主线、匝道或其他可以被来往车辆看见的地方。*

必须条款：

03 M1-10 和 M1-10a 标志不能用作交叉点、预告转弯路线、方向指示或寻路标志组合的一部分，或者指引某路线或目的地的类似组合。

M1-10　　　M1-10a

图 2E-18　艾森豪威尔州际系统标志

第 2E.29 节 平面交叉口标志

指导条款：

01 *如果快速路内有平面交叉口，应使用第 2D 章中规定的指路标志类型。但是，这类标志的尺寸应与快速路上设置的其他标志尺寸一致。*

可选条款：

02 平面交叉口处的指路预告标志可以采用交叉口图形加上关键方向信息的布局形式。

第 2E.30 节 立交桥指路标志

必须条款：

01 立交桥及其入口处的标志必须包括指路预告标志和出口方向标志。这些标志的目的地信息必须保持一致。

指导条款：

02 新的目的地信息不应加到某一立交桥主要的标志序列中，但目的地信息也不应删除。

03 应参考第 2E.11 节和第 2E.33 节至第 2E.42 节中标志在进入和驶出立交桥的位置顺序的详细描述。指示立交桥减速车道的指路标志应至少相距 800 英尺。

04 辅助指路标志设置应按照第 2E.35 节中的标准使用。

第 2E.31 节 立交桥出口编号

支撑依据：

01 立交桥出口编号为高速公路或快速路的道路使用者提供有用的定位信息。快速路上的立交桥或出口编号是否可行，很大程度依赖于立交桥立体交叉的程度。若立交桥基础设施具有明显连续性、仅偶尔被平面交叉打断，则这种情况下的编号对快速路使用者比较有用。

必须条款：

02 立交桥出口编号必须用于标记所有高速公路的立交桥出口。立交桥出口编号必须与所有指路预告标志、出口方向标志和出口三角分离点标志一起显示。出口编号必须显示在预告指示或出口方向标志上方独立的标牌上。出口编号标牌（E1-5P，见图 2E-22）必须为 30 英寸高，上面的"出口"文字和出口编号必须在同一行。后缀字母必须用于有多个出口的立交桥出口编号。后缀字母同样必须在出口编号标牌上，并用空格与出口编号分开，空格的宽度为后缀字母高度的 1/2~3/4。出口编号不能包括对应相交路线方向的基本首字母。最小的数字和字母尺寸在表 2E-2~ 表 2E-5 中已给出。快速路的立交桥编号系统应符合高速公路的规定。

03 在有多个出口的立交桥处使用后缀字母对出口进行编号，具有相同编号但没有后缀字母的出口不能用于相同方向的同一路线上。比如，如果某一出口设计为"出口 256 A"，那么在具有相同方向的同一路线上不能有出口设计为"出口 256"。

04 立交桥出口编号必须采用参考地点标志出口编号的方法。不能采用连续的出口编号方法。

支撑依据：

05 参考地点标志出口编号有助于道路使用者判断他们离目的地的距离和行驶里程，这样编号同样对公路管理机构有好处，因为一旦有新的立交桥加到路线上，出口编号序列不用改变。

可选条款：

06 出口编号也可以与辅助指路标志和驾驶人服务标志一起使用。

指导条款：

07 *出口编号（E1-5P）标牌应增加到指示向右出口标志的顶端右边缘。*

必须条款：

08 由于道路使用者可能想不到左侧会有出口并且难以转到左边，所以左侧出口编号（E1-5bP）标牌（见图 2E-22）必须增加到用于所有左侧出口标志的顶端左边缘（见图 2E-14 和图 2E-15）。标牌 E1-5bP 上的"左侧"两字必须为黄色矩形标志板上的黑色图文，并必须位于文字"出口"的正上方。

支撑依据：

09 出口编号标牌设计示例见图 2E-22。图 2E-3、图 2E-7、图 2E-22、图 2E-26 及 2E-27 说明了指路标志上出口编号标牌组合的情况。

10 编号立交桥出口的总体规划见图 2E-19~ 图 2E-21。图 2E-19 显示的为圆周形路线，该路线围绕某一城市或城镇环绕一整周，通常在经过城市或城镇的主线路线上有两个立交桥（分别在城市或城镇的两侧）。

图 2E-20 显示了一个环形路线，该路线驶离主路后，在随后的下游点重新汇入该主路，还有一条分岔路，该分岔路从主线路线驶出后不再与该主路汇合。图 2E-21 显示了两条相互重叠的主路。

必须条款：

11　无论主路是否起源于某个州，或者从某一个州跨越到另一个州，州内最南边或最西边的终点必须为立交桥编号的起点。

12　对于圆周形路线，立交桥必须按顺时针方向编号。必须从二等分圆周路线的虚线南部尾端以西的第一个立交桥开始编号，通常用于径向的高速公路或其他州际路线，或者靠近南极方位的圆周路线上的其他显著地标（见图 2E-19）。

13　在环形路线上的立交桥必须从最靠近南边或西边主线交叉点的环形立交开始编号，并向北边或东边主线交叉点方向递增（见图 2E-20）。

14　分岔路立交桥必须从支路离开主路的那个立交桥开始按升序编号（见图 2E-20）。

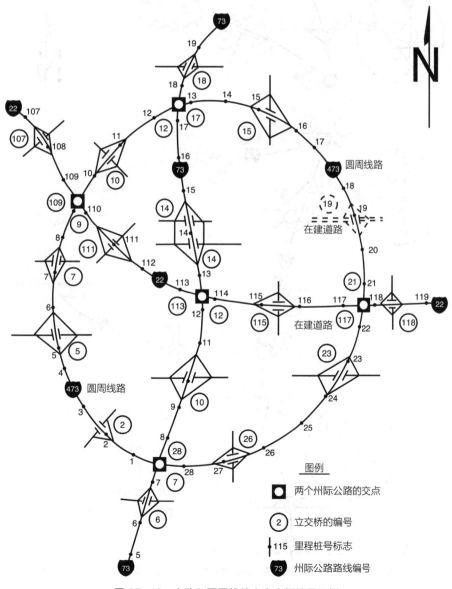

图 2E-19　主路和圆周线路上立交桥编号示例

15 如果圆周形、环形或分岔路跨越州际边界，编号序列必须通过州际间的协调以保证立交桥编号的连续。

16 在编号路线重叠的地方，立交桥编号的连续性必须体现在其中一条路线上（见图 2E-21）。如果其中一条路线是州际公路而另一条不是，必须保证州际路线立交桥编号的连续性。

指导条款：

17 为保持立交桥编号连续性，所选路线的参考地点标志也应具有连续性（见图 2E-21）。

第 2E.32 节 立交桥分类

支撑依据：

01 出于标记目的，立交桥被分成大、中、小三类。表 2E-2 和表 2E-4 中包含的最小字母尺寸就是基于此种分类。具体描述如下：

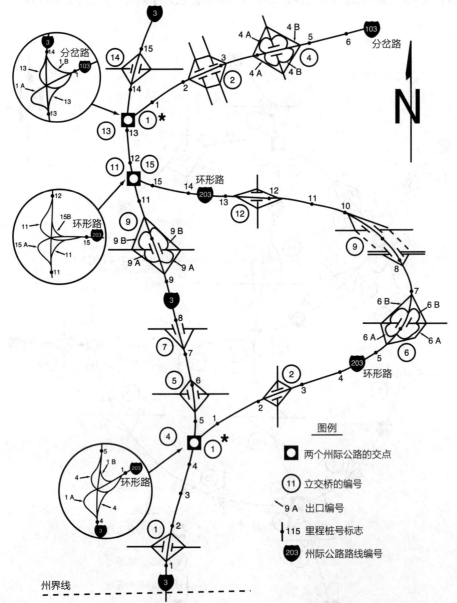

高速公路/高速公路立交桥在环形或分岔路开始的地方与主路相互交叉可能称为"出口1"或"出口0"。

图 2E-20 主路、环形和分岔线路上立交桥编号示例

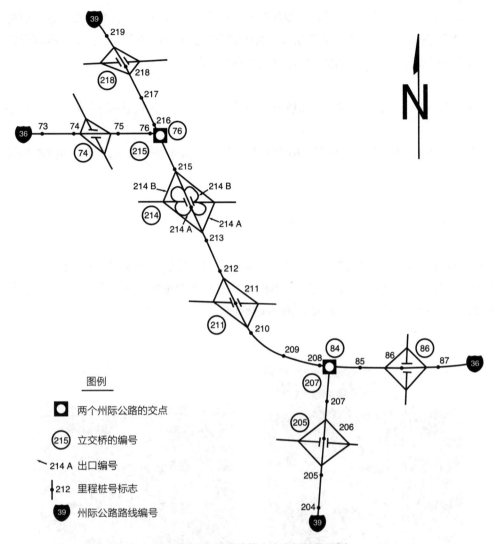

图 2E-21 重叠路线上立交桥编号示例

A. 大型立交桥再细分为两种：(a) 通往其他快速路或高速公路的立交桥；(b) 车流量大的多车道公路、城市主干道、立交交通量很大的乡村主干路或立交交通量中有很多道路使用者不熟悉该区域乡村主干路的立交桥。

B. 中型立交桥是指不在大型或小型立交桥范围内的城市或乡村道路的立交桥。

C. 小型立交桥包括交通流量是本地的且交通流量较低的立交桥，比如具有服务本地通道的立交桥。设计年出口流量总和估计小于 100 辆／天，此类立交为小型立交桥。

第 2E.33 节　指路预告标志

支撑依据：

01　指路预告标志（见图 2E-22）清楚地提前告知下个立交桥所服务的主要目的地的出口，及距离下个立交桥的距离。

指导条款：

02　*对于大型和中型立交桥（见第 2E.32 节）而言，指路预告标志应设置在出口前方 1/2 英里和 1 英里*

处，如果还有空间，则第三块指路预告标志应设置在出口前方 2 英里处。在小型立交桥处，仅需在距离出口三角分离点 1/2~1 英里处使用一块指路预告标志。如果该标志距离出口小于 1/2 英里，则显示距离应尽量接近 1/4 英里。在所有的情况下，应用分数的形式显示英里数，而非小数。

必须条款：

03　对于左侧具有编号的出口，左侧出口编号标牌（E1-5bP，见图 2E-22）必须增加到指路预告标志的顶端左边缘。

04　对于左侧没有编号的出口，"左侧"标牌（E1-5aP，见图 2E-22）必须增加到指路预告标志的顶端左边缘。

支撑依据：

05　第 2E.31 节包含了出口编号的附加信息。

必须条款：

06　对于具有承担直达干线的可选出口车道的多车道出口（见图 2E-4、图 2E-5、图 2E-8 和图 2E-9），以及对于有可选车道的分叉路（见图 2E-6 和图 2E-10），指路预告标志必须用悬挂式车道箭头或图形标志，或者按照第 2E.20 节至第 2E.22 节中的图解进行标记。

图 2E-22　立交桥指路预告标志、出口编号标牌和"左侧"标牌示例

07　除非第 2E.24 节中另有说明，否则使用指路预告标志时必须包括距离信息。除非本部分第 8 条另有说明，否则除了最后一行必须为"出口 XX 英里"，指路预告标志上的图文必须与出口方向标志上的图文一样。如果立交桥具有两条或更多的出口道路，底部最后一行必须为"出口 ×× 英里"。

指导条款：

08　*若使用立交桥出口编号，文字"出口"不应出现在底部最后一行。*

可选条款：

09　立交桥之间的距离在 1~2 英里之间，则第一块指路预告标志可以小于 2 英里，但不能设置在与前一个出口标志重叠的地方。重复的指路预告标志或立交桥序列标志可以设置在道路对面的中间位置且不受立交桥标志设置的最低要求限制。

指导条款：

10　*若立交桥间距小于 800 英尺，在受影响的立交桥处应使用立交桥序列标志（见第 2E.40 节）而非指路预告标志。*

11　*转变为收费设施前的最后一个公路出口上的指路预告标志应包含"收费前最后一个出口"（W16-16P）样式的标牌（见第 2F.10 节和图 2F-3）。该标牌应安装在指路预告标志上方。*

可选条款：

12　如果因为指路预告标志上已有出口编号标牌而无法腾出足够空间，则标牌 W16-16P 可以安装在指路预告标志下方。

第 2E.34 节　下一出口标牌

可选条款：

01　若距离下个立交桥的距离非常远，则可以安装下一出口标牌（见图 2E-23）来告知道路使用者到下个立交桥的距离。

指导条款：

02　*除非相连两个立交桥之间的距离超过 5 英里，不然不应使用下一出口标牌。*

必须条款：

03　下一出口标牌必须有"下个出口 XX 英里"图文。如果使用下一出口标牌，则必须安装在最靠近立交桥的指路预告标志下面。下一出口标牌的安装必须不影响标志支撑结构的可解体特性。

可选条款：

04　下一出口标牌的图文可以显示为一行或者两行，如图 2E-23 所示。

支撑依据：

05　尽量选用一行显示的下一出口标牌，除非这样会导致信息板的水平尺寸比指路预告标志更长。

图 2E-23　下一个出口标牌图

第 2E.35 节　其他辅助指路标志

支撑依据：

01　辅助指路标志可以提供通过立交桥可到达的目的地信息，而非标准立交桥标志上显示的地点。但是，此类辅助指路标志会造成道路使用者信息过载，从而降低了其他重要标志的指路效用。《美国国家公路和交通运输协会关于高速公路附近的交通吸引区辅助指路标志选取指南》作为该部分的参考资料（美国国家公路和交通运输协会的地址见本书第 i 页）。

指导条款：

02　每个立交桥入口处使用的辅助指路标志不应超过 1 个。

03　一块辅助指路标志（见图 2E-24）不应列出多于 2 个目的地。目的地名称应紧随立交桥编号（和后缀）之后，如果立交桥没有编号，可视情况跟在图文"下个右转"或"第一个右转"或两者之后。辅助指路标志应作为独立的指路标志集合安装。

04　使用 2 个或更多指路预告标志的地方，应在 2 个指路预告标志的中途安装辅助指路标志。如果只使用 1 个指路预告标志，辅助指路标志应位于指路预告标志后至少 800 英尺的地方。如果立交桥有编号，则立交桥编号应用于行动信息（如在某立交桥驶出）。

05　州或其他机构应采用《美国国家公路和交通运输协会关于高速公路附近的交通吸引区辅助指路标志选取指南》中安装辅助标志的合适规定。在制定安装此类标志的政策时，应考虑诸如人口、交通流量、离路线的距离及目的地的重要性等因素。

图 2E-24　多出口立交桥辅助指路标志

必须条款：

06　引导驾驶员停车换乘设施的指路标志必须考虑使用辅助指路标志（见图 2E-25）。

可选条款：

07　辅助指路标志上和政府机构、军事基地、大学或其他政府认同的机构有关的目的地，可以使用象形图标（定义见第 1A.13 节）。

必须条款：

08　象形图标的最大尺寸（高或宽）不能超过目的地图文大写字母高度的 2 倍，并不能超过指路标志上路线盾形标的尺寸。象形图标应位于它所代表的目的地图案左侧，除非第 9 条中的停车换乘辅助指路标志另有说明。

图 2E-25　停车换乘设施的辅助指路标志

09 当停车换乘辅助指路标志上有交通象形符号时，该文字必须和合乘图形处于同一行，且位于文字图文上方。

10 代表一个州、国家、自治团体或其他合并或非合并社区的象形图标不能显示在辅助指路标志上。

11 其他情况的象形图标应遵从第 2A.06 节的规定。

第 2E.36 节 出口方向标志

支撑依据：

01 出口方向标志（见图 2E-26）会重复预告下一出口指路标志的路线和目的地信息，如此可确保服务到前往该目的地的道路使用者，并引导他们前往该目的地应走左出口还是右出口。

必须条款：

02 大型和中型立交桥必须使用出口方向标志。人口或其他类似的信息不能显示在出口方向标志上。

指导条款：

03 小型立交桥应该使用出口方向标志。

04 立柱型出口方向标志应安装在减速车道的起点。如果从减速车道上游终点到理论三角分离点的距离少于 300 英尺（见图 3B-8），出口方向标志应安装在理论三角分离点附近的出口车道正上方。

必须条款：

05 除了使用悬挂式车道箭头指路标志的地方（见第 2E.21 节和本节的第 6 条），以及出口处直行车道终结分叉（向）的地方，出口方向标志均必须悬挂设置在理论三角分离点处（见图 2E-8~ 图 2E-11，以及图 2E-14~ 图 2E-16）。

06 除非第 2E.21 节中第 4 条另有说明，否则在具有承担直达干线的可选出口车道的多车道出口指路预告标志处，或有可选车道的分叉路（见第 2E.21 节）处必须使用悬挂式车道箭头指路标志，该指路标志也必须在这种情况下取代出口方向标志。该悬挂式车道箭头指路标志必须包括合适的出口编号（E1-5P 和 E1-

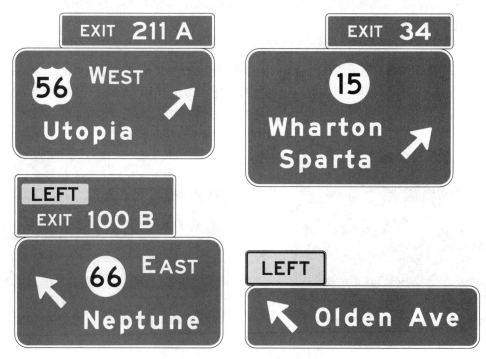

图 2E-26 立交桥出口方向标志示例

5bP）标牌（如果有编号的话），且必须设置在分叉（向）的车道外边缘起点而非下游位置到主线分离点附近（见图 2E-4~ 图 2E-6）。

07　以下规定用于管理悬挂式出口方向标志的设计和应用：

A. 适当情况下，标志必须有出口编号（如果使用出口编号的话）、路线标号、主方向、目的地以及斜向上指的方向箭头（见图 2E-26）。

B. 在黄色标志标牌上的黑字"仅出口"（E11-1d 或 E11-1e）必须用在悬挂式出口方向指路标志上，用来提示道路使用者车道分叉（向）的情况（见图 2E-8~ 图 2E-11）。该标志必须遵从第 2E.24 节中的规定。

指导条款：

08　*对于有编号的右侧出口，出口编号标牌（E1-5P，见图 2E-22）应增设于标志的顶端右边缘。*

必须条款：

09　对于有编号的左侧出口，左侧出口编号标牌（E1-5bP，见图 2E-22）必须增设于标志的顶端左边缘。

10　对于无编号的左侧出口，"左侧"标牌（E1-5aP，见图 2E-22）必须增设于标志的顶端左边缘。

支撑依据：

11　第 2E.31 节包含出口编号的更多详细信息。

可选条款：

12　在某些情况下，主要在城市区域内，由于构造或特殊线形引起视距受限，导致设置出口方向标志必须违背主要指路标志间的最小间距要求（见第 2E.33 节），此时，立交桥序列标志（见第 2E.40 节）可以代替指路预告标志。

指导条款：

13　*在多出口立交桥，出口方向标志应直接设置在第一个出口的出口车道。第二个出口通常在右边直行车道上方同样的位置设置指路预告标志。只有在直线运行不明显的情况下，确认信息（如图 2E-2 中的过境指路标志）才应使用在左侧车道的上方，以引导道路使用者通过立交桥。为了有利于标志分散式设置，同一支撑物上不应使用三块标志。当高速公路或快速路位于天桥时，出口方向标志应安装在三角分离点前方出口车道上方的悬挂式支撑物上。*

可选条款：

14　如果第二个出口穿过地下通道，出口方向标志可以安装在悬挂式支撑物的面板上。

15　在需要特意强调的匝道建议速度特别低的地方，"出口 XX 英里 / 小时"（E13-2）的标志面板（见图 2E-27）可以设置在出口方向标志的底部，用以辅助但非代替出口或匝道建议速度警告标志。

有E13-2标志牌的出口方向标志　　　有E13-2标志牌和黄色闪烁灯标的出口方向标志

图 2E-27　有建议速度标牌的立交桥出口方向标志

指导条款：

16 *在最后一个公路出口变为收费通行设施前，"收费前最后一个出口"标牌（W16-16P，见第 2F.10 节和图 2F-3）应安装在出口方向标志的上方。*

可选条款：

17 如果因为出口方向标志上已有出口编号（E1-5P）标牌而无法腾出足够空间，则 W16-16P 标牌可以安装在出口方向标志的下方。

第 2E.37 节　出口三角分离点标志（E5-1 系列）

支撑依据：

01 三角分离点的出口三角分离点（E5-1 或 E5-1a）标志（见图 2E-28）表明出口点或驶离主要道路的位置。该标志使用的一致性在每个出口都很重要。

必须条款：

02 三角分离点是主要道路和匝道间，匝道正好与主要道路分开的位置。出口三角分离点标志必须置于三角分离点处并必须载有文字"出口"或"出口 XX"（如果使用立交桥编号）及恰当的向上斜指的箭头。如果在多出口立交桥处使用了后缀字母，后缀字母也必须包含在出口三角分离点标志上，并必须以后缀字母高度的 1/2~3/4 的宽度间隔与出口字母分开。必须使用可分离的或可弯曲的支撑物。

指导条款：

03 *箭头应近似于驶离方向的角度。无论立交桥具有一个还是多个出口道路，每个三角分离点应做类似处理。*

可选条款：

04 在需要特意强调的匝道建议速度特别低的地方，显示建议速度的 E13-1P 标牌可以安装在出口三角分离点标志（见图 2E-28）的下面，用以辅助但非代替出口或匝道建议速度警告标志。

05 为了提高驶出的驾驶员对三角分离点的可视性，类型 1 的实体标记（见第 3 章）可以安装在出口三角分离点标志下面的每个标志支撑物上。

06 无编号出口转换为有编号的出口时，出口编号标牌（E5-1bP，见图 2E-22）可以安装在现有出口三角分离点标志（E5-1）上面。

必须条款：

07 有必要替换现有 E5-1 标志和 E5-1bP 标牌集合时，必须使用出口三角分离点标志（E5-1a）。

可选条款：

08 窄的出口三角分离点（E5-1c）标志可以用在宽度受限的三角分离点区域，当该区域出口三角分离点（E5-1a）标志的宽度不足以支撑横向偏移时（见第 2A.19 节），比如在几乎平行于主线道路的匝道出口，出口三角分离点标志会被安装在窄岛或护栏上。若 E5-1c 标志安装在离道路 14 英尺或更高的地方，方向箭头可以斜向下指。

指导条款：

09 *在标志 E5-1a 能以足够的横向偏移安装的地方，不应使用标志 E5-1c。*

图 2E-28　出口三角分离点标志

第 2E.38 节　立柱式立交桥标志

指导条款：

01　*正如在乡村区域，如果立交桥间的间距允许，且不会出现不必要重复信息的地方，应在超过加速车道下游结束点开始的 500 英尺处显示标志的固定序列。此时路线标志集合的安装还应有限速标志和距离标志，每个标志间的间距为 1000 英尺。*

02　*如果立交桥间的间距不足以设置这样的 3 个立柱式立交桥标志，而又不会侵占或重叠预告下个立交桥指路标志所需空间，或者在交通流量主要为当地车辆的乡村区域，应取消一个或多个立柱式立交桥标志。*

可选条款：

03　*通常距离标志没有其他两个标志重要，可以不安装，尤其在使用了立交桥序列标志时。如果在悬挂式集合上用于直行交通的标志已经包含路线标志，立柱式立交桥路线标志集合可以取消。*

第 2E.39 节　立交桥后地点距离标志

必须条款：

01　*立交桥后地点距离标志由 2~3 行标志组成，包括重要目标点的名字和到这些点的距离。标志的顶行必须标明下个重要立交桥，以及附近的社区或路线穿过的社区名字，如果没有社区，则要标明路线编号或相交公路的名字（见图 2E-29）。*

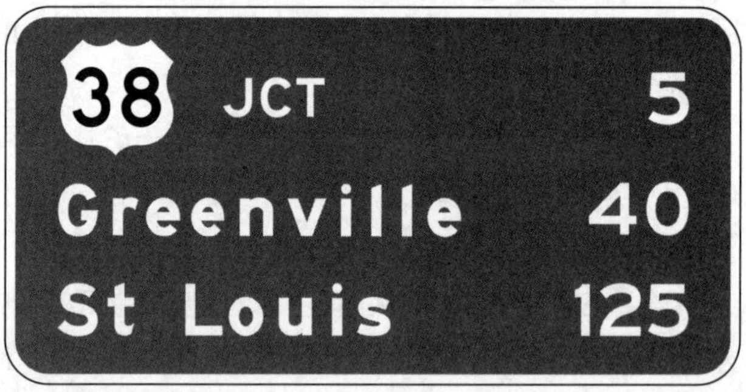

支撑依据：

02　*标明一个重要目标点的路线盾形标的最小尺寸在表 2E-3 和表 2E-5 中有说明。*

可选条款：

03　*可用标明路线的文字代替路线盾形标，比如"美国 XX"、"州际道路 XX"或者"国家道路 XX"。*

指导条款：

04　*如果有 2 行，第 2 行应留给位于路线上或与路线直接相邻的共同利益社区，或者留给沿线上大的交通吸引区点。*

可选条款：

05　*在连续的距离标志第 2 行上，名称的选择依据给道路使用者提供关于沿线社区最大的信息可以有所不同。*

必须条款：

06　*第 3 行或最下面一行，必须包含对于使用该路线的使用者来说具有全国性意义的目标城市（如果存在的话）名称和距该城市的距离。*

指导条款：

07　*到相同目的地的距离标志出现的频率不应小于 5 英里。显示在这些标志上的距离应为距离目的地点的实际距离，而非到高速公路或城市快速出口的距离。到每个社区的距离应遵从第 2D.14 节的规定。*

图 2E-29　立交桥后地点距离标志

第 2E.40 节　立交桥序列标志

可选条款：

01　如果立交桥间距较近，尤其通过大型城市区域，指路标志没有充分的间隔距离，则可以使用标明后续 2 个或 3 个立交桥的立交桥序列标志。

指导条款：

02　立交桥序列标志应遍布于市区内路线的全程。除非第 3 条另有说明，否则立交桥序列标志不应用于单独的立交桥基点。

03　*如果立交桥间的距离小于 800 英尺，应使用立交桥序列标志代替受影响的立交桥指路预告标志。*

支撑依据：

04　立交桥序列标志通常用于辅助指路预告标志。关于这类型标志设置的说明见图 2E-30 和图 2E-31，并与第 2E.11 节中第 3 条描述的标志分散式设置概念兼容。

05　这些标志都按一个系列安装，在最接近 1/4 英里处显示接下来两个或三个立交桥的名称或路线编号。

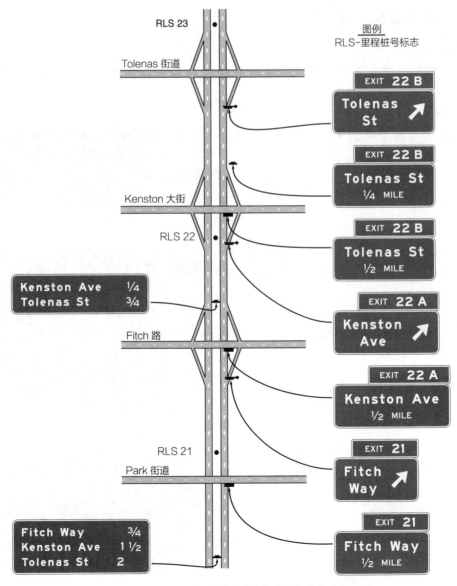

图 2E-30　密集立交桥线路上立交桥序号标志的应用示例

必须条款：

06　系列中的第一块标志必须设置在第一个立交桥第一块指路预告标志之前。

07　在出口方向向左的地方，"左侧"（E11-2）标志标牌（见图2E-13）必须安装在立交桥名字或路线编号同一行的右侧。

08　立交桥序列标志不能代替出口方向标志。

指导条款：

09　立交桥序列标志应置于中央分隔带。在系列中第一块标志后，立交桥序列标志应设置在立交桥间近似中间的位置。

必须条款：

10　设置在中央分隔带上的立交桥序列标志必须以悬挂式标志高度安装（见第2A.18节）。

可选条款：

11　立交桥编号可以在立交桥名称或路线编号的左侧显示。

第2E.41节　社区立交识别标志

支撑依据：

01　对于由两个或三个立交桥服务的郊区或乡村社区，社区立交识别标志是很有用的（见图2E-32）。

指导条款：

02　在这些情况下，文字"出口"前的社区名字应显示在顶行；下面几行应显示目的地、道路名字或路线编号，相应的距离应最接近1/4英里。

03　标志应设置在社区内第一个立交桥的第一块指路预告标志前面。

可选条款：

04　如果立交桥不易于识别，或者有三个以上立交桥需要识别，可以使用"接下来XX个出口"标志（见第2E.42节）。

第2E.42节　接下来XX个出口标志

支撑依据：

01　许多高速公路或快速路会通过历史或娱乐地区，以及由一系列立交桥服务的城市区域。

可选条款：

02　这些地区或区域可以通过"接下来XX个出口"标志（见图2E-33）指明，它们通常位于指路预告标志或指示第一个立交桥的标志之前。

指导条款：

03　标志图文应指明"接下来XX个出口"文字所指的地区或区域。

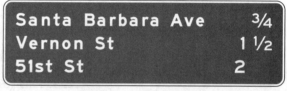

图2E-31　立交桥序列标志

图2E-32　社区立交桥识别标志

图2E-33　"下个出口"标志

第 2E.43 节　立交桥类型标志

支撑依据：

01　道路使用者需要通过标志来确认出口的位置，获得特定出口匝道的路线、方向以及目的地信息。常见立交桥类型的指路标志见图 2E-34~ 图 2E-40。图中大多数立交桥图示仅描述了高速公路或出口匝道某一方向交通的主要指路标志。第 2D.45 节中包含了相交出口的标志设置和连接高速公路和快速路的公路标志设置。

必须条款：

02　一条路线上每一类立交桥的立交指路标志设置必须一致。

指导条款：

03　*不管立交桥为何种类型，所有只有一个出行方向出口匝道的立交桥，其标志布局均应相同。为了保证一致性，每一类常用立交桥标志设计方案的显著特点应尽可能相近（见图 2E-34~ 图 2E-40 的描述）。即使存在不常见的几何图形，标志布局的不同也应控制在最小范围。*

第 2E.44 节　高速公路与高速公路相交的立交桥

支撑依据：

01　高速公路与高速公路相交的立交桥是主要的决策点，因为在此处选错匝道不容易得到纠正。通常不可能在连接段高速公路上调转方向或重新进入预期的路线。高速公路与高速公路相交的立交桥处的指路标志示例见图 2E-34。

指导条款：

02　*标志信息应仅包含路线盾形标、主要方向和路线上下沿途重要城市的名字。箭头指向应如第 2D.08 节中所示，但悬挂式车道箭头或桥形标志应依照第 2E.20 节至第 2E.22 节的规定使用。*

支撑依据：

03　在从左侧驶离路线的分岔口，或者有可选车道的分岔口，通常会产生预期问题。

必须条款：

04　在从左侧驶离的分岔口，左侧出口编号（E1-5bP）标牌必须增加到指路标志的顶端左边缘（见第 2E.31 节）。悬挂式车道箭头或图形指路标志（见第 2E.21 节和第 2E.22 节）必须用于具有可选车道的高速公路分岔口，以及有可选车道的多车道高速公路与高速公路相交的出口。

05　悬挂式标志必须在 1 英里和位于每个连接匝道的理论三角分离点处使用。悬挂式车道箭头或图形指路标志的使用必须遵循第 2E.21 节和第 2E.22 节的规定。

可选条款：

06　悬挂式标志也可以在 1/2 和 2 英里的位置应用。

07　在表明路线直接延续的过境指路标志上，箭头和（或）沿途重要城市的名字可以省略（见第 2E.12 节）。

08　工程调研表明需要在匝道标志上显示减速信息的地方，可以使用建议出口速度标志（见第 2C.14 节）。

09　在需要特意强调特别低的匝道建议速度的地方，"出口 XX 英里/时"（W13-2）标志标牌（见图 2E-27）可以设置在出口方向标志的底部，用以辅助但非代替出口或匝道建议速度警告标志。

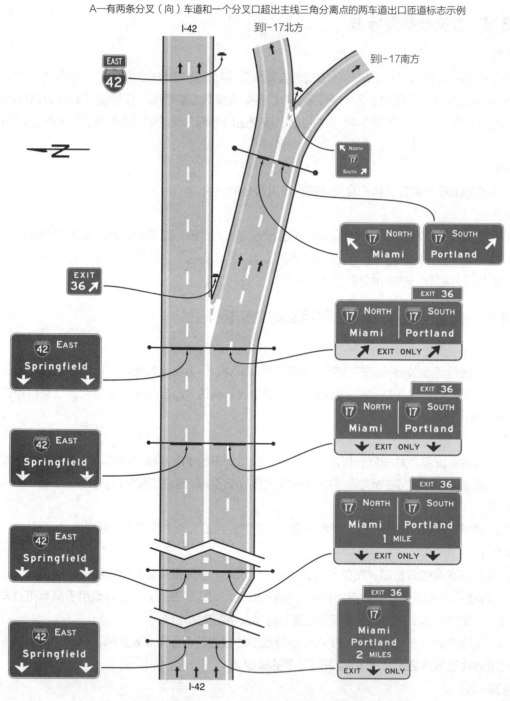

图 2E-34　高速公路与高速公路相交立交桥指路标志示例（A 图）

第 2E.45 节　苜蓿叶立交桥

支撑依据：

01　苜蓿叶立交桥在运行的每个方向上具有两个出口。出口间距较近并通常具有指路预告标志。苜蓿叶立交桥的指路标志示例如图 2E-35 所示。

指导条款：

02　指路预告标志应包括两个地点名，分别对应每个出口匝道，其中第一个出口所服务的地点名在上一行。

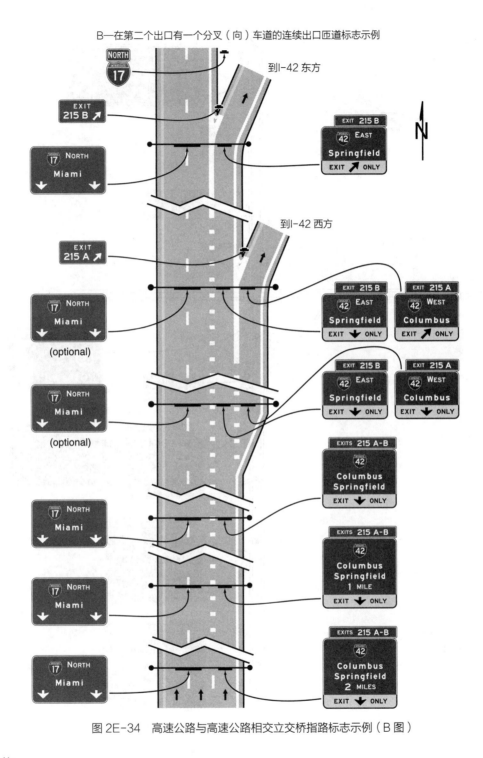

图 2E-34 高速公路与高速公路相交立交桥指路标志示例（B 图）

必须条款：

03 悬挂式指路标志必须设置在第一个出口匝道的理论三角分离点，该出口的出口方向标志上要有斜向上指的箭头。同时，如果立交桥未编号，"XX 英里"或"出口 XX 英里"的信息必须显示在第二个出口的指路预告标志上，如图 2E-35 所示。第二个出口必须由辅道上方的悬挂式出口方向标志表明。出口三角分离点标志也必须用在每个三角分离点处（见第 2E.37 节）。

04 主线上不止一个出口的立交桥必须按照第 2E.31 节中所描述的，用适当的后缀对其进行编号。

05 桥形标志不能用于苜蓿叶立交桥，除非第 2E.22 节中另有说明。

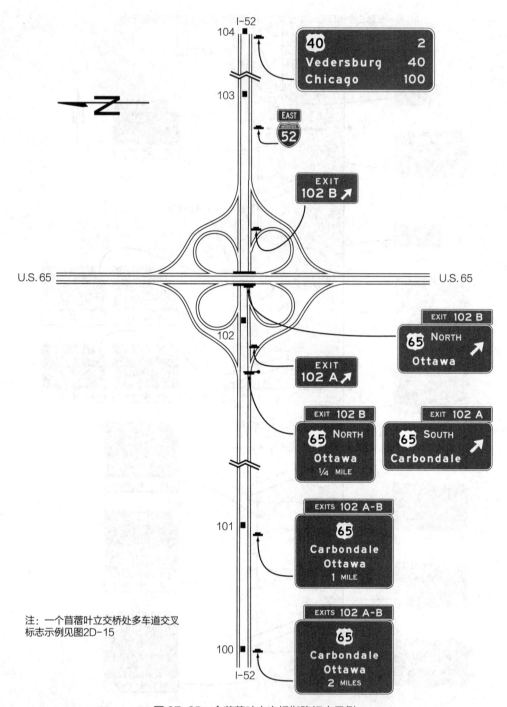

图 2E-35　全苜蓿叶立交桥指路标志示例

指导条款：

06　若主线从相交道路下边通过并且出口道路超过了上跨交叉结构，则第二个出口的悬挂式出口方向标志应置于上跨交叉结构上（见图 2E-35），或以单独的结构直接置于上跨交叉结构前。

第 2E.46 节　集散道路的苜蓿叶立交桥

支撑依据：

01　拥有集散道路的全苜蓿叶立交桥的指路标志示例请见图 2E-36。

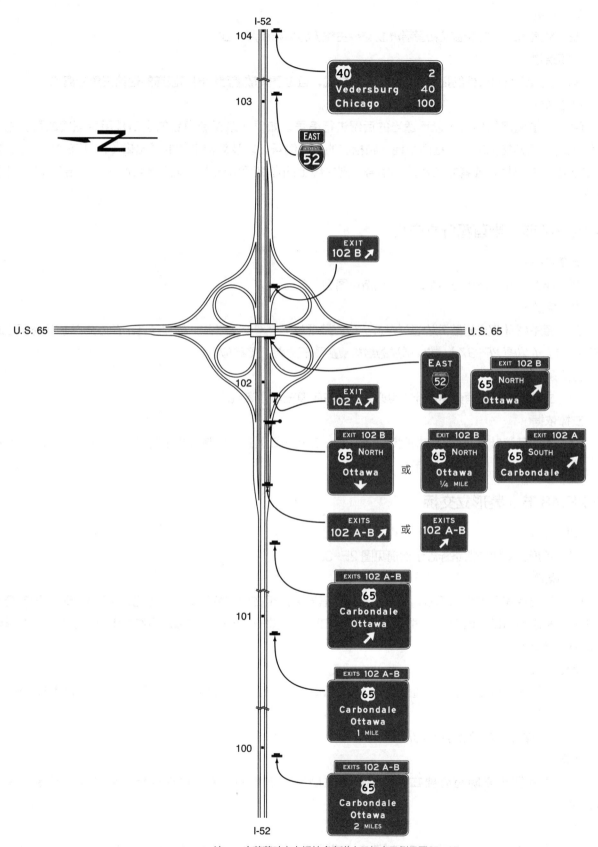

注：一个苜蓿叶立交桥处多车道交叉标志示例见图2D-15

图 2E-36　拥有集散道路的全苜蓿叶立交桥的指路标志示例

指导条款：

02 集散道路上的标志应和苜蓿叶立交桥主线上的标志保持一致。

必须条款：

03 集散道路出口处的指路标志必须为悬挂式，且位于集散道路和出口匝道的理论三角分离点。

可选条款：

04 集散道路的出口可以用适当的后缀进行编号。如果一条集散道路的出口是用后缀编的号，则该主线上的指路预告标志可包括两个地名和相应的出口编号，以及复数形式的"出口（EXITS）"字样。如果主线出口有编号，或者立交桥没有编号，则主线上的指路预告标志可使用单数形式的"出口（EXIT）"字样。

第2E.47节 半苜蓿叶立交桥

支撑依据：

01 半苜蓿叶立交桥的指路标志示例请见图 2E-37。

指导条款：

02 若主线从相交道路下边通过并且出口道路超过了上跨交叉结构，则悬挂式出口方向标志应置于上跨交叉结构上（见图 2E-37），或以单独的结构直接置于上跨交叉结构前。

必须条款：

03 立柱式出口三角分离点标志也必须安装在匝道三角分离点。

支撑依据：

04 若半苜蓿叶立交桥拥有相同运行方向的一系列出口匝道，则其标志设置应与同一运行方向的全苜蓿叶立交桥保持一致（见第 2E.45 节）。

第2E.48节 菱形立交桥

支撑依据：

01 菱形立交桥的指路标志示例请见图 2E-38。

必须条款：

02 对已经编号的出口而言，单一"出口"信息必须用在出口编号标牌上（见第 2E.31 节），同时还有指路预告标志和出口方向标志。对没有编号的出口而言，单一"出口"信息必须作为距离信息的一部分显示在指路预告标志上。

支撑依据：

03 典型的菱形立交匝道与道路主线分离，因此从主线通过出口驶入匝道道路时，司机通常不必减速。

指导条款：

04 *无需减速时，不应使用出口限速标志。*

可选条款：

05 工程调研表明有必要在匝道标志上注明减速信息的地方，可使用出口建议速度标志（见第 2C.14 节）。

指导条款：

06 出口建议速度标志应安装在减速车道或匝道沿线，以便司机在远处就可看清标志，从而在到达出口弯道前就减速。

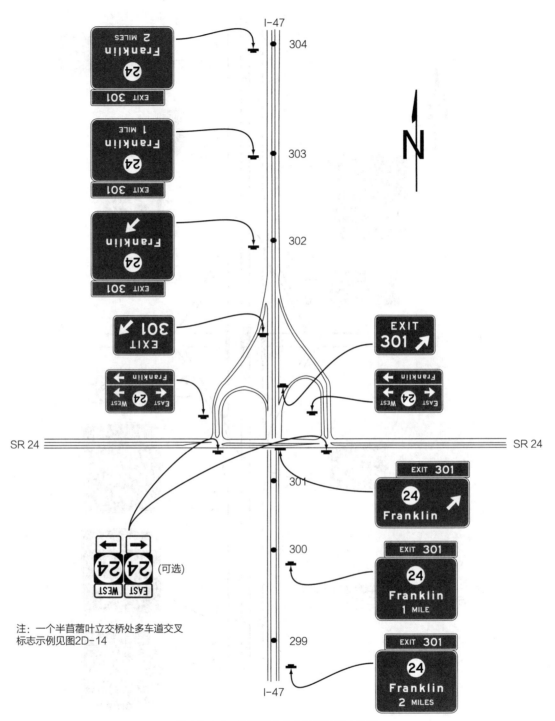

图 2E-37 半苜蓿叶立交桥指路标志示例

可选条款：

07　工程调研表明有必要在十字路口前的匝道沿线提醒司机时，可以设置"前方停车让行"或"前方信号"的警告标志（见第 2C.36 节）。

指导条款：

08　*在双车道匝道上使用"前方停车让行"或者"前方信号"标志时，两个标志应成对使用，匝道两侧一边安装一个标志。*

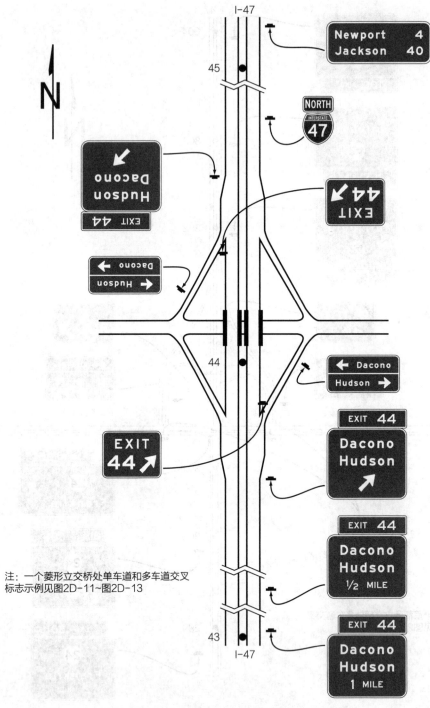

图 2E-38　菱形立交桥指路标志示例

第 2E.49 节　城市地区菱形立交桥

支撑依据：

01　图 2E-39 展示了城市地区菱形立交桥指路标志的例子。此例包括社区立交识别标志（见第 2E.41 节）的使用，此标志对两个或两个以上的立交桥服务同一社区时十分有用。

02　在城市地区，街道名称在目的地指路标志通常为主要信息。

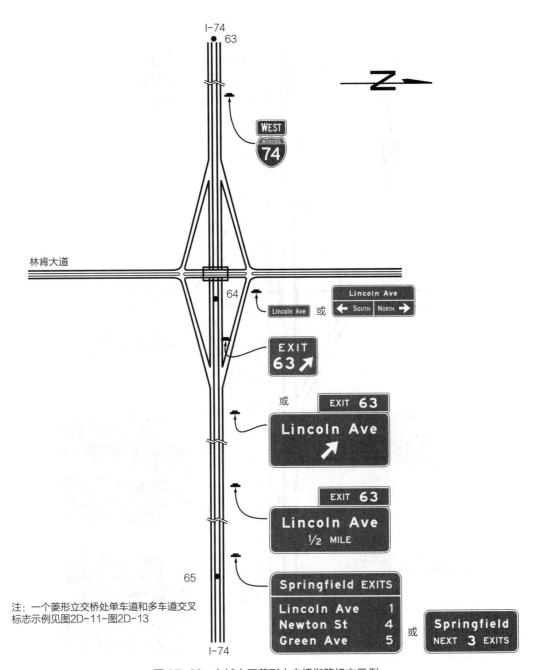

图 2E-39 在城市区菱形立交桥指路标志示例

可选条款：

03 如果立交桥间隔太近，不能恰当安装指路预告标志，那么标志可安装在靠近出口的地方，距离可根据情况做相应调整。

第 2E.50 节 近距离立交桥

支撑依据：

01 第 2E.11 节包含了下一个立交桥的悬挂式出口方向标志和指路预告标志的分散式设置的相关信息。标志分散式设置特别适用于距离较近的立交桥和第 2 条中所提到的悬挂式标志与立交桥序列标志联合使用的情况。

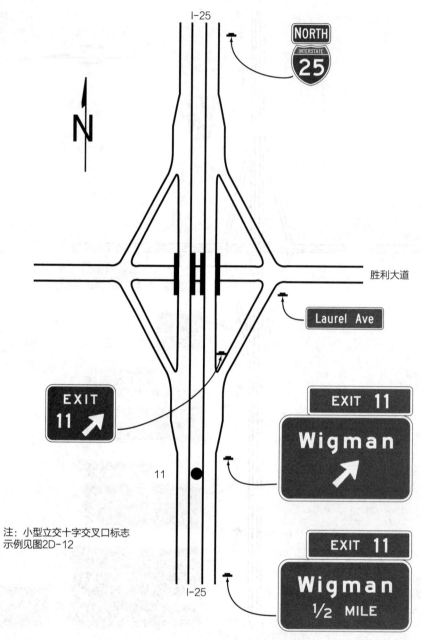

图 2E-40 小型立交指路标志示例

指导条款：

02 间隔距离小的立交桥应使用立交桥序列标志（见第 2E.40 节）。如图 2E-30 所示，使用此标志时，应确认并显示街道名称及到下两个或三个出口的距离。

必须条款：

03 针对间隔距离小的立交桥指路预告标志必须仅展示一个立交桥的信息。

第 2E.51 节 小型立交桥

可选条款：

01 由于小型立交桥通常服务对象是低流量的本地交通，所以可以使用较少标志。

支撑依据：

02　图 2E-40 展示了小型立交桥指路标志的例子。

必须条款：

03　在小交汇处必须至少安装一个指路预告标志和一个出口三角分离点标志。

指导条款：

04　*也应使用出口方向标志。*

第 2E.52 节　常规道路入口与连接道路上的标志设置

支撑依据：

01　第 2D.45 节包含了立交桥的常规道路入口与连接道路标志设置的相关信息。

第 2E.53 节　立交桥匝道处的逆行交通控制

支撑依据：

01　第 2B.41 节包含了高速公路或快速路匝道与常规道路交叉口处防止逆行的禁令标志信息，以及在入口匝道与主干道交汇区域防止逆行的禁令标志信息。

02　第 2D.46 节包含了使用方向标志集合或指路标志的相关信息，两者用于指明从常规道路进入高速公路或快速路的入口。

第 2E.54 节　称重站标志

必须条款：

01　高速公路或快速路上的称重站标志必须与第 2D.49 节所提供的标志相同，除了字体大小和对出口方向标志提前设置的距离不同，称重站标志必须设置于三角分离点前至少 1500 英尺。

支撑依据：

02　在《公路标志和标线标准》手册中说明了应用于高速公路与快速路上的称重站标志布局（见第 1A.11 节）。

第 2F 章　收费道路标志

第 2F.01 节　范围

支撑依据：

01　收费公路是典型的封闭式高速公路或快速路设施。一部分或整个路线可能是收费公路、桥梁、隧道或其他交叉点可能是高速公路唯一收费区。收费公路的可能是常规道路。收费公路的一般标志设置要求将取决于设施及入口类型（高速公路、快速路或常规道路）。第 2D 章和第 2E 章的规定通常应用于收费设施沿线的指路标志，该标志用于指引并不依赖特定收费的出口点和几何配置的设施内外的道路使用者。收费站（或收费点）需要额外考虑典型标志的设置需求。在收费道路入口前和入口处设置收费点的同时，也须考虑额外修改典型标志的需求。

02　本节适用于所有车道都要收费的整条路线或设施。第 2G 章包含了在非收费设施内签署管理车道条款，该设施采用收费或定价作为管理交通拥堵水平的运营策略。

必须条款：

03　除了本章专门提供的规则，第 2 部分其他章节的规定也必须适用于收费公路。

第 2F.02 节　收费道路标志的尺寸

必须条款：

01　除了第 2A.11 节所涉及内容，符合标准设计的收费道路标志尺寸必须如表 2F-1 所示。

支撑依据：

02　第 2A.11 节包含表 2F-1 中各列的适用性信息。

可选条款：

03　可以使用比表 2F-1 中更大的标志（见第 2A.11 节）。

第 2F.03 节　紫色背景和带有 ETC 账户图形衬底面板的应用

必须条款：

01　任何使用紫色的标志应遵守第 1A.12 节和第 2A.10 节中的规定。除了第 2F.12 节和第 2F.16 节中所涉及内容，作为背景颜色，紫色必须仅使用于出现 ETC 账户的那部分标志。标志其余部分的背景颜色必须符合第 1A.12 节和第 2A.10 节的规定，适合于禁令、警告或指路标志。紫色不能用于显示目的地、行动信息或其他不是要求所有车辆都有注册 ETC 账户的图文。

02　如果只有注册 ETC 账户的车辆可以使用高速公路车道、收费站车道、主路不停车收费车道、或者所有收费公路车道，这些车道或高速公路标志必须包含收费设施的 ETC 支付系统所采用的图文标记（见第 2A 章），以及禁令文字"ONLY"。除了主要背景颜色是紫色的 ETC 图文标志以外，如果要合并在绿色背景的指路标志中，ETC 图形必须设置在一个紫色衬底白色边界的白色矩形或方形面板上。主要背景颜色是紫色的矩形 ETC 图形必须在紫色矩形外缘使用白色边界，从而使图形和标志背景颜色形成对比。

03　如果 ETC 图形是用在带有指路标志的单独标牌，或者指路标志内的置顶面板，标牌或置顶面板必须为紫色背景、白色边框，ETC 图形必须为白色边框，从而使标牌或置顶面板的图形和背景形成对比。

04　ETC 图形的紫色衬底面板或紫色背景标牌和置顶面板有且仅必须根据第 1~3 条中所描述的方式来使用，以传达专为注册 ETC 账户保留车道标志和从非收费设施或接受多种支付形式收费设施到 ETC 用户专用设施的方向性标志的要求。

支撑依据：

05　图 2F-1 展示了 ETC 账户图形的案例、在不同背景颜色下的使用以及衬底面板的修改。

06　第 2F.04 节包含了 ETC 账户图形尺寸的相关内容。

收费道路标志和标牌的最小尺寸　　　　　　表2F-1

标志或标牌	标志设计	章节	常规道路		高速公路	快速路	最小值	超大尺寸
			单车道	多车道				
收费率	R3-28	2F.05	—	—	114×48	114×48	—	—
支付费用（标牌）	R3-29P	2F.05	—	—	24×18	24×18	—	—
取车票（标牌）	R3-30P	2F.05	—	—	24×18	24×18	—	—
支付费用××英里车辆（价格）	R9-6	2F.06	96×66	96×66	96×66	96×66	—	—
支付费用××英里车辆（价格）（标牌）	R9-6P	2F.07	288*×36	288*×36	288*×36	288*×36	—	—
前方停车缴费车辆（价格）	R9-6a	2F.08	114×66	114×66	114×66	114×66	—	—
前方停车缴费车辆（标牌）	R9-6aP	2F.09	252*×36	252*×36	252*×36	252*×36	—	—
进入收费道路前最后一个出口（标牌）	R16-16P	2F.10	—	—	252*×36	252*×36	—	—
收费	R4-15	2F.11	24×12	24×12	36×18	36×18	24×12	36×18
不收现金	R4-16	2F.12	24×12	24×12	36×18	36×18	24×12	36×18
费用收集器图标	R4-17	2F.13	—	—	48×48	48×48	—	—
不设找零图标	R4-18	2F.13	—	—	48×48	48×48	—	—
仅 ETC	R4-20	2F.12	24×24	24×24	36×36	36×36	24×24	36×36

*宽度代表最小尺寸，可以根据指路标志的宽度适当加宽。

注：1. 适当的时候可以用更大尺寸的标志。

　　2. 尺寸单位为英寸，记作"宽×高"。

第 2F.04 节　ETC 图形的尺寸

必须条款：

01　ETC 图形（见第 2A 章）的大小必须突出其图文的显著特征，使拥有注册 ETC 账户的道路使用者易于找到方向，使没有 ETC 账户的道路使用者轻易看到此图形，避免走错方向。

指导条款：

02　水平矩形的 ETC 图形，其最小高度应该约为标志主要图文大写字母高度的 1.5~2 倍。水平矩形的 ETC 图形，其宽度应该是图形高度的 2~3 倍。当图形是标志上的主要图文，例如主路不停车收费车道的预告指路标志（见第 2F.15 节），水平矩形 ETC 图形的最小高度应符合用于特殊用途的路径盾形标和标志的高度。

03 正方形、圆形的高度和宽度相近，或者垂直矩形的 ETC 图形的醒目性和位置应遵循同样准则。如第 1 条所述，非水平矩形的 ETC 图形的大小应易于发现，且应符合第 2 条所述水平矩形图形的高度和宽度。

第 2F.05 节 收费站禁令标志

支撑依据：

01 收费站业务通常包括对车辆类型的具体车道限制、接受的支付形式以及速度限制或要求停止。车辆通常需要停止，并支付费用，或者在自动收费车道需停止接收收费票据。不停车收费（ETC）车道通常允许车辆经过收费站时不停车，但通常要求车辆的速度在限速范围内或者使用建议速度。因几何和其他条件，在一些 ETC 车道和大多数非 ETC 车辆车道，ETC 支付过程中车辆需停止。

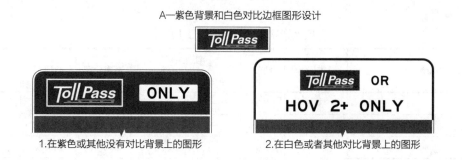

图 2F-1 ETC 用户图形示例以及紫色背景和衬底板的应用

指导条款：

02 只适用于特定车道的禁令标志应该安装于使接近收费站的道路使用者能清楚地了解其适用范围的位置。

03 禁令标志或指路标志中的禁令面板显示限制车辆类型和对特定收费的收费形式，此类标志应安装在收费站顶篷或者顶篷前的独立结构上，每一个标志负责一个收费车道。

支撑依据：

04 第 2F.13 节包含了收费站指路标志中禁令信息的相关信息。

05 第 2F.16 节包含了收费站顶篷标志的设计和使用信息。

指导条款：

06 一个或多个限速（R2-1）标志（见第 2B.13 节）应该安装在第 8 条中提供的收费站 ETC 专用车道上，

收费站对这一车道有强制限速，从而使车辆通过收费站时不用停车，但通过收费站其他车道时需要停车支付费用。标志上的速度限制应考虑到基于收费站和车道的位置，以及其他适当的安全性和操作性因素的工程调研。

07 限速（R2-1）标志不应安装在有"停止"（R1-1）标志的收费站车道或者要求停车的收费站车道。

可选条款：

08 限速标志可以安装在可用车道收费站顶篷上面、收费亭入口处、收费亭，或者顶篷结构的垂直立柱上。如果工程调研或工程评判表明需使用箭头来明确是用于特定车道的标志或是提高适用性的标志，那么可使用向下箭头或斜向下箭头补充限速标志。

必须条款：

09 停车让行标志（R1-1）不能安装在收费站的ETC专用车道上，因为停车标志是仅用于停车收费车道的。

可选条款：

10 停车让行标志（R1-1）可以安装在需要车辆完全停车缴费的车道上，即使这条车道也可以供具有注册ETC账户的车辆通行。"收费站"（R3-29P）或"请取卡"（R3030P）标牌（见图2F-2）可以视情况需要直接安装在收费站车道上停车（R1-1）标志下方。

11 如果受到收费岛或收费站的实际尺寸限制，停车让行标志和辅助标牌的安装高度可能低于正常的安装高度。

12 收费岛上的停车让行标志或其他禁令标志的横向距离与标志边缘的收费岛正面或凸起的路障之间的距离可能会减少到最少1英尺。

指导条款：

13 *如果在收费站现金收费车道上安装停车让行标志（R1-1），该标志应该尽可能地安装在靠近车辆停车付费处或取票处。*

可选条款：

14 收费标准标志（R3-28）（见图2F-2）可安装在收费站前方，用来告知不同类型车辆的收费标准。

指导条款：

15 如果使用收费标准标志（R3-28），该标志应该安装在收费站与第一个收费站预告标志之间。

16 收费标准标志（R3-28）不应超过三行图文。每一行收费信息应该显示单一收费标准。

可选条款：

17 超过三行收费标准图文的标志可设置在邻近有人值守车道支付窗口或可自动缴费的无人值守车道支付窗口。这些信息对停车缴费的道路使用者可见，但未进入收费车道的道路使用者看不到这些信息。

第2F.06节 收费预告警告标志（W9-6）

必须条款：

01 收费预告警告标志（W9-6）应为黄色背景、黑色图文和边框的水平矩形标志牌。图文必须包括收费站的距离，不包括收费票据发放设施、乘用车或两轴车辆收费（见图2F-3）信息。在一天中，乘客或两轴车辆的收费标准是可变的，变化的消息必须包含在W9-6标志中，以表示收费信息。道路使用者进入收费票据设施的收费站提供收费票据，"收费"图文必须换成另外合适的图文，如"请取票"。

指导条款：

02 *收费预告警告标志应该安装在收费站主路前1英里和0.5英里处，收费站要求部分或者全部车道车辆停车缴费（见第2F.14节和第2F.15节）。*

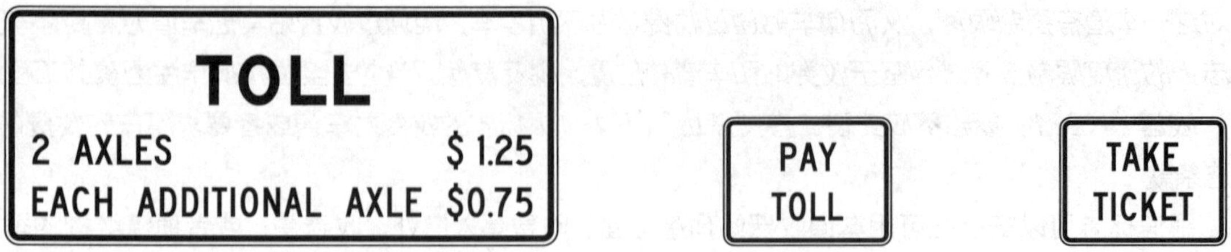

R3-28 R3-29P R3-30P

图 2F-2 收费场站禁令标志和标牌

可选条款：

03 如果在 1 英里或 0.5 英里的地方没有足够的空间来安装 W9-6 标志，收费预告警告（W9-6P）标牌（见第 2F.07 节）可以安装在与收费类型相关的指路标志上方。

04 附加的 W9-6 标志可以安装在收费站主线前大约 2 英里处。此标志可为悬挂式也可为立柱式。

05 如果匝道收费站的部分或者全部车道都需要车辆停车缴费，且视线受限的话，W9-6 标志也可以安装在匝道收费站之前。

第 2F.07 节 收费预告警告标牌（W9-6P）

可选条款：

01 当收费站入口前 1 英里和（或）0.5 英里处的空间不足以安装 W9-6 标志（见第 2F.06 节），可以在与收费类型相关的适当指路标志上方安装收费预告警告标牌（W9-6P）（见图 2F-3）。

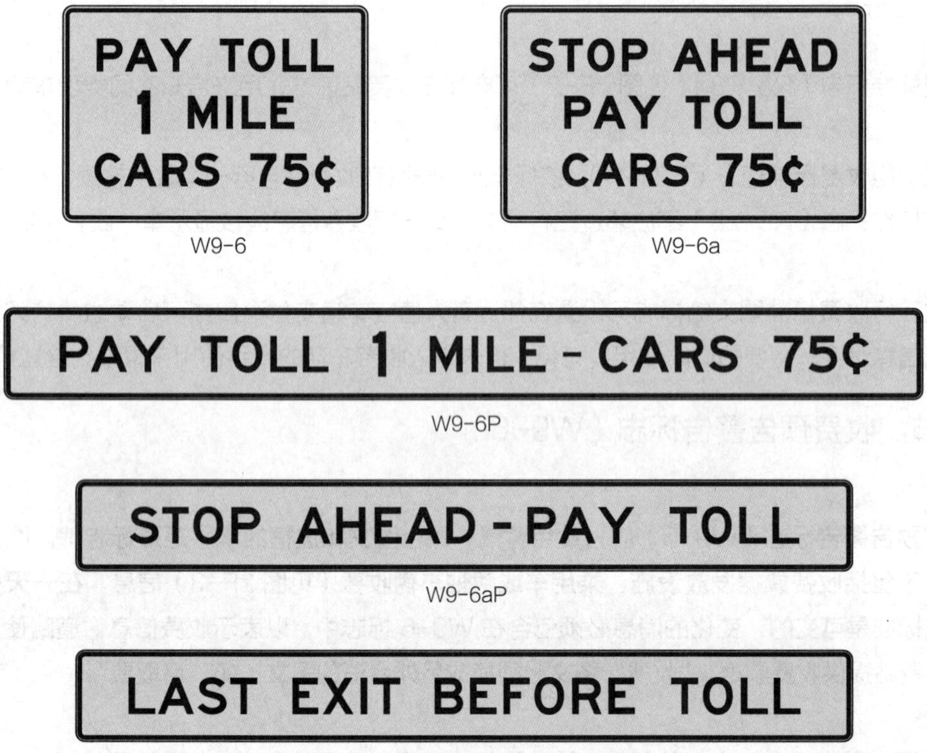

W9-6 W9-6a W9-6P W9-6aP W16-16P

图 2F-3 收费场站警告标志和标牌

必须条款：

02　收费预告警告标牌（W9-6P）应为黄色背景、黑色图文和边框的水平矩形标志牌。图文必须包括收费站的距离，不包括收费票据发放设施、乘用车或两轴车辆收费（见图 2F-3）信息。在一天中，乘用车或两轴车辆的收费标准是可变的，变化的消息必须包含在 W9-6P 标牌中，以有效地显示收费信息。道路使用者进入收费票据发放设施的收费站提供收费票据，"收费"图文必须换成另外合适的图文，如"请取票"。

可选条款：

03　指路标志含有配合使用标牌的距离信息时，应该将收费站的距离信息从 W9-6P 标牌中删除。

04　指路标志含有配合使用标牌的乘用车或两轴车辆收费信息时，该信息可从 W9-6P 标牌中删除。

第 2F.08 节　前方停车缴费警告标志（W9-6a）

必须条款：

01　前方停车缴费标志（W9-6a）必须是黄色背景、黑色图文和边框的水平矩形标志牌。图文必须包括前方停车缴费，不包括收费票据发放设施、乘用车或两轴车辆收费（见图 2F-3）信息。在一天中，乘用车或两轴车辆的收费标准是可变的，变化的消息必须包含在 W9-6a 标牌中，以有效地显示收费信息。道路使用者进入收费票据发放设施的收费站提供收费票据，"收费"图文必须换成另外合适的图文，如"请取票"。

指导条款：

02　*前方停车缴费标志应该为悬挂式，安装在 W9-6 标志下游、距收费站主线路 0.5 英里处，部分或全部车道都要求停车缴费（见第 2F.14 节和第 2F.15 节）。悬挂式标志的位置应该在主线车道在收费站车道入口变宽处。*

03　*主路不停车收费在特定位置额外用于收费站时，应设置 W9-6a 标志，标志消息应该与收费站入口车道有关，与主路不停车收费车道无关。*

可选条款：

04　如果在推荐位置没有足够空间安装 W9-6a 标志，前方停车缴费（W9-6aP）标牌（见第 2F.09 节）可以安装在与收费类型相关的指路标志上方。

05　当部分或全部车道要求车辆停车缴费的匝道收费站的可视性受限时，W9-6a 标志也可以安装在匝道收费站前方。

第 2F.09 节　前方停车缴费警告标牌（W9-6aP）

可选条款：

01　当没有足够的空间安装 W9-6a 标志时，前方停车缴费警告标牌（W9-6aP）（见图 2F-3）可以安装在前方停车缴费标志（W9-6a）（见第 2F.08 节）特定位置的指路标志上方。

必须条款：

02　前方停车缴费警告标牌（W9-6aP）必须是黄色背景、黑色图文和边框的水平矩形标志牌。图文必须包括前方停车缴费，不包括收费票据发放设施、乘用车或两轴车辆收费信息。在一天中，乘用车或两轴车辆的收费标准是可变的，变化的消息必须包含在 W9-6aP 标牌中，以有效地显示收费信息。道路使用者进入收费票据发放设施的收费站提供收费票据，"收费"图文必须换成另外合适的图文，如"请取票"。

可选条款：

03　如果乘客数和两轴车辆的收费信息已出现在配合使用的指路标志上，该信息可从 W9-6aP 标牌中删除。

第2F.10节 收费道路前最后出口警告标志（W16-16P）

指导条款：

01 收费道路前最后出口（W16-16P）标牌（见图2F-3）应该用来告知道路使用者这是在设置了收费设施前驶离道路的最后一个出口。这一标志应该安装在适当出口指路标志的上方或下方（见第2E.30节和第2E.33节）。

必须条款：

02 W16-16P标牌必须为黄色背景、黑色文字和边框。

第2F.11节 收费辅助标志（M4-15）

必须条款：

01 收费（M4-15）辅助标志（见图2F-4）应该是黄色背景、黑色图文和边框。可以直接安装在已编号的收费道路的路线标志上方，或者安装在基本方向和可选路径辅助标志的上方，在任何路线标志集合中，用于区分非收费道路、收费道路或部分收费道路。

图2F-4 用在路线标志集中的仅ETC用户辅助标志

第2F.12节 电子收费系统（ETC）用户专用辅助标志（M4-16和M4-20）

必须条款：

路线标志集合指明了从非收费公路到收费设施或收费路段的方向，ETC是唯一支付方式，且所有车辆为ETC注册用户，ETC用户专用辅助标志（M4-20）（见图2F-4）可以直接安装在已编号的或已命名的收费设施上的路线标志下方。M4-20辅助标志必须为紫色背景、白色边框，且包含ETC支付系统适用图形，同时具有黑体"专用"字样。

可选条款：

01　不收现金辅助标志（见图 2F-4）为白色背景、黑色图文和边框，可直接安装在路线标志集合中 M4-20 辅助标志的下方。

第 2F.13 节　收费设施和收费站指路标志总则

支撑依据：

01　收费站广泛设置于收费道路、桥梁和隧道，用于向道路使用者收费。电子收费和（或）主路电子收费方式也可以用于补充或者替代收费站等收费设施。

02　第 2G 章包含适用于收费公路的优先车道和多策略管理车道标志信息。

03　第 3E 章包含某些收费站适用的路面标线信息。

必须条款：

04　收费公路或收费道路引道入口的方向指路标志必须指明该设施是收费设施，设置在道路使用者在缴费前无法驶离道路处。收费辅助标志（M4-15）（见第 2F.11 节）必须用于已编号收费设施的任何路线标志集合上方，用于指示收费路径的方向。

05　带有黑色"收费"图文且为黄色背景的矩形标牌必须作为指路标志的一部分，用于引导道路使用者前往收费公路（见图 2F-5）。

06　收费公路、收费站和收费管理车道（见第 2G 章）的指路标志必须为绿色背景、白色图文和边框，除非在第 2F.13 节至第 2F.13 节中有特别指示。

可选条款：

07　当条件不允许出现单独标志，或者具体指示信息中有特别重要的禁令和警告信息时，禁令和警告信息可与指路标志相结合用于收费站标牌、置顶面板或矩形禁令和警告面板，条件是要有合适的背景颜色和图文。

必须条款：

08　当指路标志包含禁令信息时，这些信息必须设置在黑色图文白色背景的矩形面板上。当指路标志包含警告信息与时，这些信息必须设置在黑色图文黄色背景的矩形面板上。

支撑依据：

09　图 2F-5 展示了不同收费公路入口和 ETC 用户专用的非收费公路入口的指路标志样例。

必须条款：

10　仅通过车牌字符识别时 ETC 才适用，道路使用者无需建立收费账户或登记车辆设备，此时收费公路入口的标志设置必须符合第 4 条和第 5 条的规定（见图 2F-6）。

11　如果只有注册 ETC 用户才允许使用收费公路，那么该类收费设施入口处的指路标志必须包含收费设施 ETC 支付系统适用的图形以及"专用"禁令信息（见图 2F-1、图 2F-5 和图 2F-6）。ETC 图形的使用、尺寸和安装位置应符合第 2F.03 节和第 2F.04 节的规定。

支撑依据：

12　第 2F.11 节、2F.12 节和 2F.17 节包含了对仅接受 ETC 支付的收费公路标志的附加规定。

13　第 2G.16~2G.18 节包含了对仅接受 ETC 支付的收费管理车道标志的附加规定。

可选条款：

14　仅使用不停车收费的收费公路还接受注册收费账户用户和支付附加费的非账户道路使用者的支付费用，注册收费账户用户享有折扣收费，这些信息会显示在入口附近的单独信息标志上（见图 2F-6）。

A—无需建立收费账户或登记车辆设备的高速公路

B—进入只有注册ETC用户才允许使用的收费高速公路
或者进入只有注册ETC用户才允许使用的收费高速公路匝道

C—通过只有注册ETC账户才能进入的非收费高速公路匝道

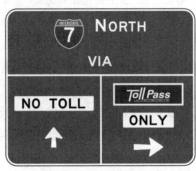

（这个收费入口是附近唯一一个连接通道）　　（在附近有一个非收费入口）

注：这里仅显示了ETC图形的一个示例，适用于ETC系统的收费设施图形应该被合理应用

图 2F-5　进入收费高速公路或匝道的指路标志示例

支撑依据：

15　图 2F-7 展示了可选收费或不收费匝道连接处到不收费公路的指路标志的样例。

16　不同的收费公司设施经营者使用不同的 ETC 支付系统，部分系统是兼容其他系统账户。

可选条款：

17　收费设施除了拥有自身最初的 ETC 账户支付系统，还接受其他系统账户的支付费用，应将该信息显示在该设施入口附近，或在收费站或主路不停车收费车道的前方，设置在原有标志可用空间内。

指导条款：

18　*收费站的指路标志应该根据指路标志的基本原则和第 2E 章中的具体规定设计。*

19　*收费站的标志应向道路使用者系统性地提供预告和收费车道的划分信息，包括：*

A. *收费的数量、支付类型、可支付的注册 ETC 用户类型；*

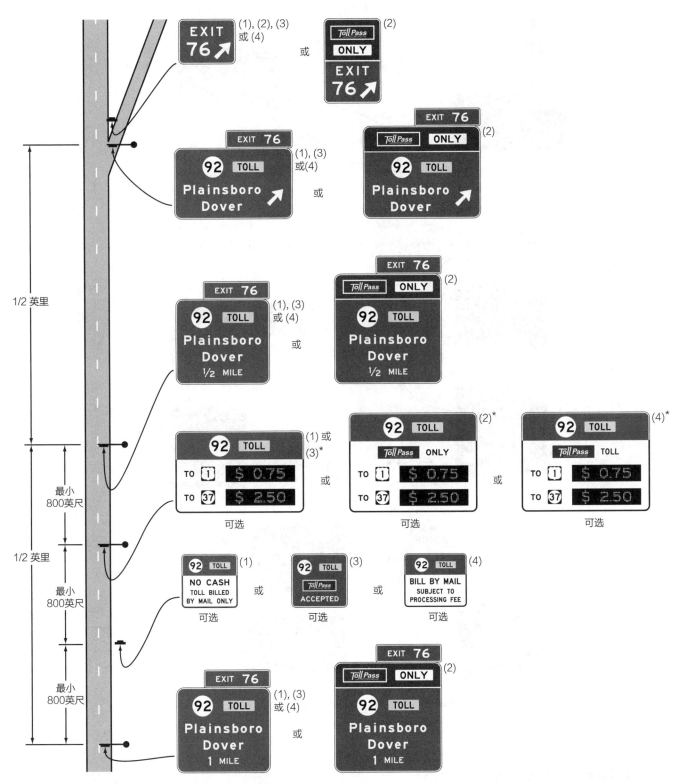

(1) 所有费用仅通过牌照识别给出清单，不需要注册收费账户或ETC设备。
(2) 所有费用仅通过注册收费账户给出清单，所用设备必须在ETC账户系统注册。
(3) 收费清单通过牌照识别给出，不需要在收费账户上注册、通过注册账户支付费用也被接受，而且可能享受到标志上给出的折扣。
(4) 费用清单通过牌照特点识别或注册收费账户给出，没有注册账户的车辆还要支付标志上给出的评估过程所需要的费用。
* 仅用于管理收费高速公路（见第2G章）

图 2F-6　进入高速公路仅可以不停车收费处指路标志示例

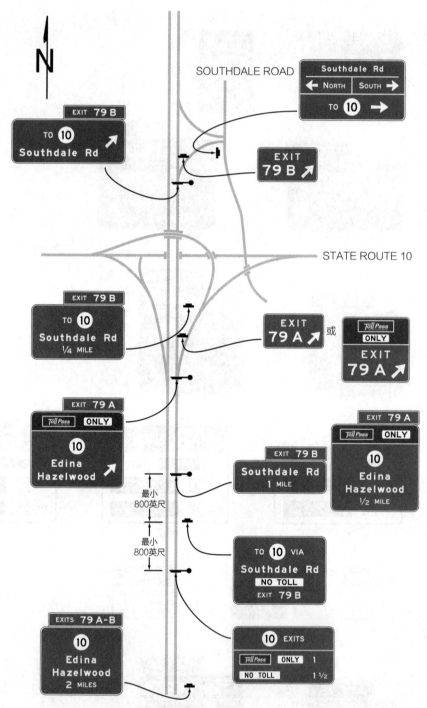

图 2F-7 收费和非收费匝道连接的非收费高速公路处指路标志示例

B. 车道需要或允许的支付方式；
C. 限制车辆类型的收费车道或行车道（如小汽车专用或禁止卡车通行）。

必须条款：

20 收费站有人值守车道的标志必须包含以下文字信息：人工服务、现金、零钱、收据（见图 2F-8~图 2F-11）

注：
1. 在有人值守的车道上M4-17图标是可选择的。
2. 在不设找零车道上M4-18图标是可选择的。
3. 这里仅显示了ETC图形的一个示例，适用于ETC系统的收费设施图形应该被选择应用

图 2F-8 常规收费场站预告标志示例

有人值守车道可选择
的M4-17图标

不设找零或ETC账户车道可选择的M4-18
不设找零图标

仅ETC账户车道

* 车道控制信号可选择的黄色闪烁灯标（见第2F.16节）。
**这里仅显示了ETC图形的一个示例，适用于ETC系统的收费设施图形均应该被应用

图 2F-9 收费站顶篷标志示例

可选条款：

21 收费站有人值守车道的标志应包含收费员符号（M4-17）（见图 2F-8 和图 2F-9），使用符号应为主要内容尺寸，需有必要的文字信息作为补充。

必须条款：

22 收费站不设找零车道标志必须包含适当的文字信息，例如"精准收费"和客运车辆的收费标准（见图 2F-8~图 2F-11）。

可选条款：

23 收费站精准收费车道可包括精准收费符号（M4-18，见图 2F-8 和图 2F-9），使用符号的尺寸应为标志主要内容尺寸，应有必要的文字信息作为补充。

必须条款：

24 如使用符号 M4-17 和 M4-18，只能作为指路标志嵌入版面，并配合必要的文字信息。符号 M4-17 和 M4-18 不能作为独立的标志或在标志集合使用。

25 如果仅允许注册的 ETC 用户使用收费站车道，这些车道上的标志应包含 ETC 收费系统适用图形以及"专用"管理信息（见图 2F-1、图 2F-8、图 2F-9 和图 2F-11）。ETC 图形的使用、尺寸和安装必须符合第 2F.03 节和第 2F.04 节的规定。

可选条款：

26 无紫色衬底或紫色置顶面板的 ETC 支付系统图形可用于精确收费标志或收费站有人值守车道，以

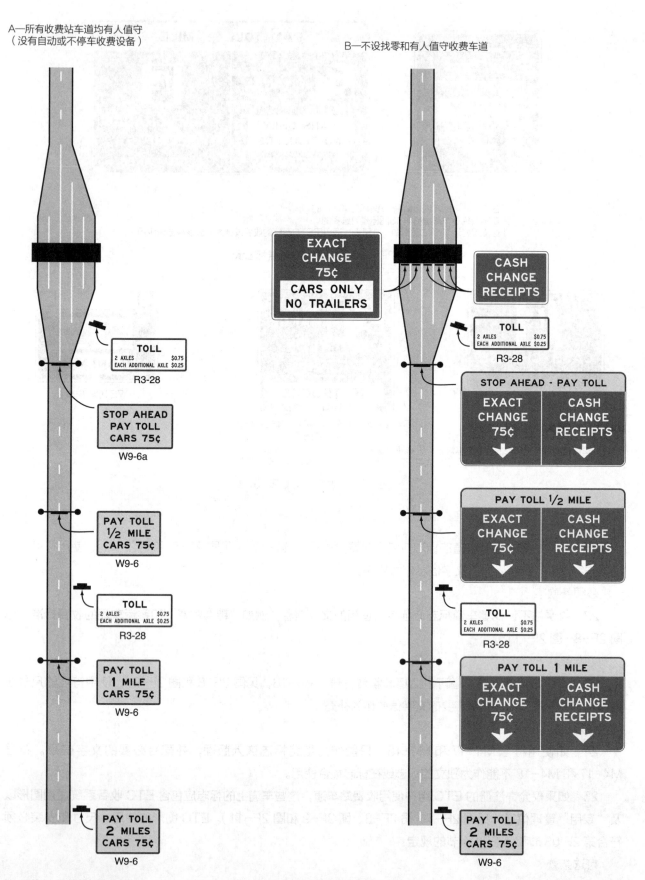

图 2F-10 主路收费站和顶篷标志示例

表明 ETC 注册用户也可使用这些车道（见图 2F-9）。

第 2F.14 节　传统收费站预告标志

指导条款：

01　应为传统收费站（没有从开放式收费主路分离出的分叉，也没有 ETC 专用车道）提供符合本节规定的一组或多组悬挂式预告标志。多车道收费站预告标志应指明哪些车道适用于收费站所有收费方法。这些标志应包括收费站车道数量（如果使用）、行动信息或者车道使用信息，如左车道（S）、中央车道（S）、右车道（S）或每条可用车道中心位置的向下箭头。这些标志也应包含禁令信息，以表明某些类型车辆的不同类型支付方式在使用车道时的限制或禁止信息。对于主线收费站而言，这些标志应设置在收费站前至少半英里处，这一距离在允许情况下可适当延长。

02　有关车道收费类型信息的附加指路标志应设在收费站前约 1/4 英里和 800 英尺之间，从而避免或最小限度遮挡收费站顶篷标志（见第 2F.16 节）和车道使用控制信号。

03　在坡道收费站、收费桥梁或隧道，预告标志数量、安装和（或）间距的设置方法应该基于工程调研或工程判断，来适应站点与十字路口或者道路开端到桥梁或者隧道的有限距离。

支撑依据：

04　图 2F-10 展示了传统收费站预告标志的例子。

第 2F.15 节　主路 ETC 用户专用车道的分流车道收费站的预告标志

支撑依据：

01　主路 ETC 车道有时位于常规主线队列，而其他收费支付方式车道位于单独线路收费站（见图 2F-11）。使用现金缴费的道路使用者需偏离主线队列，类似于从出口驶出，所以在分流点提前设置指路标志以提示所需变换车道和（或）驶出位置非常重要。

02　有些收费站位于主路 ETC 车道分流的单独队列，主路 ETC 车道要求车辆有注册的 ETC 账户以用于主路 ETC 车道，在分流点前 1 英里和 1/2 英里处应设置悬挂式指路标志。1 英里和 1/2 英里处预告指路标志应包括：

A. 主路 ETC 收费车道的中心上方带有向下箭头的 ETC（图形）用户专用指路标志（见图 2F-8 和图 2F-11）；

B. 对于要从收费站分流的单个或者多个车道，符合第 2F.13 节规定的指路标志，指明哪条或哪些车道将从收费站分流，用于多种现金支付方式；

C. 禁令标志、标牌或者指路标志范围内的面板，用于指示某些类型车辆的不同类型支付方式在使用车道时的限制或禁止信息。

03　到达或接近分流点的理论三角分离点处，应设置额外一组悬挂式指路标志，包括：

A. 主路 ETC 车道的中心上方带有向下箭头的 ETC（图形）用户专用指路标志（见图 2F-8 和图 2F-11）；

B. 符合第 2F.13 节的指路标志，此标志带有斜对角向上方向箭头（多个），位于每车道近乎中心位置的上方，指引分流方向，并提供与收费站所有付款方式相关的车道信息；

C. 禁令标志、标牌、或者指路标志面板，用于指示在收费站车道任何限制或禁止某些类型车辆进行多种支付方式的相关信息。

04　收费站前大约 800 英尺，即避免或最小限度地遮挡收费站顶篷标志（见第 2F.16 节）和车道使用

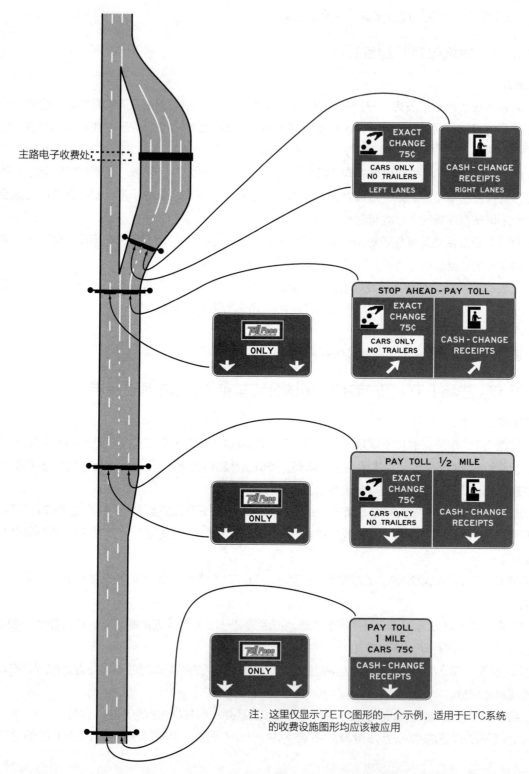

图 2F-11 一个从主路电子收费车道分离出来的主路收费站指路标志示例

控制信号处，应额外设置一组提供车道支付方式信息的悬挂式预告标志。

必须条款：

05 第 2~4 条中所述位置标志上的向下箭头和方向箭头必须符合第 2D.08 节中的规定。

支撑依据：

06　图 2F-11 展示了不停车收费用户专用车道的分流车道收费站的预告标志设置案例。

07　第 4K.02 节包含出于临时车道关闭目的，在主路不停车收费车道使用车道应用控制信号的相关信息。

第 2F.16 节　收费站顶篷标志

必须条款：

01　遵守第 2F.13 节规定的标志必须设置在非主路不停车收费车道的车道中心上方，在收费站顶篷上安装或悬挂，或者设置于紧邻车站前方的单独建筑物上，这样，每块标志可以清晰地指示每个单独的收费站车道，并显示每个车道可使用的支付方式及每个车道对于某些类型车辆的限制和或禁止。除了收费票据系统，顶篷标志或收费亭上方的单独立柱标志必须包含对于乘客或者两轴车辆的收费信息。

02　用于不停车收费用户专用车道顶篷标志的背景颜色必须是紫色（见图 2F-9）。

可选条款：

03　已注册 ETC 账户的车辆才能使用车道，可将一个或两个闪烁的黄色信号灯（见第 4K.04 节）设在不停车收费用户专用车道上以补充顶篷标志，从而使人们特别注意到收费站范围内不停车收费用户专用车道。

04　对于无速度限制禁令标志且不允许车辆停止的仅 ETC 收费站车道上的顶篷标志，可在标志底部的黄色背景平面矩形板上用黑色图文标明建议速度。

必须条款：

05　在不停车收费用户专用车道上必须给顶篷标志补充闪光灯，闪光灯必须直接设置在该标志上方或旁边，必须与该车道的所有车辆使用控制信号分开（见图 2F-9）。

06　多车道收费站、车用控制信号灯（见第 4K.02 节）必须设置在非主路不停车收费车道的每个收费站车道中心上方，指明每个车道开放或者关闭的状态。车辆使用控制信号不能用于提醒特殊形式的收费支付，如不停车收费用户专用车道。

支撑依据：

07　第 6 部分包含出于临时交通控制目的的关闭车道信息。

08　图 2F-9 展示了收费站顶篷标志案例。

第 2F.17 节　进入 ETC 收费专用设施的指路标志

支撑依据：

01　一些收费公路、桥梁和隧道仅限于注册 ETC 账号的车辆使用。

必须条款：

02　车辆需注册 ETC 账户才可使用 ETC 收费专用设施，该设施指路标志应遵循第 2E 章的适用规定，特别要遵循第 2F.13 节的适用规定。

03　ETC 收费专用设施的入口匝道指路标志应包含收费设施 ETC 支付系统的图像，并且根据第 2F.13 节（见图 2F-5）的规定，在顶端板块或标牌上标示 ONLY 一词。

支撑依据：

04　第 2F.12 节仅包含 ETC 辅助标志与路线标志在路线标志配套设施中共同使用的相关信息。

第 2F.18 节　ETC 项目信息标志

必须条款：

01　除第 2 条中的规定以外，告知道路使用者电话号码、网络地址[包括域名和统一资源定位器（URL）]，或者电子邮件地址以加入 ETC 项目的收费设施或者多策略管理车道、获得 ETC 变换器以及获取 ETC 项目信息的相关标志，仅须安装在专为行人或停放车辆的用户设置的服务区、停车区、类似的路边设施。

可选条款：

02　ETC 项目信息标志上的电话号码不得超过 4 个数字，其位置不得阻碍道路使用者看到高优先级交通控制设施。标志也不得设置在关键决策点，在关键决策点，道路使用者更多关注其他交通控制设施、道路线形或者交通条件，包括出口和入口匝道、交叉口、收费站、临时交通控制区及限制视线距离的区域。

第 2G 章　专用车道和管理车道标志

第 2G.01 节　范围

支撑依据：

01　专用车道是指定用于特殊车辆的车道，如合乘车辆（HOVs）、轻轨、公交车、出租车或者自行车。专用车道运作有时非常简单，例如高峰时段转换成仅限某类车辆通行；有时较复杂，例如为某些车辆在公路通道范围内提供单独的道路系统。

02　专用车道可以是物理隔离的（单独车道，或者人为使用隔离墩或中间分隔带分隔出的车道）、缓冲区隔离的（仅用纵向标线施划出窄缓冲区与相邻的一般车道分隔）或车道线隔离的（仅用车道线与相邻一般车道分隔）。专用车道可允许车辆通过相邻一般车道进入，或者仅在指定地点设置入口。专用车道可保持固定方向运行或者作为潮汐车道运行。在分隔式公路上，一些潮汐专用车道上可存在与直接相邻一般车道方向相反的车流。

03　专用车道可 24 小时运行，亦可在一天的某个时段运行，例如仅在高峰行驶期、特殊事件期间或者其他活动期间运行。

04　专用车道不包括采用支付方式分离交通流的不停车收费车道及收费站车道。第 2F 章包含有关不停车收费车道和收费站车道的标志设置信息。

05　管理车道通常仅在指定地点设置，与一般车道相邻的通道。

06　在某些运行策略下（如在交通拥堵时改变 HOV 车道的乘载率要求），管理车道是一种特殊类型的专用车道（见第 2G.03 节至第 2G.07 节）。

07　管理车道在不同的条件下根据实际情况运行，在拥堵时段可作为 HOV 车道运行。

08　第 2G.16 节至第 2G.18 节包含管理车道的标志设置相关附加信息，该车道以收费或定价为管理策略。

09　第 9B.04 节包含自行车道的专用车道标志设置的相关信息。

第 2G.02 节　专用车道和管理车道标志的尺寸

必须条款：

01　除第 2A.11 节规定外，专用车道和管理车道标志必须按标准化设计的尺寸，如表 2G-1 所示。

支撑依据：

02　第 2A.11 节包含表 2G-1 的适用信息。

可选条款：

03　可使用比表 2G-1 所示标志尺寸更大的标志（见第 2A.11 节）。

第2G.03节 专用车道的禁令标志——总则

必须条款:

01 专用车道建成后，必须使用专用车道禁令标志（见图2G-1）和路面标线（见第3D章）指示道路使用者。

支撑依据:

02 专用车道禁令标志（R3-10至R3-15系列）由以下几类普通禁令标志组成（见图2G-1）：

A. 车辆乘载率定义标志规定了适用于HOV车道的车辆乘载率要求（如"每辆车2人或以上人数"），或没有满足HOV车道最少乘载率要求的车辆类型（如摩托车或ILEVs）（见第2G.04节）。

B. 运行时段标志提示道路使用者在某天或者某时段内使用限制策略（见第2G.05节）。

C. 专用车道预告标志提示道路使用者专用车道限制开始（见第2G.06节）。

D. 专用车道终点标志提示道路使用者专用车道限制终止（见第2G.07节）。

管理和专用车道标志和标牌的最小尺寸　　表2G-1

标志或标牌	标志设计	章节	常规道路		高速公路	快速路	超大尺寸
			单车道	多车道			
专用车道车辆乘载率定义（立柱式）	R3-10, 10a	2G.04	30×42	30×42	36×60	78×96	78×96
专用车道运行时间（立柱式）	R3-11系列	2G.05	30×42	30×42	36×60	78×96	78×96
允许摩托车（标牌）	R3-11P	2G.03	30×15	30×15	36×18	78×36	78×36
专用车道开始或终止（立柱式）	R3-12系列	2G.06	30×42	30×42	36×60	48×84	48×84
专用车道车辆乘载率定义（悬挂式）	R3-13, 13a	2G.04	66×36	66×36	84×48	144×78	144×78
合乘车辆专用车道运行时间（悬挂式）	R3-14, 14a, 14b	2G.05	72×60	72×60	96×72	144×108	144×108
专用车道运行时间（悬挂式）	R3-14c	2G.05	90×60	90×60	108×72	156×102	168×102
合乘车辆专用车道预告（悬挂式）	R3-15	2G.06	66×36	66×36	84×48	102×60	102×60
合乘车辆专用车道开始XX英里（悬挂式）	R3-15a	2G.06	78×42	78×42	102×54	132×72	132×72
合乘车辆专用车道结束（悬挂式）	R3-15b, 15c	2G.07	66×36	66×36	84×48	102×60	102×60
专用车道开始或终止（悬挂式）	R3-15d, 15e	2G.07	42×36	42×36	54×48	72×60	72×60
收费车道车辆乘载率说明（立柱式）	R3-40	2G.17	—	—	54×66	54×66	66×78
收费车道结束（立柱式）	R3-42, 42b	2G.17	—	—	48×60	48×60	60×78
收费车道结束预告（立柱式）	R3-42a, 42c	2G.17	—	—	48×66	48×66	60×84
收费车道车辆乘载率说明	R3-43	2G.17	—	—	138×66	138×66	—
收费车道运行时间（悬挂式）	R3-44	2G.17	—	—	90×84	90×84	—
收费车道运行时间（悬挂式）	R3-44a	2G.17	—	—	132×84	132×84	—
收费车道结束（悬挂式）	R3-45	2G.17	—	—	90×66	90×66	—
收费车道结束（悬挂式）	R3-45a	2G.17	—	—	114×66	114×66	—
收费车道收费率	R3-48	2G.17	—	—	不同	不同	—
收费车道收费率	R3-48a	2G.17	—	—	不同	不同	—
合乘车辆（标牌）	W16-11P	2G.09	24×12	24×12	30×18	30×18	30×18
专用车道进口三角处	E8-1	2G.10	—	—	48×96	48×96	—

续表

标志或标牌	标志设计	章节	常规道路		高速公路	快速路	超大尺寸
			单车道	多车道			
专用车道中间进口三角处	E8-1a	2G.10	—	—	48×84	48×84	—
专用车道进口方向（悬挂式）	E8-2	2G.11	—	—	222×72	222×72	—
专用车道进口方向（立柱式）	E8-2a	2G.11	—	—	186×108	186×108	—
专用车道进口预告	E8-3	2G.11	—	—	186×96	186×96	—
专用车道直接出口三角处	E8-4	2G.15	—	—	60×78	60×78	—
专用车道中间出口方向	E8-5	2G.13	—	—	不同的×90	不同的×90	—
专用车道中间出口预告	E8-6	2G.13	—	—	不同的×84	不同的×84	—

注：1. 适当时可使用较大的标志。
2. 尺寸（单位为英寸）以宽×高表示。

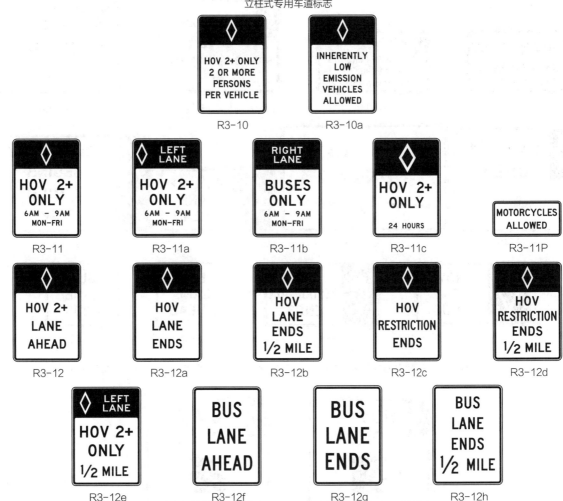

图 2G-1 专用车道禁令标志和标牌（A图）

必须条款：

03 仅用于专用车道的禁令标志必须在其包含的专属符号和（或）文字方面区别于非专用车道的禁令标志（见图 2G-1）。

支撑依据：

04 依据允许通行车辆的类型和其他有关特定车道制定的运行限制，特定专用车道禁令标志的符号和文字将相应变化，这些特定专用车道包括 HOV 专用车道、公交专用车道或者出租车专用车道。

可选条款：

05 在一天或一周内，或根据实时情况，行驶条件多变或使用多种运行策略（如存在多种乘载率要求或车辆类型）时，可变信息标志可补充、代替专用车道禁令标志，或镶嵌在静态专用车道禁令标志上，以便管理使用、控制或驶入专用车道。

注：
1. 对于每一个设施的最小乘载人数要求可能是变化的（如2+、3+、4+）。
2. 乘载人数要求可以加在R3-15b和R3-15c标志的第一行。
3. 在这些标志上所展示的一些图文只是一些示例，根据当地条件、条令和州的法规，特殊图文也可以应用。
4. 在中央分隔带宽度足够用的地方，R3-12和R3-15系列的标志可以设置成立柱式的

图 2G-1 专用车道禁令标志和标牌（B 图）

支撑依据：

06 图 2G-1 列举了镶嵌在静态专用车道禁令标志上可变信息的例子。

必须条款：

07 可变信息标志（见第 2L 章）用作专用车道的禁令标志时，必须对应道路设施类型和设计速度，采用所需标志规定的尺寸大小、字体高度和图文格式。

指导条款：

08 专用车道禁令标志用于常规道路时，应基于工程调研决定特殊类型标志是使用立柱式还是悬挂式，须考虑可用空间、相邻一般车道现存标志、道路及交通特性、现有相邻悬挂式交通标志、安装悬挂式交通标志的可能性及其他当地特殊因素。

09 若仅用于专用车道的悬挂式禁令标志与一般车道悬挂式交通标志所处纵向位置相近，专用车道标志应与一般车道标志横向分隔开，以最大程度地减少信息冲突，同时保持它们在视觉上的联系，即用必要的特殊图文或者箭头指示车道分配。

必须条款：

10 若使用禁令标志，悬挂式专用车道禁令标志（R3-13 系列、R3-14 系列以及 R3-15 系列）必须安装在道路有专用车道入口处一侧，且标志信息必须做出适当调整。

可选条款：

11 中央隔离带足够宽时，R3-13 系列和 R3-15 系列标志可设置成立柱式。

支撑依据：

12 每类道路设施的设计速度有所不同，专用车道禁令标志尺寸也会随之变化。表 2G-1 提供了每类道路设施的标志大小。

指导条款：

13 中央隔离带路障上的立柱式专用车道禁令标志边缘不应超过该路障外侧的边缘，包括横向净空受限的区域。

可选条款：

14 在横向净空受限区域，中央隔离带路障上宽度小于等于 72 英寸的立柱式专用车道禁令标志可扭曲 45° 以适应路障宽度，或者可安装在更高位置，从而使标志、灯具或者结构支撑物最低位置的垂直净空高于路面和路肩至少 14 英尺。

必须条款：

15 在横向净空受限区域，中央隔离带路障上宽度大于 72 英寸的立柱式专用车道禁令标志的垂直净空必须与第 2A.18 节对安装悬挂式标志的规定一致。

指导条款：

16 常规道路上，专用车道禁令标志间隔应由工程评判决定，评判基于速度、交通拥堵长度、相邻交叉口的距离及对其他特定情况考虑。

支撑依据：

17 第 2G.04 节和第 2G.05 节包含高速公路及快速路上专用车道禁令标志的设置规定。

必须条款：

18 如图 2G-1 所示，包含菱形符号的标志只适用于 HOV 所使用的专用车道，标明特殊乘载率要求及使用车道的时间限制。图 2G-1 中没有菱形符号的标志必须用于非 HOV 车道的专用车道，仅适用于指定的几种类型车辆（如公共汽车和（或）出租车）。

可选条款：

19　HOV 车道的指示方式可以选择 HOV 的缩写形式或者菱形符号，或者两种方式同时选用。

必须条款：

20　当菱形符号（或缩写）在立柱式专用车道禁令标志（R3-10 系列、R3-11 系列和 R3-12 系列）上使用，且不配合文字使用时，菱形符号（或缩写）必须放置在该标志第一行的中间位置。当菱形符号（或缩写）在立柱式专用车道禁令标志（R3-10 系列、R3-11 系列和 R3-12 系列）上使用，且配合文字使用时，菱形符号（或缩写）必须放置在相关文字的左侧。当菱形符号（或缩写）在悬挂式专用车道禁令标志（R3-13、R3-13a、R3-14 和 R3-14a）上使用时，菱形符号（或缩写）必须在顶部左侧象限。带有 R3-15、R3-15a、R3-15b 和 R3-15c 菱形符号的标志必须放置在该标志左侧。菱形符号不能用于公共汽车、出租车或者自行车专用车道标志。

21　HOV 车道的车辆乘载率定义、运行时段及专用车道预告标志必须展示每个 HOV 车道可允许的最小车辆乘载率要求，要求必须设置在 HOV 文字信息或者菱形符号后方。

支撑依据：

22　持有 HOV 车道运营路权的机构有权且有责任决定如何运行车道，并制定最小乘载率要求。《联邦助建公路项目对于合乘车辆（HOV）专用车道的指导》（见第 1A.11 节）包含联邦对于某些类型车辆不能满足合法使用联邦助建项目资金资助的 HOV 专用车道所需最小乘载率要求，及为现存 HOV 专用车道和一些车辆提出重大改变的相关需求信息。

必须条款：

23　第 2G.03 节至第 2G.07 节有关专用车道禁令标志的规定，适用于全时段或者某些时段运行的管理车道，通过改变车辆乘载率要求（HOV）或限制车辆类型来实施拥堵管理政策。这种管理车道必须使用可变信息标志或者嵌入可变信息元素的静态标志，来显示合适、已生效的禁令标志信息。

24　在一些运行策略中，当某些类型车辆（如卡车）被禁止使用管理车道，或仅允许某些类型车辆使用管理车道时，应使用禁令标志或者合适指路标志中含可变信息元素的禁令板，显示管理车道对该类型车辆的开放/关闭状态。

25　当把 HOV 车道的不同车辆乘载率要求作为管理车道运行策略的一部分时，包含可变信息元素的禁令标志必须显示当前生效的车辆乘载率要求。

支撑依据：

26　第 2G.17 节中包含用于管理车道的禁令标志，该车道用收费或者定价作为单独的拥堵治理策略或配合其他管理策略使用。

27　图 2G-2 和图 2G-3 举例说明了禁令标志在车道线或缓冲区隔离的专用车道开始、沿线及终点的使用情况，表明专用车道提供了与相邻一般车道的连续入口。

第 2G.04 节　专用车道车辆乘载率定义禁令标志（R3-10 系列和 R3-13 系列）

必须条款：

01　当管理机构决定用标志定义使用 HOV 车道的最小车辆乘载率时，必须使用 R3-10、R3-13 及 R3-13a 车辆乘载率定义标志（见图 2G-1）。

指导条款：

02　当允许拥有合适标签和通过认证的固有低排放汽车（ILEV）使用 HOV 车道时（不论乘载者数量），应使用固有低排放车辆标志（ILEV）（R3-10a）（见图 2G-1）。使用 ILEV 标志时，应基于工程评判和专用车道其他禁令标志设置位置，采用立柱式安装，将其放在HOV车道之前且沿着车道间隔设置。R3-10a标志只适用于HOV车道，不应用于其他专用车道。

支撑依据：

03 ILEVs被美国环境保护署（EPA）定义为没有燃料尾气（碳氢化合物）排放的车辆，ILEVs得到了美国环境保护署（EPA）的认证，符合40 CFR 88-311-93和40 CFR 88.312-93（c）排放的标准和要求。

指导条款：

04 *R3-10和R3-13标志图文格式应遵循以下顺序：*
  A. *最高行："仅限HOV 2+"（如有可用3+或4+）。*
  B. *最低行："每辆车2人或以上"（如有可用3或4）。*

05 *R3-13a标志字体格式应遵循以下顺序：*
  A. *最高行："仅限HOV 2+"（如有可用3+或4+）。*
  B. *中间行："每辆车2人或以上"（如有可用3或4）。*
  C. *最底行：乘载率限制生效的时间和日期。*

支撑依据：

06 第2G.17节包含拥堵收费车道车辆乘载率定义标志的图文信息，该车道有不收费行驶的乘载率要求。

必须条款：

07 对于物理隔离的、缓冲区隔离的或者车道线隔离的专用车道而言，专用车道和一般车道之间的通道受限于指定地点，悬挂式车辆乘载率定义标志（R3-13或R3-13a）必须设置在HOV车道起点或首个入口之前至少1/2英里处。这些标志必须仅设置在HOV车道起点或者首个入口之前。

可选条款：

08 对于物理隔离的HOV车道而言，立柱式运行时段标志（R3-11a）后方设置立柱式车辆乘载率定义标志（R3-10），且两者可间隔出现在HOV车道沿线约1/2英里处、中间入口及运营管理机构指定的执行区域。

必须条款：

09 对于缓冲区隔离或车道线隔离的HOV专用车道而言，入口限制为指定位置，立柱式运行时段标志（R3-11a）后方为立柱式车辆乘载率定义标志（R3-10），且两者可间隔出现在限定入口的HOV车道沿线不超过1/2英里处、允许车辆合法进入HOV车道的指定净空以及运营管理机构指定的执行区域。

10 用缓冲区隔离或者邻近HOV车道在与相邻一般车道的入口连续条件下，立柱式运行时段标志（R3-11a）后方设置立柱式车辆占用定义标志（R3-10）——如果适用可使用ILEV标志（R3-10a），两者必须间隔设置在HOV车道沿线不超过1/2英里处。

指导条款：

11 *每个专用车道禁令标志序列中的标志间隔距离最小为800英尺，最大为1000英尺。*

必须条款：

12 对于所有类型的HOV车道入口或引入HOV车道直接进入匝道而言，必须在直接进入匝道的起点或者首个入口点处设置立柱式车辆乘载率定义标志（R3-10）——如果适用可使用ILEV标志（R3-10a）。

第2G.05节 专用车道运行时段禁令标志（R3-11系列和R3-14系列）

指导条款：

01 *立柱式运行时段标志（R3-11系列）尺寸应该随手动添加或者删除一行文字进行相应调节。*

支撑依据：

02 订购标志材料时，或者如果将来运行时段或者限制乘载率发生变化，需要对现存标志进行文字改动时，一致的标志尺寸对机构十分有利。例如，R3-11c 标志在"24 小时"字样下面有一行空间，以便机构决定适当添加额外信息（如"星期一至星期五"），R3-11c 标志和其他 R3-11 系列标志有相同的空间布局。

必须条款：

03 使用立柱式运行时段标志（R3-11 系列）时，其必须与专用车道相邻，且悬挂式运行时段标志（R3-14 系列）必须直接安置在车道上方。

04 立柱式运行时段标志（R3-11 系列）的图文格式必须遵循以下顺序：

A. 最高行：适用车道，如"右侧车道"或者"2 条右侧车道"或者"该车道"。

B. 中间行：使用条件，如"HOV 2 +ONLY"（如果适当可用 3 + 或 4 +）或"公交专用道"或其他适用或符合条件的转弯。

C. 最低行：适用时间和日期，如"早 7 点 ~9 点"或"早 6:30~9:30，周一至周五"

05 悬挂式运行时段标志（R3-14 系列）的图文格式必须遵循以下顺序：

A. 最高行：使用条件，如"HOV 2+ ONLY"（如果适当可用 3 + 或 4 +）或"公交专用道"或其他适用或符合条件的转弯。

B. 最低行：适用时间和日期，时间和日期必须设置在向下箭头之上，如"早 7 点 ~9 点"或"早 6:30~9:30，周一至周五"（当运行时间超出可用的行宽，一周的几小时或几天必须堆放在图 2G-1 所示的 R3-14a 标志中）。

06 对于全时段可通行的专用车道，必须使用全时段的运行时段标志（R3-11b 和 R3-14b），或者将部分时段的运行时段标志（R3-11、R3-11a、R3-14 和 R3-14a）的图文修改成"24 小时"。

07 全时段的运行时段标志（R3-14b）不能设置在仅部分时间可通行的专用车道上。

可选条款：

08 接近交叉口时，专用车道允许出现其他行驶方向，在立柱式运行时段标志（R3-11 系列）中间行及悬挂式运行时段标志（R3-14 系列）最高行的格式及图文可修改成与允许的其他行驶方向保持一致（如"HOV2 + 和仅右转"）。

09 当允许摩托车（不论乘客数量）使用 HOV 车道时，可使用"允许摩托车通行"（R3-11P）标牌。

必须条款：

10 若使用"允许摩托车通行"标牌（R3-11P），必须将其安装在立柱式专用车道运行时段标志（R3-11、R3-11a 或 R3-11c）下方。

11 对于所有用物理隔离的或用缓冲区隔离或邻近的专用车道，当其入口限制在指定地点时，悬挂式专用车道运作时段标志（R3-14 系列）必须在起点或首个入口处使用，当允许车辆合法进入限制入口的专用车道时，标志必须设置在中间入口点或者路障间隙中。对于所有用物理隔离的和缓冲区隔离的专用车道，立柱式专用车道运行时段标志（R3-11 系列）必须仅作为补充，用于起点或首个入口处、中间入口点、路障或缓冲区间隙中。

12 当用缓冲区隔离或邻近专用车道与相邻一般车道有连续入口，包括在道路上增加专用车道（见图 2G-2 中 HOV 车道）和一般车道过渡至专用车道（见图 2G-3 中 HOV 车道）的情况，悬挂式运行时段标志（R3-14 系列）必须设置在专用车道起点或首个入口处。

指导条款：

13 悬挂式（R3-14 系列）或立柱式（R3-11 系列）的运行时段标志应间隔设置在跟相邻一般车道有连续入口的邻近或者缓冲区隔离的专用车道沿线。

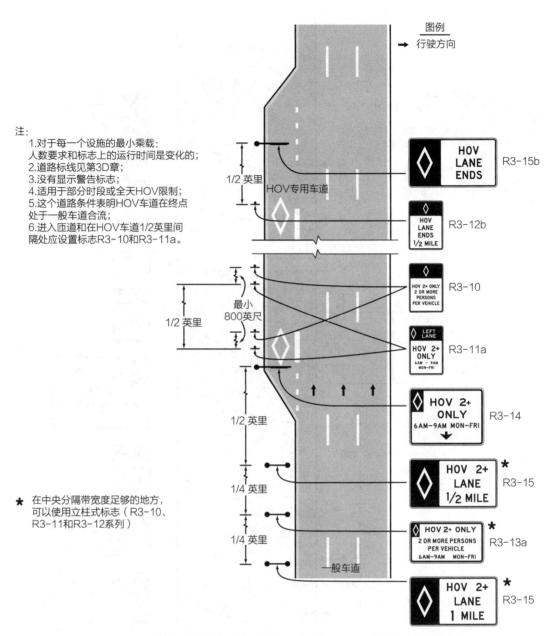

图 2G-2　增设相邻能连续出入或缓冲区分离的 HOV 车道的标志设置示例

可选条款：

14　附加悬挂式（R3-14 系列）或立柱式（R3-11 系列）运行时段标志可设置于任何类型专用车道沿线。

15　常规道路上，悬挂式运行时段标志（R3-14 系列）可设置于任何线形的专用车道沿线起点或入口处和（或）中间点。

必须条款：

16　对于所有进入或引入专用车道的直接进入匝道而言，立柱式运行时段标志（R3-11 系列）必须设置于直接进入匝道的起点或首个入口处。

可选条款：

17　悬挂式运行时段标志（R3-14 系列）可使用于直接进入专用车道的匝道起点或首个入口处，以补充所需的立柱式标志。

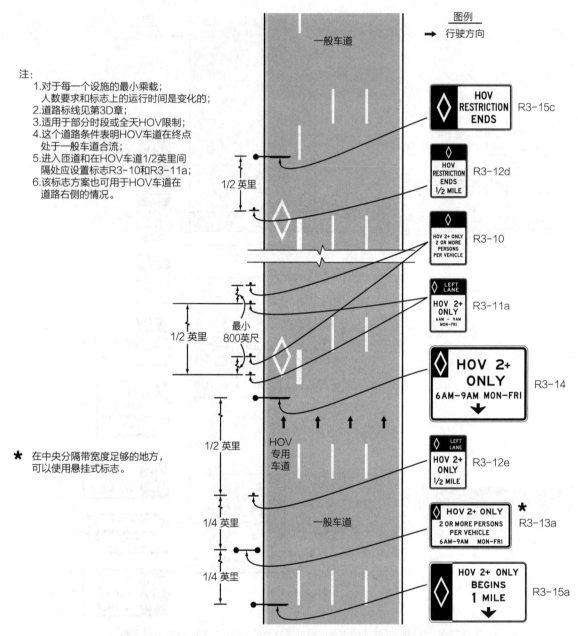

图 2G-3　一般车道变为 HOV 车道（与一般车道相邻能连续出入或缓冲区分离的标志设置示例）

18　车道使用控制信号（见第 4M 章）可在专用车道接入点使用，以指明匝道或者驶入道路是通向专用车道或设施的，或者指明一个或更多的特殊车道设施是开放还是关闭（见图 2G-14）。

第 2G.06 节　专用车道预告禁令标志（R3-12、R3-12e、R3-12f、R3-15、R3-15a 和 R3-15d）

指导条款：

01　*专用车道预告标志（R3-12、R3-12f、R3-15 和 R3-15d）应该用于提前告知物理隔离的、缓冲区隔离或邻近的专用车道附加在一般车道上的情况（见图 2G-12）。*

02　*专用车道预告标志（R3-12e 和 R3-15a）应该使用于提前告知一般车道转变成专用车道。*

可选条款：

03　R3-12f 和 R3-15d 标志的标志图文内容可根据专用车道类型进行相应修改。

指导条款：

04　在常规道路上，对于转变成专用车道的一般车道，立柱式（R3-12e）或悬挂式（R3-15a）专用车道预告标志应提前设置在专用车道起点或者首个入口处，工程评判应基于速度、交通特性和其他特定场地的考虑决定标志距离。所选距离应足够使不合格车辆驶离限制车道。

05　在高速公路和快速路上，对于变为专用车道的一般车道，悬挂式专用车道预告标志（R3-15a）应该设置在限制性专用车道起点前方至少 1 公里位置。

可选条款：

06　附加的立柱式或悬挂式专用车道预告标志可设置在专用车道前方更远处、或者接近专用车道起点或首个入口处的位置。

第 2G.07 节　专用车道终止禁令标志（R3-12a、R3-12b、R3-12c、R3-12d、R3-12g、R3-12h、R3-15b、R3-15c 和 R3-15e）

必须条款：

01　立柱式专用车道终止标志（R3-12b 或 R3-12h）必须设置在专用车道终止处前方至少 1/2 英里的位置。

02　除第 6 条规定以外，立柱式专用车道终止标志（R3-12a 或 R3-12g）必须设置在专用车道和限制终端且交通流须汇入一般车道的位置。

03　立柱式专用车道终止标志（R3-12d）必须设置在专用车道限制终端和变为一般车道处前方至少 1/2 英里的位置。

04　除第 7 条规定以外，立柱式专用车道终止标志（R3-12c）必须安装在专用车道限制终端及变成一般车道位置处。

可选条款：

05　R3-12g 和 R3-15e 标志上的标志图文内容可根据专用车道类型进行相应修改。

06　悬挂式专用车道终止标志（R3-15b 或 R3-15e）可代替立柱式标志，或者附加在立柱式标志（R3-12a 或 R3-12g）上，标志可设置在专用车道限制终端且交通流须汇入一般车道的位置。

07　悬挂式专用车道终止标志（R3-15c）可代替立柱式标志，或者附加在立柱式标志（R3-12c）上，标志可设置在专用车道限制终端且交通流须汇入一般车道的位置。

第 2G.08 节　中央隔离带上对于专用车道的警告标志

可选条款：

01　当仅适用于专用车道的警告标志安装在中央隔离带上，且距相邻行驶车道或路肩的横向净空有限，该警告标志可为垂直的矩形形状。对于 HOV 车道，此标志可使用标准的菱形警告标志代替 HOV 标牌（W16-11P）（见第 2G.09 节）。

必须条款：

02　当仅适用于专用车道的垂直矩形警告标志设置在中央隔离带上时，标志上部必须使用黑色背景及白色边框，用白色符号或图文说明专用车道类型（如 HOV 菱形符号或者"公交车道"的图文）；标志底部必须使用黄色背景及黑色边框（见图 2G-4），使用黑色标准的文字信息或者标准的警告标志符号。

A-安装在路障上的矩形警告标志

W4-1L (改进的)

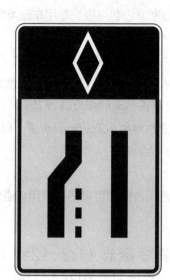
W4-2L (改进的)

W13-2 (改进的)

B-用于标准菱形警告标志上的警告标牌

W16-11P

注：仅举例说明HOV车道（菱形图形）。对于其他类型的专用车道，选用适当的图形或者文字信息表示（见第2G.03节），但些信息必须设置在标志顶部，且用黑色背景白色图文形式

图 2G-4　仅适用于专用车道的警告标志和标牌示例

指导条款：

03　横向净空受限时，例如仅适用于专用车道的立柱式警告标志安装在中央隔离带上时，标志边缘不应超出隔离带外部边缘。

可选条款：

04　横向净空受限时，仅适用于专用车道的立柱式警告标志及宽度不超过 72 英寸的警告标志，可扭转 45°，以适应隔离带宽度，或者设置在更高位置，从而使标志、灯具或者结构支撑物最低位置的垂直净空高于路面和路肩至少 14 英尺。

必须条款：

05　横向净空受限时，设置在中央隔离带上的、宽度超过 72 英寸的立柱式专用车道警告标志，其垂直净空设置条件必须与第 2A.18 节对安装悬挂式垂直净空的规定一致。

第 2G.09 节　合乘车辆（HOV）标牌（W16-11P）

可选条款：

01　需提醒司机驶入特殊条件下的 HOV 车道时，可将 HOV 标牌（W16-11P）（见图 2G-4）设置在警告标志上方。当该标志在相邻通用道路同样可见时，HOV 标牌可用来区分 HOV 车道专用警告标志。警告标志中可应用于 HOV 标牌的有出口建议速度标志、加速车道标志及合流标志。

02　菱形符号可用于代替 W16-11P 标牌中的 HOV 文字信息。适当条件下，该标牌可用"车道"或"仅限"字样。

支撑依据：

03　第 2G.08 节包含设于隔离带上的 HOV 或其他类型专用车道警告标志的相关信息。

第 2G.10 节　专用车道指路标志——总则

支撑依据：

01　专用车道使用于高速公路、快速路及常规道路。除另有规定外，第 2G.10 节至第 2G.15 节仅适用于高速公路及快速路专用车道的指路标志。

指导条款：

02　*常规道路上，一般不需要仅用于专用车道的指路标志，但是如果使用，它们必须遵守第 2D 章对指路标志的规定，也必须遵守第 2G.10 节至第 2G.15 节中工程评判认为符合使用条件的所有专用车道指路标志的设置原则。*

支撑依据：

03　专用车道的标志和路面标线的一致性在建立公众意识、理解和接受以及增强执法效率方面扮演着重要的角色。

04　第 2G.03 节至第 2G.07 节、第 2G.09 节及第 3D 章提供了关于专用车道命名、运行注意事项、标志、路面标线和其他考虑事项的附加指导条款和必须条款。

指导条款：

05　*应基于工程调研进行路面标线和用于特定专用车道的标准悬挂式和立柱式禁令、警告和指路标志间的合理组合使用。*

06　*如果仅适用于专用车道的悬挂式标志与仅适用于一般车道的悬挂式标志在公路上占有同一纵向位置，根据实际情况应该将专用车道标志与一般车道标志进行最大程度的横向分开，以实现信息冲突最小。*

07　*专用车道标志的设计和设置应避免使道路使用者目不暇接。基于标志重要性，禁令标志比指路标志更有优先权。指路标志优先顺序应该为预告标志、专用车道入口方向标志，最后是专用车道出口目的地补充指路标志。*

必须条款：

08　仅适用于专用车道的标志必须与适用于一般车道的标志通过所包含符号和（或）文字相区分。

支撑依据：

09　出现在仅适用于专用车道的特殊指示标志的符号和（或）文字信息将基于允许通行的车辆特定类型和其他特殊车道的运行限制而改变，这些车道包括 HOV 专用车道、公共汽车专用车道或出租车专用车道。

必须条款：

10　对于 HOV 车道，每个指路预告标志、专用车道入口方向标志和专用车道入口标志必须使用菱形符号，如图 2G-5~ 图 2G-7 所示，展示了对进出此类车道的物理和缓冲分离立体式和直接进入式匝道的指定出入口。菱形符号不能用于其他类型车辆的专用车道，比如公交专用道或者出租车专用车道。

11　对于不同条件下乘载率需求的变化，HOV 车道的标志设置也必须遵循这些规定。

12　菱形符号必须出现在每个专用车道指路标志的图文上，该标志必须设置在所有类型 HOV 车道（包括用物理隔离的和用缓冲区隔离的车道、邻近车道以及直接入口匝道）的指定入口和出口，以警示驾驶员使用 HOV 车道车辆乘载率最低要求。指路标志不能显示专用车道的乘载率要求。

13　指路标志和禁令标志的组合必须使用在专用车道首个入口处及所有中间入口点，该专用车道是从一般车道或设施进入邻近的、用物理隔离的和缓冲区隔离的车道，一般车道和专用车道的入口限于特定位置。

禁令标志必须遵循第 2G.03 节至第 2G.07 节中规定。

14　单独的禁令标志必须使用在专用车道与一般车道间提供连续入口的邻近或者缓冲区隔离的专用车道（见图 2G-12 和图 2G-13）前方、起点和定点分隔处。禁令标志的设计和设置必须遵循第 2G.03 节至第 2G.07 节中规定。

15　除第 2G.10 节至第 2G.13 节另有规定外，适用于有车辆乘载率要求的专用车道的指路标志必须与适用于一般车道的指路标志相区分，前者是在黑色背景下左侧边缘部分显示白色菱形符号的标志。

可选条款：

16　当仅适用于专用车道的立柱式指路标志安装在中央隔离带时，邻近行驶车道或路肩的横向净空受限，此时指路标志可以是垂直矩形。

必须条款：

17　当仅适用于专用车道的垂直矩形指路标志安装在中央隔离带时，标志顶部必须为黑色背景、白色边框，用白色符号或文字信息确定专用车道类型（如 HOV 车道的菱形符号）；标志底部必须为绿色背景、白色边框（见图 2G-3、图 2G-6 及图 2G-7），用合适的指路标志图文内容加以说明。

指导条款：

18　横向净空受限时，例如当立柱式专用车道指路标志安装在中央隔离带上时，标志边缘不应超过分隔带外部边缘。

可选条款：

19　横向净空受限时，宽度不超过 72 英寸的专用车道指路标志可扭转 45°，以适应隔离带宽度，或者设置到更高位置，从而使标志、灯具或者结构支撑物最低位置的垂直净空高于路面和路肩至少 14 英尺。

必须条款：

20　横向净空受限时，中央隔离带上的立柱式专用车道指路标志以及宽度超过 72 英寸的专用车道指示标志的垂直净空必须遵循第 2A.18 节对悬挂式标志安装的规定。

可选条款：

21　车道使用控制信号（见第 4M 章）可用于专用车道入口，以指示驶入或驶出专用车道或设施的匝道或者通道，或指示一个或更多的特定车道设施是处于开放还是关闭状态。

22　一天或一周内，若行驶条件多变，或者使用多种运行策略时（如不同的乘载率要求、车辆类型或价格政策），可变信息标志可补充、代替静态专用车道禁令标志或镶嵌在静态专用车道禁令标志上，以管理专用车道的使用、控制或者入口通道。

必须条款：

23　可变信息标志（见第 2L 章）用作专用车道的禁令标志时，必须为所需标志尺寸大小，并显示与对应道路设施类型和设计速度相一致的字体高度和图文格式。

24　同一指定路线上，从一般车道进入专用车道的首个入口和中间入口点设有指路预告标志、专用车道入口方向标志及专用车道入口标志，入口处的标志或标牌不得出现"出口"标记。

指导条款：

25　进入专用车道首个入口和中间入口点的指路预告标志、专用车道入口方向标志应使用"入口"一词，如"HOV 专用车道入口"（见图 2G-5 及图 2G-6）以告知车辆未离开指定路线。

26　专用车道首个入口处的专用车道入口标志（见图 2G-7）应使用"入口"一词。物理隔离的专用车道中间入口点的专用车道入口标志不应使用"入口"一词，因为该标志紧靠物理隔离的专用车道，车道上的通行车辆可直接看到此标志。

注：仅举例说明HOV专用车道（菱形图形）。对于其他类型专用车道，选用适当的图形或者文字信息表示（见第2G.03），但此信息必须设置在标志左侧，且用黑色背景白色图文形式

图 2G-5　专用车道入口悬挂式指路预告标志示例

悬挂式专用车道指路标志可纳入一个可变信息标牌，用于表明潮汐车道的运行状态，如下图所示：

注：举例说明HOV专用车道（菱形图形）。对于其他类型专用车道，选用适当的图形或者文字信息表示（见第2G.03），但此信息必须设置在标志左上角，且用黑色背景白色图文形式

图 2G-6　悬挂式或立柱式专用车道进口方向标志示例

必须条款：

27　当入口在一般车道左边，"左侧"标牌（E1-5aP）（见图 2E-22）必须附加在预告标志和专用车道入口指示标志的左上边缘。"左侧"标牌不能用于专用车道标志。

第 2G.11 节　专用车道首个入口点指路标志

必须条款：

01　除增加缓冲分离车道或连续专用车道，一般车道变成缓冲分离车道或连续专用车道，及如图 2G-2 和图 2G-3 所示对相邻一般车道设置连续入口外，必须在所有结构线形处的所有专用车道的首个入口处前方至少 1/2 英里处设置一个预告标志。专用车道入口指示标志也必须在首个入口处设置。这些入口的预告指路标志和专用车道入口指示标志不能包含"出口"文字（见第 2G.10 节）。

指导条款：

02　专用车道首个入口处前方接近 1 英里的位置也应设置一个预告指路标志，该类型车道对邻近一般车道入口有指定位置限制。

注：举例说明HOV专用车道（菱形图形）。对于其他类型专用车道，选用适当的图形或者文字信息表示（见第2G.03），但此信息必须设置在标志顶部，且用黑色背景白色图文形式

图 2G-7　物理隔离专用车道的进口三角合流标志

可选条款：

03　专用车道首个入口处前方接近 2 英里的位置也可设置一个预告指路标志，该类型车道对邻近一般车道入口有指定位置限制。

必须条款：

04　仅对指定位置限制入口的物理隔离车道、缓冲区隔离车道或者邻近专用车道，预告指路标志和专用车道入口指示标志必须安装成悬挂式。

指导条款：

05　专用车道出口地点指路标志用来确认专用车道（见图 2G-8、图 2G-13、图 2G-14 和图 2G-16）的最终目的地和下游出口位置，该标志应该设置在入口受限专用车道（物理和缓冲隔离）的首个入口处。这些标志的设置应考虑信息优先性、可用空间、相邻通用交通车道现存标志、道路和交通特性、与现存悬挂式标志的相邻程度、安装门架标志的可能性及其他当地特色的因素。

必须条款：

06　专用车道目的地预告指路标志必须包括在上方部分包含专用车道类型和"出口"文字的黑色图文，如在白色底板上放置"HOV 出口"。对于存在车辆乘载率需求的专用车道，黑色底板上的白色菱形必须在该部分上方左侧边缘处显示（见图 2G-8）。

支撑依据：

07　图 2G-8 显示专用车道首个入口处标志设置案例。

第 2G.12 节　专用车道的中间入口指路标志

必须条款：

01　对于物理分离车道、缓冲区隔离车道和邻近专用车道的入口只限于指定地点，必须将悬挂式专用车道入口方向标志放置在从一般车道驶向专用车道的中间入口点。

指导条款：

02　对于物理和缓冲区隔离的专用车道，通过分离的车道或匝道（见图 2G-9）从一般车道驶入专用车道，必须安装至少一个预告指路标志及专用车道入口方向标志。

03　对于使用权受限的专用车道且中间驶入和驶离在相同的指定允许位置，必须在指定入口区域下游开始计算的 1/2~1/4 长度之间放置专用车道入口方向标志（见图 2G-10）。

第 2G 章　专用车道和管理车道标志　287

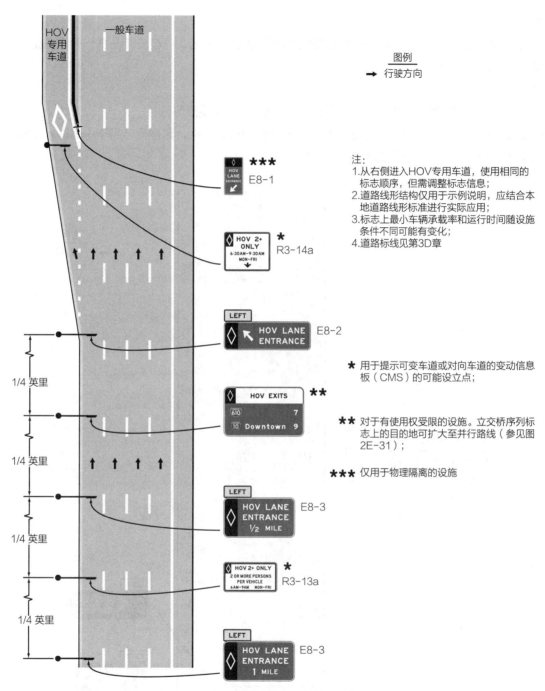

图 2G-8　使用权受限的合乘车道入口标志示例

必须条款：

04　若在从一般车道驶入专用车道中间入口点处设置预告指路标志，则必须设置为悬挂式。

可选条款：

05　可在从一般车道驶入专用车道的中间入口点前接近 1/2 英里、1 英里和 2 英里处设置预告指路标志。

必须条款：

06　用于中间入口点的预告指路标志和专用车道入口方向标志不得包含"出口"字样（见第 2G.10 节）

指导条款：

07　*出口地点指路标志用于区分最终目的地和专用车道的下游出口，应安装在从一般车道驶入使用受限的专用车道的中间入口点之前。*

支撑依据：

08　第 2G.11 节包含了专用车道出口地点指路标志的设计及设置信息。

09　图 2G-9 和图 2G-10 显示了各种几何线形配置的标志示例，这些标志用于中间进入物理分隔的或缓冲区分隔的专用车道，其中出入口被限制在指定的位置。

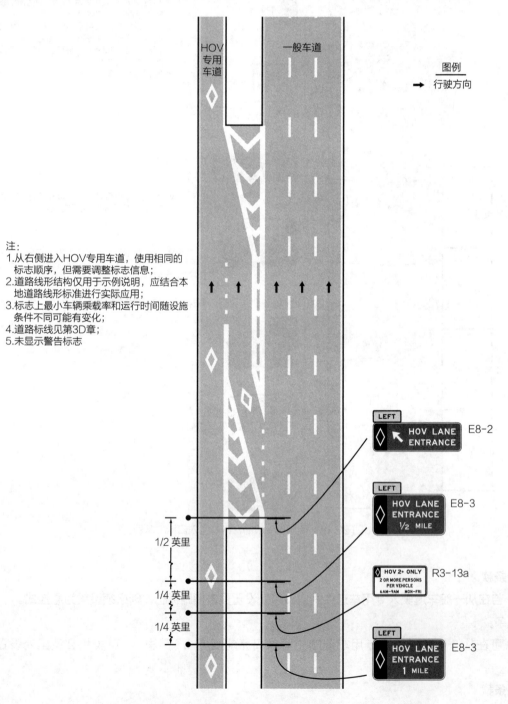

图 2G-9　驶入物理或缓冲隔离的 HOV 车道中间入口标志示例

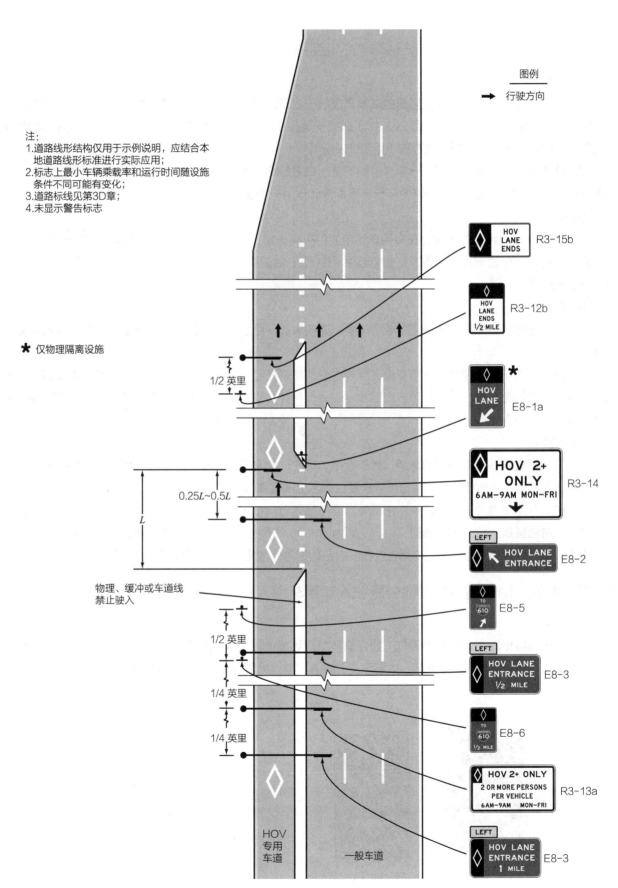

图 2G-10 使用权受限的 HOV 车道的驶入、驶出和终止标志示例

第 2G.13 节 专用车道驶往一般车道的指路标志

必须条款：

01 对于物理隔离的、缓冲区隔离的或驶离仅限于指定地点的相邻专用车道的情况，立柱式安装的预告指路标志和中间驶离方向标志（见图 2G-11）必须安装在中央隔离带或中央隔离墩上，在从专用车道驶出至一般车道的中间驶离点前分离车流方向（见图 2G-9）。

02 此类标志的图文必须根据一般车道的下游出口显示合适的目的地信息和出口编号的一种或两种。用于指示从专用车道到一般车道的驶离方向标志不能将此作为一个出口。

支撑依据：

03 2G.10 节包含了如何设计在专用车道内的中央隔离墩上设置立柱式标志。图 2G-9 和图 2G-12 显示了各种几何线形配置的标志示例，这些标志用于中间进入物理分隔的或缓冲区分隔的专用车道，其中出入口被限制在指定的位置。

指导条款：

04 同一方向具有两条以上相邻的专用车道，应该考虑使用悬挂式指路标志以显示关于驶出专用车道的信息。

05 物理隔离和缓冲隔离的专用车道，且通过分离车道或匝道限制只允许从专用车道至一般车道驶离至指定地点，预告指路标志和中间驶离方向标志应该采取悬挂式安装，过境指路标志应该与中间驶离方向标志一起安装（见图 2G-12）。

必须条款：

06 有车辆乘载率要求的专用车道，其从专用车道向一般车道中间驶离的悬挂式预告指路和驶离方向标志，设计时必须将黑色底板下白色菱形符号放置在标志上部左侧边缘区。

07 在从专用车道向一般车道中间出口处，当与驶离方向标志一起使用时，过境指路标志的设计必须包含标志上部白色背景上恰当的黑色图文内容，如为"HOV 车道"，则必须区分于一般车道的标志。对于包含车辆乘载率要求的专用车道，必须将黑色底板下白色菱形符号放置在标志上部左侧边缘区。

第 2G.14 节 用于指示从其他公路驶入专用车道入口的指路标志

必须条款：

01 直接连接地面街道的换乘设施（如停车换乘广场或换乘站点/枢纽）与专用车道的入口匝道的预告指路标志必须沿邻近的地面街道安装，以指示交通进入或穿过换乘设施到达专用车道（见图 2G-13）。

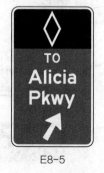
E8-5

E8-6

注：举例说明HOV专用车道（菱形图形）。对于其他类型专用车道，选用适当的图形或者文字信息表示（见第2G.03节），但此信息必须设置在标志顶部，且用黑底白色图文形式

图 2G-11 用于从专用车道中间驶离的安装路障的指路标志示例

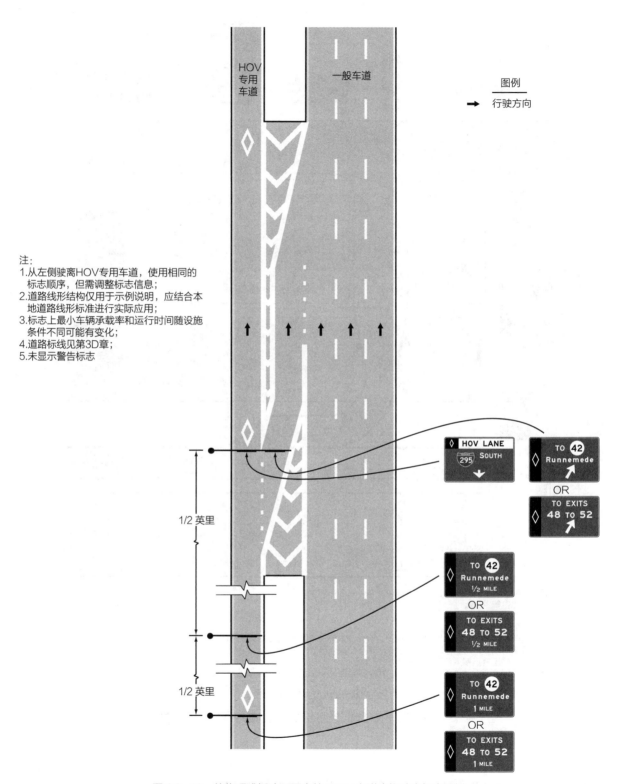

图 2G-12　从物理或缓冲区隔离的 HOV 车道中间驶离标志示例

支撑依据：

02　图 2G-14 展示用于与合乘车道连接的入口匝道、停车换乘广场和直连地面街道的标志推荐使用和布局情况。

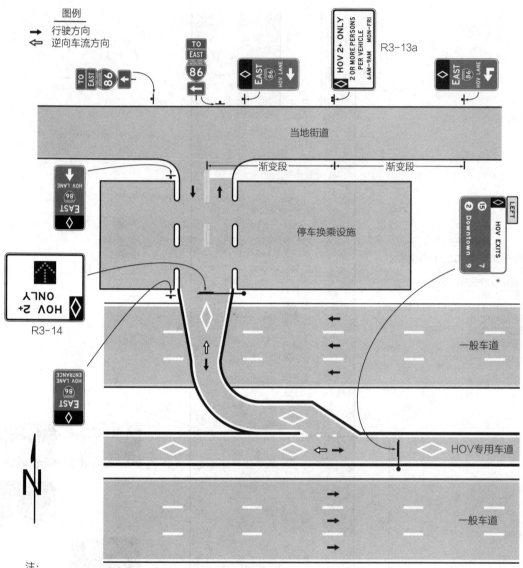

注:
1.标志上最小车辆乘载率和运行时间随设施条件不同可能变化;
2.道路标线见第3D章;
3.未显示警告标志;
4.标志位置是近似值;
5.可能需要附加标志,以指导驾驶员从周边街道驶入停车换乘场地和HOV车道;
6.在邻近街道需要附加标志以告知非合乘车辆不应驶入HOV车道;
7.这幅图描述了有直接入口匝道的潮汐HOV车道;
8.当直接入口匝道没有停车换乘设施时,用于指导当地车流进入HOV车道的指示标志应包括"入口"字样

*对于使用权受限的设施,立交序列标志上目的地可扩大至并行路线

图 2G-13 从换乘设施和当地街道直接由进口匝道驶入 HOV 车道的标志示例

第 2G.15 节 用于指示从专用车道到其他公路的出口标志

必须条款:

01 对于道路左侧的毗邻专用车道,特定专用车道预告指路标志、出口方向标志和出口三角分离点标志(见图 2G-14)必须设置在该出口以指示入口匝道方向,如 HOV 车道匝道(见图 2G-15)或连接停车换乘设施的匝道。

注：举例说明HOV专用车道（菱形）。对于其他类型专用车道，选用适当的图形或者文字信息表示（见第2G.03节），但此信息必须设置在标志顶部，且用黑底白色图文形式

图 2G-14　用于从专用车道直接驶出的出口三角分离标志

02　用于指示专用车道出口的预告指路、出口方向和过境指路标志的设计，必须包含标志上部白色背景上恰当的黑色图文，如"HOV 车道"（对于过境指路标志）或"HOV 车道出口"（对于预告出口方向指路标志），以非专用车道的标志区分。对于有车辆乘载率限制的专用车道，必须在标志的上部左侧边缘设置黑色背景的白色菱形符号（见图 2G-15 和图 2G-16）。

指导条款：

03　*用于专用车道出口直接进入连接匝道的预告指路和出口方向标志应该为悬挂式安装。在直接进入匝道出口处过境指路标志应该与出口方向标志共同使用。*

必须条款：

04　在中央护栏上立柱式安装的竖直矩形指路标志不能作为直接进入连接匝道出口的预告指路和出口方向标志。

05　由于立交桥连接两条高速公路的专用车道直接进入匝道通常为左侧出口，通常具有与专用车道相同的设计速度，悬挂式预告指路标志和悬挂式出口方向标志必须安装在连接两个高速公路的专用车道匝道入口点之前（见图 2G-16）。

指导条款：

06　*在高速公路立交桥上，专用车道指路标志的使用应该遵从本手册中指路标志设置的规定。*

支撑依据：

07　连接两条高速公路的立交桥专用车道直连匝道的指路标志与连接两个高速公路的匝道标志相似。

第 2G.16 节　拥堵收费车道标志——总则

支撑依据：

01　拥堵收费车道是受收费和定价策略控制的车道，通常借助电子收费设备为使用者控制拥堵程度、维护服务水平。拥堵收费设施通常为具有相同设计路线的邻近车道或附近高峰时段拥堵频发的区域提供拥堵程度较低的替代方案。根据载客率或其他标准，拥堵收费车道可能对特定车辆不收费。其他不同的运营控制策略可与税收或收费一起实施。

02　实际上，用于管理车道以减缓拥堵或提高效率的运营策略，其数量和组合可能受到标志或标志序列上清晰显示的、道路使用者容易理解的信息数量的限制。当评价管理车道替代物时需要考虑以下因素，通用立交桥和其他道路条件下标志位置、管理车道和一般车道之间的中间入口点数量、重复运营信息的需求、能显示所有使用要求的序列标志设置距离。

03　由于管理车道具有多功能性，可对其使用多种运营策略，车道仅用于特定运营管理策略且对应命名是不切实际的，与其他类型专用车道组合使用更容易完成其车道功能，如 HOV 车道、公交专用车道和自行车道。反而，通过包含更多定向信息限定的系列禁令及指路标志，能够更好地表达多种需求、约束条件和适用标准。

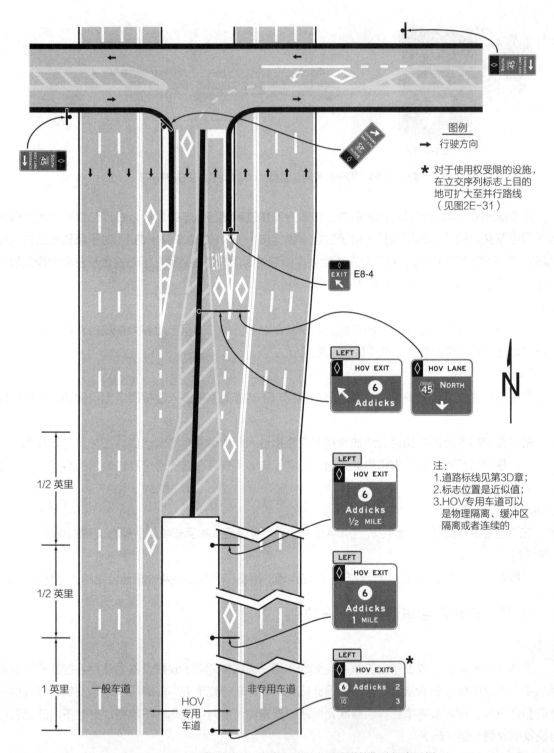

图 2G-15 用于指示 HOV 车道入口和出口匝道的指路标志示例

04 拥堵收费车道作为运营策略普及更广，进行统一命名变得非常重要，以区分具有相同线路设计的邻近一般车道并作为其可选车道，以便有效地向驾驶者传达不同地区类似设施的基本要求。

必须条款：

05 沿着相同设计线路，与一般车道相邻的拥堵收费车道必须使用"快速"或"快速车道"图文。在管理车道上使用以下任何运营策略时必须应用此规定：

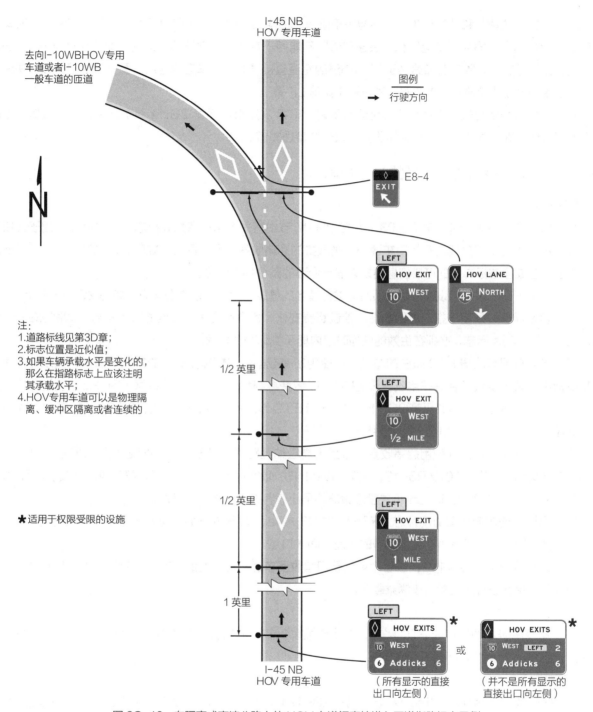

图 2G-16 在隔离式高速公路上的 HOV 车道间直接进入匝道指路标志示例

A. 所有管理车道的使用者缴纳定额或不定额的过路费。

B. 使用管理车道的通用交通缴纳定额或不定额的过路费，但在全程或部分时间允许合乘车辆不缴纳过路费。

C. 使用管理车道的通用交通缴纳定额或不定额的过路费，但合乘车辆在全程或部分时间提供折扣。

D. 使用管理车道的通用交通缴纳定额或不定额的过路费，但在本地系统注册过的合乘车辆在全程或部分时间过路费折扣或免费（合乘车辆通常需要一个应答器或其他识别码以向电子或视觉识别表明注册资格，确认车辆载客率）。

06 图文"快速"和"快速车道"不能用于所有车道均为管理车道且在相同设计线路上无邻近一般车道的公路入口标志上。图文"快速"和"快速车道"不能用于其他可驶向通用匝道连接段（见图2F-7）的管理匝道连接段标志上，除非在如第2G.14节描述的匝道直接通向管理车道的地点。图文"快速"和"快速车道"不能用于绕过传统收费站的主路收费车道（见第2F章）。

07 菱形符号专为仅基于载客率设定运营策略（见第2G.03节至第2G.14节）的专用车道设置，不能用于使用其他管理策略的专用车道，如收费或定价的管理车道。

第2G.17节 拥堵收费车道的禁令标志

必须条款：

01 除本节另有规定外，第2G.03节至第2G.07节中有关专用车道禁令标志的条文必须应用于在所有时间或特定时间要求部分或所有使用车道的车辆缴费的拥堵收费车道。仅在生效时，这些管理车道必须使用可变信息标志或静态标志上的可变信息要素以显示合适的禁令标志信息。

02 专用车道禁令标志设置时，必须对其进行适当的修改以适应拥堵收费车道，如图2G-17所示。

03 禁令标志必须用于指示过路收费。若过路费变化，包含可变信息元素的禁令标志，如图2G-17中R3-48和R3-48a标志，必须在生效的任何时段内显示实际收费金额。

04 当只有拥有注册ETC账户的车辆允许使用所有或部分车辆需要缴费的管理车道时，指示此种限制的禁令标志必须被安装且合并采用收费设施的ETC缴费系统和"仅"文字的符号（有关此类设施入口处类似禁令图文与指路标志的合并见第2G.18节）。显示ETC系统的形符必须符合第2F.03节和第2F.04节中的条款要求，如图2G-17和图2G-18所示。

05 当合乘车辆被允许使用拥堵收费车道且无需缴纳过路费，且无需在当地程序注册以获得费用豁免，车辆载客定义标志（R3-10或R3-13，见第2G.04节）必须删除菱形符号以形成拥堵收费车道车辆载客定义标志（R3-40和R3-43），指示相关管理策略的最小载客率（见图2G-17）。

06 拥堵收费车道运营时间标志（R3-44或R3-44a，见图2G-17）必须安装在起点或初始入口点、允许车辆合法地进入使用受限的拥堵收费的车道中间入口点。

07 免费管理车道要求的车辆载客率变化是拥堵收费车道运营策略的一部分，包含可变信息元素的禁令标志必须显示免费通行时要求的车辆乘载率。

可选条款：

08 需要注册本地程序或ETC账户，以使合乘车辆使用拥堵收费车道时无需缴纳停车费或享受折扣，这些信息可显示在所需禁令和指路标志序列中的一个单独标志上。

必须条款：

09 R3-42系列和R3-45系列标志（见图2G-17）必须根据第2G.07节中条款进行安装来确定拥堵收费车道或权限限定的终点。R3-42、R3-42a和R3-45标志必须仅用于管理车道和权限限定终点处，车辆必须合流至一般车道。R3-42b、R3-42c和R3-45a标志必须仅用于管理车道变为一般车道的权限限定终点处。

第2G.18节 拥堵收费车道的指路标志

必须条款：

01 除本节另有规定外，物理隔离、缓冲带隔离或毗邻管理车道的指路标志必须遵循第2G.10节至第2G.15节包含的专用车道指路标志具体规定。除本节另有规定外，所有管理车道的公路指路标志必须遵循第2E章中关于高速公路和快速路指路标志的一般规定。所有车道均为管理车道且收费作为管理策略使用的公路

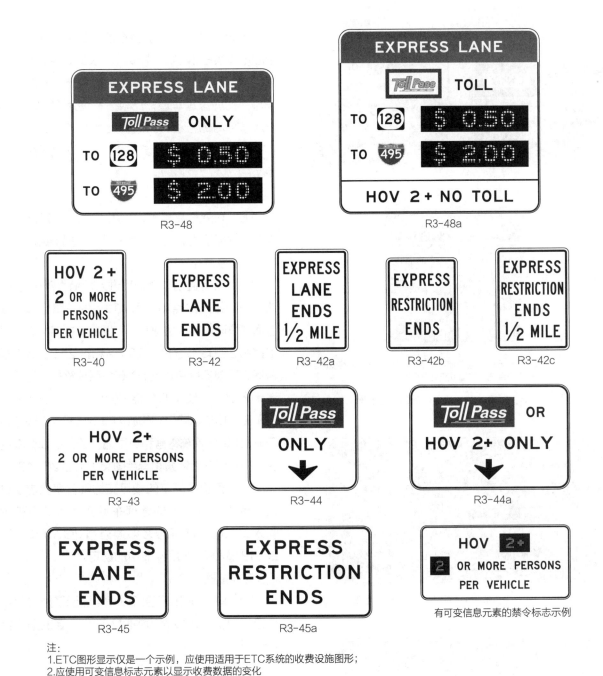

图 2G-17 管理车道上的禁令标志

指路标志必须遵循第 2F 章包含的收费道路指路标志适用条款及第 2E 章的一般规定。

02 若管理车道使用固定或可变费率运营策略，指路标志必须遵循第 2F.03 节、第 2F.04 节和第 2F.17 节中有关 ETC 账户符号使用、大小和位置的规定。

支撑依据：

03 图 2G-18 显示了拥堵收费车道和其他 ETC 账户专用收费设施入口的指路标志示例，该设施包括包含有 ETC 账户符号和禁令图文的顶部标牌。

指导条款：

04 出口目的地辅助指路标志，用于确定最终目的地和管理车道可达的下游出口位置（见图 2G-19），

A—从一般车道进入拥堵收费车道

B—从十字交叉路口直接进入拥堵收费车道

注：
1.ETC图形显示仅是一个示例，应该使用适用于ETC系统的收费设施图形；
2.示例显示了在收费账户系统上注册并支付费用的设施

图 2G-18　拥堵收费车道入口指路标志示例

图 2G-19　管理车道上出口地点指路标志示例

注：
1.ETC图形显示仅是一个示例，应该使用适用于ETC系统的收费设施图形；
2.应使用可变信息标志元素显示估计的行程时间

图 2G-20　专用或管理车道行程时间信息比较标志示例

应该安装在拥堵收费车道初始入口点之前。这些标志应该根据第 2G.11 节第 5 条的规定放置。

05　对于在相同设计线路上可作为邻近一般车道替代的管理车道，比较分别使用管理车道和一般车道时的行程时间或拥堵水平的可变信息标志（见图 2G-20）应该安装在管理车道初始入口点和中间入口点之前。

可选条款：

06　可变信息标志也可用于无管理策略公路，以对比性显示附近管理公路行程时间或拥堵水平。

必须条款：

07　所有通用车辆均可进入拥堵收费车道时，该车道初始入口点和中间入口点的指路标志必须包括"快速"或"快速车道"图文。指路标志必须根据第 2F.03 节、第 2F.04 节和第 2F.17 节在指路标志顶部标牌包含 ETC 账户系统符号。对于允许无本地程序注册的合乘车辆免费通行的拥堵收费车道，顶部标牌必须修改为禁令格式，以同时显示 ETC 账户系统符号和免费通行的最小载客率要求，格式用白色背景和黑色图文（见图 2G-19）。

08　无论是固定的或可变的载客率要求，只允许合乘车辆进入的管理车道初始入口点和中间入口点的指路标志必须遵循第 2G.10 节至第 2G.12 节和第 2G.14 节中的规定。

支撑依据：

09　图 2G-21～图 2G-24 显示了拥堵收费车道不同初始入口点和中间入口点设置的指路标志示例。

必须条款：

10　中间出口位置和拥堵收费车道直接出口（见图 2G-24～图 2G-27）指路标志的使用和位置必须遵循第 2G.13 节至第 2G.15 节中的规定。必须对标志进行适当的修改，以在顶部绿色背景上用白色文字显示有关拥堵收费车道指路图文的信息，根据以下情况酌情考虑：

A. 驶向非专用车道的中间出口预告指路标志，不论是立柱式还是悬挂式安装，在指路标志的顶部标牌必须涵盖"本地出口"标识内容、一般车道可达的目的地信息或后续出口编号、适当的出

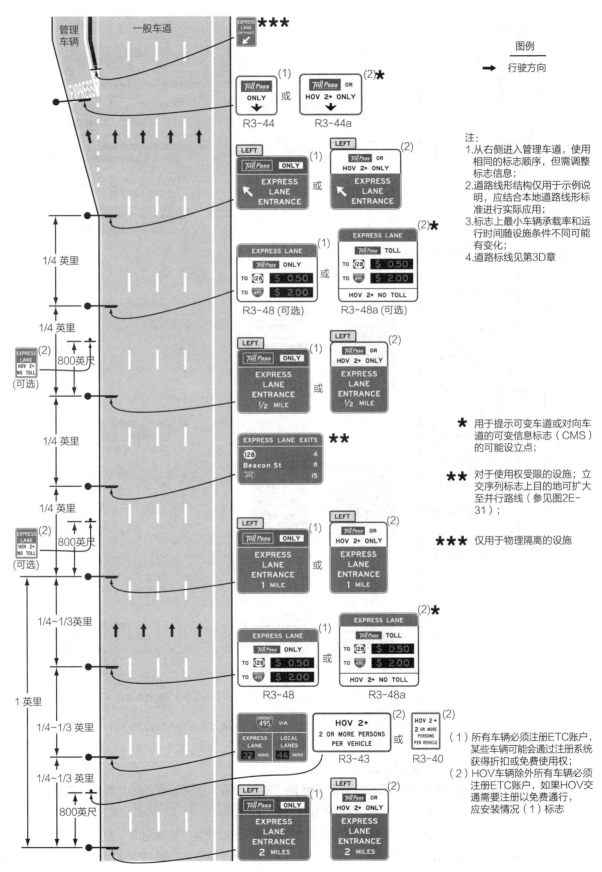

图 2G-21 使用权受限的拥堵收费车道入口标志示例

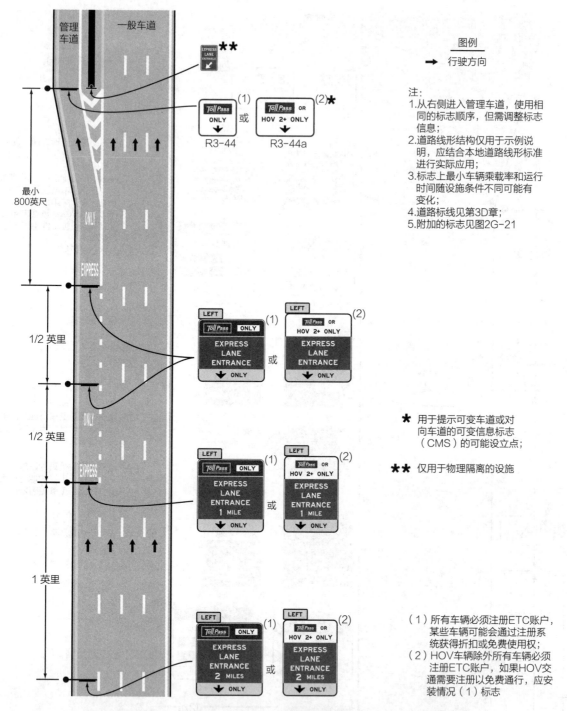

图 2G-22 在一般车道变为管理车道处使用权受限的拥堵收费车道入口标志示例

口位置距离信息（见图 2G-24 和图 2G-25）。

B. 不论是立柱式还是悬挂式安装，顶部标牌必须涵盖"本地出口"图文、目的地信息或一般车道可达的后续出口编号、斜向上指的方向箭头（见图 2G-24 和图 2G-25）。

C. 对于通往另一道路的直达出口，其预告指路和出口方向标志上必须使用"快速出口"图文（见图 2G-26）。

D. 对于过境标志，必须使用"快速车道"图文，不管将其作为过境标志顶部标牌还是无顶部标牌的标志图文（见图 2G-25~ 图 2G-27）。

第 2G 章 专用车道和管理车道标志　　301

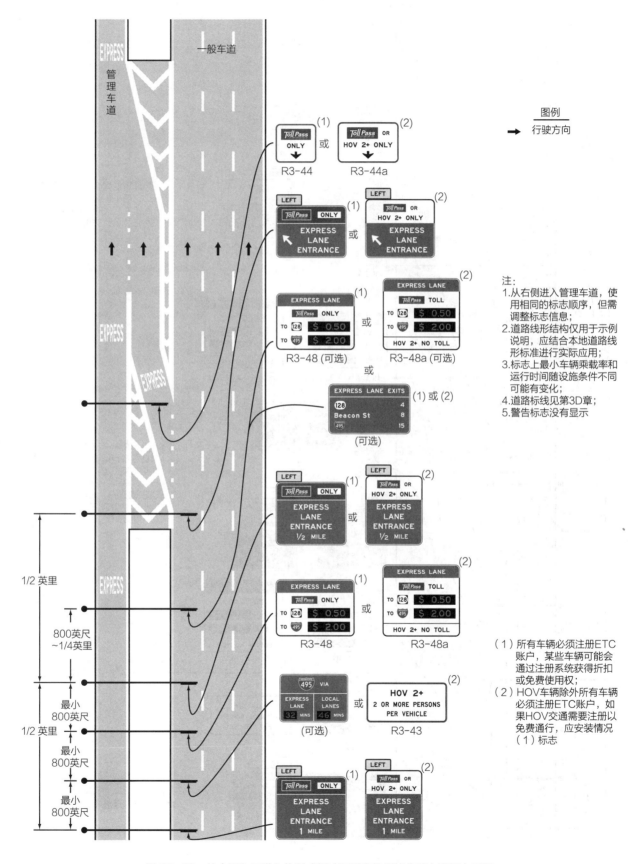

图 2G-23　从中间入口进入物理或缓冲区隔离的拥堵收费车道标志示例

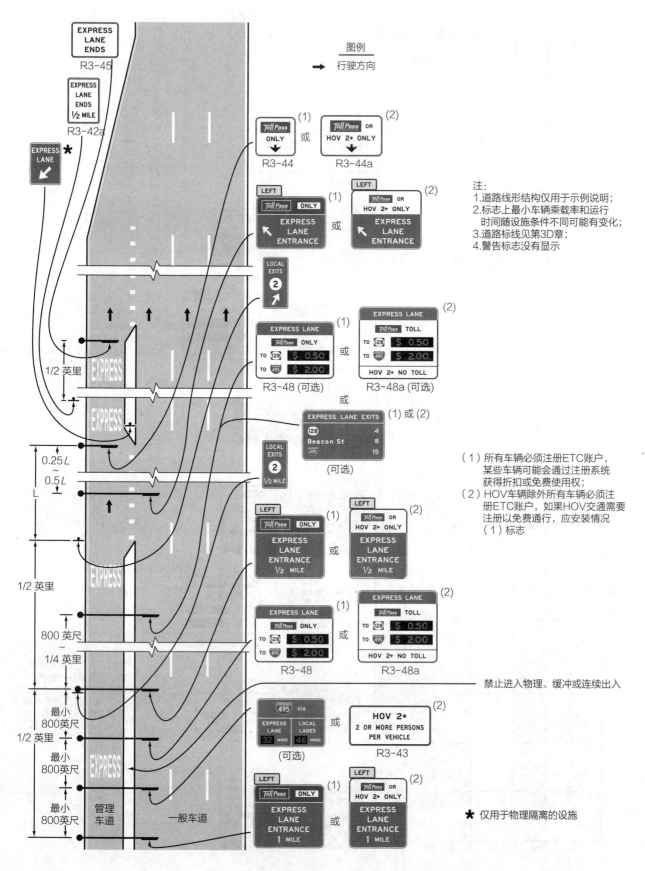

图 2G-24 使用权受限的拥堵收费车道的中间进入、驶出及终点标志示例

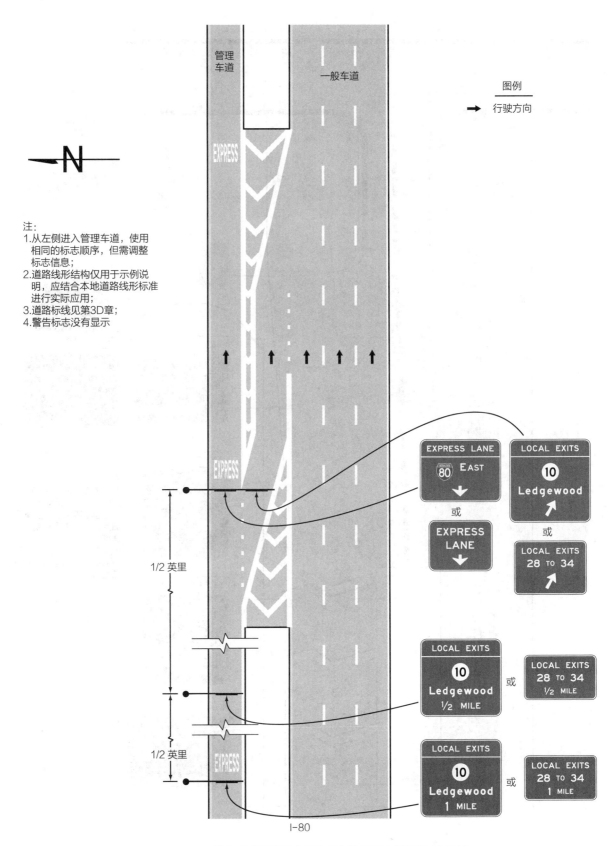

图 2G-25 从物理或缓冲隔离的管理车道中间驶出指路标志示例

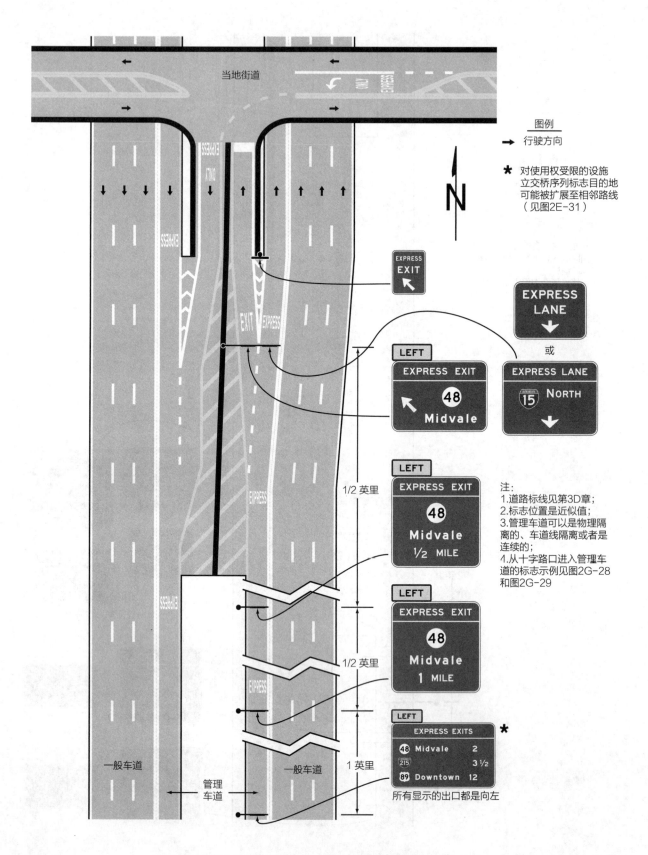

图 2G-26 直接管理车道进口和出口匝道的指路标志示例

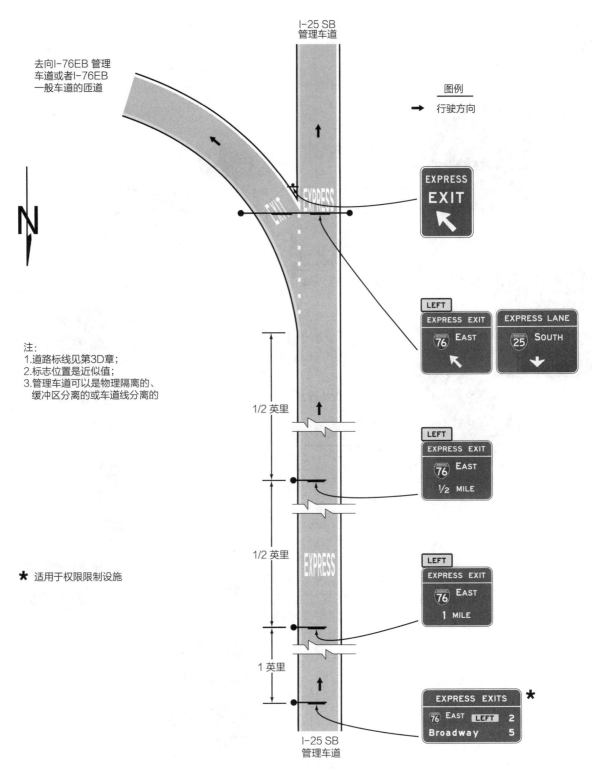

图 2G-27　分离式高速公路管理车道直接入口匝道指路标志示例

支撑依据：

11　第 2G.13 节包含了一般车道中间出口悬挂式安装指路标志的使用信息。

12　图 2G-28 和图 2G-29 显示了从十字交叉口或地面街道到拥堵收费车道直接入口处指路标志示例。

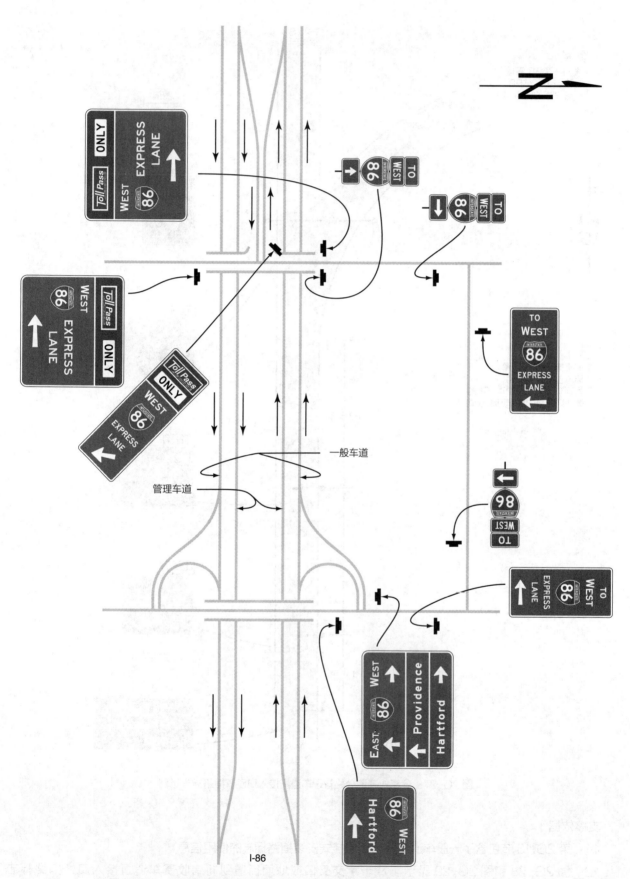

图 2G-28　通向拥堵收费车道的直接入口匝道和到附近的一般车道入口指路标志示例

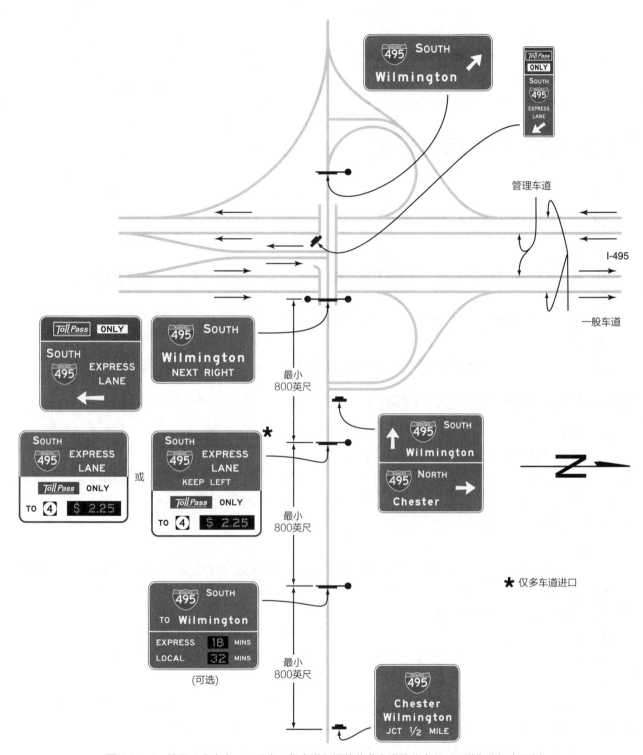

图 2G-29 从同一十字交叉口通向一般车道和拥堵收费车道的分离入口匝道指路标志示例

第 2H 章　通用信息标志

第 2H.01 节　通用信息标志尺寸

必须条款：
01　除了在第 2A.11 节提供的，通用信息标志的尺寸有标准设计，必须遵守表 2H-1 中的规定。
支撑依据：
02　第 2A.11 节包括关于表 2H-1 中各种专栏的适用信息。
可选条款：
03　可以使用比表 2H-1 所列尺寸更大的标志（见第 2A.11 节）。

第 2H.02 节　通用信息标志（I 系列）

支撑依据：
01　从旅行者兴趣的角度出发，即使无需直接引导，通用信息标志（见图 2H-1）或综合信息标志（见第 2H.04 节）能够正确地传达多种信息。这些标志包括州界限、市区范围、其他选举区域边界、时区、河流名称、海拔高度、地标和景区等类似地点，以及安全和与运输相关的信息。第 2M 章包含的娱乐和文化景区符号标志有时会与通用信息标志组合使用。
指导条款：
02　通用信息标志不应该安装在一系列指示标志之内或其他同样关键的位置，除非有特殊的原因，需要对道路使用者指明方向或指明具有明显符合公众利益的活动的关键地点。所有这样的标志应该设计简单、正式，没有任何广告，且搭配其他指示标志。
必须条款：
03　除了行政边界标志，通用信息标志必须为绿色背景的矩形标志，并配有白色图文和边框。
可选条款：
04　信息符号标志（I-5~I-9）可引导车辆前往交通基础设施或常规信息服务设施，或提供基础设施的附加指示信息。必要之处，可通过宣教标牌补充符号标志，另外，需要时可使用名字区分相似的设施。
05　图 2H-1 中展示的预告转弯（M5 系列）或转向箭头（M6 系列）辅助标志是以绿色为背景设置的白色箭头，可与通用信息符号标志一起使用，以构成通用信息定向集合。
06　可从最近的州际公路、其他高速公路或传统的公路交叉口到机场的线路上，提供商业运营机场和非商业运营机场的指示标志，通常不超过 15 英里。机场符号标志（I-5）连同补充标牌可一起用于指示机场的专用名。不管是否补充名字标牌或名词"机场"，机场符号标志和箭头均可用作寻路标志。
必须条款：
07　在安装机场指示标志之前必须设置充足的寻路标志。

通用信息标志的尺寸　　　　　　　　　　　　　　　　表2H-1

标志	标志设计	章节	常规道路	高速公路或快速路
里程桩号（1位数字）	D10-1	2H.05	10×18	12×24
精准里程桩号（1位数字加1位小数）	D10-1a	2H.05	10×27	12×36
里程桩号（2位数字）	D10-2	2H.05	10×27	12×36
精准里程桩号（2位数字加1位小数）	D10-2a	2H.05	10×36	12×48
里程桩号（3位数字）	D10-3	2H.05	10×36	12×48
精准里程桩号（3位数字加1位小数）	D10-3a	2H.05	10×48	12×60
加强型里程桩号	D10-4	2H.06	18×54	18×54
精准加强型里程桩号（1位小数）	D10-5	2H.06	18×60	18×60
致谢	D14-1	2H.08	36×30*	72×48*
致谢	D14-2	2H.08	36×30*	72×48*
致谢	D14-3	2H.08	42×24*	96×36*
信号设置××英里/小时	I1-1	2H.03	24×36	—
行政辖区边界	I-2	2H.04	变化的×18**	变化的×36**
地理特征	I-3	2H.04	变化的×18**	变化的×36**
机场	I-5	2H.02	24×24	30×30
公交站	I-6	2H.02	24×24	30×30
火车站	I-7	2H.02	24×24	30×30
图书馆	I-8	2H.02	24×24	30×30
车辆轮渡码头	I-9	2H.02	24×24	30×30
废品回收中心	I-11	2H.02	30×48	—
轻轨站	I-12	2H.02	24×24	—

* 表中展示的标志尺寸是相应道路类型的最小尺寸，这些标志和致谢标志的尺寸应该在图文较短的地方适当减少；

** 表中展示的标志尺寸是对图中典型标志的说明，尺寸大小应该根据标志要求的图文数量决定。

注：1. 适当的时候可以用更大的标志，但除了D14系列标志；
　　2. 尺寸单位为英寸，表示为"宽×高"

支撑依据：

08　所有机场指路标志设置的地点位置和安装方式取决于公路的纵距。

可选条款：

09　废品回收中心符号标志（I-11）可用于引导道路使用者前往废品回收中心。

指导条款：

10　*废品回收中心符号标志不应该用在高速公路和快速路。*

必须条款：

11　如果用在高速公路或快速路上，废品回收中心符号标志必须作为一种目的地的辅助标志。

12　当一个标志用于显示安全或与运输有关的信息时，显示的格式不能被认为是广告展示格式。任何类似官方交通管理设施的信息和符号不能被用在安全或与运输有关的信息标志上。

可选条款：

13　行政区的象形图案（如州、县或地方机构）可陈列在行政边界的通用信息标志上。

必须条款：

14　如果使用，行政边界的通用信息标志上的象形图案高度不能超过标志上大写首字母高度的 2 倍。象形图案必须遵守第 2A.06 节的规定。

第 2H.03 节　交通信号速度标志（I1-1）

可选条款：

01　交通信号速度标志（I1-1）（见图 2H-1），上面显示"交通信号建议行驶速度为 XX 英里 / 小时"，可用于指示在某一街道或公路路段上，其交通控制信号是先进的信号控制系统且该系统配时确保全天候按照特定速度以协同模式运行。

02　如果一天内不同时段的绿波建议的行驶速度不同，可变信息成分可用于交通信号速度标志的数字（I1-1）。如果该路段只是在某些时段实行绿波控制，可用单幅可变信息板显示相应时段的交通信号速度标志（I1-1）。

指导条款：

03　如果使用该类标志，应该安装的地点包括每个建议行驶速度改变的距交叉口最近的位置，以及每隔几个街区的交叉口处建议行驶速度保持不变的位置。

必须条款：

04　交通信号速度标志必须至少是 24 英寸 ×36 英寸的矩形，且竖直方向为长边。该标志必须为绿底、白字、白框。

图 2H-1　通用信息和综合信息标志

第 2H.04 节 综合信息标志

支撑依据：

01 综合信息用于指出地理特征，例如河流、山峰以及其他行政边界（见第 2H.02 节）。图 2H-1 展示了综合信息标志示例（I-2 和 I-3）。

可选条款：

02 在不影响立交桥或其他重要地点的标志设置情况下，可使用综合信息标志。

指导条款：

03 除非是因为保障公众利益这种特殊的原因，如为道路使用者指明方向或指明具有明显符合公众利益的活动的关键地点，不应该安装综合信息标志。如果综合信息标志对道路使用者有价值，它们的设计和视认性应该与其他指示标志一致。在所有这些标志上，设计应该简单、正式，没有任何的广告，且通常搭配其他标志使用。

第 2H.05 节 里程桩号标志（D10-1 至 D10-3）和精准里程桩号标志（D10-1a 至 D10-3a）

支撑依据：

01 有两种类型里程桩号标志：

A. 里程桩号标志（D10-1、2 和 3）沿公路指明整数距离；

B. 精准里程桩号标志（D10-1a、2a 和 3a）同样沿着公路指明整数距离间的小数距离。

必须条款：

02 除了使用加强型里程桩号标志（见第 2H.06 节）作为代替时，所有高速公路、快速路基础设施上必须放置里程桩号标志（D10-1 至 D10-3），连续设置这些标志以帮助道路使用者估算他们的剩余路程，提供识别紧急事件和交通事故位置的途径，并且有助于公路维护和维修。

可选条款：

03 里程桩号标志（D10-1 至 D10-3，见图 2H-2）可安装在沿着高速公路路线或斜坡的任何路段上，以帮助道路使用者估算进程，提供识别紧急事件和交通事故位置的途径，有助于高速公路的维护和维修。

04 为扩充里程桩号标志系统，精确里程桩号标志（D10-1a 至 D10-3a，见图 2H-3），可用一位小数展示十分之一英里的距离，可安装在十分之一英里的间隔处或者其他固定的间隔处。

必须条款：

05 当精准里程桩号标志（D10-1a 至 D10-3a）用于扩充里程桩号标志系统时，里程桩号标志的整数英里点必须显示一个小数点和一个零点数字。

06 当放置在高速公路或快速路上时，里程桩号标志必须设计成具有白色边框的 12 英寸绿色矩形标志，并包含 10 英寸的白色数字。当标志包含一、二或三行数字时，分别对应 24、36 或 48 英寸高，且必须包含一个 4 英寸的白色单词"英里"。

07 当设置在常规道路上时，里程桩号标志必须包括 6 英寸的白色数字、绿色背景，且背景有至少 10 英寸宽的白色边框及 4 英寸的白色"英里"字样。

08 里程桩号标志最小的安装高度必须为 4 英尺，从标志的底部到接近道路边缘的垂直测量高度，且不受第 2A.18 节中安装高度要求的限制。

09 距离编号对州内每条路线必须是连续的，除了当路线重叠存在（见第 2E.31 节）时。在线路重叠的地方，里程桩号标志必须连续设置以确定唯一的路径。如果重叠路线中一个是州际的路线，则必须选出该路线，以进行连续距离编号。

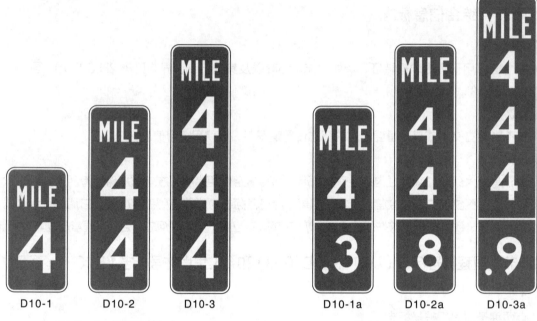

图 2H-2 里程桩号标志　　　　图 2H-3 精准里程桩号标志

指导条款：

10　选定路线应有连续距离编号，立交桥出口编号也应有连续性（见第 2E.31 节）。

11　在没有连续性里程桩号标志的路线上，在重叠路线前设置的第一个里程桩号标志应该指出路线总运行里程，以便道路使用者关联里程桩号标志及仪表盘上的行驶距离。

必须条款：

12　对分隔式公路，必须在北行、东行的道路上进行距离测量。南行或西行的道路里程桩号标志必须设置在北行或东行道路上里程桩号标志的对立面处。

指导条款：

13　零距离起点应该从南部和西部州界限，或者南部和西部（如果路线从州内开始）的起点设置。

必须条款：

14　除第 15 条提供的情况之外，必须将里程桩号标志安装在道路右侧。

可选条款：

15　里程桩号标志在道路右侧使用受条件限制时，可将其安装在中间。在常规两车道道路上，里程桩号标志可只安装在道路的一侧且应双面安装。里程桩号标志可放置在距离人行道边 30 英尺的地方。

16　如果里程桩号标志不能安装在正确位置处，则可以在两个方向上移动 50 英尺左右。

指导条款：

17　如果里程桩号标志不能被放置在正确的位置处，即 50 英尺范围内，则它应该被省略。

第 2H.06 节　加强型里程桩号标志（D10-4 和 D10-5）

支撑依据：

01　有两种类型的加强型里程桩号标志：

A. 加强型里程桩号标志（D10-4）。

B. 精准加强型里程桩号标志（D10-5，1 位小数）。

可选条款：

02 加强型里程桩号标志（D10-4，见图 2H-4），通过线路识别的加强型里程桩号标志系统，可放置在高速公路或快速路（代替里程桩号标志）或在常规道路上。

03 为扩充加强型里程桩号标志系统，精准加强型里程桩号标志（D10-5，见图 2H-4），可用一位小数展示十分之一英里的距离，可安装在沿着高速公路路线的部分路段或斜坡十分之一英里的间隔处，或者其他固定的间隔处。

必须条款：

04 如果使用加强型里程桩号标志，必须是竖长形的标志，以蓝色或绿色作为底色，且数字、字母和边界采用白色，除了必须是标准颜色和形状的路线盾形标志之外。首行标题必须由路线的基本方向组成。第二行标题必须由合适的道路路线盾形标组成。第三行标题必须确定提及位置的英里，精准加强型里程桩号标志最后一行标题必须给出十分之一英里涉及的位置。精准加强型里程桩号标志最后一行标题必须包含小数点。加强型里程桩号标志图文的高度必须至少 6 英寸。加强型里程桩号标志路线盾形标志的高度必须至少 12 英寸。

图 2H-4 加强型里程桩号标志

05 底色必须同所有在司法权内的加强型里程桩号标志底色相同。

支撑依据：

06 第 2H.05 节中关于安装高度、距离编码和测量值、标志连续性和关于右侧路肩和（或）中间布置里程桩号标志的规定也可应用于加强型里程桩号标志。

第 2H.07 节 驾车游览线路标志

支撑依据：

01 驾车游览线路标志为信息标志、标牌或盾形标志，旨在为道路使用者提供特别的文化、历史或有教育意义的驾车游览路线引导服务。

02 设有标志的驾车游览线路在某些情况下通常用于包含历史小道等情况，例如由国家公园管理局管理的国家历史旅游线路。示例包括驾车游览路线类似于刘易斯和克拉克国家历史小道、俄勒冈州国家历史小道和圣达菲国家历史小道。

指导条款：

03 *如果盾形标或其他相似的标志用于提供路线指导驾车游览路线，其设计原则应和其他路线标志一致，如第 2D.10 节至第 2D.12 节中的描述。*

可选条款：

04 如果恰当的运输管理机构已经批准，驾车游览线路标志可安装在高速公路上。

必须条款：

05 驾车游览线路标志不能安装在高速公路或快速路上，除非有必要将驾车游览常规道路上的间断部分连续起来，且该高速公路或快速路间断部分是之间的唯一连接。如果安装在高速公路或快速路上，驾车游览路线标志必须安装独立的寻路标志集合（见第 2D.35 节和第 2E.27 节）并且不能和其他路线标志或确认标志集合一起安装在指示标志上。如果安装在高速公路或快速路上，驾车游览路线寻路标志集合必须比路线确认标志集合少。

第 2H.08 节　致谢标志

支撑依据：

01　致谢标志是一种感谢公司、商业或提供与公路有关服务的志愿组织的方式。致谢标志包括参与公路清扫落叶事项、维护行车道或立交桥和其他高速公路维护或美化赞助项目等参与人或赞助商的标志。

指导条款：

02　设有致谢标志项目的州或当地的高速公路管理机构应该发展致谢标志政策。政策应该要求合格的发起人组织，并遵守州法律，禁止歧视种族、宗教、肤色、年龄、性别、国籍和其他适用法律。致谢标志政策应该包括本节所有关于标志布置和标志设计的规定。

必须条款：

03　因为禁令、警告和指路标志有较高优先级，只有当致谢标志安装后与其他较高优先级标志之间仍有充足间隔时，才能安装致谢标志。当使用者视认其他交通控制设施时，致谢标志不能安装在可能遮挡道路使用者视线的地方。

04　致谢标志不能安装在以下任何地方：

A. 在其他交通控制设施的前面或后面，邻近或围绕其他交通控制设施，包括信号灯、高速公路交通信号灯和可变信息标志；

B. 在其他交通控制设施支撑结构、结构体或桥墩的前面或后面，邻近或围绕其他交通控制设施支撑结构、结构体或桥墩；

C. 道路使用者的注意力更应集中在其他交通控制设施、道路几何特性或交通状况的地方，包括出入口匝道、交叉口、平交道口、收费广场、临时的交通管制区域和视距受限区域的关键决策点。

指导条款：

05　致谢标志和除了停车规则标志外的其他交通管制标志间的最小间隔应该是：

A. *限速小于 30 英里/小时的道路上，最小间隔是 150 英尺；*

B. *限速在 30~45 英里/小时的道路上，最小间隔是 200 英尺；*

C. *限速大于 45 英里/小时的道路上，最小间隔是 500 英尺。*

06　如果新设置具有较高优先权的交通管制设施，例如较高优先权的标志、高速公路交通信号或临时交通管制设施，其与现存的致谢标志冲突，应重新安装、覆盖或撤掉致谢标志。

可选条款：

07　州或当地的高速公路管理结构可开发他们自己的致谢标志设计，并可使用他们自己的象形图案（见第 1A.13 节中的定义）和（或）简短的管辖区项目标语作为致谢标志的一部分，标志的形状、颜色和文字风格应遵循本章及第 2A 章的规定。

指导条款：

08　致谢标志应该清晰地表明由某个赞助者提供特定类型的高速公路服务。

必须条款：

09　除第 2A 章中描述的标志总则和《公路标志和标线标准》（见第 1A.11 节）书中写的标志设计原则，致谢标志设计由州或当地公路管理机构开发，必须遵守以下规定：

A. 标志设计和赞助者致谢商标都不能包含任何联系方式、说明书、口号（不同于简短的管辖区范围内项目标语）、电话号码或互联网地址，包括域名和统一资源定位符（URL）；

B. 除了在赞助者致谢商标上的字母以外（若有的话），标志上所有字母必须是大写字母，如《公路标志和标线标准》（见第 1A.11 节）书中提供的；

C. 为了保持主要集中在与公路有关的服务而不是在赞助者致谢商标上，为赞助者致谢商标而保留的面积不能超过整个标志面积的 1/3，并且必须最大为 8 平方英尺，不能位于标志的顶部；

D. 全部的标志显示区域不能超过 24 平方英尺；

E. 致谢标志不能包含与任何官方交通控制设施相似的任何信息、灯光、符号或商标；

F. 致谢标志不能包含任何外部的或内部的照明、发光二极管、发光的管子、光纤、发光的面板或其他闪光的、可移动的物体；

G. 致谢标志不能使道路使用者从其他的交通控制设施中分心，例如禁令、警告或指路信息。

支撑依据：

10 致谢标志设计示例在图 2H-5 中展示。

图 2H-5 致谢标志设计示例

第 2I 章 一般服务标志

第 2I.01 节 一般服务标志尺寸

必须条款：

01　除了第 2A.11 节中提供的，一般服务标志的尺寸有标准化的设计，在表 2I-1 中展示。

支撑依据：

02　第 2A.11 节中包含关于表 2I-1 中不同列的适用性信息。

可选条款：

03　可以使用大于表 2I-1 中的标志尺寸（见第 2A.11 节）

一般服务标志和标牌尺寸　　　　　表2I-1

标志或标牌	标志设计	章节	常规道路	高速公路或快速路
前方 XX 英里服务区	D5-1	2I.05	66×36*	96×54*（F）
下一个右转去往服务区	D5-1a	2I.05	78×36*	120×60*（F） 114×48*（E）
服务区（箭头）	D5-2	2I.05	66×36*	96×54*
服务区三角分离点	D5-2a	2I.05	42×48*	78×78*（F） 66×72*（E）
服务区（水平箭头）	D5-5	2I.05	42×48*	—
前方 XX 英里下一个服务区	D5-6	2I.05	60×48*	90×72*
前方 XX 英里服务区游客信息中心	D5-7	2I.08	90×72*	114×102*（F） 132×96*（E）
服务区游客信息中心（箭头）	D5-8	2I.08	84×72*	120×102*（F） 120×96*（E）
下一个右转去往服务区游客信息中心	D5-11	2I.08	90×72*	144×102*（F） 132×96*（E）
州际绿洲	D5-12	2I.04	—	156×78
州际绿洲（标牌）	D5-12P	2I.04	—	114×48
前方 XX 英里刹车检查区	D5-13	2I.06	84×48	126×72
刹车检查区（箭头）	D5-14	2I.06	78×60	96×72
前方 XX 英里防滑链安装区	D5-15	2I.07	66×48	96×72
防滑链安装区（箭头）	D5-16	2I.07	72×45	96×66
电话	D9-1	2I.02	24×24	30×30
医院	D9-2	2I.02	24×24	30×30
露营	D9-3	2I.02	24×24	30×30
露营拖车	D9-3a	2I.02	24×24	30×30

续表

标志或标牌	标志设计	章节	常规道路	高速公路或快速路
垃圾箱	D9-4	2I.02	24×30	36×48
残疾人	D9-6	2I.02	24×24	30×30
可容纳厢式货车	D9-6P	2I.02	18×9	—
汽油	D9-7	2I.02	24×24	30×30
食物	D9-8	2I.02	24×24	30×31
住宿	D9-9	2I.02	24×24	30×32
旅游信息	D9-10	2I.02	24×24	30×33
柴油	D9-11	2I.02	24×24	30×34
可代替燃料—压缩天然气	D9-11a	2I.02	24×24	30×35
电动车充电	D9-11b	2I.02	24×24	30×36
电动车充电（标牌）	D9-11bP	2I.02	24×18	30×24
可代替燃料—乙醇	D9-11c	2I.02	24×24	30×38
房车卫生站	D9-12	2I.02	24×24	30×39
紧急医疗服务	D9-13	2I.02	24×24	30×40
医院（标牌）	D9-13aP	2I.02	24×12	30×12
救护站（标牌）	D9-13bP	2I.02	24×12	30×15
紧急医疗	D9-13cP	2I.02	24×18	30×24
创伤治疗中心（标牌）	D9-13dP	2I.02	24×12	30×15
警察局	D9-14	2I.02	24×24	30×30
丙烷气体	D9-15	2I.02	24×24	30×30
卡车停车场	D9-16	2I.02	24×24	30×30
前方XX英里下一个服务区（标牌）	D9-17P	2I.02	102×24	156×30
一般服务（最多6个符号）	D9-18	2I.03	—	96×60
一般服务	D9-18a	2I.03	—	96×60
一般服务（包含指路或出口信息）（最多6个符号）	D9-18b	2I.03	108×84	132×114（F） 132×108（E）
一般服务（包含指路或出口信息）	D9-18c	2I.03	72×60**	132×108**（F） 108×84**（E）
药房	D9-20	2I.02	24×24	30×30
24小时（标牌）	D9-20aP	2I.02	24×12	30×12
聋人用电信设备	D9-21	2I.05	24×24	30×30
无线网络	D9-22	2I.05	24×24	30×30
天气信息	D12-1	2I.09	84×48	132×84
拼车信息	D12-2	2I.11	60×42	96×66
频道9监控	D12-3	2I.09	84×48	132×84
紧急电话911	D12-4	2I.09	66×30	96×48
旅行信息电话511（象形图标）	D12-5	2I.10	42×60	66×78
旅行信息电话511	D12-5a	2I.10	48×36	66×48

* 表中显示的尺寸适用于带有"服务区"和（或）"游客信息"图文的标志。如果使用代替的图文，则尺寸应适当地调整。
** 表中显示的尺寸适用于有四行服务信息的标志，尺寸大小应根据展示的图文的数量适当的调整。
注：1. 适当的时候可以用更大的标志，但除了D14系列标志。
  2. 尺寸单位为英寸，表示为"宽 × 高"。
  3. 表格中有显示两个尺寸的地方，较大的用于高速公路（F），较小的用于快速路（E）。

第 2I.02 节　常规道路一般服务标志

支撑依据：

01　在常规道路上，例如道路使用者可以在视野内、沿路合理间隔内发现加油、餐饮和住宿等商业服务。因此，此类道路上一般不需要设置特殊标志以引起道路使用者注意。除医院、执法机关、旅游信息中心和露营等地点，城市地区通常不需要设置一般服务标志。

可选条款：

02　一般服务标志（见图 2I-1）可设置于服务少见和只在公路交叉口或十字路口才能找到的地方。

必须条款：

03　所有一般服务标志和补充标志标牌必须在蓝色底板上用白色字母、符号、箭头和边框。

指导条款：

04　*一般服务标志应该安装在岔路点或公路交叉口前的适当位置处。*

05　*提供一般服务标志的州应建立遍及全州的设置政策，或规定使用规范、有效服务标准。为保证应用一致性，使用该标志的地方政府应遵循全州政策。*

可选条款：

06　各州可以在适当的地点设置替代燃油标志。

必须条款：

07　一般服务标志，如果用在交叉口，必须设置方向信息。

可选条款：

08　如图 2I-1 所示，蓝色背景上设白色箭头的转弯预告（M5 系列）或方向箭头（M6 系列）辅助标志，可以和一般服务标志一起使用，组成一般服务方向组合标志。

09　一般服务标志图文可以是符号或文字信息。

必须条款：

10　符号和文字信息等一般服务图文不能在同一个标志上混用。药房标志（D9-20）只能用于指示位于联邦援助系统立交桥 3 英里以内的营业药房，且药房应有持国家执业资格的药师，每天 24 小时、每周 7 天值班。D9-20 标志下面必须设有 24 小时标牌（D9-20aP）。

支撑依据：

11　这些服务的不同组合形式在第 2I.03 页中描述。

可选条款：

12　如果距离下一个服务区的距离至少有 10 英里，"下一个服务区 XX 英里"标牌（D9-17P，见图 2I-2）可设在一般服务标志下方。

13　国际残疾人无障碍符号标志（D9-6）可设在一般服务标志下方，使残疾人可获得并享用铺设坡道和休息室等设施。

指导条款：

14　*当 D9-6 标志按第 13 条规定使用，且有可供使用的可容纳厢式货车停车场设施时，可容纳厢式货车标牌（D9-6P，见图 2I-1）应安设在 D9-6 标志下方。*

可选条款：

15　根据需要房车卫生站标志（D9-12）指示从房车污水舱倾倒垃圾的可用设施。

16　如果没有其他更重要的禁令、警告或方向标志分散驾驶员的注意力，垃圾箱标志（D9-4）可放置

第 21 章 一般服务标志

| D9-1 电话 | D9-2 医院 | D9-3 露营 | D9-3a 露营拖车 | D9-4 垃圾箱 | D9-6 残疾人 |

| D9-6P 可容纳箱式货车 | D9-7 汽油 | D9-8 食物 | D9-9 住宿 | D9-10 旅游信息 | D9-11 柴油 |

| D9-11a 替代燃料-压缩天热气 | D9-11b 电动车充电 | D9-11bP 电动车充电 | D9-11c 替代燃料-乙醇 | D9-12 房车卫生站 | D9-13 紧急医疗服务 |

D9-13aP 医院　　D9-13bP 救护站　　D9-13cP 紧急医疗　　D9-13dP 创伤治疗中心　　D9-14 警察局　　D9-15 丙烷气体

D9-16 卡车停车场　　D9-20 药房　　D9-20aP 24小时　　D9-21 聋人用电信设备　　D9-22 无线网络

用于一般服务标志的转向预告和方向箭头辅助标志

| M5-1 | M5-2 | M6-1 | M6-2 | M6-3 | 方向组合示例 |

图 21-1 一般服务标志和标牌

在路边道岔或服务区域前方。

17 紧急医疗服务符号标志（D9-13）可用于指示包括在国家和（或）当地公路管理局签署政策下紧急医疗服务系统中的医疗服务设施。

必须条款：

18 紧急医疗服务符号标志不能用于除高资质医院、救护站和合格独立的紧急医治中心之外的服务项目。如在其他情况下使用，紧急医疗符号标志必须补充所提供标志的服务类型。

可选条款：

19 紧急医疗服务符号标志可用于"医院"标志（D9-13a）或医院符号标志（D9-2）上方或"救护站"（D9-13b）、"紧急医疗"（D9-13c）或"创伤治疗中心"（D9-13d）图文上方。紧急医疗服务符号标志也可用于补充电话（D9-1）、频道9监控（D12-3）或"警察局"（D9-14）标志。

必须条款：

20 紧急医疗图文不能用于除合格独立急救中心之外的服务项目。

指导条款：

21 各国应制定并实施紧急医疗符号标志设计设置的指导方针。

各国在准备政策时应考虑以下方针：

A. *救护车：*

1. *24小时服务，每周7天；*
2. *雇佣两名持有国家资格证书的医师，经培训后至少达到基本服务水平；*
3. *车辆可与医院急诊室通信；*
4. *操作员应成功完成急救车辆操作培训课程。*

B. *医院：*

1. *24小时服务，每周7天；*
2. *急诊室应有一名受过紧急医疗培训的医生（或有紧急诊疗的护士在急诊室值班，并有一名医生待命）值班；*
3. *提供有关国家权力机关许可或批准的特定医疗服务；*
4. *配有与救护车和其他医院联系的无线语音通信设备。*

C. *频道9监控：*

1. *有专业或志愿的监视人员进行监控；*
2. *每天24小时，每周7天进行监控；*
3. *该服务应得到有关政府机关的支持、赞助或控制，以保证监视水平。*

图2I-2 "下一个服务区23英里"标牌

第2I.03节 高速公路和快速路一般服务标志

支撑依据：

01 一般服务标志（D9-18系列，见图2I-3）通常不放置在主要的立交桥（见第2E.32节定义）和城市地区。

必须条款：

02 一般服务标志必须在蓝色背景上标有白色字母、符号、箭头和边框。字母和数字的大小必须遵循表2E-2~表2E-5的最低要求。所有经批准的符号必须允许被文字信息替代，但不能混合符号和文字服务信息。

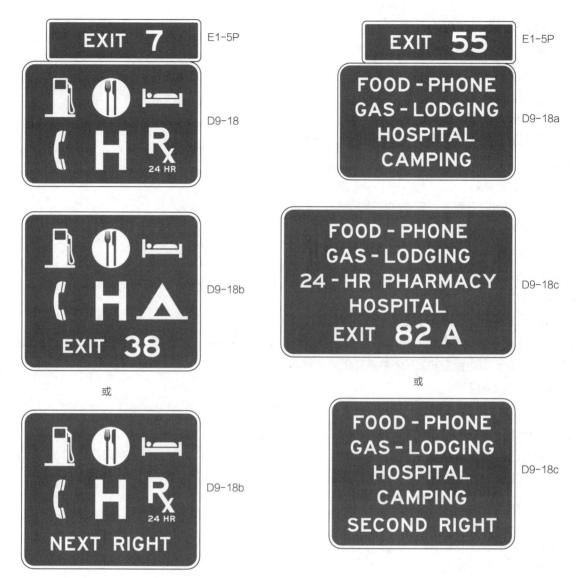

图 21-3 有无出口编号的一般服务标志示例

如果该服务在单出口立交桥匝道处不明显,则必须将该服务标志在出口匝道的交叉点和十字路口重复设置,且该服务标志使用较小尺寸。此类服务标志必须用箭头来指示服务方向。

可选条款:

03 对于有编号的立交桥,出口编号可包含在图文(D9-18b)里或显示在出口编号标牌(E1-5P,见第 2E.31 节)上。

指导条款:

04 *服务距离应显示在距离服务地点 1 英里以上的一般服务标志上。*

05 *一般服务标志应安装在道路使用者可返回高速公路或快速路并可继续在相同方向上行驶的地方。*

06 *只有满足道路使用者需求的服务才能展示在一般服务标志上。如果国家或当地管理局提供一般服务标志,则应对这类标志制定适用于全国的政策并设置各种服务类型的标准。该标准应考虑以下内容:*

A. *如果可获得以下所有服务,应考虑汽油、柴油、液化石油气、电动车充电和(或)其他替代燃料:*

1. *车辆服务,例如汽油、石油和水;*

2. 现代卫生设施和饮用水；

3. 每周 7 天，每天至少连续运行 16 小时；

4. 公共电话。

B. 如果可获得以下服务，应考虑餐饮：

1. 按要求经过许可或批准；

2. 每周至少连续运行 6 天，每天至少提供 2 顿饭；

3. 公共电话；

4. 现代卫生设施。

C. 如果可获得以下服务，应考虑住宿：

1. 按要求通过许可或批准；

2. 充足的卧铺；

3. 公共电话；

4. 现代卫生设施。

D. 如果连续运行，应保证每周 7 天公共电话可供使用。

E. 如果有连续急救治疗能力，并有一名医生每周 7 天、每天 24 小时值班，应考虑医院。值班医生将包括以下标准，且标志顺序应与以下优先事项保持一致：

1. 医生在急诊室值班；

2. 注册护士在急诊室内值班，并有一名医生在医院待命；

3. 注册护士在急诊室内值班，并有一名医生在办公室或家里待命。

F. 如果有药店营业，并有持国家资格证的药师每周 7 天、每天 24 小时值班，且该药店位于联邦援助系统立交桥 3 英里以内，则应考虑 24 小时药店。

G. 如果可获得以下所有服务，应考虑露营：

1. 按要求经过批准或认可；

2. 充足的停车场住房；

3. 现代卫生设施和饮用水。

必须条款：

07　对于任何季节性的服务，在不提供服务时，必须从一般服务标志上撤掉或覆盖。

08　一般服务标志必须安装在位于指路预告标志和出口方向标志之间的有效位置，在出口前提供服务。

指导条款：

09　若有立交桥编号，一般服务标志应包含立交桥编号，如图 2I-3 所示。

可选条款：

10　如果到下一个服务点的距离超过 10 英里，则"下一个服务 XX 英里"标牌（D9-17P，见图 2I-2）可安装在出口方向的标志下方。

必须条款：

11　服务标志必须遵照该手册中提供的一般服务标志（见 2I.02）格式。一个标志上必须显示至多 6 项面向一般道路使用者的服务信息，包括任何附加的补充标志或标牌。一般服务标志必须包含以下一个或多个服务的标识内容：餐饮、加油、住宿、露营、电话、医院、24 小时药店或旅游信息。

12　符合条件的可用服务必须在标志特定位置显示。

13　不提供该服务时，标志通常要为给定服务的符号或文字保留空间，以便当服务可获取时，后期灵活显示。

指导条款：

14 文字信息显示标准应为："餐饮"和"电话"在第一行，"加油"和"住宿"在第二行。如果使用，"医院"和"露营"应在单独一行上（见图 21-3）。

可选条款：

15 柴油、液化石油气或其他可替代燃料服务标志，可由任何一般服务取代或附加到这类标志上。残疾人无障碍国际符号标志（D9-6，见图 21-1）可用于合适的设施上。

指导条款：

16 当符号用于道路使用者服务时，它们应按照下列要求展示：

A. *六项服务：*

1. *顶行*——"加油"、"餐饮"和"住宿"；
2. *底行*——"电话"、"医院"和"露营"。

B. *四项服务：*

1. *顶行*——"加油"和"餐饮"；
2. *底行*——"住宿"和"电话"。

C. *三项服务：*

1. *顶行*——"加油"、"餐饮"和"住宿"。

可选条款：

17 可以将第 16 条中描述的所有服务的可替代服务放置在标志的右下角（四项或六项服务）或最右端（三项服务）部分。活动信息或立交桥编号可用同样的方式，如同用文字信息标志代替符号标志一样。柴油符号（D9-11）或液化石油气符号（D9-15）等可用燃料符号可以代替或附加到这类组合标志上。旅游信息符号（D9-10）或 24 小时药店符号（D9-20 和 D9-20aP）可由第 16 条中提供的任何一项代替。

18 在农村立交桥区域，当向道路使用者提供有限服务且近期内不能提供附加服务时，含一至三项服务的辅助标志面板（文字或符号）可在下方附加在立柱式立交桥指示标志上。

必须条款：

19 如果在农村立交桥区域，该区域向道路使用者提供有限服务，且三项以上服务可用时，第 18 条中描述的附加辅助标志面板必须移除，并用一个本节所描述的独立安装的一般服务标志取代。

可选条款：

20 如果电话设施安装在正常情况下公众难以预料的道路路侧，则可安装独立电话服务标志（D9-1，见图 21-1）。

21 根据需要，房车卫生站标志（D9-12，见图 21-1）可用于指示从房车污水舱倾倒废弃物的设施。

22 在一些地方，标志可用于指示无法提供的服务。

23 独立卡车停车标志（D9-16，见图 21-1）可安装在其他一般道路使用者服务设施下方，以指挥卡车司机停到指定区域。

第 21.04 节 州际绿洲标志

支撑依据：

01 州际绿洲是靠近州际公路的设施，提供商品和公众服务，有 24 小时开放的公共厕所，并设有汽车和重型卡车停车场。州际绿洲标志提示州际公路上的道路使用者在立交桥区域出现了州际绿洲，包含国家指定的、符合联邦公路局州际绿洲政策的合格标准的商业活动。于 2006 年 10 月 8 日发行的《联邦公路局政策》

可在 MUTCD 网站上查看，网址是 http://mutcd.fhwa.dot.gov/res-policy.htm，该政策提供了州际绿洲更为详细的定义，并按国会颁布的法律要求规定州际绿洲指示的合格标准。

指导条款：

02　如果一个国家选择提供或允许州际绿洲标志（见图 2I-4），其应按照联邦公路局的政策和本节中的规定，制定适用于全国的州际绿洲设施标志的政策、项目、程序和标准。

03　各国选择提供或允许州际绿洲标志应在高速公路的出口使用下列标志，以指示指定的州际绿洲。

A. 如果有充足的标志间隔，应在有效的位置安装独立州际绿洲标志（D5-12），且与其他邻近的指示标志（包括任何特定服务标志）间的距离至少为 800 英尺。州际绿洲标志应位于指路预告标志的上方或在指路预告标志和通向州际绿洲的出口方向标志之间。州际绿洲标志应有白色图文，字体高度至少 10 英寸，在蓝色背景上有白色边框，包含文字"州际绿洲"和出口编号，对于未编号的立交桥，应包含活动信息，例如"下一个右转"。指定州际绿洲的商业名字或徽标不应包括在标志内。

B. 如果其他指示标志的间距妨碍使用如 A 描述的独立标志，则应把"州际绿洲"辅助标示牌（D5-12P）附加在现行的立交 D9-18 系列中一般服务标志上方或下方，该标示牌的字体高度至少为 10 英寸，且在蓝色的背景上有白色图文和边框。

04　如果安装了独立州际绿洲标志（D5-12），州际绿洲标志标牌应成为标志设计的一部分（见图 2I-4）。

必须条款：

05　州际绿洲标牌必须仅用于独立的州际绿洲标志，并伴文字"州际绿洲"，若没有文字，不得单独使用。

可选条款：

06　如果立交桥处有特别服务标志，指定某个商业作为州际绿洲，且在餐饮和（或）加油特别服务标志上带有商业符号标牌，则可在商业符号标牌的底部显示文字"绿洲"。

必须条款：

07　如果特别服务标志作为商业符号的一部分，包含"绿洲"图文，但没有用于匝道，且如果从匝道出口处不能清楚地看到和辨认州际绿洲，则必须在匝道的出口处提供一个白色的"州际绿洲"标志，以指示到达州际绿洲的方向和距离。该标志的字体高度至少为 6 英寸，且在蓝色背景上有白色边框。

08　如果需要，附加的寻路指示标志必须沿十字路口放置，以指示道路使用者到达州际绿洲。

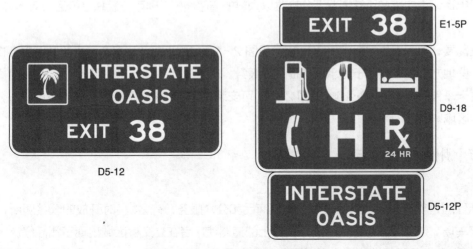

图 2I-4　州际绿洲标志和标牌示例

第 2I.05 节　服务区和其他路边区域标志

必须条款：

01　服务区标志（见图 2I-5）必须在蓝色的背景上设有逆反射的白色图文和边框。

02　包含"服务区"图文的标志必须仅用于可使用的停车场和厕所设施上。

指导条款：

03　不包含厕所设施的路边区域应设标志，以指示给主要道路使用者提供的服务。例如，只有停车场的区域图文应用文字"停车区"代替"服务区"。只有野餐桌和停车区的图文应用文字"野餐区"、"路边餐桌"或"路边停车"代替"服务区"。

04　有旅游信息和欢迎中心的服务区应设有第 2I.08 节中讨论的标志。

05　除了图文应使用文字如"风景区"、"风景观赏"或"风景游览"以外，风景区标志应与服务区的标志保持一致。

06　如果常规道路上有服务区或其他路边区域时，D5-1 和（或）D5-1b 标志应安装在服务区或其他路边区域的前方，以便让驾驶员在准备驶离高速公路时减速。D5-5 标志（或 D5-2 标志，如果提供出口匝道的话）应安装在驾驶员驶离高速公路、进入服务区或其他路边区域的转弯处。

07　如果高速公路或快速路上有服务区或其他路边区域，D5-1 标志应放置在服务区前方 1 英里和（或）2 英里处。

必须条款：

08　D5-2 标志必须放置在服务区或其他路边区域的出口三角分离点处。

可选条款：

09　D5-1b 标志可设置在 D5-1 标志和高速公路或快速路的出口三角分离点之间。第二个 D5-1 标志可用来代替 D5-1b 标志，在距离最近的 1/2 或 1/4 英里用分数表示，而不是用不足 1 英里的小数表示。

10　为向道路使用者提供随后服务区的位置信息，"下一个休息站 XX 英里"标志（D5-6，见图 2I-5）可独立安装或作为辅助标志安装在一个"服务区"指路预告标志下方。

必须条款：

11　所有高速公路和快速路上，为休息和其他路边区域设置的标志都必须有遵照表 2E-2~ 表 2E-5 中字母和数字尺寸的最低要求。按标准设计的一般服务标志的尺寸在表 2I-2 中展示。

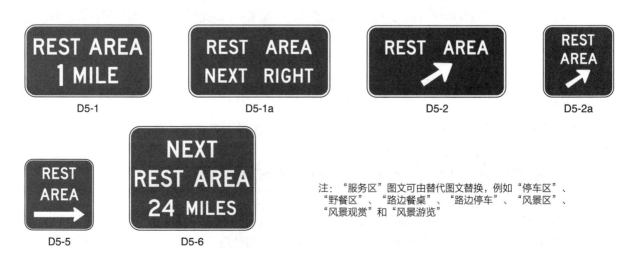

图 2I-5　服务区和其他路边区域标志

可选条款：

12 如果服务区可提供针对残疾人的设施（见第2I.02节），则残疾人无障碍国际符号标志（D9-6，见图2I-1）可放置在服务区指路预告标志上或下方。

13 如果服务区可为聋人用电信设备（TDD），则TDD符号标志（D9-21，见图2I-1）可用于补充服务区的指路预告标志。

14 如果在服务区可使用无线互联网，Wi-Fi符号标志（D9-22，见图2I-1）可用于补充服务区的指路预告标志。

第2I.06节 刹车检查区标志（D5-13和D5-14）

指导条款：

01 如果有提供给驾驶员检查车辆刹车情况的区域，则应在刹车检查区域的前方安装"刹车检查区域XX英里"标志（D5-13，见图2I-6），并在刹车检查区域的入口处设置D5-14标志（见图2I-6）。

第2I.07节 防滑链安装区标志（D5-15和D5-16）

指导条款：

01 如果有提供给驾驶员驶离道路给轮胎上安装链条的区域，则应在安装防滑链区域的前方设置"防滑链安装区XX英里"标志（D5-15，见图2I-6），并在防滑链安装区域的入口处设置D5-16标志（见图2I-6）。

图2I-6 刹车检查区和安装链条区标志

第2I.08节 旅游服务中心标志

支撑依据：

01 旅游服务中心建设在高速公路与快速路的服务区，由国家或私人组织运营。其他邻近设施由公民俱乐部、商会或民营企业运营。

指导条款：

02 在旅游服务中心标志上不应设置过多的辅助标志标牌，以避免对道路使用者造成信息过载。

必须条款：

03 旅游服务中心标志（见图2I-7）必须在蓝色背景下设白色图文和边框，且无论有无工作人员，必须保证每周7天、每天至少8小时的连续运行。

04 如果仅在旺季运行，则必须在淡季时移除或遮挡旅游服务中心标志。

指导条款：

05 同样提供旅游服务中心服务的高速公路或快速路服务区，应使用以下标志条款：

A. 旅游服务中心预告标志、出口方向、出口三角分离点标志的位置应符合第2I.03节中一般服务标志的要求。

B. 如果旅游服务中心标志同服务区的首个标志一起设置，则预告指示（D5-7）标志上的信息应为"服务区"、"旅游信息中心"、"XX英里或服务区"、"州名"（可选）、"接待中心XX英里"。出口方向（D5-8或D5-11）标志上的信息应为"服务区"、标有斜向上方向箭头的"旅游信息中心"（或前方右转），或"服务区"、"州名"（可选）、标有斜向上方向箭头的"接待中心"（或前方右转）。

C. 如果有最初服务区预告指示和出口方向标志，这些标志应在辅助标志上包括"旅游信息中心"或"州名"（可选）、"接待中心"的标识内容。

D. 出口三角分离点标志应只包含带箭头的"服务区"标识内容，不应补充任何关于旅游信息中心或接待中心的标识内容。

可选条款：

06 "旅游信息标志"（D9-10，见图2I-1）可替代辅助旅游信息中心的图文，可安置在"服务区"指路预告标志的下方。

07 如果管理局控制旅游信息中心或接待中心的运营，且该中心符合本手册中提出的运行标准，遵循国家政策，则州名或当地管理局的名字可出现在预告指示和出口方向旅游信息/接待中心的标志上。

支撑依据：

08 对于位于高速路或快速路设施之外的旅游信息中心，附加标志标准应设置如下：

A. 每个州应通过一项政策，确立旅游信息中心与立交桥的最大距离，以放置在正式标志中。

B. 标志位置应与一般服务标志要求一致（见第2I.03节）。

C. 应安装交叉口标志来指导道路使用者从立交桥到旅游信息中心，最后再返回到立交桥。

可选条款：

09 作为替代选择，旅游信息标志（D9-10，见图2I-1）可添加到进入旅游信息中心的出口指示标志中。作为第二替代选择，旅游信息标志可与一般服务标志组合使用。

D5-7

D5-8

D5-11

注："旅游信息中心"图文可由替代图文，如"接待中心"和"（州名称）接待中心"替换

图2I-7 游客信息和接待中心标志示例

第2I.09节 广播信息标志

可选条款：

01 天气广播信息标志（D12-1，见图2I-8）可用在由天气系统造成的困难驾驶区域。交通广播信息标志可与交通管理体系组合使用。

必须条款：

02 天气广播和交通广播信息标志必须在蓝色背景上设置白色图文和边框。仅有数值指示的广播频率，才能识别车站广播的旅行相关天气或交通信息。每个标志上至多显示三个频率。只有提供对道路使用者很有价值信号，且同意广播以下两项任一项的广播电台可在天气广播和交通广播信息标志上显示：

A. 在恶劣天气中至少每 15 分钟提供 1 次定期天气预警；

B. 至少每 15 分钟提供 1 次驾驶状况信息（影响正在驾驶的道路），或在交通状况不好时根据要求提供信息，并广播享有管辖权的官方机构提供的信息。

03　如果一个车站按季节运行，其标志必须在淡季时移除或遮盖。

指导条款：

04　广播站应提供沿线传播 70 英里的信号强度。标志间距应按照各方向的需要由工程调研确定的距离安放。包含车站的标志应与代表区域内主要广播站的协会联合提供：（1）给道路使用者在调幅和调频广播上提供最大覆盖范围；（2）考虑每天 24 小时、每周 7 天广播。

可选条款：

05　在道路服务区域，可使用有相同设计但有更多广播频率的较小标志。

必须条款：

06　安装在服务区的天气广播和交通广播信息标志，必须放置在主要道路看不到的位置。

可选条款：

07　频道 9 监控标志（D12-3，见图 2I-8）可按需要安装。官方公共代理或其指派者可作为监控代理显示在标志上。

* 交通部门或交通信息服务或项目的象形图标可替换"511"图标（见第2I.08节）

图 2I-8　广播、电话、合乘信息标志

必须条款：

08 仅官方公共代理或其指派者可作为监控代理显示在频道9监控标志上。

可选条款：

09 紧急"呼叫XX"标志（D12-4，见图2I-8）连同合适的号码，可用于移动电话通信。

第2I.10节 旅行信息电话511标志（D12-5和D12-5a）

可选条款：

01 若511旅行信息电话号码可向道路使用者提供交通、公共运输、天气、建筑、道路状况信息，可安装"旅行信息电话511"标志（D12-5，见图2I-8）。

02 交通代理公司、旅行信息服务或提供旅行信息项目的象形文字可纳入D12-5标志，并显示在"旅行信息电话511"图文的上方或下方。

必须条款：

03 商业实体的徽标不能纳入"旅行信息电话511"标志。

04 "旅行信息电话511标志"必须在蓝色背景上设有白色图文与边框。

指导条款：

05 *如果使用交通代理公司、旅行信息服务或项目的象形文字，该文字最大高度不应超过标志图文上文字高度的2倍。*

第2I.11节 拼车及共享乘车标志

可选条款：

01 在有拼车匹配服务的区域，可在临近专用车道的公路区域或沿途其他公路任意区域，设置拼车信息标志（D12-2，见图2I-8）。

02 共享乘车标志可包含互联网域名或图文上超过4个字符的电话号码。

指导条款：

03 *因为这是与道路使用者服务相关的信息标志，合乘标志应在蓝色背景上设置白色图文和边框。*

必须条款：

04 如果当地交通文字或共享乘车符号纳入共享乘车标志，则徽标或符号的最大垂直距离不能超过18英寸。

第 2J 章　特定服务标志

第 2J.01 节　适用条件

必须条款：

01　特定服务标志必须为指路标志，为道路使用者提供服务和符合条件的景点商业标识和方向信息。符合条件的服务类别必须仅限于加油站、餐饮、住宿、野营、景点和 24 小时营业药房。

指导条款：

02　特定服务标志的使用应主要限于乡村区域或可保持充足标志间距的区域。

可选条款：

03　特定服务标志可用于所有等级公路上经工程调研确定需要安装的地方。

指导条款：

04　特定服务标志不应安装在道路使用者不方便重新进入高速公路或快速路且须保持相同行驶方向的立交桥处。

必须条款：

05　适用服务设施必须遵守公共设施法律中关于不考虑种族、宗教、肤色、年龄、性别或国籍的规定，以及服务设施批准和许可的法律。

06　景点服务必须是仅包括首要目的为提供娱乐、历史、文化或休闲活动的设施。

07　在联邦资助的公路系统中立交桥的任意方向上，距离合适的 24 小时营业药店不能超过 3 英里。

指导条款：

08　除第 9 条规定外，任意方向上与合格服务设施（药店除外）的距离都不应超过 3 英里。

可选条款：

09　如果在 3 英里范围内，除药店外无其他可用的服务设施或服务设施不纳入该计划中，对于适用的限制可以 3 英里为增量进行延长，或考虑将更多服务设施纳入其中，或者延长至 15 英里，直到第一个服务设施出现。

指导条款：

10　如果州或当地机构选择提供特定服务标志，应有适用于整个州针对各类服务签署和可用性标准的政策。标准应考虑如下内容：

A. 为满足使用"加油站"专用标识标志面板的适用性，商家应具备：

1. 包括汽油和（或）替代燃料、石油及水在内的车辆服务；
2. 对于高速公路和快速路，商店每天持续营业至少 16 小时，每周 7 天；对于常规道路，每天持续营业至少 12 小时，每周 7 天；
3. 现代卫生设施及饮用水；
4. 公用电话。

B. 为满足使用"餐饮"专用标识标志面板的适用性，商家应具备：

1. 按要求通过批准或取得许可；

2. 持续营业以至每天至少提供两餐，每周营业至少6天；

3. 现代卫生设施；

4. 公用电话。

C. 为满足使用"住宿"专用标识标志面板的适用性，商家应具备：

1. 按要求通过批准或取得许可；

2. 充足的住所；

3. 现代卫生设施；

4. 公用电话。

D. 为满足使用"野营"专用标识标志面板的适用性，商家应具备：

1. 按要求通过批准或取得许可；

2. 充足的停车设施；

3. 现代卫生设施及饮用水。

E. 为满足使用"景点"专用标识标志面板的适用性，设施应包括：

1. 区域的重要性，符合第6款规定；

2. 充足的停车设施。

必须条款：

11　如果州或当地机构选择为药店提供特定服务标识，药店指示标志的设置须同时符合以下标准：

A. 药店须每天持续营业24小时，每周7天，同时必须有一名持国家资格证的医师值班；

B. 药店须位于距离联邦援助系统中立交桥的3英里以内。

支撑依据：

12　第2I.04节包含州际绿洲项目的信息。

第2J.02节　应用

必须条款：

01　不管显示的服务类型数量有多少，沿立交桥或交叉口进口道的特定服务标志数量不能超过4个。沿交通流方向的连续特定服务标志顺序须为24小时营业的药店、景点、野营、住宿、餐饮和加油站。

02　特定服务标志须显示"加油、餐饮、住宿、野营、景点或24小时营业药店"的文字信息，一个恰当的方向图文，如文字信息"XX出口、下一个路口右转、第二个路口右转"，或方向箭头以及相关专用标识标志板。

03　在任意标志或标志组合上显示的服务类型不能超过三种。如果同一个标志上显示有三种服务，每种服务仅限于两个专用标识标志面板（总共六个专用标识标志面板）。如果同一个标志上显示有两种服务，每种服务仅限于三个专用标识标志面板（总共六个专用标识标志面板），或者一种服务有四个标志面板，另一种服务有两个标志面板（总共六个专用标识标志面板）。必须显示适合于服务类型的图文与专用标识标志面板，以至道路使用者不会将同一标志上的其他服务联系在一起。

04　服务类型不能出现在两个以上的标志上（见第6款）。

05　标志必须为蓝底、白边框，以及包含大写字母、数字和箭头的白色图文。

指导条款：

06　当一种服务类型显示在两个标志上时，用于此服务的两块标志应一个接一个地连续放置。

07　特定服务标志的设置位置应充分利用自然地形，尽可能减小对景区环境的影响，且在公路路权中避免与其他标志产生视觉冲突。

可选条款：

08　对于未被特定服务标志指代的合理的服务类型，通用服务标志（见第2I.02节和第2I.03节）可连同特定服务标志一起使用。

支撑依据：

09　图2J-1为特定服务标志示例。图2J-2为特定服务标志的设置位置示例。

第2J.03节　专用标识和专用标识标志面板

必须条款：

01　专用标识必须是识别图形/商标或文字信息。每个专用标识必须放置在附属于特定服务标志的独立专用标识标志面板上。图形或商标单独用作专用标识时，必须根据习惯用法重新制作颜色和通用形状，所有图文的尺寸须合适。不能使用与官方交通控制设施相似的专用标识。

指导条款：

02　*不使用图形或商标的文字信息专用标识，应在蓝色背景上设有白色图文和边框。*

支撑依据：

03　第2J.05节包含专用标识标志板上字母最低高度的信息。

可选条款：

04　在商业标识图形或商标单独用作专用标识的地方，可从专用标识标志面板中删除边框。

05　如果这些信息是驾驶员所需的基本信息（见图2J-3），专用标识标志面板的一部分可用沿着专用标识标志面板底部的水平方向显示辅助信息。

必须条款：

06　所有辅助信息必须显示在专用标识标志面板内，其字母和数字须符合表2J-1要求的最低高度。

指导条款：

07　*专用标识标志面板显示的辅助信息不应超过一条。*

08　*辅助信息的颜色应与专用标识标志背景色形成鲜明对比，或通过分栏与其他图文或专用标识标志分开。*

09　*选择允许在专用标识标志面板上显示辅助信息的州或当地机构，该州应为这些信息制定适用于该州的政策。*

支撑依据：

10　典型的附加信息可包括"柴油"、"24小时"、"停止营业"和一周中设施停业的日期、"替代燃料"（见第2I.03节）以及"房车适用"。

可选条款：

11　"房车适用"辅助信息可呈圆形。

必须条款：

12　如果"房车适用"辅助信息呈圆形，必须在有黑色边框的黄色圆圈内用黑体字显示"房车"的首字母缩写RV，且必须显示在专用标识标志面板内的右下角处（见图2J-4）。

指导条款：

13　*如果使用圆形"房车适用"辅助信息，圆形的直径应为10英寸，字母的高度应为6英寸。*

14　*如果州或当地机构选择显示商业名称，该名称为有"房车适用"的辅助信息或房车适用圆形信息的*

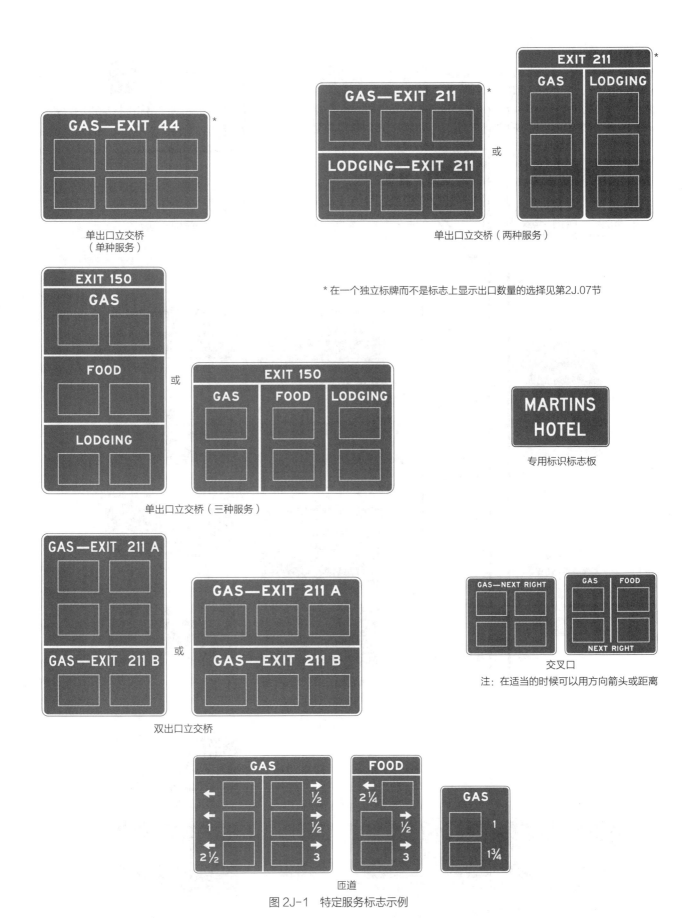

图 2J-1　特定服务标志示例

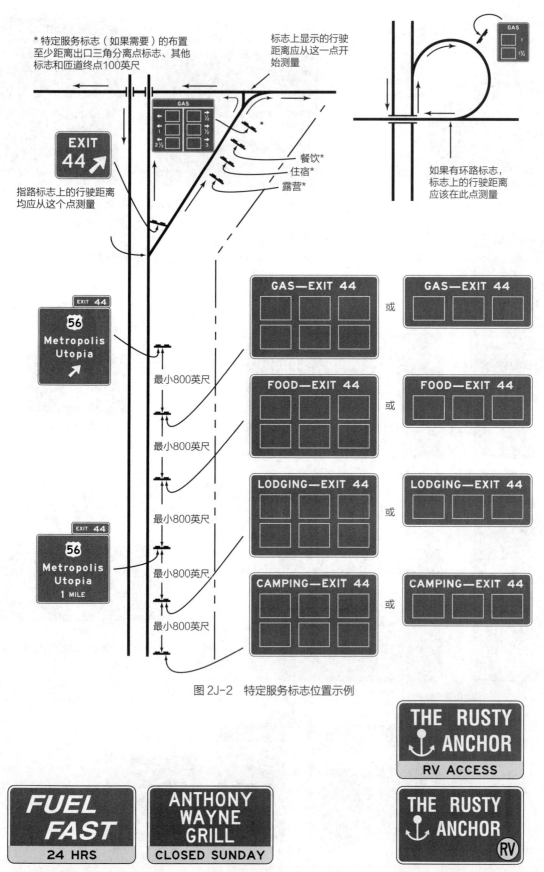

图 2J-2　特定服务标志位置示例

图 2J-3　专用标识标志面板上的辅助信息

图 2J-4　专用标识标志面板上房车适用的辅助信息示例

基于标志类型的特定服务标志最小字符和数字尺寸			表2J-1
标志类型		高速路或快速路	常规道路或匝道
A. 特定服务标志			
服务类别		10	6
出口数量字样		10	—
出口数量和字母		10	—
活动信息字样		10	6
距离数字		—	6
分数型距离数字		—	4
B. 专用标识标志牌			
专用标识标志牌		60 × 36	30 × 18
文字和数字（无商标 / 图形标志）		8	4
商标 / 图形标志		成比例的	成比例的
辅助信息文字和数字		5	2.5

注：尺寸以英寸表示，适当时以宽 × 高表示。

休闲类车辆提供的预留住房，应为合格的商业名称和标准制定适用于整个州的政策。该标准应包含公共道路和场地的出入口、几何条件及停车场的场地条件。

可选条款：

15 如果指定为州际绿洲的商业类型（见第 2I.04 节）在餐饮和（或）加油的特定服务标志上有一个专用标识标志面板，则"绿洲"文字可显示在该专用标识标志面板的底部。

必须条款：

16 专用标识标志面板显示的图形 / 商标或名称不能超过一种商业类型。

第 2J.04 节　标志与专用标识标志面板的数量及尺寸

指导条款：

01 标志尺寸应由图文数量和高度以及附属在标志上的专用标识标志面板数量及尺寸决定。同一个标志上的所有专用标识标志面板应具有相同尺寸。

必须条款：

02 每个特定服务标志或标志组合都不能超过六个专用标识标志面板。

可选条款：

03 同一立交桥处符合专用标识标志面板的特定服务类型超过六种时，也可以根据第 4 款的规定增设相同特殊服务类型的附加专用标识标志面板。如果增设的附加标志不超过立交桥或交叉口入口处的四个特定服务标志的限制，则附加专用标识标志面板可通过在同一标志上放置一种以上的特定服务类型显示（见第 2J.02 节第 3 款）或使用特定服务类型的第二个特定服务标志（见第 2J.02 节第 6 款）。

必须条款：

04 在同一立交桥或交叉口入口，专用标识标志面板用于显示的特定服务类型超过六种时，必须遵循以下规定：

A. 在不超过两个特定服务标志或标志组合上显示的专用标识标志面板数量不能超过十二个；

B. 单个特定服务标志上显示的专用标识标志面板不能超过六个；

C. 入口处设置的特定服务标志不能超过四个。

支撑依据：

05　第 2J.08 节包含关于双出口立交桥特定服务标志的信息。

必须条款：

06　附属于特定服务标志的每个专用标识标志面板必须为宽度大于高度的矩形。高速路和快速路的专用标识标志面板宽度不能超过 60 英寸，高度不能超过 36 英寸。常规道路、高速路和快速路匝道上的专用标识标志面板宽度不能超过 30 英寸，高度不能超过 18 英寸。专用标识标志面板间的垂直及水平间隔分别不能超过 8 英寸和 12 英寸。

支撑依据：

07　第 2A.14 节、2E.15 节和 2E.16 节包含关于边框、行间隔和边缘间隔的信息。

第 2J.05 节　字体尺寸

必须条款：

01　所有特定服务标志及专用标识标志面板上的字母和数字尺寸必须符合表 2J-1 的最低要求。

指导条款：

02　*图形 / 商标上的任何图文都应与图形 / 商标的尺寸成比例。*

第 2J.06 节　立交桥处标志

必须条款：

01　特定服务标志必须安装在立交桥前方且距离前方提供服务的立交出口方向标志之间至少 800 英尺（见图 2J-2）。

指导条款：

02　*除了特殊服务匝道标志，特定服务标志间应至少有 800 英尺的间隔。但是，间距也不应过大。特殊服务匝道标志距离出口三角分离点标志、特殊服务匝道标志彼此之间以及距离匝道终点均至少应为 100 英尺。*

第 2J.07 节　单出口立交桥

必须条款：

01　在有编号的单出口立交桥处，出口编号后的服务类型名称必须显示在专用标识标志面板上方的一行上。在无编号立交桥处，必须使用"下个路口右转（左转）"的方向图文。

02　在单出口立交桥处，如果在匝道终点不易看到该设施。特殊服务匝道标志必须沿匝道或在匝道终点安装，便于显示沿主路设置的专用标识标志面板设施。服务设施方向必须在匝道标志上用箭头标明。特殊服务匝道标志上的专用标识标志面板必须复制立交桥前方的特定服务标志上显示的内容，但不能减小尺寸（见第 2J.04 节第 6 款）。

指导条款：

03　*特殊服务匝道标志应包括与服务设施的距离信息。*

可选条款：

04　出口编号标牌（见第 2E.31 节）可用来替代立交桥前方标志上的出口编号。

第 2J.08 节　双出口立交桥

指导条款：

01　*在双出口立交桥处，特定服务标志应包括两部分，每个出口一个部分（见图 2J-1）。*

必须条款：

02　在双出口立交桥处，标志的顶部区域必须显示用于第一个出口的专用标识标志面板，底部区域必须显示用于第二个出口的专用标识标志面板。在带有编号的立交桥处，服务类型名称及出口编号必须显示在每个区域的专用标识标志面板上方。在无编号的立交桥处，"下个路口右转（左转）"和"第二个路口右转（左转）"的文字信息必须用来替换出口编号。标志上专用标识标志面板（总共两个区域）或标志组合的数量必须限制为六个。

指导条款：

03　*在双出口立交桥处，当两个特定服务标志上显示的服务类型符合第 2J.04 节规定时，其中一个标志的专用标识标志面板应显示连接一个出口的商业服务类型，另一个标志的专用标识标志面板应显示连接另一出口的商业服务类型。*

可选条款：

04　在双出口立交桥处，当其中一个出口显示四个专用标识标志面板，或另一出口显示一个或两个专用标识标志面板时，商业标志面板可分为三行，每行两个商业标志。

05　在双出口立交桥处，当一项服务仅标志于一个出口时，可省略特定服务标志的一部分，或者可使用单立交出口标志。第 2J.07 节描述的匝道和交叉口标志可用在双出口立交桥处。

第 2J.09 节　特殊服务寻路标志

支撑依据：

01　特殊服务寻路标志（见图 2J-5）是为服务和景点显示商业标识和方向信息的带有一至四个专用标识标志面板的指路标志。特殊服务寻路标志沿交叉口安装，用于沿主路和匝道显示的带有专用标识标志面板的基础设施，并且在基础设施处需要额外操控车辆。

必须条款：

02　在前往商业区域路线方向改变、或不确定走哪条路线、或需要附加指引的地方，特殊服务寻路标志必须沿交叉口安装。在商业区域安装特殊服务寻路标志不可行或不实际的地方，这些商业区域被认为不适合在匝道和主路标志显示。商业区域在道路上可以看见且其入口显而易见时，特殊服务寻路标志不能在此处设置。

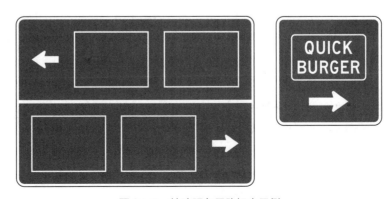

图 2J-5　特殊服务寻路标志示例

指导条款：

03 如果使用特殊服务寻路标志，则应设置于任何需要转向位置的前方最远 500 英尺处。

必须条款：

04 其他交通控制设施的位置必须优先于特殊服务寻路标志。

05 如果使用特殊服务寻路标志，每个标志或标志组合必须不超过四个专用标识标志面板。特殊服务寻路标志上的专用标识标志面板须复制在特殊服务匝道标志上显示的内容。

06 合适的图文，如方向箭头或"下个路口右转"或"第二个路口右转"的文字信息必须显示在专用标识标志面板上以提供适当的指引。方向图文和边框必须为白色且须显示在蓝色底板上。

可选条款：

07 特殊服务寻路标志可在单个标志或标志组合上包含多种服务类型。

08 特殊服务寻路标志可放置在比其他交通控制标志距离道路边缘更远的位置。

第 2J.10 节 交叉口处标志

必须条款：

01 同一个交叉口同时需要旅行导向信息（见第 2K 章）和特殊服务信息时，必须使用旅行导向方向标志的设计，同时须将所需特殊服务信息纳入其中。

指导条款：

02 如果特定服务标志用在常规道路或快速路交叉口处，标志应安装在上一个立交桥或交叉口与前方提供服务的交叉口之间至少 300 英尺处。

03 标志之间的间隔应基于工程调研确定。

04 对于合格基础设施提供的已经可见的服务类型，不应显示专用标识标志面板。

必须条款：

05 如果特定服务标志用在常规道路或快速路交叉口处，每种服务类型的名称必须显示在其专用标识标志面板的上方，并与合适的图文一起，如"下个路口右转（左转）"或方向箭头，显示在服务类型名称的同一行或显示在专用标识标志面板的下方。

可选条款：

06 与第 2J.07 节描述的特殊服务匝道标志相似的标志可在交叉口处显示。

第 2J.11 节 标志设置政策

指导条款：

01 选择使用特定服务标志的公路代理机构应制定标志设置政策，其中至少应包括第 2J.01 节的指导条款和以下标准：

A. 合格商业类型的选择；

B. 到合格服务的距离；

C. 专用标识标志面板、图文和标志的使用与本手册和所在州的设计要求一致；

D. 在淡季时移除或覆盖按季节运行的专用标识标志面板；

E. 如果条件许可的话，可允许在非乡村区域使用特定服务标志；

F. 决定商业初期许可、安装、年度维修和移除专用标识标志面板的成本。

第 2K 章　旅游指引标志

第 2K.01 节　目的与应用

支撑依据：

01　面向旅游者的方向标志是由一个或多个标志面板构成，用于为商业、服务、活动设施显示商业标识和方向信息的指路标志。

必须条款：

02　当基础设施在正常商业季中的大部分收入或顾客来源于非设施布置区居住的道路使用者时，则该基础设施必须符合旅游指引标志使用的合理性。

可选条款：

03　旅游指引标志可包括与季节性农产品相关的商业信息。

必须条款：

04　当使用旅游指引标志时，必须仅用于乡村常规道路上，不能用于城区的常规道路、高速公路及快速路的立交桥处。

05　在相同的交叉口同时需要旅游指引标志和特定服务标志（见第 2J 节）时，旅游指引标志必须结合所需信息并替代特定服务标志。

可选条款：

06　旅游指引标志可结合通用服务标志（见第 2I.02 节）一起使用。

支撑依据：

07　第 2K.07 节包含关于选择使用旅游指引标志的州级政策信息。

第 2K.02 节　设计

必须条款：

01　旅游指引标志须有一个或多个标志面板用于显示基础设施的商业标识和方向信息。每个标志面板须为矩形，且在蓝色底版上设有白色图文和边框。

02　每个标志面板上的图文内容必须限制为不超过一个商业、服务或活动设施的识别和方向信息。标志图文内容不能包括促销广告。

指导条款：

03　每个标志面板应最多有两行图文，内容包括不超过一个图形、单独方向箭头和在箭头下方显示的基础设施的距离信息。指向左方或上方的箭头应位于标志面板的最左侧。指向右方的箭头应位于标志面板的最右侧。当使用图形时，应位于文字图文或专用标识标志面板的左侧（见第 7 款）。

可选条款：

04　可使用通用服务标志图形（见第 2I.02 节）和休闲与文化兴趣区域标志图形（见第 2M 章）。

05　也可使用用于特定商业、服务及活动的专用标志面板（见第 2J.03 节）。基于工程评判，运营时间可显示在标志面板上。

必须条款：

06　当使用图形和专用标志面板时，必须尺寸合适（见第 2K.04 节）。不允许使用类似于官方交通控制设施的专用标识。

可选条款：

07　面向旅游者的方向标志可在标志的顶部显示"旅行活动"文字信息。

必须条款：

08　"旅行活动"文字信息必须为蓝底、白图文、白边框，且所有字母均须大写。如果使用，必须附加在方向标志面板的上方。

支撑依据：

09　旅游指引标志示例见图 2K-1 和图 2K-2。

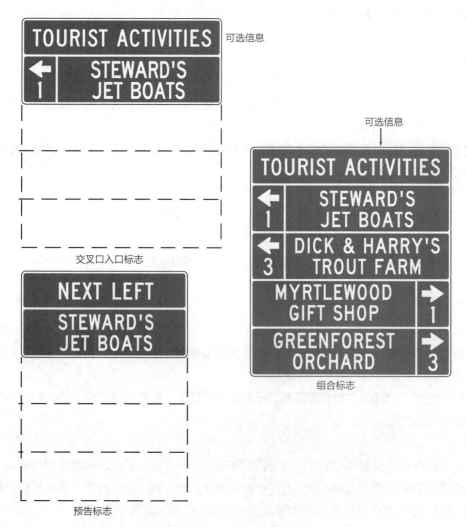

图 2K-1　旅游指引标志示例

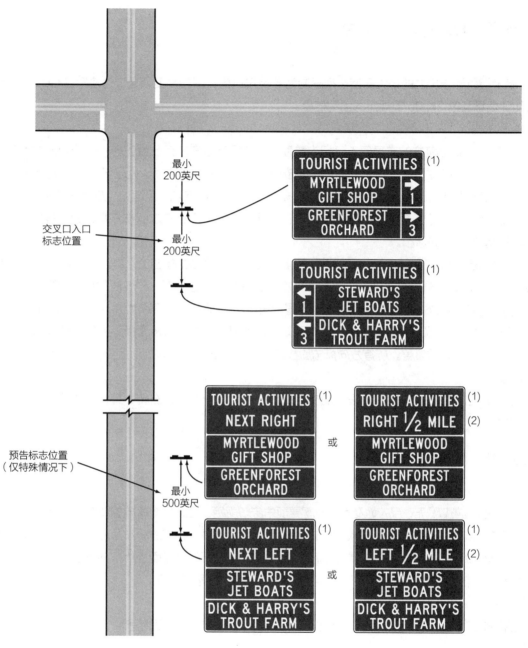

(1) 可选信息；
(2) 在转弯前存在其他路口时使用

图 2K-2　旅游指引标志—交叉口入口标志和预告标志示例

第 2K.03 节　字体风格及尺寸

指导条款：

01　旅游指引标志上的所有字母和数字，除专用标识标志面板上的以外，均应为不低于 6 英寸的大写字母。专用标识上的所有图文应与专用标识的尺寸成比例。

必须条款：

02　字母、数字、间距的设计标准必须符合《公路标志与标线标准》的规定（见第 1A.11 节）。

第 2K.04 节　标志的排列与尺寸

必须条款：

01　旅游指引标志尺寸的最大高度必须限制为 6 英尺以内。附加高度须允许适应第 2K.02 节规定的可选"旅行活动"信息及第 2K.05 节规定的活动信息。

指导条款：

02　安装在交叉口前方的交叉口入口标志数量（一个标志为左方旅行目的地，一个为右方目的地，一个为直行目的地）不应超过 3 个。每个标志上的标志面板数量不应超过 4 个。用于右转、左转和直行目的地的标志面板应设在单独的标志上。指示左转目的地标志应位于距离交叉口最远处，指示右转目的地标志次之，指示直行目的地标志应位于最接近交叉口的位置（见图 2K-2）。仅在左方或右方有目的地指路标志时，才应考虑设置指示直行方向的标志。

03　如果确定适合将左转和右转目的地标志面板组合在一个独立标志上，则左转目的地标志面板应设在右转目的地标志面板上方（见图 2K-1）。当同一方向上有多个目的地时，应该根据目的地到交叉口的距离顺序设置。除第 5 条规定外，直行标志面板不应与显示左转和（或）右转目的地的标志结合使用。

04　标志面板不应超过可容纳两行非紧凑图文的必须尺寸。方向标志面板上的图形和专用标识标志面板不应超过两行文字图文的高度。所有方向标志面板和标志的其他部分应为相同宽度，且不应超过 6 英尺。

可选条款：

05　在显示三个或三个以下基础设施的交叉口入口处，指示左转、右转、直行目的地的标志面板可组合在同一标志上。

第 2K.05 节　预告标志

指导条款：

01　预告标志应仅限于对目的地及其方向需要预先告知视距、交叉口车辆操控或其他车辆运行特征的地方。

02　预告标志的设计应与交叉口入口标志的设计一致。但是，应省去通往目的地的方向箭头和距离，活动信息"下个路口右转、下个路口左转或直行"应放置在商业标识标志面板上方的标志上。活动信息应与方向标志面板上的其他文字信息（见图 2K-1 与图 2K-2）保持相同的字高。

必须条款：

03　活动信息标志面板须为蓝底、白色图文和边框，且所有字母均须大写。

可选条款：

04　当有次要道路干扰时，图文"右方 1/2 英里"或"左方 1/2 英里"可用在预告标志上。

05　推荐用于预告标志上添加的方向文字信息可增加的最大高度为 6 英尺。

指导条款：

06　当用于预告标志时，可选"旅行活动"信息以及活动信息应结合在一个独立标志面板上，且"旅行活动"位于首行，活动信息位于底行（见图 2K-2）。

第 2K.06 节　标志位置

指导条款：

01　如果使用交叉口入口标志，应置于交叉口前方至少 200 英尺处。标志间距至少为 200 英尺，且距离其他交通控制设施至少 200 英尺。

02 如果使用预告标志，应位于距离交叉口大约 1/2 英里处，并且标志间距应为 500 英尺。在出行方向，预告标志的放置顺序应首先显示左侧目的地，接着显示右侧目的地，最后显示直行目的地。

03 除本节要求外，标志的位置、高度和横向偏移应遵循第 2A 章的规定。

可选条款：

04 旅行指引标志可放置在比其他交通控制标志距离道路边缘更远的位置。

必须条款：

05 其他交通控制设施的位置须优先于旅游指引标志。

第 2K.07 节　州级政策

必须条款：

01 为符合旅游指引标志的使用条件，基础设施必须遵守可适用的州和联邦法律关于公共设施不考虑种族、宗教、肤色、年龄、性别和国别的规定，并遵从服务设施许可与批准法。选择使用旅游指引标志的州必须采取符合这些规定的政策。

指导条款：

02 *州级政策应包含：*

A. *面向旅行者的商业、服务和活动设施的定义。*

B. *基础设施标志的合格标准。*

C. *按第 2K.01 节第 5 款要求将特定服务标志合并到旅游指引标志的规定。*

D. *按季节运营的基础设施在淡季遮盖标志的规定。*

E. *设施符合标志条件且设施标志不位于交叉路口的规定。*

F. *按照第 2K.01 节第 2 款规定的邻近区域定义。*

G. *到合格设施的最大距离应为 5 英里。*

H. *当标志申请数量超过标志面板装置允许的最大数量时，参见关于旅游信息中心（广场）的规定。*

I. *当标志申请量超过允许的最大数量时，参见有关限制标志数量的规定。*

J. *快速路交叉口处的使用标准。*

K. *控制或排除 1965 年公路美化议案中定义（23 美国法典 131）的带有非法标志商业的规定。*

L. *州级部门在许可制度下收取标志支付费用的规定。*

M. *运营时间显示条件的定义。*

N. *允许设置预告标志以及安装预告标志条件的规定。*

第 2L 章 可变信息标志

第 2L.01 节 可变信息标志描述

支撑依据：

01 可变信息标志（CMS）是能够显示一个或多个可选信息的交通管制设施。当无信息显示时，一些可变信息标志为空白模式；而当标志可显示多种信息时，每次只能显示其中一个信息（如称重站的"开放/关闭"标志）。

02 此章节的规定适用于永久或便捷式电子显示的可变信息标志。仅适用于便携式可变信息标志的附加规定，详见第 6F.60 节。此章节的规定不适用于通过手动或电动改变的无电子显示的可变信息标志，如铰链面板、旋转鼓、背光幕、卷轴可变信息标志等。

必须条款：

03 除第 2L.02 节第 2 款规定外，可变信息标志必须仅显示交通运行、禁令、警告和指示信息。广告信息不能显示在可变信息标志或其支撑物，亦或其他设备上。

04 无电子显示可变信息标志的图文设计必须遵守本手册第 2A 章到第 2K、2M、2N 章的规定。所有其他可变信息标志必须遵守本章和第 2A 章的设计和应用原则。

指导条款：

05 仅电子显示单相的预设图文，且图文受像素的组成与排列或固定排列的其他照明体限制的单相可变标志（如指示部分时间禁止转弯的单相可变标志、单相可变或可变车道使用标志、称重站的可变"开放/关闭"标志）应遵守特殊标志类型适用章节的规定，条件是字母格式、图形和其他图文要素与《公路标志及标线标准》一书（见第 1A.11 节）中说明的静态标志保持一致。因为此类标志是静态标志的照明版，图文的尺寸、标志的总尺寸、标志的安装均应遵守静态版本标志的使用规定。

第 2L.02 节 可变信息标志的应用

支撑依据：

01 可变信息标志有大量的应用，包含但不仅限于以下内容：

A. 事件管理和路线转移；

B. 不良天气情况预警；

C. 与交通管制或状况相关的特殊事件应用；

D. 交叉情况控制；

E. 车道、匝道、道路控制；

F. 定价的或其他类型的拥堵收费车道；

G. 旅行时间；

H. 预警状况；

I. 交通禁令；

J. 速度控制；

K. 目的地指示。

可选条款：

02 国家和当地公路管理机构可使用可变信息标志，以显示安全信息、运输相关信息、紧急国家安全信息和美国失踪人员广播应急响应（AMBER）警报信息。

指导条款：

03 国家和当地公路管理机构应发展和建立关于显示第 2 条规定的信息类型的政策。当可变信息标志用于多个位置来解决特殊情形时，沿道路走廊和邻近走廊显示的信息应一致，这样可使不同运营机构的协调成为必要。

支撑依据：

04 安全信息示例包括"安全带是否系紧"和"请勿酒驾"。运输相关信息示例包括"周日体育场活动，预计延期到下午 4 点"和"臭氧红色预警信号——使用公共交通工具"。

指导条款：

05 当 CMS 用于显示安全或运输相关信息，信息应简单、简短、易读和清晰。可变信息标志不应用于显示对标志有不利影响的安全或运输相关信息。"前方拥堵"或其他过度简单或模糊的信息不应单独显示。这些信息应为拥堵或交通事件的位置或距离、延误和出行时间、备选路线或其他相似信息的补充信息。

必须条款：

06 当 CMS 用于显示安全、与运输相关、紧急国家安全或 AMBER 警报信息时，显示形式不能与广告显示形式相似。

支撑依据：

07 第 2B.13 节包含关于显示基于周围环境或运行环境改变的可变限速或显示邻近驾驶员行驶速度的可变信息标志设计的信息。

第 2L.03 节　可变信息标志的视认性与能见度

支撑依据：

01 驾驶员首次正确识别标志上的字母和文字的最大距离被称为标志的视认距离。视认距离受标志设计特征与驾驶员视觉能力影响。视觉能力与由此产生的视认距离因驾驶员而异。

02 对于更多常见的可变信息标志，在晴天太阳高挂的正午会产生最长的视认距离。当太阳在标志面板背面、在地平线上且照在标志面板上，或在夜晚时，视认距离会大大缩短。

03 可视性具有使 CMS 可见的特征。能见度与 CMS 首次被发现的位置有关，而视认性是指可变信息标志上的信息被读懂的位置。环境条件会影响可变信息标志的能见度，如雨、雾和雪，可减少有效视认距离。在此情况下，驾驶员可能没有足够的视认时间读懂信息。

指导条款：

04 用于限速 55 英里/小时或更高限速道路的可变信息标志在白天和夜晚均应在 1/2 英里处可见。信息的设计应在最短距离为夜间 600 英尺和白天 800 英尺时可读懂。当出现减少能见度和视认性的环境情况时，或本款中之前陈述的视认距离不符合实际时，应使用由更小信息单元组成的信息，并考虑将信息限制为单相（见第 2L.05 节关于显示在可变信息标志上的信息长度）。

第 2L.04 节　可变信息标志设计特征

必须条款：

01　可变信息标志不能包括广告、动画、快速闪烁、溶解、爆炸、卷动或其他动态元素。

支撑依据：

02　第 6F.61 节包括使用闪光或连续显示车道关闭的箭头标牌使用信息。

指导条款：

03　除用于替代静态禁令标志或动态空白警告标志的限制图文可变信息标志（如空白或电子显示可变信息禁令标志）在独立位置补充静态警告标志外，可变信息标志应用于补充而不是替代常规标志和交通标线。

04　可变信息标志不应超过三行，每行不超过 20 个字符。

05　字母间隔应为字高的 25%~40%。信息内文字间隔应为字高的 75%~100%。信息行间距应为字高的 50%~75%。

06　除第 18 条规定外，可变信息标志上的文字信息应全部由大写字母组成。限速为 45 英里 1 小时或更快道路上的可变信息标志上的最低字高应为 18 英寸。限速低于 45 英里 1 小时的道路上，其可变信息标志上的最低字高应为 12 英寸。

支撑依据：

07　使用超过 18 英寸的字高不会造成视认距离的成比例增加。

指导条款：

08　标志字符的宽高比应为 0.7~1.0 之间。笔画宽高比应为 0.2。

支撑依据：

09　宽高比通常使用 5 像素宽、7 像素高的最小字体矩阵密度。

必须条款：

10　可变信息标志必须在不同亮度下自动调整亮度来保持视认性。

指导条款：

11　可变信息标志亮度应符合白天和夜间的工业标准。所有情况下的亮度对比度应为 8~12 之间。

12　可变信息标志的对比度保持为正，即在黑色或低亮度背景上有发光字符。

支撑依据：

13　负对比度可变信息标志的视认距离可能比正对比度可变信息标志至少近 25%。此外，通过增强负对比可变信息标志亮度并没有提高视认距离。

必须条款：

14　可变信息标志上的图文和底色颜色必须符合表 2A-5 的规定。

指导条款：

15　如果使用黑色底色，可变信息标志上的图文颜色应与用于标准标志的图文底色颜色匹配，如白色用于禁令，黄色用于警告，橙色用于临时交通管制，红色用于停或让，荧光粉用于事件管理，荧光黄绿用于自行车、行人和学校警告。

必须条款：

16　如果 CMS 上的指示信息使用绿色底色或 CMS 上的驾车服务信息使用蓝色底色，底色必须为绿色或蓝色发光像素，这样不止白色图文被照亮，整个 CMS 都会被照亮。

支撑依据：

17　一些经过技术更新的 CMS 能够精确显示静态标志，包括图形、字母、字体、路线盾形标等图文，与相应的静态标志相比分辨率或识别度没有显著差异。此类标志属于全矩阵类型，且可显示全色彩图文。在新型可变信息标志上使用此技术可提高视认性，同时增加关于禁令、警告、指示信息的识别度。

指导条款：

18　如果使用标志，上文提到的可变信息标志如果没有合适的颜色组合，不应显示图形或路线盾形标。对于使用标准字母和设计的其他标准内容元素的单相信息，文字风格、尺寸和行间距应遵守本手册其他条款提供的信息显示类型的适当规定。对于双幅信息，因为需要在更远的距离视认此信息，所以应使用本节之前描述的更大的图文高度。不考虑幅的数量，可变信息标志应遵守第 2L.03 节的视认性和能见度的规定。

第 2L.05 节　信息长度和信息单元

指导条款：

01　信息的最大长度应该由信息中信息单元的数量以及 CMS 的大小决定。信息单元不应该超过 4 个文字，用一个答案对应一个问题，让驾驶员可以做出决定。

支撑依据：

02　为了说明信息单元的概念，表 2L-1 展示了由 4 个信息单元组成的信息示例。

03　在 CMS 信息中，信息单元的最大数量主要基于本节中描述的原则、当前公路运行速度、CMS 的视认性特点和照明条件。

必须条款：

04　每一条信息不能超过两幅。一个相位不能超过三行。不管以何种顺序阅读，每一个相位都能简单易懂。信息必须位于每一行图文的中间。除了位于收费站或其他类似收费车道设置的设施标志，如果一个以上的 CMS 对于道路使用者可见，那么只有一个标志能随时展现顺序信息。

05　不能使用淡出、快闪、劈裂、溶解或滚动信息等信息显示技术。信息文本不能在标志面板上滚动或水平（垂直）移动。

指导条款：

06　当在可变信息标志上设计或显示信息时，应遵循以下有关信息设计的规则：

A. 无论产生的价值多少，单相信息显示的最短时间应为每秒一词或每 2 秒一个信息单位。单相信息的显示时间不应少于 2 秒。

B. 双幅信息的最大周期时间应为 8 秒。

C. 双幅信息之间显示的持续时间不应超过 0.3 秒。

D. 单相信息不应显示 3 个以上的信息单元。

信息单元示例　　　　　　　　　　　　　表2L-1

问题	回答	信息单元的数量
发生了什么？	重大事故	1
在哪里？	在 12 出口	1
警告信息的受众是谁？	前往纽约的驾驶员	1
建议是什么？	选择 46 号道路	1

注：由表中的四个信息单元组成的两阶段信息的示例如下：

```
    MAJOR CRASH              USE ROUTE 46
    AT EXIT 12               TO NEW YORK

      Phase 1                   Phase 2
```

　　E. 当交通运行速度为 35 英里/小时或更高时，一个信息中不应超过 4 个信息单元。

　　F. 当交通运行速度低于 35 英里/小时，一个信息内不应超过 5 个信息单元。

　　G. CMS 的每一行只能出现 1 个信息单元。

　　H. 同一幅信息应显示兼容的信息单元。

可选条款：

07　1 个信息单位若包含 1 个以上文字可以显示在 1 行以上。为了让整个信息阅读两次，可在下方添加额外的可变信息标志。

指导条款：

08　如果显示必要的信息需要两幅以上，应使用额外的可变信息标志将这些信息显示为两个不同的系列，并按照第 4 款的规定，每个位置的独立信息最大是两幅。

09　当 CMS 上的信息中包括缩写，应符合第 1A.15 节的规定。

第 2L.06 节　固定式可变信息标志的安装

指导条款：

01　用于代替普通标志的 CMS（如空白或可变图文禁令标志）的位置应按照第 2A 章的规定。当安装其他固定可变信息标志时应考虑以下因素：

　　A. 可变信息标志应安装在已知的瓶颈和事故高发的上游位置，使道路使用者能够选择其他路线或者采取其他适当的行动应对常发状况。

　　B. 可变信息标志应该安装在主要改道决策点的上游处，如立交桥处，以提供足够的距离，让道路使用者可以改变路线到达其他目的地。

　　C. 除了收费站或管理车道，可变信息标志不应安装在立交桥内。

　　D. 可变信息标志不应安装在由于指路标志和其他类型的信息使驾驶员承担高负荷信息的位置。

　　E. 可变信息标志不应安装在驾驶员因处理静态指路标志信息或道路合流或交织情况而频繁更换车道的区域。

支撑依据：

02　临时交通管制区域的便携式可变信息标志的设计和应用信息包含在第 6F.60 节中。

第 2M 章 休闲与文化景区标志

第 2M.01 节 范围

支撑依据：

01 休闲与文化景区是面向群众开放的以玩耍、娱乐或休闲为目的的景点或交通集散地。休闲景点包括公园、露营地、游戏场所和滑雪场等设施，文化景点包括博物馆、美术馆和历史建筑或遗址。

02 休闲与文化景区标志的目的是引导道路使用者到通用区域，然后去往区域内的特定设施或活动区。

可选条款：

03 引导道路使用者去往主要交通吸引区的休闲与文化景区指示标志可用于第 2M.09 节规定的直接通往这些区域的公路和快速路上。

04 休闲与文化景区标志可视情况用于非道路网上。

第 2M.02 节 休闲与文化景区标志的应用

支撑依据：

01 按规定休闲与文化景区标志分为两种不同的标志：（1）图形标志；（2）地点指引标志。

指导条款：

02 当公路管理机构决定提供休闲与文化景区标志，这些机构应该制定这类标志的政策。政策应该为各类服务、住宿和设施的合格性建立标志设置标准。这些标志不应使用在可能会和其他交通管制标志混淆的地方。

可选条款：

03 休闲与文化景区标志可用于引导人们去往各种设施、建筑物和地点，以及能为公众提供各种服务的任何道路上。这些指路标志也可用在休闲与文化景区以指示非车辆通过的场所和设施，如小道、建筑物和设施。

支撑依据：

04 第 2A.12 节包含了关于休闲与文化景区图形在其他标志类型上的使用信息。

第 2M.03 节 禁令和警告标志

必须条款：

01 所有安装在休闲与文化景区公共道路和街道上的禁令和警告标志必须符合第 2A、2B、2C、7B、8B 和 9B 章的要求。

第2M.04节 休闲与文化景区图形指路标志的一般设计要求

必须条款：

01 休闲与文化景区图形指示标志的形状必须是正方形或矩形，并为棕底、白字（图形）、白色边框。根据用法和系列类别图形必须分为以下几组：

　　A. 一般应用；

　　B. 居住设施；

　　C. 服务；

　　D. 地面娱乐；

　　E. 水上娱乐；

　　F. 冬季娱乐。

支撑依据：

02 表2M-1包含了每一系列类别里的图形清单。显示这些图形设计细节的图可见《公路标志和标线标准》一书（见第1A.11节）

可选条款：

03 图形的镜像可使用在反向能更好传达信息的地方。

第2M.05节 图形标志尺寸

指导条款：

01 *休闲与文化景区图形标志应为24英寸×24英寸。在需要高可视性或强调的位置，应该使用更大的尺寸。图形标志可增加6英寸。*

02 *当用于高速公路或快速路的指示标志上时，休闲与文化景区图形标志应为30英寸×30英寸。*

可选条款：

03 在低速、低交通量的道路和其他非道路区域应用的图形标志可使用18英寸×18英寸的更小尺寸。

第2M.06节 宣教标牌的使用

指导条款：

01 *宣教标牌应与所有最初安装的休闲与文化景区图形标志安装在一起。宣教标牌在初始安装后应至少保持3年。如果使用，宣教标牌应与图形标志的宽度相同。*

可选条款：

02 易识别的图形标志可以不安装宣教标牌。

支撑依据：

03 图2M-1阐述了一些宣教标牌使用的例子。

第2M.07节 非道路区域表示禁止的圆和对角斜线的使用

必须条款：

01 当有必要表明禁止在休闲与文化景区中非使用道路上进行一个活动或项目时，且第2B章没有说明禁止此类活动的标准禁令标志，必须使用适当的标有一个红圈和红色斜线的休闲与文化景区图形。休闲与文

娱乐和文化景区图形分类列表 表2M-1

一般应用		服务信息		水上娱乐	
熊观看区	RS-012	饮用水	RS-013	沙滩	RS-145
公交站	RS-031	电源处	RS-150	机动船	RS-147
露营*	RS-042	劈柴处	RS-112	航道	RS-054
罐头或瓶子*	RS-101	急救	RS-024	划独木舟	RS-079
文化景区	RS-142	杂货店	RS-020	跳水	RS-062
大坝	RS-009	狗屋	RS-045	杀鱼处*	RS-093
鹿观看区	RS-011	自助洗衣店	RS-085	鱼苗孵化场	RS-010
落石*	RS-008	垃圾箱	RS-086	鱼梯*	RS-089
灭火器*	RS-090	储存柜/储存*	RS-030	钓鱼区	RS-063
灯塔	RS-007	机修工	RS-027	钓鱼码头	RS-119
瞭望塔	RS-006	野餐棚	RS-039	下水处	RS-117
自然研究区	RS-141	野餐地	RS-044	水上摩托/私人船只	RS-121
拴好宠物	RS-017	邮局	RS-026	皮划艇	RS-118
皮卡车	RS-140	管理处	RS-015	救生衣*	RS-094
景点	RS-080	卫生站	RS-041	码头	RS-053
收着机*	RS-103	淋浴*	RS-035	汽艇	RS-055
响尾蛇*	RS-099	马棚	RS-073	泛舟	RS-146
可回收*	RS-200	剧场	RS-109	划船	RS-057
水上飞机	RS-115	小道棚*	RS-043	航行	RS-056
吸烟*	RS-002	缆车	RS-071	潜水	RS-060
快餐店*	RS-102	大垃圾箱	RS-091	海豹观赏	RS-106
在小道行车*	RS-123	地面娱乐		冲浪	RS-059
婴儿车	RS-111	全地形车道	RS-095	游泳	RS-061
隧道	RS-005	竞技场	RS-070	游览船	RS-087
观赏区	RS-036	射箭	RS-116	涉水	RS-088
走在木板路上*	RS-122	棒球*	RS-096	滑水	RS-058
木材收集*	RS-120	攀登*	RS-082	鲸鱼观赏	RS-107
居住设施		畜栏	RS-149	帆板运动	RS-108
婴儿换尿布台（男盥洗室）	RS-137	自驾游	RS-113	冬季娱乐	
婴儿换尿布台（女盥洗室）	RS-138	运动/健身	RS-097	升降椅/滑雪缆车	RS-105
男卫生间	RS-021	高尔夫*	RS-128	越野滑雪	RS-046
泊车	RS-034	悬挂式滑翔运动	RS-126	狗拉雪橇	RS-143
房车营地	RS-104	徒步小道	RS-068	滑降滑雪	RS-047
卫生间	RS-022	骑马小道	RS-064	冰上钓鱼	RS-092
居所	RS-037	轮滑	RS-125	滑冰	RS-050
拖车处	RS-040	解说小道	RS-114	跳台滑雪	RS-048
自由营地	RS-148	越野车道	RS-067	乘雪橇	RS-049
女卫生间	RS-023	收集岩石*	RS-083	滑雪圈	RS-144
		滑板运动*	RS-098	滑雪板	RS-127
		洞穴探险/洞穴	RS-184	雪地摩托	RS-052
		技术攀岩	RS-081	雪地鞋行走	RS-078
		网球	RS-129	冬季休闲区	RS-077
		野生动物观赏	RS-076		

* 仅适用于非道路区

化景区图形和标志必须为白底、黑色边框。图形必须按比例缩放以完全适应圆圈，且斜线必须从圆的左上方指向右下方，见图 2M-1。

02　红圈和红色斜线的逆反射要求必须与底色、图文、图形、箭头和边框的要求相同。

第 2M.08 节　休闲与文化景区图形标志的放置

必须条款：

01　如果使用休闲与文化景区图形标志，其位置必须符合第 2A 章的一般要求。图形必须与标志面板一样放置在标志最上方，方向信息必须放置在图形下方。

02　除了第 3 条规定外，如果休闲与文化景区设施或活动的名称显示在地点指引标志上（见第 2M.09 节）并使用图形，则图形必须放置在名称下方（见图 2M-2）。

可选条款：

03　当野生动物观赏区域的图文和 RS-076 图形一起出现在地点指引标志上时，图形可以放置在图文的左边或右边，箭头可放置在图形下方（见图 2M-2）。

04　和设施或活动名称一起显示的图形可放置在地点指引标志下方，而不是像标志面板一样，和地点指引标志放置在一起，如图 2M-2 所示。

05　在需要放置次要图形的地方，次要图形应以更小的尺寸（18 英寸 ×18 英寸）放置在主要图形下方（见图 2M-1 的图 A）。

必须条款：

06　为非道路区域使用安装的休闲与文化景区图形的放置必须符合管辖机构对一般标志位置的要求。

图 2M-1　箭头、宣教标牌和禁止斜线的使用示例

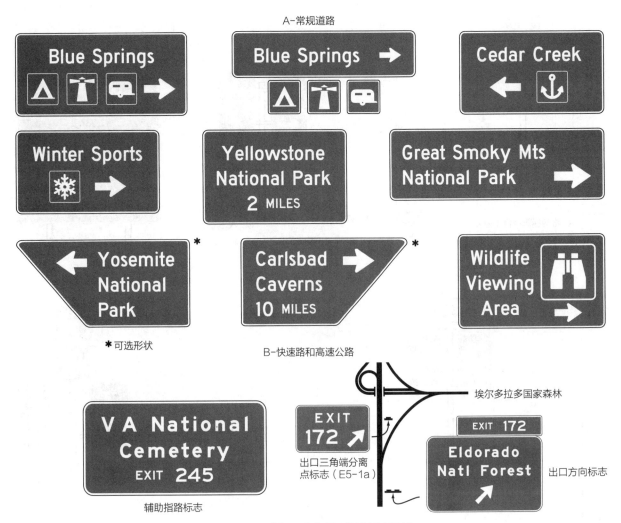

图 2M-2 休闲和文化景区指路标志示例

支撑依据：

07 图 2M-3 展示了典型高度和横向安装的位置。图 2M-4 说明了一些休闲与文化景区内图形标志安装位置的示例。图 2M-5~ 图 2M-10 展示了可以使用的一些图形。

指导条款：

08 *在单一标志组合中使用的图形数量不应超过 4 个。*

可选条款：

09 图 2D-5 展示的棕底、白色箭头的转弯预告（M5 系列）或方向箭头（M6 系列）辅助标志可以和休闲与文化景区图形指引标志一起组成休闲与文化景区方向组合。这些图形可在单独标志组合中单独使用，或以 2 个、3 个或 4 个为一组使用（见图 2M-1、图 2M-3 和图 2M-4）。

第 2M.09 节 目的地指引标志

指导条款：

01 当休闲与文化景区目的地出现在辅助指路标志上时，该标志应为矩形或梯形。形状和颜色的使用优先顺序如下：（1）绿底、白色图文和边框的矩形；（2）棕底、白色图文和边框的矩形；（3）棕底、白色图文和边框的梯形。

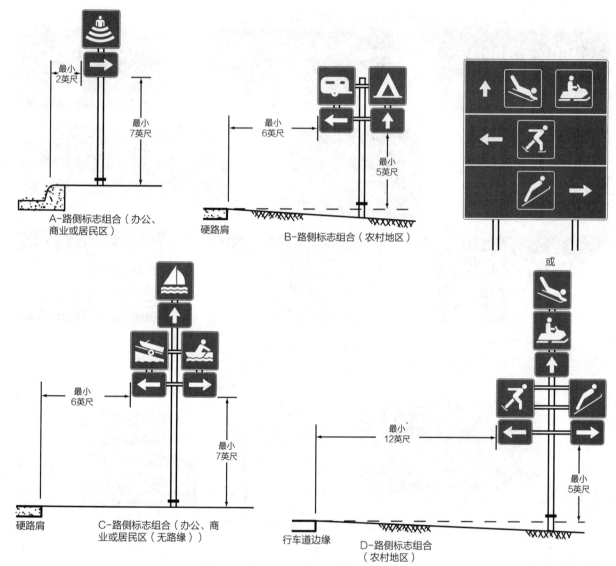

注：在侧向偏移量受限制的地方、路侧宽度受限制的城市地区或存在灯杆距离路缘近的地方，可以减少横向偏移量，详见第2A.19节

图 2M-3 休闲和文化景区内标志安装的排列、高度和侧向位置

必须条款：

02　在使用梯形时，颜色组合必须为棕底、白色图文和边框。

可选条款：

03　棕底、白色图文和边框的地点指引标志可以设在公路的入口和交叉口首次出现的位置，且该公路应是休闲或文化景区，是常规道路、快速路和高速公路沿线重要地点的经由之路。棕底、白色图文和边框的辅助指路标志可用在常规道路、快速路和高速公路的沿线处以引导道路使用者去往休闲与文化景区。在只能去往休闲或文化景区的入口或十字路口处，指路预告标志和出口方向标志为棕底、白色图文和边框。

必须条款：

04　所有出口三角分离点标志（E5-1 和 E5-1a）（见第 2E.37 节）必须为绿底、白色图文和边框。立交桥出口编号标牌（E1-5P 和 E1-5bP）（见第 2E.31 节）的底色必须和指示标志的底色相匹配。常规道路、快速路和高速公路指路标志的设计特点除了必须符合本节规定的颜色组合外，还必须符合第 2D 或 2E 章的要求。

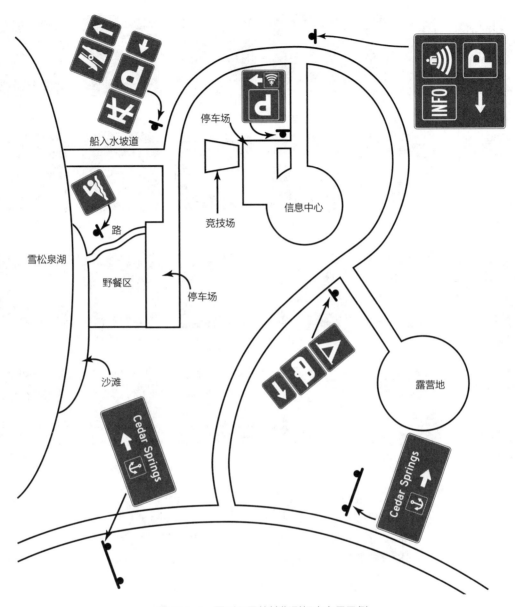

图 2M-4　图形和目的地指引标志布局示例

05　指路预告标志和出口方向标志必须在除休闲与文化景区外，通向目的地的十字路口保留白绿颜色组合标志。

支撑依据：

06　图 2M-2 展示了目的地指引标志通常用于识别休闲与文化景区或设施。

第 2M.10 节　纪念或题献标志安装

支撑依据：

01　立法机构偶尔会通过法案或决议在公路、桥梁或公路的其他组成部分设立纪念或题献标志。

指导条款：

02　纪念或题献名称不应该出现在公路沿线或被放置在桥梁或其他公路组成部分上。如果官方指定在路线、桥或公路组成部分设立纪念或题献，并且要在公路通行权上进行告示，应该安装一个纪念或题献标志，

图 2M-5 休闲和文化景区图形标志的一般应用

RS-021
男卫生间

RS-022
卫生间

RS-023
女卫生间

RS-034
泊车

RS-037
居所

RS-040
拖车处

RS-104
房车营地

RS-137
婴儿换尿布处
（男士房间）

RS-138
婴儿换尿布处
（女士房间）

RS-148
自由营地

图 2M-6 住宿处休闲和文化景区图形标志

图 2M-7 服务处休闲和文化景区图形标志

安装地点为服务区、景观点、休闲区或其他不影响沿路车辆行驶、带有泊车区域的适当位置。

可选条款：

03 如果以上纪念或题献标志的建议安装地点不可行，则可以在路上安装。

指导条款：

04 *纪念或题献标志背景应该为棕色，图文和边框应该为白色。*

必须条款：

05 当在干道安装纪念或题献标志时，（1）纪念或题献名称不得出现在方向指示标志上；（2）纪念或题献标志不得妨碍其他任何必要位置标志；（3）纪念或题献标志不得影响交通流的安全或效率。在每一个路线方向上，纪念或题献标志必须仅限在一个恰当位置上安装，每一个作为独立的标志安装。

06 纪念或题献标志必须为矩形。纪念或题献标志上的图文必须仅限于被纪念的人或实体的名称，名称之前或之后仅有简单的信息，如"献给"或"纪念景观道路"。个人信息等其他图文不能出现在纪念或题献标志上。装饰或图形元素、象形图案、徽标或图形不能出现在纪念或题献标志上。纪念或题献标志上的所有字

图 2M-8 地面娱乐处休闲和文化景区图形标志

母和数字都必须符合与《公路标志和标线标准》这一手册中的规定（见第 1A.11 节）。路线编号或公路正式命名不得出现在纪念或题献标志上。

07 纪念或题献名称不得出现在公路上、公路沿线、相交路线上或沿线的辅助标志或其他任何信息标志上。

可选条款：

08 被纪念的人或实体的名称应该由大写首字母和小写字母构成。

指导条款：

09 高速公路和快速路不应该像具有纪念或题献标志的公路一样放置标志。

支撑依据：

10 命名公路由官方指定并出现在官方地图上，主要是为在未编号公路上行驶的车辆提供路线指示。被指定为纪念或题献的公路不属于命名公路。命名公路标志的规定见第 2D.53 节。

第 2M 章 休闲与文化景区标志　　359

图 2M-9　水上娱乐处休闲和文化景区图形标志

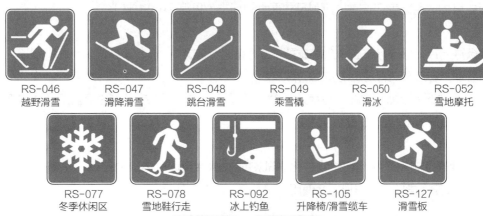

图 2M-10　冬季娱乐处休闲和文化景区图形标志

第 2N 章 应急管理标志

第 2N.01 节 应急管理

指导条款：

01 紧急疏散的应急计划应经过所有州和地方政府批准，并考虑所有适用道路的使用情况。

02 考虑到灾难可能导致公路关闭而不能使用，一个成功的应急计划应包括以下因素：指定公路运行可控，为加快畅通基本交通而建立交通组织系统，以及设立提供民事援助的应急中心。

第 2N.02 节 应急管理标志的设计

必须条款：

01 应急管理标志必须在紧急情况下引导和控制公路交通。

02 应急管理标志不能永久代替任何通用的标准标志。

03 提前规划运输业务的突发事件是州和地方政府的责任。在必要情况下，联邦政府必须向州政府提供建议执行。

04 除非第 2A.11 节中另有规定，否则应急管理标志的尺寸必须遵循表 2N-1 所示。

支撑依据：

05 表 2N-1 中各栏的信息适用见第 2A.11 节。

06 实际中可能使用比表 2N-1 中所列尺寸更大的标志（见第 2A.11 节）。

指导条款：

07 如果条件允许，标准标志应该代替或补充应急管理标志。

08 应急管理标志应该具有逆反射特性的背景。

09 由于紧急情况下可能需要临时使用大量的应急管理标志，所以应该考虑用轻便、成本低廉的材料制作，使得它们在紧急情况期间都能使用。

可选条款：

10 若应急管理标志用于标记被生物、化学试剂或放射性尘埃所污染的区域，它可能与如图 2N-1 中 EM-7c 和 EM-7d 左上角的标准图形组合使用。

第 2N.03 节 疏散路线标志（EM-1 和 EM-1a）

必须条款：

01 疏散路线标志（EM-1 和 EM-1a）必须为蓝色圆形，底板为无边框的白色方形标志，如图 2N-1 所示。EM-1 的蓝色圆形中，必须包含一个白色方向箭头（除非第 3 条另有规定）和白色图文"疏散路线"。EM-1a 的蓝色圆形中，必须包含一个白色"疏散路线"图文和海啸标志。EM-1 和 EM-1a 标志均必须具有逆反射特性。

02 转弯预告箭头（M5 系列）或方向箭头（M6 系列）辅助标志如图 2D-5 所示，不同的是，两者为蓝底、白箭头，而非白底、黑箭头。转弯预告箭头和方向箭头必须安装在 EM-1a 标志下方。

可选条款：

03 和 EM-1 蓝色圆形中包含方向箭头不同，转弯预告箭头（M5 系列）或方向箭头（M6 系列）辅助标志如图 2D-5 所示，不同的是，两者为蓝底、白箭头，而非白底、黑箭头。转弯预告箭头和方向箭头应当安装在 EM-1a 标志下方。

04 如果必要，EM-1 蓝色圆形中的白色"疏散路线"图文之上可能添加"飓风"或描述其他类型疏散路线的词语，作为第三行文本。

05 应急疏散路线标志底部附近可能出现直径为 3.5 英寸的经核准的应急管理图形。

应急管理标志尺寸　　　　　　　　　　　表2N-1

标志或标牌	标志设计	章节	最小尺寸
疏散路线	EM-1，EM-1a	2N.03	24×24*
区域封闭	EM-2	2N.04	30×24
交通管制点	EM-3	2N.05	30×24
保持最高安全速度	EM-4	2N.06	24×30
许可证要求	EM-5	2N.07	24×30
紧急救援中心	EM-6a 至 EM-6d	2N.08	30×24
避难所方向	EM-7a 至 EM-7d	2N.09	30×24

* 在低交通量或车速小于等于 25 英里/小时的道路上可应用最小尺寸 18×18。

注：1. 适当的时候可以用更大的尺寸。
　　2. 尺寸单位为英寸，记作"宽 × 高"。

* "飓风"是一个疏散线路的类型示例，也可使用其他类型的图例，或此行文字可省略

图 2N-1　应急管理标志

必须条款：

06 在 EM-1 中使用箭头时，箭头设计必须包含垂直向上的箭头、水平向左或向右的箭头或弯曲向左或向右的箭头以提前警告转弯。

07 使用疏散路线标志时，该标志和箭头必须安装在经核准的疏散路径任何转弯前 150~300 英尺处。在任何需要直行确认处，也必须安装该标志。

08 在城市地区使用时，疏散路线标志必须安装在道路右侧，高于路缘至少 7 英尺，并且距离路缘面至少 1 英尺。在农村地区使用时，疏散路线标志必须安装在道路右侧，高于人行道至少 7 英尺，并且距离道路右侧边缘至少 6 英尺、至多 10 英尺。

09 疏散路线标志不得放置在可能与其他标志冲突的地方。如果疏散路线标志和标准禁令标志相冲突，必须以禁令标志为准。

可选条款：

10 如果与指示或警告标志相冲突，应以疏散路线标志为准。

指导条款：

11 *疏散路线标志的设置应由对其他标志具有管辖权的官员监督执行。为确保路线连续，应与应急管理当局协调，并和邻近的政府主管部门协商达成一致。*

第 2N.04 节 区域封闭标志（EM-2）

必须条款：

01 "区域封闭"标志（EM-2，见图 2N-1）被用于关闭道路以禁止车辆进入该地区。它必须安装在尽可能接近道路右侧边缘的路肩上，或最好安装在占有部分或全部道路宽度的便捷式装备或路障上。

指导条款：

02 *为了尽可能提高可见度，特别是夜晚的可见度，从标志底部到路面的垂直距离测量，标志高度不应该超过 4 英尺。除非已使用足够的预先警告标志，否则该标志的放置位置不应造成一个完整且不可避免的封闭路线。在可行的情况下，该标志应该放置在有绕行路线的交叉路口处。*

第 2N.05 节 交通管制点标志（EM-3）

必须条款：

01 "交通管制点"标志（EM-3）（见图 2N-1）被用于已经建立正式交通管制点的位置，利用这些必要的控制以减少拥堵、加快应急交通、隔绝未授权车辆或保护公众。

02 该标志安装在车辆必须停车接受检查处，安装方式与区域封闭标志（见第 2N.04 节）相同。

03 标准的"停车让行"标志（R1-1）必须与"交通管制点"标志组合使用。"交通管制点"标志必须具有逆反射性的白底、黑色图文和边框。

指导条款：

04 *"交通管制点"标志应直接安装在停车让行标志下方。*

第 2N.06 节 保持最高安全速度标志（EM-4）

可选条款：

01 "保持最高安全速度"标志（EM-4，见图 2N-1）使用场合为公路上需要尽快撤离或穿过的区域。

02 如果限速标志（R2-1）已安装在适当位置，"保持最高安全速度"标志可直接覆盖在限速标志上。

支撑依据：

03　在已有交通管制点监督交通时，官方指令通常通过非书面形式下达，"保持最高安全速度"速度标志仅作为补充，提醒道路使用者需保持适当速度。

指导条款：

04　*该标志应该按需安装，安装方式和其他标准速度标志相同。*

必须条款：

05　在农村地区使用时，"保持最高安全速度"标志必须安装在道路右侧，与道路边缘的水平距离至少 6 英尺、至多 10 英尺，从标志底部到行车道近边的垂直测量高度必须至少为 5 英尺。在城市地区使用时，从标志底部到路缘顶部的距离垂直测量，或若无路缘，从标志底部到行车道近边的垂直测量高度必须至少为 7 英尺，并且标志底部边缘距离路缘必须至少 1 英尺。

第 2N.07 节　车辆通过道路（区域）需经许可标志（EM-5）

支撑依据：

01　"车辆通过道路（区域）需经许可"标志（EM-5，见图 2N-1）是向道路使用者告知此处为交通管制点，以让未获得指定机关签发通行证的道路使用者选择另一条路线或掉头，避免白跑一趟，同时减轻控制站的检查负担。无通行证的当地车辆至多可行驶至交通管制点前。

必须条款：

02　使用"车辆通过道路（区域）需经许可"标志（EM-5）时，必须放置在通往有交通管制点路线的十字交叉口处。

03　使用时，该标志的安装方式必须和保持"最高安全速度"标志类似（见 第 2N.06 节）。

第 2N.08 节　紧急救援中心标志（EM-6 系列）

必须条款：

01　在紧急情况下，国家和地方政府必须建立各类中心，以提供民事救济、通信、医疗等服务。为了引导公众前往中心，必须使用一系列方向标志。

02　紧急救援中心标志（EM-6 系列，见图 2N-1）必须包括指定的中心名称和指示该中心方向的箭头。它们必须按需安装在路口及其他位置的道路右侧，在城市地区使用时，从标志底部到路边顶部垂直测量，或若无路边，从标志底部到行车道近边的垂直测量高度必须至少为 7 英尺，并且标志最近的边缘必须距离路缘至少 1 英尺。在农村地区使用时，从标志底部到行车道近边的垂直测量高度必须至少为 5 英尺，并且与道路边缘的水平距离至少 6 英尺、至多 10 英尺。

03　紧急援救中心标志必须视情况包含以下或其他指定类似紧急设施的图文：

1）"医疗中心"（EM-6a）；

2）"福利中心"（EM-6b）；

3）"注册中心"（EM-6c）；

4）"净化中心"（EM-6d）。

04　紧急援救中心标志必须为横向矩形。除非第 5 条另有规定，标志必须为白底，黑字"中心"文字以及黑色方向箭头和边框。

可选条款：

05　当紧急援救中心标志在重大事件情况下使用时，如核武器或生物武器攻击后，底色可为荧光粉色

（见第6I章）。

第2N.09节 避难所方向标志（EM-7系列）

必须条款：

01 避难所方向标志（EM-7系列，见图2N-1）是为引导公众前往已获授权并标记为紧急情况下使用的指定避难所。

02 安装避难所方向标志必须符合既定标志标准。使用时，该标志不能在已有必要的公路指示标志、警告标志和禁令标志处安装。

03 避难所方向标志必须为横向矩形。除非第4条另有规定，标志必须为白底、黑字"避难所"文字以及黑色方向箭头、距离和边框。

可选条款：

04 如果避难所方向标志在重大事件情况下使用，如核武器或生物武器攻击后，底色可为荧光粉色（见第6I章）。

05 适当时，可在标志中省略至避难所的距离。

06 避难所方向标志应视情况包含以下或其他指定类似紧急设施的图文：

1)"紧急事件"（EM-7a）；

2)"飓风"（EM-7b）；

3)"放射性尘埃"（EM-7c）；

4)"化学物质"（EM-7d）。

07 视情况可使用设施名称。

08 当已经被确定为州或地方政府庇护计划的必要部分时，避难所方向标志应被安装在州际公路或其他任何主要公路系统。

09 避难所方向标志应指明前往避难所的不同路线，以供大量人员的快速移动。

指导条款：

10 *避难所方向标志应谨慎使用，并且只能与州和地方政府已经批准的规划共同使用。*

11 *避难所方向标志不应放置在距离庇护所超过5英里处。*

第 3 篇　交通标线

第 3A 章 总则

第 3A.01 节 功能与局限

支撑依据：

01 公路与开放给公众使用的私有道路上的交通标线可以为道路使用者提供引导和提供信息。主要标线类型包括路面与路缘标线、轮廓标线、彩色路面、渠化设施及安全岛。在一些情况下，标线用作其他交通控制设施的补充，例如交通标志、交通信号灯及其他交通标线。在另一些情况下，标线单独使用以有效传递其他设施无法传递的禁令、指示或警告信息。

02 交通标线也存在局限。交通标线上或邻近处可能有积雪、垃圾与积水，因而可见度降低。交通标线的耐久性受材料特质、交通量、天气与位置的影响。但是，在大多数公路条件下，交通标线能够在尽可能减少分散道路使用者的注意力的情况下提供重要信息。

第 3A.02 节 应用标准化

必须条款：

01 每种标准交通标线只能用于传递本手册规定的交通标线的含义。当交通标线用于本手册中未描述的应用时，其应用必须符合本手册中规定的所有原则和标准。

指导条款：

02 在任何公路、向公众开放的私有道路（定义见第 1A.13 节）、绕行道路或临时路径向公众开放之前，应该安装所有需要的交通标线。

必须条款：

03 需要保证夜间可视的交通标线必须具有逆反射性，除非周边照明能够确保交通标线具有足够的可视性。州际公路的所有交通标线必须具有逆反射性。

04 不再适用道路环境或道路限制条件以及可能导致混淆的交通标线，必须根据实际情况尽快撤除或擦掉。

可选条款：

05 直至交通标线可以被撤除或擦掉之前，交通标线可暂时用颜色与路面相近的胶带蒙上。

第 3A.03 节 保持交通标线最小逆反射性

（本节保留，以备联邦公路局未来政策制定）

第 3A.04 节 材料

支撑依据：

01 路面与路缘标线通常使用颜料或热塑性塑料铺设。但是，有时也通过突起路标、彩色路面等其他可用的交通标线材料铺设。与道路上方的交通标志类似，道路轮廓标线与渠化设施应安装在显眼的垂直位置。

02 某些交通标线系统由多种材料分部分组成，每部分材料间留有明显路面空隙。这些交通标线系统与完全覆盖路面的交通标线系统功能相似，且当其满足公路管理部门对其他路面标线要求时，可用作路面标线。

指导条款：

03 交通标线所用材料应该在其使用寿命内保持原色。

04 选择交通标线材料时应该考虑尽可能避免行人、骑行者、机动车驾驶员等道路使用者被绊倒或滑倒。

05 道路轮廓标不应该造成行人垂直方向或水平方向的净空障碍。

第 3A.05 节　颜色

必须条款：

01 交通标线必须为黄色、白色、红色、蓝色或紫色。交通标线的颜色必须符合标准公路颜色。黑色必须与本条第一句提到的任何颜色组合使用。

02 白色纵向标线只能用于：

A. 分隔同向行驶的交通流；

B. 指示道路右侧边缘。

03 黄色纵向标线只能用于：

A. 分隔对向行驶的交通流；

B. 指示分隔式公路、单向街道或匝道的左侧边缘；

C. 分隔双向左转车道、掉头车道与其他车道。

04 红色突起路标或道路轮廓标线只能用于：

A. 卡车避险匝道；

B. 指示禁止进入或使用的单向道路、匝道或行车道。

05 蓝色标线只能作为白色交通标线的补充，提供残疾人停车信息。

06 紫色标线只能作为车道线和边缘线标线的补充，用于收费站 ETC 用户专用车道入口处。

可选条款：

07 官方路线盾形标志（见第 2D.11 节）的颜色可用作符号标线的颜色，在路面上模拟路线盾形标志（见第 3B.20 节）。

08 如果浅色路面与标线不足以形成足够的对比，黑色可与第 1 条第一句话提到的颜色组合使用。

支撑依据：

09 当与其他颜色组合使用时，黑色不作为标线颜色，而只是用于提高交通标线系统对比度的颜色。

第 3A.06 节　纵向标线的功能、宽度与形式

必须条款：

01 纵向标线的一般作用必须是：

A. 双线用于指明最大或特殊限制；

B. 实线表明制止或禁止穿行（依具体使用情况而定）；

C. 长虚线表明允许；

D. 短虚线指示或警告车道功能将在下游位置改变。

02 纵向标线的宽度与形式必须遵循：

A. 普通标线——宽 4~6 英寸；

B. 宽标线——至少为普通标线宽度的 2 倍；

C. 双线——两条平行线，间距可识别；

D. 长虚线——普通标线，有间隔分隔；

E. 短虚线——与长虚线比较，线段明显更短，间隔更窄。短虚线用作延长线时，最小宽度应为原标线的宽度。

支撑依据：

03　标线宽度代表强调程度。

指导条款：

04　*长虚线应该由 10 英尺的线段与 30 英尺的间隔组成，或由比例近似的线段与间隔组成，以符合交通运行速度并满足线形描绘的需求。*

支撑依据：

05　短虚线的形式依具体使用情况而定（见第 3B.04 节与 3B.08 节）。

指导条款：

06　*短虚线用作交叉口或渐变段区域的延长线时，线段长度应该为 2 英尺，间隔应该为 2~6 英尺。用作车道线时，线段长度应该为 3 英尺，间隔应该为 9 英尺。*

第 3B 章　路面与路缘标线

第 3B.01 节　黄色道路中心线与使用依据

必须条款：

01　道路中心线必须用于标示相反方向车道之间的分隔，且必须为黄色。

可选条款：

02　道路中心线的铺设位置不一定是道路的几何中心。

03　在没有连续道路中心线的道路上，一些特殊路段如弯道附近、上下坡路段、公路—铁路平交道口入口、平交道口以及桥梁等，需要施划路面中心线来分隔双向交通。

必须条款：

04　双向两车道公路的道路中心线必须采用以下形式中的一种，如图 3B-1 所示：

A. 双向超车路段标线由普通黄色长虚线组成，表示允许任一方向车辆跨越道路中心线完成安全超车；

B. 单向禁止超车路段标线由双黄线组成，其中一条是普通黄色长虚线，另一条是普通黄色实线，表示允许邻近长虚线方向的车辆跨越道路中心线完成安全超车，而禁止邻近实线方向的车辆超车；

C. 双向禁止超车路段标线由两条普通黄色实线组成，表示禁止任一方向的车辆跨越道路中心线完成超车。

05　黄色单实线不能用作双向道路的道路中心线。

06　在机动车可通行的非分离式双向道路上（有四条及以上车道），道路中心线必须采用双向禁止超车路段标线的形式，即由双黄色实线组成，如图 3B-2 所示。

指导条款：

07　对于有三条直行车道的双向道路，应该通过如图 3B-3 所示的单向或双向禁止超车路段标线，指定两条车道用于单向交通。

支撑依据：

08　《统一车辆规范》的 11-301（c）与 11-311（c）章节分别包含跨越道路中央禁止超车路段标线与中央隔离带完成左转的相关信息。可按照第 i 页上统一交通法律与条例全国委员会的地址获取《统一车辆规范》。

必须条款：

09　道路中心线必须铺设在所有宽度为 20 英尺及以上、平均日交通量为 6000 辆/日及以上的城市主干道与连接道路上。道路中心线应铺设在所有车道为三条及以上的双向铺装街道或公路上。

指导条款：

10　道路中心线应该铺设在宽度为 20 英尺及以上、平均日交通量为 4000 辆/日及以上的城市主干道或连接道路上。道路中心线应该铺设在所有宽度为 18 英尺及以上、平均日交通量为 3000 辆/日及以上的农村主干道或连接道路上。道路中心线也应该铺设在其他工程调研认为有需要的道路上。

11　工程评价应该用于决定是否在宽度为 16 英尺以下的道路上铺设道路中心线，因为铺设标线可能导

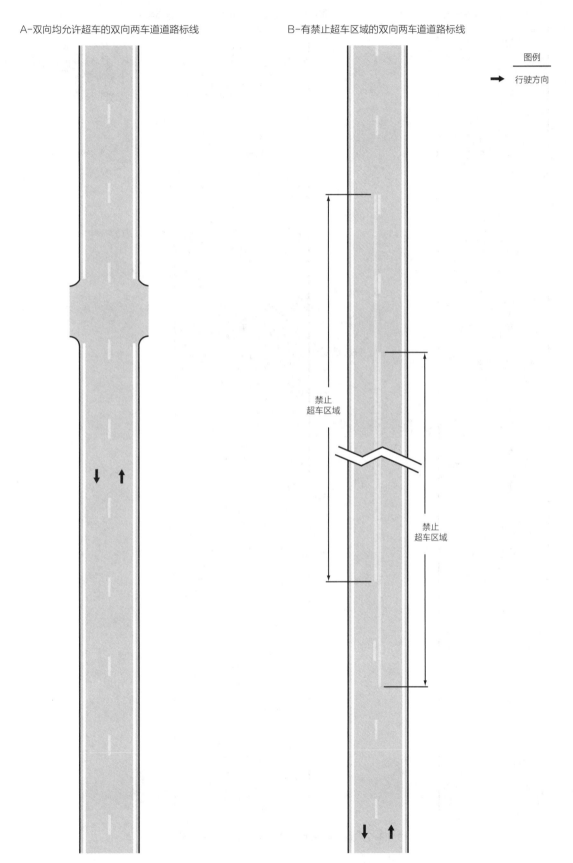

图 3B-1　双向两车道道路标线应用示例

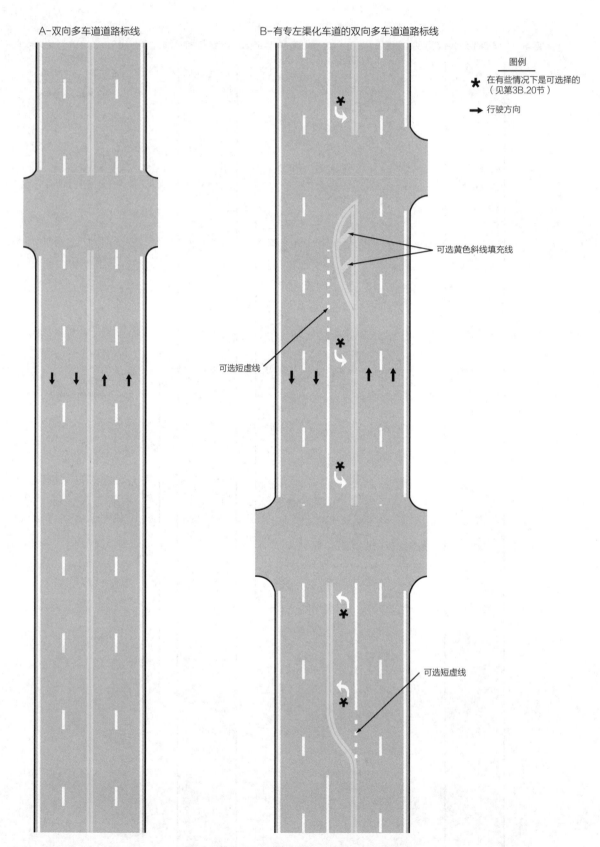

图 3B-2 双向四车道或多车道道路标线应用示例

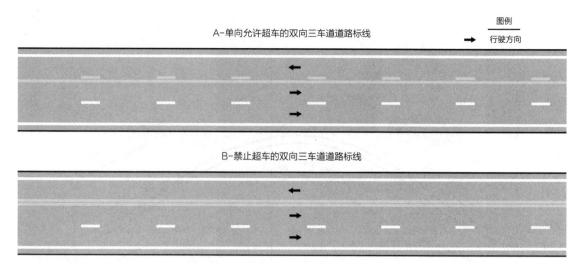

图 3B-3 双向三车道道路标线应用示例

致行车侵占路面边缘、停泊车辆影响交通以及行车侵占对向车道。

可选条款：

12 道路中心线可铺设在其他宽度为 16 英尺及以上的双向铺装道路上。

13 如果无法获知交通量统计情况，本节提供的平均日交通量可作为工程评判的评估适用条件。

第 3B.02 节　禁止超车路段标线与使用依据

必须条款：

01 禁止超车路段标线必须采用第 3B.01 节介绍的形式，即单向禁止超车路段标线与双向禁止超车路段标线的任意一种，如图 3B-1 与图 3B-3 所示。

02 当使用道路中心线时，双向道路的车道减少过渡段（见第 3B.09 节）以及在右侧行驶才能避开障碍物的车道入口处，必须使用禁止超车路段标线。

03 在铺设道路中心线的双向双车道或三车道道路，禁止超车区域必须铺设在平曲线、纵曲线以及其他工程调研指出由于视距不足等特殊原因必须禁止超车的位置。

04 在铺设道路中心线的道路，禁止超车路段标线必须铺设在超车视距小于表 3B-1 中对应的 85% 位

禁止超车区标线的最小超车视距　　表3B-1

85%位或限速或法定车速	最小超车视距
25 英里 / 小时	450 英尺
30 英里 / 小时	500 英尺
35 英里 / 小时	550 英尺
40 英里 / 小时	600 英尺
45 英里 / 小时	700 英尺
50 英里 / 小时	800 英尺
55 英里 / 小时	900 英尺
60 英里 / 小时	1000 英尺
65 英里 / 小时	1100 英尺
70 英里 / 小时	1200 英尺

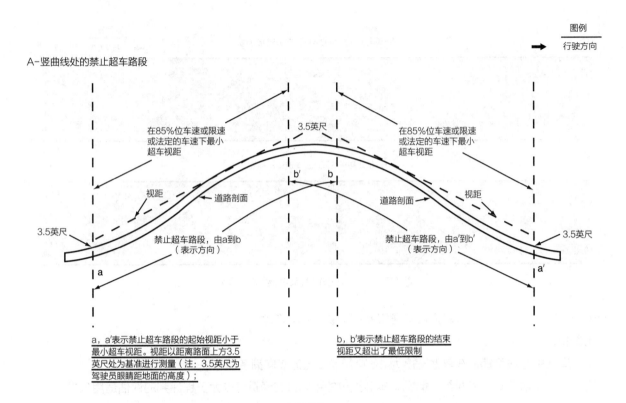

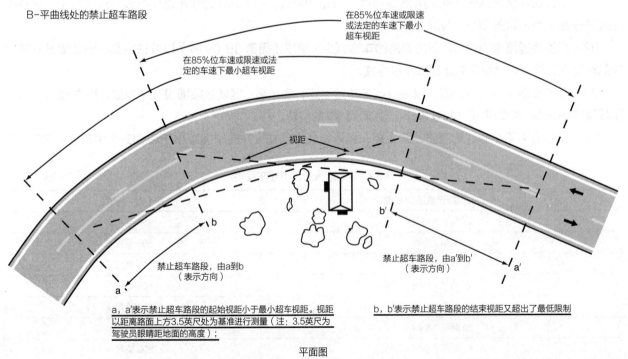

图 3B-4 在曲线路段布置和决定禁止超车路段限制的方法

车速视距或小于限速视距的平曲线或纵曲线处。纵曲线的超车视距是指可以从高于路面 3.5 英尺的位置看到高于路面表面 3.5 英尺物体的距离（见图 3B-4）。相似地，平曲线的超车视距是指路堤或其他障碍物会阻断曲线内侧的视野，沿中央分割线（或三车道道路的右侧车道线）测量，高于与其相切的路面 3.5 英尺的两个点之间的距离。

支撑依据：

05　图 3B-4 中，禁止超车路段的上游终点"a"点，指的是视距开始小于表 3B-1 中规定值的位置。图 3B-4 中，禁止超车路段的下游终点"b"点，指的是视距开始大于表 3B-1 中规定最小值的位置。

06　表 3B-1 规定的最小超车视距的数值为标定禁止超车路段的可用选择，该数值小于美国国家公路和交通运输协会的《街道与公路几何设计政策》中几何设计的建议值（见第 1A.11 节）。

指导条款：

07　*当连续的禁止超车路段之间的距离小于 400 英尺时，应该用禁止超车标线连接两个区域。*

必须条款：

08　使用道路中心线时，禁止超车路段标线必须按照第 8B.27 节的规定，铺设在平交路口的车道入口。

可选条款：

09　除路面标线外，禁止超车路段标志（见第 2B.28、2B.29 与 2C.45 节）可用于强调禁止超车路段的范围。

支撑依据：

10　《统一车辆规范》的 11-307 章节包含更多禁止超车路段道路使用者行为的相关信息。可按照第 i 页上统一交通法律与条例全国委员会的地址获取《统一车辆规范》。

必须条款：

11　在三车道道路其中央车道行驶方向改变的地方，中央车道内必须有禁止超车缓冲区，如图 3B-5 所示。缓冲区的两端必须有车道减少过渡段（见第 3B.09 节）。

12　缓冲区必须为由两组道路中心双黄线组成在路面上施划的中央交通岛，长度至少为 50 英尺。

可选条款：

13　黄色斜线填充线（见第 3B.24 节）可设置在两组禁止超车路段标线之间在海面上施划的中央隔离带区域，如图 3B-5 所示。

指导条款：

14　*对于限速为 45 英里/小时及以上的三车道道路，车道过渡渐变段长度应该根据公式 L=WS 计算。对于限速为 45 英里/小时及以下的三车道道路，渐变段长度应该根据公式 L=WS²/60 计算。*

支撑依据：

15　在以上两个公式中，L 是渐变段长度（单位：英尺），W 是中央车道宽度或偏移距离（单位：英尺），S 是第 85 百分位数车速或限速中较高者。

指导条款：

16　*城市地区车道过渡渐变段最小长度应该为 100 英尺，农村地区应该为 200 英尺。*

第 3B.03 节　其他黄色纵向路面标线

必须条款：

01　使用潮汐车道时，允许掉头车道两侧的车道标线必须包含一条普通黄色双长虚线，以标示潮汐车道的边缘。在特定时间内，这些标线都可用作道路中心线（见图 3B-6）。

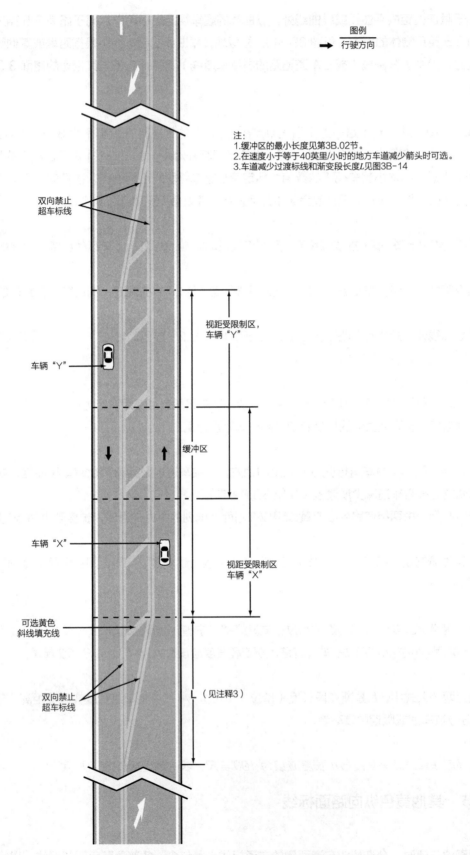

图 3B-5 中间车道变换方向的双向三车道道路标线应用示例

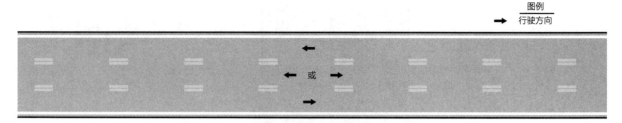

图 3B-6 潮汐车道线应用示例

02 必须单独或共同使用交通标志（见第 2B.26 节）、车道使用控制信号（见第 4M 章）。补充潮汐车道路面标线。

03 使用一条从未用作潮汐车道的双向左转车道时，车道两侧路面标线必须包含一条普通黄色长虚线与一条普通黄实线，以标示可被任一方向车辆用来左转的车道边缘。铺设时，长虚线应靠近双向左转车道，实线应靠近邻近车道，如图 3B-7 所示。

指导条款：

04 *在第 3B.20 节规定的地点，白色双向左转车道箭头（如图 3B-7 所示）应该与纵向双向左转标线组合使用。*

05 *交通标志应该与双向左转标线组合使用（见第 2B.24 节）。*

必须条款：

06 如果使用由分隔对向车流的路面标线组成的连续在路面上施划的中央交通岛，必须使用两组双黄实线组成如图 3B-2 与图 3B-5 所示的交通岛。除了人行横道标线必须为白色，其他位于中央交通岛区域的标线同样必须为黄色（见第 3B.18 节）。

第 3B.04 节　白色车道线路面标线与使用依据

必须条款：

01 分隔同向行车道的车道线必须为白色。

02 所有高速公路和州际公路都必须使用车道线标线。

指导条款：

03 *除潮汐车道另有要求外，同一行驶方向上具有两条或更多相邻行车道的所有道路都应该使用车道线标线。车道线标线也应该用在拥堵地段，与没有车道线标线时相比，可以调整出更多的行车道。*

支撑依据：

04 车道线标线的示例如图 3B-2、图 3B-3 及图 3B-7~ 图 3B-13 所示。

必须条款：

05 除第 6 条规定的允许小心穿越车道线的地方以外，车道线必须由正常白色长虚线组成。

06 对于以下所有情形，为分隔立交桥或交叉口前方继续直行的直行车道与相邻车道，必须使用白色短虚线标线：

A. 减速或加速车道；

B. 变为强制出口或强制转弯车道的直行车道；

C. 进口和出口匝道间长度为 2 英里及以下的辅助车道；

D. 相邻交叉口间长度为 1 英里及以下的辅助车道。

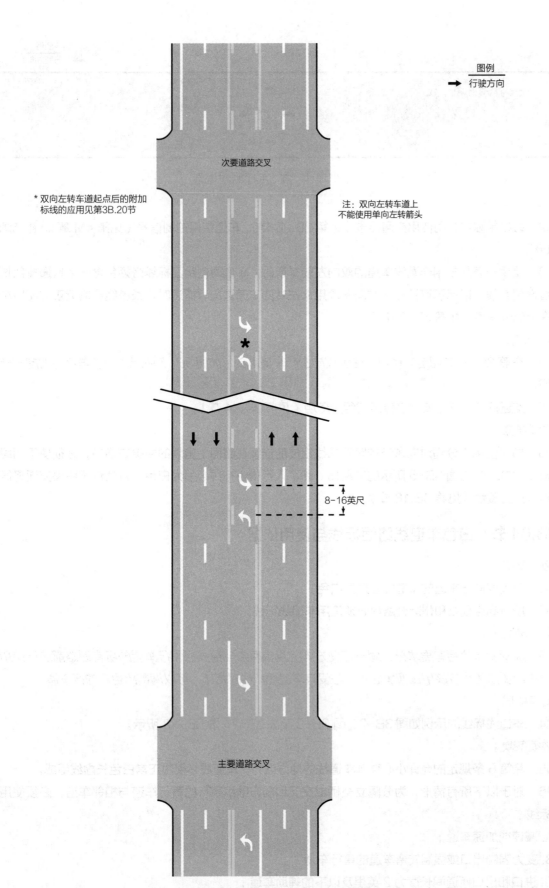

图 3B-7 双向左转车道道路标线应用示例

07 对于具有平行减速车道的出口匝道，正常宽度的白色短虚线车道线必须从完整车道宽度的减速车道上游终点铺设至理论三角分离点，或至白色车道实线上游终点，使用时，白色短虚线车道线用作理论三角分离点的上游延长线，如图 3B-8 中的图示 A 和 C 所示。

可选条款：

08 对于具有平行减速车道的出口匝道，正常宽度的白色短虚线延长线可从完整车道宽度的减速车道上游的渐变段区域铺设，如图 3B-8 中图示 A 和 C 所示。

09 对于具有渐变减速车道的出口匝道，正常宽度的白色短虚线延长线可从理论三角分离点铺设至渐变段区域，以与渐变段上游终点处的边缘线相交，如图 3B-8 中的图示 B 所示。

必须条款：

10 对于具有平行加速车道的入口匝道，具有正常宽度的白色短虚线车道线必须从理论三角分离点或从白色车道实线下游终点铺设，使用时，白色短虚线车道线用作理论三角分离点的下游延长线，终点距离至少为理论三角分离点到加速车道渐变段下游终点间距离的一半，如图 3B-9 中图示 A 所示。

可选条款：

11 对于具有平行加速车道的入口匝道，正常宽度的白色短虚线延长线可从白色短虚线车道线下游终点铺设至加速渐变段下游终点，如图 3B-9 中图示 A 所示。

12 对于具有渐变加速车道的入口匝道，正常宽度的白色短虚线延长线可从邻近直行车道的导流线下游终点铺设至加速渐变段的下游终点，如图 3B-9 中的图示 B 和 C 所示。

必须条款：

13 加宽白色短虚线车道线使用要求：

A. 必须用于出口匝道处车道分叉（向）之前的标线，以区分正常出口匝道和分叉（向）的车道（见图 3B-10 中的图示 A、B 和 C）；

B. 必须用于有专用车道的高速公路路线分离点前方（见图 3B-10 中的图示 D）；

C. 必须用于分隔立交桥前方继续直行的直行车道，与进口和出口匝道间的相邻辅助车道（见图 3B-10 中的图示 E）；

D. 必须用于交叉口处车道分叉（向）前方的车道分叉（向）标线，以区分交叉口直行车道和分叉（向）的车道（见图 3B-11 中的图示 A）；

E. 必须用于分隔交叉口前方继续直行的直行车道与交叉口间的相邻辅助车道（见图 3B-11 中的图示 B）。

指导条款：

14 用于高速公路和快速路出口匝道前方的车道分叉（向）指示标线，应该从理论三角分离点前方至少 1/2 英里处开始铺设。

15 在具有可选出口车道（同时也是直行车道）的多车道入口，车道线标线应该采用图 3B-10 中图示 B 中的样式。在这种情况下，如果最右侧出口车道是平行减速车道等附加车道，车道分叉（向）指示标线应该从全宽减速车道的上游终点处开始铺设，如图 3B-8 中图示 C 所示。

16 用于交叉口处车道分叉（向）前方的标线，应该从交叉口前一段距离开始铺设。该距离由工程评价决定，以便不想进行强制转向的驾驶员在到达等待转弯的车队前驶出减少车道。开始铺设车道分叉（向）指示标线的位置与交叉口之间的距离应该比车道分叉（向）相关的最上游禁令或警告标志远。

17 用于车道分叉（向）指示标线及用于分隔直行车道与辅助车道的白色短虚线车道线，线段应该为 3 英尺长，间隔应该为 9 英尺长。

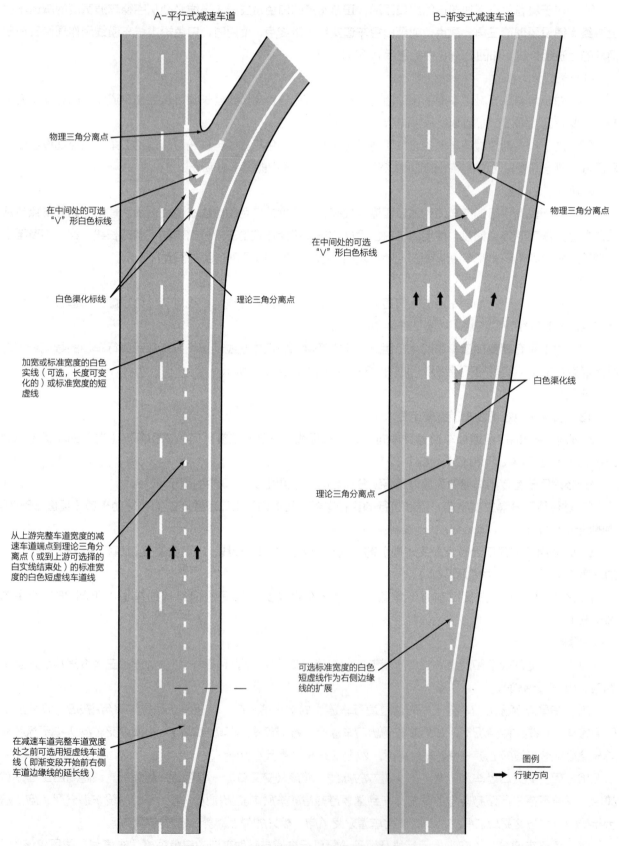

图 3B-8　出口匝道处短虚线和渠化标线的应用示例（A 图）

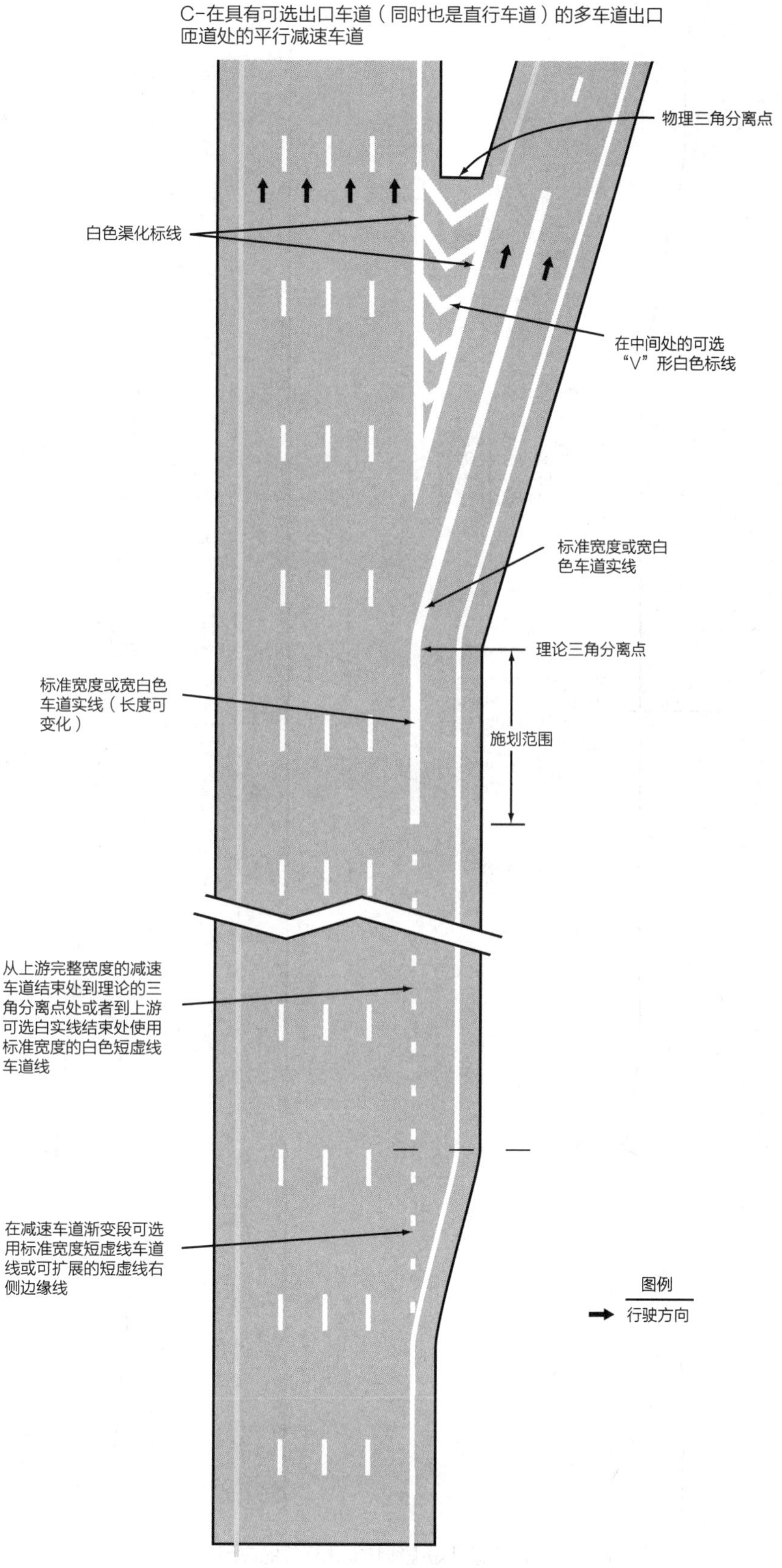

第 3B 章　路面与路缘标线

C- 在具有可选出口车道（同时也是直行车道）的多车道出口匝道处的平行减速车道

- 物理三角分离点
- 白色渠化标线
- 在中间处的可选"V"形白色标线
- 标准宽度或宽白色车道实线
- 理论三角分离点
- 施划范围
- 标准宽度或宽白色车道实线（长度可变化）
- 从上游完整宽度的减速车道结束处到理论的三角分离点处或者到上游可选白实线结束处使用标准宽度的白色短虚线车道线
- 在减速车道渐变段可选用标准宽度短虚线车道线或可扩展的短虚线右侧边缘线

图例
→ 行驶方向

图 3B-8　出口匝道处短虚线和渠化标线的应用示例（B 图）

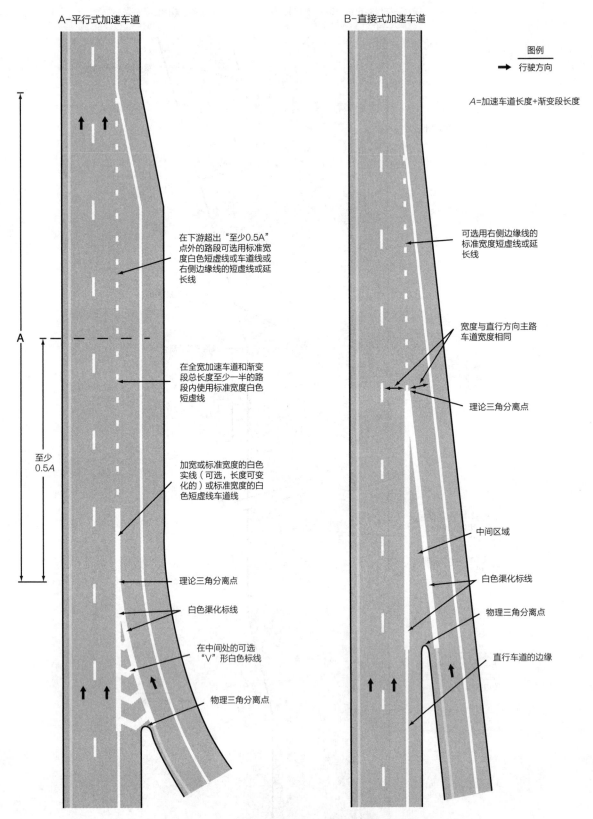

图 3B-9　入口匝道处短虚线和渠化标线的应用示例（A图）

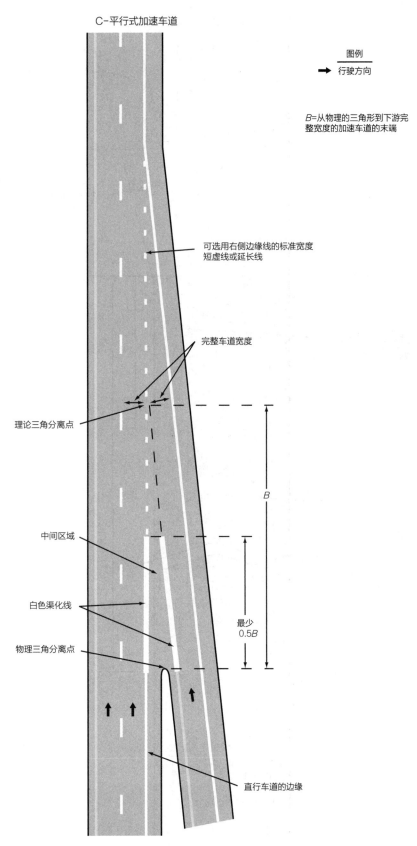

图 3B-9 入口匝道处短虚线和渠化标线的应用示例（B 图）

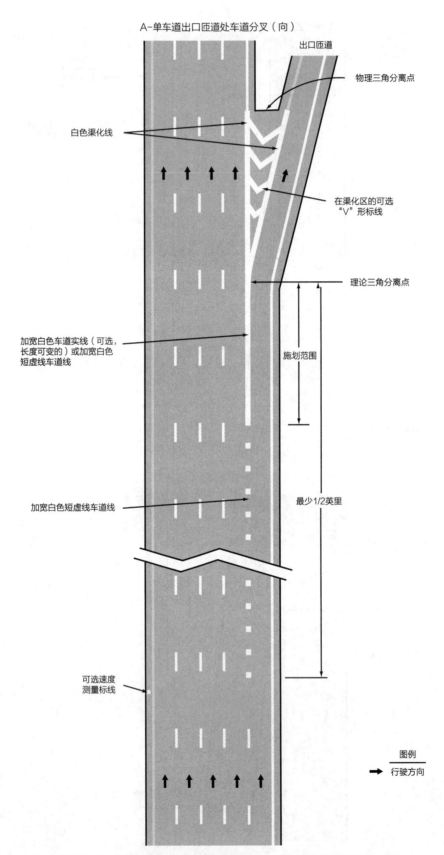

图 3B-10 高速公路和快速路车道分叉（向）标线的应用示例（A 图）

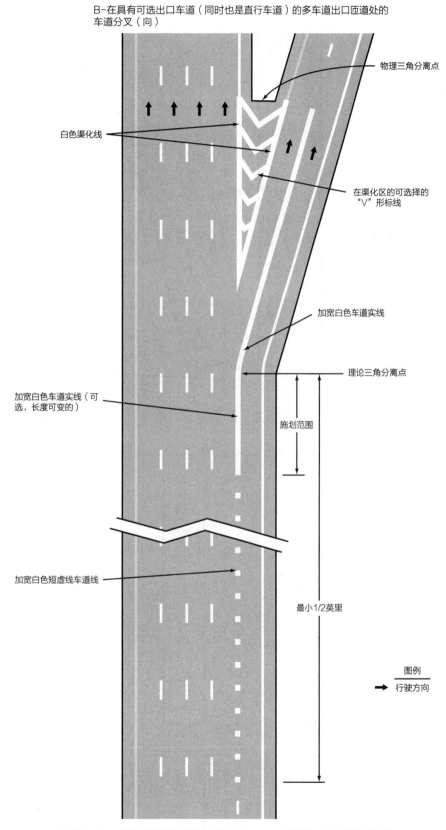

图 3B-10 高速公路和快速路车道分叉（向）标线的应用示例（B 图）

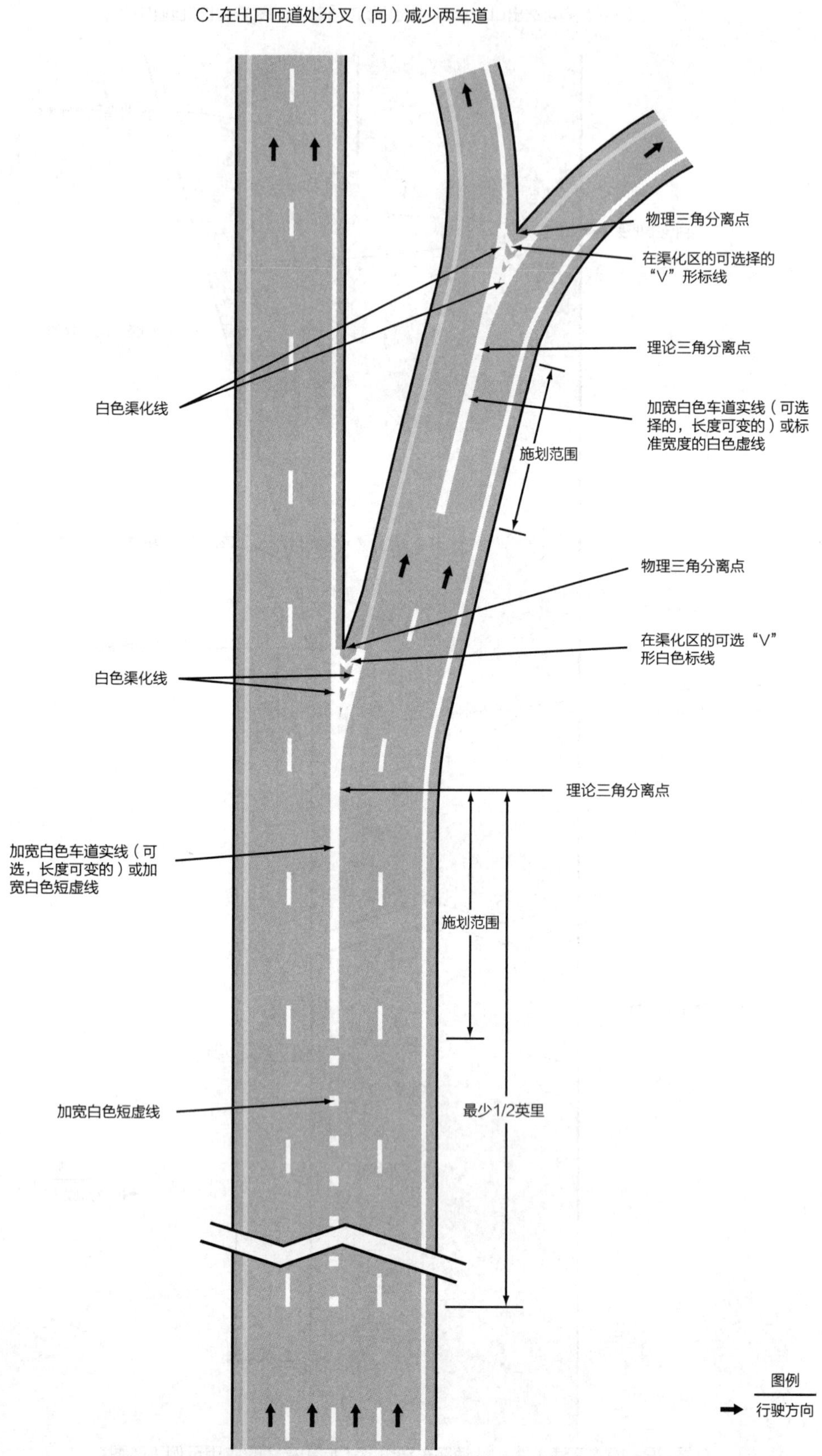

C-在出口匝道处分叉（向）减少两车道

- 物理三角分离点
- 在渠化区的可选择的"V"形标线
- 白色渠化线
- 理论三角分离点
- 加宽白色车道实线（可选择的，长度可变的）或标准宽度的白色虚线
- 施划范围
- 物理三角分离点
- 在渠化区的可选"V"形白色标线
- 白色渠化线
- 理论三角分离点
- 加宽白色车道实线（可选，长度可变的）或加宽白色短虚线
- 施划范围
- 最少1/2英里
- 加宽白色短虚线

图例
→ 行驶方向

图 3B-10　高速公路和快速路车道分叉（向）标线的应用示例（C 图）

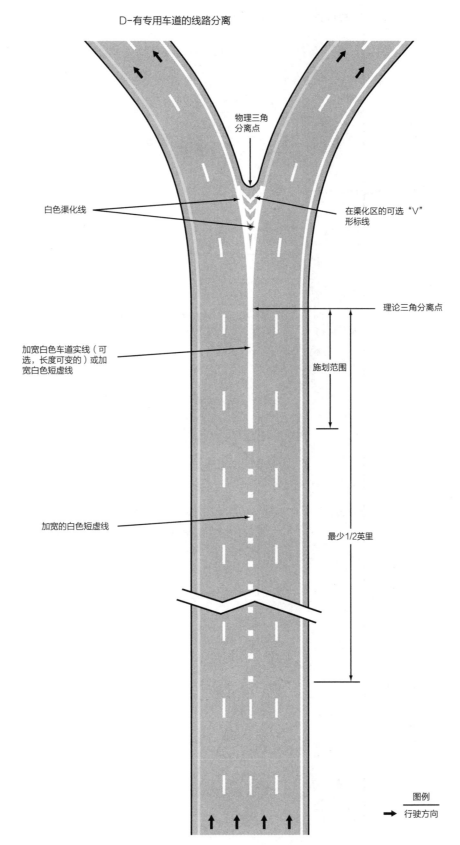

图 3B-10 高速公路和快速路车道分叉（向）标线的应用示例（D 图）

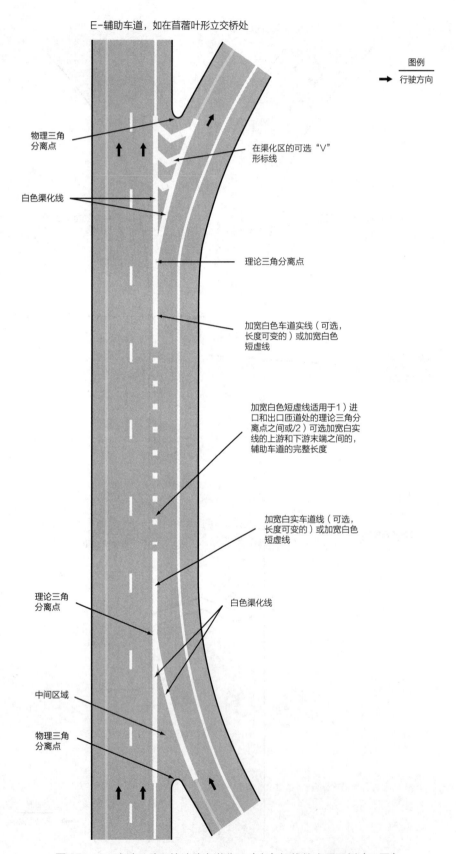

图 3B-10　高速公路和快速路车道分叉（向）标线的应用示例（E 图）

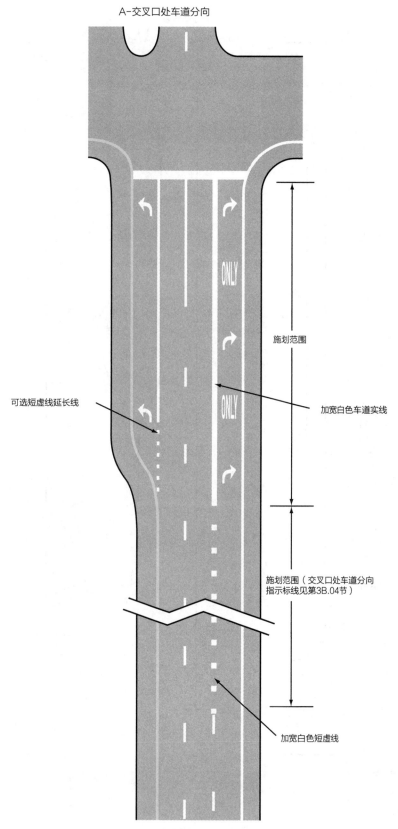

图 3B-11 常规道路车道分向标线的应用示例（A图）

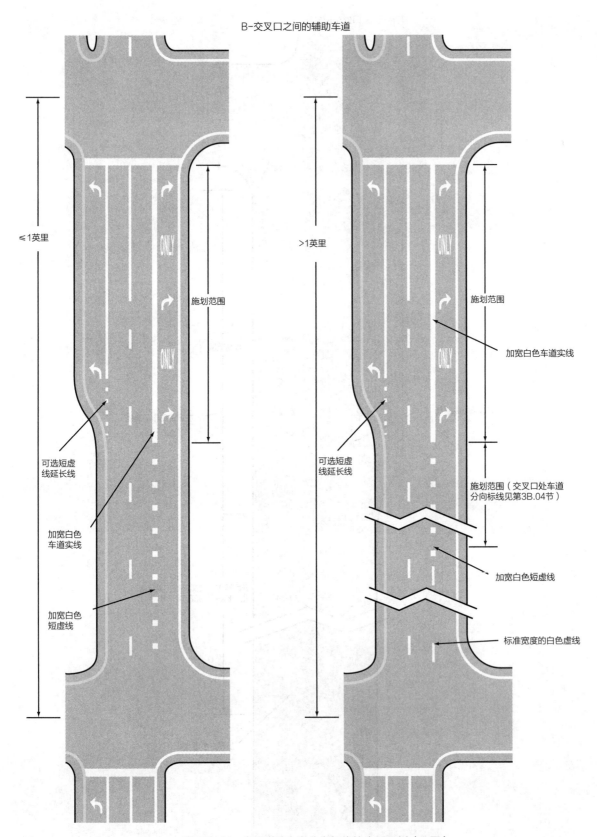

图 3B-11 常规道路车道分向标线的应用示例（B 图）

支撑依据：

18 与车道分叉（向）指示相关的其他标线，如车道使用箭头标线和"专用"路面文字，参考第 3B.20 节。

19 用于直行车道减少过渡区域的车道线标线，参考第 3B.09 节。

必须条款：

20 在制止跨越车道标线行为的地方，车道线标线必须由正常或加宽的白色实线组成。

可选条款：

21 如果有意在出口匝道入口制止变道行为，加宽的白色实线可用作理论三角分离点的上游延长线，也可将多车道出口延长一段距离，距离由工程评价决定，如图 3B-10 中图示 B。

22 如果变道可能引起冲突，交叉口的上游延长线可使用加宽或正常的白色车道实线。

23 出口匝道或交叉口处车道分叉（向）时，此类白色实线可以代替部分长度（但非全部）的加宽白色短虚线车道线。

支撑依据：

24 用于减少直行车道的过渡区域的车道线标线，参考第 3B.09 节。

指导条款：

25 *交叉口入口处，白色车道实线标线应该用于分隔直行车道与附加的强制转向车道。*

可选条款：

26 交叉口入口处，白色车道实线标线可用于将相邻直行车道或相邻强制转向车道相互分隔。

27 如果中央分隔带宽度允许左转车道从直行车道分隔出来，从而方便对向入口驾驶员更好地观察对向直行车辆，白色路面标线可以用于组成渠化岛，如图 2B-17 所示。

28 车道白实线标志可用于区分车道和辅助车道，比如附加的卡车爬坡车道或其他专用车道（见第 3D.02 节）。

29 加宽车道实线标线可当作强调之用。

必须条款：

30 当禁止跨越车道线标线时，车道线标线必须采用双白实线的形式（见图 3B-12）。

第 3B.05 节　其他白色纵向路面标线

必须条款：

01 导流线必须采用加宽白实线或双白实线的形式。

可选条款：

02 导流线可用于标示渠化岛区域，区域内两侧车流可按同一方向行驶。

必须条款：

03 渠化岛内其他路面标线必须使用白色。

支撑依据：

04 导流线的应用范例如图 3B-8~图 3B-10 以及图 3B-15 中的 C 图所示。

05 如图 3B-8 与图 3B-10 所示，出口匝道的导流线规定了渠化岛的范围，可以引导车辆以合适的角度平缓地由主路驶向匝道，并减少车辆与附近物体的碰撞。

06 如图 3B-9 和图 3B-10 所示，入口匝道的导流线能够使车辆有序高效地汇入直行车流中。

必须条款：

07 所有出口匝道以及带有平行加速车道的入口匝道的导流线必须设置在渠化区两侧（见图 3B-8、图

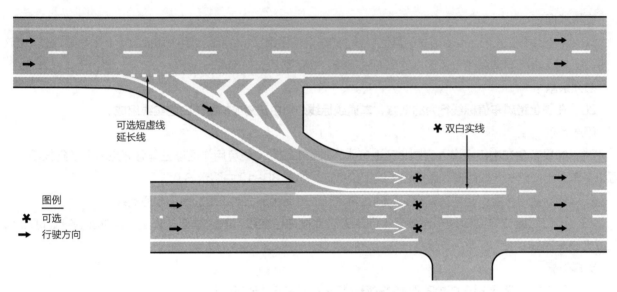

图 3B-12 禁止变化车道用的白色双实线示例

3B-10 以及图 3B-9 的 A 图所示）

08 入口匝道加速车道逐渐收窄时，导流线必须设置在渠化区两侧，延伸至距离理论三角分离点一半的位置（见图 3B-9 的 C 图所示）。

可选条款：

09 对于带有加速车道渐变段的入口匝道，渠化标线可延伸到理论三角分离点，如图 3B-9 的 B 图所示（见图 3B-9 的 C 图）。

10 V 形填充标线（见第 3B.24 节）可设置在出入口匝道三角分离点的渠化区内，如图 3B-8~ 图 3B-10 的 A 图所示。出入口匝道三角分离点的导流线和可选 V 形填充标线可用白色逆反射标记或内部照明的凸起式路面标记作为补充（见第 3B.11 节和 3B.13 节），以增强夜间可视性。

第 3B.06 节　道路边缘线

必须条款：

01 道路边缘线必须用于标示出道路左右边缘。

02 除短虚线延长线（见第 3B.08 节）外，道路边缘线不能延长至交叉路口或主路上。

03 如果在有中央隔离的公路或单行道上或在同一方向的匝道上使用，则左边边缘路面标线应由正常的黄实线组成，以表示禁止在此类标线左侧行驶或超车。

04 右侧边缘线必须为普通白实线，以标示道路的右侧边界。

指导条款：

05 *道路边缘线不应因次要的小道而中断。*

支撑依据：

06 道路边缘线在天气恶劣、可视性低时为驾驶员提供视觉参照，具有独特意义。

可选条款：

07 加宽道路边缘实线可用于强调。

第 3B.07 节　道路边缘线的使用依据

必须条款：

01　道路边缘线必须设置在有如下特征的铺装街道或公路上：

A. 高速公路；

B. 快速路；

C. 道路宽度不小于 20 英尺且平均日交通量不低于 6000 辆 / 日的乡村干道。

指导条款：

02　*道路边缘线应设置在有如下特征的铺装街道或公路上：*

A. *道路宽度不小于 20 英尺且平均日交通量不低于 3000 辆 / 日的乡村干道；*

B. *工程调研显示需要设置道路边缘线的铺装街道或公路。*

03　*工程调研或工程评判显示设置道路边缘线可能会降低安全性时，不应设置道路边缘线。*

可选条款：

04　设置道路边缘线的道路可以设有道路中心线，也可以不设。

05　工程评判指出，当道路边缘出现路缘、泊车或其他标线时，可不设置道路边缘线。

06　行车道外侧标示出自行车道时，标示自行车道外侧边缘的道路边缘线可省去。

07　可采用道路边缘线，以最大程度地防止车辆驶入路面结构强度比邻近路段低的路肩或安全岛区域。

第 3B.08 节　交叉路口或立交桥的导向线

必须条款：

01　除第 2 条所述情况外，延长至交叉路口或立交桥的路面标线颜色必须保持一致，且宽度必须与延长前保持一致（见图 3B-13）。

可选条款：

02　普通宽度的标线延长至交叉路口时可变为加宽标线。

指导条款：

03　*高速公路设计不合理或可见度降低时，需要在交叉路口和立交桥区域对车辆加以控制或引导，比如在弯道上偏移、斜交、复合或多出入口的交叉路口，道路数量多，偏移左转车道可能会导致驾驶员判断失误，此时应采用长 2 英尺、间距 2~6 英尺的短虚线延长线标线，以将纵向路面标线延长进入交叉路口或立交桥。*

可选条款：

04　短虚线路面边缘延长线可设置在交叉路口或主要小道。

指导条款：

05　*需要更明确的限制时，车道标线实线或导流线可延长至或通过交叉路口或主要小道。*

必须条款：

06　将路面边缘线延长至交叉路口或主要小道时不能使用实线。

指导条款：

07　*双线标线延长至交叉路口时，应变为与双线等宽的单线标线。*

08　*标线延长至交叉路口时，设计上应尽量避免使相邻或对向车道的驾驶员产生困惑。*

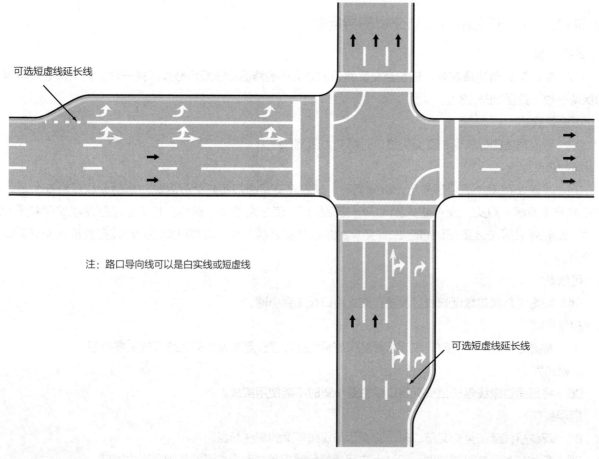

图 3B-13　交叉口导向线示例（A图）

第 3B 章 路面与路缘标线　　395

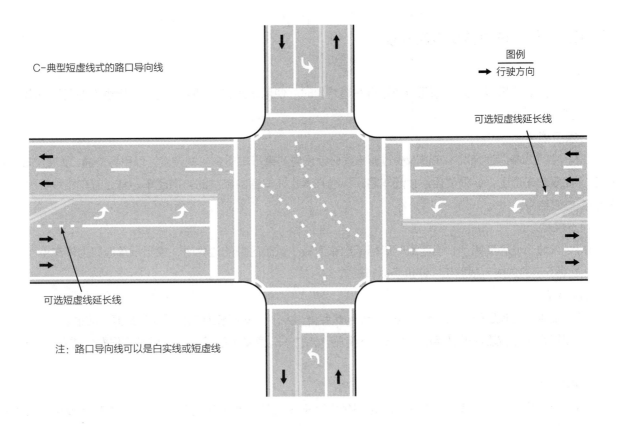

C-典型短虚线式的路口导向线

可选短虚线延长线

可选短虚线延长线

注：路口导向线可以是白实线或短虚线

图例
→ 行驶方向

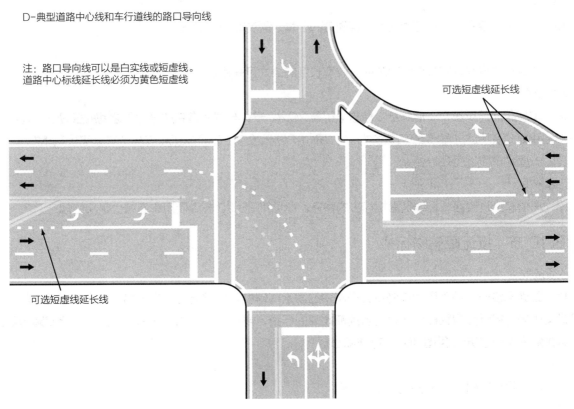

D-典型道路中心线和车行道线的路口导向线

注：路口导向线可以是白实线或短虚线。
道路中心标线延长线必须为黄色短虚线

可选短虚线延长线

可选短虚线延长线

图 3B-13　交叉口导向线示例（B 图）

第 3B.09 节　车道减少过渡标线

支撑依据：

01　因道路变窄或路边停车而导致直行车道减少时，使用车道减少过渡标线。该标线不得用于车道交叉（向）的情况。

必须条款：

02　除第 3 条所述情况，车道减少过渡标线必须设置在直行车道变少的过渡区以引导交通，如图 3B-14 所示。在双向车道上，必须使用禁止超车路段标线来禁止在车道数减少的方向超车，禁止超车路段标线必须延长至过渡结束。

可选条款：

03　在城市低速道路上，当路缘明确标示出车道减少过渡区域的边界时，或当行车道变为停车道时，图 3B-14 中所示的边线可根据工程评价予以省略。

指导条款：

04　如果道路规定限速或法定限速不低于 45 英里/小时，车道减少过渡区域的长度应根据公式 $L=WS$ 计算。如果道路规定限速或法定限速低于 45 英里/小时，车道减少过渡区域的长度应根据公式 $L=WS^2/60$ 计算。

支撑依据：

05　两个公式中，L 代表渐变段的长度，W 代表偏移宽度，单位均是英尺，S 则代表规定或法定限速的 85%（取较高限速数值）。

指导条款：

06　实测速度容易超过规定限速或法定限速的区域，渐变段应当延长。

可选条款：

07　新建道路没有规定或法定限速时，收窄长度的公式可采用设计速度。

指导条款：

08　车道线标线应在"车道终止"标志（见第 2C.42 节）与过渡渐变段开始处之间的四分之一处终止。

09　除第三条所述的城市低速道路外，图 3B-14 所示的道路边缘标线应该从"车道终止"警告标志处开始设置，一直到较窄路段开始处。

支撑依据：

10　车道减少过渡区域标线是常规标志的补充。参见第 3B.20 节中使用车道减少箭头的规定。

第 3B.10 节　接近障碍物标线

必须条款：

01　路面标线必须用于引导车辆避开道路中的固定障碍物。桥梁支座、安全岛、中央交通岛、收费岛和凸起式渠化岛的接近障碍物标线必须包含逐渐收窄的标线，或从中心线或车道线开始延长至距离障碍物结束处右侧或两侧 1~2 英尺（见图 3B-15）的标线。

支撑依据：

02　其他收费岛相关标线信息见第 3E 章。

指导条款：

03　如果道路规定限速或法定限速不低于 45 英里/小时，渐变段标线的长度应根据公式 $L=WS$ 计算。

第 3B 章 路面与路缘标线

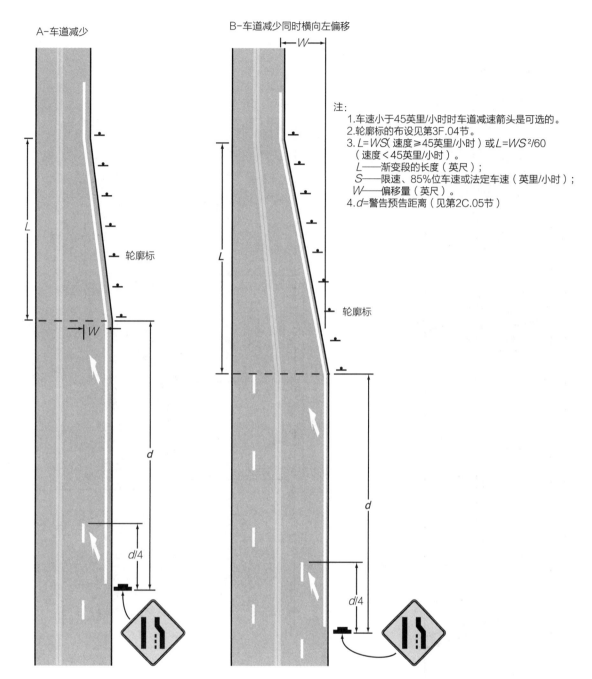

图 3B-14 车道减少过渡段标线示例

如果道路规定限速或法定限速低于 45 英里／小时，车道收窄标线的长度应根据公式 $L=WS^2/60$ 计算。

支撑依据：

04 两个公式中，L 代表逐渐变窄道路的长度，W 代表偏移宽度，单位均是英尺，S 则代表规定限速或法定限速的 85%（取较高限速数值）。

指导条款：

05 城市道路渐变段最短应为 100 英尺，乡村路段应为 200 英尺。

支撑依据：

06 道路中接近障碍物标线的示例参见图 3B-15。

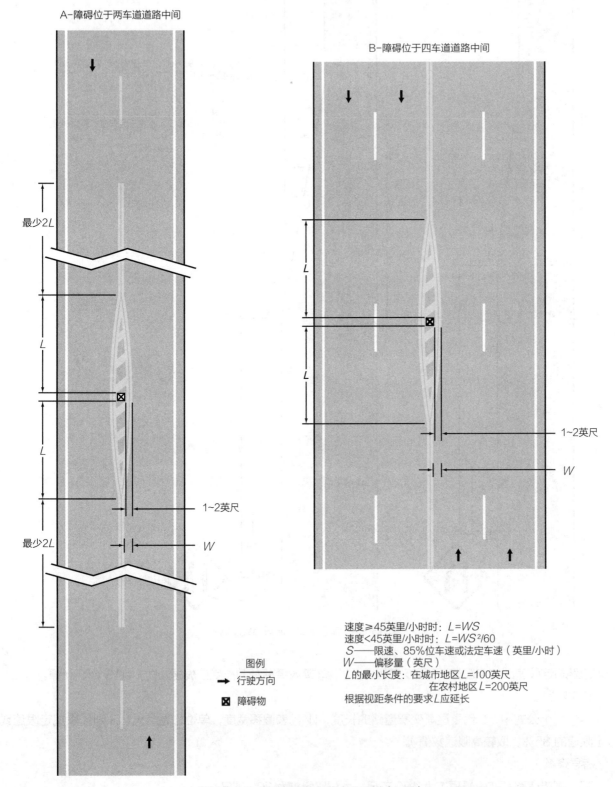

图 3B-15 道路障碍物标线应用示例（A 图）

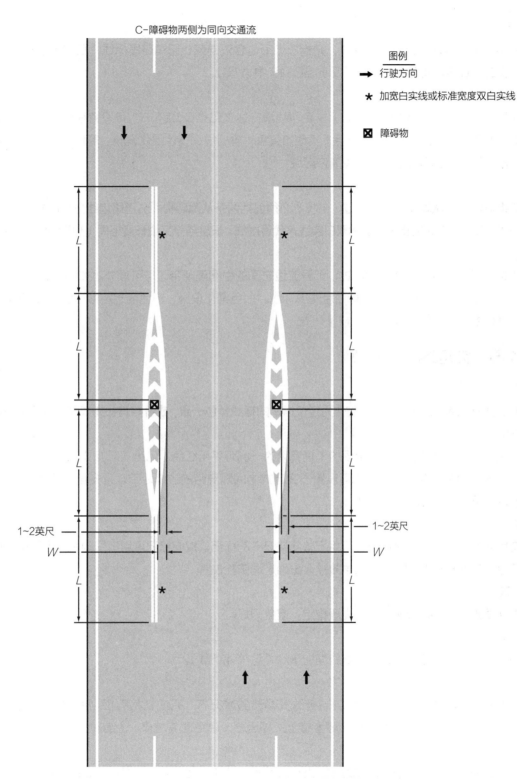

图 3B-15　道路障碍物标线应用示例（B 图）

必须条款：

07　如果车辆只能从障碍物右侧经过，则标志必须包含双向禁止超车路段标线，且该标线长度必须为根据渐变段长度公式计算所得结果的 2 倍（见图 3B-15 中 A 图）。

可选条款：

08　如果车辆只能从障碍物右侧经过，黄色斜线填充线（见第 3B.24 节）可设置在禁止超车路段标线的中间隔离带，如图 3B-15 中 A、B 图所示。其他如黄色轮廓标线、黄色渠化设施、黄色突起路标以及白色人行横道路面标线等标线也可设置在中间隔离带区域。

必须条款：

09　如果车辆可以从障碍物两侧通过，则标志必须包括两条从障碍物两侧道路边线分出的导流线。在分叉点之前，必须设有加宽实线或正常宽度的双白实线来代替虚线，长度与分叉线长度相同（见图 3B-15 中 C 图）。

可选条款：

10　如果车辆可以从障碍物两侧通过，则导流线之间的中间隔离带区域可额外添加白色 V 形填充线（见图 3B-24），如图 3B-15 所示。其他如白色轮廓标线、白色渠化设施、白色突起路标和白色人行横道线等标线也可以设置在中间隔离带区域。

第 3B.11 节　突起路标——总则

必须条款：

01　无论昼夜，突起路标的颜色应与作为定位指南的标线颜色一致，或者与其补充或替代的标线颜色一致。

可选条款：

02　突起路标上能够让行驶方向错误的车辆看见的一侧可采用红色（见第 3A.05 节）。

03　逆反射或内部发光的突起路标可设置于突起式中间隔离带的边缘地带以及安全岛的边缘，或用于这些路缘的顶端（见第 3B.23 节）。

支撑依据：

04　逆反射或内部发光的突起路标可用于单向或双向的标记。双向标记可用不同颜色表示不同方向。

05　蓝色突起路标有时用于帮助紧急救援人员确定消防栓位置。

必须条款：

06　内部发光的突起路标必须保持光源稳定，避免闪烁。

支撑依据：

07　闪烁的突起路标通常认为是道路路面指示灯（见第 4N 章）。

指导条款：

08　非逆反射突起路标在没有逆反射或内部发光标志的情况下，不应作为其他路面标线的替代单独使用。

09　突起路标的方向设置应为道路使用者突出正确信息，避免混淆信息。也应避免其他可见标志误导道路使用者。

10　补充或替代其他纵向路面标线的突起路标的间隔，应该与其所补充或替代的虚线形式一致。

必须条款：

11　第 3B.12 节至 3B.14 节中提到的关于突起路标间隔 N 的值必须等于公路上长虚线中的实线长度和间距长度之和。

可选条款：

12　为表强调，根据工程评判或工程调研决定，逆反射突起路标间距可比第 3B.12 节至第 3B.14 节描述的稍小。

支撑依据：

13 《交通控制设施手册》中图 9-20~ 图 9-22（见第 1A.11 节）包含更多有关纵向路面标线中突起路标的设置间距的信息。

第 3B.12 节　与其他纵向标线共同指示车辆位置的突起路标

可选条款：

01 逆向反射或内部发光的突起路标可以用作纵向车道标线的定位引导，而不必向道路使用者传递关于超车或车道使用限制的信息。此类使用情况下，该标记可在单行线标线上设置，或紧邻单行线标线设置，或是在道路中心双线或双车道标线的两条线之间设置。

指导条款：

02 *此类使用情况下，标记间距应为 2N，其中 N 等于一段实线长度和一段间距长度之和（见第 3B.11 节）。*

可选条款：

03 需要提醒道路用户行驶路径的变化，如在急弯、车道数减少的过渡段或旁边有车辆汇入时，间距可以减少到 N 或更少。

04 在高速公路和快速路，当工程评价表明这样的间距在夜晚条件下且路面潮湿时能够提供足够的轮廓，在相对直线和水平的路段间距可增加到 3N。

第 3B.13 节　突起路标对其他标线的补充

指导条款：

01 *逆反射或内部发光的突起路标作为纵向标线的补充，应遵守以下规则：*

A. 横向位置：

1. 配合双实线使用时，应该沿着双实线或直接在双实线外侧使用成对的突起路标。

2. 配合加宽标线使用时，成对的突起路标应相互毗邻设置。

B. 纵向间距：

1. 配合实线标线使用时，突起路标的设置间距不应大于 N；用作导流线或道路边缘标线时，其设置间距不应大于 N/2。

2. 配合虚线标线使用时，设置间距不应大于 3N。而配合虚线以标示逆向车道时，设置间距不应大于 N。

3. 配合虚线车道标线使用时，则选取适合实际应用的设置距离。

4. 在平面交叉路口配合纵线延长标线使用时，每一段实线都要有一个突起式路面标记。

5. 配合快速路立交桥中延长线使用时，设置间距不应大于 N。

02 *突起路标一般不应用于右侧边缘标线上，除非工程调研或工程评判表明，在右侧边缘线上使用突起路标有助于增强弯道线形诱导，且其好处将超过对使用路肩行驶的自行车带来的负面影响；在右侧路缘标线上使用突起路标时，其间隔不宜过大，否则在潮湿的夜间条件下易被误解为虚线。*

可选条款：

03 突起路标也可以用来补充渠化岛、三角分离区、接近障碍物或逆行箭头等其他标线。

04 为了提高平曲线的可视性，整个弯曲部分的中央线可以用逆反射或内部发光的突起路标作为补充，弯道前 5 秒左右的行程距离也可以设置。

第3B.14节 替代路面标线的突起路标

可选条款：

01 逆反射或内部发光的突起路标，或非逆反射的突起路标辅以逆反射或内部发光的标记，可以替代其他形式的路面标线。

指导条款：

02 *突起路标的形式应与它所替代的标线形式相类似。*

必须条款：

03 如果突起路标用来替代虚线标线，必须以3~5个标记为一组，且每组中的标记以不超过 N/8 的距离等间距排列（见第3B.11节）。如果 N 不等于40英尺，标记必须等间距设置（如果均分为2段，则设置3个标记；如果均分为3段，则设置4个标记；如果均分为4段，则设置5个标记）。每组3~5个标记中必须至少有一个逆反射或内部发光标记，或者每相邻两组非逆反射标记之间必须设置一个逆反射或内部发光标记。

04 如果突起路标用来替代实线标线，标记必须以不超过 N/4 的距离等间距排列，且这些标记中，不超过 N/2 的距离就必须有一个逆反射或内部发光标记。

指导条款：

05 *突起路标不应替代右侧边缘线，除非有研究或工程实践证明突起路标可以增强边缘的轮廓或比使用路肩对自行车的影响更明显。如果右侧边缘线上使用突起路标，则突起路标的间距应该足够紧密，避免在潮湿的夜晚被误认为是虚线。*

必须条款：

06 突起路标用以替代短虚线时，间距必须不大于 N/4，且每个短虚线段不少于一个突起路标。每个 N 中必须至少有一个突起路标是逆反射或内部发光标记。

可选条款：

07 当代替宽标线时，可以将突起路标横向并列放置以模拟标线的宽度。

第3B.15节 横向标线

必须条款：

01 横向标线包括：路肩标线、文字和符号、箭头、停车线、减速让行线、人行横道线、测速标线、减速标线、减速丘标线、停车位标线等。除本手册另有规定外，这些标线都必须为白色。

指导条款：

02 *由于路面标线是以低视角的形式出现在视野中，因此横向标线的可视性至少应等于纵向标线的可视性。*

第3B.16节 停止线和让行线

指导条款：

01 *停止线应用来指示停车位置，车辆应根据交通信号灯停在停止线的后面。*

可选条款：

02 当前方有停车让行标志（R1-1）、停车注意行人标志（R1-5b或R1-5c）或者其他需要车辆停止的交通控制设施，除了不在被动式平交路口的"减速让行"标志，停止标线都可用来指示停车的位置，让车辆遵守以上标志的指示停在停止线后面。

03 让行线用来指示让行的位置，车辆应该根据"减速让行"标志（R1-2）或者礼让行人标志（R1-5或 R1-5a）的指示在让行线后面让行。

必须条款：

04 除了第 8B.28 节中所规定的，停止线不能用在车辆应该遵循减速让行标志（R1-2）或停车注意行人标志（R1-5 或 R1-5a）的指示让行的地方，或者在无标志指示但是根据州法律规定应该让行的地方。

05 让行线不能用在车辆应遵循停车让行标志（R1-1）、停车注意行人标志（R1-5b 或 R1-5c）、交通控制信号或其他交通控制设施的要求停车的地方。

06 停止线必须由白实线组成，横穿入口车道以指示车辆预期停车或者应该停车的位置。

07 让行线（如图 3B-16）应由一排白色实线等腰三角形组成，三角形的顶点指向来车方向，这排三角形必须横穿入口车道，以指示车辆预期让行或者应该让行的位置。

指导条款：

08 停止线宽度应为 12~24 英寸。

09 让行线中的每个等腰三角形的底边长应为 12~24 英寸，高应为底边长的 1.5 倍。相邻两个三角形的间距应为 3~12 英寸。

10 停止线或让行线应设置在交通控制交叉口中距离最近一条人行横道线至少 4 英尺的地方。第 3C.04 节中提到的让行线设置在环岛上，或让行线设在道路中央行人安全岛的情况除外。没有人行横道线时，停车或让行线应设置在要求停车或让行的位置，但是其位置与最近的交叉行车道的距离应不超过 30 英尺，不小于 4 英尺。

11 停止线在有安全岛标志的地方时，应设置在距离最近的信号标志至少 40 英尺的位置（见第 4D.14 节）。

12 如果让行或停止线设置在多车道无控制的入口车道前，让行或停止线应设置在距离最近的人行横道标线 20~50 英尺的地方，而且让行或停止线与人行横道线之间的区域应禁止泊车（见图 3B-17）。

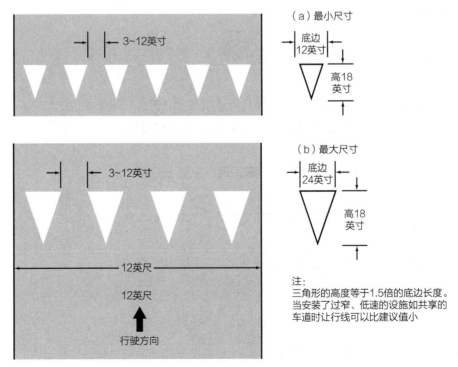

图 3B-16 推荐的让行线布局

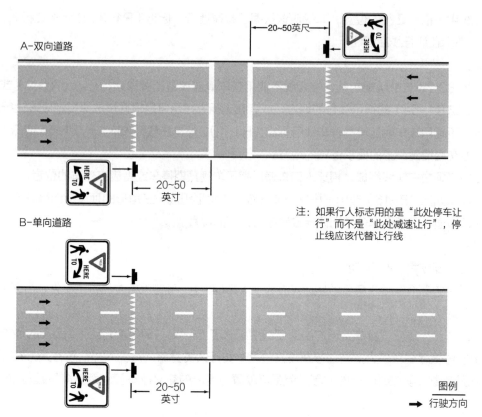

图 3B-17　在没有信号控制的路段人行横道处让行线示例

必须条款：

13　如果让行线（停止线）设置在多车道无控制的人行横道前，减速让行（停车让行）标志（R1-5 系列，见第 2B.11 节）必须配合一起使用。

指导条款：

14　*让行线（停止线）和减速注意行人（停车注意行人）标志不应用于环岛入口或出口的人行横道前。*

支撑依据：

15　在无信号控制多车道交叉口，如果驾驶员让行或者停止在离人行横道太近的地方，将会挡住其他驾驶员对行人的视线以及行人对其他车道车辆的视线，从而给行人带来危险。

可选条款：

16　每条车道的停止线或让行线可根据情况错开设置（见图 3B-13 中 D 图）。

支撑依据：

17　错位的停止线和让行线设置会改善驾驶员的视野，为转弯的车辆提供更好的视距，并增加左转车辆的转弯半径。

18　第 8B.28 节中包括了停止线和让行线在平交路口使用的相关信息。

第 3B.17 节　请勿阻塞交叉口标线

可选条款：

01　请勿阻塞交叉口标线可用于信号控制交叉口、铁路交叉口或其他有交通控制附近的交叉口区域的边缘，这些交通控制标志可阻止车辆停在交叉口内或者防止其他车辆进入交叉口。如果经法律认可，请勿阻塞交叉口标线和其他合适的标志也可以用在其他地方。

必须条款：

02　请勿阻塞交叉口标线（如图 3B-18 所示）必须由以下其中一种组成：

A. 加宽白实线显示交叉口的范围，在此范围内车辆不能停留。

B. 加宽白实线显示交叉口的范围，在此范围内车辆不能停留，并且写有白色"请勿阻塞交叉口"或"保持畅通"字样。

C. 加宽白实线显示交叉口的范围，在此范围内车辆不能停留，并且画有交叉的网格线。

D. 写有"请勿阻塞交叉口"或"保持畅通"字样，车辆在交叉口范围内不能停留。

03　请勿阻塞交叉口标线必须与一个或多个"请勿阻塞交叉口（私人车道）（人行横道）"标志（R10-7），一个或多个"禁止停在轨道"标志（R8-8，见第 8B.09 节），或其他相似的标志一起使用。

第 3B.18 节　人行横道线

支撑依据：

01　人行横道线为行人提供引导，指示行人按照指定的路径在信号控制交叉口内行走或在车辆停止的其他交叉口行走。

02　与标志和其他交通措施一样，人行横道线可以警示道路使用者在无信号控制、无停车标志或无让行标志的位置，可以按照指定的路径穿过马路。

03　在无交叉口的位置，可以依法施划人行横道线设置人行横道。

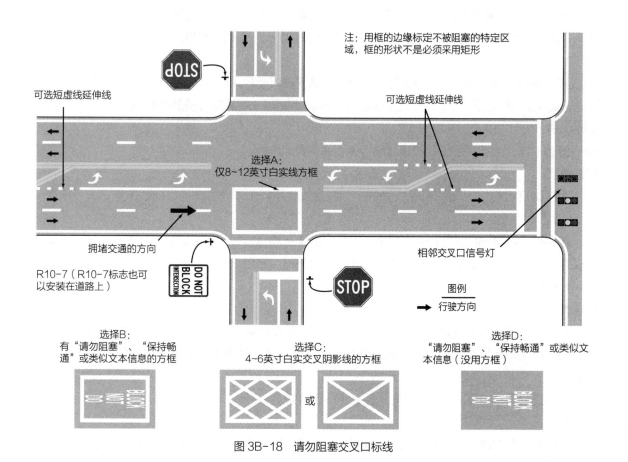

图 3B-18　请勿阻塞交叉口标线

必须条款：

04　人行横道线必须由白实线组成，且宽度不能小于6英寸且不应大于24英寸。

指导条款：

05　如果用横向的标线来标记人行横道，相邻两条线之间的距离应不小于6英尺。如果用斜线或者纵向线来标记人行横道，人行横道的宽度应不小于6英尺。

06　如果人行横道的两侧都是用人行横道线来标记，标线应横穿整个路面或延伸至相交的人行横道处来防止行人在人行横道之间斜穿（如图3B-17和图3B-19所示）。

07　在受交通信号控制或"停车让行"、"减速让行"标志控制的地方，人行横道标线应设置在工程评价认为应该引导行人过街的地方。

08　人行横道线不应随意设置。在远离交通信号或"停车让行"、"减速让行"标志控制的地方设置人行横道线，应开展工程调研。工程调研过程中应考虑车道数、中间隔离带、与相邻信号交叉口之间的距离、行人流量及延迟、平均日交通量、法定限速值或85位速度、几何结构、多个人行过街点合并的可能性以及街道照明等合理因素。

09　单独施划人行横道线时，如果没有减速、缩短过街距离、提高司机对行人的注意力和（或）主动警告行人存在等措施，不应该设置在限速大于40英里/小时的无控制道路。以下情况也不应设置：

A. 车道数大于等于4条、没有突起式中间隔离带或道路中央行人安全岛且平均日交通量大于等于12000辆/日；

B. 车道数大于等于4条、有突起式中间隔离带或道路中央行人安全岛且平均日交通量大于等于15000辆/日。

支撑依据：

10　第4F章包含有关行人混合信号标志的内容。第4L.03节包含有关警告信号标志的内容。第4N.02节包含有关道路路面警告指示灯的内容。第7D章包含有关学校行人过街通道监管的内容。

指导条款：

11　因为道路使用者对非交叉口处的人行横道的情况难以预料，所以在所有有人行横道的非交叉口处应设置警告标志（见第2C.50节），并且应该通过禁止停车等措施来提高人行横道的可视性。

支撑依据：

12　第3B.16节包含关于人行横道线附近停止线设置的内容。

可选条款：

13　为了提高可见性，可采用45°角的白色斜线或者平行于车流方向的纵向线来标记人行横道，如图3B-19所示。

14　用斜线或者纵向线来标记人行横道时，横向的人行横道标线可以省略。此类人行横道线可以在下列情况下使用：有大量行人需要过街且无其他交通控制设施时；希望提高人行横道的可见性时；或人行横道的出现难以预料时。

指导条款：

15　如果使用斜线或者纵向线，其宽度应在12~24英寸之间，并且相邻两条线的间隔为12~60英寸。斜线或纵向线以及间距的设计应尽量避开行车轨迹，且相邻两条线的间隔不应超过2.5倍的线宽。

可选条款：

16　信号交叉口有专属人行过街信号，且允许行人斜穿交叉口时，可设置如图3B-20的标线。

指导条款：

17　人行横道线应该合理设置，让无障碍设施（路缘坡道）处在人行横道标线的延长线上。

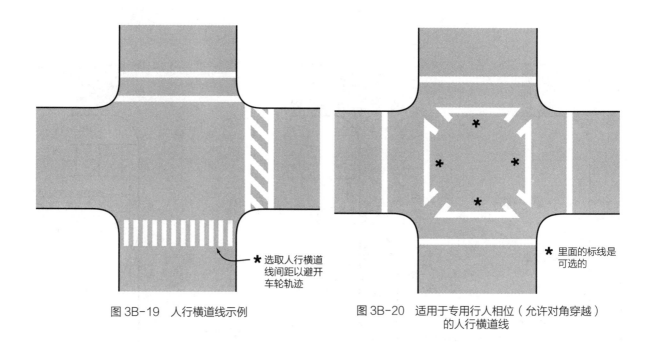

图 3B-19 人行横道线示例

图 3B-20 适用于专用行人相位（允许对角穿越）的人行横道线

* 选取人行横道线间距以避开车轮轨迹

* 里面的标线是可选的

支撑依据：

18 在无突起路缘的地方，可使用视觉障碍者可感知的警告路面来标记人行道和车行道之间的界限。根据美国联邦法规第 49 卷第 37 部分和美国残疾人法案（ADA）要求，无论有无人行横道线，视觉障碍者可感知的警告路面应设置在人行道和行车道的连接处。视觉障碍者可感知的警告路面与相邻的人行道路面有强烈反差，无论是明暗对比还是暗明对比。《美国残疾人法案建筑和设施可及性指南》（ADAAG）（见第 1A.11）中包括视觉障碍者可感知的警告路面的设计参数和设置位置等内容。

第 3B.19 节　停车位标线

支撑依据：

01 在停车周转率高的地方，停车位标线应得到更有序和高效的使用。停车位标线不能施划在消防区、公交站、装货区、靠近交叉口的区域、缘石坡道和其他停车受限的区域。停车位标线的示例如图 3B-21 所示。

必须条款：

02 停车位标线必须为白色标线。

可选条款：

03 蓝色标线可作为白色停车位标线的补充，以标示残疾人专用泊车位置。

支撑依据：

04 第 3B.20 节中讨论了残疾人士专用停车区域处停车位标线的设置，如图 3B-22 所示。另外，残疾人停车位的设计和布局详见 ADAAG（见第 1A.11 节）

第 3B.20 节　路面文字、符号、箭头标线

支撑依据：

01 路面上的文字、符号、箭头标线可指引、警告或者管制交通。这些路面标线可以补充其他标志，并突出重要的规定、警告或指引信息，从而帮助道路使用者，因为这些标线不需要驾驶员把视线离开路面就能

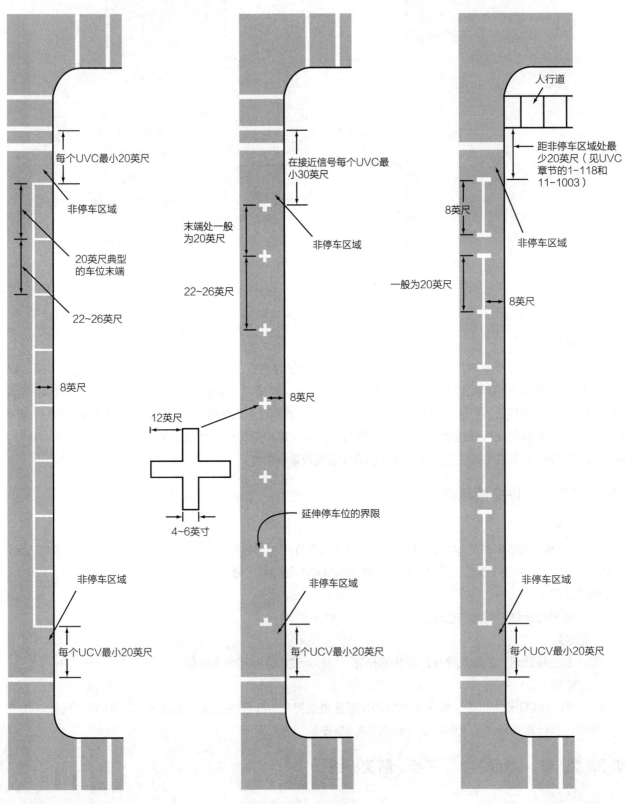

图 3B-21 停车位标线示例

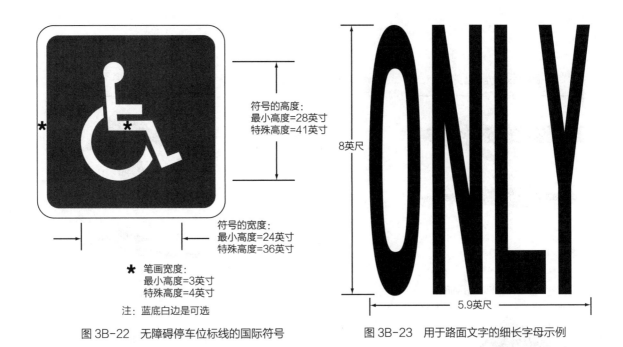

图 3B-22　无障碍停车位标线的国际符号　　图 3B-23　用于路面文字的细长字母示例

看到。符号要比文字信息更好。标准的文字和箭头标线如图 3B-23 和 3B-24 所示。

可选条款：

02　文字、符号、箭头标线以及《公路标志和标线标准》（见第 1A.11 节）中提到的标线可根据工程评判设置来辅助标志，或来强调规定、警告或引导信息。可能会使用到的文字、符号、箭头标记如下所示：

A. 禁令：

1."停车让行"；

2."减速让行"；

3."右转 / 左转专用"；

4. 25 英里 / 小时；

5. 车道使用和逆行箭头；

6. HOV 专用车道菱形符号；

7. 其他专用车道上的路面文字。

B. 警告：

1."前方停车让行"；

2."前方让行"；

3."前方让行"（三角标记）；

4."学校行人过街标志"；

5."前方信号灯"；

6."行人过街标志"；

7."学校"；

8."铁路交叉口"；

9."减速垄"；

10."减速丘"；

11. 车道减少箭头。

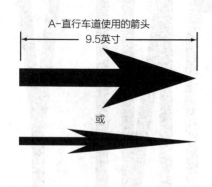

A-直行车道使用的箭头 9.5英寸

或

B-转向车道使用的箭头 8.0英寸

或

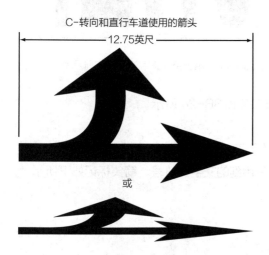

C-转向和直行车道使用的箭头 12.75英尺

或

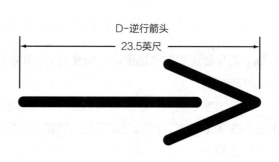

D-逆行箭头 23.5英尺

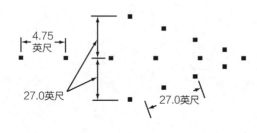

E-用有逆反射性的突起的路面标记逆行箭头

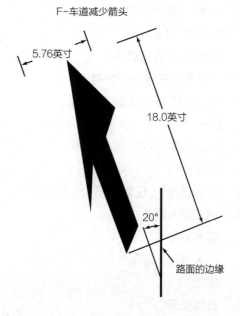

F-车道减少箭头
5.76英寸
18.0英寸
20°
路面的边缘

注：
1.正常安装的典型尺寸；在低速城市条件下尺寸可能减少约1/3；在高速公路、高于平均速度和其他关键的地方可用更大的尺寸。
2.在图A、B、C中显示的细长箭头设计是可选择的。
3.合适的比例见《公路标志与标线标准》路面标线章节（见第1A.11节）

图 3B-24　用于路面标线的标准箭头示例

C. 指示：

1. 道路编号（路线盾形标或其他如 I-81、US 40、洲际 135 或 10 号公路等文字标志）；

2. 基本方向（"东"、"西"、"南"、"北"）；

3. 到 / 至 / 往；

4. 目的地名字或其缩写。

必须条款：

03　除非另有规定，文字、符号和箭头标线必须为白色。

04　路面标线的字母、数字、符号和箭头的设置必须与《公路标志和标线标准》书中"路面标线"一章中的详细设计一致（见第 1A.11 节）。

指导条款：

05　*文字和数字的高度应大于或等于 6 英尺。*

06　*文字和符号显示不应该超过 3 行信息。*

07　*如果路面文字信息超过了一行，则应以行车方向来阅读，即信息的第一个字应该离道路使用者最近。*

08　*除了如图 3B-7 所示的一个双向左转车道标志的两个逆向箭头以外，相邻两个文字或符号表现包括箭头标记的间距应至少为字符的 4 倍高（在慢车道上），且任何情况下，不应超过字符的 10 倍高。*

09　*文字或符号应尽量简练，以进行有效指引并避免误解。*

10　*除了"学校"文字标记（见第 7C.03 节），其他路面文字、符号、箭头标线不应超过一个车道宽。*

11　*路面文字、符号、箭头标线应适当缩放以适应其设置设施的宽度。*

可选条款：

12　在窄的低速共用路线上，路面文字、符号、箭头标线的尺寸应该比推荐值小，但应采用相对比例。

13　将美国州际公路、国道、州道或其他官方公路的标志以标线形式施划到路面上（如图 2D-3 所示）时，图形会被纵向拉长，以指引道路使用者驶向目的地（如图 3B-25 所示）。

必须条款：

14　除了在停车场通道的两端，"停车"字样不能铺设在路面上，除非与停止线（见第 3B.16 节）或停车标志（见第 2B.05 节）一起使用。在停车场通道的两端使用时，也必须与停止线一起使用。

15　"停车"字样不能铺设在停止线前，除非要求任何车辆在任何时候都必须停车。

注：
1. 其他尺寸和详细信息见《公路标志和标线标准》。
2. 在适当的时候彩色和拉长州路线盾形标可用于路线盾形标路面标线

图 3B-25　用于路面标线的拉长路线盾形标示例

可选条款：

16 前方减速让行的三角符号（如图 3B-26 所示）或前方让行的地面标线可设置在交叉口入口，进入交叉口的车辆会在交叉口遇到"减速让行"标志。

必须条款：

17 前方让行的三角符号或"前方减速让行"的路面标线只有在交叉口设置有"减速让行"标志的地方才可以设置。"减速让行"的三角符号如图 3B-26 所示。

指导条款：

18 *国际符号无障碍停车位标线（如图 3B-22 所示）应设置在残疾人专用停车位上。*

可选条款：

19 蓝色背景加白色边框可补充如图 3B-22 所示的轮椅符号。

支撑依据：

20 车道使用箭头标线（见图 3B-24）用来指示在特定车道（见图 3B-17）或双向左转车道上强制或者允许的行驶（见图 3B-7）。

指导条款：

21 *车道使用箭头标线（见图 3B-24）应设置在专用转弯车道，包括转向车道，除非工程评判认为物理条件或其他标线（例如延伸至转向车道变窄区域的短虚线）能有效地阻止过路车辆不经意进入转向车道。指定车道箭头标线也应使用在允许通行但是与通常的规定相反的车道（如图 3B-13 所示）。当使用在转弯车道时，应使用至少两个箭头，一个设在接近全宽转弯车道的上游末端，一个以合适的距离设置在停车线或交叉口的上游（如图 3B-11 所示的 A 图）。*

可选条款：

22 一个或多个附加的箭头可用在转弯车道上。在短距离转弯车道上使用多个箭头时，第二个（下游）箭头可根据工程评判省略掉。

指导条款：

23 *在逆向偏移渠化左转车道处，车道使用箭头标线应设置在偏移左转车道下游的末端，以减少错误行驶。*

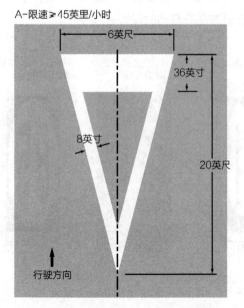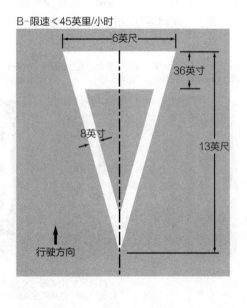

图 3B-26 前方让行三角符号

支撑依据：

24 转弯车道末端设置的箭头可以防止逆行。

必须条款：

25 道路接近交叉口变成限定转弯车道的直行车道，必须设置车道使用箭头标线（见图 3B-24），并设置相应的标准标志。

指导条款：

26 道路接近交叉口变成限定转弯车道的直行车道，除了设置所要求的道路使用箭头标线和标志（见第 2B.19 节和 2B.20 节）外，还应设置"仅限"文字标记（见图 3B-23）。这些标线应该设置在转向前的合理位置，并且可以在必要的时候重复设置来防止转向错误，也有利于道路使用者在到达排队车辆前选择合适的道路。

可选条款：

27 在直行车道成为强制出口车道的高速公路或快速路上，在该出口车道接近出口处可以施划箭头标线，箭头标线还可用于邻近的直行/出口可选车道（如果存在的话）。

指导条款：

28 双向左转车道使用箭头标线，连同图 3B-27 中所示的逆向箭头，应设置在双向左转车道处，或在该车道的下游处。

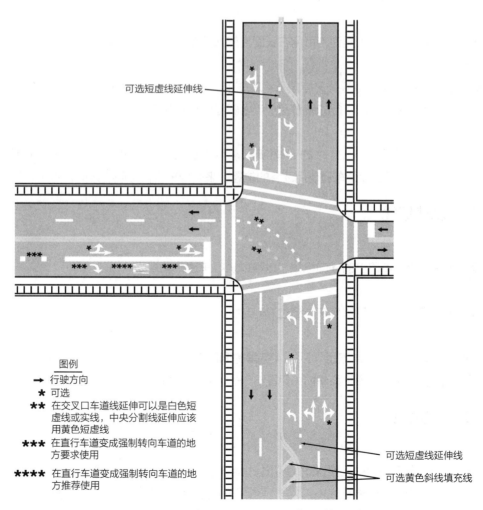

图 3B-27　车道使用控制文字和箭头路面标线示例

可选条款：

29 若根据工程评判需要设置额外的双向左转车道使用箭头标线来强调车道的正确使用，则可将其设置在双向左转车道上。

必须条款：

30 单向车道使用箭头不能设置在与黄色双向左转车道纵线标线两侧相近的车道上。

31 车道使用、车道减少和逆行车道箭头标线的设计必须符合图3B-24和《公路标志和标线标准》的规定（见第1A.11节）。

可选条款：

32 "仅限"路面文字（如图3B-23）可用于辅助单向行驶专用车道的车道使用箭头标线，或辅助其他专用车道的文字或图形符号标线（见第3D.01节）。

必须条款：

33 "仅限"路面文字不能设置在共用车道上。

指导条款：

34 限速不低于45英里/小时的道路上有车道减少过渡段时，应设置车道减少箭头标线（如图3B-24中的F图所示，见图3B-14）。除了加速车道，限速低于45英里/小时的道路上有车道减少过渡段时，应根据工程评判来合理设置车道减少箭头标线。

可选条款：

35 车道减少箭头标线根据工程评判可用在长距离的加速车道上。

指导条款：

36 在交叉道路采用渠化或匝道线形措施不会造成逆行困难时，合适的车道使用箭头应设置在交叉道路末端的每个出口匝道上，以使潜在逆行的道路使用者能够清晰地看到该标线（见图2B-18）。

可选条款：

37 逆行箭头标线（如图3B-24中的D图所示）可设置在匝道下游末端的位置（如图2B-18和图2B-19所示），或在其他不适合设置车道使用箭头的位置，来引导车流往正确的方向，防止驾驶员走错方向。

第3B.21节 测速标线

支撑依据：

01 测速标线是设置于道路上的横向标线，以帮助执行车速相关规定。

必须条款：

02 测速标线必须为白色，且宽度不能超过24英寸。

可选条款：

03 测速标线可在1英里长道路上，以1/4英里的间距在中心线两侧或边缘线两侧延伸24英寸。路肩宽度足够时，测速标线可完全设置于路肩内（见图3B-10中的A图）。建议标志可与这些标志同时使用。

第3B.22节 减速标线

支撑依据：

01 减速标线（见图3B-28）是沿着车道两边边缘置于道路上一条车道内的横向标线，标线间隔逐渐减少，让驾驶员感觉车速变快。这些标线能够用于预告平面或竖直急转弯以及其他驾驶员在驶入之前需要提前减速的路段，或者警告标志和（或）其他交通控制设施并未达到使车辆提前减速的预期效果的情况。

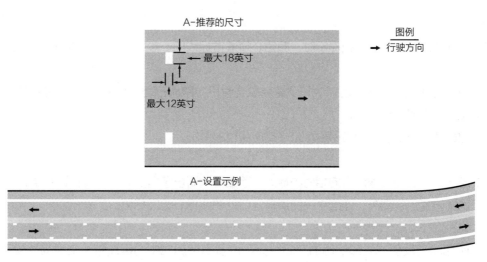

图 3B-28 减速标线应用示例

指导条款：

02 减速标线应用于突然出现的弯道，不应用于道路长直线或当地/熟悉路况的司机频繁通过的区域（如学校区域）。减速标线应与适当的警告标志和其他交通控制设施补充使用，但不能替代这些设施。

必须条款：

03 减速标线必须为位于车道两侧，垂直于中心线、边缘线或车道线的连续的白色横线。标线间的纵向间距必须从车道标线区域的上游到下游逐渐减少。

指导条款：

04 减速标线宽度应不大于 12 英尺，扩展至车道内应不超过 18 英尺。

必须条款：

05 减速标线不能用于车道两侧无纵向标线（中心线、边缘线或车道线）的车道。

第 3B.23 节 路缘石标线

支撑依据：

01 路缘石标线常用于指示停车规定或标出路缘石轮廓。

必须条款：

02 路缘石标线在标线经常被积雪或积冰遮盖的地区传达停车规定时，除第 4 条另有规定外，标志必须与路缘石标线共同使用。

指导条款：

03 除第 4 条另有规定外，路缘石标线用于传达停车规定且无标志时，应将有关规定的清晰文字标记（如"禁止停车"、"禁止驻车"）放置在路缘石上。

可选条款：

04 无路面文字或标志的路缘石标线可用于传达停车相关规定的一般性禁令，如在停车让行、减速让行标志、私人车道、消防栓或人行横道等标志的特定距离内停车。

05 本地公路机构可规定路缘石标线的特殊颜色以补充停车规定标志标准。

支撑依据：

06 黄色和白色的路缘石标线常用于标示路缘石轮廓和提示，因此建议通过设置标准标志来建立健全停车规则（见第 2B.46 节至第 2B.48 节）。

必须条款：

07　路缘石标线用于指示轮廓和提示时，颜色必须遵循标线的一般原则（见第 3A.05 节）。

指导条款：

08　逆反射黄实线应设置于突起式中间隔离带和交通岛的路缘石处，其中，交通岛的路缘石沿交通流设置以用于将车辆渠化至障碍物右侧。

09　逆反射白实线应用于交通岛两侧均允许交通通过的情况。

支撑依据：

10　在交通岛路缘石与交通流方向相同的地点，除工程调研显示需要外，无需标记路缘石。

11　除工程调研显示需要外，连续中央交通岛开口处的路缘石无需标记。

可选条款：

12　适当颜色的逆反射或内部照明的突起路标可设置于突起式中间隔离带和交通岛路缘石前的路面和（或）路缘石顶部，以辅助或替代用于标示轮廓的逆反射路缘石标线。

第 3B.24 节　V 形和斜线填充线

可选条款：

01　V 形和斜线填充线可用于在特定路面区域阻止交通流，如路肩、三角分离点区域、中央双黄实线之间或到达道路上障碍物的白色导流线之间（参见第 3B.10 节和图 3B-15）的平面中间隔离带区域、形成平面中央隔离带或交叉口处渠化交通路径的中央双黄实线之间区域（参见第 3B.10 节和图 3B-15）、专用车道和非专用车道之间的缓冲带区域（参见图 3D-2 和图 3D-4）以及平面交叉口处（参见第 8 部分）。

必须条款：

02　填充线用于分离大体同向车流的路面区域时，必须为白色 V 形标线形状，各肩章形顶点朝向车流来向，如图 3B-8、图 3B-9 中 A 图、图 3B-10 和图 3B-15 中 C 图所示。

03　填充线用于分离逆向交通的路面区域时，必须为倾斜且远离毗邻车道交通的黄色斜线标线，如图 3B-2、图 3B-5 以及图 3B-15 中 A 图和 B 图所示。

04　填充线用于道路路肩时，必须为倾斜且远离毗邻车道交通的斜线标线。分离式公路和单向道路或匝道左侧路肩的斜线标线应必须为黄色。右侧路肩的斜线标线必须为白色。

指导条款：

05　*限速或法定限速高于 45 英里/小时的道路上，V 形和斜线填充线的宽度应不小于 12 英尺；限速或法定限速低于 45 英里/小时的道路，该标线宽度应不小于 8 英尺。V 形或斜线标线的纵向间隔应根据考虑如速度和理想视觉影响等因素的工程评判来确定。V 形或斜线标线与其纵向相交的标线应形成约 30°~45° 的夹角。*

第 3B.25 节　减速丘标线

必须条款：

01　减速丘标线必须为减速丘上连续的白色标线，以确定减速丘的位置。若减速丘标线不作为人行横道或减速台标线，标线必须遵循图 3B-29 中 A、B 或 C 选项的要求。若减速丘标线也作为人行横道或减速台标线，必须遵循图 3B-30 中 A 或 B 选项的要求。

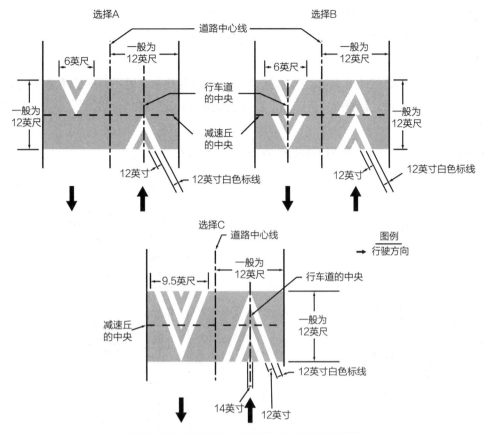

图 3B-29　用于没有人行横道减速带的路面标线

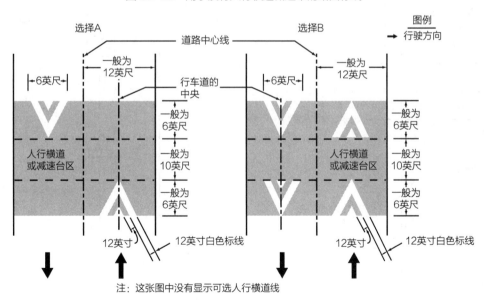

图 3B-30　用于减速台和有人行横道减速带的路面标线

第 3B.26 节　减速丘预告标线

可选条款：

01　减速丘预告标线（见图 3B-31）可用于预告减速丘或其他道路垂直高差工程设置，比如需要提高能见度或在意料之外的垂直高差处。

02 路面预告文字诸如"减速垄""减速丘"（见第 3B.20 节）可单独或与预告减速丘标线一起用于减速丘入口处。可按照第 2C.29 节中的要求使用合适的预告警告标志。

必须条款：

03 减速丘标线必须为连续的 8 条 12 英寸的白色横线，并且随着车辆不断接近减速丘或其他减速装置，标线越来越长，间距越来越短。若使用预告标线，必须遵循图 3B-31 中的详细设计。

指导条款：

04 若使用预告减速丘标线，应该将其设置于每条入口车道处。

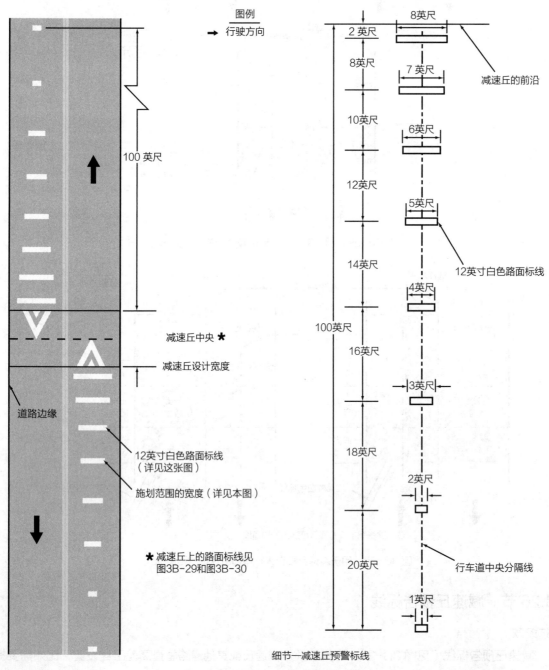

图 3B-31　减速丘的预警标线

第 3C 章　环岛标线

第 3C.01 节　总则

支撑依据：

01　环岛（定义见第 1A.13 节）是一种用于控制速度的特殊类型的圆形交叉口，拥有特殊的交通控制特征。

指导条款：

02　环岛的路面标线和标志整体设计应与几何设计和环岛的车道预期使用设计相符合。

03　环岛内道路标线和环岛入口处的标线应保持协调，向道路使用者提供一致的信息，并有助于车辆安全、方便地通过环岛，例如，车辆在环岛内不必变换车道就可以驶出环岛。

支撑依据：

04　图 3C-1 提供了一个接近环岛和环岛环形道路上路面标线的示例。图 3C-2 展示了可供使用的接近环岛车道使用的路面标线箭头的选择。图 3C-3～图 3C-14 列举了不同几何特征和车道使用配置的环岛标线。

05　交通控制信号或行人混合信号灯（见第 4 篇）有时用在环岛来帮助行人通过或控制交通流。

06　第 8C.12 节包含环岛内或邻近环岛的平交道口信息。

第 3C.02 节　环岛路面的白色车道标线

必须条款：

01　环岛多车道入口必须有车道线。

02　在环岛处变为车道减少（限定转弯车道）的直行车道必须依照第 3B.04 节标记为车道白虚线。

指导条款：

03　多车道环岛应在绕环岛车道内设有车道标线，以疏导车辆驶向合适的出口车道。

必须条款：

04　连续同心圆车道线不能设置在环岛的绕环岛车道内。

支撑依据：

05　第 9C.04 节包含关于环岛的自行车道标线信息。

第 3C.03 节　环岛环形道路的道路边缘标线

指导条款：

01　白色边缘线应设置在环形道路的外侧（右侧）。

02　当白色边缘线设置在环形道路时，应为以下形式（见图 3C-1）：

A. 邻近分流岛的实线；

B. 横穿进入环岛车道的加宽短虚线。

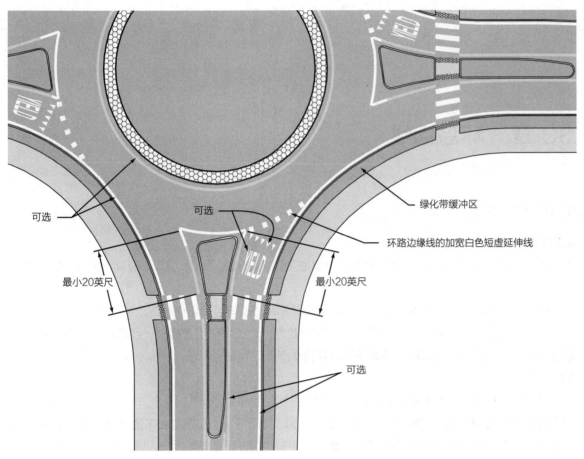

图 3C-1　环岛处入口和环路的标线示例

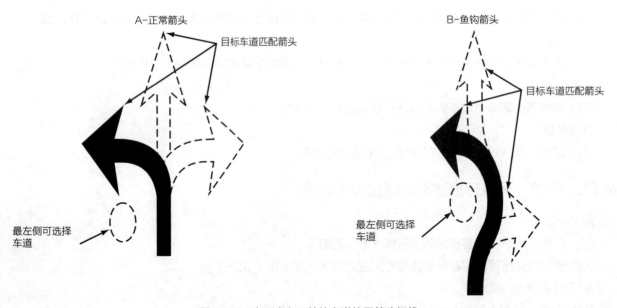

图 3C-2　在环岛入口处的车道使用箭头标线

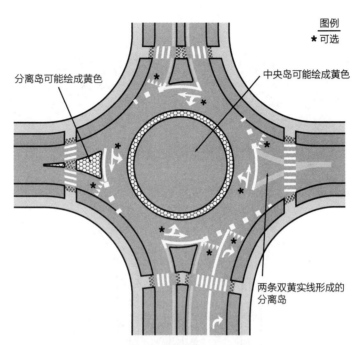

图 3C-3　单车道环岛的标线示例

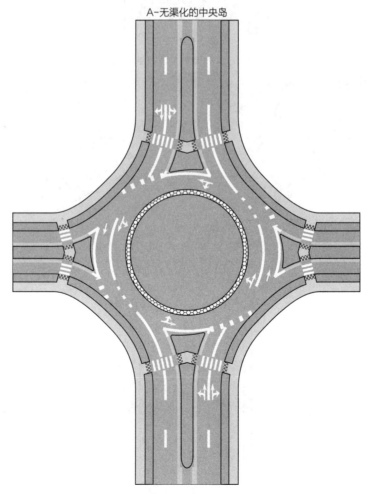

图 3C-4　有一个或两个进口车道的双车道环岛标线示例（A 图）

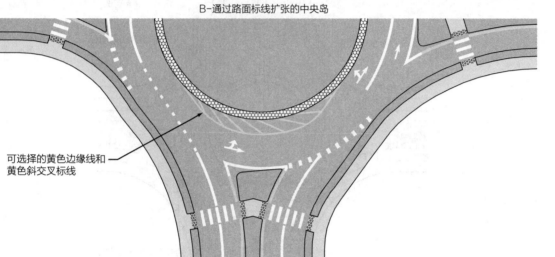

B—通过路面标线扩张的中央岛

可选择的黄色边缘线和黄色斜交叉标线

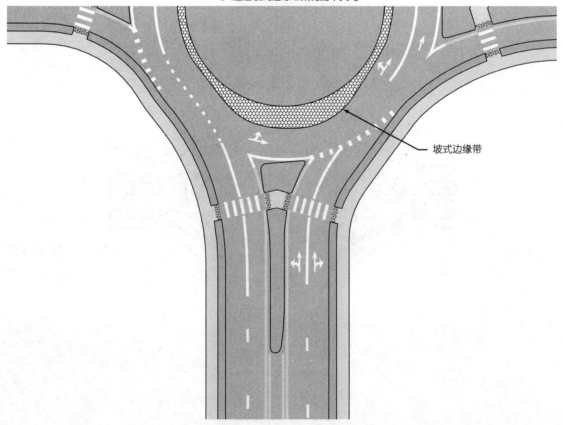

C—通过坡式边缘带渠化的中央岛

坡式边缘带

图 3C-4 有一个或两个进口车道的双车道环岛标线示例（B 图）

第 3C 章 环岛标线　423

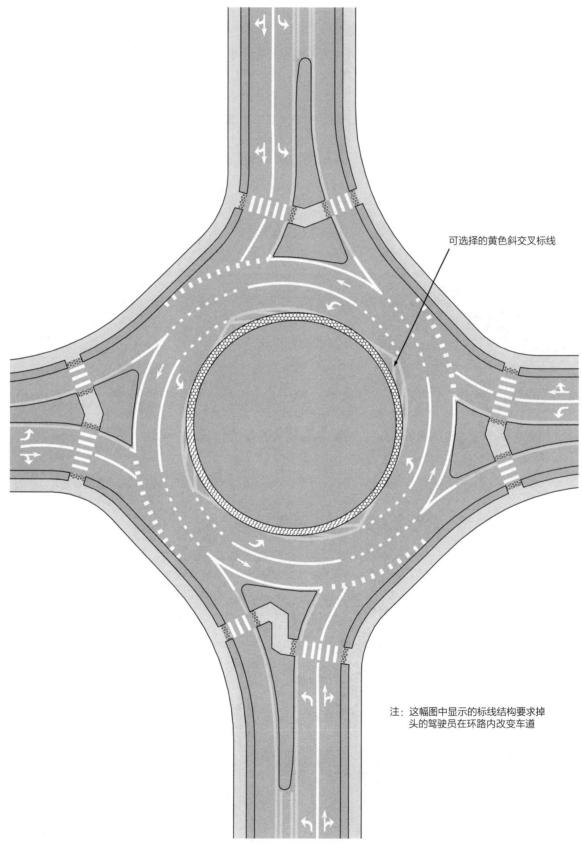

可选择的黄色斜交叉标线

注：这幅图中显示的标线结构要求掉头的驾驶员在环路内改变车道

图 3C-5　单车道出口的双车道环岛标线示例

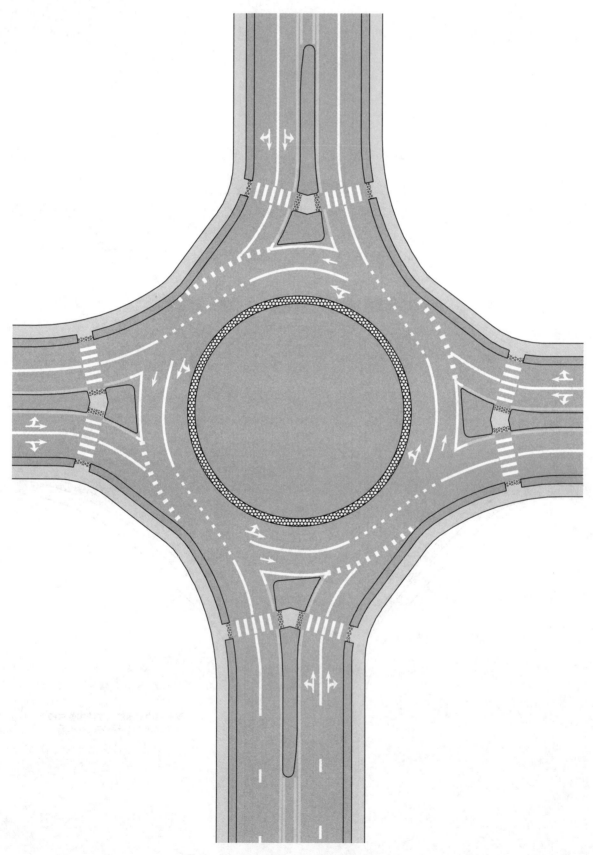

图 3C-6 双车道出口的双车道环岛标线示例

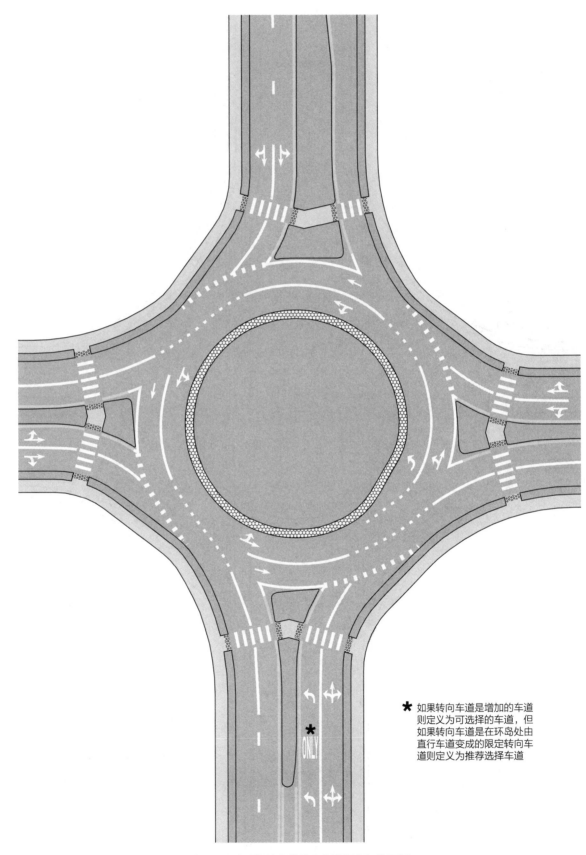

图 3C-7　双左转车道的双车道环岛标线示例

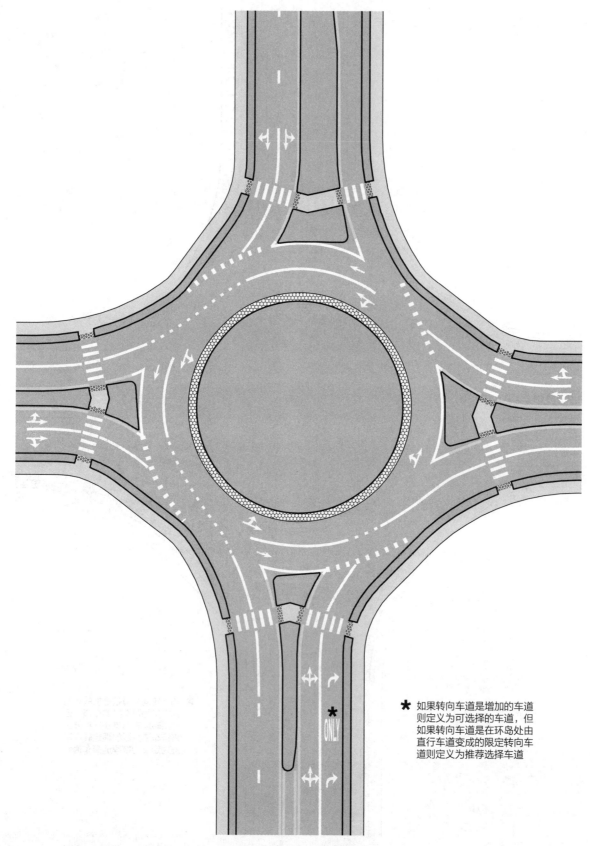

图 3C-8 双右转车道的双车道环岛标线示例

★ 如果转向车道是增加的车道则定义为可选择的车道，但如果转向车道是在环岛处由直行车道变成的限定转向车道则定义为推荐选择车道

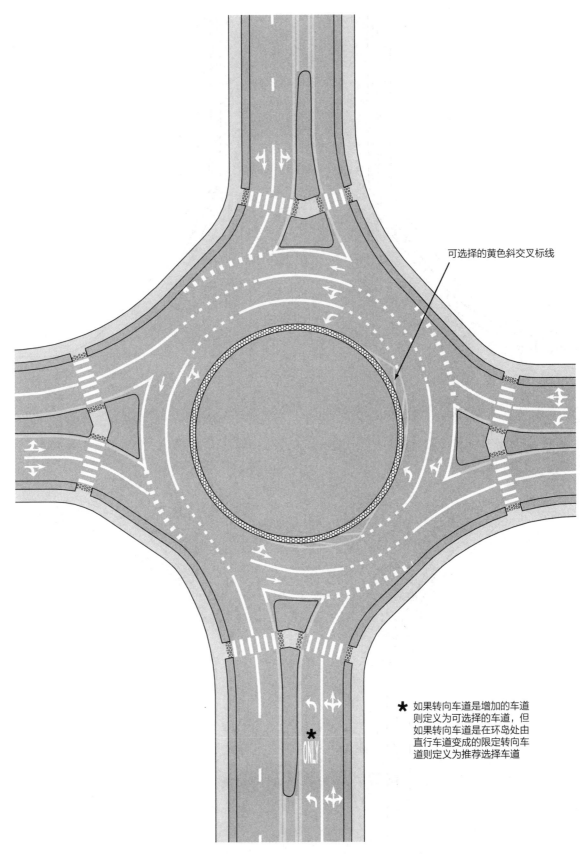

图 3C-9 连续双左转车道的双车道环岛标线示例

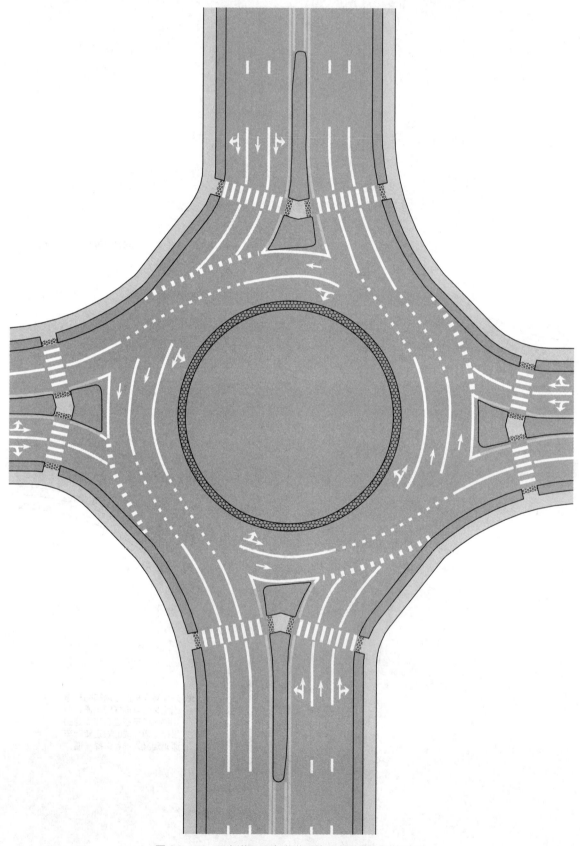

图 3C-10　两车道和三车道进口的三车道环岛标线示例

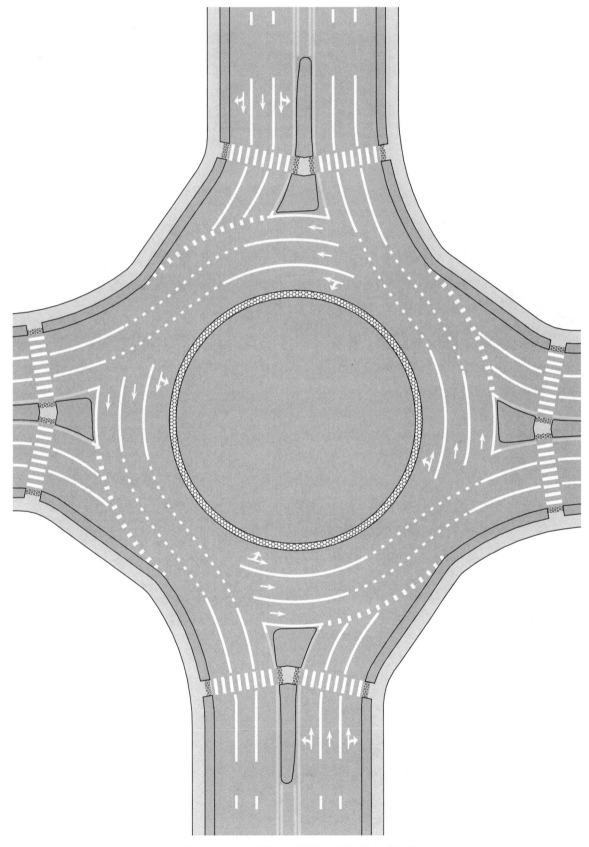

图 3C-11　三条进口车道的三车道环岛标线示例

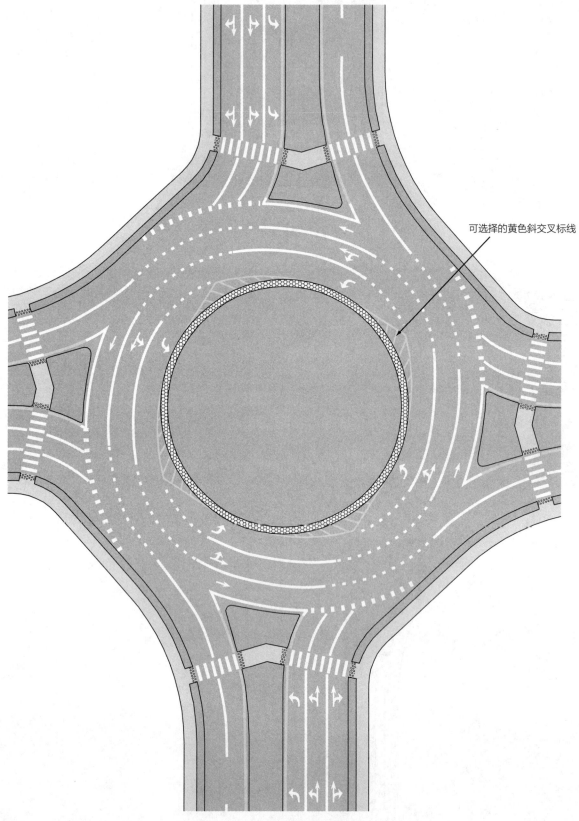

图 3C-12 两条出口车道的三车道环岛标线示例

可选择的黄色斜交叉标线

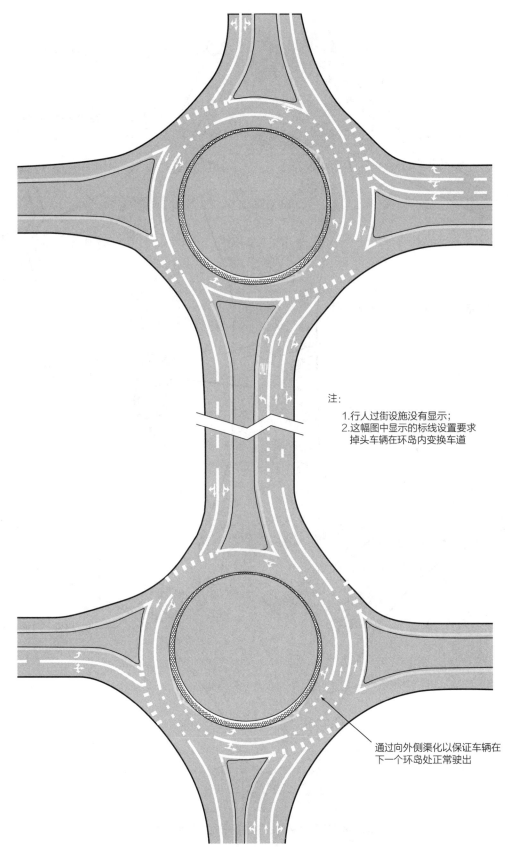

图 3C-13　两个相连环岛的标线示例

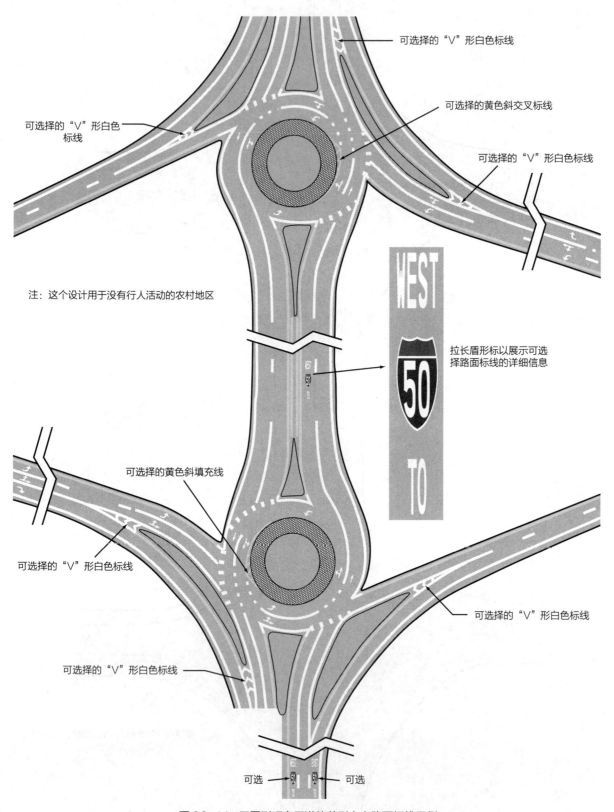

图 3C-14 双圆形环岛匝道的菱形立交路面标线示例

必须条款：

03 道路边缘线和延长线不能设置在横穿环岛环形道路的出口处。

可选条款：

04 黄色道路边缘线可设置在环形道路（见图 3C-1）的内部边缘（左侧），也可用于渠化交通（见图 3C-4 中的 B 图）。

第 3C.04 节　环岛的减速让行线

可选条款：

01 让行线（见第 3B.16 节）可用于指示驶入环岛的车辆必须开始减速让行（见图 3C-1）的位置。

第 3C.05 节　环岛的人行横道线

必须条款：

01 人行横道不能标记至环岛的中心岛或从环岛的中心岛开始标记。

指导条款：

02 如果提供行人设施，人行横道（见第 3B.18 节）的标示应横穿环岛入口和出口以指示行人预期穿行的位置。

03 人行横道距离环形道路边缘应至少为 20 英尺。

支撑依据：

04 本章的图示举例说明环岛人行横道的多种设置。

第 3C.06 节　环岛的文字、符号、箭头路面标线

可选条款：

01 车道使用箭头可用在所有环岛环形道路的任意入口处及其内部。

02 "减速让行"（文字）和"前方减速让行"（符号或文字）标线（见图 3C-1）可用于环岛的入口处。

03 文字和（或）路线盾形标标线可用在环岛的环形道路入口处或内部，为道路使用者提供路线和（或）目的地引导信息（见图 3C-14）。

指导条款：

04 在多车道环岛的环形道路内，应使用一般道路使用箭头（见第 3B.20 节和图 3B-24）。

05 在有双左转和（或）双右转车道的多车道入口处，应使用图 3C-7 和图 3C-8 上的车道使用箭头。

可选条款：

06 如果用在环岛入口处，车道使用箭头可为一般箭头或鱼钩形箭头，象征中心岛的椭圆标记有无均可，如图 3C-2 所示。

第 3C.07 节　其他环形交叉口标线

支撑依据：

01 其他环形交叉口包括但不仅限于环岛、环岛形交叉口、住宅区交通宁静化设计。

可选条款：

02 如果工程评判表明本章所示的标线将使驾驶员、行人、其他道路使用者受益，则标线可用于其他环形交叉口。

第 3D 章　专用车道标线

第 3D.01 节　专用车道的文字和符号标线

支撑依据：

01　设置专用车道是为实现一个或多个特殊用途，包括但不仅限于多乘员车辆车道、不停车收费车道、多乘员收费车道、自行车道、公交专用道、出租车专用道、轻轨专用道。

必须条款：

02　当确定车道的全部或部分时间通行特定的某类或多类车辆时，必须使用本节描述的专用车道文字和符号标线，以及第 3D.02 节描述的专用车道纵向标线。

03　所有与专用车道相关的纵向路面标线与路面文字和符号标线，必须结束于专用车道限制规定下游端的"专用车道结束"（见 R3-12a 或 R3-12c）标志（见第 2G.07 节）。

04　静态或可变信息禁令标志（见第 2G.03 节至第 2G.07 节）必须与专用车道文字或符号标线一同使用。

05　所有专用车道的文字和符号标线均必须为白色，且横向置于专用车道中央。

06　当专用车道与非专用车道毗邻时，或当可供机动车穿越的平齐的缓冲区将专用车道与非专用车道隔开时，必须在专用车道标记一个或多个以下规定为专用车道使用的符号或路面文字：

A. 多乘员车辆车道——专用车道使用标线必须包含白色的菱形符号或 HOV 文字信息。菱形必须至少宽 2.5 英尺，长 12 英尺，其线条宽度必须至少为 6 英寸。

B. 多乘员收费车道或不停车收费用户专用车道——除第 8 条另有规定外，其专用车道使用标线必须包含该车道所要求的不停车收费支付系统的名称，如"快易通专用"（E-Z Pass Only）。

C. 自行车道——专用车道使用标线必须包含自行车符号或"自行车专用道"路面文字（见第 9C 章、图 9C-1、图 9C-3~ 图 9C-6）。

D. 公交专用道——专用车道使用标线必须包含"公交专用道"路面文字。

E. 出租车专用道——专用车道使用标线必须包含"出租车专用道"路面文字。

F. 轻轨专用道——专用车道使用标线必须包含"轻轨专用道"路面文字。

G. 其他专用车道类型——专用车道使用标线必须包含相应限制规定的路面文字。

07　如果单一车道允许两种及以上专用车道，则必须设置所有专用车道使用的符号或路面文字。

可选条款：

08　当受到实际条件阻碍时，收费站可不设置专用车道使用的符号或路面文字（见第 3E.01 节）。

指导条款：

09　确定标线间隔应基于工程评判，其考量了一般速度、区段长度、与交叉口距离以及其他影响道路使用者获取清晰信息的因素。

支撑依据：

10　近至 80 英尺的标线间隔适用于城市街道，而远至 1000 英尺的标线间隔适用于高速公路。

指导条款：

11 除了设置间隔均匀的专用车道标线，还应在主要决策点、离开专用车道的直接出口匝道、往返邻近非专用车道的入口等关键位置设置专用车道标线。在决策点，专用车道标线应设置在所有可用车道且应为所有即将离站的车辆可见。在额外强调的专用车道直接出口处，应考虑用于直接出口和（或）在仅超过三角分离点的直接出口匝道上的减速车道上路面文字的使用（如"出口"或"仅出口"）。

可选条款：

12 多乘员车辆专用车道规定的车辆搭载人数要求，可包含在菱形符号或多乘员车辆文字信息之后。

指导条款：

13 工程评判应确定是否需要额外设施，如圆形标示管、交通锥桶或其他渠化设施（见第 3H 章）。

第 3D.02 节　机动车专用车道的纵向标线

支撑依据：

01 专用车道可以根据使用水平和设施设计采取多种形式。它们可以因屏障或车道标线而与邻近非专用车道隔离，或者与邻近非专用车道毗邻。隔离墩分离的专用车道可以固定方向或逆向运行。分离式公路上的某些逆向专用车道的运行方向可以与紧邻的非专用车道车流方向相反。见第 1A.13 节的术语定义。

02 专用车道的运行可以是全日制（全年每天 24 小时）、每日绝大部分时间、部分时间（仅限规定日期的特定时间段使用）或可变基准（如多策略管理车道的某项策略）。

必须条款：

03 专用车道纵向标线必须遵循如下规则（相同规定绘制成表 3D-1）：

A. 物理隔离的、非潮汐专用车道——由隔离墩或中间隔离带与其他行车道分隔的专用车道的纵向标线，必须包含行车道左侧边缘的常规单黄实线和行车道右侧边缘的常规单白实线（见图 3D-1 的 A 图）。

B. 物理隔离的、潮汐专用车道——由隔离墩或中间隔离带与其他行车道分隔的专用车道的纵向标线，必须包含行车道两侧边缘的常规单白实线（见图 3D-1 的 B 图）。

C. 用缓冲区隔离的专用车道（左侧）——用缓冲区与行车道隔离的全时或部分时间运行的左侧专用车道，其纵向路面标线必须包含优先行车道左侧边缘的常规单黄实线和以下任意一种的右侧边缘标线：

1. 禁止横穿缓冲区时，沿缓冲区两侧边缘加宽双白实线（见图 3D-2 的 A 图）。

2. 阻止横穿缓冲区时，沿缓冲区两侧边缘加宽单白实线（见图 3D-2 的 B 图）。

3. 允许横穿缓冲区时，沿缓冲区两侧边缘加宽单白虚线，或在所配给缓冲区内加宽单白虚线（导致车道变宽）（见图 3D-2 的 C 图）。

D. 缓冲区隔离的专用车道（右侧）——用缓冲区与行车道隔离的全时或部分时间运行的右侧专用车道，其纵向路面标线必须包含优先行车道右侧边缘的常规单白实线（如有必要）（见第 3B.07 节）和以下任意一种左侧边缘标线（见图 3D-2 的 D 图）：

1. 禁止横穿缓冲区时，沿缓冲间隔两侧边缘加宽双白实线。

2. 阻止横穿缓冲区时，沿缓冲间隔两侧边缘加宽单白实线。

3. 允许横穿缓冲区时，沿缓冲间隔两侧边缘加宽单白虚线，或在所配给缓冲区内加宽单白虚线（导致车道变宽）。

4. 允许所有要进行右转操作车辆横穿缓冲区时，所配给缓冲区内的加宽单白短虚线（导致车道变宽）。

E. 车道线隔离的专用车道（左侧）——毗邻于其他行车道的全时或部分时间运行的左侧专用车道，其纵向路面标线必须包含优先行车道左侧边缘的标准单黄实线和以下任意一种右侧边缘标线：

1. 禁止横穿缓冲区时标宽双白实线（见图 3D-3 的 A 图）。
2. 阻止横穿缓冲区时标宽单白实线（见图 3D-3 的 B 图）。
3. 允许横穿缓冲区时标宽单白虚线（见图 3D-3 的 C 图）。

F. 车道线隔离的专用车道（右侧）——毗邻于其他车道的全时或部分时间运行的右侧专用车道，其纵向路面标线必须包含优先行车道右侧边缘的常规单白实线（如有必要）（见第 3B.07 节）和以下任意一种左侧边缘标线（见图 3D-3 的 D 图）：

1. 禁止横穿缓冲区时标宽双白实线。
2. 阻止横穿缓冲区时标宽单白实线。
3. 允许横穿缓冲区时标宽单白虚线。
4. 允许所有要进行右转操作车辆横穿缓冲区时标宽单白短虚线。

专用车道标准边缘线和车道标线　　　　　表3D-1

专用车道类型	左手边边缘线	右手边边缘线
物理隔离的、非潮汐	标准单黄实线	标准单白实线（见图 3D-1A 图）
物理隔离的、潮汐	标准单白实线	标准单白实线（见图 3D-1B 图）
缓冲区隔离的、左手边	标准单黄实线	横穿缓冲间隔被禁止时沿缓冲间隔两侧边缘的加宽双白实线（见图 3D-2A 图）。横穿缓冲间隔被阻止时沿缓冲间隔两侧边缘的加宽单白实线（见图 3D-2B 图）。横穿缓冲间隔被允许时沿缓冲间隔两侧边缘的加宽单白虚线或分配缓冲间隔内的加宽单白虚线（导致更宽车道）（见图 3D-2C 图）
缓冲区隔离的、右手边	横穿缓冲间隔被禁止时沿缓冲间隔两侧边缘的加宽双白实线（见图 3D-2D 图）。横穿缓冲间隔被阻止时沿缓冲间隔两侧边缘的加宽单白实线（见图 3D-2D 图）。横穿缓冲间隔被允许时沿缓冲间隔两侧边缘的加宽单白虚线或分配缓冲间隔内的加宽单白虚线（导致更宽车道，见图 3D-2D 图）。横穿缓冲间隔允许任意车辆完成右转操作时沿缓冲间隔内的加宽单白短虚线（导致更宽车道，见图 3D-2D 图）	标准单白实线（如果授权）
车道线隔离的、左手边	标准单黄实线	横穿缓冲间隔被禁止时的加宽双白实线（见图 3D-3A 图）。横穿缓冲间隔被阻止时的加宽单白实线（见图 3D-3B 图）。横穿缓冲间隔被允许时的加宽单白虚线（见图 3D-3C 图）
车道线隔离的、右手边	横穿缓冲间隔被禁止时的加宽双白实线（见图 3D-3D 图）。横穿缓冲间隔被阻止时的加宽单白实线（见图 3D-3D 图）。横穿缓冲间隔被允许时的加宽单白虚线（见图 3D-3D 图）。横穿缓冲间隔允许任意车辆完成右转操作时沿缓冲间隔内的加宽单白短虚线（见图 3D-3D 图）	标准单白实线

注：1. 如果有两个及以上专用车道，专用车道间车道线应为标准白虚线。
　　2. 此表列出了标准车道标线以供参考。
　　3. 第 3D.02 节的第 3 段也描述了表中信息。

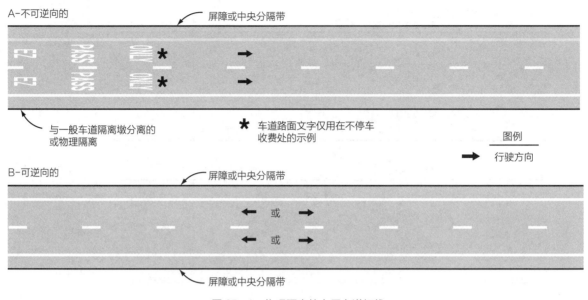

图 3D-1 物理隔离的专用车道标线

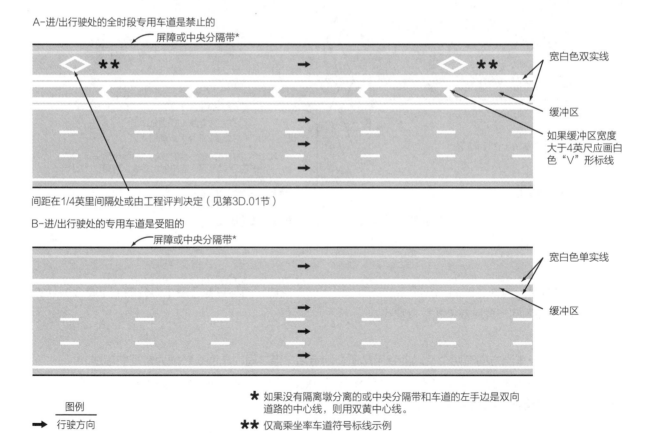

图 3D-2 车道线隔离的专用车道标线（A 图）

指导条款：

04 *当专用车道和其他行车道被宽于 4 英尺的缓冲区隔开且禁止横穿缓冲区时，肩章形标线（见第 3B.24 节）应设置在缓冲区域（见图 3D-2 的 A 图）。肩章形间隔应为 100 英尺及以上。*

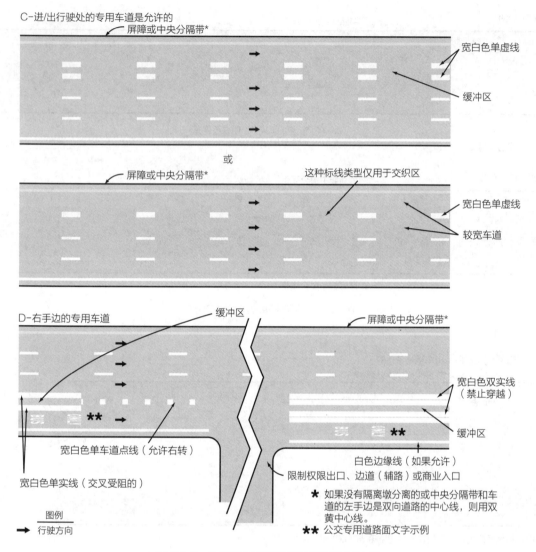

图 3D-2 车道线隔离的专用车道标线（B 图）

可选条款：

05 如果全时段或部分时间运行的邻近专用车道因宽单白虚线而与其他行驶车道分隔（见图 3D-3 的 C 图），则可减少线的间隔或跳跃模式并增加线宽。

必须条款：

06 如果同一车流方向有两个及以上专用车道，则专用车道之间的车道线必须为常规白虚线。

07 机动车专用车道必须根据第 3D.01 节标记相应的文字或符号路面标线，并且必须根据第 2G.03 节至第 2G.07 节设置相应的禁令标志。

指导条款：

08 在专用车道的直接出口处，应用白色短虚线路面标线来分离通向直接出口（包括渐变段）的锥形或平行减速车道与相邻连续优先直行车道，从而降低意外驶出的概率。

必须条款：

09 在分离公路上，必须以标准逆向车道纵向标线即常规的宽双黄虚线（见第 3B.03 节和图 3D-4 的 A 图），将部分时间运行逆向流专用车道和其毗邻的反向行车道隔离。如果缓冲区设置在部分时间逆向专用车道

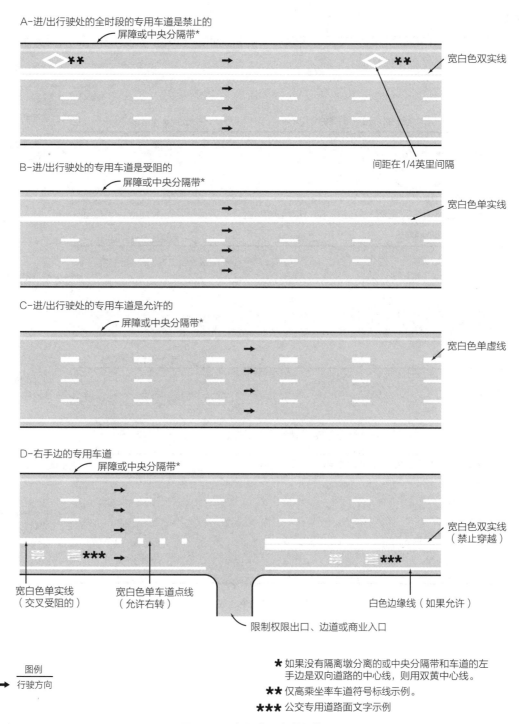

图 3D-3 邻近专用车道标线

和与其反向运行的车道之间，必须在缓冲区两侧边缘标常规宽双黄虚线（见图 3D-4 的 B 图）。标志（见第 2B.26 节）、车道使用控制信号（见第 4M 章）必须单独或共同用作逆向车道的补充标线。

10　在分离公路上，必须用双黄实中心线（见图 3D-4 的 C 图）将全时段运行逆向流专用车道和其毗邻的反向行车道隔离。如果缓冲区设置在全日运行的逆向专用车道和与其反向运行的车道之间，必须在缓冲区两侧边缘标常规宽双黄虚线（见图 3D-4 的 D 图）。

可选条款：

11　当逆向流专用车道运行时，锥桶、圆形标示管或其他渠化设施（见第3H章）可以同时用于分离逆向车道。

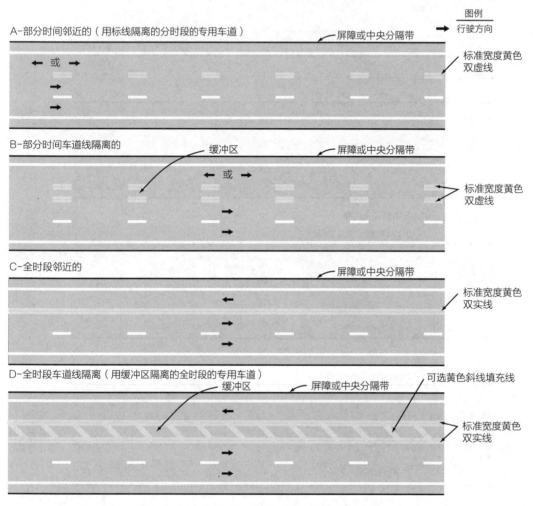

图 3D-4　在分离式高速公路上逆向流专用车道标线

第 3E 章 收费站标线

第 3E.01 节 收费站标线

支撑依据：

01 在收费站，路面标线帮助道路使用者识别出适用于他们所选收费支付方式的车道、疏导车流至各类车道，并标示道路障碍物。

必须条款：

02 当通向收费站的车道仅限注册 ETC 账户车辆通过时，必须设置第 3D.01 节描述的 ETC 专用车道路面文字和第 3D.02 节描述的专用车道纵向标线。当一个及以上仅限 ETC 车辆使用的主路不停车收费车道绕过在单独队列上的主线收费站时，这些路面文字和纵向标线必须设置在从干线收费站主路分支出来的主路不停车收费车道上。

可选条款：

03 当受到实际条件阻碍时，收费站可不设置专用车道使用的符号或路面文字。

指导条款：

04 如果紧邻主线收费站的主路不停车收费车道没有因路缘或屏障而与相邻的现金支付收费站分隔，那么渠化设施（见第 3H.01 节），和（或）阻止或禁止车道变换纵向路面标志应用于将主路不停车收费车道与相邻的现金支付车道分隔。此隔离应大约始于通往主线收费站途中的某处——相邻现金车道上的车辆在此处的非高峰期时速低于 30 英里；大约延伸至收费站主路的下游某处——相邻现金车道上离开收费站的车辆在此处的时速增加至 30 英里。

可选条款：

05 对于仅限注册 ETC 账户车辆使用的收费站入口车道，可在车道界定线内侧边缘处标记纵向路面紫实线，从而补充不停车收费用户专用车道右侧的白实线或边缘线，以及 ETC 用户专用车道左侧的白实线或边缘黄实线。

必须条款：

06 若使用，前段描述的纵向路面紫实线的宽度最小必须为 3 英寸，最大必须等于其所补充车道线的宽度，且不停车收费用户专用车道的路面文字（见第 3D.01 节）应设置在车道内。

07 收费站及其所处收费岛被当作是道路障碍物时，必须为其设置符合第 3B.10 节和第 3G 章规定的标线。

可选条款：

08 收费岛入口和出口之间的道路可不设置纵向标线。

第3F章 道路轮廓标

第3F.01节 轮廓标

支撑依据：

01 在道路线形可能令人混淆或意想不到之处设置轮廓标尤为有用，如车道减少过渡段和弯道。轮廓标是夜间和恶劣天气条件下的有效引导设施。在道路特定位置设置轮廓标的一个主要优点是轮廓标在道路潮湿或积雪覆盖时仍然可见。

02 轮廓标被视为指示设施而非警告设施。

可选条款：

03 轮廓标可用于公路上长连续段或有线形变化的短连接段上。

第3F.02节 道路轮廓标设计

必须条款：

01 道路轮廓标必须由具有逆反射性的设施构成，逆反射设施需满足：在正常大气条件下，受到1000英尺外的标准汽车远光照射时能够明亮反光。

02 道路轮廓标逆反射器的尺寸必须至少为3英寸。

支撑依据：

03 在沿道路安装的一系列轮廓标中，那些在指定地点为给定车行方向设置的道路轮廓标，其命名方式如下：若该方向只有单一逆反射元件，则称之为单轮廓标；若该方向安装了两个相同的逆反射元件，则称之为双轮廓标；若垂直方向具有加长的单一逆反射元件，近似于两个单独轮廓标的垂直高度之和，则称之为加长轮廓标。

可选条款：

04 可使用适当尺寸的垂直加长轮廓标代替双轮廓标。

第3F.03节 道路轮廓标应用

必须条款：

01 轮廓标颜色必须遵从第3B.06节对道路边缘线颜色的规定。

02 一系列单轮廓标必须设置在高速公路和快速路的右侧以及立交匝道的单侧或双侧，除非满足以下条件A或条件B：

A. 高速公路和快速路切线段同时满足以下两个条件：

1. 在贯穿弯道的车道线上和辅助路面标线的切线上连续使用突起路标。
2. 路侧轮廓标用于引导进入所有弯道。

B. 立交桥间具有连续照明的路段。

第 3F 章 道路轮廓标　443

可选条款：

03　道路轮廓标可用于其他等级道路。一系列的单轮廓标可设置在道路左侧。

必须条款：

04　位于双向通行道路左侧的轮廓标必须为白色（见图 3F-1）。

指导条款：

05　一系列单轮廓标应设置在立交匝道曲线外侧。

06　用于标记在分隔式道路设置的供官方或应急车辆使用的中央分隔带开口，应将黄色双轮廓标设置在

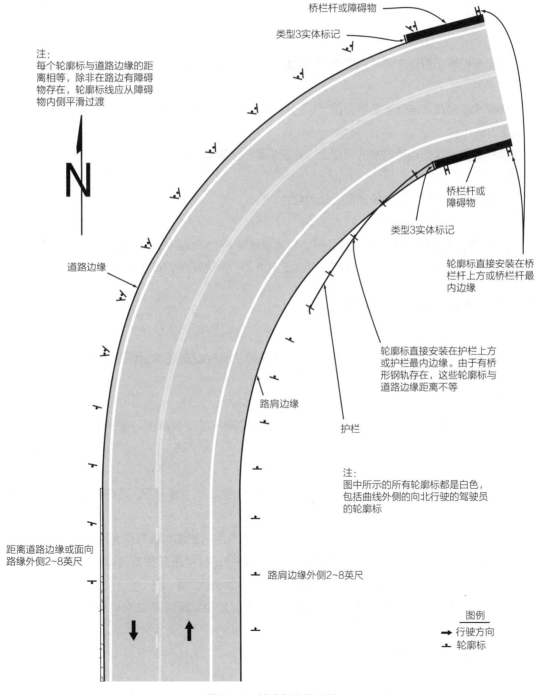

图 3F-1　轮廓标设置示例

直行车道左侧的开口处远端。

07 加速和减速车道沿线每隔 100 英尺应安装一个双轮廓标或垂直细长轮廓标。

08 道路或匝道沿线无论护栏或其他纵向路障是否存在，均应设置一系列轮廓标。

可选条款：

09 红色轮廓标可用在任何轮廓标背面，以便沿着匝道或逆向行驶的道路使用者看到。

10 颜色适当的轮廓标可用于标示车道减少过渡路段，其外侧或内侧车道合流到相邻车道。

指导条款：

11 当用于车道减少过渡路段时，道路轮廓标应沿整个过渡段设置，并且其摆放和间隔位置应表明车道减少（见图 3B-14）。

支撑依据：

12 道路轮廓标不必设置于通往路面变宽的路段，或线形不受道路减少过渡段影响的道路一侧。

指导条款：

13 在单侧或双侧具有连续轮廓的公路上，道路轮廓标应贯穿其过渡段。

可选条款：

14 在单侧或双侧具有连续轮廓的公路上，轮廓标间的间距可更小。

必须条款：

15 当用于避险车道时，道路轮廓标必须为红色。

指导条款：

16 红色轮廓标应设置在避险车道的两侧。轮廓标间距应为 50 英尺，以确保道路使用者有足够距离识别避险车道入口。应根据避险车道的长度和设计确定其入口远端的轮廓标间距，使轮廓标足以起到引导作用。

第 3F.04 节 轮廓标设置和间距

指导条款：

01 道路轮廓标应安装在合适的支撑物上，从最低的逆反射设施底端至邻近道路边缘平面的垂直高度，大约为 4 英尺。

可选条款：

02 当安装在护栏及其他纵向路障的表面或顶部时，轮廓标的安装高度可低于第 1 条推荐的常规轮廓标安装高度。

指导条款：

03 道路轮廓标应安装在路肩外边缘外侧 2~8 英尺处，或在适当情况下，与路侧障碍物一起安装在路肩边缘外侧 8 英尺及以内。

04 道路轮廓标的安装位置应与道路边缘间隔固定，当路面边缘和轮廓标延长线之间区域出现障碍物时，轮廓标应转而安装在与阻碍物同一线上或其最内边缘处。如果障碍物是护栏或其他纵向路障，道路轮廓标应转而置于护栏或纵向路障的正后方，正上方（呈直线）或其最内侧边缘。

05 道路轮廓标应距离主线切线 200~530 英尺。轮廓标应距离匝道切线 100 英尺。

支撑依据：

06 道路轮廓标安装样例见图 3F-1。

可选条款：

07 当统一间隔被私人车道或路口等打断，通常位于这些特殊区域的轮廓标可重新设置到任一方向的车道上，其距离不超过统一间隔的 1/4。可以移除仍位于这些特殊区域的轮廓标。

08　道路轮廓标可安装在车道过渡段或障碍物之前，以引导对向驶来的车辆。

指导条款：

09　*道路轮廓标的间距应在接近和通过平曲线的路段上进行调整，以便道路使用者总能同时看到几个轮廓标。应使用的大致间距见表 3F-1。*

可选条款：

10　当特殊条件需要时，可在护栏或其他纵向路障的表面或顶部密集地安装颜色恰当的道路轮廓标，以形成连续或近似连续的轮廓"带"。

平曲线上轮廓标大致间距　　　　　　　　　　表3F-1

曲线半径（R）	曲线上大致间距（S）
50 英尺	20 英尺
115 英尺	25 英尺
180 英尺	35 英尺
250 英尺	40 英尺
300 英尺	50 英尺
400 英尺	55 英尺
500 英尺	65 英尺
600 英尺	70 英尺
700 英尺	75 英尺
800 英尺	80 英尺
900 英尺	85 英尺
1000 英尺	90 英尺

注：1. 特定半径的间距可以从表中插值计算。
2. 最小间距应是 20 英尺。
3. 曲线上的间隔应不超过 300 英尺。
4. 曲线之前或超越曲线后，以及继续远离曲线终点处，第一个轮廓标的间隔是 $2S$，第二个是 $3S$，第三个是 $6S$，但不能超过 300 英尺。
5. S 指从公式 $S=3\sqrt{R-50}$ 计算出的特定半径的轮廓标间距。
6. 上表 S 所示的距离是个位数最接近 5 英尺的四舍五入值。

第 3G 章 彩色路面

第 3G.01 节 总则

支撑依据：

01 彩色路面由不同颜色的道路铺设材料组成，如彩色沥青或混凝土、油漆或其他适用于道路及交通岛表面以模拟彩色路面的标线材料。

02 如果非逆反射彩色路面（包括砖和其他类型图案化表面）纯粹用于增强道路美观，而非向道路使用者传达禁令、警告或指示信息，则彩色路面不被视为交通控制设施，即使位于人行横道线之间。

必须条款：

03 如果为了规范、警告或指示交通而在行车道内、与路面齐平或突起的交通岛、路肩上使用了彩色路面或具有逆反射性的彩色路面，则将彩色路面视为交通控制设施并必须仅限于以下颜色和应用：

A. 黄色路面必须仅用于分隔双向交通流的与路面齐平或凸起的中央交通岛，或用于分隔式公路、单向街道或匝道的左侧路肩。

B. 白色路面必须仅用于两侧车流方向基本一致的与路面齐平或突起的渠化岛，或用于右侧路肩。

04 除非在任何时间均适用，否则彩色路面不能用作交通控制设施。

指导条款：

05 用作交通控制设施的彩色路面，应仅用在能与其毗邻的铺装区域呈鲜明对比的位置。

06 人行横道线之间的彩色路面不应使用降低白色人行横道线对比度的颜色或图案，或可能使道路使用者误认为是交通控制应用的颜色或图案。

第 3H 章　用于强化路面标线的渠化设施

第 3H.01 节　渠化设施

可选条款：

01　渠化设施（如第 6F.63 节至第 6F.73 节及第 6F.75 节所述、如图 6F-7 所示）如交通锥桶、交通柱、立式隔离标牌、隔离桶、车道分离标记和突起交通岛，可用于强调诸如逆向车道轮廓、渠化线和交通岛等一般交通管制目的。基于工程评判的结果，渠化设施也可沿中心线设置以阻止车辆转弯或沿车道线设置以阻止车辆变道。

必须条款：

02　除颜色外，渠化设施的设计包括但不限于逆反射性能、最小尺寸和安装高度，必须符合第 6F 章的规定。

03　施工区外的渠化设施，颜色应为橙色，当作为路面标线的补充或替代时，颜色应与补充或替代标线的颜色一致。

04　当夜间使用时，渠化设施必须具有逆反射性（如第 6 篇所述）或有内部照明。在施工区外的渠化设施上，若设施分离的交通流方向相同，则反光板或反光带应为白色；若设施分离的交通流方向相反，或设施沿单向道路、匝道左侧边缘线安装，则反光板或反光带应为黄色。

指导条款：

05　*渠化设施应保持洁净明亮以物尽其用。*

第 3I 章 交通岛

第 3I.01 节 总则

支撑依据：

01 本章讲述了交通岛（见第 1A.13 节的定义）作为交通管制设施的特点。交通岛的设计标准在《公路和街道几何设计政策》（见第 1A.11 节）中有阐述。

可选条款：

02 交通岛可以由路缘、路面边缘、路面标线、渠化设施或其他设施标明界限。

第 3I.02 节 交通岛端点处理

指导条款：

01 应在车辆首先到达的交通岛端点的道路表面设置分叉纵向路面标线，以引导车辆沿岛边缘进入期望路径。

支撑依据：

02 容易被车辆（甚至以较快速度）穿越的交通岛端点标线之间的渠化区，有时包含有用粗骨料或其他合适材料铺装的略微突起（通常低于 1 英寸）路段，从而打造出隆声带来增强该标记区域的可视性，并在道路使用者驶经时发出警示声。为进一步阻止车辆穿越渠化区，有时会在该区安装高于路面 1~3 英寸的突起条栏或纽扣状道钉，以明显能引起侵入该区域的驾驶员注意，同时只会对车辆控制造成极小影响。这种突起条栏或纽扣状道钉有时置于隆声带之后，或随车辆靠近而逐渐增加其高度。

指导条款：

03 当突起条栏或纽扣状道钉用于这些渠化区时，应带有白色或黄色具有逆反射材料的标记，其颜色取决于分离车流的方向。

必须条款：

04 当在具有突起路缘的交通岛前使用渠化设施时，设施安装方式不能构成意外障碍。

可选条款：

05 路面标线可与突起条栏共同使用以更好地标明交通岛区域。

第 3I.03 节 交通岛标线应用

必须条款：

01 与交通岛相关的标线，必须仅包括路面和路缘标线、渠化设施和轮廓标。

指导条款：

02 基于工程评判的结果，接近某特定交通岛时，可省略第 3B.10 节所述的接近障碍物标线。

第 3I.04 节 交通岛标线颜色

指导条款：

01 标明交通岛轮廓的路缘或路面标线应为具有逆反射性的白色或黄色材料，其颜色取决于交通岛分离的车流方向（见第 3A.05 节）。

02 从交通岛入口观望，逆反射区域应足够长以显示交通岛边缘（沿汽车行驶方向）的整体走向，包括端点。

可选条款：

03 在较长的交通岛上，路缘反光可以不连续（即不必延伸至整个路缘），尤其在交通岛被轮廓标或边缘线照亮或标记的情况下。

第 3I.05 节 交通岛轮廓

必须条款：

01 交通岛上的轮廓标必须与相关边缘线颜色相同，除非面朝逆向车流时，轮廓标必须为红色（见第 3F.03 节）。

02 经过交叉路口的每条道路必须分别考虑安装轮廓标，以确保达到最佳效果。

可选条款：

03 具有逆反射性或内部照明、颜色适当的突起路标可用于补充或替代具有逆反射性的路缘标线；这些突起路标可置于路缘前侧和（或）中央突起隔离带端点以及交通岛边缘顶部。

第 3I.06 节 行人安全岛和中央隔离带

支撑依据：

01 置于街道或公路中心区的突起交通岛或中央隔离带具有充足宽度时，可作为行人过街的避险处，帮助他们穿过道路中段或交叉口。中心岛或中央隔离带使行人在某一车道方向上找到一次车流间隙，如有必要行人能够中止前行，站在中心岛或中央隔离带区域，等待另一方向的车流间隙，然后再继续穿越街道或公路的后半段路程。《美国人残疾人保护法关于建筑和设施便利性准则（ADAGG）》（见第 1A.11 节）规定了无障碍过街安全岛的最小宽度、视觉障碍者可感知警示路面设计和安装的最小宽度。

第3J章 隆声带标线

第3J.01节 纵向隆声带标线

支撑依据：

01 纵向隆声带由一系列质地粗糙的或略微凸起或凹陷的路面组成，旨在通过振动和声音提醒注意力不集中的司机，告知他们车辆已偏离行驶车道。路肩隆声带通常沿着靠近路肩的行车道安装。在分隔式公路上，隆声带有时安装在中央隔离带一侧（左侧）路肩以及在外侧（右侧）路肩上。在双向车道上，隆声带有时沿着中心线安装。

02 本手册不包含有关隆声带设计及安装的规定。本手册的规定涉及与纵向隆声带组合使用的标线。

可选条款：

03 边缘线或中心线可位于纵向隆声带之上以形成隆声条纹。

必须条款：

04 与纵向隆声带相关的边缘线或中心线的颜色必须符合第3A.05节的规定。

05 边缘线不能与沿路肩安装的隆声带共同使用。

支撑依据：

06 图3J-1说明了标线与（或）邻近纵向隆声带共同使用的情况。

第3J.02节 横向隆声带标线

支撑依据：

01 横向隆声带由断断续续且狭窄的横向区域组成，铺装了质地粗糙或略微凸起或凹陷的路面，延伸横

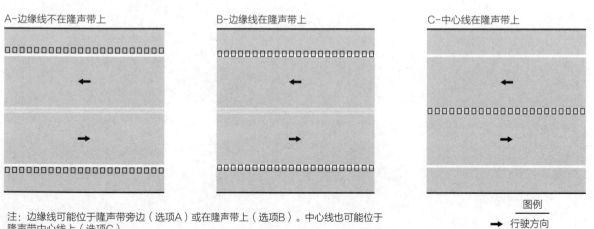

注：边缘线可能位于隆声带旁边（选项A）或在隆声带上（选项B）。中心线也可能位于隆声带中心线上（选项C）

图3J-1 纵向隆声带标线示例

跨行车道，以提醒驾驶员不同寻常的交通条件。隆声带通过噪声和振动，吸引道路使用者对运行条件的关注，如道路线形的非预期改变、减速或停车要求。

02　本手册不包含关于设计和安装近似路面颜色的横向隆声带的规定。本手册的规定涉及标线与横向隆声带组合使用。

必须条款：

03　除第 6F.87 节对施工区（TTC）另有规定外，如果行车道内的横向隆声带不是路面颜色，则必须为黑色或白色。

指导条款：

04　*用在行车道的白色横向隆声带不应安装在易与其他横向标线相混淆的地方，如停止线或人行横道。*

第 4 篇　道路交通信号

第4A章 总则

第4A.01节 类型

支撑依据：

01 第4篇讨论道路交通信号的类型和使用，主要包含：交通控制信号、行人信号、混合信标、应急车辆信号、双向单车道设施交通控制信号、高速道路入口匝道交通控制信号、可移动式桥梁交通控制信号、收费站交通信号、闪烁信标、车道使用控制信号、道路路面指示灯。

第4A.02节 道路交通信号的相关定义

支撑依据：

01 第4篇的相关定义和首字母缩写词参考第1A.13节和第1A.14节。

第 4B 章　交通控制信号——总则

第 4B.01 节　总则

支撑依据：

01　第 4 篇的部分章节反复使用行人和骑行者等词，旨在强调这类"交通"要素的重要性。

02　交通控制信号的标准十分重要，因为交通控制信号需要引起各种道路使用者的关注，包括年长者、视力受损者、疲劳或分心的人，或在某个特定位置没预料到会遇到信号的人。

第 4B.02 节　安装或拆除交通控制信号的依据

指导条款：

01　应在对道路、交通和其他条件工程调研的基础上进行交通控制信号的选择和使用。

支撑依据：

02　通过细致地分析车辆运行、行人和骑行者需求，以及在众多有信号和无信号位置处的其他因素，并在工程评判的基础上，制定了一系列的信号设置方法（如第 4C 章所述），规定了可合理安装交通控制信号的最低条件。

指导条款：

03　工程评判应用于审查交通控制信号的运行，以确定此类安装和配时程序是否达到当前所有交通形式的要求。

04　如果交通模式发生变化无需设置交通控制信号，应考虑移除信号，并且用合适的可选交通控制设施进行替换（如若必要）。

05　如果工程调研表明交通控制信号不再合理，并决定移除交通信号时，应按以下步骤完成移除工作：

A. 确定移除信号后使用的适当交通控制。

B. 必要时移除任何视距限制。

C. 告知公众关于移除该信号的调研结果。

D. 信号灯头至少需要闪烁或遮盖 90 天，并安装适当的停车或其他交通控制设施。

E. 如果在工程调研期间收集的数据证实不再需要该信号，则移除信号。

可选条款：

06　因为第 5 条的事项 C、D、E 与拆除临时交通控制信号（见第 4D.32 节）无关，所以完成事项 A 和事项 B 后便可立即移除临时交通控制信号。

07　移除信号灯头而非全部交通控制信号之后，灯杆、控制柜和电缆仍可留在原地，以便后续分析。

第 4B.03 节　交通控制信号的优缺点

支撑依据：

01　当正确使用时，交通控制信号设施对于控制车辆和行人交通具有重要价值。它们能为各类交通运行分配路权，从而对交通流产生很大的影响。

02 正确设计、定位、运行和维护的交通控制信号将至少具有以下一个或多个优点：

A. 使交通有序运行。

B. 提升了交叉路口的交通通行能力，如果：

1. 使用适当的物理布局和控制措施；

2. 对信号操作参数进行审查和定期（如有需要）更新（如工程评判确定显著的交通流和/或土地使用发生的变化），以最大限度地提高交通控制信号的能力，从而满足当前的交通需求。

C. 减少某些类型事故发生的频率和严重程度，特别是直角碰撞。

D. 通过协调运作，实现了交通流以特定速度沿给定路线连续或几乎连续地运行。

E. 用于中断繁忙的交通，以允许其他交通（车辆或行人）交叉运行。

03 "交通控制信号通常被认为是解决交叉口所有交通问题的万能药"，这种信念已导致将交通控制信号安装在许多不必要的地方，对车辆、自行车和行人交通的安全和效率造成不利的影响。

04 即使在交通和道路条件合理的情况下，交通控制信号也可能出现设计不当、位置不当、操作不当或维护不善的问题。不恰当或不合理的交通控制信号可能导致以下几个问题：

A. 过度延迟；

B. 过多违背信息指示；

C. 道路使用者试图躲避交通控制信号，从而大量使用通行能力比较低的小道；

D. 交通事故频率显著提高（特别是追尾事故）。

第4B.04节 交通控制信号的替代方案

指导条款：

01 由于车辆延迟和某类交通事故在交通信号控制条件下发生的频率，有时高于此类事件在交叉口"停车让行"标志控制条件下的发生频率，因此即使该信号满足了一个或多个信号设置依据，应考虑提供该交通管制信号的替代方案。

可选条款：

02 这些替代方案可包括但不限于：

A. 在主要街道上安装标志，警告道路使用者接近十字路口；

B. 重新定位停车线并做其他修改以提高交叉路口视距；

C. 设计降低入口车道速度的措施；

D. 在交叉口安装闪烁信标，辅助"停车让行"标志控制；

E. 在"停车让行"标志控制的交叉口的主要和（或）次要街道进口道前的警告标志上安装闪烁信标；

F. 在次要街道进口道增设一个或多个车道，以减少进口道上每个车道的车流量；

G. 修正交叉口的几何结构来优化车辆运行、减速车辆运行所需时间，同时也可帮助行人；

H. 修正交叉口的几何结构，增加道路中央行人安全岛和（或）控制带；

I. 如果夜间交通事故过多，应安装道路照明设施；

J. 如果备用路线可用，可以在一天中的某个时段限制一个或多个转弯运行；

K. 如果满足依据，可安装多路"停车让行"标志控制；

L. 如果行人安全问题严重，可以安装行人混合信标（见第4F章）或道路路面警告指示灯（见第4N章）；

M. 设置环岛；

N. 视情况使用其他的替代方案。

第 4B.05 节　适当的道路通行能力

支撑依据：

01　交通信号控制交叉口的通行权交替分配中，往往可以通过拓宽主要道路和（或）次要道路来减少所固有的延迟。拓宽次要道路往往有利于主要道路的运行，因为减少了必须分配其他次要道路交通的绿灯时间。在城市地区，拓宽车道的效果可以通过取消交叉口进口车道的停车来实现。每个进口道至少应有两条车道，以使交通流向信号灯位置移动。有时会需要通过拓宽交叉口进口以及出口一侧，使车辆高效率地通过交叉口。

指导条款：

02　应在有信号灯控制的位置提供足够的道路通行能力，在拓宽交叉口前，需要考虑行人通过拓宽的道路时是否有足够的额外绿灯时间，以确定是否会超过改善车流而节省的绿灯时间。

03　在合适的时候，应考虑一些方法，如修正路面标线和仔细评估道路使用分配是否合理（包括一天时间里使用不同的车道），以提高一些不涉及道路拓宽的信号控制区域的道路通行能力。这样的考虑应全面评估改变道路标线和车道分配给自行车出行带来的可能影响。

第 4C 章　交通控制信号需求研究

第 4C.01 节　评估交通控制信号的因素和研究

必须条款：

01　在确定特殊位置安装交通控制信号是否合理前，必须进行交通条件、行人特征和位置物理特征等工程调研。

02　对交通信号控制的需求调查必须包括对现有运行状况的相关因素分析、研究地点的安全性、提升这些条件的可性能以及以下交通信号设置依据的适用因素：

依据 1：8 小时车流量；

依据 2：4 小时车流量；

依据 3：高峰小时；

依据 4：行人流量；

依据 5：学校行人过街标志；

依据 6：协调信号系统；

依据 7：事故数据；

依据 8：路网；

依据 9：平交道口附近交叉口。

03　满足交通信号设置依据本身不一定必须安装交通控制信号。

支撑依据：

04　第 8C.09 节和第 8C.10 节分别包含了在公路—铁路平交道口和公路—轻轨平交道口使用交通信号控制代替安全闸门和（或）交替闪光信号灯控制的相关信息。

指导条款：

05　除非满足本章中描述的一个或多个因素，否则不应安装交通控制信号。

06　除非工程调研表明安装交通控制信号会提高交叉口的整体安全性和（或）运行效率，否则不应安装交通控制信号。

07　如果交通控制信号会严重扰乱绿波交通流，则不应安装。

08　研究需要考虑从小街入口道驶来的右转交通的影响。如果存在右转流量，应由工程评判来判断小街右转流量的比例是否符合第 2 条所列的信号设置依据。

09　对于由一个自行车道加一个左转或右转车道组成的入口，各种交通信号设置的依据也应通过工程评判确定。特定地点的交通特征能决定入口车道被作为一条车道或者两条车道来考虑。例如，一个只有一条直行和右转的车道加上一条左转车道的入口，如果工程评判显示该入口车道应被作为一条车道考虑，因为使用左转车道的交通量低，接近交叉口的总交通量应该适用于单车道入口的信号设置依据。如果约一半的交通在该入口左转并且左转车道有足够的长度来容纳所有左转车辆，那入口应考虑设置两个车道。

10 类似的工程评判和理论基础应该适用于一个直行/左转车道加一右转车道的入口道路。在这种情况下，应考虑小街右转交通和主要道路交通的冲突程度。因此，如果车流进入重要道路时只产生微乎其微的冲突，则小街流量不应包含右转交通。入口车道应该作为只有直行/左转车道的单车道入口考虑。

11 当发展建设一个地方时，若无法获取此地在未来交通条件下的交通量信息，小时交通量应作为工程调研的一部分来和交通信号设置依据并进行比较。除非工程调研使用条款8来判定某处交通信号的存在是否合理，否则在预期条件下安装的交通控制信号应在经历一年停—走式的运行，最后由工程调研判定其存在是否合理。如果不合理，应停止该信号的运行或将其移除。

12 在进行信号设置依据分析时，较宽的中央隔离带（中央隔离带的宽度超过30英尺）所处位置应被视为一个交叉口。

可选条款：

13 在一个主要道路上左转交通流较高的交叉口，信号设置依据分析可将主要道路上较高的左转交通流量视为"小街"流量且相应将主要道路反方向的单向交通视为"主要道路"流量。

14 由于信号设置依据要求交通状况需持续若干小时才满足条件，在信号分析中若非连续的1小时时长互不重叠且主要道路和小街车流量都在同一特定的1小时时长中，则任意四个连续的15分钟可视为1小时。

15 在信号设置依据分析中，骑行人既可被视作车辆也可被视作行人。

支撑依据：

16 进行信号设置依据分析时，与其他车辆在道路上行驶的骑行人通常视为车辆，在行人设施上行驶的骑行人通常视为行人。

可选条款：

17 工程调研数据可包括以下：

A. 平均日12小时内每小时从各个道路入口汇入交叉口的车流量。优先选择包含24小时内高峰流量的时段。

B. 交叉口每一入口分转向及车型（重型卡车、小轿车、轻型卡车、公交车辆以及自行车）的15分钟交通量。这些15分钟交通量的观测时段包括进入交叉口总流量最大的上午2小时时段和下午2小时时段。

C. 在与B项交通量观测相同的时间段内以及在行人流量高峰时段内，每个人行横道上的行人数。在需要特别考虑年轻人、老年人和（或）有身体或视觉障碍的人时，行人及其过街时间可以通过一般观察进行分类。

D. 有关服务于年轻人、老年人和（或）残疾人的附近设施和活动中心的信息，包括残疾人对研究地点无障碍交叉口改善的要求。若没有信号控制该类人群的行为，他们可能无法反映在行人流量计数中。

E. 当地无控制入口车道限速或法定限速或者85%位车速。

F. 显示详细物理布局的状态图，包括交叉口几何特征、渠化、坡度、视距限制、公交车站和路线、停车条件、路面标线、道路照明、私人车道、附近的铁路道口、到最近的交通控制信号的距离、电线杆和标志性建筑和相邻土地的使用。

G. 显示至少1年时间内的事故数据统计图，按车辆类型、位置、运行方向、严重程度、天气、时间、日期及星期分类。

18 以下数据能更精准地反映交叉口的运行状况，可以在17条B项中描述的时段获得：

A. 每个入口道分别确定的停车延误的车辆小时数。

B. 次要车道进入主要车道的可接受间隙的流量数和车辆分布。

C. 交叉口附近控制性入口道在不受控制影响的位置限速或法定车速或85%位车速。

D. 一般工作日或星期六或星期日期间，至少两个 30 分钟行人高峰延误期的延误时长。

E. 在停车管制入口道的排队长度。

第 4C.02 节　依据 1：8 小时交通流量

支撑依据：

01　最小交通流量条件 A 适用于以下地点：交叉口交通量巨大是考虑安装交通控制信号的主要原因。

02　中断连续交通条件 B 适用于以下地点：条件 A 不适用以及主要道路流量过多以至于与之相交的次要道路交通延误极大，或在进入或穿过主路时冲突严重。

03　依据 1 应被视为独立依据。若情况满足条件 A，那么就满足依据 1，而不需要分析条件 B 以及条件 A 和条件 B 的组合。同样，若情况满足条件 B，那么就满足依据 1，不需要分析条件 A 和条件 B 的组合。

必须条款：

04　如果工程调研发现一天平均 8 小时交通量满足以下条件之一时，必须考虑交通信号控制：

A. 进入交叉口的小时交通量分别满足表 4C-1 条件 A 中主要道路的小时交通量和次要道路进口小时交通量（仅流量更高的一个方向）为 100% 那一列时；

B. 进入交叉口的小时交通量分别满足表 4C-1 条件 B 中主要道路的小时交通量和次要道路进口小时交通量（仅流量更高的一个方向）为 100% 那一列时。在使用每个条件时主要道路的小时和次要道路的交通量必须是相同的 8 小时。在次要道路上，在这个 8 个小时中，不要求较高的交通量在同一进口上行驶。

可选条款：

05　如果限速或法定限速，或主路 85% 位车速超过 40 英里/小时，或如果交叉口位于人口小于 10000 的独立社区的建成区时，表 4C-1 中交通量在 70% 的那一列代替 100% 那一列。

指导条款：

06　条件 A 和 B 的组合目的是应用在条件 A 和条件 B 都不满足、且其他能够减少交通延误和交通不便的备选方案在经过足够的实验后也不能解决交通问题的地方。

必须条款：

07　如果工程调研发现一天平均 8 小时交通量满足以下两个条件时，必须考虑交通信号控制：

A. 进入交叉口的小时交通量分别满足表 4C-1 条件 A 中主要道路的小时交通量和次要道路进口更高小时交通量为 80% 那一列时；

B. 进入交叉口的小时交通量分别满足表 4C-1 条件 B 中主要道路的小时交通量和次要道路进口更高小时交通量为 80% 那一列时。每个条件中主要道路和次要道路的交通量必须在相同的 8 小时。然而，满足条件 A 的 8 小时不一定和满足条件 B 的 8 小时是相同的 8 小时。在次要道路上，8 个小时中更高交通量没必要在相同的入口。

可选条款：

08　如果有限速或法定的限速，或主路 85% 位车速超过 40 英里/小时，或如果交叉口位于人口小于 10000 的孤立社区的建成区时，表 4C-1 中交通量在 56% 的那一列代替 80% 那一列。

第 4C.03 节　依据 2：4 小时交通流量

支撑依据：

01　当相交交通流量为考虑安装交通控制信号灯的主要原因时，考虑使用 4 小时交通流量信号依据。

必须条款：

02　如果工程调研发现对于平均日的任意每 4 小时，代表主路每小时车流量（两个入口方向的总和）

依据1：8小时交通量　　　　　　　　　　　　　　　　　表4C-1
条件A—最小交通量

每个入口的车道数		主要道路的小时交通量（两个入口的和）				次要道路进口更高小时交通量（仅一个方向）			
主要道路	次要道路	100%[a]	80%[b]	70%[c]	56%[d]	100%[a]	80%[b]	70%[c]	56%[d]
1	1	500	400	350	280	150	120	105	84
2 或更多	1	600	480	420	336	150	120	105	84
2 或更多	2 或更多	600	480	420	336	200	160	140	112
1	2 或更多	500	400	350	280	200	160	140	112

条件B—最小交通量

每个入口的车道数		主要道路的小时交通量（两个入口的和）				次要道路进口更高小时交通量（仅一个方向）			
主要道路	次要道路	100%[a]	80%[b]	70%[c]	56%[d]	100%[a]	80%[b]	70%[c]	56%[d]
1	1	750	600	525	420	75	60	53	42
2 或更多	1	900	720	630	504	75	60	53	42
2 或更多	2 或更多	900	720	630	504	100	80	70	56
1	2 或更多	750	600	525	420	100	80	70	56

a 基本的最低小时交通量；
b 在其他补救措施进行足够的测试之后，用于条件 A 和条件 B 的组合；
c 当主要道路的速度超过 40 英里 / 小时或人口小于 10000 的孤立社区时可使用；
d 当主要道路的速度超过 40 英里 / 小时或人口小于 10000 的孤立社区时，在其他补救措施进行足够的测试之后可使用。

和对应次要道路入口每小时车流量（仅流量大的单向）的散点，均落在图 4C-1 中进口车道现有组合适用曲线的上方，必须考虑设计交通控制信号灯的需求。在次要道路，大流量不能作为相同入口车道每四小时的要求。

可选条款：

03　如果主要道路的限速或法定限速或 85% 位车速大于 40 英里 / 小时，或交叉口位于一个人口小于 10000 人的独立社区的建成区内，图 4C-2 可取代图 4C-1。

第 4C.04 节　依据 3：高峰小时

支撑依据：

01　高峰小时信号灯依据的适用条件如下：在交叉口次要道路上车辆在一天内至少有 1 小时遭遇过度延误。

必须条款：

02　此信号灯依据只能用于特别情况，例如能够在短时间内吸引或产生大交通量的办公园区、制造厂、工业园区或高乘载率车辆设施。

03　如果工程调研证明道路状况满足下列两个条件中的任意一个，必须考虑交通控制信号的设置需求：

1. 如果下列三个条件在平均日的同一个 1 小时内出现（任意四个连续的 15 分钟时段）：

1）受"停车让行"标志控制的次要道路的一个进口方向（仅单向）车辆的总停车延误大于或等于：单车道进口交通量 4 辆 / 小时或双车道进口交通量 5 辆 / 时；

2）同样的次要道路进口方向（仅单向）的交通量大于或等于 100 辆 / 小时 / 车道，或 150 辆 / 小时 / 两车道；

3）该小时内驶入的总交通量大于或等于 650 辆 / 小时（三个进口方向的交叉口）或 800 辆 / 小时（三个或更多进口方向的交叉口）；

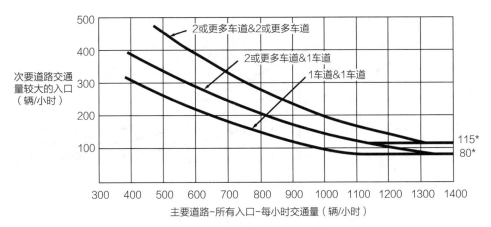

图 4C-1　依据 2：4 小时交通量

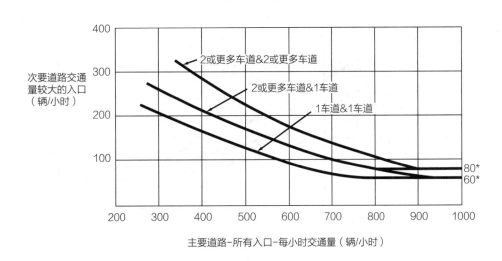

*注：80 辆/小时为两条或更多条车道的次要道路交通量下限，
60 辆/小时为单车道的次要道路交通量下限。

（社区人口小于 10000 人或主要道路速度在 40 英里/小时以上）

图 4C-2　依据 2：4 小时交通量（70% 系数）

2. 对于平均一天的某一小时（任意连续的 4 个 15 分钟时段），代表主路每小时车流量（两个入口方向的总和）和对应次要道路入口每小时车流量（仅流量大的单向）的散点，须落在图 4C-3 中进口车道现有组合适用曲线的上方。

可选条款：

04　如果主要道路的限速或法定限速，或 85% 位车速大于 40 英里/小时，或交叉口位于一个人口小于 10000 人的独立社区的建成区内，图 4C-4 可取代图 4C-3 以评价标准中的第二类规则。

05　如果此依据是唯一满足的依据，且交通控制信号灯由工程调研进行判断，在此依据的流量规划尚不满足的小时内，交通控制信号灯可以以闪烁的模式运行。

指导条款：

06　*如果此依据是唯一满足的依据，且交通控制信号灯由工程调研进行判断，交通控制信号灯应采用车辆感应式。*

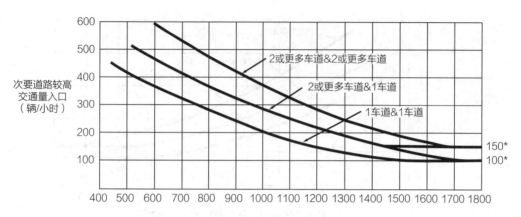

图 4C-3 依据 3：高峰小时交通量

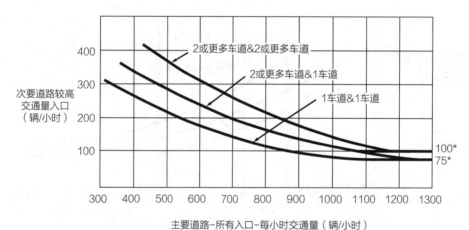

（社区人口小于 10000 人或主要道路速度在 40 英里/小时以上）

图 4C-4 依据 3：高峰小时交通量（70% 系数）

第 4C.05 节 依据 4：行人流量

支撑依据：

01 行人流量信号设置依据用于如下情况：主要道路交通量过大，导致行人在穿越主要道路时产生过多的延误。

必须条款：

02 如果工程调研发现满足下列条件的任意一个，必须考虑在交叉口或路段中部开口过街处设置交通控制信号：

A. 在平均日的每个任意 4 小时，图 4C-5 中代表主要道路每小时交通量（两个进口方向的总和）与相应的穿越主要道路（所有穿行）的每小时行人流量均在曲线上方；

B. 对平均日的 1 小时（任意 4 个连续的 15 分钟时段），代表主要道路每小时交通量（两个进口方向的总和）与相应的穿越主要道路（所有穿行）的每小时行人流量均在图 4C-7 中曲线的上方。

可选条款：

03　如果主要道路的限速或法定限速或 85% 位车速大于 35 英里/小时，或交叉口位于一个人口小于 10000 人的独立社区的建成区内，图 4C-6 可取代图 4C-5 以评价第 2 条中的规则 A，图 4C-8 可取代图 4C-7 以评价第 2 条中的规则 B。

必须条款：

04　行人流量依据不能用于与最近的交通控制信号或控制行人预备穿行道路的"停车让行"标志的距离小于 300 英尺的情况，除非建议交通控制信号不会限制车辆运行。

05　如果此依据是唯一满足的依据，且交通控制信号灯由工程调研进行判断，交通控制信号必须安装在行人信号灯上方，并遵从第 4E 章的条款。

指导条款：

06　如果此依据是唯一满足的依据，且交通控制信号灯由工程调研进行判断，则：

A. 如果安装在交叉口或主要行驶车道位置，交通控制信号应同样控制次要道路或行驶车道的交通，应采用车辆感应式，且包括行人检测；

B. 如果安装在非交叉口穿行地点，交通控制信号应安装在距离辅路或私人车道至少 100 英尺的位置，通

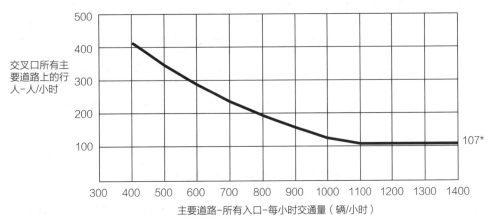

*注：107人/小时为流量下限

图 4C-5　依据 4：行人 4 小时交通量

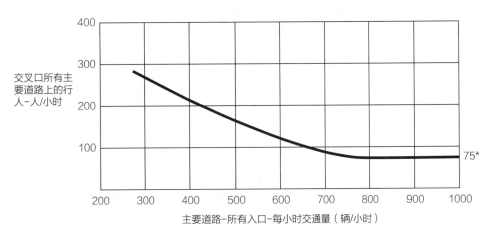

*注：75人/小时为流量下限

图 4C-6　依据 4：行人 4 小时交通量（70% 系数）

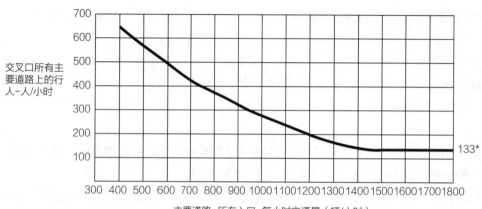

图 4C-7 依据 4：行人高峰小时交通量

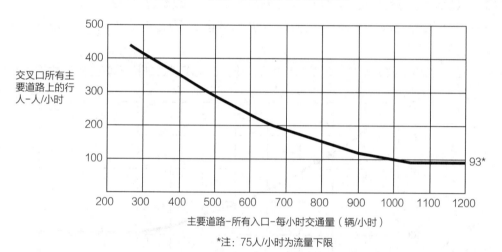

图 4C-8 依据 4：行人高峰小时交通量（70% 系数）

过"停车让行"标志或"减速让行"标志控制，应采用行人感应式。如果交通控制信号安装在非交叉口穿行地点，至少一个信号灯的灯面应该位于每一进口方向行驶车道的上方，停泊车辆或其他视野障碍物应禁止出现在人行横道之前至少 100 英尺及之后至少 20 英尺，或者工地生活设施应置于路缘延伸段内，或者其他技术以提供足够视距，并且安装应包括适用的标准交通标志与路面标线；

C. 此外，如果安装在一个信号系统内，交通控制信号应进行协调。

可选条款：

07　如果 15% 位行人穿行速度小于 3.5 英尺 / 秒，穿行主要道路的行人流量判断准则可最多降低 50%。

08　如果邻近的联动交通控制信号持续地为行人过街提供足够的间隙长度，可不使用交通控制信号。

第 4C.06 节　依据 5：学校过街

支撑依据：

01　学校过街信号设置依据用于如下情况：学校儿童穿行主要道路是安装交通控制信号的主要考虑因素。对于此依据的目的，"学校儿童"一词包括小学到高中学生。

必须条款：

02　当针对穿越主要街道的已有学校过街人行横道、关于与学幼群体大小和数量相关的，面向机动车流间隙频率与长度开展的工程调研表明，当学校儿童在穿行过程中，交通流的足够间隙数量小于同时段的分钟数（见第 7A.03 节），并且在最大穿行小时内有最少 20 名学校儿童过街时，必须考虑安装交通控制信号灯。

03 在决定安装交通控制信号灯之前，必须考虑其他补救措施，如警告标志与闪光灯、校区限速区域、学校过街协管或分年级过街。

04 该依据不能用于学校过街信号与最近的沿主要道路的交通控制信号的距离小于 300 英尺的情况，除非建议交通控制信号不会限制车辆运行。

指导条款：

05 *如果满足此依据，且交通控制信号灯由工程调研进行判断，则：*

A.如果安装在交叉口或主要行驶车道位置，交通控制信号应同样控制次要道路或行驶车道的交通，应采用车辆感应式，且包括行人检测；

B.如果安装在非交叉口穿行地点，交通控制信号应安装在距离辅路或私人车道至少 100 英尺的位置，通过"停车让行"标志或"减速让行"标志控制，应采用行人感应式。如果交通控制信号安装在非交叉口穿行地点，至少一个信号灯的灯面应位于每一进口方向行驶车道的上方，停泊车辆或其他视野障碍物应禁止出现在人行横道之前至少 100 英尺及之后至少 20 英尺，或者工地生活设施应置于路缘延伸段内，或者其他技术以提供足够视距，并且安装应包括适用的标准交通标志与路面标线；

C.此外，如果安装在一个信号系统内，交通控制信号应进行协调。

第 4C.07 节 依据 6：信号协调系统

支撑依据：

01 信号协调系统中，车辆的连续运行有时需要在交叉口安装交通控制信号灯；若需要维持合理的车辆排队，则不需要交通信号灯。

必须条款：

02 当工程调研发现满足下述条件之一时，必须考虑安装交通控制信号灯：

A. 在单向道路，或某一方向车辆占主导地位的道路，邻近交通控制信号灯相隔过远，以致无法提供必要程度的车队；

B. 在双向道路，邻近交通控制信号灯无法提供必要的排处程度，则建议的和邻近的交通控制信号灯将一起提供连续运行。

指导条款：

03 *如果信号协调系统导致交通控制信号灯间隔小于 1000 英尺，则不应采用该依据。*

第 4C.08 节 依据 7：事故数据

支撑依据：

01 当事故严重程度与事故发生频率是考虑安装交通控制信号灯的主要原因时，应用事故经验信号设置依据。

必须条款：

02 当工程调研发现满足下述条件之一时，必须考虑安装交通控制信号灯：

A. 有足够多符合要求的遵守规则和执法的替代均未能降低事故发生频率；

B. 五次或超过五次事故发生在 12 个月内，事故属于交通控制信号容易修正的类型，且每次事故涉及超过通报事故应用要求的人员伤亡或财产损失情况；

C. 平均日内任意 8 小时，表 4C-1（见第 4C.02 节）中条件 A 的两个 80% 栏给出的每小时交通量，或者表 4C-1 中条件 B 的两个 80% 栏给出的每小时交通量分别出现在主要道路或大流量次要道路进口方向，或者行人流量不少于规定要求的 80%。这些主要道路与次要道路的流量必须在同一个 8 小时内。在次要道路上，不能要求在相同进口方向的每一 8 小时内有更大的流量。

可选条款：

03　如果主要道路的限速或法定限速或 85% 位车速大于 40 英里/小时，或交叉口位于一个人口小于 10000 人的独立社区的建成区内，表 4C-1 中 56% 一栏的交通量可取代 80% 一栏的交通量。

第 4C.09 节　依据 8：路网

支撑依据：

01　为促进路网上交通流的集中和组织，在某些交叉口处设立交通控制信号是合理的。

必须条款：

02　若工程调研发现两个及以上主要路线的常规交叉口满足以下一个或所有条件，必须考虑安装交通控制信号的需求：

A. 在典型的工作日高峰小时，交叉口现存或即将产生的总的进入流量至少为 1000 辆/小时，且根据工程调研，具有 5 年的预测交通流量，在平均的工作日期间，满足依据第 1、2 和 3 款中的一个或多个规定；

B. 对于非正常工作日（星期六或星期日）的每任意 5 小时中，交叉口总的现存或即将产生的进入流量至少为 1000 辆/小时。

03　用于本信号设置依据的主要路线必须满足以下至少一个条件：

A. 服务于主要道路网络通过交通流的街道或道路系统的一部分。

B. 包括城市外围、进入或穿过城市的乡村或郊区道路。

C. 作为政府计划的主要路线出现，比如城市区域交通和运输研究中的主要街道计划。

第 4C.10 节　依据 9：靠近平交道口的交叉口

支撑依据：

01　靠近平交道口的交叉口信号设置依据适用于其他八种交通信号设置依据都不满足的位置，但是与由"停车让行"或"减速让行"标志控制的平交道口交叉口之间的距离是考虑安装交通控制信号的主要原因。

指导条款：

02　仅在充分考虑其他可选方案后或者一系列可选方案不能减轻与平交道口相关的安全性问题时，本信号设置依据才能实施。可选方案中应考虑或尝试的包括：

A. 提供额外的铺装以使车辆驶离轨道或者为规避操作提供空间。

B. 重新分配交叉口处的停车控制，以使横跨轨道的入口为不停车通行入口。

必须条款：

03　若工程调研结果同时满足以下两个标准，则必须考虑安装交通控制信号：

A. 与平交道口相连的入口车道由"停车让行"或"减速让行"标志控制，且最靠近交叉口的轨道中央距离入口车道停车线或减速让行标线的距离在 140 英尺以内；

B. 在交通流量最高的时段内，轨道交通使用路口时，代表主要道路上每小时车流量（两个入口车道的总和）及横跨轨道的小街上每小时车流量（仅一个方向，驶向交叉口）的标记点下降到图 4C-9 或图 4C-10 中应用曲线的上方，曲线代表轨道上现存入口车道组合及距离 D，即第 1A.13 节中定义的安全预留距离。

指导条款：

04　当描绘图 4C-9 或图 4C-10 上的交通流量数据时，以下考虑生效：

A. 若在轨道相交位置处只有一条车道接近交叉口，应使用图 4C-9；若在轨道相交位置处有两条及以上车道接近交叉口，应使用图 4C-10。

B. 确定实际距离 D 以后，应使用最靠近实际距离 D 的曲线 D。比如，若实际距离 D 是 95 英尺，标记点应该被比作距离 D=90 英尺的曲线。

C. 若轨道交通到达时间未知，应使用一天中交通流最大的时段。

可选条款：

05　小街入口流量可以乘以第 6~8 条中提供的三个调整因素。

06　由于曲线是根据每日轨道交通四次出现的平均值而绘制的，小街入口处小时交通量可以乘以表 4C-2 中显示的用于每日轨道交通频率的调整因素。

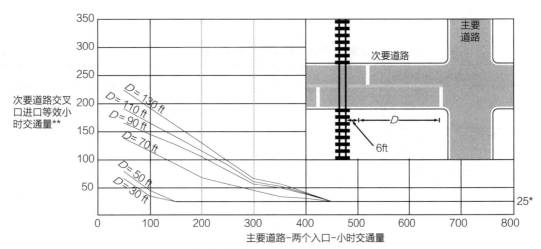

* 25辆/小时为流量下限。
** 如果适当，小时交通量调整系数见图4C-2、图4C-3和图4C-4。

图 4C-9　依据 9：邻近铁路道口的交叉口（与铁路相交的入口有一条车道）

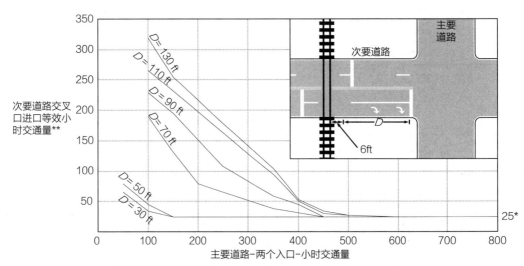

* 25辆/小时为流量下限。
** 如果适当，小时交通量调整系数见图4C-2、图4C-3和图4C-4。

图 4C-10　依据 9：邻近铁路道口的交叉口（与铁路相交的入口有两条或更多车道）

07 由于曲线是根据典型的车辆载客率而绘制的,若穿越轨道车辆中有 2% 的车辆为至少载有 20 人的巴士,在小街入口处的小时交通量可以乘以表 4C-3 中显示的用于高载客率巴士适当比例的调整因素。

08 由于曲线是根据穿越轨道车辆中 10% 的牵引式挂车卡车而绘制的,小街入口处的小时交通量可以乘以表 4C-4 中显示的用于牵引式挂车卡车适当距离和比例的调整因素。

必须条款:

09 若满足本依据并且交叉口处的交通控制信号通过工程调研证明可用,那么:

A. 在小街上的交通控制信号必须采用感应式;

B. 优先控制必须与第 4D.27 节、第 8C.09 节及第 8C.10 节相一致;

C. 平交道口处必须具有闪烁信号(见第 8C 章)。

指导条款:

10 若满足本依据并且交叉口处的交通控制信号通过工程调研证明可用,平交道口应有自动闸门(见第 8C 章)。

依据9,每天铁路交通频率的调整系数　　　　表4C-2

每天的铁路交通	调整系数
1	0.67
2	0.91
3~5	1.00
6~8	1.18
9~11	1.25
≥12	1.33

依据9,高乘坐率公交百分率的调整系数　　　　表4C-3

在次要道路进口高乘坐率公交车的百分率(%)*	调整系数
0%	1.00
2%	1.09
4%	1.19
≥6%	1.32

*高乘坐率公交车的定义为乘客至少 20 人

依据9,牵引式挂车百分率的调整系数　　　　表4C-4

在次要道路进口牵引式挂车的百分率(%)	调整系数	
	$D<70$ 英尺	$D\geqslant 70$ 英尺
0%~2.5%	0.50	0.50
2.6%~7.5%	0.75	0.75
7.6%~12.5%	1.00	1.00
12.6%~17.5%	2.30	1.15
17.6%~22.5%	2.70	1.35
22.6%~27.5%	3.28	1.64
≥27.5%	4.18	2.09

第 4D 章　交通控制信号特征

第 4D.01 节　总则

支撑依据：

01　与道路使用者相关的交通控制信号特征是位置、设计和信号指示的含义。如本手册中所述，被控交通的设计特征一致性对于运行的安全和效率尤其重要。

02　交通控制信号可以采用定时、半感应或全感应的模式运行。对于乡村高速度道路的独立（非互相连通）信号控制点，通常在高速度入口处使用带有前方车辆检测的全感应模式。这些特征的设计是为减少黄灯开始时高速到达车辆处于"两难区"的频率，这些高速车辆的驾驶员难以决定是停车还是通过。

必须条款：

03　当交通控制信号不运行时，比如在投入使用前，处于季节性关闭期间，或者不应该运行交通控制信号时，信号灯面必须被包裹起来、转一个方向、或者拆卸下来以清楚地表明交通控制信号不处于运行中。

支撑依据：

04　季节性关闭是指在特定季节不应该使用时关闭或停止使用永久性交通信号。这种情况可能适用于某个社区，一年大多数时间中，社区内的观光交通量符合永久性信号，但是一年中观光旅游交通量较小时的季节性信号关闭将可以减少延误；或者主要的交通吸引区，比如大型工厂符合永久性信号，但是每年夏天休假的几周，大型工厂是关闭的。

必须条款：

05　交通控制信号必须仅控制安装了信号灯面的交叉口或路段中部开口过街处的交通流。

06　若路段中部开口过街处人行横道距离最近的交通控制信号不超过 300 英尺，路中过街人行横道不能采用信号控制，除非所推荐的控制信号不会限制交通运行。

指导条款：

07　若路段中部开口过街处人行横道距离由"停车让行"标志或"减速让行"标志控制的小街或私人车道不超过 100 英尺，则不应使用交通控制信号。

08　应使用工程评判来决定交通控制信号适当的相位调整和配时。由于交通流和模式的改变，若有必要需定期重新评估和更新相位调整和配时。

09　在主要道路上或相交主要道路网内，彼此间的交通控制信号距离不超过 0.5 英里，应进行协同控制，最好具有相互连接的控制单元。彼此间交通控制信号距离不超过 0.5 英里的主要道路上具有管辖界限，或者有不同控制信号系统间的边界，应考虑使用跨边界协同控制。

支撑依据：

10　在不同周期时长运行的控制部分之间，不需要保持信号协同。

11　平交道口信号和可移动式桥梁信号的协同，见第 4D.27 节、第 4J.03 节、第 8C.09 节和第 8C.10 节。

第 4D.02 节　运营和维护职责

指导条款：

01　在安装任何交通控制信号前，维护信号和所有附属设施、硬件、软件及配时方案的职责应确定清楚。职能机构应对交通控制信号及所有附属设施的维护进行严格规定。

02　为此职能机构应：

A. 保持每个控制器集合按照预先设定的配时计划有效运行；经常检查控制器集合的运行以确保其按照预先设定的配时计划运行；并制定政策纪录所有配时变化并确保只有获得授权者才可改变配时；

B. 根据经验以必要的频率及时清扫信号灯组的光学系统并替换光源；

C. 根据经验以必要的频率及时清扫和维修设备及其他附属设施；

D. 在交通控制信号不能正常工作的期间，规划交通控制信号可代替运行方案，使用黄闪模式或者人工控制，或可能根据交通流量或拥堵的需求由有关当局进行人工交通导向，或设立其他交通控制设施；

E. 让具备一定经验的维修人员待命，及时解决所有的信号灯故障和信号灯显示失灵问题；

F. 提供备用设备以使由于设备故障导致的交通控制信号运行中断带来的影响最小化；

G. 使具备一定经验的维修人员待命维修所有组件；

H. 维修信号灯显示及设备的外观。

第 4D.03 节　有关行人的规定

支撑依据：

01　第 4E 章包含关于行人信号的补充信息，第 4F 章包含有关行人混合信标的补充信息。

必须条款：

02　交通控制信号的设计和运行必须考虑行人和车辆交通的需求。

03　若工程评判表明对于特定的行人移动需要进行规定，行人信号灯头必须有便于行人观测的信号灯面（见第 4E 章），或者有便于并行车辆观测的车辆信号灯面。

指导条款：

04　应在工程评判认为合适的地点使用以非视觉形式（如可听见的铃声、语音消息和（或）震动）提供信息的无障碍行人过街信号（见第 4E.09 节至第 4E.13 节）。

05　在行人移动频繁的地点，调整交通控制信号运行和配时，或通过行人检测器以确保在每个周期内行人有充足的时间穿越马路。

06　若有必要或应该阻止某交通控制信号处特定的行人移动，若不能通过屏障或其他物体人为地阻止行人移动时，应使用"禁止行人穿行"标志（R9-3，见第 2B.51 节）。

第 4D.04 节　机动车信号灯含义

支撑依据：

01　《统一车辆法规》（见第 1A.11 节）是车辆驾驶员和行人解读机动车信号指示含义标准的首要来源，见本节；独立行人信号灯头显示的标准含义见第 4E.02 节。

02　定义为"交叉口内部"的物理区域取决于第 1A.13 节中交叉口定义中的描述条件。

必须条款：

03　以下定义必须提供给机动车和行人道路交通信号灯显示：

A. 长亮绿灯信号指示必须具有以下含义：

1. 面对"圆形绿灯"信号指示的机动车交通允许直行、右转、左转或掉头运行，除非有车道使用信号、禁止转向信号、车道标线、道路设计、独立的转向信号指示或其他交通控制设施对以上运行进行修改。

以上的机动车交通，包括右转、左转或掉头运行的车辆，必须将路权让予：

（a）合法位于相关人行横道内的行人；

（b）合法位于交叉口内的其他车辆。

此外，左转或掉头驶向左侧的机动车交通必须将路权让予来自对向进入或穿越交叉口且由于相距很近以至于构成直接危险的车辆。

2. 机动车交通面对单独或与其他信号同时显示的"绿色箭头灯"信号指示时，只允许谨慎地按箭头显示的方向驶入交叉口，或按同一时间显示的其他信号运行。

以上机动车交通，包括右转、左转或掉头运行的车辆，必须将路权让予：

（a）合法位于相关人行横道内的行人；

（b）合法位于交叉口内的其他车辆。

3. 面对"圆形绿灯"信号指示的行人，除非由其他行人信号指示或交通控制设施指引，允许在任何有标线或无标线的相关人行横道上继续穿越道路。在绿灯信号指示刚亮时，行人必须将路权让予合法位于交叉口内或已经非常接近交叉口以至于会产生直接危险的车辆。

4. 行人面对"绿色箭头灯"信号指示时，除非由其他行人信号指示或交通控制设施指引，不能穿越道路。

B. 长亮黄灯信号指示必须具有以下含义：

1. 长亮"圆形黄灯"信号指示的含义是警告机动车交通相关绿灯运行或相关闪烁箭头灯即将结束，或者长亮红灯信号指示随后即将开始，此时机动车交通不能进入交叉口。当长亮"圆形黄灯"信号指示时，有关行驶中终止车辆运行的规定须继续应用。

2. 长亮"黄色箭头灯"信号指示的含义是警告机动车交通相关"绿色箭头灯"运行或相关闪烁箭头运行即将结束。当长亮"黄色箭头灯"信号指示时，有关行驶中终止车辆运行的规定须继续应用。

3. 面对长亮"圆形黄灯"或"黄色箭头灯"信号指示的行人，除非由其他行人信号指示或其他交通控制设施指引，不得穿越道路。

C. 长亮红灯信号指示应具有以下含义：

1. 面对长亮"圆形红灯"信号指示的机动车交通，除非由其他信号指示指引允许进入交叉口并进行其他运行，必须在距离停车线较近的位置停车；但若无停止线，车辆必须在进入交叉口内侧的人行横道前停车；或者若无人行横道，则应必须进入交叉口前停车；并必须保持停止状态直到显示可继续通行的信号亮起，或者按照以下规定。

除非有设置的交通控制设施规定红灯时禁止转向，或者有长亮"红色箭头灯"信号指示，否则面对"圆形红灯"信号指示的机动车交通在停车后允许进入交叉口右转，或从一个单行道左转进入另一个单行道。继续转向的路权必须服从于在"停车让行"标志处停车后的规则。

2. 面对长亮"红色箭头灯"信号指示的机动车交通不能进入交叉口并进行箭头指示的运行，且除非由其他信号指示指引可进入交叉口进行其他运行，否则必须在标线清晰的停车线处停车；但若无停车线，交通必须在进入交叉口内侧的人行横道前停车；或者若无人行横道，则必须在进入交叉口前停车；并必须保持停车状态直到信号指示或其他交通控制设施允许在"红色箭头灯"显示时运行。

当交通控制设施允许在长亮"红色箭头灯"信号指示时进行转向，面对长亮"红色箭头灯"信号指示的机动车交通在停车后允许进入交叉口按箭头信号指示运行。继续转向的路权必须限制于由箭头指引的方向，并必须服从于在"停车让行"标志处停车后再运行的规则。

3. 除非由其他行人信号指示或其他交通控制设施指引，面对长亮"圆形红灯"或长亮"红色箭头灯"显示时的行人不能进入道路。

D. 闪烁绿灯信号指示无意义且不能使用。

E. 闪烁黄灯信号指示应具有以下含义：

1. 在交叉口入口处，面对闪烁"圆形黄灯"信号指示的机动车交通允许谨慎地进入交叉口继续直行、右转、左转或掉头，除非此类运行被车道使用标志、禁止转向标志、车道标线、道路设计、独立的转向信号指示或其他交通控制设施改变。

此类机动车交通运行，包括车辆右转、左转或掉头，必须将路权让予：

（a）合法位于相关人行横道内的行人；

（b）合法位于交叉口内的其他车辆。

此外，左转或掉头驶向左侧的机动车交通必须将路权让予来自对向穿越或进入交叉口、由于相距很近以至于构成直接危险的车辆。

2. 位于交叉口入口的机动车交通，面对单独或与其他信号同时显示闪烁的"黄色箭头灯"信号指示时，只允许按照箭头指示的方向谨慎地进入交叉口行驶，或按同一时间显示的其他信号运行。

此类机动车交通，包括车辆右转、左转或掉头，必须将路权让予：

（a）合法位于相关人行横道内的行人；

（b）合法位于交叉口内的其他车辆。

此外，左转或掉头驶向左侧的机动车交通必须将路权让予来自对向穿越或进入交叉口、由于相距很近以至于构成直接危险的车辆。

3. 交叉口处面对任何闪烁黄灯信号指示的行人，除非由其他行人信号指示或其他交通控制设施指引，允许在任何有标线或无标线的相关人行横道处继续通过道路。在闪烁黄灯信号指示刚开始时，行人必须将路权让予已经合法位于交叉口内的车辆。

4. 当闪烁的"圆形黄灯"信号指示以信标（见第4L章）的形式作为辅助其他交通控制设施使用时，道路使用者被告知需要额外注意设施上的信息或其他设施上的禁令或警告要求。这种形式可能不会对任何时间适用，只对当前适用。

F. 闪烁红灯信号指示必须具有以下含义：

1. 在交叉口入口处的机动车交通，面对闪烁"圆形红灯"信号指示时必须停在标线清晰的停车线处；但若无停止线，交通必须在进入交叉口内侧的人行横道前停车；或者若无人行横道，必须在距离最近的相交道路的位置停车，此处驾驶员在进入交叉口前能看见相交道路的到达交通。继续运行的路权必须服从于在"停车让行"标志处的停车规则。

2. 交叉口入口处的车辆交通，面对闪烁"红色箭头灯"信号指示，试图按箭头指示方向进行转向时，必须停在有清楚标线的停车线处；但若无停止线，交通必须在进入交叉口内侧的人行横道前停车；或者若无人行横道，必须在距离相交道路最近的位置停车，此处驾驶员在进入交叉口前能看见相交道路的到达交通。继续转向的路权必须受到箭头指示方向的限制，并必须服从于在"停车让行"标志处的停车规则。

3. 交叉口处面对任何闪烁红灯信号指示的行人，除非由其他行人信号指示或其他交通控制设施指引，允许在任何有标线或无标线的相关人行横道处继续通过道路。在闪烁红灯信号指示灯刚开始时，行人必须将路权让予已经合法位于交叉口内的车辆。

4. 当闪烁的"圆形红灯"信号指示以信标（见第4L章）的形式作为其他交通控制的辅助使用时，道路使用者被告知需要额外注意设施上的信息或其他设施上的禁令或警告要求，这种形式可能不会对任何时间适用，只对当前适用。该信号指示的使用应限于辅助"停车让行"（R1-1）、"禁止驶入"（R5-1）或"逆行"（R5-1a）标志，并适用于辅助要求在指定地点停车的交通控制设施。

第 4D.05 节 长亮信号指示的应用

必须条款：

01 当交通控制信号运行处于长亮模式（停一走）时，任何给定时间内每个信号灯面上必须至少有一个信号指示显示。

02 任何周期时长内，控制特定车辆运行的信号灯面必须在所有的周期时长控制相同的运行。

03 长亮信号指示必须按如下规则使用：

A. 长亮"圆形红灯"信号指示：

1. 必须用于禁止交通进入交叉口或其他控制区域，由行人信号灯头指引的行人除外。根据第 4D.04 节中第 3 条 C.1 项规定，可停车后转向。

2. 当允许交通进行特定的转向时，必须与适当的"绿色箭头灯"信号共同显示，并禁止直行通过交叉口或其他控制区域的交通。但仅在保护模式下运行（见第 4D.19 节和第 4D.23 节），或由单独转向信号灯面控制并处于受保护/许可的模式运行情况除外（见第 4D.20 节和第 4D.24 节）。

B. 长亮"圆形黄灯"信号指示：

1. 必须在同一信号灯面的"圆形绿灯"或直行"绿色箭头灯"信号指示后使用。

2. 不能与从"圆形红灯"信号指示变化到"圆形绿灯"信号指示同时使用。

3. 必须在"圆形红灯"信号指示后使用，除非进入优先模式，在长亮"圆形黄灯"信号指示后可返回之前的"圆形绿灯"信号指示（见第 4D.27 节）。

4. 不能允许驾驶员左转或掉头进入左侧的入口，除非存在下列条件之一：

（a）长亮"圆形黄灯"信号指示同时在对向入口亮起；

（b）工程调研认为，由于交叉口的特殊条件，（a）项中描述情况的合理实施一定会引发重大的运行或交通安全问题且受影响的左转或掉头交通流量相对较低，且通知左转或掉头驾驶员：若在靠近最左侧显示"到达的交通已经延长绿灯"图标的 W25-1（见第 2C.48 节）信号灯头处持续有车辆通行，则控制对向交通的长亮"圆形黄灯"信号指示不与本向同时亮起；

（c）如果只是偶尔发生，则应告知驾驶员，例如在优先顺序期间在 W25-2 标志（见第 2C.48 节）最左侧信号灯头附近安装"对向交通绿灯可能延长"标志。

C. 仅当允许交通向任意合法、可行的方向运行时，长亮"圆形绿灯"信号指示必须亮起。

D. 当禁止交通进入交叉口或其他控制区域进行所指示的转向时，除由行人信号灯头引导的行人外，必须使用长亮"红色箭头灯"信号指示。除第 4D.04 节第 3 条 C.2 项描述的以外，不可在长亮"红色箭头灯"信号指示时转向。

E. 长亮"黄色箭头灯"信号指示：

1. 必须与"绿色箭头灯"信号指示指引同方向的交通且与"绿色箭头灯"信号指示在同一信号灯面上在其后亮起，除非：

（a）"绿色箭头灯"信号指示和"圆形绿灯"（或直行"绿色箭头灯"）信号指示终止在同一个信号灯面；

（b）绿色箭头为直行通过"绿色箭头灯"（见 B.1 项）。

2. 当闪烁箭头指示是长亮运行模式的一部分时，若信号灯面此后显示长亮红灯信号指示，则长亮"黄色箭头灯"信号指示必须与闪烁"黄色箭头灯"信号指示或闪烁"红色箭头灯"信号指示在同一信号灯面上控制同方向的交通且在闪烁"黄色箭头灯"信号指示或闪烁"红色箭头灯"信号指示后亮起。

3. 除按照 5（a）项规定进入优先运行时，不能与由长亮"红色箭头灯"、闪烁"红色箭头灯"或闪烁"黄色箭头灯"信号指示变为"绿色箭头灯"信号指示同时使用。

4. 当对向交通由绿灯或黄灯信号指示控制时（第 4 条中关于掉头驶向左侧的情形除外），或者任何对向行人移动由"行走的人"（代表"可以通行"）或闪烁的"举起的手"（代表"禁止通行"）信号指示控制时，不能使用，除非在信号灯面上可用长亮左转（或掉头至左侧）"黄色箭头灯"信号指示终止闪烁左转（或掉头至左侧）"黄色箭头灯"信号指示，或当指引对向交通直行的"圆形黄灯"信号指示亮起时，可应用第 4D.18 节和第 4D.20 节中规定的信号灯面上控制许可型左转（或掉头至左侧）运行的闪烁左转（或掉头至左侧）"红色箭头灯"信号指示。

若每条有运行交通的转向车道，都有单独的驶离车道和路面标线或凸起的渠化以清楚表明使用哪条驶离车道，则以相同的方向驶离的车辆不能算作冲突。

5. 不能用于终止驾驶员许可性地左转或许可性地掉头至左侧入口处的闪烁黄灯信号指示，除非以下条件之一成立：

（a）长亮"圆形黄灯"信号指示同时用于对向入口；

（b）工程调研认为，由于交叉口的特殊条件，在不引起重大运行或安全问题下（a）项中描述的条件不能合理实施，且受影响的左转或掉头的交通流量相对较低。必须通知该左转或掉头车辆的驾驶员，若在靠近最左侧显示"到达的交通已经延长绿灯"图标的 W25-1（见第 2C.48 节）信号灯头处持续有车辆通行，则控制对向交通的长亮"圆形黄灯"信号指示不与本向的同时亮起；

（c）若运行仅属偶然，必须通知驾驶员，如在靠近最左侧显示"对向交通绿灯可能延长"标志 W25-2（见第 2C.48 节）的信号灯头的优先序列。

6. 必须被控制同向交通的"红色箭头灯"信号指示或"圆形红灯"信号指示终止，除非：

（a）当进入优先运行时，在长亮"黄色箭头灯"信号指示后可显示"绿色箭头灯"信号指示或闪烁箭头信号指示。

（b）在紧随其后亮起的"圆形绿灯"或闪烁"黄色箭头灯"信号指示期间，由箭头控制的交通以许可模式运行。

F. 长亮"绿色箭头灯"信号指示：

1. 信号指示必须仅允许车辆按照指示的方向运行，且不与按照在绿灯或黄灯信号指示的其他车辆冲突，不与按照"行走的人"（代表"可以通行"）或闪烁"举起的手"（代表"禁止通行"）信号指示的行人冲突。若每条有运行交通的转向车道，都有单独的驶离车道和路面标线或凸起的渠化以清楚表明使用哪条驶离车道，则以相同的方向驶离的车辆不能算作冲突。

2. 当左转运行不与按照绿灯或黄灯信号指示运行的其他车辆冲突时（除第 4 条中规定的关于掉头驶向左侧的情形外），且不与按照"行走的人"（代表"可以通行"）或闪烁"举起的手"（代表"禁止通行"）信号指示穿行的行人存在冲突，必须在控制左转运行的信号灯面上显示。若每条有运行交通的转向车道，都有单独的驶离车道和路面标线或凸起的渠化以清楚表明使用哪条驶离车道，则以相同的方向驶离的车辆不能算作冲突。

3. 不能在 T 形交叉口的干道或从单行道的转向干道。

可选条款：

04 若入口允许掉头，并且右转"绿色箭头灯"信号指示同时显现给从对向入口右转进入左侧的道路使用者，可通过在靠近左转信号灯面上的"掉头减速让行右转"标志（见第 2B.53 节）通知掉头的道路使用者。

05 若没有其他禁止，为避免在单行道相交的入口处转向错误，在信号灯面上可以使用长亮直行绿色箭头信号指示代替"圆形绿灯"信号指示。

06 如果没有其他禁止，可以使用稳定的红色、黄色和绿色转向箭头信号指示，而不是在所有交通都需要转弯的引道上，或物理条件不允许直行的情况下，在信号灯面（使用稳定的圆形红色、黄色和绿色信号指示）。

支撑依据：

07 第4D.25节包含关于具有共享左转/右转车道、无直行运行的入口信号信息。

必须条款：

08 若使用辅助信号灯面，必须使用以下限制：

A. 指向左侧的左转箭头和掉头箭头不能用于靠近右侧的信号灯面。

B. 指向右侧的右转箭头和掉头箭头不能用于远端左侧的信号灯面。在此应用中远端安装在中间的信号灯面必须被视为远端左侧信号。

09 直行通过"红色箭头灯"信号指示或直行通过"黄色箭头灯"信号指示不能单独或与任何其他信号指示共同显示在任何信号灯面。

10 以下信号指示的组合不能同时显示在任何一个信号灯面上：

A. "圆形红灯"和"圆形黄灯"；

B. "圆形绿灯"和"圆形红灯"；

C. 直行通过"绿色箭头灯"和"圆形红灯"。

11 此外，在入口处以上组合不能同时在多个信号灯面显示，除非在专门控制右转运行的信号灯面显示，并且：

A. 控制右转运行的信号灯面，其可见度受到相邻通过运行的限制，或安装在使将要到达的道路使用者最不会混淆的位置。

B. "右转信号"（R10-10）标志（见第4D.21节至第4D.24节）安装位于邻近控制右转运行的信号灯面。

12 以下信号指示的组合不能同时显示在任何一个信号灯面上，或同时显示在入口处的多个信号灯面上：

A. "圆形红灯"和"圆形黄灯"；

B. 直行通过"绿色箭头灯"和"圆形黄灯"；

C. "绿色箭头灯"和"黄色箭头灯"指向相同方向；

D. "红色箭头灯"和"黄色箭头灯"指向相同方向；

E. "绿色箭头灯"和"红色箭头灯"指向相同方向。

13 除非第4F.03节和第4G.04节中另有规定，在长亮模式期间相同信号灯组不能既显示闪烁黄灯又显示长亮黄灯。除非第4D.18节、第4D.20节、第4D.22节和第4D.24节中另有规定，在长亮模式期间相同信号灯组不能既显示闪烁红灯又显示长亮红灯。

指导条款：

14 *在任何绿灯或黄灯期间，不应有任何突然穿越街道运行的机动车或行人，除非以下三种情况同时成立：*

A. 该运行仅引起轻微冲突；

B. 允许冲突运行可大幅度降低严重的交通延误；

C. 通过特定的标志有效警告将遭遇意外冲突的驾驶员和行人。

第4D.06节 信号指示——设计、照明、颜色和形状

必须条款：

01 每个信号指示，除非用于行人信号灯头和车道使用控制信号，必须为圆形或箭头。

02 字母或数字（包括那些与倒数计时相关的）不能作为机动车信号指示的一部分显示。

03 闪光灯不能安装在任何信号指示内部或旁边。

04 除非本章明确规定允许使用闪烁信号指示和优先权确认灯，闪烁显示不能安装在任何信号指示内部或旁边。

05 每个圆形信号指示必须发出单一的颜色：红灯、黄灯或绿灯。

06 每个箭头信号指示必须发出单一的颜色：红灯、黄灯或绿灯。除非"绿色箭头灯"和"黄色箭头灯"信号指示交替显示（双箭头信号灯组）均指向同一方向，且二者不同时显示，则准许。

07 箭头必须仅显示一个方向，且必须为箭头信号指示唯一闪光的部分。

08 箭头指向：

A. 垂直向上表明直行通过运行；

B. 水平地在转向方向用以表明以大约或超过直角的角度转弯；

C. 以大约等于转向的角度向上倾斜表明转向的角度远小于直角；

D. U 形箭头表明引导驾驶员转向（见图 4D-1）。

图 4D-1 掉头信号灯面示例

09 除非按照第 10 条的规定，必须满足"机动车交通控制信号灯头"中关于影响信号指示的信号灯头设计（见第 1A.11 节）的要求。

指导条款：

10 *每个亮起的信号灯镜头的光密度和分布应与公布的"机动车交通控制信号灯头"和"交通信号灯"（见第 1A.11 节）一致。*

必须条款：

11 本节关于信号灯镜头的参考不能用于限制信号光学单元仅为包括镜头的光学组件的白炽灯。

支撑依据：

12 研究已经产生了非透镜的信号光学单元，例如，但不限于，发光二极管（LED）交通信号模块。有些装置适用于所有信号指示，有些装置适用于特定类型，如能见度受限信号指示。

指导条款：

13 *在夜晚条件下若信号指示过于明亮导致过度眩光，应采用一些自动调光设施减少信号指示的亮度。*

第 4D.07 节　机动车信号指示尺寸

必须条款：

01 机动车信号指示直径必须有两个标准尺寸：8 英尺（约 2.4 米）和 12 英尺（约 3.7 米）。

02 除以下第 3 条的规定外，12 英尺（约 3.7 米）的信号指示必须用于所有新的信号灯面上的信号灯组。

可选条款：

03 8 英尺的圆形信号指示仅在以下情况中可用于新的信号灯面：

A. 应急车辆交通控制信号的绿灯或闪烁黄灯信号指示（见第 4G.22 节）；

B. 控制入口到下游位置的信号灯面上的圆形指示灯，在两个相邻信号位置距离较近，由于较高的到达速度、平曲线或纵曲线，或者其他几何因素，对于下游到达处不能安装视觉受限的信号灯面；

C. 圆形显示位于距离 30 英里/小时限速或法定限速的停止线车道 120 英尺以内；

D. 圆形显示在辅助的路口近端信号灯面上；

E. 在仅用于控制行人运行（见第 4D.03 节），而非机动车运行辅助信号灯面上的圆形显示；

F. 在仅用于控制自行车专用道或自行车运行的信号灯面上的圆形显示。

04 第 3 条中 A~F 项不包括的现存 8 英寸圆形信号指示可保留至剩余的使用寿命结束。

第 4D.08 节 信号灯面内信号指示的位置——总则

支撑依据：

01 车辆交通控制信号灯面上信号灯组的数量和排列标准化，使有色觉缺陷的道路使用者能够通过与其他信号灯组的相对位置来判断亮起的颜色。

必须条款：

02 除非该手册对某应用另有规定，在信号位置处的每个信号灯面必须有 3 个、4 个或 5 个信号灯组。除非该手册对某应用另有规定，若垂直信号灯面包括一个组群（见第 4D.09 节），信号灯面必须有至少 3 个纵向位置。

03 若单组信号灯面包含用于指引连续运行、连续显示的"绿色箭头灯"信号指示，则必须安装在交通控制信号处。

04 信号灯面上的信号灯组必须垂直或水平直线排列，除非第 4D.09 节另有规定。

05 信号灯面上相邻信号灯组的排列必须视情况而遵从第 4D.09 节或第 4D.10 节中列出的相对位置。

06 若使用显示"圆形黄灯"信号指示的信号灯组，则其应位于显示红灯信号指示的信号灯组和所有其他信号灯组之间。

07 若掉头箭头信号灯组用于掉头转向左侧的信号灯面，它在信号灯面的位置必须与第 4D.09 节和第 4D.10 节具有相同颜色的左转箭头信号灯组一致。若掉头转弯箭头信号灯组用于掉头转向右侧的信号灯面，它在信号灯面的位置必须与第 4D.09 节和第 4D.10 节用于具有相同颜色的右转箭头信号灯组一致。

08 指向左边的掉头箭头信号指示不能用于包含左转箭头信号指示的信号灯面上。指向右边的掉头箭头信号指示不能用于包含右转箭头信号指示的信号灯面上。

可选条款：

09 在信号灯面内，为了突出强调，两个完全一致的"圆形红灯"或"红色箭头灯"信号指示可在垂直或水平信号灯面上水平相邻显示（见图 4D-2）。

10 若水平排列和垂直排列的信号灯面符合第 4D.13 节横向间隔排列的要求，则可在同一入口处使用。

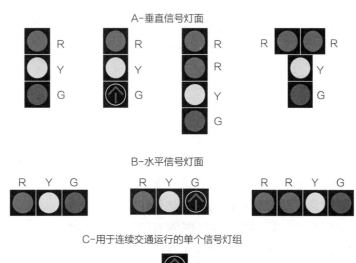

图 4D-2 典型的信号灯面上不控制转向交通运行的信号灯组布置

支撑依据：

11　图 4D-2 列举了不控制单独转向运行的信号灯面上信号灯组的典型排列。图 4D-6~图 4D-12 列举了在左转信号灯面上信号灯组的典型排列。图 4D-13~图 4D-19 列举了在右转信号灯面上信号灯组的典型排列。

第 4D.09 节　垂直安装的信号灯面上信号指示的位置

必须条款：

01　在每个垂直排列的信号灯面上，所有显示红灯信号指示的信号灯组必须位于所有显示黄色和绿灯信号指示的信号灯组之上。

02　在每个垂直排列的信号灯面上，每个显示"黄色箭头灯"信号指示的信号灯组必须位于其适用的显示"绿色箭头灯"信号指示的信号灯组之上。

03　在垂直排列的信号灯面上，信号灯组自上而下的相对位置必须为：

圆形红灯；

长亮和（或）闪烁左转红色箭头；

长亮和（或）闪烁右转红色箭头；

圆形黄灯；

圆形绿灯；

直行通过绿色箭头；

长亮左转黄色箭头；

闪烁左转黄色箭头；

左转绿色箭头；

长亮右转黄色箭头；

闪烁右转黄色箭头；

右转绿色箭头。

04　若双箭头信号灯组（能在"绿色箭头灯"和"黄色箭头灯"信号指示间交替）用于垂直排列的信号灯面，双箭头信号灯组的位置必须与垂直排列的显示"绿色箭头灯"信号指示的信号灯组一致。

可选条款：

05　在垂直排列的信号灯面上，显示相同颜色的信号指示可相邻地垂直于基准线水平排列成复合灯组（见图 4D-2、图 4D-9、图 4D-11、图 4D-16 和图 4D-18）。

必须条款：

06　以上复合灯组必须仅限于：

A. 2 个完全相同的信号灯组；

B. 显示相同颜色信号指示的 2 个或 3 个信号灯组；

C. 对于第 4D.25 节（见图 4D-20 中的 B 图）中描述的特殊情况，2 个信号灯组，其中一个显示"绿色箭头灯"信号指示且另一个显示闪烁"黄色箭头灯"信号指示。

07　在长亮模式运行期间显示闪烁黄灯信号指示的信号灯组：

A. 不能与显示长亮黄色箭头信号指示的信号灯组安装在相同的垂直位置；

B. 必须安装于显示长亮黄灯信号指示的信号灯组的下面。

支撑依据：

08　本节除第 4F.02 节和第 4G.04 节以外适用于混合信标。

第4D.10节 水平安装的信号灯面上信号指示的位置

必须条款：

01 在每个横装信号灯面，所有显示红灯信号指示的信号灯组必须位于所有显示黄灯和绿灯信号指示信号组的左侧。

02 在横装的信号灯面中，每个显示黄色箭头信号指示的信号灯组必须位于显示绿色箭头的信号指示的左侧。

03 横装信号灯面的信号灯组的相对位置，从左到右必须按如下顺序排列：

圆形红灯；

长亮和（或）闪烁的左转红色箭头；

长亮和（或）闪烁的右转红色箭头；

圆形黄灯；

长亮的左转黄色箭头；

闪烁的左转黄色箭头；

左转绿色箭头；

圆形绿灯；

直行绿色箭头；

长亮右转黄色箭头；

闪烁右转黄色箭头；

闪烁右转黄色箭头；

右转绿色箭头。

04 若双重箭头信号灯组（可以交替显示"绿色箭头"和"黄色箭头"信号指示）用于一个横装信号灯面，显示双左转箭头信号指示的信号灯组必须紧邻显示"圆形黄灯"信号指示的信号灯组的右侧，显示直通绿色箭头信号指示的信号灯组必须紧邻显示"圆形绿灯"信号指示的信号灯组的右侧，且显示双右转箭头信号指示的信号灯组必须位于所有其他信号灯组的右侧。

05 在长亮模式操作中显示闪烁黄灯信号指示的信号灯组：

A. 不能与显示长亮黄灯信号指示的信号灯组放置在同一水平位置；

B. 必须放置在显示长亮黄灯信号指示的信号灯组右侧。

第4D.11节 入口处信号灯面的数量

必须条款：

01 交叉口或路段中部开口过街处每个入口的信号灯面必须设置如下：

A. 若一个路口存在信号控制直行通行，至少需要两个基本信号灯面。若一个路口不存在信号控制直行通行，则认为该路口主要通行方式为转弯通行，必须至少提供两个基本信号灯面控制转弯通行（同见第4D.25节）。

B. 左转（和掉头左转弯）信号灯面见第4D.17节至第4D.20节。

C. 右转（和掉头右转弯）信号灯面见第4D.21节至第4D.24节。

可选条款：

02 当交叉口处的一种通行方式（或一条或多条特定的车道）与其他信号控制通行的车辆和行人从不产生冲突时，则可使用持续显示的"绿色箭头"信号灯组来告知道路使用者其通行是自由流畅且无需停车的。

支撑依据：

03 当交叉口处直行通行从不和其他信号控制的车辆或行人通行冲突时，如几何线形适当且/或具有路面铺装标线和标志的T形交叉口，工程调研可以决定直行车辆（或特定的直行车道）可以自由通过不受信号控制。

指导条款：

04 若有两条或以上左转车道供单独的左转信号控制通行，或左转通行是该路口主要通行方式，则应提供两个或以上基本左转信号灯面。

05 若有两条或以上右转车道供单独的右转信号控制通行，或右转通行是该路口主要通行方式，则应提供两个或以上基本右转信号灯面。

支撑依据：

06 验证表明，与其将信号灯面安装在路侧或通过交叉口对角悬臂或悬线将其安装在交叉口的正上方相比，将基本信号灯面悬挂安装在交叉口远侧能够减少交叉口的闯黄灯或闯红灯等行为，从而更为安全。在有两条或更多直行车道时，在每条车道的中心上方安装一个信号灯面，也更为安全。

指导条款：

07 若在信号控制交叉口的进口车道上限速或法定限速或85%位车速限制车速不超过45英里/小时，所有新安装的或重新安装的信号灯面应遵循以下规定：

A.控制直行通行的基本灯面（无辅助）的最小安装数量和位置应与表4D-1中的规定一致。

B.若控制直行的悬挂式灯面数量与交叉口直行车道的数量相同，则每个门架式信号灯面应尽量在车道中心线的上方。

C.除了共享左转和右转信号灯面，任何第4D.17节至第4D.25节中提到的专用转弯车道的基本灯面都应安装在专用转弯车道中心线的正上方。

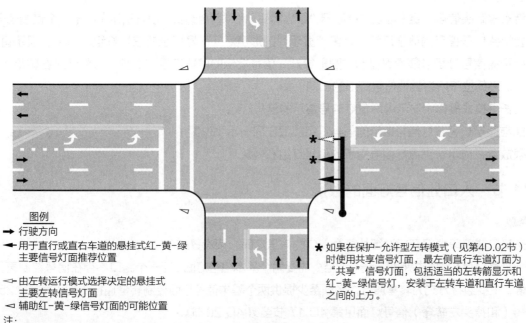

图 4D-3 用于限速或法定限速或85%位车速（45英里/小时）或更高车速车道入口的推荐车辆信号灯面

表4D-1 用于在进口有告知限速、法定限速或85%位车速（45英里/小时）或更高车速的直行交通的主要信号灯面最小数量推荐值

进口直行车道数	进口所有主要直行信号灯面数*	进口门架式主要直行信号灯面的最小数
1	2	1
2	2	1
3	3	2**
≥4	≥4	3**

注：* 最少需要2个直行信号灯面(见第4D.11节)。这里推荐的直行信号灯面数可能是过多的，关于锥形视线的特殊要求见第4D.13节。
** 如果可行，所有主要直行信号灯面的推荐数都应该设置为门架式。

D. *所有基本信号灯面应安装在交叉口的远端。*

E. *除基本信号灯面外，应考虑使用一个或多个立杆式或悬挂式信号灯面来增加大型车辆后方行驶进入交叉口车辆的可视性。*

F. *所有的信号灯面应有信号灯头背板。*

08 *这种信号灯面的布局应用于任何具有四条或以上车道的城市或城郊的主要干线街道以及其他速度低于45英里/小时的进口车道。*

第4D.12节 信号灯的能见度、朝向和灯罩

必须条款：

01 在信号灯安装、瞄准和调整的过程中，首要考虑的因素是优化信号指示对来向交通的可见性。

02 当进入信号控制交叉口或其他信号控制区域时（如路段中部开口过街处人行横道），必须给予道路使用者清楚、明确的路权指示。

03 每个交叉口的几何线形，包括垂直高度、水平曲率、障碍物以及典型的驾驶员看信号灯视线的水平和垂直夹角，均决定了信号灯面安装的垂直、纵向、横向位置。

指导条款：

04 *每个交叉口进口至少有两个基本信号灯，且至少在表4D-2中到停车线的最小距离处能连续清晰地看到该基本信号灯。除非有其他障碍物或其他的信号控制设施，应保证连续可见的范围。*

表4D-2 信号可视度的最小视距

85%位车速	最小视距
20英里/小时	175英尺
25英里/小时	215英尺
30英里/小时	270英尺
35英里/小时	325英尺
40英里/小时	390英尺
45英里/小时	460英尺
50英里/小时	540英尺
55英里/小时	625英尺
60英里/小时	715英尺

注：这个表中的距离适用于短信号周期（60~75秒），为停车视距加上一个估计的排队长度。

05 应有相关法律规定禁止任何非法的标志、信号、标线或设施干扰其他官方交通控制设施的有效性（见"车辆统一准则"中 11-205）。

06 在信号控制的路段中部开口过街处人行横道，至少每个行车方向应有一个信号灯。

必须条款：

07 若驶入车辆无法在表 4D-2 中规定的最小可见距离连续看到至少两个信号灯，则必须设置一个标志（见第 2C.36 节）用来警告驶向信号控制设施的车辆。

可选条款：

08 若安装交通控制信号警示牌以提醒靠近的道路使用者，则可配合使用警示信标（见第 4L.03 节）。

09 这样使用警示信标可以和信号控制集合互联，通过这种方式，当道路使用者在法定限速下经过该路段时可能会遇到红灯色信号指示（或由红灯色信号指示导致的行人队列）。

10 若一个交叉口入口的信号灯视距受到水平或垂直线形限制，辅助交通灯面可安装在信号指示首先被看到的地方。

指导条款：

11 当工程评判表明需要在交叉口之前和驶入交叉口时获得交叉口可视性，则应使用辅助交通灯面。

12 若使用辅助交通灯，则应安装在被控制运行车辆可见性最佳的位置。

必须条款：

13 如果不规则道路设计需要为不同街道入口设置信号灯面，且各自信号灯指示之间的角度相对较小，则每个信号指示必须借助信号限光板、信号灯遮光格栅等方式限制能见度，使来向道路使用者最小化其他入口运行控制的信号指示视野。

14 超过 12 英尺的信号灯遮阳板不能用于摆动的信号灯面上。

指导条款：

15 信号灯遮光板应用于信号灯面以指示驶入路口的交流通，同时减少可以导致强光进入眼睛的"太阳耀斑"。

16 由于信号灯遮光格栅会减弱输出光源，应考虑使用信号灯遮光板或信号灯面等不减少灯光强度的设施替代信号灯遮光格栅。

可选条款：

17 若同时看到两个交通信号指示则会误导道路使用者，则可使用特殊信号灯面，如可视性受限的信号灯面，使道路使用者在看到自己路口的交通指示之前看不到其他路口的交通指示。

指导条款：

18 若信号控制的交叉路口的限速或法定限速或 85% 位车速是 45 英里/小时或以上，则所有信号灯面都应面向路口方向使用信号灯背板。当某处交叉口的限速或法定限速或 85% 位车速低于 45 英里/小时但由于该处受阳光照射、开阔的天空和/或复杂或易混淆的背景等影响，也同样需要信号灯背板来加强信号灯的目标性。

支撑依据：

19 信号灯背板可在白天和夜晚加强交通信号指示灯与其周围环境的对比，对老年驾驶员也很有帮助。

必须条款：

20 信号灯限光板的内侧、遮光格栅的表面以及背板的正面必须为黑色以减少光线的反射且增加信号指示灯与其背景的对比度。

可选条款：

21 可在信号灯背板的周边安装最小宽度1英寸、最大宽度3英寸的黄色反光带，从而在夜间能显示出背板的矩形轮廓。

第4D.13节 信号灯面的横向位置

必须条款：

01 直行通行路口（没有直行通行且主要为转弯通行的路口）至少需要两个基本灯面，至少一个最好两个必须安装在两条直线与进口车道中心线距离停车线前方10英尺处，两条直线与左右两侧进口车道的中心线延长线的夹角约20°。满足这一条件的信号灯面安装位置必须同时满足第4D.14节中描述的纵向位置安装要求（见图4D-4）。

02 若直行通行路口（没有直行通行且主要为转弯通行的路口）要求安装的至少两个基本灯面都为立柱式，则都必须安装于交叉口的远端，分别安装在进口车道的左右两侧。

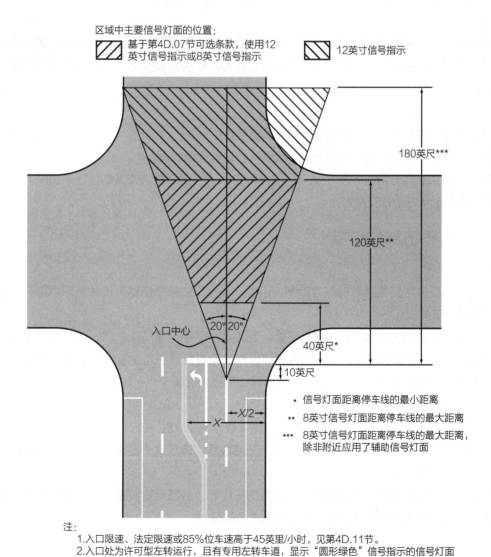

图4D-4 主要信号灯面的横向和纵向位置

03 上述控制交叉口直行交通的信号灯面中心距离路口的水平垂直距离不能低于 8 英尺。

04 若一个转弯通行路口独立的转弯信号灯多于 1 个，且其中 1~2 个安装在道路上，则信号灯面的中心距离路口的水平垂直距离必须不低于 8 英尺。

指导条款：

05 当一个信号灯面控制一条或多条专用车道时，则该信号灯面的安装位置应使其容易被在上述车道行驶车辆的驾驶员看见。

支撑依据：

06 第 4D.11 节包含了对限速或法定限速或 85% 位车速在 45 英里/小时以上的交叉口的信号灯面横向位置的额外规定。

必须条款：

07 当交叉口存在专门的左转、右转或掉头转弯车道，且有单独的转弯信号控制该车道时，则该单独的转弯信号灯不能超过专用转弯车道的两侧边缘线。

08 安装在道路上的辅助转弯信号不受上述对安装位置的要求限制。

指导条款：

09 在具有专用左转弯车道（或掉头左转弯车道）且有对向车流的交叉口，新建或者重建信号灯时，显示"圆形绿灯"信号指示的交通灯面不应安装在交叉口远侧的中央隔离带上，也不应悬挂安装在转弯专用车道或其延长线上。

必须条款：

10 当辅助立柱式信号灯面时，必须遵循以下限制条件：

A. 左转箭头和掉头左转弯箭头不能用于交叉口近端右边的交通灯面。

B. 右转箭头和掉头右转弯箭头不能用于交叉口远端左边的交通灯面。交叉口远端中央隔离带安装的信号灯面应该考虑安装在远端左边的交通灯上。

第 4D.14 节　信号灯面的纵向定位

必须条款：

01 除非受交叉口道路宽度或其他条件限制，否则，交叉口的每个道路入口或路段中部开口过街处的信号灯面都必须遵循以下原则：

A. 信号灯面的安装必须满足基本左转信号灯面（见第 4D.17 节至第 4D.20 节）和基本右转信号灯面（见第 4D.21 节至第 4D.24 节）的要求。直行通行路口（或没有直行通行且主要为转弯通行的路口）要求的至少两个基本灯面中，其中至少一个、最好两个必须满足如下要求安装：

1. 超过停车线不低于 40 英尺；

2. 除非设置了辅助近侧交通信号灯面，否则超过停车线不高于 180 英尺；

3. 如果安装在道路上方，必须尽可能靠近驾驶员正常视线。满足这一要求的主信号灯面必须同时满足第 4D.13 节中规定的横向定位要求。

B. 在距停车线前 150~180 英尺之间最近的交通信号灯处，必须对安装条件进行工程评判，包括最差可视性情况的工程评判，来决定辅助近侧信号灯面的规定是否有效。

支撑依据：

02 第 4D.11 节对公告限速或 85% 位车速为 45 英里/小时以上交叉口的信号灯面的纵向安装位置进行了额外规定。

指导条款：

03 辅助近侧信号灯面的安装位置应尽可能接近停车线。

第 4D.15 节 信号灯面安装高度

必须条款：

01 安装在道路上供机动车使用的车辆交通信号灯的灯罩顶部距离路面不能超过 25.6 英尺。

02 对于距停车线视距为 40~53 英尺的信号灯，距离灯罩顶部的最大安装高度如图 4D-5 所示。

03 安装在道路上的供机动车使用的信号灯灯罩的底部和车辆信号的附属物距离地面必须至少达到 15 英尺。

04 垂直安装的且不在路面上方的车辆信号灯面的信号灯罩（包括支架）底部：

A. 必须安装在人行道上方最小 8 英尺最大 19 英尺处；若无人行道，则在道路路面中心的上方。

B. 若安装在交叉口近侧，则必须安装在中央隔离岛上，最小为 4.5 英尺，最大为 19 英尺。

05 水平安装的且不在路面上方的车辆信号灯面的信号灯罩（包括支架）底部：

A. 必须安装在人行道上方最小 8 英尺最大 22 英尺处；若无人行道，则在道路路面中心的上方。

B. 若安装在交叉口近端，则必须安装在中央隔离岛上，最小为 4.5 英尺，最大为 22 英尺。

第 4D.16 节 信号灯面的侧向净空

必须条款：

01 安装在具有路缘的道路一侧的信号灯，且路缘石距离信号灯灯罩底部低于 15 英尺，则任何相关的附属物必须距离路缘石垂直面有至少 2 英尺的水平偏移；若无路缘石，则距离路肩的边缘也不能低于 2 英尺。

第 4D.17 节 左转信号指示——总则

必须条款：

01 在第 4D.17 节至第 4D.20 节中对于左转和左转车道的规定也必须适用于在某些不允许或不可能直接左转的地方设置的掉头左转弯的信号指示。

支撑依据：

02 左转车辆由下列四种情况中之一控制：

A. 许可模式。"圆形左转"信号指示时左转，若有行人或对象车流时，则闪烁的黄色左转箭头或闪烁的红

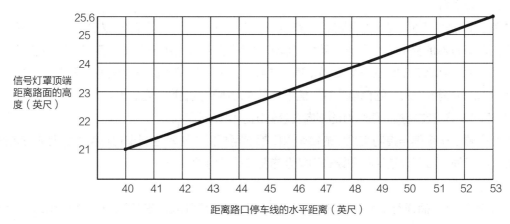

图 4D-5 安装在距离停车线 40~53 英尺之间的信号灯面的最大高度

色左转箭头信号指示提示避让；

B. 保护模式。只有当显示左转"绿色箭头灯"信号指示时才可以左转；

C. 保护/许可模式。在一个路口上相同的周期内以上提到的两种模式都能出现；

D. 可变左转模式。在一天当中不同时段或随着交通条件变化而采取不同的左转控制模式，在仅保护状态下左转、保护/许可状态下左转、仅许可状态下左转等模式中切换。

可选条款：

03 在高龄驾驶员比例较高的区域，可适当特殊考虑使用左转专用相位。

必须条款：

04 在许可左转运行期间，反向车道的直行信号灯必须同时显示绿灯或持续长亮黄灯信号指示。若行人穿越的许可左转车道是被行人信号灯控制的，则显示行人信号灯头的信号指示不能在许可左转期间受限于任何必须条款。

05 在保护左转运行期间，反向车道的直行信号灯必须同时显示长亮"圆形红灯"信号指示。若行人穿越的保护左转车道是被行人信号灯控制的，则显示行人信号灯头的信号指示在保护左转期间必须显示长亮"举起的手"（表明"禁止通行"）信号指示。

06 除非专用的左转车道存在，否则左转专用相位不能与相邻的直行通行在同一时间开始和结束。

07 当左转运行在某个既定的信号序列由许可左转为保护左转时，无需显示左转的黄灯。

08 若左转控制模式在一天的不同时段内或随着交通条件变化而在保护模式、保护/许可模式、许可模式间切换时，则必须满足第 4D.18 节至第 4D.20 节中适用于该模式的规定，且遵循以下内容：

A. "圆形绿灯"和"圆形黄灯"信号指示不能用在保护模式中。

B. 绿色左转箭头和黄色左转箭头信号指示不能用在许可模式中。

可选条款：

09 附加的静态标志或可变信息情报板可用于满足可变左转控制模式的要求，或用于告知驾驶员绿色左转箭头在一天某些特定时段内不会出现。

支撑依据：

10 第 4D.17 节至第 4D.20 节描述了以下两种控制左转的信号灯面类型：

A. 共享信号灯面。这类信号灯面同时控制左转和相邻的车辆运行（通常为直行），且可以作为相邻车辆运行需要的两个基本交通信号灯之一。共用的信号灯面通常显示与相邻车辆运行的圆形交通指示灯相同的颜色。当显示保护/允许左转控制模式共用的信号灯悬挂安装时，通常安装在用于分开直行车道与左转车道的车道延长线上方或稍微偏右一点。

B. 单独的左转信号灯面。这种类型的信号灯专门用来控制左转，且不能作为左转相邻车辆运行（通常为直行）所需的两个基本的交通信号之一，因为其显示的信号指示仅适用于左转。若在交叉口的门架上安装单独的左转信号灯面，则将其安装在左转专用车道延长线的上方。在单独的左转信号灯面中，闪烁左转"黄色箭头灯"信号指示或闪烁左转"红色箭头灯"信号指示通常用于控制许可左转通行。

11 第 4D.13 节对左转控制信号灯的横向安装做出了相关规定。

12 没有必要在一个信号控制交叉口的每个入口都使用相同的左转控制模式或相同类型的左转信号灯面。在相同交叉口的不同入口可以选择不同模式和类型的左转信号灯面。

可选条款：

13 在没有直行车辆通行的路口，左转和右转共用信号灯可以在左转和右转共享车道上使用（见第 4D.25 节）。

第 4D.18 节　许可左转运行的信号指示

必须条款：

01　若共享信号灯面用于许可左转模式，则其必须满足以下要求：

A. 必须能够显示以下信号指示：长亮"圆形红灯"，长亮"圆形黄灯"和"圆形绿灯"。在给定时间内仅能够显示三者之一。

B. 在许可左转运行期间，必须显示"圆形绿灯"信号指示。

C. 不管安装在何处，不管相邻的直行信号灯面数量，许可左转的共享信号灯面通常必须同时显示与相邻直行信号灯面圆形信号指示相同的颜色。

D. 若许可左转模式不是该路口唯一的左转控制模式，该共享信号灯面必须与其他用于保护/许可模式共用信号灯相同（见第 4D.20 节），除了左转"绿色箭头灯"和左转"黄色箭头灯"信号指示不能在许可左转模式中显示。

02　若单独的左转信号用于许可左转模式中，则不能使用"圆形绿灯"信号指示。

03　若单独的左转信号用于许可左转模式，且已有闪烁左转"黄色箭头灯"信号指示，则必须满足以下要求（见图 4D-7）：

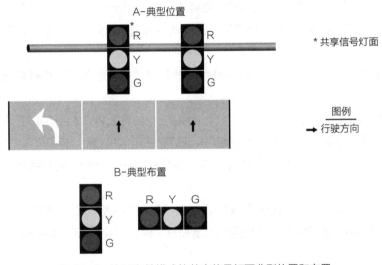

图 4D-6　许可左转模式的共享信号灯面典型位置和布置

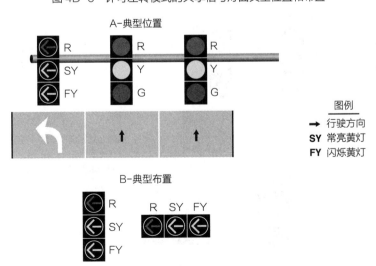

图 4D-7　许可左转模式的带有闪烁黄色箭头的分离信号灯面典型位置和布置

A. 必须显示下列信号指示：长亮左转"红色箭头灯"、长亮左转"黄色箭头灯"和闪烁左转"黄色箭头灯"。在给定时段内仅能够显示三者之一。

B. 在许可左转运行期间，必须显示闪烁左转"黄色箭头灯"信号指示。

C. 闪烁左转"黄色箭头灯"信号指示显示之后必须显示长亮左转"黄色箭头灯"信号指示。

D. 在相邻直行车道显示长亮"圆形红灯"信号指示且对向的左转信号灯面在许可左转时显示左转"绿色箭头灯"时，必须显示闪烁左转"黄色箭头灯"信号指示。

E. 在长亮模式（停车观察后行驶）运行时，在转换间隔时间必须显示长亮左转"黄色箭头灯"信号指示，但在许可左转期间不能显示闪烁左转"黄色箭头灯"信号指示。

F. 在闪烁模式运行时（见第 4D.30 节），显示闪烁左转"黄色箭头灯"信号指示的信号灯组必须由长亮模式（停车观察后行驶）运行时显示长亮左转"黄色箭头灯"信号指示转换而来。

G. 若许可左转模式不是该路口唯一的左转控制模式，信号灯面必须同样为用于保护/允许模式（第 4D.20 节）的具有闪烁"黄色箭头灯"信号指示的单独左转信号灯面，除非信号指示不能在许可左转模式运行时显示。

可选条款：

04 在允许左转运行期间，具有闪烁左转"红色箭头"信号指示的单独左转信号面可用于特殊线性条件，比如具有左转偏移的宽中央分隔带，但当且仅当工程研究确定每辆车在允许左转前，必须完全停车才可以使用。

必须条款：

05 若单独的左转信号灯面用许可左转模式且有闪烁左转"红色箭头灯"信号指示，则必须遵循以下要求（见图 4D-8）：

A. 允许显示以下信号指示：长亮或闪烁左转"红色箭头灯"、长亮左转"黄色箭头灯"和左转"绿色箭头灯"。在给定的时间段内只能显示三者之一。"绿色箭头灯"指示需要三组信号灯面，但是不能在许可左转模式下显示。

B. 在许可左转运行期间，闪烁左转"红色箭头灯"信号指示必须显示，指明每辆车必须在许可左转之前相继停车。

C. 长亮左转"黄色箭头灯"信号指示必须在闪烁左转"红色箭头灯"指示之后显示。

D. 在许可左转运行期间，当相邻的直行交通灯显示长亮"绿色箭头灯"信号指示时必须显示闪烁左转"红色箭头灯"信号指示。

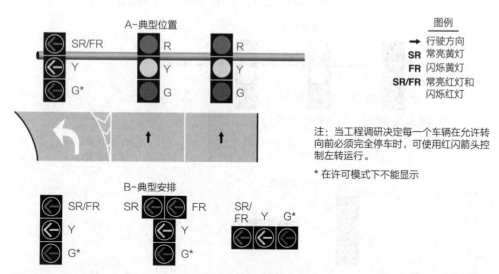

图 4D-8 许可左转模式、保护/许可左转模式带有闪烁红色箭头的分离信号灯面的典型位置和布置

E. 不能使用辅助标志。若使用，必须为"红色箭头闪烁时先停车，后左转"（R10-27）（见图 2B-27）。

可选条款：

06　可通过垂直排列有两个左转"红色箭头灯"形成的水平信号灯组以满足第 5 条中 A 的规定，最左边的灯面显示长亮信号指示，最右边的显示闪烁信号指示（见图 4D-8）。

第 4D.19 节　保护左转运行的信号指示

必须条款：

01　除非"圆形绿灯"和"绿色箭头灯"左转信号指示通常一起开始和结束，否则共享信号灯面不能用于保护左转模式。若共享信号灯面用于保护左转模式，必须满足以下要求（见图 4D-9）：

A. 必须能够显示以下信号指示：长亮"圆形红灯"、长亮"圆形黄灯"、"圆形绿灯"以及左转"绿色箭头灯"。在给定的时间内仅能显示以上信号指示之一。

B. 在保护左转运行期间，共享信号灯面必须同时显示"圆形绿灯"和"绿色箭头灯"左转信号指示。

C. 共享信号灯面必须同时显示与相邻的直行通行相同颜色的圆形指示灯。

D. 当保护左转模式不是该路口唯一的左转模式时，信号灯面必须与保护/许可模式显示相同的信号灯面（见第 4D.20 节）。

可选条款：

02　在禁止右转且用直行"绿色箭头灯"代替直行"圆形绿灯"信号指示的路口可用第 1 条中 A 和 B 项所提及的直行"绿色箭头灯"信号指示替代"圆形绿灯"信号指示。

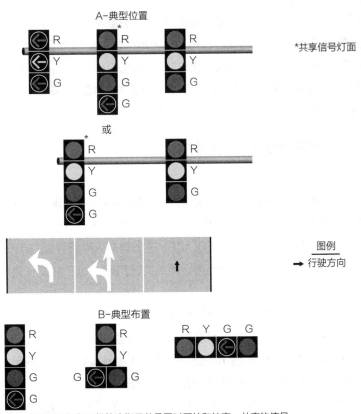

图 4D-9　保护左转模式的共享信号灯面典型位置和布置

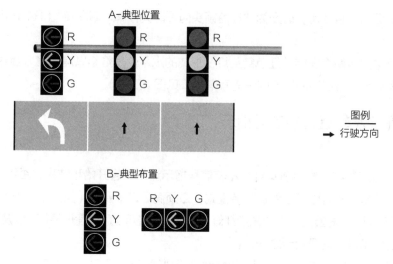

图 4D-10　保护左转模式的分离信号灯面典型位置和布置

必须条款：

03　保护左转模式中单独的左转信号灯面必须满足以下要求（见图 4D-10）：

A. 必须能够显示以下信号指示：长亮左转"红色箭头灯"，长亮左转"黄色箭头灯"，左转"绿色箭头灯"。给定的时间内仅能显示三者之一。这一系列的信号指示不要求使用信号指示标志。若使用，必须用"仅绿色箭头时允许通行"（R10-5）(见图 2B-27)。

B. 在保护左转运行期间，必须显示左转"绿色箭头灯"信号指示。

C. 长亮左转"黄色箭头灯"信号指示必须在左转"绿色箭头灯"信号指示之后显示。

D. 当保护左转模式不是该路口唯一的左转控制模式时，信号灯面必须与用于保护/许可左转模式的信号灯面保持一致（见第 4D.20 节和图 4D-8、图 4D-12）。闪烁左转"黄色箭头灯"或闪烁左转"红色箭头灯"信号不能在保护左转模式下显示。

第 4D.20 节　保护/许可左转运行下信号指示

必须条款：

01　若提供保护/许可左转信号指示的是共用信号灯，必须满足以下要求（如图 4D-11 所示）：

A. 信号灯必须能够指示以下信号：长亮的"圆形红灯"、长亮的"圆形黄灯"、"圆形绿灯"、长亮的左转"黄色箭头灯"和左转"绿色箭头灯"。在任何指定时间，以上三个圆形信号灯只能显示一个，两个箭头指示灯也只能显示一个。若左转"绿色箭头灯"信号和相邻直行箭头的圆形绿灯信号总是一同熄灭，则长亮的左转"黄色箭头灯"信号指示不需显示。

B. 在保护左转运行期间，共用信号灯面必须同时显示一个左转"绿色箭头灯"信号和一个圆形信号，这个圆形信号用来指示同一方向相邻的直行交通，且颜色与左转信号的颜色一致。

C. 一个长亮的左转"黄色箭头灯"信号指示必须在左转"绿色箭头灯"信号指示之后显示，除非左转"绿色箭头灯"信号指示和相邻直行方向的"圆形绿灯"信号指示同时熄灭。左转"绿色箭头灯"信号指示和"圆形绿灯"信号指示同时熄灭后，必须显示的是圆形"黄色信号"，或"圆形黄灯"信号指示和左转"黄色箭头灯"信号指示同时亮起。

D. 在许可左转运行期间，共用信号灯面仅显示"圆形绿灯"信号。

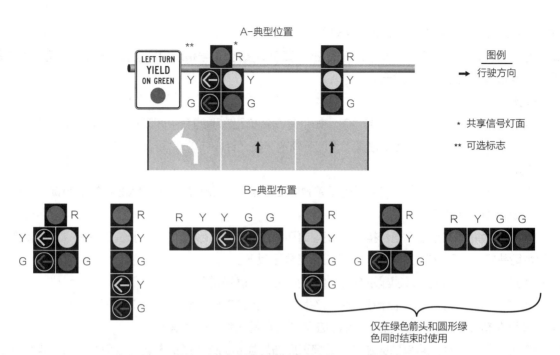

图 4D-11 保护/许可左转通行模式的共享信号灯面典型位置和布置

E. 保护/许可模式下，共用信号灯无论处在什么位置，无论灯面有多少个相邻直行信号，其颜色必须与相邻直行圆形信号灯的颜色保持一致。

F. 无须显示辅助标志，若显示，则辅助标志必须为"圆形绿灯亮时左转让行标志（标志型圆形信号）"（如图 2B-27 中的 R10-12 所示）

02 保护/许可左转模式下，若单独的左转信号灯亮起，则该灯面上不能再显示圆形绿灯信号。

03 保护/许可左转模式下，若单独的左转信号灯亮起，且有闪烁的左转黄色箭头信号，则必须满足以下条件（如图 4D-12 所示）：

A. 信号灯必须可以显示以下信号：长亮的左转"红色箭头灯"、长亮的左转"黄色箭头灯"、闪烁的左转"黄色箭头灯"和左转"绿色箭头灯"。任何指定时间内，以上四个信号只能显示一个。

B. 保护左转运行期间，必须显示左转"绿色箭头灯"信号指示。

C. 左转"绿色箭头灯"信号指示熄灭后必须显示长亮的左转"黄色箭头灯"信号指示。

D. 许可模式下的左转交通，必须显示闪烁的左转"黄色箭头灯"信号指示。

E. 若许可模式下的左转交通信号灯熄灭，且单独的左转信号灯面随后显示的是长亮的左转"红色箭头灯"信号指示，则闪烁的"黄色箭头灯"信号指示熄灭之后必须显示长亮的左转"黄色箭头灯"信号指示。

F. 若相邻直行信号显示的是长亮的"圆形红灯"信号指示，且保护左转模式下反方向的左转信号为左转"绿色箭头灯"信号指示，则在许可左转模式下，必须允许显示闪烁的左转"黄色箭头灯"信号指示。

G. 若许可左转模式转换为保护左转模式，闪烁左转"黄色箭头灯"信号指示熄灭后必须立即显示左转"绿色箭头灯"信号指示。闪烁的左转"黄色箭头灯"信号指示和长亮的左转"绿色箭头灯"信号之间不能显示长亮的左转"黄色箭头灯"信号。

H. 显示必须为四段式信号灯面，除非因灯头高度受限（或者卧式安装的信号灯横向布置受限）无法使用四段式信号灯面，必须使用带有双箭头的三段式信号灯面。使用双箭头信号灯时，受保护左转模式下必须显示"绿色箭头灯"，在许可左转模式下必须显示闪烁的"黄色箭头灯"。

I. 在长亮模式（停和行）下，信号灯变化间隔必须显示长亮的黄色"箭头信号"信号指示，而在许可左转模式下，不能显示闪烁的左转"黄色箭头灯"信号指示。

J. 在闪烁模式下（见第 4D.30 节），闪烁的左转"黄色箭头灯"信号指示只能是长亮模式下显示长亮左转"黄色箭头灯"信号指示的信号段内显示。

可选条款

04　在许可左转模式下，特殊的条件下，如带有左转辅路车道的宽中间隔离带，可使用含闪烁左转"红色信号"信号指示的信号灯面，但前提是工程调研确定了在允许左转前车辆能停止前行。

必须条款

05　保护/许可左转模式下，若显示的是单独的左转信号，且带有一个闪烁的左转红色箭头，必须满足以下要求（如图 4D-8 所示）：

A. 信号灯必须能够显示以下信号指示：长亮或闪烁的左转"红色箭头灯"、长亮的左转"黄色箭头灯"和左转"绿色箭头灯"。任何指定的时间内，三者只能显示其一。

B. 在保护左转运行期间，必须显示左转"绿色箭头灯"信号指示。

C. 左转"绿色箭头灯"信号指示熄灭后，必须显示长亮的左转"黄色箭头灯"信号指示。

D. 在许可左转运行期间，必须显示闪烁的左转"红色箭头灯"信号指示。

E. 若许可左转模式结束且单独的左转信号熄灭后随之显示的是长亮的左转"红色箭头灯"信号指示，则闪烁的左转"红色箭头灯"信号指示熄灭后必须显示长亮的左转"黄色箭头灯"信号指示。

F. 若许可左转模式转换为保护左转模式，闪烁的左转"红色箭头灯"信号指示熄灭时必须立即显示左转"绿色箭头灯"信号指示。闪烁的左转"红色箭头灯"信号指示和长亮的左转"绿色箭头灯"信号指示之间，不能显示长亮的左转"黄色箭头灯"信号指示。

G. 若相邻直行信号显示的是长亮的"圆形红灯"信号指示，且受保护左转模式下反方向的左转信号显示的是左转"绿色箭头灯"信号指示，则在许可左转模式下，必须显示闪烁的左转"红色箭头灯"信号指示。

H. 无须显示辅助标志，若显示，则辅助标志必须为"停车后红色箭头闪烁时左转让行标志"（如图 2B-27 中的 R10-27 所示）

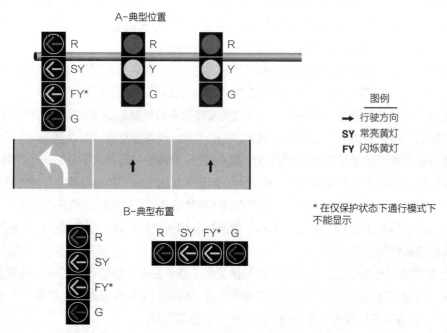

图 4D-12　保护/许可左转模式和保护左转模式带有闪烁黄色箭头的分离信号灯面典型位置和布置

可选条款：

06　为满足第5条中条款A中的要求，信号灯灯面可纵向排列，并排显示两个左转"红色箭头灯"信号指示。其中，左边的信号灯用来显示长亮的信号指示，右边的信号灯用来显示闪烁的信号指示，如图4D-8所示。

第4D.21节　右转交通运行信号指示——总则

必须条款：

01　第4D.21节至第4D.24节中提到的适用于右转交通和右转车道的条款也适用于禁止右转或道路条件不允许右转的地方显示的右转调头信号指示。

支撑依据：

02　右转交通由以下四种模式中任意一种来控制：

A. 许可模式。显示以下信号指示灯时可以右转："圆形绿灯"信号指示、闪烁的右转"黄色箭头灯"信号指示、或若有行人，避让行人后显示了闪烁的右转"红色箭头灯"信号指示。

B. 保护模式。仅在显示右转"绿色箭头灯"信号指示时右转。

C. 保护/许可模式。在同一个信号周期内，两种模式都会显示。

D. 可变右转模式。在一天中的不同时段或交通状况变化时，信号模式会在唯一受保护模式、受保护/许可模式、唯一许可模式之间转换。

必须条款：

03　在许可右转运行期间，若有信号灯专门控制与右转车辆有冲突的调头车辆（见第4D.05节中的条款F.1），则该专用信号灯必须同时显示长亮的"调头红色箭头灯"信号指示。若在许可右转模式下，行人需穿过车辆左转经过的车道，必须遵循人行信号。左转交通过程中，这些人行信号不能仅限于特定的信号显示。

04　在保护右转运行期间，若存在左转信号，则对向的左转信号指示灯不能同时显示长亮的左转"绿色箭头灯"或长亮的左转"黄色箭头灯"信号指示，且若有专门的信号灯来控制调头车辆防止其与受保护的右转车辆相撞（见第4D.05节中的条款F.1），则该专用信号必须同时显示"调头红色箭头灯"信号指示。若在保护右转运行期间，行人需穿过车辆左转经过的车道，必须遵循人行信号，必须显示长亮的"向上举手"信号指示（意思是"禁止通行"）。

05　除非存在右转专用车道，保护右转模式不能与相邻直行信号同时开始、同时结束。

06　当右转运行在某个既定的信号序列由许可右转变为保护右转时，无需显示右转的黄灯。

07　在一天中的不同时段或交通状况变化时，信号模式会在保护模式、保护/许可模式、许可模式之间转换，此时必须满足第4D.22节至第4D.24节中提到的适用于运行模式的要求并遵从以下条款：

A. 在保护模式运行期间，不能显示"圆形绿灯"和"圆形黄灯"信号指示。

B. 在许可模式运行期间，不能显示右转"绿色箭头灯"和右转"黄色箭头灯"信号指示。

可选条款：

08　附加的静态标志或可变信息标志可用来满足可变右转模式的要求，或告知驾驶员在一天中特定的时段右转绿色箭头信号无效。

支撑依据：

09　第4D.21节至第4D.24节描述了以下两种控制右转信号的使用办法：

A. 共享信号灯面。这种信号灯同时控制右转和相邻车道的交通运行（通常是直行），且可以作为两种指示相邻车道交通运行的主要信号指示的其中一种。共用圆形信号灯的颜色与相邻车道信号灯的颜色相同。

B. 单独的右转信号灯。这种信号灯只能用来控制右转车辆，且不能作为相邻车道（通常是直行）的两种主要信号指示的其中一种，因为它显示的信号只适用于右转车辆。若单独的右转信号灯悬挂在交叉口的上方，则应安装在右转车道延长线的上方。若为单独的右转信号灯，用来控制许可右转车辆的是闪烁的右转"黄色箭头灯"信号指示或闪烁的右转"红色箭头灯"信号指示。

10　第 4D.13 节中包含了有关控制右转信号灯横向安装的条款。

11　在信号控制区域，不要求使用相同的右转运行模式或相同类型的右转信号灯面。允许不同的信号控制地点选择不同的右转信号模式和类型。

可选条款：

12　左转和右转共用的信号灯可安装在没有直行车辆的左转/右转共用车道（见第 4D.25 节）。

第 4D.22 节　许可右转运行的信号指示

必须条款：

01　若共享信号灯面用于许可右转模式，必须满足以下要求（见图 4D-13）：

A. 它必须能够显示以下信号指示：长亮的"圆形红灯"，长亮的"圆形黄灯"，"圆形绿灯"。在任何时段内，只能显示以上三种信号中的一种。

B. 在许可右转模式下，必须显示"圆形绿灯"信号指示。

C. 许可模式下的共用信号灯面无论处在什么位置，无论灯面有多少个相邻直行信号灯面，其颜色必须与相邻直行圆形信号灯的颜色保持一致。

D. 若许可右转模式不是入口处唯一的右转控制模式，除非在许可模式运行期间不显示右转"绿色箭头灯"和右转"黄色箭头灯"信号指示，则其信号灯面必须与用于保护/许可模式的信号灯面为同一共享信号灯面（见第 4D.24 节）。

02　若在许可右转模式使用独立的右转信号灯面，不能显示"圆形绿灯"信号指示。

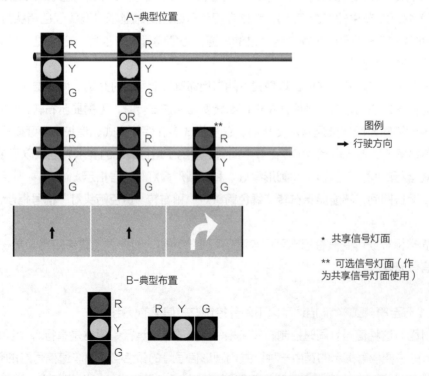

图 4D-13　仅许可状态下右转通行模式共享信号灯面典型位置和布置

03 若在许可右转模式使用独立的右转信号灯面，且带有闪烁的右转黄色箭头信号指示，必须满足以下要求（见图4D-14）：

A. 必须能够显示以下信号中的一种：

1. 长亮的右转"红色箭头灯"、长亮的右转"黄色箭头灯"、闪烁的右转"黄色箭头灯"，且任何时段内，以上三种信号只能显示其中一种。

2. 长亮的"圆形红灯"、长亮的右转"黄色箭头灯"和闪烁的右转"黄色箭头灯"，且任何时段内，以上三种信号只能显示其中一种。当相邻直行车道不显示"圆形红灯"信号显示时"圆形红灯"信号指示偶尔显示，则必须使用"右转信号"标志（见图2B-27中的R10-10R），除非这个独立右转信号灯面上的"圆形红灯"信号指示被灯罩、风帽遮挡或安装位置不当导致直行车道上的驾驶员看不到该信号。

B. 在许可右转运行期间，必须显示闪烁的右转"黄色箭头灯"信号指示。

C. 闪烁的右转"黄色箭头灯"信号指示之后必须显示长亮的右转"黄色箭头灯"信号。

D. 若独立的右转信号灯面用来提示停车或保持停止，若想让车辆在红灯时停止，则必须显示一个长亮的右转"红色箭头灯"信号指示（除非有标志指示在长亮的红色"箭头信号"时可以右转），若想让车辆在红灯时可以右转，则必须显示长亮的"圆形红灯"信号指示。

E. 在许可右转运行期间，若相邻的直行信号灯面显示的是"圆形红灯"信号指示，则必须允许显示闪烁的右转"黄色箭头灯"信号指示。

F. 长亮模式（停和行）运行时，许可右转通行时，信号变换之间必须显示长亮的右转"黄色箭头灯"信号指示，而不是闪烁的右转"黄色箭头灯"信号指示。

G. 闪烁模式下（见第4D.30节）闪烁的右转"黄色箭头灯"信号指示必须在长亮运行模式下的长亮右转"黄色箭头灯"信号指示之后显示。

H. 若许可右转模式不是入口处唯一的右转控制模式，除非运行许可模式时不显示右转"红色箭头灯"信号指示，则其信号灯面必须与用于保护/许可模式的信号灯面为同一具有闪烁"黄色箭头灯"信号指示的独立右转信号灯面（见第4D.24节）。

可选条款：

04 若工程调研确认车辆都能在许可右转前停止，则在许可右转时可使用带有闪烁右转"红色箭头灯"信号指示的独立信号灯。

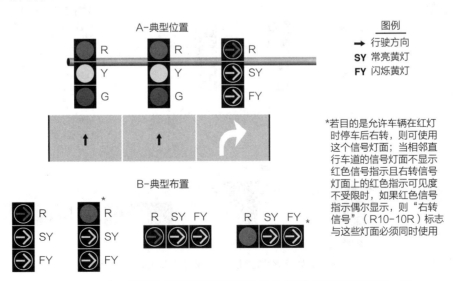

图4D-14 许可右转模式带有闪烁黄色箭头的分离信号灯面典型位置和布置

必须条款：

05　若在许可右转模式使用独立右转信号灯面，并带有闪烁右转"红色"箭头信号指示，必须满足以下要求（如图4D-15所示）：

A. 必须能够显示以下信号中的一种：

1. 长亮或闪烁的右转"红色箭头灯"、长亮的右转"黄色箭头灯"、右转"绿色箭头灯"。且任何时段内，只能显示以上三种信号其中一种。显示"绿色箭头灯"是为了形成三段式的信号灯面，但在许可模式下不能显示该信号。

2. 左侧长亮的"圆形红灯"、右上方长亮的右转"红色箭头灯"、中间位置长亮的右转"黄色箭头灯"、底部的右转"绿色箭头灯"，且在任何时段内，只能显示以上四种信号其中一种。需要显示"绿色箭头灯"以形成垂直的三段式，但在许可模式下不能显示该信号。若相邻直行车道信号不显示"圆形红灯"信号指示时，但偶尔显示了该信号，则必须使用"右转信号"标志（见图2B-27中的R10-10R），除非独立右转信号灯面上的"圆形红灯"信号指示被灯罩、风帽遮挡，或是安装位置不当导致直行车道上的驾驶员看不到该信号。

B. 在许可右转模式下，必须显示闪烁的右转"红色箭头灯"信号指示，来指示车辆在许可右转之前必须停止。

C. 闪烁的右转"红色箭头灯"信号指示之后必须显示长亮的右转"黄色箭头灯"信号指示。

D. 若独立的右转信号灯面指出需要停车或保持停止，若想让车辆在红灯时停止，则必须显示长亮的右转"红色箭头灯"信号指示（除非有标志指出在长亮的"红色箭头灯"信号指示时可以右转）。若想让车辆在红灯显示时可以右转，则必须显示长亮的"圆形红灯"信号指示。

E. 若相邻直行车道信号灯面显示长亮的"圆形红灯"信号指示，且保护左转运行时对向的左转信号为左转"绿色箭头灯"信号指示，用于许可右转允许的信号指示必须显示闪烁的右转"红色箭头灯"信号指示。

F. 无须安装辅助标志，若安装，必须为"闪烁红色箭头信号亮时先停车，再右转"标志（如图2B-27中的R10-27所示）。

可选条款：

06　垂直安装两个水平并排的右转"红色箭头灯"信号指示的信号灯面，应满足第5条A.1的要求，最左边的用来显示长亮的信号，最右边的用来显示闪烁的信号。

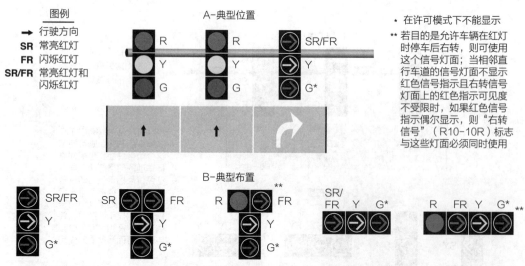

图4D-15　许可右转模式和保护/许可右转模式带有闪烁红色箭头的分离信号灯面典型位置和布置

第 4D.23 节 保护右转运行的信号指示

必须条款：

01 除非"圆形绿灯"信号指示和右转"绿色箭头灯"信号同时开始、同时结束，否则不能在保护右转模式时使用共享信号灯面（如图 4D-16 所示）。

A. 信号灯必须能够显示以下信号：长亮的"圆形红灯"、长亮的"圆形黄灯"、"圆形绿灯"和右转"绿色箭头灯"。且任何时段内，只能显示以上三种颜色信号其中一种。

B. 在保护右转运行时期间，"圆形绿灯"信号指示和右转"绿色箭头灯"信号指示必须同时在共享信号灯面上显示。

C. 共享信号灯面必须始终与相邻直行信号灯面显示的颜色一致。

D. 若保护右转模式不是入口处唯一的右转模式，信号灯面必须与用于保护/许可模式下的共享信号灯面为同一信号灯面（见第 4D.24 节）。

可选条款：

02 在禁止左转且直行"绿色箭头灯"信号指示代替了其他用于直行交通的信号灯面上"圆形绿灯"信号指示的入口处，直行"绿色箭头灯"信号指示可用于代替第 1 条中条款 A 和 B 中的"圆形绿灯"信号指示。

必须条款：

03 若在保护右转模式下使用独立右转信号灯面，必须满足以下要求（如图 4D-17 所示）：

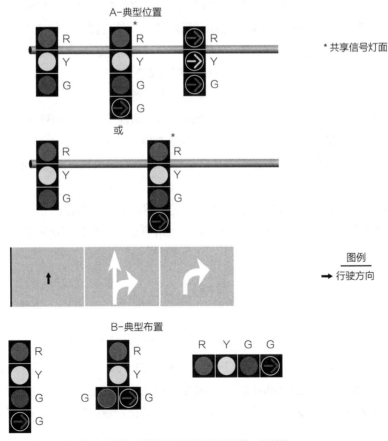

图 4D-16 保护右转模式的共享信号灯面典型位置和布置

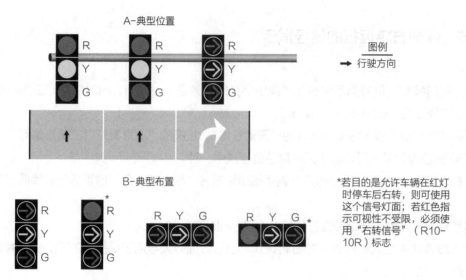

图 4D-17　保护右转模式的分离信号灯面典型位置和布置

A. 信号灯必须能够显示以下信号的其中一种：

1. 长亮的右转"红色箭头灯"、长亮的右转"黄色箭头灯"和右转"绿色箭头灯"。且任何时段内，只能显示以上三种信号其中的一种。这一系列信号指示不需要配合信号指示标志使用，若使用，必须是"仅绿色箭头信号显示时右转"标志（如图 2B-27 中的 R10-5a 所示）。

2. 长亮的"圆形红灯"、长亮的右转"黄色箭头灯"和右转"绿色箭头灯"，且任何时段内，只能显示以上三种信号其中的一种。若相邻直行车道信号不显示"圆形红灯"信号显示，但该"圆形红灯"信号会偶尔显示，则必须使用"右转信号"标志（见图 2B-27 中的 R10-10R），除非此"圆形红灯"信号指示被灯罩、风帽遮挡，或是安装位置不当导致直行车道上的驾驶员看不到该信号。

B. 在保护右转通行期间，必须显示右转"绿色箭头灯"信号指示。

C. 右转"绿色箭头灯"信号指示之后必须显示长亮的右转"黄色箭头灯"信号指示。

D. 若独立的信号灯面指出需要停车或保持停止，若想让车辆在红灯时停止，则必须显示长亮的右转"红色箭头灯"信号指示（除非有标志指出长亮的"红色箭头灯"信号显示时是可以右转的），若想让车辆在红灯时可以右转，则必须显示长亮的"圆形红灯"信号。

E. 若保护右转模式不是入口处唯一的右转控制模式，则信号灯面必须与保护／许可模式（见第 4D.24 节和图 4D-19）下的独立右转信号灯面为同一个信号灯面，除非在运行保护模式时不显示闪烁右转"黄色箭头灯"或闪烁右转"红色箭头灯"信号指示。

第 4D.24 节　保护／许可右转运行的信号指示

必须条款：

01　若在保护／许可右转模式下使用共享信号灯面，则必须满足以下要求（如图 4D-18 所示）：

A. 信号灯必须能够显示以下信号：长亮的"圆形红灯"、长亮的"圆形黄灯"、"圆形绿灯"、长亮的右转"黄色箭头灯"和右转"绿色箭头灯"。且任何时段内，只能显示以上三种圆形信号其中的一种，只能显示以上两种箭头信号中的一种。若右转"绿色箭头灯"信号指示和用于相邻直行通行的"圆形绿灯"信号指示同时结束，则无须"黄色箭头灯"信号指示。

B. 在保护右转通行期间，共享信号灯面必须同时显示右转"绿色箭头灯"信号指示，与同一入口处直行车道信号指示相同颜色的圆形信号指示来保护右转。

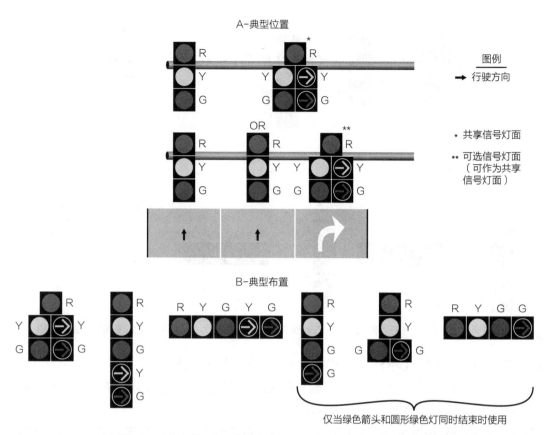

图 4D-18 保护/许可右转模式的共享信号灯面典型位置和布置

C. 除非右转"绿色箭头灯"信号指示和相邻直行车道的"圆形绿灯"信号指示同时结束，否则右转"绿色箭头灯"信号指示之后应显示长亮的右转"黄色箭头灯"信号指示。若右转"绿色箭头灯"信号指示和相邻直行车道的"圆形绿灯"信号指示同时结束，本条款中提到的右转"绿色箭头灯"信号指示之后显示的应是"圆形黄灯"信号指示或同时显示"圆形黄灯"信号指示和右转"黄色箭头灯"信号指示。

D. 在许可右转通行期间，共享信号灯面必须只显示"圆形绿灯"信号指示。

E. 保护/许可模式的共享信号灯，无论安装在何位置，无论相邻直行车道的信号有多少个，其颜色必须总是与相邻车道的信号灯面上圆形信号显示的颜色的相同。

02 若在保护/许可右转模式下使用独立右转信号灯面，则此信号灯面上不能显示"圆形绿灯"信号指示。

03 若在保护/许可右转模式下使用独立右转信号灯面，且带有闪烁右转"黄色箭头灯"，则此信号灯面必须满足以下要求（见图 4D-19）：

A. 必须能够显示以下信号指示中的一种：

1. 长亮的右转"红色箭头灯"、长亮的右转"黄色箭头灯"、闪烁的右转"黄色箭头灯"和右转"绿色箭头灯"，且任何时段内，只能显示以上四种信号一种。

2. 长亮的"圆形红灯"、长亮的右转"黄色箭头灯"、闪烁的右转"黄色箭头灯"和右转"绿色箭头灯"。且任何时段内，只能显示以上四种信号其中的一种。如果相邻直行车道的信号灯面不显示"圆形红灯"信号指示，但此"圆形红灯"信号指示偶尔显示，必须使用"右转信号"（R10-10R）标志（见图 2B-27），除非此"圆形红灯"信号指示被灯罩、风帽遮挡，或是安装位置不当导致直行车道上的驾驶员看不到该信号。

B. 在保护右转运行期间，必须显示右转"绿色箭头灯"信号指示。

C. 右转"绿色箭头灯"信号指示之后必须显示长亮的右转"黄色箭头灯"信号指示。

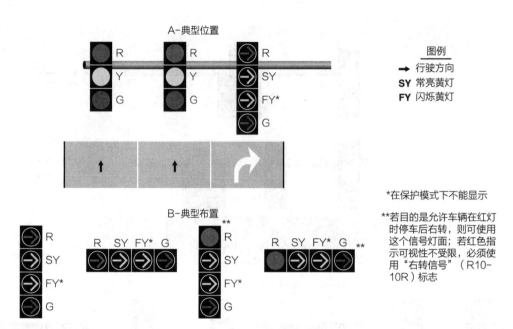

图 4D-19 保护／许可右转模式和保护右转模式带有闪烁黄色箭头的分离信号灯面典型位置和布置

D. 在许可右转运行期间，必须显示闪烁右转"黄色箭头灯"信号指示。

E. 若许可右转运行结束且独立右转信号灯面将在此之后显示长亮的红灯指示，则闪烁"黄色箭头灯"信号指示之后必须显示长亮"黄色箭头灯"信号指示。

F. 当许可右转运行转换为保护右转运行，闪烁右转"黄色箭头灯"信号指示结束之后必须显示右转"绿色箭头灯"信号指示。闪烁右转"黄色箭头灯"信号指示和长亮右转"绿色箭头灯"信号指示之间不能显示长亮右转"黄色箭头灯"信号指示。

G. 若独立右转信号灯面指出需要停车或保持停止，若需要让车辆在红灯时停止，则必须显示长亮右转"红色箭头灯"信号指示（除非有标志指出长亮"红色箭头灯"信号指示显示时是可以右转的），若想让车辆在红灯时可以右转，则必须显示长亮"圆形红灯"信号指示。

H. 若相邻直行交通信号灯面显示长亮"圆形红灯"信号指示，则在许可右转运行时必须显示闪烁右转"黄色箭头灯"信号指示。

I. 若信号灯头高度受限（或由于水平安装的信号灯面导致侧向位置限制），必须由双箭头信号灯组来代替独立闪烁右转"黄色箭头灯"和右转"绿色箭头灯"信号指示。所使用的双箭头信号灯组必须在保护右转运行时显示"绿色箭头灯"，在许可右转运行时显示闪烁"黄色箭头灯"。

J. 长亮模式（停—走）运行时，显示长亮右转"黄色箭头灯"信号指示的信号灯组在变换间隔区间不能作为许可右转显示闪烁右转"黄色箭头灯"信号指示。

K. 闪烁模式运行时（见第 4D.30 节），闪烁右转"黄色箭头灯"信号指示只能来自长亮模式运行时显示长亮"黄色箭头灯"信号指示的信号灯组。

可选条款：

04 工程调研确定车辆都能在许可右转之前完全停止，许可右转运行时可使用带有闪烁右转"红色箭头灯"信号指示的独立信号灯面。

必须条款：

05 若在保护／许可右转模式下使用独立右转信号灯面，并带有闪烁右转"红色箭头灯"信号指示，必须满足以下要求（见图 4D-15）：

A. 信号灯必须能够显示以下信号指示中的一种：

1. 长亮或闪烁的右转"红色箭头灯"、长亮的右转"黄色箭头灯"、右转"绿色箭头灯"，且任何时段内，只能显示以上三种信号其中一种。

2. 左侧长亮"圆形红灯"、右上方长亮或闪烁右转"红色箭头灯"，中间右转"黄色箭头灯"、底部右转"绿色箭头灯"，且任何时段，只能显示以上四种信号其中一种。若相邻直行车道信号不显示"圆形红灯"信号指示，但该"圆形红灯"信号指示会偶尔显示，则必须使用"右转指示"标志（见图 2B-27 中的 R10-10R），除非此"圆形红灯"信号被灯罩、风帽遮挡，或是安装位置不当导致直行车道上的驾驶员看不到该信号。

B. 在保护右转通行期间，必须显示右转"绿色箭头灯"信号指示。

C. 右转"绿色箭头灯"信号指示之后必须显示长亮右转"黄色箭头灯"信号指示。

D. 在许可右转运行期间，独立右转信号灯面必须显示闪烁右转"红灯箭头灯"信号指示。

E. 若许可右转运行结束且独立右转信号灯面将在此之后显示长亮的红灯指示，则闪烁右转"红色箭头灯"信号指示之后必须显示长亮右转"黄色箭头灯"信号指示。

F. 当许可右转运行转换为保护右转运行，闪烁右转"红色箭头灯"信号指示结束之后必须显示右转"绿色箭头灯"信号指示。闪烁右转"红色箭头灯"信号指示和长亮右转"绿色箭头灯"信号指示之间不能显示长亮右转"黄色箭头灯"信号指示。

G. 若独立右转信号灯面指出需要停车或保持停止，若需要让车辆在红灯时停止，则必须显示长亮右转"红色箭头灯"信号指示（除非有标志指出长亮"红色箭头灯"信号指示显示时是可以右转的），若想让车辆在红灯时可以右转，则必须显示长亮"圆形红灯"信号指示。

H. 若相邻直行交通信号灯面显示长亮"圆形红灯"信号指示，且保护左转运行时对向左转信号灯面显示左转"绿色箭头灯"信号指示，则在许可右转运行时必须显示闪烁右转"红色箭头灯"信号指示。

I. 不要求使用辅助标志，若使用，必须为"闪烁红色箭头信号亮时先停车，再右转"标志（如图 2B-27 中的 R10-27 所示）

可选条款：

06　垂直安装两个水平并排的右转红色箭头信号的信号灯，应满足第 5 条中条款 A.1 的要求；两个水平并排的右转红色箭头，左边的用来显示长亮的信号，右边的用来显示闪烁的信号。

第 4D.25 节　左转 / 右转共用车道且无直行的入口处信号灯指示

支撑依据：

01　左转和右转共用车道有时形成无直行的入口，如 T 形交叉口或对向入口为逆向的单行道。

必须条款：

02　当信号控制的入口处存在左转 / 右转共用车道，左转和右转交通必须同时开始和停止；用于此入口的每个信号灯面上的红灯信号必须为"圆形红灯"。

支撑依据：

03　具有左转和右转共用车道的入口处，"圆形红灯"信号指示的使用是本章中其他条款规定的一个特例：需使用"红色箭头灯"信号指示。

必须条款：

04　在左转 / 右转共用车道且无直行流向的入口处，信号灯面必须设置为以下类型中的一种：

A. 两个或多个信号灯面必须提供给此入口，每个均能显示"圆形红灯"、"圆形黄灯"和"圆形绿灯"信号指示。无论此入口处除左转 / 右转共用车道外有多少个专用左转 / 右转车道，无论是否存在影响左转或右转流向的行人或逆向车辆流向，信号显示不能受阻。然而，若具有左转 / 右转共用车道的入口处存在逆向入口，且信号显示保护左转不受逆向车辆流向和任何信号控制的行人流向影响，左转"绿色箭头灯"信号指示必须在最左侧信号灯面显示，且必须与"圆形绿灯"信号指示同步显示。

B. 若入口除左转 / 右转共用车道外具有一个或多个转向专用车道，且与信号控制的车辆或行人流向无冲突，此入口处"绿色箭头灯"信号指示代替了"圆形色"信号指示，入口处信号灯面必须设置为：

1. 用于转向专用车道的信号灯面能够显示"圆形红灯"、"黄色箭头灯"和"绿色箭头灯"的信号指示，且箭头指示转向方向。

2. 遵循第 4D.09 节或第 4D.10 节中规定设置的，能够显示"圆形红灯"、左转"黄色箭头灯"及左转"绿色箭头灯"、右转"黄色箭头灯"和右转"绿色箭头灯"信号指示的左转 / 右转共享信号灯面。

C. 若入口除左转 / 右转共用车道外具有一个或多个专用转向车道，且转向与信号控制的车辆或行人流向有冲突，入口处闪烁的"黄色箭头灯"信号指示替代"圆形红灯"信号指示显示，则入口处信号灯面必须如条款 B.1 和 B.2 所述，但转向流向与信号控制的车辆或行人流向冲突处，闪烁的"黄色箭头灯"信号指示必须替代"绿色箭头灯"信号指示显示。

支撑依据：

05　图 4D-20 描述了在仅有左转 / 右转共用车道的入口处、除左转 / 右转共用车道外具有一条或多条专用转向车道的入口处如何符合必须条款的要求。

可选条款：

06　若入口车道的使用发生变化，导致在特定时间内，入口所有车道被指定为专用转向车道，且无车道被指定为左转 / 右转共用车道：

A. 在此期间内无车道被指定为左转 / 右转共用车道，左转和右转流向可互不影响地开始和停止，使得左转和右转流向如第 4D.17 节至第 4D .24 节所述可在一个或多个模式下运行。

B. 若使用保护－许可模式，第 4 条中所述左转 / 右转共用信号灯面可调整为包含能同时显示用于转向的"绿色箭头灯"信号指示和闪烁"黄色箭头灯"信号指示的双箭头信号灯组，以使每个信号灯面如第 4D.08 节中所述不超过 5 个灯组。

第 4D.26 节　黄灯变化间隔与全红清空时间

必须条款：

01　长亮模式运行时，长亮的黄色信号灯必须显示在每个"圆形绿灯"或"绿色箭头灯"信号指示、每个闪烁"黄色箭头灯"或闪烁"红色箭头灯"信号指示之后。此要求不能用于"绿色箭头灯"信号指示在"圆形绿灯"、闪烁"黄色箭头灯"或闪烁"红色箭头灯"信号指示后直接显示的情况。

02　黄灯变化间隔的专用功能是为了警告交通路线分配即将发生改变。

03　黄灯变化间隔持续时间必须根据工程调研的实际情况确定。

支撑依据：

04　第 4D.05 节包含了关于长亮"圆形黄灯"信号显示时允许驾驶员进行许可左转入口处的规定。

指导条款：

05　若工程实践研究后发现，为解决交通流（包括行人）向冲突提供额外的时间，则黄灯后应为全红清空时间。

必须条款：

06　必须根据工程调研确定全红清空时间。

支撑依据：

07　确定黄灯与全红清空时间的工程实际研究操作可在 ITE 的《交通控制设施手册》和 ITE 的《交通信号设计手册》（见第 1A.11 节）中查看。

必须条款：

08　黄灯和全红清空时长必须与信号机控制单元的性能参数相匹配。

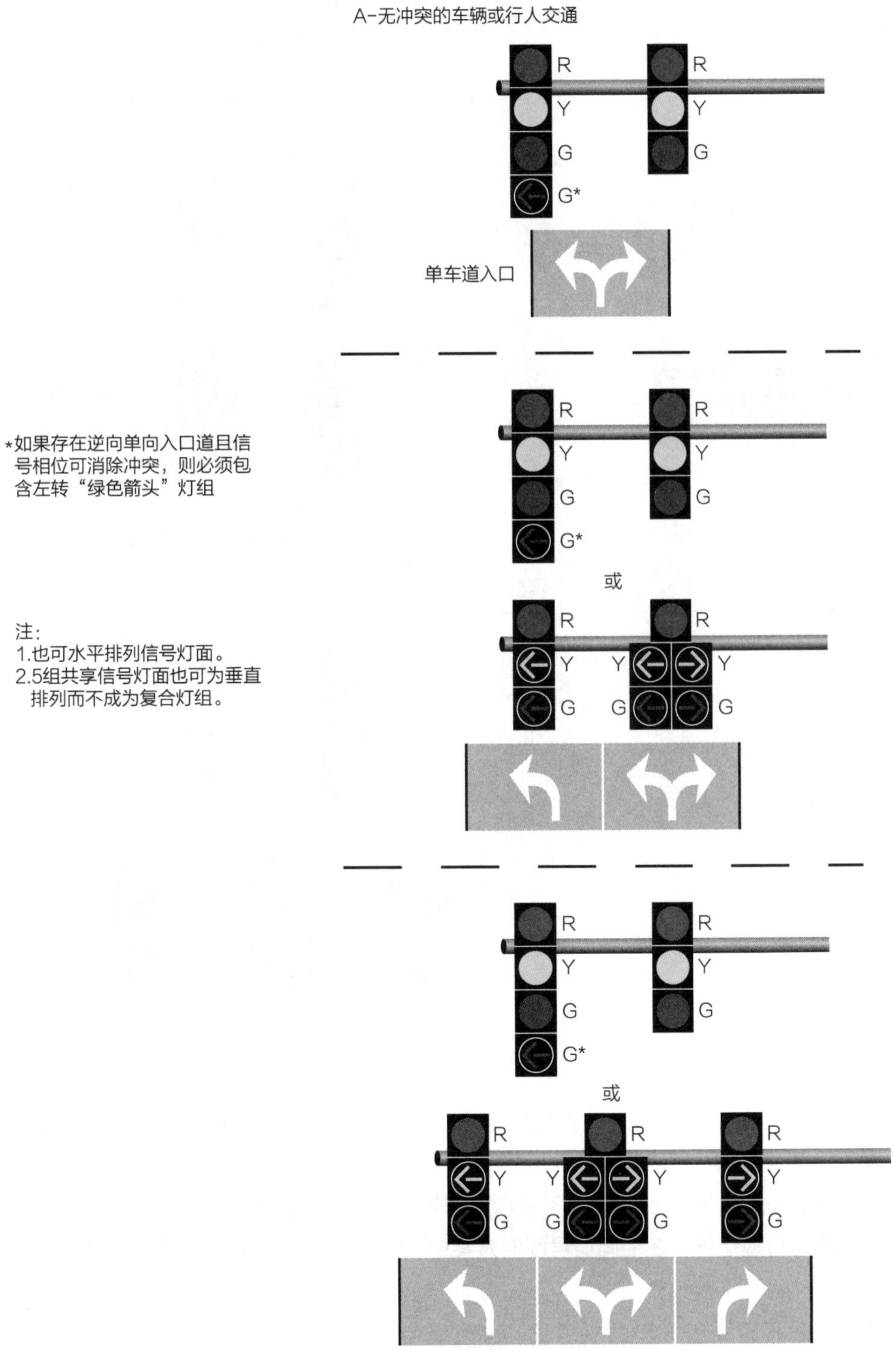
A-无冲突的车辆或行人交通
R
Y
G
G*
单车道入口
*如果存在逆向单向入口道且信号相位可消除冲突，则必须包含左转“绿色箭头”灯组
或
注：
1.也可水平排列信号灯面。
2.5组共享信号灯面也可为垂直排列而不成为复合灯组。

图 4D-20　左转 / 右转共用车道且无直行车流的入口处信号指示（A 图）

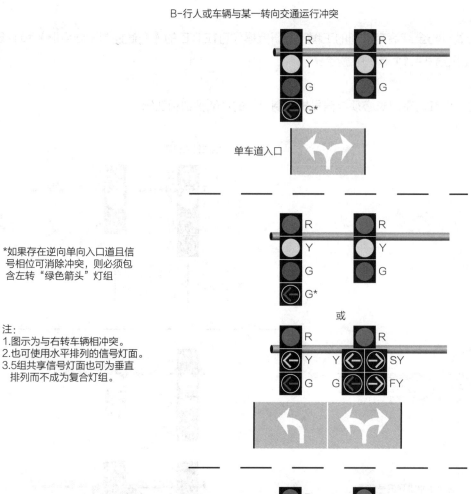

图 4D-20 左转/右转共用车道且无直行车流的入口处信号指示（B图）

09 在相同信号配时计划中，黄色时长不能依据信号周期变化而变化。

10 除第 12 条另有规定外，在相同信号配时方案中，全红清空时长不能按周期减少或取消。

可选条款：

11 全红清空时间可根据预测车辆闯红灯的实验结果显示，延长周期的预定值。

12 若驱动信号序列包含一个用于两个方向的许可/保护（延迟）型左转流向信号相位，当左转信号

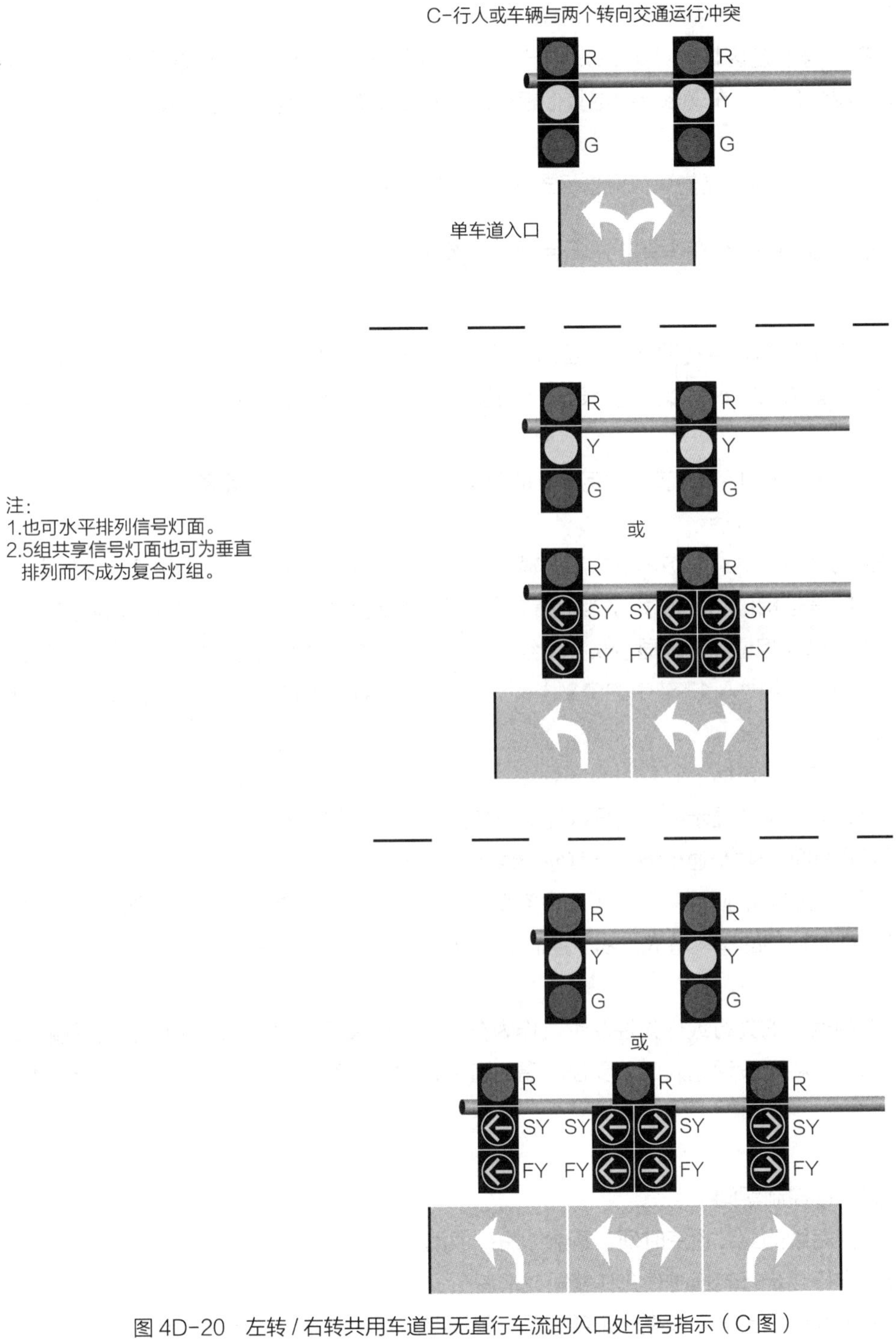
C-行人或车辆与两个转向交通运行冲突
R
Y
G
R
Y
G
单车道入口
R
Y
G
R
Y
G
或
R
SY
FY
R
SY
FY
SY
FY
R
Y
G
R
Y
G
或
R
SY
FY
R
SY
FY
SY
FY
R
SY
FY
注：
1.也可水平排列信号灯面。
2.5组共享信号灯面也可为垂直排列而不成为复合灯组。

图 4D-20　左转 / 右转共用车道且无直行车流的入口处信号指示（C 图）

相位跳过时，全红清空时间在这些周期内可延迟，当延迟左转信号相位显示时，可在这些周期内取消全红清空时间。

13　黄灯或全红清空时间在相同信号控制机单元的不同信号配时计划中可不同。

指导条款：

14　*黄色时长应该最小 3 秒、最大 6 秒，较长的黄灯应用于车速较高的入口。*

15　*除清空某一单行道、双向车道（见第 4H.02 节）或某一极宽的交叉口外，全红清空时间不应超过 6 秒。*

必须条款：

16 除了在信号控制区域（见第 2C.36 节）的入口警告标志前安装的警告信标之外，"黄灯预先警告"信号诸如闪烁的绿灯信号、车辆倒计时或其他相似的信号，不能在信号控制区域使用。

支撑依据：

17 已有研究表明：除非是安装在警告标志之前，"黄灯预先警告"信号的使用增加了事故频率。

第 4D.27 节　交通控制信号的先行和优先控制

可选条款：

01 通过在车辆到达和穿行期间改变正常的信号配时和相位计划，交通控制信号可被设计并运行成适应特定车辆的类型。备选的方案可以是简单延长绿灯显示时长或更为复杂的措施，即替换整个信号相位和配时。

支撑依据：

02 先行控制（见第 1A.13 节中的定义）的对象通常为火车、轮船、紧急车辆和轻轨。

03 先行控制的例子包括：

A. 在信号控制区域，针对消防车、执法车辆、救护车和其他政府紧急车辆的绿灯信号的迅速显示；

B. 一种特殊的信号相位和配时序列能缩短或提供额外的清空时间，在火车到达之前清空轨道；

C. 一种特殊的信号相位序列能显示长亮的红灯信号，在火车到达和通过期间能阻止通往轨道的转向车流。

04 优先控制（见第 1A.13 节中的定义）的对象通常为特定的非紧急车辆，诸如运行于共用车道的轻轨车辆和公交车。

05 优先控制的例子包括：

A. 交叉口处提前或延长显示绿灯信号以辅助公共交通车辆按照时刻表运行；

B. 特殊相位以辅助公共交通车辆先于其他交通车辆运行。

06 当交通控制信号的应用对象多于一种类型或种类的车辆，一些类型或种类的车辆将取代其他类型车辆。一般来说，难以控制的车辆将取代易于控制的车辆。

可选条款：

07 交通控制信号的先行或优先控制也可作为在某些非交叉口区域（诸如单向桥或隧道入口、可移动式桥梁入口、道路养护和建设活动入口、受控的高速道路入口匝道和公交调度入口）为特定种类车辆分配优先路权的一种方式。

必须条款：

08 过渡到先行控制期间：

A. 黄灯和任何后续的全红清空时间，不能缩短或取消；

B. 任何行人步行或步行转换时长允许缩短或取消；

C. 在相同的信号灯面上显示长亮的黄色信号，若取消全红清空时间，必须显示之前的绿灯信号。

09 在先行控制期间和转出先行控制期间：

A. 任何黄灯以及任何后续全红清空时间不能缩短或取消；

B. 不能存在从长亮的黄灯信号到绿灯信号的信号显示序列。

10 在优先控制和过渡到或转出优先控制期间：

A. 任何黄灯以及任何后续全红清空时间不能缩短或取消；

B. 任何低于第 4E.06 节中描述时间的行人步行间隔不能缩短；

C. 行人步行时长不能取消或更改，除非相关车辆的相位也被取消或行人相位是特定的；

D. 任何步行转换时长不能取消；

E. 不能允许存在从长亮的黄灯信号到绿灯信号的信号显示序列。

指导条款：

11　除了与轻轨系统相连的交通控制信号外，具有铁轨占用或协调交替闪烁信号系统的交通控制信号应配置备用电源。

12　当从全黑模式返回至长亮模式（通常为电源故障恢复之后）的交通控制信号收到一个先行或优先请求，应尽量降低错误指引行人与提出请求的车辆相撞的可能性。

可选条款：

13　从全黑模式过渡至长亮模式期间，若收到先行或优先请求，可通过以下一种或几种方法避免可能误导道路使用者的信号显示：

A. 使交通控制信号保持全黑模式；

B. 使交通控制信号保持闪烁模式；

C. 改变闪烁模式；

D. 在响应信号之前执行正常启动程序；

E. 直接响应初始或驻留阶段。

指导条款：

14　若交通控制信号灯安装在平交道口内或附近，或使用中的交通控制设施的平交道口在信号控制道路交叉口内或附近，应查询第 8C 章。

15　在先行控制或优先控制下运行的交通控制信号应保证交通顺畅。

16　在先行或有限控制下，响应多于一种类型或种类车辆的交通控制信号，应设计为根据重要性或困难度的相对顺序阻止某类型或种类的车辆。

可选条款：

17　在交叉口处可提供有区别的信号，以表明紧急车辆已被交通控制信号控制（见《统一车辆代码》的 11-106 节）。为了辅助理解交通信号控制，可在响应紧急情况时，即来自不同行驶方向的驾驶员通过相同交叉口时，使用有区别的信号。

18　若工程评判指出，轻轨信号显示将减少道路使用者的困惑（若使用必须条款交通信号，则会导致困惑产生），依据第 8C.11 节且如图 8C-3 所示的轻轨信号可用于在信号控制的交叉口处以下互不干扰的流向先行或优先控制：

A. 公共交通插队先行的车道；

B. 快速公交半专用或混用的车道。

第 4D.28 节　交通控制信号的闪烁运行——总则

必须条款：

01　闪光信号灯显示的灯源必须以不少于 50 次/分钟或多于 60 次/分钟的频率持续闪烁。

02　每个闪烁的显示时间必须为总闪烁周期的至少 1/2、至多 2/3。

03　闪烁信号灯显示必须遵循手册其他章节关于可视限制或冲突信号灯显示位置的要求，除非用于直行交通的黄色闪烁信号灯显示，当其使用对象对单独控制转向车道的道路使用者时，不必受到可视限制或不必置于使得视觉冲突最小的位置。

04　每个交通控制信号必须提供遵循本节中操作的互不干扰的闪烁方式。

05 闪烁运行不能因信号控制机单元或冲突监视器（故障管理单元）关闭而终止。

06 如有可能，手动开关、冲突监视器（故障管理单元）回路必须提供初始化闪烁模式的自动运行方式。

可选条款：

07 工程调研或工程评判显示，一天内的一个或多个时段，交通控制信号可有计划地以闪烁模式运行，而不是以长亮模式（停—走）持续运行。

支撑依据：

08 第 4E.06 节和第 4E.09 节包含了在闪烁模式运行时，关于行人信号灯和可用的行人信号检测器信号呼叫按钮定位音的信息。

第 4D.29 节 闪烁运行——转换为闪烁模式

必须条款：

01 必须在任何时间允许冲突监视器（故障管理单元）或手动开关将长亮模式（停—走）转换为闪烁模式。

02 程序性地从长亮模式（停—走）转换为闪烁模式，必须在下列情形之一执行：

A. 正常的主路红灯时长（如在主路两个方向的绿灯亮起之前的红灯间隔）结束；

B. 直接从"圆形绿灯"信号指示转换为闪烁"圆形黄灯"信号指示，或从"绿色箭头灯"信号指示信号转换为闪烁"黄色箭头灯"信号指示，或在不同的信号灯组间，从闪烁"黄色箭头灯"信号指示（见第 4D.17 节至第 4D.24 节）转换为闪烁"黄色箭头灯"信号指示。

03 在程序性地转换为闪烁模式期间，若不先显示持续黄色信号时紧接着显示持续红灯或闪烁红灯灯标，则不能终止任何绿灯信号或闪烁黄灯信号的显示。

第 4D.30 节 闪烁运行——闪烁模式期间信号灯显示

指导条款：

01 当交通控制信号在闪烁模式下运行时，闪烁红灯信号用于所有入口，闪烁黄灯信号应用于主路，红灯信号显示应用于其他入口。

必须条款：

02 当交通控制信号在闪烁模式下运行时，除在本节中其他地方说明的单组"绿色箭头灯"信号指示外，在信号控制区域处的所有绿灯信号显示必须为全黑（不发光），不应以持续或闪烁方式显示。

03 在有多个入口的信号控制区域，只有当各入口的运动不互相冲突时，才能使用闪烁黄灯信号指示。

04 除第 5 条的说明外，交通控制信号在闪烁模式下运行时，信号控制区域的每个信号灯面有且仅有一个信号灯显示。

可选条款：

05 若信号灯面有两个同样的"圆形红灯"或"绿色箭头灯"信号指示（见第 4D.08 节），这两个相同的信号灯可同时闪烁。

必须条款：

06 在信号控制区域闪烁模式期间，除非在长亮模式（停—走）下由连续显示的绿色箭头信号灯显示组成的、单独用于指示连续流向的单组信号灯面外，其余不能长亮显示。当交通控制信号以闪烁模式运行时，单组"绿色箭头灯"信号指示必须保持长亮显示。

07 若信号灯面同时包含有需要闪烁的圆形信号灯和箭头信号灯显示时，必须仅有圆形信号灯显示闪烁。

08 无论是黄灯或红灯，所有入口处闪烁的信号灯面应以相同颜色闪烁，但当相邻的直行流向信号灯显示为闪烁黄灯时,单独的转向信号灯面(见第 4D.17 节和第 4D.21 节)必须显示闪烁"红色箭头灯"信号显示。当相邻的直行流向信号灯显示为闪烁黄灯时,用于转向流向的共用信号灯面(见第 4D.17 节和第 4D.21 节)不能允许闪烁"圆形红灯"信号显示。

09　当信号灯面完全由箭头显示组成时,必须闪烁适当的"红色箭头灯"或"黄色箭头灯"信号显示。完全由箭头信号灯组成、在长亮模式(停—走)下仅为转向流向提供保护或在长亮模式(停—走)下为许可转向流向提供闪烁黄色箭头或闪烁红色箭头信号显示的闪光信号灯面,若相邻直行流向信号灯显示为闪烁黄灯信号显示以及若在闪烁模式下希望许可转向车辆无须完全停止,在闪烁模式下必须显示闪烁"黄色箭头灯"信号显示。

第 4D.31 节　闪烁运行——转出闪烁模式

必须条款:

01　所有从闪烁模式向长亮模式(停—走)的转变必须按照以下其中一种方式进行:

A. 黄—红闪烁模式:从闪烁模式向长亮模式(停—走)的转变必须在主路绿灯时长(当主路两个方向的直行交通均为绿灯信号指示显示时)起始时进行,若无共用主路绿灯时长,则在主路主要交通流向绿灯时长起始时进行。

B. 红—红闪烁模式:从闪烁模式向长亮模式(停—走)的转变必须通过将闪烁红灯指示转变为长亮灯指示、并紧接着显示合适的绿灯指示,以进入长亮模式周期。这些绿灯必须在主路绿灯时长(当主路两个方向的直行交通均为绿灯信号显示时)起始时显示,若无共用主路绿灯时长,则为主路主要交通流向绿灯时长时起始。

指导条款:

02　*从闪烁模式向长亮模式(停—走)转变期间,全红清空时间应至少持续 6 秒。*

03　*当从黄—红闪烁模式转变为长亮模式(停—走)时,若无共用主路绿灯,在主要入口从闪烁黄灯或红灯信号转变为绿灯信号时,应考虑为其他入口提供持续全红清空时间。*

必须条款:

04　在程序性转出闪烁模式期间,在不先显示长亮黄灯信号灯的情况下,不能结束任何闪烁黄灯信号而直接显示长亮红灯或闪烁红灯信号。

可选条款:

05　两相邻交叉口之间路段中部的信号灯面上只有黄灯,通常其状态为黄闪,并且这些黄灯安装于一般交叉口绿灯所占的位置。由于路段中部的信号灯面上没有绿灯,其显示可以从黄闪状态直接转变为黄灯指示状态。

第 4D.32 节　临时和便携式交通控制信号

支撑依据:

01　临时交通控制信号的安装通常要求搬迁和(或)移除费用最小化。典型的临时交通控制信号是作为特定用途,如单行车道、临时交通控制区域(见第 4H 章)处双向设施、交叉口或将来在其他地点建造永久性汇入点的站点入口。

必须条款:

02　使用临时交通控制信号时必须使用预告信号。

03　临时交通控制信号必须:

A. 满足物理显示和常规交通控制信号要求;

B. 在不需要时移除;

C. 若将在 5 个工作日内以长亮模式运行，不使用时必须置于闪烁模式；
D. 不使用此信号，或必须遮盖、扭转或卸下信号灯头以表明此信号不运行的期间，必须置于闪烁模式。

指导条款：

04　*工程判断指出安装信号能够提升区域的整体安全性和／或运行效率时，才可使用临时交通控制信号。*

05　*施工队在其施工区定期使用临时交通控制信号，应得到具有此道路管辖权的机构批准。*

06　*除非与长期临时交通控制区相关，临时交通控制信号不应运行超过 30 天。*

07　*在临时交通控制区临时交通控制信号的使用应参考第 6F.84 节。*

第 4D.33 节　信号支架和机柜侧方距离

指导条款：

01　*设置信号支架和机柜时，应该考虑下列事项：*

A. *应参考美国道路及运输协会（AASHTO）《路侧安全设计指南》（见第 1A.11 节）和《残疾人无障碍建筑和设施设计指南（ADAAG）》（见第 1A.11 节）；*

B. *信号支架在不影响信号灯显示可视性的条件下，应根据实际情况尽可能地远离行车道边缘安装；*

C. *在根据美国道路及运输协会（AASHTO）的建议空间而不能安装支架的地方，应考虑使用适当的安全设施；*

D. *信号支架混凝土地基的任何部分不应超过地平面 4 英寸；*

E. *为了减少妨碍残疾人通道，信号支架或信号机柜不应妨碍人行道或人行道和人行道之间的通道；*

F. *在实际可行的条件下，信号机柜应尽可能远离道路边缘安装；*

G. *在中央隔离带上，若实际可行，应保留为 A~E 项所述的用于支架安装的最小空间。*

第 4D.34 节　信号控制区域标志的使用

支撑依据：

01　交通信号标志往往用于道路交通信号区域，以引导行人、骑行自行车人员或汽车驾驶员按信号灯指示运动。常用于信号控制区域的入口的标志包含：禁行标志（见第 2B.18 节）、车道控制标志（见第 2B.19 节至第 2B.22 节）、行人横穿标志（见第 2B.51 节）、行人启动标志（见第 2B.52 节）、交通信号标志（见第 2B.53 节和第 2C.48 节）、前方信号灯警告标志（见第 2C.46 节）、街道名称标志（见第 2D.43 节）、街道名称预告标志（见第 2D.44 节）。

指导条款：

02　*在交通控制信号区域内使用禁令、警告和指示标志应根据第 2 篇及第 4 篇中的特别规定。*

03　*交通信号标志应毗邻于其适用的信号灯安装。*

支撑依据：

04　关于车道减少、涉及直行／转向共用的多车道变化或其他不熟悉道路的使用者可能造成的意外车道的信号控制入口处悬挂式车道控制标志的使用信息在第 2B.19 节中有说明。

必须条款：

05　**若使用发亮的交通信号标志，信号灯必须设计并安装在合适位置，避免信号灯产生眩光和反射，造成严重损害。交通控制信号灯面必须安装在最明显位置，信号灯的亮度也必须能立即引起注意。**

06　**所有交通信号标志（见第 2B.53 节）安装的最小垂直净空和水平偏移必须遵循第 4D.15 节和第 4D.16 节的规定。**

07 除下列情况外,"停车让行"标志不能与任何交通控制信号联合使用:

A. 入口处信号灯指示全部时间为闪烁红灯灯标;

B. 次要街道或私人车道毗邻或在交通控制信号控制的区域内,但由于极低的冲突可能性无须单独交通信号控制。

第 4D.35 节 信号控制区域处路面标线使用

支撑依据:

01 向道路使用者清楚地传达交叉口运行计划的路面标线(见第 3 篇),对于交通控制信号的高效运行有重要意义。通过设计车道数、各车道用途、交叉口入口附加车道长度和合适停车点,工程师能设计信号相位和配时以更好地与运行计划目标相匹配。

指导条款:

02 *用于交通控制信号区域的路面标线应遵循第 3 篇的规定。若道路表面不能保留路面标线,应安装标志以提供道路使用者所需的信息。*

第 4E 章　行人控制特征

第 4E.01 节　行人信号灯头

支撑依据：

01　行人信号灯头是专用于控制行人交通的交通信号指示灯。这些信号指示灯由"行走的人"（表示"可以通行"）与"举起的手"（表示"禁止通行"）的发光图像组成。

指导条款：

02　工程评价应决定是否需要使用单独行人信号灯头（见第 4D.03 节）与无障碍行人信号灯（见第 4E.09 节）。

支撑依据：

03　第 4F 章包含有关行人混合信标的使用信息，第 4N 章中说明了无信号控制的有标线人行横道警告灯如何使用。

第 4E.02 节　行人信号灯头指示灯的含义

必须条款：

01　行人信号灯头指示灯必须有如下含义：

A. 长亮的"行走的人"的信号指示灯（表示"可以通行"），意思是允许面向信号灯的行人朝着信号灯穿过马路，可能与转弯机动车发生冲突。若机动车在行走的人的信号指示灯第一次显示时合法地进入交叉口内，行人必须向这些机动车让出路权；

B. 闪烁的"举起的手"信号指示灯（表示"禁止通行"），意思是行人不能开始朝着信号灯穿过马路，但长亮的"行走的人"的信号指示灯（表示可以通行）显示时，开始过马路的行人可以继续步行至街道或道路距离远的一侧，除非受交通控制设施指引而仅能继续步行至辅路的中央隔离带，或者其他交通环岛或行人安全区域；

C. 长亮的"举起的手"（表示"禁止通行"）信号指示灯，意思是行人不能朝着信号灯的方向进入道路；

D. 闪烁的"行走的人"的（表示"可以通行"）信号指示灯没有任何意义且不能使用该信号灯。

第 4E.03 节　行人信号灯头的应用

必须条款：

01　必须联合使用行人信号灯头与机动车交通控制信号灯的情况：

A. 由工程调研判断是否需要使用交通控制信号灯，且必须满足依据"4- 行人交通量"或依据"5- 学校区域交通"（见第 4C 章）之一的规定；

B. 在一个或更多方向提供可供行人运动使用的专用信号相位，同时所有冲突的机动车流停止运行；

C. 从学校区域信号位置处横穿马路；

D. 工程调研表明，当行人横穿马路仅能由机动车信号指示灯引导时，多相位信号指示灯（与单独信号配时）趋于混淆或导致与行人的冲突。

指导条款：

02 应使用行人信号灯头的情况：

A. 如果有必要帮助行人决定何时在选定方向开始横穿马路，或者工程调研表明行人信号灯头能将人车冲突最小化；

B. 如果允许行人穿过街道的一部分，例如在一个特别的相位时长内，步行至较宽的中央隔离带以让行人等待，或从该行人区域出发，但不允许行人在相同相位时长内穿过街道的剩余部分；

C. 如果行人无法看到机动车信号指示灯，或开始过街的行人能够看到机动车信号指示灯，但指示灯无法提供足够的指导条款，以帮助行人决定何时在选定方向开始过街，例如单行街道、T形交叉口或多相位信号灯运行的地点。

可选条款：

03 其他情况下可根据工程调研的结果决定是否使用行人信号灯头。

第4E.04节 行人信号灯头指示灯的大小、设计与照明

必须条款：

01 所有新行人信号灯头的显示背景必须为矩形，且必须由符号信息组成（见图4E-1），除此以外，已有的行人信号灯头（包括字母或轮廓符号信息）必须在其使用寿命内保留使用。必须符合《公路标志和标线标准》（见第1A.11节）中给出的图符设计。每个行人信号指示灯必须独立显示且只显示一种颜色。

02 如果使用双灯组行人信号灯头，"举起的手"（表示"禁止通行"）信号灯组必须直接置于"行走的人"（表示"可以通行"）的灯组上方。如果使用单灯组行人信号灯头，符号必须互相重叠，或并行排列，"举起的手"符号在"行走的人"符号的左侧，且必须使用可独立显示每一信号的光源。

图 4E-1 典型的行人型号灯显示

03 "行走的人"（表示"可以通行"）信号指示灯必须为白色，遵从《行人交通信号指示灯》（见第 1A.11 节），不透明材料遮挡信号的情况除外。

04 "举起的手"（表示"禁止通行"）信号指示灯必须为波特兰橙色，遵从《行人交通信号指示灯》（见第 1A.11 节），不透明材料遮挡信号的情况除外。

05 若无照明，"行走的人"（表示"可以通行"）与"举起的手"（表示"禁止通行"）符号不能被位于行人信号灯头指示灯控制的人行横道远端的行人直接看到。

06 行人信号灯头指示灯的信号至少必须有 6 英寸高。

07 闪烁"举起的手"（表示"禁止通行"）符号指示灯的光源必须以不少于每分钟 50 次或不多于每分钟 60 次的频率持续闪烁。每次闪烁的最小显示周期是总闪烁周期的 1/2，最大显示周期是总闪烁周期的 2/3。

指导条款：

08 *无论白天黑夜，行人信号灯头指示灯应满足醒目、可识别的要求，保证从受控制人行横道的起点至终点前 10 英尺的范围内任意位置的行人能看清信号。*

09 *控制行人从行人信号灯头指示灯至进入人行横道超过 100 英尺的人行横道的信号灯应至少 9 英寸高。*

10 *如果行人信号指示灯过于明亮导致在夜间的光照过强，应采用自动减弱方式，降低信号指示灯的亮度。*

可选条款：

11 动画形式的眼睛符号可添加至行人信号灯头，促使行人在显示"行走的人"信号（表示"可以通过"）指示灯时注意观察交叉口内的机动车。

必须条款：

12 若使用动画形式的眼睛符号，则该符号必须包括：一对白色持续发光的眼睛轮廓，内有白色眼球，以近似每秒 1 次的速率从一侧向另一侧扫视。动画的眼睛符号必须至少有 12 英寸宽，其中每个眼睛至少 5 英寸宽、2.5 英寸高。动画的眼睛符号必须在过街相位时长开始时发光，并在过街相位时长结束时停止发光。

第 4E.05 节　行人信号灯头位置及高度

必须条款：

01 行人信号灯头必须安装在信号灯罩的底端，包括支架在内，距离人行道水平面上方不低于 7 英尺或不超过 10 英尺，且必须设置并调整为向所控制的人行横道提供最大的能见度。

02 如果行人信号灯头安装在与机动车信号灯头相同的支撑物上，必须将二者进行物理隔离。

第 4E.06 节　行人时长及信号相位

必须条款：

01 安装有行人信号灯头的交叉口，必须显示行人信号指示，除非机动车交通控制信号正在闪烁模式下运行。机动车信号以闪烁模式运行期间，不能显示行人信号指示。

02 当控制人行横道的行人信号灯头以长亮的"行走的人"（表示"可以通行"）或闪烁"向上举手"（表示"禁止通行"）信号显示时，长亮或闪烁的红灯信号必须显示给即将到达交叉口或路段中部开口过街处垂直或接近垂直于人行横道的任何运行冲突的机动车。

03 使用行人信号灯头时，仅在行人允许离开路缘或路肩的情况下显示"行走的人"（表示"可以通行"）的信号。

04 闪烁的"向上举手"（表示"禁止通行"）信号显示时形成的行人转换时长，必须在"行走的人"（表示"可以通行"）信号显示结束后立即开始。行人转换时长结束后，长亮的"向上举手"（表示"禁止通行"）信号显示时形成的缓冲间隔必须在允许任何冲突的机动车运行前至少显示 3 秒。行人运动间隔和缓冲间隔的时间之和不能小于计算得到的行人清空时间（见 7~16 条）。如果使用缓冲间隔，则该间隔必须在全红清空时间开始前开始。

可选条款：

05　在黄灯时长期间，"向上举手"（表示"禁止通行"）信号可闪烁显示、长亮显示或在黄灯起始阶段闪烁显示然后在剩余的间隔部分长亮显示。

支撑依据：

06　图 4E-2 说明了行人间隔以及它们与机动车信号相位间隔之间可能存在的关联关系。

指导条款：

07　除第 8 条所述的条款，行人清空时间应允许在"行走的人"（表示"可以通行"）信号显示结束时，离开路缘或路肩穿越人行横道的行人若以 3.5 英尺 / 秒的速度行走，至少可以到达行车道的远端或到达较宽的供行人等待用的中央分隔带。

可选条款：

08　在已安装有延长按钮（按下后为速度较慢的行人提供更长的通行时间）的地方，可应用高达 4 英尺 / 秒的行走速度来检测行人清空时间是否充足。被动的行人检测也可用于基于行人实际行走速度或人行横道实际清空情况自动调整行人清空时间。

09　由延长按钮按下提供的额外时间能满足行人清空时间的需要，可以增加步行时长或步行转换时长。

指导条款：

10　经常有行人通行的人行横道，若其行人行走速度小于 3.5 英尺 / 秒或者有行人使用轮椅，确定行人清空间隔时间时，应将行走速度定为小于 3.5 英尺 / 秒。

11　除 12 条所述的条款外，步行时长应至少为 7 秒，确保行人在行人清空时间开始前能离开路缘或路肩。

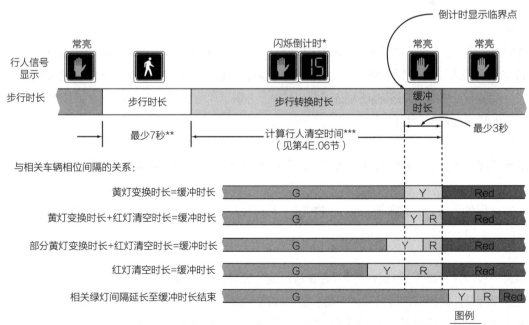

图 4E-2　行人间隔

可选条款：

12　如果行人流量和特性不需要 7 秒的步行时长，可使用 4 秒的步行时长。

支撑依据：

13　步行时长是为了给行人提供开始穿行的时间。行人清空时间旨在允许步行时长期间开始穿行的行人完成穿行。若与行人穿行关联的机动车绿灯相位持续时间较长，通常使用更长的步行时长。

指导条款：

14　步行时长和行人清空时间的总和应足以使行人从"行走的人"（表示"可以通行"）信号显示开始时离开行人呼叫装置（若无行人呼叫装置，则为距离路缘面 6 英尺或铺砖边缘的地方），以 3 英尺/秒的步速行走至所穿行的道路远端或中间隔离带（如果使用了二次行人过街序列）。满足该条所述的情况，应增加额外时间，延长步行时长。

可选条款：

15　在较宽的用于行人等待的中央隔离带的街道上，可提供清空时间，允许行人从路缘或路肩仅到达中央隔离带。

必须条款：

16　若行人清空时间仅能供行人从路缘或路肩穿行至用于行人等待的较宽的中央隔离带，必须于中央隔离带安装行人信号灯（如果使用感应模式运行，须带有行人检测仪，见第 4E.08 节和第 4E.09 节），并且必须提供诸如标志 R10-3d 的信号，告知行人仅穿行至中央隔离带并等待下一个"行走的人"（表示"可以通行"）信号显示。

指导条款：

17　安装了行人信号灯和检测仪的中央隔离带，应考虑使用可容纳式行人信号灯（见第 4E.09 节至第 4E.13 节）。

可选条款：

18　如第 4D.07 节所述，在穿行至抢占路权期间，可缩短或取消步行时长和步行转换时长。

19　若交叉口行人流量和高冲突转向机动车流量较高，可使用短暂的引导步行时长来减少行人和转向车辆间的冲突，期间显示控制人行横道的预先"行走的人"（表示"可以通行"）信号，同时持续显示用于同方向通过和（或）转向交通的红灯信号。

指导条款：

20　如果先放行人，则应使用可容纳式行人信号灯（见第 4E.09 节至第 4E.13 节）。

支撑依据：

21　如果使用的引导行人间隔不具可容纳特征，若驾驶员不希望行人开始穿行，看不到信号灯的行人可在机动车运行开始时开始穿行。

指导条款：

22　如果先放行人，应至少持续 3 秒且时长应设定为允许行人穿过至少一个车道，或在大转角半径的情况下，行走至较远处，让行人在转向交通开始前远离转向交通的冲突位置。

23　如果先放行人，应在该间隔期间禁止穿行人行横道的转向交通。

支撑依据：

24　若行人流量较大导致驾驶员较难找到机会转向穿过人行横道的交叉口，控制同向车辆运行的绿灯时长持续时间有时可有意延长，超过行人清空时间，以提供给转向驾驶员额外的绿灯时间进行转向。同时，在行人完成穿行后，行人信号灯头持续显示长亮的"举起的手"信号（表示"禁止通行"）。

第 4E.07 节　行人倒计时信号

必须条款：

01　若步行转换时长超过 7 秒，人行横道上使用的所有行人信号的顶部必须显示步行转换时长倒计时，以便通知步行转换时长剩余的秒数。

可选条款：

02　在步行转换时长为 7 秒或更少的人行横道上使用的行人信号顶部可显示步行转换时长倒计时，以便向行人通知步行转换时长剩余的秒数。

必须条款：

03　若使用行人倒计时，倒计时必须始终与控制该人行横道的闪烁的"举起的手"（表示"禁止通行"）信号同时显示。

04　行人倒计时信号必须由黑色不透明背景上至少 6 英寸高的波特兰橙色数字组成。行人倒计时信号必须位于与其相关的"举起的手"（表示"禁止通行"）的行人信号正上方（见图 4E-1）。

05　剩余秒数仅从步行转换时长（闪烁的"举起的手"信号）开始时开始显示。倒计时显示 0 后，显示屏将保持黑屏，直到下一个倒计时开始。

06　行人倒计时信号必须显示剩余的秒数直至行人运动间隔终止（闪烁的"举起的手"信号）。在行走间隔或合流车辆相位的全红清空时间内不能显示倒计时。

指导条款：

07　*如果使用不与车辆相位同时进行的行人信号灯头，步行转换时长（闪烁的"举起的手"）应设置为将近 4 秒，少于行人运动间隔（见第 4E.06 节），且应在冲突车辆运行开始前提供额外的清空时长（在长亮的"举手"显示时段内）。*

08　*行人倒数信号显示时，若行人需穿行的人行横道距离超过 100 英尺，倒计时的数字应至少为 9 英寸高。*

09　*由于一些技术可保证行人倒计时信号独立于交通信号控制器的隔离定时装置，若时序变更用于提供步行转换时长，工程师应注意到这一情况。*

10　*若中断步行转换时长或将其缩短为过渡阶段的一部分进入抢占路权序列（见第 4E.06 节），应中断显示行人倒计时信号，并在抢占路权序列激活时变暗信号。*

第 4E.08 节　行人呼叫装置

可选条款：

01　行人检测器可为按钮型或被动呼叫装置。

支撑依据：

02　被动呼叫装置不需要行人按下按钮就能记录行人在某一位置试图穿行的行为。一些被动呼叫装置能够跟踪行人的进程，从而延长或缩短某些行人穿行信号的持续时间。

03　本节规定，在每个交叉口应设置感应式按钮供试图穿行的行人使用，并清楚地区分每条人行横道各自的按钮。这些规定同样包括了对按钮位置进行优化设置（见第 4E.09 节至第 4E.13 节）。关于感应范围的信息请查看《残疾人无障碍建筑和设施设计指南》（见第 1A.11 节）。

指导条款：

04　*如果使用行人按钮，按钮应能轻松按下，也应安装在人行横道附近。除第 5 和 6 条的规定外，行人按钮的安装应该满足以下所有条件（见图 4E-3）：*

A. 无障碍、等高适用于所有天气类型的设备且方便使用轮椅的残疾人使用；

B. 适用于所有天气类型的设备，方便使用轮椅的残疾人按下按钮后进入穿行路线；

C. 安装在与交叉口中心位置相距最远的人行横道线边缘（宽敞）和缘石坡道一侧（若有）之间，但超出人行横道线不大于 5 英尺；

D. 1.5~6 英尺之间的路边、路肩或路面的边缘；

E. 按钮的表面平行于将穿行的人行横道；

F. 安装高度约在人行道上方 3.5 英尺，不应超过 4 英尺。

05　由于条件限制，无法将行人按钮安装在水平表面附近时，则其安装位置附近的地面应尽可能平坦。

06　行人按钮应位于离路缘、路肩或路面边缘 1.5~6 英尺之间的地方。如果现场条件受限，可以适当放宽，但不应超过路缘、路肩或路面边缘 10 英尺。

07　除第 8 条的规定外，若同一路口具备两个行人按钮，按钮之间应至少相距 10 英尺。

可选条款：

08　若因物理约束导致同一路口安装的两个行人按钮不能相距 10 英尺，行人按钮可安装得更近些或在同一灯柱。

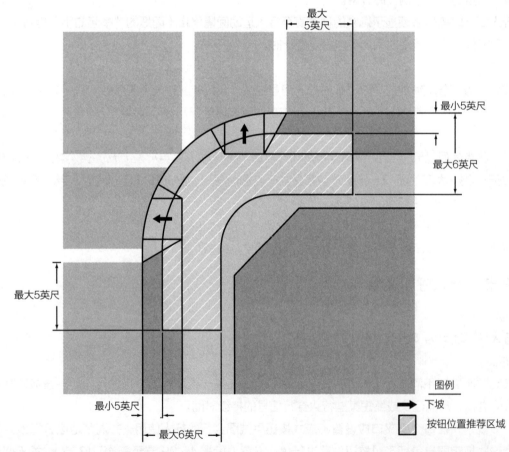

注：
1. 行人按钮应位于离路缘、路肩或路面边缘 1.5~6 英尺之间的地方。如果现场条件受限，可以适当放宽，但不应超过路缘、路肩或路面边缘 10 英尺以外。
2. 拐弯处两个行人按钮应该距离 10 英尺。
3. 此图没有按比例绘制。
4. 图 4E-4 绘出了典型按钮位置

图 4E-3　按钮位置区域

第 4E 章 行人控制特征   521

支撑依据：

09　图 4E-4 展示了各种不同情况下安装行人按钮的典型位置。

必须条款：

10　标志（见第 2B.52 节）必须与行人按钮的安装位置毗邻或组成一组完整的配合设置，以表明按钮的设置目的和用途。

可选条款：

11　在某些地点，在更为明显的位置可安装补充标志，提示人们可使用行人按钮。

必须条款：

12　行人按钮的安装位置和行人按钮标志上的内容必须清楚地表明按钮控制的是哪个行人信号。

13　如果行人运动间隔仅够行人从路边或者路肩到达中央分隔带，而该分隔带较宽，行人可在此等待且信号可由行人启动，那么必须在分隔带上设置附加行人呼叫装置。

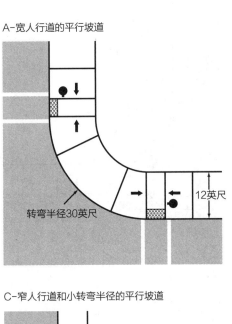
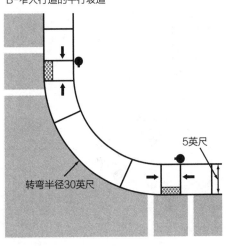
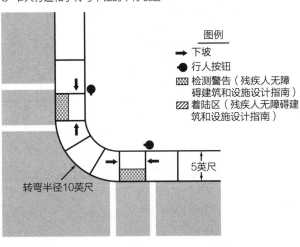
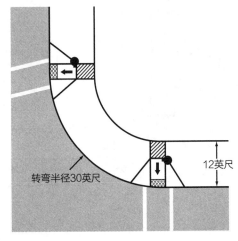

注：
1.此图没有按比例绘制。
2.此图的目的是描述典型行人按钮安装的位置，并非指导路缘坡道设计。
3.按钮位置推荐区见图4E-3

图 4E-4　典型的按钮位置（A 图）

指导条款：

14 在交通环岛或分隔带上安装附加行人呼叫装置，应考虑到可能致使行人滞留的情况。

15 若安装了附加行人呼叫装置，专用按钮（只能由工作人员操作）应安装上锁的隔离装置，避免公众进入，且无需安装提示使用按钮的标志。

必须条款：

16 若指示灯或其他指示同行人按钮安装在一起，指示灯或其他指示不能亮起，除非行人按钮被按下。一旦按下，指示灯将保持显示，直到控制行人穿行的绿灯或"行走的人"（表示"可以通行"）信号显示。

17 如在无障碍行人过街信号位置使用指示灯（见第 4E.09 节至第 4E.13 节），按钮每次被按下都必须伴有语音提示"请等待"。

可选条款：

18 经考察需要设置信号灯的位置，有特殊需求的行人可使用扩展性按钮来获取额外的穿行时间。

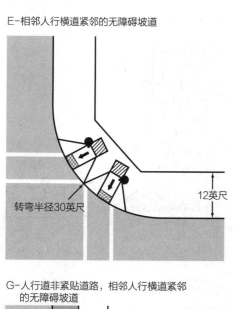

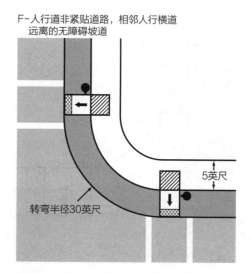

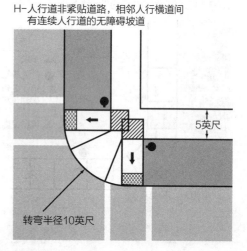

注：
1. 此图没有按比例绘制。
2. 此图的目的是描述典型行人按钮安装的位置，并非指导路缘坡道设计。
3. 按钮位置推荐区见图4E-3

图 4E-4 典型的按钮位置（B 图）

必须条款：

19　如使用扩展性按钮获取额外的穿行时间，"额外的 2 秒穿行时间"（R10-32P）按钮（见图 2B-26）必须安装在附近或行人按钮上。

第 4E.09 节　无障碍行人过街信号和呼叫装置——总则

支撑依据：

01　无障碍行人过街信号和呼叫装置使用非视觉形式（如声音、语音信息和（或）地面振动）传递信息。

02　有视觉障碍的行人在信号灯的位置通过道路时使用的主要方法是，通常在绿灯时间内，当他们听到面前的车辆停车且身后的车辆开始移动时，他们就过街。现有的环境往往无法为需要穿过有信号灯道路的视觉障碍行人提供足够的信息。

指导条款：

03　如果有视觉障碍的行人无法通过某一特定信号灯控制的交叉口，需要进行工程调研，同时考虑到一般行人和有视觉障碍行人的需求。工程调研应考虑以下因素：

A. 无障碍行人过街信号的潜在需求；
B. 无障碍行人过街信号的要求；
C. 可能有行人时的交通量，包括低交通量时段和红灯时转弯的高交通量时段；
D. 交通信号相位的复杂性（如可分离相位，受保护的转弯相位，先放行人时长，行人专用相位）；
E. 交叉口复杂的几何结构。

支撑依据：

04　导致视觉障碍者无法通过信号灯控制的交叉口的因素包括：低噪声车辆的增加、红灯时转弯（代表整个相位开始）、持续的右转运行、复杂的信号运行、交通环岛以及宽阔的道路。此外，低流量交通也会导致视觉障碍者很难辨别出信号相位的变化。

05　若开始安装有助行人的设施，地方政府往往可以给交通工程师提出重要建议，为有视觉或听觉障碍的行人提供辅助设施。此外，定向和流动性专家或类似的工作人员也可能提供多样的建议。美国无障碍委员会（www.access-board.gov）为制作视觉障碍行人信号信息提供技术支持（见美国无障碍委员会网站的 i 页）。

必须条款：

06　若使用无障碍行人过街信号，必须结合行人信号使用。无障碍行人过街信号设施提供的信息必须清晰显示设施控制哪个行人交叉口。

07　在信号控制的运行模式下，无障碍行人过街信号的运行不受白天、黑夜或工作日、休息日的限制。

可选条款：

08　无障碍行人过街信号呼叫器可以是按钮或自动呼叫装置。

09　在固定配时交通信号控制或非感应式的路口，行人按钮可用来启动无障碍行人过街信号。

支撑依据：

10　无障碍行人过街信号通常集成到行人呼叫装置（按钮），所以应是按钮装置的保护设施感应到行人才发出声音和（或）信息。无障碍行人过街信号为按钮定位声音和代表触觉的箭头，并包括声音信标和其他特殊功能。

可选条款：

11　可以通过盲文或凸起字符的感应形式来提供街道名称信息，还可以提供人行横道的可触地图。

支撑依据：

12　有关于使用盲文或凸起字符交通控制设施的相关规范可查看《残疾人无障碍建筑和设施设计指南（ADAAG）》（见第 1A.11 节）。

必须条款：

13　在配有无障碍行人过街信号的交叉口使用行人按钮时，每一个按钮必须同时激活步行时长和无障碍行人过街信号。

第 4E.10 节　无障碍行人过街信号灯和呼叫装置的位置

支撑依据：

01　无障碍行人过街信号灯位置尽量接近过街处，向行人提供关于哪条通道可行的最为清晰和明确的指示。

指导条款：

02　为方便行人通过，信号灯按钮处应依照第 4E.08 节规定尽可能接近人行横道线，远离十字路口中心，并尽可能接近路缘坡道。

必须条款：

03　如果两个信号灯按钮相距 10 英尺以内或位于同一信号灯柱上，必须确保每个按钮具有以下特性（见第 4E.11 节至第 4E.13 节）：

A. 按钮位置；

B. 触觉箭头；

C. "步行行人"（人形符号）指示对应的声音指示消息；

D. 声音按钮信息。

04　如果在过街时间内行人只能从路缘或路肩处走到道路中央，则道路中央必须有足够的宽度可供行人等待，并安装行人呼叫装置，并在道路中央安装额外的行人呼叫器。

第 4E.11 节　无障碍行人过街信号灯和呼叫装置——步行指示

支撑依据：

01　为每个非并发信号相位提供不同声音的技术，其提供的信息经常被发现是模棱两可的。研究表明，在靠近每个人行横道独立杆上安装的行人信号呼叫器，能够发出提示即将到达交叉口的快速滴答声，为失明或视障人士提供明确的信息。触觉信号也能为盲人或聋人提供信息，同时协助盲人或视障人士在嘈杂环境下确认可以通行的信号。

必须条款：

02　无障碍行人过街信号必须具有听觉和触觉步行指示。

03　在步行时长期间，必须通过信号按钮上触觉箭头（见第 4E.12 节）的震动来提供触觉步行指示。

04　无障碍行人过街信号必须在步行时长期间内进行一次声音步行指示。声音步行指示信号必须确保在人行横道边缘清晰可闻。

05　除行人信号在步行期间静止外，无障碍步行指示必须与行人步行信号持续相同的时长。

指导条款：

06　如果行人信号在步行期间静止，无障碍步行指示应限制在步行时长的前 7 秒。在步行间隔内，如果步行时长间隔剩余时间大于行人过街时间时，应通过按下按钮再次显示无障碍步行指示。

必须条款：

07 两个无障碍行人过街信号必须至少间隔 10 英尺，听到的步行指示必须为敲击声。当同一个拐角处的两个无障碍行人信号间隔小于 10 英尺，声音步行指示必须为声音提示信息。

08 步行指示音必须以每秒 8~10 次的频率重复。步行指示音音调必须由主频率在 880Hz 的复合频率组成。

指导条款：

09 除非声音信标在延时按钮按下时能够及时发出回应，声音步行指示及按钮定位声音（见第 4E.12 节）的音量应高于周围环境音量，但不超过 5 分贝。

必须条款：

10 随环境交通噪声水平变化，自动音量必须保证能调整到最高 100 分贝的音量。

指导条款：

11 声音步行指示和按钮定位音调音量应调整到足够低，以避免在以下情况中误导有视觉障碍的行人：

A. 在环岛允许车辆无信号右转穿过环岛和人行道之间的过街横道时；

B. 在多个路口交叉或复杂信号提示阶段要求行人分两次通过时，每一个声音信号指示哪条通道可能不够清楚；

C. 在设置对角线行人通道的交叉口，或两条街道同时接收"行走的人"信号指示（代表允许步行）。

可选条款：

12 警报声是步行声音指示开始前非常短暂的高频声音，并快速减低到步行声音频率，可用来提醒行人步行时长开始。

支撑依据：

13 由于交通噪声，在步行指示音不容易听到的情况下，警告音将尤其有用。

14 语音步行提示消息会告知行人哪一条街道可以过街。语音提示或者可以直接播放，或需要单独接收器接听。为使系统更加有效，语音提示所用单词及其含义必须能被所有听者在使用的环境中正确理解。正因如此，提示音是提供声音步行指示的首选手段，除非在同一个拐角处的两个无障碍行人信号相隔距离少于 10 英尺。

15 如果使用语音步行提示，为了使其含义明确，行人必须知道他们所通过的街道名字。然而，为了找到某个新地点的方向时，有视觉障碍的行人并不总是知道交叉路口每条街道的名称。因此，最好能够通过按钮控制无障碍步行信号给用户提供道路名称。该功能可以在闪烁或长亮的"举起的手"出现时，通过语音提示按钮（见第 4D.13 节）或按钮外壳凸起印刷的字体和盲文标签触发。

16 通过结合按钮信息、盲文标签信息、与人行横道前进方向一致的触觉箭头、语音提示信息灯，即使同一杆上有两个按钮，有视觉障碍的行人也能够根据语音提示信息做出正确的反应。

必须条款：

17 如果使用语音步行信息来指示步行时长，则必须提供明确的提示，指明何时步行时长有效，以及适用于哪个路口。语音步行消息仅用于无法在同一拐角处的交叉点安装两个相隔至少 10 英尺的无障碍行人信号的情况。

18 在与车辆相位同步的行人相位的交叉口处使用语音步行信息，必须效仿此模型："百老汇。步行标志亮起时，可以穿过百老汇大街。"

19 在仅有行人相位的交叉口处使用语音步行信息，必须效仿此模型："步行标志亮起时，所有交叉口可步行通行"。

20 语音步行信息不能含有任何附加信息，除非是为了避免歧义需要提供的"街"或"大道"的名称。

指导条款：

21 语音步行信息不应向行人陈述或暗示某种命令，例如"现在穿过百老汇大街"。语音步行信息不应告诉行人"可以安全通过"，因为检查实际交通情况永远是行人的责任。

必须条款：

22 当步行时长时间未计时的情况下，不需要语音步行信息，除非：

A. 提示"请等待"；

B. 步行时长未计时的情况下，无须在步行时长内多次重复。

23 当指示灯（见第 4E.08 节）用在无障碍行人信号位置时，每个动作必须伴有语音提示信息"请等待"。

可选条款：

24 提供语音步行信息的无障碍行人信号可提供除英语外的其他语种的语音步行信息，但不包括"步行标志"和"请等待"两个词。

必须条款：

25 在行人过街清空期间，随着行人步行语音提示的结束，无障碍行人信号必须恢复为按钮定位音（见第 4E.12 节）。

第 4E.12 节　无障碍行人过街型号与呼叫装置——触觉箭头与定位音

必须条款：

01 为帮助具有视力障碍的行人在无障碍行人过街信号灯处能够区分和找到合适的按钮，按钮必须通过触觉箭头的形式达到指示清晰。触觉箭头必须位于按钮上，具有很高的视觉对比度（黑底白箭头或白底黑箭头），且必须与相关过街人行横道的行走方向保持平行。

02 无障碍行人过街信号灯必须与定位语音协同使用。

支撑依据：

03 按钮定位语音能够发出重复的声音，以提示走近的行人可以用按钮启动行人配时或接收其他信息，并帮助有视力障碍的行人能够找到按钮。

必须条款：

04 按钮定位语音必须持续 0.15 秒或更少，并以 1 秒的间隔重复。

05 当交通控制信号通过闪烁模式运行时，不能启动按钮定位语音。该要求不能应用于通过行人启动导致由闪烁模式或不发光模式变成停一走的交通控制信号或行人混合信标。

06 按钮定位语音的音量必须高于周边声音，且必须在按钮周边 6~12 英尺范围内都能听到按钮定位语音。

支撑依据：

07 第 4E.11 节包含关于按钮定位声调音量和声音等级的附加规定。

第 4E.13 节　无障碍行人过街信号与呼叫装置——延长按钮按压特征

可选条款：

01 延长按钮按压提供可以为行人过街提供额外的功能，例如过街时间的延长、声音信标或语音信息。

必须条款：

02 延长按钮按压用来提供一些附加功能：若按钮按压时长小于 1 秒，则此按压仅用于触发行人配时以及相关的无障碍过街指示；若按钮按压时长大于 1 秒，则此按钮用于触发行人配时、无障碍过街指示和其他功能。

03 如果附加横穿时间依靠延长按钮按压来提供，"额外横穿时间请按钮2秒"（R10-32P）标牌（见图2B-26）必须安装在行人按钮附近或与行人按钮结合。

支撑依据：

04 声音信标是一种声音信号的使用方式，该方式可以使有视觉障碍的行人能够找到位于所穿越街道人行横道远端的信号。

05 不是所有交叉口人行横道都需要声音信标；如果用在一些交叉口的所有人行横道上，声音信标事实上会引起混乱。由于可能引发混乱，声音信标不适于安装在渠化弯道或分离相位位置。

指导条款：

06 *声音信标应考虑遵循工程调研设置在：*

A. *人行横道长于70英尺，除非被中央隔离带隔开，该中央分隔带具有另外一个带定位器声调的行人接近信号；*

B. *倾斜的人行横道；*

C. *不规则几何线形交叉口，如多于4个出口；*

D. *要求为有视觉障碍的残疾人设置声音信标的人行横道；*

E. *研究显示声音信标有益的其他位置。*

可选条款：

07 声音信标可通过几种方式提供，均开始于延长按钮按压。

必须条款：

08 如果使用声音信标，在行人相位的步行转换时长时间期间，按钮定位语音音量必须加大且通过以下方式的一种来操作：

A. 行人穿越街道时，来自人行横道远端更大声的步行指示和语音音量；

B. 来自人行横道两侧更大的语音音量；

C. 来自以人行横道中心为目标且安装在行人信号前的附加扬声器的定位语音。

可选条款：

09 语音按钮信息可提供交叉口识别信息，包括关于不寻常交叉口信号装置和线形的信息，如关于专属行人相位、先放行人时长、分离相位、对角线人行横道、中央分隔带或环岛。

必须条款：

10 如果语音按钮信息通过驱动无障碍行人过街信号呼叫装置来实现，必须仅在步行时长为非定时驱动。语音按钮信息以"等待"开始，紧随交叉口识别信息，例如"在格兰德路等待横穿百老汇大街"。如果同时给出交叉口信号装置或线形信息，必须紧随交叉口识别信息。

指导条款：

11 *语音按钮信息不应用来提供地标信息或告知有视觉障碍的行人关于绕路或临时交通控制情况。*

支撑依据：

12 结构体上的附加信息和语音按钮信息文字包含在交通工程师学会网站中的"使交叉口对于盲人或视觉障碍者更容易理解的电子工具箱"（见 i 页）。

第 4F 章　行人混合信标

第 4F.01 节　行人混合信标应用

支撑依据：

01　行人混合信标是一种特殊类型的混合信标，用在无信号控制位置以警告和控制交通，从而协助行人在有标线的人行横道处横穿街道或道路。

可选条款：

02　行人混合信标可以考虑安装在不满足交通信号设置依据的位置以帮助行人过街（见 4C 章），或在第 4C.05 节和第 4C.06 节提到的满足交通信号设置依据但决定不安装交通控制信号的位置。

必须条款：

03　若使用，行人混合信标必须连同标志和路面标线一起使用，以在行人进入或通过街道或道路的位置给予警示及控制交通流。行人混合信标必须安装在有标线的人行横道处。

指导条款：

04　如果满足第 4C 章的信号安装依据之一，工程调研证明安装交通控制信号的必要性，且已经做了安装交通控制信号的决定，应根据第 4D 章及 4E 章规定来安装。

05　如果交通控制信号不满足第 4C 章的信号安装依据，且如果交通流间隙不足以令行人横穿，或主路到达车辆速度过高以至于不允许行人横穿，或行人延迟过多，行人混合信标的需求应基于主路流量、速度、宽度与行人流量、行走速度、延迟相关的分流点的工程调研考虑。

06　设置限速的主路或 85% 位速度为 35 英里/小时或更低的道路，如果工程调研发现平均每天主路每小时的车辆（两个入口总数）和相应的横穿主街道 1 小时内的所有行人总数（任意 4 个连续 15 分钟周期）的交汇点在图 4F-1 人行横道长度的相应曲线的上方，应考虑使用行人混合信标。

07　限速的主路或 85% 位速度大于 35 英里/小时的路段，如果工程调研发现平均每天主路每小时的车辆（两个入口总数）和相应的横穿主街道 1 小时内的所有行人总数（任意 4 个连续 15 分钟周期）的交汇点在图 4F-2 人行横道长度的相应曲线的上方，应考虑使用行人混合信标。

08　如果人行横道长度不是图 4F-1 与图 4F-2 中 4 种长度，其值应由曲线间内差法决定。

第 4F.02 节　行人混合信标设计

必须条款：

01　除本节所提供标准外，行人混合信标必须满足第 4D 章和第 4E 章的规定。

02　行人混合信标灯面必须包含三个信号灯组，圆形黄灯信号居中显示，下方有两个水平圆形红灯信号显示（见图 4F-3）。

03　当工程调研发现行人混合信标合理时：

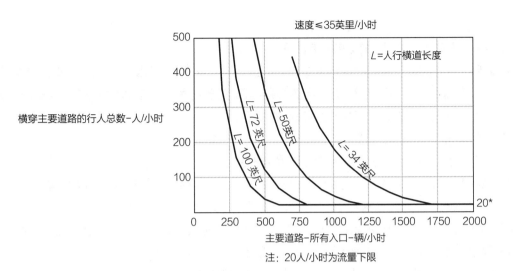

图 4F-1　在低速度道路上行人混合信标的安装指导

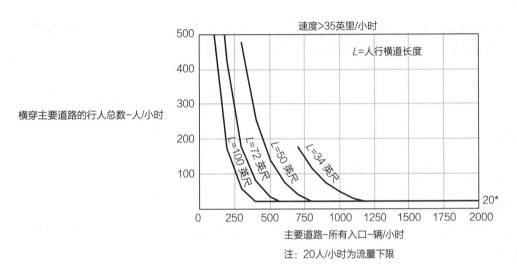

图 4F-2　在低速度道路上行人混合信标的安装指导

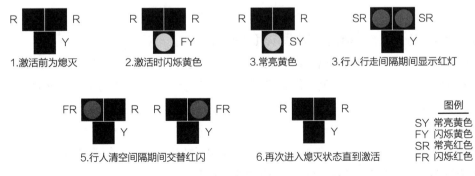

图 4F-3　行人混合信标激活时的显示顺序

A. 在主街道的每个路口必须至少安装两个行人混合信标；
B. 在人行横道的每个路口必须设置停车线；
C. 在有标线的人行横道的两端必须遵循第 4E 章的规定安装行人信号灯头；
D. 行人混合信标必须被行人操控。

指导条款：

04 当工程调研发现行人混合信标的安装合理时：

A. 行人混合信标应安装在距离小街道或由"停车让行"或"减速让行"信号控制的车道至少100英尺处；

B. 在人行横道之前至少100英尺，之后至少20英尺的范围内禁止出现停车场或其他阻碍视线的障碍物，应通过路沿延伸或其他技术进行实地调整提供充足的视距；

C. 应安装合适的标志和路面标线；

D. 如果安装在信号系统内，行人混合信标应协同安装。

05 在有限速，或85%位车速超过35英里/小时的入口，以及在交通或运行条件可能导致路旁行人混合信标的位置变得隐蔽的入口，应在道路上方安装最少两个行人混合信号灯面。

06 在有限速，或85%位车速超过35英里/小时的多车道交叉口，行人混合信标应安装在交叉口的一侧（如果中间留有足够宽度）或应安装至少一个行人混合信标面在道路上。

07 行人混合信标应遵守第4D.11~4D.16节中描述的信号灯面要求。

必须条款：

08 "红灯时禁止过街"（圆形红灯符号）标志（见第2B.53节）必须安装在主路交叉口的行人混合信标旁边。如果设有悬挂式行人混合信标，标志必须安装在悬挂式信号灯旁。

可选条款：

09 行人（W11-2）警告标志（见第2C.50节）与"前方"（W16-9P）补充面板可安置在行人混合信标的前方。警告信标可作为W11-2标志的补充。

指导条款：

10 在行人混合信标前，如果有警告信标用于补充W11-2标志，当行人混合信标不在熄灭模式下时应设置为仅闪烁模式。

必须条款：

11 如果警告信标作为W11-2标志的补充安装，警告信标的设计和位置必须遵守第4L.01节和第4L.03节的规定。

第4F.03节 行人混合信标操作

必须条款：

01 在行动期间，行人混合信标显示必须熄灭（未照明）。

02 行人将要行动时，行人混合信标面必须显示闪烁"圆形"黄灯信号指示，接着是长亮"圆形"黄灯指示，在步行时长后接着为两个长亮"圆形红灯"信号指示，在行人过街清空时长后接着为交替闪烁的"圆形红灯"信号指示（见图4F-3）。行人过街清空时长将要结束时，行人混合信标必须返回熄灭状态（未照明）。

03 除了第4条所述，当行人混合信标灯面为熄灭或闪烁或长亮"圆形"黄灯信号指示时，行人信号灯头必须持续显示长亮"举起的手"信号指示（表示"禁止通行"）。当行人混合信标面显示长亮"圆形红灯"信号指示时，行人信号灯头必须显示"行走的人"信号指示（表示"可以通行"）。当行人混合信标面显示交替闪烁的"圆形红灯"信号指示时，行人信号灯头必须显示闪烁的"举起的手"信号指示（表示"禁止通行"）。行人过街清空时长时间将要结束时，行人信标面必须回到长亮"举起的手"信号指示（表示"禁止通行"）。

可选条款：

04 行人混合信标安装在环岛附近以帮助有视力障碍的行人穿越，工程调研决定允许无视力障碍的行人在行人混合信标未启动的情况下横穿道路,当行人混合信标面为熄灭时行人信标面可为熄灭(未照明)。

指导条款:

05 黄灯闪烁时长应由工程评判决定。

必须条款:

06 长亮黄灯时长必须通过工程实践决定。

指导条款:

07 长亮黄灯时长应该有最小值3秒和最大值6秒(见第4D.26节)。更长的时长应供更高速的交叉口使用。

第 4G 章　紧急车辆入口交通控制信号和混合信标

第 4G.01 节　紧急车辆交通控制信号和混合信标的应用

支撑依据：

01　紧急车辆交通控制信号是一种为授权紧急车辆分配通行权的特殊交通控制信号。

可选条款：

02　紧急车辆交通控制信号可安装在不满足其他交通信号授权的地点（如在交叉口或其他允许紧急车辆直接进入建筑的地点）。

03　紧急车辆混合信标可安装替代第 4G.04 节提到的紧急车辆交通控制信号。

指导条款：

04　如果交通控制信号不满足第 4C 章的信号安装依据，且交通流间隙不足以使紧急车辆及时进入，或紧急车辆进入主路的停车视距不足时，应考虑安装紧急车辆交通控制信号。如果满足第 4C 章的某一信号安装依据且工程调研证明交通控制信号可用，且如果已经做出安装交通控制信号的决定，应该按照第 4D 章的规定安装。

05　确定视距应基于每个街道关键入口车道可见障碍的位置，以及限速或 85% 位车速的最高值。

第 4G.02 节　紧急车辆交通控制信号设计

必须条款：

01　除本部分所提内容外，紧急车辆交通控制信号必须符合本手册要求。

02　"前方紧急信号"（W11-12P）辅助标牌的"紧急车辆"（W11-8）标志（见第 2C.49 节），必须安置在所有紧急车辆交通控制信号之前。如果警告信标安装作为标志 W11-8 的补充，信标的设计与位置必须遵照第 4L.01 节和第 4L.03 节的标准。

指导条款：

03　*在主街道的每个进口，对于两个必要信号灯面，至少有一个应位于道路上方。*

04　*下列信号尺寸应用于紧急车辆交通控制信号：长亮红灯和长亮圆形黄灯信号指示和任意箭头指示，其直径为 12 英尺；绿灯或闪烁圆形黄灯信号指示，其直径为 8 英尺。*

必须条款：

05　"紧急信号"标志（R10-13）必须安装在临近每个主街道入口的信号灯面处（见第 2B.53 节）。如果提供有悬挂信号灯面，"紧急信号"标志必须安装在临近悬挂信号灯面处。

可选条款：

06　仅供紧急车辆进入的入口，可只提供单个信号灯面，该信号灯面包含一个或多个信号灯组。

07　除使用 8 英尺直径的信号指示，也可使用减少黄闪输出的其他适当措施。

第 4G.03 节 紧急车辆交通控制信号操作

必须条款：

01 在以稳定模式（停止与通行）运行的信号位置，紧急车辆的通行权必须根据第 4D.27 节提供的内容获取。

02 作为最低限度，安装在路段中部开口过街处的紧急车辆交通控制信号，其信号指示、序列、运行方式必须符合以下要求：

A. 在紧急车辆行动之间的信号指示必须为绿灯或闪烁黄灯。如果黄闪信号指示用来替代绿灯信号指示，必须在正常绿灯信号指示的位置显示，而长亮红灯和长亮黄灯信号指示必须在其正常位置显示。

B. 当紧急车辆行动时，必须向主路交通先显示长亮黄灯，然后显示长亮红灯。

C. 黄灯不需要跟随在紧急车辆车道的绿灯之后。

03 位于交叉口的紧急车辆交通控制信号必须为紧急车辆行动之间的闪烁模式（见第 4D.28 节和第 4D.30 节），或为适应街道上正常车辆和行人交通的完全启动或半启动状态。

04 如果警告信标与紧急车辆交通控制信号同时使用，必须仅在如下情形时闪烁：

A. 主街道的长亮黄灯期间或之前的适当时间；

B. 主街道的长亮红灯期间。

指导条款：

05 主路交通的长亮红灯时长应由现场运行时间实验研究决定，但不应超过紧急车辆所需的清除道路冲突车辆时间的 1.5 倍。

可选条款：

06 紧急车辆交通控制信号序列可从区域控制点（如消防站或执法总部）或装有远程操作信号的紧急车辆手动启动。

第 4G.04 节 紧急车辆混合信标

必须条款：

01 紧急车辆混合信标必须仅与标志共同使用，以警示和控制位于紧急车辆进入或穿越无信号控制的街道或道路上的交通。紧急车辆混合信标必须由经授权的紧急情况处理或维护人员启动。

指导条款：

02 紧急车辆混合信标应仅在以下所有标准都满足的情况下使用：

A. 满足判别为紧急车辆交通控制信号的情况（见第 4G.01 节）；

B. 考虑道路宽度、来车速度和其他相关因素的工程调研决定了紧急车辆混合信标应按照本章节和第 4L.01 节包含的要求设计及定位，可在相关位置有效警示及控制交通流。

C. 在由"停车让行"或"减速让行"标志控制的小道或私人车道，设置位置距离交叉口或小道不小于或等于 100 英尺。

必须条款：

03 除本章节提到的内容外，紧急车辆混合信标必须满足本手册的要求。

04 紧急车辆混合信标面必须包括三个信号灯组，"圆形黄灯"信号指示在两个并排"圆形红灯"信号指示的中心下方（见图 4G-1）。

05 在两次激活期间，紧急车辆混合信标必须为熄灭模式（无指示显示）。

06 经授权的应急人员将要行动时，紧急车辆混合信标灯面必须间隔显示闪烁黄灯信号指示，随后是长

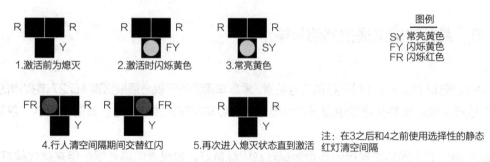

图 4G-1 紧急车辆混合信标序列

亮黄灯变换间隔,接着显示持续时间适合紧急车辆外出的交替闪烁的两个"圆形红灯"信号。交替闪烁的红灯信号指示必须仅在要求主街道驾驶员停车且在"停止让行"标志位置停车后继续服从停车让行规则时显示。红灯闪烁信号指示将要结束时,紧急车辆混合信标必须回到黑暗模式状态(无指示显示)。

指导条款:

07　黄闪时长应取决于工程评判。

必须条款:

08　长亮黄灯时长必须由工程实践确定。

指导条款:

09　*长亮黄灯最小时长应为 3 秒,最大时长应为 6 秒(见第 4D.26 节)。更长的时长应留作更具有更高速度的入口使用。*

可选条款:

10　长亮红灯清空时长可用于长亮黄灯之后。

11　紧急车辆混合信标可装有灯或其他可视显示,以便为外出紧急车辆操作者提供信号正在运行的确认信息。

12　紧急车辆混合信标可作为预警标志的补充,同时也可作为"警示信号"的补充(见第 4L.03 节)。

指导条款:

13　如果警示信标用作预警标志的补充,仅当紧急车辆混合信标处于非熄灭模式时,警示信号为闪烁模式。

必须条款:

14　在主路的每个入口处必须安装至少两个紧急车辆混合信标,并且主路的每个入口处必须施划停车线。

指导条款:

15　*在限速或 85% 位车速超过 40 英里/小时的入口,以及有交通或运行条件可能遮挡影响路侧信号灯面清晰度的入口,至少应同时安装两个紧急车辆混合信标在道路上。*

16　*在限速或 85% 位车速不超过 40 英里/小时的多车道入口,紧急车辆混合信标应安装在入口的每一侧(如果中间存在足够宽度)或至少其中一个紧急车辆混合灯面应安装在道路上。*

17　紧急车辆混合信标应遵照第 4D.11 节至第 4D.16 节部分规定的信号灯面位置设置。

必须条款:

18　停车线和"紧急信号—当红灯闪烁时停止"(R10-14 或 R10-14a)标志(见第 2B.53 节)必须与紧急车辆混合信标共同使用。

可选条款:

19　如果需要额外的强调,"在红灯闪烁时停在此处"标志(R10-14b)(见第 2B.53 节)可与紧急车辆混合信标共同安装。

第 4H 章　单车道、双向设施交通控制信号

第 4H.01 节　单车道、双向设施的交通控制信号应用

支撑依据：

01　窄桥、隧道、路段处的交通控制信号，是一种当车辆通过车道宽度不足以满足双向车辆通行的桥梁或隧道或行车道时，分配道路通行权的特殊信号。

02　临时交通控制信号在单车道、双向设施处应用最频繁（见第 4D.32 节和第 6F.84 节）。

指导条款：

03　*决定是否安装交通控制信号时，应共同考虑穿越或通过单车道、双向设施的视距与入口速度和邻近设施的视距。*

可选条款：

04　在窄桥、隧道或道路路段，当交通控制信号不满足第 4C 章包含的条件，交通控制信号可用于双向交通间隙不允许交通流通过单车道的状况。

第 4H.02 节　单车道、双向设施的交通控制信号设计

必须条款：

01　第 4D 章的规定适用于单车道、双向设施的交通控制信号，以下几种情况除外：

A. 红灯清空时长必须能足以清空单车道部分的冲突车辆；

B. 必须提供足够的方法（如互联）阻止冲突的信号指示（如在道路两端同时为绿灯）。

第 4H.03 节　单车道、双向设施的交通控制信号运行

必须条款：

01　单车道、双向设施交通控制信号的运行必须在某种程度上符合交通需求。

02　当信号处于闪烁模式，信号指示必须为红灯闪烁。

指导条款：

03　*在允许对向车辆运行之前，应提供足够时间清空本方向狭窄路段的车辆。应通过工程评判确定适当的信号配时。*

第 4I 章　高速公路入口匝道交通控制信号

第 4I.01 节　高速公路入口匝道交通控制信号的应用

支撑依据：

01　匝道控制信号是控制交通流进入高速公路设施的交通控制信号。通常被称为"匝道控制"。

02　当控制交通进入高速公路能减少高速公路通道（包括高速公路匝道和主路）上交通的总体预期延误时，有时会使用高速公路入口匝道交通控制信号。

指导条款：

03　*匝道交通控制信号的安装应以可能影响高速公路设施的物理和交通条件的工程调研为先导。调研应包括匝道、匝道连接处、匝道控制可能影响到的街道以及高速公路部分。*

支撑依据：

04　可以用于评判使用入口匝道控制信号、匝道控制信号的交通工程调研评估因素、匝道控制信号设计、匝道控制信号运行的相关信息可见美国联邦公路局的《匝道管理和控制手册》（见第 1A.11 节）。

第 4I.02 节　高速公路入口匝道控制信号设计

必须条款：

01　除非本部分另有规定，匝道控制信号必须满足所有交通控制信号的标准设计规范。

02　高速公路入口匝道控制信号灯面必须为包括红灯和绿灯信号指示的双节信号灯面，或包括红灯、绿灯、黄灯指示的三节信号灯面。

03　如果在入口匝道仅存在一条车道，或入口匝道存在多条车道并且绿灯信号指示总是同时显示在匝道的所有车道上，那么每个匝道必须至少有两个信号灯面面向入口交通。

04　如果入口匝道存在多条车道并且绿灯信号指示并非同时显示在匝道的所有车道上，每条分离控制车道的近似中心必须提供一个信号灯面。

指导条款：

05　*对于两个或更多分离控制车道的匝道，应考虑使用附加侧悬挂信号灯面。*

必须条款：

06　匝道控制信号的位置和设计，必须使得主线高速公路交通对其具有最小的可见性。

可选条款：

07　当不被使用时，匝道控制信号可设置为熄灭模式（无指示显示）。

08　匝道控制信号可用来控制匝道上的部分但并非全部的车道，如匝道提供的无信号控制的"高承载车辆"旁路车道。

09　所需的信号灯面如果位于匝道旁边，其安装高度可控制为，从匝道路面中心铺装坡上方至信号灯室底部最低信号灯面的距离为4.5~6尺。

10 仅有一条控制车道的入口匝道，两个必要的信号灯面均可安装在道路旁边单侧的杆上，其中一个信号灯面安装在正常高度，另一个安装在比第9条规定的更低位置，作为第4D.13节中有关信号灯面正常为8英尺最小横向间隔规定的特例。

指导条款：

11 适合用于控制、带有图例的交通法规标志，如"每次绿灯XX车辆"或"每次绿灯每条车道XX车辆"（见第2B.56节），应安装在匝道控制信号灯面的附近。当匝道控制信号安装在高速公路或高速公路之间的匝道，应特殊考虑以保证匝道控制信号有足够的可见性，并应安装有闪烁警示信标的多重预警标志以警示受信号控制的道路使用者。

第4I.03节 高速公路入口匝道控制信号运行

指导条款：

01 匝道控制信号运行策略，如运行周期、匝道调节率和算法、排队管理，应在匝道控制信号安装前由运营机构决定，并且应该密切监控和按需调整。

02 当匝道控制信号仅在一天中的某个特定时期运行，"当闪烁时匝道控制"标志（W3-8）（见第2C.37节）应安装在邻近匝道入口的匝道控制信号之前，或接近匝道的干线上，以警示道路使用者匝道控制的存在与运行。

必须条款：

03 "当闪烁时匝道控制"标志必须辅以警示信标（见第4L.03节），当匝道控制信号运行时警示信标闪烁。

第 4J 章　移动桥的交通控制

第 4J.01 节　移动桥交通控制的应用

支撑依据：

01　移动桥交通控制信号是安装在移动桥梁上的一种特殊类型的道路交通信号，以告知道路使用者因封路需要停车，而并非轮流给予通行权而导致的交通流冲突。该信号与移动桥的开关、移动桥警告和电阻门的运行或其他用于警告、控制和停止交通的设施一起协同运行。

02　安装在移动桥的移动桥警告闸门减少车辆和行人经过停止线，进而减少进入因桥移动而存在潜在危险区域的可能性。

03　移动桥电阻闸门有时置于移动桥警告闸门的下游。移动桥抗冲撞闸门设置在适当位置以向道路使用者提供障碍物。移动桥电阻闸门被认为是一种特殊设计，而并非交通控制设施；对移动桥电阻闸门的要求包含在美国国家公路与运输协会标准（AASHTO）《移动道路桥梁标准规格》中（见 AASHTO 网址的第 i 页）。

必须条款：

04　移动桥上的交通控制必须同时包括信号和闸门，以下情况除外：

A. 如果其他交通控制设施或措施在以下任一条件下使用被认为是合理的，那么信号和闸门是不需要的：

1. 在低流量道路（日均车流量少于 400 辆的道路）。
2. 当电力不可用，手动操作运行的桥。

B. 如果相交街道或车道使得闸门无效，在城市地区仅需要信号。

C. 当交通控制信号在移动桥电阻闸门 500 英尺范围内与其共同运行，且没有其他交通入口，则仅需要设置移动桥警告闸门。

第 4J.02 节　移动桥信号和闸门的设计及位置

必须条款：

01　移动桥信号的信号灯面和配件必须符合第 4D 章的规定，本节规定除外。

02　所有新的移动桥信号，必须使用 12 英寸直径信号指示的信号灯面。

可选条款：

03　8 英寸直径镜片的现有信号灯面，可保留使用至有效寿命期限。

必须条款：

04　由于可移动桥在开启期间打断了配时，信号灯面必须是以下类型之一：

A. 带有红、黄、绿信号指示的三节信号灯面；

B. 被"在红灯处停止"标志（R10-6）分离、垂直排列、红灯信号指示的两个单节信号灯面（见第 2B.53 节）。

05 不管选择哪种信号类型，对每个可移动跨度的入口，必须至少提供两种信号灯面，并且必须施划停车线以表明车辆必须停止在线后。

指导条款：

06 *如果移动桥的运行频繁，应考虑使用三节信号灯面。*

07 *只要切实可行，信号灯面的高度和横向位置应按照第 4D 章符合其他交通控制信号的要求。信号灯面应位于移动桥警告闸门之前不超过 50 英尺的位置。*

可选条款：

08 移动桥信号可通过声音警告设施予以补充，以向司机和行人提供额外的警告信息。

必须条款：

09 "吊桥"标志（W3-6）（见第 2C.39 节）必须用在移动桥信号和闸门之前使用，以警告道路使用者，除非在城市条件下无法如此设置标志。

10 如果物理条件的限制，使得道路使用者无法从表 4D-2 中规定的距离看到至少两个连续的信号指示，辅助设施（已增加与移动桥控制单元互联的警告信标补充信号灯面或强制"吊桥"标志（W3-6））必须被安装在移动桥信号和闸门之前。

可选条款：

11 可通过警告信标辅助"吊桥"（W3-6）标志（见第 4L.03 节）。

必须条款：

12 如果两套闸门（警告和电阻闸门同时存在）用于单个方向，公路交通信号不必跟随最靠近跨度开口的电阻闸门。

13 如果使用移动桥警告闸门，必须至少符合标准铁路尺寸，闸门带有 16 英寸交替垂直的条纹，条纹为具有全逆反射性的红色和白条。与铁路闸门（见第 8C.04 节）上的闪烁红灯标准一致，移动桥闸门上的闪烁红灯必须包含在闸门门臂上，并且它们只能在闸门关闭或在闸门打开或关闭的过程中运行。在水平位置，闸门顶部必须距离路面上方约 4 英尺。

指导条款：

14 *移动桥警告闸门应由轻质材料建成，在其正常直立位置，门臂应提供足够的侧向间隙。*

可选条款：

15 如果实际，移动桥电阻闸门可以标出轮廓，其方式与移动桥警告闸门相似。

必须条款：

16 当移动桥电阻闸门存在，如果使用移动桥警告闸门，警告闸门必须至少延伸至横跨入口车道的整个宽度。在被中央分隔带分离的分离式道路上，如果使用移动桥警告闸门，必须延伸至横跨所有接近跨度开口车道的整个宽度。

指导条款：

17 *如果移动桥电阻闸门不是用于双向无隔离道路，使用移动桥警告闸门，应延伸至道路的整个宽度。*

可选条款：

18 可使用 1 个全宽闸门或 2 个半宽闸门。

支撑依据：

19 移动桥信号和闸门的位置由移动桥电阻门（如果使用）的位置决定，而非移动跨度的位置决定。高速公路移动桥电阻闸门最好位于距离跨度开口 50 英尺或更远（开合桥和升降桥除外）的位置，且经常附着于结构或是结构的一部分。

必须条款：

20　除了物理条件使其不切实际的地方，移动桥警告闸门必须位于距离移动桥电阻闸门 100 英尺或更远的地方，或者如果没有使用移动桥电阻闸门，则必须距离移动跨度 100 英尺或更远的地方。

指导条款：

21　在实用性的限制内，对于跨越长距离的水面并有可能被大型海洋船只撞击的桥或围堤，车辆不应停在可能会受到影响的桥或围堤位置。

22　假使在不受影响的跨度上停车是不切实际的，那么车辆应在距离开口至少 1 个跨度的地方停车。如果车辆由信号控制停止并且闸门距离移动桥警告闸门的距离超过 330 英尺（或如果没有使用移动警告闸门，则距离跨度开口），应在距离闸门或跨度开口 100 英尺的地方安装第 2 组闸门。

23　如果移动桥邻近平交道口并且车辆有可能因为桥梁开口而被迫停车，应使用交通控制设施以告知道路使用者不要停留在铁轨上。

第 4J.03 节　移动桥信号和闸门的运行

必须条款：

01　移动桥上的交通控制设施必须能与移动跨度相协调，以便信号、闸门和移动跨度可以由桥梁管理人员通过联锁控制。

02　如果使用三节类型的信号灯面，在桥梁开口间必须始终显示绿灯信号指示，除非预计桥梁连续打开时间不超过 5 小时（则必须使用闪烁黄灯信号指示）。当要求车辆停车时，信号必须显示长亮红灯信号指示。对于显示绿灯和长亮红灯信号指示之间的黄灯时长，或闪烁黄灯和长亮红灯信号之间的持续时间，必须通过工程实践确定（见第 4D.26 节）。

03　如果红灯的垂直排列是信号灯面选择的类型，那么红灯必须仅当车辆被要求停止时才交替闪烁。

指导条款：

04　黄灯时长应最少为 3 秒，最大为 6 秒。较长的时长应预留用于具有更高速度的入口。

05　如果有工程评判指明，相邻街道和公路上的交通控制信号应与吊桥控制联锁。当提供联锁控制时，应按照第 4D.27 节描述的方式运行移动桥，从而使得相邻交叉口的交通控制信号优先。

第 4K 章　在收费站的公路交通信号

第 4K.01 节　在收费站的交通信号

必须条款：

01　类似使用红灯或圆形绿灯指示的交通控制信号或设施，不能用于收费站以指示收费站车道的开启或关闭状态。

指导条款：

02　类似使用红灯或圆形绿灯指示的交通控制信号或设施，不应用于收费站新建或改造设备以指示不停车电子收费支付的成功或失败，或交替指挥司机使用现金支付以达到先停车、再通过的控制目的。

第 4K.02 节　位于或靠近收费站的车道使用控制信号

必须条款：

01　位于收费站的车道使用控制信号必须符合第 4M 章的规定，除非本节另有规定。

02　在有多条车道的收费站，当有一条或多条车道禁止通行时，车道使用控制信号必须安装在每条收费车道的正上方以指示被控车道的开启或关闭状态。

可选条款：

03　在有顶棚的收费车道上方，其车道使用控制信号灯室的底部，可安装在路面上方小于 15 英尺的地方，但不得低于顶棚结构的垂直净空。

04　作为用于车道临时关闭设施的补充，车道使用控制信号也可用于指示开放道路 ETC 车道的开启或关闭状态（见第 6 篇）。

第 4K.03 节　位于收费站的警告信标

必须条款：

01　用于收费站的警告信标必须符合第 4L 章的规定，除非本节另有规定。

指导条款：

02　警告信标如果和收费站顶棚标志（见第 2F.16 节）一起使用，用于帮助位于 ETC 专用车道车辆的司机，其安装方式应使得信标能明显地区分收费站车道的车道使用控制信号（见第 4M.01 节）。

可选条款：

03　位于道路上，安装在收费站交通岛、收费站交通岛前影响区后、和（或）收费亭塔（壁垒）上的警告信标，为了易于识别，可安装在能够看到整个收费站全景的适合高度上，即使其距离路面的高度低于正常最小的 8 英尺。

第4L章 闪烁信标

第4L.01节 闪烁信标的通用设计和运行

支撑依据：

01 闪烁信标是在闪烁模式下运行的有一个或多个信号段的道路交通信号。当用作交叉路口控制信标时（见第4L.02节），它可以提供交通控制；作其他用途时，它可以提供警告（见第4L.03节、第4L.04节与第4L.05节）。

必须条款：

02 闪烁信标单元及其座架除了本章另外提供的规定外，必须符合第4D章的规定。

03 信标必须以每分钟不超过50次或60次的速度闪烁。每次闪烁的照明时间必须至少是总周期的1/2，最多是2/3。

04 信标除了"校区限速"标志之外，不能包含在标志边界内（见第4L.04节与第7B.15节）。

指导条款：

05 如果用于补充警告或禁令标志，信标信号灯罩的边缘通常位于标志最近边缘外部不低于12英寸的位置。

可选条款：

06 一种自动调光设施可用于在夜间工作过程中减少闪烁黄灯信号灯的亮度。

第4L.02节 交叉路口控制信标

必须条款：

01 一个交叉路口控制信标必须包含引导去往交叉路口的每一条道路的一个或多个信号灯面。每个信号面必须包括标准交通信号面的一个或多个信号段，带有每个信号面的"圆形黄灯"或"圆形红灯"闪烁信号灯。它们必须仅安装在一个交叉路口以控制两个或更多的行进方向。

02 交叉口控制信标信号灯的应用必须限于以下：

A. 一条道路上是黄灯（通常是主要街道）并且其余道路是红灯；

B. 所有道路都是红灯（如果在第2B.07节里所描述的多路停车让行的理由是可以接受的话）。

03 黄闪信号灯不能面向冲突的车辆道路。

04 道路在交叉口控制信标上显示红闪灯信号的方法应使用"停车让行"标志（见第2B.04节）。

05 如果交叉路口控制信标的道路上采用两个水平排列的红灯信号指示，它们必须同时闪烁以避免与平交道口闪烁灯信号相混淆。如果交叉路口控制信标的道路上采用两个垂直排列的红灯信号指示，它们必须交替闪烁。

指导条款：

06　交叉口控制信标不应被安装在道路的基座上，除非基座是在交通岛或行人岛的范围之内。

可选条款：

07　补充信号灯可用在一个或多个道路上，以提供足够的能见度给邻近的道路使用者。

08　交叉口控制信标可用于交通或物理状况并不能证明传统的交通控制信号有效性，但事故率表明了路口有特殊需求的可能性。

09　交叉口控制信标，一般位于在交叉口的中心，但它也可以在其他合适的位置中使用。

第 4L.03 节　警告信标

支撑依据：

01　警告信标典型应用包括以下几点：

A. 在阻碍物里或紧邻道路；

B. 作为警告标志的补充强调；

C. 强调路段中部开口过街处的人行横道；

D. 除了"停车让行"、"禁止驶入"、"逆行"和"限速"标志以外作为禁令标志的补充强调；

E. 结合一个禁令或警告标志，包括其图例中"当闪烁时"，以表明该规则有效或该条件仅出现于特定时间。

必须条款：

02　警告信标必须在每一信号段标准交通信号面的一个或多个信号段中包含带有"圆形黄灯"闪烁信号灯。

03　警告信标仅能用于辅助适当的警告式禁令标志式标记。

04　警告信标（如果在交叉路口使用的话）不能应对车辆道路的冲突。

05　如果警告标志悬挂在道路上，那么路面上方的净空必须为至少 15 英尺，至多 19 英尺。

指导条款：

06　判断警告信标的条件或规定应主要针对它们在道路上的位置。

07　当障碍物位于道路内或路侧时，除了安装警告信标，还应考虑在障碍物的底部或起始处，以及安装在障碍物表面或前方的标志进行照明。

08　警告信标应只在当此条件或规定存在时运行。

可选条款：

09　由行人、骑行者和其他道路使用者启动的警告信标可被用于给接近交叉口或其他位置的车辆提供附加警告。

10　如果警告信标多于一个信号段，那么它们可交替闪烁也可同时闪烁。

11　与交通信号控制组件互连的黄闪灯信标可与交通信号警告标志一起使用（见第 2C.36 节）。

第 4L.04 节　限速标志信标

必须条款：

01　限速标志信标必须仅用于补充限速标志。

02　限速标志信标在每一信号段的标准交通信号面的一个或多个信号段必须包含带有"圆形黄灯"闪烁信号灯。该信号指示直径不得小于 8 英寸。如果使用两个信号灯，它们应垂直排列，除非限速标志（R2-1）水平比垂直更长的情况下必须进行水平排列。如果使用两个信号灯，则必须交替闪现。

可选条款：

03 限速标志信标可与固定或可变限速标志一起使用。如果适用，也可采用闪烁限速标志信标（与适当的伴随标志），以指示显示的限速有效。

04 限速标志信标可包括在校区限速标志（S5-1）的边界内（见第 7B.15 节）。

第 4L.05 节 停止让行灯标

必须条款：

01 停车让行信标必须仅用于补充"停车让行"标志、"禁止驶入"标志或"逆行"标志。

02 停车让行信标必须在每一信号段的标准交通信号面的一个或多个信号段包含带有"圆形红灯"闪烁信号灯。如果两个水平排列的信号灯用于停车让行信标，那么它们必须同时闪烁，以避免与平交道口闪烁信号相混淆。如果两个垂直排列的信号灯用于停车让行信标，那么它们必须交替闪现。

03 停车让行信标信号灯罩底部必须在"停车让行"标志、"禁止驶入"标志或"逆行"标志上方不少于 12 英寸或超过 24 英寸。

第 4M 章　车道使用控制信号

第 4M.01 节　车道使用控制信号的应用

支撑依据：

01　车道使用控制信号是特殊的悬挂式信号，用来允许（禁止）街道（道路）的特定车道的使用，或暗示即将禁止使用。车道使用控制信号通过道路的特定车道专用信号面的位置和通过其独特的形状和符号进行区分。补充标志有时用来解释其意义和意图。

02　车道使用控制信号常用于潮汐车道的控制，但也用于某些非潮汐车道和收费车道（见第 4K.02 节）。

指导条款：

03　应开展工程调研以确定潮汐车道的运行是否能够通过静态标志（见第 2B.26 节）的控制令人满意，或车道使用信号是否必要。如果下列任一条件存在的话，则车道使用信号应用于潮汐车道运行：

A. *不止一个车道方向逆转；*

B. *双向或单向左转在高峰时段逆向运行是被允许的，但是这些转向是在不同车道上，而不允许在非高峰时段使用。*

C. *其他不寻常或复杂的操作都包括在潮汐车道模式里；*

D. *经验证明事故在被静态标志控制的潮汐车道运行时发生，可以在高峰和非高峰模式之间的过渡时间里使用车道控制信号进行纠正；*

E. *工程研究表明，潮汐车道系统交通运行的安全和效率将通过车道使用控制信号来改善。*

必须条款：

04　路面标线（见第 3B.03 节）必须与潮汐车道控制信号一起使用。

可选条款：

05　如果没有意图或需要设置潮汐车道，但又必须要指示一个或多个车道的打开或关闭状态时，车道使用控制信号也可使用，如：

A. 在高速公路，如果期望在某些时段关闭某些车道以方便交通流从匝道或其他高速道路的合并；

B. 在高速公路末端附近，表示车道结束；

C. 在高速公路或长桥，以指示因交通事故、抛锚、建造或维修活动，或类似的临时条件车道会暂时封锁；

D. 在传统的道路或车道上，在出入点处如停车库，在不同的时间打开或关闭一个或多个车道。

第 4M.02 节　车道使用控制信号灯的意义

必须条款：

01　车道使用控制信号灯的意义如下：

A. 长亮向下"绿色箭头灯"信号灯是指道路使用者被允许在这箭头信号灯所在的车道上驾驶；

双向左转箭头　　　　单向左转箭头

白色箭头在30英寸×30英寸黑色背景标牌上

图 4M-1　左转车道使用的控制信号

B. 长亮"黄色 X"信号灯是指道路使用者准备驶出该信号指示所在的车道，因为车道控制的变化是变成长亮"红色 X"信号灯；

C. 长亮"白色双向左转箭头灯"信号灯（见图 4M-1）是指道路使用者被允许使用在该信号灯所在的左转车道，但不适用于直行车辆，可以理解成对向道路使用者的左转通常也是允许的；

D. 一个长亮"白色单向左转箭头灯"信号灯（见图 4M-1）是指在道路使用者被允许使用该信号灯所在的左转车道的位置（不包括在同一车道反向转弯），但不适用于直行；

E. 长亮"红色 X"信号灯是指道路使用者不允许使用该信号灯所在的车道，而该信号灯必须与其他交通控制设施保持对道路使用者的指示一致。

第 4M.03 节　车道使用控制信号的设计

必须条款：

01　所有车道使用控制信号灯必须在有矩形信号灯面的单位中并且必须具有不透明背景。每个"向下绿色箭头灯"、"黄色 X"和"红色 X"信号灯面的最小高度和宽度必须是典型应用的 18 英寸。"白色双向左转箭头灯"和"白色单向左转箭头灯"信号灯面必须是 30 英寸的最小高度和宽度。

02　逆转或关闭的每一条车道必须有"向下绿色箭头灯"和"红色 X"符号的信号灯面。

03　与某些时期的双向或单向左转车道一样，运行的每条逆转车道必须也包括适用的"白色双向左转箭头灯"或"白色单向左转箭头灯"的信号灯面。

04　紧挨着潮汐车道的每一个非潮汐车道必须有"向下绿色箭头灯"给允许方向的交通行进信号灯和"红色 X"给相反方向的交通行进信号灯。

05　如果在分离的信号段，信号灯的相关位置从左到右必须是"红色 X"，"黄色 X"，"向下绿色箭头灯"，"白色双向左转箭头灯"，"白色单向左转箭头灯"。

06　车道使用控制信号灯的颜色必须在 2300 英尺的距离，正常大气压条件下任何时候都清晰可见，除非另有物理遮挡。

07　车道使用控制信号必须基本位于控制车道中心的正上方。

08　如果要控制的长度超过 2300 英尺，如果垂直或水平排列是弯曲的，中间的车道使用控制信号灯面必须设在每个控制车道。该位置必须使得道路使用者在任何时候都能够看到至少一个信号灯，并且沿着这条道路最好有两个信号灯，并有一个明确标志说明此车道是专门为它们保留的车道。

09　所有车道使用控制信号灯面必须位于与车行道对齐的直线上。

10　在交通信号控制的交叉口道路上，车道使用的控制信号灯面必须位于交通控制信号前后足够远的地方，以防止它们被误解为交通控制信号。

11　除第 12 条规定外，任何车道使用控制信号灯面的信号灯罩底部必须在铺装路面水平面上至少 15 英尺、至多 19 英尺的地方。

可选条款：

12　如果它安装在顶棚或其他路面结构上，车道使用控制信号灯罩的底部可放置在路面上方低于 15 英尺，但不少于结构的垂直间隙。

13　除收费车道使用控制信号外（见第 4K.02 节），在有最小视觉障碍和低于 40 英里时速的区域内，最高度与亮度都为 12 英寸的车道使用控制信号灯面可用作"向下绿色箭头灯"、"X"和"红色 X"信号灯面，并且 18 英寸的最小高度和宽度的车道使用控制信号灯面可用作"白色双向左转箭头灯"，"白色单向左转箭头灯"的信号灯面。

14　车道使用控制信号灯面的其他尺寸大于 18 英寸，并带有适当信号间隔的信息视认距离，可被用于"向下绿色箭头灯"、"黄色 X"和"红色 X"信号灯面。

15　在潮汐车道与非潮汐车道不直接相邻的街道上，可以使用信号控制："向下绿色箭头"朝向允许通行方向的车辆，"红色 X"朝向禁止通行方向的车辆。

16　为每条车道提供的信号指示可在单独或相同的信号段叠加。

第 4M.04 节　车道使用控制信号的运行

必须条款：

01　所有车道使用控制信号必须进行协调，以便沿道路的控制部分中所有信号指示运行均匀一致。车道使用的控制信号系统的设计必须可靠，防止在控制车道的任何点显示任何禁止的信号指示组合。

02　对于潮汐车道控制信号，以下信号指示的组合不得同时在同一车道行进的两个方向显示：

A."向下绿色箭头灯"在两个方向；

B."黄色 X"在两个方向；

C."白色单向左转箭头灯"在两个方向；

D."向下绿色箭头灯"在一个方向且"黄色 X"在另一个方向；

E."白色双向左转箭头灯"或"白色单向左转箭头灯"在一个方向且"向下绿色箭头灯"在另一个方向；

F."白色双向左转箭头灯"在一个方向且"白色单向左转箭头灯"在另一个方向；

G."白色单向左转箭头灯"在一个方向且"黄色 X"在另一个方向。

03　当信号指示直接变为"红色 X"或由"黄色 X"变为"红色 X"时，该方向的车辆必须停止运行，且在允许对向交通运行之前，"红色 X"信号指示必须保持足够长的时间供该车道清空。

04　当"向下绿色箭头灯"信号灯变成"白色双向左转箭头灯"信号灯时，朝向对向车流的"红色 X"信号灯必须持续显示适当时长，给即将变为双向左转车道上的车辆足够时间驶出。

05　如果采用自动控制系统，必须提供一个可撤销自动控制的手动控制开关。

指导条款：

06　*潮汐车道运行的控制类型应允许车道使用控制信号为自动或手动运行。*

必须条款：

07　车道使用控制信号在应用时必须连续运营，除非仅用于特殊事件或其他不频发情况下的车道使用控制信号。必须允许关闭在非运行期间的高速公路非潮汐车道上的车道使用控制信号灯。只有当车道使用控制信号显示的信号指示关闭与否不影响车道的使用，才允许从正常运行状态转变为非运营状态。车道使用控制信号必须显示当从非运行状态变为正常运行时适合现有的车道使用的信号指示。另外，交通控制设备必须明确标明当车道控制信号不工作时正确的车道使用。

支撑依据：

08　第 2B.26 节包含了关于考虑涉及潮汐车道运行的禁止左转的附加信息。

第 4N 章　道路路面指示灯

第 4N.01 节　道路路面指示灯的应用

支撑依据：

01　道路路面指示灯是安装在道路表面的特殊道路交通信号灯类型，以警告道路使用者附近可能不太明显的道路，可能要求道路使用者减速和（或）停下来。这包括以下警告情况：有标线的学校人行横道，有标线的路段中部开口过街处人行横道，有标线的不受控制的人行横道，如第 3C 章中所描述的弯道前面有标线的人行横道，和其他涉及行人过路的其他道路情况。

必须条款：

02　道路路面指示灯不能用于非本章所描述的应用。

03　如果使用的话，道路路面指示灯不能超过道路表面 3/4 英寸的高度。

04　当使用的时候，道路路面指示灯必须闪烁并且不能持续照明。

支撑依据：

05　安装在道路表面稳定照明灯都被认为是内照明凸起路面标志（见第 3B.11 节）。

可选条款：

06　道路路面指示灯可以一种不同强度和持续时间的重复连续闪光的方式以提供一种闪烁的效果（见第 4N.02 节）。

第 4N.02 节　人行横道的道路路面警告指示灯

可选条款：

01　基于工程调研或工程评判，道路路面指示灯可安装在某些有标线的人行横道，向道路使用者提供额外的警告。

必须条款：

02　如果使用的话，在人行横道的道路路面警告指示灯必须安装在有适用警告标志且有标线的人行横道上。它们不能用在"塑形"标志、"停止"标志或交通控制信号控制的人行横道上。

03　如果道路路面警告指示灯用在人行横道，以下要求必须满足：

A. 除第 7、8 条规定外，它们必须沿着人行横道两侧安装，且必须涵盖其整个长度；

B. 它们应根据行人的移动开始运行，并必须在行人移动后的预定时间停止运行，或在行人都离开人行横道后采用被动探测；

C. 当启动时必须显示黄闪。闪光速率每分钟必须至少为 50，但不大于 60。如果它们以一种不同强度和持续时间的重复连续闪光的方式以提供一种闪烁的效果，闪烁或脉冲不得以每秒 5~30 之间的速率重复，以避免隐患发生的频率增加；

D. 它们必须安装在人行横道线外边缘和人行横道外边缘 10 英尺之间的区域内；

E. 如果是单向，那么它们必须背朝人行横道，如果是双向，它们必须背朝和面对人行横道。

04　如果用在单车道，单向单路，至少 2 个道路路面警告指示灯必须安装在人行横道邻近侧。如果用在双车道道路，至少 3 个道路路面警告指示灯必须沿着人行横道两侧安装。如果用在 2 条以上车道的道路，至少每条车道有 1 条道路路面警告指示灯必须沿着人行横道两侧安装。

指导条款：

05　*如果使用的话，道路路面警告指示灯应安装在每条行车道中心、道路中心线、道路或停车道边缘，或其他远离正常车辆踪迹路径的合适位置。*

06　*在车道内的道路路面警告指示灯的位置应根据工程评判。*

可选条款：

07　在单向街道上，道路路面警告指示灯在人行横道偏离侧可省略。

08　根据工程评判，道路路面警告指示灯在中央分隔带左侧上的人行横道偏离侧可省略。

09　安装在人行横道位置的单向道路路面警告指示灯有可选项，每个人行横道行人可见的单元附加黄灯以表明当行人过马路时人行横道的道路路面警告指示灯正在闪烁。这些黄灯如果安装了光模块，一般可以相同速率闪烁。

指导条款：

10　*如果使用的话，每个动作之后的道路路面警告指示灯运行时间应足以让行人在人行横道上经过以离开路缘或路肩，并以 3.5 英尺/秒的步行速度行走到中央分隔带，其宽度应足够宽供行人等待。步行速度小于 3.5 英尺/秒的行人，或使用轮椅的行人，通常使用人行横道，步行速度小于 3.5 英尺/秒的地方应考虑运行时间。*

必须条款：

11　如果行人按钮被用于启动道路路面警告指示灯，则"按下按钮以打开警告灯"（带有按钮符号）（R10-25）标志（见图 2B-26）必须安装在靠近行人按钮或与行人按钮整合的地方。

12　在运行时间只够从路缘或路肩到足够宽供行人等待的人行横道中央分隔带，中央分隔带必须安装行人启动器。

第 5 篇 低流量道路的交通控制设施

第5A章　总则

第5A.01节　功能

必须条款：

01　手册中本章的低流量道路定义为：

A. 低流量道路是位于城市建设区外、乡镇和社区，且年平均日交通量须低于400pcu的道路。

B. 低流量道路不能为高速公路、快速路、立交匝道、高速公路服务区道路、指定州级公路系统中的道路或住宅附近的居住区道路。就公路分类而言，必须为第1A.13节中所定义的传统道路、特殊用途道路及其类似道路。

C. 低流量道路必须分为铺装或非铺装道路两类。

支撑依据：

02　低流量道路主要服务于农业、娱乐、资源管理和开发业，如采矿、采伐和放牧，包括农村地区道路。

指导条款：

03　*应考虑以娱乐、商务等交通出行为目的，对低流量道路不熟悉的随机道路使用者。*

支撑依据：

04　在低流量道路的某些节点，需要布设相关交通控制设施，该道路设施为道路使用者提供适当的禁令、指路和警告的信息。

05　此手册其他部分包含的条款适用于所有低流量道路；第5篇补充了用于低流量道路的相关交通控制设施的规定条款。

第5A.02节　应用

支撑依据：

01　在很多情况下，在低流量道路上，几类专用交通控制设施能为道路使用者提供必要的信息。这类设施内容包括：

A. 非常规交通情况的警告；

B. 禁止不安全驾驶活动；

C. 提供最小限度的目的地指引。

必须条款：

02　第5篇中包含的条款不能禁止在条件允许的情况下，低流量道路关键位置安装或充分应用交通控制设施。

指导条款：

03　*低流量道路应该考虑使用本手册中其他部分包含的附加交通控制设施和条款。*

支撑依据：

04　如果地方政府部门不具备受过训练的或有经验的交通工程师时，可参照第 1A.09 节提供的信息。

第 5A.03 节　设计

必须条款：

01　低流量道路的交通控制设施设计必须遵循第 5 篇中的条款以及本手册中其他相关部分的要求。

02　安装在低流量道路的标志和标牌的常规尺寸必须满足表 5A-1 的规定。最小尺寸必须只能用于 85% 位速度或限速低于 35 英里 / 小时的低流量道路。

指导条款：

03　超大尺寸标志应用于工程评判显示需要使用的区域，工程评判的内容包括车辆运行速度、驾驶员预期、交通运行或道路条件。

可选条款：

04　可使用大于表 5A-1 中尺寸的标志和标牌（见第 2A.11 节）。

必须条款：

05　除本手册中其他适用部分特殊说明外，所有标志必须具有逆反射或发光性，以保证在白天和夜晚都能显示相同形状和相似颜色。标志照明要求不能视同满足街道、公路或频闪的照明情况。

06　所有标线必须在夜晚可见，并且必须具有逆反射性除非周边环境照明为标线提供了足够的可视性。

低流量道路上标志和标牌的尺寸　　　　　表5A-1

标志或标牌	标志名称	章节	标志尺寸		
			典型	最小	超大
停车让行	R1-1	5B.02	30×30	—	36×36
减速让行	R1-2	5B.02	30×30×30	—	36×36×36
限速（英文）	R2-1	5B.03	24×30	18×24	36×48
禁止超车	R4-1	5B.04	24×30	—	36×48
谨慎超车	R4-2	5B.04	24×30	18×24	36×48
靠右行驶	R4-7	5B.04	24×30	18×24	36×48
禁止驶入	R5-1	5B.04	30×30	—	36×36
禁止卡车通行	R5-2	5B.04	24×24	—	30×30
单车道	R6-2	5B.04	18×24	—	24×30
禁止泊车（符号）	R8-3	5B.05	24×24	18×18	30×30
禁止泊车	R8-3a	5B.05	18×24	—	24×30
禁止泊车（标牌）	R8-3cP, 3dP	5B.05	24×18	18×12	30×24
道路关闭	R11-2	5B.04	48×30	—	—
道路关闭，仅限本地车辆通行	R11-3a	5B.04	60×30	—	—
桥梁关闭，仅限本地车辆通行	R11-3b	5B.04	60×30	—	—
道路对过境车辆关闭	R11-4	5B.04	60×30	—	—
限重	R12-1	5B.04	24×30	—	36×48
平面交叉（公路与铁路交叉）	R15-1	5F.02	48×9	—	—

续表

标志或标牌	标志名称	章节	标志尺寸		
			典型	最小	超大
轨道数量（标牌）	R15-2P	5F.02	27×18	—	—
平面线形	W1-1, 2, 3, 4, 5	5C.02	30×30	—	36×36
一个方向大箭头	W1-6	5C.02	36×18	—	48×24
两个方向大箭头	W1-7	5C.02	36×18	—	48×24
线形诱导标	W1-8	5C.02	12×18	—	18×24
交叉口警告	W2-1, 2, 3, 4, 5, 6	5C.03	30×30	—	36×36
前方停车让行	W3-1	5C.04	30×30	—	36×36
前方减速让行	W3-2	5C.04	30×30	—	36×36
准备停车	W3-4	5C.05	36×36	—	48×48
窄桥	W5-2	5C.05	30×30	—	36×36
单车道桥	W5-3	5C.06	30×30	—	36×36
丘陵	W7-1	5C.07	30×30	—	36×36
XX% 坡道（标牌）	W7-3P	5C.07	24×18	—	30×24
前方 XX 英里（标牌）	W7-3aP	5C.09	24×18	—	30×24
铺装结束	W8-3	5C.08	30×30	—	36×36
卡车穿行	W8-6	5C.09	30×30	—	36×36
松散碎石	W8-7	5G.05	30×30	—	36×36
起伏路面	W8-8	5G.05	30×30	—	36×36
道路可能被洪水淹没	W8-18	5G.05	30×30	—	36×36
平面交叉预警	W10-1	5F.03	30Dia.	—	30Dia.
平面交叉预警	W10-2, 3, 4	5F.03	30×30	—	36×36
列车通过（时速可能超过 80 英里/小时）	W10-8	5F.06	30×30	—	36×36
存贮空间符号	W10-11	5F.06	30×30	—	36×36
斜交叉	W10-12	5F.06	30×30	—	36×36
进入/交叉	W11 系列	5C.09	30×30	—	36×36
建议速度（标牌）	W13-1P	5C.10	18×18	—	24×24
死路/无出口	W14-1, 2	5C.11	30×30	—	36×36
死路/无出口	W14-1a, 2a	5C.11	36×8	24×6	—
禁止超车区（三角旗）	W14-3	5G.05	40×40×30	—	48×48×36
辅助距离（标牌）	W16-2P	5C.09	28×18	18×12	30×24
斜箭头（标牌）	W16-7P	5C.09	24×12	—	30×18
前方（标牌）	W16-9P	5C.09	24×12	—	30×18
无交通标志	W18-1	5C.12	30×30	24×24	36×36
道路施工（带有距离）	W20-1	5G.05	36×36	—	48×48

续表

标志或标牌	标志名称	章节	标志尺寸		
			典型	最小	超大
道路关闭（带有距离）	W20-3	5G.05	36×36	—	48×48
单车道道路（带有距离）	W20-4	5G.05	36×36	—	48×48
旗手	W20-7	5G.05	36×36	—	48×48
工人	W21-1	5G.05	36×36	—	48×48
路面刚铺柏油	W21-2	5G.05	30×30	—	48×48
前方道路有作业车辆	W21-3	5G.05	30×30	—	48×48
路肩施工	W21-5	5G.05	36×36	—	48×48
调查人员	W21-6	5G.05	36×36	—	48×48
公共设施施工（带有距离）	W21-7	5G.05	36×36	—	48×48

注：1. 适当的时候可以用尺寸更大的标志。
　　2. 尺寸单位为英寸，记作"宽×高"。

第5A.04节　安装位置

必须条款：

01　除第3条另有规定外，用于低流量道路的交通控制设施，其设置位置必须按照第2篇及本手册中其他适用章节有关横向、纵向和垂直设施的安装规定。

指导条款：

02　*警告标志的安装应遵循第2C.05节及本手册中其他适用章节所包含的指导意见。*

可选条款：

03　当路侧存在诸如地形、灌木及树木阻碍标志的横向安装时，可遵循第2A.19节规定，采用道路边缘至路侧边缘侧向位移不小于2英尺的标志。

必须条款：

04　若位于净空区域内，立柱式标志支撑物必须满足第2A.19节的要求，为柔性、可解体的支撑物，或由纵向隔离栏或防撞垫遮盖。

第 5B 章 禁令标志

第 5B.01 节 引言

支撑依据：

01 禁令标志的目的是告知道路使用者交通法律或法规，以及明确法规适用范围。

02 有关禁令标志的规定包含于第 2B 章及本手册其他节。对于专用于低流量道路的禁令标志，其规定如本章所示。

第 5B.02 节 "停车让行"和"减速让行"标志（R1-1 和 R1-2）

指导条款：

01 "停车让行"（R1-1）和"减速让行"（R1-2）标志（见图 5B-1）应该考虑用于工程评判或调研（与第 2B.04 节至第 2B.10 节条款一致），表明具有以下任一情况出现的低流量道路上：

A. 正常路权规则可能不明显的次要道路与主要道路的交叉口处。

B. 当前车速条件下视距受限的交叉口。

图 5B-1　低流量道路上的禁令标志

第 5B.03 节 限速标志（R2 系列）

必须条款：

01 若使用限速（R2 系列）标志（见图 5B-1），必须显示根据法律、条例、法规确定的限速，或工程调研后管辖机构采用的限速。所显示的限速必须为 5 英里 / 小时的倍数。

02 限速的确定必须遵循第 2B.13 节的规定。

可选条款：

03 限速标志可用于低流量道路以承接驶出、驶入或毗邻有限速的高流量道路。

第 5B.04 节 车辆运行及禁止标志（R3、R4、R5、R6、R9、R10、R11、R12、R13 和 R14 系列）

支撑依据：

01 如图 5B-1 所示的系列禁令标志向道路使用者告知要求的、允许的或禁止车辆运行的信息，包括转弯、线形、专用及行人等信息。

必须条款：

02 使用禁止或限制车辆通行标志时，必须将其安装在禁止或限制区域前，以便车辆可以提前选择其他路径或调头。

指导条款：

03 交通标志应该用于低流量道路以提供禁止与限制通行的信息，例如道路关闭或限重。

可选条款：

04 用于提供禁止或限制通行信息的交通标志可用于低流量道路，安装在靠近更高等级道路以及与更高等级道路相连的交叉口或连接段上，在这些地点交通法规信息对于从低等级道路过渡到更高等级道路的设施布设（反之亦然）非常重要。

第 5B.05 节 泊车标志（R8 系列）

可选条款：

01 鉴于执法的考虑，泊车标志（见图 5B-2）可有选择地安装在低流量道路上。

第 5B.06 节 其他禁令标志

必须条款：

01 未在第 5 篇讨论的用于低流量道路的其他禁令标志，必须服从本手册其他篇章包含的规定条款。

图 5B-2 低流量道路上的泊车标志和标牌

第5C章 警告标志

第5C.01节 引言

支撑依据：

01 警告标志的目的是向道路使用者提供关于道路或道路附近并不明显的意外情况预警信息。

02 警告标志的相关规定见第2C章及本手册其他章节。本章包含适用于低流量道路的警告标志规定。

第5C.02节 平面线形标志（W1-1至W1-8）

支撑依据：

01 平面线形标志（见第2C.06节至第2C.12节及图5C-1）包括转弯、弯道、调头、反向曲线、连续弯道、大箭头与线形诱导标志。

可选条款：

02 平面线形标志可用于工程评判有必要告知道路使用者道路平面线形发生变化的地点。

第5C.03节 交叉口警告标志（W2-1至W2-6）

支撑依据：

01 交叉口标志（见图5C-1）包含相交道路、前方小道交叉、T形符号、Y形符号和环形交叉口标志。

可选条款：

02 交叉口标志可用于工程评判表明需要告知道路使用者前方存在交叉口的地点。

第5C.04节 前方停车让行和前方减速让行标志（W3-1和W3-2）

必须条款：

01 当"停车让行"标志可视距离不足以使道路使用者能在"停车让行"标志处将车辆停下时，必须使用前方停车让行标志（W3-1）（见图5C-2）。

02 当"减速让行"标志可视距离不足以使道路使用者能在"减速让行"标志处将车辆停下（若需要），必须使用前方让行标志（W3-2）（见图5C-2）。

第5C.05节 "窄桥"标志（W5-2）

可选条款：

01 当桥或涵洞的净空宽度小于其入口道路净空宽度，可于桥或涵洞的入口处使用"窄桥"标志（W5-2）（见图5C-2）。

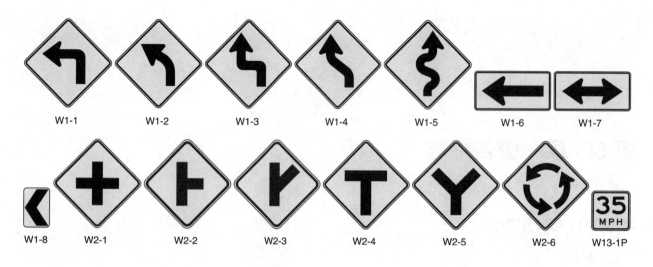

图 5C-1 平面线形与交叉口警告标志及标牌以及低流量道路上的实体标记

第 5C.06 节 单车道桥标志（W5-3）

指导条款：

01 *单车道桥标志（W5-3）（见图 5C-2）应用于以下低流量桥梁或涵洞前的双向车道道路上：*

A. *道路净空宽度小于 16 英尺的道路；*

B. *当交通流中大部分是商务车辆时，道路净空宽度小于 18 英尺的道路；*

C. *桥梁入口处的入口视距受限，且道路净空宽度小于或等于 18 英尺的道路。*

可选条款：

02 *道路线形和附加警告可在桥梁或涵洞入口处，展现为实体标记或轮廓标记。*

第 5C.07 节 下坡标志（W7-1）

可选条款：

01 *可通过实施车辆和道路特征工程调研，诸如坡度和坡长，以确定是否需要安装下坡标志。*

第 5C.08 节 铺装路面终止标志（W8-3）

可选条款：

01 铺装路面转变为碎石或土路面的地方，可使用"铺装路面终止"标志（W8-3）（见图 5C-2）以警告道路使用者。

第 5C.09 节 车辆交通警告和非车辆警告标志（W11 系列和 W8-6）

指导条款：

01 *车辆交通警告标志（见图 5C-2）应该用于警告道路使用者此处为卡车、自行车、农用车、消防车和其他车辆频繁突然驶入道路的地方。这些标志仅用于道路使用者视距受限或可能出现预料外的情况、活动或车辆汇入的地点。*

可选条款：

02 非车辆警告标志（见图 5C-2）可用于警告道路使用者前方可能出现意外的车辆汇入或行人、大型动物及其他横穿行为的共享使用道路地点。

03 带有"前方 XX 英里"、"XX 英尺"或"前方"等图文的 W7-3aP、W16-2P 或 W16-9P 辅助标牌（见图 5C-2），可安装在车辆交通警告或非车辆警告标志（见第 2C.49 节和第 2C.50 节）下方，以告知道路使用者其正在接近可能出现横穿行为的区域。

必须条款：

04 当非机动车警告标志安装于横穿点处时，必须在标志下方安装斜向下指向箭头（W16-7）标牌（见图 5C-2）。

指导条款：

05 *若活动是季节性或暂时的，当此情况或活动不存在时，标志应该被移除或遮盖。*

第 5C.10 节 建议速度标牌（W13-1P）

可选条款：

01 某种情况下需要车辆减速时，建议速度标牌（W13-1P）（见图 5C-1）可安装于警告标志下方。

第 5C.11 节 "死路"或"死胡同"标志（W14-1、W14-1a、W14-2 和 W14-2a）

可选条款：

01 "死路"（W14-1）和"死胡同"（W14-2）标志（见图 5C-2）以及"死路"（W14-1a）和"死胡同"（W14-2a）标志（见图 5C-2）可用于警告道路使用者该路为死胡同。

指导条款：

02 *若使用这些标志，应该安装于大型商务或旅游车辆驾驶员可选择不同路线或掉头的地点。*

第 5C.12 节 "无交通标志"标志（W18-1）

可选条款：

01 带有"无交通标志"图文的 W18-1 警告标志（见图 5C-2）仅可用于未铺装的、低流量道路，以告知驾驶员沿此道路未安装任何交通标志。若使用此标志，可安装在道路使用者即将进入低流量道路，或基于工程评判，道路使用者可能需要此信息的位置。

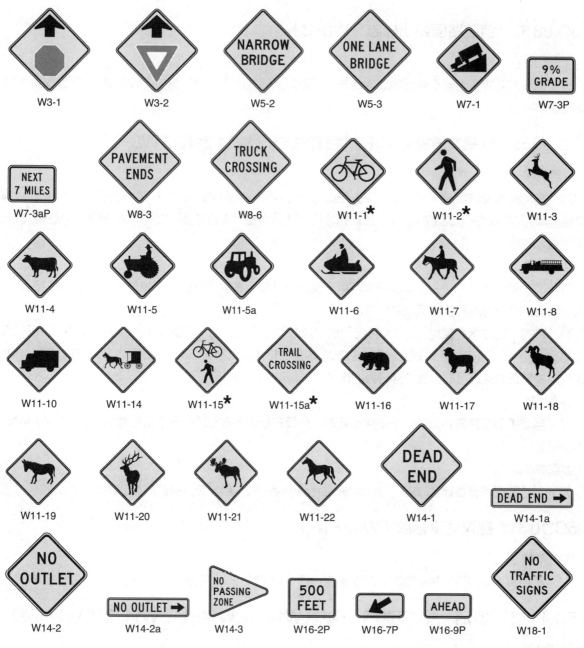

* 该标志或标牌可以用荧光黄-绿色背景

图 5C-2 用于低流量道路的其他警告标志和标牌

02 带有"前方 XX 英里"、"XX 英尺"或"前方"图文的 W7-3aP、W16-2P 或 W16-9P 辅助标牌(见图 5C-2),可视情景安装在 W18-1 标志的下方。

第 5C.13 节 其他警告标志

必须条款:

01 本手册中涉及但在第 5 篇未讨论的用于低流量道路的其他警告标志,必须遵循本手册中其他章的规定。本手册中未涉及的警告标志必须遵循第 2C.02 节和第 2C.03 节的规定。

第 5C.14 节　实体标记和路障

支撑依据：

01　设置实体标记的目的在于标记毗邻道路或在道路内的障碍物，如桥台、排水结构和其他立体实物。

指导条款：

02　*低流量道路终点应该使用第 2C.66 节规定的第 4 类实体标记进行标记。*

可选条款：

03　工程调研或评判表明需要更明显的道路终点标记时，可使用第 3 类路障。

必须条款：

04　用于低流量道路的路障必须遵循第 2B.67 节中包含的条款。

第 5D 章　指路标志

第 5D.01 节　引言

支撑依据：

01　设置指路标志的作用是向道路使用者传递有关位置、方向、目的地和路线信息。

02　总的来说，指路标志的规定包含在本手册的第 2D 章至第 2N 章及其他节中。专门针对低流量道路指路标志的规定包含在本章中。

指导条款：

03　确定是否需要在低流量的道路上使用指路标志时，应考虑道路使用者对道路的熟悉程度。

支撑依据：

04　低流量道路上指路标志的使用程度通常不像更高等级公路那样严格。因为指路标志一般只有益于不熟悉低流量道路的道路使用者以获取路线导航信息，而主要服务于本地交通的低流量道路可能并不需要指路标志。

指导条款：

05　如果使用指路标志，目的地名称应尽可能具体且具有描述性。诸如露营地、管理站、休闲区及类似的目的地应清楚标明，以防被道路使用者当作有服务功能的社区或地点。

可选条款：

06　指路标志可用于交叉口以向道路使用者提供有关返回到更高等级道路的信息。

第 5E 章　交通标线

第 5E.01 节　引言

支撑依据：

01　公路上标线的作用是为道路使用者提供有关道路限制和指导信息。

02　总的来说，交通标线和道路轮廓标的规定包含于本手册的第 3 篇以及其他章节。有关专门针对低流量道路标线的规定包含在本章节中。

第 5E.02 节　道路中心线

必须条款：

01　施划道路中心标线的地方，必须同时施划第 3B.02 节所规定的禁止超车区路面标线。

指导条款：

02　道路中心标线应符合本手册中有关在铺装的低流量道路使用的原则，以工程调研或工程评判应用为基础，并符合道路管理机构政策和具体实践要求。

可选条款：

03　在有或没有道路边缘线的公路上都能设置道路中心标线。

第 5E.03 节　道路边缘线

支撑依据：

01　施划道路边缘线的目的是描绘道路的左边缘和右边缘。

指导条款：

02　基于工程评判或工程调研，宜考虑在铺装的低流量道路上使用道路边缘线。

可选条款：

03　有或没有道路中心线的公路上都可施划道路边缘线。

04　道路边缘标线可以施划于具有诸如平曲线、窄桥、铺装宽度过渡、曲线组合等道路特征的低流量道路，以及工程评判或工程调研确定需要的其他位置。

第 5E.04 节　道路轮廓标

支撑依据：

01　道路轮廓标的作用在于提示驾驶员注意变化或正在改变的道路情况（如道路突然变窄或变弯），并增强驾驶员安全。

可选条款：

02 基于工程评判道路轮廓标可用于低流量道路，如曲线、T形交叉口以及宽度突然变化的地方。此外，它们可以用来标记私人车道或其他次要道路进入低流量道路的位置。

第 5E.05 节　其他标线

必须条款：

01 其他标线，如停止线、人行横道标线、铺装图文、渠化设施及安全岛等，在低流量道路使用时，必须遵守本手册的规定。

第 5F 章　公路—铁路平交道口的交通控制

第 5F.01 节　引言

支撑依据：

01　公路—铁路平交道口交通控制设施的规定见本手册的第 8 篇及其他章节。

02　公路—铁路平交道口的交通控制包括位于平交道口入口或内部按道路沿线设置的所有标志、信号、标线、照明和其他警告设施及其支撑物。交通控制的目的是促使公路—铁路平交道口处的铁路和公路运输均能更加安全和高效运行。

第 5F.02 节　平交道口标志（铁路交叉道口警告标志）和轨道数量标志面板（R15-1 和 R15-2P）

支撑依据：

01　在大多数州，平交道口标志（铁路交叉道口警告标志）（R15-1）（见图 5F-1）要求道路使用者在公路—铁路平交道口处减速并让行铁路交通。

必须条款：

02　铁路交叉道口警告标志（R15-1）必须用于所有公路—铁路平交道口，第 8B.03 节的其他规定除外。对于低流量道路，铁路交叉道口警告标志必须用于每个进口的右侧。如果有两条以上铁轨，辅助的轨道数量标志（R15-2P）（见图 5F-1）必须显示轨道数量并设置在交叉道口警告标志下方。

03　在所有的公路—铁路平交道口，每个铁路交道口警告标志的每个叶片的背面必须使用宽度不小于 2 英寸、长度与叶片相等的白色反光带，已经安装双面路口警告标志的地方除外。

04　宽度不小于 2 英寸、具有逆反射性的白色垂直带，必须用于被动公路—铁路平交道口每个支撑物正面，以及交道口警告标志或轨道数量标牌支撑物的背面，距离地面高度 2 英尺以内。除非位于"停车让行"（R1-1）或"减速让行"（R1-2）标志支撑物的一侧，或安装有闪光灯，或位于安装在单行道平交道口警告标志支撑物的背面。

第 5F.03 节　平交道口预警标志（W10 系列）

必须条款：

01　除了第 2 条的规定外，平交道口预警标志（W10-1）（见图 5F-1）必须用于每个公路—铁路平交道口前的所有低流量道路。

可选条款：

02　如果铁路人员挥旗作为提前警告，可以在公路—铁路平交道口不设置平交道口预警标志。

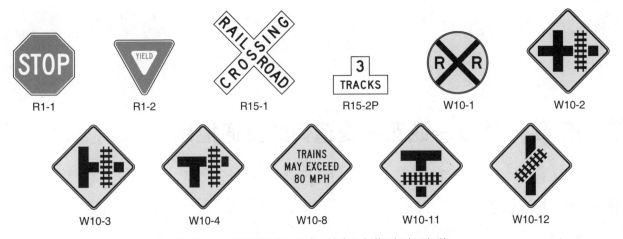

图 5F-1　低流量道路上公路—铁路平交道口标志及标牌

　　03　W10-2、W10-3 和 W10-4 标志（见图 5F-1），可用于与铁路平行的低流量道路，用于警告道路使用者在转弯后很快会遇见公路—铁路平交道口。

第 5F.04 节　"停车让行""减速让行"标志（R1-1 和 R1-2）

必须条款：

　　01　低流量道路上，被动公路—铁路平交道口处，带有"减速让行"（R1-2）标志或"停车让行"（R1-1）标志的平交道口警告标志集合，其使用和应用必须符合第 8B.04 节的规定。

　　02　在安装"减速让行"或"停车让行"标志的所有公路—铁路平交道口，如果符合第 2C.36 节的安装规定，还必须安装"前方让行"（W3-2）或"前方停车让行"（W3-1）标志。

第 5F.05 节　路面标线

指导条款：

　　01　公路—铁路平交道口的路面标线应用于铺装的低流量道路，尤其是当紧邻的其他大部分公路—铁路平交道口已部署了路面标线及道路中心线。

第 5F.06 节　其他交通控制设施

必须条款：

　　01　用于低流量道路的公路—铁路平交道口的其他交通控制设施，如其他标志、信号灯及照明设置，若本章没有涉及，必须遵守本手册第 8 篇和其他适用篇章的规定。

第 5G 章　施工区交通控制

第 5G.01 节　引言

指导条款：

01　行人与自行车骑行者等道路使用者以及施工区工作人员的安全是每个工程在规划、设计、维修及建设阶段不可缺少和优先考虑的因素。第 6 篇应该复述附加标准、具体细节及更复杂的临时交通控制区域要求。以下原则应该用于临时交通控制区域：

　A. 对交通运行的破坏降低到最小程度。
　B. 清楚并积极引导接近和位于建设、维护和公共设施施工区的道路使用者。
　C. 对交通控制元素进行 24 小时例行检查与维护。
　D. 所有承包代理及承包人应该对每个项目至少分配一个日常责任负责人，以确保交通控制各部分有效运行，并向管理者报告任何需要的运行改变。

02　临时交通控制区域的交通控制设计应基于的假设是：道路使用者只有明确意识到需要减速时才会降低速度，而且随后的速度仅有小幅增加。临时交通控制区不应让道路使用者感到诧异。应避免几何或其他形式上的频繁变化和（或）突然变化。过渡路段应给出明显轮廓且其长度应足够用于现实速度的行车条件。

03　临时交通控制计划（见第 6C.01 节）应该用于低流量道路的临时交通控制区域以规定特殊交通控制设施及特征，或引用第 6 篇所示的示例图。

支撑依据：

04　减速对策与强制措施的应用可有效降低临时交通控制区域的交通速度。

第 5G.02 节　应用

指导条款：

01　有计划的施工阶段和排序应为临时交通控制区使用交通控制设施的基础。第 6 篇应说明在已经计划实施建设或维护工作的地方使用特定交通控制的要求与示例。

支撑依据：

02　如果交通流量及速度低，维护活动可能不需要大量的临时交通控制。

可选条款：

03　第 6 篇中图 6H-1、图 6H-10、图 6H-11、图 6H-13、图 6H-15、图 6H-16 和图 6H-18 显示的交通应用可用于低流量道路。

支撑依据：

04　表 6H-3 提供典型应用中交通控制设施前置的距离信息。

可选条款：

05　对于时速不高于30英里/小时的低流量道路，典型应用中标志间的间隔及标志前置的最小距离为100英尺。

06　低流量道路上的临时交通控制区需要旗手时，如果从各个方向的入口交通都可看到旗手，可只配置一名旗手。

第 5G.03 节　渠化设施

必须条款：

01　夜间使用的渠化设施必须与高流量道路规定的逆反射性要求相同。

可选条款：

02　为警告、引导和指挥道路使用者通过低流量道路的临时交通控制区域，可使用渐变段引导道路使用者离开交通车道或使用如第 6F.63 节所述的设施间距使其绕过施工区。

第 5G.04 节　交通标线

指导条款：

01　路面标线应考虑用于铺装过的低流量道路上的临时交通控制区域，特别是已有路面标线或平面便道或临时通道的道路。

可选条款：

02　若不需基于第 6F.8 节中的交通标线标准实施，可省略临时交通控制区域的临时路面标线。

第 5G.05 节　其他交通控制设施

必须条款：

01　其他交通控制设施，如用于低流量道路上临时交通控制区域的其他标志、信号及照明设施，若第 5 篇并未涉及的，必须符合手册其他章节的规定。

支撑依据：

02　一些可应用于低流量道路临时交通控制区域的标志如图 5G-1 所示。

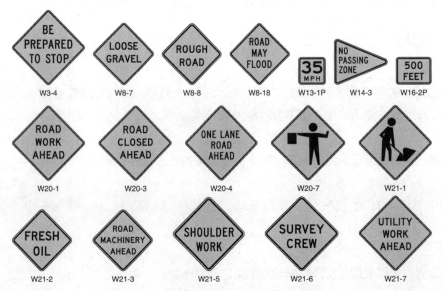

图 5G-1　低流量道路上施工区标志及面板

第 5H 章　学校区域交通控制

第 5H.01 节　引言

支撑依据：
01　学校区域交通控制设施的规定在本手册的第 7 篇。

必须条款：
02　位于低流量道路上的学校区域标志及面板的尺寸必须依照第 7B.01 节及表 7B-1。

第 6 篇 临时交通控制

第 6A 章　总则

第 6A.01 节　总则

支撑依据：

01　第 6 篇中所有"TTC"均指"临时交通控制"。

必须条款：

02　所有道路使用者（公路或对公共交通开放的私人道路（定义见第 1A.13 节）上的汽车驾驶员、骑行者和行人，包括符合美国 1990 残疾人法案（ADA）第二篇 35.130 条规定的残疾人）通过 TTC 区时的需求和控制，是公路建设、公共设施作业、运营维护和交通事件管理必不可少的部分。

支撑依据：

03　当公路或对公众开放的私人道路的正常功能暂停时，TTC 方案应为机动车、自行车及行人交通（包括无障碍通道）运行、运输业务及通往私人财产和公共事务通道的连续运行提供支撑。

04　TTC 的首要功能是在合理保护道路使用者、作业人员、交通事件救援人员及设备的同时，为通过 TTC 区域或在区域附近的道路使用者提供安全和有效的运行。

05　与公众通过 TTC 区域同等重要的是在作业区执行各种操作任务的作业人员的安全。TTC 区域状况一直变化，出乎道路使用者的想象，这使得在公路上或附近工作的作业人员和事件管理人员更容易受伤（见第 6D.03 节）。与此同时，TTC 区域可以保证任何阻碍道路正常使用的作业有效完成。

06　道路使用者、作业人员和管理人员的安全以及道路使用者的通行效率是每个 TTC 区域从计划到完成都必须考虑的因素。TTC 的共同目标是有效地建设、维护公路以及有效地解决交通事件。

07　没有一套 TTC 设施能满足给定项目或事件的所有条件。同时，定义详细的信息以完全覆盖所有的应用也是不切实际的。因此，第 6 篇描述了常见 TTC 设施的典型应用。各种情况对应的 TTC 选择取决于公路类型、用户条件、运行时长、物理约束以及作业区域周围或对使用者进行事件管理事务。

08　改善道路使用者的体验可以通过准备充分的公关方案来实现，该方案涵盖了作业性质、开始时间和持续时间、对道路使用者的预期影响以及可能的替代路线和出行模式。已经发现这样的方案可以使通过 TTC 区域的道路使用者数量显著减少，从而减少了可能的冲突次数。

09　在作业区使用智能交通系统（ITS）可能会改进交通运行情况。ITS 在作业区的应用，如便携式摄像头系统、公路咨询广播、可变限速、匝道控制、出行者信息、合流引导和排队检测信息，旨在提高作业人员和道路使用者的安全并保证交通流的有效运行。ITS 技术在作业区的应用能有效提供交通监控和管理、数据收集的信息及出行者信息。

必须条款：

10　引导道路使用者的公共机构或有管辖权的机关必须对 TTC 方案和设施负责。必须具备足够的法定权力以便实施和执行道路使用者所需的法规、停车管制、限速区及交通事件管理。这些法则在 TTC 区域应用时必须具有足够的灵活性以适应该区域不断变化的情况。

支撑依据：

11 美国无障碍残疾人法案 1990（ADA）中包括对环绕作业点的行人路线的临时基础设施（Public Law 101-336，104 Stat. 327，July 26，1990. 42 U.S.C. 12101-12213（修订版））。

指导条款：

12 *TTC 计划应该从规划阶段开始，并贯穿于设计、作业和恢复的整个阶段。TTC 计划和设施应遵循第 6 篇的原则。交通事件管理应遵循第 6I 章的原则。*

可选条款：

13 为了满足特定位置和辖区的条件和要求，TTC 计划可能与第 6H 章描述的典型应用不符。

支撑依据：

14 第 6 篇的规定均适用于乡村和城市道路。乡村公路的通常特点是容量较小、速度较高、转弯冲突少以及行人冲突少。城市道路的典型特点是速度低、道路交通量变化范围较大、车道较窄、交叉口及路侧出入口较多、行人活动频繁、商铺和住房较多。

15 某一特定设施在一天特定时间内是用于高流量道路还是低流量道路，由公共机构或有管辖权的官方决定。

第 6B 章　基本原则

第 6B.01 节　临时交通控制的基本原则

支撑依据：

01　建设区域、维护区域、设施区域和交通事件区域都能从 TTC 中获益以弥补道路使用者所面临的意外或不寻常情况。当规划这些区域的 TTC 设施时，可以假定道路使用者行驶谨慎。即使认为道路使用者行驶谨慎，在应用 TTC 技术时仍需特别注意。

02　为减少意外和不寻常的道路使用情况，可能需要与公交部门、其他公路管理部门、执法机构和其他应急单位、公用事业机构、学校和铁路公司的特别计划进行沟通和协调。

03　在 TTC 生效期间，由于桥梁、承重、限高/限宽或者道路线形的约束，大型客货运车辆可能需要与小型载客汽车行驶不同的路线。同样，携带危险品的车辆可能需要和其他车辆行驶不同的路线。危险品和国家货运路网标志分别包含在第 2B.62 节和第 2B.63 节中。

04　经验表明，遵从第 6 篇的基本原则将有助于邻近 TTC 区的道路使用者并保护作业人员。

指导条款：

05　TTC 区道路使用者及作业人员的安全和可达性应是每个项目从规划到设计和建造的整个过程中不可分割且优先考虑的因素。同样，公共设施作业和维护的所有时间均应顾及所有驾驶员、骑行者、行人（包括残障人士）和作业人员的安全和可达性。如果 TTC 区有个平交道口，应尽早与铁路公司或轻轨管理机构协调。

支撑依据：

06　由于可能出现各种情况，为交通事件的 TTC 而制定具体的计划是很困难的。

指导条款：

07　以下是 TTC 的七项基本原则：

1. 为保证机动车驾驶员、骑行者、行人、作业人员、执法/急救人员以及设备的安全，总体计划与指导条款方案应考虑以下几点因素：

　A. 永久性道路及路边设计的基本安全原则也应适用于 TTC 区的设计。设计目标应为，对于穿越 TTC 区的道路路线的使用者，其对道路几何线形、路边特征和 TTC 设施的使用应与普通公路的类似情况接近。

　B. TTC 计划应具体符合交通事件与作业项目的复杂性，在工地作业前，各责任方应理解并落实该计划。TTC 计划的任何变动应由熟悉 TTC 实践的官方人员批准（比如受过相关训练或取得相关资格的人员）。

2. 基于以下几点考虑，应根据实际情况尽可能少地抑制道路使用者的交通活动：

　A. 在设计工作区和交通事件点的 TTC 时，应假定驾驶员只有在明确感知到有必要降低速度时才会减速（见第 6C.01 节）。

B. 应避免交通几何结构中发生频繁和突然的变化，如车道变窄、车道减少或要求快速操作的主线过渡段。

C. 作业应最大限度地减少封闭车道或替代路线，且仍能快速完成作业，尽早开放车道或道路。

D. 应尝试减少道路或高速公路的交通量以符合限制容量的条件。应鼓励道路使用者使用替代路线。对于高流量的道路和高速公路，应对关闭的选定入口匝道或其他进入点以及对标定的分流路线进行评估。

E. 应向骑行者和行人，包括残障人士，提供通过 TTC 区域的入口以及合理的安全通道。

F. 如果作业允许，应在非高峰期间关闭高流量的街道及公路。如果可以通过连续的短期工作完成作业，可考虑夜间作业。

G. 如果预计作业将对道路交通运行有较大影响，应与管辖内受影响的相交道路以及负责提供紧急服务的行政人员提前沟通。

3. 在接近、通过 TTC 区域及交通事件点时，应对机动车驾驶员、骑行者和行人进行明确、积极的引导。应实施以下原则：

A. 应通过使用适当的不同条件下均有效的路面标线、标志或其他设施，以提供足够的警告、轮廓描绘和渠化来协助引导即将进入、通过 TTC 区域或交通事件点的道路使用者。也应考虑用可行的方式向视觉障碍的行人提供信息。

B. 应移除或覆盖与通过 TTC 区域预期路径不一致的 TTC 设施。然而，在中期固定、短期固定和非固定运行中，当可见的永久设施与预期路径不一致时，应使用凸出或适当强调路径的设施。应考虑向残障人士提供可及、可用的交通控制设施。

C. 若使用挥旗信号时，应向通过 TTC 区域的道路使用者提供积极的引导。

4. 为了提供可接受的交通运行水平，应按照以下要求对 TTC 设施的各部分进行昼夜例行检查：

A. 应指派熟悉使用 TTC 原则的（比如接受过训练和/或取得认证）个人负责 TTC 区域的安全。这些负责人最重要的职责是检查项目所有 TTC 设施与 TTC 计划是否一致，并对驾驶员、骑行者、行人和作业人员有效。

B. 随着作业的进度的推进，如果适当的话，应修改临时交通控制和/或作业条件，以向道路使用者提供机动性的、积极的引导，并保证作业人员的安全。TTC 的负责人应有权力停止作业，直到采取适用或补救的安全措施。

C. 应仔细监控不同道路的使用流量、光线及天气条件下的 TTC 区域，以核实 TTC 设施是有效的、清晰可见的、清楚的并且与 TTC 计划一致。

D. 得到批准后，应对 TTC 区域内发生的交通事件进行工程调研（与执法行政人员合作）。应监控 TTC 区域的交通事件的发生记录以确定 TTC 区域内是否需要做一些变更。

5. 应采用以下注意原则以维护 TTC 区域的作业期间的路侧安全：

A. 为应对车辆驶出道路、车辆不能行驶或其他紧急情况，应按实际情况提供路侧恢复区域或净空区。

B. 道路使用者的渠化应通过使用路面标线、标志以及防撞和可见的渠化设施实现。

C. 作业设备、作业人员的私人车辆、材料和废弃物应适当保存，以降低驶出道路的车辆受到影响的可能。

6. 从高层管理到现场作业人员，每个自身行为会影响 TTC 区域安全的人都应接受培训，以便做出适当的工作决策。只有那些接受适当的 TTC 实践训练并对原则（按适用的标准和指导条款方针制定的原则，包括本手册所涉及原则）有基本认识的人，才可以监督、选择、安放和维护用于 TTC 区域和交通事件管理的 TTC 设施。

7. 应遵从以下原则维持良好的公共关系：

A. *应评估所有道路使用者的需求，从而给出适当的预告并提供明确的替代路径。*

B. *应与各种新闻媒体合作以宣传公布TTC区域存在和设立的原因，因为新闻发布可以较好地帮助道路使用者获得信息。*

C. *应对相邻业主、居民和商业的需求进行评估并适当满足。*

D. *应对紧急服务（执法、消防和医疗）提供方的需求进行评定并适当地协调和满足。*

E. *应对铁路和运输的需求进行评估并适当地协调和和解。*

F. *应对巴士及大型货车等商用车辆的营运者的需求进行评估并适当满足。*

必须条款：

08　在新的便道或临时路径对交通开放前，必须放置所有的必要标志。

09　所有TTC设施当不再需要时，必须根据实际情况尽快移除。当短时期暂停工作时，不再适用的TTC设施必须被移除或覆盖。

第 6C 章　临时交通控制元素

第 6C.01 节　临时交通控制计划

支撑依据：

01　TTC 计划阐述了为了方便道路使用者通过作业区或交通事件区域所采用的 TTC 措施。当作业区、事故或其他临时事件扰乱正常的道路使用者的交通流时，TTC 计划对道路使用者的交通流有效地衔接起到了重要作用。可以将在项目计划中不能随意说明的重要辅助规定纳入 TTC 计划的特殊规定中。

02　TTC 计划的种类繁多，可以是非常详细的计划，也可以只简单地引用本手册中包含的典型图纸，可以是标准批准的公路代理图纸和手册，或是合同文件中的具体图纸。TTC 计划的详细程度完全取决于事情的性质和复杂性。

指导条款：

03　应由熟悉 TTC 基本原则和作业活动的人员（例如：受过培训和/或得到认证）制定 TTC 计划。TTC 计划的设计、选择以及 TTC 设备的摆放应根据工程评判而决定。

04　区域相邻或重叠的项目之间应进行协调，以检查是否有重复标识，并检查相邻或重叠的项目之间的交通控制是否兼容。

05　所有公路建设、公用设施作业、维护作业以及包括日常维护和公用事业项目在内的事件管理，其交通管理规划应在 TTC 区开工之前完成。对所有道路使用者的规划应包含在整个过程中。

06　TTC 过程应包含确保行人路径有效、连续、无障碍、循环的规定。在现有的行人路线受阻或绕道时，应提供可供行人（包括残疾人士，特别是有视觉障碍的行人使用的替代路线信息）对于到达临时巴士站，穿越有行人信号的交叉口（见第 4E.09 节），以及其他路线问题，应该考虑临时行人路线的渠化。并提供视觉障碍人士可察觉到的路障和渠化设施。

可选条款：

07　帮助承包商制定候选的 TTC 计划的规定可以纳入工程招投标文件中。

08　由于情况变化，或确定有更好方法能安全和有效地服务于道路使用者，改变 TTC 计划可能是必要的。

指导条款：

09　替代或修改的计划在实施前应得到其所负责的公路管理局的批准。

10　确保公交服务有效连续性的规定应纳入 TTC 计划的规划过程中，因为通常公交巴士不能与其他车辆以相同方式有效绕道行驶（特别是短期维修项目）。在适当的情况下，如果可以，TTC 计划应提供如临时巴士站、停靠点、令换乘乘客包括残障人士满意的等候区（考虑 TTC 的额外轻轨问题见第 8A.08 节）。

11　关于铁路服务有效、流畅以及毗邻业主和企业合理性、可及性的规定也应纳入 TTC 的规划过程。

第6C章 临时交通控制元素

12　降低车速限制只应用于带有条件或限制性特征的TTC区域的特定部分。然而，应避免频繁变更限速条件。TTC计划应设计为车辆通过TTC区域的时速限制的下降幅度不超过10英里。

13　只有在TTC区域有限制特性的需求时，时速减少的限制才能超过10英里。当限制特征允许超过10英里小时下降幅度时，应提供额外的驾驶员通知。在到达最低行驶速度区域前，路段限速应递减，并应使用额外的TTC预警装置。

14　应尽量避免设置减速区（低于路段的正常限速），因为驾驶员只有在明确认定需要这样做时才会减速。

支撑依据：

15　研究表明，大幅度降低的限速值，如时速限制减少30英里，增加了速度波动和事故风险。不超过10英里的较小时速限制的变化，引起速度波动的变化较小，且事故风险的增加较少。仅当对正常限速值的下调幅度不超过10英里时才会更有效。

第6C.02节　临时交通控制区域

支撑依据：

01　TTC区域是公路的一个区域，在该区域内的道路使用者的条件随作业区、事件区、使用TTC设施的特殊计划事件、执法人员或其他授权人员而发生变化。

02　作业区是正在进行建设、维护及公共设施作业的公路区域。作业区的典型特征包括：标志、渠化设施、障碍、路面标线和（或）作业车辆。作业区是从第一个警告信号或车辆上高强度旋转、闪烁、振荡、闪光的灯开始，到"道路作业结束"标志牌或最后一个TTC设施结束。

03　事件区是指授权行政人员针对交通事件（见第6I.01节）建立的临时交通控制公路区域。它从第一个警告设施（比如标志、灯或锥桶）开始延伸到最后一个TTC设施或是道路使用者可以回到原来车道的地点（这里的事故已经消除）。

04　特殊事件的计划往往需要改变交通模式，以便处理由事件所造成的交通流的增加。特殊的计划事件牵扯的TTC区域范围可以很小，比如因为某个节日封闭一条街道，也可能因为某个大事件延伸到整个城市。TTC区域的持续时间取决于计划的特殊事件的持续时间。

第6C.03节　临时交通控制区域的组成

支撑依据：

01　大部分TTC区域分为四个部分：提前警告区、过渡区、工作区和终止区。图6C-1阐明了这四个区域。这四部分在第6C.04节至第6C.07节进行描述。

第6C.04节　提前警告区

支撑依据：

01　提前警告区是用户被告知前方有作业区或交通事件区的公路部分。

可选条款：

02　提前警告区可能是一个单一标志，也可能是车辆上的高强度旋转、闪烁、振荡、闪光的灯到TTC工作区域前的一系列标志。

指导条款：

03　因为驾驶员习惯了不间断的交通流，所以在高速公路和快速路上放置预警标志的一般距离应更长。因此，预先警告标志的位置应延伸到距离这些设施1/2英里或更远的位置。

04 在城市街道上，第一个警告标志的有效放置距离以英尺为单位，数值应是英里每小时的限速数值的 4~8 倍，当速度较高时使用较高倍数。当仅使用一个的预先警告标志时（在低速住宅区街道），预警区域可以短至 100 英尺。当在速度较高的街道上使用两个或更多的预警标志时，比如在主干道，预警区域需扩展到更远的区域（见表 6C-1）。

05 由于乡村公路的速度普遍偏高，第一块警告标志的有效放置距离应足够长，数值应是限速（英里/小时）数值的 8~12 倍。由于这些情况下通常使用两个或两个以上的预先警告标志，开放公路条件的预警区可扩展到 1500 英尺或更长的区域（见表 6C-1）。

06 表 6C-1 中的距离是近似值，目的只用于指导条款，并应根据工程评判实施。如果必要的话，这些距离可根据现场条件调整（在建议值的基础上增加或减少一定值）。

支撑依据：

07 提供额外反应时间是增加标志间距的理由之一。相反，为了在靠近交叉口或路侧主要出入口的下游放置标志，使得刚转入 TTC 区域的车辆及时获取前方路况，减小标志间距也可能是合理的。

可选条款：

08 为了不干扰正常的交通流，当活动区域从道路使用者的出行路径中完全移除的时候，可以消除预警。

提前警高标志最小间距的推荐值　　　　　　　　　　　　　　　　　表 6C-1

道路类型	标志之间的距离**		
	A	B	C
城市（低速）*	100 英尺	100 英尺	100 英尺
城市（高速）*	350 英尺	350 英尺	350 英尺
乡村	500 英尺	500 英尺	500 英尺
高速公路/快速路	1000 英尺	1500 英尺	2640 英尺

* 速度类型由公路管理局决定
** 列标题 A、B、C 是图 6H-1~ 图 6H-46 中的尺寸。A 列尺寸是过渡或限制点到第一个标志的距离。B 列尺寸是第一个和第二个标志间的距离。C 列尺寸是第二个标志和第三个标志之间的距离（"第一个标志"是三个标志系列中靠近 TTC 区的标志，"第三个标志"是距 TTC 区上游最远的标志）。

第 6C.05 节　过渡区

支撑依据：

01 过渡区是指道路使用者被重新引导、驶出正常路径的公路部分。过渡区通常包括渐变段的使用策略，因为它们十分重要，之后会单独对渐变段进行详细讨论。

必须条款：

02 当需要改变道路使用者的正常路径时，必须把他们从正常路径引导到一个新的路径。

可选条款：

03 由于在移动作业过程中，通过固定渠化设施改变道路使用者的正常路径是不切实际的，所以主要使用车载移动交通控制设备来代替固定渠化设施建立过渡区域，这些车载移动交通控制设备包括箭头板、可变信息标志以及高强度旋转、闪烁、振荡、闪光的灯。

第 6C 章 临时交通控制元素 583

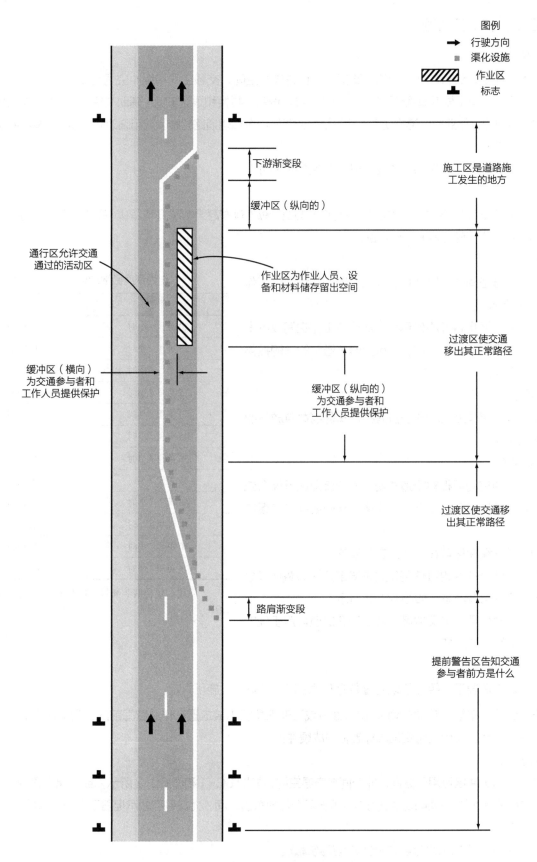

图 6C-1 临时交通控制区的组成部分

第 6C.06 节 工作区

支撑依据：

01 工作区是进行作业活动的公路部分。它由作业空间、交通空间和缓冲空间组成。

02 作业空间是靠近道路使用者，为作业人员、设备、材料和跟随车辆（辅助车辆）（如果工作区上游使用）留出的公路部分。作业空间通常使用渠化设施为道路使用者标明道路轮廓，或用临时障碍清除车辆和行人。

可选条款：

03 作业空间可能是固定的或可根据作业进展移动的。

指导条款：

04 *由于在项目限制范围内可能存在多个作业空间（有些甚至相隔几英里），每个作业空间应配备足够的标志，以告知道路使用者并减少混乱。*

支撑依据：

05 交通空间是道路使用者根据规定的路线通过工作区的道路部分。

06 缓冲区是将道路使用者的流量与工作空间或不安全区分隔的横向或纵向区域，也可为偏离道路的车辆提供一些恢复空间。

指导条款：

07 *无论是作业活动或设备储存、车辆或材料放置都应在缓冲区内。*

可选条款：

08 缓冲空间可相对于道路使用者的流向进行纵向或横向规划。工作区可以包含一个或多个横向或纵向的缓冲区空间。

09 纵向缓冲区可在作业区之前放置。

10 纵向缓冲区也可使用相同车道部分的道路标线分割对向道路使用者流量，如图 6C-2 所示。

11 如果使用纵向缓冲区，表 6C-2 的值可用于确定纵向缓冲空间的长度值。

支撑依据：

12 通常情况下，缓冲区以交通岛的形式出现，由渠化设施所界定。

13 当跟随车辆（辅助车辆）、箭头面板或可变信息标志被放置在作业空间前的封闭车道上时，只有上游区域的车辆、箭头面板或可变信息标志板构成缓冲区。

可选条款：

14 横向缓冲区可用于分隔作业空间与交通空间，如图 6C-1 和图 6C-2 所示，或分隔交通空间与挖掘区或路面边缘下降区域。横向缓冲空间也可用于两个行驶车道之间，尤其是那些承担着双向交通流的车道。

指导条款：

15 *横向缓冲空间的宽度应通过工程评判确定。*

作为速度函数的停车视距 表 6C-2

速度*	距离
20 英里/小时	115 英尺
25 英里/小时	155 英尺
30 英里/小时	200 英尺
35 英里/小时	250 英尺
40 英里/小时	305 英尺
45 英里/小时	360 英尺
50 英里/小时	425 英尺
55 英里/小时	495 英尺
60 英里/小时	570 英尺
65 英里/小时	645 英尺
70 英里/小时	730 英尺
75 英里/小时	820 英尺

* 限速、作业前非高峰期的 85% 位车速或期望的运行速度

可选条款：

16 当对高流量和高度拥挤的道路设施进行作业时，可能会为应急响应和应急车辆（例如拖车和消防设备）提供车辆存放空间或临时存放空间，使其可以快速应对道路使用者的事件。

第 6C.07 节 终止区

支撑依据：

01 终止区是公路中驾驶员转向其正常行驶路径的部分。终止区从作业区结束的下游延伸至最后一个 TTC 设施（如张贴有"终止道路作业"标志）。

可选条款：

02 "终止道路作业"标志、限速标志或其他标志可用于告知道路使用者可恢复正常交通运行。

03 纵向缓冲区可用在作业空间和下游渐变段起点之间。

第 6C.08 节 渐变段

可选条款：

01 渐变段可用于过渡区和终止区。无论渐变段被用在靠近立交匝道、十字路口、转弯或其他影响驾驶的路段时，其长度均可以进行调节。

支撑依据：

02 渐变段由一系列的渠化设施和/或路面标线划出，从而引导交通出入口正常路径。渐变段类型如图 6C-2 所示。

03 较长的渐变段区域并不一定比短的好（特别是在具有短街区或路侧出入口特征的城市地区），因为延长的渐变段区域可能会造成行驶速度缓慢从而造成不必要的延迟变道。关于渐变段适当长度的测试包括在 TTC 计划实施后的驾驶行为观察。

指导条款：

04 *合理的渐变段长度（L）应采用表 6C-3 和表 6C-4 中所示的标准。*

05 *在渐变段区域内，设施之间的最大距离英尺不应超过限速所标数值（英里/小时）。*

支撑依据：

06 合流渐变段应最长，因为驾驶员需要并入同一道路空间中。

指导条款：

07 *合流渐变段应足够长，以便合流驾驶员能提前得到充分的警告和足够的长度来调整速度，从而在过渡区下游结束之前并入相邻的车道。*

支撑依据：

08 侧移渐变段用于有侧向变道需求的情况。当空间充裕时，比最小长度更长的渐变段是有益的。也可以通过使用公路速度所适用的平曲线实现线形变化。

指导条款：

09 *侧移渐变段应该有约 1/2 L 的长度（见表 6C-3 和表 6C-4）。*

支撑依据：

10 对于高速度的道路，当路肩属于工作区的一部分并且路肩关闭时，使用路肩渐变段可能是有利的。在这些情况下，可以在道路正常部分使用同一类型但经过缩减的封闭措施。

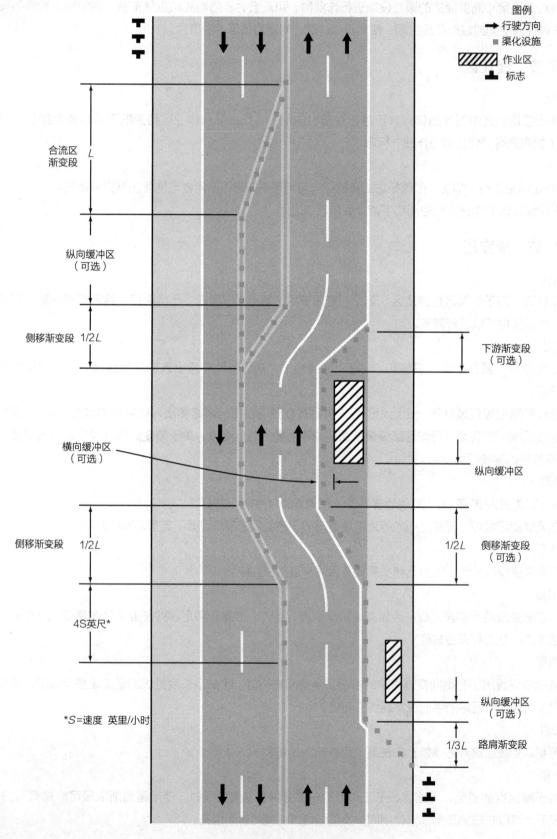

图 6C-2　渐变段和缓冲区类型

临时交通控制区渐变段长度标准　　　　表6C-3

渐变段类型	渐变段长度
合流渐变段	至少 L
侧移渐变段	至少 0.5L
路肩渐变段	至少 0.33L
双向单车道交通渐变段	最少 50 英尺，最大 100 英尺
下游渐变段	最少 50 英尺，最大 100 英尺

注：用表 6C-4 计算 L 值。

渐变段长度的计算公式　　　　表6C-4

速度（S）	锥形长度（L）英尺
≤ 40 英里 / 小时	$L=\dfrac{WS^2}{60}$
≥ 45 英里 / 小时	$L=WS$

注：L= 渐变段长度（英尺）；
W= 偏移的宽度（英尺）；
S= 限速、作业之前非高峰期 85% 位车速或期望的运行速度。

指导条款：

11　如果使用路肩渐变段，其长度应有约 1/3 L（见表 6C-3 和表 6C-4）。如果路肩用作车道，在实践或 TTC 活动中，应该使用一般的合流或变道渐变段。

支撑依据：

12　下游渐变段在终点区较有用，它为驾驶员提供了一个视觉提示，告知驾驶员返回原先道路的路径是开放或关闭的。

指导条款：

13　如果使用下游渐变段，长度最小应为 50 英尺，最大应为 100 英尺，渐变段设施间距保持约 20 英尺。

支撑依据：

14　当道路被施工区占用，仅剩一条车道通行时，可设置单车道、双向渐变段，轮流放行不同方向的交通流。

指导条款：

15　交通应该由旗手或临时交通信号（如果视距有限）或"停车让行"或"减速让行"标志控制。控制长度介于 50~100 英尺、间距约 20 英尺用于引导交通的短距渐变段应该用来疏导交通到车道某部分，下游渐变段应用于疏导交通至原来的车道。

支撑依据：

16　一个单车道、双向交通渐变段示例见图 6C-3。

第 6C.09 节　绕道和改道

支撑依据：

01　绕道是指使道路使用者临时改道到现有公路从而避免经过 TTC 区域。

指导条款：

02 绕道应在整个道路上清楚指示，以便道路使用者可以很容易地从现有公路返回到原来的公路。

支撑依据：

03 改道是指道路使用者临时改道进入临时公路或环绕作业区的行驶路线。

第 6C.10 节 单车道双向交通控制

必须条款：

01 除第 5 条的规定外，当两个方向的交通在有限距离内必须使用单一车道时，必须协调两端的运行。

指导条款：

02 应通过一定方法制定交替通过狭窄路段的单向交通运行规定，比如旗手控制、旗帜转换、引导车、交通控制信号灯或停车让行、减速让行控制。

03 应在两端选择控制点，方便对向车道车辆通过。

04 如果在受影响的单向车道的交通两端互不可见，应使用挥旗行为，即第 6C.13 节所述的旗手引导车辆，或用交通控制信号灯控制反向交通流。

可选条款：

05 如果在低流量街道或道路作业空间较短，并且双向的道路使用者能够看到对向接近的交通流通过作业地点，通过单车道双向交通狭窄部分的交通运行可进行自我调节。

第 6C.11 节 单车道双向交通控制的旗手管制方法

指导条款：

01 除了第 2 条规定外，在每个道路狭窄部分末端均应有旗手控制交通。其中一个旗手被指定为协调员。为了提供交通协调控制，旗手间应能进行口头的、电子的或手动的信号沟通。其中，这些手动信号不应该被误认为是挥旗指挥信号。

可选条款：

02 当双向单车道 TTC 区域短到足以让旗手从一端看到另一端时，可以由单一旗手或在区域末端各设置一个旗手来控制交通。

指导条款：

03 当使用单一旗手时，旗手应安置在狭窄地段或作业空间对面的路肩处，或在任何时候都有良好的可视距离以便进行交通管制的地方。当良好的可视距离和交通控制不能由一个旗手位置维持时，应在区域每个末端各设置一名旗手来控制交通。

第 6C.12 节 利用旗手实现单车道双向交通轮流放行的方法

支撑依据：

01 给最后进入单车道部分的车辆驾驶员一面红色旗帜（或其他标记），并指示他交付给另一端的旗手。对面的旗手当收到旗帜时，便知道另一方向的交通流可允许运行。该方法的类似做法是使用有旗帜的官方引导车跟随最后一辆车辆通过该区域。

指导条款：

02 通过旗手实现轮流放行的方法只能应用于较短长度的单向交通道路，通常长度不超过 1 英里。

第 6C 章 临时交通控制元素

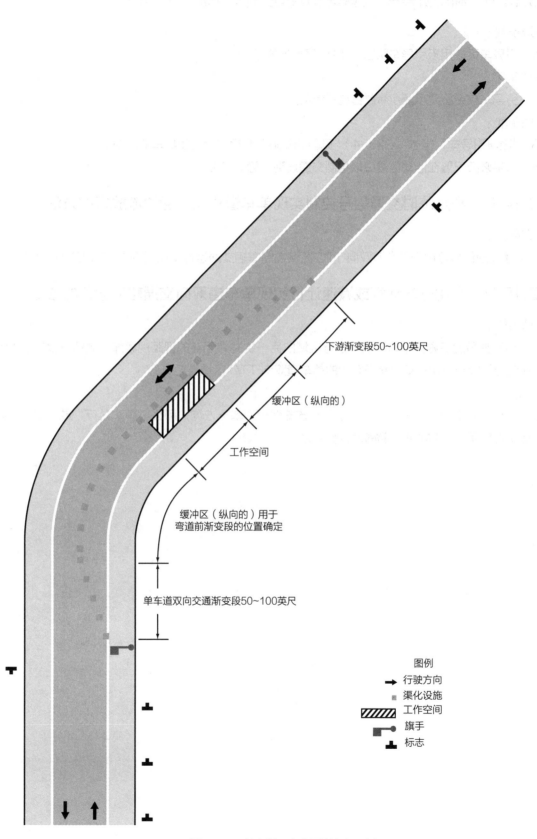

图 6C-3 单车道双向交通渐变段示例

第 6C.13 节　利用引导车实现单车道双向交通轮流放行的方法

可选条款：
01　引导车可以用于引导车队通过 TTC 区域或绕道。

指导条款：
02　*引导车应突出显示承包商姓名或承包机构。*

必须条款：
03　"跟随引导车"标志（G20-4）（见图 6F.58）必须安装在引导车的尾部。
04　旗手必须配置在活动区进口以控制交通直到引导车出现。

第 6C.14 节　利用临时交通信号控制实现单车道双向交通轮流放行的方法

可选条款：
01 交通控制信号可用于单车道双向 TTC 区域控制车辆交通运行（见图 6H-12 和第 4H 章）。

第 6C.15 节　利用停车让行或减速让行实现单车道双向交通轮流放行的方法

可选条款：
01　当驾驶员能够看见单车道双向运行区域的另一端并有足够的视距观察即将到达车辆时，"停车让行"或"减速让行"标志可用在低流量道路上的单车道双向 TTC 区域控制交通。

指导条款：
02　*如果"停车让行"或"减速让行"标志安装用于单一方向，那么"停车让行"或"减速让行"标志应朝向因作业区而封闭的道路一侧的道路使用者。*

第 6D 章 行人和作业人员安全

第 6D.01 节 行人注意事项

支撑依据：

01 大范围的行人可能会受到 TTC 区域的影响，包括年轻人、老人以及有听力、视觉或移动等障碍的残疾人。需要清晰地指引这些行人并告知其可用的行走路径。关于针对残障人士的注意事项在第 6D.02 节说明。

必须条款：

02 在恰当评估和工程评判后，第 6 篇关于行人和作业人员安全的各种 TTC 规定必须由专业人士（例如接受过培训的和（或）取得资格认证的人）实施。

03 人行道封闭的预先通知必须由维护机构提供。

04 如果 TTC 区域影响了行人通行，必须提供足够的行人通道和人行道。如果 TTC 区域影响了无障碍行人设施，在替代路线上必须设置相应的无障碍设施。

可选条款：

05 如果在项目施工期间建立或维持替代行人路线不可行，可以提供给行人其他的代步方法，比如在项目施工周围增加免费的公交服务或者指派人员负责协助残障行人通过项目施工区域。

支撑依据：

06 必须意识到行人不愿意折返到之前的交叉口穿行，也不愿意增加距离或偏离目的地的出行路径。

指导条款：

07 当对 TTC 区域行人进行规划时应考虑以下三点：

A. 不应将行人引向与车辆、设备和运营作业相冲突的区域。

B. 不应将行人引向与通过或环绕作业区的车辆相冲突的区域。

C. 应为行人提供方便可用的通道，并且尽可能采用目前步道中最令人满意的设计特征。

08 人行道不应因非作业性活动而截断或移除，比如用于停车或设备停放。

09 应考虑将行人交通和作业区活动及其车辆交通分开。除非可以提供不用穿行的可接受的路线，否则应通过预告标志恰当地引导行人到达道路对面。在具有较高车流量的市区和郊区，预告标志应设置在交叉口（而非街区中点处），使得当行人在交叉口之间的路段未遇上作业区时，会引导行人尝试绕过作业区或在街区中点穿行。

支撑依据：

10 图 6H-28 和图 6H-29 展示了用于行人通过作业区的典型 TTC 设施的使用和方法。

指导条款：

11 为满足行人需求（包括残疾人在内），在设计或改建 TTC 区域的临时行人通道时，应处理好以下注意事项：

A. TTC 区域的设计应包括关于行人可用通道连续性的规定。

B. 应包含到达公共交通停车站点的通道。

C. 整个临时行人设施的地面应平滑连续。横、纵断面上均不应有可导致绊倒或成为轮椅使用者障碍的路缘或突变。设施的几何结构和线形应满足"美国残疾人法案关于建筑物和基础设施可达性指导条款方针（ADAAG）"的适用要求（见第 1A.11 节）。

D. 如果可行，临时设施应满足现有行人设施宽度。交通控制设施和其他建筑材料及特殊物件不应侵入行人道、临时行人通道或其他行人设施的可用宽度。当整个人行道不能皆维持最小宽度为 60 英寸时，应至少在相距每 200 英尺的地方提供 60 英寸 ×60 英寸的经过空间，以满足轮椅使用者顺利通过。

E. 封闭的道路、可代替的交叉口、标志及信号信息应通过比如声音信息设备、易获得的行人信号以及通过手杖或低视力者可察觉的路障和渠化设施传给失明或视力障碍的行人。在行人交通遇到 TTC 信号时，应通过工程评判决定替代路线的交叉口行人信号或易获得的行人信号是否适用。

F. 当使用交通渠化引导行人路径时，整个设施都应提供连续的可察觉的边缘，以便于行人使用手杖探路。这些可察觉的边缘应符合第 6F.74 节的规定。

G. 在临时行人通道上方不低于 7 英尺的标志和其他设施向下占用行人设施的部分不应超过 4 英寸。

可选条款：

12　只要可行，相比通过 TTC 设施渠化作业区一带的行人交通，封闭作业区能更好地防止行人进入。

指导条款：

13　围墙不应造成道路使用者的视距障碍。围墙不应由受车辆撞击会带来危险的材料构成。木质栏杆、围墙和直接设置于相邻车辆的类似系统不应替代防撞的临时交通路障。

14　TTC 设施支撑压载物应保持所需最小数量，并应以较低的高度安装以防止刺穿车辆挡风玻璃。

15　作业车辆和设备穿行时所指定的行人通道次数应尽可能少，并且有需要时，应通过旗手或 TTC 设施控制。应避免作业车辆或设备在人行通道侧暂停或停放，因为这将会增多作业人员、设备和材料通过人行通道的次数。

16　应减少作业人员和设备穿过人行通道而进入作业区的通道，因为通常会造成人行道纵断面不可接受的改变，以及路面变得粗糙或泥泞不平，并且行人在没有路缘匝道可用时，更倾向于避开这些区域而尝试在非交叉口处穿行。

可选条款：

17　可以使用有顶棚的行人通道以保护行人不被下落的碎片击中，并提供给行人带顶棚的走廊。

指导条款：

18　有顶棚的走廊应构造牢固，并在夜间有充分照明。

19　当改造后的行人和车辆路径非常接近时，应考虑通过设置临时交通路障将二者分开。

20　如果临时交通路障用于保护行人，应根据现场条件设计。

支撑依据：

21　基于可能的车辆速度和碰撞角度，临时交通路障可因失控车辆冲撞而弯曲偏斜。关于布置和设计临时交通路障的指导条款请参考美国国家公路与运输协会标准的"路侧设计指南"中的第 9 章（见第 1A.11 节）。

必须条款：

22　不能使用过短且不连续的临时交通路障，因为这将使临时交通路障失去限制与导向功能，增加汽车驾驶员和行人受到严重伤害的风险。同时，要求路障尖端钝化处理，所有上游路障尖端必须处理成喇叭形，或在路障上正确安装和维护防撞垫。相邻的临时交通路障应该恰当连接，以达到能够维持交通正常运转所需的临时交通路障长度。

23 当需要临时交通路障时，正常的垂直路缘不能替代临时交通路障。

可选条款：

24 临时交通路障或纵向渠化设施可用于阻止不经允许就进入作业区的行人，同样可以减少行人在街区中点处穿行的数量，从而防止行人与车辆交通的冲突。

支撑依据：

25 对于行人最主要的担心是城市和郊区的建筑正侵犯着相邻的人行道，导致行人被迫偏离路缘直接与行驶的车辆产生冲突。

指导条款：

26 *如果车辆很可能入侵行人通道，应重新分配行人路线或者建立临时交通路障。*

支撑依据：

27 带有连续可察觉边缘的TTC设施、"新泽西"式隔离墩、木栅栏与铁丝网能很好地引导行人路径。

指导条款：

28 *设施之间的带子、绳子或塑料链不易被察觉，不满足"美国残疾人法案关于建筑物和基础设施适用性指导条款方针（ADAAG）"设计标准（见第1A.11节），不应用于行人交通的控制之中。*

29 *通常，在市区和商业郊区，行人出行路径应受到保护。不鼓励使用替代路线。*

30 *负责TTC区域的公路管理机构应定期检查工作区以确保行人的TTC区域正常有效地运行。*

第6D.02节 无障碍设施的注意事项

支撑依据：

01 关于临时无障碍设施设计和构造的补充信息见第1A.11节的规定（见规定12、38、39和42）。

指导条款：

02 *行人需求等级应通过工程评判决定，或由专员负责每个TTC区域的情况。应为残疾行人制定充足的规定。*

必须条款：

03 当TTC区域已有的行人设施被破坏、关闭或迁移时，临时设施必须易于发觉并与已有的行人设施一样便于通达。有视觉障碍的行人正常使用封闭的人行道时，必须设置能被视觉障碍的行人通过手杖发觉的障碍，并贯穿整条封闭人行道。

支撑依据：

04 对于视觉障碍的行人，比起封闭有人行道、提供替代路线的语音向导（替代路线包含额外交叉口和返回原来的路线），维持可察觉、渠化的行人路线更有用。

指导条款：

05 *由于印刷的标志和路面渠化导向对于有视觉障碍的行人不起作用，封闭的道路、替代的路口、标志和信号信息应通过提供声音信息、可获得的行人信号、拉手杖的或有视力障碍的行人能检测到的隔离栏和渠化设施。*

支撑依据：

06 使用语音信息设施提供话语信息是向有视觉障碍行人提供信息的最理想方式，其效果等同于通过视觉信号告知其人行道封闭。通过行人被动激活，提供话语信息的设施是最理想的。连续发送语音信息的设备或者通过按钮发送信息的其他设施也可接受。信号信息也可传送到个人接收器，但是TTC区域内有视觉障碍的行人不太可能携带和使用这些接收器。如果有可检测到的渠化设施能为有视觉障碍的行人明确指引代替路线，可以不需要语音信息设施。

指导条款：

07 *如果用按钮向有视觉障碍的行人提供等价的 TTC 信息，按钮应配备位置感知提示音，以告知有视觉障碍的行人有可用的语音按钮，并帮助他们找到按钮位置。*

第 6D.03 节 作业人员安全注意事项

支撑依据：

01 作业人员的安全与通过 TTC 区域行人的安全同等重要。TTC 区域有道路使用者意想不到的变化和临时状况。这使得道路上和道路旁边的作业人员更容易受伤。

02 维持 TTC 区域内的道路使用者的流量尽可能小，并使用 TTC 设施引起道路使用者的注意并提供正确方向是特别重要的。同样地，工作区内运行的设备和车辆会对行走的作业人员造成风险。如果可能，可将作业人员的行走路线、设备与作业车辆的运行路线进行分离，给这些车辆提供更大的分离净空，并改善视准线，使得作业人员暴露在移动车辆和设备前的危险降至最低。

指导条款：

03 *为改善作业人员的安全，以下是有关作业人员安全和 TTC 管理应考虑的关键因素：*

A. 培训——所有的作业人员应接受临近车辆交通作业时如何尽可能降低危险的训练。具有特定的 TTC 责任的作业人员应接受有关 TTC 技术、设施使用和布置的培训。

B. 临时交通隔离墩——沿着作业区设置临时交通隔离墩时应考虑的因素包括：作业人员与相邻交通的侧向净空、交通速度、运行持续时间和种类、当日时间和交通流量。

C. 减速——应考虑主要通过监管速度分区、收窄道路、减少车道、使用穿制服的执法人员或旗手来降低车辆速度。

D. 活动区——规划作业区之间的间隔时应考虑将作业车辆的倒车次数减少至最小以减少安全风险。

E. 作业人员安全规划——雇主应指定专业人士对工作区所需的作业地点和工作分类进行基本安全评估。安全员应决定是否实施关于工程、管理、人员的保护措施。规划应依照《1970 职业安全卫生法》（修订版），《一般责任条款》（第 5 节（a）（1）—Public Law 91-596, 84 Stat. 1590，1970 年 12 月 29 日修订），以及根据要求评估每个工作点和工作分类的作业人员的安全风险，见《职业安全和卫生管理条例、一般安全卫生规定》的 29CFR1960.20（b）（2）（见第 1A.11 节）。

必须条款：

04 所有作业人员，包括应急救援人员，在 TTC 区域内的路权范围暴露在有交通（使用道路出行的车辆）或作业车辆及作业设备的环境中，必须着装具有高可视性的安全服，必须满足 ANSI/ISEA 107-2004 的性能 2 或 3 类的要求，参照《关于高可视度安全服饰和头饰的美国国家标准》（见第 1A.11 节），或者相同的修订版，并满足 ANSI 107-2004 中的 2 或 3 类风险暴露的标准性能，第 5 条规定的除外。由雇员指定专门负责作业人员安全的人员必须选择合适的服饰。

可选条款：

05 在 TTC 区域内的应急救援人员和执法人员可着装高可视性的安全服，满足 ANSI/ISEA 207-2006 中关于《高可视度安全服饰和头饰的美国国家标准》（见第 1A.11 节）或相同的修订版的性能要求，并满足 ANSI 207-2006，替代 ANSI/ISEA 107-2004 的服装。

必须条款：

06　当穿制服的执法人员在指挥交通、调查事故或处理车道封闭、路障的道路及自然灾害时，必须穿着本节规定的高可视性的安全服。

07　除了第 8 条描述的情况外，消防员或者其他紧急事件的处理者在有通行权的路段内工作时，必须穿着本节规定的高可视性的安全服。

可选条款：

08　在路权范围内从事应急任务，直接暴露在火焰、火灾、高温及危险物环境中的消防员或其他应急救援人员，可穿着由其他机构（如美国消防协会）指定、规定的具有反光性能的消防战斗服。

09　为提高作业人员的安全，可考虑 TTC 管理的以下额外的因素：

A. 跟随车辆——在非固定和不断运行的情况下，例如坑槽修补和分段操作，配备适当灯光和警告标志的跟随车辆（辅助车辆）可以用于保护作业人员免受失控车辆的影响。跟随车辆可以配备后置影响衰减器。

B. 道路封闭——如有替代路线可供道路使用者使用时，道路可以临时封闭。这样也可以促进工程完成从而进一步减少作业人员的受伤风险。

C. 执法应用——在高度危险的工作环境下，尤其是时间较短的作业，可以通过执法单位提醒过往车辆注意交通的形式，从而提高通过 TTC 区域的安全性。

D. 灯光——对于夜间作业，TTC 区域内和入口可以提供照明。

E. 特殊设施——包括振动带、可变信息标志、危险识别指示灯、旗帜和警告灯。入侵警报装置可以用于警醒作业人员有失控车辆闯入。

支撑依据：

10　正确合理使用特殊设施见第 9 条 E 项，可有助于处理某些 TTC 难题，但是误用或滥用特殊设施或技术可能会降低其效用。

第6E章 旗手控制

第6E.01节 旗手资格证书

指导条款：

01 由于旗手负责公共安全并与所有公路作业人员的联系最多，所以他们应接受安全交通控制实践和公共沟通技巧的训练。旗手应该对以下能力进行充分认证：

A. 能清楚、稳定、有礼貌地获取和传达特定指令；

B. 有快速移动和机动能力，避免失控车辆对自己造成危险；

C. 在不断变化的情况下，能够控制信号设施（例如便携式标牌和旗帜），清楚、积极地引导驶近TTC区域的驾驶员；

D. 在紧张或应急条件下，也能理解和应用安全交通控制措施；

E. 能识别危险的交通环境并能提前对作业人员进行充分警告以避免伤害。

第6E.02节 高可视度安全服饰

必须条款：

01 在白天和夜间的作业活动中，旗手必须穿戴高可视性的安全服饰，满足ANSI/ISEA 107-2004性能2或3类的需求，这部分内容在"关于高可视性安全服饰和头饰的美国国家标准"（见第1A.11节）中。安全服饰的贴标应满足ANSI 107-2004中的2或3类风险暴露的标准性能。服饰的背景（轮廓）材料的颜色必须为ANSI标准中规定的荧光橙红、荧光黄绿或者两者的结合。反光材料应为橙色、黄色、白色、银色、黄绿色或者这些颜色的荧光版本，必须在至少1000英尺以外均能看见。反光安全服饰的设计必须能清楚地体现出人类的特征。

指导条款：

02 对于夜间活动，应考虑给旗手穿戴高可视性的安全服饰，应满足ANSI/ISEA 107-2004的性能3类的要求，这部分内容在"关于高可视性安全服饰和头饰的美国国家标准"（见第1A.11节）中。安全服饰的贴标应满足ANSI 107-2004中的3类风险暴露的标准性能，除第5条规定的除外。

必须条款：

03 当由穿制服的执法人员在TTC区域引导交通时，他们必须穿戴本节描述的高可视性安全服饰。

可选条款：

04 替代ANSI/ISEA 107-2004服饰，TTC区域的执法人员可穿戴满足ANSI/ISEA 207-2006的性能要求，这部分内容见"关于高可视性安全背心的美国国家标准"（见第1A.11节）。安全服饰的贴标为ANSI 207-2006的高可视性安全服饰。

第6E.03节 手持信号设施

指导条款：

01 "停车/慢行"标牌应为首要和优先的手持信号设施，因为相比红色旗帜，"停车/慢行"标牌能给道路使用者提供更加积极的引导。旗帜的使用应限于紧急情况。

必须条款：

02 "停车/慢行"标牌必须为八边形，必须配有硬性手柄。"停车/慢行"标牌至少必须为18英寸宽，上面的字母至少必须为6英寸高。"停车"版面（R1-1）必须为白字体白边框红色背景。"减速"版面（W20-8）必须为黑字体白边框橙色背景。当在晚上使用时，"停车/慢行"标牌必须具有反光特性。

指导条款：

03 "停车/慢行"标牌应由轻便的半刚性材料焊接而成。

支撑依据：

04 传达"停车"或"慢行"的信息最合适的方式是让严肃的工作人员手持"停车/慢行"标牌，工作人员应足够高大，当其站在平地时，牌上的信息高度需足够传达给正在接近和已经停止的交通流。

可选条款：

05 "停车/慢行"标牌可进行改造提高醒目性，可在"停车"版面上加入白色或者红色闪光灯，要么在"慢行"版面上融入白色或黄色闪光灯。闪光灯可以安排为以下任意模式：

A. 两盏白色或红色灯，一盏垂直于"停车"图文正上方，一盏在正下方；两盏白色或黄色灯，一盏垂直于"慢行"图文正上方，一盏在正下方。

B. 两盏白色或红色灯，分别位于"停车"图文同一水平线的左右各侧；两盏白色或黄色灯，分别位于"慢行"图文同一水平线的左右各侧。

C. 一盏白色或红色灯位于"停车"图文的正下侧；一盏白色或黄色灯位于"慢行"图文正下侧。

D. 沿着"停车"标牌的八边形外边缘或在八个角上可安装直径不超过1/4英寸的八盏或更多小型白或红灯，构成八边形轮廓；沿着"慢行"标牌的菱形外可安装直径不超过1/4英寸的八盏或更多小型白或黄灯，构成菱形轮廓。

E. 一系列白灯组成标志牌上的文字。

必须条款：

06 如果闪光灯用于"停车"版面，灯光颜色必须全部为白色或红色。如果闪光灯用于"慢行"版面，灯光颜色必须全部为白色或黄色。

07 如果使用的闪光灯多于8盏，布置的闪光灯必须能清楚显示"停车"牌面八边形和（或）"慢行"版面的菱形。

08 如果闪光灯用于"停车/慢行"标牌，闪烁频率必须至少为50但不超过60次每分钟。

09 使用旗帜时，必须为红色或荧光橙色/红色，面积必须至少为24平方英寸，并必须牢固地固定在身高约36英寸工作人员手上。

指导条款：

10 旗帜的自由边应加重使旗帜在大风中也能够垂直悬挂。

必须条款：

11 当夜晚使用时，旗帜必须为反光的红色。

可选条款：

12　在夜间的紧急情况下，旗手在无灯光照明站台挥旗时，可使用红色发光锥桶辅助"停车/慢行"标牌或旗帜。

必须条款：

13　在夜间的紧急情况下，旗手在无灯光照明的站台使用闪光灯时，必须左手持闪光灯，必须右手持牌或旗帜，如图 6E-3 所示，并必须按以下方式使用闪光灯来控制驶近的道路使用者：

A. 为示意道路使用者停车，旗手必须手持闪光灯左臂向下指向地面，然后在身前从左至右以缓慢的弧度挥舞闪光灯，弧度与垂直线夹角不超过 45°。

B. 为告知道路使用者前行，旗手必须将闪光灯指向汽车保险杠的位置，然后将闪光灯慢慢指向开放车道，然后停留在该位置。旗手不能挥动闪光灯。

C. 为警告或让交通减速，旗手必须将闪光灯指向驶近交通并快速以八字形挥动闪光灯。

第 6E.04 节　自动旗手辅助设备

支撑依据：

01　旗手可利用自动旗手辅助设备（AFADs）在交通运行车道外进行指挥，并管控穿过临时交通控制区的道路使用者。这些设施的设计使得在 TTC 区末端或中间位置或靠近设施位置的单个旗手都能进行远程操控。

02　自动旗手辅助设备有两种类型：

A. 自动旗手辅助设备（见第 6E.05 节）通过使用拖车或可移动二轮车系统上的远程控制"停车/慢行"标志交替控制路权。

B. 自动旗手辅助设备（见第 6E.06 节）通过使用远程控制的红色与黄色镜头和门臂交替控制路权。

03　自动旗手辅助设备可适合于短期和中期的作业活动（见第 6G.02 节）。典型的应用包括但不限于 TTC 活动的如下：

A. 桥梁养护；

B. 运料道路交叉口；

C. 修补路面。

必须条款：

04　当驶近交通方向仅有一条车道需要控制时才能使用自动旗手辅助设备。

05　夜间使用时，必须依照第 6E.08 节规定为自动旗手辅助设备位置提供照明。

指导条款：

06　*自动旗手辅助设备不应用于长期固定作业中（见第 6G.02 节）。*

必须条款：

07　由于自动旗手辅助设备不是交通控制信号，他们不能代替和取代在第 6F.84 节提到的连续运行时的临时交通控制信号。

08　自动旗手辅助设备必须满足第 6F.01 节中碰撞消能的标准。

指导条款：

09　*如果使用自动旗手辅助设备，应将其设置于单车道双向渐变段之前，且在停车线之后。*

必须条款：

10　如果使用自动旗手辅助设备，必须安置在所有标志和其他控制交通运行的项目对最先到达的驾驶员可见的位置，并提前警告其他到达的车辆准备制动。

11 如果使用自动旗手辅助设备，必须仅由受过自动辅助设施使用训练的旗手进行操作。在使用自动旗手辅助设备的过程中，在任何时候都必须有人看管。

12 自动旗手辅助设备的使用必须符合下列方法之一：

A. 自动旗手辅助设备位于 TTC 区域的两端（方法 1）。

B. 自动旗手辅助设备位于 TTC 区域的一端，同时旗手位于另一端（方法 2）。

13 除第 14 条规定的以外，当使用方法 1 或方法 2 时，必须使用两名旗手。

可选条款：

14 如满足以下两个条件时，一个旗手可同时独自操控两个自动旗手辅助设备（方法 1）。当 TTC 区一端有旗手存在时，需在 TTC 区域的另一端安装单个的自动旗手辅助设备（方法 2）。

A. 旗手对于自动旗手辅助设备没有视线阻碍；

B. 旗手对于两个方向的驶近交通均没有视线阻碍。

指导条款：

15 *当使用自动旗手辅助设备时，预先警告标志信息应包括"前方道路作业"标志（W20-1），"单车道道路"标志（W20-4）和"准备制动"标志（W3-4）。*

必须条款：

16 当未使用自动旗手辅助设备时，必须移除或覆盖在自动旗手辅助设备的位置及前方与其相关联的标志。

指导条款：

17 *决定使用自动旗手辅助设备的州或当地机构，应基于工程评判来制定管理自动旗手辅助设备应用的相关政策。该项政策应同时考虑更详细和（或）更严格的自动旗手辅助设备的使用要求，例如以下：*

A. *适用于方法 1 和方法 2 的自动旗手辅助设备运行的条件；*

B. *流量标准；*

C. *自动旗手辅助设备间的最大距离；*

D. *镜头 / 指示监控要求是否冲突；*

G. *应用的一致性；*

H. *更大的标志或镜头可用于增加可视性；*

F. *使用背面板材。*

第 6E.05 节 "停车 / 慢行"自动旗手辅助设备

必须条款：

01 "停车 / 慢行"自动旗手辅助设备（AFAD）（见第 6E.04 节）必须包括交替显示的"停车 / 慢行"标牌中的"停车"面（R1-1）和"减速"（W20-8）面的"停车 / 慢行"标志（见图 6E-1）。

02 自动旗手辅助设备的"停车 / 慢行"标志必须为八边形，由刚性材料制造成，底端安装在高于路面 6 英尺以上的支撑物上。"停车 / 慢行"标志的尺寸至少为 24 英寸 ×24 英寸，其字体至少为 8 英寸。"停车"版面的背景必须为红色，白色图文和边框。"减速"版面必须为橙色菱形、黑色图文和边框。"停车 / 慢行"标志版面均必须具有反光特性。

03 当设置在"停车"或"减速"位置时，自动旗手辅助设备的"停车 / 慢行"组装标志必须通过锁定、啮合或其他方法保持其稳定不变。

04 自动旗手辅助设备的"停车 / 慢行"标志必须结合主动发光的设施作为补充：

A."停车"版面内的白色或红色闪光灯和"减速"版面内的白色或黄色闪光灯必须满足第 6E.03 节的规定；

B."停车"版面上方不超过 24 英寸处必须安装停车让行信标（见第 4L.05 节）以及在"减速"版面上、下或一侧不超过 24 英寸处安装警告信标（见第 4L.03 节）。当显示"减速"灯面时停车让行信标不能闪烁或照明，同时当显示"停车"版面时警告灯塔不能闪烁或照明。除安装地点外，信标必须遵守第 4L 章的规定。

可选条款：

05 当自动旗手辅助设备显示"停车/慢行"标志的"减速"面时，B 类警示灯（见第 6F.83 节）可替代警示信标使用。

必须条款：

06 B 类警示灯代替警示信标使用时，当显示"减速"时，警示灯必须保持闪烁；当显示"停车"时，不能闪烁或照明。

可选条款：

07 自动旗手辅助设备的"停车/慢行"标志面可以包含遮光栅格以提升设施在风中或其他不利环境下的稳定性。

必须条款：

08 如果使用遮光栅格，遮光栅格的设计必须保证整个标志面可以被 50 英尺或更远处驶近的车辆看见。

指导条款：

09 对于"停车/慢行"自动旗手辅助设备，当其显示"停车"面时应向下延伸至横跨交通而到达车道的臂门；当其显示"减速"面时应上升至垂直位置。

可选条款：

10 用单个闸门栏杆代替固定的"停车/慢行"标志，当其显示"停车"面时，"停车/慢行"标志应连在灯具悬臂上，悬臂以物理的方式阻止车道上的交通运行；当其显示"减速"面时，"停车/慢行"标志移动至不阻碍车道上交通运行的位置。

必须条款：

11 如果使用门臂，其双面必须均具有全反光特性，有水平间距 16 英寸的垂直相间的红白条纹，如图 8C-1 所示。当门臂向下阻碍车道交通时：

A.门臂和挡板的最小垂直距离必须为 2 英寸；

B.门臂的末端必须至少伸至所控制车道的中点。

12 "停车等待"标志（R1-7）（见图 6E-1）必须显示给将要到达自动旗手辅助设备的道路使用者。

可选条款：

13 "继续慢行"标志（R1-8）（见图 6E-1）同样需要显示给即将到达的自动旗手辅助设备的道路使用者。

必须条款：

14 如果使用"继续慢行"标志以及"停车等待"标志必须安装在相同的支撑结构上，使得自动旗手辅助设备或紧邻自动旗手辅助设备能以相同直线看到到达交通。所有标志必须为白底，且具有黑色图文和边框。每个标志均必须为长方形，且不小于 24 英寸 ×30 英寸，字体至少为 6 英寸高。

15 为告知道路使用者停车，自动旗手辅助设备必须显示"停车"面及红色或白色灯光，如果使用"停车"标志，"停车"面内或停车信标必须闪烁。为告知道路使用者继续前行，自动旗手辅助设备必须显示"减速"

第 6E 章 旗手控制　601

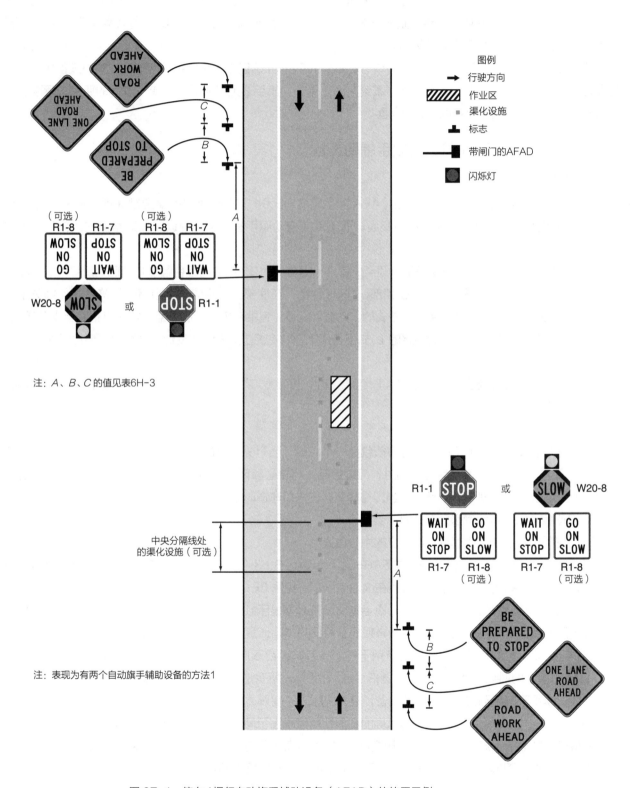

图 6E-1　停车 / 慢行自动旗手辅助设备（AFAD）的使用示例

面及黄色或白色灯光，如果使用"减速"标志，在"减速"面内部必须闪烁或警告信标或 B 型警示灯必须闪烁。为了告知道路使用者停车，AFAD 应显示"停车"面，"停车"面上的红色或白色灯（如果使用）将闪烁或停车信标闪烁。为了告知道路使用者前行，AFAD 应显示"慢行"面，黄色或白色灯（如果使用）在"慢行"面内闪烁或警告信标或 B 型警告灯闪烁。

16　如果通过自动旗手辅助设备"停车/减速"来管控 TTC 区域的单向和双向车道，则必须使用防护措施以防旗手在管制区域两端都同时显示"减速"面。另外，旗手必须在管制区域单一车道的所有车辆驶出车道后再显示自动旗手辅助设备的"减速"面。

第 6E.06 节　红灯/黄灯自动旗手辅助设备

必须条款：

01　红灯/黄灯自动旗手辅助设备（AFAD）（见第 6E.04 节）必须利用稳定常亮的"圆形红灯"和闪烁的"圆形黄灯"交替显示用来控制交通，而无需在自动旗手辅助设备附近或在道路上安排旗手（见图 6E-2）。

02　红灯/黄灯自动旗手辅助设备必须至少包含一组直径为 12 英寸的红色圆形和黄色圆形灯头。除非这部分做另外说明，否则"圆形红色"在顶部，"圆形黄色"在底部，灯头的安装顺序必须符合第 4 篇关于交通信号指示的规定。如果该组灯头是立柱式的，则信号灯罩（包括支撑板）的底部必须高出路面至少 7 英尺。如果该组灯头安装在有车辆经过的道路的上方，则信号灯罩（包括支撑板）的底部必须至少高出地面 15 英尺。

可选条款：

03　额外安装在道路上方的一组"圆形红灯"和"圆形黄灯"或路口左侧与之前那组灯头一同运作时，可以使自动旗手辅助设备更加醒目。

必须条款：

04　红灯/黄灯自动旗手辅助设备必须包括一个门臂，当灯光稳定的圆形红灯亮起时，门臂落下并横跨在进口车道上，当闪烁的圆形黄灯亮起时，门臂抬起。门臂必须两面完全反光，且应为宽度为 16 英寸的红白相间的竖直条纹，如图 8C-1 所示。当门臂降下挡住进口车道时：

A. 门臂板子的垂直宽度必须至少为 2 英寸；

B. 门臂的末端必须至少达到控制车道的中心位置。

05　此处红灯停车标志（R10-6 或 R10-6a）（见第 2B.53 节）必须安装在道路进口的右侧，当灯光稳定的"圆形红灯"亮起时，驾驶人员必须在该地点停车（见图 6E-2）。

06　如果要让道路使用者停车，自动旗手辅助设备必须显示灯光稳定的"圆形红灯"，且降下门臂。如果要让驾驶员继续行驶，自动旗手辅助设备必须显示闪烁的"圆形黄灯"，且抬起栏杆。

07　当红灯/黄灯自动旗手辅助设备用于控制一条车道或双向 TTC 区域车道，必须采取防护措施以防 TTC 区域的旗手同时启动两端闪烁的"圆形黄灯"。另外，所有过往车辆还未全部离开临时管控区域的单一车道之前，旗手不能启动自动旗手辅助设备，点亮闪烁的"圆形黄灯"。

08　闪烁的"圆形黄灯"信号指示与常亮的圆形红色信号指示间的间隔时间可作为过渡期。在间隔时间内，必须保持黄色圆形指示灯头常亮。在"圆形黄灯"持续常亮的间隔时间内，栏杆必须保持抬起。

09　常亮的"圆形红灯"和闪烁的"圆形黄灯"间不能有间隔时间。

指导条款：

10　*持续点亮"圆形黄灯"的间隔时间应该至少为 5 秒，除非依据第 4D.26 节推荐区间范围后通过工程评判而决定使用不同的时间间隔。*

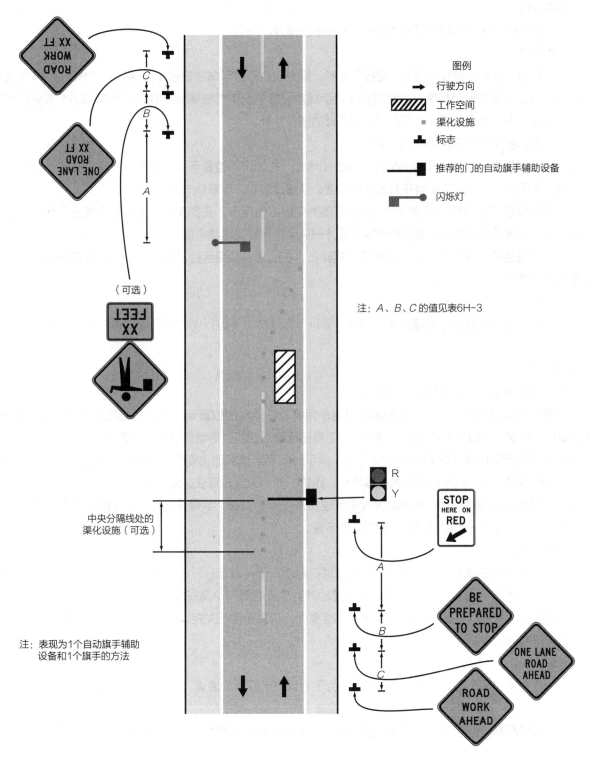

图 6E-2　红/黄信号灯自动旗手辅助设备（AFAD）的使用示例

第 6E.07 节　旗手规程

支撑依据：

01　图 6E-3 中举例说明了旗手对标牌和旗帜的使用。

必须条款：

02　旗手必须通过使用"停车 / 慢行"标牌、旗帜或自动旗手辅助设备（AFAD）控制接近 TTC 区域的道路使用者。禁止在没有标牌、旗帜或自动旗手辅助设备情况下单独挥舞手臂，符合第 6I.01 节中描述的事故现场的执法人员或突发事件处理人员挥舞手臂的情况除外。

03　必须使用如下标牌控制的信号方式：

A. 为了让驾驶员停车，旗手必须面向道路使用者，在固定的位置手持"停车"标牌，并将手臂水平伸出朝向道路使用者。另外一只手臂在举起后的位置必须超过肩膀，手掌朝向来车。

B. 为了指示停车驾驶员继续行驶，旗手必须面向道路使用者，在固定的位置手持"慢行"标牌，并将手臂水平伸出朝向道路使用者。旗手必须挥动另外一只手让驾驶员继续行驶。

C. 为了警告或放慢交通，旗手必须面向驾驶员，在固定的位置手持"慢行"标牌，并将手臂水平伸出朝向道路使用者。

可选条款：

04　为了进一步警示或放慢交通，持有"慢行"标牌的旗手可以朝向道路使用者，掌心朝下上下挥动另外一只手。

必须条款：

05　必须使用如下的旗帜信号控制方式：

A. 为了让驾驶员停车，旗手必须面向道路使用者，在固定的位置朝向驾驶员将旗杆水平越过行驶车道，使得旗杆下的旗帜可以全部被看到。另外一只手臂必须举起至超过肩膀的高度，手掌朝向来车。

B. 为了指示暂时停车的驾驶员继续行驶，旗手必须手持旗帜面向道路使用者，手臂低于驾驶员的视线。且旗手必须挥动另外一只手让驾驶员继续行驶。旗帜不能用来告知驾驶员继续行驶。

C. 为了警告或放慢交通，旗手必须面向驾驶员慢慢挥动旗帜，手臂伸出并在肩膀的水平面挥舞，不能超过肩膀水平面。旗手必须保持另外一只手自然下垂。

指导条款：

06　旗手应站在临近被控制驾驶员的路肩或在封闭车道位置上以让驾驶员停车。旗手只能站在让停车的驾驶员即将驶入的车道内。旗手应该总能清楚地看到靠近的第一个驾驶员。其他驾驶员也应该能看到旗手。旗手应该被安置在距作业人员之前且有足够的距离处，以警告他们失控车辆会带来的危险（例如使用声音警报器如喇叭或汽笛）。

可选条款：

07　在距离封闭车道有足够视距的地方，为了合理安全控制交通流，使用一个旗手就足够了。

指导条款：

08　当使用单个旗手时，应将其设置在封闭车道或作业区的对面，或其他可视性较好且总能进行交通控制的地方。

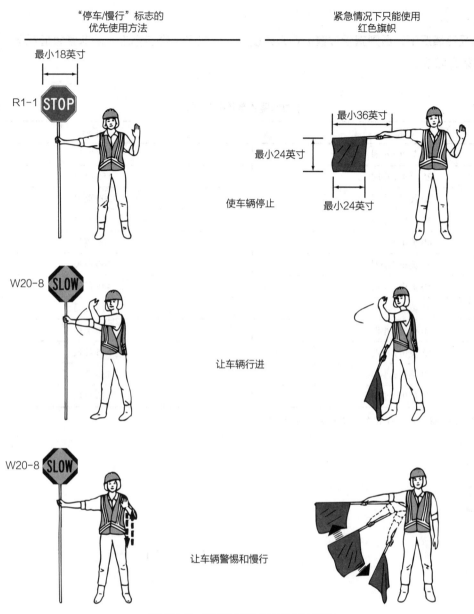

图 6E-3 旗手的手势信号设施的使用

第 6E.08 节 旗手位置

必须条款：

01 旗手的位置必须使正在驶近的驾驶员有足够的距离，使其可以停在想要停车的地方。

可选条款：

02 表 6E-1 所示的距离为与速度相关的停车视距函数，可以用于安排旗手的位置。在下坡路段以及其他影响停车距离的情况下可以增加该距离。

指导条款：

03 旗手位置应使误入车辆在进入作业区域之前有足够的空间停车。旗手应提前确认躲避的路线，以避免被错误驶入的车辆撞击。

必须条款：

04 除非紧急情况下，否则旗手位置前均必须设置一个或多个警告标志。除非紧急情况下，否则旗手位置在夜间均必须有照明。

作为速度函数的停车视距　　　　　　　　　　　表6E-1

速度*	距离
20 英里 / 小时	115 英尺
25 英里 / 小时	155 英尺
30 英里 / 小时	200 英尺
35 英里 / 小时	250 英尺
40 英里 / 小时	305 英尺
45 英里 / 小时	360 英尺
50 英里 / 小时	425 英尺
55 英里 / 小时	495 英尺
60 英里 / 小时	570 英尺
65 英里 / 小时	645 英尺
70 英里 / 小时	730 英尺
75 英里 / 小时	820 英尺

* 限速、工作之前非高峰期 85% 位车速或期望的运行速度。

第 6F 章 临时交通控制区域设施

第 6F.01 节 设施类型

指导条款：

01 TTC 区域内所使用的设施的设计与应用应考虑所有道路使用者的需求（汽车司机、骑行者和行人），包括残障人士。

支撑依据：

02 联邦公路局政策要求在国家路网上使用的所有路侧附属设施，如交通路障、栅栏和防撞垫、桥栏、标志或路灯杆、作业区硬件设施应满足防撞性能标准。该标准包含在《国家公路合作研究项目（NCHRP）350 号研究报告》"公路产品安全性能评估推荐规程"中。联邦公路局网站（"http://safety.fhwa.dot.gov/programs/roadside_hardware.htm"）确认了所有该类硬件设施且具有认证性的副本。因为涉及专利问题，一些特殊设施的详细信息可参考制造商网站的链接。该网站也包含了"咨询专家"板块，可以在此提交有关路侧相关问题。

03 MUTCD 中的部分要求特定的交通控制设置以及他们的支撑物和（或）相关附属物具有防撞性能。这些 MUTCD 中的防撞性规定适用于所有街道、公路以及向公众开放的私人道路。同时，交通运输部和地方机构可以扩充 NCHRP350 号研究报告中的防撞性能标准以应用于某些其他的路侧附属设施。

04 第 6 条中描述的设施防撞性和碰撞测试信息可以在 AASHTO 的"路侧设施设计指南"中找到（见 1A.11 节）。

05 如第 1A.13 节中定义，"防撞性"是经过成功的碰撞测试的路侧设施的性能指标，与《国家公路合作研究项目（NCHRP）350 号研究报告》中"公路产品安全性能评估推荐规程"规定的国家标准一致。

必须条款：

06 交通控制设施必须由具有管辖权的公共机构或政府定义，包含所有安装在街道、公路、向公众开放的私人道路（见第 1A.13 节中定义）的路面、路面上方或路边的标志、信号、标线和其他用于管理、警告或引导道路使用者的其他设施、行人设施或自行车道。

07 所有用于街道、公路或向公众开放的私人道路（见第 1A.13 节中定义）的建设、维护、使用或事件管理运行的交通控制设施必须遵循本手册的相关规定。

第 6F.02 节 标志的一般特性

支撑依据：

01 TTC 区域标志依靠文字、符号、箭头来传达一般性的和特殊性的信息。其拥有和所有道路使用者标志一样的三种内容，可分为：禁令标志、警告标志和指示标志。

必须条款：

02 交通禁令标志的颜色必须遵循表 2A-5 和第 2B 章中关于禁令标志的标准。TTC 区域的警告标志必须为具有黑色图文和边框的橘色背景标志，除了平交道口预警标志（W10-1）是黑色图文和边框的黄色背景标志，以及第 2 或第 7 篇需要的或推荐的荧光黄绿色背景的标志。指示标志的颜色必须遵循表 2A-5 和第 2D 章中的标准，第 6F.55 节中涉及的其他指示标志除外。

可选条款：

03 当需要使用橘色时，也可选择使用荧光橘色。

支撑依据：

04 在黎明和黄昏时间段内，荧光橘色比标准橘色更加醒目。

可选条款：

05 现有仍可使用的警告标志可以保留不动。

06 为了保持管辖范围内黄色或荧光黄绿色的背景标志在行人、自行车和学校区域的警告标志中可以实现系统使用，该样式的警告标志也可以在 TTC 区域内使用。

07 标准的橘色旗帜或闪烁的警示灯可以与标志共同使用。

必须条款：

08 当标准橘色旗帜或闪烁警示灯与标志配合使用时，它们不能遮挡到标志本身。

09 除了第 2A.11 节中提供的，TTC 标志和标牌的尺寸如表 6F-1 所示。表中最小的尺寸规定必须仅使用于当地 85 位车速或限速低于 35 英里/小时的街道或道路。

可选条款：

10 为提高视认性或增加强调效果，可以加大表 6F-1 中规定的标志和标牌尺寸。

必须条款：

11 本手册提供的标准尺寸加大范围必须在 6 英寸以内。

支撑依据：

12 《公路标志与标线标准》一书中包含了标志设计的详细信息（见 1A.11 节）。

13 第 2A.06 节中包含了关于标志设计的附加信息，包括允许在标准的文字或符号标志无法表达其管理、警告或指示信息的时候所使用的特殊文字信息的标志。

必须条款：

14 所有夜间使用的标志必须具有光滑密封的反光表层，或在照明情况下的白天和夜晚保持一致形状和相近颜色。

15 标志的照明不能借助街道、公路的路灯以及闪光灯等其他照明设施来满足要求。

可选条款：

16 标志照明可以是内部的或外部的。

17 标志可以由刚性或柔韧材料制成。

TTC区标志和标牌的尺寸　　　　　　表6F-1

标志或标牌	标志名称	章节	常规道路	高速公路或快速路	最小值
停车让行	R1-1	6F.06	30×30*	—	—
停车让行（在停车/慢行标牌）	R1-1	6E.03	18×18	—	—

续表

标志或标牌	标志名称	章节	常规道路	高速公路或快速路	最小值
减速让行	R1-2	6F.06	36×36×36*	—	30×30×30
迎面而来的交通（标牌）	R1-2aP	6F.06	36×30	48×36	24×18
停车等待	R1-7	6E.05	24×30	24×30	—
慢速行驶	R1-8	6E.05	24×30	24×30	—
限速	R2-1	6F.12	24×30*	36×48	—
高惩罚（标牌）	R2-6P	6F.12	24×18	36×24	—
双倍惩罚（标牌）	R2-6aP	6F.12	24×18	36×24	—
$××罚金（标牌）	R2-6bP	6F.12	24×18	36×24	—
处罚加重区域开始	R2-10	6F.12	24×30	36×48	—
处罚加重区域结束	R2-11	6F.12	24×30	36×48	—
结束作业区限速	R2-12	6F.12	24×36	36×54	—
禁止通行	R3-1，2，3，4，18，27	6F.06	24×24*	36×36	—
限定行驶（1车道）	R3-5	6F.06	30×36	—	—
可选择通行（1车道）	R3-6	6F.06	30×36	—	—
限定行驶（文字）	R3-7	6F.06	30×30*	—	—
交叉口车道控制预告	R3-8	6F.06	变化的×30	—	—
禁止超车	R4-1	6F.06	24×30	36×48	—
小心超车	R4-2	6F.06	24×30	36×48	—
靠右通行	R4-7	6F.06	24×30	36×48	—
窄靠右通行	R4-7c	6F.06	18×30	—	—
保持车道内运行	R4-9	6F.11	24×30	36×48	—
不能进入	R5-1	6F.06	30×30*	36×36	—
逆行	R5-1a	6F.06	36×24*	42×30	—
单行道	R6-1	6F.06	36×12*	54×18	—
单行道	R6-2	6F.06	24×30*	36×48	—
禁止泊车（图标）	R8-3	6F.06	24×24	36×36	—
人行横道	R9-8	6F.13	36×18	—	—
人行道封闭	R9-9	6F.14	24×12	—	—
人行道封闭，使用另一侧	R9-10	6F.14	24×18	—	—
前方人行道封闭，（箭头）在此过街	R9-11	6F.14	24×18	—	—
人行道封闭，（箭头）穿过这里	R9-11a	6F.14	24×12	—	—
道路封闭	R11-2	6F.08	48×30	—	—
道路封闭-仅当地交通	R11-3a，3b，4	6F.09	60×30	—	—
限重	R12-1，2	6F.10	24×30	36×48	—
限重（图标）	R12-5	6F.10	24×36	36×48	—
弯路和急弯路标志	W1-1，2，3，4	6F.16	36×36	48×48	30×30

续表

标志或标牌	标志名称	章节	常规道路	高速公路或快速路	最小值
反向弯路（≥2车道）	W1-4b, 4c	6F.48	36×36	48×48	30×30
单向大箭头	W1-6	6F.16	48×24	60×30	—
线型诱导	W1-8	6F.16	18×24	30×36	—
前方停车让行	W3-1	6F.16	36×36	48×48	30×30
前方让行	W3-2	6F.16	36×36	48×48	30×30
前方信号	W3-3	6F.16	36×36	48×48	30×30
准备制动	W3-4	6F.16	36×36	48×48	30×30
前方减速慢行	W3-5	6F.16	36×36	48×48	30×30
前方XX英里/小时速度区	W3-5a	6F.16	36×36	48×48	30×30
合流交通	W4-1, 5	6F.16	36×36	48×48	36×36
车道终止	W4-2	6F.24	36×36	48×48	30×30
增加的车道	W4-3, 6	6F.16	36×36	48×48	30×30
没有合流区（标牌）	W4-5P	6F.16	18×24	24×30	—
道路狭窄	W5-1	6F.16	36×36	48×48	30×30
窄桥	W5-2	6F.16	36×36	48×48	30×30
单车道桥	W5-3	6F.16	36×36	48×48	30×30
匝道变窄	W5-4	6F.26	36×36	48×48	30×30
分离式高速公路	W6-1	6F.16	36×36	48×48	30×30
分离式高速公路结束	W6-2	6F.16	36×36	48×48	30×30
对向交通	W6-3	6F.32	36×36	48×48	30×30
双向交通分隔	W6-4	6F.76	12×18	12×18	—
丘陵（图标）	W7-1	6F.16	36×36	48×48	30×30
之后XX英里（标牌）	W7-3aP	6F.53	24×18	36×30	—
减速垄	W8-1	6F.16	36×36	48×48	30×30
下沉	W8-2	6F.16	36×36	48×48	30×30
道路结束	W8-3	6F.16	36×36	48×48	30×30
软路肩	W8-4	6F.44	36×36	48×48	30×30
潮湿时滑	W8-5	6F.16	36×36	48×48	30×30
卡车穿行	W8-6	6F.36	36×36	48×48	30×30
松砾石路	W8-7	6F.16	36×36	48×48	30×30
纹理路面	W8-8	6F.16	36×36	48×48	30×30
低路肩	W8-9	6F.44	36×36	48×48	30×30
不均匀车道	W8-11	6F.45	36×36	48×48	30×30
无中央分隔线	W8-12	6F.47	36×36	48×48	30×30
落石	W8-14	6F.16	36×36	48×48	30×30
沟槽路面	W8-15	6F.16	36×36	48×48	30×30
摩托车（标牌）	W8-15P	6F.54	24×18	30×24	—

续表

标志或标牌	标志名称	章节	常规道路	高速公路或快速路	最小值
路肩下沉（图标）	W8-17	6F.44	36 × 36	48 × 48	30 × 30
路肩下沉（标牌）	W8-17P	6F.44	24 × 18	30 × 24	—
过水路面	W8-18	6F.16	36 × 36	48 × 48	24 × 24
没有路肩	W8-23	6F.16	36 × 36	48 × 48	30 × 30
前方钢板	W8-24	6F.46	36 × 36	48 × 48	30 × 30
路肩终止	W8-25	6F.16	36 × 36	48 × 48	30 × 30
车道结束	W9-1, 2	6F.16	36 × 36	48 × 48	30 × 30
前方中间车道关闭	W9-3	6F.23	36 × 36	48 × 48	30 × 30
平面交叉提前警告	W10-1	6F.16	36 dia.	—	—
卡车	W11-10	6F.36	36 × 36	48 × 48	30 × 30
双箭头	W12-1	6F.16	30 × 30		
低净空	W12-2	6F.16	36 × 36	48 × 48	30 × 30
建议速度（标牌）	W13-1P	6F.52	24 × 24	30 × 30	18 × 18
在匝道上（标牌）	W13-4P	6F.25	36 × 36	36 × 36	—
禁止超车路段（标牌）	W14-3	6F.16	48 × 48 × 36	64 × 64 × 48	40 × 40 × 30
XX 英尺（标牌）	W16-2P	6F.16	24 × 18	30 × 24	—
道路作业（距离）	W20-1	6F.18	36 × 36	48 × 48	30 × 30
绕行（距离）	W20-2	6F.19	36 × 36	48 × 48	30 × 30
道路（街道）封闭（距离）	W20-3	6F.20	36 × 36	48 × 48	30 × 30
单车道道路（距离）	W20-4	6F.21	36 × 36	48 × 48	30 × 30
车道封闭（距离）	W20-5, 5a	6F.22	36 × 36	48 × 48	30 × 30
旗手（图标）	W20-7	6F.31	36 × 36	48 × 48	30 × 30
旗手	W20-7a	6F.31	36 × 36	48 × 48	30 × 30
慢行（在停车/慢行标牌）	W20-8	6E.03	18 × 18	—	—
作业人员	W21-1, 1a	6F.33	36 × 36	48 × 48	30 × 30
未干柏油（沥青）路面	W21-2	6F.34	36 × 36	48 × 48	30 × 30
前方筑路机械	W21-3	6F.35	36 × 36	48 × 48	30 × 30
低速移动车辆	W21-4	6G.06	36 × 18	—	—
路肩工作	W21-5	6F.37	36 × 36	48 × 48	30 × 30
路肩关闭	W21-5a	6F.37	36 × 36	48 × 48	30 × 30
路肩关闭（距离）	W21-5b	6F.37	36 × 36	48 × 48	30 × 30
测勘人员	W21-6	6F.38	36 × 36	48 × 48	30 × 30
公用设施作业	W21-7	6F.39	36 × 36	48 × 48	30 × 30
前方割草	W21-8	6G.06	36 × 36	48 × 48	30 × 30
前方爆炸区域	W22-1	6F.41	36 × 36	48 × 48	30 × 30
关掉双向无线电和手机	W22-2	6F.42	42 × 36	42 × 36	—
爆炸禁区结束	W22-3	6F.43	42 × 36	42 × 36	36 × 30

续表

标志或标牌	标志名称	章节	常规道路	高速公路或快速路	最小值
前方慢行交通	W23-1	6F.27	48×24	48×24	—
前方交通模式改变	W23-2	6F.30	36×36	48×48	30×30
双反向曲线（1车道）	W24-1	6F.49	36×36	48×48	30×30
双反向曲线（2车道）	W24-1a	6F.49	36×36	48×48	30×30
双反向曲线（3车道）	W24-1b	6F.49	36×36	48×48	30×30
所有车道	W24-1cP	6F.49	24×24	30×30	—
之后XX英里道路作业	G20-1	6F.56	36×18	48×24	—
道路作业结束	G20-2	6F.57	36×18	48×24	—
跟随引导车	G20-4	6F.58	36×18	—	—
施工区（标牌）	G20-5aP	6F.12	24×18	36×24	—
出口开放	E5-2	6F.28	48×36	48×36	—
出口关闭	E5-2a	6F.28	48×36	48×36	—
仅出口	E5-3	6F.29	48×36	48×36	—
绕行	M4-8	6F.59	24×12	30×15	—
绕行结束	M4-8a	6F.59	24×18	24×18	—
结束	M4-8b	6F.59	24×12	24×12	—
绕行	M4-9	6F.59	30×24	48×36	—
自行车/行人绕行	M4-9a	6F.59	30×24	—	—
行人绕行	M4-9b	6F.59	30×24	—	—
自行车绕行	M4-9c	6F.59	30×24	—	—
绕行	M4-10	6F.59	48×18	—	—

* 常规道路上的交通标志的最小尺寸要求见表2B-1。

注：1. 在有必要增强辨识度或强调的地方可使用更大尺寸的标志。
2. 尺寸单位为英寸，记作"宽×高"。

第6F.03节 标志设置

指导条款：

01 标志一般应设置于道路右侧，除非本手册中另有说明。

可选条款：

02 需要特别强调时，可以同时在道路左右两侧均设置标志。安装在车载支撑物上的标志可以放置在路面上。标志可以安装在路障表面或上方。

支撑依据：

03 应使用本篇关于安装高度的规定，除非本手册其他地方对特殊标志进行了规定。

必须条款：

04 安装在乡村区域道路旁标志的最小安装高度，即从标志底部测量至路面边缘海平面高度的垂直距离，必须为5英尺（见图6F-1）。

05 安装在商务、商业或住宅等很可能出现停车或行人穿行的区域、标志可能被遮挡处的标志，则其最小的安装高度必须为 7 英尺（见图 6F-1）。该高度为从标志底部测量至路缘石顶部的垂直距离，当没有路缘石时，测量标志底部到行车道边缘所在海拔高度的垂直距离。

06　安装在人行道上标志的最低高度必须为 7 英尺，即从标志底部测量至路面边缘海平面高度。

可选条款：

07　底部第二个标志到上一个标志底部的距离可以比第 4~6 条中提到的高度小 1 英尺。

指导条款：

08　不管是便携式的还是永久式的，标志支撑物都不能安装在人行道、自行车道或设计供行人和自行车通行的区域。如果安装在其他标志下方的次级标志的底部到人行道路面的距离低于 7 英尺（见第 6D.02 节），则次级标志垂直投影到行人设施的部分不应超过 4 英寸。

必须条款：

09　需要满足残障行人需求的地方，标志的安装与设置必须与"美国残障人士建筑与设施无障碍环境指南"（ADAAG）中 4.4 节规定保持一致（见第 1A.11 节）。

10　安装在路障上的标志和路障/标志组合必须具有防撞性能。

指导条款：

11　除 12 条中所述，若安装在便携式标志支撑物上的标志不能满足第 4~6 条中要求的最小安装高度，则不能持续使用超过 3 天。

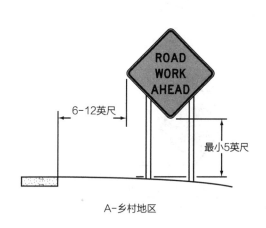

A-乡村地区

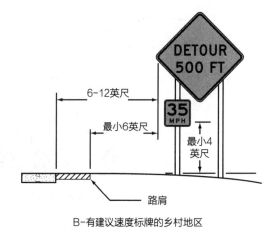

B-有建议速度标牌的乡村地区

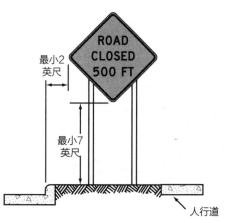

C-办公、商业或居民区

D-办公、商业或居民区（没有路缘）

图 6F-1　标志的高度和横向位置——典型的安装

可选条款：

12 R9-8~R9-11a 系列、R11 系列、W1-6~W1-8 系列、M4-10、E5-1 或其他相似类型的标志（见图 6F-3~图 6F-5）安装在不能满足第 4~6 条中要求的最小安装高度的便携式标志支撑物上，可以使用超过 3 天。

支撑依据：

13 在标杆以外上安装标志的方法如图 6F-2 中所示。

指导条款：

14 安装在类型 3 的路障上的标志覆盖范围不应超过顶部两个横杆的 50% 或三个横杆总区域的 33%。

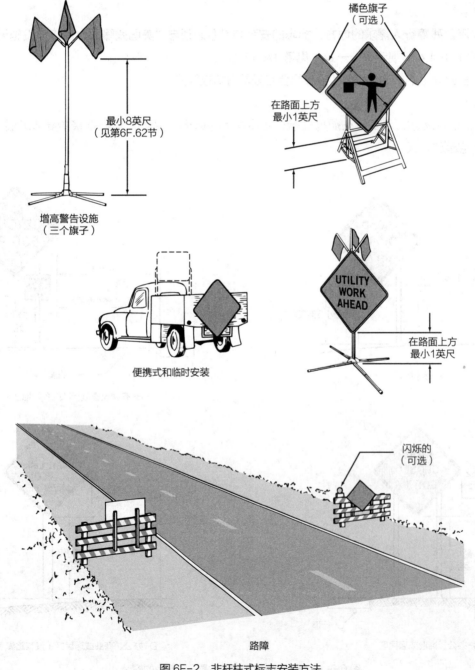

图 6F-2 非杆柱式标志安装方法

必须条款：

15 标志支撑物必须先具有防撞性能。若安装在多块分离标杆上的大型标志面积超过 50 平方英尺，那么标志底部距离地面的净空距离必须至少为 7 英尺。

16 安装在路障上或其他便携式支撑物上的标志底部距离行车道必须至少有 1 英尺的距离。

可选条款：

17 为了实现机动运行，标志可以安装在作业车、跟随车辆和拖车上，这些车辆停放在 TTC 区域内或者沿着控制区域移动。

支撑依据：

18 特殊交通设施支撑物成功通过《NCHRP 第 350 号研究报告》中所述的碰撞测试，但对其进行改变，则不应认为改变后的支撑物防撞。

第 6F.04 节　标志维护

指导条款：

01 应对标志进行适当地维护以保持标志干净、可见、位置正确。

02 当标志难以看清时，则应该立即更换标志。

支撑依据：

03 第 2A.08 节有关反光标志的内容中包括了在使用 TTC 区域内的标志。

第 6F.05 节　交通禁令标志权威

支撑依据：

01 如图 6F-3 中所示，交通禁令标志用来告知道路使用者交通法律法规并且指明一些不太明确的法律规定的适用范围。

必须条款：

02 交通禁令标志必须得到管辖范围内的公共机关及人员的授权，并且应与第 2B 章中的规定一致。

第 6F.06 节　交通禁令标志的设计

必须条款：

01 TTC 区域的交通禁令标志必须满足第 2 篇和联邦公路局出版的《公路标志和标线标准》（详见第 1A.11 节）一书中提到的交通禁令标志的相关标准。

支撑依据：

02 交通禁令标志通常是矩形的标志板，标志为白底、黑色图文和边框。还额外包括"停车让行"、"减速让行"、"禁止驶入"、"逆行"，和"单行道"。

可选条款：

03 "单行道"标志既可以采用横向的也可以采用竖向的矩形。

第 6F.07 节　交通禁令标志的应用标准

必须条款：

01 如果 TTC 区域内需要采取不同于现存设施的其他控制措施，则现存的永久式的管理设施必须被移除、遮盖或被合适的临时禁令标志所替代。这种更换需要遵从适用的条例或管辖范围内的章程。

第6F.08节 道路（街道）封闭标志（R11-2）

指导条款：

01 除了承包商的设备及官方授权的车辆外，对其他所有道路使用者实施道路封闭时，应当使用"道路（街道）封闭"标志（如图6F-3中R11-2），并配合设置适当的警告或绕行标志。

可选条款：

02 "桥梁封闭"标志可以在合适的地方替代"道路（街道）封闭"标志。

图6F-3 在临时交通控制区的禁令标志和标牌（A图）

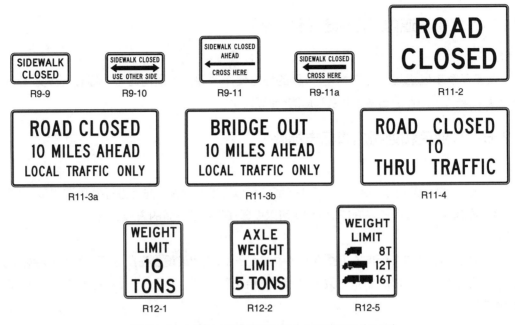

图 6F-3　在临时交通控制区的禁令标志和标牌（B 图）

指导条款：

03　"道路（街道）封闭"标志应该设置在（靠近）道路中心用来封闭道路的第 3 类路障上（见第 6F.68 节）。

必须条款：

04　当 TTC 区指示占据了现有道路的部分车道，但道路使用者还可以利用未被占据的车道通行，或实际的封闭区在离标志很远的地方时，则不能设置地方"道路（街道）封闭"标志。

第 6F.09 节　只允许当地交通通行的标志（图 6F-3 中的 R11-3a 和 R11-4）

指导条款：

01　为了避免其他道路使用者误入而引导其绕道，在仅允许当地车辆通过至封路点的位置，应该设置只允许本地车辆通行的标志（见图 6F-3）。同时，应该辅助使用合适的警告或绕行标志。

02　在乡村使用该标志时，应该标有"前方 XX 英里道路封闭"、"只允许当地车辆通行"等图文（R11-3a）。

可选条款：

03　在城市区域，可以使用"道路对于过境车辆封闭"或"道路封闭、只允许当地车辆通行"的标牌。

04　在城市区域，相交道路名称或知名目地等文字信息可以用来代替标志 R11-3 上的"前方 XX 英里"。

05　"桥梁封闭"的文字信息可以替代 R11-3a 或 R11-4 中的"道路（街道）封闭"。

第 6F.10 节　限重标志（R12-1、R12-2 和 R12-5）

必须条款：

01　限重标志（如图 6F-3 所示）显示了道路或桥梁允许通过的净重或轴重。标志的设置必须符合州或当地的法律规定，并且在没有管辖范围内的机构授权时不得在高速公路上设置此类标志。

02　当在 TTC 区由于一些活动而强行设置限重时，必须为超重的车辆设置绕行标志。

第 6F.11 节 保持车道内运行标志（R4-9）

可选条款：

01 可以在多条车道已经合并作为 TTC 区的地方使用"保持车道内运行"标志（详见图 6F-3 中的 R4-9）来告知驾驶员道路作业占据了多条车道的一部分。

第 6F.12 节 作业区和处罚加重标志标牌

可选条款：

01 "作业区"标牌（见图 6F-3 中的 G20-5aP）可以设置在限速标志上进行强调：在 TTC 区限速。"结束作业区限速"标志（见图 6F-3 中的 R2-12）可以设置在作业区下游的末端。

指导条款：

02 "处罚加重区域开始"标志（见图 6F-3 中的 R2-10）应该设置在作业区开始的上游区域，因为在作业区内因交通违章将会增加罚款。而"处罚加重区域结束"标志（见图 6F-3 中的 R2-11）应该设置在作业区下游结束端。

可选条款：

03 "双倍罚款区开始（结束）"标志可以用来替代标志 R2-10 和 R2-11。

04 如果在 TTC 区域对交通违章增加罚款金额，则可以将"高罚款、双倍罚款或标明具体罚款金额"的标牌（见第 2B.17 节和图 6F-3）设置在限速标志下方。

05 用于作业区限速和高罚款的单个标志和标牌可以合并成一个标志使用也可以将标识和标牌组合使用。

第 6F.13 节 人行横道标志（R9-8）

可选条款：

01 "人行横道"标志（见图 6F-3 中的 R9-8）用来指示临时人行横道的位置。

必须条款：

02 如果建立了临时人行横道，那么在符合第 6D.02 节的要求下，必须允许残疾人使用临时人行横道。

第 6F.14 节 人行道封闭标志（R9-9、R9-10、R9-11 和 R9-11a）

指导条款

01 "人行道封闭"标志（见图 6F-3）应该设置在行人流被限制的位置。自行车/行人绕行标志（M4-9a）或行人绕行标志（M4-9b）应该设置在行人需要绕行的位置（见第 6F.59 节）。

02 "人行道封闭"标志（R9-9）应该安装在人行道封闭的开始处、交叉口之前封闭的人行道处和在其他封闭的人行道上需要的地方。

03 当在道路另一侧有一条平行的人行横道存在时，"人行道封闭，（箭头）使用另一侧"标志（R9-10）应该设置在受限的人行道开始处。

04 "前方人行道封闭，（箭头）在此过街"标志（R9-11）应该用来告知行人：在此标志后的人行道封闭，并指引行人利用开放的人行横道、人行道或其他路径。

05 "人行道封闭,（箭头）在此过街"标志（R9-11a）应该设置在行人不会受限的位置。

支撑依据

06 这些标志通常安装在视觉障碍者可感知的路障上来告知行人人行道的封闭并告知他们遵守此标志的规制。这种印刷标志对于视觉障碍的人的作用微乎其微。应设置能为视觉障碍人士感知的路障来传递人行道封闭的消息。如果使用连续的可感知通道设施作为另一种路径，则不需要通行标志。如果可感知路障或可替代渠化路障不连续放置，则需要设置发声装置。

第6F.15节 特殊的禁令标志

可选条款：

01 使用特殊的禁令标志时应基于工程判断并符合监管的要求。

指导条款：

02 *特殊的禁令标志应该遵循颜色、形状和字母大小及级数的一般要求。标志信息应该简洁、易读、清晰。*

第6F.16节 警告标志的功能、设计及应用支撑依据

支撑依据：

01 TTC区域的警告标志（详见图6F-4）告知道路使用者在道路上或邻近道路的地方有特殊的、不易发现的情况。

必须条款：

02 TTC区域警告标志必须遵循第2篇和联邦公路局的《道路交通标志和标线标准》一书（详见第A1.11节）中有关警告标志的标准。除了第3条中规定的以外，TTC区是警告标志必须是橘色背景、带有黑色图文和边框的菱形标志。此外，W10-1标志是黄底，黑色图文和边框；还有第2篇、第7篇中规定或推荐的荧光黄绿底色的标志。

可选条款：

03 用于TTC区域事故处理情况下的警告标志其底色应该为荧光粉色，并带有黑色图例和边框。

04 在安装或调整空间时，需尽量采用标准的菱形。

05 在紧急情况下，如果手头上没有橘色或荧光粉色的标志，可以使用底色是黄色的标志。

指导条款：

06 *在需要进一步强调道路条件或道路使用者状态时，应该使用比标准尺寸大的标志，并且应该适当放大标志的符号和图例来与标志外部尺寸相协调。*

07 *由于作业或事故导致道路被阻挡或封闭，在道路的任何部分均应该设置前方警告标志来提醒道路使用者前方出现道路被阻挡或限制。*

08 *对于包括行人在内的道路使用者，应该考虑提供视觉障碍者可用的辅助发声、可感知路障等设施。*

支撑依据：

09 可感知的路障可以明显告知视觉障碍者不能再继续沿着正在行走的方向前进了。

可选条款：

10 前方警告标志可以单独或合并使用。

11 在警告标志上缺乏距离信息时，可以将一个带有距离信息的辅助标牌设置在警告标志下面。

第6F.17节 前方警告标志位置

指导条款：

01 在高速公路条件允许的情况下，应该根据道路类型、条件和限速设置警告标志离TTC区域的距离。表6C-1显示了前方警告标志的设置间距。当设置了2个及以上的前方警告标志时，对于低速的城市道路来说，离TTC区域最近的标志大约位于100英尺处；而对于高速公路而言，设置位置则应在1000英尺以上。

02 当在临近TTC区域有多个前方警告标志时，"前方道路"标志（W20-1）应该是道路使用者遇到的第一个前方警告标志。

支撑依据：

03 很多情况下如需驾驶员减速或停止，例如视距受限或被遮挡，则需要附加前方警告标志。

可选条款：

04 在前方警告标志上可以使用"前方"一词替代具体距离。

支撑依据：

05 在通畅道路上的TTC区域，不需要设置所有的主要作业警告标志。

可选条款：

06 在TTC区域内可以进行公共设施作业、维修或小规模作业，但需要设置附加的警告标志。

指导条款：

07 需同相关部门协调公共设施作业、维修、小规模作业标志以及TTC区域的情况，以使道路使用者不会对额外的TTC区域设施感到混淆。

第6F.18节 道路（街道）作业标志（W20-1）

指导条款：

01 "道路（街道）作业"标志（见图6F-4中W20-1），作为道路受阻碍和限制的通用警告，应该设置在作业道路的工作区或绕行区之前。

02 如果车辆可以从相交道路或主要私人车道进入TTC区域，则应在相交道路或主要车道前设置警告标志。

必须条款：

03 "道路（街道）作业"标志（W20-1）上必须标有"前方XX英尺、前方XX英里或前方道路（街道）作业"等字样。

第6F.19节 绕行标志（W20-2）

指导条款：

01 "绕行"标志（见图6F-4中W20-2）应该设置在道路使用者选择不同的道路绕行之前。

必须条款：

02 "绕行"标志上必须标有"前方XX英尺"、"前方XX英里"或"前方绕行"等字样。

第6F.20节 道路（街道）封闭标志（W20-3）

指导条款：

01 "道路（街道）封闭"标志（见6F-4中W20-3）应该设置在对所有道路使用者封闭或对当地道路使用者以外的所有道路使用者封闭的高速公路前方。

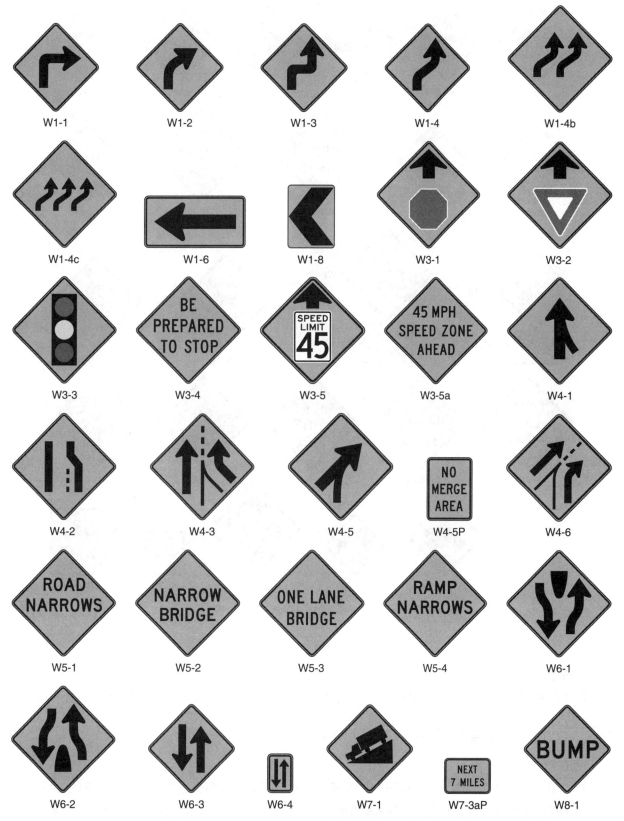

图 6F-4 在临时交通控制区的警告标志和标牌（A 图）

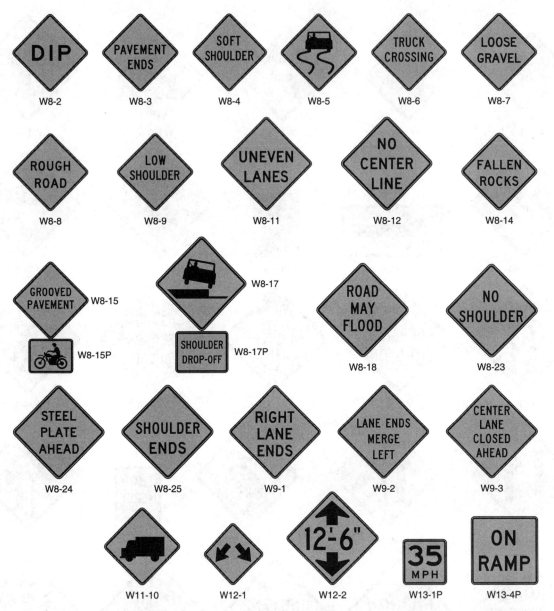

图 6F-4　在临时交通控制区的警告标志和标牌（B 图）

必须条款：

02 "道路（街道）封闭"标志上必须标有"前方 XX 英尺、前方 XX 英里或前方道路（街道）封闭"等字样。

第 6F.21 节　单车道道路标志（W20-4）

必须条款：

01 "单车道道路"标志（见图 6F-4 中 W20-4）必须设置在双向交通共用同一条车道的位置前（见第 6C.10 节）。该标志上必须标有"前方 XX 英尺"、"前方 XX 英里"或"前方单车道道路"等字样。

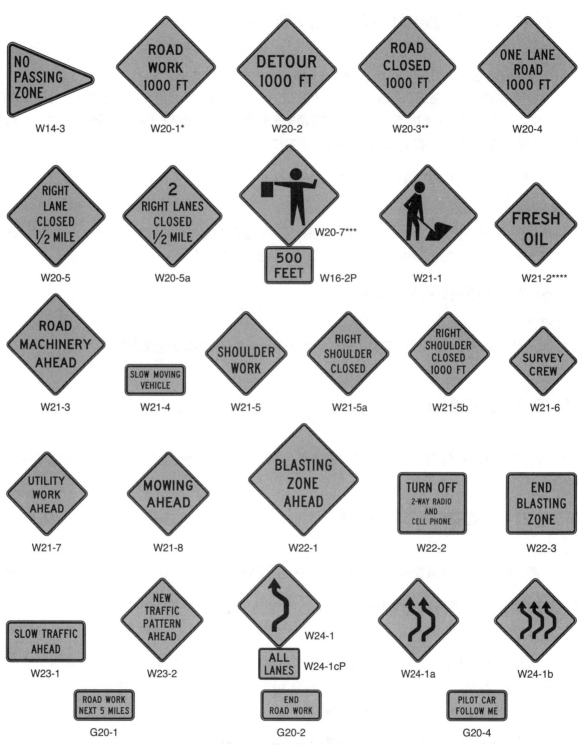

图 6F-4 在临时交通控制区的警告标志和标牌（C 图）

第 6F.22 节　车道封闭标志（W20-5 和 W20-5a）

必须条款：

01　车道封闭标志（见图 6F-4）应该设置在单条或多条被封闭的车道之前。

02　对于单车道封闭的情况，车道封闭标志（图 6F-4 中 W20-5）必须标有"前方 XX 英尺"、"前方 XX 英里"或"前方右（左）车道封闭"等字样。相邻两条车道封闭，标志 W20-5a 必须标有"前方 XX 英尺"、"前方 XX 英里"或"前方 XX 右（左）车道封闭"等字样。

第 6F.23 节　前方中央车道关闭标志（W9-3）

指导条款：

01　"前方中央车道关闭"标志（W9-3）（见图 6F-4）应该设置的情况如下：由于作业占用中央车道，到达机动车被引导至位于中央车道的施工区左侧或右侧的位置之前。

第 6F.24 节　车道终止标志（W4-2）

可选条款：

01　车道终止标志（W4-2）（见图 6F-4）可用于向驾驶员警告多车道道路上的机动车可用行车道数量减少。

第 6F.25 节　在匝道上标牌

指导条款：

01　当匝道上作业但此匝道仍然开放时，"在匝道上"（W13-4P）标牌（见图 6F-4）应该用于辅助预告"道路作业"标志。

第 6F.26 节　匝道变窄标志（W5-4）

指导条款：

01　"匝道变窄"标志（W5-4）（见图 6F-4）应该用于提示：因匝道作业而减少部分或全部匝道宽度。

第 6F.27 节　前方慢行标志（W23-1）

可选条款：

01　"前方慢行"标志（W23-1）（见图 6F-4）可设置于跟随车辆（辅助车辆）上，通常与其他合适的移动运行标志一起安装于最上游的跟随车辆（辅助车辆）后方，以警告缓行的作业车辆。"道路（街道）作业"标志（W20-1）可同前方缓行标志一同使用。

第 6F.28 节　出口开放和出口关闭标志（E5-2 和 E5-2a）

可选条款：

01　"出口开放"（E5-2）或"出口关闭"（E5-2a）标志（见图 6F-5）可用于辅助其他警告标志，设置在正在施工的出口匝道附近，以及与平时通行状态不同的匝道处。

指导条款：

02　当出口匝道封闭，应该在立交或交叉口指示标志的斜对角安装橘色背景、黑色图文和边框的"出口关闭"标志面板。

第 6F.29 节 仅出口标志（E5-3）

可选条款：

01 "仅出口"标志（E5-3）（见图 6F-5）可设置于临近作业点的出口匝道且使用此匝道的车流驶出操作与正常情况不同的位置，以辅助其他警告标志。

第 6F.30 节 前方交通模式改变标志（W23-2）

可选条款：

01 "前方交通模式改变"标志（W23-2）（见图 6F-4）可设置于交叉口入口或沿着一段道路处，以提供如车道用途修正、道路结构或信号灯相位变更等交通模式改变的预先警告。

指导条款：

02 为保持有效性，W23-2 标志应该持续设置 2 周时间，然后应将 W23-2 标志盖住或搬走，等到重新需要时，再次设置。

第 6F.31 节 旗手标志

指导条款：

01 旗手标志（W20-7）（见图 6F-4）应该设置于任何控制道路使用者的位置之前。

可选条款：

02 距离图文可设置在旗手标志下方的辅助标牌上。此标志可与合适的图文或其他警告标志，如"准备制动"标志（W3-4）（见图 6F-4）共同使用。

03 带有距离图文的"旗手"文字信息标志（W20-7a）可替换旗手符号标志（W20-7）。

第 6F.32 节 双向交通标志（W6-3）

指导条款：

01 若正常划分公路的一条行车道封闭，而另一行车道上有双向车辆交通流，则双向交通标志（W6-3）（见图 6F-4）应该用于双向车辆交通流区域的起点，并保留一定距离以提醒道路使用者有逆向交通流。

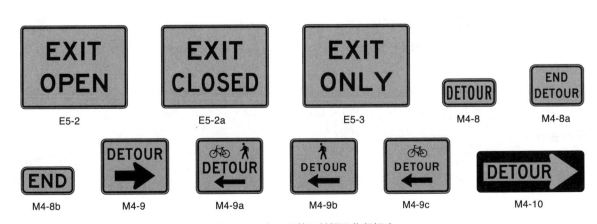

图 6F-5 出口开放和关闭及绕行标志

第6F.33节 作业人员标志（W21-1，W21-1a）

可选条款：

01 作业人员标志（W21-1）（见图6F-4）可用于警告道路使用者在道路附近存在作业人员。

指导条款：

02 *在缺乏其他警告设施时，应该使用作业人员符号标志提示作业人员在道路上。*

可选条款：

03 "作业人员"文字信息的标志（W21-1a）可用于替换作业人员符号标志（W21-1）。

第6F.34节 未干柏油（沥青）路面标志（W21-2）

指导条款：

01 "未干柏油（沥青）"标志（W21-2）（见6F-4）应该用于警告道路使用者路面处理情况。

第6F.35节 前方筑路机械标志（W21-3）

可选条款：

01 "前方筑路机械"标志（W21-3）（见图6F-3）可用于警告在或临近道路上有机械运行。

第6F.36节 作业车辆警告标志（W8-6和W11-10）

可选条款：

01 作业车辆警告标志（W8-6，W11-10）可设置于道路上、道路入口或驶离处可能会出现预料之外的作业车辆的一些地点以警告道路使用者。在有既定的作业车辆穿越道路的地点，"卡车穿行"文字信息标志（W8-6）可用于替换卡车穿行符号标志（W11-10）（见图6F-4）。

支撑依据：

02 这些位置可能是相对密闭或随机分布在道路的某一部分。

第6F.37节 路肩作业标志（W21-5、W21-5a和W21-5b）

支撑依据：

01 路肩作业标志（见图6F-4）可用于警告行车道无障碍公路的路肩正在维护、重建或运管操作。

必须条款：

02 路肩作业标志必须具有"路肩作业（W21-5）"、"右侧（左侧）路肩关闭"（W21-5a）或"前方（XX英尺）右侧（左侧）路肩关闭"（W21-5b）等文字。

可选条款：

03 路肩作业标志可用于无准入限制的公路路肩作业点之前。可单独使用或与"XX英里后道路作业"或"前方道路作业"标志联合使用。

指导条款：

04 *在高速公路和快速路上，"前方（XX英尺）右侧（左侧）路肩关闭"标志（W21-5b）及其后的"右侧（左侧）路肩关闭"标志（W21-5a）应该设置于路肩作业位置之前，同时应该在该位置之前安装"前方道路作业"标志。*

第 6F.38 节 测量人员标志（W21-6）

指导条款：

01 "测量人员"标志（W21-6）（见图 6F-4）应该用于警告在道路上或临近道路上有测量人员。

第 6F.39 节 公用设施作业标志（W21-7）

可选条款：

01 "公用设施作业"标志（W21-7）（见图 6F-4）可置换在公路上或临近公路进行公共设施作业时设置的"道路（街道）作业"标志（W20-1）。

支撑依据：

02 典型"公用设施作业"标志使用的例子如图 6H-4、图 6H-6、图 6H-10、图 6H-15、图 6H-18、图 6H-21、图 6H-22、图 6H-26 和图 6H-33 所示。

必须条款：

03 "公用设施作业"标志必须带有"公用作业"、"XX 英尺"、"XX 英里或前方"等字样。

第 6F.40 节 爆破区域标志

支撑依据：

01 射频（RF）能量可能会导致在 TTC 区域中使用的电子雷管（雷管）过早点火。

必须条款：

02 必须提醒道路使用者在进行爆破的地点关闭移动无线电发射器和移动电话。必须有一系列明显的标志以指引直接操作移动电话等移动无线电设备的人要在爆破区域关闭移动无线电发射器。当区域内无炸药或区域安全时，这些标志必须被遮盖或移除。

第 6F.41 节 前方爆破区域标志（W22-1）

必须条款：

01 "前方爆破区域"标志（W22-1）（见图 6F-4）必须设置于任何使用炸药的 TTC 区域前。"关闭双向无线电和手机"、"爆破区域终止"标志必须被包含在标志序列中。

第 6F.42 节 关闭双向无线电和手机标志（W22-2）

必须条款：

01 "关闭双向无线电和手机"标志（W22-2）（见图 6F-4）必须在"前方爆破区域"标志之后，且必须设置在距离爆破区域至少 1000 英尺前的位置。

第 6E.43 节 爆破区域终止标志（W22-3）

必须条款：

01 "爆破区域终止"标志（W22-3）（见图 6F-4）必须设置在距离爆破区域 1000 英尺以外的位置。

可选条款：

02 "爆破区域终止"标志可在道路作业结束标志之前或同道路作业结束标志一起安装。

第 6F.44 节　路肩标志和标牌（W8-4、W8-9、W8-17 和 W8-17P）

可选条款：

01　"软路肩"标志（W8-4）（见图 6F-4）可用于警告软路肩情况。

02　"低路肩"标志（W8-9）（见图 6F-4）可用于警告行车道和路肩之间存在超过 3 英寸的高度差情况。

指导条款：

03　"路肩减少"标志（W8-17）（见图 6F-4）的使用应该根据工程判断设置于出现在临近行车道、沿着道路存在连续超过 3 英寸高差的无保护路肩减少处。

可选条款：

04　"路肩减少"辅助标牌（W8-17）（见图 6F-4）可安装在 W8-17 标志下。

第 6F.45 节　车道间高低不平标志（W8-11）

指导条款：

01　相邻车道由于施工期间造成高度差时，应使用"车道间高低不平"标志（W8-11）（见图 6F-4）。

第 6F.46 节　前方钢板标志（W8-24）

可选条款：

01　"前方钢板"标志（W8-24）（见图 6F-4）可用于警告道路使用者前方存在临时钢板，这些临时钢板可能导致道路表面凹凸不平，以及在潮湿天气造成湿滑。

第 6F.47 节　无中央分隔线标志（W8-12）

指导条款：

01　"无中央分隔线"标志（W8-12）（见图 6F-4）应该在当作业消除中央分隔线标线时使用。此标志应该安装在 TTC 区域起点且沿着 TTC 区域每 2 英里重复设置。

支撑依据：

02　第 6F.78 节包含了关于临时标线的信息。

第 6F.48 节　反向弯道标志（W1-4 系列）

指导条款：

01　为了给予道路使用者变道的预先警告，当标识向左转或右转时，应该使用反向弯道标志（W1-4、W1-4b、W1-4c）（见图 6F-4）。若弯道设计速度等于或低于 30 英里/小时，应该使用反向转弯标志（W1-3）。

必须条款：

02　若使用反向弯路（或急弯路）标志，必须适当说明反向弯路（或急弯路）的方向。除第 3 条另有规定外，标志上标识的车道数量必须与道路使用者可用的行车道数量相同。

可选条款：

03　在两条或多条车道转换时，应该使用带有"所有车道"标牌标识（W24-1cP）（见图 6F-4）的 W1-4（或 W1-3）标志而非标有车道数量的标志。

04 在多于 3 条车道进行转换时,反向弯路(或急弯路)标志可以为矩形。

第 6F.49 节 连续反向弯路标志(W24-1 系列)

可选条款:

01 若两条反向弯路之间切线长度小于 600 英尺,使得两条弯道之间的第二个反向弯路标志(W1-4 系列)安装困难,可使用双反向弯路标志(W24-1、W24-1a 或 W24-1b)(见图 6F-4)。若弯路的设计速度小于等于 30 英里 / 小时,应该使用双反向急弯路标志。

必须条款:

02 若使用双反向弯路(或急弯路)标志,必须对双反向弯路(或急弯路)的方向进行合适的说明。除第 3 条另有规定外,标志上标识的车道数量必须与道路使用者可用的行车道数量相同。

可选条款:

03 当在两条或多条车道进行变道时,应该使用带有"所有车道"标牌(W24-1cP)(见图 6F-4)的 W24-1(或显示一条车道的双反向急弯路标志)标志而非标有车道数量的标志。

04 当两条或多条车道转换时,双反向弯路(或急弯路)标志可为矩形。

第 6F.50 节 其他警告标志

可选条款:

01 提前警告标志可单独或与其他提前警告标志共同使用。

02 除专用于 TTC 区域的警告标志外,第 2 篇所提的其他警告标志也可用于 TTC 区域。

必须条款:

03 除第 6F.02 节另有规定外,TTC 区域所用的其他警告标志必须为橘色底色、黑色图文和边框。

第 6F.51 节 特殊警告标志

可选条款:

01 可根据工程判断使用特殊警告标志。

指导条款:

02 特殊警告标志应遵循一般的颜色、形状、字体大小和字体类型要求。标志信息应该简洁、清晰和易读。

第 6F.52 节 建议速度标牌(W13-1P)

可选条款:

01 与警告标志共同使用时,建议速度标牌(W13-3)(见图 6F-4)可用于指示在 TTC 区域内的限速情况。

必须条款:

02 建议速度标牌不能与除警告标志外的其他标志同时使用,建议速度标牌也不能单独使用。当使用橘色 TTC 区域标志时,此标牌必须采用橘色背景、黑色图文和边框。当与 36 英寸 ×36 英寸以上的标志共同使用时,建议速度标牌必须至少为 24 英寸 ×24 英寸。除紧急情况外,公路管理局在确定限速情况前不能安装建议速度标牌。

第 6F.53 节 距离辅助标牌（W7-3aP）

可选条款：

01 当与警告标志共同使用时，带有"之后 XX 英里"图文的距离辅助标牌（W7-3aP）（见图 6F-4）可用于指示有作业情况的公路长度或 TTC 区域中存在某种情况的公路长度。

02 在长距离的 TTC 区域内，带有"之后 XX 英里"图文的距离辅助标牌可与区域内具有固定间隔的警告标志共同安装，以指示到底还有多少公路中存在 TTC 作业情况。

必须条款：

03 带有"之后 XX 英里"图文的距离辅助标牌不能与除警告标志外的其他标志共同使用，此类距离辅助标牌也不能单独使用。当使用橘色 TTC 区域标志时，此标牌必须使用橘色背景、黑色图文和边框。当与 36 英寸 × 36 英寸以上的标志共同使用时，此标志必至少为 30 英寸 × 24 英寸。

指导条款：

04 当用于 TTC 区域时，带有"之后 XX 英里"图文的距离辅助标牌应该安装在最开始的警告标志下方，以提示在即将到达的区域中存在临时作业行动或情况。

第 6F.54 节 摩托车标牌（W8-15P）

可选条款：

01 若警告主要针对摩托车驾驶员，则摩托车标牌（W8-15P）（见图 7F-4）可安装在"松砾石路"标志（W8-7）、"沟槽路面"标志（W8-15）、"金属桥面"标志（W8-16）或"前方钢板"标志（W8-24）下方。

第 6F.55 节 指路标志

支撑依据：

01 指路标志能为道路使用者提供帮助通过 TTC 区域的信息。第 2 篇提供了指路标志设计。

指导条款：

02 下列指路标志应按需要应用于 TTC 区域：

A. 在需要临时改变路线处的标准路线标线；
B. 方向指示标志和街道名称标志；
C. 有关作业进度的特殊指示标志。

必须条款：

03 若附加的临时指路标志用于 TTC 区域，此标志必须为橘色背景、黑色图文和边框。

可选条款：

04 用于 TTC 事件管理情形的指路标志应采用荧光粉红背景、黑色图文和边框。

05 当方向指示和街道名称标志与绕行路线共同使用时，这些标志可为橘色背景、黑色图文和边框。

06 当永久性的方向指示标志或永久性街道名称标志与绕行标志共同使用时，该标志可为绿色背景、白色图文。

第 6F.56 节 之后 XX 英里道路作业标志（G20-1）

指导条款：

01 "之后 XX 英里道路作业"（G20-1）标志（见图 6F-4）应该安装在长度超过 2 英里的 TTC 区域之前。

可选条款：

02 "之后 XX 英里道路作业"标志可安装在第三类路障上。此标志也可用于较短的 TTC 区域。

必须条款：

03 "之后 XX 英里道路作业"标志上显示的距离必须为与实际距离差值最小的英里整数。

第 6F.57 节 道路作业结束标志（G20-2）

指导条款：

01 在使用"道路作业结束"标志（G20-2）（见图 6F-4）时，应该依据工程判断安装在终止区的下游附近。

可选条款：

02 道路作业结束标志可安装在面对逆向道路使用者的警告标志背面，或安装在第三类障碍背面。

第 6F.58 节 跟随引导车标志（G20-4）

必须条款：

01 "跟随引导车"标志（G20-4）（见图 6F-4）必须安装在用以指示单行车辆通过或绕行 TTC 区域的车辆后部的显眼位置。

第 6F.59 节 绕行标志（M4-8、M4-8a、M4-8b、M4-9、M4-9a、M4-9b、M4-9c 和 M4-10）

必须条款：

01 每条绕行道必须配有标准的临时线路标志和目的地指路标志。

可选条款：

02 用于 TTC 事件管理情形的绕行标志可采用荧光粉色背景、黑色图文和边框。

03 绕行箭头标志（M4-10）（见图 6F-5）可用于已设置绕行路线的地点。

04 "绕行"标志（M4-8）（见图 6F-5）可安装在路线标志的顶部，以标记临时路线帮助地标附近公路改道、绕过封闭的 TTC 区域情况并帮助绕过 TTC 区域后重新回到公路。

指导条款：

05 绕行箭头标志（M4-10）一般应该安装在紧邻道路封闭标志（R11-2、R11-3a 或 R11-4）下。绕行箭头标志应该包含一个根据需要指向右侧或左侧的水平箭头。

06 "绕行"标志（W4-9）（见图 6F-5）应该用于未编号的公路。在紧急情况下、短期内或在相对较短的距离内，该标志可在无路线标志时指引道路使用者沿绕行道行驶并回到目标道路。

07 街道名称标志应该安装在"绕行"标志（M4-9）之上或包含在标志内，以指示绕行街道名称。

可选条款：

08 "绕行结束"（M4-8a）或"终止"（M4-8b）标志（见图 6F-5）可用于指示绕行道终止。

指导条款：

09 当用于已编号的公路，"绕行结束"标志应该安装在绕行道下游的路线标志之上。

10 行人/自行车绕行标志（M4-9a）（见图 6F-5）应该用于由于行人/自行车设施的封闭而设置的行人/自行车绕行路线。

必须条款：

11 若使用行人/自行车绕行标志，必须包含有指向确切方向的箭头。

可选条款：

12　行人／自行车绕行标志上的箭头可设置在标志面板或辅助标牌上。

13　行人绕行标志（M4-9b）或自行车绕行标志（M4-9c）（见图6F-5）可用于由于行人／自行车设施封闭而设置的行人或自行车（其一）绕行路线。

第6F.60节　便携式可变信息标志

支撑依据：

01　便携式可变信息标志（PCMS）属于TTC设施，因需要灵活地显示多种信息而临时使用。在大多数情况下，便携式可变信息标志须遵循第2L章中提供的与可变信息标志相同的设计和应用规定。

02　便携式可变信息标志多用于密集的城市高速公路，但在所有类型公路上，由于存在公路线形、道路使用者路线问题或其他相关的情况，或者需要进一步的警告或者相关信息，因而可在相应位置应用便携式可变信息标志。

03　便携式可变信息标志在以下TTC区域中具有广泛应用：道路、车道、匝道封闭、事件管控、宽度限制信息、速度控制或减缓、作业安排公告、道路使用者管控和转向、警告不利条件或特别活动以及其他运营控制。

04　TTC区域便携式可变信息标志最主要的目的是告知道路使用者意外情况。便携式可变信息标志具有以下特别有用的功能：

A. 可传达复杂的信息；

B. 可显示前方情况的实时信息；

C. 为道路使用者提供信息，辅助使用者能够在到达必须采取行动的位置之前做出决策。

05　一些典型的应用包括：

A. 在需要大幅度降低车流速度时；

B. 可能会出现明显的排队和延误时；

C. 出现不利环境的情况时；

D. 道路线形或路面情况发生改变时；

E. 需要匝道、车道或道路封闭预告提示时；

F. 需要管理车祸或事故时；

G. 道路使用者模式发生改变时。

指导条款：

06　*便携式可变信息标志的组成应该包括：信息标志、控制系统、电源和安装移动设备。标志的正面应覆盖有保护性材料。*

必须条款：

07　便携式可变信息标志必须遵循第2A章中提供的应用设计和应用规则。便携式可变信息标志必须只显示交通运行、禁令、警告以及指路信息，而不能显示广告信息。

支撑依据：

08　第2L.02节包含了一些简单或模糊的信息，这些信息可用于便携式可变信息标志。

必须条款：

09　**便携式可变信息标志的图文颜色必须遵循表2A-5中的规定。**

支撑依据：

10　第2L.04节包含的关于亮度、对比度和方向对比的信息，这些信息也可用于便携式可变信息标志。

指导条款：

11　*便携式可变信息标志应当在白天和夜间都能在0.5英里以外可视。*

支撑依据：

12　第3B.13节包含了便携式可变信息标志的设计信息，这些信息用于显示根据运行条件变化的限速或到达的驾驶员运行速度。

指导条款：

13　*便携式可变信息标志应该限制在3行、每行8个字符以内，或标志信息内容应构成一个完整的矩阵。*

14　*除第15条另有规定外，便携式可变性信息标志中所使用的文字高度至少为18英寸。*

可选条款：

15　对于安装在服务巡逻车或者其他事件响应车辆上的便携式可变信息标志，文字高度最小应为10英寸。同时要求：如果在650英尺以外能够看见低速设备上的便携式可变信息标志上的文字，那么也可以使用较小的文字高度。

16　便携式可变信息标志可以有不同的尺寸。

指导条款：

17　便携式可变信息标志上的文本不应多于两幅，每幅文本不超过三行。无论阅读顺序如何，每幅文本都应独立表达一个完整意思。每一行文本应居中。如果道路使用者同时看到多个便携式可变信息标志，则在任何给定时间，只有一个标志应显示顺序信息。

支撑依据：

18　道路使用者在阅读典型的三行便携式可变信息标志时，如果信息多于两条时，可能会出现困难。

必须条款：

19　不能使用下列显示技术，诸如动画、快速闪烁、溶解、爆炸、滚动、标志表面水平或竖直移动或其他动态元素。

指导条款：

20　当信息被分割为两条时，每条的显示时间应至少为2秒，两条信息的总显示时间最大不超过8秒。

21　标志信息除考虑本节中提供的规定外，还应考虑以下内容：

A. 标志信息应该尽量简洁且应该包含需要表达的三层内容（每层内容最好显示在同一行）：

　　1. 道路使用者将在前方遭遇的困难或特殊情况；

　　2. 困难或特殊情况出现的位置或距离；

　　3. 建议的驾驶行为。

B. 若需要显示多于两幅的信息时，应该使用额外的便携式可变信息标志。当需要多个便携式可变信息标志时，应将这些标志放置在道路同一侧，且应该分开放置。在高速公路上，标志之间距离至少为1000英尺，在其他道路上标志之间距离至少为500英尺。

必须条款：

22　当表1A-1或表1A-2中的文字信息需要缩写在便携式可变信息标志上时，必须遵循第1A.15节中描述的规定。

23　为了保证信息的易读性，在不同的光照条件下，必须使便携式可变信息标志可以自动调节亮度。

24　控制系统必须包含显示屏，以在信息标志上显示之前检查信息的内容。

25　便携式可变信息标志必须装有电源和备用电池，以保证在主电池发生故障时持续运行。

26　在拖挂车、大型卡车、服务巡逻车上安装便携式可变信息标志的条件是：在城市地区，信息标志必须距离路面至少 7 英尺；在乡村地区，信息标志必须至少距离地面 5 英尺。

指导条款：

27 便携式可变信息标志应该辅助而不应替代传统标志和路面标线。

28 当便携式可变信息标志用于路线转换时，应该将标志放置在距离转换点足够远处，以便道路使用者有足够的空间进行必要的车道变换、速度调整或驶离受影响道路。

29 便携式可变信息标志应该放置在最易被道路使用者看到的位置，使道路使用者有时间做出反应。

30 便携式可变信息标志应该安装在路面路肩之外、交通隔离栏之后。若交通隔离栏不能保护便携式可变信息标志，则应该将标志被置于路肩、净空区域之外。若便携式可变信息标志必须放在道路路肩上或在净空区域内，则应该使用逆反射 TTC 设施标识轮廓。

31 当便携式可变信息标志用于 TTC 区域时，应只显示 TTC 信息。

32 当便携式可变信息标志不用于显示 TTC 信息时，应该被放置在净空区域外或用交通隔离栏将其挡住，并反面面向交通流。若不满足上述条件，则应该使用逆反射 TTC 设施标识轮廓。

33 应该在便携式可变信息标志拖车原有的结构上使用线条连续的、贴上逆反射材料的（被称为醒目性材料）轮廓标识，使道路使用者能够识认。

第 6F.61 节　箭头面板

必须条款：

01 箭头面板必须为带有能够闪烁或循环显示的元件矩阵排列的标志。此标志必须提供附加的警告和指引信息以辅助并道或控制道路使用者穿过或绕行 TTC 区域。

指导条款：

02 处于箭头模式或线形诱导模式的箭头面板应该在交通量大、车速快和（或）视距受限或是道路使用者很少预料到封路的条件或位置的情况下，告知到达交通流多车道主干道路的一条车道封闭。

03 若使用箭头面板，应将面板与合适的标志、渠化设备或其他 TTC 设施共同使用。

04 箭头面板应该安装在道路路肩，或远离行车道（若可行）。应该使用逆反射 TTC 设施标识轮廓。当不使用箭头面板时，应移除该面板。若无法移除，应遮盖该面板；或若前两者皆不可行，则应使用逆反射 TTC 设施表示轮廓。

必须条款：

05 箭头面板必须至少符合图 6F-6 中最小尺寸、易读距离、元件数量和其他特殊要求。

支撑依据：

06 类型 A 箭头面板适用于低速城市街道；类型 B 箭头面板适用于中等速度设施和高速公路上养护或移动作业项目。类型 C 箭头面板适用于高速、高流量机动车交通流控制工程。类型 D 箭头面板适用于国家或地方机构授权的车辆上。

必须条款：

07 类型 A、B、C 箭头面板必须有实心矩形外观。类型 D 箭头面板必须与箭头形状相符。

08 所有的箭头面板必须采用不反光的黑色面板制作。箭头面板必须安装在车辆、拖挂车或其他合适的支撑设备上。

指导条款：

09 安装箭头面板时，除非安装在车辆上（根据实际越高越好），面板底部距离路面或邻近的路面边缘的垂直最小高度应该为 7 英尺。

10 *应该提供远程控制来控制车辆上安装的箭头面板。*

必须条款：

11 必须至少能够将箭头面板中元件的亮度调至最高亮度的50%。调暗模式必须用于箭头面板的夜间运行。

指导条款：

12 *箭头面板的最亮模式应该用于日间运行。*

必须条款：

13 箭头面板应有能够进行多种模式运行的合适元素。元素的颜色必须为黄色。

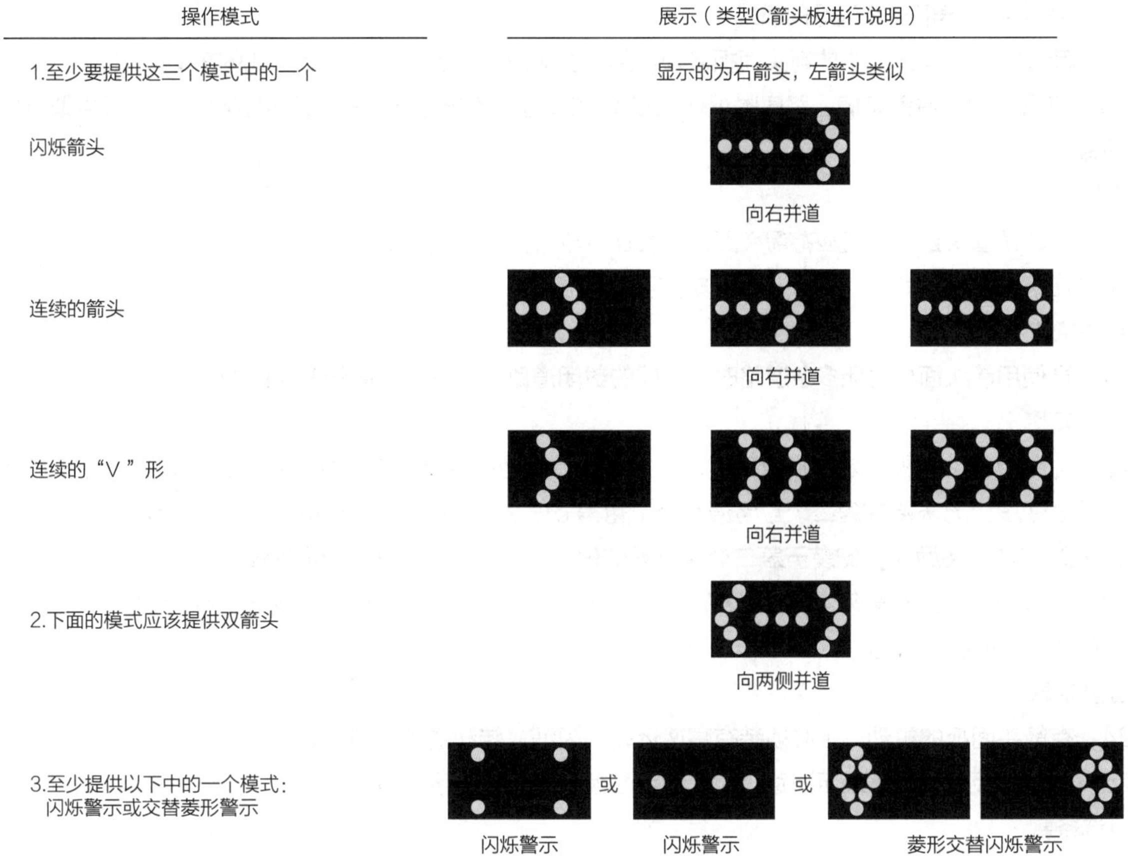

操作模式	展示（类型C箭头板进行说明）
1.至少要提供这三个模式中的一个	显示的为右箭头，左箭头类似
闪烁箭头	向右并道
连续的箭头	向右并道
连续的"V"形	向右并道
2.下面的模式应该提供双箭头	向两侧并道
3.至少提供以下中的一个模式：闪烁警示或交替菱形警示	闪烁警示　或　闪烁警示　或　菱形交替闪烁警示

箭头板类型	最小尺寸	最小辨识距离	最小元素数
A	48英寸×24英寸	1/2英里	12
B	60英寸×30英寸	3/4英里	13
C	96英寸×48英寸	1英里	15
D	没有*	1/2英里	12

* 箭头的长度为48英寸，它的箭头顶端为24英寸。

图 6F-6　提前警告箭头板显示规格

指导条款：

14 若使用由灯泡矩阵组成的箭头面板，这些元件应镶嵌或配有翻转角度大于 180° 的盖子。

必须条款：

15 闪烁模式中，元件的最小接通持续时间必须占到 50%，间隔时间占到 25%。闪烁频率为每分钟 25~40 次之间。

16 箭头面板有以下三种模式：

A. 闪烁的箭头、序号箭头或 V 形序号模式；

B. 闪烁的双箭头模式；

C. 闪烁警告或菱形交替闪烁的模式。

17 箭头或肩章型模式中的箭头面板必须仅用于多车道道路上固定或移动方式的车道关闭。

18 路肩作业、封锁路肩、路肩附近作业和暂时封闭一条或两条道路、双向道时，只可采用警告模式的箭头面板。

指导条款：

19 若静止道路封锁，则应将箭头面板安装在合流渐变段的起点处。

20 在路肩窄的地段，应将箭头面板安于封闭路段。

必须条款：

21 当使用箭头面板封闭多条道路时，不同的封闭道路必须使用不同的箭头面板。

指导条款：

22 当使用箭头面板封闭多条道路时，若第一块箭头面板安装在路肩处，那么第二块箭头面板应放在第二个合流渐变段上流末端的第二个封闭道路处（见第 6H.37 节）。若第一块箭头面板安装在第一个封闭道路上，那么第二块箭头面板应安装于第二个合流渐变段下游末端的第二个封闭道路处。

23 若封锁道路上有车辆运行，则移动面板的安装位置应与作业操作区保持一定的距离，以便靠近该路段的司机有足够的反应时间。

必须条款：

24 有箭头面板的机动车上必须装有高速运转、闪烁、转动或频闪的灯。

25 箭头面板只可用于表示道路封闭。箭头面板不能用于表示变道。

可选条款：

26 便携式可变信息标志可用于模拟箭头面板显示。

第 6F.62 节　高位警告装置（旗杆）

可选条款：

01 高位警告装置（旗杆）可以补充 TTC 区域的其他 TTC 设备。

支撑依据：

02 高位警告装置安装于容易被发现的典型小轿车顶部。图 6F-2 是高位警告装置典例。

必须条款：

03 一个高位警告装置必须包括至少两个旗杆，有或没有 B 型高强度闪光警示灯皆可。从道路到灯透镜底部和旗杆最低点的距离必须不小于 8 英尺。旗杆必须至少 16 英寸高，涂成橘色或荧光橘红色。

可选条款：

04 可能在标识的下面安装适当的警告标志。

支撑依据：

05　高位警告装置是在道路使用者密集的情况下最常使用的装置，该装置用以警告道路使用者有短期作业的存在。

第 6F.63 节　渠化装置

必须条款：

01　各种渠化装置的设计如图 6F-7 所示。所有渠化装置必须具有防撞性。

支撑依据：

02　渠化装置的作用是警告道路使用者在道路上或道路附近存在作业活动。渠化装置包括锥桶、圆形标示管、垂直板、交通桶、路障、纵向渠化装置。

03　渠化装置可平稳地将交通流逐渐从一个车道疏导至另一个车道，帮助车辆进入旁路或绕行，或进入一个较窄的道路。渠化装置还可疏导车辆离开作业区域、路面高差、人行道、共享道路，或进入与通行车辆相反的方向。

必须条款：

04　用于疏导行人的装置必须能被使用手杖者和视力障碍者感知到。

05　在用渠化装置疏导行人时，必须可使手杖使用者持续看到渠化装置的顶端和底端。底面必须不高于地面 2 英寸，顶部必须至少高于地面 32 英寸。

可选条款：

06　底部和地面之间的距离不超过 2 英寸，以便排水。

指导条款：

07　多个渠化装置排列成连续的步行引导，其连接点应足够顺畅以方便手杖使用者。

08　当用于过渡段渠化时，锥桶、圆形标示管、立式隔离标牌、交通桶、路障之间距离不应超过与限速数值（英里/小时）等值的距离（单位为英尺）；当用于切线渠化时，上述距离不应超过限速数值（英里/小时）2 倍的距离（单位为英尺）。

09　如图 6H-39 所示，当渠化设施可引导机动车驶离预设的交通空间时，它应安装在过渡区下游末端以外限速数值（英里/小时）2 倍的距离处。

可选条款：

10　如果遭遇频繁的雾、雪天气，或存在道路严重弯曲、视觉干扰的区域中，应安装警示灯（见第 6F.83 节）。

必须条款：

11　当将警告灯与单独或集体使用的渠化设备安装在一起时，警告灯必须闪烁。除了第 12 和 13 条中讨论的顺序闪烁的警示灯外，与渠化设备安装在一起的警示灯必须常亮，以警告道路使用者。

可选条款：

12　一系列顺序闪烁的警示灯可放在渠化装置中，以帮助驾驶员辨认与识别合流渐变段。

必须条款：

13　在使用时，顺序警告灯必须连续闪烁，从合流渐变段的上游端到合流渐变段的下游端持续闪烁，以确定车辆所需路径。每个警告灯的闪烁速率为每分钟 55~75 次。

14　用于渠化装置上的具有逆反射性的材料必须具有平稳、密封的外表面，白天和晚上的颜色类似。

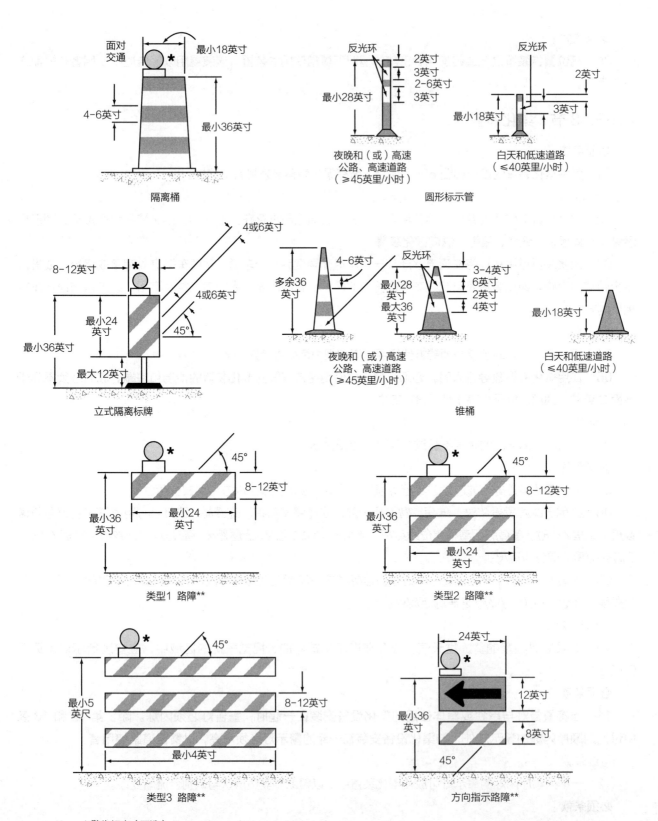

图 6F-7 渠化设施

可选条款：

15　公路局、承包商或供应商的名称、电话号码应显示在所有类型的不具备逆反射性渠化装置的表面。

必须条款：

16　名称字母、名称序号和电话号码不能具有逆反射性，且高度不超过 2 英尺。

指导条款：

17　*应特别注意维护渠化装置，保证装置干净、可见性以及随时可以被正确定位。*

必须条款：

18　受损或明显不再具备逆反射性、不再有用的设备必须及时更换。

第 6F.64 节　锥桶

必须条款：

01　锥桶（见图 6F-7）必须是橙色，构成材料不能对车辆产生损害。对于日间和低速公路，锥桶高度不得低于 18 英寸。当锥桶用在高速公路、其他高速公路或夜间公路时，或者需要更明显的引导，锥桶高度必须至少 28 英寸。

02　夜间使用时，锥桶必须具有逆反射性或必须配备照明设备，使锥桶在最大限度上可见。对于高度为 28~36 英寸具备逆反射性的锥桶，必须在离锥桶顶部 3~4 英寸处有 6 英寸宽的白色带子。之后，在 6 英寸宽的白色条纹下方约 2 英寸处设置 4 英寸宽白色条纹。

03　高度超过 36 英寸的锥桶必须设置 4~6 英寸水平、圆形、橙白交替的宽条纹使其具有逆反射性。每个锥桶必须有至少两条橙白交替的宽条纹且最上面的条纹颜色应为橙色。橙色和白色条纹之间的非逆反射区域宽度不得超过 3 英寸。

可选条款：

04　交通锥桶可以用来疏导道路使用者，分隔反向车道，或将同一方向的两个或两个以上车道划分开，并进行短期维护和设施作业。

指导条款：

05　应该采取措施来尽可能使得锥桶不被风吹倒或被车辆碰倒或移位。

可选条款：

06　锥桶的重量可增加到两倍。

支撑依据：

07　有些锥桶的底座是由压载物做的。其他锥桶有的采用特殊的配重底座，有的套上一个例如沙袋环的配重，以增加基底的稳固性。

指导条款：

08　*压载物的重量应尽可能越轻越好。*

第 6F.65 节　圆形标示管

必须条款：

01　圆形标示管面向道路使用者的一面（见图 6F-7）必须是橙色，高度不得低于 18 英寸，宽度不得小于 2 英寸。构成该标记的材料应满足当车辆与标记发生碰撞时不能产生车辆损害的条件。

02　在用于高速公路及其他高速路夜间或其他需要明显指示的情况下，圆形标示管高度必须至少为 28 英尺。

03 夜间使用的圆形标示管必须使用逆反射材料。高度小于42英寸的逆反射材料圆形标示管在离顶端最多有2英尺的地方必须有两条3英尺宽的白色条纹，条纹间的最大间距为6英尺。高度小于42英寸的逆反射材料圆形标示管必须有四个4~6英寸宽橙白交替的条纹，最上面的条纹是橙色。

指导条款：

04 圆形标示管可见区域比其他设备小，圆形标示管应只在空间大小不允许使用其他可见度更高的设备的情况下使用。

05 通过将圆形标示管粘贴到人行道上、使用加固基底或套上沙袋环压住圆形标示管，均会使标记变得更加稳固。压载物的重量应尽可能越轻越好。

可选条款：

06 圆形标示管可用于划分对向车道，或分隔两个或两个以上同一个方向的车道。当空间限制不允许使用更大的设备时，圆形标示管可用来标记行车道的下沉边缘。

必须条款：

07 放置在路面上的圆形标示管道路使用者直径必须不低于2英寸。

第6F.66节 立式隔离标牌

必须条款：

01 立式隔离标牌（见图6F-7）上必须有8~12英寸宽、至少24英寸高且具有逆反射性的条带。立式隔离标牌由橙白相间的反光带组成，反光带面向车流方向以45°角向下倾斜。

02 当立式隔离标牌上的逆反射材料为36英寸或更高时，条纹的宽度必须为6英寸。

可选条款：

03 当立式隔离标牌上的逆反射材料高度低于36英寸时，可使用4英寸宽的条纹。

04 当空间有限时，立式隔离标牌可用于疏导交通，分隔对向车流或替代路障。

第6F.67节 隔离桶

必须条款：

01 隔离桶（见图6F-7）具有道路警示和疏导交通的作用，由轻质、可变形的材料制成。隔离桶至少36英寸高，并且无论哪个方向都至少18英寸宽，不得使用金属材料。桶上标有水平环形的橙白相间的反光带，具有逆反射性的条带宽度为4~6英寸。每个交通桶至少要有两组橙白相间的反光带，且顶部为橙色。橙白条纹间的任何非反光部分都不得超过3英寸宽。隔离桶的顶部必须是封闭的，以防建筑垃圾或其他垃圾的堆积。

支撑依据：

02 隔离桶有高度的可见性，能起到良好的警示作用，因而需得到所有道路使用者的重视。根据环境的变化，隔离桶可方便地在TTC区域内转移，但通常情况下，它们会在一个地方放置较长一段时间。

可选条款：

03 尽管大多数情况下隔离桶用于疏导和描述交通流，但它们也可单独或成组使用，以标记特定位置。

指导条款：

04 隔离桶上所放置的沙、水或其他材料的重量不应过重，以避免道路使用者或作业人员在碰倒隔离桶时受伤。在易结冰地区，隔离桶的底部应有排水洞，这样水就不会积聚冻结，进而避免道路使用者在碰倒隔离桶时受伤。

必须条款：

05　压载物不得置于隔离桶顶部。

第6F.68节　1型、2型、3型路障

支撑依据：

01　路障是由1~3个有适当标记的栏杆组成的便携或固定设备，可通过封闭、限制或划分全部或部分通行权来控制道路使用者。

02　如图6F-7所示，路障可分为1型、2型和3型。

必须条款：

03　路障由橙白相间反光带组成，具有逆反射性的条带面向车流方向以45°角向下倾斜。除了第4条的规定，条纹必须为6英寸宽。

可选条款：

04　当栏杆长度小于36英寸时，可使用4英寸宽的条纹。

必须条款：

05　1型和2型路障的最小长度为24英寸，3型路障的最小长度为48英寸。每个路障的栏杆必须有8~12英寸宽。当路障用于高速路及其他快速公路时，面向道路使用者的逆反射区域面积最小为270平方英寸。

指导条款：

06　当路障横穿整条道路时，路障上的反光条纹应倾斜指向道路使用者必须掉转的方向。

07　当左转和右转都可行时，反光带应斜向下指向路障或路障中心。

08　当无需转向时，反光带应斜向下指向路障和路障中心。

09　路障的栏杆应被道路使用者看到，且路障应稳固不易被吹倒或移位。

10　如果可行，现有行人设施宽度应足以设置临时设施。交通控制设备和其他建筑材料及其特性不应影响人行道的有效宽度、可用临时道路及其他行人设施。当整个行人路径的宽度不能保证大于等于60英寸时，每200英尺至少要留有60英寸×60英寸的空间，以允许坐轮椅的行人通过。

11　路障栏杆支撑结构进入行人循环路线的部分不应超过4英寸。根据"美国残疾人行动指南建筑和设施的可用指导条款方针"的第4.4.1节，路障支撑结构在27~80英寸。

可选条款：

12　对于1型路障，支撑部分可能包括为保证稳定性而设置的无条纹水平栏杆。

指导条款：

13　在高速公路或其他路障容易被吹翻的地方，应在路障上放置压载物。

可选条款：

14　可在路障框架的下半部分或路障的支索处放置沙袋，以提供所需的压载重量。

支撑依据：

15　当道路使用者持续通过TTC区域时，默认使用1型和2型路障。

可选条款：

16　路障可单独或成组使用来标记一个特定位置，也可连续使用以疏导交通。

17　1型路障可用于传统公路或城市道路。

指导条款：

18　2型和3型路障应用于高速公路或其他快速公路。3型路障应用于封闭或半封闭道路。

可选条款：

19　3型路障在用于封闭道路时可横穿车道，在车道两端一字摆开。

20　当有关车辆和设备得到授权进入车道后，要保证每个作业日的最后会有作业人员用3型路障来封闭道路。

支撑依据：

21　当合法封闭的公路仍对当地道路使用者开放时，路障通常不能完全扩展到整条车道。

必须条款：

22　安装标志时应对当地道路使用者的道路使用许可进行说明（见第6F.09节）。必须确保路障在两个方向的可见度。

可选条款：

23　标志可以安装在路障上（见第6F.03节）。

第6F.69节　方向指示路障

必须条款：

01　方向指示路障（见图6F-7）必须由一个安装在一个对角线条纹、水平对齐、具有逆反射性的栏杆上方的单向大箭头（W1-6）组成。

02　单向大箭头标志（W1-6）为橙色背景下的黑色箭头。底部栏杆的条纹由橙白相间反光带组成，反光带朝着车流方向以45°角向下倾斜。条纹必须为4英寸宽。单向大箭头标志（W1-6）为24英寸×12英寸。底部栏杆必须为24英寸宽，8英寸高。

可选条款：

03　方向指示路障可用于渐变段、过渡区或其他需要对驾驶员进行特定方向指示的区域。

指导条款：

04　*如果使用方向指示路障，此路障应连续指示驾驶员通过过渡区域，进入预期的行驶车道。*

第6F.70节　作为渠化设备的临时交通路障

支撑依据：

01　临时交通路障本身不是TTC设备，然而，当它安装在与一系列渠化设施相同的位置，或安装在一些合适的渠化设施内，以提供全天候引导和警告时，它们就起到了TTC设备的作用。

必须条款：

02　临时交通路障作为TTC设备必须遵循如前所述第6篇的设备要求。

03　临时交通路障（见第6F.85节）不能只用来疏导道路使用者，还要用以保护作业区。如果用来疏导交通，临时交通路障需要补充轮廓标志、路面标线或渠化设备以提高其日间和夜间的能见度。

指导条款：

04　*除了在低速的城市道路，临时交通路障不得用于合流渐变段。*

05　*当必须在低速的城市道路或狭窄、受限的TTC区域使用临时交通路障时，应考虑可用的几何条件来设计渐变段长度，以优化道路体验。*

必须条款：

06　当必须在低速的城市道路或狭窄、受限的TTC区域使用临时交通路障时，必须划定渐变段。

指导条款：

07　*当用于渠化时，临时交通路障应使用亮色来增加可见度。*

第 6F.71 节 纵向渠化设备

支撑依据：

01 纵向渠化设备质量轻，由可变形材料制成。它具有高度的可见性，有很好的目标引导性，并且可以连接在一起。

必须条款：

02 如果纵向渠化设备单独作为 1 型、2 型或 3 型路障使用，它必须符合该章节对设备大小、颜色、条纹模式、逆反射性和位置特征的要求。

指导条款：

03 如果纵向渠化设备用于夜间疏导交通，应附加逆反射材料或轮廓标志，以提高其夜间可见度。

可选条款：

04 纵向渠化设备可用于替代 1 型锥桶、交通桶或路障。

05 纵向渠化设备可以是空的并装满水作为压载物。

06 纵向渠化设备可用于行人交通控制。

必须条款：

07 如果用于行人交通控制，纵向渠化设备必须连接起来，以划分或疏导交通流。连接部分不能有间隙让行人偏离道路。

指导条款：

08 纵向渠化设备若不能满足临时交通路障的防撞要求，则不应该用来隔离障碍物或给行人或作业人员提供保护。

第 6F.72 节 临时车道分隔板

可选条款：

01 临时车道分隔板可用于疏导道路使用者，划分对向车道，或分隔两个或两个以上同一个方向的车道。临时车道分隔板还可提供连续的行人渠化。

必须条款：

02 临时车道分隔板必须具备防撞性。其高度至少为 4 英寸，宽度至少为 1 英尺，须配备改道区域以方便应急车辆的转换路线。

可选条款：

03 临时车道分隔板可添加本章提到的任何可用的渠化设备，如圆形标示管、立式隔离标牌和对向车道分隔带。

必须条款：

04 如果临时车道分隔板添加了适当的渠化设备，该渠化设备必须具备逆反射性以提高夜间能见度。如果不使用渠化设备，临时车道分隔板必须具备逆反射性以提高其可见度。

指导条款：

05 临时车道分割板应以与其设计相配的方式固定在人行道上，同时为适应环境的变化，临时车道分割板可在 TTC 区域内进行转移。

必须条款：

06 在人行横道处，临时车道分隔板必须有个开口或适当缩短距离，以提供一个至少 60 英寸宽的通道供行人通过。

第 6F.73 节　其他渠化设备

可选条款：

01　除本章提到的设备，其他渠化设备可根据工程需要用于特殊场合。

指导条款：

02　其他渠化设备应符合该章节对设备大小、颜色、条纹模式、逆反射性和位置特征的要求。

第 6F.74 节　行人边缘检测

支撑依据：

01　单个渠化设备、用胶带或绳子连接的单个设备、其他不连续的路障及设备以及路面标线不能被有视觉障碍的人检测到，也不能在临时或重新规划的人行道或其他行人设施上提供可检测到的路径。

指导条款：

02　若一个设施可被有视觉障碍的行人检测到并使用，那么连续边缘检测装置应全长铺设，这样此装置才能引导执手杖的行人。边缘装置至少要比人行道表面高 6 英寸，边缘底部最多高于地面 2.5 英寸。除了行人或车辆即将转弯或交叉的地点外，边缘装置应贯穿整个设施。边缘装置应由预制或就地形成的路缘组成，这些路缘沿着人行道放置。边缘装置应该牢牢地附在地面或其他设备上。相邻的边缘装置应相互连接，这样一来边缘装置就不会因行人、车辆交通或作业人员的操作而移动，也不会对行人、作业人员和道路使用者造成伤害。

支撑依据：

03　行人边缘检测装置举例如下：

A. 塑料、金属或其他合适材料的轻质部分相互连接、固定形成一个连续的边缘。

B. 塑料、金属或其他合适材料的轻质部分相互连接并固定在地面上，使沿人行道展开的渠化设备间能相互连接。

C. 木材相互连接、固定形成一个连续的边缘。

D. 就地形成的沥青或混凝土。

E. 预制混凝土路缘相互连接、固定形成一个连续的边缘。

F. 沿人行道展开的连续临时交通路障或纵向通道路障放在地面形成行人边缘。

G. 链节或其他围栏装备组成的连续栏杆。

指导条款：

04　可被察觉的行人边缘装置应是橙色、白色或黄色的，应与临近的渠化设备或交通控制设备的颜色匹配。

第 6F.75 节　临时凸起交通岛

必须条款：

01　临时凸起交通岛只能与路面标线和其他合适的渠化设备组合使用。

可选条款：

02　临时凸起交通岛可用来分隔两车道的交通流，适用范围为双向平均日交通量（ADT）为 4000~15000 的道路，和平均日交通量在 22000~60000 的公路。

03　临时凸起交通岛除了用在双车道、双向流量的公路，也可用于不需要物理隔离车流的 TTC 区域。

指导条款：

04　临时凸起交通岛应有 4 英寸高，至少 12 英寸宽，并有圆形或拐角设计。

05　在车辆不慎撞击交通岛时，交通岛的设计不应让司机失去对车辆的控制。如果发生撞击，交通岛的碎片不应至于进入乘客舱或影响其他车辆。

必须条款：

06　在人行横道处，临时突出交通岛必须有个开口或适当缩短距离，以提供一个至少 60 英寸宽的通道供行人通过。

第 6F.76 节　对向车道分隔装置和标志（W6-4）

支撑依据：

01　对向车道分隔装置作为中间车道分隔装置来分隔双车道的双向车流。

必须条款：

02　对向车道分隔装置不能放置在人行横道上。

03　对向车道分隔标志（W6-4）（见图 6F-4）必须是一个垂直的、具有逆反射性的标志，放置在一个可弯曲的支架上，且其尺寸至少 12 英寸宽、18 英寸高。

第 6F.77 节　路面标线

支撑依据：

01　在 TTC 区域内安装路面标线或维持、加强现有的路面标线是为了在潮湿或干燥的路况下，在白天、夜间或黄昏的时段下，给道路使用者指明一条清晰的路径。

指导条款：

02　安装和移除路面标线应有计划地分期进行。安装和移除过程应尽可能地减少对 TTC 区域内交通流的影响。

必须条款：

03　除了第 6F.78 节对临时路面标线的规定，现有的路面标线须根据第 3A 章和第 3B 章的规定，必须使用在工期较长的（见第 6G.02 节）TTC 区域。路面标线必须与 TTC 区域两端的标线对齐。路面标线必须全区设置，包括铺设好的绕行路线、绕行路线前的临时道路以及对道路使用者开放的道路。

04　对于长期固定的操作，不再适用的临时路线上的路面标线必须根据实际情况移除或擦除。擦除是指删除不适用的路面标线材料，擦除的方法必须尽量减少对路面的损坏。不得用黑色油漆覆盖现有路面标线或喷洒沥青的方式进行移除或擦除。

可选条款：

05　可拆卸的、非逆反射性的、与路面颜色大致相同的预成形标线带可用于临时覆盖的标记。

第 6F.78 节　临时标记

支撑依据：

01　临时标记指放置在 TTC 区域内的路面标线或设备，当永久性标记被移除或擦除时，它们为通过 TTC 区域的道路使用者指明一条明确的路径。临时标记通常用在仍然对道路使用者开放的道路重建过程中，如道路覆盖、路面修复或车道已经改道但路面铺装仍保留的地方。

指导条款：

02 除非根据工程判断有正当理由，否则在对新道路或已存在的道路进行路面处理或最后的路面作业后，临时路面标线保留的时间不得超过 14 天。

03 临时标线所使用的边缘线、交通渠化线、车道减少过渡标线、三角分离点标线以及其他的纵向标线和各种非纵向标线（如停止线、铁路交叉口、人行横道、文字、符号或箭头）都应遵循国家或公路局的政策。

必须条款：

04 当不能通过路面标线提供一个清晰的路径时，必须使用警告标志、渠化设备和轮廓标指示出道路使用者通过 TTC 区域的路径。

05 除非本节另有规定，所有禁止通行区域的临时路面标线都必须符合第 3A 章和第 3B 章的要求。所有断开的临时路面标线都必须使用相同的间隔作为永久标记，长度至少为 2 英尺。

指导条款：

06 白天和夜间应审查所有用来划定道路使用者路径的路面标记和设备。

可选条款：

07 在急弯路段上，路面车道标线（至少 2 英尺长）纵向间隔减半（见第 3A.06 节），这些标线可以是超车区中央分割虚线，或是车道分隔线。

08 对于两到三车道的公路而言，在 14 天之内的临时情况下，禁止超车区域可使用"禁止超车"（R4-1）、"小心超车"（R4-2）和"禁止超车路段"（W14-3）标志（见第 2B.28 节、第 2B.29 节和第 2C.45 节），而不是路面标线。按照国家或公路局政策，"禁止超车"、"小心超车"和"禁止超车路段"标志可用来替代长期低流量道路上的路面标线。

指导条款：

09 如果使用了"禁止超车"标志、"小心超车"标志和"禁止超车路段"标志，它们应按第 2B.28 节、第 2B.29 节和第 2C.45 节的要求安装。

10 如果使用无中央车道线标志，它应按 6F.47 节的要求放置。

第 6F.79 节 临时突起路标

可选条款：

01 具有逆反射性的或内部照明的突起路标，或附以具有逆反射性或内部照明标志的无逆反射性突起路标可在 TTC 区域内替代其他标志。

必须条款：

02 如果使用突起路标，它的颜色和样式必须与其替代的标志颜色和样式相似。

03 如果用临时突起路标来替代虚线线段，一组至少三个的逆反射标记必须以不大于 $N/8$（见第 3B.14 节）的距离等间距排列。虚线的 N 值应等于一个线段加一个间隙的长度。

04 如果临时突起路标用来替代实线，标志必须以不大于 $N/4$ 的距离等间距排列，具有逆反射性或内部照明单元间的间距不大于 $N/2$。实线的 N 值必须等于与实线相邻或是实线延伸部分的虚线的 N 值（见第 3B.11 节）。

可选条款：

05 临时突起路标在替代虚线段时，要在 2~5 英尺长的虚线两端放置至少两个逆反射标志。临时突起路标的使用周期长度与永久标志一样的。

指导条款：

06 *除非根据工程判断有正当理由，否则临时突起路标在置于 2~5 英尺长的线段上用来替代虚线时，其所放置的时间不得超过 14 天。*

07 *临时突起路标应当用于迂回道路、临时道路或经过修整或新的线性车道。*

可选条款：

08 *具有逆反射性的或内部照明的临时突起路标或附以具有逆反射性的或内部照明标志的非逆反射突起路标可用于 TTC 区域，作为对第 3A 章和第 3B 章中标线的补充。*

第 6F.80 节　道路轮廓标

必须条款：

01 道路轮廓标需与其他 TTC 设备一同使用。道路轮廓标必须安装在防撞支架上以便反光部分比路缘高出大约 4 英尺的距离。用于双向街道和公路两侧以及单向道路右侧的道路轮廓标的颜色必须为白色。用于单向车道左侧的道路轮廓标的颜色必须为黄色。

指导条款：

02 *轮廓标在道路曲线上的间隔距离应遵循第 3F.04 节规定，即驾驶员应能连续见到几个轮廓标。*

可选条款：

03 用于 TTC 区域的道路轮廓标可用来指明道路的线行走向，以及车辆通过 TTC 区域所需路径。

第 6F.81 节　照明设备

指导条款：

01 *在工程判定的基础上，TTC 区域内都应配备照明设备。*

02 *作为渠化的补充，警示灯之间的最大间隔应遵循渠化设施之间的间隔要求。*

可选条款：

03 照明设备可用作逆反射标志、路障、渠化设施的补充。

04 在正常的白天维修期间，维修车上的高强度旋转、闪烁、振荡、闪光的灯可用作闪烁的警示信号灯。

必须条款：

05 尽管车辆危险警示灯允许作为高强度旋转、闪烁、振荡、闪光的灯的补充，它们不能替代高强度旋转、闪烁、振荡、闪光的灯。

第 6F.82 节　作业照明灯

支撑依据：

01 *因为夜间的车流量较少，公路上公用设施的维修与作业常常在夜间进行。大型项目常常以两班倒的形式在夜间作业（见第 6G.19 节）。*

指导条款：

02 *夜间作业时，应用作业照明灯照亮作业区、放有设备的交叉口及其他区域。*

必须条款：

03 除紧急情况外，必须始终在夜间时段照亮旗手站台。

04 作业照明灯不能对接近的道路使用者、旗手或作业人员造成失能眩光。

指导条款：

05 作业照明灯的布局是否恰当以及是否消除了潜在眩光的情况，应由以下方式检测：在照明灯初次安装后，各个方向上乘车经过的人们会对照明灯区域进行观察；此活动会在晚上周期性地进行。

支撑依据：

06 作业照明亮度取决于涉及的任务性质。5 流明 / 平方英尺的平均水平亮度适合于一般活动。高精度任务需要 20 流明 / 平方英尺的平均水平亮度。

第 6F.83 节 警示灯

支撑依据：

01 A 型、B 型、C 型和 D 型 360° 警示灯为便携式、自供电的、黄色、有透镜控制的、封闭式警示灯。

必须条款：

02 警示灯的配置必须遵循目前信息技术设备的《闪光常亮警示灯采购说明书》（见第 1A.11 节）。

03 安装在公路标志或渠化设备上的警示灯必须保证，若遭偏离车道的车辆撞击，警示灯不会击穿挡风玻璃。

指导条款：

04 警示灯之间的最大间隔应遵循渠化设施之间的间隔要求。

支撑依据：

05 警示灯轻便的特点有助于警示灯补充公路标志和渠化设备上的逆反射效果。闪光灯能起到吸引道路使用者注意力的作用。

可选条款：

06 警示灯可常亮或闪烁。

必须条款：

07 除第 8 与第 9 条描述的情况外，连续闪烁警示灯不能用于轮廓标记，因为连续的闪烁灯光无法起到指明道路的作用。

可选条款：

08 一系列连续闪烁警示灯可安装于渠化设备上，以形成并道的渐变段，从而方便驾驶员发现、识别合流渐变段。

必须条款：

09 若使用一系列连续闪烁警示灯，为了向车辆指明路径，连续闪烁的灯光必须从合流渐变段的上游末端照射到下游末端。警示灯光闪烁的频率必须不低于 55 次 / 分钟，同时不高于 75 次 / 分钟。

10 在安装 A 型低强度闪烁警示灯、C 型固定发光警示灯和 D 型 360 度常亮警示灯时，需保证它们在晴朗夜晚的可见度为 3000 英尺。在安装 B 型高强度闪烁警示灯时，需保证在没有阳光直射或从设施的背面照过来时，警示灯在晴天的可见度为 1000 英尺。

11 警示灯距离镜头底端必须保持 30 英尺的最低安装高度。

支撑依据：

12 A 型低强度闪烁警示灯用以在夜间警示道路使用者不要接近潜在危险区。

可选条款：

13 A 型警示灯可安装在渠化设备上。

支撑依据：

14 B 型高强度闪烁警示灯用以在白天和夜间警示道路使用者不要接近潜在危险区。

可选条款：

15 B 型警示灯每日运作 24 小时，可安装在预先警告标志或独立支架上。

16 C 型固定发光警示灯和 D 型 360° 常亮警示灯可在夜间用以指示行车路线的边缘。

指导条款：

17 *当用来指示弯道时，C 型和 D 型 360° 警示灯应仅用在弯道外部的设备上，而非弯道内部的设备上。*

第 6F.84 节 临时交通控制信号

必须条款：

01 临时交通控制信号（见第 4D.32 节）用于在 TTC 区域内控制车流。在其他 TTC 情况下必须遵循第 4 篇的规定。

支撑依据：

02 临时交通控制信号主要用于 TTC 区域内，如临时运料道路交叉口，在双向双车道公路上的临时单向车流，在桥区、可逆车道及交叉口的单向车流。

必须条款：

03 用于控制通过双向双车道路段的车辆临时交通控制信号必须符合第 4H.02 节的规定。

指导条款：

04 *当行人绕道至临时交通控制信号区时，要通过工程判断决定，在穿越替代路线时是否需要行人信号或无障碍行人信号（见第 4E.09 节）。*

05 *当使用临时交通控制信号时，应使用冲突监视器对传统的交通控制信号进行操作。*

可选条款：

06 临时交通控制信号可为移动式的或临时安装在固定支架上。

指导条款：

07 *临时交通控制信号仅在没有其他更好的交通控制方案的情况下使用，这些方案包括以改变作业阶段或作业区大小的方式阻断单向车流，使用旗手控制单向或交叉口车流，使用"停车让行"或"减速让行"标志，以及单独使用警告设施。*

支撑依据：

08 临时交通控制信号的设计及应用包括以下几点内容：

A. 安全和道路使用者需要；

B. 作业阶段与操作；

C. 可使用其他 TTC 策略（例如使用旗手、提供两车道空间或为迂回道路使用者提供空间，包括骑自行车的人与行人）；

D. 视距限制；

E. 人为因素限制（例如，驾驶员对临时交通控制信号不熟悉）；

F. 道路使用者数量包括道路和交叉口的通行能力；

G. 受影响的小街和私人车道；

H. 车速；

I. 其他 TTC 设备；

J. 停车；

K. 转向限制；

L. 行人；

M. 附近场地的性质（如住宅区或商业区）；

N. 法定权限；

O. 信号相位和时间要求；

P. 全天候或非全天运营；

Q. 感应式、定期或手动操作；

R. 电源故障或其他紧急事件；

S. 检查及维修需要；

T. 详细记录布置、时间和运行情况；

U. 由承包商或其他人进行操作。

09　临时交通控制信号可安装在拖车或轻型可移动的支架上，但安装在固定支架上更好。当面对恶劣天气、车辆碰撞及其他破坏时，固定支架能为临时交通控制信号提供更强的支撑，避免移位。

指导条款：

10　*其他临时交通控制设备可作为临时交通控制信号的补充，包括警告和禁令标志、路面标线和渠化设施。*

11　*不使用时临时交通控制信号应罩起来并移开。*

12　*如果两个相邻的临时交通控制设备距离小于0.5英里，应考虑联网运行。*

必须条款：

13　临时交通控制信号不能位于平交道口200英尺以内，除非临时交通控制信号具有第4D.27节提到的优先权，或除非有交通警察或旗手在平交道口指挥，防止车辆在交叉口停车。

第6F.85节　临时交通路障

支撑依据：

01　临时交通路障，包括可移动的路障，能够减少车辆相撞事故，将车辆使用者受到的伤害降到最低，同时保护相关作业人员、骑行者与行人。

02　临时交通路障的四个主要功能是：

A. 防止车辆进入作业区，如挖出的坑道或材料储藏地；

B. 将作业人员、骑行者及行人与机动车分隔开；

C. 将相向而行的车辆分隔开；

D. 将车流、骑行者及行人与作业区分隔开，如桥梁脚手架和其他露天作业物体。

可选条款：

03　临时交通路障可用于分隔双向而行的车流。

指导条款：

04　*临时交通控制的防护需求应优先考虑临时交通路障的需求，故它们的使用应该基于相关的工程调研。*

必须条款：

05　若用于疏导交通，临时交通路障必须与标准的轮廓标、路面标线或渠化设施一同使用，以增强白天及夜间的可见度。轮廓标的颜色必须与路面标线的颜色匹配。

06　临时交通路障，必须具备防撞性，包括末端部位的处理。为了减轻对临时交通路障上游末端的撞击影响，必须依照美国国家公路与运输协会（AASHTO）《路侧设计指南》（见第1A.11节）的标准安装，将末端加宽至可接受的净空范围内或对末端进行防撞处理。

可选条款：

07 警示灯或常亮警示灯可安装在临时交通路障上。

支撑依据：

08 沿路障行驶的转换作业车能对可移动隔离墩进行横向复位。在长期作业项目中的可移动隔离墩能随时安装和移动形成短期封闭区。可移动隔离墩的两大优势包括：为有隔离墩保护的作业区提供短期封闭区；协调不平衡的交通流以适应交通高峰时段需求的变化。

09 图 6H-45 描绘了在临时潮汐车道使用可移动隔离墩的情况。一个最明显的特征是无论在 A 阶段还是 B 阶段，隔离墩均用于分隔相向车流。

10 图 6H-34 描绘了使用临时交通路障封闭外部车道的情况。注释 7 到注释 9 提出了使用可移动隔离墩的情况。在非高峰时期，可移动隔离墩可用于封锁车道，而在高峰期，路障可移开便于开放车道。只需一辆转换作业车即可将路障搬出车道移至路肩。此外，如果有需要，第二辆转换作业车辆可将路障移至路肩外的路旁。

11 关于临时交通路障的使用详情，见第 8 章和第 9 章的美国国家公路与运输协会《路侧设计指南》（见 1A.11 节）。

第 6F.86 节　碰撞缓冲垫

支撑依据：

01 当失控车辆撞击障碍物时，碰撞缓冲垫可缓解车辆失控状况。车辆可通过正面撞击碰撞缓冲垫平稳减速至停止，或在碰撞缓冲垫的影响下改道。用于临时交通控制区域的碰撞缓冲垫分为两种类型：固定碰撞缓冲垫和车载碰撞消能垫。临时交通控制区域的碰撞缓冲垫能防止司机撞到路障的裸露端、固定的设施、跟随车辆（辅助车辆）及其他障碍物。关于碰撞缓冲垫的使用详情，见美国国家公路与运输协会的《路侧设计指南》（见第 1A.11 节）。

必须条款：

02 碰撞缓冲垫必须具备防撞性。相应设计应保证在规定情况下，能够使失控车辆停止或改道。必须定期检查碰撞缓冲垫是否有损。损坏的碰撞缓冲垫必须及时修复或替换，以保证其防撞性。

支撑依据：

03 固定碰撞缓冲垫的使用方法与永久公路设施的使用方法一致，即防止司机撞到路障的裸露端、固定设施和其他障碍物。

必须条款：

04 固定碰撞缓冲垫必须针对特定的用途设计。

05 车载碰撞消能垫是安装在跟随拖车或卡车后部的吸收能量式设备。若使用车载碰撞消能垫，跟随车辆（辅助车辆）必须位于作业区域、作业人员或设备的前方，以降低失控车辆追尾撞击的严重度。

支撑依据：

06 卡车或拖车常作为跟随车辆（辅助车辆）来保护作业人员及设备不受失控车辆的撞击。跟随车辆（辅助车辆）通常装有闪光指示箭头、可变文字标识以及高强度旋转、闪烁、振荡、闪光的灯，它们位于作业人员和设备的前方。若没有安装车载碰撞消能垫，那么这些跟随车辆（辅助车辆）会使失控车辆中的乘客受伤。

指导条款：

07 *跟随车辆（辅助车辆）在被保护的作业人员或设备前方，且与他们保持充足的距离。距离也不可过大，*

以防失控车辆绕过跟随车辆（辅助车辆），撞到作业人员和设备。

支撑依据：

08　第 9 章的美国国家公路与运输协会《路侧设计指南》（见第 1A.11 节）包含更多有关跟随车辆（辅助车辆）的使用信息。

指导条款：

09　*若使用车载碰撞消能垫，衰减器应该依照制造商说明书使用。*

第 6F.87 节　隆声带

支撑依据：

01　横向隆声带由断断续续的、狭窄横向的路面构成，路面较为粗糙，轻微凸起或凹陷。隆声带横穿运行车道以警示司机非正常的交通状况。车辆在通过隆声带时会产生噪声与震动，因此，司机会随之警觉，关注可能需要停车的路况。

02　纵向隆声带位于路肩，由较为粗糙、轻微凸起或凹陷的路面构成。用来警示道路使用者已偏离车道。

必须条款：

03　若纵向隆声带要使用一种不同于路面的颜色，其颜色必须与隆声带所补充的纵向线颜色相同。

04　若车道上的横向隆声带要使用一种不同于路面的颜色，它的颜色只能为白色、黑色或橙色。

可选条款：

05　横向隆声带之间的间隔应较小，保证让司机感觉汽车目前的速度过快，或要立刻采取行动。前方有隆声带的警示牌应置于横向隆声带之前。

指导条款：

06　*横向隆声带是横向面对车流的，它们无论在湿润还是干燥的天气中，都不可影响路面的抗滑性。*

07　*在城市中，虽然横向隆声带之间的间距更小，但它们仍要保证不会引发司机非必要的刹车或突然转动方向盘。*

08　*横向隆声带不应该出现在横向或纵向的急弯处。*

09　*隆声带不应该出现在人行横道处或自行车线路上。*

10　*横向隆声带不得出现在骑行者使用的路线上，除非按美国国家公路与运输协会《路侧设计指南》（见 1A.11 节）的标准，在道路边缘或每个硬路肩上都留有至少 4 英尺的无阻碍通道。*

11　*纵向隆声带不得出现在自行车路线的路肩上，除非路肩上都留有至少 4 英尺的无阻碍通道。*

第 6F.88 节　隔板

支撑依据：

01　隔板用来阻挡可能会分散道路使用者注意力的事物。由于隔板阻隔了司机的视线，减少了对面机动车前大灯的眩光，隔板可提升安全性，并在车流量接近峰值时疏导交通。

指导条款：

02　*在安装隔板时需保证隔板不会影响道路使用者的能见度或视距，不会影响司机的安全操作。*

可选条款：

03　隔板可安装在分隔双向车流的临时交通路障的顶部。

指导条款：

04　*隔板的设计应依照第 9 章的美国国家公路与运输协会的《路侧设计指南》（见第 1A.11 节）。*

第 6G 章　临时交通控制区活动类型

第 6G.01 节　典型应用

支撑依据：

01　每个 TTC 区域是不同的。许多变量影响着每个区域的需求，如作业位置、公路类型、几何线形、纵向及横向线形、交叉口、立交、道路车流量、道路车辆组成（公交、货车及小轿车）、车辆速度。作业区 TTC 的目标是保障安全的同时要尽量减少对道路上车辆的干扰。提升 TTC 区域安全的关键因素在于合理的判断。

02　TTC 区域的典型应用按照时长、位置、作业类型及公路类型进行组织安排。表 6H-1 为这些典型应用的指标。这些典型应用包括多种 TTC 方法的使用，但不包括所有可能的作业情形。

03　精心设计的用于有计划特殊事件的 TTC 计划很可能从几个典型应用处理的组合中得到发展。

指导条款：

04　对于所有可能影响到街道或公路正常运行的特殊事件，TTC 计划的施行应当受到具有当地路段管辖机构的批准，并与之协同合作。

05　*在必要时，典型应用需要做出适当调整以适应特殊 TTC 区域的情况。*

可选条款：

06　可增加其他设施作为已列出的典型应用设施的补充，但其他选项也可能不予考虑。标志和锥形障碍物的间距可适当增加，从而为驾驶员提供更长的反应时间和距离。

支撑依据：

07　要选择最恰当的典型应用来指示特殊的 TTC 区域，则要求作业人员熟悉各种情况。尽管有许多归类 TTC 区域应用的方法，先前提到的四个因素（作业时长、作业位置、作业类型、公路类型）则仅用来展现第 6H 章节所示的典型应用。

第 6G.02 节　作业时长

支撑依据：

01　作业时长是决定 TTC 区域设施数量和类型的主要因素。
TTC 区域的时长定义为与作业操作占据某个位置的时间长短相关。

必须条款：

02　五类作业时长及其占据位置的具体时间为：

A. 长期作业指占用一个位置超过 3 天的作业。

B. 中期作业指占用一个位置超过一个白天、不超过三天或夜晚作业时长超过 1 小时的作业。

C. 短期作业指在单个白天内占用一个位置超过 1 小时的日间作业。

D. 临时作业指占用一个位置至多 1 小时的作业。

E. 移动作业指间歇性或连续性移动的作业。

支撑依据：

03　在长期作业的 TTC 区域，作业人员拥有足够的时间去安装设施并有利于全套 TTC 程序及设施的使用。通常，会使用更多的渠化设施、临时道路和临时交通路障。

必须条款：

04　当长期作业延长到夜间，长期作业 TTC 区域必须使用反射或照明设施。

指导条款：

05　*在长期作业 TTC 区域的不适当标线应该移除并替换为临时标线。*

支撑依据：

06　在中期作业 TTC 区域，可能不适用长期静态 TTC 区域中的设施，如可变路面标线、临时交通路障及临时道路。放置及移除这些设施会显著增加作业时间，因此会增加临时控制设施的暴露时间。

必须条款：

07　自中期作业延长到夜间之后，反射和（或）照明设施必须用于中期静态 TTC 区域。

支撑依据：

08　大多数维护及实用作业为短期占道作业。

09　对比占道作业，移动及短期作业可能包含不同的处理活动。取决于 TTC 区域的移动性，可能需要有更多移动性的设施，如安装在货车上的标志，可以更高效且更经济地使用更多、更明显的设施。

指导条款：

10　*为了保证短期或移动作业安全，不应因作业地点的不断移动而采用较少的设施。*

可选条款：

11　装载高强度旋转、闪烁、震荡、闪光的灯并标有适当颜色或标记的车辆，可用于代替短期或移动作业的标志和渠化设施。这些车辆可采用标志或箭头板以增强区分度。

支撑依据：

12　在短期作业期间，较之作业时长，建立和移除 TTC 区域往往需要花费更多的时间。在设立及拆除 TTC 区域时作业人员会面临伤害风险。同时，由于作业时间很短，附加设施的安装和移除会明显增加道路使用者的延误。

可选条款：

13　考虑到这些因素，在短期作业中应允许使用简单控制程序。设施数量上的减少可通过使用更多其他设施来抵消，如作业车辆上的高强度旋转、闪烁、震荡、闪光的灯。

支撑依据：

14　移动作业经常包含频繁短期的停车活动，如垃圾清理、坑槽修补、实用作业等，过程与短期作业相似。

指导条款：

15　*警告标志和高强度旋转、闪烁、震荡、闪光的灯应用于参与移动作业的车辆上。*

可选条款：

16　旗帜和（或）渠化设施可被附加使用和定期移除，从而使其靠近移动作业区域。

17　旗手可用于频繁短暂停车的移动作业情境。

支撑依据：

18　移动作业还包括当作业人员和设施不间断且通常以较慢的速度沿道路移动时的作业活动。预警区域随作业区域移动。

指导条款：

19 当进行移动作业时，特别是当车辆交通速度或流量很高时，装有箭头板或标志的跟随车辆应该跟随作业车辆。可能的话，警示标志应该放置在路侧且随作业进度定期移动。

20 在高流量情况下，应考虑在非高峰时间进行移动作业。

21 如果在包含多车道的快车道进行移动作业，应该使用箭头板。

必须条款：

22 移动作业必须配备有合适设施（即高强度旋转、闪烁、震荡、闪光的灯，标志，特殊灯光）或使用有合适警示设施的其他车辆。

可选条款：

23 速度低于 3 英里 / 小时的移动作业，应该在预警区域使用可定期回收和复位的移动标志或静止信号。

第 6G.03 节　作业位置

支撑依据：

01 第 6D 章与第 6F.74 节和第 6G.05 节包括当行人或自行车设施受工地影响时应当遵循的步骤。

02 TTC 区域中 TTC 的选择取决于作业的位置。一般说来，作业距离道路使用者越近（包括骑行者及行人），所需的 TTC 设施数量越多。在以下位置建立 TTC 区域的程序会在后续章节指出：

A. 路肩外；

B. 未被侵占的路肩；

C. 受到小范围侵占的路肩；

D. 中央隔离带内；

E. 行车道内。

必须条款：

03 当作业空间在行车道内时，除短时和移动作业外，必须预先警告并提供有关作业情形及公路状况的信息。TTC 设施必须指出在 TTC 区域内车辆交通如何运行。

第 6G.04 节　应对特殊需求的修改

支撑依据：

01 第 6H 章的典型应用阐明了通常情况下 TTC 设施的使用。

可选条款：

02 除典型应用所需要的设施外还可加入其他设施，可调节设施间隔以提供更多的反应时间。当实际情况比典型情况简单时，可以使用较少的设施。

指导条款：

03 当情况更为复杂时，可以关注第 6B 章提出的建议及下面提供的选项来调整典型应用：

A. 附加设施：

1. 标志；

2. 箭头板；

3. 更多间距缩短的渠化设施（见第 6F.74 节关于行人可察觉边缘的信息）；

4. 临时突起路标；

5. 高级警告设施；
6. 便携式可变信息标志；
7. 临时交通控制信号（包括行人信号和可进入行人信号）；
8. 临时交通路障；
9. 碰撞缓冲垫；
10. 隔板；
11. 停车振动带；
12. 更多轮廓标。

B. 设施升级：
1. 完整的标准路面标线；
2. 更亮的和（或）更宽的路面标线；
3. 更大的和（或）更亮的标志；
4. 更醒目的渠化设施；
5. 代替渠化设施的临时交通路障。

C. 改善绕行路线或改道区域的几何线形。

D. 增加距离：
1. 更长的预警区域；
2. 更长的锥形标志。

E. 照明设施：
1. 临时道路灯光；
2. 与渠化设施联合使用的稳定灯光；
3. 用于隔离障碍区的闪光灯；
4. 主动发光标志；
5. 强光灯。

F. 人行道和临时设施。

G. 自行车临时绕行路线和临时设施。

第 6G.05 节 影响行人及自行车设施的道路作业

支撑依据：

01 在城区，道路作业及相关的临时交通控制活动往往会影响到行人或自行车设施。在临时交通控制区域，我们必须保证照顾到所有道路使用者的需求，包括残疾人。

02 除第 6G.06 节至第 6G.14 节所述规定外，仍有许多规定可适用于本章所涉及的所有类型活动。

指导条款：

03 当行人或自行车数量较多时，可适当修改原来的规定，具体可参照第 6D 章、本章第 6F.74 节以及第 6 篇其他章节提到的有关无障碍、可感知的临时交通控制区域的内容。

04 相关设施应将行人与作业人员分隔开，同时需保证残疾人可无障碍通行并感知到这些设施。

05 应避免骑行者与行人靠近无任何保护措施的坑道、开放设施通道、悬挂的设施及其他类似情况。

06 除了短期和移动作业外，当公路路肩被占用时，路肩作业标志（W21-5）应放置在活动区域的前方。当在宽度大于等于 8 英尺的硬路肩上作业时，渠化设施应放置在渐变段上，其长度应与路肩渐变段的长度要求相符。标志的安装应保证目前行人通行的宽度不小于 48 英尺。

07 应避免修建行人绕行道路,因为很少引起行人的注意,且修建无障碍、可感知的绕行道其成本要高于修建连续路段的成本。如果可能,应尽量不在已有的路线或交叉口上建设绕行道路。

必须条款:

08 当行人路线封闭时,必须提供可代替的其他行人路线。

09 当临时交通控制区域内的行人设施遭到破坏、封闭或迁移时,必须提供临时的行人设施,它们需具有同等的可发现性和无障碍性。

第 6G.06 节 路肩外的作业活动

支撑依据:

01 当作业区域不在公路上时(在路肩以外,但在通行权内),不需要或只需很少的临时交通控制。当作业区限制在离车道边缘 15 英尺或更远的地方时,不需要临时交通控制。但在注意力会分散的情况下,临时交通控制是需要的:如车辆停靠在路肩,车辆可通过公路到达工地,设备需在公路上进行作业(如割草)。对于路肩以外的作业,请见图 6H-1。

指导条款:

02 当出现第 1 条所描述的情况时,应使用如"前方道路作业"(W20-1)这样的单个警告标志。当设备在公路上进行作业时,设备上应安装合适的旗帜,高强度旋转、闪烁、振荡、闪光的灯以及"车辆减速慢行"标志(W21-4)。

可选条款:

03 当作业车辆在路肩作业时,可使用"路肩作业"标志(W21-5)。当进行割草作业时,可使用"前方割草"标志(W21-8)。

04 当作业活动范围超过 2 英里时,可每英里搭起一块"路肩作业"标志(W21-5)。

05 可使用注有"距下个路口 XX 英里"(W7-3aP)的信息补充面板。

指导条款:

06 若作业人员及设施会不定时地在路肩上作业,必须使用像"前方道路作业"这样的通用警告标志(W21-3)。

第 6G.07 节 无侵占路肩作业

支撑依据:

01 本篇规定适用于短期以及长期的固定作业活动。

必须条款:

02 当硬路肩上有超过 8 英尺宽度的区域封闭使用时,必须至少使用一个提前警告标志。此外,必须使用渠化设施来预先划定封闭的路肩区域并指出作业区的起始部分,从而引导机动车在机动车道内通行。

指导条款:

03 当高速路与快速路上的硬路肩有超过 8 英尺宽的区域封闭时,应向道路使用者预警无法驶离车道的潜在故障车辆。最初使用一般警告标志,如"前方道路作业"标志(W20-1),随后可使用是"右侧路肩封闭"或"左侧路肩封闭"标志(W21-5a)。当路肩下游的封闭部分在道路使用者可感知的距离之外时,"距前方 XX 英尺"(W16-4P)或"距前方 XX 英里"(W7-3aP)的信息补充面板应置于位于"路肩封闭"标志(W21-5a)之下。在多车道、分车道公路上,提示路肩作业或路肩情况的标志应置于受影响的那一侧路肩。

04 当高速公路上一段经过改良的路肩封闭时，它应视作对一部分道路系统的封闭，因为道路使用者还可在紧急情况下使用。应给予道路使用者充分的提前警示，告知他们路肩会封闭并作为贯穿临时交通控制区域的庇护区。"路肩封闭"标志（W21-5a）上应显示前方还有多少距离。应用锥桶或渠化设施来封闭路肩上的作业区，锥桶或渠化设施的间距按表6C-3及表6C-4所示公式1/3 L计算。

05 当路肩未被占用但作业已影响到路肩状况，应视情况使用"低路肩"（W8-9）或"软路肩"（W8-4）标志。

06 当作业范围超过1英里时，每隔1英里就应搭设一个标志。

可选条款：

07 此外，可使用"距下个路口XX英里"（W7-3aP）的补充面板。可能需要搭设临时交通路障防止失控车辆进入作业区，以保护作业人员。

必须条款：

08 当箭头面板用于路肩作业时，必须只在警示模式下使用。

支撑依据：

09 图6H-3描绘了路肩上进行固定作业的情况。图6H-4描绘了在路肩上进行短期或移动作业的情况。图6H-5描绘了在高速公路路肩上的作业情况。

第6G.08节 有轻微侵占的路肩作业

支撑依据：

01 当行人或自行车设施受工地影响时，第6D章、第6F.74节与第6G.05节包含了相关的处理信息。

指导条款：

02 当作业区占据部分车道时，要考虑车流量、车辆组成（公交车、货车、小轿车、自行车）、车速和道路通行能力，从而决定是否将所占车道封闭。除非剩余车道宽度达10英尺，否则车道应该封闭。

03 在确定10英尺的最小车道宽度是否足够时，应考虑卡车的轮迹偏移。

可选条款：

04 当车流中不包含更长、更宽的重型商业运输车辆时，9英尺宽的车道可满足低流量、低速公路上的短期固定作业需求。

支撑依据：

05 当固定或短期作业区略微侵占了车道时，图6H-6说明了如何处理此时的交通状况。

第6G.09节 中间隔离带内的作业

支撑依据：

01 当行人或自行车设施受工地影响时，第6D章、第6F.74节与第6G.05节包含了相关的处理信息。

指导条款：

02 如果作业区位于分离式公路的中间隔离带上且距离任一方向的路缘都在15英尺以内，应采用设置预警标志与渠化设施的方式进行临时交通控制。

第 6G.10 节　双车道公路上的作业

支撑依据：

01　当行人或自行车设施受工地影响时，第 6D 章、第 6F.74 节与第 6G.05 节包含了相关的处理信息。

02　绕行标志用来引导道路使用者进入另一条道路。在改道时，道路使用者会被引入在通行权以内或邻近通行权的临时车道。图 6H-7、图 6H-8 和图 6H-9 描绘了在双车道公路上，道路使用者绕行或改道的情况。图 6H-7 显示了在道路某部分被封闭后，周围的控制情况以及临时性支路的建设情况。渠化设施及路面标线用于指示临时车道。

指导条款：

03　当绕行道路很长时，应安装"绕路"标志（M4-8，M4-9）去不断提醒道路使用者他们正处于正确的绕行道路上。

04　如图 6H-8 所示，当整条道路都封闭时，应向道路使用者提供绕行道路，并提前告知道路使用者道路封闭的消息，在此例中为距交叉口 10 英里位置。若当地的道路使用者可使用道路封闭之前的那一段车道，应使用"前方道路封闭"和"仅限当地车辆"标志（R11-3a）。开放给当地道路使用者的那部分车道应配备充分的标志、标线及轮廓标。

05　如图 6H-9 所示，绕行道路应配备适当标志，以便道路使用者能够横穿整个绕行道路并退回到原始道路。

支撑依据：

06　第 6C.10 节描绘了在单车道、双向车流的情况下控制交通的方法。

可选条款：

07　图 6H-10 描绘了旗手的作业。

08　如图 6H-11 所示，"停/让"标志可用于控制低交通量道路。

09　图 6H-12 描绘了临时交通控制信号的使用方式。

第 6G.11 节　在城市行车道上的作业

支撑依据：

01　当行人或自行车设施受作业区域影响时，第 6D 章、第 6F.74 节与第 6G.05 节包含了相关的处理信息。

02　在城市的临时交通控制区内，需制定控制交通的相关策略，如需要几条车道，在交叉口处是否需要禁止转向，以及如何维持商业区、工业区和住宅区的通达性。

03　需额外关注慢行交通，第 6D 章包含了有关慢行交通的相关信息。

必须条款：

04　若临时交通控制区影响了骑行者的通行，必须向他们提供充足的其他道路或共享道路的选择（详见第 9 篇）。

05　当作业使公交站点受到影响或搬离，必须向行人和车辆提供其他到达受影响或搬迁的公交站点的途径。

指导条款：

06　如果因为作业致使一条原有的自行车线路被封闭，应该提供一条备选线路，以免自行车占用人行道。

07　在交叉口的工地需要设置渠化设施以免行人意外进入。

支撑依据：

08 公共设施的建设或维护作业，如电力、天然气、照明、供水以及电信服务的建设与维护均会在道路附近进行。这些作业经常在交叉口进行，因为这里是许多网络连接的地方。这些作业涉及的人员较少，并只需几辆车，同时在临时交通控制区的管制设施数量与类型也是最少的。

必须条款：

09 若公共设施的作业在夜间进行，那么所有的临时交通控制设施必须具备反光或自发光功能。

指导条款：

10 正如同短期项目一样，为弥补公共设施作业区设施数量少的问题，作业区的设施应具备高能见度，如在作业车辆上安装高强度旋转、闪烁、振荡、闪光的灯或配备增强警告设施。

支撑依据：

11 图 6H-6，图 6H-10，图 6H-15，图 6H-18，图 6H-21，图 6H-22，图 6H-23，图 6H-26 和图 6H-33 是公共设施作业的典型应用案例。其他典型的应用案例也可适用。

第 6G.12 节　在多车道、不受管制行车道上的作业

支撑依据：

01 当行人或自行车设施受工地影响时，第 6D 章、第 6F.74 节与第 6G.05 节包含了相关的处理信息。

02 针对多车道公路（单向两条或两条以上的机动车道）作业可分为右侧车道封闭区、左侧车道封闭区、中央车道封闭区、多车道封闭区以及五车道封闭区。

必须条款：

03 当多车道上的一条道路被封闭以进行除了移动作业的作业时，必须建立一块包含并道渐变段的过渡区。

指导条款：

04 经工程调研后，应设置临时交通路障（见第 6F.70 节）来避免失控车辆进入危险区或作业区域。

支撑依据：

05 图 6H-34 描绘的是车道使用临时交通路障的情况。

可选条款：

06 当右车道被封闭时，类似于图 6H-33 的临时交通控制可用于分割或划分四车道的公路。

指导条款：

07 若在早晚高峰两个方向上的车流量不一样，且作业区位于车流量更大的右侧，那么应考虑封闭对向的内侧车道，使这个车道为车流量更大的一侧服务，如图 6H-31 所示。

08 若在一天中的某个时间，对向的车流量变得更大，临时交通控制设施应从对向车道转移到中央线，以此形成双车道双向车流。当有必要重新划定一条与路面标线不一致的中央线时，应使用渠化设施，且设施之间应密集排列。

可选条款：

09 在交通量允许的条件下，当要在多车道双向无隔离公路上封闭左车道时，应封闭内部的两条车道，如图 6H-30 所示。这样司机和作业人员可获得额外的横向净空和作业区域。

必须条款：

10 当只封闭双向无隔离公路上的一条左侧车道时，渠化设施必须沿着中央线或相邻车道设置。

指导条款：

11 当内侧车道被封闭时，邻近的车道也应考虑封闭，从而为车辆和作业材料提供额外的空间，以方便

作业设施在作业空间内移动。

12 当一个方向上的多条车道被封闭时，必须进行道路容量分析，从而确定为满足车流量所需求的车道数。车辆一次只能变换一个车道。如图 6H-37 所示，渐变段之间的距离应为 2L，L 由表 6C-3 和表 6C-4 公式计算可得。

可选条款：

13 如果车辆运行速度小于等于 40 英里每小时，同时接近作业区域时不允许车辆变换车道，那么就可以使用一个连续的渐变段。

必须条款：

14 当一个方向的车道被封闭后，在临时双向车流双车道的交叉口处安装的已不再适用的"逆行"标志、道路标线以及其他的交通管制设施必须遮挡、移走或擦除。

可选条款：

15 当双向无隔离公路上有一半的道路被封闭时，双向车辆应按图 6H-32 所示通行。当两个内侧车道都被封闭时，临时车辆管制措施可按图 6H-30 所示执行。当隔离式公路上的一条车道必须被封闭时，可使用跨界设施（见第 6G.16 节）。

支撑依据：

16 对于五车道的封闭所采用的临时交通控制措施与双向无隔离公路上多车道的管制措施相同。图 6H-32 适用于五车道公路。图 6H-35 可用于针对五车道公路的短期和移动作业。

第 6G.13 节　交叉口行车道上的作业

支撑依据：

01 当行人或自行车设施受作业区域影响时，第 6D 章、第 6F.74 节与第 6G.05 节包含了相关的处理信息。

02 对于交叉口的应用案例可按作业区域与交叉口的相对位置分类（如延伸的路缘或边缘线）。这里有三个类别，分别包括近侧（入口）、远侧（出口）和交叉口内部。工地往往涉及交叉口的多个部分，例如，一个象限的作业区经常涉及一个街道的入口部分和与其交叉的街道出口部分。在这种情况下，一个合适的临时交通控制计划应将两个或更多的交叉口特征与行人的典型案例结合起来。

03 临近交叉口的临时交通控制区可能会阻碍或干扰正常的交通，而这常常发生在复杂的交叉口处。这些交叉口有以下特征：特定车道上方会安装信号灯、车道具有特殊用途、多信号相位、感应式信号检测器以及无障碍行人信号灯和检测器。

指导条款：

04 应考虑信号操作的效果，如有必要应采取临时纠正措施，如第 4 篇所述的修改信号相位以及定时增加道路容量，维持或调整信号检测器，重新定位信号灯头以保障可见度。

必须条款：

05 在交叉口附近作业时，若能预见与作业、道路容量或行人无障碍通行有关的问题，必须联系有管辖权的公路局。

指导条款：

06 在交叉口作业时，应尽可能在所有交叉口上设置预警标志、设施和路面标线。最典型的就是在城市主干道交叉口处设置这些标志。若设计车速、作业前的 85% 位车速或预期车速都将超过 40 英里/小时，应在这些预警区设置额外的警告标志。

07 临时交通控制点附近的人行横道应通过隔离路障与工地隔离开，以保障残疾人可感知周围情况并实现无障碍通行。

支撑依据：

08 如图 6H-21 所示，近侧（入口）作业区可作为一个中间路段封闭区。近侧工地的封闭可能会使道路通行能力下降，在某些时段可能导致车辆拥堵。

可选条款：

09 在使用近侧作业区域时，可设置专用的转弯车道用于车辆通行。

10 当近侧作业区域的前方空间受限时，随着街道间距的减小，应在预警区设置两块警告标志，在过渡区设置三分之一的行动类警告标志或禁令标志（如"保持左行"）。

支撑依据：

11 如图 6H-22~ 图 6H-25 所示，远侧作业区域有额外的一些设置，因为道路使用者通常会直行、左转或右转穿越作业区域。

指导条款：

12 *对于穿越交叉口的车道，其远侧的路口应封闭起来，其近侧的路口也应封闭，以防交叉口出现合流。*

可选条款：

13 若有大量的车辆在近侧车道转弯，且这个近侧车道在远处处于封闭状态，那么该近侧车道可以转换成一个专用的转弯车道。

支撑依据：

14 图 6H-26 和图 6H-27 为交叉口的作业提供了合适的指导。

可选条款：

15 如果作业位于交叉口，以下的任何策略都可以采用：

A. 如图 6H-26 所示，可将作业区的面积缩小，方便道路使用者绕行；

B. 如图 6H-27 所示，旗手或穿制服的执法人员可到现场指挥交通；

C. 分步作业以此保持最小的作业区域；

D. 封路或上游改道，以减少车流。

指导条款：

16 *根据道路使用者的情况，应该派一个（些）旗手和（或）一个（些）穿制服的执法人员来指挥交通。*

第 6G.14 节　高速公路或快速路行车道上的作业

支撑依据：

01 当车辆必须以高速在高流量的车道上穿行或绕过临时交通控制区时，临时交通控制会面临一些问题。虽然这本手册前面章节所概述的一般原则适用于所有类型的公路，但受管制的高速公路仍需特别注意，以应对不同的车流量，并保护道路使用者和作业人员。道路使用者的数量、道路车辆组成 [公共汽车、卡车、轿车、自行车（如果允许的话）] 以及车辆在这些公路上的速度都要求我们拟定一份细致的临时交通控制策略。例如，在到达作业区域前要采取关键的车流合流策略，此策略要能最大程度减少骚动、减少车流延误。这些情况要求我们在正常的乡村公路或城市街道使用更为显眼的设施。不论如何，通用原则的一致化与标准化适用于所有道路。

02 因每条道路的设计与运行特征的不同，在高速度、高流量的管制公路上作业十分复杂。中间隔离带分隔了车道，将不同方向的车流量分开，而这也可以将其中一个车道的车流引向另一个车道。在许多情况下，由于无法进入邻近的车道，车辆无法改道驶离作业区。有些作业必须在夜间进行，因此必须增加警示灯的数量，加强对作业区的照明，并设置预警系统。

03 以下图片描绘了临时交通控制措施：图 6H-33 描绘的是在分离式公路上进行典型的道路封闭。图 6H-35 描绘的是在高速公路上进行短期和移动作业。图 6H-36 描绘的是让车流在作业区改道。图 6H-37 和图 6H-38 描绘的是在高速公路上对多车道以及内侧车道进行道路封闭。

指导条款：

04 当开放的车道仍有能力负荷交通量时，封闭内侧车道的方法应如图 6H-37 所示。当需要用到其他车道的通行能力时，应使用图 6H-38 所示方法。

第 6G.15 节　普通分离式公路上的双车道、双向通行道路

支撑依据：

01 要建设一个普通分隔式双车道、双向通行道路需经过周密的考虑，包括对规划、设计和施工阶段的考虑，因为这种道路的建设会面临一些特别的施工问题（例如，迎面相撞的风险会增加）。

必须条款：

02 在普通分离式公路上对双车道、双向通行道路进行交通管制时，必须使用临时交通路障（水泥做的安全型路障或其他允许的替代物）、渠化设施或临时交通岛来分隔双向车流，这些分隔物需贯穿整条双向车道。不得只使用路面标线和辅助标志。

支撑依据：

03 图 6H-39 描绘了双车道、双向通行道路的作业过程。图 6H-40 和图 6H-41 描绘了在双向车道内对入口和出口匝道的处理方式。

第 6G.16 节　改道区域

指导条款：

01 以下是公认设计改道区域较好的指导原则：

A. 如图 6H-39 所示，车道减少的渐变段应与改道区域分离。

B. 改道区域内车辆的时速不应比设计车速低 10 英里/小时，或不应比作业前非高峰时段的 85% 位车速低 10 英里/小时，或不应比预期道路车速低 10 英里/小时，除非场地限制，要求使用较低的设计时速。

C. 排列整齐的渠化设施、轮廓标志以及长度标准、放置妥当的路面标线有助于为司机指明行车路线。

D. 改道区域的设计应适用于所有类型的车辆，包括卡车和公共汽车。

支撑依据：

02 若改道区域的几何线形及道路截面设计比较失败，那么使用临时交通路障和临时交通控制设施都于事无补。

第 6G.17 节　立交桥

指导条款：

01 即使作业区处于匝道邻近的车道，也应保障车辆能够在受限车道上变换车道。应用渠化设施标明出口匝道并隔离。对于长期的项目，应移除冲突的路面标线，换上新标线。在匝道封闭前，应与管辖交叉路口并能提供应急服务的管理者进行早期的协调。

可选条款：

02　若出入口禁止通行，可使用标志和类型 3 路障来封闭匝道。若作业区有所改变，那么出入口也有可能变化，如图 6H-42 所示。对于临时交通控制区的出口匝道可按图 6H-43 的方式处理。

03　若作业区影响了入口匝道，高速公路上的一条车道需被封闭（见图 6H-44）。由于匝道入口上的临时交通控制区，可能需要对匝道上的车辆进行转移（见图 6H-44）。

第 6G.18 节　临近平交道口的作业活动

必须条款：

01　当平交道口在临时交通控制区之内或附近时，车道限制、旗手指挥或其他交管策略都要避免车辆在铁轨上排队。如果此种排队无法避免，即使现场有自动报警装置，也必须在十字路口安排一个穿制服的执法人员或旗手来指挥交通，防止车辆停在铁轨上。

支撑依据：

02　图 6H-46 描绘了在平交道口附近作业的情况。

03　第 8A.08 节包含了在平交道口附近的临时交通控制区的其他信息。

指导条款：

04　*在作业前，应提前与铁路公司或轻轨交通机构开展协调作业。*

第 6G.19 节　在夜间进行临时交通控制

支撑依据：

01　当行人或自行车设施受作业区域影响时，第 6D 章、第 6F.74 节与第 6G.05 节包含了相关的处理信息。

02　与白天的交通管制策略相比，在夜间进行高速公路的作业与维修活动具有更大的优势，即可以平衡作业人员与公共安全、交通与社区影响及作业能力之间的关系。夜间作业有两大优势，即减少交通拥堵和减少对商业活动的影响。然而，要发挥夜间作业的优势，必须满足两个基本条件，即较少的交通量以及便于在夜间安装和拆除的交管设施。

03　当交通量较少且商业活动不太多时，将作业时间移至夜间会更有优势，但要保证可以按时完成必要的作业，且作业现场可恢复到原来的状态，以在非作业时段能够应对高车流量的情况。

04　虽然在夜间作业会有优势，但也存在一些安全问题。夜间能见度较低，会对司机和作业人员都造成影响。由于车流量较少且交通不太拥堵，夜间行车速度往往更快，这就要求有更好的能见度。同时，危险（喝酒或嗑药）、疲劳或困倦驾驶在夜间的发生率更高。

05　夜间作业还涉及其他一些问题，包括作业的生产力与质量、对社会的影响、经济和环境问题。在决定是否在夜间进行作业或维修作业时，不仅要考虑相关的优势，还要考虑可能会带来的安全等问题。

指导条款：

06　*考虑到夜间作业会带来的安全问题，应加强交通管制（见第 6G.04 节）以增强设施能见度，更好地引导司机，并加强对作业人员的保护。*

07　*除了第 6G.04 节列出的改进措施外，还应为作业人员、作业车辆和设施提供额外的照明和反光标线。*

可选条款：

08　由于夜间交通量减少，可设置绕行路线来代替全部封闭的作业道路，从而消除作业区域的交通风险。

指导条款：

09 考虑到高速行驶的车辆或危险驾驶的司机可能会对作业人员和其他司机造成伤害，可在晚间作业区安排几名身穿制服的执法人员和几辆亮灯的巡逻车。

必须条款：

10 除了紧急情况外，所有旗手站台都必须配置临时照明设施。

支撑依据：

11 照明亮度取决于涉及的任务性质。5 流明 / 平方英尺的平均水平亮度适合于一般活动。10 流明 / 平方英尺的平均水平亮度适合于在作业设施附近的活动。高精度任务需要 20 流明 / 平方英尺的平均水平亮度。

第 6H 章 典型应用

第 6H.01 节 典型应用

支撑依据：

01 第 6G 章讨论了典型的临时交通控制措施。本章节将介绍各种常见的典型应用。虽未详尽每种情况，但本章节所含信息适用于大多数情况。通常，一个合理的临时交通控制计划会结合许多典型应用的特征。例如，交叉口的作业可能涉及一个街道的入口部分和与其交叉的街道的出口部分。对这两者要分别处理，同时还要考虑人行横道的封闭作业。为方便使用这些典型应用的图表，本章的表 6H-3 和表 6H-4 是对表 6C-1 和表 6C-4 的重复。

02 临时交通控制区的建设过程要考虑以下几个因素：道路结构、作业地点、作业内容、作业时间、车流量、道路车辆组成（公共汽车、卡车、轿车、摩托车、自行车）、车速。

03 总的来说，本手册所描述的过程仅是少部分解决方案。除了注释（即明确以"必须条款"、"指导条款"、"可选条款"或"支撑依据"为标题的注释），其他典型应用中提到的信息通常可以被视为"指导条款"信息。

可选条款：

04 可添加其他设施以补充当前的设施，同时可调整设施间距来提供额外的反应时间或标示内容。根据现场条件，可以使用较少的设施。

支撑依据：

05 第 6 篇的图表提供了临时交通控制策略的相关信息。表 6H-3 用于确定标志间的间距以及其他方面的尺寸和道路类型。

06 表 6H-1 是 46 种典型应用的索引，典型应用位于右侧页面，相关的注释位于左侧的对开页。表 6H-2 是典型应用中的图例。在许多典型应用中，标志间距和其他尺寸按表 6H-3 提供的标准字母表示。表 6H-4 提供了确定渐变段长度的公式。

07 大多的典型应用只展示一个方向上的临时交通控制设施。

典型应用的索引　　　　　　　　　　　　　　　表6H-1

典型应用描述	典型应用编号
在路肩的外侧作业（见第 6G.06 节）	
路肩外作业	TA-1
爆破区域	TA-2
在路肩上作业（见第 6G.07 节和第 6G.08 节）	
路肩作业	TA-3
路肩上的短期或移动作业	TA-4

续表

典型应用描述	典型应用编号
高速公路路肩封闭	TA-5
轻微侵占路肩作业	TA-6
在双车道高速公路的行驶道路内作业（见第6G.10节）	
有改道的道路封闭	TA-7
道路封闭界外绕行	TA-8
重叠路径绕行	TA-9
在双车道道路上用旗手封闭车道	TA-10
低流量两车道道路车道封闭	TA-11
双车道道路上使用交通控制信号封闭车道	TA-12
临时车道封闭	TA-13
运输材料道路交叉口	TA-14
低交通量道路中央作业	TA-15
低交通量道路沿中央分隔线调查	TA-16
双车道道路的移动作业	TA-17
在城市街道的行驶道路内作业（见第6G.11节）	
次要街道上车道封闭	TA-18
单向绕行	TA-19
封闭街道绕行	TA-20
在交叉口的行驶车道内和人行道上作业（见第6G.13节）	
交叉口入口处车道封闭	TA-21
交叉口出口处右侧车道封闭	TA-22
交叉口出口处左侧车道封闭	TA-23
交叉口出口处道路半幅封闭	TA-24
交叉口多车道封闭	TA-25
交叉口中央封闭	TA-26
交叉口路侧封闭	TA-27
人行道绕行或改道	TA-28
人行道封闭和行人绕行	TA-29
在多车道道路和无路权控制的公路内作业（见第6G.12节）	
多车道街道上内侧车道封闭	TA-30
方向分布不均匀的道路车道封闭	TA-31
多车道高速公路半幅封闭	TA-32
分离式公路静态作业区车道封闭	TA-33
用临时交通路障封闭车道	TA-34
多车道公路的移动作业	TA-35
在高速公路或快速路的行驶道路上作业（见第6G.14节）	
高速公路车道偏移	TA-36
高速公路的双车道封闭	TA-37

续表

典型应用描述	典型应用编号
高速公路内侧车道封闭	TA-38
高速公路跨中央隔离带改道	TA-39
跨中央隔离带改道入口匝道	TA-40
跨中央隔离带改道出口匝道	TA-41
在出口匝道附近作业	TA-42
部分出口匝道封闭	TA-43
在入口匝道附近作业	TA-44
使用可移动路障的临时潮汐车道	TA-45
在平面道口附近作业（见第6G.18节）	
在平交道口附近作业	TA-46

典型应用图表中符号的含义　　　　　　　　　　表6H-2

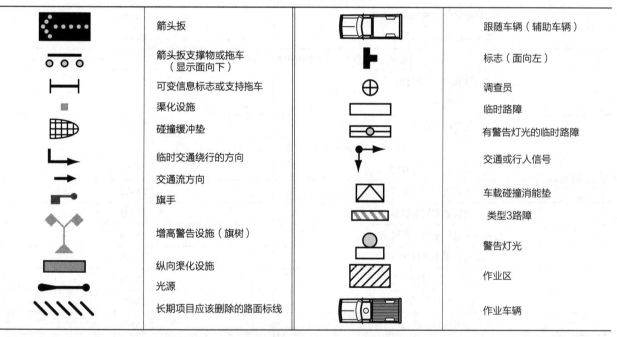

典型应用图表中字母代码的含义　　　　　　　　表6H-3

道路类型	标志之间的距离**		
	A	B	C
城市（低速）*	100英尺	100英尺	100英尺
城市（高速）*	350英尺	350英尺	350英尺
乡村	500英尺	500英尺	500英尺
高速公路/快速路	1000英尺	1500英尺	2640英尺

* 速度类型由公路局决定。

** 列标题A、B、C是图6H-1~图6H-46中的尺寸。A列尺寸是过渡或限制点到第一个标志的距离。B列尺寸是第一个和第二个标志间的距离。C列尺寸是第二个标志和第三个标志之间的距离（"第一个标志"是三个标志系列中靠近TTC的标志，"第三个标志"是距TTC上游最远的标志）。

渐变段长度的计算公式	表6H-4
速度（S）	渐变段长度（L）英尺
≤ 40 英里 / 小时	$L=\dfrac{WS^2}{60}$
≥ 45 英里 / 小时	$L=WS$

注：L= 渐变段长度（英尺）。

　　W= 偏移的宽度（英尺）。

　　S= 限速、非高峰时段 85% 位车速或期望的运行速度（英里 / 小时）。

图 6H-1 注释——典型应用 1
路肩外作业

指导条款：

1. 如果作业区域是在分离式公路上的中央隔离带，在行驶方向上的左侧车道也应设置预警标志。

可选条款：

2. "前方道路作业"标志可换成其他合适的标志（如"路肩作业"标志）。"路肩作业"标志可用于路肩附近的作业区。

3. 若作业区前方有路障、作业区距离路缘超过 24 英寸或距离道路边缘超过 15 英尺，则可不使用"前方道路作业"标志。

4. 对短期及移动作业而言，如果车辆上装有高强度旋转、闪烁、振荡、闪光的灯，那么所有标志以及渠化设施都可拆除。

5. 可使用车辆危险警告信号来补充高强度旋转、闪烁、振荡、闪光的灯的使用。

必须条款：

6. 车辆危险警告信号不能代替车辆高强度旋转、闪烁、振荡、闪光的灯的使用。

图 6H-2 注释——典型应用 2
爆破区域

必须条款：

1. 当在道路 1000 英尺范围内爆破时，必须使用相应标志。

2. 当作业区没有爆破作业或该地区是安全的时，相关标志必须被遮盖或移除。

3. 当辅路与在"前方爆破区域"标志和"爆破区域终止"标志之间的道路相交时，或辅路在爆破区域的 1000 英尺以内，类似主路的标志必须安装在辅路上。

4. 在爆破前，爆破负责人必须确定爆破作业是否会对道路使用者造成危险。若有危险性，在爆破作业时必须禁止道路使用者通过爆破区域。

指导条款：

5. 在分离式公路上，道路两侧都应安装标志。

图 6H-3 注释——典型应用 3
路肩作业

指导条款：

1. 若仅有左侧路肩受影响，"路肩作业"标志只需安装在分离式道路或单行道路的左侧。

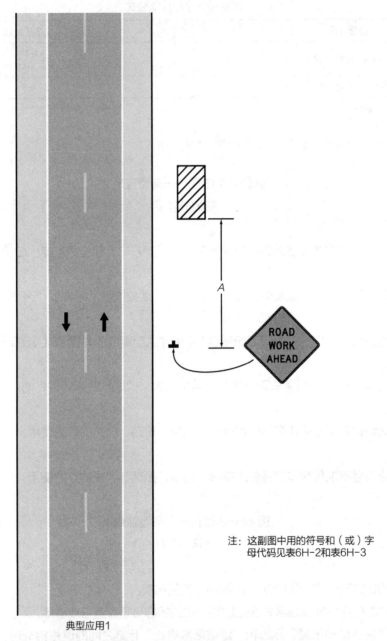

图 6H-1 路肩外作业（TA-1）

可选条款：

2. 作业人员标志可替代"路肩作业"标志。

3. 若驶入车道的司机在进入作业区前就可看到另一个预警标志，那么在交叉道上的"路肩作业"标志可不使用。

4. 若作业时间少于 1 小时，且作业车辆上已安装了高强度旋转、闪烁、振荡、闪光的灯，那么可不使用任何的标志和渠化设施。

5. 可使用车辆危险警告信号来补充高强度旋转、闪烁、振荡、闪光的灯的使用。

必须条款：

6. 车辆危险警告信号不能代替车辆的高强度旋转、闪烁、振荡、闪光的灯的使用。

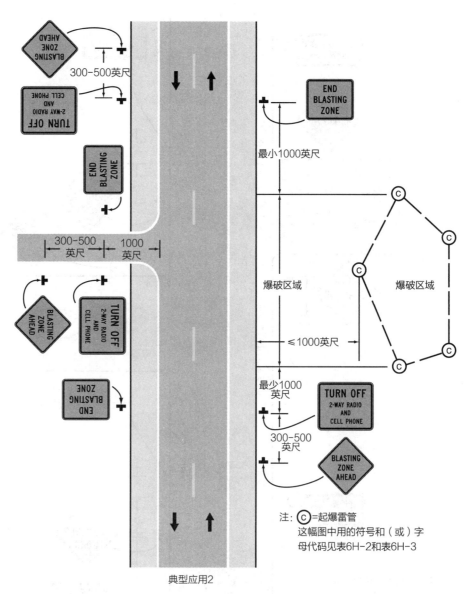

典型应用2

图 6H-2 爆破区域（TA-2）

7. 当宽度大于 8 英尺的硬路肩被封闭时，必须安装至少一个预警标志。另外，必须提前使用渠化设施来划定作业区域，并引导车辆沿指定车道行驶。

图 6H-4 注释——典型应用 4
路肩上的短期或移动作业

指导条款：

1. *若在有限的距离内存在多个作业点且满足放置固定标志的条件，则预警标志和作业区域的距离不应超过 5 英里。*

2. *当预警标志与作业区域的距离在 2~5 公里之间时，补充距离标志应和"前方道路作业"标志一起使用。*

可选条款：

3. *如果作业区的长度超过 2 公里，"距离作业区 XX 英里"标志可代替"前方道路作业"标志。*

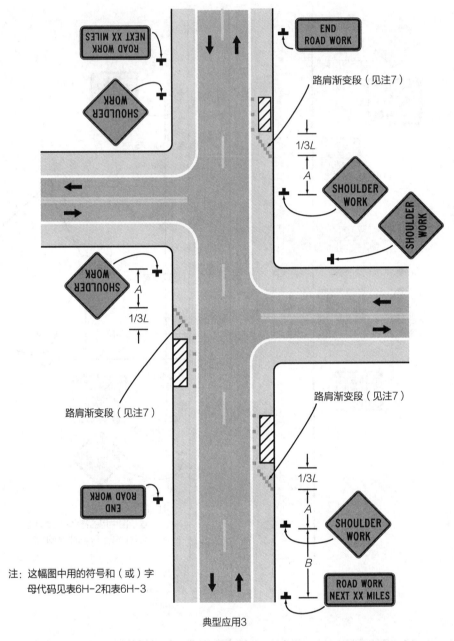

典型应用3

图 6H-3 路肩作业（TA-3）

4. 对于短期或移动作业，若作业车辆已安装了高强度旋转、闪烁、振荡、闪光的灯，那么可不使用固定的警示标志。

5. 可使用车辆危险警告信号来补充高强度旋转、闪烁、振荡、闪光的灯的使用。

必须条款：

6. 车辆危险警告信号不能代替作业车辆上高强度旋转、闪烁、振荡、闪光的灯的使用。

7. 如果在路肩作业区使用了箭头板，必须使用警告模式。

8. 车载标志的安装必须保证它们不会被其他设施或物体遮挡。当不作业时，车载标志上的图文必须遮盖起来或不在视线内。

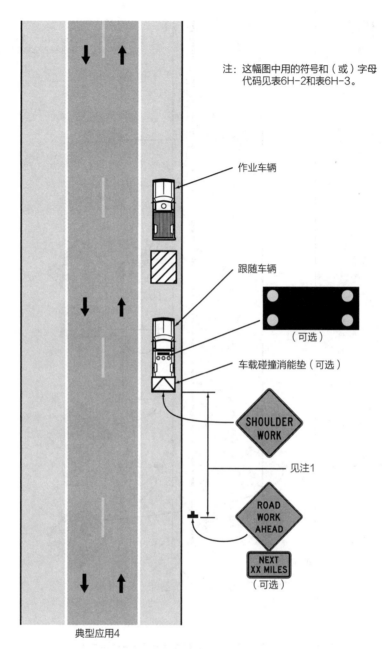

图 6H-4　路肩上的短期或移动作业（TA-4）

图 6H-5 注释——典型应用 5
高速公路路肩封闭

指导条款：

1. "路肩封闭"标志应用于限制入口的公路，这种公路上的故障车辆无法被拖离公路。
2. 如果驾驶员在封闭路肩外没有看到拖车区域，应以英尺或英里为单位适当提供关于路肩封闭长度的信息。
3. 临时交通路障的使用应根据工程评价的结果进行设置。

必须条款：

4. 临时交通路障的使用必须遵从第 6F.85 节的条款。

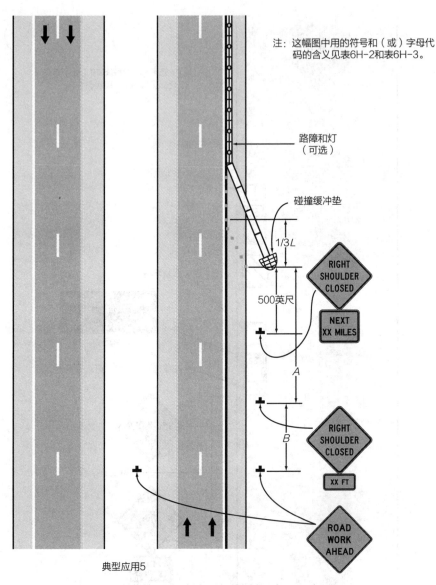

典型应用5

图 6H-5　高速公路路肩封闭（TA-5）

可选条款：

5. 本典型应用中的交通路障是其中一种可用在路肩长期封闭项目的应用案例。

6. 可使用路障上的警告灯。

图 6H-6 注释——典型应用 6
轻微侵占路肩作业

指导条款：

1. *所有车道最小宽度应为 10 英尺，从渠化设施近端面开始测算。*

2. *所示的措施应用于车速较低的次要道路。对于具有较高车速的交通道路，应实施车道封闭。*

可选条款：

3. 对于低流量、低速的短期使用道路，车辆类型不包括较长和较宽的重型商用车辆，可使用 9 英尺的最小车道宽度。

4. 在对向路肩具有足够宽度适合承载机动车通行的地方，可以通过使用较小间距的渠化设施进行车道转移，并维持最小 10 英尺的车道宽度。

5. 适当设置额外的预警设施，比如"路面狭窄"标志。

6. 临时交通路障可以沿着作业区设置。

7. 如果使用了锥形和渠化设施，跟随车辆（辅助车辆）可以省略。

8. 车载碰撞消能垫可用于跟随车辆。

9. 对于短期作业，如果跟随车辆（辅助车辆）使用了开启的高强度旋转、闪烁、振荡、闪光的灯，锥形和渠化设施可以省略。

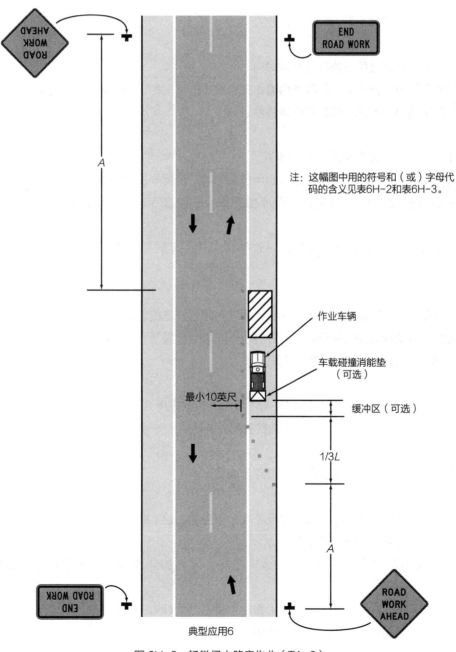

图 6H-6　轻微侵占路肩作业（TA-6）

10. 车辆危险警告信号可以用于辅助高强度旋转、闪烁、振荡、闪光的灯。

必须条款：

11. 车载标志安装的方式必须能使标志不被其他设施或物体所遮挡。当不再进行作业时，车载标志必须被遮盖或不在视线内。

12. 跟随车辆和作业车辆必须安装有高强度旋转、闪烁、振荡、闪光的灯。

13. 车辆危险警告信号不能代替车辆的高强度旋转、闪烁、振荡、闪光的灯的使用。

图 6H-7 注释——典型应用 7
有改道的道路封闭

支撑条件：

1. 图中展示的标志和实体标记仅为一个行驶方向。

必须条款：

2. 与描述相类似的设施必须设置在行驶的对向。

3. 在任何新的交通模式开放前，不再适合道路交通模式的路面标线必须移除或涂去。

4. 临时路障和末端防护措施必须具有防撞特性。

指导条款：

5. 如果沿临时改道的切线距离超过 600 英尺，左侧优先反向曲线标志应代替双重反向曲线标志使用，并且第二个右侧优先反向曲线标志应设置在背对原始线形的第二个反向曲线前方。

6. 当改道的切线段超过 600 英尺，且改道线路具有限速 30 英里/小时的急弯曲线时，应使用反向转弯标志。

7. 在临时铺装和已有铺装颜色不同时，临时铺装应从已有铺装的切线处开始，并在已有铺装的切线处结束。

可选条款：

8. 闪烁警告灯和（或）旗帜可用于引起道路使用者对警告标志的注意。

9. 在急转弯处，可使用大型箭头标志代替除其以外的其他预警标志。

10. 轮廓标或渠化设施可沿着改道路线设置。

图 6H-8 注释——典型应用 8
道路封闭界外绕行

指导条款：

1. 根据绕道期间的需求，禁令交通控制设施应被修改。

可选条款：

2. 如果道路开放一定距离超过了交叉口以及（或）有重要的起/终点越过了交叉口，类型 3 路障上的"道路封闭"和"绕道"标志可设置在行车道边缘。

3. 路线标志定向组合可设置在交叉口的远端左角，以增加或代替图中显示在近端右角的同类标志组合。

4. 闪烁的警告灯和（或）旗帜可用于引起道路使用者对预警标志的注意。

5. 主要方向辅助信息板可与路线标志一起使用。

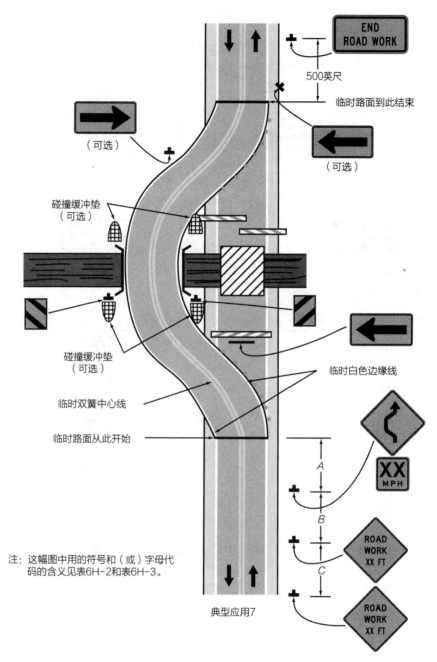

图 6H-7 有改道的道路封闭（TA-7）

图 6H-9 注释——典型应用 9
重叠路径绕行

支撑依据：

1. 图中展示的 TTC 设施仅为单个行车方向。

必须条款：

2. 与图中所描绘相类似的设施必须设置在行驶的对向。

指导条款：

3. 显示给辅路的"停车让行"或"减速让行"标志应基于临时路线的行车需求安装。

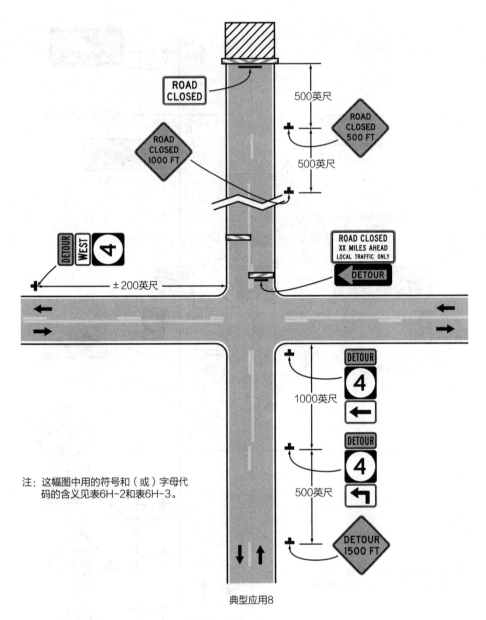

典型应用8

图 6H-8 道路封闭界外绕行（TA-8）

可选条款：

4. 闪烁的警告灯和（或）旗帜可用于引起道路使用者对预警标志的注意。

5. 闪烁的警告灯可用在类型 3 路障上。

6. 主要方向辅助信息板可与路线标志一起使用。

图 6H-10 注释——典型应用 10
在双车道道路上用旗手封闭车道

可选条款：

1. 在直线路段上短期作业区内，低流量情况下可将单个旗手设置在从两个方向到达的道路使用者均能看见旗手的地方（见第 6E 章）。

2. 对于短期作业，可省略"前方道路作业"和"道路作业结束"标志。

第 6H 章 典型应用 679

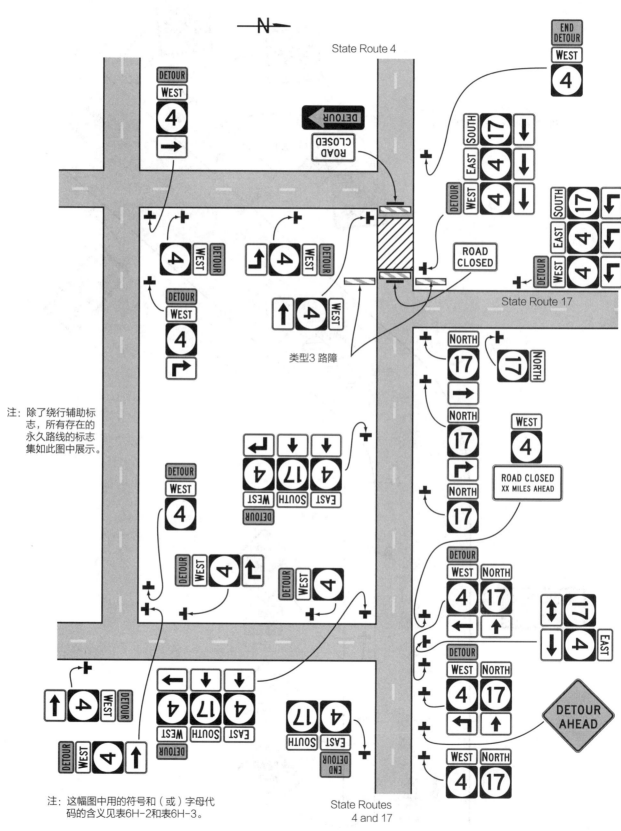

典型应用9

图 6H-9 重叠路径绕行（TA-9）

680 第 6 篇 临时交通控制

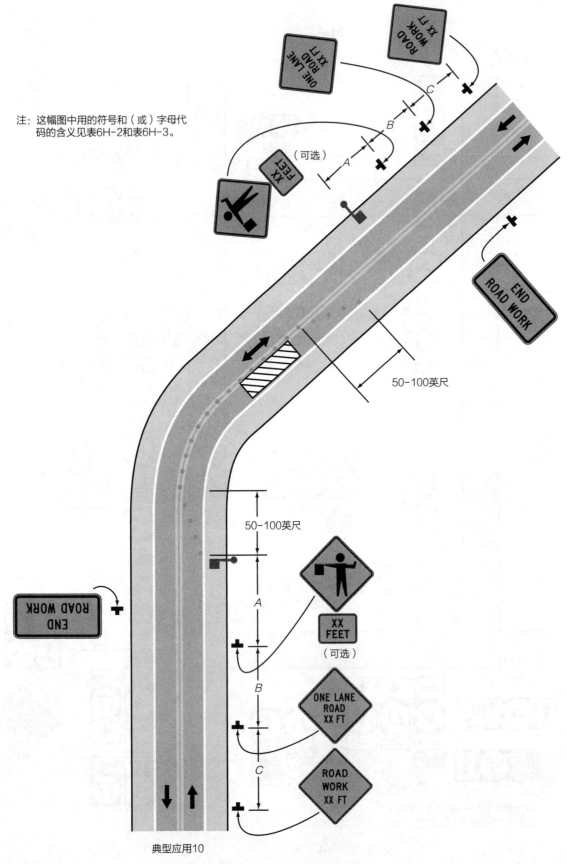

注：这幅图中用的符号和（或）字母代码的含义见表6H-2和表6H-3。

典型应用10

图 6H-10　在双车道道路上用旗手封闭车道（TA-10）

3.闪烁警告灯和(或)旗帜可用于引起道路使用者对预警标志的注意。"准备停车"标志可增加到标志系列。

指导条款：

4.*缓冲区应延伸，使得双向交通渐变段设置在水平（或波峰垂直）曲线前方，从而为旗手和停车排队的车辆提供充足的视距。*

必须条款：

5.除非紧急条件下，夜间必须照亮旗手所在位置。

指导条款：

6.*使用时，"准备停车"标志应设置在旗手标志和"单车道道路"标志之间。*

7.*当平交道口位于过渡区内或上游，并且提前预料到由于车道封闭导致的排队可能贯穿平交道口时，TTC区域应延长，使得过渡区位于平交道口前。*

8.*当作业区内存在配备有主动警告设施的平交道口时，应制定规定，确保旗手了解这些警告设施的活动状态。*

9.*当平交道口位于活动区内时，应当给运行在常规中心线左手边的驾驶员提供警告设施，这类警告设施应当与提供给运行在常规中心线右侧驾驶员的警告设施相类似。*

10.*与轨道公司或轻轨管理机构的早期协调应在作业开始前进行。*

可选条款：

11.旗手或穿制服的执法人员可设置在平交道口，让车辆停在平交道口轨道两侧15英尺以内的可能性降到最小。

图 6H-11 注释——典型应用 11
低流量两车道道路车道封闭

可选条款：

1.当下列条件存在时，该TTC区域应用可用作图6H-10（使用旗手）所示的TTC应用的代替：

a.对于必须减速让行的车辆交通，车辆交通流之间具有足够间隙。

b.来自两个方向的道路使用者都能看见即将到达的穿越和超过作业地点的车辆交通，并且有充足视距，能看到即将到达的车辆。

2.每当夜晚必须封闭车道时，类型B闪烁警告灯可设置在"前方道路作业"和"前方单车道"标志上。

图 6H-12 注释——典型应用 12
双车道道路上使用交通控制信号封闭车道

必须条款：

1.临时交通控制信号的安装和运行必须与第4篇的规定保持一致。临时交通控制信号必须满足常规交通控制信号的物理显示和运行要求。

2.临时交通控制信号配时必须由官方制定。红灯净空间隔必须足够清空一条车道区域的冲突车辆。

3.当临时交通控制信号改为自动或手动闪烁模式时，各入口均必须以闪烁红色信号显示。

4.停车线必须设置在用于中期或长期封闭的临时交通控制信号处。在活动区域内，与停车线存在冲突的人行横道标线和凸起标线必须被移除。在临时交通控制信号被移除后，停车线和其他临时路面标线也必须被移除，且恢复永久性的路面标线。

5.必须合并安全保护措施，以避免TTC区域内任意端点产生冲突信号的可能性。

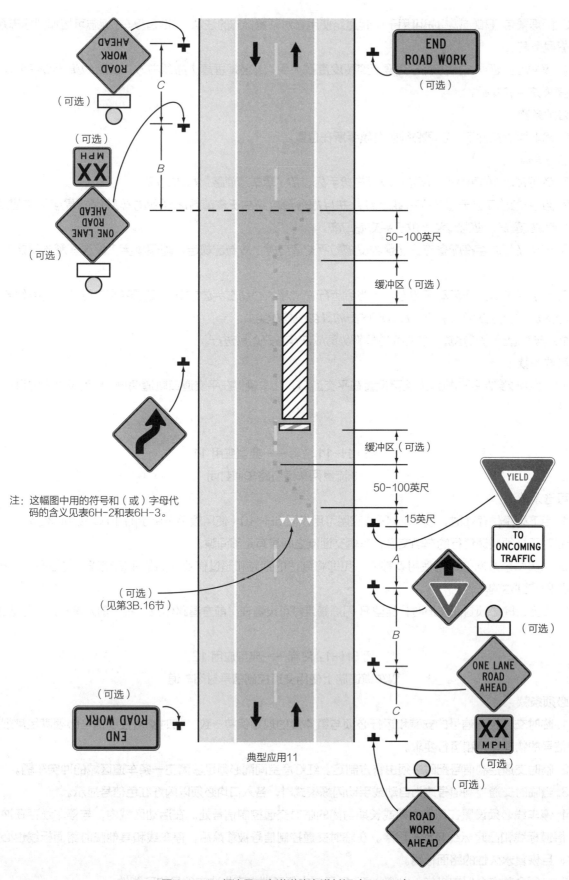

图 6H-11 低流量两车道道路车道封闭（TA-11）

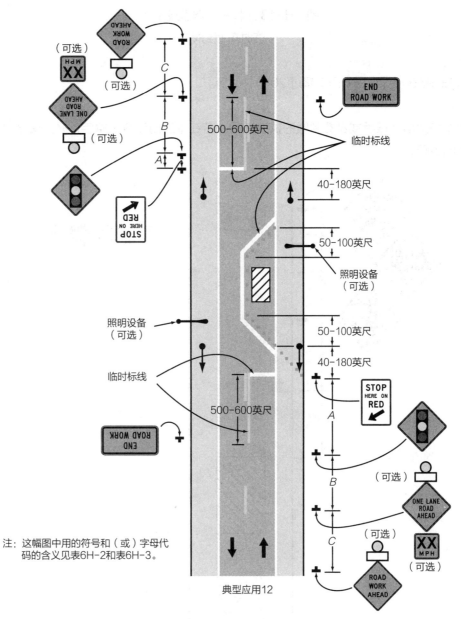

图 6H-12 双车道道路上使用交通控制信号封闭车道（TA-12）

指导条款：

6. 禁止通行线应在还没有的地方补充施划。

7. 考虑到标志间距最小的情况，预警标志的位置调整应根据道路的水平和垂直线形制定。调整信号灯头的高度应根据垂直道路线形需要。

可选条款：

8. 闪烁警示灯可应用在"前方道路作业"和"前方单车道通行"的标志牌上。

9. 可使用能够移除的路面标线。

支撑依据：

10. 临时交通控制信号比旗手更适合用于长期的工程项目，以及其他夜间需要旗手指示的活动。

11. 临时交通控制信号控制的单车道运行区域的最大长度由满足高峰小时需求的通行能力决定。

图 6H-13 注释——典型应用 13
临时车道封闭

支撑依据：

1. 本图代表的是在白天车道封闭不超过 20 分钟的情况。

必须条款：

2. 本应用中必须出现旗手或身着制服的执法人员。若在本应用设置了旗手，必须遵守第 6E.07 节与第 6E.08 节提供的步骤。

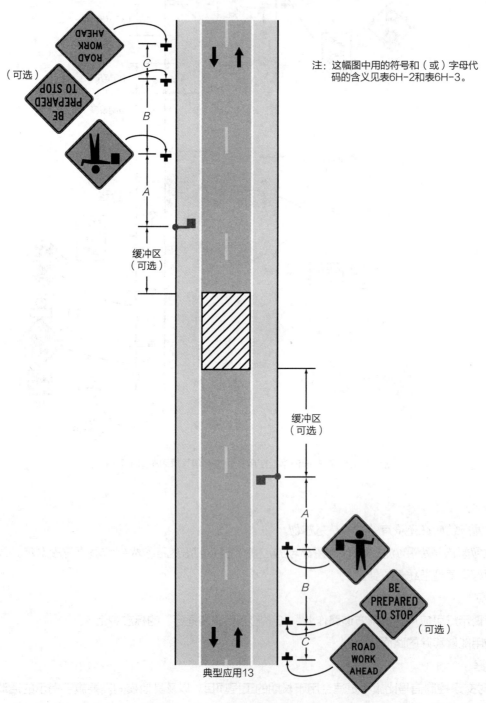

图 6H-13　临时车道封闭（TA-13）

指导条款：

3. 若在本应用设置了身着制服的执法人员，应遵守第 6E.07 节与第 6E.08 节的规定。

可选条款：

4. "准备停车"标志可添加进标志系列中。

指导条款：

5. "准备停车"标志在使用时应安装在旗手符号标志前。

图 6H-14 注释——典型应用 14
运输材料道路交叉口

指导条款：

1. 当已有的光照条件不足时，应使用泛光灯为运输材料道路（简称"运料道路"）交叉口提供照明。

2. 禁止超车线尚未安装的地方，应增加该标线。

必须条款：

3. 两个行驶方向均必须采用所选择的交通控制措施。

旗手措施：

4. 如果一条作为运料道路尚未使用，该运料道路必须由类型 3 路障封闭，并覆盖旗手符号标志。

5. 旗手必须遵守第 6E.07 节与第 6E.08 节提供的流程。

6. 除紧急情况外，夜间必须为旗手站台提供照明。

信号措施：

7. 如果一条作为运料道路尚未使用，该运料道路必须由类型 3 路障封闭。主路信号灯或者显示黄闪，或者被覆盖。"前方信号灯"标志与"红灯停车"标志必须被覆盖，或隐藏起来。

8. 临时交通控制信号灯必须控制公路与运料道路，且必须满足第 4 篇中介绍的常规交通信号灯的物理显示与运行要求。必须由政府机构确定交通控制信号灯配时。

9. 停车线必须用在安装了临时交通控制信号灯的现有公路上。

10. 停车线之间存在冲突的路面标线必须被移除。在移除临时交通控制信号灯之后，停车线与其他临时路面标线也必须被移除，并保留永久路面标线。

图 6H-15 注释——典型应用 15
低交通量道路中央作业

指导条款：

1. 中央作业空间任一侧的车道宽度应大于等于 10 英尺，车道宽度的测量方式是从渠化设施的近端边缘至路面边缘或硬路肩的外边缘。

可选条款：

2. 闪烁警告灯和（或）旗帜可用于提醒注意前方警告标志。

3. 如果中央封闭持续到夜间，警告灯可用在渠化设施上。

4. 低交通量低速道路的短期静态作业的车道宽度可采用 9 英尺，其中机动车不包括更长、更宽的大型商务车辆。

5. 可采用装有高强度旋转、闪烁、振荡、闪光的灯的作业车辆替代渠化设施，以形成渐变段或高等级的警告设施。

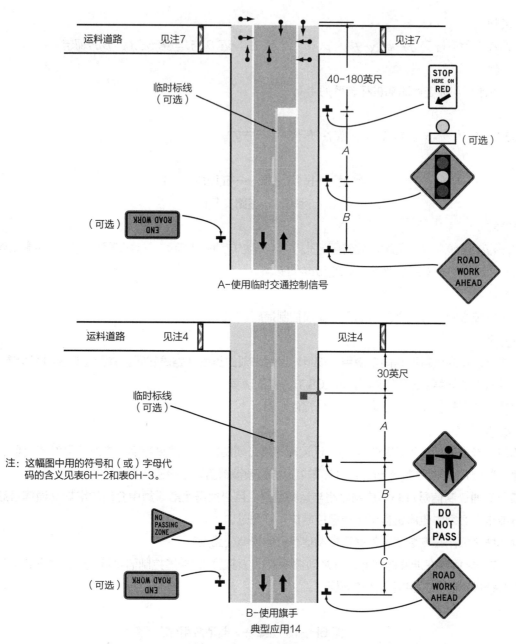

图 6H-14 运输材料道路交叉口

6. 车辆危险警告信号可用作高强度旋转、闪烁、振荡、闪光的灯的补充。

必须条款：

7. 车辆危险警告信号不能替代高强度旋转、闪烁、振荡、闪光的灯。

图 6H-16 注释——典型应用 16
低交通量道路沿中央分隔线调查

指导条款：

1. 中央作业空间的任一侧的车道宽度应大于等于 10 英尺，车道宽度的测量方式是从渠化设施的近端边缘至路面边缘或硬路肩的外边缘。

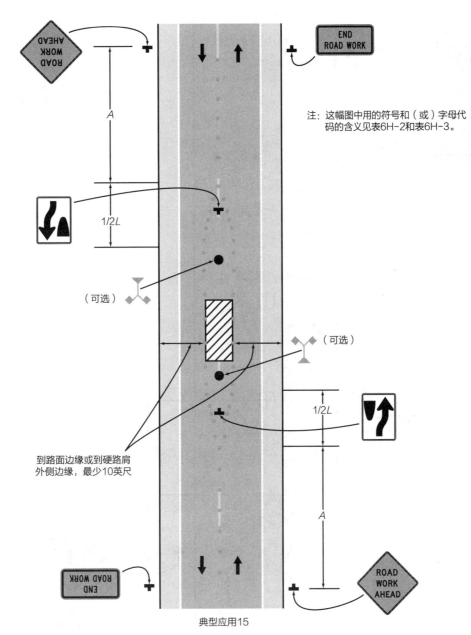

图 6H-15 低交通量道路中央作业（TA-15）

2. 锥桶应放置在中央分隔线两侧 6~12 英寸。

3. 旗手应用于警告不能看到道路使用者的作业人员。

必须条款：

4. 对于在低交通量道路的中央分隔线进行的调查，必须采用图 6H-10 的方法，即封闭一条车道。

可选条款：

5. 高位警告装置可用于保护调查设施，例如在三脚架上的调查设施。

6. 横断面调查中可忽略锥桶。

7. "前方道路作业"标志可用于替代"前方调查人员"标志。

8. 旗子可用于提醒注意前方警告标志。

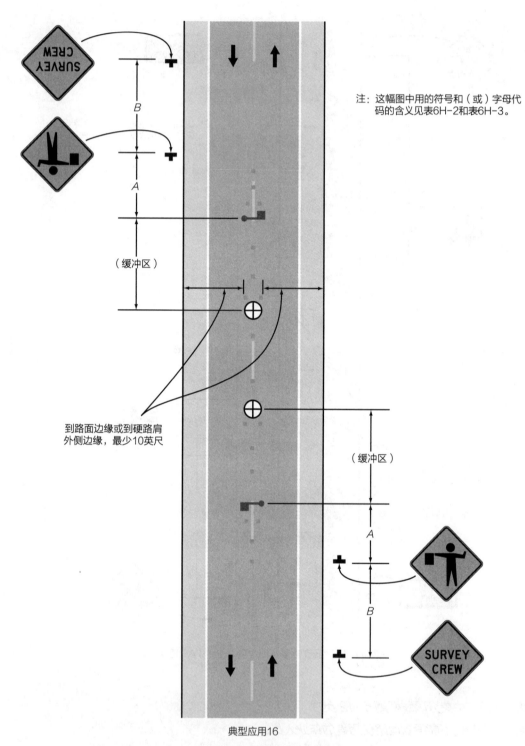

典型应用16

图 6H-16　低交通量道路沿中央分隔线调查（TA-16）

9. 如果路肩沿线有作业区域，可省略旗手。
10. 对于沿道路边缘或沿路肩进行的调查，锥桶可沿边缘线放置。
11. "准备停车"标志可添加进标志系列中。

指导条款：

12. "准备停车"标志在使用时，应安装在旗手符号标志前。

图 6H-17 注释——典型应用 17
双车道道路的移动作业

必须条款：

1. 安装在车辆上的标志，其安装形式必须注意不会被设施或附加物遮挡。当作业停止时，安装在车辆上的标志内容必须被覆盖或从视野中移出。
2. 跟随车辆与作业车辆必须显示高强度旋转、闪烁、振荡、闪光的灯。
3. 如果使用箭头面板，必须采用警告模式。

指导条款：

4. 当有需要且符合实际条件时，作业车辆与跟随车辆应周期性地靠边停车，以允许车流通过。

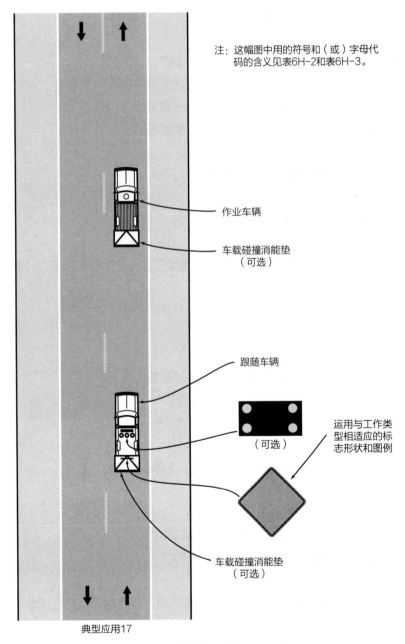

图 6H-17 双车道道路的移动作业（TA-17）

5. 无论何时，只要后方出现足够的停车视距，跟随车辆应与作业车辆应保持最短距离，并以相同速度行驶。在视距受限的竖曲线或平曲线路段，跟随车辆应提前减速。

6. 跟随车辆同样应在车辆后部安装高强度闪烁灯，并靠近标志。

可选条款：

7. 作业车辆与跟随车辆的间距可根据地形、颜料变干时间及其他因素进行调整。

8. 可使用额外的跟随车辆以警告并降低迎面而来或对向车辆的车速，执法车辆同样可用于此目的。

9. 安装在卡车上的碰撞消能垫可用在跟随车辆或作业车辆上。

10. 如果作业车辆与跟随车辆不能经常靠边停车以允许车流通过，"禁止超车标志"可安装在路障车道的车辆后部。

支撑依据：

11. 跟随车辆用于警告机动车前方的运行情况。

必须条款：

12. 车辆危险警告信号不能替代高强度旋转、闪烁、振荡、闪光的灯。

图 6H-18 注释——典型应用 18
次要街道上车道封闭

必须条款：

1. 这种 TTC 必须仅在交通量小的低速条件下使用。

可选条款：

2. 当作业区较短，道路使用者能够看到道路的另一边，并且交通流量较小时，车流可自动调节。

必须条款：

3. 当车辆不能够有效地自动调节的情况下，可以使用如图 6H-10 所示的 1~2 个旗帜。

可选条款：

4. 闪烁的警告灯和（或）旗帜可以用来引起驾驶员对前方警告标志的注意。

5. 车载碰撞消能垫可用在作业车辆或跟随车辆上。

图 6H-19 注释——典型应用 19
单向绕行

指导条款：

1. 这种设计应用于没有道路编码的街道。

2. 对于多车道街道，带有前方转弯箭头的绕行标志应设置在转弯前。

可选条款：

3. "街道封闭"标牌可代替"道路封闭"标牌。

4. 附加的"禁止入内"标志可设置在有相交道路的交叉口。

5. 警示灯可设置在类型 3 路障上。

6. 绕行标志可设置在交叉口出口处。

7. 街道名称标志可与绕行标志一起安装。街道名称标志可为绿底白字或橙底黑字。

必须条款：

8. 如果使用街道名称标志，必须设置在绕行标志之上。

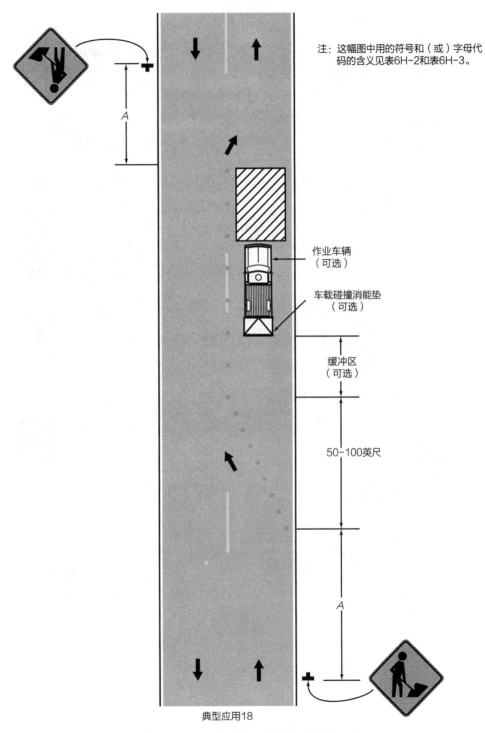

图 6H-18　次要街道上车道封闭（TA-18）

图 6H-20 注释——典型应用 20
封闭街道绕行

指导条款：

1. 这种设计应用于没有道路编号的街道。
2. 对于多车道街道，带有前方转弯箭头的绕行标志应设置在转弯前。

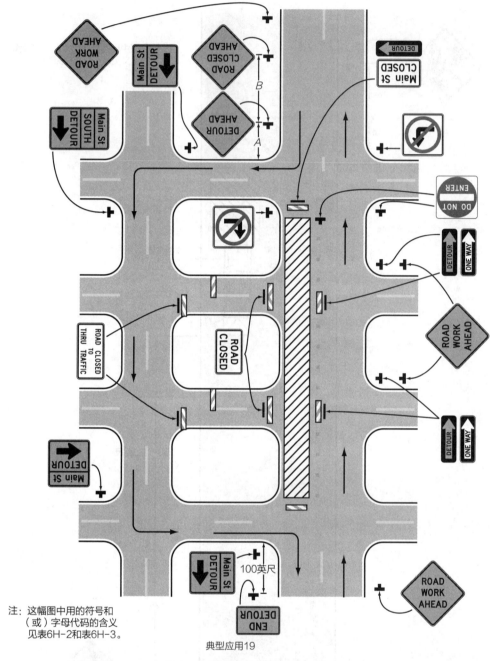

典型应用19

图 6H-19 单向绕行（TA-19）

可选条款：

3. 闪烁的警告灯和（或）旗帜可用来引起驾驶员对前方警告标志的注意。

4. 闪烁警示灯可设置在类型 3 路障上。

5. 绕行标志可设置在交叉口出口处。带有箭头的绕行标志可设置在转弯前。

6. 街道名称标志可与绕行标志一起安装。街道名称标志可为绿底白字或橙底黑字。

必须条款：

7. 如果使用街道名称标志，可设置在绕行标志之上。

支撑依据：

8. 图 6H-9 是有关绕行带编号高速公路的信息。

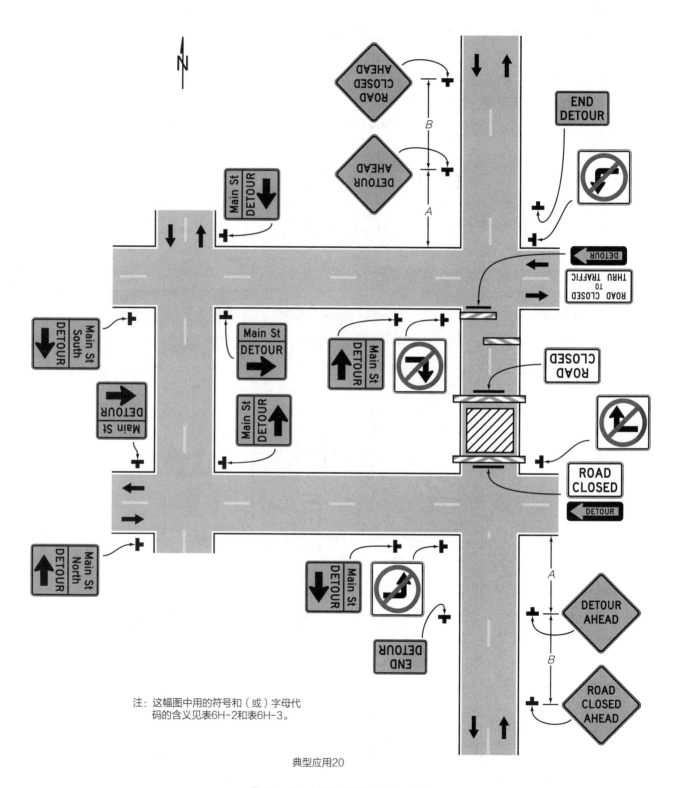

典型应用20

图 6H-20 封闭街道绕行（TA-20）

图 6H-21 注释——典型应用 21
交叉口入口处车道封闭

必须条款：

1. 必须使用并道渐变段指引车辆到左边或右边的车道，而非同时指引两边车道。

指导条款：

2. 在这个典型应用中，应使用左转并道渐变段，这样右转的车辆就不会妨碍直行的车辆。此外，也应对左转车辆使用右转并道渐变段。相反，对于左转车辆也应如此。

3. 如果作业区占据了人行横道，这个人行横道应用如图 6H-29 所示的信息和设施来封闭。

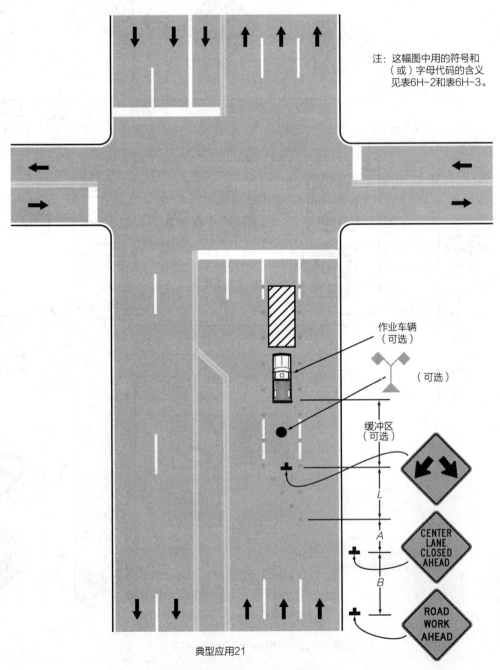

图 6H-21 交叉口入口处车道封闭（TA-21）

可选条款：

4. 闪烁的警告灯和（或）旗帜可用来引起驾驶员对前方警告标志的注意。
5. 可使用带有车载碰撞消能垫的跟随车辆。
6. 可使用带有高强旋转、闪烁、震动或闪光的灯的车辆配合高位警告装置。
7. 车辆危险警告信号可用来补充高强度旋转、闪烁、振荡、闪光的灯。

必须条款：
8. 车辆危险警告信号不能替代高强度旋转、闪烁、振荡、闪光的灯。

图 6H-22 注释——典型应用 22
交叉口出口处右侧车道封闭

指导条款：

1. 如果作业区占据了人行横道，那么应用如图 6H-29 所示的信息和设施来封闭此人行横道。

可选条款：

2. 正常的程序是在驶入交叉口的一侧封闭所有不直行通过交叉口的车道。然而，这就会导致当封闭右侧车道时，右转的车辆明显增加，因此可限制右侧车道上的车辆只能右转，如图 6H-22 所示。这一程序通过削减直行车道上的右转车辆增加直行的通行能力。
3. 当交叉口的道路缩减为单车道时，可禁止车辆左转以保持直行车辆的通行能力。
4. 可使用闪烁的警告灯和（或）旗帜来引起驾驶员对前方警告标志的注意。
5. 当转弯半径较大时，可用渠化设施或路面标线来形成一个右转安全岛。

图 6H-23 注释——典型应用 23
交叉口出口处左侧车道封闭

指导条款：

1. 如果作业区占据了人行横道，则应使用如图 6H-29 所示的信息和设施来封闭人行横道。

可选条款：

2. 使用闪烁的警告灯和（或）旗帜可引起驾驶员对前方警告标志的注意。
3. 正常的程序是在临近（驶入）交叉口的一侧封闭所有不直行通过交叉口的车道。然而，这会导致当封闭左侧车道时，左转的车辆会明显增加，则左转车道可仅作为左转车道重新开放，如图 6H-23 所示。

支撑依据：

4. 首先封闭左侧车道，然后将它作为一个左转港湾，以聚集左转的车辆，这样就不会妨碍直行的车辆。左转港湾应有足够的长度，以聚集一个信号周期内所有左转的车辆，来为直行的车辆提供最大的通行能力。还会通过渠化设施创建一个安全岛，这个安全岛允许"左转车道必须左转"标志重复设置在控制车道的左侧。

图 6H-24 注释——典型应用 24
交叉口出口处道路半幅封闭

指导条款：

1. 若作业区占据了人行横道，则使用图 6H-29 中的信息和设施来封闭人行横道。
2. 当实施禁止转弯时，应使用两个禁止转弯标志，一个位于交叉口近端，一个位于交叉口远端（如果空间足够）。

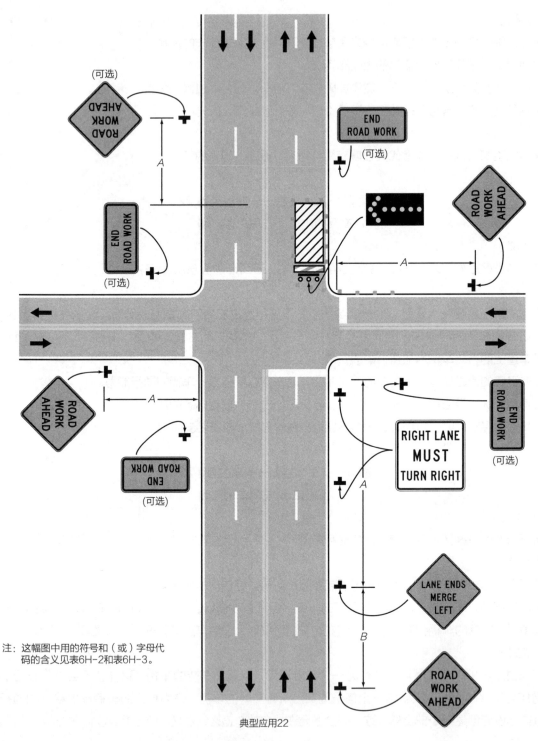

典型应用22

图 6H-22 交叉口出口处右侧车道封闭（TA-22）

可选条款：

3. 在两个逆向车辆交通流之间可设置缓冲区，如图 6H-24 所示。

4. 正常程序是封闭交叉口近端任何不穿过交叉口的车道。然而，若存在较大的右转交通流，则右转车道为右转专用，如案例所示。

5. 当转弯半径较大时，可使用带有渠化设施或路面标线的右转安全岛。

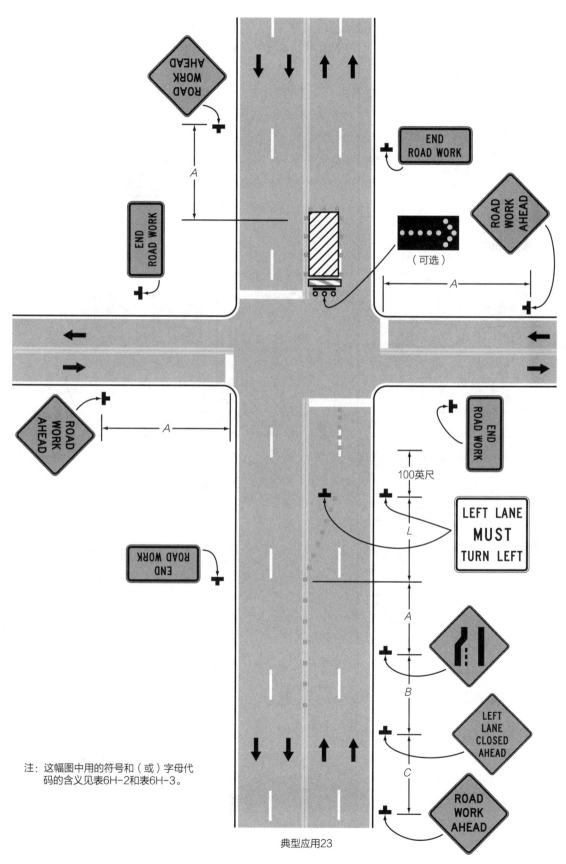

图 6H-23 交叉口出口处左侧车道封闭（TA-23）

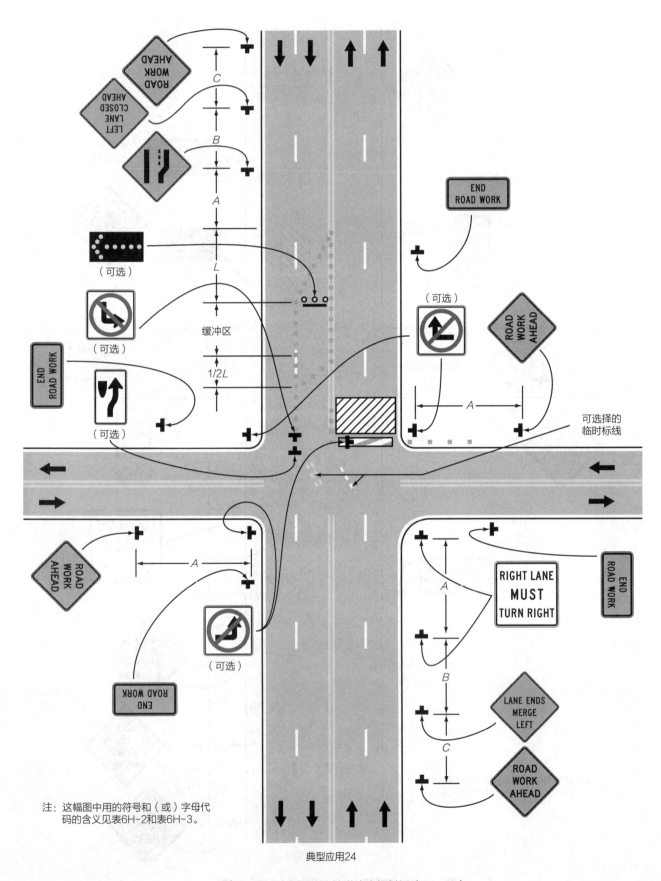

典型应用24

图 6H-24 交叉口出口处道路半幅封闭（TA-24）

6. 在分离逆向车辆交通流的渠化设施的最后一排，可能没有足够空间来设置背靠背的右侧行驶标志和禁止左转标志。在这种情况下，禁止左转标志可放置在右侧，保持右侧行驶标志可省略。

7. 当交叉口入口减少至单车道时，可禁止左转交通流以保持直行车辆交通流通行能力。

8. 闪烁警告灯和（或）旗帜可用于引起驾驶员注意前方的警告标志。

9. 可使用临时路面标线来标记穿过交叉口的行进路径。

支撑依据：

10. 通过禁止来自直行车道上的右转车辆，保持右转车道开放，增加道路的直行通行能力。

11. 临时转向岛提升了临时右转专用车道的功效，也使另外一个"右侧车道必须右转"标志能够安装在此岛上。

图 6H-25 注释——典型应用 25
交叉口多车道封闭

指导条款：

1. 若作业区占据了人行横道，则应使用图 6H-29 中的信息和设施封闭此人行横道。

2. 若近端入口的左侧直行车道封闭，则将"左转车道必须左转"标志安装在中央隔离带上，以阻止直行车辆交通流进入左转车道。

支撑依据：

3. 正常程序是封闭交叉口近端的任何不穿过交叉口的车道。

可选条款：

4. 如果通常使用封闭港湾式车道的左转车流很小并且（或者）对向车流中的间隙频繁，该入口处可允许左转。

5. 闪烁警告灯和（或）旗帜可用于引起驾驶员注意前方有警告标志。

图 6H-26 注释——典型应用 26
交叉口中央封闭

指导条款：

1. 从渠化设施的近端面开始测量，所有车道宽度应至少为 10 英尺。

可选条款：

2. 若有足够的空间，高位警告设施可放置在工作区。

3. 在低流量、低速度、车辆交通流不包含较长或较宽的重型商用车辆的道路上，临时使用的最小车道宽度为 9 英尺。

4. 闪烁警告标志和（或）旗帜可用于引起驾驶员注意前方有警告标志。

5. 除非街道较宽，左转可能在物理上无法实现，特别是对于大型车辆。根据几何条件，左转可被禁止。

6. 对于短期的作业，若设有高强度旋转、闪烁、振荡、闪光的灯的车辆位于工作区，可移除渠化设施。

7. 车辆危险警告信号可用于辅助高强度旋转、闪烁、振荡、闪光的灯。

必须条款：

8. 车辆危险警告信号不应用于替代车辆的高强度旋转、闪烁、振荡、闪光的灯。

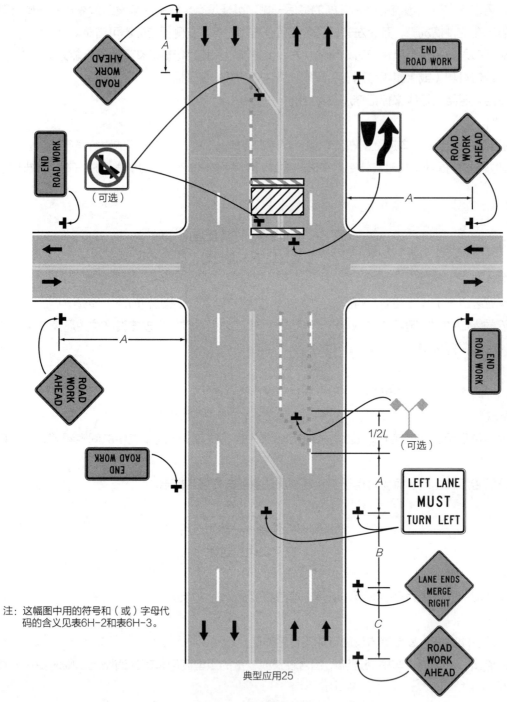

图 6H-25　交叉口多车道封闭（TA-25）

图 6H-27 注释——典型应用 27
交叉口路侧封闭

指导条款：

1. *所描述的情形可简化为封闭交叉口一条或多条入口。若无法实施和（或）通行出现问题，应引导直行车辆交通流至其他道路或街道。*

2. *根据道路使用者情况，应安排旗手或身穿制服的执法人员在交叉口内指引道路使用者。*

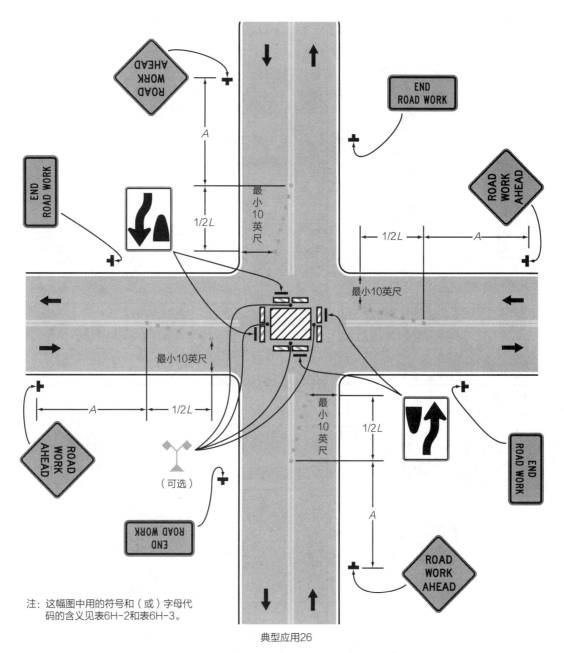

典型应用26

图 6H-26 交叉口中央封闭（TA-26）

必须条款：

3. 在夜间，除紧急情况外必须照亮旗手站台。

可选条款：

4. 闪烁警告灯和（或）旗帜可用于引起驾驶员注意前方有警告标志。

5. 对于短期的作业，若设有高强度旋转、闪烁、振荡、闪光的灯的车辆位于工作区，可移除渠化设施。

6. 可使用"准备停车"标志。

指导条款：

7. 使用时，"准备停车"标志应放置在旗手标志之前。

8. "前方单车道道路"标志可为驾驶员提供充分的预警。

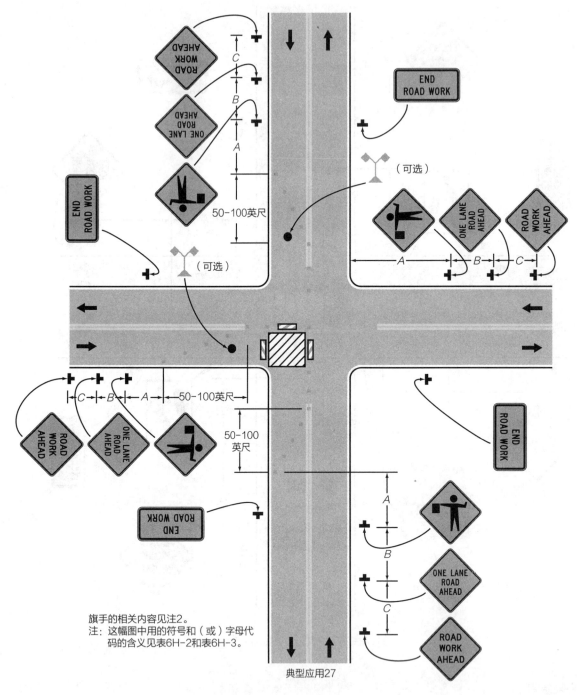

图 6H-27 交叉口路侧封闭（TA-27）

支撑依据：

9. 根据车辆交通流情况，可禁止转向。除非街道较宽，特别是大型车辆可能无法实现转向。

可选条款：

10. 车辆危险警告信号可用于辅助高强度旋转、闪烁、振荡、闪光的灯。

必须条款：

11. 车辆危险警告信号不能用于替代车辆高强度旋转、闪烁、振荡、闪光的灯。

图 6H-28 注释——典型应用 28
人行道绕行或改道

必须条款：

1. 当人行横道或其他行人设施被封闭或者迁移，临时设施必须可被感知，并包括与现有行人设施一致的无障碍特征。

指导条款：

2. 当预计车速较高时，应使用临时交通路障和碰撞缓冲垫（如果需要）分离临时人行横道与车辆交通流。

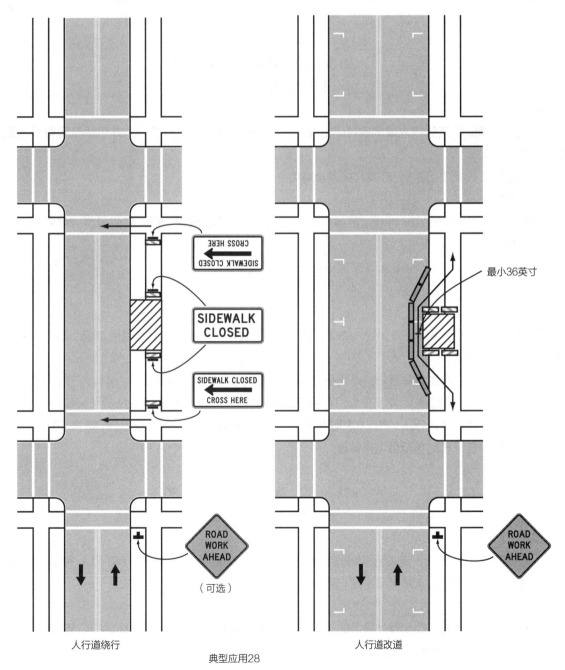

图 6H-28 人行道绕行或改道（TA-28）

3. *由于街区中央封闭和人行横道区域改变导致无法向有视觉障碍的行人提供有足够信息的空间，应考虑使用听觉信息设施。*

可选条款：

4. 可考虑使用街道灯光。

5. 图 6H-28 中仅展示了有关行人的 TTC 设施。其他设施，诸如车道封闭标志或"道路变窄"标志，可用于控制车辆交通流。

6. 若夜间封闭，A 型闪烁警告灯可用于支撑标志和封闭人行道的路障上。

7. C 型常亮或 D 型 360° 常亮警告灯可用于分离临时人行道和车辆交通流的渠化设施上。

8. 诸如"靠右（左）行驶"等标志，可沿着临时人行道安装以引导或指示行人。

图 6H-29 注释——典型应用 29
人行横道封闭和行人绕行

必须条款：

1. 当人行横道或其他行人设施被封闭或者迁移，临时设施必须可被感知，并包括与现有行人设施一致的无障碍特征。

2. 在路口人行横道前至少 50 英尺处禁止路边停车。

指导条款：

3. *由于街区中央封闭和人行横道区域改变导致无法向有视觉障碍的行人提供足够信息的地方，应考虑使用听觉信息设施。*

4. *显示控制封闭人行横道的行人交通信号应被覆盖或停用。*

可选条款：

5. 可考虑使用街道灯光。

6. 图 6H-29 中仅展示了有关行人的 TTC 设施。其他设施，诸如车道封闭标志或"道路箭头"标志，可用于控制车辆交通流。

7. 若夜间封闭，A 型闪烁警告灯可用于支撑标志和封闭人行道的路障上。

8. C 型常亮或 D 型 360° 常亮警告灯可用于分离临时人行道和车辆交通流的渠化设施。

9. 为了保持管辖区内行人、自行车和学校警告标志的黄绿色荧光背景系统运行，可在 TTC 区域使用行人、自行车和学校警告标志的黄绿色荧光背景。

图 6H-30 注释——典型应用 30
多车道道路上内侧车道封闭

指导条款：

1. 该信息适用于低速、低交通量的城市道路。当速度或交通量较高时，在图 6H-30 显示的标志间要设立额外的标志，如"前方 XX 英尺左侧车道封闭"。

可选条款：

2. 根据正在执行的活动和操作所需的工作空间，可能不需要封闭相反方向相邻的内侧车道。

3. 可使用安装有车载衰减器的跟随车辆（辅助车辆）。

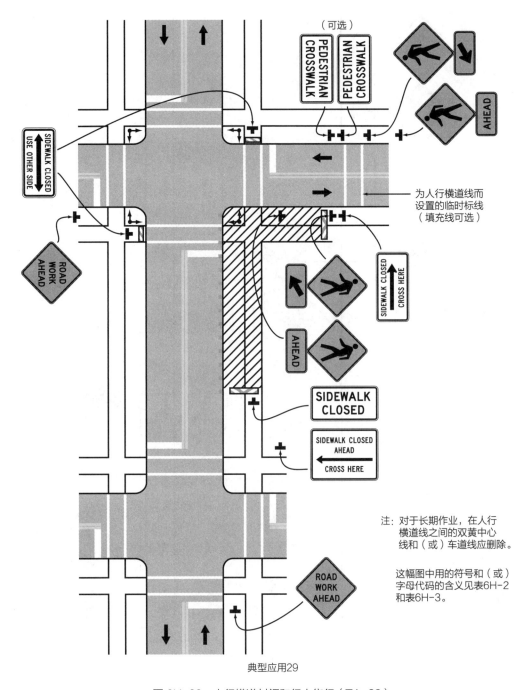

典型应用29

图 6H-29 人行横道封闭和行人绕行（TA-29）

图 6H-31 注释——典型应用 31
方向分布不均匀的道路车道封闭

必须条款：

1. 在有一条车道封闭的运行方向上，只有当机动交通量表明必须保留两条机动车车道时，才能使用补充说明信息。

可选条款：

2. 该过程可以用在一个车流的高峰期，然后在另一个高峰期的另一个方向改变为两车道。

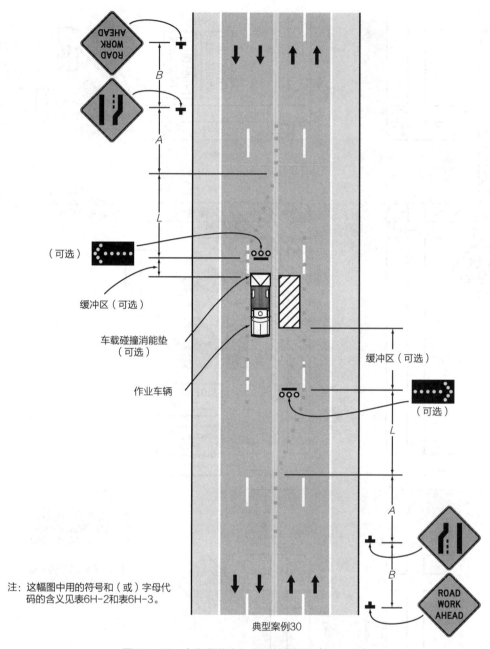

图 6H-30 多车道道路上内侧车道封闭（TA-30）

指导条款：

3. *当车速较高时，在车辆接近车道封闭的地方应设立"前方 XX 英尺左侧车道封闭"的标志，如图 6H-32 所示。*

4. *长期项目应拆除相互冲突的路面标线。对于短期和中长期的项目是不切实际的，路面标线冲突区域的渠化设施应以 1/2S 英尺的最大间距放置，S 是以英里/小时为单位的速度。临时标线应安装在需要的地方。*

5. *如果车道偏移曲线推荐速度为 30 英里/小时或以下，则应使用反向转弯标志。*

6. *当偏移区域很长时，应安装一个绕行标志来显示最初的转向，第二个标志应用来显示返回到正常路线。*

7. *如果临时绕行车道的两个圆曲线切线距离小于 600 英尺，应在第一个双车道反向弯路标志的位置使用双反向弯路标志。第二个双车道反向弯路标志应省略。*

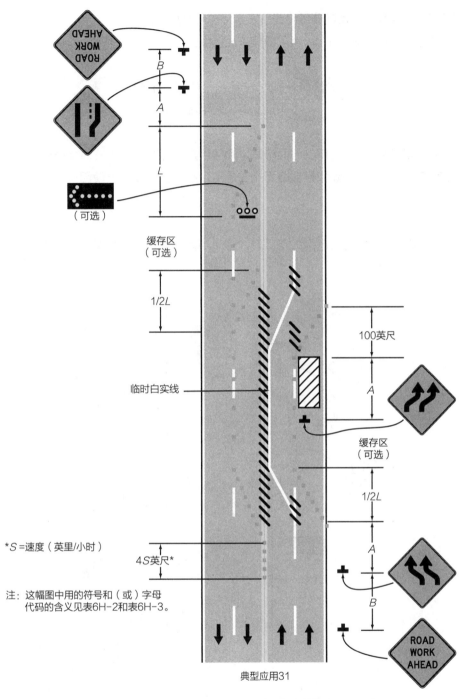

图 6H-31 方向分布不均匀的道路车道封闭（TA-31）

必须条款：

8. 反向弯路标志和连续反向弯路标志说明的车道数量必须与道路使用者可通过的车道数一样，并且反向弯道方向必须加以说明。

可选条款：

9. 可在活动区域内设立纵向的缓冲区，来隔离对向的车辆。

10. 当两个或更多车道偏移时，有"所有车道"（W24-1cP）标牌的 W1-4（或 W1-3）标志（见图 6F-4）可以替代说明车道数量的标志。

11. 当超过三条车道偏移时,反向曲线(或转弯)标志应是矩形。
12. 作业车辆或跟随车辆(辅助车辆)可以配有车载衰减器。

图 6H-32 注释——典型应用 32
多车道高速公路半幅封闭

必须条款:

1. 必须尽快移除或者擦去不再适用的路面标线。除了中期和短期情况,临时标线必须提供明确的临时行驶路径。对于短期和中期情况,删除和恢复路面标线是不可行的,必须通过使用一个非常紧密的设施间隔来进行渠化。

指导条款:

2. 当封闭一个 8 英尺宽或更宽的铺装的路肩时,应使用渠化设施在渐变段前封闭路肩,以引导车流保持在车行道内。

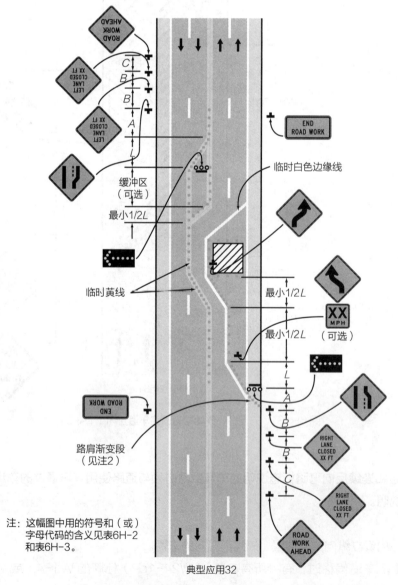

图 6H-32 多车道高速公路半幅封闭(TA-32)

3. 当渠化设施用来替代路面标线时，最大间距应是 1/2S 英尺，S 是以英里/小时为单位的速度。

4. 如果临时绕行车道的两个圆曲线切线距离小于 600 英尺，应使用双反向弯路标志替代第一个反向弯路标志，第二个反向弯道标志应省略。

可选条款：

5. 在夜间，警告灯可用于辅助渠化设施。

6. 车载衰减器可以用于作业车辆和（或）跟随车辆（辅助车辆）的工作。

图 6H-33 注释——典型应用 33
分离式公路静态作业区车道封闭

必须条款：

1. 在分隔公路上的中央隔离带相邻车道上进行作业时也必须使用该信息。在这种情况下，必须替换"左侧车道封闭"标志和相应的"车道终点"标志。

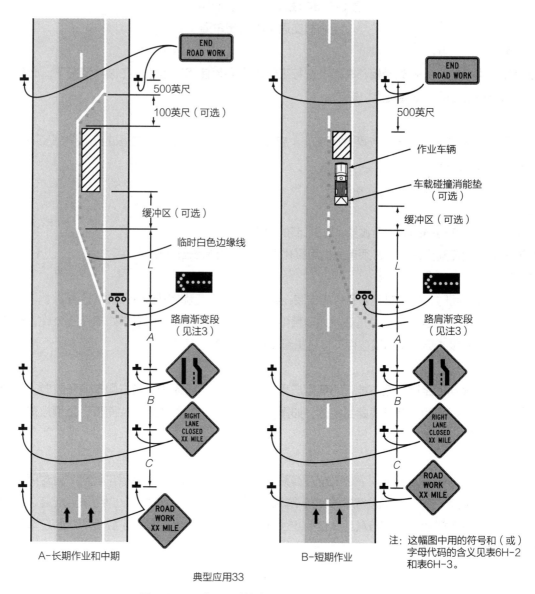

典型应用33

图 6H-33 分隔公路静态作业区车道封闭（TA-33）

2. 当辅路和公路在 TTC 区域相交时，额外的 TTC 设施必须根据需要放置。

指导条款：

3. 当封闭一个 8 英尺宽或更宽的铺装的路肩时，应在渐变段前使用渠化设施封闭路肩，以引导车流保持在行进的道路内。

可选条款：

4. 车载衰减器可以用于作业车辆和（或）跟随车辆（辅助车辆）的工作。

支撑依据：

5. 在条件允许的情况下，将所有车辆、设施、工人及其活动限制在道路的一侧可能是有利的。

必须条款：

6. 在高速公路车道封闭时使用箭头面板。当多个高速公路车道封闭时，必须为每个封闭车道配备单独的箭头面板。

图 6H-34 注释——典型应用 34
用临时交通路障封闭车道

必须条款：

1. 在分隔公路上的中央隔离带相邻车道上进行工作时也必须使用该信息。在这种情况下，必须替换"左车道封闭"标志和相应的"车道终点"标志。

指导条款：

2. 对于具有永久边缘线设施的长期封闭车道，应在渐变段的上游端到渐变段的下游端设置临时边缘线，且应移除冲突的路面标线。

3. 根据工程评判使用路障。

必须条款：

4. 如果使用临时交通路障必须遵循第 6F.85 节的规定。

5. 路障不得放置在渐变段上。必须首先使用渠化设施和路面标线封闭车道。

可选条款：

6. 在夜间车道封闭时，C 型常亮警示灯应安装在渠化设施上，且路障与人行道边缘平行。

7. 典型应用中显示的路障可能只是在长期项目中用来封闭车道的一个例子。如果作业允许，可使用移动路障，并在非作业时段或高峰交通量条件下将其重新安装在路肩。

必须条款：

8. 如果使用可移动的路障，则不能使用典型应用中显示的白色边缘线。当右侧车道开放时，必须改变标志图文和渠化交通，以表明只有路肩是封闭的，如图 6H-5 所示。如果使用箭头面板，必须放置在路肩渐变段的下游，并显示警告模式。

指导条款：

9. 如果使用可移动路障，应按以下方式进行偏移。当车道开始封闭时，使用与固定车道封闭信息一致的渠化设施设置在合流渐变段。当移动路障的转运车辆随着机动车交通而移动时，封闭车道应随之扩展，当车道开放时，移动路障的转运车辆应与从终止区到过渡区的机动车交通相向行驶。应使用与固定车道封闭信息一致的信息将合流渐变段移除。

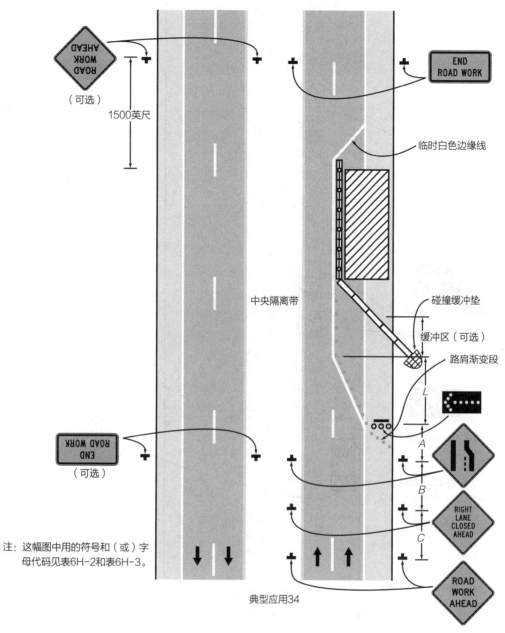

图 6H-34 用临时交通路障封闭车道（TA-34）

图 6H-35 注释——典型应用 35
多车道公路的移动作业

必须条款：

1. 箭头面板必须为 B 型，最小尺寸为 60 英寸 ×30 英寸。

2. 车载标志必须以不能被设施或辅助设施遮蔽的方式安装。在非作业期间，车辆标志牌的标志图文必须被遮盖或移出视线范围。

3. 跟随车辆（辅助车辆）和工作车辆必须显示高强度旋转、闪烁、振荡、闪光的灯。

4. 在高速公路车道封闭时必须使用箭头面板。当高速公路多个车道封闭时，必须为每个封闭车道配备单独的箭头面板。

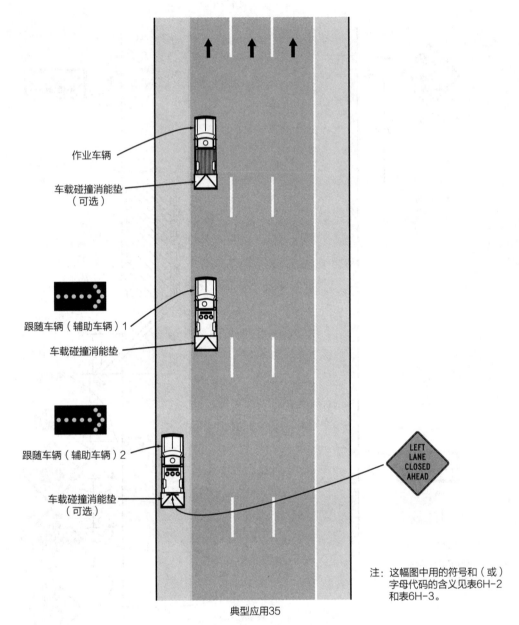

典型应用35

图 6H-35 多车道公路的移动作业（TA-35）

指导条款：

5. 当车辆用于这些操作，应采用适当的设施来使车辆具有高度可见性，如旗帜、标志或箭头面板。

6. 1 号跟随车辆（辅助车辆）应配备一个箭头面板和车载衰减器。

7. 2 号跟随车辆（辅助车辆）应配备一个箭头面板。一个适当的车道封闭标志应放在 2 号跟随车辆（辅助车辆），以免掩盖了箭头面板。

8. 2 号跟随车辆（辅助车辆）应按照距离工作操作区动态变化的距离行驶，以向从后方接近的机动车交通提供足够的视距。

9. 作业车辆和跟随车辆（辅助车辆）之间以及每个跟随车辆（辅助车辆）之间的距离应被最小化以阻止道路使用者在两者之间行驶。

10. 通常应在非高峰期完成工作。

11. 在道路具有一个 10 英尺或更宽右侧路肩的方向，当工作车辆占据一个内部车道（一个既不在最左边也不在最右边的车道）时，挂有一个表明内部车道在作业标志的 2 号跟随车辆（辅助车辆）应在右侧路肩行驶。

可选条款：

12. 车载衰减器可以用于 2 号跟随车辆（辅助车辆）。

13. 高速公路行驶，可以使用第三个跟随车辆（辅助车辆）（图中未显示），1 号跟随车辆（辅助车辆）在封闭车道内，2 号跟随车辆横跨边缘线，3 号跟随车辆（辅助车辆）在路肩。

14. 如果路肩宽度不足，3 号跟随车辆也可以跨边缘线。

图 6H-36 注释——典型应用 36
高速公路车道偏移

指导条款：

1. 当工作空间延伸至分车道公路的左侧或右侧车道一端，并且由于通行能力的原因，减少可用车道数量的做法不实际时，应偏移车道。

支撑依据：

2. 当偏移车道满足以下条件时，则仅需安装基础通用的作业区警告标志：

（1）满足公路设计速度的几何线形。

（2）完整横截面（全部车道宽度和全部路肩）。

（3）完整的路面标线。

指导条款：

3. 当注 2 中的情况不满足时，应采用典型应用中显示的信息，并且所有跟随的注均应采用。

必须条款：

4. 如使用临时交通路障，必须符合第 6F.85 节的规定，

5. 路障不能放置在改道渐变段旁。必须首先使用渠化设施和路面标线实现车道偏移。

指导条款：

6. 警告标志应用于显示线形变化。

必须条款：

7. 反向弯路标志和连续反向弯路标志说明的车道数量必须与道路使用者可通过的车道数一样，并且反向弯道方向必须加以说明。

可选条款：

8. 当两条或更多车道被偏移，标有"所有车道"（W24-1cP）（见图 6F-4）的 W1-4（或 W1-3）标志面板可用于替代表示车道数量的标志。

9. 在超过三条车道被偏移的位置，反向曲线（或转弯）标志可为矩形。

指导条款：

10. 在偏移部分超过 600 英尺的位置，应设置一组反向曲线标志以显示初始变换，并应设置第二组用于显示返回到正常队列。如果临时绕行车道的两个圆曲线切线距离小于 600 英尺，应在第一个反向曲线标志位置处使用双反向弯路标志，并应省略第二个反向曲线标志。

11. 如果使用"保持车道内运行"标志，应使用白色车道实线。

必须条款：

12. 路肩车道的最小宽度必须为 10 英尺。

13. 对于长期静止作业，目前有冲突路的路面标线应被移除，且临时标线必须在交通模式改变前安装。

可选条款：

14. 对于短期静止作业，车道可通过渠化设施或可移除的路面标线替代临时标线。

指导条款：

15. 如果路肩不能容纳货车，货车应使用行驶车道。
16. 应根据工程评判使用路障。

可选条款：

17. 对于夜间车道封闭的情况，C 型常亮警示灯可放置在渠化设施与平行于人行道边缘的路障上。

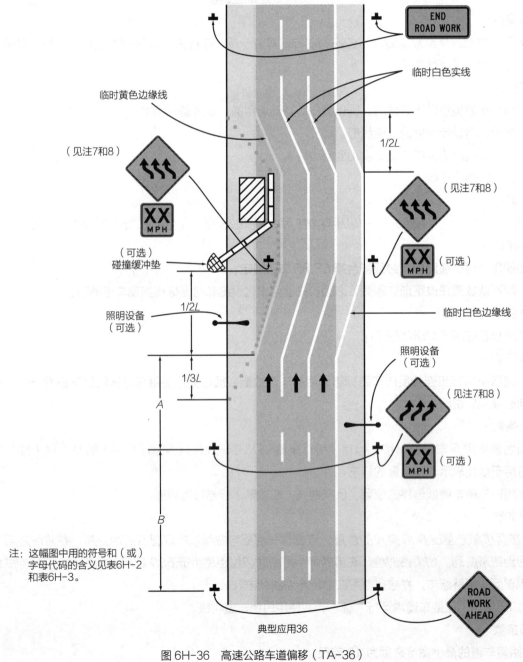

图 6H-36　高速公路车道偏移（TA-36）

图 6H-37 注释——典型应用 37
高速公路的双车道封闭

必须条款：

1. 在高速公路车道封闭时必须使用箭头面板。当高速公路多个车道封闭，必须为每个封闭车道配备单独的箭头面板。

指导条款：

2. 通常情况下，第二个箭头面板的优先位置是位于第二个合流渐变段上游末端封闭的外侧车道。然而，在下列情况下，第二个箭头面板应放置在第二个合流渐变段下游末端封闭的内侧车道：

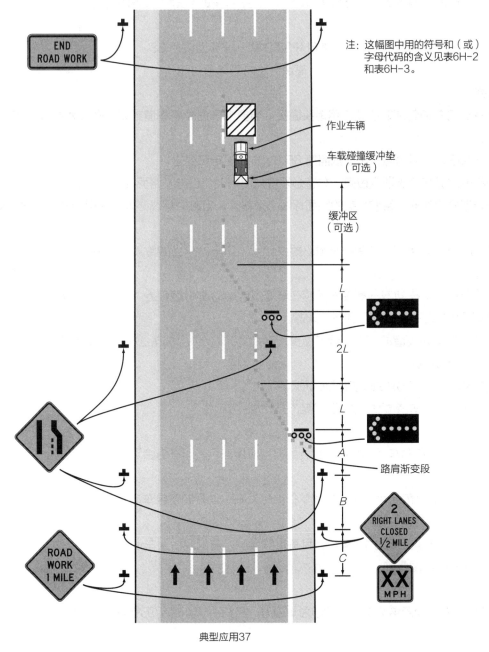

典型应用37

图 6H-37　高速公路的双车道封闭（TA-37）

A. 当跟随车辆（辅助车辆）用于内部封闭车道，第二个箭头面板安装在跟随车辆（辅助车辆）上；
B. 如果线形或其他情况会对第二块箭头面板关闭某条车道造成混淆。
C. 当第一箭头面板放置在第一个合流渐变段下游末端封闭外侧车道时（当路肩狭窄时的交替位置）。

可选条款：

3. 闪烁警示灯和（或）旗帜可用于引起初始警告标志的注意。
4. 车载衰减器可用于跟随车辆（辅助车辆）。
5. 如果硬路肩宽度最小为 10 英尺且有效长度是可利用的，可以封闭左侧及相邻内部车道，车辆通行保持在右侧车道及右侧路肩的工作区周围。

指导条款：

6. 当使用不能充分容纳卡车的路肩车道时，应指引卡车使用正常的行驶车道。

图 6H-38 注释——典型应用 38
高速公路内侧车道封闭

必须条款：

1. 在高速公路车道封闭时必须使用箭头面板。当多个高速公路车道封闭，必须为每个封闭车道配备单独的箭头面板。
2. 如果安装临时交通路障，必须依照第 6F.85 节的规定和要求。
3. 路障不能放置在合流渐变段旁。车道必须首先使用渠化设施及路面标线进行变换。
4. 对于长期静止作业，目前冲突的路面标线必须移除，且临时标线必须在交通模式改变之前铺装。

指导条款：

5. 对于长期封闭的情况，应使用路障以提供封闭内部车道作业的附加安全性。缓冲区应用于封闭内部车道的上游末端。
6. 第一个显示一个指向右的箭头面板应在渐变段起始的左侧路肩上。显示双箭头的箭头面板应在封闭内部车道的中间且放置在并道渐变段的下游末端。
7. 如果两个箭头面板造成混乱，合流渐变段起始到末端的距离 2L 应被延长，以便道路使用者能够每次集中注意力于一个箭头面板。
8. 放置标志时，不应妨碍或遮挡箭头面板。
9. 当长期使用时，车道虚线应在双车道部分做成白色实线。

可选条款：

10. 作为原始封闭左侧车道的替代选择，如典型应用表示，可在有合适渠化交通及标志的内部车道封闭之前封闭右侧车道。
11. 在车流量分流之前，可以添加短的单行渠化设施，以限制各自车道的车流量。
12. 可使用"禁止超车"标志。
13. 如果硬路肩最小宽度为 10 英尺，且有足够强度，左侧及中间车道可封闭，机动车流在右侧车道和右侧路肩上的作业空间周围行驶。

指导条款：

14. 当使用不能充分容纳卡车的路肩作为车道时，应指引卡车使用正常的行驶车道。

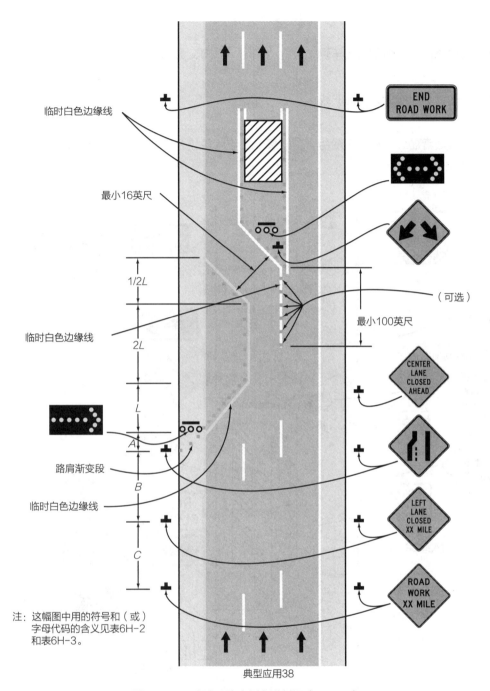

图 6H-38　高速公路内侧车道封闭（TA-38）

图 6H-39　注释——典型应用 39
高速公路跨中央隔离带改道

必须条款：

1. 渠化设施或临时交通路障必须用于分隔对向车辆。

2. 在高速公路车道封闭时必须使用箭头面板。当高速公路多条车道封闭时，必须为每个封闭车道配备单独的箭头面板。

指导条款：

3. 对于长期高速、高流量运行的高速公路，应考虑使用临时交通路障分离对向车辆。

可选条款：

4. 当临时交通路障用于分隔对向车辆，可取消使用"双向交通"、"禁止超车"、"保持右侧"、"禁止进入"等标志。

5. 改道区域的线形可设计为反向曲线。

指导条款：

6. *当隔离带跟随着曲线线形，应使用美国国家公路与运输协会标准的"公路与城市道路几何设计"（见第1A.11节）中所包含的设计准则。*

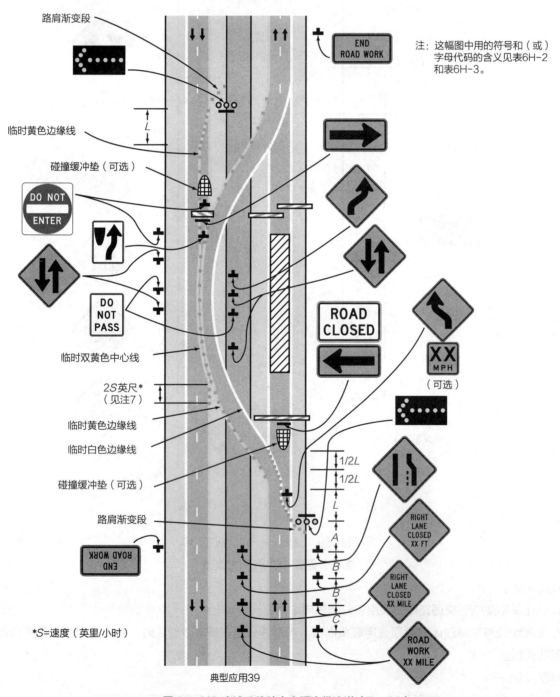

图 6H-39　高速公路跨中央隔离带改道（TA-39）

7. 当渠化设施有导致机动车交通超出预期交通空间的风险时，渠化设施应在如图 6H-39 所示的过渡区下游末端外，以英尺为单位，以限速值的 2 倍（英里/小时）进行延伸。

8. 当使用渠化设施时，双向交通标志应以每英里的间隔重复出现。

可选条款：

9. "下个 XX 英里"补充距离面板可与双向交通标志一同使用，其中 XX 是双向交通到下游终点的距离。

支撑依据：

10. 当距离足够短以至于道路使用者进入该部分时能够看到该部分下游末端时，他们不太可能忘记有对向机动车交通往来。

11. 不显示非改道行驶方向上四对入口车道封闭标志的图文。除左侧车道封闭外，它们与改道方向上展示的系列相似。

图 6H-40 注释——典型应用 40
跨中央隔离带改道——入口匝道

指导条款：

1. 典型应用应该用于实现入口匝道跨越分离式公路的封闭方向道路。
2. 临时加速车道应用于促进合流。
3. 当使用"停车让行"或"减速让行"标志时，应设置在合适的位置，一方面给提供足够的视距以选择合适的车辆间隙进入主路，另一方面不应距离主路过近，导致匝道车辆停在主路上阻碍交通。如需要，停止或让行标线应安装在横穿匝道以指示道路使用者停车或让行的位置。同时，标志以外应提供更长的加速车道以减少间隙尺寸需求。

可选条款：

4. 如果车辆交通状况允许，匝道可被封闭。
5. 破损的边缘线可设置保持横穿的临时入口匝道，以帮助界定穿过车辆的车道。
6. 当临时交通路障用于分隔对向车辆，可取消"双向交通"与"禁止进入"标志。

图 6H-41 注释——典型应用 41
跨中央隔离带改道——出口匝道

指导条款：

1. 典型应用应该用于实现出口匝道跨越分离式公路的封闭方向道路。包含在美国国家公路与运输协会标准的"公路与城市道路几何设计"（见第 1A.11 节）的设计标准应用于确定曲线线形。
2. 指路标志应表明该匝道是开放的，并且标明临时匝道的位置。相反的，如果匝道封闭，指路标志应说明匝道封闭。
3. 当出口封闭时，一个黑字橙底的"出口封闭"标志板应放置于互通式立体交叉/交叉口指路标志对角的位置。
4. 在渠化设施沿主线道路放置的情况下（未表明），在临近驶出匝道的位置，设施间隔应减少以强调匝道本身的开放。渠化设施和（或）临时路面标线应放置在横穿中央分隔带与封闭车道的临时匝道两侧。
5. 提供与临时出口有关的信息预告标志应在临时道路附近重新设置或复制。

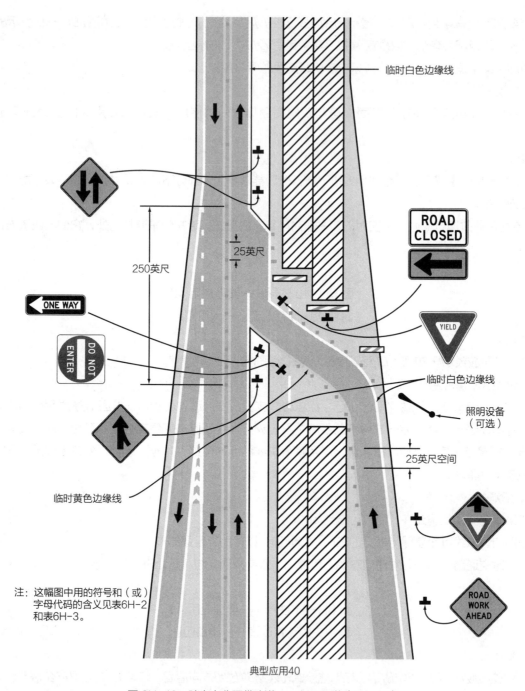

典型应用40

图 6H-40 跨中央分隔带改道——入口匝道（TA-40）

必须条款：

6. 临时"出口"标志必须位于临时分离点。为了更好的可视性，必须以路面到标志底部的最小距离为 7 英尺来安装。

可选条款：

7. 关于出口的指路标志可能需要被迁移到中央隔离带。

8. 放置于临时三角区域内的临时"出口"标志可以为橙底黑字或者绿底白字。

9. 在某些案例中，设置临时减速车道有助于引导驶出行为。

10. 当临时交通路障用于分隔对向车辆交通，可忽略"双向交通"标志。

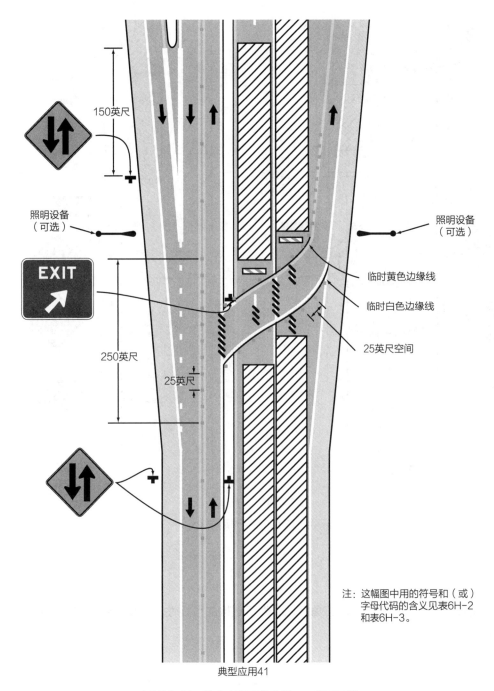

典型应用41

图 6H-41 跨中央隔离带改道——出口匝道

图 6H-42 注释——典型应用 42
在出口匝道附近作业

指导条款：

1. 指路标志应表明该匝道是开放的，并且标明临时匝道的位置。然而，如果匝道被封闭，指路标志应说明匝道封闭。

2. 当出口匝道封闭时，一个黑字橙底的"出口封闭"标志板应放置于互通式立体交叉 / 交叉口指路标志对角的位置。

3. 美国国家高速公路和交通运输协会"公路与城市道路几何设计"（见第 1A.11 节）中的设计标准应被

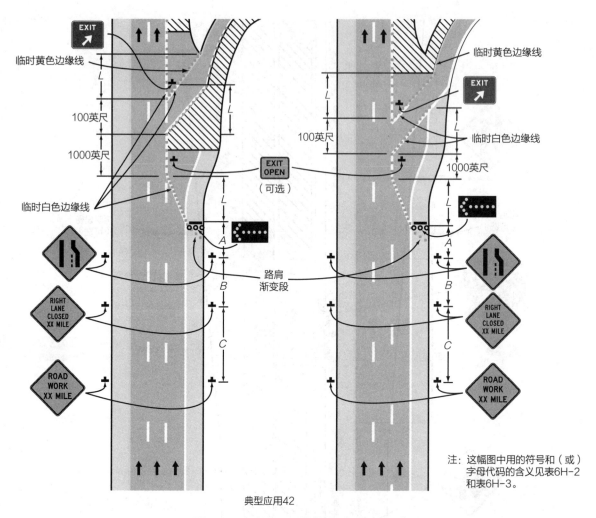

典型应用42

图 6H-42　在出口匝道附近作业（TA-42）

用于决定道路线形。

必须条款：

4. 临时"出口"标志必须位于临时三角区域。为了更好的可视性，必须以路面到标志底部的最小距离为 7 英尺来安装。

可选条款：

5. 放置于临时三角区域内的临时"出口"标志可以为橙底黑字或者绿底白字。

6. 一个可行的替代方法是将现有的驶出车辆疏导到道路右侧路肩，同时如有需要应封闭该车道。

必须条款：

7. 在高速公路车道封闭时必须使用箭头面板。当高速公路多条车道封闭时，必须为每个封闭车道配备单独的箭头面板。

图 6H-43 注释——典型应用 43
部分出口匝道封闭

指导条款：

1. *在确定 10 英尺的最小车道宽度是否足够时，应考虑卡车偏离情况（见第 6G.08 节）。*

第 6H 章 典型应用

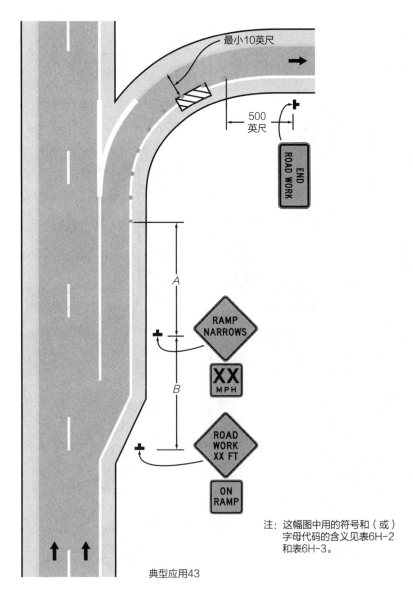

典型应用43

图 6H-43 部分出口匝道封闭（TA-43）

图 6H-44 注释——典型应用 44
在入口匝道附近作业

指导条款：

1. *如图 6H-44 所示，应尽可能提供足够长的加速车道。*

必须条款：

2. 对于右侧图表上所示的典型应用信息，在临时入口存在不足的加速距离时，"减速让行"标志必须更换为"停车让行"标志（入口两侧各设一个）。

指导条款：

3. *当使用"停车让行"或"减速让行"标志时，应设置在合适的位置，一方面给匝道车辆提供足够的视距以选择合适的车辆间隙进入主路，另一方面不应距离主路过远，导致匝道车辆停在主路上阻碍交通。另外，在标志之前应提供更长的加速车道，以减少所需的间距。如果没有足够的间距可用，应考虑封闭匝道。*

4. *在设置"停车让行"标志的地方，一条临时停止线应设置于匝道上合适的停止位置。*

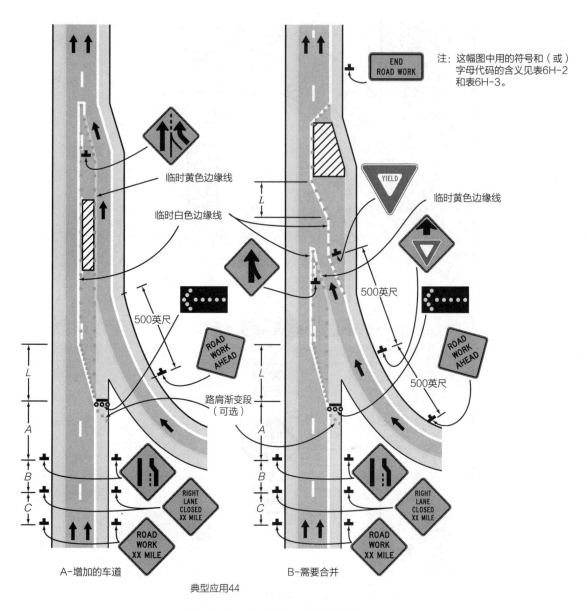

图 6H-44 在入口匝道附近作业（TA-44）

5. *应在主路合流渐变段起点之前设置箭头面板，从而不会让进口匝道上的驾驶员困惑。并且可以让主路封闭轨道上的车辆有机会在匝道车辆合流之前进入稳定状态。*

6. *如果匝道弯路向右倾斜，则位于入口终端前方的带有建议速度的警告标志应成对放置（匝道两侧各设一个）。*

可选条款：

7. 一个停止让行信标（见第 4L.05）或带有红色镜片的 B 型高强度闪光警示灯可以放在"停止让行"标志上方。

8. 在加速距离被显著减少的地方，辅助标志"无合流区"可以设置于减速让行标志下方。

必须条款：

9. 在高速公路车道封闭时，必须使用箭头面板。当高速公路多条车道封闭时，必须为每个封闭车道配备单独的箭头面板。

图 6H-45 注释——典型应用 45
使用可移动路障的临时潮汐车道

支撑依据：

1. 该应用涉及在公路可移动路障的用途之一（详见第 6F.85 节）。在本例中，封闭六车道公路的一侧车道来执行作业，并且用中央隔离带使车流在剩下的三个车道双向行驶。

为了适应不平衡的高峰期车辆交通量，中间车道的行驶方向转变为具有更大容量的方向，这种转变通常是每天两次。因此，有四个车辆运行阶段描述如下：

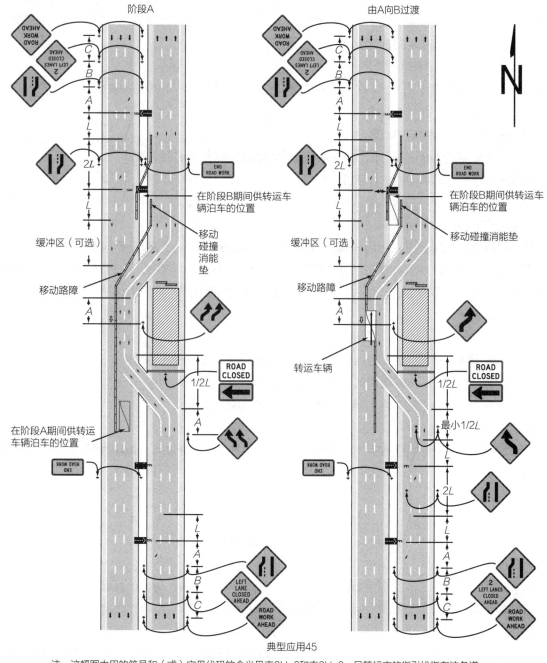

典型应用45

注：这幅图中用的符号和（或）字母代码的含义见表6H-2和表6H-3。尽管标志的指引线指在这条道路的右手边，但是所有的这些标志应在道路两侧都安装。

图 6H-45 使用可移动路障的临时潮汐车道（TA-45）

a. 阶段 A——两个车道运行方向向北，一个车道运行方向向南；
b. A 到 B 的过渡阶段——每个方向有一个车道通行；
c. 阶段 B——一个车道运行方向向北，两个车道运行方向向南；
d. B 到 A 的过渡阶段——每个方向有一个车道通行。

在左边的典型应用说明了阶段 A 设施的位置。右边的典型应用展示了从阶段 A 到阶段 B 的转变（A 到 B 的过渡阶段）的情况。

指导条款：

2. 就潮汐车道而言，可移动路障的两端应在保护区内终止或应提供防撞垫。在阶段 A，转运车辆应停在南行车辆的移动路障的下游，如典型应用的左侧所示。在阶段 B，转运车辆应停在 TTC 区域北端下游端之间的移动路障的下游，如典型应用的右侧所示。

从阶段 A 到阶段 B 的过渡转变如下：

a. 将北行预警区域和过渡区的标志从"前方左侧车道封闭"更改为"前方 2 条左侧车道封闭"。将第二个北向箭头指示牌从警示标志改成右箭头。
b. 安装渠化设施以封闭北向中心车道。
c. 将转向车从南移动到北以将可移动护栏从可变中心车道的西侧移动到东侧。
d. 移除渠化设施并封闭南向的中心车道。
e. 将南行过渡区和预警区的标志从"前方 2 条左侧车道封闭"更改为"前方左侧车道封闭"。将第二个南向箭头指示牌从右箭头改成警示标志。

3. 当即将开通或关闭的车道为外侧车道时（挨着行车道边缘线或作业区的车道），车道关闭起点应采用渠化设施设置过渡段，同时，使用与静态封闭车道相同的信息。当移动路障的转运车辆随着机动车交通移动时，车道封闭应随之扩展。当要开通该车道时，转换车辆与交通流相向行驶。当使用与静态封闭车道相类似的方法时，过渡段可以移除。

可选条款：

4. 该过程可以用在一个车流的高峰期，然后在另一高峰的另一个方向改变为两车道。
5. 可在活动区域内设立纵向的缓冲区，来隔离对向的车辆。
6. 一个作业车辆或一个跟随车辆（辅助车辆）可以配有车载衰减器。

必须条款：

7. 在高速公路车道封闭时必须使用箭头面板。当高速公路多条车道封闭，必须为每个封闭车道配备单独的箭头面板。

图 6H-46 注释——典型应用 46
在平交道口附近作业

指导条款：

01 当平交道口在道路工作区或附近时，要特别注意通过车道限制、旗帜或其他操作降低事故产生的可能性，因为车辆可能停止在平交道口，所以考虑在最近和最远的轨道两边各留有 15 英尺。

必须条款：

02 如果车辆不能在车道主动避免排队，即使自动报警装置已到位，也必须在交叉口安排统一的执法人员或旗手，以防止车辆停靠在交叉口（如注 1 所述）。

指导意见：

03　与铁路公司或轻轨运输公司应在开工前早期协调。

04　在所描绘的示例中，活动区域的缓冲区应该在交叉口的上游延伸（如图6H-46所示），以使得由旗手操作导致的排队不会跨越交叉口。

05　在TTC区范围内的所有交叉口上都应使用"不停在轨道上"的标志。

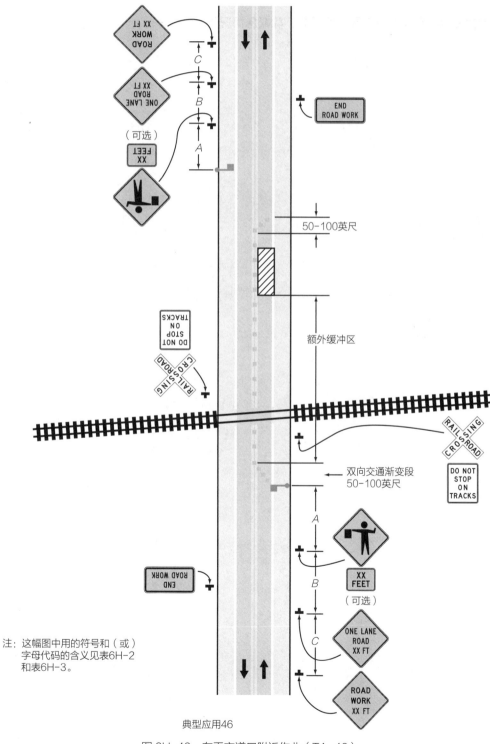

典型应用46

图6H-46　在平交道口附近作业（TA-46）

可选条款：
06　闪烁的警告灯和（或）旗帜可用来引起驾驶员对预先警告标志的注意。
07　可在标志系列增加"准备停车"标志。
指导意见：
08　*当需要时，"准备停车"标志应放置在旗手符号前。*
必须条款：
09　所有的旗手站台都必须配置照明设施，除紧急情况外。

第 6I 章　交通事件处理区的交通管制

第 6I.01 节　总则

支撑依据：

1. 国家事件管理系统（NIMS）要求在交通事件管理场景中使用事故指挥系统（ICS）。

2. 交通事件是道路使用者的紧急事件，例如自然灾害或其他计划外的事件，影响或阻碍了正常的交通流。

3. 交通事件管理区是安装了临时交通控制设施的公路区域，由公共机构或有管辖权的官方部门授权，致力于响应道路使用者事件、自然灾害、危险物质泄漏或其他意外事件。它是 TTC 区域的一种类型，从第一个警告设施（如标志、灯或锥桶）延伸到最后一个 TTC 设施或者车辆返回原来的车道线，使车辆不发生事故。

4. 交通事件可根据持续时间普遍分为三类，每一类都有独特的交通管制的特点和需求。这些类别是：

　　A. 重大交通事件预计持续时间超过 2 小时；

　　B. 中级交通事件预计持续时间为 30 分钟~2 小时；

　　C. 轻微交通事件预期持续时间 30 分钟以下。

5. 车辆管理区域 TTC 的主要功能是告知道路使用者事件情况，并在事件发生区域提供路径上的引导信息。提醒道路使用者，并建立一个良好的路径，以引导道路使用者通过事件区，将有助于保护事件责任人以及涉及事件现场工作的相关人员，道路使用者通过或绕过交通事件区域，将减少二次交通事件的可能性，并将阻止周边地方道路系统不必要的使用。常见交通事件包括：故障车辆阻塞行车道、交通事件阻塞道路、沿路发生有害物质泄露以及诸如洪水、风暴等自然灾害。

指导条款：

6. 针对交通量较大的主要道路，交通部门、相关的公共安全机构（执法、消防、救援、应急通信、急救以及其他应急管理部门）和私营承包商（拖车公司、维修公司和有害物质清理公司）应共同制定交通事件应急计划，以减少交通事件的响应时间。

7. 现场应急部门及单位应培训其人员参与 TTC 实践，以帮助他们熟悉本手册中关于交通事件管理的要求。现场救援人员应采取措施，将事故车辆从行车道上移走或提供适当的警告。所有现场应急人员和新闻媒体人员都应该穿着高反光制服以确保为周边车辆所见。

8. 应急车辆应该安全停放（定义见第 1A.13 节）以降低对通过事件现场的交通流的影响。随后到达的所有应急车辆应以不妨碍已建立的临时交通流的方式停放。

9. 到达交通事件现场的应急人员应该估计交通事件的大小、预计交通事件的持续时间以及预计车辆的排队长度，然后针对这些预计建立适当的临时交通控制。

可选条款：

10　警告和指路标志用于 TTC 交通事件管理的情况下，可以为荧光粉底、黑色图文和边框（见图 6I-1）。

支撑依据：

11 虽然可以预料到某些交通事件并制定相应的计划，但紧急情况和灾难可能会造成更严重和不可预测的问题。快速安装适当的临时交通控制措施可大大减少事件的影响，例如二次事故或过度的交通延误。消防、救援、泄漏清理、交通和执法等部门应急活动的一个重要部分是对交通事件管理区的道路使用者进行适当的控制，以保护现场的应急人员、受害者和其他人员。这些措施可能需要明确的立法授权，以便临时实施相应的交通管制、停车管制和速度限制等措施。这些授权有利于维护 TTC 的权威性，为 TTC 的实施提供足够的灵活性，以满足交通事件管理领域不断变化的需求。

图 6I-1　交通事件管理区标志示例

可选条款：

12 交通事件中，特别是那些紧急事故，若受害人自己不制造不必要的额外伤害，现成的 TTC 设施可能会对他们有所帮助。

第 6I.02 节　重大交通事件

支撑依据：

01 重大交通事件是典型的交通事件，涉及危险材料、致命的交通事故、涉及众多的车辆和其他自然或人为灾害。这些交通事件通常涉及封闭所有或部分的道路设施，持续时间超过 2 小时。

指导条款：

02 *如果交通事件预计持续超过 24 小时，应使用在第 6 篇的其他章节中阐述适用的程序和设施。*

支撑依据：

03 封闭的道路可能是由一个交通事件造成，如道路使用者发生事故，阻碍了行车道路的通行。道路使用者通常是通过转移或分流车道绕过交通事件并回到原来的道路。交通工程和执法的组合是必要的，以设计、安装、维护和管理绕行路线，然后当绕道被终止时，移除不必要的交通控制设施。在这种绕行中需要重点关注大型卡车，尤其是当它们从一个进口控制道路绕到主要街道时。

04 在交通事件中，大型卡车因为桥梁、重量、净空或几何线形的限制可能需要按照与其他车辆不同的线路行驶。此外，运载危险品的车辆也可能需要遵循与其他车辆不同的路线行驶。

05 一些交通事件，如有害物质泄漏可能需要封闭整条高速公路。必须对过往车辆提供足够的引导使其绕行通过交通事件区域。保持良好的公共关系有助于交通事件管理。同新闻媒体的合作，有利于道路使用者和广大民众及时了解和理解交通事件管理区的情况。

06 通过交通和公共安全机构的跨部门计划，可以有效进行交通事件区域临时改道的建立、维护和及时拆除。

指导条款：

07 *所有在交通事件中设置TTC所需的交通控制设施都应该随时可用，以便它们可以轻松部署用于所有重大交通事件。TTC应包括适当的交通分流、车道封闭渐变段和上游警示装置，以警示接近事件影响区的车辆，并鼓励尽早转用适当的替代路线。*

08 *应注意交通拥堵排队的队尾，以便向接近队尾的道路使用者及时发出警告。*

09 *如果需人工交通控制措施，则需提供合格的旗手或穿制服的执法人员。*

可选条款：

10 如果使用旗手对交通事件进行交通控制与管理，则旗手可以使用适当的交通控制设施，这些交通控制设施随时可用，或者可以在短时间内被带到交通事件现场。

指导条款：

11 *在交通事件现场使用荧光棒或闪光灯建立初始交通控制时，应尽快安装渠化设施（见第6F.63节）。*

可选条款：

12 荧光棒或闪光灯若被用于辅助渠化设施，应保持在适当的位置。

指导条款：

13 *荧光棒、闪光灯和渠化设施应在事件结束后移除。*

第6I.03节 中级交通事件

支撑依据：

01 中级交通事件通常影响行车道的时间周期为30分钟~2小时，而且通常需要现场的交通管理来疏导，使道路使用者通过拥堵区。可能需要在交通事件间隙的短时间内完全封闭车道，以允许交通事件响应者来完成任务。

02 可以通过包括公路和公共安全机构代表的跨部门规划来有效管理，完成建立、维护以及及时去除车道改道的工作。

指导条款：

03 *所有在交通事件中设置TTC所需的交通控制设施都应该随时可用，以便它们可以轻松用于所有中级交通事件。TTC应包括适当的交通分流、车道封闭渐变段和上游警示装置，以警示接近事件影响区的车辆，并鼓励尽早转用适当的替代路线。*

04 *应注意交通拥堵排队的队尾，以便向接近队尾的道路使用者及时发出警告。*

05 *如果需进行人工交通控制措施，则需提供合格的旗手或穿制服的执法人员。*

可选条款：

06 如果使用旗手为事件管理情况提供交通控制，则旗手可以使用适当的交通控制设施，这些交通控制设施应随时可用，或者可以在短时间内被带到交通事件现场。

指导条款：

07 *在交通事件现场使用荧光棒或闪光灯建立初始交通控制时，应尽快安装渠化设施（见第6F.63节）。*

可选条款：

08 荧光棒或闪光灯若被用于辅助渠化设施时，应保持在适当的位置。

指导条款：

09 *荧光棒、闪光灯和渠化设施应在事件结束后移除。*

第 6I.04 节　轻微交通事件

支撑依据：

01　轻微交通事件通常是车辆损伤和轻微的事故，导致车道封闭 30 分钟以内。现场救援者通常是执法部门和拖车公司，偶尔是公路机构或服务巡逻车。

02　往往不需要或只需简单地分流至其他车道。在一个轻微交通事件中设置带有交通控制设施的封闭车道，通常是不可能或不可行的。

指导条款：

03　当轻微交通事件阻塞一条行车道时，应该尽快将其从车道转移到路肩上。

第 6I.05 节　应急车辆照明的使用

支撑依据：

01　使用应急车辆照明（如高强度旋转、闪烁、振荡、闪光的灯）是为交通事件中以及接近交通事件中的急救人员和有关人员的安全考虑，是必不可少的，特别是在交通事件的初始阶段。然而，应急车辆照明只能提供警告作用，并没有起到有效的交通控制作用。在事故现场使用过多的灯光会分散道路使用者的注意力，并可能造成混乱，尤其是在夜间。从交通事件相反方向上的一个分叉道路的道路使用者往往会受紧急车辆照明的影响并减缓车速观看交通事件，这对自身以及同方向上的其他车辆会造成危险。

02　若在交通事件现场已经建立了良好的交通控制，可以减少紧急车辆照明的使用。若为特别真实的重大交通事件，可能涉及一些紧急车辆。如果通过安装预先警告标志和交通控制设施，以疏导交通，建立良好的交通控制，公共安全机构可以在现场以最小的应急车辆完成他们的任务。

指导条款：

03　公共安全机构应该在使用紧急车辆照明方面检查他们的政策，特别是在交通事件现场安全后，应在不危害现场的前提下尽量减少这种照明的使用，特别要考虑减少甚至不用前方紧急车辆照明，尤其是在分叉的道路，以减少对对向道路使用者的干扰。

04　因为眩光灯或汽车前灯的强光会影响邻近道路使用者的夜间视力，因此在不需要任何的眩光灯或汽车前灯、对在意外地点的事件响应车辆对其他道路使用者提供通知时，应在晚上关闭。

第 7 篇 学校地区交通控制

第 7A 章　概述

第 7A.01 节　必须条款的必要性

支撑依据：

01　无论学校处于什么位置，获得有效交通控制的最好方式是统一应用通过工程评价或者工程调研制定的、切合实际的政策、措施和标准。

02　行人安全取决于公众对有效交通控制方式的接受和理解。该原则对于控制临近学校区域的行人、自行车和其他机动车非常重要。不管是进出学校的行人还是其他的道路使用者，都期望在学校地区安全出行，其前提是他们能够理解交通控制的必要性以及这些控制功能对他们的益处。

03　规程和设施的不统一可能会使行人和其他道路使用者产生困惑，从而导致错误的决策，进而发生事故。为实现学校地区交通控制的统一，相似的交通状况需要采用一致的控制方式。第 7 篇描述的每种交通控制设施和控制方式可以实现一种与特定交通条件相关的特定功能。

04　学校地区控制的统一性确保了相同状况下采用类似的控制，有助于促使机动车驾驶员、行人及骑行者产生适当和统一的行为。

05　学校交通控制计划需要有序回顾学校地区的交通控制需求，以及学校／行人安全教育和工程措施的协同联合。单独的工程措施并不能总使学生和道路使用者的行为发生预期的改变。

指导条款：

06　*应为每个学校的中小学生准备一份学校路线计划，以便统一使用学校地区交通控制措施，并作为制定每所学校交通控制计划的基础。*

07　*学校、执法部门和负责学校行人安全的交通官员将系统地制定学校路线计划，该计划应该包括一张图（见图 7A-1），图中应显示街道、学校、现有交通控制、学校区域步行路线以及学生过街地点。*

08　*用于学校地区的交通控制设施类型，不论是警告还是禁令，都应该和机动车的速度和流量、街道宽度及过街学生的年龄和数量有关。*

09　*学校地区的交通控制设施应该包含于学校交通控制计划中。*

支撑依据：

10　本手册中学校地区和学生过街地点的限速降低标志仅为加强学校地区交通标志的标准化所设计，而非强制限速降低的支撑依据。

11　第 1A.13 节对"学校"和"学校区间"进行了定义。

第 7A.02 节　上下学路线以及设置的学校区间学生过街地点

支撑依据：

01　为了给学生建立一条更安全的上下学路线，学校步行路线的规划原则为：即使绕道，也应尽可能让他们在设有交通控制设施的地方过街,而避免直接在未设置交通控制设施的地方过街。

指导条款:

02 *学校步行路线应充分利用现有的交通控制设施。*

03 *在确定是否有必要让学生行走更长的距离到达有交通控制的过街地点时,应该考虑以下因素:*

A. *需要有足够的人行道或其他行人通道让学生到达和离开已有交通控制设施的位置;*

B. *使用过街横道的学生数量;*

C. *使用过街横道的学生年龄水平;*

D. *总的额外步行距离。*

第7A.03节 学校过街控制标准

支撑依据:

01 在每个过街地点,交通流中足以供学生穿越的可接受间隙数是不同的。当可接受间隙数不足时,学生们可能会变得不耐烦,并试图利用不可接受间隙过街。在这些情况下,需要考虑创造足够多的可接受间隙以满足学生的过街需求。

02 《交通控制设施手册》(见第1A.11节)给出了一种有关确定交通流可接受间隙时长及频率的推荐方法。

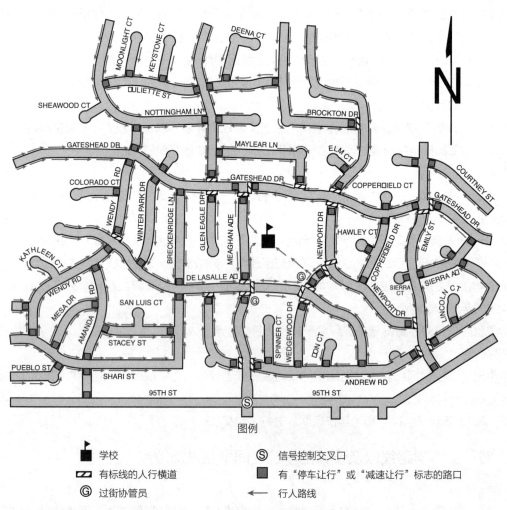

图7A-1 学校路线计划图示例

第 7A.04 节　范围

必须条款：

01　第 7 篇设定了一些基本原则和标准，人们在设计、应用、安装及维修所有交通控制设施（包括标志、信号灯及标线）以及学校地区行人所需的其他控制方式（包括过街协管员）时，必须遵守这些原则和标准。

支撑依据：

02　第 1A.01 节和第 1A.08 节包含有关未经授权的设施和信息的内容。第 1A.02 节和第 1A.07 节包含有关标准应用的信息。第 1A.05 节包含有关交通控制设施维修的信息。第 1A.08 节包含有关交通控制设施设置权限的信息。第 1A.09 节包含有关工程调研的信息。另外，如果地方政府部门中没有受过训练的和（或）不具备经验的交通工程师时，可参照第 1A.09 节提供的信息获得帮助。

03　第 2A 章和第 2B.06 节中包含的规定适用于学校地区。

04　第 3 篇包含有关适用于学校地区路面标线的规定。

05　第 4 篇包含有关适用于学校地区道路交通信号的规定。学校过街信号设置依据见第 4C.06 节。

第 7B 章　标志

第 7B.01 节　学校标志尺寸

必须条款：

01　除第 2A.11 节中的规定外，应用于学校地区常规道路上的标志及标牌尺寸必须参照表 7B-1。

02　除非当工程评判确定最小或超大标志尺寸更合适，其他情况必须使用表格中"常规道路"一列规定的标志尺寸。

03　工程评判确定，只有当交通流量较低且速度不超过 30 英里 / 小时时，才必须采用"最小值"一列的尺寸。

04　快速路必须使用"超大尺寸"一列的尺寸。

指导条款：

05　*位于"超大尺寸"一列的尺寸应用在四车道（或多于四车道）、限速为 40 英里 / 小时（或更高限速）的道路。*

可选条款：

06　超大尺寸也可以用在需要额外强调、提高辨别度和增强易读性的地方。

07　也可以使用比表 7B-1 中尺寸更大的标志和标牌（见第 2A.11 节）。

学校区域标志和标牌尺寸　　　　表7B-1

标牌	标志指定	章节	常规道路	最小值	超大尺寸
学校	S1–1	7B.08	36 × 36	30 × 30	48 × 48
前方校车停车	S3–1	7B.13	36 × 36	30 × 31	48 × 48
前方校车转弯	S3–2	7B.14	36 × 36	30 × 32	48 × 48
前方学校限速降低	S4–5 S4–5a	7B.16	36 × 36	30 × 33	48 × 48
当信号灯闪烁时学校区域限速 XX	S5–1	7B.15	24 × 48	—	36 × 72
结束学校区间	S5–2	7B.09	24 × 30	—	36 × 48
学校限速区终止	S5–3	7B.15	24 × 30	—	36 × 48
街道上行人过街	R1–6, R1–6a R1–6b, R1–6c	7B.11 7B.12	12 × 36	—	—
限速（学校使用）	R2–1	7B.15	24 × 30	—	36 × 48
开始处罚加重区间	R2–10	7B.10	24 × 30	—	36 × 48
结束处罚加重区间	R2–11	7B.10	24 × 30	—	36 × 48

续表

标牌	标志指定	章节	常规道路	最小值	超大尺寸
上午 ×:×× 到 ×:×× 下午 ×:×× 到 ×:××	S4-1P	7B.15	24 × 10	—	36 × 18
当儿童出现时	S4-2P	7B.15	24 × 10	—	36 × 18
学校	S4-3P	7B.09 7B.15	24 × 8	—	36 × 12
闪烁时	S4-4P	7B.15	24 × 10	—	36 × 18
星期一至星期五	S4-6P	7B.15	24 × 10	—	36 × 18
全年	S4-7P	7B.09	24 × 12	—	30 × 18
处罚加重	R2-6P	7B.10	24 × 18	—	36 × 24
XX 英尺	W16-2P	7B.08	24 × 18	—	30 × 24
XX 英尺	W16-2aP	7B.08	24 × 12	—	30 × 18
转弯箭头	W16-5P	7B.08 7B.09 7B.11	24 × 12	—	30 × 18
转弯箭头预告	W16-6P	7B.08 7B.09 7B.11	24 × 12	—	30 × 18
斜箭头	W16-7P	7B.12	24 × 12	—	30 × 18
斜箭头（可选择的尺寸）	W16-7P	7B.12	21 × 15	—	—
前方	W16-9P	7B.11	24 × 12	—	30 × 18

注：1. 适当的时候可用更大的尺寸。
   2. 尺寸单位为英寸，记作"宽 × 高"。
   3. 多车道常规道路标志标牌的最小尺寸按照"常规道路"那一栏显示的尺寸。

第 7B.02 节　照明和逆反射性

必须条款：

01　用于学校地区交通控制的标志必须具有逆反射性或能主动发光。

第 7B.03 节　标志位置

支撑依据：

01　第 2A.16 节和第 2A.17 节包含有关标志安装及位置的规定。

02　第 2A.19 节包含有关标志横向偏移量的规定。

可选条款：

03　学校交通控制区域内道路上的标志，其使用可与第 2B.12 节、第 7B.11 节和第 7B.12 节中的要求一致。

第 7B.04 节 标志高度

支撑依据：
01 第 2A.18 节包含有关标志安装高度的规定。

第 7B.05 节 标志安装

支撑依据：
01 第 2A.16 节包含有关标志安装的规定。

第 7B.06 节 字体

支撑依据：
01 《公路标志和标线标准》一书（见第 1A.11 节）中包含有关标志字体的信息。

第 7B.07 节 学校警告标志颜色

必须条款：
01 学校警告标志，包括学校限速标志（S5-1）中的"学校"部分以及与这些警告标志联合使用的任何辅助标牌，都必须为荧光黄绿底色和黑色图文及边框，除非本手册对特定标志另有规定。

第 7B.08 节 学校标志（S1-1）和标牌

支撑依据：
01 许多州政府和当地管辖机构认为向道路使用者警告他们即将接近临近公路的学校，即使道路上没有学生过街地点并且限速保持不变，也是十分必要的。此外，一些管辖机构指定学校区间具有独特法律地位，因为在指定学校区域的超速或其他违章行为的惩罚会加倍，或者因会在学校区域使用诸如闯红灯抓拍系统等特殊执法技术。标记这些指定学校区域的开始和结束点以给予道路使用者适当的提醒是必要的，有时从法律角度讲也是必需的。

02 学校（S1-1）标志（见图 7B-1）有以下四方面应用：

A. 学校地区——S1-1 标志用于警告道路使用者即将接近学校地区，可能包括学校建筑或操场、学校过街横道或者毗邻公路的学校相关活动。

B. 学校区间——S1-1 标志用于界定学校指定区间开始的位置（见 7B.09 节）。

C. 学校过街预告——如果与"前方"标牌（W16-9P）或者"XX 英尺"标牌（W16-2P 或 W16-2aP）组成学校过街预告标志组合，S1-1 标志能用于警告道路使用者即将到达学童横穿道路的人行横道（见第 7B.11 节）。

D. 学校过街——如果连同斜向下指向箭头标牌（W16-7P）组成学校过街标志结合，S1-1 标志能用于警告即将到达的道路使用者学童穿过道路的过街横道位置（见第 7B.12 节）。

可选条款：
03 如果学校地区位于紧邻十字路口的交叉路，带有辅助箭头标牌（W16-5P 或 W16-6P）的学校标志（S1-1）可以安装在街道或交叉口的每个进口，以警告欲转向进入交叉路的道路使用者转弯后很快就会遇到学校地区。

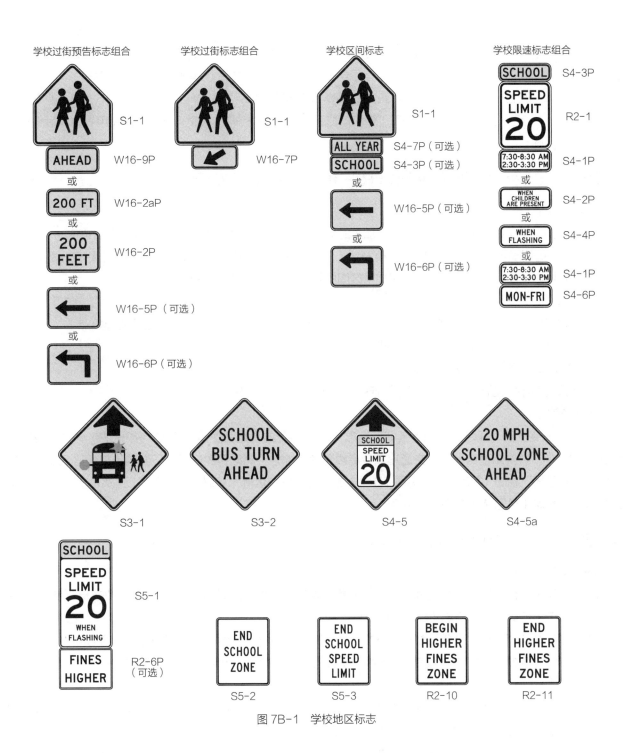

图 7B-1 学校地区标志

第 7B.09 节 学校区间标志（S1-1）和标牌（S4-3P 和 S4-7P）以及结束学校区间标志（S5-2）

必须条款：

01 如果学校区间已经被州或者地方法规划定，必须设置学校区间标志（S1-1）（见图 7B-1）以界定学校区间（见图 7B-2）的起始点。

可选条款：

02 学校区间标志（S1-1）可由"学校"标牌（S4-3P）辅助使用。

03 如果学校一年 12 个月均开放，学校区间标志（S1-1）可以辅助使用"全年"标牌（S4-7P）。

04 "结束学校区间"标志（S5-2）指定了学校区间下游结束位置（见图 7B-1 和图 7B-2）。

05 如果学校区间位于紧邻十字路口的交叉路，带有辅助箭头标牌（W16-5P 或 W16-6P）的学校区间标志（S1-1）可以安装在街道或交叉口的每个进口，以警告欲转向进入交叉路的道路使用者转弯后很快就会遇到学校区间。

第 7B.10 节　处罚加重区间标志（R2-10 和 R2-11）及标牌

必须条款：

01 在指定学校区间内的交通违章处罚加重的地方，必须安装"开始处罚加重区间"标志（R2-10）（见图 7B-1）、"处罚加重"（R2-6P）、"双倍罚款"（R2-6aP）或"罚款 XX 美金"标牌（见图 7B-3），以辅助学校区间标志（S1-1），从而界定处罚加重区间的起始点（见图 7B-2 和图 7B-3）。

可选条款：

02 如果合适，以下标牌的其中之一可以安装在标志的下方，以界定处罚加重区间的起始点：

A. S4-1P 标牌（见图 7B-1）指定处罚加重起作用的时间；

B. "当儿童出现时"标牌（S4-2P）（见图 7B-1）；

C. 如果与黄闪灯结合使用，"闪烁时"标牌（S4-4P）（见图 7B-1）。

必须条款：

03 在安装使用"开始处罚加重区间"标志（R2-10）或"处罚加重"标牌（R2-6P）辅助学校区间标志（S1-1），以告知道路使用者交通违章会高额罚款的地方，高额罚款区间的下游结束位置必须安装"结束处罚加重区间"标志（R2-11）（见图 7B-1）或"结束学校区间"标志（S5-2），以告知道路使用者加重罚款区间的终点（见图 7B-2 和图 7B-3）。

第 7B.11 节　学校预告过街标志组合

必须条款：

01 学校过街预告标志组合（见图 7B-1）必须由辅有"前方"标牌（W16-9P）或"XX 英尺"（W16-2P 或 W16-2aP）标牌的学校标志（S1-1）组成。

02 除第 3 条规定外，在接近学校人行横道的每一行驶方向上，学校过街预告标志组合必须设置于第一个学校过街警告标志组合之前（见表 2C-4 中关于预告设置的指南、第 7B.12 节以及图 7B-4）。

可选条款：

03 当在学校过街预告标志组合设置有学校区间标志（S1-1，见第 7B.09 节）以界定学校区间开始的地方，学校过街预告标志（见图 7B-5）可不必设置。

04 如果学校人行横道位于临近十字路口的交叉路口，带有辅助箭头标牌（W16-5P 或 W16-6P）的学校过街预告标志组合可以安装在街道或交叉口的每个进口，以警告欲转向进入交叉路的道路使用者转弯后很快就会遇到学校人行横道。

05 一个尺寸减小为 12 英寸的位于街道上的学校标志（S1-1，见图 7B-6）、并按照街道上行人过街标志（R1-6 或 R1-6a，见第 2B.12 节）的安装高度和特殊安装支撑要求进行设置，该标志可以用于学校过街前方以辅助立柱式安装的学校警告标志。一个尺寸减小为 12 英寸×6 英寸的"前方"标牌（W16-9P）可安装在位于街道上尺寸减小的学校标志（S1-1）下方。

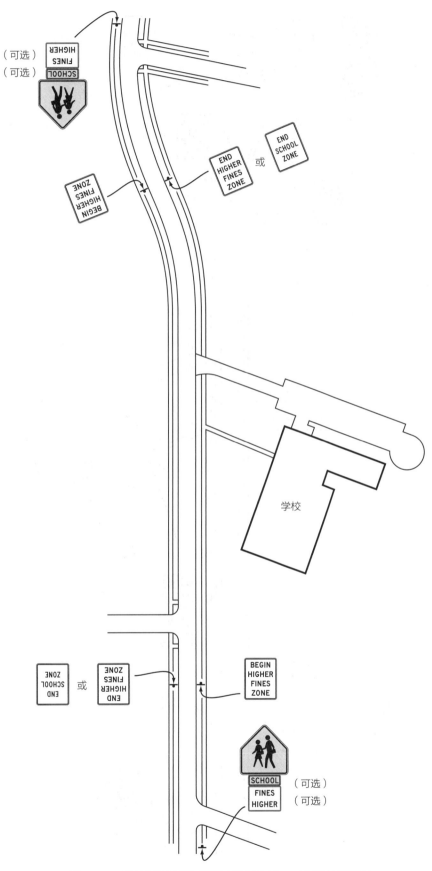

图 7B-2 学校区间处罚加重标志设置示例——无学校过街标志

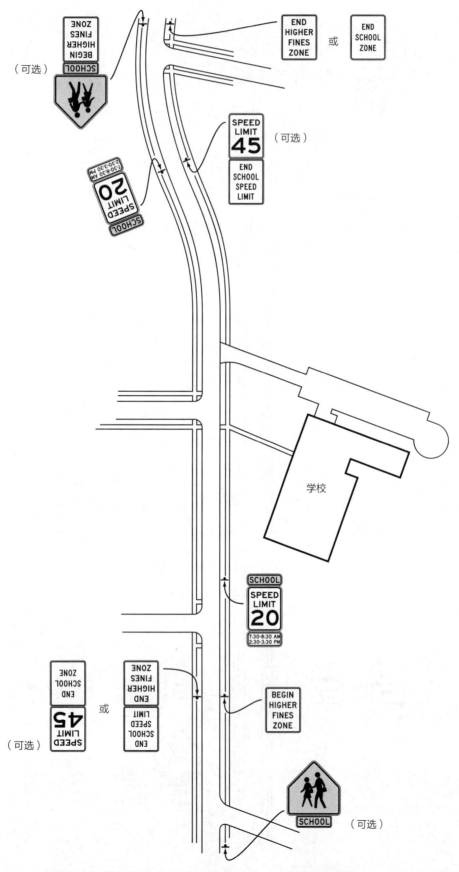

图 7B-3　学校区间处罚加重标志设置示例——有学校限速标志

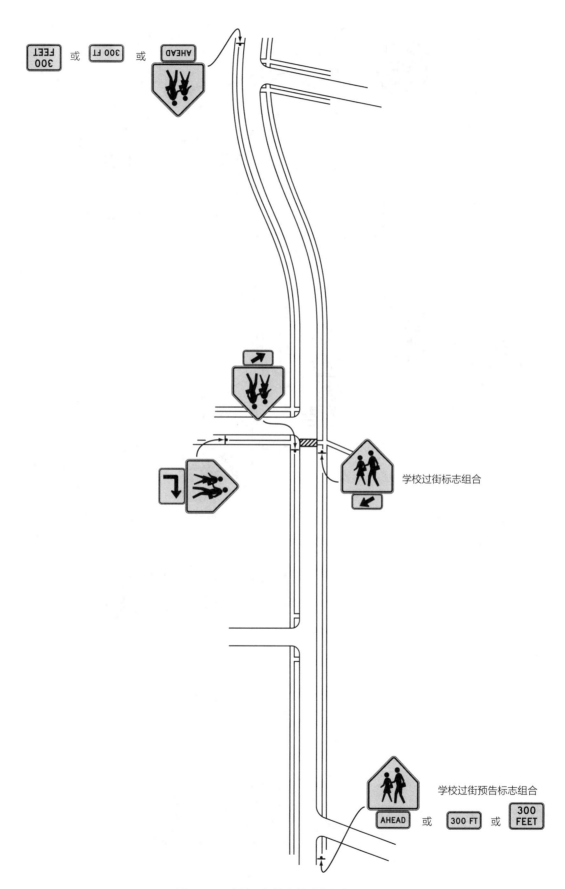

图 7B-4　学校区间外学校过街标志设置示例

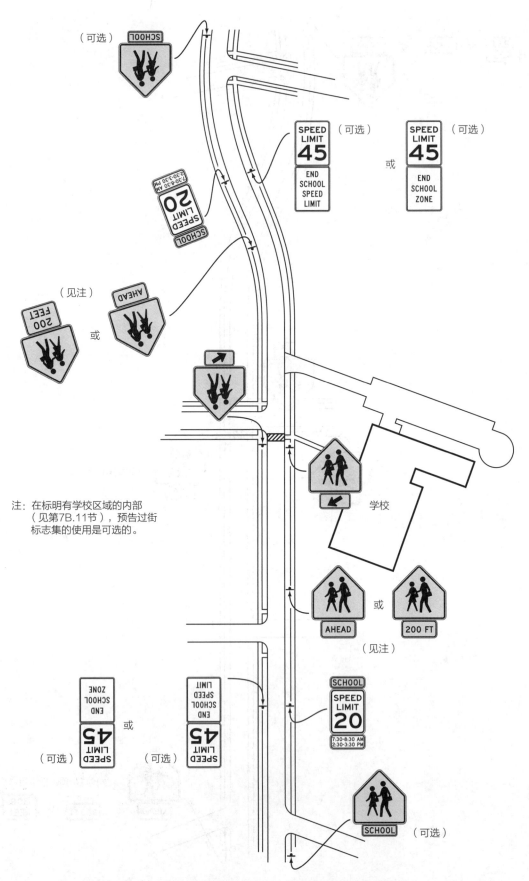

图 7B-5 有学校限速和学校过街标志的学校区间标志设置示例

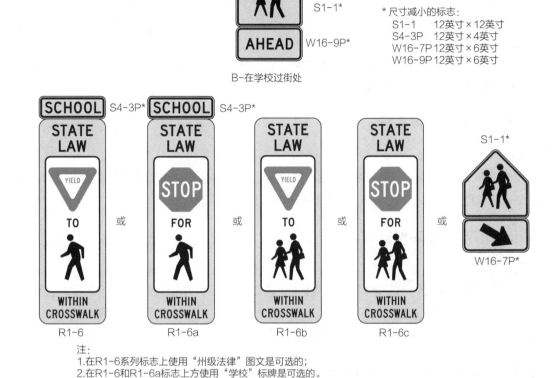

图 7B-6 学校区域位于街道上的标志

第 7B.12 节 学校过街标志组合

必须条款：

01 如果使用学校过街标志组合（见图 7B-1），它们必须安装在学校过街处（见图 7B-4 和图 7B-5），或者尽可能靠近过街的地方，并且必须由学校标志（S1-1）和用于表明过街位置的斜向下指向的箭头标牌（W16-7P）组成。

02 学校过街标志组合不能用于不靠近学校或没有建立学校行人路径的过街处。

03 学校过街标志组合不能安装在由"停车让行"或"减速让行"控制的入口处。

可选条款：

04 街道上的行人过街标志（R1-6 或 R1-6a）（见第 2B.12 节和图 7B-6）或者是街道上的学生过街标志（R1-6b 或 R1-6c）（见图 7B-6）可以用于无信号控制的学校过街处。如果用在有学校过街处，可将 12 英寸 ×4 英寸的"学校"标牌（S4-3P）（见图 7B-6）安装在这些标志的上方。可省去位于 R1-6 系列标志上的"州级法律"图文。

05 悬挂式人行过街标志（R1-9 或 R1-9a）（见第 2B.12 节和图 2B-2）可被修改用于代替带有标准学生符号的标准行人符号，也可以用于无信号控制的学校过街处。可省去位于 R1-9 系列标志上的"州法律"图文。

06 一个尺寸减小为 12 英寸的街道上的学校标志（S1-1）（见图 7B-6）可以用于无信号控制的学校过街处，以代替街道上的行人过街标志（R1-6 或 R1-6a）或者街道上的学生过街标志（R1-6b 或 R1-6c）。一个尺寸减小为 12 英寸 ×6 英寸的斜向下指向箭头标牌可以安装在尺寸减小的位于街道上的学校标志

（S1-1）下方。

必须条款：

07　如果街道上的行人过街标志、街道上的学生过街标志或者是小尺寸的街道上的学校标志（S1-1）设置在道路上，标志支撑结构必须和街道上行人过街标志（R1-61 或 R1-6a）的设置高度和特定支撑结构要求相一致（见第 2B.12 节）。

08　街道上的行人过街标志、街道上的学生过街标志、悬挂式的行人过街标志以及小尺寸位于街道上的学校标志（S1-1），不能设置在有信号控制的地方。

第 7B.13 节　前方校车停车标志（S3-1）

指导条款：

01　当校车停车上下乘客时，道路使用者没有充足视距并且没有机会重新调整校车停车地点以提供充足视距，应在校车停车位置的前方安装前方校车停车标志（S3-1）（见图 7B-1）。

第 7B.14 节　前方校车转弯标志（S3-2）

可选条款：

01　"前方校车转弯"标志（S3-2）（见图 7B-1）可以设置在校车道路转向处的前方，在该位置，表 2C-4 中 B 条件下的"0"列规定的距离范围内，即将到达的道路使用者不能看见校车转弯，并且没有机会重新调整校车转弯以提供表 2C-4 中规定的充足视距。

第 7B.15 节　学校限速区标志组合（S4-1P、S4-2P、S4-3P、S4-4P、S4-6P 和 S5-1）以及学校限速区终止标志（S5-3）

必须条款：

01　在通过工程调研后已经建立的限速降低的学校地区，或者依照法规制定的限速更低的类似区域，必须使用学校限速区标志组合（见图 7B-1）或学校限速标志（S5-1）以提示速度限制。学校限速区标志组合或学校限速标志必须设置在或根据实际尽可能接近限速降低的学校地区开始的位置（见图 7B-3 和图 7B-5）。

02　如果已建立学校限速区，必须将学校标志（S1-1）设置在第一个学校限速标志组合前（见表 2C-4 用于预告设置指南），或车辆到达学校限速区各个入口设置的 S5-1 标志之前（见图 7B-3 和图 7B-5）。

03　如果学校限速区内交通违章处罚加重，必须设置"罚款更高"（R2-6P）、"罚款加倍"（R2-6aP）或"$XX 罚款"等辅助标牌（见图 2B-3）以告知道路使用者。

04　除第 5 条规定的以外，必须在限速区下游设置"学校限速区终止"标志（S5-3）以标明学校限速区结束（见图 7B-1 和图 7B-5）。

可选条款：

05　如果学校限速区间与处罚加重区间在同一点结束，可使用"学校区间终止"标志（S5-2）代替"处罚加重区间终止"标志（R2-11）和"学校限速区间终止"标志（S5-3）的组合。

06　学校限速地区下游路段的标准限速标志，可与"学校限速区间终止"标志（S5-3）或"学校区间终止"标志（S5-2）安装在同一立柱上，并置于 S5-3 或 S5-2 的上方。

指导条款：

07　学校限速区的起始点应位于校园、学校过街或其他学校相关活动前方至少 *200 英尺*处；但是，如果限速值大于或等于 *30 英里/小时*，相隔距离应大于 *200 英尺*。

必须条款：

08　学校限速标志组合必须是固定信息标志组合或可变信息标志。

09　固定信息学校限速标志组合必须由顶端带有"学校"图文的标牌（S4-3P）、限速标志（R2-1）以及底端表明学校限速生效的一天内特定时段和（或）一周内特定某几天的标牌组成（S4-1P、S4-2P、S4-4P 或 S4-6P）（见图 7B-1）。

可选条款：

10　可变信息标志（见第 2L 章和第 6F.60 节）可以用来告知驾驶员学校限速信息。如果标志是内部发光，可以是黑底白图文。可使用配有黄闪灯的可变信息标志额外强调特定的学校限速区。

指导条款：

11　*尽管可变限速标志存在其特殊性，不能完全符合手册中有关固定信息标志的标准，但是在校区限速起作用的时期，可变信息标志的基本形状、信息、图文布局及颜色都应该与标准的固定信息标志相一致。*

12　*用于表明限速信息起作用的确认灯或设施应该包含在可变信息标志的后面。*

必须条款：

13　如果在用于学校限速区的可变信息标志上显示有"学校"字样，必须使用荧光黄绿色。

可选条款：

14　为了显示学校限速仅在特定时段适用，可变信息标志可以使用单幅信息或者其他方式。

15　为即将达到的驾驶员显示速度的可变信息标志可以在学校限速区使用（见第 2B.13 节）。

16　也可以使用带有"当闪烁时"图文的限速标志信标（见第 4L.04 节），以界定学校限速生效的时间段。

第 7B.16 节　前方学校限速降低标志（S4-5 和 S4-5a）

指导条款：

01　*在限速值被降低超过 10 英里/小时的地方，或者工程评判指出提前告知限速降低是恰当的，应使用前方学校限速降低标志（S4-5，S4-5a，见图 7B-1）以提示道路使用者前方是限速更低的地区。*

必须条款：

02　如使用前方学校限速降低标志，必须跟随设置学校限速标志或学校限速标志组合。

03　前方学校限速降低标志上的限速值必须与后面显示在学校限速标志或学校限速标志组合上的限速值一致。

第 7B.17 节　泊车和停驻标志（R7 和 R8 系列）

可选条款：

01　泊车和停驻禁令标志可用于防止停泊车辆和等候车辆对行人的视线产生影响，以及驾驶员对行人的视线产生影响，进而将控制车辆作为学校交通规划中的一部分。

02　泊车标志和其他用于控制调节学校地区内泊车与停驻车辆的其他标志，包含多种规定。典型的交通法规如下：

　　A. 仅在上学时间上午 X：XX——下午 X：XX 禁止泊车；

　　B. 仅在上学时间上午 X：XX——下午 X：XX 禁止停驻；

　　C. 仅在上学时间上午 X：XX——下午 X：XX 需在 XX 分钟内上车；

　　D. 仅在上学时间上午 X：XX——下午 X：XX 禁止停留。

03　第 2B.46 节、第 2B.47 节和第 2B.48 节包含关于学校区间停车规定的标志信息。

第 7C 章 标线

第 7C.01 节 功能及限制

支撑依据：

01 在合理的学校地区交通控制中，标线具有明确且重要的功能。在某些情况下，标线是交通标志或信号等其他设施提供的禁令或警告信息的补充。在其他情况下，标线单独使用能起到其他设施无法起到的作用，作为一种有效方式传达其他方式所不能被理解的确定的禁令、指路及警告信息。

02 路面标线存在一些潜在的局限性。它们可能会被雪掩盖或者因为潮湿变得模糊，或者可能遭受到重型车辆的影响变得不耐用。尽管有这些潜在的限制，路面标线在有利条件下也存在很多优势，比如能在驾驶员注意力不离开路面的情况下传达警告或其他信息。

第 7C.02 节 人行横道标线

指导条款：

01 在通往学校的路线上，应在以下地方施划人行横道：机动车、自行车和学生存在大量冲突的交叉口；允许学生在两个交叉口之间过街的地方；学生不能确认适合过街的地方；或者机动车或自行车意料不到学生会过街的地方。

02 人行横道线不能随意使用。在远离交通控制信号的地方或由"停车让行"或"减速让行"标志控制的入口，设置人行横道线前应考虑第 3B.18 节所述因素的工程调研。

03 由于非交叉口处的学校过街通常会让道路使用者意想不到，因此应在非交叉口处的所有学校人行横道处设置警告标志（见第 7B.11 节和第 7B.12 节）。同时还应通过禁止停车或其他适当措施，以保证靠近学生的机动车驾驶员和接近机动车的学生均有充足的可视性。

支撑依据：

04 第 3B.18 节包含有关人行横道设置及设计的规定，第 3B.16 节包含有关与人行横道关联的停止线和减速让行标线设置及设计的规定。第 3B.23 节中包含能用于在人行横道入口建立停车规则的路缘石标线的相关规定。

第 7C.03 节 路面文字、图形和箭头标线

可选条款：

01 如果使用"学校"文字标线，可以让文字延长至两条入口车道的宽度（见图 7C-1）。

指导条款：

02 如果使用双车道"学校"文字标线，文字高度应该大于等于 10 英尺。

支撑依据：

03　第3B.20节包含有关能用于指路、警告或管制交通的其他文字、图形及箭头的路面标线的规定。

图7C-1　"学校"双车道路面标线

第 7D 章　过街协管

第 7D.01 节　过街协管类型

支撑依据：

01　有三种类型的学校过街协管：

A. 过街协管员：可以指挥行人和车辆过街；

B. 穿制服的执法人员：可以指挥行人和车辆；

C. 学生和（或）家长安全员：只能指挥行人过街。

02　《AAA 学校安全巡逻工作手册》（见第 1A.11 节）中规定了有关学校安全巡逻活动的组织、管理和运营信息。

第 7D.02 节　过街协管员

可选条款：

01　如果工程调研认为学校人行横道过街间隙不足时（见第 7A.03 节），在法律许可的情况下，可在此处安排过街协管员指挥行人过街。

第 7D.03 节　过街协管员的资格要求

支撑依据：

01　用高标准来选拔过街协管员是十分必要的，因为他们肩负着保证学生在学校人行横道及紧邻人行横道处安全、快捷过街的职责。

指导条款：

02　过街协管员应具备的最低资格要求如下：

A. *正常智力水平；*

B. *良好的身体状况，包括视力、听力及迅速的移动和机动能力，以避免非正常行驶车辆带来的危险；*

C. *能够有效挥动"停车让行"标牌，使得道路使用者在学生过马路期间能够清晰和直接地看到"停车让行"的信息；*

D. *可以清晰、明确、礼貌地传达特殊指令；*

E. *可以辨别交通情景中潜在的危险并警告和管理学生，保证他们有足够时间避免伤害；*

F. *头脑机敏；*

G. *仪表整洁；*

H. *品格良好；*

I. *可信度高；*

J. 对学生安全有高度责任感。

第 7D.04 节　过街协管员制服

必须条款：

01　进行学校过街协管的执法人员与过街协管员必须穿着高可视性且具有逆反射性能的安全服，并且安全服应标有第 6E.02 节中介绍的用于第二等级的 ANSI 107—2004 标准字样。

第 7D.05 节　过街协管员的工作流程

必须条款：

01　过街协管员不能以常规的执法方式指挥交通。在指挥交通时，他们必须选择合适的时间在交通流中制造一个足够的间隙。为了制造行人过街间隙，交通协管员必须站在道路当中示意行人将要或正在使用人行横道，所有车辆必须停止。

02　过街协管员必须使用"停车让行"便携式标牌。"停车让行"便携式标牌必须是基本的手持信令设施。

03　"停车让行"便携式标牌（R1-1）必须为八边形。"停车让行"便携式标牌的背景必须为红色，上面标有尺寸至少 6 英寸的大写白色文字和边框。标牌必须至少为 18 英寸并且两面都写有"停车让行"字样。当在夜间使用时，标牌必须具有逆反射性或被照亮。

可选条款：

04　为了让"停车让行"便携式标牌更加醒目，可以在标牌的两面加上白色或红色的闪光灯。闪光灯可以是单个或成组的 LED 灯。

05　红 / 白闪光灯或者 LED 灯可以按照以下方式设置：

A. 两个白灯或红灯垂直居中放在"停车让行"图文的上方和下方；

B. 两个白灯或红灯垂直居中放在"停车让行"图文的两侧；

C. 一个白灯或红灯居中放置在"停车让行"图文的下方；

D. 一系列直径为 1/4 英寸或更小的八个或者更多小型白 / 红灯沿着标志的外缘，放置在"停车让行"标志的八个顶点以形成八边形（仅当灯的排列形式能够清楚地表达"停车让行"标志的八边形时，使用的灯的数量可以超过八个）；

E. 用一系列白灯形成图文上文字的形状。

必须条款：

06　如果在"停车让行"便携式标志上使用闪光灯，闪烁频率必须至少为每分钟 50 次，但是不能超过每分钟 60 次。

第 8 篇 铁路和轻轨平交道口交通控制

第 8A 章 总则

第 8A.01 节 引言

支撑依据：

01 在第 8 篇中，无论何时使用"LRT"缩写，均表示"轻轨"。

02 第 8 篇介绍了用在公路—铁路以及公路—轻轨平交道口的交通控制设施。除非文字、图表另有规定，第 8 篇的规定适用于所有公路—铁路和公路—轻轨平交道口。"平交道口"一词单独使用，无"公路—铁路"或"公路—轻轨"前缀时，包括公路—铁路和公路—轻轨平交道口。

03 平交道口的交通控制设施包括所有标志、信号、标线和其他警告设施，以及设置在公路入口和在平交道口的支撑物。其功能是促进安全，保证铁路和轻轨及公路交通在平交道口的有效运行。

04 为了设计、安装、运行和维护平交道口交通控制设施，公路和轨道路线的平交道口通常位于公路、铁路和轻轨联合使用路权的地方。

05 如若适用，具有管辖权的公路代管机构、管理局和具有法定权利的管理机构将共同决定平交道口设施的需求和选择。

06 在第 8 篇，被选择或安装在某一特定平交道口的设施组合被称为"交通控制系统"。

必须条款：

07 手册中描述的交通控制设施、系统及实例必须用于向公众开放的所有平交道口，并始终遵循联邦、州和当地的法律法规。

支撑依据：

08 第 8 篇同样描述了具有轻轨车辆与机动车混合交通的街道和公路相关位置的交通控制设施。

09 轻轨是大都市交通运输的一种模式，采用轻轨车辆（通常称为轻轨火车、有轨电车或电车）在混合交通条件下的街道上运行的轨道交通。轻轨的运行拥有半封闭路权或者专有路权。

10 当需要引进轻轨以及相应的交通控制设施到某区域时，对新驾驶员进行初始教育以及随后连续的培训是有益的。

11 轻轨线形可以归为以下三种形式：

A. 专用型：轻轨的路权是纵向分离的，或通过栅栏或交通隔离栏保护，机动车、行人和自行车在轻轨路权内禁止通行。该类线形包括地铁和空中设施，这种线形不包括平交道口，第 8 篇中将不会予以讨论。

B. 半封闭型：轻轨线形沿着具有分离路权的街道或轨道展开，机动车、行人和自行车只有在指定的地点有限制地进入和穿行。

C. 混合使用型：轻轨在具有所有类型道路使用者的混合交通中运行，包括在路权共享的街道、轨道商业圈和步行商业街。

必须条款：

12 在轻轨和铁路使用相同轨道或相邻轨道的地方，必须使用适用于公路—铁路平交道口的交通控制设施、系统及实例。

支撑依据：

13 为加强对公路和铁路及轻轨信号问题间常用术语的理解，关于第 8 篇的定义和首字母缩写见第 1A.13 节和第 1A.14 节。

第 8A.02 节 公路—铁路平交道口标准设施、系统及实例

支撑依据：

01 由于需要考虑大量的重要变量，因此，没有单一的交通控制设施标准系统普遍地适用于所有的公路—铁路平交道口。

指导条款：

02 *在公路—铁路平交道口使用适当的交通控制系统，应由公路管理机构和铁路公司共同参与的工程研究来确定。*

可选条款：

03 工程研究可以包括国家智能交通系统（ITS）框架中的公路—铁路交叉口（HRI）组件，这是美国交通运输部公认的铁路运行和路侧控制设备连接公路、车辆和交通管理系统的方法。

支撑依据：

04 更多关于公路—铁路交叉口组件的详细信息可通过美国交通运输部的联邦铁路管理局（新泽西大街 1200 号，东南，华盛顿，DC20590），或登录 www.fra.dot.gov 获取。

必须条款：

05 交通控制设施、系统及实例必须与本手册中包含的设计和应用标准相一致。

06 在任何新的公路—铁路平交道口交通控制系统安装前，或在对已有系统实施改造前，必须从公路管理机构和铁路公司获得管辖权和（或）法定权限。

指导条款：

07 *为促使道路使用者的有效反应，这些设施、系统和实例应注意使用交通控制设施的五点基本事项（具体见第 1A.02 节）：设计、布置、运行、维护和一致性。*

支撑依据：

08 其他关于公路—铁路平交道口交通控制系统在之前第 8 篇未体现的信息内容，请见 1A.11 节所列的条目，包括由美国铁路工程及线路维修协会（AREMA）颁布的《2000 美国轨道工程及线路维修协会通信与信号手册》，以及交通运输工程调研中心（ITE）颁布的 2006 版《轨道平交道口交通信号优先权》。

第 8A.03 节 公路—轻轨平交道口标准设施、系统及实例

支撑依据：

01 选择或安装在特定公路—轻轨平交道口的设施组合被认为是轻轨交通控制系统。

02 由于需要考虑大量的重要变量，因此没有单一的交通控制设施标准系统普遍地适用于所有的公路—轻轨平交道口。

03 为了公路和轻轨使用者安全、合理地运行，具有管辖权的公路管理局、具有法定权限的管理机构，连同轻轨管理当局需要共同确定在公路—轻轨平交道口处交通控制设施的需求和选取，以及轻轨优先权的分配。

04 除非当地管理机构决定适当给轻轨分配更高等级的优先权,"统一车辆规范"中定义的交通控制优先权通用条例作为交叉口处指导车辆运行的顺序。不同类型轻轨优先权控制的例子,包括:轻轨运行的单独交通信号相位、为保证轻轨运行的道路车辆受限运行,以及为满足轻轨运行的公路交通信号控制优先权。

指导条款:

05 *适用于公路—轻轨平交道口的交通控制系统,应由轻轨或公路管理局连同其他州和当地管理机构共同实施的工程调研决定。*

必须条款:

06 交通控制设施、系统及实例必须与本手册中包含的设计和应用标准相一致。

07 本手册中描述的交通控制设施、系统和实例必须在公路—轻轨平交道口使用。

08 在任何新的公路—轻轨平交道口交通控制系统安装前,或在对已有系统实施改造前,必须从公路管理机构和轻轨公司获得管辖权和(或)法定权限。

指导条款:

09 *为促使道路使用者的有效反应,这些设施、系统和实例应注意使用交通控制设施的五点基本事项(具体见第 1A.02 节):设计、布置、运行、维护和一致性。*

支撑依据:

10 关于公路—轻轨平交道口交通控制系统在之前第 8 篇未体现的其他信息内容,包含在第 1A.11 节所列条目中。

必须条款:

11 半封闭式线形的公路—轻轨平交道口必须装备自动门和闪光信号的组合设施,或者单独的闪光信号灯,或交通控制信号灯,除非通过工程调研表明单独使用公路与轨道交叉道口警告标志组合、"停车让行"标志或"减速让行"标志已经足够。

可选条款:

12 在混合路权使用的公路—轻轨平交道口可装备交通控制信号灯,除非通过工程调研表明单独使用公路与轨道交叉道口警告标志组合、"停车让行"标志或"减速让行"标志已经足够。

支撑依据:

13 第 8B.03 节和第 8B.05 节规定了平交道口"X形"警告标志和平交道口"X形"警告标志组合的使用及布置。第 8B.05 节规定了在公路—轻轨平交道口单独使用"停车让行"或"减速让行"标志的合理条件。第 8C.10 节和第 8C.11 节包含了关于在公路—轻轨平交道口使用交通控制信号灯的规定。

第 8A.04 节 统一规定

必须条款:

01 根据第 2A.07 节,用于平交道口交通控制系统中的所有标志必须具有反光或者自发光特性,才能在白天和夜间向即将到达的道路使用者显示相同的形状和颜色。

02 标志和信号灯不能设置在未分离道路的中间位置,除非设施具有碰撞消能性(可解体的、可弯曲的、或通过纵向隔离栏或碰撞缓冲垫保护的),或者将其设置在凸起交通岛上。

指导条款:

03 *除第 2A.19 节中的规定以外,设置在未分离公路中间凸起交通岛的任何标志或信号灯,都应保证凸起交通岛外边缘到标志或信号灯外边缘至少 2 英尺的净空距离。*

04 *在轨道间隔距离超过 100 英尺的地方(沿着公路和内侧轨道间的距离测量),其他标志或合理的交*

通控制设施应告知即将到达的道路使用者穿越轨道的间隔距离很长。

第 8A.05 节　平交道口移除

指导条款：

01　*由于平交道口可能导致事故和拥堵，管理机构应开展工程调研以衡量移除这些平交道口的成本和益处。*

必须条款：

02　移除平交道口时，用于该路口的交通控制设施必须一并移除。

03　在多条轨道相交的平交道口，如果移除的一些轨道，使已有的交通控制设施变得不适用，留存的设施必须重新设置和（或）修改。

指导条款：

04　*任何不合理的平交道口都应移除。*

05　*根据第 2C.66 节的要求，当车行道从平交道口被移除时，在铁路或轻轨路权处的道路入口同样应被移除，并且应在道路末端设置合理的标志和实体标记。*

06　*在铁路或轻轨被移除的平交道口，轨道应被移除或填平。*

可选条款：

07　根据工程评价，可以临时安装"轨道停止使用"（R8-9）标志（见图 8B-1），直到轨道被移除或填平。是否安装该标志可根据轨道被移除或填平的时长来决定。

第 8A.06 节　平交道口处的照明

支撑依据：

01　照明设施有时安装在平交道口或邻近平交道口位置，用于为火车或轻轨及平交道口提供更好的夜间可视度（例如，有大量铁路或轻轨夜间运行的地方，平交道口长时间阻塞的地方，或者事故记录表明夜间道路使用者难以视认火车、轻轨设备或交通控制设施的地方）。

02　美国国家标准协会（ANSI）在《道路照明设施操作规程 RP-8》中推荐了平交道口的照明灯具类型和安装位置，该规程可以从照明工程学会获取（见第 1A.11 节）。

第 8A.07 节　公路—铁路平交道口禁止鸣笛区设置

支撑依据：

01　49 CFR 222 部分（公路—铁路平交道口处机动车喇叭的使用；最终条例）规定了禁止鸣笛区的要求和措施。

必须条款：

02　设置于禁止鸣笛区的任何交通控制设施及其应用必须遵循《美国交通工程设施手册》中的相应规定。

第 8A.08 节　临时交通控制区

支撑依据：

01　当在平交道口处道路的正常功能由于临时交通控制措施而被迫无法发挥作用时，临时交通控制计划需保证道路运行连贯性（例如交通的移动，行人、自行车及运输运行，对私人财产或公用设施的访问）。

必须条款：

02　临时交通控制区的交通控制包括平交道口的交通控制，必须遵循第 6 篇的内容。

03 当平交道口位于或邻近临时交通控制区时，即使安装有自动警告设施，车道限制、旗帜（见第6E章）或其他措施的实施也不能导致公路车辆在铁路或轻轨上停车，除非平交道口处有旗手或着装制服的执法人员指挥交通，以最大限度地防止公路车辆在轨道上停车。

指导条款：

04 临时交通控制区作用期间，公共及私人管理机构包括应急服务商、企业及铁路或轻轨公司，应合理规划交通绕行路线及必要的标志、标线及旗帜。应考虑平交道口封闭的时长、受影响的铁路或轻轨及公路交通的类型、实际情况以及修复的材料和技术方案。

05 在最初规划建立临时交通控制区开始前，应联系轻轨和公路运行的负责机构，确认该规划可能直接或间接影响到的轻轨和道路使用者混合使用的基础设施上的交通流。

06 临时交通控制应尽量减少不便、延误和被影响交通的事故潜在性。在道路使用者或轨道交通的自由运行被影响或阻塞之前，应事先通知可能受影响的公共或私人机构、应急服务商、企业、铁路或轻轨公司及道路使用者。

07 临时交通控制区的执行不应延长平交道口的封闭。

08 平交道口的宽度、坡度、线形和路面行车状况应至少恢复到与平交道口入口相一致。

支撑依据：

09 第6G.18节包含关于平交道口临时交通控制区域的其他信息，图6H-46提供了可能遇到的典型案例。

第 8B 章 标志和标线

第 8B.01 节 目的

支撑依据：

01 被动交通控制系统仅由标志和路面标线组成，标明并引导平交道口位置，并提醒道路使用者必要时在平交道口减速或停车，让行于占用或即将到达平交道口的轨道交通。

02 标志和标线会禁止、警告和引导道路使用者和混合使用路段上的轻轨驾驶员，提醒他们在即将到达平交道口时采取适当的操作。

必须条款：

03 标志的设计和布置必须符合第 2 篇的规定。标线的设计和布置必须符合第 3 篇的规定。

第 8B.02 节 平交道口标志尺寸

必须条款：

01 平交道口标志尺寸必须遵循表 8B-1 规定。

可选条款：

02 可使用比表 8B-1 中所示尺寸更大的标志（见第 2A.11 节）。

第 8B.03 节 主动式和无信号控制平交道口处的平交道口（平交道口"X 形"警告标志）标志（R15-1）和轨道数量标牌（R15-2P）

必须条款：

01 平交道口（R15-1）标志（见图 8B-1），通常为平交道口"X 形"警告标志，必须采用具有逆反射性的白底，并写上黑色文字"铁路道口"，安装如图 8B-2 所示。

支撑依据：

02 在多数州，平交道口"X 形"警告标志要求道路使用者在平交道口将路权让步于轨道交通车辆。

必须条款：

03 每个公路—铁路平交道口的公路入口必须至少安装一个单独使用或与其他交通控制设施结合使用的平交道口"X 形"警告标志。

可选条款：

04 平交道口"X 形"警告标志可用于半专用或混合使用线形公路入口的公路—轻轨平交道口处，可单独使用或与其他交通控制设施结合使用。

必须条款：

05 如果平交道口处没有自动道闸，并且有不少于两条轨道，必须安装标明轨道数量的辅助 T 形标牌

（R15-2P）（见图 8B-1），并以图 8B-2 所示的形式安装在平交道口"X形"警告标志下方。

06 在每个公路—铁道平交道口入口，以及每个正在使用的公路—轻轨平交道口入口，交道口"X形"警告标志必须安装在平交道口公路入口的右手边。在平交道口的入口存在视距受限或不利的道路几何线形时，必须在公路左手边设置额外的平交道口"X形"警告标志，可设置在对向入口的平交道口"X形"警告标志背面，或反过来，使一侧入口处有两个平交道口"X形"警告标志。

07 在已经安装平交道口"X形"警告标志的所有平交道口，除已经在背面安装标志的平交道口"X形"警告标志外，每个警告标志背后的每个叶片都必须使用具有逆反射性的白色材料涂装不少于 2 英寸宽的条纹。

指导条款：

08 平交道口"X形"警告标志应依照第 2A 章和图 2A-1 及图 2A-3 的标准安装在公路路面或路肩上，并应依照图 8C-2 安装于最靠近轨道的地方。

09 平交道口"X形"警告标志边缘的最小横向偏移应为：距离路肩边缘 6 英尺，在乡村地区距离行车道边缘 12 英尺（取其较大者），在城市地区距离路缘石 2 英尺。

10 在异常条件使位置和横向偏移需要适当变化时，应对视野和安全净空做出最优的平衡。

铁路公路交叉口标志和标牌的最小尺寸　　　　表8B-1

标志或标牌	标志名称	章节	传统道路		快速路	最小值	超大尺寸
			单车道道路	多车道道路			
停车让行	R1-1	8B.04 8B.05	30×30	36×36	36×36	—	48×48
减速让行	R1-2	8B.04 8B.05	36×36×36	48×48×48	48×48×48	30×30×30	—
禁止右转横跨铁路	R3-1a	8B.08	24×30	30×36	—	—	—
禁止左转横跨铁路	R3-2a	8B.08	24×30	30×36	—	—	—
不能在铁路上停车	R8-8	8B.09	24×30	24×30	36×48	—	36×48
轨道停止使用	R8-9	8B.10	24×24	24×24	36×36	—	36×36
灯闪时停止	R8-10	8B.11	24×36	24×36	—	—	36×48
灯闪时停止	R8-10a	8B.11	24×30	24×30	—	—	36×42
红灯时停止	R10-6	8B.12	24×36	24×36	—	—	36×48
红灯时停止	R10-6a	8B.12	24×30	24×30	—	—	36×42
铁路与公路交叉	R15-1	8B.03	48×9	48×9	—	—	—
铁轨数量（标牌）	R15-2P	8B.03	27×18	27×18	—	—	—
豁免（标牌）	R15-3P	8B.07	24×12	24×12	—	—	—
轻轨仅右侧车道	R15-4a	8B.13	24×30	24×30	—	—	—
轻轨仅左侧车道	R15-4b	8B.13	24×30	24×30	—	—	—
轻轨仅中间车道	R15-4c	8B.13	24×30	24×30	—	—	—
轻轨不能通过	R15-5	8B.14	24×30	24×30	—	—	—
禁止超越停驶的火车	R15-5a	8B.14	24×30	24×30	—	—	—
禁止机动车在铁路上通行图标	R15-6	8B.15	24×24	24×24	—	—	—
禁止在铁路上行驶	R15-6a	8B.15	24×30	24×30	—	—	—

续表

标志或标牌	标志名称	章节	传统道路		快速路	最小值	超大尺寸
			单车道道路	多车道道路			
轻轨分离式高速公路图标	R15-7	8B.16	24×24	24×24	—	—	—
轻轨分离式高速公路图标（T形交叉）	R15-7a	8B.16	24×24	24×24	—	—	—
注意观察	R15-8	8B.17	36×18	36×18	—	—	—
铁路交叉提前警告	W10-1	8B.06	36 Dia.	36 Dia.	48 Dia.	—	48 Dia.
豁免（标牌）	W10-1aP	8B.07	24×12	24×12	—	—	—
铁路交叉和交叉口提前警告	W10-2, 3, 4	8B.06	36×36	36×36	48×48	—	48×48
低净空	W10-5	8B.23	36×36	36×36	48×48	—	48×48
低净空（标牌）	W10-5P	8B.23	30×24	30×24	—	—	—
点亮的轻轨可变符号	W10-7	8B.19	24×24	24×24	—	—	—
火车可能超过80英里/小时	W10-8	8B.20	36×36	36×36	48×48	—	48×48
禁止火车鸣笛	W10-9	8B.21	36×36	36×36	48×48	—	48×48
禁止火车鸣笛（标牌）	W10-9P	8B.21	30×24	30×24	—	—	—
预留空间符号	W10-11	8B.24	36×36	36×36	48×48	—	48×48
与铁路和高速公路之间预留XX英尺	W10-11a	8B.24	30×36	30×36	—	—	—
在你身后与高速公路和铁路之间预留XX英尺	W10-11b	8B.24	30×36	30×36	—	—	—
斜交叉	W10-12	8B.25	36×36	36×36	48×48	—	48×48
无道闸或信号灯（标牌）	W10-13P	8B.22	30×24	30×24	—	—	—
下一个交叉口（标牌）	W10-14P	8B.23	30×24	30×24	—	—	—
使用下一个交叉口（标牌）	W10-14aP	8B.23	30×24	30×24	—	—	—
颠簸平交道口（标牌）	W10-15P	8B.23	30×24	30×24	—	—	36×30

注：1. 适当的时候可用更大的尺寸。
2. 尺寸单位为英寸，记作"宽×高"。
3. 表9B-1展示了面向共同使用的道路和行人设施时，平交道口标志和标牌可以使用的最小尺寸。

第8B.04节 在无信号控制平交道口带有"减速让行"或"停车让行"的交道口"X形"警告标志组合

必须条款：

01 平交道口"X形"警告标志组合必须包括符合第8B.03节规定的交道口警告（R15-1）标志、不少于两条轨道存在时的轨道数量（R15-2P）标牌，以及安装在同一支撑结构上的"减速让行"（R1-2）或"停车让行"（R1-1）标志，除非第8篇中另有规定。在无信号控制平交道口安装的"减速让行"或"停车让行"标志必须符合第2篇、第2B.10节、图8B-2和图8B-3的规定。

02 根据第8C章所述，所有未配备主动式交通控制系统的公路—铁路平交道口都必须在每个入口公路右手边安装平交道口"X形"警告标志组合，除非平交道口处始终有专人在路面上引导道路使用者，使其在火车即将进入平交道口时不要进入。

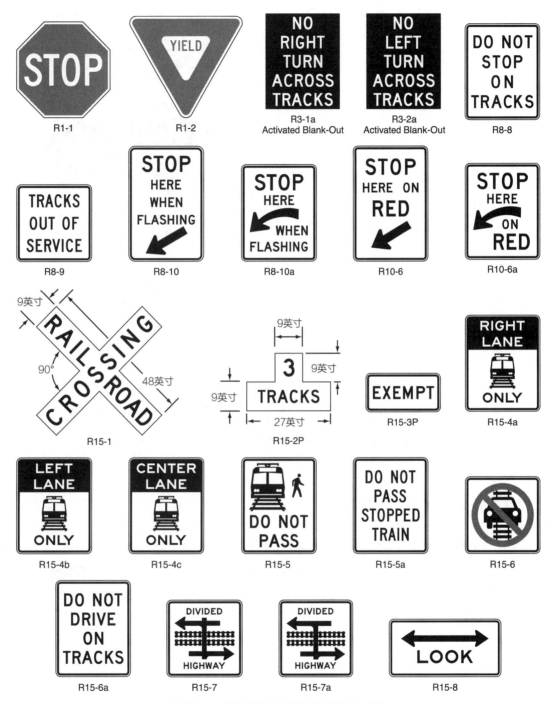

图 8B-1 铁路公路平交道口禁令标志和标牌

03 如果平交道口"X形"警告标志在没有配备第8C章描述的主动交通控制系统的公路—轻轨平交道口公路入口使用，必须在公路—轻轨平交道口的每个公路入口右侧安装平交道口"X形"警告标志组合。

04 当具有交道口"X形"警告标志组合的平交道口入口处存在视距受限或不利的道路几何线形，或者在单向多车道入口处时，公路左侧必须设置额外的平交道口"X形"警告标志组合。

05 对于无信号控制平交道口，所有公路入口处的平交道口"X形"警告标志组合，其默认的交通控制设施必须为"减速让行"标志，除非法定管理机构或具有管辖权的公路管理局在道路入口处实施的工程调研后，

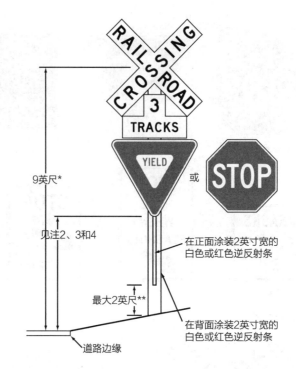

注：
1. "减速让行"或"停车让行"标志仅在无信号交叉口时使用，"停车让行"标志仅在工程研究决定其适合的特殊情况下使用。
2. 将"减速让行"或"停车让行"标志安装在已存在的"平交道口"标志上时，安装高度至少为4英尺。
3. 在有行人或泊车的区域安装新标志时，安装高度至少为7英尺。

图 8B-2　在平交道口标志支撑物上的有"减速让行"或"停车让行"标志的交叉道口组件

认定"停车让行"标志是适合的，方可设置。

指导条款：

06　在无信号控制平交道口，只有经过工程研究认定需要所有公路上的车辆必须完全停车的非常规条件下，才使用"停车让行"标志。工程调研中应考虑的影响因素包括对即将到达的轨道交通驾驶员的视野（并适当考虑高于公路、铁路或轻轨路权的季节性农作物或植被）、轨道数量、火车速度、轻轨设备、公路车辆以及平交道口处的事故历史记录。

支撑依据：

07　第 8A.02 节和第 8A.03 节规定公路管理机构、铁路公司或轻轨管理机构有责任选取、设计和运行平交道口的交通控制设施。

可选条款：

08　如果在平交道口处安装"减速让行"或"停车让行"标志以及平交道口"X形"警告标志组合，可将该标志安装在平交道口"X形"警告标志的同一支撑结构上，也可以安装在独立支撑物上，该支撑物位于或邻近公路车辆停车地点，但无论哪种形式，"减速让行"或"停车让行"标志均属于平交道口"X形"警告标志组合的一部分。

必须条款：

09　如果"减速让行"或"停车让行"标志安装在已存在的平交道口"X形"警告标志支撑物上，其最小高度必须保证标志底端到路缘的垂直高度为 4 英尺，如果没有路缘，则保证标志底端到靠近行车道边缘的垂直高度为 4 英尺（见图 8B-2）。

10 如果平交道口"X 形"警告标志组合安装在可能有停车或行人的区域，且平交道口"X 形"警告标志组合安装在新标志支撑物上（见图 8B-2）或独立支撑物上（见图 8B-3），其最小高度必须保证从标志底端到路缘垂直高度为 7 英尺，如果没有路缘，则保证从标志底端到靠近行车道边缘的垂直高度为 7 英尺。

指导条款：

11 如果"减速让行"或"停车让行"标志没有安装在平交道口"X 形"警告标志组合中，而是在独立的支撑结构上（见图 8B-3），则"减速让行"或"停车让行"标志应安装在位于或邻近公路车辆将要停车的实际地点，但须保证距离最近轨道的垂直距离不少于 15 英尺。

支撑依据：

12 包含"减速让行"标志的平交道口"X 形"警告标志组合是为了提醒即将到达平交道口的道路使用者进行减速，且当道路使用者无法安全穿越平交道口时将路权让给正在占用或即将到达平交道口的轨道交通。

13 根据 49 CFR 32.10 规定，即使设置有"减速让行"标志（或仅有交道口"X 形"警告标志），某些商业机动车和校车仍需要在所有平交道口停车。

14 包含"停车让行"标志的交道口"X 形"警告标志组合是为了提醒即将到达平交道口的道路使用者必须完全停车，且与最近轨道保持不少于 15 英尺的距离。当道路使用者判定轨道交通正占用、或即将到达平交道口时，道路使用者必须让路给轨道交通，并一直保持停车状态。只有可以安全穿越时，道路使用者方可继续通行。

必须条款：

15 无信号控制平交道口的每个平交道口"X 形"警告标志支撑物上必须涂装宽度不少于 2 英尺的白色反光性材料的条纹。除 16 条的规定外，警告标志或轨道数量标牌支撑物距地面必须保证至少 2 英尺的高度。

可选条款：

16 单行道上交道口"X 形"警告标志支撑结构的黑色背面可不涂具有反光性的垂直条带。

17 如果"减速让行"或"停车让行"标志安装在与平交道口"X 形"警告标志相同的支撑物上，标志支撑物前可设置一条至少 2 英寸宽的红色（见第 2A.21 节）或白色反光垂直条带，并距离地面 2 英尺以内。

必须条款：

18 如果在无信号控制平交道口的平交道口"X 形"警告标志支撑物不包括"减速让行"或"停车让行"标志（可能由于"减速让行"或"停车让行"标志有独立的支撑结构，或该入口未设置该标志），平交道口"X 形"警告标志或轨道数量标牌支撑物前面必须设置至少 2 英寸宽的白色反光垂直条带，长度覆盖整个支撑物，保持离地面 2 英尺以内。

19 根据第 2C.36 节的安装规定，在安装有"减速让行"或"停车让行"标志的所有平交道口，必须同时安装"前方减速让行"（W3-2）或"前方停车让行"（W3-1）标志。

支撑依据：

20 第 8B.28 节包含关于在平交道口使用停车线或减速让行标线的规定。

第 8B.05 节 公路—轻轨平交道口无平交道口"X 形"警告标志时的"停车让行"（R1-1）或"减速让行"（R1-2 标志使用）

必须条款：

01 对于所有公路—轻轨平交道口，在仅安装"停车让行"（R1-1）或"减速让行"（R1-2）标志时，标志的设置必须符合第 2B.10 节的要求。同时根据第 2C.36 节的安装标准，必须安装"前方停车让行"

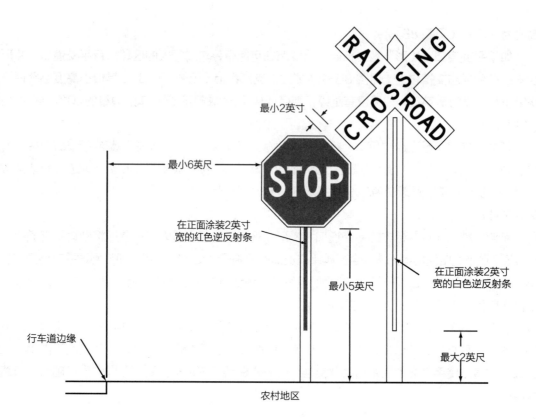

注：
1. "停车让行"标志仅用于无信号控制的平交道口。且只有工程调研认为该标志适合用于该特定入口才进行设置。
2. 将所有标志正面位于同一平面，并将"停车让行"标志安装在最靠近行车道的位置，在交道口警告标志边缘和"停车让行"标志边缘保持2英寸的最小间隔。

图 8B-3　在独立标志支撑物上有"减速让行"或"停车让行"标志的平交道口组件（A 图）

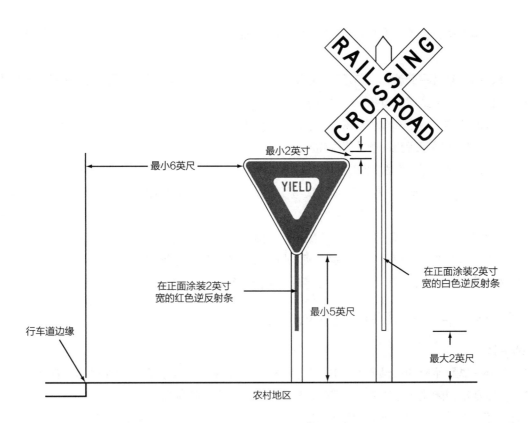

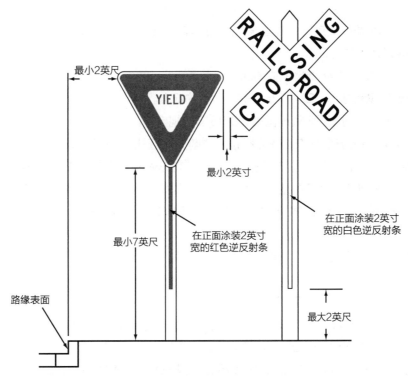

注：
1."减速让行"标志仅用于无信号控制的平交道口。
2.将所有标志正面位于同一平面，并将"减速让行"标志安装在最靠近行车道的位置，在交道口警告标志边缘和"减速让行"标志边缘保持2英寸的最小间隔。

图 8B-3　在独立标志支撑物上有"减速让行"或"停车让行"标志的平交道口组件（B图）

（W3-1）或"前方减速让行"（W3-2）预警标志（见图2C-6）。

指导条款：

02 在公路—轻轨平交道口，应仅在已通过工程调研确定需求和可行性的平交道口使用"停车让行"或"减速让行"标志。此类平交道口具有下述特点：

A. 相交道路应为低流量和低限速的次要道路（如每个方向只有一条车道的街道、小巷或私人车道）。交通流量和限速的特定阈值应由当地管理机构确定。

B. 轻轨速度不超过25英里/小时。

C. 即将到达路口的轻轨驾驶员应在距离足够远的位置拥有良好的视野，保证在听到声响信号后到达平交道口前停车。

D. 道路使用者在停车线前应具有足够的视距，以保证车辆在轻轨到达前穿过轨道。

E. 两条道路的交叉口不满足第4C章中规定的交通控制信号设置依据。

F. 轻轨轨道设置的位置应确保车辆在等待进入相交道路或公路时不会停在轨道上。

第8B.06节　平交道口预警标志（W10系列）

必须条款：

01 公路—铁路平交道口预警（W10-1）标志（见图8B-4）必须用于每个公路—铁路平交道口的每条公路前方，以及半封闭式线形的每个公路—轻轨平交道口，以下情况除外：

A. 具有平行公路的T形交叉口为平交道口的入口，轨道边缘距平行道路边缘小于100英尺，且平行公路两个入口都设置了W10-3标志；

B. 在低流量、低速公路平交道口，或者很少使用的其他轨道，且在轨道交通即将进入平交道口时有专人引导道路使用者不要进入平交道口；

C. 使用主动式平交道口交通控制设施的商业区；

D. 实际条件不允许设置标志，即使仅部分有效显示的标志。

02 平交道口预警标志的设置必须遵循第2C.05节的规定。

03 根据第2C.36节的安装标准，还必须设置"前方减速让行"（W3-2）或"前方停车让行"（W3-1）预警标志（见图2C-6）。如果"前方减速让行"或"前方停车让行"标志安装在平交道口入口处，标志W10-1必须设置在"前方减速让行"或"前方停车让行"标志上游。"前方减速让行"或"前方停车让行"标志必须根据表2C-4设置。标志间的最小间距必须按照第2C.05节和表2C-4所示。

可选条款：

04 在分离的公路和单行道上，可在道路左侧设置额外的W10-1标志。

必须条款：

05 如果轨道和平行公路间的距离，即轨道边缘至平行道路边缘的距离少于100英尺，W10-2、W10-3或W10-4标志（见图8B-4）必须安装在平行公路的每一个入口，以警告将转弯的道路使用者转向后将很快进入平交道口。轨道和平行公路间不需要安装用于轨道入口的W10-1标志。

06 如果使用W10-2、W10-3或W10-4标志，根据表2C-4中的交叉口警告标志指南，直行交通速度必须从公路交叉口进行测量。

指导条款：

07 如果轨道和平行公路间的距离，即轨道边缘至平行道路边缘的距离不小于100英尺，W10-1标志应设置在平交道口前方，且W10-2、W10-3或W10-4标志不应用于平行公路。

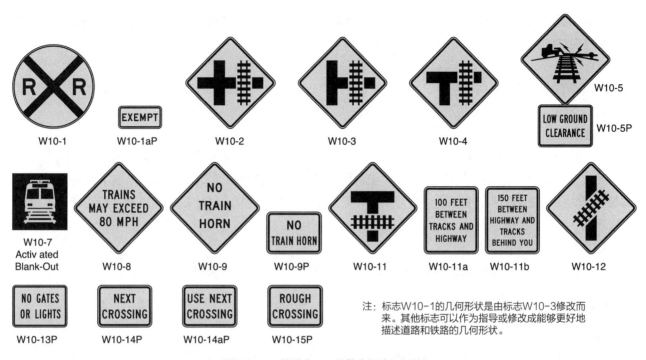

图 8B-4 铁道交叉口的警告标志和标牌

第 8B.07 节 "豁免"公路—铁路平交道口标牌（R15-3P 和 W10-1aP）

可选条款：

01 经法律或法规授权，白色背景的辅助"豁免"（R15-3P）标牌（见图 8B-1）可安装在平交道口的"X 形"警告标志或轨道数量标牌下方，黄色背景的辅助"豁免"（W10-1aP）标牌（见图 8B-4）可以安装在平交道口预警（W10 系列）标志下方。

02 在设置有平交道口"X 形"警告标志或预警标志的特定公路—轻轨平交道口，白色背景的"豁免"（R15-3P）标牌可单独设置在靠近平交道口入口的右侧。

支撑依据：

03 这些标志牌用于告知专门运载乘客的公路运输车辆、载有学生的校车或载有危险物的车辆驾驶员在某些指定的平交道口无须停车，除非轨道交通即将到达或正占用平交道口，或者驾驶员视线受阻。

第 8B.08 节 铁路信号优先期间的转向限制

指导条款：

01 在公路—铁路平交道口 200 英尺以内的信号交叉口（距离根据轨道边缘至道路边缘测算），交通控制标志显示铁道优先进入时，在优先标志生效期间，应禁止所有向公路—铁路平交道口转向的运行。

可选条款：

02 在优先标志生效期间，闪烁标志、可变信息标志和（或）合理的公路交通信号指示或类似标志可用于禁止向公路—铁路平交道口转向，如图 8B-1 所示的 R3-1a 和 R3-2a 标志。

支撑依据：

03 轻轨运行可包括在禁止转向标志上应用激活式闪现技术。该标志通常用于并行于半封闭或混合使用的轻轨线形处，或道路使用者可能转向并穿过轻轨轨道的地方。仅当通电时，闪烁标志才显示信息，否则标志面板是空白的。

指导条款：

04 *在靠近公路—轻轨平交道口并由"停车让行"标志控制，或者由交通控制信号许可道路使用者穿越轨道的交叉口，应使用通电的闪烁转向禁止（R3-1a 或 R3-2a）标志。*

可选条款：

05 通电的闪烁转向禁止（R3-1a 或 R3-2a）标志可用于禁止穿越轨道的转向操作。

06 在有交通控制信号标志的交叉口，可使用专用信号相位替代闪烁转向禁止标志，如对所有穿越轨道的驾驶行为给出红色指示，并配合"红灯不许转向"（R10-11、R10-11a 或 R10-11b）标志使用（见第 2B.53 节）。

必须条款：

07 只有当平交道口限制生效时，才可以看见或者激活与优先权相关的禁止转向标志。

第 8B.09 节　禁止轨道停车标志（R8-8）

指导条款：

01 当工程调研表明公路车辆很可能在平交道口轨道上停车时，应安装"轨道上禁止停车"（R8-8）标志（见图 8B-1）。R8-8 标志的设置应属于工程调研的一部分。如若使用，应将标志设置在平交道口近端或远端的公路右手边，安装在能向即将到达的驾驶员提供更佳可见性的位置。

02 如果"停车让行"或"减速让行"标志安装在某个地方（包括环形交叉口，即平交道口的下游车辆排队可能延伸至轨道的位置），应使用"禁止轨道停车"标志（R8-8）。

可选条款：

03 "轨道上禁止停车"标志可同时设置在轨道两侧。

04 在分隔式公路和单行道上，可设置第二个"轨道上禁止停车"标志，位于平交道口公路左侧的近端或远端，以进一步提升标志的可见性。

第 8B.10 节　轨道停止使用标志（R8-9）

可选条款：

01 当铁路或轻轨已经临时或永久废除时，"轨道停止使用"（R8-9）标志（见图 8B-1）可在平交道口代替平交道口警告（R15-1）标志和轨道数量（R15-2P）标牌或代替平交道口"X 形"警告标志组合使用，但是仅维持到轨道被移除或填平时为止。

必须条款：

02 当轨道停止使用时，必须移除交通控制设施和护栏，且必须移走、覆盖或翻转信号灯头以脱离驾驶员视线，从而清楚表明这些设施已不再运行。

03 当轨道被移除或填平，或者当平交道口重新使用时，必须移除标志 R8-9。

第 8B.11 节　当闪烁时在此停车标志（R8-10 和 RB-10a）

可选条款：

01 平交道口可设置"闪烁时在此停车"（R8-10 和 R8-10a）标志（见图 8B-1），这样在闪光信号灯

（见第 8C.02 节）亮时可告知驾驶员停车线位置或停车的地点。

第 8B.12 节　红灯时在此停车标志（R10-6 和 R10-6a）

支撑依据：

01　"红灯时在此停车"（R10-6 和 R10-6a）标志（见图 8B-1）规定并帮助车辆遵守在交通控制信号灯停车线处停车的要求。

可选条款：

02　"红灯时在此停车"标志可用于公路车辆频繁穿越停车线的地方，或停车位置对道路使用者来说不明显的位置。

指导条款：

03　*如果可以，停车线应设置在公路车辆驾驶员距离轨道较远且具有足够视距的地点。*

第 8B.13 节　轻轨专用车道标志（R15-4 系列）

支撑依据：

01　轻轨专用车道（R15-4 系列）标志（见图 8B-1）是用于多车道运行时，道路使用者可能需要额外指明车道的使用和（或）限制要求的地方。

可选条款：

02　轻轨车道标志可用在仅限轻轨使用的车道，以表明该半封闭或混合使用车道的使用受限。

指导条款：

03　*如若使用，R15-4a、R15-4b 和 R15-4c 标志应安装在邻近的、包含轻轨轨道的标杆上或位于轻轨专用车道的车道上方。*

可选条款：

04　如果铺设了轨道，可使用专用车道标线（见第 3D 章），但只能与轻轨专用车道标志共同使用。

支撑依据：

05　轨道指连续的用于轻轨运行的道路，包括整个列车侧向净空动态轨迹。第 8B.29 节有关于列车侧向净空动态轨迹的更多信息。

第 8B.14 节　禁止超越轻轨标志（R15-5 和 R15-5a）

支撑依据：

01　禁止超越轻轨（R15-5）标志（见图 8B-1）用于表明，当轻轨在没有凸起台阶或物理分隔的车道上登降乘客时，其他机动车不能超越轻轨轨道。

可选条款：

02　标志 R15-5 可用于混合使用车道上，可安装于多条车道的正上方。

03　作为 R15-5 标志的替代，可使用标有"禁止超越停驶的火车"（R15-5a）文字信息的禁令标志（见图 8B-1）。

指导条款：

04　*如若使用，标志 R15-5 应设置在紧邻轻轨上客区的前方。*

第8B.15节 禁止机动车占用轨道标志（R15-6和R15-6a）

支撑依据：

01 禁止机动车占用轨道（R15-6）标志（见图8B-1）用于路缘或路面标线将相邻车道与轻轨车道分开的地方。

指导条款：

02 "禁止进入"（R5-1）标志应用在道路使用者可能误入的仅限轻轨使用的街道。

可选条款：

03 "禁止机动车占用轨道"标志可阻止机动车驶上轨道，可将其安装在两条轨道间的3英尺柔性标杆、轨道侧标杆上，或置于道路正上方。

04 可使用有文字信息"禁止在轨道上行驶"的禁令标志取代R15-6符号标志。

05 如果标志R15-6安装在两条轨道之间，可以使用缩小版12英尺×12英尺的尺寸。

必须条款：

06 标志R15-6的最小尺寸必须为12英尺×12英尺。

第8B.16节 有轻轨相交的双向分离式公路标志（R15-7系列）

可选条款：

01 有轻轨相交的分离式公路（R15-7）标志（见图8B-1）可作为辅助标志设置于与分离式公路相交道路的入口两侧，轻轨在分离式公路的中间运行。该标志可以设置在"停车让行"标志下方或独立安装。

指导条款：

02 *显示在标志R15-7上的轨道数量应与实际的轨道数量相符。*

必须条款：

03 当有轻轨相交的双向分离式公路标志用在具有四条道路相交的地方，必须使用标志R15-7。当用于T形交叉口时，必须使用R15-7a标志。

第8B.17节 注意观察标志（R15-8）

可选条款：

01 在平交道口，"注意观察"（R15-8）标志（见图8B-1）可作为标牌安装在平交道口"X形"警告标志的支撑物上，或设置在位于紧邻平交道口的铁路或轻轨路权处的独立标杆上。

指导条款：

02 *当有"减速让行"或"停车让行"标志与平交道口"X形"警告标志安装在同一支撑物上时，"注意观察"标志不应再作为辅助标牌安装在平交道口"X形"警告标志组合中。*

第8B.18节 紧急情况通告标志（I-13）

指导条款：

01 紧急情况通告（I-3）标志（见图8B-5）应安装在所有公路—铁路平交道口，以及所有半封闭线形的公路—轻轨平交道口，以便轨道公司或轻轨管理机构能将紧急或交通控制设施故障通知给道路使用者。

图8B-5 紧急通知标志示例

必须条款：

02　公路—铁路平交道口的紧急情况通告标志上必须至少包括美国运输部平交道口清单号和紧急联系电话号码。

03　公路—轻轨平交道口的紧急情况通告标志必须至少包括特殊的交叉标识符和紧急联系电话号码。

04　紧急情况通告标志必须为白色图例、白边、蓝色底板。

05　紧急情况通告标志不能阻挡任何交通控制设施，或限制即将到达平交道口的轨道交通视野。

指导条款：

06　紧急情况通告标志应具有反光特性。

07　紧急情况通告标志应面向停在平交道口或靠近平交道口公路上的车辆。

08　在车站平交道口，紧急情况通告或信息标志应置于明显的位置。

09　安装在平交道口"X形"警告标志组合或信号灯杆的紧急情况通告标志，其大小应仅能提供必要联系信息即可。应避免使用更大的标志，因为可能会阻碍轨道交通或其他公路车辆的视线。

第 8B.19 节　轻轨即将到达—点亮的可变警告标志（W10-7）

支撑依据：

01　轻轨即将到达—点亮的可变（W10-7）警告标志（见图 8B-4）辅助交通控制设施，以警告那些正在穿越轨道的道路使用者即将有轻轨通过。

可选条款：

02　轻轨即将到达—点亮的可变警告标志可以用于靠近公路—轻轨平交道口的信号交叉口，或受"停车让行"标志或自动安全闸控制的平交道口。

第 8B.20 节　列车可能超过 80 英里/小时标志（W10-8）

指导条款：

01　在列车车速允许超过 80 英里/小时的地方，应安装"列车可能超过 80 英里/小时"（W10-8）标志（见图 8B-4）并使其朝向即将到达公路—铁路平交道口的道路使用者。

02　如若使用，"列车可能超过 80 英里/小时"（W10-8）标志应位于平交道口预警（W10 系列）标志（见图 8B-4）和公路—铁路平交道口之间，安装在公路—铁路平交道口的所有入口上。具体位置应根据特定地点的条件决定。

第 8B.21 节　禁止列车鸣笛标志或标牌（W10-9 和 W10-9P）

必须条款：

01　在根据《美国联邦法典》第 49 卷第 222 篇规定的净空区中，每个公路—铁路平交道口的每个方向，都必须安装"禁止列车鸣笛"（W10-9）标志（见图 8B-4）或"禁止列车鸣笛"（W10-9P）辅助标牌。如果使用 W10-9P 辅助标牌，必须作为辅助直接安装在平交道口预警（W10 系列）标志（见图 8B-4）下方。

第 8B.22 节　无道闸或信号灯辅助标牌（W10-13P）

可选条款：

01　"无道闸或信号灯"（W10-3P）辅助标牌（见图 8B-4）可安装在没有装备自动信号灯的平交道口，位于平交道口预警（W10 系列）标志下方。

第 8B.23 节 低离地净空平交道口标志（W10-5）

指导条款：

01 如果公路纵截面线形突然抬高，导致对长轴距车型或对低底盘车辆造成通行障碍，应在平交道口前安装"低离地净空平交道口"（W10-5）标志（见图 8B-4）。

必须条款：

02 由于公众可能不能识别该符号，低离地净空平交道口（W10-5）标志必须配合宣教标牌，即与"低离地净空"标牌一起使用。在首次安装 W10-5 标志（见第 2A.12 节）后，"低离地净空"宣教标牌必须至少保留 3 年。

指导条款：

03 在相近的交叉公路，车辆能绕道或公路宽度足够允许掉头的地点，辅助标牌如"前方"、"下个平交道口"或"使用下个平交道口"（连同合适的箭头），或辅助距离信息板应设置在 W10-5 标志下方。

04 如果对道路几何线形和运行条件的工程评价判定穿越轨道的公路车辆速度不应超过标示的限速值，应设置"建议速度"标牌（W13-1P）。

可选条款：

05 如果平交道口凹凸不平，可以安装例如"凸起"、"下沉"或"颠簸平交道口"文字信号牌。在颠簸的平交道口前，可以在上述文字信号牌下方安装"建议速度"标牌（W13-1P）。

支撑依据：

06 关于平交道口处离地净空的信息可参见《美国铁路工程和道路维护协会工程手册》或美国州公路和运输官方协会的《公路和城市道路几何设计政策》（见第 1A.11 节）。

第 8B.24 节 预留空间标志（W10-11、W10-11a 和 W10-11b）

指导条款：

01 由文字信息预留距离（W10-11a）标志辅助的"预留空间"（W10-11）标志（见图 8B-4）应用于公路交叉口紧邻平交道口的地方。如工程调研确定在公路交叉口、铁路或轻轨设备的列车侧向净空动态轨迹间没有足够的距离预留设计车辆空间，也应安装"预留空间"标志。

02 预留空间（W10-11 和 W10-11a）标志应安装在平交道口前方的合适位置，以向驾驶员建议公路交叉口和平交道口间的预留空间。

可选条款：

03 预留空间（W10-11b）标志（见图 8B-4）可以安装在越过平交道口的位置，位于公路交叉口"停车让行"或"减速让行"标志的下方，或刚好位于信号控制交叉口之前，以提醒驾驶员保证轨道和公路交叉口之间的预留空间。

第 8B.25 节 斜交交叉口标志（W10-12）

可选条款：

01 斜交交叉口（W10-12）标志（见图 8B-4）可以用在斜交交叉口警告道路使用者轨道与公路不是垂直相交。

指导条款：

02 如果使用斜交交叉口标志，图例应显示交叉口方向（如图 8B-4 所示的从近左到远右或从远左到近

右的轨道的镜像图）。如果斜交交叉口标志用于角度非 45°的交叉口，图例应显示平交道口的大致角度。

必须条款：

03　斜交交叉口标志不能作为必需的预警（W10-1）标志的替代，只能作为标志 W10-1 的辅助安装在单独的标杆上。

第 8B.26 节　轻轨站点标志（I-12）

可选条款：

01　轻轨站点（I-12）标志（见图 2H-1）可以用于向道路使用者指引轻轨站点或上客区的位置。可根据第 2D.08 节中提供的轨道系统名称和箭头。

第 8B.27 节　路面标线

必须条款：

01　所有平交道口路面标线必须为反光白色，所有其他标线必须符合第 3 篇的规定。

02　在铺装道路上，平交道口前方的路面标线必须包括 X、字母 RR、禁止超车路段标线（在两车道的双向公路上，具有符合第 3B.01 节规定的中央标线）和图 8B-6、图 8B-7 中展示的某些横断面线。

03　在设置信号灯或自动门的平交道口，以及在标示或法定公路速度不低于 40 英里/小时的其他平交道口，必须在所有铺设入口的每个进口设置相同的标线。

04　在标示或法定公路速度小于 40 英里/小时的平交道口，如果工程调研表明其他已安装的设施已提供足够警告和控制，则无须设置路面标线。在城市区域的平交道口，如果工程调研表明其他已安装的设施已经提供足够警告和控制，则无须辅助标线。

指导条款：

05　当使用路面标线时，一部分 X 符号应直接在平交道口预警标志的对面。X 符号和字母应设置为细长型，以便在低角度的情况下也能被看见。

可选条款：

06　当被工程评价确认可行后，辅助性的路面标线可设置在平交道口预警标志和平交道口之间。

第 8B.28 节　停车让行和减速让行线

必须条款：

01　在装备有诸如闪光信号灯、道闸或交通控制信号灯等主动控制设施的平交道口的铺装道路上，必须设置停车线（见第 3B.16 节），以表明公路车辆需要或可能需要停车的位置。

指导条款：

02　在无信号控制平交道口的铺装道路入口，"停车让行"标志结合交道口"X 形"警告标志一起安装，应设置停车线以表明公路车辆需要停车的位置，或实际中尽可能接近的位置。

03　停车线应为一条与行车道成直角的横线，并应设置在道闸（如果存在）前大约 8 英尺的地方，但距离最近轨道边缘不能小于 15 英尺。

可选条款：

04　在无信号控制平交道口的铺装道路入口，"减速让行"标志结合交道口"X 形"警告标志一起安装，可布设减速让行标线（见第 3B.16 节）或停车线，以表明公路车辆需要让行或停车的地点或实际中尽可能接近的位置点。

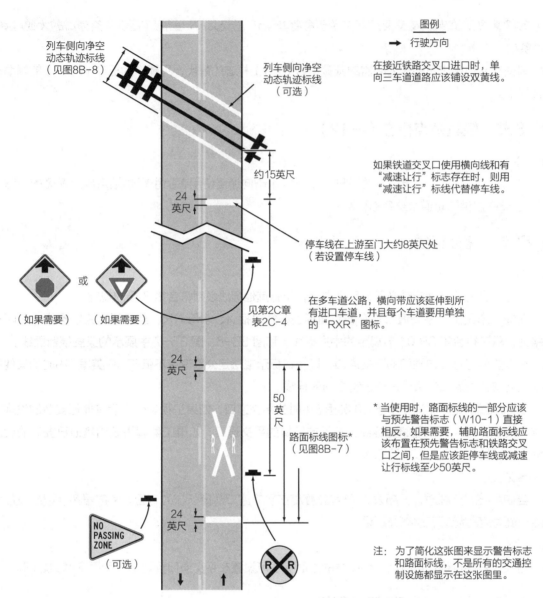

图 8B-6 在铁路交叉口处警告标志和路面标线的安排示例

指导条款：

05 如果使用减速让行线，应为一条与行车道成直角的横线（见图 3B-16），并应设置在距离最近轨道前不小于 15 英尺的位置。

第 8B.29 节 列车侧向净空动态轨迹标线

支撑依据：

01 列车侧向净空动态轨迹（见图 8B-8 和图 8B-9）标线表明列车或轻轨由于装载、横向运动或底盘悬挂系统故障而需要的净空。

可选条款：

02 除非平交道口使用了四象限道闸系统（见第 8C.06 节），列车侧向净空动态轨迹标线应设置在所有平交道口。

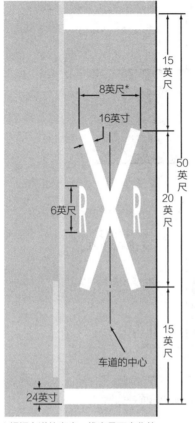
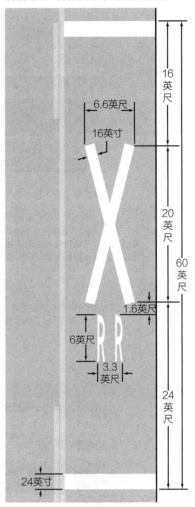

图 8B-7　铁路交叉口路面标线

必须条款：

03　列车侧向净空动态轨迹线在使用时必须遵守第 3 篇的规定，为 4 英寸宽的常规白实线，或具有鲜明对比的铺装颜色和（或）鲜明对比的铺装纹理。

指导条款：

04　如果路面标线用于标示列车侧向净空动态轨迹，应完全设置在列车侧向净空动态轨迹外面。同时，列车侧向净空动态轨迹线应设置在距离最近轨道 6 英尺并与之平行的公路上，除非运营铁路公司或轻轨管理机构有其他建议。路面标线应延长跨过道路，如图 8B-8 所示。在斜交交叉口，列车侧向净空动态轨迹路面标线不应设置为垂直于道路。

可选条款：

05　在半封闭轻轨线形处，在轨道直接与行车道相邻且没有物理隔离的地方，列车侧向净空动态轨迹标线可沿着交叉口间的轻轨轨道进行设置。

06　在混合使用的轻轨线形处，可在交叉口间设置连续的列车侧向净空动态轨迹标线（见图 8B-9）。

07　在混合使用的轻轨线形处，如果用于相邻行驶或停车车道的路面标线位于列车侧向净空动态轨迹外侧，可用它代替列车侧向净空动态轨迹标线。

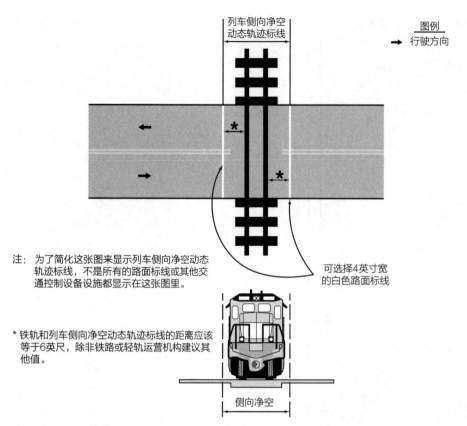

图 8B-8　在铁路交叉口处列车侧向净空动态轨迹路面标线示例

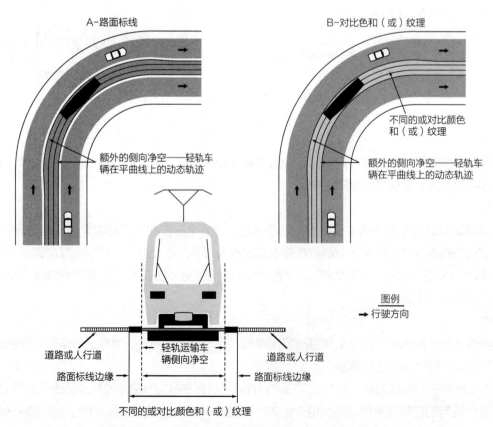

图 8B-9　用于轻轨车辆与其他车辆共享道路平曲线的列车侧向净空动态轨迹标线示例

第 8C 章　闪光灯信号、道闸及交通控制信号

第 8C.01 节　引言

支撑依据：

01　主动式交通控制系统告知道路使用者平交道口有火车通过或正在驶近。这些系统包括四象限道闸系统、自动道闸系统、闪光灯信号、交通控制信号、闪烁标志和可变信息板以及其他主动交通控制设施等。

02　图 8C-1 展示了柱式安装的闪光灯信号（两个灯组安装在一个水平线上），一个闪光灯安装在门架式结构上，且装配有自动道闸。

03　柱式安装和门架式安装闪光灯信号可以根据工程调研来决定单独使用或共同使用。同样，工程调研可决定闪光灯信号在没有道闸的情况下是否使用。

必须条款：

04　闪光灯信号和道闸的定义必须参照《统一车辆规范》（见 UVC 中 11-701 和 11-703），《统一车辆规范》可以从国家统一交通法律法规委员会处获得（地址见第 i 页）。

05　闪光信号灯和道闸的位置和距离如图 8C-1 所示。

06　在有路缘石的地方，从路缘石垂直面到信号灯或道闸臂的垂直位置必须提供至少 2 英尺的水平偏移。当使用悬臂式闪光灯时，从信号灯组的最低点至路面最高点的垂直距离必须至少为 17 英尺。

07　当有路肩且无路缘石的情况下，铺装路肩边缘的水平偏移必须至少为 2 英尺，行车道边缘的水平偏移必须至少为 6 英尺。

08　当没有路缘石或路肩时，行车道边缘的水平偏移必须至少为 6 英尺。

指导条款：

09　*在铁路或轻轨条件允许的情况下，设备外壳（控制机柜）应与道路边缘保持至少 30 英尺的横向距离，与最近的轨道至少保持 25 英尺的距离。*

10　*如果有行人路径，标志支撑物、标杆和道闸机械设施应保持充足的距离以保证行人通行。*

11　*如果工程研究认为，在平交道口交通控制设施之前的道路右侧横向脱险通道应避免设置护栏或其他地面障碍物。在不必要或者不适合设置护栏的地方，也不应设置用以保护信号支撑物的路障。*

12　*道路左右两侧的闪光灯信号和自动道闸都应该使用相同的横向偏移和路侧安全设施。*

可选条款：

13　在只有低速交通或信号灯易被转向货车损坏的工业区或其他区域，可安装护栏以保护信号装置组合。

指导条款：

14　*在同一公路—轻轨平交道口的交通控制信号和闪光灯信号（有或无自动道闸）同时运行时，应协调各设施的运行，以避免信号指示间的冲突。*

支撑依据：

15 轻轨通常以 10~65 英里/小时的速度通过部分专用和混合使用路段的平交道口。

16 本篇提到的轻轨速度，均为轻轨允许通过特殊平交道口的最大速度。

第 8C.02 节　闪光灯信号

支撑依据：

01　第 8C.03 节包含了部分专用和混合使用路段的公路—轻轨平交道口处闪光灯信号的其他信息。

必须条款：

02　公路边的闪光灯信号组合（如图 8C-1 所示）必须包含一个标准平交道口标志（R15-1），如有多于一组轨道，必须增加轨道数量标牌（R15-2P）。所有标志都用于告知机动车驾驶员、骑行者和行人该平交道口的位置。

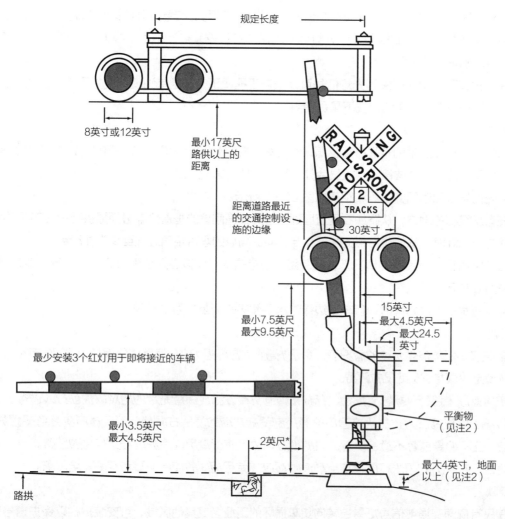

* 在没有路缘进口的参考线的区域，见第8C.01节。

注：
1.在中央分隔带处的道闸位置，可能需要增加中央分隔带的宽度为平衡物提供最小的距离。
2.信号基础的顶端距离地表面应该不多于4英寸，应该和路冠处于同一高度。在实际条件不允许的情况下，路肩边坡的坡度或信号灯柱的高度应重新调整以满足净高17英尺的要求。

图 8C-1　用于铁路道口显示净高或侧向净空的主动式交通控制设施的组合图

可选条款：

03　在公路—铁路平交道口，组合设施中可包含电铃或其他听觉警告设施，与闪光灯协同运行，为行人、自行车和／或其他非机动车道路使用者提供额外的警示。

必须条款：

04　当指示提醒前方有轨道交通或其正在驶近时，闪光灯信号必须使用同一水平线上交替闪烁的两个红灯向驶近的车辆提供警告。

05　如果使用闪光灯信号，则必须安装在所有平交道口道路入口的右侧。必须和图 8C-1 一致，设置在道路旁边，除非会降低该处信号的可见性。

06　如果在平交道口的道路双向都使用闪光灯时，必须在轨道两侧设置一组背靠背的灯。在单向行驶的多车道公路和分隔式公路上，闪光灯信号必须设置在平交道口的道路入口两侧或道路上方。

07　每个红色信号灯单元必须交替闪烁。每个灯的闪烁频率，最小频率必须为 35 次／分钟，最大频率必须为 65 次／分钟。每个灯的亮灯时间必须近似相等。每对灯的总亮灯时间必须等于总运行时间。闪光灯单元的公称直径必须为 8 英寸或 12 英寸。

指导条款：

08　在选择平交道口处使用直径为 8 英寸或者 12 英寸的闪光灯信号灯头时，应遵循第 4D.07 节的原则。

必须条款：

09　平交道口的闪光灯信号必须在低电压情况下运行，使用蓄电池作为基本能源或备用电力能源。必须制定相关设备产生能源为电池充电。

可选条款：

10　可以在同一个支撑标杆上额外安装一对闪光灯灯组，面向从主要道路驶入平交道口的车辆，例如在平行于轨道且相邻的道路入口。

必须条款：

11　本节中关于灯头的说明不能限制闪光灯信号的光学单元仅使用白炽灯。

支撑依据：

12　研究表明闪光灯信号的光学单元如果是非透镜也可使用，包括但不限于发光二极管（LED）闪光信号模块。

可选条款：

13　如图 8C-1 所示，在某些需要额外强调或可为驶近车辆提供更佳可视性的地方，闪光灯信号可安装在门架式结构或悬臂式支撑物上，如多车道路口或存在道路纵向线形受限的公路上。

14　当工程调研认定安装在悬臂上的一组闪光灯不能为道路使用者充分提供可见性时，可增加一组或多组闪光灯，安装在标杆上和／或悬臂上。

必须条款：

15　分离式或易碎的底座不能用于门架式结构或悬臂式支撑物。

16　除第 13~15 条中的例外情况外，安装在门架上的闪光灯信号必须遵守该节的所有适用性规定。

第 8C.03 节　公路—轻轨平交道口的闪光灯信号

支撑依据：

01　第 8C.02 节列出了闪光灯信号设计和运行的补充规定，包括安装在公路—轻轨平交道口的闪光灯信号。

必须条款：

02　在轻轨车速超过 35 英里 / 小时的部分专用路段，平交道口必须装备闪光灯信号。闪光灯信号必须对机动车驾驶员、行人和骑行者清晰可见。

03　当闪光灯信号在公路—轻轨平交道口运行且用于行人、自行车和 / 或其他非机动车道路使用者，也必须设置听觉警示设备，如电铃，并与闪光灯信号协同运行。

指导条款

04　*当路口不同于普通交叉口且轻轨速度超过 25 英里 / 小时时，应安装闪光灯信号。*

可选条款：

05　在公路与公路交叉口内的轻轨速度不超过 35 英里 / 小时的公路—轻轨平交道口处，可用交通控制信号替代闪光灯信号。交通控制信号或闪光灯信号可用于轻轨与低流量道路的交叉口，且该位置处的轻轨速度和汽车速度均低于 25 英里 / 小时。

第 8C.04 节　自动道闸

支撑依据：

01　自动道闸是配合闪光灯信号使用的交通控制设施。

必须条款：

02　自动道闸（见图 8C-1）必须由驱动装置和一个带灯且完全反光的、红白相间的带状道闸臂组成。当道闸放下时，道闸臂必须跨过道路交通的进口车道。

03　在正常的运行顺序中，除非连续时间检测警示或其他预告系统需要，闪光灯信号和道闸悬臂上的灯（在其正常的垂直位置）必须在检测到轨道交通到来时立即激活点亮。道闸臂必须在闪光灯信号开始运行后 3 秒内开始下降，且必须至少在轨道交通到达 5 秒前降到水平位置，且在轨道交通通过平交道口期间必须保持在放下的位置。

04　当轨道交通离开平交道口且未检测到其他轨道交通时，道闸臂必须上升至其垂直位置，同时闪光灯信号和道闸臂上的灯必须停止运行。

05　道闸臂的两面必须完全反光，且由水平宽度为 16 英寸、红白相间的垂直条纹组成。

支撑依据：

06　允许用具有垂直条纹的道闸替代损坏的道闸，即使在同一个平交道口有其他具有斜纹的道闸；然而，如果同一平交道口存在其他具有斜纹的道闸，为了保持引言中第 24 条规定的一致性，也允许用具有斜纹的道闸替换损坏的道闸。

必须条款：

07　如图 8C-1 所示，道闸臂上必须至少带有 3 个红灯。

08　当道闸臂上的灯激活时，靠近顶端的灯必须连续点亮，且其他灯必须与闪光灯信号一致交替闪烁。

09　进口道闸臂传动装置必须在放下的位置时有故障保护设计。

指导条款：

10　*道闸臂应在 12 秒以内上升至垂直位置。*

11　*当没有轨道交通靠近或正在通过平交道口时，道闸臂在其正常垂直位置时，其应垂直或接近垂直（见图 8C-1）。*

12　*在个体安装的设计中，应考虑道闸臂的运行时间以适应大车和 / 或慢行车辆。*

13　*道闸应覆盖进口车道，防止所有车辆在没有穿越中央隔离线的情况下驶过道闸。*

可选条款：

14　可设置渠化设备或凸起的中央隔离岛以防止车辆从下放的自动道闸周围绕过去，从而保证道闸有效。

15　当道闸安装在中央隔离带上时，需要保证额外的中央隔离宽度，从而为平衡物支撑提供最小的净空。

16　在需要特别强调或更好的可视性时，自动道闸可增加使用悬臂式的闪光灯信号（见图 8C-1）。

第 8C.05 节　轻轨平交道口处自动道闸的使用

指导条款：

01　*在轻轨速度超过 35 英里 / 小时的部分专用路段上的公路—轻轨平交道口，应装备有自动道闸和闪光灯信号（见第 8C.02 节和第 8C.03 节）。*

可选条款：

02　在公路—轻轨平交道口中的非交叉口处，且轻轨速度超过 25 英里 / 小时的位置，可设置自动道闸和闪光灯信号。

03　在公路与公路交叉口中的公路—轻轨平交道口处，当轻轨速度不超过 35 英里 / 小时时，交通控制信号可用来替代自动道闸。交通控制信号或不带自动道闸的闪光灯信号可用于轻轨速度不超过 25 英里 / 小时的交叉口位置，以及在一般速度不超过 25 英里 / 小时的低流量街道上。

第 8C.06 节　四象限道闸系统

可选条款：

01　当其他限制手段的效果不好时，如自动道闸和中央隔离岛，可根据工程调研结果补充设置四象限道闸系统，用于提高平交道口的安全性。

必须条款：

02　四象限道闸系统必须由进出口道闸组成，用于控制和阻止所有车道上的道路使用者进出平交道口。

03　如图 8C-2 所示，四象限道闸系统必须使用一系列机械传动设施和带灯、完全反光、有红白相间条纹的道闸臂，且当道闸臂在落下的位置时必须跨过进口和出口车道。闪光灯信号的信号技术参数、位置和净空距离必须遵循第 8C.01 节至第 8C.03 节中的规定。

04　在正常的运行顺序中，除非连续时间检测警示或其他预告系统需要，闪光灯信号和道闸悬臂上的闪光灯（在其正常的垂直位置）必须在检测到轨道交通到来时立即激活点亮。道闸臂必须在闪光灯信号开始运行后 3 秒内开始下降，且至少必须在轨道交通到达 5 秒前降到水平位置，出口道闸臂激活和降落必须遵循针对个别位置的工程调研所确定的检测或定时需求。道闸臂必须在轨道交通通过平交道口期间保持在放下的位置。

05　当轨道交通离开平交道口，且没有检测到其他轨道交通时，道闸臂必须上升至其垂直位置，同时闪光灯信号和道闸臂上的灯必须停止运行。

06　道闸臂设计、颜色和灯光需要必须遵循第 8C.04 节中的标准。

07　除第 19 条中所述，出口道闸臂传动装置必须在升起位置时设计故障保护。

08　根据工程调研确定的需求，在进口道闸与出口道闸间有足够行驶空间，必须设置中央隔离岛（见图 8C-2）。

指导条款：

09　*道闸臂应在 12 秒以内上升至其垂直位置。*

10　*四象限道闸系统应仅用于带有恒定警示时间检测的地点。*

11　*出口道闸的运行模式应由相关的铁路公司或轻轨机构做出的工程调研决定。*

12 当使用定时出口道闸运行模式时，相关的铁路公司或轻轨机构进行的工程调研也应决定出口道闸清空时间（见第1A.13节定义）。

13 当使用动态出口道闸运行模式时，应安装道路车辆闯入检测设备以控制出口道闸运行。该设备作为含有处理逻辑的系统的一部分去检测最小轨道净空距离内是否还有车辆存在。

14 不管应用哪种出口道闸运行模式，当决定最小警示时间的额外时间需求时，应考虑出口道闸净空时间。

15 当四象限道闸系统用于临近交叉口的位置时，可能导致道路车辆在最小轨道净空距离内排队，除非工程调研表明应采用动态出口道闸运行模式，否则不必使用。

16 当四象限道闸系统与道路交通信号相连时，道路交通信号灯应考虑使用备用电源。同时，应该安装电路以防止道路交通信号在所有道闸放下之前舍弃轨道净空绿灯间隔。

17 在某些具有足够空间的地方，出口道闸应该设置在轨道下游一定距离外，该距离可以为出口道闸和最近的轨道间的至少一辆车提供足够调整的安全区域。

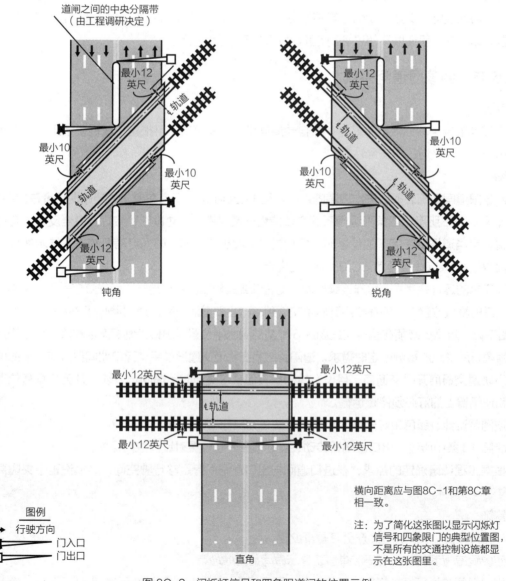

图 8C-2 闪烁灯信号和四象限道闸的位置示例

18 四象限道闸系统应该包含远程健康（状态）监控，能够在系统发生异常情况时自动通知铁路或轻轨信号维护人员。

可选条款：

19 如果平交道口配备了远程健康（状态）监控，出口道闸可处于落下的位置。
20 四象限道闸设施可包含平交道口入口的对向车道间的中央隔离岛。

指导条款：

21 *在有充足空间的情况下，中央隔离岛应至少60英尺长。*

第8C.07节 铁路/轻轨路侧鸣笛系统

可选条款：

01 铁路/轻轨路侧鸣笛系统（定义见第1A.13节）可在符合《美国联邦法典》第49卷第222篇的条件下安装，从而向处于铁轨、轻轨道路交叉口或者通向交叉口道路的道路使用者发出警告声音。

必须条款：

02 必须在无法听见火车鸣笛声的平交道口安装铁路/轻轨路侧鸣笛系统，且根据附录E至《美国联邦法典》第49卷第222篇的要求运行。

指导条款：

03 *如第8C.01节中"必须条款"所述，应在铁路/轻轨路侧鸣笛系统设置相同的侧向间隙及路边安全功能。当铁路/轻轨路侧鸣笛系统安装在一个单独的装配杆上时，应离最近轨道中心保持不小于15英尺的距离，且不能阻挡驾驶者观察闪光灯信号。*

第8C.08节 轨道交通检测

必须条款：

01 主动式交通控制系统中所使用的设备必须通过一种轨道交通检测系统激活。
02 符合实用范畴的轨道交通检测电路必须根据自动防故障原则设计。
03 除第4条的规定外，闪光灯在任何铁路交通到达前的运行时间必须不少于20秒。

可选条款：

04 在轨道交通的车速低于20英里/小时的地方，或由授权人直接禁止道路使用者穿过交叉口的地方，当轨道交通即将占用交叉口时，闪光灯信号运行时间可短一些。
05 工程调研可决定是否提供额外的预警时间。

指导条款：

06 *在正常的运行状态下，在给定的轨道中，当不同的轨道交通的速度变化相当大时，应安装特殊设备或电路，以便在轨道交通越过交叉口前提供合理、统一的指示。当轨道交通根据进场控制电路即将停站或者切换时，进场控制电路中应采用特殊的控制设备，来消除停站和切换操作所带来的影响，以防止交通控制设施被过度激活。*

第8C.09节 位于或者临近轨道交叉口的交通信号控制

可选条款：

01 在工业轨道交通平交道口或列车运行速度很慢的地方，如切换操作处，可用交通控制信号替换闪光信号以管制道路使用者。

必须条款：

02 第4篇中规定，在轨道交叉口，当交通控制信号代替闪光灯信号以管理道路使用者时，必须进行交通控制信号的设计、安装和操作。

03 在轨道交叉口主线道路上，交通控制信号不能代替闪光灯信号来控制道路使用者。

指导条款：

04 如果公路—轨道平交道口配备闪光信号系统，将其设置于受交通信号控制的交叉口或中段200英尺以内的位置时，交通控制信号应优先遵循第4D.27节中的规定。

05 交通控制信号安装的位置距轨道交叉口超过200英尺时，应考虑与闪光灯信号系统、队列检测或其他替代设备配合使用。要考虑的因素应包括交通量、公路混合车辆、公路车辆、火车驶近速度、火车抵达频率和队列长度。

06 如果合适的话，公路机构或管辖机关和法定权威的管理机构应共同确定交通控制信号的优先通行权和配时方案（这些信号位于与轨道交叉口相邻的公路交叉口）。

支撑依据：

07 第4D.27节建议与公路—轨道平交道口相邻的、配备闪光灯信号的交通控制信号，或具有铁路优先特权的交通控制信号应配备用电源。

必须条款：

08 必须向铁路公司提供优先权信息和任何与时间设置参数相关的信息，以便其设计出适合列车的检测电路。

09 如果拥有优先权，在列车到达前必须优先显示交通控制信号的正常序列，以防止列车撞上正在穿越轨道交叉口的车辆。

10 这种优先权的实现必须有一个闭合的电子环路，或铁轨交叉警告系统与交通控制信号控制器之间的监督通信环路。交通控制信号优先控制器必须通过监督通信环路或由铁轨交叉口预警系统正常通电的电路而激活。驶近铁轨交叉口的列车必须切断电路或激活监督通信电路，进而激活交通控制信号优先控制器。在铁轨交叉口预警系统被激活期间，应当建立并保持优先权，除了当交叉口道闸存在时，优先权必须保持直到交叉口道闸通电并开始向上升起。当存在多个或连续的优先权时，必须首先将列车激活。

指导条款：

11 如果铁轨交叉口与信号控制道路平交道口相距50英尺以内（或与多单元车辆行驶的公路相距75英尺以内），可考虑使用前置信号灯来控制驶近铁轨路口的车辆。

必须条款：

12 如果使用前置信号灯，在信号优先序列中轨道的空隙部分，前置信号灯必须显示稳定的红色信号灯，以阻止其他公路车辆穿越铁路轨道。

指导条款：

13 在下游信号交叉口应考虑使用有限视角的交通信号灯面（定义见第1A.13节），以控制配备前置信号灯的入口。

可选条款：

14 前置信号灯相位的序列可与下游的信号控制交叉口进行时间同步偏移，以使铁路轨道与其下游的信号控制交叉口间的区域基本没有停放的车辆。

必须条款：

15 如果前置信号灯是安装在与邻近信号交叉口的公路—铁路平交道口，"红灯时在此停车"（R10-6）

标志必须安装在前置信号灯机旁或者在停止线附近。如果附近的信号控制交叉口对于设计车辆没有足够的安全预留距离，或者公路—铁路平交道口无道闸时，若适用，则必须在与铁路交叉的入口车道处安装"红灯时禁止转弯"标志（R10-11，R10-11a或R10-11b）(见第2B.53节)。

可选条款：

16　在公路—铁路平交道口与交通控制信号交叉口相距超过50英尺（或与多单元车辆行驶的公路相距小于75英尺）处，如果确定需要工程调研，则可设置前置信号灯。

17　如果公路交通信号灯必须靠近闪光信号系统，公路交通信号灯可如闪光信号灯一样安装在门架结构上。

支撑依据：

18　第4C.10节描述了平交道路附近的交叉口信号设置依据，平交道口与交叉路口的入口车道由"停车让行"或者"减速让行"标志管制，这是临近铁道交叉口考虑使用交通控制信号的主要原因。

19　第4D.27节描述了关于位于或接近公路—铁路平交道口中优先使用交通控制信号的附加考虑。

第8C.10节　位于或临近公路—轻轨平交道口的交通控制信号

支撑依据：

01　有两种类型的交通控制信号灯，控制车辆和轻轨运动的两种接口模式。第一种信号是在第4篇中描述的交通控制信号标准，这是本节的重点。另一种信号为轻轨控制信号，如第8C.11节中描述。

必须条款：

02　第4篇和第8C.09节规定了交通控制信号的设计、安装和操作，包括与附近的自动道闸或闪光信号的互连，必须用在公路—轻轨平交道口信号控制适用的地方。

03　如果在交叉口有运行的交通控制信号灯且服务于行人、骑行者和／或其他非机动车道路使用者，其声音警告装置必须配备鸣钟功能，且必须在运作中与交通控制信号灯整合。

指导条款：

04　当轻轨平交道口配备闪光灯信号系统，且与交叉口或由交通控制信号灯控制的路口间相距200英尺的范围内，交通控制信号灯应按照第4D.27节规定的享有优先权。

05　对于与X形交叉口相距超过200英尺的交通控制信号灯可考虑配合闪光灯信号系统使用。应考虑交通流量、公路车辆混合、公路车辆和轻轨入口速度、轻轨抵达频率和排队长度。

06　如果公路交通信号灯有应急车辆优先功能，应与轻轨协同运行。

07　当轻轨在宽阔的分隔带上运行时，公路车辆穿越铁轨，且由近处和远处的交通信号灯面控制。当轻轨设备驶近交叉口时，公路车辆应从远端信号灯面收到绿灯左转相位，以清除交叉口内的公路车辆。

可选条款：

08　与轻轨流向不冲突的公路车辆、行人及自行车，可在轻轨相位期间收到绿灯指示。

09　如果交叉口在高速公路互通立交范围内，且交通控制信号满足第4C章中的信号设置依据，则交通控制信号灯可添加在公路—轻轨平交道口的四象限道闸系统上和自动道闸上。

10　在非交叉口处，当轻轨速度小于25英里／小时时，若工程调研已证明合理，则单独的交通控制信号可用于控制在公路—轻轨平交道口的道路使用者。

11　典型情况可能包括：

A. 线形条件使得公路—轻轨平交道口不能安装预警设备。

B. 轻轨车辆与道路使用者使用相同的道路。

C. 交通控制信号已经存在。

支撑依据：

12　第 4D.27 节包含了关于位于或接近没有配备预警装置的公路—轻轨平交道口的交通控制信号相关信息。

13　第 4C.10 节描述了平交道口附近交叉口的信号设置依据，在平交道口的入口车道需由"停车让行"或者"减速让行"标志管制，这是考虑使用交通控制信号的主要原因。

指导条款：

14　*当公路—轻轨平交道口在信号控制交叉口的范围内，应考虑提供其单独转向灯（定义见第 1A.13 节）用于穿越轨道。*

必须条款：

15　用于交叉口转向行为的独立转向信号灯，必须显示稳定的红灯，以指示驶近和 / 或通过的轻轨车辆。

指导条款：

16　*若位于公路—轻轨平交道口 200 英尺内的信号控制交叉口享有优先权，则应禁止公路—轻轨平交道口现有的所有转向行为。*

支撑依据：

17　第 8B.08 节包含关于在优先权期间禁止交叉口转向运动的信息。

18　第 4 篇包含有关信号相位和配时要求的信息。

第 8C.11 节　交通控制信号控制平交道口的轻轨车辆

指导条款：

01　*当轻轨车辆在半专用平面道路、配备交通控制信号灯的无道闸平交道口运行时，应由特殊的轻轨信号指示灯专门控制。*

02　*用于控制轻轨行驶的轻轨控制信号应仅显示如图 8C-3 所示的信号指示。*

支撑依据：

03　第 4D.27 节包含了信号指示灯使用的相关信息，对于控制专用公共汽车在"插队车道"和控制专用公共汽车在半专用或者多功能平面道路上的快速运输如图 8C-3 所示。

可选条款：

04　标准交通控制信号可用于代替轻轨交通控制信号来控制轻轨车辆的运作（见第 8C.10 节）。

必须条款：

05　如果另一组标准交通控制信号指示（红、黄、绿色圆形和箭头标志）用来控制轻轨运作，必须将指示灯安装在适当的位置，不得使司机、行人和骑行者看见（见第 4D.12 节）。

06　如果轻轨交叉口控制与交叉路口控制是分离的，那么两者必须相互联系。除非在交叉路口已经完全清除了轻轨车辆，否则轻轨交通信号相位不能停止。

可选条款：

07　使用轻轨特殊信号相位便于轻轨车辆转向或者需要额外轻轨车辆清空时间时，可在平交道口和与标准交通控制信号连接的多功能道路交叉口处，使用轻轨信号。

指导条款：

08　*轻轨信号灯面应与最近的公路信号灯面纵向或横向分开，距离同向入口车道应至少 3 英尺。*

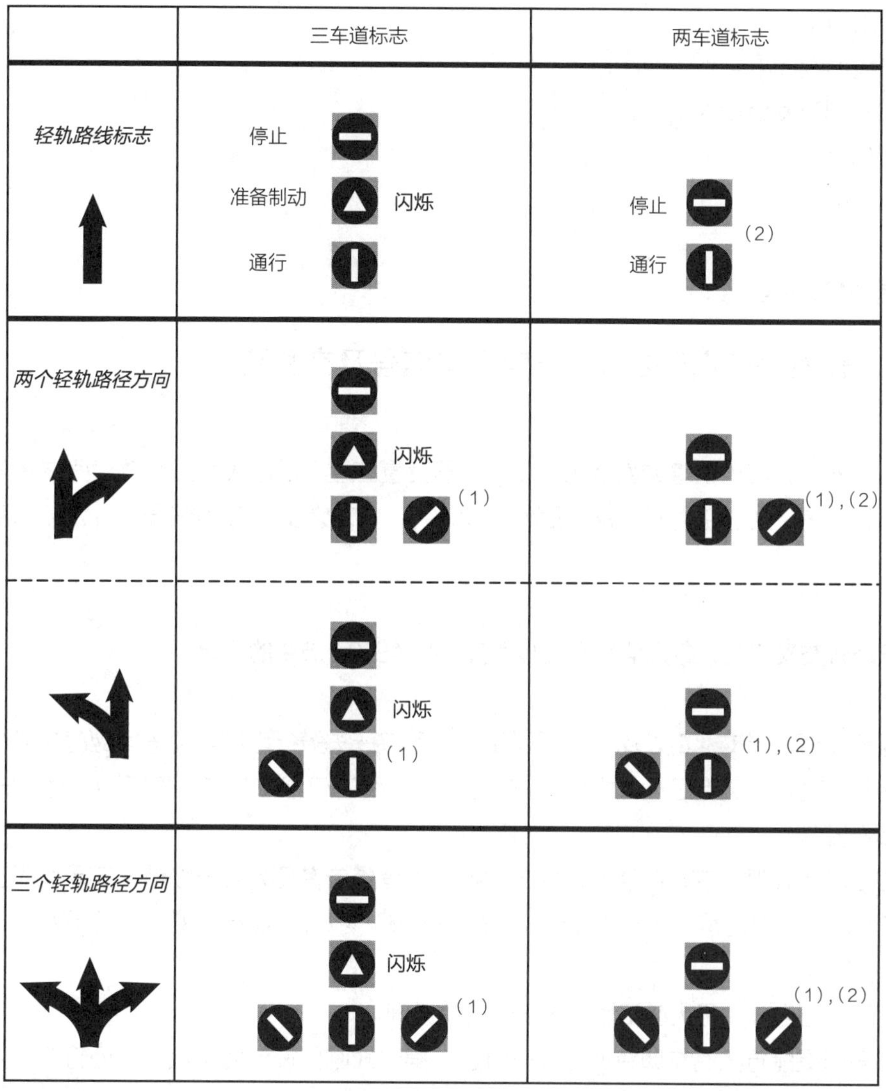

	三车道标志	两车道标志
轻轨路线标志 ↑	停止 ⊖ 准备制动 ▲ 闪烁 通行 ⊙	停止 ⊖ (2) 通行 ⊙
两个轻轨路径方向	⊖ ▲ 闪烁 ⊙ ⊘ (1)	⊖ ⊙ ⊘ (1),(2)
	⊖ ▲ 闪烁 ⊘ ⊙ (1)	⊖ ⊘ ⊙ (1),(2)
三个轻轨路径方向	⊖ ▲ 闪烁 ⊘ ⊙ ⊘ (1)	⊖ ⊘ ⊙ ⊘ (1),(2)

注：
所有方面（或信号显示）是白色的。
（1）可以单独使用。
（2）"通行"灯可能应用闪烁模式以表明"准备制动"。

图 8C-3 轻轨标志

第 8C.12 节 位于或临近环形交叉口的平交道口

支撑依据：

01 在包含或紧靠平交道口的环形交叉口，如环岛和交通转盘，排队车辆可能会导致公路车辆停在平交道口处。

必须条款：

02 在环形路口包含或在平交道口 200 英尺范围内，工程研究必须确定排队是否影响平交道口。如果交通队列影响平交道口，必须明确规定在铁轨交通车辆达到前清除平交道口的公路交通车辆。

支撑依据：

03 在铁轨交通车辆到达前，为了保持平交道口处于车辆清空状态或清除平交道口内的公路车辆，可采取以下措施：

A. 消除环形路口；
B. 修改道路线形设计；
C. 平交道口管制及预警设施；
D. 公路交通信号；
E. 流量计量设施；
F. 激活标志；
G. 以上或其他行为的结合。

第 8C.13 节　轻轨平交道口处行人与自行车信号及交叉路

指导条款：

01　在轻轨轨道毗邻其他轨道或道路时，行人信号装置应避免让行人在多个轨道间或者轨道与道路间等待。如果有能足够庇护行人的空间且根据工程的合理评判，应增加安装行人信号灯头、标志和探测器（见第 4E.08 节）。

必须条款：

02　当用于轻轨交叉口时，行人信号灯头必须符合第 4E.04 节中的规定。

指导条款：

03　工程调研表明，若交叉口处视距不足以让行人和自行车骑行者在轻轨车辆到达交叉口之前穿越交叉口，或轻轨车辆时速超过 35 英里/小时时，应安装带有铁路道口警告标志（R15-1）的闪光灯信号（见图 8C-4）和语音警告装置。

04　如果工程调研表明，带有铁路道口警告标志与语音警告装置的闪光灯信号不足以提示即将来临的轻轨车辆，应考虑设置"注意观察"标志（R15-8）（见图 8C-4）和/或行人道闸（见图 8C-5~图 8C-7）。

支撑依据：

05　除了道闸臂短之外，行人道闸类似于一个自动道闸。

06　摆动式闸门提醒行人有车即将通过轻轨轨道。摆动式闸门设计为可从轨道处打开，要求使用者打开道闸通过，但还要快速离开轨道，之后道闸自动关闭。

可选条款：

07　摆动式闸门可安装在行人和自行车通道上（见图 8C-8）。

08　在行人和自行车过街处，出入口错位的交道口的行人路障可作为被动设备迫使道路使用者在进入轨道前面向驶来的轻轨车辆（见图 8C-9 和图 8C-10）。

第 8C 章 闪光灯信号、道闸及交通控制信号　793

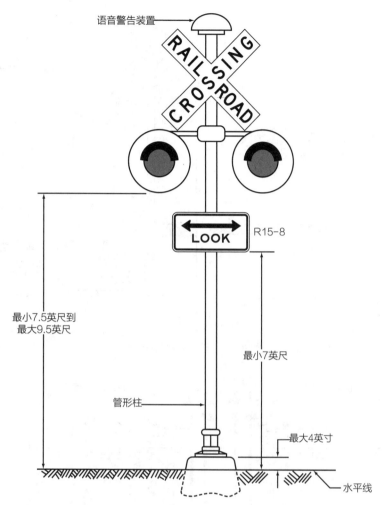

图 8C-4　用于行人交通的闪烁灯信号组件示例

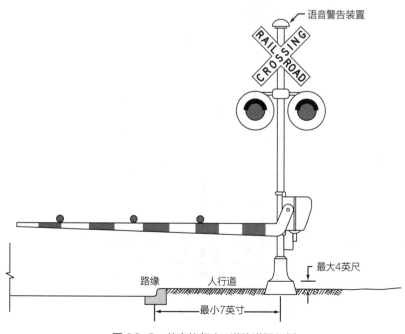

图 8C-5　共享的行人/道路道闸示例

794 第 8 篇 铁路和轻轨平交道口交通控制

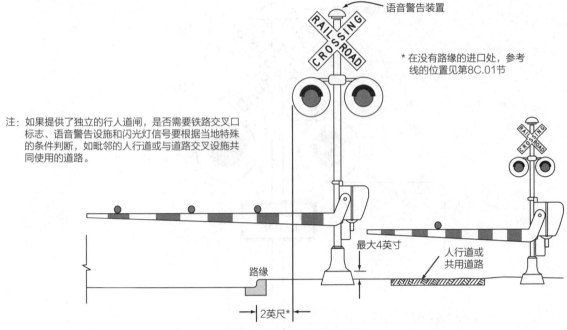

图 8C-6 行人道闸档杆示例

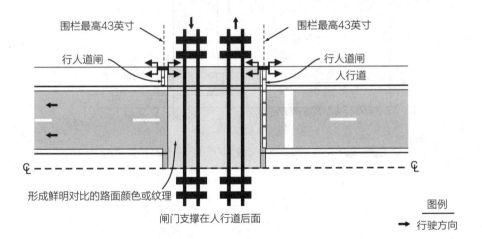

闸门支撑在人行道后面

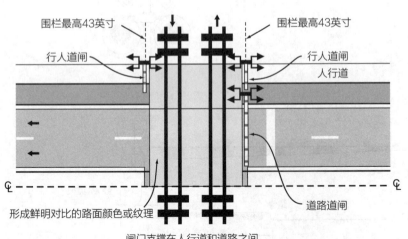

闸门支撑在人行道和道路之间

图 8C-7 行人道闸的布设示例

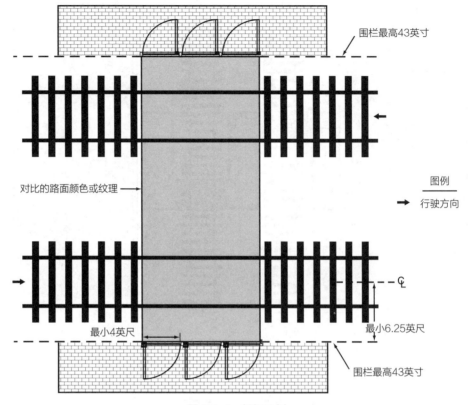

图 8C-8 摆闸示例

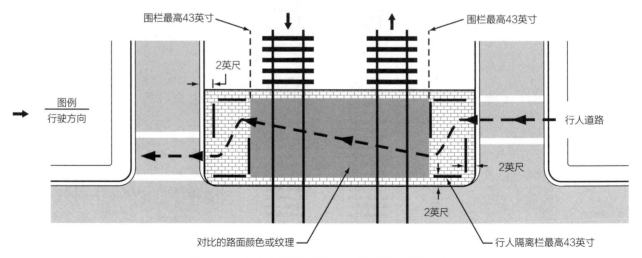

图 8C-9 行人穿越错位的铁路交道口处行人栏杆示例

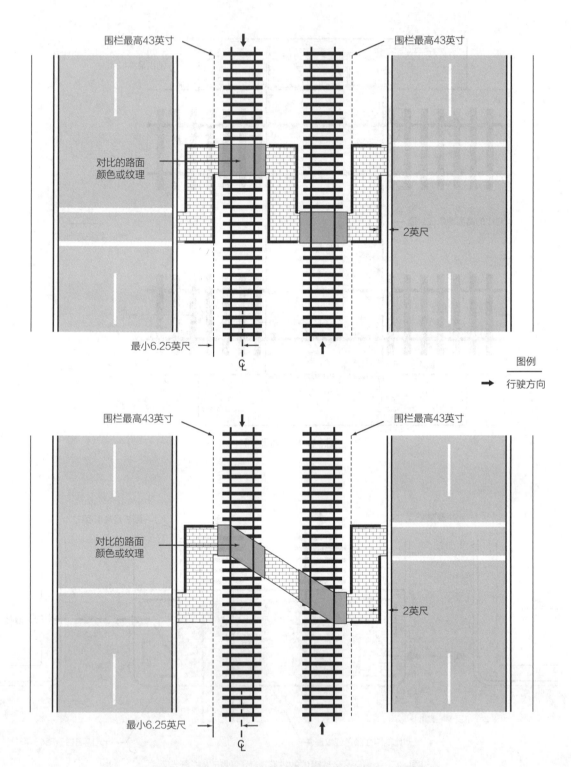

图 8C-10 路段处行人穿越错位的铁路交道口处行人屏障示例

第 8D 章　慢行道平交道口

第 8D.01 节　目的

支撑依据：

01　慢行道平交道口的交通控制，包括在交叉口及通向交叉口特殊道路沿途路段的所有标志、信号、标线和其他预警设施及其支撑。这种交通控制对于铁路和慢行道平交道口的慢行交通，具有促进安全和提高操作效率的功能。

02　除在本章中有特别规定外，人行道被认为是公路—铁轨或公路—轻轨平交道口的一部分，而不是慢行道交叉口，并适用第 8B 章和第 8C 章的规定而非本章规定。然而，本章许多概述的方法也适用于毗邻公路—铁路或公路—轻轨平交道口的人行道，包括可感知警告、摆闸和自动道闸。

03　行人穿越混合使用的轻轨轨道时，在交叉口的人行横道应遵照第 3B.18 节的规定而非本章的规定。

第 8D.02 节　标准设备、系统及实践的应用

指导条款：

01　*具有特殊道路管辖权的公共机构和法定权威的管理机构，如果可以，应共同确定慢行道交叉口设备的需求和选择，包括适当应用交通控制系统。*

第 8D.03 节　特种用途道路平交道口标志和标线

必须条款：

01　特殊用途平交道口标志必须将形状、文字和颜色标准化。

02　交通控制设施必须安装在相邻的慢行道上，从设备底部边缘到道路表面的高程垂直测量高度必须小于 8 英尺，该设备必须从设备边缘到特殊道路边缘有最小 2 英尺的横向偏移距离（见图 9B-1）。

03　在慢行道的立柱式标志最小高度必须为 4 英尺，即从标志底部边缘到道路表面的高程垂直测量值（见图 9B-1）。

04　慢行道平交道口的交通控制设施必须与最近的轨道中心距离至少 12 英尺。

05　慢行道平交道口的最小尺寸必须如表 9B-1 中公用道路一列中所示。

06　当在慢行道使用高架式交通控制设施时，从设施底部到在标志或者设施正下方的道路表面的间隙距离必须至少为 8 英尺。

指导条款：

07　*如果慢行道用户包括比行人速度快的道路使用者，如骑行者或滑板人等，应考虑在慢行道平交道口（见图 8D-1）使用警告标志和慢行道路面标线。*

第 8D.04 节　停车线、边缘线及检测警告

指导条款：

01　如果在慢行道交叉口使用，道路停车线应该是在道路使用者停车处的一条横线。道路停车线应比最近的轨道距离道闸、对称装置或者闪光灯信号（如果存在）远 2 英尺，且距离最近的轨道至少 12 英尺。

可选条款：

02　边缘线（见第 3B.06 节）可用在特种用途平交道口的入口车道或者交叉道路上，公路—铁路或公路—轻轨平交道口的人行道，或者车站交叉口以描绘出指定用户路径。

支撑依据：

03　在长距离穿过轨道的地方绘出边缘线是有益的，一般是因为斜交平交道口或者多条轨道，或者特种用途道路路面直接与行车道相连。

04　视觉障碍者可感知的警告路面（见第 3B.18 节）视觉上与相邻的步行表面相反，亮框黑底或者黑框亮底，可以用来警告行人平面交叉口轨道的位置。《美国残疾人法案无障碍建筑和设施指南（ADAAG）》（见第 1A.11 节）包含视觉障碍者可感知的警告路面设计规格和布设位置。

第 8D.05 节　慢行道与铁路平交道口被动交通控制设施

必须条款：

01　除第 2 条规定的情况外，在不使用主动交通控制装置的情况下，必须在慢行道与铁路交叉的每一入口设置铁路—公路交叉标志。

可选条款：

02　在站台相交处和在公路—铁路或者公路—轻轨平交道口不足 25 英尺的慢行道平交道口的入口道路，平交道口标志组合可省略。

指导条款：

03　在决定交通管制设施类型及设置位置或设计特性（如栅栏或者摆闸）时应考虑慢行道用户对于当前驶来的轨道交通车辆的感知能力。

04　如果用设计特性（如栅栏或者摆闸）疏导慢行道用户，应考虑夜间能见度。

05　如果使用自动道闸和摆闸，慢行道应作为疏导通道，将用户从慢行道平面交叉口直接引导至进口或出口。

必须条款：

06　如果使用，必须将摆闸设计在远离轨道处开放，这样特殊道路用户可以迅速推门且远离轨道。如果使用摆闸，摆闸必须设计成每次使用后自动回到关闭位置。

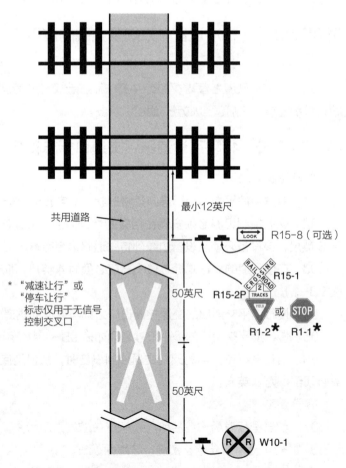

图 8D-1　用于慢行道与铁路平交道口处标志和标线示例

可选条款：

07　当慢行道平交道口与自动道闸结合使用时，摆闸可配备自锁装置，只打开轨道一侧的道闸。

支撑依据：

08　《美国残疾人法案无障碍建筑和设施指南（ADAAG）》（见第 1A.11 节）包含弹簧铰链、门及打开摆闸所需力量的相关信息。

第 8D.06 节　慢行道平交道口有源交通控制系统

必须条款：

01　如果在慢行道平交道口使用有源交通控制系统，则必须在任意方向的慢行道安装闪光灯信号，还必须安装铃铛或其他声响报警装置。

可选条款：

02　若公路—铁路或者公路—轻轨平交道口行车道安装了有源交通控制系统，且与慢行道平交道口距离不足 25 英尺，则可省略后者的独立有源交通控制设施。

必须条款：

03　如果在慢行道平交道口使用，交替闪烁的红灯必须水平对齐，且灯光图形直径必须至少为 4 英寸。若从闪烁灯底部边缘到接近道路表面高度进行垂直测量，红色闪烁灯标装备的最小安装高度必须为 4 英尺。

可选条款：

04　交通控制设施可安装在站点多的轨道交叉口的轨道之间。

必须条款：

05　若从灯底部边缘到接近道路表面高度进行垂直测量，站点多的轨道交叉口的轨道之间闪烁灯的安装高度必须至少为 1 英尺。

可选条款：

06　自动道闸可用于慢行道平交道口。

指导条款：

07　*如果在慢行道平交道口使用，位于下方位置的自动道闸臂在人行道上方的高度最低应为 2.5 英尺，最高为 4 英尺。*

08　*如果使用道闸配置，其中可能同时包括自动道闸和摆闸，宽度应完全覆盖通向轨道的特殊用途入口道路。*

必须条款：

09　人行道位于道路边缘和道闸臂支撑物之间，道闸臂穿过人行道并延伸至道路上，必须使用规定的道闸位置、布置和道闸高度（见第 8C.04 节）。

指导条款：

10　*如果人行道使用独立自动道闸，位于下方位置的自动道闸臂在人行道上方的高度最低应为 2.5 英尺，最高 4 英尺。*

11　*如果在公路—铁路或者公路—轻轨平交道口的人行道使用独立自动道闸，而非构成相同车辆道闸机制的辅助道闸臂，应该提供独立的人行道道闸机制，以防止行人举起车辆道闸。*

第 9 篇　自行车设施的交通控制

第 9A 章　总则

第 9A.01 节　自行车骑行者交通控制设施要求

支撑依据：

01　第 1 篇提供了关于交通控制设施的一般信息和定义。

第 9A.02 节　作用范围

支撑依据：

01　第 9 篇包含了在道路和慢行道上专用于自行车行进的标志、路面标线和公路交通信号灯。

指导条款：

02　应回顾第 1、2、3 和 4 篇以了解通用条款、标志、路面标线及交通信号灯规定。

必须条款：

03　在特定道路上，若缺少本章中所讨论的自行车道标记或任何其他的交通控制设施，则不能理解为不允许自行车通行。

第 9A.03 节　自行车相关定义

支撑依据：

01　第 1A.13 节和第 1A.14 节中提供了第 9 篇的定义和缩写。

第 9A.04 节　养护

指导条款：

01　所有的标志、信号和标线，包括自行车设施上的，都应妥善养护，以便得到驾驶员和骑行者的重视。在自行车设施上安装标志和标线时，应指定一个机构维护这些设备。

第 9A.05 节　与其他文件的联系

支撑依据：

01　美国国家统一交通法规和条例委员会（见第 1A.11 节）制定的《统一车辆规范》中有关自行车的条款，是本手册中交通控制设施的基础。

02　第 9 篇中标志和标线设置建议使用的信息文件包括：

A. 美国公路及运输协会的《自行车设施发展指南》（详情见第 i 页）；

B. 各州及当地政府设计指南。

03　第 1A.11 节中列出的其他有关交通控制设施应用的出版物。

第 9A.06 节　设置权限

支撑依据：
01　第 1A.08 节包含了关于交通控制设施设置权限的信息。

第 9A.07 节　必须条款、指导条款、可选条款和支撑依据的意义

支撑依据：
01　本手册的引言包含了相关标题的含义：必须条款、指导条款、可选条款和支撑依据，以及"必须"、"应"、"可"文字的使用。

第 9A.08 节　颜色

支撑依据：
01　第 1A.12 节中包含了有关颜色编码的信息。

第 9B 章 标志

第 9B.01 节 标志应用及安装

必须条款：

01 自行车标志必须具有标准的形状、图文和颜色。

02 在自行车道上，包括慢行道和自行车道设施上使用的所有标志均必须具有逆反射性。

03 当标志同时服务于自行车骑行者和其他道路使用者时，垂直安装高度和侧向安装必须遵循第 2 篇规定。

04 在慢行道上使用时，标志的任何部分或其支架距离最近的道路边缘不能小于 2 英尺，或距离慢行道的垂直高度不得低于 8 英尺（见图 9B-1）。

05 慢行道上的立柱式标志安装高度，从标志底部到路面最近边缘，必须至少为 4 英尺（见图 9B-1）。

指导条款：

06 为避免对其他道路使用者造成困惑，应安装自行车专用标志。

07 慢行道门架式标志的净空应适时调整以接纳需要更多净空的道路使用者，如骑马者、常规养护或紧急救援车辆。

第 9B.02 节 自行车标志设计

必须条款：

01 若标志或标牌针对机动车驾驶员和骑行者使用，则其大小必须与表 2B-1、表 2C-2 或表 2D-1 中用于传统道路的标准相同。

02 慢行道标志和标牌最小尺寸必须如表 9B-1 所示，且必须仅供自行车流使用。自行车设施标志和标牌最小尺寸不能用于其他车辆标志和标牌。

可选条款：

03 对于自行车设施可适时使用较大尺寸的标志和标牌（见第 2A.11 节）。

指导条款：

04 除尺寸外，自行车设施标志和标牌的设计应与本手册中关于街道和公路的标志和标牌要求完全相同。

支撑依据：

05 自行车标志和标牌设计一致性包括形状、颜色、符号、箭头、文字、字母和照明或逆反射性。

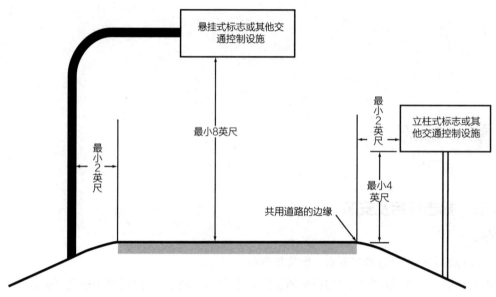

图 9B-1　在共同使用道路上的标志布设

自行车设施标志和标牌的最小尺寸　　　　表9B-1

标志或标牌	标志名称	章节	共同使用道路	道路
停车让行	R1-1	2B.05，9B.03	18×18	30×30
减速让行	R1-2	2B.08，9B.03	18×18×18	30×30×30
自行车道	R3-17	9B.04	—	24×18
自行车道标志和标牌	R3-17aP，R3-17bP	9B.04	—	24×8
行驶限制	R4-1，2，3，7，16	2B.28，29，30，32；9B.14	12×18	18×24
右转车让行自行车起点	R4-4	9B.05	—	36×30
自行车可使用全部车道标志	R4-11	9B.06	—	30×30
自行车逆行	R5-1b	9B.07	12×18	12×18
禁止机动车	R5-3	9B.08	24×24	24×24
禁止自行车	R5-6	9B.09	18×18	24×24
禁止自行车道停车	R7-9，9a	9B.10	—	12×18
禁止行人通行	R9-3	9B.09	18×18	18×18
与机动车混行骑行（标牌）	R9-3cP	9B.07	12×12	12×12
自行车禁令	R9-5，6	9B.11	12×18	12×18
共用车道限制	R9-7	9B.12	12×18	—
禁止滑冰者	R9-13	9B.09	18×18	18×18
禁止骑马者	R9-14	9B.09	18×18	18×18
绿灯按钮	R10-4	9B.11	9×12	9×12
要求绿灯等待图标	R10-22	9B.13	12×18	12×18
自行车绿灯按钮	R10-24	9B.11	9×15	9×15
变为警告灯的按钮	R10-25	9B.11	9×12	9×12
自行车绿灯按钮（箭头）	R10-26	9B.11	9×15	9×15

续表

标志或标牌	标志名称	章节	共同使用道路	道路
平面交叉（铁路）	R15-1	8B.03，9B.14	24×4.5	48×9
铁轨数量（标牌）	R15-2P	8B.03，9B.14	13.5×9	27×18
观望	R15-8	8B.17，9B.14	18×9	36×18
转向和曲线警告	W1-1, 2, 3, 4, 5	2C.04，9B.15	18×18	24×24
箭头警告	W1-6, 7	2C.12，2C.47，9B.15	24×12	36×18
交叉口警告	W2-1, 2, 3, 4, 5	2C.46，9B.16	18×18	24×24
停车、让行、前方信号灯	W3-1, 2, 3	2C.36，9B.19	18×18	30×30
窄桥	W5-2	2C.20，9B.19	18×18	30×30
路径变窄	W5-4a	9B.19	18×18	—
斜坡	W7-5	9B.19	18×18	30×30
突起或凹陷	W8-1, 2	2C.28，9B.17	18×18	24×24
路面结束	W8-3	2C.30，9B.17	18×18	30×30
自行车道路面条件	W8-10	9B.17	18×18	30×30
潮湿路滑（标牌）	W8-10P	9B.17	12×9	12×9
平面交叉预警	W10-1	8B.06，9B.19	24Dia.	36Dia.
禁止火车鸣笛（标牌）	W10-9P	8B.21，9B.19	18×12	30×24
斜交交叉口	W10-12	8B.25，9B.19	18×18	36×36
自行车警告	W11-1	9B.18	18×18	24×24
行人警告	W11-2	2C.50，9B.19	18×18	24×24
自行车/行人警告	W11-15	9B.18	18×18	30×30
小道交叉（标牌）	W11-1P	9B.18	18×12	24×18
低净空	W12-2	2C.27，9B.19	18×18	30×30
游乐场	W15-1	2C.51，9B.19	18×18	24×24
共用道路（标牌）	W16-1P	2C.60，9B.19	—	18×24
XX英尺（标牌）	W16-2P	2C.55，9B.18	18×12	24×18
XX英尺（标牌）	W16-2aP	2C.55，9B.18	18×9	24×12
斜箭头（标牌）	W16-7P	9B.18	—	24×12
前方（标牌）	W16-9P	9B.18	—	24×12
目的地（1行）	D1-1, D1-1a	2D.37，9B.20	变化的×6	变化的×18
自行车目的地（1行）	D1-1b, D1-1c	9B.20	变化的×6	变化的×6
目的地（2行）	D1-2, D1-2a	2D.37，9B.20	变化的×12	变化的×30
自行车目的地（2行）	D1-2b, D1-2c	9B.20	变化的×12	变化的×12
目的地（3行）	D1-3, D1-3a	2D.37，9B.20	变化的×18	变化的×42
自行车目的地（3行）	D1-3b, D1-3c	9B.20	变化的×18	变化的×18
街道名称	D3-1	2D.43，9B.20	变化的×6	变化的×8
自行车停车区	D4-3	9B.23	12×18	12×18
里程桩号标志（1数字）	D10-1	2H.02，9B.24	6×12	10×18

续表

标志或标牌	标志名称	章节	共同使用道路	道路
精确里程桩号标志（1数字）	D10-1a	2H.02，9B.24	6×18	10×27
里程桩号标志（2数字）	D10-2	2H.02，9B.24	6×18	10×27
精确里程桩号标志（2数字）	D10-2a	2H.02，9B.24	6×24	10×36
里程桩号标志（3数字）	D10-3	2H.02，9B.24	6×24	10×36
精确里程桩号标志（3数字）	D10-3a	2H.02，9B.24	6×30	10×48
自行车路径	D11-1，D11-1c	9B.20	24×18	24×18
允许自行车通行	D11-1a	9B.25	18×18	—
自行车辅助（标牌）	D11-1bP	9B.25	18×6	—
允许行人	D11-2	9B.25	18×18	—
允许滑冰者	D11-3	9B.25	18×18	—
允许骑马者	D11-4	9B.25	18×18	—
自行车线路	M1-8，M1-8a	9B.21	12×18	18×24
联邦自行车线路	M1-9	9B.21	12×18	18×24
自行车路径辅助标志	M2-1；M3-1，2，3，4；M4-1，1a，2，3，5，6，7，7a，8，14	9B.22	12×6	12×6
自行车路径箭头标志	M5-1，2；M6-1，2，3，4，5，6，7	9B.22	12×9	12×9
类型3实体标记	OM3-L，C，R	2C.63，9B.26	6×18	12×36

注：1. 适当的时候可以使用更大的尺寸。
  2. 尺寸单位为英寸，记作"宽×高"。

第9B.03节 "停车让行"和"减速让行"标志（R1-1和R1-2）

必须条款：

01 "停车让行"标志（R1-1）（见图9B-2）必须安装在慢行道上、要求骑行者停车的位置处。

02 "减速让行"标志（R1-2）（见图9B-2）必须安装在慢行道上、自行车骑行者在靠近标志时可充分观察冲突交通流的位置，以及在自行车骑行者必须为具有路权的冲突交通流让行的位置。

可选条款：

03 30英寸×30英寸"停车让行"标志或36英寸×36英寸"减速让行"标志可用于慢行道，以起到额外强调的作用。

指导条款：

04 "停车让行"或"减速让行"标志仅适用于慢行道使用者时，应适当调整其安装位置，使这些标志不易被道路上的机动车驾驶员看见。

05 当考虑安装"停车让行"和"减速让行"标志时，慢行道或机动车道交叉口处应优先考虑下列因素：
  A. 慢行交通与机动车的相对速度；
  B. 慢行交通和机动车的相对流量；
  C. 慢行道和机动车道的相对重要性。

06 速度不应作为确定优先权的唯一因素，有时应给予流量高的慢行道穿越流量低的街道以优先权，或

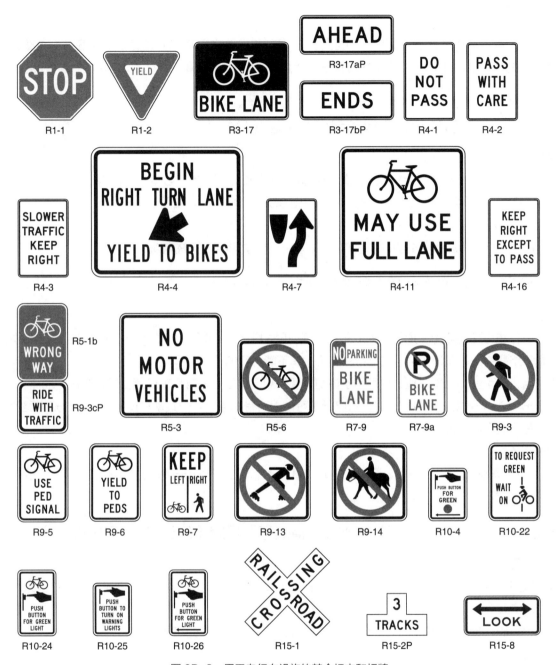

图 9B-2 用于自行车设施的禁令标志和标牌

给予区域内慢行道穿越较小的支路以优先权。

07 当分配优先权时,最小约束控制应设置在低优先入口上。"停车让行"标志不应用于可使用"减速让行"标志的地方。

第 9B.04 节 自行车道标志和标牌（R3-17、R3-17aP 和 R3-17bP）

必须条款：

01 "自行车道"标志（R3-17）和 R3-17aP、R3-17bP 标牌（见图 9B-2）必须仅与第 9C.04 节描述的标划自行车道结合使用。

指导条款：

02 若使用自行车道标志和标牌，根据基于自行车和其他交通流普遍速度、街区宽度、距离邻近交叉口的距离和其他考虑的工程评判，应在自行车道上游终点、自行车道下游终点之前以固定间隔沿着自行车道设置。

第 9B.05 节 "右转车让行自行车起点"标志（R4-4）

可选条款：

01 在机动车进入右转专用车道需要交织穿越自行车道时，可使用"右转车让行自行车起点"标志（R4-4）（见图 9B-2）告知机动车驾驶员和骑行者（见图 9C-1、图 9C-4 和图 9C-5）。

指导条款：

02 R4-4 标志不应用于由于右转车道关闭、骑行者需要移至左侧的情况。

第 9B.06 节 自行车可使用全部车道标志（R4-11）

可选条款：

01 自行车可使用全部车道的标志（R4-11）（见图 9B-2）可用于道路上无自行车道或无自行车使用者可用的毗邻路肩，且行车道太窄导致自行车和机动车不能并行的位置。

02 自行车可使用全部车道标志可用于迫切需要告知道路使用者自行车可能占用行车道的地点。

03 第 9C.07 节提供了可辅助或代替自行车可占用所有车道标志的共享车道标线，以告知道路使用者自行车骑行者可能会占用行车道。

支撑依据：

04 《统一车辆规范》（UVC）将"因车道过窄而不能使自行车和汽车在同一车道并排安全通行"定义为"不合格宽度车道"。

第 9B.07 节 自行车"逆行"标志和"请顺行"标牌（R5-1b 和 R9-3cP）

可选条款：

01 "逆行"标志（R5-1b）和"请顺行"标牌（R9-3cP）（见图 9B-2）可朝向错误的自行车流，如在道路左侧安装。

02 此标志和标牌可与其他标志背向安装以降低其他交通流对其的可视性。

指导条款：

03 "请顺行"标牌应仅与自行车"逆行"标志共同使用，且应安装在自行车逆行道路标志正下方。

第 9B.08 节 "禁止机动车"标志（R5-3）

可选条款：

01 "禁止机动车"标志（R5-3）（见图 9B-2）可安装在慢行道的入口处。

第 9B.09 节 选择性排除标志

可选条款：

01 选择性排除标志（见图 9B-2）可安装在道路或设施的入口处，以提醒道路或设施使用者指定类型的交通流禁止使用此道路或设施。

必须条款：

02 若使用选择性排除标志，必须明确指出所禁止的交通流类型。

支撑依据：

03 典型的排除信息包括：

A. 禁止自行车（R5-6）；

B. 禁止行人（R9-3）；

C. 禁止滑板（R9-13）；

D. 禁止骑马（R9-14）。

可选条款：

04 当自行车、行人和电动自行车都被禁止时，更应该使用第2B.39节中描述的R5-10a文字信息标志。

第9B.10节 自行车道禁止停车标志（R7-9和R7-9a）

必须条款：

01 若需要安装标志以限制自行车道上的泊车、驻留或停车，必须安装第2B.46节至第2B.48节中所述的适当标志，或自行车道禁止停车标志（R7-9或R7-9a）（见图9B-2）。

第9B.11节 自行车禁令标志（R9-5、R9-6、R10-4、R10-24、R10-25和R10-26）

可选条款：

01 当自行车过街街道受行人信号灯显示控制时，可使用R9-5标志（见图9B-2）。

02 当自行车不受行人信号灯显示控制时，可使用R10-4、R10-24或R10-26标志（见图9B-2和第2B.52节）。

指导条款：

03 *若使用R9-5、R10-4、R10-24或R10-26标志，应在接近人行道边缘、临近自行车过街街道处安装。*

可选条款：

04 若自行车过街道路处已使用道路路面警告指示灯（见第4N.02节）或其他警告灯/信标，可使用R10-25标志（见图9B-2）。

05 当自行车需要过街或共享行人设施或自行车需要让行行人时，可使用R9-6标志（见图9B-2）。

第9B.12节 慢行道限制标志（R9-7）

可选条款：

01 在由行人和自行车共享的设施上可安装慢行道限制标志（R-7）（见图9B-2），以辅助白实线路面标线（见第9C.03节）为各类交通流分别指明专用的地面区域。符号可根据情况更换。

指导条款：

02 *若设施允许行人和（或）自行车双向运行，用于每类双向运行交通流的指定地面区域应足够宽，以同时容纳此类交通流的两个方向。*

第9B.13节 自行车信号感应标志（R10-22）

可选条款：

01 自行车信号感应标志（R10-22）（见图9B-2）可以安装在信号交叉口处，并用道路标线指示骑行者停驻的位置，在此处可触发自行车信号（见第9C.05节）。

指导条款：

02 若安装自行车信号感应标志，应置于毗邻标线的路旁，以强调标线和标志之间的联系。

第9B.14节 其他禁令标志

可选条款：

01 第2B章中所述其他禁令标志可适当安装在自行车设施上。

第9B.15节 转弯或弯道警告标志（W1系列）

指导条款：

01 为警告自行车在慢行道道路上意料之外的方向改变，应使用合适的转弯或弯道标志（W1-1至W1-7）（见图9B-3）。

02 W1-1至W1-5标志应至少在线形开始改变前50英尺处安装。

第9B.16节 交叉口警告标志（W2系列）

可选条款：

01 交叉口警告标志（W2-1到W2-5）（见图9B-3）可用于在交叉口之前的道路、街道或慢行道上，指示前方有交叉口和可能出现转弯或驶入车辆。

指导条款：

02 当工程评判确定慢行道入口处交叉口的视距受限，应使用交叉口警告标志。

03 交叉口警告标志不应用于受"停车让行"、"减速让行"标志或交通控制信号控制的交叉口慢行道入口处。

第9B.17节 自行车路况警告标志（W8-10）

可选条款：

01 当道路或慢行道路面情况可能会导致自行车失去控制时，可安装自行车路面情况警告标志（W8-10）（见图9B-3）。

02 也可使用警告自行车骑行者关注其他情况的标志，包括"凸起"（W8-1）、"凹陷"（W8-2）、"道路终点"（W8-3）和其他需要自行车骑行者关注情况的文字信息。

03 辅助标牌可用于说明路面情况的特殊类型。

第9B.18节 自行车警告和自行车/行人警告标志（W11-1和W11-15）

支撑依据：

01 自行车警告标志（W11-1）（见图9B-3）警告道路使用者有预料之外的自行车进入，以及其他可能导致冲突的过街行为。这些冲突可能相对封闭，或随机出现在道路的某一部分。

可选条款：

02 当自行车和行人均可能过街道路时，如具有慢行道的交叉口处，可使用自行车/行人警告标志（W11-15）（见图9B-3）。"绿道交叉"辅助标牌（W11-15P）（见图9B-3）可安装在W11-15标志下。

03 可补充带有"前方"或"XX英尺"的标牌，配合自行车警告标志或自行车/行人警告标志使用。

指导条款：

04 若用于某特定的过街点，自行车警告标志或自行车/行人警告标志应安装在过街位置之前一定距离处，参照表2C-4中提供的指导。

必须条款：

05 自行车警告和自行车/行人警告标志，当用于交叉口时，必须辅以斜下指向的箭头标牌（W16-7P）（见图9B-3）以说明交叉口的位置。

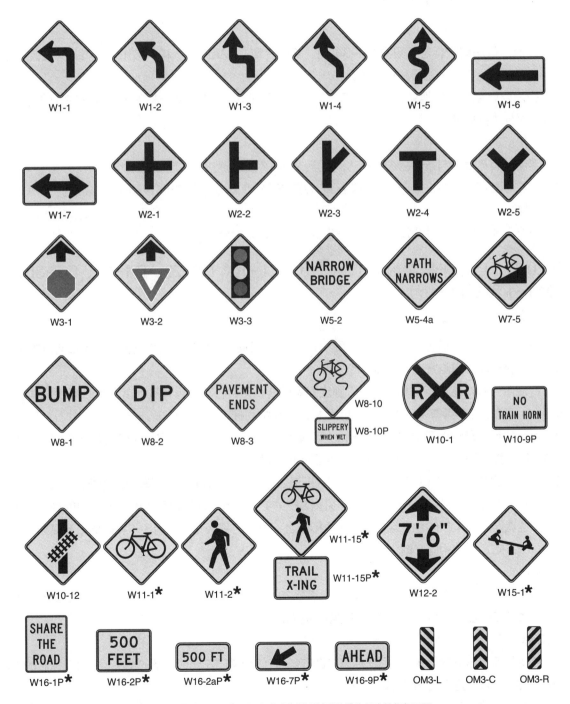

★荧光黄-绿色背景可用于标志或标牌。标牌的背景颜色应该与其所辅助的警告标志的颜色匹配。

图 9B-3 用于自行车设施的警告标志和标牌以及实体标记

可选条款：

06 自行车警告标志、自行车/行人标志和辅助标牌可使用荧光黄绿色背景、黑色图文和边框。

指导条款：

07 当使用荧光黄绿色背景颜色，在同一区域或地区内应系统地使用一种背景颜色。在同一区域或地区内应避免混用标准黄色和荧光黄绿色背景。

第9B.19节 其他自行车警告标志

可选条款：

01 其他自行车警告标志（见图9B-3）如"路径变窄"（W5-4a）和斜坡（W7-5）可安装在慢行道上以警告自行车骑行者不太明显的路面情况。

02 在需要警告机动车驾驶员注意自行车穿越公路的情况，"慢行道"标牌（W16-1P）（见图9B-3）可与W11-1标志共同使用。

指导条款：

03 若使用其他预告自行车的警告标志，应至少在事件发生地前50英尺安装。

04 当自行车道路上存在临时交通控制区域，应使用第6篇中合适的标志。

可选条款：

05 第2C章中所述的其他警告标志可适当安装在自行车设施上。

第9B.20节 自行车指路标志（D1-1b、D1-1c、D1-2b、D1-2c、D1-3b、D1-3c、D11-1和D11-1c）

可选条款：

01 自行车路线指路标志（D11-1）（见图9B-4）可沿指定的自行车路线设置，以告知自行车骑行者自行线路方向改变和确认道路方向、距离和目的地。

02 若使用自行车路线指路标志，可以固定间隔重复，使自行车骑行者从小街进入时可知道其处于一条自行车道上。可在机非共享车道使用类似的指路标识，用中间标志指示自行车。

03 可选自行车路线指示标志（D11-1c）可替代D11-1标志（见图9B-4和图9B-6）上"自行车路线"文字，用于提供路线方向、终点和（或）路线名称信息。

04 可安装目的地标志（D1-1、D1-1a）、街道名称标志（D3）或自行车目的地标志（D1-1b、D1-1c、D1-2b、D1-2c、D1-3b和D1-3c）（见图9B-4）为自行车流提供所需的方向、目的地和距离信息。若需在一个位置显示多个目的地，可放置在一个标志上，每个名称带有一个箭头（和距离，若需要）。若多个目的地在同一方向，可使用同一箭头指示。

指导条款：

05 通过适当箭头设计、图文线条间隔、横跨标志的粗线或其他分离标志，以在任何目的地或同一方向的一组目的地和其他方向的目的地之间留有足够的间隔。

必须条款：

06 若使用指向右侧的箭头，必须在标志的最右侧。若使用指向左侧或上部的箭头，必须在标志的最左侧。若使用距离数字，必须置于目的地名称右侧。

07 在自行车终点标志上，自行车符号必须毗邻每个目的地或一组目的地放置。若箭头在最左侧，自行车符号必须置于各个箭头的右侧。

指导条款：

08 除非斜箭头传达了所需遵循方向的明确指示，否则指向箭头应为水平或竖直。

09 自行车符号应置于目的地指路图文左侧。

10 若多个独立的名称标志组成一个组，组中所有标志的水平宽度应相同。

11 由于自行车目的地指路标志尺寸较小，当此信息也希望被机动车驾驶员可见时，不应代替车辆目的地指路标志。

支撑依据：

12 图 9B-5 展示了慢行道上指定的自行车路线起点和终点标志设置的示例。图 9B-6 展示了道路自行车路线标志设置的示例。图 9B-7 展示了慢行道交叉口标志和标线设置的示例。

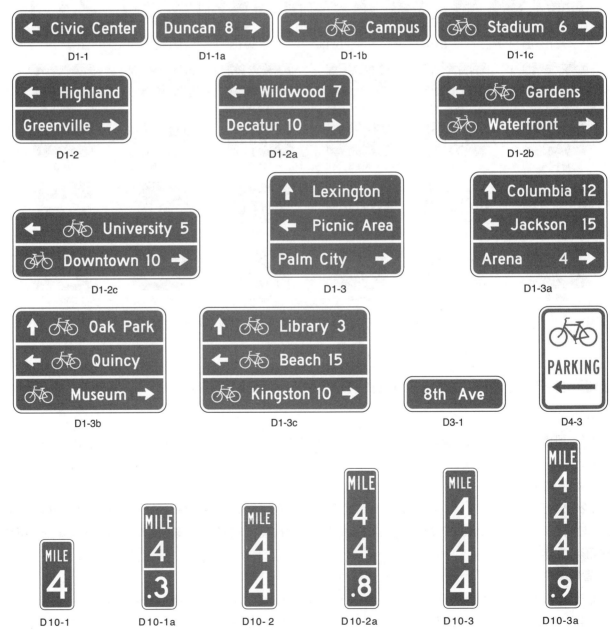

图 9B-4　用于自行车设施的指示标志和标牌（A 图）

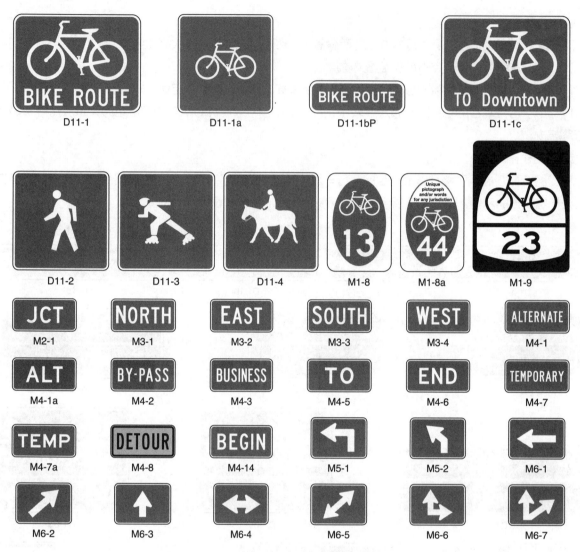

图 9B-4　用于自行车设施的指示标志和标牌（B 图）

第 9B.21 节　自行车线路标志（M1-8、M1-8a 和 M109）

可选条款：

01　可使用自行车线路标志（M1-8、M1-8a）（见图 9B-4）为本州或本地自行车路线建立唯一标识（路线编号）。

必须条款：

02　自行车线路标志（M1-8）必须包含路线编号，且必须为绿色背景及具有逆反射性的白色图文和边框。自行车线路标志（M1-8a）必须包含与 M1-8 标志相同的信息，并包含与线路或对此线路具有管辖权机构的图形或文字。

指导条款：

03　自行车线路，可能由不同类型的自行车道路组成，因此，应建立一条连续的线路。

04　当指定的自行车线路延伸至两个或多个州时，相关州提出的美国自行车线路编号分配协调申请应被提交至美国州公路及运输协会（地址见第 i 页）。

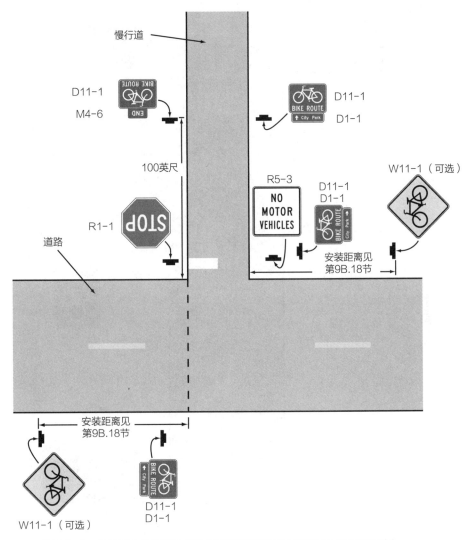

图 9B-5 非机动车慢行道上指定的自行车路线起点和终点标志设置示例

必须条款：

05 联邦自行车线路标志（M1-9）（见图 9B-4）必须包含由美国州公路及运输协会分配的线路编号，并必须为黑色图文和边框、具有逆反射性的白色背景。

指导条款：

06 *若使用自行车线路或联邦自行车线路标志，应间隔频繁以保证自行车骑行者获知线路方向的改变，并提醒机动车驾驶员注意自行车。*

可选条款：

07 自行车线路或联邦自行车线路标志可安装在机非共享车道或慢行道上以指示自行车骑行者。

08 自行车线路指路标志（D11-1）（见图 9B-4）可安装在无需特别编号的线路上。

第 9B.22 节 自行车线路标志辅助标牌

可选条款：

01 若需要，辅助标牌可与自行车路线指路标志、自行车线路标志或联邦自行车线路标志共同使用。

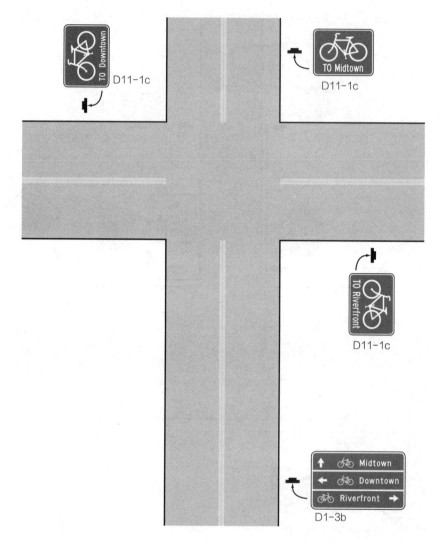

图 9B-6　自行车指路标志示例

指导条款：

02　若使用交叉口（M2-1）、基本方向（M3 系列）和可选路线（M4 系列）辅助标牌（见图 9B-4），应安装在合适的自行车线路指路标志、自行车线路标志或联邦自行车线路标志之上。

03　若使用转弯预告箭头（M5 系列）和方向箭头（M6 系列）辅助标牌（见图 9B-4），应安装在合适的自行车线路指路标志、自行车线路标志或联邦自行车线路标志之下。

04　除了 M4-8 标牌外，所有线路标志辅助标牌应与其辅助的线路标志颜色匹配。

05　用于自行车线路的、带有文字图文的线路标志辅助标牌最小尺寸应为 12 英寸 ×6 英寸。用于自行车线路的、带有箭头符号的线路标志辅助标牌最小尺寸应为 12 英寸 ×9 英寸。

可选条款：

06　较大尺寸的线路标志，辅助标牌尺寸可适当地增大，但不能超过线路标志宽度。

07　线路标志和与其共同使用的任何辅助标牌可组合为单独的标志。

08　目的地标志（D1-1b 和 D1-1c）（见图 9B-4）可安装在自行车线路指路标志、自行车线路标志或联邦自行车线路标志之下，以提供附加信息，如线路方向改变、间歇的距离及目的地信息等。

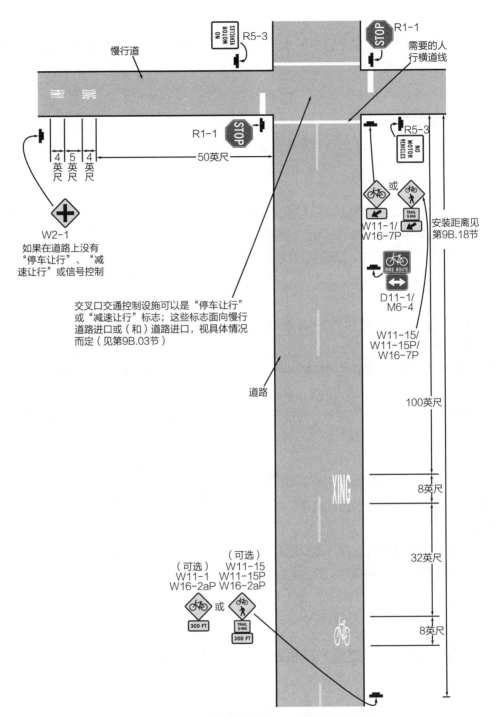

图 9B-7 非机动车慢行道交叉口标志和标线示例

第 9B.23 节 自行车停车场标志（D4-3）

可选条款：

01 自行车停车场标志（D4-3）（见图 9B-4）可安装在需要显示指定自行车停车场的地方。箭头可反向设置。

必须条款：

02 自行车停车场标志的图文和边框必须用绿色，背景为具有逆反射性的白色材料。

第9B.24节　里程桩号标志（D10-1至D10-3）和精确里程桩号标志（D10-1a至D10-3a）

支撑依据：

01　两种类型的位置参考标志：

A. 里程桩号标志（D10-1、2和3）显示慢行道上的整数距离位置。

B. 精确里程桩号标志（D10-1a、2a和3a）显示慢行道上的整数距离点之间的小数距离点。

可选条款：

02　里程桩号标志（D10-1至D10-3）（见图9B-4）可安装在慢行道上的任意路段，帮助使用者估计行程，且有利于确定紧急事件和事故的位置，还有助于养护和维修。

03　为扩大位置参考标志系统，精确里程桩号标志（D10-1a至D10-3a）（见图9B-4）可按照1/10英里或其他数值等距安装在小数距离点上。

必须条款：

04　如果用精确里程桩号标志（D10-1a至D10-3a）扩大位置参考标志系统，在整数英里点处的参考位置标志必须显示保留一位小数。

05　如果安装在慢行道上，里程桩号标志必须为白色边框、绿色背景，宽度至少为6英寸，数字为白色、4.5英寸。标志必须包含2.25英寸的白色字母单词"英里"。

06　里程桩号标志从标志的底部测量，到慢行道边缘的垂直高度必须至少2英尺，且不能遵循第9B.01节中安装高度的规定。

可选条款：

07　里程桩号标志可以安装在慢行道的同侧，也可背靠背安装。

08　如果不能在正确的位置安装里程桩号标志，可在两个方向移动50英尺。

指导条款：

09　如果里程桩号标志不能安装在正确位置的50英尺范围之内，则应取消安装。

10　慢行道的零距离点应起于南部和西部的终点。

支撑依据：

11　第2H.05节包含关于里程桩号标志的其他信息。

第9B.25节　慢行道的特定交通方式指路标志（D11-1a、D11-2、D11-3和D11-4）

可选条款：

01　为不同类型的使用者提供不同的路径，特定交通方式指路标志（D11-1a、D11-2、D11-3和D11-4）（见图9B-4）可指导不同类型使用者各自的交通方式。

02　特定交通方式指路标志可安装在允许或鼓励标志类型的慢行道入口处，并且根据所需沿着道路周期性的设置这些设施。

03　允许自行车通行标志（D11-1a），结合自行车路径辅助标牌（D11-1bP），可以代替在道路和慢行道上的D11-1自行车路径指路标志。

04　当部分（非全部）非机动车使用者被鼓励或允许使用慢行道时，特定交通方式指路标志可以相互组合，也可与选择性排除标志（见第9B.09节）组合。

支撑依据：

05　图 9B-8 展示了为不同类型非机动车使用者提供单独道路的例子。

第 9B.26 节　实体标记

可选条款：

01　慢行道上的固定障碍物，可标记为第 2C.63 中的类型 1、类型 2 或类型 3 实体标记（见图 9B-3）。如果实体标记不需要被机动车驾驶员看到，可用较小的类型 3 作为实体标记（见表 9B-1）。

必须条款：

02　慢行道的障碍物必须用逆反射性或合适的实体标记进行标记。

03　所有实体标记必须用逆反射性材料。

04　类型 3 的实体标记，采用黑色和反光黄色条纹交替，必须朝向车辆通过障碍物的方向，斜向下呈 45°角。

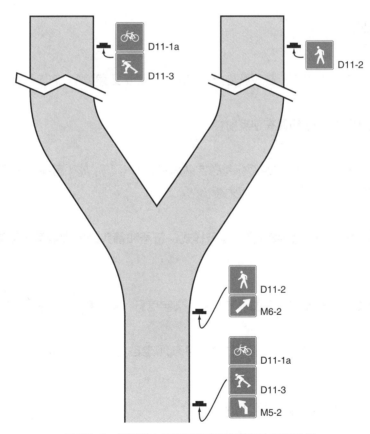

图 9B-8　慢行道上不同使用类型指路标志设置示例

第 9C 章　标线

第 9C.01 节　标线的作用

支撑依据：

01　标线指示道路使用者车道分离，给自行车指示指定的行车路径，表明交通控制信号驱动的正确位置，并提前提供转弯和通过交叉口的信息。

第 9C.02 节　总则

指导条款：

01　当为自行车设施设计标线时，应遵照自行车道设计指南（见第 9A.05 节）。

必须条款：

02　在自行车道上用的标线必须具有逆反射性。

指导条款：

03　在自行车道的适当位置应设置路面标线的字体信息、符号和（或）箭头，并且在选择路面标线材料时应考虑要在潮湿条件下将自行车的牵引力损失最小化。

必须条款：

04　自行车设施标线的颜色、线条宽度、线条样式、符号和箭头必须遵照第 3A.05 节、第 3A.06 节和第 3B.20 节的定义。

支撑依据：

05　图 9B-7 和图 9C-1~图 9C-9 展示了线条、文字信息、符号和箭头在指定自行车道的应用实例。

可选条款：

06　第 3A.06 节和第 3B.08 节描述的虚线可用来规定自行车骑行者通过交叉口（见图 9C-1）的特定道路。

第 9C.03 节　慢行道上标线样式和颜色

可选条款：

01　慢行道有足够的宽度，可以指定两条最小宽度车道，黄色实线可分离双向交通，不可跨越。黄色虚线表示可跨越两个方向行驶（见图 9C-2）。

指导条款：

02　用于慢行道的虚线线段与间隔比例应为 1:3。应采用 3 英尺的线段与 9 英尺的间隔。

03　在慢行道特殊位置上，如果条件允许设置成双向两车道，应在中间施划黄实线，说明不可跨越行驶。

04 *图 9C-2 中的标线应在道路中心的障碍物处使用,包括直线条在内,防止无使用权限的机动车辆进入道路。*

可选条款:

05 在慢行道上可用白实线区分不同类型的道路使用者,可用 R9-7 标志(见第 9B.12 节)辅助白实线。

06 较小尺寸的字母和符号可用在慢行道上,在需要使用箭头的地方可以占用一半的尺寸(见第 3B.20 节)。

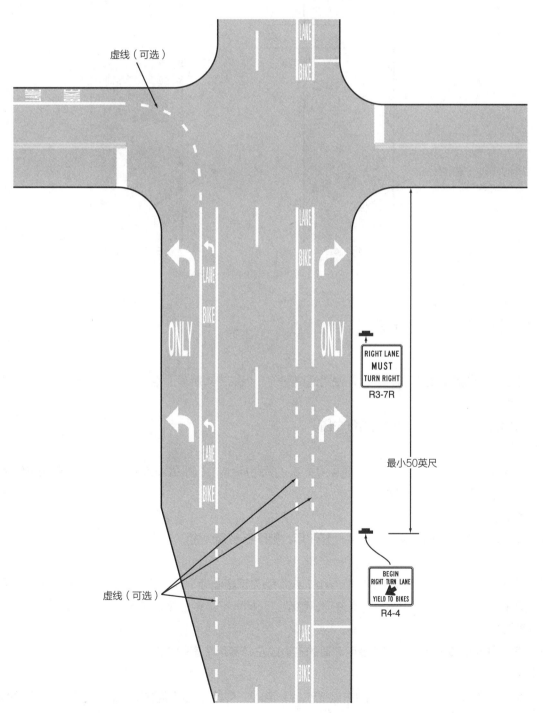

图 9C-1　交叉口路面标线示例——自行车道左转区设计、转弯交通量大、停车、单向交通或分离式高速公路

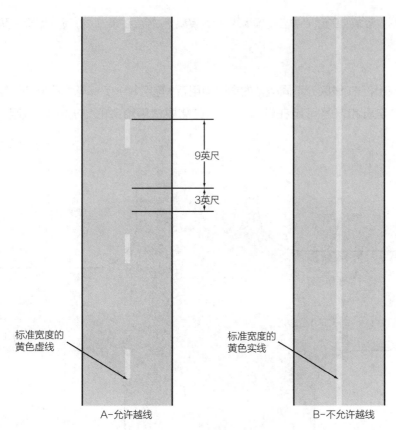

图 9C-2 用于慢行道的中心线示例

第 9C.04 节 自行车道标线

支撑依据：
01 路面标线指定自行车骑行者优先使用道路部分。标线告知所有道路使用者自行车道的使用限制。

必须条款：
02 必须使用纵向路面标线定义自行车道。

指导条款：
03 如果使用，自行车道的文字、符号和（或）箭头标线（见图 9C-3）应置于自行车道的起点和基于工程评判的自行车道上的设置间隔。

必须条款：
04 如果自行车道符号与文字和箭头一起使用，则图标必须优先。

可选条款：
05 如图 9C-3 所示，如果文字、符号和（或）箭头等路面标记在自行车道使用，那么也可使用自行车道标志（见第 9B.04 节），但未避免过度使用，每组路面标记不一定相邻。

必须条款：
06 直行自行车道不能放在右转专用车道的右边或左转专用车道的左边。

支撑依据：
07 若自行车骑行者在右转车道的右侧或左转车道的左侧持续直行通过交叉口，则不符合正常的交通行为，不符合左转或右转机动车驾驶员的预期。

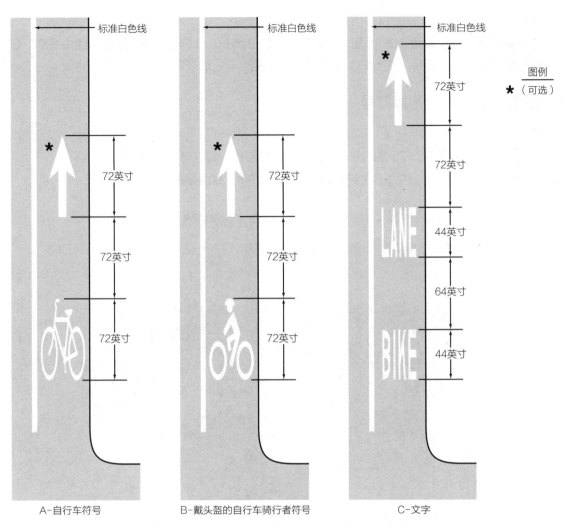

图 9C-3 用于自行车道的文字、符号和路面箭头标线

指导条款：

08 *当右转直行车道变为右转专用车道时，自行车道应在右转车道开始前至少 100 英尺处停止施划自行车道标线。直行自行车道标线应在右转专用车道的左边继续施划。*

09 *若有自行车直行车道，则与右转车道相邻的直右车道不应被占用。如果通行能力分析表明需要一个可选直右车道，自行车道应在交叉口入口处停止。*

10 *柱子或突起路标不应被用来分隔与行车道相邻的自行车道。*

支撑依据：

11 *使用突起路标，即放置与右转行车道毗邻的固定障碍物，而非使用将自行车道合并这一右转首选方法，则自行车骑行者存在潜在的障碍。规定自行车道的突起路标同时也会导致清洁和养护问题。*

必须条款：

12 在环岛路的环形道路上不能设置自行车道。

指导条款：

13 *自行车道标线应在距离人行横道至少 100 英尺处停止；如果没有人行横道，应距离让行线至少 100 英尺；如果没有减速让行标线，那么距离环行车道边缘应至少 100 英尺。*

支撑依据：

14　右转自行车道标线如图 9C-1、图 9C-4 和图 9C-5 所示。双向自行车道路面标线如图 9C-6 所示。自行车道路面的文字信息、符号、箭头标线如图 9C-3 所示。

第 9C.05 节　自行车检测器符号

可选条款：

01　可将该符号（见图 9C-7）施划于路面上作为感知自行车骑行者的最佳位置。

02　安装 R10-22 标志（见第 9B.13 节及图 9B-2）可补充路面标线。

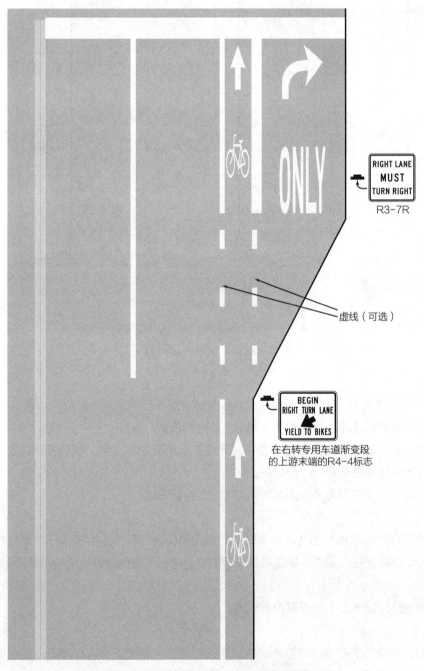

图 9C-4　在右转专用车道处自行车车道设置示例

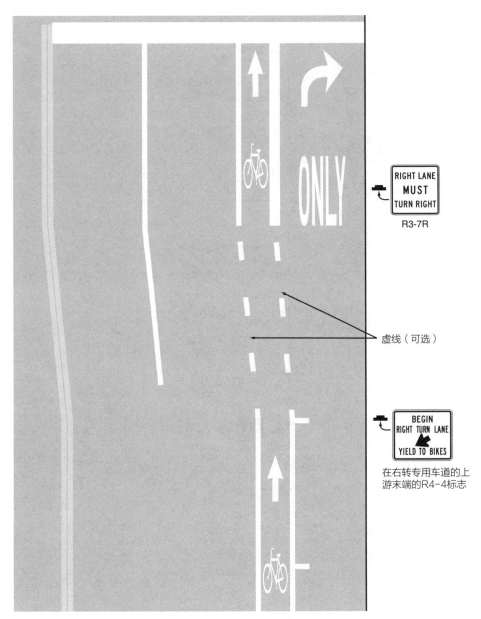

图 9C-5 自行车车道在路侧停车位转变为右转专用车道过渡段设置示例

第 9C.06 节 障碍物的路面标线

指导条款：

01 在不可去除排水口或其他道路障碍物等自行车不能通行的路面状况下，应用如图 9C-8 所示的白色标线指导自行车骑行者周围的情况。

第 9C.07 节 共用车道标线

可选条款：

01 如图 9C-9 所示的共用车道标线有以下作用：

A. 帮助自行车骑行者确认在共用车道的横向位置和路边停车，以降低自行车骑行者与停放车辆开车门时碰撞的概率；

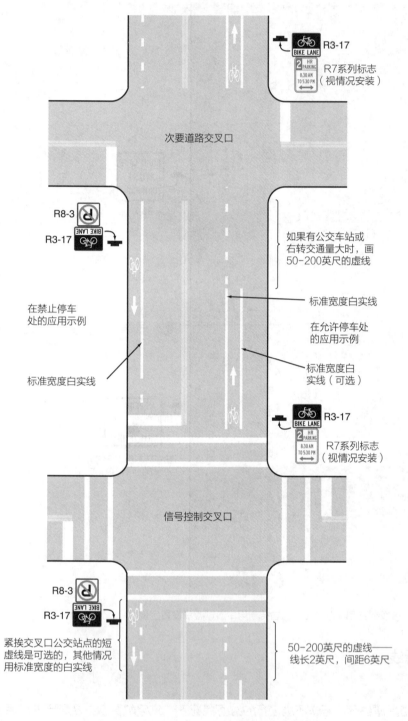

图 9C-6 在双向道路上自行车道路面标线示例

图 9C-7 自行车检测器路面标线

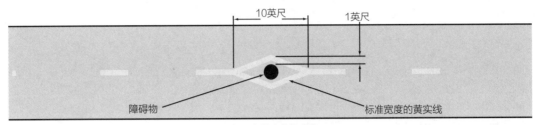

A-在路内的障碍物

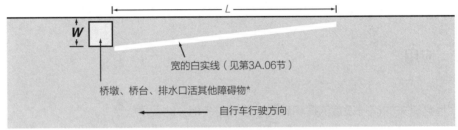

B-在路径或道路边缘的障碍物

L=WS, *W*为偏移量（英尺），*S*为自行车进入速度（英里/小时）
* 为凸出障碍物提供增加的宽度，渐变段长度的计算公式为：*L*=(*W*+1)*S*

图 9C-8　障碍物路面标记示例

B. 帮助自行车骑行者确认在机动车和自行车并行的车道较窄处的横向位置；

C. 提醒道路使用者可能在行车道被自行车骑行者占用的横向位置；

D. 鼓励自行车骑行者和机动车驾驶者安全通过；

E. 减少自行车逆行。

指导条款：

02　*在限速 35 英里/小时以上的道路不应设置共用车道标线。*

必须条款：

03　**共用车道标线不能在路肩或专用自行车道上使用。**

指导条款：

04　*若在路边平行停车的共用车道上使用，共用车道标线应设置在距离路缘表面、或没有路缘的人行道边缘至少 11 英尺处。*

05　*若为无外侧车道且不足 14 英尺宽的路侧道路停车，入口处的共用车道标线应设置在距离路缘表面、或没有路缘的人行道边缘至少 4 英尺处。*

06　*若使用共用车道标线，应放置在交叉口位置，且间隔大于 250 英尺。*

可选条款：

07　第 9B.06 节描述了自行车可占用整条车道标志，用于补充或代替共用车道标线，以告知道路使用者，自行车可能占据车道。

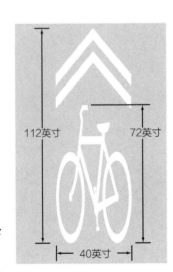

图 9C-9　共用车道标线

第 9D 章 信号

第 9D.01 节 应用

支撑依据:
01 第 4 篇包含有关的信号设置依据和其他与信号安装相关的要求。

可选条款:
02 为了达到评估信号的目的,自行车既可以算作车辆也可以算作行人。

第 9D.02 节 信号对自行车的作用

必须条款:
01 安装有限视角的交通信号灯时,必须对信号灯进行调整,以使自行车骑行者能够看到指示信息。如果有限视角交通信号灯并非为自行车骑行者服务,必须为自行车骑行者设置单独的信号灯。
02 在自行车道上,应根据自行车骑行者的需求,审核并调整信号配时和自行车感应。

附 录

附录 A1

国会立法

公法 102-240-1991 年 12 月 18 日（1991 地面联合交通运输效率法案）

第 1077 节 . 修订手册——不迟于本法案实施之日起 90 天内，部长必须修改《美国交通工程设施手册》及联邦公路局所规定的其他规定及协议时，可能有必要授权给州和当地政府，在州和当地政府酌情决定下，在每天具有 2 个或更多列车运行穿越铁路—公路平交道口安装"停车让行"或"减速让行"标志。

公法 102-388-1992 年 10 月 6 日，（交通运输部和相关管理部门拨款法案，1993）

第 406 节——交通运输部部长必须修改《美国交通工程设施手册》的内容包括：

（a）向公众出行开放的所有道路，必须维持其标志和标线的逆反射性能满足最低标准；

（b）对于定义道路必须具备中心线或边缘线或二者皆有的标准，在制定这样的标准时，部长必须考虑道路功能、交通量及车道数量和宽度区分。

公法 104-59-1995 年 11 月 28 日（1995 年国家公路系统命名法案）

第 205 节 . 命令解除

（c）计量要求：

（1）标志放置和修改。部长不得以使用公制单位为由要求各州花费任何联邦或国家资金建造、安装或修改公路上与速度限制、距离或其他度量相关的任何标志。

（2）其他行动。在 2000 年 9 月 30 日之前，对于符合《美国法典》第 23 卷的由联邦资助的公路项目，部长不得要求任何州使用或计划使用公制系统设计或广告，或准备方案、规格参数、预算或其他文件。

（3）定义。在本节中，下列定义适用：

（A）公路。"公路"术语，其含义见美国法典标题 23 的 101 节。

（B）公制。根据第 4 节的 1975 公制转换法案（《美国法典》第 15 卷 205c），"公制"的含义等同于"测量用公制"。

第 306 节 . 路侧紧急电话——美国法典，标题 23 第 111 节修正后加入以下内容：

（c）路侧紧急电话：

（1）一般情况。尽管有（a）所述，各州可以允许在国家公路系统所有的路权范围内设置路侧紧急电话。这些路侧紧急电话可包括紧急电话的标识和赞助商标。

（2）赞助商标：

（A）各州和当地管理机构批准。在本节中所有具有赞助商标的电话盒子的安装，须经其所在地的公路管理机构认可。

（B）电话上的尺寸。赞助商标不可超出电话外壳的大小，或总尺寸小于 12 英寸 ×18 英寸。

（C）标识上的尺寸。尺寸不大于 12 英寸 ×30 英寸的赞助商标可以显示在贴在电话立柱的紧急电话标识上。

（D）标志间隔。赞助商标张贴在标识上，位于设置电话盒子的立柱上，可在路权范围内设置，其间隔频率不超过 5 英里设置一个。

（E）全国的分布。至少 20% 显示赞助商标的路侧紧急电话必须位于人口超过 50000 人的城市化地区以外的公路。

（3）安全隐患。路侧紧急电话和他们的位置、立柱、基础及配件必须满足《美国交通工程设施手册》的要求，或者部长视为确保路侧紧急电话不对驾驶者构成危险的其他要求。

第 353 节（a）标志——1991 年 12 月在俄勒冈州进行试验项目的交通控制标志，必须视为符合交通运输部《美国交通工程设施手册》第 2B.4 节的要求。

第 353 节（b）条文——尽管有其他法律规定，红色、白色以及在布里斯托和罗德岛的主要街道上使用的蓝色中心线，必须视为符合交通运输部《美国交通工程设施手册》第 3B.1 节的要求。

附录 A2

单位换算

本手册中用到的所有尺寸和距离的单位均为英制单位。表 A2-1~ 表 A2-4 列举了本手册中用到的英制单位对应的国际单位制的值。

英寸—毫米　　　　　　　　　　　　　表A2-1

英寸	毫米	英寸	毫米	英寸	毫米	英寸	毫米
0.25	6	3.5	87	12	300	36	900
0.4	10	4	100	15	375	42	1050
0.5	13	4.5	113	16	400	48	1200
0.75	19	5	125	18	450	54	1350
1	25	6	150	21	525	60	1500
1.25	31	8	200	24	600	72	1800
2	50	9	225	27	675	84	2100
2.25	56	10	250	28	700	120	3000
2.5	62	10.4	260	30	750		
3	75	10.6	265	32	800		

注：1 英寸 =25.4 毫米；1 毫米 =0.039 英寸

英尺—米　　　　　　　　　　　　　表A2-2

英尺	米	英尺	米	英尺	米	英尺	米
1	0.3	11	3.4	40	12	200	60
2	0.6	12	3.7	50	15	250	75
2.5	0.75	12.75	3.9	53	16	300	90
3	0.9	14	4.3	60	18	330	100
3.25	1	15	4.6	70	21	400	120
3.5	1.1	16	4.9	72	22	500	150
4	1.2	17	5.2	75	23	530	160
4.5	1.4	18	5.5	80	24	600	180
4.75	1.45	19	5.8	90	27	650	200
5	1.5	20	6.1	95	29	700	210

续表

英尺	米	英尺	米	英尺	米	英尺	米
5.67	1.7	22	6.7	100	30	750	230
6	1.8	23.5	7.2	110	34	800	245
7	2.1	25	7.6	120	37	1000	300
8	2.4	25.6	7.8	125	38	1500	450
9	2.7	30	9	130	675	2000	600
9.25	2.8	32	9.8	140	700	2300	700
9.5	2.9	33	10	150	750	3000	900
10	3	36	11	180	800		

注：1 英尺 =0.3084 米；1 米 =3.28 英尺

英里—千米 表A2-3

英里	千米	英里	千米	英里	千米	英里	千米
0.25	0.4	1	1.6	5	8	70	110
0.5	0.8	2	3.2	10	16		
0.6	1	3	4.8	15	25		

注：1 英里 =1.609 千米；1 千米 =0.621 英里

英里/小时—千米/小时 表A2-4

英里/小时	千米/小时	英里/小时	千米/小时	英里/小时	千米/小时	英里/小时	千米/小时
3	5	25	40	45	70	65	105
10	16	30	50	50	80	65	110
15	20	35	60	55	90	80	130
20	30	40	60	60	100		

注：1 英里/小时 =1.609 千米/小时；1 千米/小时 =0.621 英里/小时